le Guide du **routard**

Directeur de collection
Phili**pp**e GLOAGUEN

Philippe GLO

Thierry BROUARD

Rédacteur en chef adjoint
Benoît LUCCHINI

Directrice de la coordination
Florence CHARMETANT

Directeur de routard.com
Yves COUPRIE

Rédaction
Jean-louis BROUARD, Camille DROTAL,
Olivier PAGE, Véronique de CHARDON,
Amanda KERAVEL, Isabelle AL SUBAIHI,
Anne-Caroline DUMAS, Carole BORDES,
Bénédicte BAZAILLE, André PONCELET,
Jérôme de GUBERNATIS, Marie BURIN des ROZIERS,
Géraldine LEMAUF-BEAUVOIS, Anne POINSOT,
Mathilde de BOISGROLLIER, Gavin's CLEMENTE-RUÏZ,
Fabrice de LESTANG et Alain PALLIER

TABLES & CHAMBRES À LA CAMPAGNE

2002

LES BONNES ADRESSES DU GUIDE DU ROUTARD

Hachette

Hors-d'œuvre

Le *GDR,* ce n'est pas comme le bon vin, il vieillit mal. On ne veut pas pousser à la consommation, mais évitez de partir avec une édition ancienne. D'une année sur l'autre, les modifications atteignent et dépassent souvent les 40 %.

www.routard.com

NOUVEAU : les temps changent, après 4 ans de bons et loyaux services, le web du Routard laisse la place à *routard.com,* notre portail voyage. Tout pour préparer votre voyage en ligne, de A comme argent à Z comme Zanzibar : des fiches pratiques sur 130 destinations (y compris les régions françaises), nos tuyaux perso pour voyager, des cartes et des photos sur chaque pays, des infos météo et santé, la possibilité de réserver en ligne son visa, son vol sec, son séjour, son hébergement ou sa voiture. En prime, *routard mag* véritable magazine en ligne, propose interviews de voyageurs, reportages, carnets de routes, événements culturels, programmes télé, produits nomades, fêtes et infos du monde. Et bien sûr : des concours, des chats, des petites annonces, une boutique de produits voyages...

Les tarifs mentionnés dans ce guide ne sont qu'indicatifs et en rien contractuels. Il s'agit de prix indiqués et pratiqués par les propriétaires, du 1er janvier au 31 décembre 2002. Néanmoins, ne soyez pas étonné, car le passage à l'euro provoque quelques différences de prix, ici ou là. Les adresses signalées par le logo **10 %**, accordent une réduction de 10 % sur le prix d'un séjour de 2 nuits consécutives et minimum (hors repas et juillet/août), pendant toute l'année 2002.

Spécial copinage

Nous tenons à remercier tout particulièrement les gîtes de France, notre partenaire, dont bon nombre d'hébergements figurent dans nos pages. Ils ont ouvert une superbe boutique du Tourisme Vert à Paris. Pour tout renseignement : Maison des Gîtes de France - 59, rue Saint-Lazare, 75439 Paris Cedex 09. Tél. : 01.49.70.75.75. Fax : 01.42.81.28.53 - Minitel 36-15, code gîtes de france. E-mail : info@gites-de-france.fr Internet : www.gites-de-france.fr

Le contenu des annonces publicitaires insérées dans ce guide n'engage en rien la responsabilité de l'éditeur ni de l'auteur.

Escapadez-vous
avec les Logis de France !

Avec le guide des Logis de France, 3 500 hôtels-restaurants vous attendent au cœur des terroirs pour des escales chaleureuses dans une ambiance familiale et toujours différente. Chaque Logis est le point de départ de mille escapades au cœur de la France.

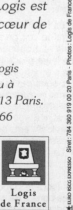

Disponible gratuitement chez les hôteliers Logis de France, dans les Offices du Tourisme ou à Logis de France - 83, avenue d'Italie 75013 Paris. Tél. : 01 45 84 70 00 - Fax : 01 45 83 59 66 info@logis-de-france.fr

Par correspondance frais de port demandés (3,20 €)

RÉSERVATIONS : 01 45 84 83 84
www.logis-de-france.fr

Logis de France

LES P'TITS TUYAUX INDISPENSABLES

Ce guide est classé par régions, vous trouverez le **sommaire p. 7.**

Cartes

Elles sont la clé du guide.
- **22 cartes régionales :** au début de chaque région, vous trouverez une carte sur laquelle sont signalées par un point noir • les communes où nous vous avons déniché de bonnes adresses.
- **1 carte générale :** au début du guide, vous pourrez consulter une carte de France indiquant le kilométrage entre les principales villes reprères.
- **1 carte des Régions :** au début du guide.

Classement des adresses

À l'intérieur de chaque région, les communes sont classées par ordre alphabétique. Leur nom est suivi du code postal et de coordonnées renvoyant à la carte régionale, ainsi que de leur position par rapport à 1, 2 ou 3 villes dont la première est une préfecture ou sous-préfecture (à propos, pouvez-vous citer celles du 49, 54, 70 ?... Heu !...)
Les communes qui commencent par le, la, les, sont classées à la lettre qui les suit.

Index

Placé en fin d'ouvrage, il donne la liste de toutes les localités traitées. Juste après, il y a aussi une fiche pour nous faire part de vos opinions et de vos découvertes.

Symboles utilisés

â Hébergement |●| Restauration ⚲ Chien admis ⤫ Adresse non-fumeur

Le petit plus du Guide du routard

⑩% sur présentation du guide 2002, toutes les adresses signalées par ce pictogramme offrent 10 % de réduction sur un séjour de 2 nuits (avec petits déjeuners) au minimum. La réduction ne s'applique pas aux repas et durant les mois de juillet-août.

Petit lexique campagnard

- **La ferme-auberge :** dans cette période de doute alimentaire. Il est rassurant de voir de petites exploitations agricoles valoriser leur entreprise familiale et proposer aux touristes, comme pour les gens du cru, la dégustation de leurs produits (sympa non ?). Une savoureuse cuisine du terroir comme on n'en trouve plus dans les restos de nos agglomérations. On y apprécie les bons petits plats de nos grands-mères, comme le pâté aux pommes de terre, la truffade, le coq au vin, la pintade aux choux, le canard aux navets, ou encore la tarte au camembert. On peut quelquefois y dormir en gîte rural, d'étape, en chambres d'hôte ou en camping. Attention, le nombre de services est souvent restreint (uniquement le week-end hors-saison). Réserver à l'avance est impératif.
- **La chambre d'hôte :** c'est l'accueil chez l'habitant par excellence, c'est le contact, la découverte d'une région vécue de l'intérieur. Des chambres installées chez des particuliers (agriculteurs ou non), à des prix comprenant toujours le petit déjeuner, moment extra pour préparer la journée, profiter des bons tuyaux des patrons et déguster confitures et brioches maison. Et pour décompresser du vacarme des villes, pas d'adresse en bord de nationale, mais plutôt des coins sympas.

• **La table d'hôte est exclusivement réservée à ceux qui dorment sur place.** C'est là que les langues se délient, que les connaissances et les échanges se font. Superbe moment de convivialité, partagé autour d'une grande table. Certaines tables d'hôte échappent à la règle, et nous le déplorons... mais n'oublions pas que le charme de cette formule tient à sa diversité. Comme en ferme-auberge, priorité est donnée aux produits frais et aux recettes traditionnelles.

• **Le gîte d'étape, le gîte de séjour et le gîte-auberge :** ces adresses sont idéales pour les familles nombreuses et les groupes de copains. Pratiquement tous ces gîtes offrent des activités sportives, souvent liées à leur situation : randonnées pédestres (proche d'un GR), ski alpin, de fond... Certains propriétaires proposent des séjours avec activités : équitation, escalade, canyoning, randonnée avec chiens de traîneau... qu'ils animent ou encadrent. D'autres, vous feront partager des activités plus artistiques ou manuelles. Formules à la nuitée en chambres-dortoirs à des prix toujours sympas. On a sélectionné uniquement les gîtes proposant des repas en table d'hôte ou en auberge.

Du bon usage de ce guide

Outre l'environnement, le type de maison, la personnalité des proprios, l'accueil pratiqué, on a précisé l'accès, la période d'ouverture, la nécessité de réserver à l'avance... Pour les auberges : le nombre de couverts, les prix des menus et les spécialités de la maison. Pour les chambres d'hôte et gîtes d'étape : le nombre de chambres, le détail des sanitaires, le style des petits déjeuners. Selon les cas, on a indiqué les loisirs proposés par les patrons et les principaux centres d'intérêts et balades sympas à faire aux alentours. On a également signalé les autres possibilités de séjour ou de services qui existent sur place : location de gîte rural, camping, location de VTT, vente de produits fermiers ou de vin, etc.

Des coutumes...

Que ce soit pour manger ou pour dormir, n'oubliez pas que vous vous rendez chez des particuliers et non chez des professionnels de l'hôtellerie-restauration. Ceci nous amène à vous prodiguer quelques conseils :
• Les capacités d'accueil sont souvent limitées et les adresses ne sont pas toujours ouvertes toute l'année. Alors un seul mot d'ordre, **réservez longtemps à l'avance !** Pour les retardataires invétérés, auxquels certains proprios conseilleraient des adresses de dépannage, sachez qu'elles ne correspondent pas forcément aux critères de sélection de ce guide.
• Si vous avez un pépin sur la route, ou que vous avez craqué pour une petite halte en chemin, pensez à passer un petit coup de fil, l'accueil n'en sera que meilleur.
• Puisque vous êtes heureux de ne pas manger du surgelé, comprenez qu'il faut à la maîtresse de maison un minimum de temps pour préparer son repas. Donc, si vous voulez dîner le soir de votre arrivée, précisez-le quand vous réservez. À noter d'ailleurs que la majorité des tables d'hôte ne fonctionnent que le soir, et de plus en plus souvent sur réservation.
• Il s'agit toujours d'une cuisine familiale, alors ne vous attendez pas à une carte de restaurant chinois : soit vous partagerez le repas des patrons à leur table, soit vous choisirez parmi les plats d'1 ou 2 menus (plus quelques plats simples à la carte dans certains cas).
• Pensez à avertir les proprios si vous comptez emmener votre éléphant domestique ou débarquer avec vos six charmantes têtes blondes.
• Des arrhes peuvent être demandées en cas de séjour réservé à l'avance (en principe 30 %). Si on ne vous en réclame pas (veinards !), et que vous changez vos plans de vacances, prévenez les proprios de votre annulation. Cela leur évitera de refuser d'autres lecteurs !
• Les grooms et femmes de chambres sont des espèces rares dans nos adresses. Alors, n'ayez pas peur de porter vos bagages ou de faire votre lit le matin, comme chez la tante de Bretagne.

LES RÉGIONS DE FRANCE

Des adresses qui sentent bon le terroir

Voici le guide pour manger et dormir à la campagne, en ayant le sentiment d'être reçu en ami, pour découvrir la France de notre enfance, celle des petits plats qui ont mijoté longtemps, servis auprès d'un feu de cheminée, dans une maison avec des meubles à la bonne odeur de cire... Pour la septième année, notre équipe a repris les chemins de l'école buissonnière pour sillonner nos belles régions, à la recherche des meilleures nouvelles fermes-auberges, chambres d'hôte et autres formules chez l'habitant, toujours selon les mêmes critères : des maisons comme on les aime, chaleureuses et sans façon, gardiennes de notre bien-vivre et pas ruineuses. Ce sont donc 106 adresses aux petits oignons qui sont venues grossir le « best of » des 1 500 de l'an passé. De nombreux lecteurs nous ont écrit, nous faisant part de leur enthousiasme, de leurs découvertes, mais aussi d'une maison en vente ou bien d'une expérience décevante. Il arrive parfois que la clientèle amenée par le Routard donne la grosse tête à certains proprios. Ceux-là, on les attend au tournant, et c'est ainsi que pour l'édition 2002, 102 adresses sont passées... à la trappe.

Eh oui, chaque année pour y figurer, il faut le mériter !

SOMMAIRE DES RÉGIONS

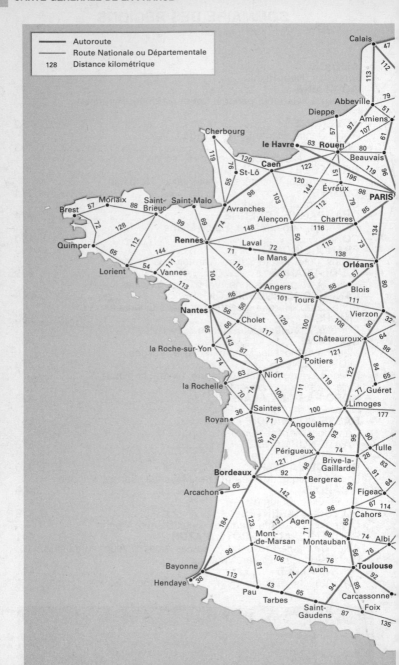

Autoroute
Route Nationale ou Départementale
128 Distance kilométrique

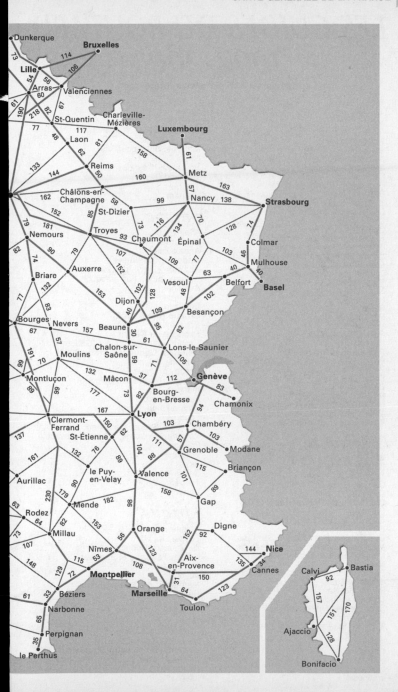

LES GUIDES DU ROUTARD 2002-2003

(dates de parution sur **www.routard.com**)

France

- Alpes
- Alsace, Vosges
- Aquitaine
- **Ardèche, Drôme**
- Auvergne, Limousin
- Banlieues de Paris
- Bourgogne, Franche-Comté
- Bretagne Nord
- Bretagne Sud
- Châteaux de la Loire
- Corse
- Côte d'Azur
- Hôtels et restos de France
- Junior à Paris et ses environs
- **Junior en France (printemps 2002)**
- Languedoc-Roussillon
- Lyon et ses environs
- Midi-Pyrénées
- Nord, Pas-de-Calais
- Normandie
- Paris
- Paris à vélo
- Paris balades
- Paris casse-croûte
- Paris exotique
- **Paris la nuit (nouveauté)**
- Pays basque (France, Espagne)
- Pays de la Loire
- Poitou-Charentes
- Provence
- Restos et bistrots de Paris
- Le Routard des amoureux à Paris
- Tables et chambres à la campagne
- Week-ends autour de Paris

Amériques

- **Argentine (déc. 2001)**
- Brésil
- Californie et Seattle
- Canada Ouest et Ontario
- Cuba
- **Chili et Île de Pâques (déc. 2001)**
- Équateur
- États-Unis, côte Est
- Floride, Louisiane
- Guadeloupe, Saint-Martin, Saint-Barth
- Martinique, Dominique, Sainte-Lucie
- Mexique, Belize, Guatemala
- New York
- Parcs nationaux de l'Ouest américain et Las Vegas
- Pérou, Bolivie
- Québec et Provinces maritimes
- Rép. dominicaine (Saint-Domingue)

Asie

- Birmanie
- **Chine**
- Inde du Nord
- Inde du Sud
- Indonésie
- Israël
- Istanbul
- Jordanie, Syrie, Yémen
- Laos, Cambodge
- Malaisie, Singapour
- Népal, Tibet
- Sri Lanka (Ceylan)
- Thaïlande
- Turquie
- Vietnam

Europe

- Allemagne
- Amsterdam
- Andalousie
- **Andorre, Catalogne**
- Angleterre, pays de Galles
- Athènes et les îles grecques
- Autriche
- Baléares
- Belgique
- **Croatie (mars 2002)**
- Écosse
- Espagne du Centre
- Espagne du Nord-Ouest **(Galice, Asturies, Cantabrie - mars 2002)**
- Finlande, Islande
- Grèce continentale
- Hongrie, Roumanie, Bulgarie
- Irlande
- Italie du Nord
- Italie du Sud, Rome
- Londres
- Norvège, Suède, Danemark
- Pologne, République tchèque, Slovaquie
- Portugal
- Prague
- Sicile
- Suisse
- Toscane, Ombrie
- Venise

Afrique

- Afrique noire
- Égypte
- Île Maurice, Rodrigues
- Kenya, Tanzanie et Zanzibar
- Madagascar
- Maroc
- Marrakech et ses environs
- Réunion
- Sénégal, Gambie
- Tunisie

et bien sûr...

- Le Guide de l'expatrié
- **Le Guide du chineur (printemps 2002)**
- **Le Guide du citoyen (printemps 2002)**
- Humanitaire
- Internet

TICKET POUR UN ALLER-RETOUR-ALLER-RETOUR-ALLER-RETOUR-ALLER-RETOUR...

NOS NOUVEAUTÉS

PARIS LA NUIT (paru)

Après les années moroses, les nuits parisiennes se sont remis du rose aux joues, du rouge aux lèvres et ont oublié leurs bleus à l'âme. Tant mieux ! Dressons le bilan avant de rouler carrosse : DJs tournants, soirées mousse, bars tendance-tendance pour jeunesse hip-hop, mais aussi soirées-chansons pleines d'amitié où l'on réveille Fréhel, Bruant et Vian. Après les *afters,* en avant les *befores* pour danser au rythme des nouvelles D'Jettes à la mode. Branchados des bô-quartiers, pipoles-raï, jet-set et néo-mondains, qui n'hésitent pas à pousser la porte des vieux bistroquets d'avant-guerre pour redécouvrir les convivialités de comptoir des cafés-concerts d'autrefois. Voici un bouquet de bonnes adresses pour dîner tard, pour boire un verre dans un café dé à coudre, dépenser son énergie en trémoussant ses calories en rab, s'offrir un blanc-limé sur le premier zinc, ouvert sur la ligne du petit matin... Mooon Dieu que tu es chiiic ce sooiiir ! Nuits frivoles pour matins glauques, voici notre répertoire pour colorer le gris bitume... voire plus si affinités.

ARDÈCHE, DRÔME (paru)

Pas étonnant que les premiers hommes de la création aient choisi l'Ardèche comme refuge. Ils avaient bon goût ! Une nature comme à l'aube des temps, intacte et grandiose. Des gorges évidemment, à découvrir à pied, à cheval ou mieux, en canoë-kayak.
Grottes à pénétrer, avens à découvrir, musées aux richesses méconnues, une architecture qui fait le grand écart entre les frimas du Massif central et les cigales de la Provence. Enfin, pour mettre tout le monde d'accord, une bonne et franche soupe aux châtaignes.
Entre Alpes et Provence, la Drôme a probablement du mal à choisir. La Drôme, c'est avant tout des paysages sans tapage, harmonieux, sereins, des montagnes à taille humaine... À la lumière souvent trop dure et trop crue de la Provence, elle oppose une belle lumière adoucie, des cieux d'un bleu plus tendre. Voici des monts voluptueux, piémonts aux accents italiens comme en Tricastin et en Drôme provençale. Tout ce qui, au sud, se révèle parfois trop léché, se découvre ici encore intact ! Quant aux villes, elles sont raisonnables, délicieusement accueillantes.
Pour finir, l'Histoire, ici, avec un grand « H » : refuge pour les opprimés de tous temps, des protestants pourchassés aux juifs persécutés.

faire du ciel le plus bel endroit de la terre

AIR FRANCE

Tarifs Tempo. Envolez-vous à prix légers.
www.airfrance.com

Membre de SKYTEAM

NOS NOUVEAUTÉS

CHINE (paru)

Depuis Tintin et *Le Lotus Bleu*, on rêve de la Chine. Eh oui, de superbes images exotiques, une capacité d'évocation exceptionnelle. Mais attention, cette Chine-là a tout de même quelque peu évolué : ouverture économique, développement incroyable, montée en puissance du tourisme... Tout cela fait que le pays a plus changé en dix ans qu'en un siècle ! Aujourd'hui, avec la baisse des prix du transport et l'ouverture quasi totale du pays, y voyager librement et à la *routarde,* est carrément à la portée de tous. À nous donc, la Cité interdite de Pékin, le magique parc impérial de Chengde, la Grande Muraille, l'armée impériale en terre cuite de Xi'an, les paysages d'estampes de Guilin, Shanghai, la trépidante vitrine de cette Chine nouvelle, en pleine explosion capitaliste, et aussi Hong Kong, le grand port du Sud, Canton et la Rivière des Perles, sans oublier Macao, la ville des casinos et du jeu. Avec notre coup de cœur : le Yunnan, la grande province du Sud-Ouest... « Au sud des Nuages », une région montagneuse et sauvage, habitée par de nombreuses minorités ethniques, au mode de vie encore préservé.
Certes, toute la Chine ne tiendra pas dans un seul *Guide du routard,* mais un seul routard peut tenir à la Chine plus qu'à nul autre pays. En avant vers cet empire du Milieu, désormais accessible de tous bords et qui n'est pas, loin s'en faut, totalement entré dans la modernité.
La Chine se révélera encore capable de livrer nombre de scènes et atmosphères du temps des Seigneurs de guerre (ou peut-être même avant !). Cependant, elles se mériteront, il faudra seulement les chercher un peu plus. En tout cas, elles n'échapperont pas à ceux, celles qui sauront sortir des *Hutongs* battus ! Allez, un peu de yin dans la valoche, beaucoup de yang dans le sac à dos, et en route !

ANDORRE, CATALOGNE (paru)

Si la belle Andorre est surtout réputée pour son commerce détaxé et la multitude de ses boutiques, cela ne représente que 10 % de son territoire. Et le reste ? De beaux vestiges romans, des montagnes et des vallées, avec un climat idéal, doux en été et aux neiges abondantes en hiver. Un vrai paradis de la balade et du ski. Avant tout, l'Andorre, c'est l'ivresse des sommets. Un dépaysement qui mérite bien quelques jours, déjà en pays catalan, et pourtant différent.
La Catalogne, bourrée de charme, renferme un époustouflant éventail de trésors artistiques, alliant les délicieuses églises romanes aux plus grands noms de l'art moderne : Dalí, Picasso, Miró et Tápies, pour ne citer qu'eux. Et on les retrouve, bien sûr, dans la plus branchée des villes espagnoles, Barcelone, bouillonnante de sensations, d'odeurs et d'émotions. Aussi célèbre pour sa vie nocturne que pour ses palais extraordinaires cachés derrière les façades décrépies des immeubles, marqués par l'architecture incroyable de Gaudí, cette merveilleuse cité se parcourt à pied pour qui veut découvrir son charme propre. Et de la côte aux villages reculés, c'est avant tout cette culture, d'une richesse étonnante, qui a façonné l'identité catalane. Et les Catalans sont ravis de la partager avec ceux qui savent l'apprécier.

AUTAN®

repousser les moustiques !

Nouveau

- *L'anti-moustiques leader en Asie, Amérique du Sud et Europe*
- *Molécule exclusive Bayer*

Spécial tropiques

Protection 8 heures

AUTAN ACTIVE
ANTI-INSECTES
STICK

AUTAN ACTIVE
ANTI-INSECTES
SPRAY

Repousse les moustiques, les tiques, les taons et les aoûtats.

AUTAN l'avoir sur soi quand c'est trop tard !

- Atténue l'irritation
- Réduit le gonflement
- Calme et rafraîchit la peau

à l'aloe vera

AUTAN FAMILY
ANTI-INSECTES
LAIT

AUTAN FAMILY
ANTI-INSECTES
CRÈME

Hydratant* et apaisant

Spécial enfants et peaux sensibles

*des couches supérieures de l'épiderme

Demandez conseil à votre pharmacien

Et pour ce guide hors pair, plein d'amis nous ont aidés :

Brigitte Audoin, Monique Bernisson, Guy Bigot, Valérie Bizouerne, Christiane Bocquier, Philippe Bordes, Bruno Bouyer, Myriam Bruny, Richard Buffat, Carole Buis, Béatrice Bulle, Christiane Carcenac, Catherine Camelot, Marie-Hélène Carpentier, Nadine Chervaux, Dominique Colonna d'Isdria, Daniel Dulout, Dominique Dupeyroux, Maryline Enjalbert, Michel Faraut, Mireille Foncel, Bernard Garnier, Virginie Gautier, Laurence Girard, Dominique Griffaton, Jean-Pierre Grimaldi, Chantal Guyot, Fabienne Houdayer, Monique Keller, Jocelyne Laurent, Françoise Lauzin, Thierry Le Goff, Grégory Lepoutre, Gilbert Machetto, André Margotin, Christian Nouvelot, Danièle Perier, Pascale Petitjean, Béatrice Plantin, Elisabeth Podevin, Pascale Quévreux, Françoise Raveau, Pascale Rey, Marie-France Rezé, Jean-Claude Rival, Jean-Marie Roche, François et Muriel de Rotz, Marie-Jo Schenck, Jean-Marie Servais, Jacqueline Taillandier, Hélène Tixeire, Chantal Verdier, Roger Viaux, Joseph Yanowitz, Lionnel Zazzaron...

Nous tenons à remercier tout particulièrement Catherine Hidé, Florent Lamontagne, Isabelle Vivarès, Thierry Bessou, François Chauvin, Grégory Dalex, Michèle Georget, Jean Omnes, Patrick de Panthou, Jean-Sébastien Petitdemange et Alexandra Sémon pour leur collaboration régulière.

Direction : Cécile Boyer-Runge
Contrôle de gestion : Joséphine Veyres
Direction éditoriale : Catherine Marquet
Édition : Catherine Julhe, Peggy Dion, Matthieu Devaux, Stéphane Renard, Sophie Berger et Carine Girac
Préparation-lecture : Brigitte Robert
Cartographie : Cyrille Suss
Fabrication : Gérard Piassale et Laurence Ledru
Direction des ventes : Francis Lang
Direction commerciale : Michel Goujon, Dominique Nouvel, Dana Lichiardopol et Lydie Firmin
Informatique éditoriale : Lionel Barth
Relations presse : Danielle Magne, Martine Levens et Maureen Browne
Régie publicitaire : Florence Brunel et Monique Marceau
Service publicitaire : Frédérique Larvor et Marguerite Musso

POUR VOS VACANCES, SUIVEZ LE GUIDE

Parce que vos vacances sont uniques, nous vous proposons 11 guides nationaux et 95 guides départementaux pour vous accompagner partout en France. Pour une nuit, un week-end ou plusieurs semaines, à la montagne, à la mer ou à la campagne, les Gîtes de France ont sélectionné 55.000 adresses hors des sentiers battus. Retrouvez les 11 guides nationaux dans votre librairie ou renvoyez ce coupon réponse à l'adresse suivante.

Parution août 2001

Parution octobre 2001

Parution octobre 2001

Parution octobre 2001

Parution janvier 2002

Parution janvier 2002

Parution novembre 2001

Parution janvier 2002

Parution février 2002

Parution février 2002

Parution février 2002

Découvrez aussi nos 95 guides départementaux

ALSACE

A

Cleebourg ●
Hunspach ●
Oberkutzenhausen ●
Wimmenau ●

BAS-RHIN

A 4
N 62   N 63   Rhin
HAGUENAU
A 4   D 421
SAVERNE   N 63   A 35
67
N 4   A 4 ● Hœrdt
D 422
A 352   STRASBOURG
Oberhaslach ●
Wackenbach ●   Blaesheim ●
N 420   N 422
Ranrupt ●   N 83
Bourg-Bruche ●   Villé ●
Steige ●   A 35
N 59
● SÉLESTAT
Hunawihr ●   N 83
N 415   Rhin
Ostheim ●
Ammerschwihr ●   COLMAR   ALLEMAGNE
Katzenthal ●
Metzeral ●   D 417   N 415
Eguisheim ●
Wasserbourg ●   **68**
Lautenbach ●   N 83   A 35
Husseren-
Wesserling ●
Willer-   D 430
sur-Thur ●
Bourbach-   N 66   A 36
le-Haut ●   ● MULHOUSE
N 83   A 35
A 36   D 432
D 466   A 35
D 419   D 419
Strueth ●
Oltingue ●

● **Steige**   Adresses
○ STRASBOURG   Villes repères

0   10   20 km

SUISSE

A

Alsace

••••••••••••••••••••••••••••••••••••••

67 Bas-Rhin
68 Haut-Rhin

AMMERSCHWIHR 68770   Carte régionale A2

8 km NO de Colmar

🏠 ⓾% *Chambres d'hôte (Odile et André Thomann-Desmarest) :* 2, rue des Ponts-en-Pierre. ☎ et fax : 03.89.47.32.83. Accès : de Colmar, N 83 puis N 415 vers Nancy (par le col du Bonhomme) jusqu'à Ammerschwihr ; la maison est *grosso modo* entre la mairie et l'église. C'est l'une des rares maisons à n'avoir pas été détruite pendant la guerre. On dit que la grand-tante d'André l'arrosa avec du vin afin qu'elle ne soit pas ravagée par les incendies. Heureusement, car elle est belle, avec sa couleur vieux rouge et ses murs à colombages. Après avoir passé la lourde porte, on découvre la cour où siège un noble et imposant pressoir. Dans différentes parties de la maison, 4 chambres agréables avec sanitaires privés, dont une familiale. Comptez de 41 à 50 € (de 268,94 à 327,98 F) pour 2, et de 60 à 70 € (de 393,57 à 459,17 F) pour la familiale, petit déjeuner compris. Pas de table d'hôte, mais un bon resto dans le village, *L'Arbre Vert*. Accueil convivial. Colmar est toute proche, avec ses maisons de couleurs vives.

BLAESHEIM 67113   Carte régionale A1

20 km SO de Strasbourg

🏠 🐕 *Chambres d'hôte L'Arc-en-Ciel (Anne Schadt) :* 57, rue du Maréchal-Foch. ☎ 03.88.68.93.37. Fax : 03.88.59.97.75. • schadt.anne@wanadoo.fr • Accès : de Strasbourg, A 35 vers Colmar/Saint-Dié puis Molsheim et sortie n° 9 Obernai ; la maison est au centre du village. C'est après avoir passé le portail de cette vieille ferme typiquement alsacienne que vous découvrirez tout son charme. D'ailleurs Anne a dû se battre pour que sa maison ait si fière allure aujourd'hui. 6 chambres en tout : deux au rez-de-chaussée et quatre au 1er étage, auxquelles on accède en empruntant un long balcon tout de bois vêtu. De petits massifs fleuris et de vieux outils complètent le décor. Chaque chambre est vaste, personnalisée, avec de grands sanitaires privés. Une préférence pour la chambre bleue (ça tombe bien, elle est moins chère). Deux d'entre elles sont immenses (4/5 personnes) avec coin salon et lits en mezzanine. Selon la chambre, comptez de 44 à 50 € (de 288,62 à 327,98 F) pour 2, petit déjeuner compris. Pas de table d'hôte, mais deux restos extras dans le village. En face, *Le Cygne d'Abondance* qui propose une cuisine alsacienne

---

> Nous vous rappelons que la table d'hôte est le complément d'une formule d'hébergement (chambre d'hôte, gîte d'étape...). Ce service n'est offert qu'aux personnes qui dorment sur place (excepté lorsqu'il est clairement écrit « ouvert aux extérieurs »).

traditionnelle avec des portions ultra-généreuses à prix très doux. Un peu plus loin, *Chez Philippe* (le papa d'Anne) dans un style plus chic et raffiné (plus cher évidemment). Le seul petit problème est la proximité de la route, mais le trafic est quasi nul la nuit. Accueil tout à fait charmant.

BOURBACH-LE-HAUT 68290   Carte régionale A2

29 km O de Mulhouse ; 10 km SO de Thann

▲ |●| ⚐ ✕ (10%) *Ferme-auberge et de séjour (Joël Mansuy et Claire Dyminski) :* Les Buissonnets. ☎ 03.89.38.85.87. Accès : à partir du village, prenez la petite route de montagne qui grimpe jusqu'à la ferme. Ouvert uniquement le dimanche en janvier, février et mars ; le reste de l'année fermé le lundi et le mardi. À 750 m d'altitude, auberge de 70 couverts proposant une délicieuse cuisine campagnarde. Traditionnel repas marcaire à 14 € (91,83 F). De l'omelette paysanne à 9 € (59,04 F) au baeckeoffe à 13 € (85,27 F). Vous pourrez aussi craquer sur les grillades au feu de bois, les pommes de terre coiffées au fromage de montagne à 10,50 € (68,88 F), le bargkass ou le fromage de montagne. En demi-pension, logement possible en chambre à 29 € (190,23) ou en dortoir à 22 € (144,31 F), par personne bien entendu ! Une gentille adresse.

BOURG-BRUCHE 67420   Carte régionale A1

52 km NO de Colmar ; 30 km NO de Sélestat

▲ |●| ⚐ ✕ *Ferme-auberge du Nouveau Chemin (Wilfred Kreis) :* ☎ 03.88.97.72.08. Accès : sur la N 420. Ouvert de début mars à la Toussaint, sauf lundi et mardi. De préférence sur réservation. À 550 m d'altitude, en pleine nature, avec un panorama superbe, petite ferme-auberge de 45 couverts. Menus de 11,43 à 14,48 € (de 75 à 95 F), composés de spécialités alsaciennes et de produits de la ferme : tartes flambées, pâté en croûte, baeckeoffe, lapin et veau fermiers. Egalement 2 chambres avec sanitaires privés pour 38 € (249,26 F) la nuit. Accueil chaleureux.

CLEEBOURG 67160   Carte régionale A1

55 km N de Strasbourg ; 7 km S de Wissembourg

▲ |●| (10%) *Chambres d'hôte (Anne et Jean-Paul Klein) :* 59, rue Principale. ☎ 03.88.94.50.95 et 06.21.35.07.91. ● annejp.klein@laposte.net ● Accès : au centre du village. Au cœur de Cleebourg, qui fut une enclave suédoise jusqu'en 1787 (le prince Casimir, seigneur local, avait épousé la fille du roi de Suède), maison alsacienne traditionnelle avec fenêtres chargées de fleurs. 3 chambres campagnardes avec sanitaires privés. La plus petite a un accès direct à la salle à manger par un superbe lit clos (si ! si !). Comptez de 35,06 à 38,11 € (de 230 à 250 F) pour 2, copieux petit déjeuner compris (fromage, charcuterie, confitures et pain maison). Table d'hôte sans les proprios, à 12,20 € (80 F) hors boissons, vins à 7,62 € (50 F) la bouteille. Parmi les spécialités d'Anne, le baeckeoffe, le poulet au riesling, le palette à la diable, sans oublier la choucroute. Accueil chaleureux. Plein de jolis villages à voir à proximité, dont Hunspach, Seebach et surtout Wissembourg.

EGUISHEIM 68420   Carte régionale A2

5 km S de Colmar

▲ ⚐ *Chambres d'hôte (Monique Freudenreich) :* 4, cour Unterlinden. ☎ et fax : 03.89.23.16.44. Accès : dans le village, passez devant l'office du tourisme et la maison est à droite. Au cœur du ravissant village d'Eguisheim, maison alsacienne traditionnelle dans les tons jaunes avec petite cour intérieure. Au 2e étage, Monique a installé 3 chambres claires et agréables avec sanitaires privés. Comptez 39 € (255,82 F) pour 2, petit déjeuner compris. Pas de table d'hôte, mais plusieurs restos dans le village. Le frère de Monique est viticulteur et est installé juste à côté. Il fait visiter sa cave et propose aussi des dégustations (comme la plupart des vignerons de la région, il propose la gamme complète des vins d'Alsace). Eguisheim est aussi à découvrir (en été, vous ne serez pas les seuls...), avec son circuit des remparts et sa vieille chapelle aux couleurs vives (plan disponible à l'office du tourisme).

HŒRDT 67720   Carte régionale A1

20 km N de Strasbourg

⚐ ⤫ *Chambres d'hôte (Dorothée et René Stoll) :* 23, route de Wantzenau. ☎ 03.88.51.72.29 et 06.08.25.01.51. Fax : 03.90.29.00.79. Accès : de Strasbourg, A 4 vers Nancy, puis bifurquez vers Karlsruhe jusqu'à la sortie Hœrdt ; traversez le village jusqu'au feu tricolore, tournez à droite, la maison est en face de la place. Au cœur du village, vous reconnaîtrez facilement cette belle maison alsacienne à la façade verte. Dorothée et René aiment la restauration, le beau et l'authentique ; aussi vous ne pourrez que tomber sous le charme de cette demeure. 5 chambres élégantes et raffinées, avec sanitaires privés, installées aux 1er et 2e étages. Comptez 46,50 € (305 F) pour 2, petit déjeuner compris (avec charcuterie, céréales...). Pas de table d'hôte, mais plusieurs restos à proximité. La maison est un peu en bord de route, mais le trafic est restreint la nuit. Accueil de qualité. Un point de chute idéal tout proche de Strasbourg.

HUNAWIHR 68150   Carte régionale A2

15 km N de Colmar ; 3 km S de Ribeauvillé

⚐ 🐕 *Chambres d'hôte (Frédérique et Manfred Seiler) :* 3, rue du Nord. ☎ et fax : 03.89.73.70.19. Accès : sur la Route des Vins (D 10) entre Sigolsheim et Ribeauvillé, bifurquez vers Hunawihr, montez dans le village ; à la fourche prenez à droite et la maison est un peu plus loin à gauche. Fermé du 15 au 30 novembre et en mars. Au cœur du village, parmi plusieurs petites maisons qui s'entremêlent, indépendantes de la sienne, Frédérique a installé 5 chambres vastes et attachantes, dont trois avec coin cuisine (plus chères évidemment). Sanitaires privés. Comptez de 41 à 52 € (de 268,94 à 341,1 F) pour 2, petit déjeuner compris. Il est servi sous un avant aux beaux jours ou dans une toute nouvelle et pimpante salle avec poutres et pierres apparentes. Également 3 gîtes. Accueil charmant. Calme et tranquillité garantis. Un point de chute idéal pour ceux qui veulent découvrir le vignoble, sans oublier Colmar dont la vieille ville et ses canaux nous ont fait craquer.

HUNSPACH 67250   Carte régionale A1

50 km N de Strasbourg ; 20 km NE d'Haguenau

⚐ 🐕 ⑩% *Chambres d'hôte Maison Ungerer :* 3, rue de Hoffen. ☎ 03.88.80.59.39 et 06.18.95.41.37. Fax : 03.88.80.41.46. ● maison-ungerer@wanadoo.fr ● Accès : à proximité de la D 263 entre Wissembourg et Haguenau ; la maison est au centre du bourg. Sur réservation. Dans un superbe village classé parmi les plus beaux de France (pratiquement toutes les maisons sont à colombages), la commune propose, dans une ancienne ferme joliment restaurée, 7 gîtes pour 2 à 6 personnes avec une ou deux chambres et coin cuisine. En période de vacances, ils sont loués à la semaine, de 200 à 380 € (de 1311,91 à 2492,64 F), suivant saison et capacité. En revanche, hors saison, ils fonctionnent comme des chambres d'hôte. Comptez 45 € (295,18 F) pour 2, avec le petit déjeuner traditionnel (charcuterie, jus de fruits, fromage et céréales). Possiblité de louer pour le week-end de 105 à 150 € (688,75 à 983,94 F). Bien sûr, étant donné qu'on vous loue la totalité du gîte pour la nuit, le coin cuisine est à votre disposition. C'est Sylvie qui s'occupe de l'accueil et son sourire rendra votre séjour encore plus agréable.

HUSSEREN-WESSERLING 68470   Carte régionale A2

30 km NO de Mulhouse ; 12 km NO de Thann

⚐ ⤫ ⑩% *Chambres d'hôte (Yvonne et Dominique Herrgott) :* 4, rue de la Gare. ☎ 03.89.38.79.69. Fax : 03.89.38.78.92. ● www.chez.com/hergott/ ● Accès : par la N 66 (fléchage à partir de Wesserling). Grande maison de village avec, derrière, un grand jardin bien fleuri. 4 chambres-studios (dont une suite de 55 m²) avec coin cuisine et sanitaires privés. Comptez de 43 à 48 € (de 282,06 à 314,86 F) pour 2, avec le petit déjeuner en formule buffet. Rien que pour vous, Yvonne et Dominique ont installé une piscine couverte et chauffée (très rare en Alsace!). Accueil agréable.

KATZENTHAL 68230   Carte régionale A2

6 km NO de Colmar

≜ 10% *Chambres d'hôte La Maison Jaune (Francine et Clément Klur) :* 105, rue des Trois-Épis. ☎ 03.89.27.53.59. Fax : 03.89.27.30.17. ● katz@newel.net ● Accès : de Colmar, N 415 vers Kaysersberg et sortez à Katzenthal; la maison est en haut du village, en passant à gauche de la fontaine. Katzenthal c'est la « vallée des chats », mais aussi un petit village en cul-de-sac, situé au milieu des vignes. Francine et Clément sont viticulteurs et produisent tous les vins d'Alsace (sylvaner, riesling, edelzwicker, gewurztralalère... et j'en oublie). Au 2ᵉ étage de la maison, 1 chambre spacieuse avec coin cuisine, petite terrasse et grand vélux qui ouvre sur les vignes. Sanitaires privés. Déco de bon goût. Comptez 62 € (406,69 F) pour 2, petit déjeuner compris. Également 2 gîtes ruraux pour 2 et 5 personnes, loués de 320,14 à 365,88 € (de 2100 à 2400 F) la semaine. Accueil jeune, dynamique et souriant.

LAUTENBACH 68610   Carte régionale A2

46 km SO de Colmar; 9 km N du Markstein

|●| 🐾 *Auberge à la Ferme Huss (Fabienne et André Schickel) :* ☎ 03.89.82.27.20 ou 03.89.77.70.98. Accès : sur la D 430 ou route des Crêtes, à 9 km du Markstein et 13 km du col de la Schlucht, au niveau du col de Herrenberg (n'allez pas à Lautenbach). Fermé du 15 octobre au 15 mai. Uniquement sur réservation. À 1170 m d'altitude, André a repris la ferme familiale et perpétue la tradition de la ferme-auberge et de la fabrication des laitages (munster, beurre, crème et bargkass). D'ici vous aurez un joli point de vue sur la vallée de la Thur. Deux petites salles de 30 couverts vous attendent pour déguster le repas marcaire. Pour 13,50 € (88,55 F), soupe (excellente), tourte à la viande, pommes de terre à l'étouffée, collet de porc, salade, fromage ou dessert. Avec un plat de moins, il vous en coûtera 12 € (78,71 F). Accueil très chaleureux. Une bonne adresse.

METZERAL 68380   Carte régionale A2

40 km O de Colmar; 25 km O de Munster

|●| 🐾 *Ferme-auberge Kastelberg (Sabine et Michel Wehrey) :* ☎ et fax : 03.89.77.62.25. Accès : du col de la Schlucht, prenez la route des Crêtes (D 430) vers Le Markstein, passez la route montant au Hohneck puis, au niveau de la ferme-auberge de Breitzhousen, prenez le petit chemin de terre que vous suivez pendant 2,5 km. Fermé de fin octobre à mai; le lundi le reste de l'année. Uniquement sur réservation. Cette ferme de transhumance totalement isolée, située à 1200 m d'altitude, vous réserve un panorama grandiose sur la région. Sabine et Michel élèvent des vaches vosgiennes et fabriquent munster et bargkass (le gruyère local). 2 petites salles chaleureuses, dont une, notre préférée, abrite un magnifique four à bois où les pommes de terre cuisent à l'étouffée sur les braises (slurp!). Ici, on sert le « menu marcaire » à 13,72 € (90 F) : tourte à la viande, puis les fameuses pommes de terre avec le collet de porc, salade, munster maison (hum!), la tarte ou le fromage blanc au kirsch. Petite carte campagnarde avec omelette, assiette maison, jambon cru... Carte des vins à prix doux, de 9,15 à 13,72 € (de 60 à 90 F) la bouteille. Accueil jeune et sympa. Une adresse comme on les aime.

OBERHASLACH 67280   Carte régionale A1

35 km O de Strasbourg; 20 km NO d'Obernai

≜ |●| *Chambres d'hôte Relais équestre du Neufeld (Marguerite, Françoise et Marcel André) :* ☎ 03.88.50.91.48. Fax : 03.88.50.95.46. Accès : dans le village, prenez la D 75 vers Balbronn pendant 1,5 km et après avoir passé la maison forestière à gauche, prenez le 1er chemin en terre à droite. Fermé en février. En pleine nature, dans un ancien pavillon de chasse, 4 chambres d'hôte, dont deux suites réservées aux familles. Lavabo privé mais douche et w.-c. communs pour les chambres doubles, sanitaires privés pour les suites. Mobilier rustique avec, dans chaque chambre, un poêle traditionnel en faïence que les proprios allument systématiquement en hiver, même s'il y a le chauffage central, pour la plus grande joie de leurs hôtes. Comptez 43 € (282,06 F) pour 2, avec le petit déjeuner. Table d'hôte à 14 € (91,83 F) hors boissons. Marcel partage toujours les repas avec ses clients, tandis que Marguerite et Françoise sont aux fourneaux. En période de chasse, vous pourrez déguster le civet de sanglier ou de biche et les terrines de gibier. Piscine à disposition, ainsi que 30 chevaux pour les randonnées (43 € soit 282,06 F, la balade de 2 h). Bien sûr, le ménage n'est pas toujours fait de très près, mais ici convivialité et authenticité sont au rendez-vous.

OBERKUTZENHAUSEN 67250   Carte régionale A1

50 km N de Strasbourg ; 5 km O de Soultz-sous-Forêts

▲ ⤞ *Chambres d'hôte La Vieille Grange (Héléna Troncy) :* 2, rue des Rossignols. ☎ et fax : 03.88.80.79.48. Accès : de Soultz-sous-Forêts, D 28 vers Wœrth, traversez Kutzenhausen, puis direction Oberkutzenhausen et fléchage dans le village. Fermé en janvier, février et mars. Dans une toute petite artère du village, bien au calme, coquette maison alsacienne avec une jolie treille où poussent vigne et glycine. Dans la vieille grange, Héléna, passionnée de déco, a aménagé 3 chambres charmantes avec sanitaires privés. Une grande et deux plus petites et douillettes (moins chères). Comptez de 51,83 à 59,46 € (de 340 à 390 F) pour 2, petit déjeuner compris. Petit salon de musique avec piano demi-queue accordé. Accueil agréable.

OLTINGUE 68480   Carte régionale A2

45 km S de Mulhouse ; 12 km de la Suisse

▲ ⤞ *Chambres d'hôte Le Moulin de Huttingue (Antoine Thomas) :* Huttingue. ☎ 03.89.40.72.91 et 06.07.64.64.20. Fax : 03.89.07.31.01. Accès : dans Oltingue, prenez la D 21b vers Kiffis. Fermé en janvier et février ; le reste de l'année le lundi et le mardi. Sur réservation. Dans un immense moulin au bord de l'Ill, 4 chambres sympas avec sanitaires privés. Comptez 50 € (327,98 F) pour 2, avec le petit déjeuner. Pour ceux qui aiment les grands espaces, un loft avec salon et coin cuisine à partir de 61 € (400,13 F) par jour. En bordure d'étang, maisonnette pour 3 ou 4 personnes à louer à la semaine, 275 € (1803,88 F) environ. Accueil agréable.

OSTHEIM 68150   Carte régionale A2

10 km N de Colmar ; 6 km SE de Ribeauvillé

▲ |●| ⑩% *Auberge Aux Armes d'Ostheim (Marie-Paule et Gilbert Cottel) :* 2, rue de la Gare. ☎ 03.89.47.91.15. Fax : 03.89.47.86.29. ● www.projet.com/ostheim ● Accès : derrière la mairie. Fermé de mi-novembre à début mars, et 10 jours fin juin. Ouvert le soir, le vendredi, samedi, dimanche et lundi (selon la saison). Sur réservation de préférence. Petite auberge typique à colombages avec 1 salle de 25 couverts. Spécialités alsaciennes, plat du jour à 10 € (65,6 F). Menu à 25 € (163,99 F), avec foie gras maison préparé par Gilbert, et vous pouvez aussi en acheter sur place. Également d'excellentes glaces maison. Belle carte des vins de 12,50 à 28,50 € la bouteille (81,99 à 186,95 F). Et aussi 3 chambres avec sanitaires privés et coin salon, dont deux avec TV et frigo mais plus chères. Comptez 54 € (354,22 F) pour 2 dans les 2 premières et 65 € (426,37 F) pour les autres, petit déjeuner alsacien compris (petit pain, jus de fruits, charcuterie).

RANRUPT 67420　　　　　　　　　　Carte régionale A1

30 km NO de Sélestat ; 30 km SO d'Obernai

|●| *Ferme-auberge Promont (Famille Schynoll) :* ☎ 03.88.97.62.85. Accès : de Sélestat D 424 vers Villé ; au col de Steige (n'allez pas à Ranrupt), prenez la D 214 vers le col de la Charbonnière pendant 5 km, tournez à gauche au fléchage et faites 2 km sur un chemin de terre. Ouvert uniquement le midi, sauf le vendredi. Réservation obligatoire au moins 8 jours à l'avance (ah, la notoriété !). Ici, on n'est pas au bout du monde mais presque... Perdue à 800 m d'altitude au milieu des prés et des forêts, cette ferme est la halte idéale pour les amoureux de la nature. La famille Schynoll élève des vaches vosgiennes et fabrique des fromages (munster, tomme, fromage blanc...). 2 petites salles de 4 et 25 couverts à l'ambiance familiale et chaleureuse. Un menu unique à 12,20 € (80,03 F) qui change selon les jours, mais toujours avec des produits maison, sans oublier le savoureux fromage au kirsch, à déconseiller à tous ceux qui font un régime ! Sept sortes de vins de 9,10 à 13 € (59,69 à 85,27 F) la bouteille. Ambiance intime et décontractée, une adresse qu'on aime beaucoup et un excellent rapport qualité-prix-convivialité. Avant de partir, faites une petite balade digestive dans la forêt, vous tomberez peut-être sur un lynx réintroduit dans la région.

STEIGE 67220　　　　　　　　　　Carte régionale A1

30 km SO d'Obernai ; 19 km NO de Sélestat

🛏 |●| 🐎 ⤫ 🔟% *Ferme-auberge du Grand Pré (Anne-Marie et Alexandre Bour) :* 13, rue Haute. ☎ 03.88.57.28.41. Fax : 03.88.57.28.78. ● alex.bour@wanadoo.fr ● Accès : de Sélestat, D 424 vers Villé et continuez jusqu'à Steige, puis fléchage. Fermé du lundi au mercredi. Sur réservation. À 450 m d'altitude, ferme traditionnelle toute bleue avec des fresques extérieures naïves. 2 salles pour une capacité de 50 couverts, dans un style très ranch car Alexandre est fou de chevaux. Repas servis en terrasse l'été. 4 menus de 14,94 à 24,70 € (98 à 162 F). Ici, le canard est à l'honneur avec le magret fumé, le foie gras mi-cuit, 8,38 € (55 F), en entrée ; le magret flambé au cognac ou le foie gras poêlé au four à 13,72 € (90 F), un véritable délice (!), et le gâteau maison poêlé aux pommes caramélisées à 2,74 € (18 F). Pour ceux qui veulent séjourner, 4 chambres à l'atmosphère chaleureuse, très western, bardées de planches de bois brut qu'Alexandre a fait découper. Sanitaires privés. Comptez 38,11 € (250 F) pour 2, petit déjeuner compris. Pour les moins fortunés ou les groupes, 1 gîte d'étape de 25 couchages en dortoirs de 4 à 9 lits ; là encore, tout le décor est en bois brut, 13,72 € (90 F) par personne avec le petit déjeuner. Accueil chaleureux.

STRUETH 68580　　　　　　　　　　Carte régionale A2

35 km SO de Mulhouse ; 7 S de Dannemarie

🛏 |●| *Ferme-auberge et chambres d'hôte du Paradis (Famille Emberger) :* 1, route de Mertzen. ☎ 03.89.07.21.46. Fax : 03.89.07.29.29. Accès : de Dannemarie, D 107 puis D 7 vers Seppois ; à la sortie de Saint-Ulrich, l'accès de la ferme est signalé à droite, avant Strueth. Fermé le mercredi soir et le jeudi. Réservation conseillée. Cette superbe maison alsacienne à colombages, née à Hausgauen, a été entièrement démontée puis reconstruite à Strueth, et en a profité pour prendre une belle couleur bleue. Agréable salle avec tables nappées, où l'on déguste les spécialités maison que l'on retrouve à la carte ou dans 2 menus à 18 et 24 € (118,07 F et 157,43 F). Parmi celles-ci, le coq au riesling, l'escalope de veau forestière (les proprios élèvent des charolais), les carpes frites à la semoule, les tartes flambées (le week-end). Menu du jour à 8 € (52,48 F) servi le midi en semaine (entrée, plat et dessert). En automne, « menu chasseur » avec sanglier et chevreuil. Sur place, 5 chambres petites et très simples avec sanitaires privés et télé. Comptez 46 € (301,74 F) pour 2, petit déjeuner compris. Accueil authentique.

VILLÉ 67220
Carte régionale A1

38 km N de Colmar ; 15 km NO de Sélestat

|●| 🐎 ⋙ *Ferme-auberge Irrkrüt (Noëlle et Michel Nell) :* col de Fouchy. ☎ 03.88.57.09.29. Fax : 03.88.57.33.61. Accès : de Sélestat, prenez la D 424 ; puis la D 39 vers Fouchy, ensuite montez au col, la ferme est presque au sommet. Ouvert d'avril au 14 juillet et de septembre à octobre le weed-end, du 14 juillet au 31 août du mercredi au dimanche, et de novembre à mars le samedi et le dimanche (sauf en janvier). Sur réservation uniquement. À 600 m d'altitude, avec une superbe vue sur les forêts environnantes, dans une jolie ferme. 60 couverts installés dans 2 petites salles rustiques, assez sombres mais agréables (coquet nappage cachemire) et une terrasse. Noëlle et Michel vous présentent 3 menus de 13,42 à 22,56 € (de 88 à 148 F). Dans celui à 19,51 € (128 F), terrines, civet d'agneau à la sauvageonne et spätzle, dessert au choix. Petite carte avec des spécialités dont la tourte au munster. Carte des vins à partir de 13,11 € (86 F) la bouteille. Également 1 gîte pour ceux qui veulent séjourner. Ambiance un peu bohème, accueil jeune et décontracté.

WACKENBACH 67130
Carte régionale A1

50 km O de Strasbourg ; 3 km O de Schirmeck

🏚 🐎 *Chambres d'hôte (Anne-Marie et Claude Besnard) :* 16, rue du Rain. ☎ 03.88.97.11.08. Accès : de Schirmeck, D 392 vers Lunéville/col du Donon ; à l'église du village, tournez à droite et montez jusqu'en haut du bourg. Située dans la vallée de la Bruche, la maison d'Anne-Marie domine le village, et juste à côté, la forêt vous tend les bras (le GR 5 passe par là). Ici, on aime les randonneurs et les amoureux de la nature. En septembre, c'est la saison du brame et Claude accompagne volontiers ceux qui souhaitent découvrir ce fabuleux spectacle. Mais parlons hébergement... 4 chambres au charme individuel. Deux avec sanitaires privés (cabine douche) et deux avec sanitaires communs. Selon le confort, comptez de 27,44 € (180 F) à 32,78 € (215 F) pour 2, petit déjeuner compris. Pas de table d'hôte, mais plusieurs restos à proximité. Accueil direct et cordial.

WASSERBOURG 68230
Carte régionale A2

19 km SO de Colmar ; 12 km S de Munster

|●| 🐎 *Ferme-auberge du Strohberg (Famille Barb) :* ☎ 03.89.77.56.00. Accès : de Wasserbourg, prenez la direction du Petit Ballon ; après le hameau de Ried, suivez le fléchage (chemin non goudronné sur 500 m). Ouvert du 15 mai au 15 octobre. De préférence sur réservation. À 1100 m d'altitude, cette ferme bénéficie d'une superbe vue sur la plaine d'Alsace avec la Forêt-Noire en fond de décor. Ici on fabrique munster et bargkass. Une petite salle de 45 couverts et quelques tables en terrasse pour déguster le traditionnel repas marcaire. Le menu complet à 13,72 € (90 F) avec potage, tourte à la viande, pommes de terre à l'étouffée, collet de porc, salade, fromage ou dessert. Sur commande, on pourra vous servir le rôti de veau maison, le pot-au-feu ou le munster coiffé (sorte de tartiflette au munster, servie uniquement le soir). Petite carte des vins de 9,15 à 13,72 € (de 60 à 90 F) la bouteille. Accueil authentique et convivial.

|●| 🐎 *Ferme-auberge de la Wassmatt (Jeannette Resch) :* ☎ et fax : 03.89.77.25.55. Accès : en venant de Colmar par la D 417, en direction de Munster, tournez à gauche vers Soultzbach-les-Bains, puis suivez la D 2 ; à la sortie de Wasserbourg, fléchage « Fermeauberge » ; 4 km plus loin sur la route montant au Petit Ballon, prenez à gauche (dans un virage en épingle à cheveux) un chemin de terre ; c'est à 400 m (surtout n'y allez pas en voiture, vous gâcheriez le plaisir d'arriver dans ce bout du monde). Ouvert du 1er mars au 1er décembre. Dans le massif vosgien, ancienne marcairie (ferme de transhumance où les éleveurs de bovins passent la belle saison en altitude avant de redescendre dans la vallée pour passer l'hiver). Accrochée à un flanc de montagne, face à un paysage à faire oublier le reste du monde, la fermette de Jeannette Resch n'a pas vendu son âme au modernisme aveugle. Les plafonds sont si bas que les plus grands le touchent ! Une collection de clarines orne les murs. Quelques bougies éclairent de façon à la fois rustique et romantique les visages émerveillés des convives. La spécialité de Jeannette, c'est le repas marcaire, toujours composé de la même manière, selon la tradition vosgienne : une tourte

ALSACE

avec de la salade, de la viande de porc fumée aux pommes de terre marcaires, le fromage de Munster, bien sûr ; et en été, la tarte aux myrtilles. Un festin montagnard pour 13,72 € (90 F). Jeannette ! Ne bitumez jamais votre beau chemin !

WILLER-SUR-THUR 68760   Carte régionale A2

21 km NO de Mulhouse ; 15 km NO de Thann

|●| 🏠 *Ferme-auberge du Kohlschlag (Véronique et Éloi Gewiss) :* ☎ 03.89.82.31.28. Accès : de Willer, prenez la D 13 vers Goldbach et remontez jusqu'au col Amic et fléchage « Ferme-auberge ». Fermé de décembre à mi-janvier. À 800 m d'altitude, en pleine nature, avec une vue imprenable sur la plaine d'Alsace, auberge de 60 couverts. Service de 9 h à 19 h (pensez à réserver pour avoir un plat chaud). Repas campagnard copieux de 13,11 à 14,03 € (de 86 à 92 F) et assiette montagnarde à 7,62 € (50 F), charcuterie, fromage et crudités. Spécialités de choucroute garnie, de rôti de porc fermier et de pommes de terre cuites au feu de bois. Vente de fromages (munster, bargkass et chèvre). Une adresse idéale pour les randonneurs. Accueil chaleureux.

WIMMENAU 67290   Carte régionale A1

60 km NO de Strasbourg ; 17 km S de Bitche

🛏 ⤬ **10 %** *Chambres d'hôte (Betty et Claude Braun) :* Kohlhuette. ☎ et fax : 03.88.89.81.67. ● www.beelaude.free.fr ● Accès : de Wimmenau, prenez la D 12 vers Bitche pendant 3 km jusqu'au hameau de Kohlhuette ; descendez le petit chemin à gauche, la maison est tout au bout. Dans le parc régional des Vosges du Nord, petit hameau calme au cœur de la forêt. Dans leur fermette, Betty et Claude ont aménagé 2 petites chambres d'hôte dans une aile de la maison avec sanitaires communs. Comptez 33 € (216,47 F) pour 2, petit déjeuner compris. Claude est artiste peintre et vous vivrez au milieu de ses œuvres : peintures naïves polychromes sur bois, meubles peints. Il est aussi cinéaste et a réalisé plusieurs films d'animation. Il organise des stages de peinture et cinéma. Les amoureux de randos seront servis, les autres profiteront simplement du calme et du charme de l'endroit. Salon détente donnant sur un jardin privatif. Également 1 petit gîte (2 personnes) pour ceux qui veulent séjourner. Kitchenette et coin repas à disposition sur demande. Sourire et gentillesse au rendez-vous.

Aquitaine

24 Dordogne
33 Gironde
40 Landes
47 Lot-et-Garonne
64 Pyrénées-Atlantiques

ACCOUS 64490 — Carte régionale A2

25 km S d'Oloron-Sainte-Marie

🛏 🐕 **⑩%** **Chambres d'hôte L'Arrayade (Isabelle et Jean-François Lesire) :** ☎ et fax : 05.59.34.53.65 et 06.85.09.00.68. ● www.clesire.free.fr ● Accès : d'Oloron-Sainte-Marie, N 134 vers l'Espagne (par le col du Somport) ; passez Bedous, et prenez la 2e route vers Accous. Fermé en décembre et janvier. Au cœur de ce tout petit village, charmante maison béarnaise. Au 1er étage, 3 belles chambres avec sanitaires privés ; 2 autres mansardées au 2e. Elles donnent sur un coquet jardin avec barbecue et sont abritées des regards indiscrets. Comptez de 33,54 à 36,59 € (de 220 à 240 F) pour 2, petit déjeuner compris, selon la saison. Pas de table d'hôte, mais plusieurs petits restos à proximité. Accueil agréable.

ARROSÈS 64350 — Carte régionale A2

45 km NE de Pau ; 15 km N de Lembeye

🛏 |○| 🐕 ✂ **⑩%** **Chambres d'hôte Château Sauvemea (Sylvie et José Labat) :** ☎ 05.59.68.16.01 ou 05.59.68.16.08 et 06.81.34.65.59. Fax : 05.59.68.16.01. Accès : à 3 km de Madiran et de la cave coopérative de Crouseilles par la D 139. Fermé du 15 novembre à fin février. L'entente familiale, vous connaissez ? Eh bien, vous la trouverez dans cette demeure du XVIIIe siècle où José et Sylvie, frère et sœur, vivent en parfaite harmonie. José s'occupe des 5 chambres et Sylvie de la table d'hôte et de la ferme-auberge. Les chambres sont spacieuses et confortables, meublées simplement mais avec goût (la « Printanière », au rez-de-chaussée, est la plus jolie). Comptez 45 € (295,18 F) pour 2, petit déjeuner compris, et 12,20 € (80 F) en table d'hôte. En ferme-auberge, 6 menus de 9,15 à 21,34 € (de 60 à 140 F), sur réservation uniquement, avec spécialités de foie gras, confit, magret et surtout une succulente poule au pot. Selon les jours, les repas sont servis dans l'ancienne étable avec poutres, pierres apparentes et superbe cheminée, ou bien dans deux salles plus petites à l'intérieur de la maison d'habitation. José est fier de parler de cette propriété familiale dont le premier ancêtre fut Jean de Moret, écuyer de Jeanne d'Albret, la mère d'Henri IV. Côté distractions, piscine avec tonnelle ombragée, étang de pêche et promenades à cheval pour les cavaliers confirmés. Ne manquez pas, autour du 15 août, la fête du vin de Madiran qui dure 4 jours.

> Nous vous rappelons que la table d'hôte est le complément d'une formule d'hébergement (chambre d'hôte, gîte d'étape...). Ce service n'est offert qu'aux personnes qui dorment sur place (excepté lorsqu'il est clairement écrit « ouvert aux extérieurs »).

AQUITAINE

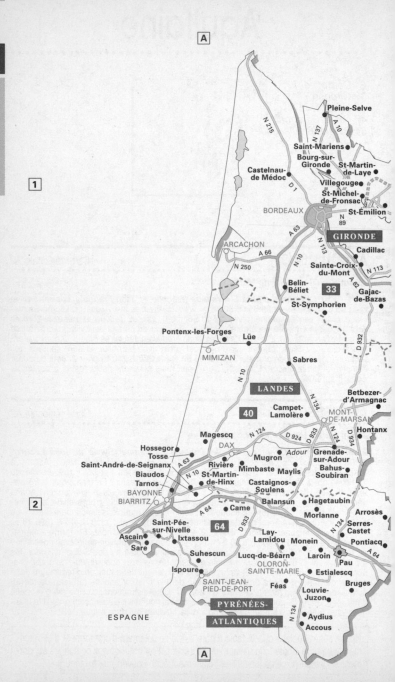

AQUITAINE

1

2

A

Pleine-Selve

Saint-Mariens
Bourg-sur-
Gironde
St-Martin-
de-Laye
Castelnau-
de Médoc
Villegouge
St-Michel-
de-Fronsac
St-Émilion

BORDEAUX

GIRONDE

ARCACHON

Cadillac

Sainte-Croix-
du-Mont

Belin-
Béliet
33
Gajac-
de-Bazas

St-Symphorien

Pontenx-les-Forges
Lüe

MIMIZAN

Sabres

LANDES

Betbezer-
d'Armagnac

Campet-
Lamolère
40
MONT-
DE-MARSAN

Hontanx

Magescq
DAX
Grenade-
sur-Adour
Hossegor
Tosse
Adour
Saint-André-de-Seignanx
Rivière
Mugron
Bahus-
Soubiran
Biaudos
Mimbaste
Maylis
Tarnos
St-Martin-
de-Hinx
BAYONNE
Castaignos-
Soulens
BIARRITZ
Balansun
Hagetaubin
Came
Morlanne
Arrosès
Saint-Pée-
sur-Nivelle
Serres-
Castet
Ascain
Ixtassou
Lay-
Lamidou
Monein
Pontiacq
Sare
Laroin
Pau
Suhescun
Lucq-de-Béarn
64
Estialescq
Ispoure
OLORON-
SAINTE-MARIE
Bruges
SAINT-JEAN-
PIED-DE-PORT
Féas
Louvie-
Juzon

ESPAGNE

PYRÉNÉES-

ATLANTIQUES
Aydius
Accous

A

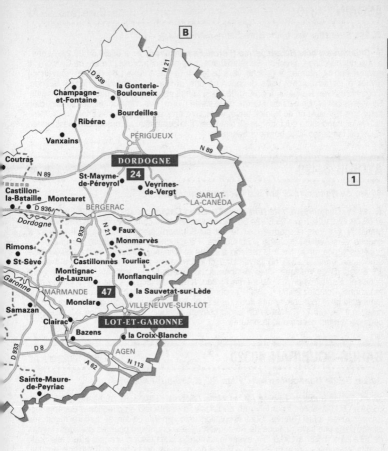

1

2

- ● **Ribérac** Adresses
- ○ PÉRIGUEUX Villes repères

0 10 20 km

B

AQUITAINE

ASCAIN 64310 — Carte régionale A2

20 km S de Biarritz ; 6 km E de Saint-Jean-de-Luz

🛏 ***Chambres d'hôte Haranederrea (Ferme Famille Gracy) :*** ☎ 05.59.54.00.23. Accès : à la sortie du village, direction Sare-la-Rhune, puis prenez à droite la route de Carrière ; à environ 600 m, tournez à gauche vers la ferme (le fronton sert de repère). Ouvert de février à fin novembre. Vous découvrirez une grosse et authentique ferme basque. 4 chambres bien équipées, à 47 € (308,30 F) la nuit pour 2, copieux petit déjeuner inclus. Sanitaires privés. En plus du charme de la vieille pierre, des commodités de parking, d'un jardin très agréable ou du fronton privé, vous avez droit à un accueil très chaleureux, familial, de la grand-mère qui fabrique sa cire jusqu'à la petite fille, accordéoniste, passionnée d'airs de fandango. Une bonne adresse.

AYDIUS 64490 — Carte régionale A2

30 km du Somport ; 28 km S d'Oloron-Sainte-Marie

🛏 ▮●▮ ⤙⤚ ***Chambres d'hôte (Éliane et Christian Caton) :*** La Curette. ☎ 05.59.34.78.18 et 06.08.77.31.96. Fax : 05.59.34.50.42. ● www.lacurette.com ● Accès : d'Oloron-Sainte-Marie, N 134 vers l'Espagne (par le col du Somport) jusqu'à Bedous, puis prenez à gauche vers Aydius ; fléchage « La Curette » à gauche avant le village. Par une petite route escarpée, on arrive à la maison d'Éliane et Christian. C'est lui qui l'a édifiée, puis aménagée dans le style du pays. Une chambre au rez-de-chaussée et 3 autres au 1er étage. Déco rustique avec de beaux dessus-de-lit au crochet (œuvre de votre hôtesse). Sanitaires privés. Au même niveau, terrasse avec belle vue sur le village et la montagne. Comptez 36,59 € (240 F) pour 2, petit déjeuner campagnard compris, avec la tomme du pays (pur chèvre très doux) et les confitures maison. Table d'hôte (sauf le mercredi) à 13 € (85,27 F). Salon de jardin couvert. Accueil chaleureux. Une adresse pour ceux qui aiment le calme et la nature.

BAHUS-SOUBIRAN 40320 — Carte régionale A2

30 km SE de Mont-de-Marsan ; 9 km SO d'Aire-sur-l'Adour

▮●▮ 🍴 ***Ferme-auberge Lacère (M. et Mme Lacère) :*** Fléton. ☎ 05.58.44.40.64. Fax : 05.58.44.53.04. Accès : sur la route de Latrille, avant le silo en direction d'Eugénie-les-Bains. Ouvert toute l'année. Sur réservation uniquement. La famille Lacère reçoit ses clients dans une salle rustique de 60 couverts. Belle cheminée pour les grillades. Menus de 13 à 23 € (85,27 à 150,87 F), avec de nombreux plats issus du canard gras : foie gras, confits, tournedos de magrets, etc. Vente de produits de la ferme. Très bon accueil, ambiance familiale et conviviale.

BALANSUN 64300 — Carte régionale A2

30 km NO de Pau ; 5 km E d'Orthez

🛏 ***Le Paradis Perdu (Jean-Luc Daugarou) :*** chemin Barran. ☎ et fax : 05.59.67.80.61. ● www.paradio-perdu.com ● Accès : 2 km après la sortie d'Orthez en direction de Pau (N 117), tournez à droite vers le quartier Noarrieu, puis fléchage « Chalets ». Voilà un joli nom bien porté... sauf que depuis, il n'est plus perdu puisqu'on l'a trouvé... et même adopté ! Dans un parc de 20 ha, Jean-Luc a eu l'idée originale d'installer, autour d'un lac, 4 superbes chalets en rondins de bois des pays Baltes complètement dissimulés dans les pins ! Très bien équipés, ils ont tous une croquignolette cheminée centrale et un barbecue à l'extérieur. Le vrai retour à la nature, avec daims, chèvres naines, paons et canards en liberté ! Le lac permet de nombreux loisirs : un coin bronzette, une partie de pêche (sans permis) ou une balade ; mais vous pourrez aussi pratiquer tennis, VTT, et vous trouverez une aire de jeux pour vos bambins (fini le stress !). Comptez de 239,34 à 422,28 € (de 1570 à 2770 F) la semaine, suivant la saison. Pour trouver Jean-Luc, c'est facile, suivez le fléchage de son chalet « réception ». Accueil chaleureux. On sent que les routards vont se disputer les places... au paradis !

BAZENS 47130 Carte régionale B1-2

20 km O d'Agen

⌂ |●| 🐴 ↭ ⑩% *Chambres d'hôte Le Marchon (Maria et Henri van Straaten) :* ☎ et fax : 05.53.87.22.26 et 06.62.71.22.26. ● 0667122226@bouygtel.com ● Accès : d'Agen, N 13 vers Bordeaux ; après Fourtic, tournez à droite vers Bazens et prenez la D 231 vers Galapian, puis fléchage. Fermé de novembre à mars. Réservation conseillée. Sur une exploitation agricole du XVIIIᵉ siècle, Maria et Henri, gentil couple de Hollandais, ont aménagé 5 chambres claires et spacieuses, dont trois avec sanitaires privés. Henri est sculpteur et Maria fait du tissage, aussi un grand nombre de leurs œuvres décorent la maison. Ici, on cuisine végétarien et les séjours se font en demi-pension : 32,01 € (210 F) par personne. Grande salle de jour avec superbe cheminée (qui viendrait du château de Bazens !) et piano accordé. Grande piscine à disposition. Accueil agréable.

BELIN-BÉLIET 33830 Carte régionale A1

45 km S de Bordeaux

⌂ |●| 🐴 *Chambres d'hôte (Françoise et Philippe Clément) :* 1, rue du Stade. ☎ et fax : 05.56.88.13.17 et 06.63.42.13.17. ● mathoclemchhotes@wanadoo.fr ● Accès : Belin-Béliet est la réunion de deux villages ; la maison se situe face à l'église de Béliet, celui par lequel on entre en venant du nord. Au cœur du village, grande demeure bourgeoise avec un superbe parc aux essences centenaires. Un grand couloir dessert 6 chambres (dont une suite avec coin salon), spacieuses, décorées avec goût. Comptez 39 € (255,82 F) pour 2, sans le petit déjeuner, 5,50 € (36,08 F) par personne. Table d'hôte, sur commande, partagée sur une grande table à l'intérieur (sans les propriétaires) ou sur tables individuelles en profitant du parc aux beaux jours. Gentil salon avec piano et télé. Plein d'infos sur les sites, les activités sportives et bien sûr les vignobles (Françoise et Philippe vous conseilleront sur les visites de caves et les dégustations). Accueil chaleureux.

BETBEZER-D'ARMAGNAC 40240 Carte régionale A2

32 km NE de Mont-de-Marsan ; 15 km SE de Roquefort

⌂ |●| 🐴 *Ferme-auberge Domaine de Paguy (Paulette Darzacq) :* ☎ 05.58.44.81.57 et 06.86.92.03.82. Fax : 05.58.44.68.09. Accès : depuis Labastide-d'Armagnac, D 11 jusqu'au croisement avec la D 35 ; prenez à gauche, la maison est sur la gauche. Fermé du 15 au 31 mars (sauf la ferme-auberge), le mercredi du 1ᵉʳ juillet au 30 septembre. Sur réservation. Beau château avec agréable salle d'auberge dans l'une des ailes. 1ᵉʳ menu à 15,24 € (100 F), apéro et vin compris ; 2 autres à 18,29 et 27,44 € (120 et 180 F). Cuisine landaise à l'honneur, avec soupe paysanne, assiette gasconne et confit absolument délicieux. La gentille patronne propose aussi 4 chambres spacieuses d'un type classique, avec vue sur les vignobles. Sanitaires privés ou communs. Selon le confort, comptez de 38,11 à 45,73 € (de 250 à 300 F) pour 2, petit déjeuner compris. Le calme total dans un environnement typique de la région. Que vous y dormiez ou non, c'est ici qu'il faut se repaître. Ne manquez pas la visite des chais d'armagnac et de floc de Gascogne, ainsi que la sympathique dégustation. Piscine et pêche possible sur plan d'eau. Vente de conserves de la ferme.

BIAUDOS 40390 Carte régionale A2

18 km NE de Bayonne ; 18 km O de Peyrehorade

⌂ |●| 🐴 ⑩% *Chambres d'hôte (Jacqueline et Philippe Hargues) :* Carrère Biaudos. ☎ 05.59.56.70.56 et 06.88.09.04.95. Accès : de Bayonne, N 117 vers Pau pendant 18 km et bifurquez vers Biaudos ; tournez à droite dans le village ; fléchage à la sortie. Nichée dans un parc boisé de 4 ha, belle maison retapée du XVIIᵉ siècle. 3 chambres coquettes avec sanitaires privés. Comptez 41 € (268,94 F) pour 2, petit déjeuner compris. Belle salle à manger rustique où trône une magnifique cheminée. Aux beaux jours, les repas sont servis sur la terrasse (bien abritée). Bonne table d'hôte (sauf le dimanche hors saison) avec des spécialités landaises, basques et même bretonnes (normal, c'est la région natale de Jacqueline... Ah, son far aux pruneaux!). 13,72 € (90 F) le repas, vin et café compris (sauf le dimanche). Accueil convivial. Une adresse idéale pour les familles qui veulent séjourner près de l'océan (15 km).

BOURDEILLES 24310 Carte régionale B1

27 km N de Périgueux ; 13 km SO de Brantôme

🛏 📡 ♨ ✉ ⑩% *Chambres d'hôte (Ian et Christiane Trickett) :* La Rigeardie. ☎ 05.53.03.78.90. Fax : 05.53.04.56.95. • www.languesvives.com • Accès : de Périgueux, D 939 vers Angoulême ; au niveau de Puy-de-Fourches, D 106 jusqu'à Bourdeilles, puis D 78 vers Ribérac jusqu'au hameau et fléchage. Fermé de Noël au Jour de l'An. Réservation recommandée. Si vous êtes amoureux d'histoire et de vieilles pierres, alors n'hésitez pas et venez séjourner dans cette superbe métairie dont les origines remontent au XVIIᵉ siècle. Elle est belle avec ses encadrements d'ouverture en pierre de Paussac (friable comme le tuffeau). L'intérieur tient ses promesses et Ian et Christiane ont restauré et conservé ses richesses... Le vieil escalier de bois vous conduit vers 5 chambres agréables (dans certaines, vous pourrez admirer la charpente chevillée). Sanitaires privés. Comptez 41 € (268,94 F) pour 2, petit déjeuner compris. Christiane et Ian organisent aussi des stages de langues, respectivement d'espagnol et d'anglais. De plus, la culture anglo-saxonne est très présente dans la région, puisque Anglais et Français n'ont cessé de se l'arracher... Si vous faites le tour de la maison, vous découvrirez une immense citerne toute en pierre, qui servait de réserve d'eau et était alimentée, entre autres, par les gouttières (en pierre elles aussi). Certaines pierres de la maison, joliment gravées, proviendraient du château de Bourdeilles. Non, pas de celui qu'il faut vraiment aller visiter et qui date du XIIIᵉ (celui-là, c'est le nouveau!), mais de celui du XIIᵉ qui était installé auparavant à sa place. Également ouverture d'un gîte de 5 à 7 personnes. Accueil de qualité.

BOURG-SUR-GIRONDE 33710 Carte régionale A1

35 km N de Bordeaux

🛏 ⑩% *Chambres d'hôte Le Château de la Grave (Valérie et Philippe Bassereau) :* ☎ 05.57.68.41.49. Fax : 05.57.68.49.26. • chateau.de.la.grave@wanadoo.fr • Accès : de l'A 10, sortie Saint-André-de-Cubzac, puis direction Bourg par la D 669 ; à la sortie du village, direction Berson, puis 2ᵉ à droite et fléchage. Fermé du 20 août au 5 septembre. C'est presque le château d'un conte de fées que celui de Philippe et Valérie, flanqué de tourelles en pierre blanche au milieu de 44 ha de vignes, et appartenant à la famille depuis 1904. La propriété produit un vin de qualité (VAOC blanc, rosé, rouge ou champagnisé), vendu sur place. Vous y trouverez 3 belles chambres spacieuses, meublées en ancien, et équipées de sanitaires privés. Comptez 53,36 € (350 F) pour 2, petit déjeuner compris. Pendant que vous ferez le tour des chais en compagnie de Philippe, vos chères têtes blondes pourront rendre visite aux daims qui paissent en toute tranquillité dans le parc. Excellent accueil.

BRUGES 64800 Carte régionale A2

30 km S de Pau ; 30 km SE de Lourdes

🛏 🍴 ✉ *Gîte de groupe Le Landistou (Christiane et Norbert Pouydebat) :* ☎ 05.59.71.06.98. Fax : 05.59.71.08.23. • landistou@aol.com • Accès : sur la route de Louvie-Juzon. Fermé de début janvier au 15 février. Uniquement sur réservation. Grand gîte de groupe de 28 lits, situé dans un beau parc avec rivière, plan d'eau, etc. 6 chambres de 2 à 8 lits à 10,67 € (70 F) par jour, une grande salle avec cheminée. Possibilité de demi-pension. Et si c'est encore trop cher, 1 camping très arboré de 25 places. Une adresse idéale pour les groupes de copains.

CADILLAC 33410   Carte régionale A1

30 km SE de Bordeaux ; 16 km NO de Langon

⌂ **Chambres d'hôte (M. Guillot de Suduiraut) :** Château de Broustaret, Rions. ☎ et fax : 05.56.62.96.97. ● http://perso.libertysurf.fr/broustaret ● Accès : de l'autoroute Bordeaux/Toulouse, sortie Podensac ; puis à Beguey, D 13 sur 3,5 km, puis direction Le Broussey (D 120) ; traversez le bourg et faites encore 1 km. Ouvert de Pâques à la Toussaint. Sur les coteaux de la rive droite de la Garonne, château au début du XXe siècle, dotée d'une exploitation de 40 ha (vignes). 5 belles chambres avec sanitaires privés. Suivant la taille des chambres, comptez de 40 à 45 € (de 262,38 à 295,18 F) pour 2, petit déjeuner compris. Pas de table d'hôte, mais une cuisine à disposition des hôtes, et plusieurs restos à Cadillac. Agréable parc. Les amateurs de vins visiteront le chai et pourront déguster les vins de la propriété.

CAME 64520   Carte régionale A2

35 km E de Biarritz

⌂ |●| **Chambres d'hôte Lamothe (Élisabeth et Bernard Darracq) :** ☎ 05.59.56.02.73. Fax : 05.59.56.40.02. Accès : de l'A 64, sortie Bidache/Peyrehorade, puis D 936. À la limite du Pays basque, des Landes et du Béarn, grande ferme appartenant à la famille Darracq depuis 300 ans. Jardin joliment fleuri. 4 chambres avec sanitaires privés, de 39,64 à 41,16 € (de 260 à 270 F) pour 2, petit déjeuner compris. Possibilité de table d'hôte sur demande (en terrasse, si le temps est clément). Repas (sauf en juillet et août) à partir des produits de la ferme (magret, confit, poule au pot...) pour 14 € (91,83 F). Bon accueil, une agréable adresse au calme.

⌂ |●| ✕ **Chambres d'hôte Ferme Hayet (Évelyne et Jean-Claude Saubot) :** ☎ 05.59.56.04.52. Accès : de l'A 64, sortie Peyrehorade/Bidache ; puis D 936, passez Came en direction d'Oloron et à droite vers Arancou. Fermé du 15 novembre au 15 mars. Grande maison béarnaise avec 4 chambres charmantes à souhait et sanitaires luxueux. Comptez 36 € (236,14 F) pour 2, petit déjeuner compris. Possibilité de prendre les repas (sauf le dimanche soir) à la table d'hôte pour 13 € (85,27 F). Produits de la ferme (canards, volailles, porcs, etc.). Accueil extrêmement chaleureux.

CAMPET-LAMOLÈRE 40090   Carte régionale A2

4 km NO de Mont-de-Marsan

⌂ |●| ✕ **(10 %) Chambres d'hôte (Béatrice et Philippe de Monredon) :** Lamolère. ☎ et fax : 05.58.06.04.98 et 06.82.41.36.83. ● www.accueildansleslandes.com ● Accès : route de Morcenx. Fermé de début novembre à fin février. Réserver. Petit château de famille avec chapelle, dans un parc de 12 ha bordé d'une rivière (pêche possible). Avec un peu de chance, vous pourrez même y apercevoir des biches. Pour séjourner, 4 chambres meublées à l'ancienne avec sanitaires privés (dont deux familiales composées de deux chambres). Comptez de 33,54 à 44,21 € (220 à 290 F) pour 2, petit déjeuner inclus. Possibilité de prendre des repas à la table d'hôte (sauf les lundis et mardis). Cuisine familiale, repas à 15,24 € (100 F), vin et café compris (sauf les samedis et dimanches). Béatrice de Monredon est une hôtesse charmante et dynamique.

CASTAIGNOS-SOULENS 40700   Carte régionale A2

40 km SO de Mont-de-Marsan ; 10 km S d'Hagetmau

|●| ⌲ **Ferme-auberge Baron (Céline et Claude Maisonnave) :** 289, chemin du Baron. ☎ et fax : 05.58.89.08.10 et 06.82.92.73.23. Accès : d'Hagetmau, D 933 vers Orthez pendant 10 km. Ouvert le week-end seulement ; tous les jours pendant les vacances scolaires (sauf le lundi et le dimanche soir). Uniquement sur réservation. C'est par une grande allée de platanes que l'on arrive à cette belle ferme landaise. Grande salle installée dans l'ancienne étable (vieille de 200 ans !), la cuisine a trouvé place dans le chai. Ici, les spécialités sont nombreuses, mais la principale est le veau élevé sous la mère (race blonde

des Pyrénées). Menus de 13,72 à 21,34 € (de 90 à 140 F) et une petite carte. Menu enfant à 7,62 € (50 F). C'est Céline qui cuisine, et croyez-nous, à merveille : sauté de veau à l'ancienne, civet de lapin aux pruneaux, ris de veau, tranche de magret farci au foie gras, poule au pot, tournedos saturnin (hum !), omelette norvégienne, tourte au foie gras... mais pensez surtout à réserver. Une petite étape gastronomique à ne pas manquer.

CASTELNAU-DE-MÉDOC 33480 　　　　　Carte régionale A1

28 km NO de Bordeaux

🛏 🐕 *Chambres d'hôte Domaine de Carrat (Laurence Pery) :* route de Sainte-Hélène. ☎ et fax : 05.56.58.24.80. Accès : sortez du village par la N 125, direction Sainte-Hélène ; à 100 m sur la droite, fléchage. Fermé pendant les vacances de Noël. Au milieu d'un parc boisé, à la limite des vignes du Médoc, d'anciennes écuries du siècle dernier transformées en maison d'habitation. 4 chambres confortables, bien arrangées, avec meubles de famille et belle vue sur la forêt. Deux d'entre elles peuvent être utilisées en suite. Cuisine avec cheminée en pierre à disposition des hôtes. Comptez de 45,73 à 53,36 € (de 300 à 350 F) pour 2, petit déjeuner compris ; animaux 2,29 € (15 F). Tranquillité garantie, et agréables promenades dans la forêt de la propriété.

CASTILLON-LA-BATAILLE 33350 　　　　　Carte régionale B1

40 km O de Bergerac ; 21 km E de Libourne

🛏 ⟨10 %⟩ *Chambres d'hôte Robin (Pierrette Mintet) :* route de Belvès. ☎ et fax : 05.57.40.20.55. Accès : du village, prenez la D 119, direction Belvès-de-Castillon pendant 2,5 km. Tout près de Saint-Émilion, propriété viticole d'appellation côtes-de-castillon, dotée d'une belle vue sur la vallée de la Dordogne. Belle maison ancienne, avec 3 chambres coquettes, dont une au rez-de-chaussée accessible aux personnes handicapées. 40 € (262,38 F) pour 2, petit déjeuner compris ; sanitaires privés. Fin juillet-début août, ne ratez pas la reconstitution historique du spectacle *La Bataille de Castillon*, épisode de la guerre de Cent Ans. Accueil charmant.

CASTILLONNÈS 47330 　　　　　Carte régionale B1

30 km S de Bergerac

🛏 🍽 🐕 ⟨10 %⟩ *Chambres d'hôte La Ferme du Bois Mercier (Denise et Raoul Bousquet) :* Douzains. ☎ 05.53.36.81.97. Fax : 05.53.36.71.10. ● www.ferme.de.mer cier.free.fr ● Accès : entre Villeneuve-sur-Lot et Bergerac, direction Douzains, puis fléchage. Fermé le dimanche soir et du 15 au 28 octobre. De préférence sur réservation. Exploitation agrobiologique de 55 ha produisant des pruneaux, des légumes et des céréales. Plusieurs formules : 1 chambre avec cheminée, à 41,16 € (269,99 F) pour 2, petit déjeuner inclus, et 1 chambre familiale genre suite à 38,11 € (249,99 F) ; 1 gîte rural à louer de 266,80 à 381,10 € (1750,09 à 2499,85 F) la semaine (draps fournis) ; et 1 camping de 6 emplacements. À la table d'hôte à 13,70 € (89,87 F), vin, café et digestif compris, savoureuses spécialités comme la poule au pot, le confit aux choux, la tourtière ou la salade de fruits rouges, sorbet aux pruneaux. Lac dans la propriété avec pêche et baignade possibles. Visite de la ferme et bien sûr vente de produits fermiers (pruneaux, apéritifs, confitures). Possibilité de location de tipis et de gîtes pour stages.

CHAMPAGNE-ET-FONTAINE 24320 　　　　　Carte régionale B1

45 km NO de Périgueux ; 12 km N de Verteillac

🛏 🍽 ⤜ ⟨10 %⟩ *Chambres d'hôte Domaine de Puytirel (Reine Soumagnac) :* ☎ 05.53.90.90.88 et 06.66.82.05.94. Fax : 05.53.91.64.57. ● http://pro.wanadoo.fr/puyti rel/ ● Accès : de Champagne-et-Fontaine, D 101 vers Verteillac, puis à gauche D 100 vers Mareuil pendant 1 km, et fléchage à gauche. Dans un joli coin de campagne, ancienne propriété viticole du XIXᵉ siècle. C'est aussi une maison de famille et chaque objet raconte une histoire. Grande entrée avec belles tommettes et un vieil escalier de bois qui conduit aux 4 chambres. Une 5e chambre au rez-de-chaussée, accessible aux personnes handicapées. Déco agréable, sanitaires privés. Comptez 50 € (327,98 F) pour 2, petit déjeuner compris. Deux chaleureuses pièces, l'une avec un joli piano, l'autre est une salle à manger campagnarde. Table d'hôte entre 15,24 et 18,29 € (100 et 120 F), apéro et bergerac compris. Une cuisine parfumée aux senteurs du terroir. Très beau parc aux nombreuses essences centenaires et une agréable piscine (veinards!). VTT à disposition, ping-pong, terrain de badminton. Ambiance sereine et calme. Atmosphère décontractée, un rien bohème. Accueil jeune et sympa.

CLAIRAC 47320   Carte régionale B1

25 km SE de Marmande ; 25 km O de Villeneuve-sur-Lot

🛏 |●| ✂ (10%) **Chambres d'hôte Le Caussinat (Gisèle et Aimé Massias) :** Clairac. ☎ et fax : 05.53.84.22.11. Accès : au village, en venant de Tonneins, direction Granges-sur-Lot, c'est à 2 km. Fermé du 1er novembre au 15 mars. Belle maison familiale du XVIIe siècle avec 5 chambres très spacieuses, meublées à l'ancienne. Trois d'entre elles disposent de sanitaires privés et deux se partagent une salle de bains et des w.-c. Comptez de 37,35 à 45,73 € (de 245 à 300 F) pour 2. Les Massias sont agriculteurs, et le soir, on peut déguster leur cuisine familiale préparée avec les produits de la ferme. Repas à 13,72 € (90 F), avec spécialités de lapin farci, blanquette à l'ancienne, tarte aux pruneaux. Piscine et ping-pongs. Excellent accueil.

COUTRAS 33230   Carte régionale B1

35 km NE de Bordeaux ; 19 km NE de Libourne

🛏 ✂ (10%) **Chambres d'hôte (Marie-Christine et Philippe Heftre) :** 7, le Baudou. ☎ 05.57.49.16.33 et 06.86.63.59.48. ● le.baudou@wanadoo.fr ● Accès : A 10 sortie Saint-André-de-Cubzac, puis D 10 vers Guîtres, traversez ce village, tournez à droite vers Coutras, la maison est 2,5 km plus loin. Belle demeure du XVIIIe siècle en pierre et en brique, nichée dans un parc de 4 ha (un peu en bord de route, mais très peu fréquentée). 3 chambres spacieuses avec sanitaires privés (une au rez-de-chaussée, les deux autres à l'étage). Déco élégante. Comptez 55 € (360,78 F) pour 2, petit déjeuner compris. Il est servi, au choix, dans la salle à manger ou dans la cuisine (qu'on préfère car toute en pierre et avec une grande cheminée). Pas de table d'hôte, mais plusieurs restos dans le coin. Nombreux circuits de randonnée à proximité. Accueil agréable.

CROIX-BLANCHE (LA) 47340   Carte régionale B1-2

15 km NE d'Agen ; 15 km S de Villeneuve-sur-Lot

🛏 |●| ✂ **Chambres d'hôte Domaine de Bernou (Sophie et Jean-Pascal Michez) :** ☎ et fax : 05.53.68.88.37 et 06.17.56.05.97. ● www.geocities.com/domaine-de-bernou ● Accès : bon fléchage depuis la N 21 entre Agen et Villeneuve. Les proprios ont quitté leur Belgique natale avec leurs 3 enfants pour venir se retirer loin du monde, dans cette superbe propriété de 25 ha, où ils élèvent des chevaux. Dans leur maison de maître du XVIIIe, 1 chambre et 2 suites pour 5 personnes avec sanitaires privés. Beaux volumes et magnifique parquet. 60 € (393,57 F) pour 2, petit déjeuner compris. Dans une dépendance, 4 chambres supplémentaires, plus simples et monacales qui partagent une salle d'eau. 30 € (196,79 F) pour 2, petit déjeuner compris. Table d'hôte légère le midi à 10 € (65,60 F) et à 20 € (131,19 F) le soir. Piscine. Accueil chaleureux. Un endroit pour des vacances au vert et en famille.

ESTIALESCQ 64290   Carte régionale A2

25 km SO de Pau ; 6 km E d'Oloron-Sainte-Marie

🛏 🐾 (10%) **Chambres d'hôte Naba (Jeanne et Jean-Michel Péricou) :** ☎ 05.59.39.99.11. Fax : 05.59.36.14.92. ● www.oloron-ste-marie.com/hote ● Accès : à Gan, prenez la direction de Lasseube, puis Estialescq et fléchage. Belle ferme béarnaise, agrémentée d'un joli parc ombragé et fleuri. Pour dormir, 4 chambres agréables, installées dans l'ancienne grange entièrement restaurée. Sanitaires privés. Comptez 40 € (262,38 F) pour 2, petit déjeuner compris (avec le bon lait de la ferme). Pas de table d'hôte, mais coin cuisine à disposition et plusieurs petits restos ou ferme-auberge à proximité. Accueil agréable.

FAUX 24560 — Carte régionale B1

20 km SE de Bergerac

🛏 ✂ ⑩% *Chambres d'hôte (Françoise et Gérard Boillin) :* La Genèbre. ☎ 05.53.24.30.21. ● zeldon@culb-internet.fr ● Accès : dans le village, au pied de l'église, direction Monsac, c'est à 2 km sur la gauche. Fermé pendant les fêtes de Noël. Dans un minuscule hameau, belle maison de caractère. 2 chambres de 2 et 3 personnes, dont une avec lit à baldaquin. 45 € (295,18 F) pour 2, petit déjeuner compris. Piscine. Également 1 gîte impeccable, qui se loue de 380 à 495 € (de 2492,64 à 3246,99 F) la semaine, selon la saison. Plusieurs sentiers de randos et 2 VTT à disposition (sympa !). Accueil agréable. Une bonne adresse à l'écart du bruit et de l'agitation.

FÉAS 64570 — Carte régionale A2

40 km SO de Pau ; 5 km SO d'Oloron-Sainte-Marie

🛏 *Chambres d'hôte Château de Bouès (Monique Dornon) :* ☎ et fax : 05.59.39.95.49. Accès : sur la route de Féas-Arette (D 919), c'est à 5 mn d'Oloron-Sainte-Marie. Fermé de fin septembre à début mai. Château superbe dans un grand parc, avec 4 chambres adorablement meublées, à 56 € (367,34 F) pour 2, copieux petit déjeuner compris. La salle à manger et le salon ont de fort beaux meubles, dont d'immenses armoires béarnaises uniques en leur genre. Des vieux livres partout, de quoi lire pendant des siècles ! Piscine. Un petit inconvénient cependant : la demeure est située un peu en bord de route, mais heureusement, il y a du double vitrage.

GAJAC-DE-BAZAS 33430 — Carte régionale A1

40 km O de Marmande ; 6 km E de Bazas

🛏 ✂ ⑩% *Chambres d'hôte (Jacqueline et Xavier Dionis du Séjour) :* Cabirol. ☎ et fax : 05.56.25.15.29. Accès : à Langon, direction Bazas par la D 932, et dans Bazas, suivez les panneaux autoroute de Toulouse A 62 ; la maison est à 4 km sur la D 9 (fléchage). Ancienne métairie du XVIII° restaurée, avec 2 chambres confortables, joliment décorées et 1 suite de deux chambres pour les familles. De 45 à 49 € (295,18 à 321,42 F) pour 2, petit déjeuner compris. Sanitaires privés. Aux beaux jours, le petit déjeuner est servi en terrasse, au milieu des fleurs. Salle de jeux avec billard et ping-pong. Belle piscine. Accueil absolument adorable des proprios, et bon rapport qualité-prix. Pêche et pédalos au lac de la Prade à 500 m, et parc ornithologique avec une visite guidée permettant d'admirer les nids de cent cinquante hérons.

GONTERIE-BOULOUNEIX (LA) 24310 — Carte régionale B1

33 km N de Périgueux ; 6 km NO de Brantôme

🛏 |●| *Chambres d'hôte (Colette et Bernard Magrin) :* Le Coudert. ☎ 05.53.05.75.30. Accès : par la D 939, fléchage. Fermé en janvier. En pleine campagne, à l'orée du village, gentille ferme couverte de lierre. 3 chambres arrangées avec goût. Sanitaires privés. 42 € (275,5 F) pour 2, petit déjeuner compris. Table d'hôte (sans les propriétaires) à 14 € (91,83 F). Repas bien mitonnés. Petites randos sympas à 2 pas. Accueil convivial.

GRENADE-SUR-ADOUR 40270 Carte régionale A2

50 km E de Dax ; 9 km S de Mont-de-Marsan

AQUITAINE

🛏 🐕 ⅙⊱ ⟨10%⟩ *Chambres d'hôte Domaine de Myredé (Marie-Michèle et Alain de la Forge)* : ☎ et fax : 05.58.44.01.62. ● mariemdlf@hotmail.com ● Accès : de Mont-de-Marsan, prenez la route de Pau par Grenade et Aire-sur-l'Adour ; 4 km avant Grenade, tournez à gauche direction Myredé. Fermé de la Toussaint à Pâques. Sur réservation. Une vaste allée bordée de platanes conduit à une magnifique demeure du XVIIᵉ siècle, entourée d'un parc de 12 ha peuplé de chênes séculaires. Au 1ᵉʳ étage, 2 chambres, dotées de sanitaires privés, avec une jolie vue sur le parc. Comptez de 50 à 57 € (de 327,98 à 373,9 F) pour 2, petit déjeuner compris : pain maison, céréales, confitures, miel, croissants ou pastis landais. Egalement un appartement indépendant pour 2 à 4 personnes (425 à 524 €, 2787,82 à 3437,21 F la semaine). Pas de table d'hôte mais barbecue à disposition. Calme et repos assurés.

HAGETAUBIN 64370 Carte régionale A2

38 km NO de Pau ; 15 km E d'Orthez

🛏 ⅙⊱ ⟨10%⟩ *Chambres d'hôte (Raoul Costedoat)* : ☎ 05.59.67.51.18. Accès : d'Orthez, D 933 vers Hagetmau pendant 10 km, puis à droite D 945 vers Lescar ; fléchage depuis Hagetaubin. Belle propriété familiale, admirablement restaurée par Raoul (si vous le souhaitez, il vous contera l'histoire de sa maison, dont il a retrouvé les archives). 3 chambres au décor raffiné avec de spacieux sanitaires privés. Modestement, Raoul vous déclare qu'il a aménagé un court de tennis et une piscine pour ses hôtes. Quant au prix, c'est un véritable « trou dans le mur » (comme disent nos amis d'outre-Atlantique). Comptez 30 € (196,79 F) pour 2, petit déjeuner inclus, dans une belle salle à manger avec un remarquable buffet deux corps. Pas de table d'hôte, mais grande cuisine à disposition (et si vous participez au ramassage des fruits et légumes, vous ne repartirez pas les mains vides !). Vos bambins, eux, seront ravis de découvrir les canards et les petits veaux qu'élève Raoul avec le label « sous la mère ». Accueil de qualité. Une de nos adresses préférées sur le département.

HONTANX 40190 Carte régionale A2

20 km SE de Mont-de-Marsan ; 13 km N d'Aire-sur-l'Adour

🛏 ⭗⭑ ⅙⊱ ⟨10%⟩ *Gîte de groupe Château d'Aon (responsable : Tony Vincent, association « Houtans ente biebe »)* : 171, route des Châteaux. ☎ 05.58.03.83.22 ou 05.58.03.80.18. Fax : 05.58.03.83.22. ● chateau.aon@wanadoo.fr ● Ouvert toute l'année. Sur réservation. Le château d'Aon appartient à la commune de Hontanx qui y a aménagé 1 gîte dans une des ailes, ainsi que des chambres au cœur du village. Le gîte de groupe comprend 25 lits, répartis en 3 petits dortoirs cloisonnés (6, 9 et 10 lits). Blocs sanitaires communs. 5 chambres familiales de 1 à 5 lits avec sanitaires privés. Comptez 27,44 € (180 F) pour 2 et 2,75 € (18,04 F) pour le petit déjeuner. 29,70 € (194,82 F) par personne en pension complète (vin et café compris). En groupe, comptez 11,90 € (78 F) par personne et par nuit (location de cuisine en supplément). Grande salle pour prendre les repas, avec belle cheminée. L'ancienne chapelle du XIᵉ siècle abrite une salle de réunion de 100 places. Diverses activités proposées : découverte du foie gras, de la vigne, de l'armagnac, de la nature, randonnée, location de VTT etc.

HOSSEGOR 40150 Carte régionale A2

29 km N de Biarritz

🛏 ⟨10%⟩ *Chambres d'hôte Tyboni (Bab et Bernard Boniface)* : Angresse, route de Capbreton, 1831. ☎ et fax : 05.58.43.98.75. Accès : de Dax, N 10 vers Bayonne ; à Saint-Vincent-de-Tyrosse, direction Angresse, puis Capbreton ; faites 1,8 km, la maison est à gauche. Réservez longtemps à l'avance pour l'été (fin février le planning est pratiquement bouclé). Maison traditionnelle mais de construction récente dans un environnement verdoyant. Plan d'eau et rivière en bordure de propriété pour les amateurs de pêche. 3 chambres guillerettes et douillettes avec sanitaires privés (deux d'entre elles possèdent une chambre attenante pour enfants). Selon la saison, comptez de 40 à 58 € (de 262,38 à 380,46 F) pour 2, petit déjeuner compris. Pas de table d'hôte, mais cuisine d'été à disposition et plein de restos pour toutes les bourses à Hossegor et Capbreton. Piscine. Accueil souriant et agréable. VTT à disposition.

ISPOURE 64220   Carte régionale A2

1 km NE de Saint-Jean-Pied-de-Port

📧 *Chambres d'hôte Ferme Exteberria (Marie-Jeanne Mourguy) :* ☎ 05.59.37.06.23. Accès : dans Saint-Jean-Pied-de-Port, prenez la direction Saint-Palais ; après le pont, tournez à gauche vers Ispoure ; la maison est au bout de la petite route, à gauche de l'église. Dans un petit village, ferme familiale tenue par Marie-Jeanne et ses enfants. Dans une partie indépendante, ouvrant sur le vignoble qui produit l'irouléguy (vin régional), 4 chambres d'hôte avec mezzanine et sanitaires privés. Comptez 39 € (255,82 F) pour 2, petit déjeuner compris (délicieux gâteau basque et confitures maison). Pas de table d'hôte, mais kitchenette à diposition. Pierre, le fils de Marie-Jeanne, élève des moutons, des ânes, des chevaux et possède 10 ha de vignes. Plusieurs randos en boucles partent du village pour découvrir les « chemins de l'Arradoy ». De la ferme vous pourrez les parcourir à pied, accompagné d'ânes bâtés. Si vous voulez vraiment connaître la culture régionale, c'est le moment de vous initier à la pelote basque sur le fronton du village (à moins que vous ne soyez déjà un champion...).

ITXASSOU 64250   Carte régionale A2

30 km NO de Saint-Jean-Pied-de-Port ; 25 km S de Biarritz

📧 *Chambres d'hôte Soubeleta (Marie-Françoise Regerat) :* ☎ 05.59.29.78.64 ou 05.59.29.22.34. Accès : ne rentrez pas dans le village, descendez vers le pont de la Nive et fléchage. Mignon petit château restauré, propriété de famille. Marie-Françoise, la toute jeune proprio, vous accueille dans 5 chambres confortables, avec sanitaires privés. Comptez de 42,69 à 48,78 € (de 280 à 320 F) — pour la plus grande — pour 2, petit déjeuner compris (toutes sortes de pains et de délicieuses gelées de mûres et de framboises). Grande terrasse qui bénéficie d'un agréable panorama sur le village et la vallée de la Nive (si vous voulez faire du rafting, c'est le moment !). Plein de randos à faire à pied et à VTT. Pas de table d'hôte, mais coin cuisine à disposition. Accueil jeune et décontracté. Une adresse qu'on aime bien.

LAROIN 64110   Carte régionale A2

7 km O de Pau

📧 ⑩% *Chambres d'hôte Miragou (Anne-Marie Marque) :* chemin de Halet. ☎ et fax : 05.59.83.01.19 et 06.19.69.59.25. ● miragou@wanadoo.fr ● Accès : sur la N 117 ; à Lescar, prenez la D 501, puis la D 2 sur 1 km. Ancienne ferme béarnaise typique. Anne-Marie a aménagé l'ancienne grange qu'elle occupe actuellement et reçoit ses hôtes dans l'ancienne maison d'habitation. Au rez-de-chaussée, 1 chambre, un coquet salon-salle à manger ; à l'étage, 2 autres chambres confortables, agrémentées de superbes photos de fleurs, fruits et animaux. Sanitaires privés et télévision pour chaque chambre. Comptez 39 € (255,82 F) pour 2, petit déjeuner inclus. Pas de table d'hôte, mais une kitchenette à disposition et un resto à tarifs raisonnables tout proche. Agréable prairie bordée par une petite rivière pour vous détendre après avoir visité la Cité des Abeilles ou fait le circuit des vins de Jurançon. VTT à disposition (chouette !).

LAY-LAMIDOU 64190   Carte régionale A2

15 km NO d'Oloron-Sainte-Marie ; 5 km SE de Navarrenx

≜ |●| ⚞ Chambres d'hôte La Grange de Georges (Babé et Georges Laberdesque) :
☎ 05.59.66.50.45 et 06.87.54.20.63. Fax : 05.59.66.24.11.● lagrangedegeorges@wana
doo.fr● Accès : A 64 Pau/Bayonne sortie Artix ; à Navarrenx D 2, puis D 27 vers Oloron-
Sainte-Marie jusqu'à Lay-Lamidou ; au panneau d'entrée du village, tournez à gauche,
c'est la 6e maison à gauche (on ne peut pas être plus précis...). Dans une ancienne
grange, indépendante de la propriété familiale, Georges a aménagé 4 chambres spacieuses et bien meublées. Sanitaires privés. Comptez 37 € (242,70 F) pour 2, petit déjeuner compris. Il élève des canards gras et fabrique du foie gras (on voit déjà briller les yeux
de certains...). Ici, tout le monde met la main à la pâte... Robert, le papy, cultive les
légumes du jardin ; Anna, la mamie, s'occupe de la cuisine avec Babé, tandis que son
frère produit du jurançon... Il ne vous reste plus qu'à vous asseoir pour partager la table
d'hôte. 13 € (85,27 F) le repas (souvent confit ou magret de la ferme), pichet de jurançon
compris. Vous pouvez aussi commander un repas gastronomique, pour 17,50 €
(114,79 F), avec foie gras. Accueil chaleureux et authentique. Pour les fans d'équitation,
Georges a créé une ferme équestre : il vous propose des balades à l'heure pour 9,15 € (
60 F) et des randos à la journée pour 38,11 € (250 F).

≜ |●| ⚞ ⚞ Chambres d'hôte (Marie-France et Bernard Desbonnet) : L'Aubèle, 4 rue
de la Hauti. ☎ et fax : 05.59.66.00.44 et 06.86.22.02.76. ● www.ifrance.com/chambre
hote/● Accès : A 64 Pau/Bayonne sortie Artix, allez jusqu'à Navarrenx puis D 2 et D 27
vers Oloron-Sainte-Marie, jusqu'à Lay-Lamidou ; tournez à gauche dans le village et 1re rue
à droite. Dans ce minuscule village, magnifique demeure du XVIIe siècle toute en pierre.
L'intérieur est à la hauteur du charme de la maison... Déco raffinée : meubles de style,
tableaux et nombreux bibelots. Au 1er étage, 2 chambres élégantes et spacieuses, dotées
de luxueux sanitaires privés. Elles ouvrent sur le parc, avec les Pyrénées en fond de
décor. Comptez 46 € (301,74 F) pour 2, petit déjeuner compris. Les gourmets ne manqueront pas la table d'hôte de Marie-France, service en porcelaine et argenterie maison
(s'il vous plaît !). 16 € (104,95 F) le repas. Délicieuses spécialités : brioché de saumon,
tourte au fromage des Pyrénées, escalope de poulet farcie au jambon de bayonne au
jurançon, ou encore côtelette Henri IV (un délice !), savoureuse tarte Tatin, gratinée aux
fruits rouges... Grand bureau avec une bibliothèque bien remplie et des tas d'infos touristiques. Le mieux, c'est quand même d'écouter Bernard parler du Béarn (c'est sa passion,
et il vous en livrera tous les secrets... chut !). Accueil de qualité. Une adresse de charme.

LOUVIE-JUZON 64260   Carte régionale A2

25 km S de Pau

≜ |●| 10% Chambres d'hôte (Juliette et Jean Guilhamet) : quartier Pedestarres. ☎ et
fax : 05.59.05.70.37. ● www.vallée.ossou.com/hebergement/jean.juliette ● Accès : du village, direction Lourdes ; sur la route à 4 km, avant le quartier Pedestares. Gentille maison
devant une ferme bien typique. Juliette et Jean vous accueilleront avec plaisir et simplicité. Avec un sourire magnifique, ils vous présenteront leurs 5 chambres propres et
confortables dont 1 pour 4 personnes avec cuisine. Sanitaires privés. Comptez 37 à 40 €
(242,70 à 262,38 F) pour 2, petit déjeuner compris. Possibilité de repas (seulement quelques soirs par semaine) à partir de 12,20 € (80,03 F). En saison, le mini-camping attenant
provoque un peu d'animation, mais l'adresse est chaleureuse.

LUCQ-DE-BÉARN 64360   Carte régionale A2

6 km N d'Oloron-Sainte-Marie

≜ |●| ⚞ 10% Chambres d'hôte (Marie Lavie) : quartier Auronce. ☎ 05.59.39.18.39.
Fax : 05.59.36.06.48. Accès : d'Oloron-Sainte-Marie, passez Ledeuix, faites 2 km (D 110),
c'est à 2 km sur la droite. 3 chambres très bien tenues avec de beaux meubles anciens
(une double composée de deux chambres pour les familles), installées dans une ancienne
grange jouxtant la maison. Sanitaires privés. Comptez de 36,59 € (240 F), pour les premières et 45,73 € (300 F) pour 4, avec le petit déjeuner, pour la double. Table d'hôte à
partir des bons produits de la ferme et du jardin. Des exemples ? Eh bien, en voici : garbure ou omelette flambée ou pâté maison, piperade, escalope de veau au jurançon ou

volailles fermières, charlotte aux fruits de saison, crème brûlée... Repas à 13 € (85,27 F), apéro, vin et café compris.

LÜE 40210   Carte régionale A1-2

20 km E de Mimizan ; 8 km O de Labouheyre

Chambres d'hôte Lou Pitarray (France Lamou) : quartier Médous. ☎ et fax : 05.58.07.06.23. Accès : de Labouheyre, D 626 vers Mimizan pendant 6 km ; dans Lüe, direction Escource pendant 2 km. En pleine forêt landaise, dans un calme absolu, France vous reçoit dans la maison de ses arrière-grands-parents. 2 chambres d'hôte décorées avec goût et ornées de belles aquarelles (réalisées par le père de France). Sanitaires privés. Comptez 39 € (255,82 F) pour 2, petit déjeuner compris. Pas de table d'hôte, mais une petite auberge toute proche. Grand parc pour vous détendre. Accueil convivial. Bon rapport qualité-prix. Également 2 gîtes pour 2 à 5 personnes.

Chambres d'hôte L'Oustau (Patricia Cassagne) : quartier Baxentes. ☎ 05.58.07.11.58. Fax : 05.58.07.13.99. Accès : par la D 626 ; à 1 km du village, sur la route principale qui mène à Pontenx/Mimizan. Ouvert de fin mai à fin septembre. Superbe maison de maître tout habillée de garluche (pierre locale) et entourée d'un parc verdoyant. 2 chambres coquettes et confortables avec douche (mais w.-c. privés sur le palier) et 2 chambres avec douche et w.-c. privés. Comptez 41 € (268,94 F) pour 2, petit déjeuner compris. Beau salon avec splendide plafond à caissons. Une adresse de charme. Hôtesse accueillante et souriante.

MAGESCQ 40140   Carte régionale A2

43 km NE de Biarritz ; 14 km NO de Dax

Chambres d'hôte (Marlène Desbieys) : Le Cassouat. ☎ 05.58.47.71.55. Accès : sur l' A 63, de Bordeaux, sortie n° 10 ; aux feux tournez à gauche, puis continuez tout droit vers Herm ; c'est à 1,5 km sur la droite. Marlène accueille ses hôtes dans une belle et confortable maison contemporaine. 2 chambres tout confort à 45,73 € (299,97 F) pour 2, petit déjeuner compris. Également 3 petits studios avec kitchenette et un gîte rural pour ceux qui veulent séjourner (se louent aussi à la nuitée). Parc de 10 ha et plan d'eau avec pédalos et canards. Également un ruisseau pour la pêche. Calme et tranquillité assurés. Exposition de peintures dans la maison. Attention, en haute saison, il faut y passer 3 nuits au minimum.

MAYLIS 40250   Carte régionale A2

30 km SO de Mont de Marsan ; 30 km E de Dax

Chambres d'hôte (Odile et Bernard Recurt) : Saint-Germain. ☎ 05.58.97.72.89 et 06.81.68.84.81. Fax : 05.58.97.95.21. • chambre-dhotes@wanadoo.fr ● Accès : de Dax, prenez la D 32 direction Mugron, Saint-Sever ; à Mugron, D 18 à droite direction Hagetmau ; à 2 km de Saint-Aubin, tournez à droite, direction Maylis. Sur réservation. Très belle demeure familiale du XVIIe, dotée d'un agréable jardin. À droite, Odile et Bernard, jeunes agriculteurs, occupent l'ancienne maison des ouvriers agricoles salariés qui travaillaient autrefois sur la propriété. 2 chambres calmes et confortables, avec sanitaires privés, à 37 € (242,70 F) pour 2, petit déjeuner compris. À la table d'hôte, vous trouverez les bons produits de la ferme, le tout agrémenté d'un petit floc de Gascogne... Pour 14 € (91,83 F), salade de gésiers ou rillettes de canard, confit ou magret ou volaille de la ferme, gratin ou flan d'asperges, pâtisserie maison. Une bonne adresse.

MIMBASTE 40350 — Carte régionale A2

13 km SE de Dax

🛏 |●| 🐾 ⑩% *Chambres d'hôte Capcazal de Pachiou (Colette Alberca-Dufourcet) :* ☎ et fax : 05.58.55.30.54. Accès : de Dax, D 947 vers Orthez pendant 11 km, puis D 16 vers Mimbaste, fléchage à 1 km. Avec un nom pareil, cette adresse se devait d'avoir du charme, et elle en a... C'est une ancienne demeure seigneuriale qui date du début du XVIIe siècle (rien que ça !). Colette a su préserver son authenticité ; toutes les pièces de la maison sont décorées avec goût (meubles d'époque, bibelots et beaux livres). Atmosphère raffinée. 4 chambres spacieuses avec lits à baldaquin et 1 chambre réservée aux pèlerins de Saint-Jacques-de-Compostelle. Sanitaires privés. Comptez de 42,70 à 53,40 € (280,09 à 350,28 F) pour 2, petit déjeuner compris. Table d'hôte partagée en famille à 16,80 € (110,20 F), apéro, vin et café compris. Bonne cuisine du terroir. À l'extérieur, vous jouirez d'un beau parc de 2 ha, avec une petite pièce d'eau et une chapelle qui attend qu'on la restaure. Accueil agréable.

MONCLAR 47380 — Carte régionale B1

20 km O de Villeneuve-sur-Lot

🛏 |●| ⑩% *Chambres d'hôte La Seiglal (Henriette Decourty) :* ☎ 05.53.41.81.30. Fax : 05.53.41.85.10. Accès : par la D 667, au niveau de la borne kilométrique 25. Sur réservation. En pleine nature, petit château aux magnifiques salon et salle à manger avec cheminée. Déco intérieure « vieille province » plaisante et reposante. 5 chambres avec sanitaires privés, trois au 1er et deux au 2e étage. Comptez 54,88 € (360 F) pour 2, avec le petit déjeuner. Repas du soir à 15,24 € (100 F), vin et café compris : spécialités de volailles, agneau et pâtisserie maison. À 20 h, la cloche du donjon vous rappelle qu'il est temps de rejoindre la table familiale... Très agréable parc avec piscine. Bon accueil.

MONEIN 64360 — Carte régionale A2

20 km O de Pau ; 20 km N d'Oloron-Sainte-Marie

🛏 ⑩% *Gîte de groupe La Benjamine (Michèle Dufour) :* quartier Candeloup. ☎ 05.59.21.37.09. Fax : 05.59.21.32.90. Accès : depuis Pau prendre la D9 direction Oloron-Sainte-Marie. Fermé en janvier. Préférable de réserver. En plein pays du jurançon. Dans leur ancienne ferme en pierre apparente restaurée, Michèle et Pierre ont aménagé 1 gîte de 20 lits confortable. Pas de dortoir mais plusieurs chambres : une pour 4, une pour 6 et quatre pour 2 ou 3 personnes. 11,43 € (75 F) par personne et par nuit (draps compris). Petit déjeuner à 3,81 € (25 F). Possibilité de repas au village ou à la ferme-auberge. Cuisine à disposition. Splendide salle à manger de 100 m² avec cheminée, et aussi une salle de réunion (pour ceux qui viendraient là pour travailler...). Belle cour carrée intérieure. Vue sur la campagne environnante et tranquillité assurée. Également 1 gîte rural pour 6 personnes. Certains soirs, vous laisserez bercer par une « soirée contes ». Excursions possibles vers l'Espagne et la côte basque. Ne manquez pas le son et lumière de l'église Saint-Girons avec sa charpente en forme de vaisseau renversé.

🛏 |●| 🐾 *Chambres d'hôte Maison Cantérou (Marie-Josée Nousty) :* quartier Laquidée. ☎ 05.59.21.41.38. Fax : 05.59.21.28.96. Accès : du village, D 34, direction Lacommande (la maison est à 6 km du centre). 5 belles chambres avec sanitaires privés, dont une plus grande avec balcon, dans une vieille ferme béarnaise restaurée. Comptez 43 et 51 € (282,06 et 334,54 F) pour 2, petit déjeuner compris. Possibilité de repas, servi dans une belle salle à manger, à 15,24 € (100 F) vin et café compris. Bonne cuisine familiale avec les produits de la ferme (garbure, confit de canard, boudin aux pommes, œufs au lait). À proximité, dégustation et vente de jurançon (vous êtes au cœur du vignoble). Bon accueil.

AQUITAINE

MONFLANQUIN 47150   Carte régionale B1

20 km N de Villeneuve-sur-Lot

🛏 |●| 🛖 ⟨10%⟩ *Ferme-auberge de Tabel (Monica et Christian Dufoulon) :* ☎ et fax : 05.53.36.30.57. Accès : de Villeréal, D 676 vers Monflanquin ; située 5 km avant le bourg. Repas tous les jours, midi et soir. Réservation conseillée. En pleine campagne, grande ferme qui propose une cuisine sans prétention. Menus de 10,37 à 25,31 € (de 68 à 166 F), servis en terrasse aux beaux jours. Visite de l'élevage et vente de produits maison. Également 1 gîte pouvant accueillir de 8 à 10 personnes et 3 chambres indépendantes avec sanitaires privés de 22,26 à 25,31 € (de 146 à 166 F) pour 2 personnes.

MONMARVÈS 24560   Carte régionale B1

20 km SE de Bergerac ; 7 km N de Castillonnès

|●| 🛖 *Ferme-auberge Letheyrie (Armel Barthé) :* ☎ 05.53.58.70.33 ou 05.53.58.76.85. Fax : 05.53.58.76.85. Accès : N 21, puis D 14, direction Issigeac, et ensuite D 21. Fermé d'octobre à mars. Uniquement sur réservation. Ferme-auberge plutôt chics, dans une magnifique propriété. Repas servis dans un salon-salle à manger avec de très beaux meubles. Table dressée avec porcelaine, cristal et argenterie. 15 à 20 couverts seulement. Menu à 24,39 € (160 F), apéro, vin, café et digeo compris : tourain, rillettes, grattons, cou farci au foie gras et aux truffes, confit ou magret et pommes de terre sarladaises, salade, fromage et dessert. Parc de 90 ha et plan d'eau de 30 ha où l'on peut pêcher. Très bon accueil.

MONTCARET 24230   Carte régionale B1

36 km O de Bergerac ; 30 km SE de Libourne

🛏 |●| 🛖 *Chambres d'hôte (Brigitte Fried) :* Fonroque. ☎ 05.53.58.65.83. Fax : 05.53.58.60.04. ● BrigitteFried@wanadoo.fr ● Accès : de Bergerac, D 936 (pendant 35 km), puis tournez à droite au lieu-dit Tête Noire. Fermé de début décembre à mi-février. Recommandé de réserver. En plein pays de Montaigne, belle demeure paysanne du XIXᵉ siècle, située sur une hauteur au milieu d'arbres centenaires. Environnement de fleurs superbes. 5 chambres spacieuses tout confort, à 58 € (380,46 F) pour 2, petit déjeuner compris. Demi-pension à 92 € (603,48 F) pour 2 personnes (pas de repas le dimanche), bergerac et montravel compris. Bonne cuisine familiale et régionale. Également 2 gîtes pour 8 personnes. Piscine. Accueil très agréable.

MONTIGNAC-DE-LAUZUN 47800   Carte régionale B1

35 km NO de Villeneuve-sur-Lot ; 32 km NE de Marmande

🛏 🐕 ✂ ⟨10%⟩ *Chambres d'hôte (Jeanine et René Caddoux) :* Becquet. ☎ 05.53.93.28.89. Accès : sur la D 227, à 10 km au sud de Lauzun. Fermé de début novembre à fin avril. Maison moderne dans une petite exploitation agricole au cœur d'une gentille campagne. 2 chambres au rez-de-chaussée qui ouvrent sur le jardin. Comptez 33,54 € (220 F) pour 2, petit déjeuner compris. Coin cuisine à disposition. Accueil agréable.

MORLANNE 64370   Carte régionale A2

35 km NO de Pau ; 23 km E d'Orthez ; 10 km NE d'Arthez-de-Béarn

|●| 🛖 *Ferme-auberge (Cécile et Stéphane Lauzet-Grandguillotte) :* rue du Château. ☎ 05.59.81.61.28. Accès : d'Arthoz-de-Béarn, prenez la D 31, puis la D 946 ; dans le village, visez la tour de l'ancienne abbaye, passez devant la très typique église, suivez l'adorable rue du Château (piétonne et fleurie) et c'est un peu plus loin sur la gauche. Fermé le

dimanche soir et lundi et mardi. De préférence sur réservation. Cécile et Stéphane élèvent des brebis, des canards pour le foie gras et des canettes. On retrouve bien entendu tous leurs produits dans 3 menus de 13,72 à 22,87 € (de 90 à 150 F), le « gastronomique », servis dans une petite salle de 30 couverts. Rien que pour vous faire saliver, citons simplement le foie frais chaud cuisiné aux pommes, la canette à l'orange ou farcie, le gigot d'agneau, et de délicieuses crêpes maison. Petite carte des vins (principalement régionaux : jurançon, pacherenc et madiran). Accueil authentique et chaleureux.

MUGRON 40250   Carte régionale A2

30 km SO de Mont-de-Marsan ; 30 km E de Dax

|●| ⊱ *Ferme-auberge À Marquine (Rosette et René Cabannes) :* ☎ 05.58.97.74.23 et 06.80.48.76.52. Fax : 05.58.97.92.27. Accès : prenez la route de Dax vers Saint-Sever, puis la D 10 jusqu'à Mugron ; à Mugron, D 32 vers Saint-Sever, puis à droite D 18 vers Hagetmau, la *Marquine* est à gauche. Sur réservation. C'est par une allée ombragée et fleurie qu'on accède à la ferme-auberge. On y découvre une jolie salle rustique, avec poutres apparentes, installée dans une ancienne étable. Rosette, la chaleureuse hôtesse, est aussi une excellente cuisinière. Dans les menus de 12,20 à 30,49 € (de 80 à 200 F), vous pourrez tester de bonnes spécialités landaises, telles que la garbure, les rillettes de canard, la salade landaise, le magret grillé, les confits maison ou encore la tourtière. Adresse authentique, où René et Jean-Michel, père et fils, participent également à l'accueil, parallèlement à leurs activités agricoles.

PAU 64000   Carte régionale A2

30 km SO de Mont-de-Marsan ; 30 km E de Dax

⌂ |●| *Chambres d'hôte (Françoise Rousset et Vincent Seger) :* 73, avenue Copernic. ☎ et fax : 05.59.84.36.85. ● http://perso.wanadoo.fr/la-ferme-du-hameau-de-pau ● Accès : au nord de Pau, en allant vers Tarbes. N'ayez aucune appréhension, malgré la proximité de la ville, la ferme est tout à fait au calme. Françoise et Vincent y tiennent 3 chambres simples avec salle de bains et w.-c. communs. Comptez 28,97 € (190 F) pour 2, petit déjeuner compris (avec de bonnes confitures et le pain d'épice maison) et 11,50 € (75,44 F) le repas. Cuisine équipée à disposition. Françoise fait du tissage et donne des cours aux hôtes qui le désirent ; Vincent, lui, est guide de haute montagne, et peut vous organiser diverses activités, moyennant un supplément, sans oublier la cueillette des fruits et la fabrication de confitures à partir de la production de l'exploitation (figues, framboises et cassis). Enfin, poules, moutons et chevaux feront le bonheur de vos chères têtes blondes... Accueil jeune et dynamique.

PLEINE-SELVE 33820   Carte régionale A1

60 km N de Bordeaux ; 17 km O de Montendre

⌂ ⚞ ⊱ ⑩% *Chambres d'hôte Château Lussan (Sylvaine et Christian Pastureaud) :* ☎ 05.57.32.74.44. Fax : 05.57.32.95.18. Accès : A 10 Saintes/Bordeaux sortie Mirambeau, puis N 137 direction Bordeaux jusqu'à Pleine-Selve et fléchage dans le village. En pleine nature, à la limite de la Gironde et de la Charente-Maritime, grand domaine viticole de 40 ha. La maison de Sylvaine et Christian appartenais autrefois à l'abbaye de Pleine-Selve. À l'étage, 3 chambres agréables avec sanitaires privés. Comptez 37 € (242,7 F) pour 2, petit déjeuner compris. Pas de table d'hôte, mais plusieurs restos à proximité. Bien sûr, vous pourrez visiter le chai et déguster le vin de Christian. Il vous donnera tous les tuyaux sur la vinification. Au fait, le Château-Lussan est un côtes-de-blaye. Accueil agréable.

PONTENX-LES-FORGES 40200   Carte régionale A1

10 km E de Mimizan

⌂ ⚞ ⊱ *Gîte d'étape L'Airial du Tastot :* Route de Saint-Trosse. ☎ 05.58.07.45.40 ou 05.58.09.11.20. Fax : 05.58.09.40.31. Accès : D 626 et fléchage depuis le village. Réservation obligatoire. Grand parc au milieu de la forêt landaise. Gîte d'étape communal de

16 lits répartis en 4 chambres claires et agréables (meubles en pin naturel). 2 salles communes et cuisine aménagée. Comptez de 6,10 à 9,15 € (de 40 à 60 F) la nuit (sans les draps). Ici, c'est la gestion libre et chacun prépare sa pitance. Adresse idéale pour les familles et les groupes de copains. Pour un petit budget, vous profiterez d'un bel espace nature, tout proche des plages de l'océan (15 km).

PONTIACQ 64460   Carte régionale A2

30 km NE de Pau ; 30 km E de Nay

🛏 I●I 🐴 ⑩% *Chambres d'hôte (Nicole et Michel Vignolo) :* route de Montaner.
☎ 05.59.81.91.45. Accès : sur la route de Pau à Tarbes ; à Ger, tournez à gauche direction Montaner, puis Pontiacq. On se souviendra longtemps de la gentillesse de l'accueil de Nicole et Michel... Dans leur grande ferme béarnaise en galets, ils tiennent 4 chambres spacieuses avec meubles de famille et sanitaires privés. Comptez 33,54 € (220 F) pour 2, petit déjeuner compris. Dans la salle à manger rustique, on partage le repas des proprios sur une grande table de ferme, pour 12,20 € (80 F) : magret et confit bien sûr, mais aussi pintade aux pommes, coq au vin ou poule farcie, crème brûlée... Une adresse chaleureuse.

RIBÉRAC 24600   Carte régionale B1

37 km O de Périgueux

🛏 🐴 *Chambres d'hôte La Borderie (Ginette Debonnière) :* ☎ 05.53.90.06.08. Accès : du village, direction Montpon, puis au rond-point à droite vers lot Terradeau et 4ᵉ route à droite. Fermé de novembre à février. Prudent de réserver en pleine saison. Vous trouverez 1 chambre au bout de cette petite route, à 27,44 € (180 F) pour 2, petit déjeuner compris. Excellent accueil.

RIMONS 33580   Carte régionale B1

30 km NO de Marmande ; 29 km NE de Langon

🛏 I●I ✕ ⑩% *Chambres d'hôte Le Grand Boucaud (Dominique Lévy) :* 4, l'Aubrade.
☎ 05.56.71.88.57. Fax : 05.56.61.43.77. Accès : à 1,5 km du village en venant de Saint-Ferme ou Monségur. Fermé de mi-octobre à fin décembre. Maison ancienne située dans une jolie campagne vallonnée. 3 chambres confortables, à 53 € (347,66 F) pour 2, avec le petit déjeuner. Sanitaires privés. Possibilité de repas, de 18 à 30 € (de 118,07 à 196,79 F). Bonnes recettes du terroir. D'ailleurs Dominique organise des stages de cuisine qui comprennent aussi les courses sur le marché (ils ont déjà attiré nos amis d'outre-Atlantique...). Piscine.

RIVIÈRE 40180   Carte régionale A2

30 km NE de Bayonne ; 10 km SO de Dax

🛏 ✕ ⑩% *Ferme équestre de Peylin (Véronique et Alain Monteil) :* ☎ 05.58.97.51.04 et 06.80.08.16.75. Fax : 05.58.97.56.87. Accès : sur la N 124, à mi-chemin entre Dax et Saint-Geours-de-Maremne, prenez à droite (D 13) vers Rivière sur 4 km. Sur réservation. Située au milieu des prairies, tout près des « Barthes » (comprenez les marais locaux), voici une ferme équestre qui fera le bonheur des petits comme des grands. Passionnée d'équitation, Véronique vous fera partager son amour des poneys landais qu'elle élève sur place. Hébergement de groupes (19 places), pour 228,67 € (1500 F) la nuit (sac de couchage à prévoir). Cuisine équipée.

SABRES 40630   Carte régionale A2

41 km E de Mimizan ; 19 km S de Pissos

▲ ⊱ (10 %) *Chambres d'hôte Le Plaisy (Gwenaëlle Bacon) :* route de Commensacq. ☎ et fax : 05.58.07.50.29. et 06.83.11.02.58. Accès : entre Sabres et Commensacq. Fermé de novembre au 1er mai. Dans une belle maison de maître, Gwenaëlle a aménagé 3 chambres bien meublées, avec sanitaires privés. Comptez 42,69 € (280 F) pour 2, petit déjeuner inclus, servi dans la salle à manger de la propriétaire ou en terrasse. Séjour obligatoire de 4 nuits en été. Parc de 10 ha et magnifique plan d'eau avec barque pour la pêche. Piscine. Tennis privé à 3 km. Bon accueil. L'écomusée de Marquèze jouxte la propriété.

AQUITAINE

SAINT-ANDRÉ-DE-SEIGNANX 40390   Carte régionale A2

15 km NE de Bayonne ; 15 km E d'Hossegor

▲ |●| 🐴 ⊱ (10 %) *Ferme équestre de Cibade (Gérard Laclau) :* ☎ 05.59.56.71.03. Fax : 05.59.56.77.92. Accès : de Bayonne, N 117 vers Pau pendant 12 km, tournez à gauche jusqu'à Saint-André-de-Seignanx ; traversez le village vers Saubrigues et fléchage. Voilà une adresse que les amoureux de nature et de chevaux ne manqueront pas... Gîte d'étape avec 2 dortoirs de 11 et 14 lits. Bloc sanitaire. 9,15 € (60 F) la nuit (pensez à votre duvet). Grande salle à manger avec une cuisine bien équipée où vous pourrez préparer votre pitance. Autrement, les proprios servent le petit déjeuner pour 4,57 € (30 F) et le repas pour 9,15 € (60 F). Bonnes spécialités traditionnelles : garbure, coq au vin, pipérade basque, tourtière et délicieux gâteau basque. Gérard (accompagnateur diplômé) propose des promenades à l'heure, 12,96 € (85 F), et également à la journée, 68,60 € (450 F). Ceux qui préfèrent découvrir la nature à pied iront voir la réserve européenne d'oiseaux migrateurs (3 km). Océan tout proche. Accueil convivial. Pour les plus fauchés, aire naturelle de camping, 7,62 € (50 F) par jour, pour 2, tout compris. Également 1 gîte rural pour 7 personnes, loué de 304,90 à 457,35 € (2000 à 3000 F) la semaine, selon la saison.

SAINT-ÉMILION 33330   Carte régionale A1

35 km E de Bordeaux ; 7 km SE de Libourne

▲ ⊱ *Chambres d'hôte (Claude Brieux) :* 12, Château Millaud-Montlabert. ☎ 05.57.24.71.85. Fax : 05.57.24.62.78. Accès : sur la D 243 entre Libourne et Saint-Émilion, prenez la D 245 direction Pomerol sur 300 m. Fermé du 15 janvier au 15 février. Sur une exploitation viticole, maison en pierre blanche du pays, avec 5 chambres personnalisées et chaleureuses (poutres apparentes, lambris...). Comptez de 42,70 à 48,80 € (de 280 à 320 F) pour 2, petit déjeuner compris (avec pâtisserie maison). Pas de table d'hôte, mais cuisine à disposition. Bien sûr, possibilité de déguster le vin de la propriété.

SAINT-MARIENS 33620   Carte régionale A1

35 km N de Bordeaux

▲ ⊱ (10 %) *Chambres d'hôte Château de Gourdet (Yvonne et Daniel Chartier) :* Château de Gourdet. ☎ 05.57.58.05.37 et 06.14.42.50.10. Accès : de l'A 10, sortie n° 38, puis itinéraire *bis* jusqu'à Saint-Mariens, et 1re route à gauche. Le château est en fait une ancienne maison forte du Moyen Âge, modifiée au XVIIIe siècle, puis restaurée. Elle est située sur un coteau au milieu de vignes et de prairies où paissent tranquillement des chevaux. 5 chambres confortables avec sanitaires privés de 40 à 50 € (262,38 à 327,98 F) pour 2, petit déjeuner inclus (plein de confitures maison dont celle à la figue, spécialité de Daniel). Une adresse tip-top pour les amateurs de vin !

AQUITAINE

SAINT-MARTIN-DE-HINX 40390   Carte régionale A2

30 km SO de Dax ; 20 km NE de Bayonne

🛏 **Chambres d'hôte (Yvette Comte) :** 200, rue de l'Europe. ☎ 05.59.56.33.58. Accès : en venant de Bordeaux par la N 10, sortez à Saint-Geours-de-Maremne (sortie n° 8), et prenez la D 12 vers Saint-Martin-de-Hinx et Urt. Sur réservation. C'est dans une maison de village entourée d'un grand jardin ombragé et fleuri qu'Yvette vous accueille chaleureusement. 2 chambres situées au rez-de-chaussée, dont une indépendante, avec sanitaires privés. Comptez 38,11 € (250 F) pour 2 et 15,24 € (100 F) par personne supplémentaire, avec un copieux petit déjeuner, souvent servi en terrasse : brioche ou pâtisserie maison, jus de fruits, pain de campagne et confitures maison. Bonne adresse.

SAINT-MARTIN-DE-LAYE 33910   Carte régionale A1

45 km NE de Bordeaux ; 15 km N de Libourne

🛏 ✕ **Chambres d'hôte (Josette et Michel Garret) :** Gaudart. ☎ 05.57.49.41.37. Accès : de la N 10 Paris/Bordeaux, à Saint-André-de-Cubzac, prenez la D 10 jusqu'à Saint-Martin-de-Laye et fléchage. Ouvert du 15 avril au 10 octobre. Dans les coteaux du Libournais, belle maison girondine de plain-pied. 3 chambres : une superbe avec un lit à lange (où les femmes accouchaient autrefois) et une très belle salle de bains, et une autre plus petite, avec accès indépendant, situées dans la maison d'habitation ; une troisième, la « chambre du Bois », dans un bâtiment annexe. Toutes sont équipées de sanitaires privés. Comptez de 35 €, pour la petite, à 46 € (de 229,58 à 301,74 F) pour 2, petit déjeuner compris. Nombreux restos alentour. Agréable jardin bien fleuri.

SAINT-MAYME-DE-PÉREYROL 24380   Carte régionale B1

24 km S de Périgueux ; 28 km NE de Bergerac

🛏 ▮●▮ 🐴 **Ferme-auberge La Petite Auberge (Laurence et Ghislaine Gay) :** Castagnol. ☎ et fax : 05.53.04.00.54. Accès : de Périgueux N 21 jusqu'à Bordas, prenez la D 43 à gauche, et fléchage. Fermé en janvier, février et mars pour les chambres d'hôte. De préférence sur réservation. Sur les coteaux de Vergt, ancienne ferme avec 2 salles (30 couverts) ; terrasse et cour intérieure avec jardin. Laurence et Ghislaine proposent une cuisine traditionnelle et familiale du Périgord dans différents menus de 13,70 à 24,40 € (89,87 à 160,05 F), apéro et vin compris. À proximité, dans une belle maison ancienne, 3 chambres avec sanitaires. 38 € (249,26 F) pour 2, petit déjeuner compris, et possibilité de demi-pension. Enfin, pour compléter le tout, une superbe piscine (c'est pas beau la vie ?).

SAINT-MICHEL-DE-FRONSAC 33126   Carte régionale A1

25 km NE de Bordeaux ; 10 km O de Saint-Émilion

🛏 ✕ (10%) **Chambres d'hôte Clos Saint-Michel (Marie-Christine et Alain Aguerre) :** ☎ 05.57.24.95.81. Accès : Saint-Michel-de-Fronsac se trouve sur la D 670 entre Libourne et Saint-André-de-Cubzac ; au niveau de la poste du village, suivez le fléchage « Lariveau » pendant 1,5 km. Au milieu des vignes, belle demeure du XVIIe siècle, qui vient de refaire peau neuve. Dans une aile indépendante, au 1er étage, 2 chambres avec sanitaires privés, 2 autres dans la maison. Deux agréables terrasses pour profiter du paysage. Belle salle à manger authentique et chaleureuse (réservée aux hôtes), avec grande cheminée et coin cuisine à disposition (bien pratique, car il n'y a pas de table d'hôte). De 52 à 62 € (341,10 à 406,69 F) pour 2, petit déjeuner compris. Au fait, le Clos-Saint-Michel est aussi un canon-fronsac réputé ! (eh oui, les proprios sont viticulteurs et font déguster leur production). Accueil convivial.

SAINT-PÉE-SUR-NIVELLE 64310   Carte régionale A2

15 km S de Biarritz

🛏 |●| ⑩% *Chambres d'hôte (M. Poulet) :* Uxondoa – route de Chanchinea. ☎ 05.59.54.46.27 et 06.85.87.84.75. Accès : 3 km après Ascain en direction de Saint-Pée-sur-Nivelle, prenez à droite au carrefour, passez sur le pont métallique, puis prenez le 1er chemin à gauche après le pont. De préférence sur réservation. On longe la Nivelle en prenant un petit chemin bordé d'une haie de kiwis... pour découvrir un site merveilleux avec rivière privée et fleurs de toutes sortes. Quant à la demeure, c'est une superbe maison basque reconstruite avec des matériaux anciens, dans le plus pur style du pays. On entre par une énorme porte d'entrée en bois massif qui donne sur un bar avec un aquarium et une immense salle de réception avec cheminée. À l'étage, 6 chambres d'hôte luxueuses, desquelles se dégagent harmonie et sérénité. Sanitaires privés et terrasse. Comptez de 54 à 61 € (de 354,22 à 400,13 F) pour 2, petit déjeuner compris (avec de délicieux fruits rouges du jardin en saison). Repas à la table d'hôte pour 13 à 19 € (85,27 à 124,63 F). Une adresse pour routards aisés.

SAINT-SÈVE 33190   Carte régionale B1

20 km NO de Marmande ; 3 km N de la Réole

🛏 |●| ⋙ *Chambres d'hôte Domaine de la Charmaie (France et Paul Chaverou) :* ☎ et fax : 05.56.61.10.72. Accès : de la Réole (sortie A 62), D 668 vers Monségur, puis au rond-point la D 21 jusqu'à Saint-Sève ; traversez le bourg et fléchage à droite après le pont. Superbe demeure toute en pierre, au milieu d'un grand parc fleuri. À l'intérieur, France et Paul ont fait des merveilles : tout est harmonie et raffinement. Dans une aile indépendante, 4 chambres séduisantes et spacieuses (France est décoratrice... ça aide !). Sanitaires privés. 54,88 € (360 F) pour 2, petit déjeuner compris. Votre hôtesse est aussi un fin cordon bleu, et vous propose la table d'hôte pour 21,34 € (140 F), apéro, vin et café compris. Une cuisine fine, avec de nombreux plats régionaux. Pour compléter le tout, une agréable piscine, un billard français et un lieu que les amoureux des vins ne manqueront pas : la salle *Bacchus*, mini-musée que Paul a aménagé. Ancien négociant, il vous donnera tous les bons tuyaux pour visiter les chais et faire votre cave. Accueil de qualité. Une adresse de charme pour routards aisés.

🛏 |●| ⌂ ⑩% *Chambres d'hôte (Monique Baugé) :* au Canton. ☎ et fax : 05.56.61.04.88 et 06.85.10.31.95. Accès : de La Réole (sortie A 62), D 670 vers Libourne, puis D 21 vers Saint-Sève (chemin à droite après le village). Au bout d'un petit chemin goudronné, vieille et noble maison rurale toute en pierre. Au rez-de-chaussée, 2 chambres spacieuses avec sanitaires privés (une préférence pour celle avec les deux fenêtres et la cheminée). Comptez 45,73 € (300 F) pour 2, petit déjeuner compris. Belle salle à manger rustique pour partager la table d'hôte. 15,24 € (100 F) le repas, vin et café compris. Très bonne cuisine familiale avec poulet à l'estragon, magret de canard pommes sarladaises ou blanquette de veau. Accueil chaleureux (faites une caresse à Fara, la chienne de la maison, elle adore la compagnie des clients). Bon rapport qualité-prix-convivialité.

SAINT-SYMPHORIEN 33113   Carte régionale A1

45 km S de Bordeaux ; 29 km SO de Langon

🛏 ⋙ ⑩% *Chambres d'hôte (Cathy et Guy Bonneaud) :* Broy. ☎ 05.56.25.74.46. Fax : 05.56.65.70.84. ● catherine.bonneaud@club-internet.fr ● Accès : à Saint-Symphorien, prenez la direction Arcachon, et à 7 km, au lieu-dit Broy, 1re route à gauche ; c'est la 3e maison à droite. En pleine forêt, dans une maison de métayer centenaire, jolie chambre à laquelle on accède par un auvent avec baie vitrée. Salle de bains privée. Une autre familiale, style studio, avec un ravissant petit jardin (japonais ou chinois ?... les Chinois prétendent qu'ils ont été copiés). Comptez de 38 à 42 € (de 249,26 à 275,50 F) pour 2, petit déjeuner compris. Très agréable parc, et de belles balades à faire en forêt, où Églantine, l'ânesse, vous accompagnera volontiers. Également 1 gîte rural pour 4 personnes. Accueil charmant.

SAINTE-CROIX-DU-MONT 33410 Carte régionale A1

40 km SE de Bordeaux ; 7 km NO de Langon

■ ⧊ (10%) **Chambres d'hôte Château Lamarque (Sylvie et Thierry Darroman) :** ☎ 05.56.76.72.78 ou 05.56.62.01.21 et 06.86.34.01.76. Fax : 05.56.76.72.10. • tsdarroman@club-internet.fr • Accès : de Langon (sortie A 62), D 10 vers Cadillac, à Sainte-Croix-de-Mont, prenez la D 229 vers Monprimblanc, en haut de la côte, tournez à gauche vers Loupiac (D 117) et c'est le chemin à gauche à 300 m. Au cœur du vignoble, le domaine de Château Lamarque est une exploitation viticole de 21 ha dominant la vallée de la Garonne. Au rez-de-chaussée et 1er étage de la maison, deux ensembles, composés chacun de 2 chambres confortables. Sanitaires privés. Comptez 41,16 € (270 F) pour 2, petit déjeuner compris (confitures et gâteau maison). Visite du chai et dégustation du vin de la propriété (gouleyant vin blanc liquoreux). Accueil vraiment sympa.

SAINTE-MAURE-DE-PEYRIAC 47170 Carte régionale B2

68 km E de Mont-de-Marsan ; 25 km S de Nérac

■ |●| ⛺ ⧊ **Ferme-auberge du Boué (Jehanne et Jean-François Rignault-Boitard) :** ☎ 05.53.65.63.94. Fax : 05.53.65.41.80. • jboitard@wanadoo.fr • Accès : en venant de Poudenas, petite route à gauche à 1 km vers Sainte-Maure ; fléchage. Fermé en février, et le lundi de Pâques à la Toussaint. Sur réservation. Dans une sereine et paisible campagne, découvrez cette adorable ferme-auberge. Le dimanche midi, atmosphère extra. Jehanne et Jean-François produiguent un très chouette accueil et proposent une cuisine du terroir mémorable. Cadre chaleureux, arrangé avec cœur. Un superbe salon agrémenté d'une grande cheminée, de larges fauteuils pour jouir de l'air du temps, d'un piano et une salle à manger aux grosses tables de bois. 3 menus : deux de 14 à 18 € (de 91,83 à 118,07 F) pour les petits appétits, l'autre, pantagruélique, à 21 € (137,75 F) avec apéro, potage, foie gras, 2e entrée, trou gascon, viande et légumes, salade, dessert, café et armagnac ; avec en prime le pain au levain maison ! Une carte plus légère avec choix de salades et grillades. Si vous voulez séjourner quelques jours ou plus, il y a de confortables petits gîtes à louer pour environ 305 € (2000,67 F) la semaine. Hors saison, possibilité de louer 1 nuit ou 2 pour 18 € (118,07 F) par nuit et par personne. Piscine, étang de pêche et délicieux sous-bois (on y trouve de gros cèpes).

SAMAZAN 47250 Carte régionale B1

10 km S de Marmande

■ |●| ⧊ (10%) **Chambres d'hôte Château Cantet (M. et Mme de la Raitrie) :** ☎ 05.53.20.60.60 et 06.09.86.68.77. Fax : 05.53.89.63.53. • tdelaraitrie@hotmail.com • Accès : à 2 km après l'A 61 (Toulouse-Bordeaux), sur la D 993, direction Casteljaloux, c'est la 2e route à droite après le pont de l'autoroute. Fermé du 15 décembre au 12 janvier. Mme de la Raitrie, qui a hérité de ce château du XVIIIe, s'attache à le restaurer avec passion. Elle a aménagé 4 chambres dont une suite de deux chambres pour les familles. Comptez de 52 à 60 € (de 341,10 à 393,57 F) pour 2, petit déjeuner compris. Les repas à la table d'hôte, 20 € (131,19 F) vin compris, se prennent en compagnie des propriétaires. Spécialités de poule farcie, poulet à la mousse de canard, canard aux pêches, mouton grillé, navarin, volailles, millas au pruneaux et gâteau au chocolat. Beau parc avec piscine. Calèches. Billard. Ambiance B.C.B.G. avec un rien de fantaisie.

SARE 64310 Carte régionale A2

27 km S de Biarritz ; 8 km de l'Espagne

■ ⧊ **Chambres d'hôte Olhabidea (Anne-Marie Fagoaga) :** ☎ 05.59.54.21.85. Fax : 05.59.47.50.41. Accès : du village, direction Saint-Pée-sur-Nivelle pendant 2 km ; face à la chapelle Sainte-Catherine, tournez à droite, la propriété est au bout de la ligne droite. Ouvert de mars à novembre. Réservation conseillée. La demeure d'Anne-Marie n'est pas très facile à trouver (le fléchage est volontairement modeste), mais persévérance et attention seront récompensées par la découverte ! Une allée bordée d'arbres conduit à une très belle propriété familiale du XVIᵉ siècle (la maison de ses arrière-grands-parents) entourée d'un jardin fleuri de 4 ha. Elle y tient 4 chambres avec sanitaires privés et entrée indépendante, de 53 à 60 € (347,66 à 393,57 F) pour 2, petit déjeuner compris. Chacune est personnalisée et décorée avec goût ; d'ailleurs, toute la maison regorge de bibelots anciens, de beaux meubles et de bouquets. Bon accueil. Une adresse de charme.

▲ ✎ *Chambres d'hôte (M. et Mme Berthon) :* Larochoincoborda. ☎ 05.59.54.22.32. Accès : à 2,5 km du village. En pleine nature, ancienne ferme restaurée donnant sur un panorama exceptionnel. 3 jolies chambres avec sanitaires privés. 55 € (360,78 F) pour 2, petit déjeuner inclus. Beau salon avec cheminée. Calme garanti et plein de randos à faire dans le coin.

AQUITAINE

SAUVETAT-SUR-LÈDE (LA) 47150   Carte régionale B1

12 km N de Villeneuve-sur-Lot ; 6 km SO de Monflanquin

▲ |●| 🐴 (10 %) *Chambres d'hôte La Renarde (Denise et Pierre Coufignal) :* ☎ et fax : 05.53.41.90.34. Accès : fléchage. Réservation conseillée. Sur une exploitation agricole en pleine campagne. Dans une maison indépendante, 1 chambre avec salle de bains à 35,06 € (230 F) pour 2, petit déjeuner inclus, et 2 chambres avec lavabo à 30,49 € (200 F) pour 2. Table d'hôte, uniquement le soir, à 10,67 € (70 F) vin compris. Repas dont la devise pourrait être : charcuterie, vin et volailles de la ferme. Tranquillité assurée. En plus, Denise, la patronne, est très sympa.

SERRES-CASTET 64121   Carte régionale A2

8 km N de Pau

|●| *Ferme-auberge La Grange (Aline et René Jaymes) :* chemin des Palombières. ☎ 05.59.33.77.37. Accès : à Serres-Castet, prenez à gauche dans la zone industrielle. Réservez impérativement par téléphone, car les patrons n'exercent pas leur activité agricole sur place. Après avoir dépassé la zone industrielle, on se retrouve dans un îlot de verdure et de tranquillité, au milieu d'un grand parc boisé et fleuri. L'auberge a été aménagée dans un bâtiment béarnais tout en galets ; Aline et René y accueillent leurs clients dans une salle rustique et proposent trois menus à 18, 25 et 29 € tout compris (118,07, 163,99 et 190,23 F) avec spécialités de poule au pot, confit, magret, mouton grillé et charlotte aux fraises.

SUHESCUN 64780   Carte régionale A2

12 km N de Saint-Jean-Pied-de-Port

▲ ✎ *Chambres d'hôte Maison Larramendia (Marguerite Eliceits et Philippe de Oreguy) :* ☎ 05.59.37.60.69. Accès : le village se trouve au bord de la D 22 entre Saint-Jean-Pied-de-Port et Hasparren. Si vous venez du nord, le fléchage « Larramendia » est à 1 km à gauche, après le panneau Suhescun. Fermé de début novembre à Pâques. C'est en empruntant un petit chemin bordé de châtaigniers qu'on découvre cette magnifique maison basque à colombages, toute en pierre et en briques. Elle date du début du XVIIᵉ siècle et a été restaurée dans son authenticité. La porte s'ouvre sur une immense pièce à vivre, avec un superbe dallage en pierre et un beau potager (on n'en voit pratiquement plus !). La cuisine est dans le même style avec sa grande cheminée et son évier en pierre. Au 1ᵉʳ étage, immense salon de détente avec murs à colombage. Suivent 4 chambres agréables, avec sanitaires privés. Comptez 38 € (249,26 F) pour 2, petit déjeuner compris. Margaïta (pour les intimes) élève des brebis et fabrique un fromage réputé dans la région : l'ossau-iraty. Accueil chaleureux. Une adresse où nous aurions bien laissé nos sacs plus longtemps... Bon rapport qualité-prix-convivialité.

AQUITAINE

TARNOS 40220   Carte régionale A2

13 km NE de Biarritz ; 3 km N de Bayonne

   Chambres d'hôte (Hélène et André Ladeuix) : 26, avenue Salvador-Allende. ☎ et fax : 05.59.64.13.95. ● www.enaquitaine.com ● Accès : de Bayonne, N 10 vers Bordeaux jusqu'à Tarnos ; dans le village, l'avenue est en face du tabac (qui nuit gravement à la santé...). Au bout d'une allée ombragée, ensemble charmant de petites maisons basques. Grand parc d'1 ha, où vivent en harmonie canards, oies, poules et moutons. Ici, tout est basque, de la demeure aux meubles (qui garnissent 5 chambres confortables avec sanitaires privés), jusqu'au gâteau qu'on vous sert le matin. Comptez de 38 à 46 € (de 249,26 à 301,74 F) pour 2, petit déjeuner compris. Pour compléter le tout, Hélène et André font partie d'un groupe folklorique et vous emmèneront volontiers faire un petit pas de danse. Ceux qui préfèrent jouer les lézards pourront aller se faire rôtir sur les plages toutes proches. Piscine. Accueil simple et chaleureux. Les proprios louent aussi un petit gîte pour 4 personnes. Un point de chute idéal pour découvrir la région et surtout sa culture.

   Chambres d'hôte Ferme de Honzac (Famille Hourquebie) : chemin de l'Adour. ☎ 05.59.55.29.23 ou 05.59.50.18.82 et 06.68.20.42.90. Fax : 05.59.55.79.52. ● http://.perso.wanadoo.fr/fermedehonzac/ ● Accès : de Bayonne, N 117 vers Pau pendant 3 km, tournez à droite au fléchage « Emmaüs » et c'est le 1er chemin à droite. Belle ferme landaise du XVIIIe siècle, installée dans un parc de 10 ha. 5 chambres agréables et confortables. Sanitaires privés. Comptez de 35 à 46 € (de 229,58 à 301,74 F) pour 2, petit déjeuner compris (selon la saison). Quand Christa et Gilles reçoivent des routards étrangers (salut !), on ne s'ennuie pas autour de la table d'hôte : ils parlent l'anglais, l'allemand, l'espagnol, le hollandais et bien sûr le français (on a encore des cours à prendre !). 16 € (104,95 F) le repas (vin compris), où vous retrouverez souvent les deux spécialités maison : poulet basquaise et marmitako (ragoût de thon). Attention, pas de repas du 13 juillet au 18 août. Belles balades à faire sur la propriété (à pied ou à VTT) ; première plage à 8 km, celles d'Hossegor et de Capbreton sont un peu plus loin. Accueil convivial. Un point de chute idéal pour découvrir les Landes et le Pays basque. Également, un gîte pour 4 personnes.

TOSSE 40230   Carte régionale A2

25 km NE de Bayonne ; 25 km SO de Dax

   Chambres d'hôte Le Bosquet (Monique et Jean-Pierre Arnaudin) : rue du Hazan. ☎ 05.58.43.03.40. Fax : 05.58.43.04.68. Accès : A 10 Paris/Bayonne, sortie Saint-Géours-de-Maremne, direction Saint-Vincent-de-Tyrosse pendant 6 km et tournez vers Tosse (D 126). La maison est dans la 2e rue à droite, à l'entrée du village. Belle maison landaise entourée d'un parc d'un demi-hectare. 3 chambres coquettes de plain-pied, avec accès indépendant et terrasse particulière. Sanitaires privés. Selon la saison, comptez 40 € (262,38 F) pour 2, petit déjeuner compris. Pas de table d'hôte, mais plusieurs restos à proximité. Jean-Pierre vous prêtera sa barque, si vous désirez faire une promenade sur l'étang de Tosse. Accueil agréable. Bon rapport qualité-prix, pour une adresse située à 8 km de l'océan (préparez les maillots et la crème solaire !).

TOURLIAC 47210   Carte régionale B1

38 km SE de Bergerac ; 35 km N de Villeneuve-sur-Lot

   Domaine de la Panterre (M. et Mme Beyeler) : ☎ et fax : 05.53.36.07.41. Accès : de Villeréal, D 676 vers Beaumont-de-Périgord ; à 3 km, tournez à droite vers Tourliac et fléchage « tournesol ». En pleine nature, au milieu de 60 ha de forêts et de prés, vous trouverez ici trois façons de vous héberger : 3 maisons de campagne (pour 4, 6 et 10 personnes) avec cheminée, qui se louent de 230 à 1070 € (de 1508,7 à 7018,74 F) la semaine, suivant la capacité et la période ; 3 chalets pour 4 à 6 personnes, avec deux chambres, sanitaires, séjour avec coin cuisine, 230 à 535 € (1508,7 à 3509,37 F) la semaine, selon la saison, et 2 places de camping, 4 € (26,24 F) par personne, 4 € (26,24 F) par emplacement. Tous les clients ont accès à la table d'hôte et à la piscine. Repas de 11 à 22 € (de 72,16 à 144,31 F), avec les produits de la ferme. Barbecue à disposition et possibilité de pique-niquer sur la propriété. Trois chevaux de selle et deux poneys sur place. Accueil agréable.

VANXAINS 24600   Carte régionale B1

42 km O de Périgueux ; 6 km SO de Ribérac

🛏 |●| ⛉ (10 %) **Ferme-auberge de Pauly (Muriel Lissandreau) :** route de Saint-Aulaye. ☎ et fax : 05.53.90.17.26. Fermé la 1re semaine de septembre. Réservation obligatoire en basse saison. Menus à 12,20 € (80 F) ; à 16,77 € (110 F) avec potage, rillettes, purée de foie gras, confit, fromage, dessert, café et 1/4 de vin compris ; à 24,39 € (160 F), menu identique mais avec foie gras et magret grillé. À la carte, spécialités de fondue périgourdine et d'escargots farcis. Menu enfant à 6,86 € (45 F). Plusieurs chambres simples à 27,44 € (180 F) pour 2, petit déjeuner compris (w.c communs).

VEYRINES-DE-VERGT 24380   Carte régionale B1

20 km S de Périgueux

🛏 |●| 🐴 ⛉ **Ferme-auberge (Danielle Granger) :** Bourginel. ☎ et fax : 05.53.54.92.03. Accès : à Vergt, D 42E2 direction Le Bugue pendant 5 km (ne pas aller à Veyrines). Sur réservation. Dans une vieille ferme restaurée venez déguster des menus de 13,72 à 23,63 € (de 90 à 155 F) tout compris, à base des produits de la ferme. Spécialités de foie frais au gros sel et de magret au feu de bois. 5 chambres simples avec sanitaires privés. Comptez 35,06 € (230 F) pour 2, petit déjeuner inclus. Agréable sentier pédestre de 13 km, qui vous fera découvrir toutes les richesses du coin.

VILLEGOUGE 33141   Carte régionale A1

30 km NE de Bordeaux ; 9 km NO de Libourne

🛏 **Chambres d'hôte (Paulette Poux) :** lieu-dit Camelot. ☎ 05.57.84.43.08. Accès : de Saint-André-de-Cubzac, prenez la D 670 vers Libourne jusqu'à Lugon, là, tournez vers Villegouge, continuez pendant 4 km et suivez le fléchage « Gîtes de France ». Fermé de novembre à avril. Ancienne et belle ferme viticole toute en pierre, recouverte d'ampélopsis et agrémentée d'un coquet jardin fleuri. On se sent tout de suite bien dans la salle à manger rustique, auprès de la grande cheminée, tandis que le temps s'égrène sur l'horloge comtoise. Au 1er étage, 2 chambres personnalisées avec lavabo. Salle d'eau et w.-c. commun. Comptez 38,11 € (250 F) pour 2, petit déjeuner compris. Pour les moins fortunés, 1 camping à la ferme. Les marcheurs trouveront un circuit de rando bien fléché qui passe à côté de la maison. Accueil charmant.

Auvergne

03 Allier
15 Cantal
43 Haute-Loire
63 Puy-de-Dôme

ANGLARDS-DE-SALERS 15380   Carte régionale A2

8 km SE de Mauriac

🛏 I●I *Ferme-auberge Les Sorbiers (Francette, Géraldine et Gérard Ribes) :* ☎ 04.71.40.02.87. Accès : en venant de Salers, sortez du bourg en direction de Mauriac, c'est sur la droite. Ouvert de Pâques à fin septembre et pendant les vacances de la Toussaint. Réservation recommandée. Petite salle rustique de 30 couverts, dans une maison annexe à la ferme des patrons. Menu à 13 € (85,27 F) avec charcuterie maison, chou farci, truffade, salade, fromage et tartes maison. À 15,25 € (100,03 F), une viande en plus (poulet ou veau rôti). Vins autour de 7,70 € (50,51 F) la bouteille. Également 6 chambres d'hôte avec sanitaires privés. Chambres situées au-dessus de la salle d'auberge et de la cuisine. Comptez 36,60 € (240,08 F) pour 2, petit déjeuner compris. Table d'hôte à 13 € (85,27 F). Repas (identique au menu de l'auberge) servi dans une salle séparée. Accueil convivial.

ARDES-SUR-COUZE 63420   Carte régionale A2

55 km S de Clermont-Ferrand ; 22 km SO d'Issoire

🛏 ⚮ *Chambres d'hôte (Marie-Claude et Lucien Haddou) :* Montmeillant. ☎ et fax : 04.73.71.83.05. Accès : A 72 sortie n° 15 si vous venez de Clermont (n° 17 en venant de Montpellier) et allez jusqu'à St-Germain-Lembron où vous bifurquez vers Ardes. À 8 km, au carrefour, tournez à gauche et 2 km plus loin tournez encore à gauche, la maison est à 300 m. Dans un parc de 3 ha, ancienne ferme joliment restaurée et entourée de grands sapins. 2 chambres agréables dont 1 au rez-de-chaussée et l'autre à l'étage. Déco de bon goût. Sanitaires privés. De 46 à 49 € (301,74 à 321,42 F) pour 2, petit déjeuner compris. Calme et tranquillité assurés. Accueil sympa. Allez faire un tour dans Ardes, c'est un adorable village. Le coin est aussi connu pour ses courses de côtes... (chérie, où sont les clés du bolide !). *NOUVEAUTÉ.*

ARNAC 15150   Carte régionale A2

30 km NO d'Aurillac ; 17 km N de La Roquebrou

🛏 I●I **10 %** *Chambres d'hôte (Odette et Jean-Claude Escure) :* Cavarnac. ☎ 04.71.62.90.55. Fax : 04.71.62.94.61. Accès : N 120, puis D 42 ; au hameau de Marcenat, à droite vers Saint-Illide (D 442) ; c'est la 2ᵉ maison à gauche à l'entrée du village.

Ferme où Odette, Jean-Claude et leur fils Patrick élèvent des vaches de Salers, des cochons, des poules, des lapins, etc. 2 chambres meublées de façon rustique, l'une avec salle de bains (non communicante) et l'autre avec salle d'eau; w.-c. communs. Table d'hôte. Comptez 35 € (229,58 F) pour 2, petit déjeuner inclus, 55 € (360,78 F) pour 2 en demi-pension. Ambiance familiale.

AUBUSSON-D'AUVERGNE 63120 · Carte régionale B1

50 km E de Clermont-Ferrand; 20 km S de Thiers

🛏 ▮●▮ ⑩% *Chambres d'hôte Le Moulin des Vernières (Suzette Hansen) :* ☎ et fax : 04.73.53.53.01. Accès : traversez le village en direction de Vollore-Montagne (D 311) et fléchage. Fermé du 15 novembre au 15 février. Juste à côté d'un ancien moulin à eau, admirablement restauré, Suzette a aménagé 5 chambres confortables, décorées avec goût. Sanitaires privés. Elle adore chiner, et vous retrouverez partout le souvenir de ses escapades chez les brocanteurs. Comptez 54,88 € (360 F) pour 2, avec le petit déjeuner. Tout ici respire le calme et la douceur de vivre, depuis l'immense salle de séjour (bleu pâle) jusqu'au petit ruisseau qui coule tout près de la maison. Haut perchée, elle jouit d'une superbe vue sur Aubusson et son lac. Suzette vous propose aussi la table d'hôte. Pour 16,77 € (110 F), vin compris, à vous les spécialités auvergnates ! Salade de douce-cette aux œufs d'oies (maison bien entendu), tarte au saint-nectaire, chou farci, truffade, épaule brayaude, tarte aux myrtilles, gâteau de châtaignes avec sa crème anglaise bien glacée (miam !). Pour vous détendre, une piscine et un billard français. Pour les tuyaux touristiques, Suzette est une mine d'or et possède une bibliothèque bien fournie sur l'Auvergne. Accueil agréable.

AUGEROLLES 63930 Carte régionale B1

35 km NO d'Ambert; 20 km SE de Thiers

🛏 ▮●▮ 🖅 *Chambres d'hôte La Plaine (Anne-Laure et Frédéric Ruffet) :* ☎ 04.73.53.56.27. ● http://F.Ruffet.free.fr ● Accès : A 72 sortie Thiers Ouest et direction Ambert. 7 km après Courpière, Augerolles est fléché à gauche; passez devant l'église et descendre sur 200 m. Ferme bicentenaire qu'Anne-Laure et Frédéric ont restaurée en conservant son caractère campagnard. À l'étage, 3 chambres confortables et champêtres avec sanitaires privés. 38 € (249,26 F) pour 2, petit déjeuner compris. Frédéric a trans-porté ses pommiers de Normandie, bien décidé à fabriquer ici, cidre et jus de pommes. C'est aussi un fin cuisinier qui propose une cuisine originale et familiale avec les produits du jardin. 11 € (72,16 F) pour un repas. Belle salle à manger avec poutres et murs enduits à la chaux. Si vous avez des enfants, ils pourront jouer avec Pauline, Valentine et Jules, qui font partie de l'accueil. Une bonne adresse. *NOUVEAUTÉ.*

▮●▮ 🖅 *Ferme-auberge du Vert (Colette et Lucien Parent) :* Le Vert. ☎ 04.73.53.51.29. Fax : 04.73.53.52.50. ● flav2@free.fr ● Accès : suivre le fléchage en forme de cham-pignon. Ouvert tous les jours en juillet-août, seulement le week-end en hors saison, fermé de novembre à février. Uniquement sur réservation. Jolie ferme-auberge avec grand jardin et terrasse qui bénéficie d'un vue magnifique sur les monts du Forez. Belle salle rustique avec cheminée. Menus de 9,90 à 18,30 € (64,94 à 120,04 F), dont un végétarien. Spécia-lités de rillettes et confiture d'oignon, marbré au bleu d'Auvergne, poulet aux morilles (je craque !), gibelotte de lapin aux cèpes... enfin, en grand-mère bienveillante, Colette propose un grand choix de crêpes (menu ou carte), ce qui lui vaut un véritable succès auprès des petits qui pourront s'ébattre dans le jardin. Lucien, lui, prodigue un accueil chaleureux. Vos hôtes viennent de créer un parc mycologique où vous pourrez découvrir de nombreuses espèces de champignons, dont plus de 200 sculptés... (de quoi avoir des hallus !). Une adresse parfaite pour se mettre au vert... et... à table !...

Nous vous rappelons que la table d'hôte est le complément d'une formule d'héberge-ment (chambre d'hôte, gîte d'étape...). Ce service n'est offert qu'aux personnes qui dor-ment sur place (excepté lorsqu'il est clairement écrit « ouvert aux extérieurs »).

AUVERGNE

AUVERGNE

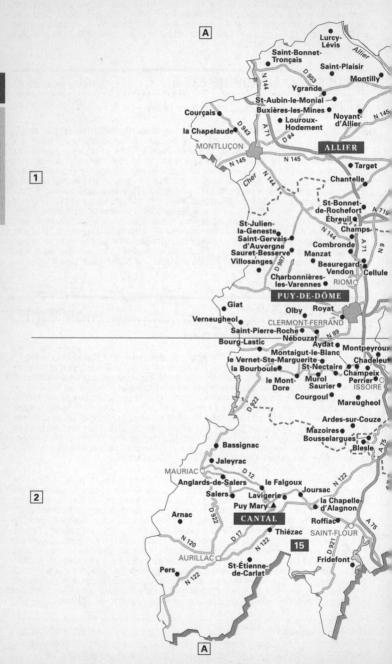

A

Lurcy-Lévis
Saint-Bonnet-Tronçais
Saint-Plaisir
Montilly
Ygrande
St-Aubin-le-Monial
Buxières-les-Mines
Courçais
Louroux-Hodemont
Noyant-d'Allier
la Chapelaude
MONTLUÇON
ALLIER
Cher
Target
Chantelle
St-Bonnet-de-Rochefort
Ébreuil
Champs
St-Julien-la-Geneste
Saint-Gervais-d'Auvergne
Combronde
Sauret-Besserve
Manzat
Villosanges
Beauregard-Vendon
Cellule
Charbonnières-les-Varennes
RIOM
PUY-DE-DÔME
Giat
Olby
Royat
Verneugheol
CLERMONT-FERRAND
Saint-Pierre-Roche
Nébouzat
Bourg-Lastic
Aydat
Montpeyroux
Montaigut-le-Blanc
le Vernet-Ste-Marguerite
Chadeleuf
la Bourboule
St-Nectaire
Champeix
Perrier
le Mont-Dore
Murol
ISSOIRE
Saurier
Courgoul
Mareugheol
Ardes-sur-Couze
Mazoires
Bousselargues
Blesle
Bassignac
Jaleyrac
MAURIAC
Anglards-de-Salers
le Falgoux
N 122
Salers
Lavigerie
Joursac
la Chapelle-d'Alagnon
Puy Mary
CANTAL
Arnac
Roffiac
SAINT-FLOUR
Thiézac
15
AURILLAC
Fridefont
Pers
St-Étienne-de-Carlat

A

B

● **Saint-Plaisir** Adresses
○ MOULINS Villes repères

N 7   D 973   Loire
MOULINS
Diou
Thiel-sur-Acolin   N 79
Gouise   St-Didier-en-Donjon
03
Cindré   Lenax
N 7   D 994
N 209
Monteignet-sur-l'Andelot   N 7
N 209   VICHY
Châtel-Montagne
Allier   D 906
St-Victor-Montvianeix
A 72
THIERS
Sermentizon   Vollore-Ville
Courpière   Aubusson-d'Auvergne
Augerölles
63   Olliergues
St-Pierre-la-Bourlhonne
Cunlhat   Tours-sur-Meymont
Saint-Amant-Roche-Savine
Sauxillanges
Varennes-sur-Usson   AMBERT
Saint-Rémy-de-Chargnat   St-Anthème
D 906   Saillant
Boisset   Monistrol-sur-L.
Bonneval   Saint-Victor-Malescours
la Chaise-Dieu   Jullianges
N 102   Lavaudieu   Chomelix   **HAUTE-**
Vieille-Brioude   St-Maurice-de-Lignon
Chassagnes   Varennes-St-Honorat   Retournac   N 88   Lapte
Allier   Saint-Geneys   YSSINGEAUX
Jax   **LOIRE**
Vernassal   Polignac   Chaspinhac   Tence
43   Chaspuzac
Sanssac-l'Église   LE PUY-EN-VELAY
Saint-Privat-d'Allier   Bains   Saint-Pierre-Eynac
Vals   Coubon   Fay-sur-Lignon
Sauges   Saint-Front
Grèzes   Saint-Didier-d'Allier   Solignac-sur-Loire   Moudeyres
les Estables
le Bouchet   Saint-Arcons-de-Barges
Saint-Nicolas

0   10   20 km

1

2

AYDAT 63970

Carte régionale A2

22 km SO de Clermont-Ferrand ; 15 km N de Saint-Nectaire

Chambres d'hôte (Véronique et Didier Verbrugghe) : Ponteix. ☎ 04.73.79.33.70. Accès : de Clermont-Ferrand, A 75 vers Montpellier jusqu'à la sortie n° 5 Aydat et suivez la route jusqu'à Ponteix. Voilà une adresse comme on les aime : accueillante et sans façon. C'est dans l'ancienne bergerie que Véronique et Didier ont aménagé 2 coquettes chambres, équipées de sanitaires privés. Comptez 35 € (229,58 F) pour 2, petit déjeuner compris (une aubaine !). Pour ne rien gâcher, Véronique est une fine cuisinière... Elle propose une succulente table d'hôte, où viandes, légumes du jardin et fromages d'Auvergne font bon ménage. 11,50 € (75,44 F) le repas, côtes-d'auvergne compris. On le prend dans une belle salle à manger voûtée (où se trouvait l'ancienne forge) ou sur la terrasse abritée. Les sportifs pourront s'éclater : Didier organise des randonnées à VTT, et les amoureux des plaisirs nautiques ont le lac d'Aydat juste à côté. Excellent rapport qualité-convivialité-prix.

BAINS 43370

Carte régionale B2

12 km O du Puy

Chambres d'hôte (Monique et Marcel Pelisse) : Jalasset. ☎ 04.71.57.52.72 ou 04.71.57.52.84. Accès : du Puy, D 589 direction Saugues ; à Bains, tournez à droite au monument aux morts, puis de nouveau à droite à l'église et fléchage « Jalasset ». Sur réservation. C'est un accueil familial et chaleureux que vous trouverez chez Monique et Marcel, éleveurs de vaches laitières et producteurs de la célèbre... lentille verte du Puy. 4 chambres avec sanitaires privés, à 30,49 € (200 F) pour 2, petit déjeuner compris (avec lait, beurre, yaourt de la ferme et confitures maison). Adresse sympa, et bon rapport qualité-prix.

Chambres d'hôte (Patricia et Daniel Raveyre) : route du Puy. ☎ 04.71.57.51.79 et 06.83.59.93.47. Accès : du Puy, D 589 vers Saugues jusqu'à Bains ; à la pharmacie, tournez à droite. Daniel et Patricia sont agriculteurs, spécialisés dans la culture de céréales et l'élevage de vaches laitières. Au 1er étage de leur ancienne maison de village, 3 chambres très agréables, claires et gaies avec sanitaires privés. 2 donnent sur l'arrière et le jardin, la « chambre Bleue », agrémentée d'un beau mur en pierre apparente, sur la petite route qui mène à Saugues. 30,49 € (200 F) pour 2, petit déjeuner compris. Grand salon avec cheminée. Ici, la cuisine se fait à vue... et vous pourrez converser avec Patricia, tandis qu'elle s'active aux fourneaux. Les produits frais et maison sont à l'honneur ! Les légumes de Pierre et le beurre de Marcel, les deux beaux-pères, les lentilles, les yaourts et les caillés de la ferme. Accueil jeune et sympa. Une bonne adresse.

Chambres d'hôte (Caroline de Grossouvre) : Fay ☎ et fax : 04.71.57.55.19 et 06.84.62.77.25. Accès : du Puy, prenez la D 589 vers Saugues/Saint-Privat-d'Allier ; après Bains, prenez à droite direction Fay et fléchage. Fermé en novembre. Sur réservation. Voici une adresse qui ravira les amateurs d'authenticité et de convivialité... Dans une très belle maison paysanne du milieu du XIXe, Caroline prodigue un accueil chaleureux et propose 4 chambres spacieuses et confortables, avec de jolis meubles anciens et des sanitaires privés. Comptez 33,54 € (220 F) pour 2, et 38,11 € (250 F) pour 3, et ne ratez pas le repas à la table d'hôte, 13,72 € (90 F) : Caroline mijote ses plats à l'ancienne dans la grande cheminée, en s'inspirant des recettes de son aïeule, un vrai régal ! Les cavaliers apprécieront qu'on puisse héberger aussi leur monture, et les autres les randonnées alentour. Très bon rapport qualité-prix.

BASSIGNAC 15240

Carte régionale A2

17 km NE de Mauriac ; 14 km SO de Bort-les-Orgues

Ferme-auberge de Bassignac (Martine et Pascal Besson) : ☎ 04.71.40.81.82. Accès : sur la D 922 entre Mauriac et Bort-les-Orgues. Ouvert les samedis soir et dimanches midi, tous les jours en juillet-août sauf le lundi. Hors saison, uniquement sur réservation. Petite construction mitoyenne à la maison des propriétaires avec jolie vue sur le pic de Charlus. Salle de 35 couverts, avec une terrasse où il fait bon déjeuner ou dîner en été. Martine et Pascal proposent un menu à 13,26 € (87 F), vin non compris, avec salade paysanne ou charcuterie ou pontarre (sorte de pounti), saucisse au vin blanc ou sauté de porc sauce au pain bis, truffade (pommes de terre recouvertes de tomme fraîche maison) et founiarde (délicieuse crêpe soufflée). Pour ceux qui voudraient dormir, les beaux-parents de Martine ont ouvert des chambres d'hôte juste à côté. À 20 km, si vous voulez vous en mettre plein les yeux, ne manquez pas le château de Val.

BEAUREGARD-VENDON 63460 Carte régionale A1

23 km N de Clermont-Ferrand

■ ⅍ (10 %) *Chambres d'hôte (Élisabeth Beaujard) :* Chaptes. ☎ 04.73.63.35.62. Accès : de Combronde, N 144 vers Riom ; à 2 km, tournez à gauche et prenez la D 122, c'est à 1 km dans le hameau. Sur réservation du 1er novembre au 31 mars. Très jolie maison de maître du XVIIIe siècle avec grand jardin. Élisabeth reçoit dans 3 chambres d'hôte qu'elle a décorées avec beaucoup de goût. Ambiance raffinée, jolies toiles et bibelots anciens. Sanitaires privés. Préférez celles qui donnent sur le jardin. Comptez de 51 à 58 € (de 334,54 à 380,46 F) pour 2, petit déjeuner inclus et servi dans un agréable salon avec cheminée. À 14 km, allez faire un tour au gour de Tazenat, lac de cratère où l'on peut se baigner.

BLESLE 43450 Carte régionale A2

35 km S d'Issoire ; 26 km O de Brioude

■ ⏐●⏐ 🐎 ⅍ *Ferme-auberge et chambres d'hôte de Margaridou (Florence et Thierry Vargues) :* Aubeyrat. ☎ 04.71.76.22.29. Fax : 04.71.76.22.35. ● www.margaridou.com ● Accès : A 75 Clermont/Béziers, sortie n° 22 direction Blesle ; au croisement, prenez la D 909 vers Lempdes et suivez le fléchage « Ferme-auberge ». Ouvert du vendredi soir au dimanche midi de Pâques à la Toussaint ; tous les jours de juin à septembre. Uniquement sur réservation. Ancienne bergerie d'une vielle ferme, datant de 1843, admirablement restaurée par Florence et Thierry. Belle salle d'une trentaine de couverts avec une grande cheminée qui abrite le four à pain. Originaux voilages, meubles rustiques et d'autres réalisés par Thierry. Atmosphère raffinée. Dans l'ancienne grange, 5 chambres coquettes avec balcon surplombant la vallée de l'Alagnon. Sanitaires privés. Comptez de 45,73 à 53,36 € (de 300 à 350 F) pour deux, petit déjeuner compris. 4 d'entre elles ont une mezzanine (pour 4 personnes). On se sent bien et la cuisine est digne des « grands chefs » (hugh !). Pour l'apéritif, en saison, de délicieux beignets aux fleurs de courgettes, réalisés par Christiane (la maman). Menus de 15,24 à 24,39 € (de 100 à 160 F) où les spécialités et fabrications maison sont légion : beignets de fleurs de courgette, pintade aux myrtilles, pancette d'agneau farci, poularde fermière, glace au pain d'épice, délices au miel (ah ! je craque...), apéro et café compris. Accueil chaleureux. Prix raisonnables pour une cuisine recherchée avec tous les produits de la ferme. Piscine privée, location de VTC et nombreux circuits pédestres. En bref, une excellente adresse.

BOISSET 43500 Carte régionale B2

50 km N du Puy-en-Velay ; 14 km E de Craponne-sur-Arzon

■ *Chambres d'hôte (Catherine et André Poncet) :* Le Ponteil. ☎ 04.71.61.31.91. Fax : 04.71.75.25.04. Accès : du Puy, N 102 vers Clermont-Ferrand, puis D 906 vers La Chaise-Dieu jusqu'à Bellevue-la-Montagne où vous bifurquez vers Craponne et enfin vers Saint-Pal et Boisset ; au monument aux morts du village, tournez à gauche vers Le Ponteil. Belle ferme toute en pierre, bien restaurée par André. 3 chambres spacieuses coquettes et gaies (une au rez-de-chaussée, les deux autres à l'étage). Sanitaires privés. 33,50 € (219,75 F) pour 2, petit déjeuner compris (lait de la ferme et confitures maison). Pas de table d'hôte, mais un petit resto à 1 km. Si vous avez un petit creux, faites une petite halte à la charcuterie artisanale de la maison : des produits de qualité (saucissons, pâtés, jambon...). Accueil chaleureux et vrai.

AUVERGNE

BONNEVAL 43160   Carte régionale B2

6 km E de La Chaise-Dieu ; 35 km N du Puy-en-Velay

🛏 |○| 🏕 *Chambres d'hôte Valentin (Catherine Schell et Bill Hays) :* Le Bourg. ☎ 04.71.00.07.47. Accès : de La Chaise-Dieu, D 20 vers Bonneval pendant 6 km et fléchage. Fermé en semaine en hiver (ouvert les week-ends et les jours de fêtes pour les groupes). Ouvert du 1er avril au 1er novembre. Catherine et Bill ont craqué pour cette ancienne auberge au doux prénom, lors du tournage d'un film. Elle date de 1814 (le « 4 » est curieusement à l'envers) et ils en ont fait une demeure des plus originales... Au sous-sol, dans l'ancienne forge, ils ont installé la suite « Vivaldi » avec un grand salon. 4 autres chambres sont aménagées dans un bâtiment indépendant : les quatre saisons (Bill les a immortalisées sur les portes, les baignoires, le compteur et même sur le vieux soufflet !). Sanitaires privés. Comptez de 48 à 53 € (de 314,86 à 347,66 F), pour la suite, pour 2, petit déjeuner compris. Grande salle à manger inondée de bibelots, bouquets et tableaux, avec une vieille et noble cheminée. Ceux qui aiment le septième art ne manqueront pas la table d'hôte pour 19 € (124,63 F), vin compris. En effet, les cinéphiles auront noté le nom de Catherine Schell... Alors ?... Attends, c'est pas elle qui jouait aux côtés de Peter Sellers dans *Le Retour de la Panthère rose* (1976)... dans le *James Bond*, interprété par George Lazenby (1969) ?... Gagné ! Bill, lui, est décorateur de théâtre, de télévision et metteur en scène. Accueil simple et chaleureux. Ceux qui aiment la musique classique réserveront leur place pour le Festival de La Chaise-Dieu (11 jours, fin août). Une adresse de charme.

BOUCHET-SAINT-NICOLAS (LE) 43510   Carte régionale B2

23 km S du Puy-en-Velay ; 5 km O de Costaros

🛏 |○| 🏕 ⑩% *Ferme-auberge et chambres d'hôte l'Arestadou (Colette et Pierre Villeseche) :* ☎ 04.71.57.35.34. Fax : 04.71.57.30.93. Accès : du Puy-en-Velay, prenez la N 88 vers Aubenas, puis la D 33 jusqu'à Cayres ; bifurquez sur la D 31 et fléchage. Sur la ferme familiale d'exploitation céréalière et ovine, Colette et Pierre ont ouvert 1 toute nouvelle ferme-auberge et 5 chambres d'hôte de 2 à 5 personnes. 2 chambres dans leur habitation et 3 autres avec l'auberge, installées dans une ancienne grange. On y accède par un petit balcon. Comptez 30,50 € (200,07 F) pour 2 et 38,20 € (250,58 F) pour 3 personnes (préférez la chambre avec mezzanine), petit déjeuner compris. Bonne cuisine campagnarde : charcuterie maison (demandez la terrine du chef), lentilles à la crème, au vin, en salade, volailles de la ferme, porc aux choux, caillé (fromage blanc frais), tarte aux myrtilles (miam !)... Pour ceux qui dorment, 9,90 € (64,94 F) le repas, apéro maison et vin compris. Pour la ferme-auberge, spécialités de jambonnette de porc, gigot d'agneau noir du Velay... (mais réservez à l'avance). Accueil chaleureux et authentique. Randonnées pédestres ou avec âne, et plein de loisirs nautiques au lac du Bouchet à 1 km.

BOURBOULE (LA) 63150   Carte régionale A2

60 km O de Clermont-Ferrand

|○| *Auberge du Vergne Noir :* ☎ 04.73.81.18.80. Accès : de La Bourboule, direction Murat-le-Quaire ; après le pont de chemin de fer, tournez à gauche, passez trois passages à niveaux et fléchage. Fermé les mardis et mercredis, à la Toussaint et de mi-décembre à fin janvier. Uniquement sur réservation. À elle seule, la route est un poème jusqu'à cette charmante maison en pierre, littéralement perdue au bout du monde... Ici, ni chichi ni accueil ronflant. Tout est paisible et authentique. On dîne dans une ambiance familiale, au milieu d'un décor chargé de meubles anciens, sous de grosses poutres et devant la cheminée. Menu unique à 17 € (111,51 F) sans boisson. Une cuisine faite avec le cœur, aussi champêtre que l'endroit, avec des spécialités comme la terrine maison, le mignon de porc ou le navarin d'agneau, toujours suivies de truffade, salade, fromage et dessert (oh, oui, la pompe aux pommes). Une adresse à l'écart des sentiers battus.

BOURG-LASTIC 63760 Carte régionale A2

60 km SO de Clermont-Ferrand ; 22 km N de La Bourboule

■ ⊁ (10 %) **Chambres d'hôte (Chantal et Denis Dugat-Bony) :** Artiges. ☎ 04.73.21.87.39. et 06.77.36.63.10. Accès : dans Bourg-Lastic, suivez le fléchage « Artiges », la maison est à 2 km. Fermé du 20 décembre au 10 janvier. Au bout d'un petit chemin de campagne, belle ferme du XIXe, joliment restaurée. 4 chambres agréables avec sanitaires privés. Déco chaleureuse et campagnarde, agrémentée de tableaux et de sculptures (œuvres de l'oncle des proprios). Comptez 41 € (268,94 F) pour 2, avec le petit déjeuner. Belle salle à manger avec poutres apparentes et grande cheminée. Pas de table d'hôte, mais coin cuisine à disposition et plusieurs petits restos à 2 km. Accueil agréable.

BOUSSELARGUES-BLESLE 43450 Carte régionale A2

70 km S de Clermont-Ferrand ; 18 km O de Brioude

■ |●| ⊁ **Chambres d'hôte La Petite Maison (Gisèle et Michel Lubin) :** ☎ et fax : 04.71.76.27.38. Accès : A 75 Clermont/Montpellier, sortie n° 22 et allez jusqu'à Blesle ; là, suivez la direction Anzat-le-Luguet, puis 1re route à droite jusqu'au village et fléchage. Petit village de 9 âmes, installé au fond d'une jolie vallée parcourue par la Bave (drôle de nom pour une rivière !). La demeure de Gisèle et Michel se trouve près de la petite église romane. *La Petite Maison* était au début une maison de vigneron. Grâce au talent de Michel, elle s'est agrandie, tout en conservant son caractère. 3 chambres décorées avec goût, dont une au rez-de-chaussée, les autres à l'étage dont un sur deux niveaux. Sanitaires privés. Partout des fleurs, des bibelots et des cadres remplis de photos. Un véritable petit nid douillet. 39,65 € (260,09 F) pour 2, petit déjeuner compris. Repas à 12,20 € 80,03 F), vin et infusion compris. Cuisine familiale avec les légumes et les fruits du jardin. Pour ceux qui ne le savent pas, Blesle est un magnifique village médiéval.

BUXIÈRES-LES-MINES 03440 Carte régionale A1

35 km NE de Montluçon ; 33 km O de Moulins

■ |●| (10 %) **Chambres d'hôte (Geneviève Brégeot) :** Renière. ☎ et fax : 04.70.66.00.13. Accès : de Moulins, prenez la direction de Montluçon en passant par Souvigny ; continuez sur la D 11 ; après Saint-Hilaire, laissez sur votre gauche Buxières et dans la forêt tournez à gauche vers Renière. Au milieu des bois et des prés, jolie ferme entièrement restaurée et aménagée par Geneviève. 2 chambres croquignolettes et gaies, au 1er étage de sa maison (préférez celle avec les deux fenêtres, elle est plus lumineuse). Luxueux sanitaires privés. 2 autres chambres, installées dans un ravissant bâtiment indépendant, où se trouvaient autrefois l'écurie et le poulailler. Comptez 35,06 € (230 F) pour 2, petit déjeuner compris, avec un gâteau maison. 7,62 € (50 F) par personne supplémentaire. Table d'hôte (sur réservation), partagée avec Geneviève, de 10,67 à 13 € (de 70 à 85,27 F), vin compris. Bons produits maison. Eh oui, votre hôtesse est aussi agricultrice, et élève des agneaux. Geneviève fait partie d'une association de fermes d'accueil ; elle reçoit des classes de maternelle et primaire, qui viennent découvrir les animaux de la ferme. Une adresse vraiment nature, loin de l'agitation et du bruit.

CELLULE 63200 Carte régionale A1

22 km N de Clermont-Ferrand ; 7 km N de Riom

■ 🐕 ⊁ (10 %) **Chambres d'hôte (Dominique et Guy Lery) :** 5, rue du Château. ☎ 04.73.97.25.96 et 06.85.01.17.15. Fax : 04.73.24.80.35. Accès : de Cellule, D 422 jusqu'à Saulnat. Fermé de début novembre à fin mars. Dans un bâtiment indépendant de leur maison, Dominique et Guy ont aménagé 2 chambres coquettes qui ouvrent sur une grande terrasse. Comptez 43 € (282,06 F) pour 2, petit déjeuner compris. Au rez-de-chaussée, belle salle à manger avec cheminée et un coin cuisine à disposition. Aux beaux jours, le barbecue vous attend sur la terrasse. Petit jardin fleuri que vous apprécierez du bord de la piscine. Accueil agréable.

CHADELEUF 63320 — Carte régionale A2

20 km S de Clermont-Ferrand ; 3 km E de Champeix

🏠 ❙●❙ ⅓⁝ (10 %) *Chambres d'hôte de la Vigie (Véronique et Denis Pineau) :* ☎ 04.73.96.90.87. Fax : 04.73.96.92.76. Accès : de Champeix, D 229 vers Chadeleuf et fléchage. Fermé fin août. Dans une maison du XIXᵉ, 2 chambres agréables avec sanitaires privés. 49 à 61 € (321,42 à 400,13 F) pour 2, petit déjeuner compris, servi devant la cheminée en hiver et dans le jardin en été avant de piquer une tête dans la piscine. Table d'hôte, sur réservation, à 18 € (118,07 F). Bibliothèque bien fournie. Une adresse pour routards aisés.

CHAISE-DIEU (LA) 43160 — Carte régionale B2

45 km N du Puy-en-Velay ; 25 km E de Brioude

🏠 ❙●❙ ⅓⁝ *Chambres d'hôte La Jacquerolle (Jacqueline et Carole Chailly) :* rue Marchédial. ☎ 04.71.00.07.52 et 06.70.73.68.30. Accès : du Puy-en-Velay, N 102 direction Clermont-Ferrand, et à Brioude, direction La Chaise-Dieu. Grande maison de village en pierre, restaurée en 1823, et dont les murs faisaient sans doute partie des remparts de la ville qui existent encore par endroits. Jacqueline l'a décorée avec goût, au hasard de ses trouvailles dans les brocantes de la région. 5 chambres confortables avec des couettes bien douillettes et des sanitaires privés, de 49 € (321,42 F) pour 2, petit déjeuner compris. Possibilité de table d'hôte, 19 € (124,63 F) : truffade, feuilleté aux cèpes, potée, tourte aux lentilles, lapin au miel, poulet à la verveine, gratin d'abricots, clafoutis aux cerises. Une adresse idéale pour les mélomanes souhaitant profiter du festival de La Chaise-Dieu... et pour les autres. Accueil discret et chaleureux.

CHAMPEIX 63320 — Carte régionale A2

25 km S de Clermont-Ferrand ; 13 km NO d'Issoire

🏠 🐕 *Chambres d'hôte (Christian Achard) :* 13 bis, rue de la Vernoze. ☎ 04.73.96.28.83. Accès : A 75 sortie n° 6 vers Champeix, le village est à 6 km. Ouvert de Pâques à octobre. Au pied du vieux château, très belle maison de village datant du XVIIᵉ siècle, bien au calme. Un escalier en pierre conduit dans cette noble demeure. Au rez-de-chaussée, une chambre charmante ouvre sur un petit jardin privé, l'autre sous forme de suite composée de 2 chambres est plus originale : dans l'une, immense lit à baldaquin, l'autre avec 2 lits. Sanitaires privés. Atmosphère élégante et très beaux meubles anciens. 46 € (301,74 F) pour 2, petit déjeuner compris et 77 € (505,09 F) pour 4. Un réveil en douceur avec les confitures et les gâteaux de Christian. Magnifique salon avec plafond à la française et cheminée en pierre de Volvic. Pas de table d'hôte mais plein de petits restos à proximité. Accueil de qualité. *NOUVEAUTÉ.*

CHAMPS 63440 — Carte régionale A1

30 km N de Clermont-Ferrand ; 23 km SO de Vichy

🏠 ❙●❙ 🐕 ⅓⁝ *Chambres d'hôte La Clé des Champs (Lilas et Claude Grienenberger) :* Bel Air. ☎ et fax : 04.73.33.06.75. Accès : de l'A 71, prenez la sortie n° 12 (Ébreuil), puis la D 216 jusqu'à Champs (c'est à 4 km de l'autoroute). Fermé du 15 décembre au 15 janvier. Sur réservation. Ancienne ferme en pierre avec jardin fleuri. À l'étage, 4 chambres simples et spacieuses, toutes équipées de sanitaires privés et d'une épaisse moquette. Comptez 41 € (268,94 F) pour 2, petit déjeuner inclus, et 14 € (91,83 F) le repas en table d'hôte, apéro, vin et café compris, avec des spécialités auvergnates arrosées d'un saint-pourçain ou d'un chateaugay : potée, pâté aux pommes de terre, petit salé aux lentilles, tripoux, pintade aux choux, tarte aux myrtilles... Accueil chaleureux, une adresse qu'on aime bien.

CHANTELLE 03140 — Carte régionale A1

30 km NO de Vichy ; 17 km N de Gannat

🛏 |●| 🐕 🏠 *Chambres d'hôte La Croix Saint-Urbain (Nicole et Guy Claus) :* ☎ 04.70.56.66.25. Fax : 04.70.56.69.85. Accès : la maison se trouve sur la D 42 à la sortie de Chantelle quand on va à Gannat. Gentille ferme du XIXe installée en bordure d'une petite départementale à la sortie du village (ou à l'entrée si vous arrivez dans l'autre sens). Dans la partie qui hébergeait le grenier à grains, les proprios ont installé 3 chambres chaleureuses avec sanitaires privés. Situées au 1er étage, on passe d'abord par un grand salon à l'atmosphère vraiment sympa avec vieux banc d'écoliers et jouets en bois. Toutes différentes, autant dans la déco, le confort sanitaire, la superficie, que le prix. D'abord la petite, avec ciel de lit, motif toile de Jouy, une plus grande au mobilier ancien et celle des oiseaux pour vous envoler et prendre un bain balnéo. Chacune avec nécessaire pour se faire thé ou café (on aime !). Respectivement 40, 41 et 46 € (262,38, 268,94 et 301,74 F) pour 2, petit déjeuner compris (avec selon les jours beignets, pain perdu ou tarte, mais toujours crêpes maison... waooouh !). Table d'hôte partagée avec Nicole et Guy à 15,24 € (100 F), apéro et vin compris. Bonne cuisine traditionnelle et familiale. Si votre budget est serré et que vous venez aux beaux jours, les proprios vous laissent une cuisine d'été à disposition, installée près de la piscine. Accueil convivial et vrai.

CHAPELAUDE (LA) 03380 — Carte régionale A1

10 km NO de Montluçon

🛏 |●| ⑩% *Chambres d'hôte (Simone Petit) :* Montroir. ☎ 04.70.06.40.40. Accès : de Montluçon, D 943 vers Châteauroux pendant 8 km, tournez à droite après la station-essence (juste avant La Chapelaude) et suivez cette petite route de campagne jusqu'au hameau de Montroir. Simone est un peu la grand-mère idéale... Dans sa maison littéralement couverte de végétation (ampélopsis, vigne vierge et chèvrefeuille), elle a aménagé 4 chambres d'hôte charmantes, à l'atmosphère maison de poupées. Une au rez-de-chaussée et trois au 1er étage de la maison, mansardées. Des prix très doux : 29 € (190,23 F) pour 2, petit déjeuner compris (avec du pain maison !). Table d'hôte à 9 € (59,04 F) vin compris, avec potage maison (obligatoire !). Une cuisine familiale partagée avec votre hôtesse. Simone aime les animaux : il y a l'ânesse Orane, le double-poney fjord sans oublier les canards et les oies (voilà qui devrait ravir les petits). Une adresse nature et chaleureuse, à l'image de sa maîtresse. Accueil de qualité.

CHAPELLE-D'ALAGNON (LA) 15300 — Carte régionale A2

29 km NE de Saint-Flour ; 4 km E de Murat

🛏 |●| 🏠 *Chambres d'hôte (Joëlle et Denis Médard) :* Gaspard. ☎ 04.71.20.01.91. Accès : de Murat, N 122 vers Massiac et fléchage « Gaspard » à 4 km à droite (n'allez pas à La Chapelle-d'Alagnon). Joëlle a quitté Paris et a décidé de reprendre la vieille ferme de sa grand-mère pour ouvrir des chambres d'hôte. Au nombre de 4, elles sont printanières et colorées. Sanitaires privés. Comptez 38,11 € (250 F) pour 2, petit déjeuner compris, servi aux beaux jours sur une belle terrasse suspendue et gazonnée qui jouit d'une superbe vue sur la campagne environnante. Agréable salle à manger où vous découvrirez la collection de petites bouteilles de parfum de Joëlle. Table d'hôte (sauf le dimanche soir) à 9,91 € (65 F), vin compris (c'est pas la ruine !). Bonne cuisine régionale. Atmosphère sereine. Accueil souriant et sympa. Un point de chute idéal pour découvrir le Cantal.

CHARBONNIÈRES-LES-VARENNES 63410 — Carte régionale A1

22 km N de Clermont-Ferrand ; 15 km O de Riom ; 7 km de Volvic

🛏 |●| ⑩% *Chambres d'hôte La Florée (Mado et Philippe Saura) :* La Védrine. ☎ 04.73.33.82.85. Accès : de l'A 75, sortie Riom, puis D 986 direction Pontgibaud ; 2 km après Volvic, D 16 vers Charbonnières, et dans Paugnat, fléchage « La Védrine ». Fermé de mi-novembre à fin mars. Sur réservation. Dans le parc naturel régional des volcans d'Auvergne, à quelques kilomètres du puy de Dôme, Philippe et Mado, les deux jeunes et dynamiques proprios, ont restauré une ancienne bergerie dans un style contemporain et l'ont baptisée *La Florée*, qui signifie « couleur bleue ». Au total, 4 chambres spacieuses, toutes avec sanitaires privés : les « Tournesols » au rez-de-chaussée, et à l'étage, les « Marguerites », les « Iris » et les « Roses ». Comptez de 35 à 39 € (229,58 à 255,82 F) pour 2, copieux petit déjeuner inclus, et 15 € (98,39 F) par personne supplémentaire. Forfait pour les séjours d'une semaine. Table d'hôte à 12,50 € (81,99 F) — uniquement les week-ends et les périodes de vacances scolaires — préparée par Philippe, à l'exception du dessert que se réserve Mado. GR à proximité.

CHASPINHAC 43700 Carte régionale B2

10 km NE du Puy-en-Velay

▄ |●| ⊱ ⑩ % *Chambres d'hôte La Paravent (Chantal et Daniel Clavel) :* ☎ et fax : 04.71.03.54.75. Accès : sur la N 88 Le Puy/Saint-Étienne, 6 km avant Le Puy, au pont de Sumène, prenez la D 156 direction Chaspinhac, c'est la 1re maison à l'entrée du village. Cette belle maison en pierre avec des volets verts est une ancienne ferme restaurée avec goût par la maîtresse des lieux. Du salon (pierres et poutres apparentes), un escalier en bois massif conduit à 4 chambres, toutes différentes, avec sanitaires privés. Trois sont spacieuses, la quatrième, un peu plus petite, donne sur le jardin (préférez celle avec le ciel de lit et les chaises japonnées, une invention de Chantal, par ailleurs experte en patchwork). Comptez 41,16 € (270 F) pour 2, petit déjeuner compris. Table d'hôte (sauf le dimanche soir) à 13,72 € (90 F). Spécialités d'agneau noir du Velay, blanquette de veau, tourte aux pommes de terre, tartes.

CHASPUZAC 43320 Carte régionale B2

12 km NO du Puy-en-Velay

▄ |●| 🐾 ⑩ % *Chambres d'hôte La Maison Vieille (Chantal et Robert Pillay) :* ☎ 04.71.08.68.50 et 06.87.08.13.09. Fax : 04.71.08.68.85. ● robert.pillay@wanadoo.fr ● Accès : du Puy-en-Velay, D 590 vers Langeac jusqu'à Chaspuzac ; la maison est derrière la place de l'église, sur la droite. Fermé du 1er novembre au 31 janvier. Robert a restauré de A à Z la ferme natale du grand-père de Chantal. Il a accompli un travail remarquable (il a même fait les rideaux !... en voilà une qui a de la chance !). Superbe salon orné d'une monumentale cheminée du XVIIe et d'un saloir, comme on en voit peu. Partout, poutres et pierres apparentes. Au 1er étage, 5 belles chambres, dont deux familiales, bien au calme (important, vous êtes dans le village). Comptez 33 € (216,47 F) pour 2, petit déjeuner compris. La cuisine de Robert (décidément !) est ouverte sur la salle à manger, et vous pourrez le voir s'affairer aux fourneaux et mitonner de délicieuses spécialités de nos campagnes : saucisse aux lentilles, lentilles à la crème, potée, tourte aux pommes de terre, pot-au-feu, tartes aux fruits de saison (tout un programme !). Accueil chaleureux. À proximité, un aérodrome propose toutes sortes d'activités (pour ceux qui ont la chance de pouvoir faire des sports aériens !). Un peu plus loin, les photographes (et les autres) pourront aller jeter un œil (ou un objectif) aux gorges de l'Allier (les plus téméraires les descendront en kayak... youpi !). Itinéraire pédestre et VTT au départ de la maison.

CHASSAGNES 43230 Carte régionale B2

50 km NO du Puy-en-Velay ; 20 km SE de Brioude

▄ |●| 🐾 *Chambre d'hôte (Hélène et Thierry Driot) :* Faveyrolles ☎ et fax : 04.71.76.66.61. ● thierry.driot@wanadoo.fr ● Accès : du Puy-en-Velay, N 102 direction Clermont-Ferrand jusqu'à Paulhaguet, puis à droite D 22 jusqu'à Chassagnes. De là, tournez à gauche vers Faveyrolles et fléchage. Fermé entre Noël et le jour de l'An. Dans une petite maison indépendante, bien au calme, vous trouverez une chambre avec mezzanino, agrémentée d'un petit salon avec cheminée. Sanitaires privés. Comptez de 41,16 à 44,20 € (de 270 à 290 F) pour 2 et 10,67 € (70 F) par personne supplémentaire, copieux petit déjeuner compris. Celui-ci vous sera servi, comme la table d'hôte, dans la maison des propriétaires. Pour 10,67 € (70 F), Hélène propose de délicieuses spécialités légères à l'estomac : tartes salées, légumes du jardin, pâtes au bleu, glace à la verveine avec croquets aux amandes, fromage blanc avec framboises ou myrtilles, tartes aux fruits de saison. Ici, vous pourrez, selon votre humeur, paresser au bord du petit ruisseau ou aller à la découverte des gorges de l'Allier.

CHÂTEL-MONTAGNE 03250   Carte régionale B1

22 km E de Vichy ; 19 km S de Lapalisse

AUVERGNE

🛏 |●| 🐴 ⑩% *Chambres d'hôte Le Panneau Blanc (Monique et Frédéric Senepin) :* Le Pavillon. ☎ 04.70.59.36.70. ● panneau.blanc@wanadoo.fr ● Accès : du village, direction Roanne par la D 25 pendant 5 km ; au carrefour de la D 25 et de la D 420, c'est sur la gauche. Fermé en décembre et en janvier. À 750 m d'altitude, 4 chambres d'hôte de 3 et 4 personnes, installées dans une partie annexe de la maison. Sanitaires privés. Elles sont simples mais douillettes. Bien qu'il y ait peu de circulation la nuit, préférez celles qui ne donnent pas sur la route. Les prix sont doux : 32 € (209,91 F) pour 2, petit déjeuner compris et 11 € (72,16 F) le repas, café et vin compris. Salade de crudités, tartes flambées, tourtes, coq à la bière, lapin à la moutarde, beignets aux fruits. Monique est jeune, dynamique et très souriante. Salle de jeux avec billard, échecs. Bon rapport qualité-prix-convivialité. Frédéric vient aussi de terminer 1 gîte rural pour 20 personnes avec 7 chambres (idéal pour se retrouver en famille ou entre copains). Une gentille adresse.

🛏 |●| 🐴 ⅙⅝ *Chambre d'hôte (Brigitte Brat et bernard Giraud) :* Charnant. ☎ et fax : 04.70.59.33.89. Accès : de Vichy, direction Cusset, puis D 25 vers La Bruyère ; au carrefour avec la D 7, faites 3 km vers Châtel, puis à gauche vers Charnant, traversez une ferme et 1er chemin goudronné à droite. Ouvert de début mai à septembre. Par une petite route de campagne traversant sous-bois et pâturages, vous arriverez à cette grande ferme, isolée au cœur de la montagne bourbonnaise. Dans l'ancienne grange, 2 chambres coquettes avec sanitaires privés. La jaune au mobilier ancien et la bleue avec un lit de fer 1930. Beaux volumes, atmosphère chaleureuse. 33,54 € (220 F) pour 2, petit déjeuner compris. Table d'hôte partagée en famille à 11,43 € (75 F), communard et vin compris. Une goûteuse cuisine avec les légumes du jardin et les volailles de la ferme. Pour les amateurs de randos, Brigitte a sélectionné tout un tas de circuits... Son préféré est celui qui passe à la cascade de la Pisserotte et qui emprunte le GR 3A (4 h 30). Ceux qui sont moins en forme iront à Vichy... Sivous avez des enfants, Pierre, le fils de la maison, les emmènera taquiner le poisson dans l'étang de la ferme. Une adresse nature. Accueil convivial et vrai.

CHOMELIX 43500   Carte régionale B2

32 km NO du Puy ; 17 km SE de La-Chaise-Dieu

🛏 |●| *Centre Multi-activités Les Marches d'Auvergne (Patricia et Serge Boukhers) :* ☎ 04.71.01.21.06. Fax : 04.71.01.22.44. Accès : du Puy-en-Velay, prenez la route de Clermont-Ferrand, puis à droite D 906 vers Craponne-sur-Arzon/Thiers ; traversez le village, le centre est sur la gauche. Le centre *Les Marches d'Auvergne*, installé dans un ancien relais de poste, trouve vraiment sa place dans ce guide. Entouré d'un grand parc, vous pourrez pratiquer ici toutes sortes d'activités : VTT (18 circuits de différents niveaux pour 410 km !) et randos, tir à l'arc, trampoline, sauna, hammam, jaccuzi... Le vieux relais est entouré de petites maisons modernes coquettes et indépendantes de 4 à 6 personnes, bien intégrées dans le paysage. 3 formules sont proposées : en gîte de famille (comme un gîte rural) à 53,50 € (350,94 F) par jour, pour 4 personnes. En gîte de résidence, c'est-à-dire par chambre, pour 57,50 € (377,18 F) par jour et par personne, en pension complète, ou en gîte d'étape à 49 € (321,42 F) toujours en pension complète. Accueil chaleureux. L'adresse idéale pour se remettre en forme.

CINDRÉ 03220   Carte régionale B1

40 km N de Vichy ; 15 km N de Lapalisse

🛏 |●| 🐴 ⑩% *Chambres d'hôte (Liliane et Philippe Levasseur) :* L'Étang. ☎ et fax : 04.70.57.70.52. Accès : sur la N 7, après avoir quitté Varennes-sur-Allier en direction de Lapalisse, tournez à gauche (D 23) au niveau de l'auberge ; dans le village, tournez à droite à l'église et prenez le 1er chemin à gauche, c'est tout au fond. Ouvert du 30 mars au 3 novembre. Ancienne ferme restaurée avec de beaux massifs fleuris. 2 chambres d'hôte simples dans une partie indépendante. Sanitaires privés. Kitchenette et belle salle de séjour à disposition. Comptez 35 € (229,58 F) pour 2, avec le petit déjeuner servi, ainsi que le dîner, dans la maison des propriétaires. Table d'hôte à 13 € (85,27 F), apéro, vin et café compris : salade au chèvre chaud pané, terrine de charolais au saint-pourçain, pâté aux pommes de terre, bœuf à la bière, porc au cidre, crumble aux fruits de saison. Également 1 gîte rural pour 5 personnes qui se loue de 214 à 267 € (de 1403,75 à 1751,41 F) la semaine (-10 % pour les routards) selon la saison. Nombreuses petites randonnées à faire aux environs. Des circuits touristiques cyclos sont proposés, et, en juillet, les proprios organisent une randonnée nocturne avec animation musicale.

COMBRONDE 63460   Carte régionale A1

26 km N de Clermont-Ferrand ; 10 km N de Riom

🛏 ✂ **10 %** *Chambres d'hôte (Lise et André Chevalier) :* 105, rue Étienne-Clémentel. ☎ et fax : 04.73.97.16.20. Accès : sur la N 144. On entre par un grand porche, on traverse une cour pavée et on arrive dans la maison de Lise et André, au cœur du village. 4 chambres croquignolettes, très au calme, avec sanitaires privés. Une belle salle à manger où tout est harmonie et raffinement : meubles anciens, fauteuils capitonnés et nombreux tableaux. Comptez 42 € (275,5 F) pour 2, pantagruélique petit déjeuner compris (yaourts ou fromage blanc maison, jus de fruits pressés, compote et gâteau maison). Accueil agréable. Une adresse où nous serions bien restés plus longtemps...

COUBON 43700   Carte régionale B2

10 km S du Puy-en-Velay

🛏 ▮●▮ 🐕 *Chambres d'hôte Les Cabarets (Yvonne et Roger Bernard) :* ☎ et fax : 04.71.08.81.17. Accès : par la D 38 ; dans le village, après la pharmacie suivez le petit chemin direction « Les Cabarets » pendant 3 km (vous ne pouvez pas vous tromper, il atterrit dans la ferme). Laisser le château de Ponsac sur la droite et continuer la descente sur la Loire. À 770 m d'altitude, beau corps de ferme, joliment restauré. Il abrite 5 chambres croquignolettes (une préférence pour celle du rez-de-chaussée). Sanitaires privés. Comptez 33,54 € (220 F) pour 2, petit déjeuner compris (une aubaine !). Dans la grande salle à manger, une immense table pour prendre les repas, car les hôtes d'Yvonne et Roger sont nombreux. Pour 9,15 € (60 F), vin compris, vous trouverez tous les produits de la ferme : charcuterie maison, gigot d'agneau pommes de terre au four (les proprios sont éleveurs d'agneaux noirs du Velay), tourte aux lentilles et le clafoutis aux mûres (un régal !), sorbets maison (verveine, rhubarbe...). Accueil chaleureux. Si vous continuez le chemin qui traverse la ferme, il vous conduira jusqu'à la Loire. Pour les randonneurs, le GR 3 qui mène au mont Gerbier-de-Jonc passe à proximité. Une adresse où l'on aurait bien posé nos sacs quelque temps.

COURÇAIS 03370   Carte régionale A1

20 km NO de Montluçon

🛏 ▮●▮ 🐕 ✂ *Auberge Laumonier (Josette Laumonier) :* ☎ 04.70.07.11.13. Accès : près de l'église. Fermé les dimanche soir et lundi et les trois premières semaines de septembre. De préférence sur réservation. Petite auberge avec une salle très rustique de 50 couverts (joli nappage et belle vaisselle) et une petite salle sous véranda de 30 couverts. Ici, on vient pour la gentillesse et l'excellent accueil que Josette réserve à ses clients. Elle propose un menu unique à 10,70 € (70 F), complété par un menu à 18,29 € (120 F) le dimanche, avec de bons produits frais. Parmi les spécialités : pâté aux pommes de terre, tête de veau, escargots, poulet fermier, ainsi que de délicieux desserts (gâteau au chocolat, tartes, clafoutis, etc.). Et si une entrée ou un plat ne vous convient pas, Josette vous trouvera toujours une solution de remplacement. Pour dormir, il y a 4 petites chambres, avec douche ou avec bidet et lavabo. Comptez de 19,82 à 25,92 € (de 130 à 170 F) pour 2, et 3,81 € (25 F) le petit déjeuner. Une de nos meilleures adresses dans l'Allier.

COURGOUL 63320   Carte régionale A2

45 km S de Clermont-Ferrand ; 20 km O d'Issoire

≜ |●| ♓ ⑩% *Gîte de séjour La Maillerie (Mireille et Gérard Verrière) :*
☎ 04.73.71.21.85. Accès : de l'A 75, sortie Besse (n° 6), et direction Champeix par la
D 978 ; prenez ensuite la D 28 vers Saint-Floret, puis la D 26 direction Saurier/Courgoul et
fléchage. Sur réservation. De ce bâtiment du XVIIIe, qui fut d'abord une maillerie à
chanvre, puis un foulon à drap, Mireille (le maire du village) et Gérard ont fait un chaleureux gîte de séjour de 14 lits. Au rez-de-chaussée, vous trouverez deux petits salons
confortables ; à l'étage, une grande pièce à vivre avec cheminée, beaux meubles campagnards et poutres apparentes, ainsi que 4 chambres (trois triples et une pour 5 personnes). Comptez 12 € (78,71 F) la nuit (draps non fournis), et 5 € (32,8 F) si vous
demandez le petit déjeuner. Deux cuisines bien équipées sont prévues pour la préparation
des repas, mais ceux qui le souhaitent et en font la réservation peuvent bénéficier du
repas à la table d'hôte, pour 12 € (78,71 F) par personne (cuisine familiale et régionale).
Bonne adresse pour les familles et les amateurs de nature, qui sauront profiter des bons
conseils de Mireille...

COURPIÈRE 63120   Carte régionale B1

15 km S de Thiers

≜ *Chambres d'hôte Bonencontre (Mireille et Jean-Paul Constancias) :*
☎ 04.73.53.10.51. Fax : 04.73.53.26.56. Accès : de Courpière, D 223 vers Lezoux ; c'est
en contrebas de la route à droite, 3 km plus loin. Dans un bâtiment annexe à la maison
des propriétaires, 6 chambres simples pour 2 et 3 personnes avec sanitaires privés. Préférez celle située au 1er étage à droite, à l'ameublement rustique et au joli lit-bateau.
Comptez de 31 à 39 € (203,35 à 255,82 F) pour 2, petit déjeuner inclus. Possibilité de visiter l'exploitation.

CUNLHAT 63590   Carte régionale B2

52 km SE de Clermont-Ferrand ; 35 km d'Issoire ; 25 km NO d'Ambert

≜ ⑩% *Chambres d'hôte (Brigitte Laroye) :* 7, rue du 8-Mai. ☎ 04.73.72.20.87. Accès :
de l'A 72 ou de la N 89, sortie Thiers ; de Thiers, prenez la D 906 jusqu'à Giroux, puis la
D 225 direction Tours-sur-Meymont jusqu'à Cunlhat ; c'est au centre du village. Cunlhat...
petit village calme d'Auvergne, mais dont la particularité est de s'animer chaque année
autour du 20 août en recevant une concentration de motos, notamment des Harley David-
son. Dans sa maison de famille, Brigitte a aménagé 4 chambres avec sanitaires privés, de
49 à 57 € (de 321,42 à 373,9 F) pour 2, petit déjeuner inclus. Également 1 suite familiale
composée de deux chambres à 104 € (682,20 F). Ambiance assez vieille France. Tout
nouveau : un petit écomusée sur le thème de la vie dans le Livradois.

DIOU 03490   Carte régionale B1

31 km E de Moulins ; 5 km E de Dompierre-sur-Besbre

≜ |●| ♓ ⋈ ⑩% *Chambres d'hôte Les Rodillons (Françoise et Jean-Yves Presles) :*
☎ 04.70.34.67.73. Fax : 04.70.34.77.66. Accès : N 79 sortie Diou, puis direction Dompierre, tournez à gauche 100 m après le parking et fléchage. 5 chambres d'hôte dont trois
dans une maison à colombages, annexe à la maison des propriétaires. Elles sont simples
et claires avec sanitaires privés. Comptez 33,54 € (220 F) pour 2, petit déjeuner inclus.
Table d'hôte à 11,43 € (75 F) vin compris (l'occasion de déguster les produits de la
ferme). Accueil de cavaliers possible. 5 VTT à disposition pour découvrir les nombreux circuits balisés des alentours. Accueil agréable.

ÉBREUIL 03450
Carte régionale A1

30 km O de Vichy ; 12 km O de Gannat

🛏 |●| ✂ *Chambres d'hôte Hameau de Chavagnat (Anne-Marie et Christian Boutonnet) :* ☎ et fax : 04.70.90.73.56. ● http ://MULTIMANIA.COM/CHAVAGNAT/ ● Accès : A 71, sortie n° 12 (Gannat), puis rentrez dans Ébreuil et D 998 vers Commentry pendant 2,5 km ; le hameau est à 2,5 km à droite. On vous le dit tout de suite, c'est un de nos coups de cœur et vous allez comprendre pourquoi... Après avoir roulé sa bosse à travers le monde, dont trois ans au Japon, Christian a voulu retrouvé ses racines et a racheté ce hameau en ruine, à côté de son village natal. Ici, vivaient sept familles de vignerons (vignes qui ont totalement disparu aujourd'hui). Travaillant d'arrache-pied, il restaure les maisons petit à petit, taillant lui-même les pierres pour recréer l'image du hameau d'autrefois. 4 chambres élégantes avec sanitaires privés. Deux au rez-de-chaussée avec accès direct sur l'extérieur et parées d'enduits à la chaux. Mobilier ancien. Deux au 1er étage, ornées de gravures des bois. 38,50 € (252,54 F) pour 2, petit déjeuner compris (confitures et pain maison !). Table d'hôte partagée en famille à 13 € (85,27 F), vin et café compris. Délicieuses spécialités avec plein de produits maison (charcuterie du chef, velouté de champignons des bois, canard aux navets, poulet au miel, fromage maison...). Du Japon, il a ramené de superbes tenues traditionnelles en paille de riz et bambou que vous pourrez admirer dans le salon. Pour ceux qui veulent séjourner, 1 gîte de 3 personnes loué de 228,67 à 259,16 € (de 1500 à 1700 F) la semaine suivant la saison. N'oublions pas non plus Anne-Marie, hôtesse charmante dont le sourire vous séduira. Accueil très, très chaleureux. Une adresse vraiment remarquable, mais comme d'hab, ça n'engage que nous !

ESTABLES (LES) 43150
Carte régionale B2

30 km SE du Puy-en-Velay

🛏 |●| ✂ ⑩% *Gîte de séjour Le Chalet d'Ambre (Christine et Philippe Bousseaud) :* Le Bourg. ☎ 04.71.08.33.52. Accès : du Puy, D 535 vers Valence ; passez Brive-Charensac et au pont de Perard, bifurquez vers Le Monastier, puis D 500 jusqu'aux Estables ; le gîte est dans le bourg. Sur réservation. À 1350 m d'altitude, au cœur du village, c'est dans un ancien hôtel reconverti en gîte que Christine et Philippe vous accueillent. 8 chambres pour 2 à 4 personnes, avec sanitaires privés ou communs. Comptez de 11,40 à 14,50 € (74,78 à 95,11 F) par personne, suivant le confort, et 4,60 € (30,17 F) pour un copieux petit déjeuner en formule buffet (gâteau, crêpe et confitures maison), et de 25,90 à 29 € (169,89 à 190,23 F) en demi-pension. Grande pièce de jour avec cheminée centrale et coin salon. Philippe fait la cuisine et vous propose une bonne cuisine régionale ou exotique (si ça vous tente) pour 10,70 € (70,19 F). Accueil jeune et sympa. Ne ratez pas le lever de soleil sur le Mézenc. Une adresse pour se mettre au vert.

🛏 |●| 🐕 ✂ ⑩% *Chambres d'hôte Les Écuries du Mézenc (Karine Herry et Bruno Tomozyk) :* ☎ et fax : 04.71.08.30.53. Accès : du village, route de Freycenet-Lacuche, c'est à 3 km sur la droite. À 1370 m d'altitude, belle ferme traditionnelle au toit de lauzes qui bénéficie d'une superbe vue sur le Mézenc. Ici, vous êtes chez les sportifs et la spécialité de Karine, c'est la course à pied. 3 chambres d'hôte indépendantes, équipées de sanitaires privés. 37 € (242,70 F) pour 2, petit déjeuner compris. Quant à la cuisine, c'est Bruno qui s'en occupe. Table d'hôte à 13 € (85,27 F), vin compris. Goûteuse cuisine inventive, familiale et régionale. Accueil de chevaux et de cavaliers.

🛏 |●| 🐎 ⑩% *Chambres d'hôte La Bartette (Gilles Fourcade) :* La Vacheresse. ☎ 04.71.08.31.70 ou 04.71.08.34.88. Fax : 04.71.08.31.70. Accès : du Puy-en-Velay, prenez la D 535 vers Valence jusqu'à Le Monastier, continuez sur la D 535 pendant 4 km, puis prenez la D 631 vers Les Estables ; à La Vacheresse, c'est la dernière maison du hameau, juste avant le pont. Fermé en novembre. Gentille demeure au pied du Mézenc. 4 chambres d'hôte agréables, dont une double pour les familles. Comptez 44,21 € (290 F) pour 2, 77,75 € (510 F) pour 4, petit déjeuner compris (yaourts, fruits frais ou secs et plein de sortes de confitures). Table d'hôte à 13,72 € (90 F), avec deux entrées et deux desserts, servie devant la cheminée. Gilles a ouvert une ferme pédagogique ; à ce titre, il a été chercher des rennes en Finlande que l'on peut approcher et qui vont bientôt tirer le traîneau du Père Noël (sympa, non ?). Il a aussi des ânes qu'on loue à la journée, pour partir à la découverte des petits chemins de campagne (GR 7 et 40 à proximité). Les plus téméraires trouveront des tas d'activités sportives dans les environs : escalade, parapente, saut à l'élastique... Possibilité d'acheter les produits maison : confit, terrines, miel...

AUVERGNE

|●| *Auberge des Fermiers du Mézenc (Gérard Fargier et Alain Ribes)* : ☎ 04.71.08.34.30. Fax : 04.71.03.91.62. Accès : en venant du Puy-en-Velay, au bout du village, sur la place, en face de la croix. Sur réservation. À 1340 m d'altitude, sur la commune la plus haute d'Auvergne. Superbe vue sur le Mézenc (1754 m), le lever du soleil y vaut le détour. Ancienne ferme de 1791, dont ne subsistent que les côtés (le reste a été entièrement refait), avec un magnifique toit de lauzes et une imposante charpente à l'ancienne. Grande salle de 60 couverts, au 1er étage, plus une petite mezzanine de 16 couverts. Menu à 12,50 € (82 F), avec charcuterie ou salade paysanne, pommes de terre à la cloche, génisse du Mézenc, fromage et dessert. Autres menus de 14,03 à 19,51 € (de 92 à 128 F). Carte des vins de 5,34 à 13,72 € (de 35 à 90 F) la bouteille. Pour les petits budgets, formule casse-croûte à 9,15 € (60 F), avec charcuterie, crique et salade verte, fromage ou tarte. Le tout avec des produits de la ferme qu'on peut également acheter dans une petite boutique au rez-de-chaussée. Accueil jeune et chaleureux.

FALGOUX (LE) 15380 — Carte régionale A2

15 km de Salers ; 30 km de Murat

🛏 |●| 🐾 ⋈ *Chambres d'hôte Le Tahoul (Michèle et Gilles Lanneau)* : ☎ 04.71.69.51.67 et 06.86.35.67.58. Fax : 04.71.69.51.67. Accès : du Puy-Mary, prenez la direction du Falgoux jusqu'à La Chaze (3 km avant Le Falgoux) et tournez à droite vers Le Tahoul (attention, ça grimpe). Ouvert du 22 décembre à début novembre. À 1100 m d'altitude, superbe ferme traditionnelle recouverte de lauzes et d'ardoises, rénovée uniquement avec des matériaux naturels, qui jouit d'un magnifique panorama sur les environs. 5 chambres et 1 dortoir de 8 lits avec salle d'eau ou de bains privative mais wc sur le palier. Déco chaleureuse où le bois est à l'honneur. Ici, on pratique le système 1/2 pension et pension. Comptez respectivement 32 et 39 € (209,91 et 255,82 F) par jour et par personne en chambre ; 27 et 34 € (177,11 et 223,03 F) en dortoir. Une délicieuse table avec des produits maison et bio. Accueil chaleureux. À 3 km, possibilité de faire du ski de fond. En hiver, Gilles pourra vous emmener découvrir les chamois en raquettes. Il se sent un peu le « Gardien des Cîmes », nom du bouquin qu'il a écrit à ses heures perdues. Une adresse dans les hauteurs de l'esprit... et des montagnes.

FAY-SUR-LIGNON 43430 — Carte régionale B2

35 km E de Puy-en-Velay ; 27 km S d'Yssingeaux

🛏 |●| ⋈ ⑩% *Chambres d'hôte La Maison des Chèvres (Thérèse Boutarin et Bernard Désage)* : Abries. ☎ 04.71.59.56.66. Fax : 04.71.56.31.89. Accès : du village, prenez la D 500, puis la D 26 vers Saint-Julien-Chapteuil ; faites 3 km et, après le hameau des Chênes, prenez la 1re à droite vers Abries et continuez sur 2 km. Fermé du 20 au 29 décembre. De préférence sur réservation. En pleine campagne, ancienne ferme à 1150 m d'altitude, avec une très jolie vue sur le petit village de Fay. Bernard l'a entièrement restaurée et a aménagé 6 chambres (4/5 personnes) bien coquettes, avec couettes et jolis tissus. Sanitaires privés. Comptez de 37 à 40 € (242,70 à 262,38 F) pour 2, petit déjeuner compris (pain maison !). Élevage de chèvres et fabrication de fromages. Thérèse se fera un plaisir de vous faire visiter l'exploitation classée « ferme découverte ». Si vous le souhaitez, vous pourrez même participer à la traite des chèvres, à 7 h du matin pour les courageux, ou bien le soir. Excellente table d'hôte à 14 € (91,83 F), vin et café compris : salade de chèvre chaud, soupe aux orties, gigot de chevreau, canard rôti, truite du Lignon à l'oseille, ratatouille, fromages de chèvre, crumble, tarte Tatin ou tarte meringuée. Également, un gîte (capacité 13 places), cuisine collective, 11 € (72,16 F) la nuit. Accueil chaleureux et décontracté. Tout ici respire la bonne humeur, une bonne adresse.

FRIDEFONT 15110 — Carte régionale A2

30 km S de Saint-Flour ; 13 km NE de Chaudes-Aigues

🛏 |●| ⋈ ⑩% *Ferme-auberge des deux Vallées (Josette et Gilbert Chassany)* : ☎ 04.71.23.56.10 ou 04.71.23.59.89. Fax : 04.71.23.59.89. ● chassany@terre-net.fr. ● Accès : de Chaudes-Aigues, D 13 vers Garabit, puis fléchage depuis le village. Uniquement sur réservation. À 930 m d'altitude, vue magnifique sur le plomb du Cantal et les monts d'Aubrac. Grande ferme en pierre apparente. Josette et Gilbert, agriculteurs, ont ouvert une auberge et 4 chambres avec sanitaires privés à 37 € (242,70 F) pour 2, petit déjeuner inclus (confitures, pâtisserie et caillé maison), table d'hôte à 9,15 € (60,02 F). Dans un bâtiment annexe, les randonneurs peuvent coucher dans une grande pièce avec 15 lits en bas-flancs. Petit coin cuisine assez sommaire et sanitaires extérieurs. La nuit est à 6,20 € (40,67 F), plus 1,50 € (9,84 F) de location de draps, et le petit déjeuner à 5 € (32,80 F). Pour les campeurs, immense pré de 3 ha, avec sanitaires communs au gîte d'étape. 0,80 € (5,25 F) l'emplacement et 2,50 € (16,40 F) par personne. Quelle que soit la formule que vous choisirez, accès à la table de l'auberge pour 11,80 € (77,40 F) : spécialités de pounti aux pruneaux, coq au vin ou civet de lapin à l'ancienne, servis avec l'aligot ou la truffade. Aux alentours, de sympathiques balades à faire au barrage de Granval (à 4 km), dans les gorges de la Truyère et au château d'Alleuze (superbes ruines).

GIAT 63620 — Carte régionale A1

50 km O de Clermont-Ferrand ; 27 km N de Bourg-Lastic

🏠 🐕 **Chambres d'hôte Ferme de Rozéry (Joëlle Briquet-Desbaux) :** Rozéry. ☎ 04.73.21.60.08 ou 04.73.21.71.08. Accès : de Clermont-Ferrand, D 941 direction Pontgibaud/Pontaumur ; 8 km après Pontaumur, D 108 vers Condat-en-Combraille ; de là, direction Giat et fléchage. Sur réservation. La ferme de Joëlle est une magnifique demeure toute en pierre de la fin du siècle dernier. L'ambiance est authentique, les vieux meubles sentent bon la cire, et l'accueil de la proprio vient compléter le tableau... À l'étage, que dessert un escalier en pierre, vous trouverez 3 chambres confortables et personnalisées, avec de beaux meubles anciens. Comptez 36,59 € (240 F) pour 2, copieux petit déjeuner compris, et 12,20 € (80 F) par personne supplémentaire. Jetez un coup d'œil à l'ancienne écurie attenante et à l'étable, avec ses voûtes en croisées d'ogive qui datent de 1909 et sont en très bon état. Dans le grand jardin cohabitent joyeusement deux chats, le chien et la basse-cour, sans oublier le cygne qui partage l'étang avec grenouilles et canards. Pas de table d'hôte, mais des restaurants à Giat. Accueil très chaleureux, et excellent rapport qualité-prix, un de nos coups de cœur.

GOUISE 03340 — Carte régionale B1

22 km S de Moulins ; 13 km O de Jaligny-sur-Besbre

🏠 ⦿ ⤬ ⑩% **Chambres d'hôte Domaine des Rubis (Irmine et Jean-Louis Huot) :** ☎ et fax : 04.70.43.12.70. Accès : de Gouise, D 102 vers Saint-Voir pendant 3 km et fléchage. Fermé du 12 décembre au 2 janvier. C'est dans les dépendances (comprenez les anciennes écuries) d'une mignonnette maison de la fin du XIXᵉ, qu'Irmine et Jean-Louis ont aménagé 4 chambres. Une au rez-de-chaussée, accessible aux personnes handicapées ; les trois autres à l'étage. Elles sont vastes et claires. Déco dépouillée, de bon goût. Croquignolets sanitaires privés, où le bois est à l'honneur. Comptez 37 € (242,70 F) pour 2, petit déjeuner compris, avec charcuterie et fromage (on craque !). Table d'hôte (seulement pendant les vacances scolaires) à 11 € (72,16 F), vin compris. Cuisine familiale partagée avec les proprios. Possibilité de cuisiner. Coquet jardin très fleuri, avec un petit potager (genre jardin de curé). Irmine nous a conquis par son sourire et sa bonne humeur. Excellent rapport qualité-prix-convivialité. Une adresse juste comme on les aime.

GRÈZES 43170 — Carte régionale B2

55 km SO du Puy ; 30 km S de Langeac ; 25 km NE de Saint-Chély-d'Apcher

🏠 ⦿ ⤬ ⑩% **Chambres d'hôte (Martine et Paul Cubizolle) :** Bugeac. ☎ et fax : 04.71.74.45.30. Accès : du Puy-en-Velay, direction Espaly, puis Saugues (D 589) ; de Saugues, D 33, et avant Grèzes, tournez à droite vers Bugeac, puis fléchage. Fermé en décembre. Sur réservation. À 10 km de Saugues, dans un tout petit village en pleine Margeride, Martine et Paul, jeune couple d'agriculteurs dynamiques, ont restauré une belle fermo typique : une fois passé le petit bâtiment en pierre qui abrite un four à pain, on pénètre dans l'ancienne étable. Les poutres apparentes, la cheminée voûtée monumentale et les meubles rustiques (la plupart fabriqués par Paul) dégagent une atmosphère chaleureuse. Au 1ᵉʳ étage, 3 chambres coquettes, et une quatrième avec lits clos au 2ᵉ, en soupente, qui peut accueillir jusqu'à 4 personnes. Comptez 34 € (223,03 F) pour 2, copieux petit déjeuner inclus (avec fromage blanc, miel des ruches de la ferme, confitures et pain maison). Martine propose aussi la table d'hôte, 11 € (72,16 F), apéro, vin et café compris, une bonne occasion de tout apprendre sur la fameuse bête du Gévaudan, dont la légende reste bien vivante... Repas à base des produits de la ferme : soupe aux légumes du jardin, charcuterie maison, veau aux girolles, potée, pot-au-feu, tartes à la rhubarbe, aux myrtilles, poires au vin. Accueil chaleureux et authentique.

JALEYRAC 15200
Carte régionale A2

8 km N de Mauriac

🛏 |○| (10 %) *Chambres d'hôte (Marie-Claire et Jean-Charles Charbonnel) :* Bouriannes. ☎ 04.71.69.73.75. Accès : à Mauriac, prenez la direction de Bort-les-Orgues, puis à 3 km, la route à gauche direction Arches. Magnifique maison de pays restaurée, où Marie-Claire propose 3 chambres meublées à l'ancienne, avec sanitaires privés (préférez la « Châtaigne », avec ses draps anciens et ses taies d'oreiller brodées). Comptez de 35,06 à 36,59 € (de 230 à 240 F) pour 2, petit déjeuner compris. À la table d'hôte, partagée avec les proprios, 9,91 € (65 F) tout compris, produits de la ferme et bonnes spécialités mitonnées par la proprio : charcuterie maison, patranque, pontarre, truffade, tarte à la tomme, fromage de salers et soupe des vachers (qui se mange à la fourchette !). Pour les petits, chevaux, vaches, basse-cour. Accueil cordial.

JAX 43230
Carte régionale B2

30 km NO du Puy ; 14 km SE de Paulhaguet

🛏 |○| (10 %) *Chambres d'hôte, gîte de groupe et gîte d'enfants (Éric et Isabelle Bonnevialle) :* Centre équestre de Jax – Chastenuel. ☎ 04.71.74.27.69. Fax : 04.71.74.21.41. Accès : du Puy, N 102 direction Clermont-Ferrand ; après Fix-Saint-Geneys, prenez le 2e croisement à droite direction Chastenuel et suivez l'indication « Centre équestre ». Sur réservation. En pleine nature, avec une vue magnifique sur la Margeride et les gorges de l'Allier, Éric et Isabelle ont très bien restauré une ancienne ferme toute en pierre. Chaleureuse pièce de jour avec poutres apparentes et cheminée. 3 chambres situées à l'étage, dont deux avec mezzanine, à 37 € (242,70 F) pour 2 et 42 € (275,50 F) pour 3 personnes. Sanitaires privés. Les proprios, musiciens, organisent sur place des soirées animation, avec la participation des hôtes qui le désirent. Également 1 gîte de groupe de 32 places et 1 gîte d'enfants de 8 places.Table d'hôte à 11 € (72,16 F), avec tarte au saint-nectaire, tourte aux lentilles, potée, gigot, tarte aux fruits de saison. Élevage de poneys et de chevaux à 500 m. Une adresse pour les cavaliers, les amateurs de randonnées et de nature.

JOURSAC 15170
Carte régionale A2

25 km SO de Massiac ; 25 km NO de Saint-Flour

🛏 |○| 🐕 *Chambres d'hôte La Barajade (Jérôme Cregut et Alain Nicolleau) :* Recoules. ☎ et fax : 04.71.20.59.12. Accès : A 75 sortie Massiac ; prenez la N 122 jusqu'à Neussargues ; puis direction Allanche et D 26 à droite sur 7 km jusqu'à Recoules. Sur réservation. Une petite route qui grimpe et l'on découvre Recoules, petit village paisible organisé autour de ses fermes et de son clocher. Il y fait bon vivre, et c'est ce qui a motivé Jérôme et Alain lorsqu'ils ont quitté Lyon pour s'y installer. Dans cette ancienne ferme auvergnate toute en longueur, vous trouverez une grande pièce à vivre avec cheminée, poutres et pierres apparentes, avec deux lits clos typiques. À l'étage, 5 chambres confortables, dont une familiale, dans des tons pastels. Sanitaires privés. Comptez 40 € (232,68 F) pour deux, petit déjeuner compris, et 11 € (72,16 F) le repas en table d'hôte (bonne cuisine auvergnate). Excellent accueil.

JULLIANGES 43500
Carte régionale B2

15 km E de La Chaise-Dieu

🏠 🐴 ⤫ *Chambres d'hôte Domaine de La Vallette (Michèle Mejean) :* ☎ 04.71.03.23.35 ou 04.75.01.04.15. Fax : 04.71.03.23.35. Accès : du Puy-en-Velay, N 102 vers Clermont-Ferrand, puis D 906 vers La Chaise-Dieu ; à Bellevue, prenez la D 1 jusqu'à Chomelix, et tournez à gauche vers Jullianges (D 35). Sur réservation. Beau domaine d'1 ha, reconstruit au XIXᵉ siècle, et appartenant à la famille depuis plus de deux siècles (un bail !). Si vous aimez les meubles d'époque, vous serez servi (il en faut pour meubler 17 pièces !). Michèle, ancienne antiquaire, a décidé d'ouvrir sa maison et d'y installer 4 chambres et 2 suites. Beaux sanitaires privés. Déco raffinée et romantique (ciels de lit). Comptez 60,98 € (400 F) pour 2, petit déjeuner compris. Votre hôtesse est aussi musicienne et chef de chœur. Accueil de qualité. Une adresse idéale pour routards aisés.

LAPTE 43200
Carte régionale B2

40 km NE du Puy-en-Velay ; 6 km O de Montfaucon

🏠 🍽 🐴 ⤫ *Chambres d'hôte La Charmette (Josette et Auguste Mounier) :* Le Brus de Verne. ☎ et fax : 04.71.59.38.30. Accès : du Puy-en-Velay, N 88 vers Saint-Étienne jusqu'à Yssingeaux, puis D 105 vers Annonay que vous ne quittez plus jusqu'à Verne (ne tournez pas vers Lapte) ; la maison est à l'entrée du village à gauche. Dans l'ancien bâtiment qui hébergeait la grange et l'étable, Josette, Auguste et leurs quatre enfants (qui participent activement à la tâche) ont installé 5 chambres : une au rez-de-chaussée (accessible aux personnes handicapées), les quatre autres à l'étage (dont une avec mezzanine). Agréable déco réalisée par Agnès (une des filles). Sanitaires privés. Comptez 36,59 € (240 F) pour 2, petit déjeuner compris (lait tiré tout juste du pis et confitures maison !), et 9,51 € (60 F) par personne supplémentaire. Table d'hôte à 12,20 € (80 F). Pratiquement tous les produits sortent de la maison. Eh oui, les proprios élèvent vaches laitières, vaches à viande, porcs, moutons, volailles (et même une chèvre pour faire le fromage blanc !) et cultivent leur potager. Cela vous donne par exemple : charcuterie maison, tourte aux pommes de terre et aux poireaux, râpée, escalope du Limousin aux champignons et à la crème, saucisse aux lentilles, coq au vin, fromage blanc (mi-chèvre, mi-vache), yaourts, tarte aux myrtilles en saison. Quant aux tuyaux touristiques, vos hôtes savent se rendre disponibles. Accueil chaleureux et familial.

LAVAUDIEU 43100
Carte régionale B2

45 km NO du Puy-en-Velay ; 10 km SE de Brioude

🏠 *Chambres d'hôte La Maison d'à côté (Marie et Pascal Robert) :* ☎ 04.71.76.45.04 ou 04.71.50.24.85. Fax : 04.71.50.24.85. Accès : du Puy-en-Velay, N 102 vers Brioude jusqu'à La Chomette ; tournez vers Domeyrat (D 206), puis D 20 jusqu'à Lavaudieu ; la maison est en face du pont. Ouvert de Pâques à la Toussaint. Réservez à l'avance en haute saison. Voilà une adresse que les amoureux des vieilles pierres ne manqueront pas... Eh oui, Lavaudieu est un village classé parmi les plus beaux de France. Dans l'une de ses maisons, Marie et Pascal ont aménagé 4 chambres bien douillettes, toutes aussi craquantes les unes que les autres. Déco raffinée (adorables petits fenestrons garnis de tentures). Sanitaires privés. Comptez 45 € (295,18 F) pour 2, petit déjeuner compris. Agréable terrasse intérieure, qui jouit d'une vue magnifique sur la rivière, la Senouire. Pas de table d'hôte, mais plusieurs petits restos dans le village. Accueil convivial. Lavaudieu recèle des joyaux, notamment une superbe abbaye du XIᵉ siècle (séduisant cloître roman, gigantesques peintures murales dans l'église et le réfectoire).

LAVIGERIE 15300
Carte régionale A2

40 km NO de Saint-Flour ; 12 km du puy Mary

🍽 🐴 *Ferme-auberge (Adrienne Niocel) :* ☎ 04.71.20.82.25. Accès : sur la D 680, au bord de la route entre Murat et le puy Mary. Fermé en décembre et janvier. Uniquement sur réservation. L'ensemble est quelque peu négligé, mais l'atmosphère d'autrefois et

AUVERGNE

l'accueil l'emportent vite ! Superbe salle rustique de 35 couverts, où les lits en alcôve ont été conservés, ornée d'une immense cheminée. Bonne cuisine du terroir. Au menu unique à 12,75 € (83,63 F), pounti ou pâté aux pommes de terre ou saucisse aux pommes de terre, poulacre (foie d'agneau avec poitrine de porc) et truffade, cornet de Murat ou tarte aux fruits de saison. Pour les vins, côtes-d'auvergne à 7 € (45,92 F) et réserve à 5,50 € (36,08 F).

LENAX 03130 — Carte régionale B1

38 km NE de Vichy ; 18 km NE de Lapalisse

🍽 🐕 ***Ferme-auberge Le Vieux Logis (Brigitte Laforet) :*** Vinzelles. ☎ 04.70.55.24.15. Accès : de Lapalisse, N 492 vers Le Donjon ; 5 km avant, tournez à droite vers Neuilly-en-Donjon (D 266) ; c'est à la sortie du village sur la gauche. Du 1er mai à la Toussaint, ouvert les samedis, dimanches et jours fériés ; tous les jours en juillet et août. De préférence sur réservation. Petite salle de 45 couverts avec poutres apparentes. Brigitte propose un menu unique à 16 € (104,95 F) le midi et 12 € (78,71 F) le soir, préparé à partir des produits de son exploitation : terrine maison ou salade gourmande, légumes du jardin, coq au vin, salade, fromages de vache et de chèvre maison, tarte à la groseille ou île flottante ou fraisier. En juillet et août, « menu p'tit creux » à 10 € (65,60 F) : terrine maison, pâté aux pommes de terre, salade, fromage blanc, crème ou dessert maison (servi à toute heure). Carte des vins de 9 à 11 € (de 59,04 à 72,16 F) la bouteille. Accueil chaleureux, ambiance décontractée, une bonne petite adresse.

LOUROUX-HODEMENT 03190 — Carte régionale A1

20 km NE de Montluçon ; 12 km O de Cosne-d'Allier

🍽 🐕 ***Ferme auberge La Lumignonne (Marie-France et Gilles Diot) :*** La Palisse. ☎ 04.70.06.88.93. Accès : de Montluçon, D 94 vers Cosne-d'Allier jusqu'à La Croix-de-Fragne, et D 39 jusqu'au Louroux ; puis fléchage « La Lumignonne » dans le village. Ouvert tous les jours de début mai à mi-octobre ; hors saison, du vendredi midi au lundi soir et les jours fériés. Uniquement sur réservation. Voilà une ferme-auberge comme on les aime... En pleine campagne, chaleureuse salle installée dans l'ancienne étable. Gilles y a posé de magnifiques tommettes anciennes (le poids de chaque carreau fait rêver !). Petite capacité de 45 couverts, répartis sur sept grandes tables campagnardes. Eh oui, ici on mange souvent à la même table, et l'ambiance est conviviale. Même s'il n'y a pas de clients, Marie-France est très présente. C'est une bonne vivante, qui prépare une goûteuse cuisine du terroir à partir des produits bio de l'exploitation (ils élèvent des agneaux, des volailles et gavent des canards). 3 menus à 14,03 €, 16,01 € (avec 2 entrées) et 17,53 € avec le foie gras maison (92, 105 et 115 F). Parmi les spécialités : canard à la Duchambais (mijoté dans de la crème et du vinaigre), poulet au cantal, pintade à la Castrole, compote de poule (à découvrir), tarte au fromage, tarte fine aux asperges, agneau grillé (assortiment de gigot, côte, épaule), foie gras poêlé (de début septembre à fin avril) et une sublime tarte à la rhubarbe, recouverte d'une fine couche de crème brûlée (on s'en pourlèche encore !). À l'extérieur, un parc aménagé pour les petits vous permettra de prendre votre temps en toute tranquillité (il y a bien sûr un menu enfant). Si vous êtes dans le coin pour le 14 juillet, pensez à réserver votre place : ils organisent une partie champêtre avec agneau à la broche (hum !) pour seulement 16,77 € (110 F). Une adresse qui vaut vraiment le détour...

LURCY-LÉVIS 03320 — Carte régionale A1

45 km NO de Moulins ; 25 km N de Bourbon-l'Archambault

🏠 🐕 (10 %) ***Chambres d'hôte (Solange et Claude Vanneau) :*** Grand Veau. ☎ 04.70.67.83.95. Fax : 04.70.67.80.80. Accès : de Moulins, D 13 puis D 1 vers Sancoins, jusqu'à Lurcy-Lévis ; dans le village, prenez la D 64 vers Valigny, jusqu'à Grand Veau (5 km). Ferme céréalière en activité. 3 mignonnettes chambres au 1er étage de la maison. Une préférence pour la jaune, avec lits de fer 1930. Sanitaires privés. Comptez 35 € (229,58 F) pour 2, le petit déjeuner compris que vous pourrez prendre en terrasse. À la belle saison, vous vous endormirez au chant des grenouilles. Agréable salle à manger, avec cuisine américaine et beau vaisselier bressan. Si vous avez de jeunes enfants, ils pourront jouer avec les deux petites filles de la maison. Accueil simple et chaleureux.

MANZAT 63410   Carte régionale A1

35 km NO de Clermont-Ferrand ; 12 km NO de Chatel-Guyon

🛏 **Chambres d'hôte La Maison du Four (Manu et Marithé Pereira) :** Les Cheix. ☎ 04.73.86.57.74 et 06.83.69.77.43. Accès : de Clermont-Fd, direction Riom ; là, direction Chatel-Guyon puis Manzat. 1 km avant le village, au lieu-dit le Pont-de-Ganne prendre à droite vers Le Gour-de-Tazenat et fléchage. Au Parc des Volcans d'Auvergne, dans un petit hameau, gentillette ferme bien restaurée. 3 chambres spacieuses et coquettes avec sanitaires privés. 1 au rez-de-chaussée, les 2 autres à l'étage. 41 € (268,94 F) pour 2, petit déjeuner compris, servi dans une salle campagnarde à souhait, où vous découvrirez un magnifique four à pain. Pas de table d'hôte mais kitchenette à disposition et une petite auberge sympa à proximité. Accueil agréable. *NOUVEAUTÉ.*

MAREUGHEOL 63340   Carte régionale A2

48 km SO de Clermont-Ferrand ; 15 km SO d'Issoire

🛏 🍴 **Chambres d'hôte Les Étoiles (Catherine Millot) :** Longchamps. ☎ et fax : 04.73.71.40.04. ● millot.catherine@wanadoo.fr ● Accès : d'Issoire, D 32 vers Solignat puis à gauche D 717 jusqu'à Antoingt puis direction Mazerat puis Longchamps (n'allez pas à Mareugheol). Dans un minuscule village, ancienne ferme entourée d'un immense parc, adorablement restaurée par la maîtresse des lieux. Au 1er étage, 4 chambres coquettes et originales avec sanitaires privés. 42 € (275,50 F) pour 2, petit déjeuner compris. Ici, toutes sortes d'objets foisonnent en harmonie, comme tableaux, bibelots, plantes et bouquets... Pittoresque salle à manger avec cheminée d'où l'on regarde la cuisine, domaine de Catherine. Elle est originale et fonctionnelle. Goûteuse table d'hôte à 15 € (98,39 F), vin compris. Passionnée d'astronomie, elle vous initiera à la connaissance des étoiles et des planètes. Atmosphère sereine et accueil très très chaleureux. Une adresse pour en voir de toutes les couleurs... *NOUVEAUTÉ.*

MAZOIRES 63420   Carte régionale A2

40 km SO d'Issoire ; 11 km O d'Ardes-sur-Couze

🛏 🍴 🐎 **Auberge de la Baraque d'Aubiat (Jacqueline et Jacques Jarry) :** ☎ 04.73.71.74.33. Fax : 04.73.71.74.99. Accès : d'Ardes, direction Anzat-le-Luguet sur la D 23 ; c'est à 6 km d'Anzat et à 5 km après Mazoires. Fermé du 11 novembre à Pâques. Réservation obligatoire. À 1040 m d'altitude, en pleine nature, petite auberge installée dans une ancienne ferme isolée. Grande salle de 60 couverts en pierre et poutres apparentes. Menu à 12,20 € (80 F), sauf le dimanche, avec salade de gésiers ou pâté de campagne, manchons de canard ou entrecôte, plateau de fromages, tarte ou sorbet ; à 16,77 € (108 F), terrine de canard maison ou feuilleté au saumon, pintade aux girolles ou coq au vin, salade, plateau de fromages et dessert au choix. Comptez de 28,97 à 39,64 € (de190 à 260 F) pour une chambre et 5,34 € (35 F) le petit déjeuner. Accueil décontracté.

MONISTROL-SUR-LOIRE 43120   Carte régionale B2

30 km SO de Saint-Etienne ; 45 km NE du Puy-en-Velay

🛏 ✖ **(10 %) Chambre d'hôte (Michèle et Georges Boscher) :** Le Betz. ☎ 04.71.66.35.24. ● georges.boscher@wanadoo.fr ● Accès : d'Yssingeaux, N 88 vers Saint-Étienne et prenez la 1re sortie vers Monistrol, traversez la ville et au 2e feu, prenez la route d'Aurec ; au rond-point tournez à droite, puis tout de suite à gauche vers Le Betz. Superbe demeure, toute en pierre, agrémentée d'une belle tour, dont les origines remontent au XIIIe siècle ! Ici, le viguier rendait ses jugements. Agréable parc ombragé et fleuri. La maison abrite une foule de trésors... Il faut dire que Michèle, collectionneuse dans l'âme, adore bibelots, tableaux et meubles anciens. Au 1er étage, une seule chambre spacieuse, meublée avec goût et une vaste salle de bains attenante. 60,98 € (400 F) pour 2, petit déjeuner compris (plusieurs sortes de pains, plateau de fromages, gâteau et confitures maison). Grande salle à manger voûtée, ornée d'une imposante cheminée armoriée. Immense salon qui ouvre sur le parc. Accueil de qualité. Une maison charmante, chargée d'histoire, pour routards aisés.

MONT-DORE (LE) 63240   Carte régionale A2

50 km SO de Clermont-Ferrand ; 11 km E de La Bourboule

≜ ⊱ *Chambre d'hôte La Closerie de Manou (Françoise Larcher) :* Le Genestoux. ☎ 04.73.65.26.81 ou 04.73.81.03.59. Fax : 04.73.65.58.34. Accès : au Mont-Dore, prenez la D 996 vers La Bourboule ; la maison est à 3 km. Fermé du 15 octobre au 15 février. Belle demeure du XVIIIe avec son typique toit de lauzes. 5 chambres décorées avec goût et raffinement. Sanitaires privés et télévision dans chaque chambre (pour les accros). Comptez 53,40 € (350,28 F) pour 2, avec un copieux petit déjeuner (viennoiseries, coupe de fruits frais, jambon ou fromage...). Belle salle à manger avec cheminée, douillet salon orné de toiles (réalisées par le neveu de Manou) et d'un ravissant poêle autrichien. Accueil agréable.

MONTAIGUT-LE-BLANC 63320   Carte régionale A2

25 km SO de Clermont-Ferrand ; 17 km de Super Besse

≜ ⊱ *Chambres d'hôte Le Chastel Montaigu (Michel et Anita Sauvadet) :* ☎ 04.73.96.28.49 et 06.81.61.52.26. Fax : 04.73.96.21.60. Accès : de l'A 75, sortie n° 6, puis D 978 jusqu'à Champeix, et D 996 vers Montaigut-le-Blanc. Fermé du 2 janvier au 1er mars. Réservation impérative de la Toussaint à Pâques. Le château est en fait visible de très loin puisqu'il est situé au sommet d'un piton volcanique, à 600 m d'altitude. Vous serez séduit par l'intérieur et les explications d'Anita, car lorsqu'elle montre d'anciennes cartes postales, on a du mal à imaginer les titanesques travaux qui ont été entrepris pour faire revivre ce château du XVe siècle tombé dans l'oubli. Vraiment, il a fallu de la folie, beaucoup d'amour des lieux et une sérieuse ténacité pour réussir ! Un superbe escalier à vis conduit d'abord à la salle à manger voûtée, agrémentée d'une cheminée monumentale, de tentures et de meubles anciens. Pour les hôtes, 3 chambres avec plafonds à la française, toutes différentes : la « gothique » avec son lit à baldaquin, la « chambre de la Reine », et la « chambre du Ravin » pour ceux qui aiment les sensations fortes (par les archères, vous pourrez admirer les gorges de l'Allier, 100 m plus bas). Comptez de 84 à 122 € (de 551 à 800,27 F) pour 2, petit déjeuner compris, servi sur la terrasse par beau temps. Accueil stylé, une adresse pour routards aisés. A noter, pendant les mois de juillet et d'août, hébergement pour 2 nuits minimum.

MONTEIGNET-SUR-ANDELOT 03800   Carte régionale B-A1

17 km O de Vichy ; 6 km NE de Gannat

≜ ⊫ 🐕 ⊱ (10 %) *Chambres d'hôte La Marivole (Annick et Étienne Supplisson) :* Le Bourg. ☎ et fax : 04.70.90.58.53 et 06.07.47.36.22. • annick.supplisson@wanadoo.fr • Accès : sur la N 209 entre Gannat (sortie A 71) et Vichy, prenez la D 36 vers Escurolles, puis à gauche, la D 117 jusqu'au village et fléchage. Ouvert de début avril à fin octobre. Au milieu d'un grand parc, maison bourgeoise du milieu du XIXe avec entourage de portes et fenêtres en pierre blanche sur la façade, et motifs brique sur l'arrière. 4 chambres, dont une au rez-de-chaussée, les trois autres à l'étage, desservies par un bel escalier en pierre de Volvic. Une plus petite (moins chère) avec mobilier en bois naturel, les autres avec un beau mobilier ancien. Respectivement 38 et 45 € (249,26 et 295,18 F). Table d'hôte sur réservation avec un menu à 12 € (79 F). Bonne cuisine traditionnelle avec les produits des marchés locaux. Ping-pong et vélos. Pour ceux qui aiment les vieilles pierres, deux belles églises romanes à Escurolles et Biozat. Accueil de qualité.

AUVERGNE

MONTILLY 03000   Carte régionale B-A1

7 km NO de Moulins

🏠 |●| ↝ (10 %) *Chambres d'hôte Manoir des Hérards (Pierrette et Rémi Bloch) :* ☎ 04.70.46.51.26 et 06.89.26.71.71. Accès : de Moulins, traversez l'Allier en direction de Clermont-Ferrand et tout de suite à droite D 13 vers Montilly ; le manoir est 1 km avant le bourg sur la gauche. Fermé de début novembre à fin mars. Aux portes de Moulins, charmant manoir entouré d'un parc de 3 ha. Par l'escalier de la tour (partie la plus ancienne de cette demeure), on accède aux 2 chambres. Une plus petite (si l'on peut dire) qui ouvre côté jardin ; l'autre immense pour 3 personnes, côté rue, mais avec un double vitrage efficace. Sanitaires privés. Déco élégante. Respectivement 45,73 et 53,36 € (300 et 350 F) pour 2, petit déjeuner compris, et 68,60 € (450 F) pour 3. Table d'hôte sur réservation, pas systématiquement partagée avec les proprios à 15,24 € (100 F), apéro et vin compris. Goûteuse cuisine à partir de produits fermiers et présentée avec soin. Ici, c'est une maison d'artiste... Rémi grave le zinc, sculpte et peint. Relativement discret, vous pourrez voir quelques-unes de ses œuvres dans la maison. Si le cœur vous en dit, il organise aussi des stages de peinture. Accueil de qualité. Une adresse qu'on aime bien, qui dégage un charme indéniable.

MONTPEYROUX 63114   Carte régionale A2

21 km S de Clermont-Ferrand ; 16 km N d'Issoire

🏠 🐕 ↝ (10 %) *Chambres d'hôte Les Pradets (Édith Grenot) :* ☎ et fax : 04.73.96.63.40. ● grenot@maison-hotes.com ● Accès : de l'A 75, sortie n° 7 Montpeyroux. Belle maison nichée au cœur de Montpeyroux, village classé parmi les plus beaux de France. 3 chambres agréables, au style raffiné (draps brodés !). Deux dans la maison (préférez la rose, avec vue sur le jardin intérieur) et une dans un petit pavillon indépendant. Sanitaires privés. Comptez de 55 à 58 € (360,78 à 380,46 F) pour 2, petit déjeuner compris. On le prend soit dans une gentille salle à manger voûtée, soit dans le jardin (en profitant de la vue sur le pays des Buttes). Accueil agréable. Pour les infos touristiques, pas de problème, Édith est la présidente du syndicat d'initiative du coin.

🏠 🐕 ↝ (10 %) *Chambres d'hôte Le Cantou (Jacqueline et Hermann Volk) :* place de la Croix-du-Bras. ☎ et fax : 04.73.96.92.26. Accès : de l'A 75, sortie n° 7 Montpeyroux et fléchage. Dans un ancien bâtiment agricole tout en pierre très bien restauré, 3 chambres spacieuses, avec sanitaires privés, de 42 à 53 € (de 275,50 à 347,66 F) pour 2, petit déjeuner compris. Au-dessus des chambres, au 2ᵉ étage, une vaste pièce à vivre avec terrasse, et une grande bibliothèque à la disposition des hôtes, ainsi qu'une ancienne étable, avec voûte et cheminée, aménagée en pièce de séjour s'ouvrant sur une cour intérieure. Hermann, ancien professeur d'histoire et de français, connaît la région à merveille et vous aidera à bâtir vos itinéraires. Pas de table d'hôte mais une auberge dans le village. Accueil chaleureux.

🏠 🐕 ↝ (10 %) *Chambres d'hôte (Chris et Marcel Astruc) :* rue de la Poterne. ☎ 04.73.96.69.42 et 06.08.51.81.82. Fax : 04.73.96.69.96. Accès : de l'A 75, sortie n° 7 Montpeyroux. Pittoresque petit village médiéval de vignerons et de carriers, classé parmi les plus beaux villages de France. Au pied du donjon, une maison toute en pierre sur quatre niveaux, complètement restaurée par Marcel. 5 chambres d'hôte, luxueuses et confortables, décorées d'objets que les propriétaires ont rapportés de leurs nombreux voyages. Sanitaires privés. Les amoureux préféreront la chambre avec le lit à baldaquin et la cheminée ou celle au jaccuzi (mais plus chères). Trois chambres possèdent aussi une petite terrasse privée. Comptez de 45 à 55 € (295,18 à 360,78 F) pour 2, petit déjeuner compris (servi par Marcel qui est aussi le maire du village, s'il vous plaît !). Calme et tranquillité garantis. Accueil agréable.

MOUDEYRES 43150   Carte régionale B2

25 km SE du Puy-en-Velay ; 16 km O de Fay-sur-Lignon

🏠 |●| ↝ (10 %) *Chambres d'hôte Le Moulinou (Lucia et Bertrand Gaboriaud) :* ☎ 04.71.08.30.52. Accès : du Puy-en-Velay, D 535, puis D 15 vers Valence ; aux Pandaux, prenez la D 36 vers Laussonne ; la maison se trouve à 6 km après Laussonne (entre

Moudeyres et Les Estables). Le Moulinou est une belle ferme de 1790, superbement restaurée par Lucia et Bertrand. Quand on visite les lieux, on imagine sans peine l'énorme somme de travail qu'il a fallu pour la remettre en état, tout en respectant son authenticité. 5 chambres avec pierres apparentes, simples mais meublées avec goût et originalité (nombreux meubles fabriqués par Bertrand). Sanitaires privés. Comptez de 36 à 39 € (de 236,14 à 255,82 F) pour 2, petit déjeuner nordique compris (chouette !). Dans la belle salle à manger (pierres et poutres apparentes), une monumentale cheminée, dont les flammes viennent souvent rôtir le gigot d'agneau préparé par Lucia. Selon son humeur, elle vous proposera une cuisine régionale ou exotique pour 13 € (85,27 F) le repas. En saison, un joli bâtiment indépendant, « le Grangeon », très convivial, accueille les familles pour les repas lorsque l'air est frais. Atmosphère pittoresque à souhait ! Accueil de qualité. Plein d'activités nature à faire dans le coin : randos depuis la maison, escalade, parapente, ski de fond (à 5 km et quand il y a de la neige !), pêche... Suivies d'un moment de détente avec spa et jacuzzi ! Une excellente adresse.

MUROL 63790 Carte régionale A2

40 km SO de Clermont-Ferrand ; 19 km du Mont-Dore

🛏 🐕 (10 %) *Gîte de séjour Le Dolmen (Gérard Martin)* : La Chassagne. ☎ 04.73.90.00.15 et 06.19.39.20.05. Accès : de l'A 75, sortie n° 6 Besse/Champeix jusqu'à Murol (D 996), puis prenez la direction du château. Sur réservation. Dans la maison de son grand-père, au pied du château de Murol, Gérard a aménagé 1 gîte de séjour de 16 places, entièrement de plain-pied. 4 chambres de 3, 4 et 5 lits, chacune avec sanitaires privés, et une grande pièce moderne avec une baie vitrée ouvrant sur un pré. Comptez de 8 à 10 € (de 52,48 à 65,60 F) par personne selon la saison (draps avec supplément). Gérard est accompagnateur de montagne (ski de fond et raquettes) et de randonnée, il peut organiser des sorties et vous accompagner, si vous le souhaitez, pour 7,62 € (50 F) par jour et par personne.

NÉBOUZAT 63210 Carte régionale A1

25 km SO de Clermont-Ferrand

🛏 ❙●❙ *Chambres d'hôte (Joseph et Jocelyne Gauthier)* : Récoleine. ☎ et fax : 04.73.87.10.34 et 06.89.93.99.54. Accès : pour éviter Clermont-Ferrand, prenez l'A 75 jusqu'à la sortie n° 2 ou 5 (Saint-Saturnin), puis la D 213 direction col de la Ventouse ; au col, N 89 vers Nébouzat, Tulle ; passez Randanne, puis prenez à droite vers Récoleine, c'est à 4 km du col. À 1,5 km du bourg, ancienne grange restaurée dans un hameau, au bord d'une petite route qui conduit dans les champs. Au rez-de-chaussée, une grande pièce à vivre avec coin cuisine à la disposition des hôtes, et une chambre avec sanitaires privés. À l'étage, deux autres chambres avec sanitaires privés également. Comptez 40 € (262,38 F) pour 2, petit déjeuner compris, avec lait de la ferme et confitures maison. Table d'hôte pour 12 € (78,71 F) tout compris. Un sentier de randonnée passe juste en face de la maison, bonne adresse pour les amateurs de marche ou de VTT.

NOYANT-D'ALLIER 03210 Carte régionale A1

21 km SO de Moulins ; 9 km SO de Souvigny

🛏 ❙●❙ 🐕 ✕ (10 %) *Chambres d'hôte (Caroline et Jean-Dominique Carrelet)* : Les Jobineaux. ☎ et fax : 04.70.47.29.71 et 06.60.72.73.48. Accès : du village, prenez la direction Meillers/Bourbon par la D 18 et tournez à droite à 3 km (petit chemin gravillonné). Dans une ferme en pleine nature pratiquant la production laitière et la culture de myrtilles, Caroline et Jean-Dominique proposent 5 chambres dans un bâtiment annexe à leur habitation. Trois doubles, une quadruple et une pour 6 personnes, toutes avec sanitaires privés. La déco est simple mais gaie, et chaque chambre est différente. Comptez 37 € (242,70 F) pour 2, petit déjeuner compris (avec fromage blanc et myrtilles). Grande salle commune avec cheminée. Caroline prépare son assiette maison qui comprend salade, charcuterie maison, fromage et tarte aux myrtilles, le tout pour 10,67 € (70 F) vin compris. Formule goûter à la ferme sur demande. Nombreuses randos à faire aux alentours car plusieurs sentiers passent tout près de la maison. Accueil direct et chaleureux. Une curiosité à Noyant, une pagode avec un immense bouddha construite par la communauté vietnamienne, accueillie par cette ancienne cité minière en 1957.

OLBY 63210 — Carte régionale A1

20 km O de Clermont-Ferrand ; 8 km E de Saint-Pierre-Roche

▲ ⁕ (10 %) ***Chambres d'hôte (Noëlle et Paul Bony) :*** Bravant. ☎ 04.73.87.12.28. Fax : 04.73.87.19.00. Accès : de Clermont-Ferrand, N 89 vers Bordeaux pendant 18 km, et peu après le carrefour des quatre routes, prenez la route à droite vers Bravant (n'allez pas à Olby). Au pied du puy de Dôme, c'est dans ce qui était autrefois la ferme (écuries et maison d'habitation), que Noëlle et Paul (mère et fils) ont aménagé leurs 5 chambres (eux habitent juste à côté). Sanitaires privés. Déco simple. Selon la saison, comptez de 32 à 37 € (de 209,91 à 242,70 F) pour 2, petit déjeuner compris. Paul élève 400 brebis et il sera ravi de montrer les agneaux à vos petits anges. Les plus grands pourront profiter de la nature et des nombreux circuits de randonnées. Accueil chaleureux.

OLLIERGUES 63880 — Carte régionale B1-B2

31 km S de Thiers ; 20 km NO d'Ambert

▲ |●| 🐕 ⁕ ***Chambres d'hôte (Annie Chalet) :*** 19, rue J.-de-Lattre-de-Tassigny. ☎ 04.73.95.52.10. Fax : 04.73.95.59.41. Accès : Olliergues se situe sur la D 906 entre Courpière et Ambert ; la maison est dans le bourg à côté de la pharmacie. Belle maison de village qui ouvre côté jardin sur le vieux château. Au 2e étage, 2 chambres d'hôte coquettes avec sanitaires privés. 40 € (262,38 F) pour 2, petit déjeuner compris. Croquignolet bureau avec une foultitude de livres pour découvrir l'histoire et les trésors de la région. Nombreux tableaux peints par la tante d'Annie. Table d'hôte à 13 € (85,27 F) avec de nombreuses spécialités auvergnates (slurp !). Accueil dynamique et vraiment sympa. *NOUVEAUTÉ.*

PERRIER 63500 — Carte régionale A2

3 km O d'Issoire

▲ 🐕 ⁕ (10 %) ***Chambres d'hôte (Mireille et Paul Gebrillat) :*** chemin de Siorac. ☎ 04.73.89.15.02. Fax : 04.73.55.08.85. ● lequota@club-internet.fr ● Accès : d'Issoire, prenez la direction de Champeix (D 996), la maison est à peu près à l'entrée du village sur la gauche. Dans une jolie maison familiale, dont la partie la plus ancienne date du XVIIe siècle, Paul et Mireille proposent 3 chambres, dont une suite, décorées avec beaucoup de goût et des objets rapportés de nombreux voyages à l'étranger (notamment Chine, Indonésie, Thaïlande, Philippines et Afrique, car Paul travaillait pour une compagnie pétrolière). Sanitaires privés pour toutes les chambres. Comptez de 45 à 52 € (de 295,18 à 341,10 F) pour 2, petit déjeuner compris. Pas de table d'hôte, mais un coin cuisine dans la salle commune à disposition. Avant de partir, faites un tour aux grottes de Perrier où vous verrez de très belles cheminées de fées (ou demoiselles coiffées), habitées par une colonie juive à partir du IIe siècle, et qui aurait, dit-on, trucidé saint Austremoine venu évangéliser la région. Si vous voulez en savoir plus, interrogez Paul, car il est intarissable et organise même des circuits pour ses hôtes. Excellent accueil.

PERS 15290 — Carte régionale A2

25 km SO d'Aurillac

▲ ***Ferme Accueil de Viescamp (Janine et Charles Lacaze) :*** ☎ 04.71.62.25.14. Fax : 04.71.62.28.66. Accès : d'Aurillac, N 122 vers Maurs/Figeac, puis D 7 vers Laroquebrou et D 61 vers Pers. Ouvert du 1er avril au 15 novembre. Janine et Charles proposent en fait plusieurs formules aux vacanciers : 5 chambres d'hôte joliment décorées (pierres et poutres apparentes), de 37 à 40 € (242,70 à 262,38 F) pour 2, petit déjeuner compris, mais aussi 15 emplacements de camping, 1 gîte et plusieurs studios. Évidemment, ça fait pas mal de monde, mais l'ambiance est conviviale. Avec les activités sur place (piscine, étang privé, pédalo, initiation à la pêche, animaux de la ferme...), c'est une adresse idéale pour les familles. Accueil chaleureux.

POLIGNAC 43000   Carte régionale B2

5 km NO du Puy

🛏 |O| ⛌ *Chambres d'hôte La Gourmantine (Dominique et Patrick Chevalier) :* chemin de Ridet. ☎ 04.71.05.94.29. Accès : sur la N 102 du Puy à Clermont-Ferrand ; après 5 km, suivez la direction Polignac, puis le fléchage « La Gourmantine ». Avec ou sans réservation. Vieille ferme du milieu du XVIIIᵉ siècle, idéalement située au pied du château féodal de Polignac, et que Dominique et Patrick ont intégralement restaurée avec amour et surtout beaucoup de goût. 5 chambres confortables, originales et douillettes avec sanitaires privés (dont une suite composée de deux chambres pour les familles). La plus grande à lit à baldaquin et petit jardin privé. 45 à 53 € (295,18 à 347,66 F) pour 2, petit déjeuner compris (pain maison, confitures maison et caillé). Table d'hôte à 18 € (118,07 F), vin biologique compris, servie dans une pièce aux teintes douces dotée d'une belle cheminée. Une bonne cuisine du terroir avec les volailles maison et les légumes du jardin. Accueil convivial. Une gentille adresse.

🛏 |O| 🐕 **⟨10 %⟩** *Chambres d'hôte (Huguette et Julien Audet) :* Bilhac. ☎ et fax : 04.71.09.72.41. Accès : du Puy, N 102 vers Clermont-Ferrand pendant 6 km et au rond-point, direction Polignac, puis à gauche vers Bilhac. Au cœur d'un petit village de 150 âmes, c'est dans une ancienne grange qu'Huguette et Julien ont aménagé 5 chambres coquettes, dont deux avec mezzanine pour 4 personnes. Sanitaires privés. Agréable terrasse pour profiter de la vue sur le Mézenc et le château de Polignac. 30,49 € (200 F) pour 2, petit déjeuner compris et 7,62 € (50 F) par personne supplémentaire. Table d'hôte à 12 € (80 F), vin compris, servie dans l'ancienne étable où mangeoires et poutres ont été conservées. Cuisine familiale et régionale. Pour ceux qui veulent séjourner plus longtemps, le gîte de 9 personnes est loué 228,67 € (1500 F) le week-end ou 381,12 € (2500 F) à la semaine en haute saison. Bon accueil.

RETOURNAC 43130   Carte régionale B2

30 km NE du Puy-en-Velay ; 8 km N d'Yssingeaux

🛏 ⛌ *Chambres d'hôte Les Revers (Béatrice et Jean-Pierre Chevalier) :* ☎ et fax : 04.71.59.42.81. Accès : du Puy-en-Velay, N 88 vers Saint-Étienne jusqu'à Yssingeaux, puis D 103 vers Retournac ; 2 km après Maltaverne, tournez à droite vers Mercuret/Chenebeyres, passez devant le château, et fléchage à gauche. Ouvert de début avril à fin septembre. *Les Revers* signifient « terre isolée », et croyez-nous, ce n'est pas l'impression que l'on ressent quand on arrive chez Béatrice et Jean-Pierre. Il faut dire qu'ils ont trois petites filles pleines de vie. Au 1ᵉʳ étage de la ferme, 4 chambres simples et agréables (dont deux avec mezzanine). Sanitaires privés. Comptez 36,60 € (240,08 F) pour 2, petit déjeuner compris. Grande salle à manger campagnarde (poutres, pierres apparentes et cheminée). Les proprios sont agriculteurs ; ils cultivent les 10 ha qui entourent la ferme (ils produisent notamment des fruits rouges et de l'orgiade : un mélange d'orge et d'avoine semées au même endroit !). Jean-Pierre élève aussi des chevaux (normal quand on s'appelle Chevalier !), et propose des randonnées à la journée ou sur plusieurs jours, pour découvrir la région (repas prévus bien sûr). Accueil convivial.

ROFFIAC 15100   Carte régionale A2

4 km NO de Saint-Flour

🛏 |O| 🐕 *Ferme-auberge Le Ruisselet (Mado et Raymond Bergaud) :* Mazerat. ☎ 04.71.60.11.33. Fax : 04.71.60.38.64. Accès : de Saint-Flour, D 926 vers Murat, c'est sur la droite juste avant d'arriver à Roffiac ; au milieu des prés, en contrebas de la route. Fermé le dimanche soir. Sur réservation uniquement. Agréable salle rustique de 55 couverts. Bonne cuisine du terroir. 2 menus à 13,72 et 17,53 € (90 et 115 F), boisson en sus.

AUVERGNE

À 13,72 € (90 F), salade paysanne ou pounti ou charcuterie de la ferme, volaille, veau ou porc de l'exploitation, truffade, fromages et tarte aux fruits de saison. À 16,77 € (110 F), deux entrées (salade de gésiers ou chèvre chaud, truite). Également 6 chambres, équipées de sanitaires privés. Système de demi-pension de 54,88 à 62,50 € (de 360 à 410 F) pour 2 ; repas servis dans une petite salle annexe à la ferme-auberge. Et pour les petits budgets, camping à la ferme : 2,90 € (19 F) par personne, emplacement compris. Accueil souriant et agréable de Mado qui gère son affaire avec dynamisme.

ROYAT 63130   Carte régionale A1

8 km O de Clermont-Ferrand

🏠 *Chambres d'hôte Le Château de Charade (Marie-Christine et Marc Gaba) :* ☎ 04.73.35.91.67. Fax : 04.73.29.92.09. Accès : de Clermont-Ferrand-centre, D 68 vers Royat ; dans Royat, prenez la D 941c, puis la D 5 vers Charade. Ouvert de début avril à début novembre. Royat est un peu la banlieue chicos de Clermont-Ferrand... On y trouve la station thermale, mais aussi le casino, les restos gastronomiques, le golf, et tout à côté le circuit de Charade (les jeunes viennent s'y entraîner la nuit... n'oubliez pas qu'ici, les courses de côtes sont nombreuses !). Si vous aimez cette ambiance, on vous offre en prime la vie de château ! Belle demeure du milieu du XIXe, entourée d'un grand parc fleuri. 5 chambres, dont une suite, meublées et décorées avec goût. Comptez de 66 à 75 € (de 432,93 à 491,97 F) pour 2, très copieux petit déjeuner compris. Agréable salon avec cheminée, bibliothèque bien fournie et un billard français. Pas de table d'hôte, mais les bons établissements ne manquent pas. Si on a les moyens, une adresse idéale pour un week-end en amoureux, et une bonne situation pour découvrir Clermont-Ferrand.

SAILLANT 63840   Carte régionale B2

32 km SE d'Ambert ; 10 km S de Saint-Anthème

🍴🐴 *Auberge de campagne Le Droublieï (Huguette et Georges Chovet) :* Le Crozet. ☎ et fax : 04.73.95.95.07. ● www.aubergeledroubliei.com ● Accès : du village, direction Le Crozet, puis fléchage. Ouvert depuis les vacances de février jusqu'à fin novembre, du vendredi soir au dimanche soir ; et tous les jours en juillet-août (sauf lundi midi). Fermé le dernier week-end de juin. En pleine nature, sous les forêts de sapins, beau corps de bâtiments en pierre. Au 1er étage, Huguette et Georges ont aménagé une jolie salle rustique avec grande baie vitrée donnant sur la campagne environnante. « Menu raclette » à 13,11 € (86 F) : salade composée, raclette, fromage blanc et dessert maison ; et à 14,64 € (96 F), leur dernière spécialité : la fondue à la fourme servie dans la croûte du fromage (hum !). Également une « formule casse-croûte » à 8,38 € (55 F) avec charcuterie, omelette et dessert maison. Le dimanche soir en saison, menu à 10,37 € (68 F) avec soupe d'orties, omelette, fromage blanc et dessert maison. Un petit gîte avec jardinet clos peut héberger de 4 à 6 personnes (de 198,18 à 228,67 € la semaine selon la saison, 1300 à 1500 F). Accueil jeune et décontracté.

SAINT-AMANT-ROCHE-SAVINE 63890   Carte régionale B2

16 km O d'Ambert ; 9 km SE de Cunlhat

🍴🐴 *Ferme-auberge du Moulin de Rouhade (Christiane et Daniel Vazeille) :* ☎ et fax : 04.73.95.70.59. Accès : du village, D 996 direction Clermont/Issoire, c'est à 3,5 km sur la gauche, en contrebas. Ouvert les samedis et dimanches de début mars à fin novembre ; tous les jours en juillet et août (sauf le lundi). Uniquement sur réservation. Ancienne petite ferme en pierre apparente bien restaurée, entourée de sapins, avec des bassins où nagent des canards. Ici, on a le choix entre une salle rustique avec outils accrochés aux murs et une autre salle avec baies vitrées pour ceux qui préfèrent la vue sur les bassins. 60 couverts en tout. Les patrons pratiquent l'élevage des oies (pour le foie gras), des canettes et des truites. Au menu à 17 € (111,51 F), dont on sort bien rassasié (!) : terrine de campagne, jambon de pays, truite au lard, canette au poivre avec pommes au four, salade, fromage et dessert (tarte caramélisée, île flottante). Menu plus gastronomique à 28 € (183,67 F) avec bloc de foie gras maison, truite au pétillant, magret de canard sauce groseille, pommes au four, salade, fromage et dessert. Vins d'Auvergne de

8 à 13 € (52,48 à 85,27 F) la bouteille. Vente de produits fermiers et visite de l'exploitation. Accueil agréable, une bonne adresse pour goûter des produits de qualité.

SAINT-ANTHÈME 63660 Carte régionale B2

45 km O de Saint-Étienne ; 22 km E d'Ambert

▤ I●I ⪦⪧ ⑩% *Chambres d'hôte (Michèle et Yvan Col)* : Saint-Yvoix. ☎ 04.73.95.44.63. Accès : dans Saint-Anthème, prenez la D 996 vers Montbrison, la ferme est à 4 km ; fléchage « fromages de chèvre ». Dans l'ancienne grange de la ferme familiale, Michèle et Yvan ont aménagé 2 chambres spacieuses avec sanitaires privés. Comptez 36 € (236,14 F) pour 2, petit déjeuner compris. Bonne table d'hôte avec les produits maison (charcuterie, légumes du jardin et fromages de chèvre), pour 11 € (72,16 F) le repas. Bien sûr, vous êtes cordialement invité à assister à la traite des chèvres. Une adresse authentique qui fleure bon le terroir.

▤ I●I ⌇ ⑩% *Auberge Le Jas du Mas (Suzanne et Gérard Gourbière)* : ☎ et fax : 04.73.95.80.65. Accès : du village, direction col des Supeyres (D 139) pendant 8 km. Fermé le lundi sauf pendant les vacances scolaires, 1 semaine en octobre/novembre et 1 semaine en février. De préférence sur réservation. À 1250 m d'altitude, dans un coin sauvage, très beau bâtiment entièrement construit à l'ancienne avec pierres apparentes et toit de chaume. Une salle de 80 couverts avec très belle vue sur la nature, où Gérard et Suzanne proposent 4 menus de 12 à 21,50 € (78,71 à 141,03 F). Parmi les spécialités : saucisson brioché sauce champignons, charcuterie maison, pounti auvergnat, cailles aux raisins, jambon rôti ou cuit au foin, tartes maison ; à 21,50 € (141,03 F), cuisses de grenouilles en plus. Également une « formule casse-croûte » à 8,50 € (55,76 F). Pour dormir, 1 gîte d'étape avec lits à l'ancienne, ambiance douillette et chaleureuse. Comptez 12 € (78,71 F) la nuit sans les draps (de toute façon on vous conseille les duvets car faire les lits dans des lits clos demande plus qu'une certaine expérience !), et 5,40 € (35,42 F) le petit déjeuner. Salle avec coin cuisine à disposition moyennant 3,10 € (20,33 F) par jour et par personne. Et aussi 4 chambres simples mais agréables, avec de jolis tissus fleuris et sanitaires privés, à 33,60 € (220,40 F) pour 2, sans le petit déjeuner. Vente de produits du terroir. Bon accueil. En été, à 3 km, au *Coq Noir*, musée paysan avec dégustation de fourme d'Ambert.

SAINT-ARCONS-DE-BARGES 43420 Carte régionale B2

30 km S du Puy-en-Velay ; 12 km N de Pradelles

▤ I●I ⌇ ⪦⪧ ⑩% *Chambres d'hôte Le Couvent (Alexandra Grisot)* : ☎ et fax : 04.71.08.28.22 et 06.15.14.12.76. ● alexandra.grisot@net-up.com ● Accès : du Puy-en-Velay, N 88 direction Aubenas ; à la Sauvetat, prenez la D 500 à gauche vers Barges, puis Saint-Arcons-de-Barges. Fermé à Noël. Dans ce hameau de dix maisons, Alexandra réside dans un ancien couvent du XVIIIe près de la vieille église. Et croyez-nous, voilà une hôtesse qui ne manque pas de ressources : elle a entièrement restauré la maison, en s'attachant à maintenir une décoration simple qui respecte les lieux, et a aménagé 5 chambres dont deux doubles, avec sanitaires privés, à l'étage. Préférez la chambre au balcon, qui donne sur la forêt et la grotte. Comptez 41 € (268,94 F) pour 2, petit déjeuner compris (beurre à la motte, pain d'épice, gâteau et confitures maison). Si vous le souhaitez, Alexandra propose la table d'hôte, sur réservation, pour 16 € (104,95 F) le soir : jambonneau aux lentilles, potée, pintade au chou, matafan aux pommes, tartes aux fruits. Accueil dynamique.

SAINT-AUBIN-LE-MONIAL 03160 Carte régionale A1

28 km O de Moulins ; 7 km S de Bourbon-l'Archambault

▤ I●I ⌇ ⪦⪧ ⑩% *Chambres d'hôte (Anne-Marie et Louis Mercier)* : La Gare. ☎ 04.70.67.00.20 et 06.73.57.77.00. Accès : de Bourbon, D 1, direction Le Montet, et à l'intersection en direction de Saint-Aubin, vous y êtes. Mignonne maison bourbonnaise où Anne-Marie propose 4 chambres (dont une au rez-de-chaussée), avec sanitaires privés, décorées avec goût à l'aide de jolis meubles et tissus. Étant située un peu en bordure de

AUVERGNE

route, préférez la chambre qui donne sur la forêt. Comptez 36 € (236,14 F) pour 2, petit déjeuner inclus (avec confitures maison). Table d'hôte (sur réservation) de 10 à 13 € (de 65,6 à 85,27 F) suivant le repas, vin compris. Les spécialités d'Anne-Marie : le pâté aux pommes de terre, les choux farcis, le poulet aux girolles (en saison), le lapin à la crème, les tartes maison et les sorbets aux fruits du jardin. La forêt de Gros-Bois est à 800 m, les randonnées sont donc nombreuses et d'agréables chemins relient les petites communes entre elles.

SAINT-BONNET-DE-ROCHEFORT 03800   Carte régionale A1

30 km O de Vichy ; 10 km NO de Gannat

🛏 |●| 🐾 ⛄ *Chambres d'hôte Ferme de Rochefort (Sabine et Philippe Bonnal) :* ☎ et fax : 04.70.58.57.26 et 06.84.04.70.62. ● alaferme@multimania ● Accès : de Gannat, N 9 vers Saint-Pourçain et à la sortie de Gannat, prenez la D 37 jusqu'à Saint-Bonnet ; au rond-point, prenez à gauche vers Ébreuil ; la ferme est à 3 km à gauche. C'est l'arrière-grand-père de Philippe qui a construit cette ferme en 1825 et elle a toujours eu une tradition d'accueil. D'ici, vous aurez une belle vue sur la fin de la plaine de la Limagne. 5 chambres d'hôte réalisées en grosse partie par Philippe qui s'occupe aussi de l'accueil. Déco agréable et sanitaires privés. 39,64 € (260 F) pour 2, petit déjeuner compris. C'est encore lui qui se tient derrière les fourneaux et croyez-nous, les spécialités auvergnates, cuisi-nées avec les produits du jardin et de son élevage, il les connaît... Repas partagé en famille à 13,67 € (90 F), vin compris. Piscine Zodiac et aire de jeux pour les enfants. Accueil jeune, souriant et décontracté.

SAINT-BONNET-TRONÇAIS 03360   Carte régionale A1

50 km N de Montluçon ; 18 km SE de Saint-Amand-Montrond

🛏 |●| ⛄ *Chambres d'hôte (Laurence et Jehan de Pomyers) :* La Beaume. ☎ 04.70.06.83.76. Fax : 04.70.06.13.46. Accès : de Saint-Amand-Montrond, N 44 vers Montluçon puis D 978a vers Cerilly ; tournez vers Saint-Bonnet (D 39). La maison est à l'entrée du village sur la gauche. À l'orée de la forêt de Tronçais (une des plus vastes et des plus belles chênaies d'Europe), jolie maison du début du XIXᵉ, tenue par un couple adorable. Au 1ᵉʳ étage, 3 chambres agréables ; 2 autres au rez-de-chaussée dans une partie annexe. Sanitaires privés. Une préférence pour « Genetelle » avec lit double et coquette commode marquetée. Comptez 35 € (220 F) pour 2, petit déjeuner compris. Table d'hôte, sur réservation, à 13 € (85,27 F), vin compris. Bons produits maison (agneau et charcuterie), légumes du jardin. Vous pourrez parler voyages (Laurence était hôtesse de l'air et ils sont utilisateurs du *GDR*), et faire de splendides balades en forêt. Jehan (prononcé Je-han par ses amis) la connaît comme personne, et se fera un plaisir de vous la faire découvrir. Si ça vous tente, il vous accompagnera voir et surtout entendre le brame (entre le 15 septembre et le 5 octobre). Ancien chasseur, il suit aussi les chasses à courre en VTT. Bon rapport qualité-prix. Accueil charmant.

SAINT-DIDIER-D'ALLIER 43580   Carte régionale B2

30 km SO du Puy-en-Velay

🛏 |●| 🐾 *Chambres d'hôte La Grangette (Jacqueline Montagne et Philippe Avoine) :* ☎ 04.71.57.24.41. Accès : du Puy-en-Velay, prenez la D 589 jusqu'à Saint-Privat-d'Allier, puis la D 40 vers Alleyras pendant 6 km (fléchage à gauche). Fermé de la Toussaint à fin mars. À 800 m d'altitude, au cœur des gorges de l'Allier, agréable ferme tenue par Jac-queline et Philippe. Au 1ᵉʳ étage, 4 chambres agréables (dont deux avec mezzanine), qui bénéficient toutes d'un magnifique panorama. Sanitaires privés. Comptez 30,49 € (200 F) pour 2, petit déjeuner compris. Table d'hôte à 11,43 € (75 F), c'est pas ruineux ! Bonne cuisine du terroir avec par exemple : soupe au pistou, charcuterie maison (avec la spécia-lité de Philippe, le jésus !), bœuf bourguignon, escargots en pâte à choux, girolles à la crème (ramassées par les proprios), et délicieuses tartes. Autour de la table d'hôte, vous pourrez parler de leur activité. Tous deux sont tondeurs de moutons (un métier en voie de disparition... ils ne sont plus que quatre dans le département, et Jacqueline est bien sûr la seule femme !). Ils mettent 2 mn pour débarrasser un animal de sa laine (tu parles d'une dextérité !). Si vous avez des bambins, les deux petits garçons de la maison seront ravis de leur faire découvrir les joies de la campagne. Accueil authentique et très chaleureux. Un emplacement de choix pour les fondus de glisse en eaux vives.

SAINT-DIDIER-EN-DONJON 03130   Carte régionale B1

45 km NE de Vichy ; 20 km SO de Digoin

🛏 I●I 🐾 ⌘ **⟨10 %⟩** *Chambres d'hôte (Mirjam et Yves Lagardette) :* Les Dibois. ☎ 04.70.55.63.58. Accès : de Digoin, D 994 vers Lapalisse ; 5 km avant Le Donjon, tournez à droite au fléchage (chemin sur 700 m). En pleine nature, mignonnette ferme tenue par Mirjam. Comme la maison est petite, elle a installé dans l'ancienne bergerie, joliment restaurée, 3 chambres (dont deux familiales) claires et agréables. Belles couettes bien douillettes. Sanitaires privés. Comptez 36,59 € (240 F) pour 2, petit déjeuner compris. Table d'hôte à 13 € (85,27 F), vin compris (pas toujours partagée avec Mirjam et Yves, car il faut apporter les plats de la maison). Cuisine simple, avec les légumes du jardin. Calme et tranquillité assurés. Une adresse idéale pour ceux qui ont des petits. Accueil jeune et décontracté. Location de VTT. Pêche en étang et piscine Zodiac.

SAINT-ÉTIENNE-DE-CARLAT 15130   Carte régionale A2

15 km E d'Aurillac

🛏 I●I ⌘ *Chambres d'hôte Lou Ferradou (Francine et Jacky Balleux) :* Caizac. ☎ et fax : 04.71.62.42.37. Accès : d'Aurillac, au feu à droite, prenez la D 920 vers Rodez jusqu'à Arpajon-sur-Cère ; à Arpajon, prenez la D 990 direction Mur-de-Barrez sur 10 km ; laissez la route de Saint-Étienne-de-Carlat sur la gauche et 500 m plus loin, tournez à gauche vers « Lou Ferradou ». En pleine nature, dans une magnifique maison traditionnelle, 5 chambres confortables et meublées avec goût à l'ancienne. Deux d'entre elles sont dans un vieux bâtiment rénové. Sanitaires privés. Comptez de 29,73 à 32,78 € (de 195 à 215 F) par personne en demi-pension (vin compris). Spécialités de pounti, truffade, chou farci et potée. Excellent accueil des jeunes et dynamiques propriétaires, une bonne adresse au calme, à proximité des pistes du Lioran.

SAINT-FRONT 43550   Carte régionale B2

30 km SE du Puy-en-Velay ; 13 km N des Estables

🛏 ⌘ *Gîte de séjour La Batisse (Marie Jo et Gérard Marijon) :* Cancoules. ☎ 04.75.29.00.85. Fax : 04.75.29.31.13. Accès : du Puy, D 15 vers Valence jusqu'aux Pandreaux puis à droite D 39 vers Lantriac, le Planchas et St-Front. Là, traversez le village et direction le lac pendant 50 m, puis à gauche au fléchage (le gîte est à 2 km de St-Front). À 1158 m d'altitude, au cœur du massif du Mézenc, la Bâtisse est une maison vêtue de pierres, vieilles de 3 siècles. C'est une des dépendances de la ferme familiale de Marie Jo qui peut accueillir 30 personnes en 7 chambres de 2 à lits. Nombreux sanitaires. 2 salles à manger avec cheminée, 1 cuisine toute équipée pour faire sa popote, sans parler du salon avec objets sculptés, rideaux au crochet pour le décor ; plein de jeux pour la détente. Au rez-de-chaussée, un studio pour 4 personnes donne sur le jardin. Ici, tarif à la journée de 11,28 € (74 F) par personne la semaine, 14,18 € (93 F) le week-end. Le prix ne comprend pas les draps, mais location sur demande. Nombreuses activités culturelles et sportives. Un endroit idéal pour les familles et groupes de copains (St-Front est réputé pour son site d'escalade). Location de VTT. Accueil jeune et souriant.

I●I *Auberge campagnarde La Petit'Auberge (Marguerite et Jean Petit) :* ☎ 04.71.59.56.49. Accès : du Puy D 15 vers Valence jusqu'aux Pandreaux, puis Lantriac, le Planchas et Saint-Front ; l'auberge se trouve à l'entrée du village, en face de la mairie. Saint-Front est un village dynamique et charmant avec ses maisons couvertes de lauzes. Une visite s'impose donc, et on vous réserve la table de Marguerite ! La salle est toute simple et peut accueillir jusqu'à 60 personnes. Ce qui prime ici, c'est l'accueil et la qualité des produits qu'on vous propose. Marguerite et Jean, anciens agriculteurs, ont quitté la ferme pour se consacrer à leurs hôtes. Marguerite est une fine cuisinière qui vient de recevoir la palme de l'Ordre du Cordon à la Moelle (oh, la chance !). Revêtue de son petit

AUVERGNE

tablier blanc, elle a toujours le sourire. Jean en jean (rigolo, non ?), assure le service. Menu à partir de 11,50 € (75,44 F) avec crudités et charcuterie, pommes de terre au four (un régal !) et viande du pays, fromage et dessert maison (toujours original). Pour 15,30 € (100,36 F), vous aurez droit, en plus, à la truite du lac de Saint-Front ! Tout est délicieux. Bref, une cuisine simple et traditionnelle, mais ô combien succulente et chaleureuse ! Pour le vin, Jean a sélectionné des cuvées maison qui alternent entre l'Ardèche et le Vaucluse. Jean est aussi adjoint au maire et le village possède 2 gîtes ruraux de 7 à 9 personnes. Coquets et clairs, ils ont tout le confort.

SAINT-GENEYS 43350   Carte régionale B2

25 km S de la Chaise-Dieu ; 17 km N du Puy-en-Velay

🏠 🍴 🐕 *Chambres d'hôte (Annick et Serge Chabrier) :* Bel-Air. ☎ 04.71.00.45.56 et 06.73.11.06.52. Accès : du Puy, prenez la N 102 direction Vichy ; à la Pierre Plantée, tournez à droite (D 906) direction La Chaise-Dieu jusqu'à Saint-Paulien, puis à 2 km prenez à gauche la D 283 direction Saint-Geneys et fléchage (on passe devant une adorable petite église et on continue jusqu'à Bel-Air). Fermé du 1er novembre à fin février. En pleine nature, ferme en pierre restaurée, toute de plain-pied. 3 chambres avec sanitaires privés, à 32 € (209,91 F) pour 2, petit déjeuner compris. Table d'hôte à 10,50 € (68,88 F) vin compris (sauf le dimanche). Les amoureux de nature trouveront 120 km de circuits balisés aux alentours.

SAINT-GERVAIS-D'AUVERGNE 63390   Carte régionale A1

50 km S de Montluçon ; 18 km S de Saint-Éloy-les-Mines

🏠 🍴 🐕 **10 %** *Chambres d'hôte (Marion Gauvin) :* Le Masmont. ☎ 04.73.85.80.09 et 06.99.40.87.09. ● www.coeur-des-combrailles.com ● Accès : du village, prenez la D 227 vers Pionsat, puis le 2e chemin sur la droite, c'est la dernière maison du hameau. En pleine nature, charmante petite maison en pierre recouverte de rosiers. Joli jardin paysager. Marion propose 3 chambres de grand-mère aux lits anciens en fer et dentelle blanche, avec sanitaires privés. Comptez 38 € (249,26 F) pour 2, copieux petit déjeuner compris (gâteaux maison, yaourts, fromages frais, jus de fruits). Agréable salle de séjour dans l'ancienne étable, où les mangeoires servent aujourd'hui de placards. Cuisine à disposition et table d'hôte le soir à 13 € (85,27 F), vin compris : suivant la saison, soupe à l'ancienne, terrine de poisson, blanquette de veau, chili con carne, omelette soufflée au saint-nectaire, bavaroise au chocolat, glaces au yaourt, fruits du jardin. Hôtesse tout à fait charmante et souriante. Un petit coin de paradis pour les amoureux du calme et de la nature, et l'une de nos adresses préférées. À 11 km, les gorges de la Sioule, et à 20 km, belvédère qui surplombe un des méandres.

SAINT-JULIEN-LA-GENESTE 63390   Carte régionale A1

60 km NO de Clermont-Ferrand ; 6 km NO de Saint-Gervais-d'Auvergne

🏠 *Gîtes de Séjour Chez les Meuniers (Dominique Fayard) :* ☎ 04.73.90.00.15. Fax : 04.73.92.83.75. Accès : de Clermont-Fd, direction Riom puis Manzat, St-Gervais-d'Auvergne, Espinasse et St-Julien (bon fléchage). En pleine nature, dans un grand parc, à quelques pas d'un joli petit village, ancienne ferme avec plusieurs batiments. La Mairie l'a fait superbement restaurer en conservant son caractère authentique. 2 gîtes de 19 et 10 couchages qui peuvent être réunis avec de nombreux sanitaires de qualité. Cheminées, poutres et meubles anciens font partie du décor, le tout complété par les bouquets de Dominique. Comptez 11 € (72,16 F) par jour et par personne et 25 € (163,99 F) pour un week-end de 2 jours. Ici, c'est de la gestion libre mais on peut vous proposer petit déjeuner, déjeuner et dîner par un traiteur à prix très raisonnables. Une adresse idéale pour les groupes de copains et les réunions de famille. *NOUVEAUTÉ.*

SAINT-MAURICE-DE-LIGNON 43200   Carte régionale B2

35 km NE du Puy-en-Velay ; 10 km SO de Monistrol-sur-Loire

🛏 ⚡ ⑩% *Chambres d'hôte (Corinne et Thierry Ouillon) :* Le Roure. ☎ et fax : 04.71.65.39.50 et 04.71.65.39.50. • thierry.ouillon@worldonline.fr • Accès : du Puy, N 88 à droite vers Saint-Étienne jusqu'à la sortie Saint-Maurice-de-Lignon ; au rond-point direction Le Puy et 1re route à droite pendant 3 km ; puis fléchage à gauche « la table du Baret » que vous suivez jusqu'à la ferme. Ouvert toute l'année, mais sur réservation uniquement d'octobre à fin mars. Sur réservation d'octobre à mars. Superbe ferme typique de Haute-Loire couverte de tuiles romanes, où voisinent le bois et la pierre et dont les origines remontent au XVIIIe siècle. Dans l'ancienne étable, 2 chambres claires, gaies et confortables avec sanitaires privés. Magnifique vue sur la campagne environnante. 37 € (242,70 F) pour 2, petit déjeuner compris. L'ancienne grange s'est transformée en une agréable salle à manger avec cheminée et meubles campagnards. Pas de table d'hôte mais plusieurs restos à proximité. Plein de balades à faire dans le coin, et s'il fait trop chaud, vous pourrez aussi piquer une tête dans la piscine. Accueil jeune et sympa.

SAINT-NECTAIRE 63710   Carte régionale A2

40 km SO de Clermont-Ferrand

🍽 🐕 *Auberge de l'Âne (Mme Martin) :* Les Arnats. ☎ 04.73.88.50.39. Accès : allez à Saint-Nectaire-le-Haut, prenez la direction Saille et suivez le fléchage (environ à 6 km de Saint-Nectaire). Fermé les lundis et mardis hors saison. Uniquement sur réservation. Mme Martin n'a pas eu à aller très loin pour baptiser son auberge l'Âne... Ça commence bien ! Assurément, beaucoup de produits sont maison dans cette auberge qui fleure bon le terroir. Une salle au charme désuet et un petit jardin pour les repas en été suffisent à notre bonheur. 2 menus tout canard à 12,50 ou 20 € (81,99 ou 131,19 F). Dans le premier, salade de magrets, confit et pommes de terre, fromage et dessert. Vous ajoutez un délicieux foie gras maison et vous avez le 2e. Truffade et potée sur commande. Les portions sont tellement généreuses qu'il va vous falloir une brouette pour rentrer... et ne comptez pas sur l'âne (!), on l'a pas vu de la soirée... Une adresse chaleureuse, simple et sans façon.

SAINT-PIERRE- ROCHE 63210   Carte régionale A1

35 km O de Clermont-Ferrand ; 4 km N de Rochefort-Montagne

🛏 🍽 🐕 ⚡ *Chambre d'hôte (Florence Cartigny et Gérard Joberton) :* Champlaurent. ☎ 04.73.65.92.98. Accès : de Clermont-Ferrand, prenez la N 89 direction Bordeaux jusqu'à Massages ; allez vers Massages-Centre, puis direction Champlaurent sur 3 km et montez dans le hameau. Fermé du 11 novembre au 1er avril. Sur réservation. Dans un tout petit hameau, bien au calme, belle ferme restaurée avec un grand jardin fleuri et ombragé, où paissent les quatre moutons de la maison. À l'étage, 2 chambres (dont une familiale) avec sanitaires privés, à 40,40 € (265 F) pour 2, 51,07 € (335 F) pour 3 et 61,74 € (405 F) pour 4 personnes, petit déjeuner compris (lait de la ferme voisine, confitures maison et miel). Possibilité de table d'hôte de 9,91 à 11,89 € (de 65 à 78 F) avec les légumes du jardin, les plats régionaux et les tartes maison. Gérard et Florence sauront vous donner de judicieux conseils et vous faire découvrir la faune et la flore du coin. Et pour les enfants accros de la ferme, la voisine accueille volontiers ceux qui souhaitent assister à la traite...

SAINT-PIERRE-EYNAC 43260   Carte régionale B2

15 km E du Puy ; 15 km O d'Yssingeaux

🛏 🍽 🐕 ⚡ ⑩% *Gîte de la Fontaine (Colette et Serge Chambon) :* lieu-dit La Fontaine. ☎ 04.71.57.64.36 et 06.82.52.40.46. Accès : du Puy, prenez la N 88 vers Saint-Étienne ; après le rond-point de Lachamp, Saint-Pierre-Eynac/Saint-Julien-Chapteuil, puis petit chemin à gauche et fléchage. À 860 m d'altitude, c'est dans l'ancienne ferme familiale que Colette et Serge ont aménagé ce sympathique gîte de séjour (non fumeur). Belle vue sur les monts du Velay. Au rez-de-chaussée, une agréable pièce de jour avec grande cheminée, poutres et pierres apparentes. De grandes baies vitrées vêtues de bleu lui donnent tout son charme. 1 grande chambre pour 4 personnes ainsi que les blocs sanitaires complètent ce niveau. Du séjour, on grimpe sur la mezzanine où trois petites alcôves, fermées par des rideaux, accueillent chacune deux lits. 10,67 € (70 F) la nuitée et 4,57 € (30 F) le petit déjeuner. Possibilité de louer les draps. Un coin cuisine à disposition, à moins que vous ne choisissiez de prendre les repas pour 10,67 € (70 F), vin et café compris. Question randos, comptez sur Serge. Cavalier émérite, il connaît tous les circuits des environs. Possibilité d'accueillir les montures. Accueil convivial.

■ |●| ⋝⋞ *Chambres d'hôte La Chabanade (Michelle Mialon et Jean Gonod) :* Marcilhac. ☎ 04.71.08.44.60. Accès : du Puy, prenez la N 88 direction Saint-Étienne/Lyon jusqu'au Pertuis ; là, prenez à droite (D 28) sur 4 km, puis à gauche direction Marcilhac et fléchage « La Chabanade », c'est à 1 km. Sur réservation. Vieille ferme restaurée avec goût, possédant une grande salle aménagée dans l'ancienne étable. À l'étage, 3 chambres coquettes, dont deux avec mezzanine. Sanitaires privés. 41,16 € (269,99 F) pour 2, petit déjeuner compris (grand choix de confitures). Ici, c'est Jean qui prépare les repas, de 13 à 15,24 € (85,27 à 99,97 F) par personne, vin compris, à base de spécialités auvergnates et lyonnaises, de charcuterie et de desserts maison (sorbets et tartes). Une bonne adresse, calme assuré au pied de la forêt du Meygal propice aux balades et randonnées.

■ |●| *Chambres d'hôte (Germaine et Michel Julien) :* Montoing. ☎ 04.71.03.00.39. Accès : du Puy, N 88 vers Saint-Étienne/Yssingeaux pendant 10 km et au rond-point des deux grosses pierres, prenez la D 26 vers Saint-Étienne-Lardeyrole et tout de suite à droite vers Montoing. Ancienne ferme toute en pierre. 3 chambres d'hôte confortables avec sanitaires privés et accès indépendant. 33,50 € (219,75 F) pour 2, petit déjeuner compris (lait et beurre de la ferme des enfants, miel et confitures maison). Table d'hôte partagée en famille à 10,70 € (70,19 F), vin compris. Cuisine familiale avec les légumes du jardin et les volailles maison (le fromage blanc au caramel est un vrai régal !). Des prix doux, un accueil chaleureux et authentique. Bref, une bonne adresse.

SAINT-PIERRE-LA-BOURLHONNE 63480   Carte régionale B2

22 km N d'Ambert

■ |●| ⋝⋞ ⟨10 %⟩ *Chambres d'hôte À Beauchaud (Philippe Wernert) :* ☎ 04.73.95.22.37. Accès : de Vertolay, prenez la D 40 jusqu'à Saint-Pierre-la-Bourlhonne, puis D 66 vers Brugeron pendant 2 km. Encore un petit bout du monde dans cette belle région du Livradois-Forez. Qui s'en plaindrait ? La petite maison de Philippe est perchée à 900 m d'altitude et elle lui ressemble. 5 chambres bien décorées, à prix doux, dont une pour 4 personnes. Quatre avec salle d'eau et w.-c. sur le palier, une avec sanitaires privés (plus chère). Respectivement 26 et 37 € (170,55 et 242,70 F) pour 2, petit déjeuner compris ; 45,73 € (300 F) pour 4 dans la chambre familiale. Petit salon avec jeux et une bibliothèque bourrée de BD ! Salle à manger conviviale, tout en bois (façon chalet). Table d'hôte à 13 € (85,27 F), vin compris ; mais aussi coin cuisine à disposition. Ici, l'ambiance est à la détente et aux balades un peu sportives. Randos, VTT, ski de fond et raquettes en hiver se pratiquent facilement dans le coin. Alors n'hésitez pas à demander conseil à vos hôtes. Une adresse chaleureuse et nature.

SAINT-PLAISIR 03160   Carte régionale A1

30 km O de Moulins ; 10 km NO de Bourbon-l'Archambault

■ ⟨10 %⟩ *Chambres d'hôte (Lucette et Lionel Drouet) :* La Prée. ☎ et fax : 04.70.67.01.39. Accès : de Bourbon-l'Archambault, D 14 jusqu'à Saint-Plaisir ; dans le bourg, tournez à droite vers l'église et continuez tout droit pendant 2,5 km. Superbe site au milieu des prés, en pleine nature. Jolie petite maison entourée d'un corps de ferme en activité. Extérieurs très soignés, beaucoup de fleurs, un étang d'agrément. Lucette et Lionel y proposent 5 chambres : trois avec salle d'eau privée et deux avec des sanitaires séparés qui peuvent aussi être louées à une famille. Elles sont toutes mansardées, agréables et coquettes. De 35,06 à 36,59 € (de 230 à 240 F) pour 2 avec le petit déjeuner (lait de la ferme, confitures maison). Pas de table d'hôte mais la fille de la maison a ouvert une petite auberge de campagne à proximité (on attend vos commentaires...). Accueil convivial, une bonne adresse. Allez faire un tour à Bourbon, célèbre ville de cure avec un beau château.

SAINT-PRIVAT-D'ALLIER 43580 — Carte régionale B2

23 km SO du Puy

≜ ⌾ (10 %) *Gîte d'étape et de séjour (Christine Dufour et Mickaël Moing) :* route de Pratclaux. ☎ et fax : 04.71.57.25.50. Accès : du Puy, prenez la D 589 vers Saugues jusqu'à Saint-Privat, puis direction Chapelle-de-Rochegude ; c'est la maison à droite à la sortie du village. Fermé du 1er novembre au 21 décembre et du 4 janvier au 1er mars. D'ici on a une vue imprenable sur les gorges de l'Allier, sur le village et son vieux château. Dans une ancienne bâtisse en pierre du pays, 1 gîte d'étape et 1 gîte de groupe qui peuvent n'en faire qu'un. Dans le gîte d'étape, destiné aux randonneurs (GR 65), les pièces sont spacieuses, claires et gaies. 25 places réparties en chambres de 2 à 6 lits. Comptez de 8,38 à 11,43 € (de 55 à 75 F) la nuit, 3,81 € (25 F) le petit déjeuner. Il communique avec le gîte de séjours (pour les grandes tribus), 22 places en gestion libre avec des chambres de 2 à 6 lits (228,67 €,1500 F la nuit). Grande salle avec cuisine bien équipée. Location de draps possible. Base d'eaux vives à proximité. Une adresse nature.

SAINT-RÉMY-DE-CHARGNAT 63500 — Carte régionale B2

40 km SE de Clermont-Ferrand ; 8 km SE d'Issoire

≜ ⌾ (10 %) *Chambres d'hôte Le Château de Pasredon (Henriette Marchand) :* ☎ 04.73.71.00.67. Fax : 04.73.71.08.72. Accès : du village, D 999 vers Saint-Germain-l'Herm, c'est à 1,5 km sur la droite. Fermé de début novembre à fin mars. Grand château dont les origines remontent au XIXe siècle avec 5 chambres, dont une suite avec petit salon privé. Déco soignée, jolis tissus, très beaux volumes des pièces, et agréable salle de séjour avec plafond de bois travaillé et cheminée. Grand salon avec piano à disposition. Comptez de 61 € (400,13 F) à 87 € (570,68 F) la suite, pour 2, avec un copieux petit déjeuner (gâteaux, viennoiseries, jus de fruits). Court de tennis. Mme Marchand prodigue un accueil agréable ; son mari est plus réservé et s'occupe du jardin potager et du parc de 7 ha. Une adresse pour routards aisés.

SAINT-VICTOR-MALESCOURS 43140 — Carte régionale B2

65 km NE du Puy ; 25 km S de Saint-Étienne

≜ |●| ⋔ ⌾ (10 %) *Chambres d'hôte Grand Fayard (Michel et Zahra Fuchs) :* La Tourette. ☎ 04.77.39.92.98. Fax : 04.77.39.93.16. Accès : de la N 88 (Saint-Étienne/Le Puy), sortie n° 31 Saint-Just-Malmont ; de Saint-Just, prenez la direction de Jonzieux (D 234), puis la D 10 et à droite au lieu-dit Bel-Air, la Tourette est à 1,5 km. En pleine campagne, ferme du XVIIIe, qui ravira sportifs et familles. 5 chambres sans prétention, avec sanitaires privés. Comptez 37 € (242,70 F) pour 2, petit déjeuner compris (gâteau et confitures maison). Au rez-de-chaussée de l'ancienne étable, une grande salle à manger avec poutres et pierres apparentes vous invite à partager le repas, 14 € (91,83 F) tout compris : tarte aux lentilles et civet de lapin, truffade, gigot au foin, canard croustillant, nougat glacé... Nombreuses randos alentours. Bon rapport qualité-prix.

SAINT-VICTOR-MONTVIANEIX 63550 — Carte régionale B1

30 km NE de Thiers ; 30 km SE de Vichy

≜ |●| *Chambres d'hôte (Joëlle et Michel Girard) :* Dassaud. ☎ et fax : 04.73.94.38.10. Accès : sur la D 906 entre Vichy et Thiers, prendre la D 113 jusqu'à Chateldon puis direction Rongère Montagne, traversez quelques hameaux avant d'arriver à Dassaud. Par une petite route de campagne, on arrive dans ce petit hameau où Joëlle et Michel sont venus s'installer après avoir quitté la vie trépidante de la ville. Devenus agriculteurs, ils ont retrouvé ici le cadre d'une vie authentique. La nature magnifique est encore protégée et le panorama sur le Puy de Dôme et le Sancy est exceptionnel. Tradition oblige, ils élèvent des chèvres et fabriquent des fromages. À l'étage de l'ancienne grange, mitoyenne de leur maison, 4 chambres confortables et agréables avec sanitaires privés. 35 € (229,58 F) pour 2, petit déjeuner compris. Excellente table d'hôte à partir des produits maison (chevreau, volailles, fromages). 12 € (78,71 F) le repas, vin compris. À l'extérieur, nombreux jeux pour les enfants qui peuvent goûter le plaisir de vivre à la ferme, tout en profitant du grand air en toute sécurité. Accueil vraiment chaleureux. Très bon rapport qualité-convivialité-prix. Une adresse comme on les aime. *NOUVEAUTÉ.*

SALERS 15140 — Carte régionale A2

19 km SE de Mauriac

 Chambres d'hôte (Éliane et Jean-Pierre Vantal) : route du Puy-Mary. ☎ et fax : 04.71.40.74.02. ● eliane.vantal@wanadoo.fr ● Accès : du village, D 680 vers le puy Mary pendant 1 km ; c'est sur la gauche. Réservation conseillée pour juillet-août. Si nous avons choisi cette adresse, c'est avant tout pour l'accueil et la disponibilité d'Éliane, votre jeune hôtesse. Sa maison, bien que récente, n'en est pas moins agréable avec un adorable jardin fleuri. 4 chambres claires et pimpantes avec sanitaires privés. Comptez de 40 à 44 € (de 262,38 à 288,62 F), selon douche ou baignoire, pour 2, avec le petit déjeuner. En prime, Éliane et Jean-Pierre connaissent bien Salers et sa région ; ils vous donneront tous les tuyaux pour découvrir ses richesses naturelles et ses p'tits restos. Au fait, ils sont agriculteurs mais la ferme n'est pas sur place. Accueil chaleureux et dynamique.

SANSSAC-L'ÉGLISE 43320 — Carte régionale B2

10 km O du Puy-en-Velay

 Chambres d'hôte (Florence et Patrick Liabeuf) : Lonnac. ☎ 04.71.08.64.15 et 06.70.08.45.13. Accès : du Puy-en-Velay, prenez la D 590 vers l'aérodrome de Loudes pendant 7,5 km, puis la D 48 vers Sanssac ; prenez ensuite vers Lonnac et fléchage. En pleine campagne, Florence et Patrick élèvent des vaches laitières. Dans l'ancienne grange de leur ferme, ils ont aménagé 4 chambres confortables (dont une double pour les familles), avec sanitaires privés. Comptez 38,11 € (250 F) pour 2, petit déjeuner compris, 7,62 € (50 F) par personne supplémentaire. Florence, la jeune et souriante proprio, vous propose aussi la table d'hôte pour 11,43 € (75 F) tout compris (avec tous les produits maison : charcuterie, veau, légumes du jardin, confitures et fromage de la ferme). Ambiance campagnarde et accueil chaleureux. Une adresse idéale pour les familles.

SAUGUES 43170 — Carte régionale B2

43 km O du Puy-enVelay ; 21 km S de Langeac

  10 % *Chambres d'hôte des Gabales (Pierre Gauthier) :* route du Puy. ☎ et fax : 04.71.77.86.92. ● pierrelesgabales@wanadoo.fr ● Accès : du Puy, D 589 vers Saugues, la maison est à l'entrée du village à gauche. Pierre est agriculteur et élève des vaches Aubrac. D'ailleurs, la ferme familiale est toute proche et comprend un centre équestre. C'est dans une belle bâtisse qu'il vous reçoit. Elle date de 1932 et son architecture est aussi originale que son nom... Les Gabales étaient les habitants qui peuplaient cette région du temps de la Gaule. La maison est immense, entourée d'un agréable et vaste jardin à la française. Le petit perron vous emmènera dans un hall qui dessert de belles pièces, où les boiseries ont judicieusement été conservées par Pierre. À ce niveau, 1 grande chambre pour 4 personnes avec accès indépendant. Un bel escalier conduit aux 4 autres, toutes dans un style différent. Sanitaires privés. De 39 à 41 € (255,82 à 268,94 F) pour 2, petit déjeuner compris. Repas à partir de 15 € (98,39 F), apéro maison compris. Cuisine saine avec des bons produits. Charcuterie et viande de la ferme, légumes du jardin. Accueil jeune et très convivial. Saugues fut la capitale du Gévaudan... On peut visiter aujourd'hui le musée consacré à la fameuse bête ! Brrr !...

AUVERGNE

SAURET-BESSERVE 63390 — Carte régionale A1

50 km SE de Montluçon ; 18 km S de Saint-Éloy-les-Mines

🏠 🐕 ❄ (10%) **Chambre d'hôte de Fontvieille (Maurane et Michel Murat) :** lieu-dit La Siouve. ☎ 04.73.85.83.95. Fax : 04.73.85.77.35. Accès : plein de petites routes pour arriver à la Siouve (de plus vous êtes en Auvergne et ça tourne !) ; le plus rapide, c'est d'arriver par Saint-Éloy-les-Mines (sur la N 144) ; prenez la D 987 jusqu'à Saint-Gervais, puis la D 523 vers Sauret-Besserve ; la maison est à 1,5 km après Sauret en direction du viaduc des Faves. C'était une ferme familiale, c'est devenu une maison de poupée ou une vraie bonbonnière... et quand on connaît Maurane, sa demeure lui ressemble. Un parfum subtil flotte dans la maison lorsqu'on ouvre la porte. À gauche un magnifique salon, à droite la salle à manger ; tout est adorable, bien meublé, très fleuri, confortable et douillet. Maurane a décoré certains de ses vieux meubles, et ce sont eux que l'on remarque ! À l'étage, une grande chambre familiale unique où l'on a envie de rester, tant elle est agréable (avec bien sûr tout le confort). Comptez 36,59 € (240 F) pour 2, petit déjeuner compris (avec les délicieux gâteaux maison). Pas de table d'hôte, mais un petit resto tout à côté (à prix routard). Et pour le bonheur des enfants, Nounours (non, c'est un âne) effectue des promenades dans le pré, conduit par Mathieu, le fils de la maison. Michel, quant à lui, propose à ses hôtes des circuits de randos pédestres. Accueil chaleureux. Excellent rapport qualité-prix-convivialité.

SAURIER 63320 — Carte régionale A2

44 km S de Clermont-Ferrand ; 20 km O d'Issoire

🏠 |❚| ❄ (10%) **Chambres d'hôte Les Rosiers (Marie-France et Joël Rodde) :** Rozier. ☎ 04.73.71.22.00. Fax : 04.73.71.24.06. Accès : A 75, sortie Besse/Champeix ; dans Champeix, prenez la D 26 direction Clémensat/Saint-Floret jusqu'à Saurier ; la maison est à 2 km après le village sur la gauche (D 146 vers Ardes-sur-Couze). Ouvert du 15 mars au 15 octobre. Dans une ancienne grange, entièrement restaurée par Joël, 6 chambres confortables avec sanitaires privés. Comptez 40 € (262,38 F) pour 2, petit déjeuner compris (confitures maison). Avec Marie-France, il vous propose la table d'hôte (sauf le dimanche) pour 11 € (72,16 F), vin compris. Bonne cuisine traditionnelle et familiale. Joël organise des tas de randos : à pied, à VTT, en voiture (pour les plus fainéants), en ski de fond et raquettes. Moyennant un supplément, si le cœur vous en dit, il vous propose aussi du parapente, du deltaplane et même un baptême en montgolfière !

SAUXILLANGES 63490 — Carte régionale B2

45 km SE de Clermont-Ferrand ; 15 km E d'Issoire

🏠 **Chambres d'hôte (Jean-Claude et Patricia Anglaret) :** Ferme de la Haute-Limandie. ☎ 04.73.96.84.95. Accès : de l'A 75, sortie n° 13 (Parentignat-Sauxillanges) ; passez Parentignat, prenez la D 996 jusqu'à Sauxillanges, puis la direction Sugères, c'est à 3 km sur la droite. Aux portes de deux parcs régionaux, à l'orée d'un bois, venez découvrir la ferme familiale de Jean-Claude et Patricia (exploitation de vaches laitières). 3 chambres coquettes avec sanitaires privés (préférez « Romance », celle du rez-de-chaussée, avec sa vue sur le Sancy). Comptez de 33,54 à 36,59 € (de 220 à 240 F) pour 2, petit déjeuner compris (fromage blanc et confitures maison), servi dans une belle salle à manger rustique, avec poutres et dentelles au crochet. Pas de table d'hôte, mais cuisine à disposition des hôtes et bons restos à proximité. Accueil chaleureux.

SERMENTIZON 63120 — Carte régionale B1

17 km SE de Thiers ; 4 km O de Courpière

🏠 **Chambres d'hôte (Andrée et Marius Grolet) :** ☎ 04.73.53.03.14. Accès : de Thiers, D 906 vers Ambert jusqu'à Courpière, bifurquez ensuite vers Sermentizon (D 152) ; la maison est dans le village. La ferme est dans la famille depuis cinq générations, alors vous

.. Andrée et Marius (ça ne s'invente pas!) y ont ouvert 4 chambres d'hôte avec .au ou de bains privée, mais deux chambres partagent un w.-c. Comptez de 28 à ɔ2 € (de 183,67 à 209,91 F) pour 2, petit déjeuner compris, servi aux beaux jours dans le petit jardin. On connaît des p'tits malins qui font étape ici, uniquement pour se faire cocooner par ce gentil couple de retraités (et le fait d'être dans le village n'empêche pas le repos). Pas de table d'hôte, mais un petit barbecue à disposition (on s'fait une grillade-party?). Accueil authentique et vrai.

SOLIGNAC-SUR-LOIRE 43370 — Carte régionale B2

15 km S du Puy-en-Velay

🛏 |●| 🐴 ✾ ⑩% *Chambres d'hôte Château de la Beaume (Silvia Furrer) :* ☎ 04.71.03.14.67. Fax : 04.71.03.14.26. ● silvia.furrer@wanadoo.fr ● Accès : de Solignac, D 27 vers Le Monastier, prenez la 2e à droite et fléchage. Fermé de début novembre à fin mars. Dominant les gorges de la Loire, charmant château médiéval transformé en ferme équestre (une vingtaine de chevaux). 6 chambres simples mais agréables avec sanitaires privés. Comptez 38,11 € (250 F) pour 1 personne et 60,98 € (400 F) pour 2, en demi-pension. Grande salle à manger voûtée avec murs en pierre apparente et cheminée (qui fonctionne même en été car la pièce est fraîche). Bonne cuisine traditionnelle avec des spécialités auvergnates. Que l'on soit cavalier ou pas, on est accueilli avec la même gentillesse. Silvia propose des stages d'éthologie d'une semaine.Si vous venez avec votre monture, elle pourra être hébergée sur place. Une adresse vraiment nature.

SOUVIGNY 03210 — Carte régionale A1

15 km O de Moulins

🛏 |●| ✾ *Chambres d'hôte Les Counillons (Danielle et Jean-Michel Massot) :* ☎ 04.70.43.65.33 et 06.84.22.77.87. Accès : de Moulins, D 73 vers Cosne-d'Allier jusqu'à Souvigny, puis D 233 vers Cressanges pendant 5 km et fléchage. Fermé le dimanche soir (sauf séjour), et en janvier (pour rénovation). En pleine campagne, sur une exploitation agricole en activité (60 vaches laitières, moutons, basse-cour, sans oublier Ginette, la chèvre). Dans une petite maison indépendante de celle des proprios, 4 chambres dont une double pour les familles. Ambiance campagnarde et atmosphère chaleureuse (nombreux meubles peints par le fils de la maison). Comptez 36 € (236,14 F) pour 2, petit déjeuner compris. Table d'hôte (uniquement pendant les vacances scolaires) partagée avec Danielle et Jean-Michel à 13 € (85,27 F), saint-pourçain compris (il faut bien faire la promo des vins d'Auvergne... au fait, quels sont les autres?). Que des produits maison : terrine, jambon séché, veau, agneau, légumes et fromages. Accueil authentique et chaleureux. On oubliait de vous dire que Souvigny est un charmant village.

TARGET 03140 — Carte régionale A1

40 km NO de Vichy ; 25 km O de Saint-Pourçain-sur-Sioule

🛏 |●| ✾ ⑩% *Chambres d'hôte Chantemerle (Marie et Arnaud De Veauce) :* Verzun du Bas. ☎ 04.70.40.60.30. Fax : 04.70.40.63.29. ● chantemerle-@wanadoo.fr ● Accès : de Montmarault, D 46 vers Saint-Pourçain ; avant Voussac, prenez la D 42 vers Chantelle et fléchage (n'allez pas à Target). Uniquement sur réservation d'octobre à avril. En pleine campagne, agréable ferme du XIXe siècle, qui bénéficie d'un magnifique panorama sur les environs. Au 1er étage de la maison, 2 chambres coquettes, équipées de sanitaires privés (la plus chère a un jacuzzi). Comptez de 40 à 46 € (de 262,38 à 301,74 F) pour 2, petit déjeuner compris. Table d'hôte à 13 € (85,27 F), vin compris. Cuisine traditionnelle et familiale, partagée avec les propriétaires. Chaleureuse salle à manger avec cheminée. Aux beaux jours, vous bénéficierez d'une belle piscine (rare en Auvergne). Accueil jeune et détendu. Également, 2 gîtes de séjour et de pêche.

TENCE 43190   Carte régionale B2

18 km E d'Yssingeaux ; 10 km S de Montfaucon

📧 |●| 🐕 ⑩% *Chambres d'hôte Les Grillons (Élyane et Gérard Deygas) :* La Pomme.
☎ 04.71.59.89.33. Accès : du village, D 185 vers Saint-Agrève-les-Barandons ; au rond-
point, continuez dans la même direction, 1 km plus loin, tournez à gauche, puis fléchage.
Ouvert d'avril à fin octobre, le week-end le reste de l'année. À 850 m d'altitude, en pleine
nature, au milieu des prés et des sapins. Jolie ferme restaurée en pierre apparente où
Élyane a aménagé 4 chambres coquettes avec couettes : deux quadruples au rez-de-
chaussée et deux doubles au 1er étage, les plus sympas. Comptez 38 € (249,26 F) pour 2
et 55 € (360,78 F) pour 4, petit déjeuner inclus. Agréable salle de jour avec cheminée et
poutres apparentes. La maîtresse de maison est aussi une fine cuisinière, alors laissez-
vous tenter par la table d'hôte à 10,67 € (70 F), vin et café compris : charcuterie maison,
salade de foies de volailles, gratin dauphinois aux cèpes, lapin à la moutarde, gâteau de
foies de volailles, quenelles et rôti de veau, fromage blanc maison, tarte au citron, poire
Belle-Hélène. Accueil réservé mais souriant. À 2,5 km, voir la roche druidique où, selon la
légende, eurent lieu de nombreux sacrifices...

THIEL-SUR-ACOLIN 03230   Carte régionale B1

23 km E de Moulins ; 9 km O de Dompiere-sur-Besbre

📧 |●| 🐕 ✕ ⑩% *Chambres d'hôte Domaine des Dômes (Sylviane et Éric Schuel-
ler) :* ☎ et fax : 04.70.42.54.28. Accès : du village, direction Lusigny, tournez au 1er chemin
à gauche et faites 700 m. Ancienne ferme dont les habitants tiennent plus du zoo que
d'une exploitation agricole : moutons d'Houessan, nandous... Il faut dire que Sylviane
adore les animaux et qu'elle en attend d'autres ! Avec Éric, ils ont quitté leur Alsace natale
pour venir ouvrir ici des chambres d'hôte. Elles sont 4 et installées dans un bâtiment indépendant. Accès de plain-pied et sanitaires privés. 35 € (229,58 F) pour 2, petit déjeuner
compris. Table d'hôte partagée en famille à 13 € (85,27 F), vin compris. Spécialités alsa-
ciennes sur commande. Les cavaliers avec leur monture sont les bienvenus. Accueil
convivial et vrai.

THIÉZAC 15800   Carte régionale A2

27 km NE d'Aurillac

📧 |●| 🐕 ✕ *Chambres d'hôte La Bastide Haute (Myriam de Mahé) :* route du col de
Curebourse. ☎ 04.71.47.02.71 et 06.65.58.68.15. Accès : de la gare de Thiézac, suivre la
route du col de Curebourse (D 59) et fléchage (6 km du bourg). Dans les hauteurs de
Thiézac, deux belles bâtisses vous attendent avec un point de vue unique sur la vallée.
5 chambres confortables et coquettes avec sanitaires privés. L'ambiance est familiale,
authentique, très féminine et un rien écolo... chic. Pour preuve, cette cuisine bio que vous
préparе Myriam. Spécialités végétariennes, régionales et médiévales (légumes anciens
dans le potager). Comptez de 37,35 à 48,78 € (245 à 320 F) en demi-pension par personne et par jour. Tarif enfant. Nombreuses excursions à faire dans le coin. Si le cœur
vous en dit, vous pourrez accompagner la maîtresse de maison qui va y faire son marché
d'herbes et de plantes sauvages. Une adresse isolée et très personnalisée.

TOURS-SUR-MEYMONT 63590   Carte régionale B2

30 km S de Thiers ; 30 km NO d'Ambert

📧 |●| ✕ ⑩% *Chambres d'hôte Ferme de Pied Froid (Évelyne et Philippe Majeune) :*
☎ et fax : 04.73.70.71.20 et 06.84.28.06.89. Accès : de Thiers, direction Le Puy-en-Velay
(D 906) jusqu'à Giroux-Gare, et bifurquez (à droite) vers Tours-sur-Meymont, dans le village, direction Domaize ; à Bourdelles (1 km), prenez le chemin à droite. Au cœur du parc
du Livradois-Forez, jolie ferme curieusement baptisée par l'arrière-grand-père de Philippe
(mais il y a une explication...). L'ancienne étable a été restaurée, et abrite 3 chambres

agréables. Sanitaires privés. Comptez de 37 à 39 € (de 242,70 à 255,82 F) pour 2, petit déjeuner compris. Un super moment de détente, où vous dégusterez le pain d'épice et les confitures maison. Table d'hôte (sauf le dimanche) pour 11 € (72,16 F), tout compris, avec de bonnes spécialités régionales. Originale salle à manger, avec poutres et pierres apparentes et un énorme soufflet de forge en guise de table (il ne passe pas inaperçu !). Dans un coin, la « Malle au Trésor », renferme toutes les richesses touristiques de la région. Accueil jeune et sympa. Bref, une bonne adresse.

VALS-PRÈS-LE-PUY 43750   Carte régionale B2

4 km SO du Puy-en-Velay

🛏 ❘●❘ ⛲ *Chambres d'hôte Domaine de Bauzit (Françoise et Philippe Besse) :* Eycenac. ☎ et fax : 04.71.03.67.01 et 06.89.62.45.28. ● carrom@libertysurf.fr ● Accès : du Puy-en-Velay, allez jusqu'à Vals (banlieue de la ville) ; à l'hôtel *Le Brivas*, tournez à droite vers le groupe scolaire La Fontaine, traversez le pont à gauche et de nouveau à droite fléchage « Eycenac ». Fermé du 15 octobre au 15 mars. En voilà une adresse originale... La maison de Françoise et Philippe est une ancienne abbaye du XVIIe siècle (petit à petit, ils la remettent en état). Une partie très bien restaurée abrite, au 1er étage, 2 chambres d'hôte confortables. Dans un bâtiment annexe, 3 autres chambres tout aussi agréables. Sanitaires privés. Comptez 35 € (229,58 F) pour 2, petit déjeuner compris (confitures et faisselles maison). Passionnés par l'Asie, les proprios ont fait de nombreux voyages et ont bien sûr rapporté des tas de souvenirs... Ici, tapis hindous, tentures et suspensions font bon ménage avec les meubles campagnards (très beau vannoir). Ce mélange de civilisations donnent un charme tout particulier à cette maison et une ambiance feutrée. À la table d'hôte (15 avril au 15 septembre), Françoise vous propose des spécialités locales comme la saucisse aux lentilles ou la potée (on sait qu'y'en a d'toutes sortes, mais c'est quand même l'auvergnate qu'on préfère !) et une fois par semaine, l'été, un repas asiatique. 13 € (85,27 F) le repas, pain maison et vin compris (menu végétarien sur demande). Une visite à la chapelle bouddhiste s'impose... Propice à la méditation, elle a été décorée par un ami de la famille. En bref, le charme de la campagne allié à la proximité de la belle ville du Puy-en-Velay... Vous pourrez la rejoindre à pied ou à VTT (mis à disposition). Promenade en âne possible. Accueil chaleureux.

VARENNES-SAINT-HONORAT 43270   Carte régionale B2

30 km NO du Puy-en-Velay ; 20 km E de Langeac

🛏 ❘●❘ 🐎 *Chambres d'hôte (Marie et Roger Biancotto) :* Cheneville. ☎ 04.71.00.78.69. Accès : à Fix-Saint-Geneys (N 102 Le Puy/Clermont-Ferrand), prenez la D 40 direction Allègre ; à 3 km, on arrive à Cheneville, la maison est au bord de la petite route. Hameau situé à 1000 m d'altitude avec deux anciennes fermes tout en pierre. 4 chambres, de 32,01 à 35,06 € (de 210 à 230 F) pour 2 : une avec coin salon et sanitaires privés au rez-de-chaussée, et trois autres avec salles d'eau privées mais w.-c. communs à l'étage. Table d'hôte à 12,20 € (80 F), sans les boissons. Accueil convivial.

VARENNES-SUR-USSON 63500   Carte régionale A1-B2

40 km S de Clermont-Ferrand ; 5 km E d'Issoire

🛏 *Chambres d'hôte (Hélène et Jacques Verdier) :* Les Baudarts. ☎ et fax : 04.73.89.05.51. Accès : traversez Varennes en direction de Saint-Rémy et 100 m après la sortie du village, prendre la première allée à droite. Ouvert de mai à septembre. Nichée dans la verdure, cette demeure toute rose est dans la famille d'Hélène depuis plusieurs générations. Dans l'ancienne grange, elle a aménagé 3 ravissantes chambres dont 1 au rez-de-chaussée, les 2 autres à l'étage. La déco est soignée et meubles de famille, tableaux et bibelots font bon ménage. Sanitaires privés. De 58 à 69 € (380,40 à 452,61 F) pour 2, petit déjeuner compris. Une adresse de charme pour routards aisés. *NOUVEAUTÉ.*

AUVERGNE

VERNASSAL 43270   Carte régionale B2

25 km NO de Puy-en-Velay ; 8 km S d'Allègre

≜ |●| ⊮ ⊱ ⑩% *Chambres d'hôte Domaine de Tarra (Magali et Robert Vaucanson) :* Darsac. ☎ 04.71.57.00.92 et 06.73.44.15.30. Fax : 04.71.57.04.46. Accès : par la D 27 et fléchage. Ouvert du 1er mai au 15 octobre. Dans deux anciens bâtiments de ferme : la grange et la bergerie (l'exploitation agricole est à 2 km). 5 chambres originales et confortables vous attendent aux 1er et 2e étages. Sanitaires privés. Comptez 48,78 € (320 F) pour 2, petit déjeuner compris. Table d'hôte à 15,24 € (100 F), où vous dégusterez (suivant la longueur de votre séjour) la tourte aux lentilles, la potée auvergnate, le lapin au miel, la truffade, le flan et les tartes maison. Salon de lecture au 2e. Piscine, salon de jardin, mini-golf, parking privé. Création d'un étang pour les pêcheurs.

VERNET-SAINTE-MARGUERITE (LE) 63710   Carte régionale A2

30 km SO de Clermont-Ferrand ; 30 km O d'Issoire

≜ |●| ⊮ *Chambres d'hôte Le Rondin (Jacqueline et Jean-Claude Buxerol) :* Cluchat. ☎ 04.73.88.67.92. Fax : 04.73.88.65.60. Accès : A 75 sortie n° 5 Aydat-Veyre puis D 213 vers Aydat ; après la station service, D 96 vers Saint-Saturnin puis D 119 vers Olloix et enfin D 94 vers Le Vernet. Cluchat est avant Ludières. Ouvert de juin à septembre et pendant les vacances scolaires. Encore une adresse nature... Dans le Parc des Volcans d'Auvergne, belle ferme qui jouit d'une vue magnifique sur les environs. À l'étage de l'ancienne grange bien restaurée, 5 chambres d'hôte claires et agréables avec sanitaires privés. Chacune bénéficie du panorama. 39 € (255,82 F) pour 2, petit déjeuner compris. C'est autour de la grande table de ferme qu'on partage le repas du soir. 13 € (85,27 F), apéro maison et vin compris. Cuisine familiale et auvergnate avec les légumes du jardin. Accueil convivial. Bien sûr, un point de chute idéal pour les amateurs de randos. *NOUVEAUTÉ.*

VERNEUGHEOL 63470   Carte régionale A1

60 km O de Clermont-Ferrand ; 20 km N de Bourg-Lastic

≜ |●| ⊮ ⊱ ⑩% *Chambres d'hôte (Christiane et Bernard Thomas) :* Le Glufareix. ☎ 04.73. 22.11.40. Fax : 04.73.22.11.40. Accès : sur la D 204 ; dans le village, prenez la D 564 vers Saint-Merd pendant 1 km et tournez à gauche vers le Glufareix. Belle demeure du XVIIIe au milieu de la ferme : c'est la maison de Monsieur le maire... Eh oui, Bernard est agriculteur (éleveur de vaches laitières), mais aussi maire de son village. 4 chambres (dont une double pour les familles), avec sanitaires privés. Comptez de 36 à 39 € (de 236,14 à 255,82 F) pour 2, petit déjeuner compris. Pour 11 € (72,16 F) vin compris, ne manquez pas la bonne cuisine traditionnelle de Christiane mais réservez à l'avance ! A vous les pâtés de choux, civet de lapin, petit salé aux lentilles (hum !), pompe aux pommes, gâteau de semoule et coulis de fruits rouges... Superbe salle à manger à l'atmosphère campagnarde avec une cheminée monumentale (elle occupe tout un côté de la pièce !) et un beau plafond à la française.

VIEILLE-BRIOUDE 43100   Carte régionale B2

45 km NO du Puy-en-Velay ; 4 km SE de Brioude

≜ |●| ⊮ ⊱ ⑩% *Chambres d'hôte Ermitage Saint-Vincent (Sophie et Philippe Boyer) :* place de l'Église. ☎ 04.71.50.96.47 et 06.88.84.01.24. Accès : A 75 Clermont-Ferrand/ Saint-Flour, sortie n° 20 (Lempdes), puis N 102 vers le Puy jusqu'à Vieille-Brioude et allez jusqu'à l'église. Fermé en janvier. C'est dans un ancien presbytère, totalement restauré, que Sophie et Philippe vous proposent de séjourner. Une douce harmonie règne entre le crépi beige et les ouvertures rouge sombre. Au bout du couloir dallé, un salon et une chambre immense qui ouvre sur une tonnelle ombragée de glycines. Un escalier superbe et imposant conduit à une adorable galerie vitrée donnant sur l'Allier et à

3 chambres claires et spacieuses. Sanitaires privés. 42,69 € (280 F) pour 2, petit déjeuner compris. Table d'hôte à 15,24 € (100 F), vin compris pour découvrir les spécialités régionales de Sophie. Superbe salle à manger avec un original plafond et une grande cheminée. Partout tentures, bibelots, tableaux... donnent à ce lieu une atmosphère raffinée. Accompagnateur d'activités de plein air, Philippe pourra vous organiser des séjours sport, détente et nature. Accueil sympa et dynamique.

VILLOSANGES 63380 — Carte régionale A1

63 km NO de Clermont-Ferrand ; 7 km NO de Pontaumur

🛏 |●| ⑩% *Chambres d'hôte La Ferme de l'Étang (Christiane et Philippe Queyriaux) :* La Verrerie. ☎ 04.73.79.71.61. Fax : 04.73.79.71.94. Accès : de Pontaumur, D 206 vers Auzances ; la ferme est à 6 km à droite. Fermé en février. Sur réservation. Au cœur des Combrailles (réputées pour leurs étangs et rivières), belle ferme de famille du XVIIIe siècle. 6 chambres confortables avec sanitaires privés. Comptez 38,11 € (250 F) pour 2, petit déjeuner compris. À la table d'hôte, on retrouve les bonnes spécialités auvergnates : la charcuterie bien sûr (jambon, pâté, saucisse sèche), mais aussi le pâté aux pommes de terre et la potée (chic !). 11,43 € (75 F) le repas. Les amateurs de pêche seront servis : deux étangs privés feront leur bonheur. Quoi de meilleur que de déguster son poisson tout frais pêché, préparé par la main experte de Christiane ! Une adresse nature.

VOLLORE-VILLE 63120 — Carte régionale B1

55 km E de Clermont-Ferrand ; 15 km SE de Thiers

🛏 |●| 🏕 *Chambres d'hôte Le Temps de Vivre (Arlette et Bernard Moignoux) :* Le Troulier. ☎ 04.73.53.71.98. ● troulier@libertysurf.fr ● Accès : D 312 vers Vollore-Ville ; puis continuez sur Vollore-Montagne et fléchage (la maison est à 4 km de Vollore-Ville). Dans la ferme familiale, Arlette et Bernard ont aménagé 3 chambres d'hôte confortables, avec sanitaires privés. Comptez 37 € (242,70 F) pour 2, petit déjeuner inclus, avec plein de sortes de confitures. Aux beaux jours, on le prend dans le jardin en contemplant les Monts-Dore et le plomb du Cantal... Ah ! Ici, le naturel et l'authentique sont à l'honneur, et le respect de la nature, la principale préoccupation de vos hôtes. Superbe potager où se mêlent légumes et fleurs, en n'utilisant qu'un seul engrais naturel : celui fourni par l'élevage de moutons. C'est le moment de réserver la table d'hôte et de goûter les bonnes spécialités auvergnates d'Arlette. 11 € (72,16 F) le repas, vin compris (vraiment pas ruineux). Elle a aussi un don pour la peinture et nombre de ses aquarelles sont exposées dans la maison. Accueil chaleureux. Une bonne adresse.

YGRANDE 03160 — Carte régionale A1

21 km O de Moulins ; 10 km SO de Bourbon-l'Archambault

🛏 |●| ⑩% *Chambres d'hôte (Agnès et Henri Vrel) :* Les Ferrons. ☎ 04.70.66.31.67 ou 04.70.66.30.72. Fax : 04.70.66.32.64. Accès : du village, D 94 vers Cosne-d'Allier, puis fléchage pendant 2,5 km. Dans une maison du début du siècle, à 200 m de celle d'Agnès, dans un joli parc avec d'immenses séquoias. 5 chambres équipées de sanitaires privés, dont une installée dans une maisonnette séparée. Elles sont toutes simples mais claires et agréables. Comptez 40 € (262,38 F) pour 2. Table d'hôte sur demande, de 11 à 14,50 € (de 72,16 à 95,11 F) selon le repas. Bon accueil. Hébergement de chevaux possible.

AUVERGNE

Bourgogne

21 Côte-d'Or
58 Nièvre
71 Saône-et-Loire
89 Yonne

AIGNAY-LE-DUC 21510
Carte régionale B1

60 km NO de Dijon ; 30 km S de Châtillon-sur-Seine

Chambres d'hôte Manoir de Tarperon (Soisick de Champsavin) : ☎ et fax : 03.80.93.83.74. • manoir.de.tarperon@wanadoo.fr • Accès : de Châtillon-sur-Seine, N 71 jusqu'à Saint-Marc-sur-Seine, puis D 901 vers Aignay ; le manoir est à 5 km avant le village sur la droite. Ouvert d'avril à octobre. Niché dans un écrin de verdure, gentil manoir du XVIIIᵉ siècle remanié par l'arrière-grand-père de Soisick, au siècle dernier. Eh oui, c'est une demeure de famille, qui recèle les souvenirs de sa fabuleuse histoire, dont celle de Jean Bart : corsaire plein de panache, nommé lieutenant de vaisseau par Louis XIV (on rejouerait bien le rôle dans un film d'époque !). Pour ne pas abandonner ce superbe patrimoine familial, votre adorable et châtelaine hôtesse a décidé de prendre les choses en main, et d'ouvrir 5 chambres plus craquantes les unes que les autres. Croquignolets sanitaires privés, agrémentés de fresques réalisées par une amie de Soisick (trois chambres ont de ravissantes baignoires sur pied). Comptez 60 € (393,57 F) pour 2, petit déjeuner compris, sur fond de musique classique ou de jazz. Si vous appréciez les plaisirs de la table, repas à 63 € (413,25 F), boissons comprises. Une maison totalement ouverte aux hôtes ; du vaste hall à la cuisine campagnarde, en passant par l'immense salon (pour prendre l'apéro en écoutant du piano) et la salle à manger aux portraits. Les meubles de style sont légion... (ceux qui viennent de Chine sont superbes !). À l'extérieur, la nature est belle et sauvage (routards peintres, sortez vos palettes !) ; les pêcheurs trouveront un parcours. Une adresse pas vraiment donnée, mais qu'on aime vraiment beaucoup (et puis, vous aidez à la conservation du patrimoine, que diable !).

Chambres d'hôte La Demoiselle (Myriam et Claude Bonnefoy) : rue Sous-les-Vieilles-Halles. ☎ et fax : 03.80.93.90.07. • myriam.bonnefoy@wanadoo.fr • Accès : très bien fléché. Dans une petite ruelle calme, belle demeure bourgeoise des XVIIIᵉ et XIXᵉ siècles. Construite contre la roche, le 2ᵉ étage d'un côté correspond au rez-de-chaussée de l'autre. Un dédale d'escaliers, de couloirs, de petits salons vous permettra de découvrir une maison bourrée de charme, où cheminées en pierre, poutres et meubles anciens lui donnent une atmosphère d'autrefois, calme et reposante. 4 chambres agréables, réparties dans différentes ailes de la maison. Sanitaires privés. Une petite préférence pour celle qui ouvre sur l'église à cause de la vue. 37 € (242,70 F) pour 2, petit déjeuner compris. Table d'hôte pas systématiquement partagée avec les proprios à 14 € (91,83 F), apéro, bourgogne et café compris. Cuisine familiale et régionale. Accueil jeune et chaleureux. Bon rapport qualité-prix.

Nous vous rappelons que la table d'hôte est le complément d'une formule d'hébergement (chambre d'hôte, gîte d'étape...). Ce service n'est offert qu'aux personnes qui dorment sur place (excepté lorsqu'il est clairement écrit « ouvert aux extérieurs »).

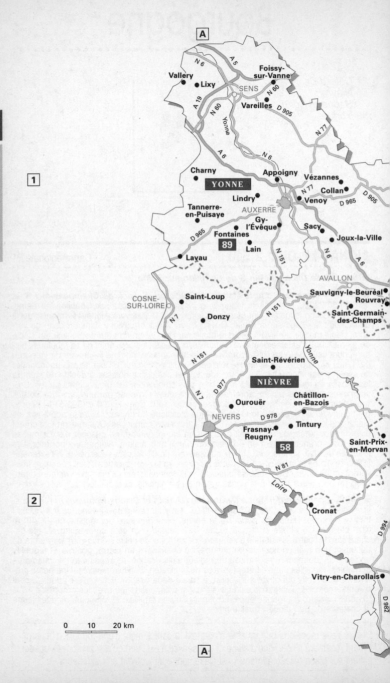

A

N 6
A 5

Vallery
Lixy
Foissy-sur-Vanne
SENS
N 60
A 19
N 60
Vareilles
D 905
N 77

Yonne
A 6
N 6

1

Charny
Appoigny
Vézannes
YONNE
N 77
Collan
D 905
Lindry
AUXERRE
Venoy
D 965
Tannerre-en-Puisaye
Gy-l'Évêque
Sacy
D 965
Fontaines
89
Lain
Joux-la-Ville
N 6
A 6
Layau
N 151

AVALLON

COSNE-SUR-LOIRE
Saint-Loup
Sauvigny-le-Beuréal
Rouvray
N 7
Donzy
N 151
Saint-Germain-des-Champs

Yonne

N 151

Saint-Révérien

N 7
D 977
NIÈVRE

Ourouër
Châtillon-en-Bazois
NEVERS
D 978
Frasnay-Reugny
Tintury
58
Saint-Prix-en-Morvan
N 81

Loire

2

Cronat
D 981

Vitry-en-Charollais
D 982

0   10   20 km

A

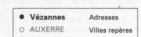

| ● **Vézannes** | Adresses |
| ○ AUXERRE | Villes repères |

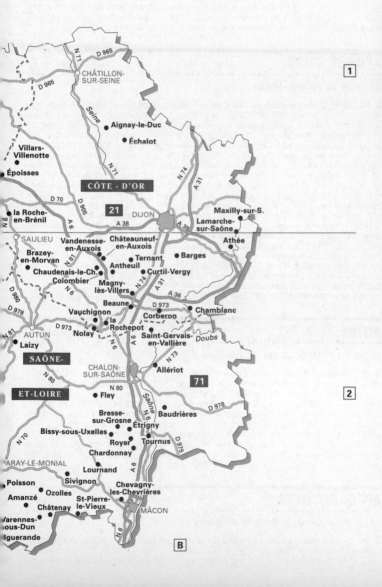

B

1

D 965

N 71

CHÂTILLON-
SUR-SEINE

D 965

Seine

● Aignay-le-Duc

● Échalot

Villars-
Villenotte

N 71

● Époisses

N 74

A 31

CÔTE - D'OR

D 70   D 905

21   DIJON

● la Roche-
en-Brénil

A 6

A 38

A 39

● Maxilly-sur-S.

Lamarche-
sur-Saône

○ SAULIEU

Vandenesse- Châteauneuf-
en-Auxois en-Auxois

● Athée

N 81

Brazey-
en-Morvan

N 74

A 31

● Ternant   ● Barges

● Antheuil

● Chaudenais-le-Ch.   ● Curtil-Vergy

Colombier

Magny-
lès-Villers

D 980

N 6

Beaune   D 973

● Chamblanc

D 978

Vauchignon

Corberon

D 973   la
Nolay   Rochepot

A 36

N 81

○ AUTUN

● Laizy

A 6

Saint-Gervais-
en-Vallière   *Doubs*

N 6

SAÔNE-

CHALON-
SUR-SAÔNE

N 73

● Allériot

N 80

71

ET-LOIRE

● Fley   N 80

Saône

2

D 978

N 70

Bresse-
sur-Grosne   ● Baudrières

● Bissy-sous-Uxelles   Étrigny

Royer   Tournus

Chardonnay

A 6

D 975

●ARAY-LE-MONIAL

● Lournand

● Poisson   Sivignon

Chevagny-
les-Chevrières

● Amanzé   ● Ozolles   St-Pierre-
le-Vieux

● Châtenay

MÂCON

Varennes-
ous-Dun

N 6

Iguerande

B

ALLÉRIOT 71380 — Carte régionale B2

28 km S de Beaune ; 12 km NE de Chalon-sur-Saône

🛏 ❙❙❙ ❄ (10%) *Chambres d'hôte (Claudine et Alain Franck) :* 2 rue de l'Étang- Bonnot. ☎ et fax : 03.85.47.58.58. • franck-71380@libertysurf.fr • Accès : A 6 sortie Chalon-Nord, puis N 73 vers Dole ; après Prondevaux, prenez à gauche vers Allériot et fléchage. Fermé du 15 novembre au 15 mars. Ici, vous êtes en Bresse bourguignonne... Ancienne fermette bressane avec murs à pans de bois juste à côté de la Saône (le village est un cul-de-sac). 3 chambres spacieuses avec sanitaires privés. Déco sans prétention et couettes. Comptez 38 € (249,26 F) pour 2, petit déjeuner compris. Bonne table d'hôte sans les proprios à 15 € (98,39 F), apéro et vin compris. Cuisine assez recherchée avec un souci de présentation. Alain connait bien les vins et aime en parler. Accueil chaleureux.

AMANZÉ 71800 — Carte régionale B2

23 km SE de Paray-le-Monial

🛏 ❙❙❙ ❄ (10%) *Ferme-auberge des Collines (Marie-Christine et Philippe Paperin) :* ☎ 03.85.70.66.34. Fax : 03.85.70.63.81. • philippe.paperin@wanadoo.fr • Accès : sur la D 985 entre Charolles et La Clayette, au niveau de Saint-Germain-en-Brionnais, prenez la direction d'Amanzé et fléchage. Ouvert d'avril à octobre le samedi soir et le dimanche midi en ferme-auberge (les chambres, elles, fonctionnent toute l'année). Uniquement sur réservation. Une auberge dans un cadre absolument enchanteur : les anciennes dépendances du château d'Amanzé (brûlé, hélas, à la Révolution). Les patrons ont 2 salles rustiques de 50 et 30 couverts, avec accès par une jolie tour et un bel escalier en pierre. L'une se trouve dans l'ancien cuvage avec le pressoir en déco et tables individuelles ; l'autre, dans le style taverne moyenâgeuse, a de grandes tables faites à partir de fonds de chars et une belle cheminée. À 12 € (78,71 F), « menu campagnard » ; à 14 € (91,83 F), terrine maison, salade de foies de volailles, potée bourguignonne, fromage et dessert ; à 16 € (104,95 F), terrine maison, tourte au jambon, poulet à la crème ou bœuf bourguignon avec gratin de pommes de terre, fromage et dessert. Vins à prix modérés : de 8,50 à 11 € (de 55,76 à 72,16 F) la bouteille et pichet de rouge à 5,30 € (34,77 F). Dans un autre bâtiment, 4 chambres mignonnes, claires, sobres, avec sanitaires privés, à 43 € (282,06 F) pour 2, petit déjeuner inclus. Table d'hôte à 14,50 € (95,11 F), soit dans l'auberge, soit dans une autre salle à manger. Mais ce qui fait le charme de cette adresse, une des meilleures de la région, c'est avant tout l'extrême gentillesse de Marie-Christine et Philippe, les jeunes propriétaires. Ne manquez pas de faire un tour au ravissant village d'Oyé.

ANTHEUIL 21360 — Carte régionale B2

40 km SO de Dijon ; 22 km N de Beaune

🛏 ❙❙❙ *Chambres d'hôte (Gisèle Schierini) :* ☎ 03.80.33.04.37. Accès : sur la D 33 entre Pont-d'Ouche et Pont-de-Pany, prenez la D 115 vers Antheuil, la maison est toute proche du monument aux morts. Belle maison du XVIII° située dans la vallée de l'Ouche. 2 chambres agréables et spacieuses, avec sanitaires privés. Comptez 34 € (223,03 F) pour 2, petit déjeuner compris (et Gisèle, adorable mamie, vous dorlotera, avec ses confitures maison, ses gaufres ou ses crêpes). Beau salon avec poutres et cheminée. Repas à 12 € (78,71 F), vin compris, avec de bons plats régionaux comme les œufs en meurette, délicieuse spécialité, la poule au riz, la potée bourguignonne et les gougères. Accueil d'une grande gentillesse, une maison où l'on se sent à l'aise, pas étonnant qu'on ait envie d'y rester.

APPOIGNY 89380 — Carte régionale A1

10 km N d'Auxerre ; 10 km S de Migennes

🛏 ♘ ❄ *Chambres d'hôte Le Puitsd'Athie (Pascale-Marie Siad et Bruno Fèvre) :* 1, rue de l'Abreuvoir. ☎ 03.86.53.10.59 et 06.03.23.06.28. Fax : 03.86.53.20.76. Accès : A 6 sortie n° 19 (Auxerre-nord) et direction Appoigny par RN6. Dans le bourg, prendre la route fléchée « clinique de Regennes » puis 1re à gauche et encore la suivante à gauche. Dans la partie ancienne d'une gentille bourgade, au bord d'une petite rue peu passante, belle demeure bourguignonne du XVIIIe siècle, qui faisait partie des dépendances du château de Regennes. Au 1er étage, 3 chambres coquettes dont 2 suites avec salon. Beaux sanitaires privés. Selon la taille de la chambre, de 69 à 100 € (452,61 à 655,96 F) pour 2 petit déjeuner compris et 18 € (118,07 F) par personne supplémentaire. Pas de table d'hôte mais bons restos pour tous les goûts et toutes les bourses à proximité (vous aurez même droit à l'apéro, si vous venez de la part de la maison !) Plein de choses à faire dans le coin, comme une balade au bord de l'Yonne ou visiter la collégiale. Accueil de qualité. Une adresse de charme pour routards aisés. *NOUVEAUTÉ.*

ATHÉE 21130 Carte régionale B2

30 km E de Dijon ; 4 km N d'Auxonne

🛏 ❙◗❙ ♂ ✇ **10 %** *Chambres d'hôte Les Laurentides (Michelle Royer-Cottin) :* 27, rue du Centre. ☎ 03.80.31.00.25 et 06.83.52.22.45. Accès : de Dijon, N 5 vers Dole ; 3 km avant Auxonne, prenez la D 976 à gauche vers Villers-les-Pots, puis Athée ; c'est au centre du village sur la droite. Ravissante maison de caractère, datant du siècle dernier, avec un grand jardin bien fleuri en été. Elle est un peu en bord de route, mais l'accueil de Michelle est si chaleureux que l'on oublie vite ce petit inconvénient. 4 chambres d'hôte, dont deux donnant sur le jardin, colorées et croquignolettes, toutes avec salles d'eau et w.-c. privés. Comptez 41 € (268,94 F) pour 2, copieux petit déjeuner compris. Intérieur charmant, il faut dire que Michelle tenait une brocante (*La Caverne d'Ali Baba !*) et qu'elle peint à ses heures perdues. Séjour rustique et agréable véranda exotique. Table d'hôte uniquement le week-end et les jours fériés, à 17 € (111,51 F) apéro et boissons compris. Excellentes spécialités régionales : quiche aux poireaux et aux asperges, salades du jardin, poule au pot, potée bourguignonne, terrines maison. L'été, les dîners sont servis sur la terrasse, autour d'un barbecue.

BARGES 21910 Carte régionale B2

13 km S de Dijon ; 8 km E de Gevrey-Chambertin

🛏 ❙◗❙ ✇ **10 %** *Chambres d'hôte (Annie et Joël Grattard) :* 39, Grande-Rue. ☎ et fax : 03.80.36.66.16 et 06.62.35.66.16. Accès : de Dijon, prenez la D 996 vers Seurre ; à la sortie de Saulon-la-Rue tournez à droite (C 1) vers Barges, la maison est à la sortie du village à gauche. C'est par un petit parc joliment arboré que l'on accède à cette ferme vieille de deux siècles nichée dans la verdure. Au rez-de-chaussée, 2 chambres coquettes et lumineuses (une préférence pour la bleue et jaune). Sanitaires privés. Comptez 46 € (301,74 F) pour 2, petit déjeuner compris. C'est au coin d'une belle cheminée (la niche est d'origine) que vous prendrez les repas partagés en famille pour 16 € (104,95 F), bourgogne compris. Savoureuse cuisine familiale avec spécialités régionales et légumes du jardin, dont de nombreux inhabituels car anciens. Accueil chaleureux (c'est Joël qui s'occupe des hôtes). Pour les amateurs de vins, vous êtes à quelques encablures de Gevrey-Chambertin, Nuits-Saint-Georges, sans oublier Clos-de-Vougeot ; les autres passeront d'abord par l'abbaye de Cîteaux où les moines fabriquent le célèbre fromage du même nom.

BAUDRIÈRES 71370 Carte régionale B2

17 km SE de Chalon-sur-Saône ; 7 km S de Saint-Germain-du-Plain

🛏 ♂ *Chambres d'hôte La Chaumière (Arlette Vachet) :* ☎ 03.85.47.32.18 et 06.07.49.53.46. Fax : 03.85.47.41.42. Accès : de Tournus, N 6 vers Sennecey-le-Grand, puis D 18 vers Gigny-sur-Saône, Saint-Germain-du-Plain et fléchage. Ouvert de Pâques à la Toussaint. Jolie maison couverte de vigne vierge, avec 2 chambres confortables et décorées avec soin, 1 suite et un petit cottage pour 4 personnes. Selon l'option choisie, comptez de 58 à 69 € (380,46 à 452,61 F) pour 2, petit déjeuner inclus et 92 € (603,48 F) pour 4. Très agréable salon avec de vieux meubles régionaux. Et dès qu'il fait beau, on prend le petit déjeuner à l'extérieur, sous un auvent en bois. Bon accueil.

BEAUNE 21200   Carte régionale B2

22 km SO de Dijon

🛏 |●| 🐾 ⸬ *Chambres d'hôte La Maison des Bressandes (Babeth et Denis Sérouart) :* chemin du Dessus-des-Bressandes. ☎ 03.80.22.93.50. ● www.multimania. com/maisonbressandes/ ● Accès : de Beaune, direction Dijon jusqu'à l'église, tournez à gauche vers le camping ; passez le cimetière et prenez la 2e à gauche (chemin des Mariages), puis 1re à droite (chemin de la Boucle-de-Lièvre) ; c'est la 1re maison à droite. Ouvert de mars à novembre. Belle maison des années 1950, dominant Beaune et ses vignobles. 3 chambres coquettes, situées au 1er étage, dont une suite, dotée d'un immense salon qui peut aussi héberger les familles et qui profite d'un gentil balcon. Sanitaires privés. 53,36 et 68,60 € pour la suite (350 et 450 F), pour 2, petit déjeuner compris. Table d'hôte sans les propriétaires à 18,29 € (120 F), vin compris. Bonne cuisine familiale et régionale. Pour vous détendre, une superbe piscine. Accueil de qualité. L'adresse idéale pour parcourir la route des vins.

BISSY-SOUS-UXELLES 71460   Carte régionale B2

31 km S de Chalon-sur-Saône ; 6 km NE de Cormatin

🛏 🐕 ⟨10%⟩ *Chambres d'hôte La Ferme (M. et Mme de La Bussière) :* ☎ et fax : 03.85.50.15.03. ● www.m-fjsolutions.com/BB/ ● Accès : à côté de l'église. Fermé le dimanche soir (sauf séjour). Ferme de caractère dans laquelle les jeunes propriétaires proposent 6 chambres d'hôte. Deux avec sanitaires privés et kitchenette, deux autres avec sanitaires privés, et deux avec sanitaires communs. Les chambres sont bien tenues, agrémentées de jolies couettes. Comptez de 34 à 53 € (de 223,03 à 347,66 F) pour 2, copieux petit déjeuner compris. Accueil dynamique et familial.

BRAZEY-EN-MORVAN 21430   Carte régionale B2

33 km N d'Autun ; 12 km S de Saulieu

🛏 |●| 🐾 *Gîte d'étape et chalets-loisirs (Isabelle et Alain Simonot) :* La Coperie. ☎ 03.80.84.03.15. Fax : 03.80.84.03.96. Accès : à Saulieu, direction Autun ; à la sortie de L'Huis-Renaud, tournez à droite en direction de Villiers-en-Morvan ; après l'entreprise de travaux publics, allez tout droit, puis tournez à droite et continuez sur 1 km. Aux portes du Morvan, gîte d'étape dans un panorama grandiose qu'on ne se lasse pas de regarder. 4 chambres avec sanitaires privés. 15,24 € (100 F) par personne et par nuit (activités comprises) et petit déjeuner à 4,57 € (30 F). Possibilité de table d'hôte. Egalement 9 petits chalets-loisirs de 35 ou 50 m² chacun, Dans chaque chalet, cuisine, séjour avec cheminée, chambre et mezzanine, sanitaires. Location par les Gîtes de France Côte d'Or (merci pour la pub !) au 03.80.45.97.15 ou fax : 03.80.45.97.16. Parmi les loisirs : piscine, pêche (trois beaux étangs avec truites, carpes, gardons), VTT, et 3 chevaux pour randonner. Isabelle et Alain élèvent des moutons et proposent une fois par semaine un repas avec gigot d'agneau cuit dans la cheminée. On peut aussi acheter les côtelettes et les faire griller au barbecue (un par chalet). Une adresse nature.

BRESSE-SUR-GROSNE 71460   Carte régionale B2

20 km O de Tournus ; 20 km N de Cluny

🛏 🐾 ⸬ ⟨10%⟩ *Chambres d'hôte La Griolette (Micheline et Jean Welter) :* Le Bourg. ☎ 03.85.92.62.88. Fax : 03.85.92.63.47. Accès : de Tournus, prenez la D 215 vers Saint-Gengoux-le-National ; 0,5 km après Lancharre, tournez à droite vers Bresse-sur-Grosne. La maison est à 600 m de l'église. Dans une vieille maison typique du pays, au fond de leur jardin, Micheline et Jean ont aménagé 2 suites composées de deux chambres pour 4 et 5 personnes. Sanitaires privés. La déco et les petits bibelots leur donnent une atmosphère douillette et bonbonnière. Comptez de 49 à 53 € (321,42 F à 347,66 F) pour 2, petit déjeuner compris. Il est royal et composé, entre autres, de jambon du Morvan, de fromages, de confitures maison et de jus de fruits. Micheline, ancienne libraire qui a vendu nos titres pendant des années, est une adorable mamie. Agréable piscine pour vous détendre. Accueil chaleureux et attentionné.

CHAMBLANC 21250 — Carte régionale B2

40 km S de Dijon ; 30 km E de Beaune ; 3 km N de Seurre

📷 ❙●❙ ⛲ *Chambres d'hôte (Myriam Sordet)* : rue Verte. ☎ 03.80.20.48.75 et 06.81.35.35.41. Accès : de Beaune, D 973 vers Seurre, prenez le centre-ville, puis suivez Chamblanc ; dans le village, tournez vers le garage Fiat, et prenez la 1re rue sur la gauche, c'est la dernière maison. Fermé à Noël. Conseillé de réserver quelques jours à l'avance. Ancienne maison restaurée avec 2 chambres simples pour 2 et 3 personnes, à l'étage, avec sanitaires privés. Comptez 32,01 € (210 F) pour 2, petit déjeuner compris. Kitchenette. Possibilité de repas à 12,20 € (80 F) par personne, vin compris, avec spécialités de corniottes (tricorne en pâte feuilletée au fromage et à la crème), cake aux olives, œufs en meurette, coq au vin, blanquette de veau et clafoutis. La passion de Pascal, le mari de Myriam, ce sont les voitures hippomobiles, et après en avoir restauré des grandes pendant des années, il s'est maintenant attaqué aux miniatures : chariots bâchés, diligences... Des heures de patience pour de superbes réalisations tout en bois. Accueil agréable de la dynamique propriétaire. Bon rapport qualité-prix-convivialité.

BOURGOGNE

CHARDONNAY 71700 — Carte régionale B2

26 km N de Mâcon ; 8 km S de Tournus

📷 🐕 (10%) *Chambres d'hôte Le Tinailler du Manoir de Champvent (Régine et Jean-Paul Rullière)* : Champvent. ☎ 03.85.40.50.23. Fax : 03.85.40.50.18. Accès : par la D 56 ; traversez le bourg et 2,5 km plus loin, tournez à droite au fléchage « Théâtre de Champvent ». Fermé en décembre et janvier. Jean-Paul, comédien depuis de nombreuses années, a décidé un jour de poser son sac et de monter une troupe de théâtre. Aimant les contacts, il a ouvert 5 chambres d'hôte décorées avec goût et ornées de superbes toiles de Paul-Louis Bolot, le grand-père de la famille. Une salle d'exposition permanente lui est même consacrée. Comptez de 44 à 46 € (de 288,62 à 301,74 F) pour 2, petit déjeuner compris. Pas de table d'hôte, mais d'excellents restos à Tournus et aux environs. Bien sûr, si vous venez en été, vous pourrez voir les spectacles montés par Jean-Paul (à prix réduit pour les routards), dans un charmant théâtre (pierres apparentes et poutres) qu'il a aménagé. Hors saison, vous pourrez assister aux répétitions (mais chut !). Accueil chaleureux et décontracté.

CHARNY 89120 — Carte régionale A1

50 km S de Sens ; 30 km SO de Joigny

📷 ❙●❙ ⛲ (10%) *Chambres d'hôte Ferme du Gué de Plénoise (Dominique et Daniel Ackermann)* : ☎ 03.86.63.63.53. Accès : au niveau de la vieille halle de Charny, prenez la D 16 vers Châtillon-Coligny et en haut d'une côte suivez le fléchage « Plénoise ». En pleine campagne, à 5 km du village, ferme isolée où Dominique et Daniel élèvent des vaches laitières. Au 1er étage de la maison, 4 chambres dont une familiale avec mezzanine. Déco campagnarde. Sanitaires privés. 46 € (301,74 F) pour 2, petit déjeuner compris. Table d'hôte partagée en famille à 17 € (111,51 F), apéro et vin compris. Cuisine du terroir avec de bons produits fermiers, dont le veau maison ! Accueil chaleureux. Bref, une adresse pour redécouvrir la vraie vie de la ferme... sans oublier Charny, village vraiment charmant.

CHÂTEAUNEUF-EN-AUXOIS 21320 — Carte régionale B2

42 km SO de Dijon ; 30 km NO de Beaune

📷 *Chambres d'hôte (Annie et Jean-Mi Bagatelle)* : rue des Moutons. ☎ 03.80.49.21.00 et 06.85.20.20.85. Fax : 03.80.49.21.49. ● jean-michel.bagatelle@wanadoo.fr ● Accès : de Pouilly, D 970 vers Vandenesse-en-Auxois, puis D 994 jusqu'à Châteauneuf. La maison est au cœur du village. Fermé pendant les vacances scolaires de février. Dominant le canal de Bourgogne, superbe village médiéval avec son château des XIIe et XVe siècles. Par une petite ruelle, on arrive devant une belle maison avec cour intérieure. 4 chambres charmantes, avec accès indépendant et sanitaires privés. Deux petites (on préfère la jaune, agrémentée d'une jolie cheminée), et deux plus grandes, avec lit en mezzanine. Comptez 46 € (pour les premières) et 58 € (301,74 et 380,46 F) pour 2, petit déjeuner compris (gâteau, miel et confitures maison). Il est servi sur des tables individuelles dans une salle agréable. Pas de table d'hôte, mais plusieurs restos dans le village, dont une très craquante crêperie. Sourire et gentillesse sont au rendez-vous. Pour la petite histoire, Michel Rocard (que nous saluons au passage) possède une petite maison de famille, près du château (chut !).

CHÂTENAY 71800 — Carte régionale B2

40 km SE de Paray-le-Monial ; 8 km E de La Clayette

Chambres d'hôte (Bernadette et Bernard Jolivet) : Les Bassets. ☎ 03.85.28.19.51. Fax : 03.85.26.83.10. Accès : de La Clayette, prenez la direction Mâcon par la D 987, puis à 6 km tournez à gauche ; et fléchage. Ouvert de Pâques à la Toussaint. Ancienne ferme restaurée avec vue superbe sur le hameau. Bernadette et Bernard (artisan menuisier) y ont aménagé 4 chambres confortables, équipées de sanitaires privés. Comptez 42 € (275,50 F) pour 2, petit déjeuner compris. Pas de table d'hôte, mais coin cuisine à disposition et une ferme-auberge à 1 km. Les amateurs ne manqueront pas le circuit des églises romanes.

I●I ⅏ Ferme-auberge de Lavaux (Paul Gelin) : ☎ 03.85.28.08.48. Fax : 03.85.26.80.66. Fermé du 30 novembre à Pâques ; le reste de l'année, fermé le mardi. Chaleureuse auberge d'une soixantaine de couverts, avec décor de poutres et pierres apparentes. Menus de 10,67 à 19,82 € (70 à 130 F), vin non compris, avec de bonnes spécialités régionales. 4 chambres spacieuses donnant sur une galerie extérieure en bois tapissée de géraniums, et 1 plus récente installée dans le pigeonnier. Sanitaires privés. Comptez de 45,73 € (300 F) pour 2, petit déjeuner compris. Bon accueil.

CHÂTILLON-EN-BAZOIS 58110 — Carte régionale A2

40 km E de Nevers ; 25 km O de Château-Chinon

🐕 ⅏ (10 %) Chambres d'hôte de la Ferme de Semelin (Nicole et Paul Deltour) : Mont-et-Marré. ☎ et fax : 03.86.84.13.94. Accès : à Châtillon, prenez la D 945 vers Corbigny, puis la D 259 ; la ferme est à 500 m sur la droite. Sur réservation du 1er novembre au 31 mars. Cadre verdoyant avec une vue superbe sur la campagne environnante. Nicole et Paul, agriculteurs à la retraite, tiennent 3 chambres au rez-de-chaussée de leur ferme. Sanitaires privés. Comptez de 35,06 à 45,73 € (de 230 à 300 F) pour 2, petit déjeuner compris. Chaleureuse salle rustique avec immense table de campagne et grande cheminée, où sont servis les petits déjeuners. Paul a une véritable passion pour les fleurs, et surtout pour les dahlias : il en collectionne 350 pieds et 85 variétés ! Accueil tout à fait charmant et authentique, ambiance calme et sereine.

⅏ Chambres d'hôte Bouteuille (Colette et André Lejault) : Alluy. ☎ 03.86.84.06.65. et 06.77.35.01.34. Fax : 03.86.84.03.41. ● http://perso.wanadoo.fr/bouteuille/ ● Accès : sur la D 978 ; 4,5 km avant d'arriver à Châtillon (en venant de Nevers), tournez à gauche (D 112) ; la maison est à 1,5 km. En pleine nature, très belle demeure de la fin du XVIIe siècle au milieu des champs. Colette et André, gentlemen-farmers, reçoivent dans 5 chambres décorées avec beaucoup de goût (dont deux groupées pour des familles). Beaux sanitaires privés. Jolis papiers, parquet et gravures anciennes. Dans la montée d'escalier qui mène aux chambres, gravures des années 1920 sur tous les bibis de l'époque. Comptez de 43 à 55 € (de 282,06 à 360,78 F) pour 2, petit déjeuner inclus. Salon avec billard français et piano. Pas de table d'hôte, mais coin cuisine à disposition et une cuisine d'été avec barbecue installée dans le pigeonnier. Calme et tranquillité garantis. Accueil agréable et discret.

CHAUDENAY-LE-CHÂTEAU 21360 Carte régionale B2

40 km SO de Dijon ; 12 km SE de Pouilly-en-Auxois

Chambres d'hôte Le Cottage du Château (Claude et Daniel Touflan) : ☎ 03.80.20.00.43. Fax : 03.80.20.01.93. Accès : de Pouilly, prenez la N 81 vers Autun et à la sortie du bourg, prenez la D 970 jusqu'à Sainte-Sabine ; là, prenez la D 115k qui vous conduira à Chaudenay. Au pied du château de Chaudenay, ancienne bergerie toute en pierre. 5 chambres très personnalisées avec accès indépendant, petite terrasse privative et salon de jardin. Sanitaires privés et TV. Une préférence pour les chambres « Tournesol » avec son croquignolet miroir et « Roses » avec son grand lit en bois romantique et sa moquette bien épaisse. La chambre « Safari » avec mezzanine et salon peut accueillir 4 personnes. 44 € (288,62 F) pour 2, petit déjeuner compris, et 73 € (478,85 F) pour la suite. Table d'hôte partagée en famille à 18 € (118,07 F), apéro, bourgogne et café compris. Goûteuse cuisine traditionnelle avec de nombreuses spécialités régionales. Si vous êtes sages, Claude et Daniel ouvriront pour vous le musée du village, qui est une ancienne salle de classe, directement sortie de *La Guerre des Boutons*. Accueil charmant et décontracté. Une bonne adresse. Pour les amateurs de sensations fortes, sachez que Jacques Laffite a ouvert un circuit de kart à 10 km de là.

CHEVAGNY-LES-CHEVRIÈRES 71960 Carte régionale B2

5 km O de Mâcon

Chambres d'hôte (Marie-Thérèse Marin) : ☎ 03.85.34.78.60. Fax : 03.85.20.10.99. Accès : par la N 79, prendre la 2e sortie direction Mâcon Centre (D 17) puis Chevagny sur la gauche. La maison est proche de l'église. Au cœur du Mâconnais, belle maison du XVIIe d'où vous aurez une vue imprenable sur la région. Marie-Thérèse, viticultrice passionnée (elle produit un excellent mâcon blanc fruité), a installé 3 chambres avec sanitaires privés dans une aile indépendante. Comptez 45,73 € (300 F) pour 2, avec le petit déjeuner, servi en extérieur l'été et dans sa maison en hiver. Une hôtesse haute en couleur qui vous offrira à coup sûr un verre de sa savoureuse production.

COLLAN 89700 Carte régionale A1

30 km E d'Auxerre ; 6 km NE de Chablis

Chambres d'hôte La Marmotte (Élisabeth et Gilles Lecolle) : 2, rue de l'École. ☎ 03.86.55.26.44. Fax : 03.86.55.00.08. ● bmarmotte.glecolle@wanadoo.fr ● Accès : à la sortie de Chablis en direction de Tonnerre, prenez la D 150 puis la D 35 jusqu'à Collan, la maison est à l'entrée du village à gauche. Le grand-père d'Élisabeth était maréchal-ferrant, c'était sa maison. De l'activité, il ne reste plus rien, et à la place, la maîtresse des lieux a créé un agréable décor. On entre dans un jardin d'hiver où glougloute la cascade. On y prend petits déjeuners et repas sauf quand il fait très froid. 3 chambres guillerettes avec sanitaires privés, dont deux à l'étage et une au rez-de-chaussée. Elles dégagent une atmosphère gaie et sont tenues de manière irréprochable. Comptez 42 € (275,50 F) pour 2 avec le petit déjeuner. Table d'hôte occasionnelle, d'avril à septembre, partagée avec Élisabeth et Gilles. Repas à 16 € (104,95 F), vin compris. Accueil souriant. N'oubliez pas de rendre une visite au lavoir de Collan, où certaines femmes du village viennent encore battre le linge dans une eau limpide, sous le regard de saint Robert (de son vrai nom Robert de Molesme, fondateur de l'abbaye de Cîteaux).

COLOMBIER 21360 Carte régionale B2

40 km SO de Dijon ; 16 km SE de Pouilly-en-Auxois

chambres d'hôte (Yvette et Bernard Broca) : ☎ 03.80.33.03.41. Accès : dans le bourg. Au cœur du village, dans une maison indépendante de la leur, Yvette et Bernard, couple d'agriculteurs à la retraite, ont aménagé 5 chambres. Trois au 1er étage et deux au 2e. Déco simple, sanitaires privés. Selon la taille, de 39,64 à 42,69 € (260,02 à 280,03 F) pour 2, avec le p'tit dej. Table d'hôte partagée avec les proprios à 16,01 € (105,02 F), kir et vin compris. Authenticité et gentillesse au rendez-vous.

CORBERON 21250 · — Carte régionale B2

13 km E de Beaune ; 13 km O de Seurre

▲ ⇼ **(10 %)** *Chambres d'hôte L'Ormeraie (Chantal et Alain Balmelle) :* 10 rue des Ormes. ☎ 03.80.26.53.19 et 06.84.39.43.80. Fax : 03.80.26.54.01. • cab. abc@wanadoo.fr • Accès : de Beaune, prenez la D 973 vers Seurre/Dole jusqu'à Corberon ; dans le bourg, tournez à gauche vers l'église, la maison est un peu plus loin à gauche. Ouvert de début mai au 15 octobre. Grande demeure bourgeoise de la fin du XVIIIᵉ siècle, avec un grand jardin fleuri. 3 chambres distinguées, vastes et lumineuses. Sanitaires privés. Beaucoup de goût dans la déco (style légèrement dépouillé), vieilles tommettes et poutres apparentes. Deux des chambres sont au 1ᵉʳ étage de la maison ; la troisième (notre préférée) est au 2ᵉ, avec une luxueuse salle de bains (peinture au chiffon). Comptez 64 € (419,81 F) pour 2, petit déjeuner compris, servi dans un adorable petit salon ou à l'ombre des arbres, en contemplant la campagne. Ambiance raffinée. Accueil de qualité. Pas de table d'hôte, mais plusieurs restos aux alentours.

CRONAT 71140 — Carte régionale A2

58 km SE de Nevers ; 12 km N de Bourbon-Lancy

▲ **(10 %)** *Chambres d'hôte (Odile et Yves Biberon) :* Les Garlauds. ☎ 03.85.84.84.63. Accès : par la D 973 ; à Maltat, suivez Cronat pendant 4 km et Les Garlauds. Fermé de fin octobre à début avril. Yves et sa femme sont de jeunes éleveurs de moutons. Ils tiennent 2 chambres simples et confortables pour 2 à 4 personnes avec sanitaires privés. 33,54 € (220 F) pour 2, petit déjeuner compris. Coin cuisine à disposition. Loisirs nautiques et station thermale à proximité.

CURTIL-VERGY 21220 — Carte régionale B2

20 km SO de Dijon ; 8 km NO de Nuits-Saint-Georges

▲ |●| ♈ ⇼ *Chambres d'hôte Le Val de Vergy (Brigitte et Dominique Puvis de Chavannes) :* Pellerey. ☎ et fax : 03.80.61.41.62. Accès : de Nuits-Saint-Georges, D 25 vers Meuilley, puis D 35 vers Villars-Fontaines et Messanges ; à la station-service de ce village, tournez à droite vers Cutil-Vergy jusqu'à Pellerey (600 m avant Curtil-Vergy). Ouvert d'avril à novembre. Dans un joli coin de campagne, belle demeure de vignerons du XVIIᵉ, toute en pierre. Dans une aile indépendante, 2 chambres charmantes avec sanitaires privés. « La Nuptiale », réservée aux jeunes, car située au 2ᵉ étage ; l'autre avec deux ravissants lits à baldaquin. Une 3ᵉ se trouve dans la maison, mais plus chère, car sous forme de suite (idéale pour les familles). Beaux meubles anciens. Respectivement 46 et 53 € (301,74 à 347,66 F) pour 2, petit déjeuner compris. Au fait, Dominique est maire de ce petit village de 86 âmes. Table d'hôte occasionnelle (quand l'emploi du temps le permet) à 19 € (124,63 F), apéro et bourgogne compris, toujours avec deux petites entrées. Goûteuse cuisine traditionnelle, dont de nombreuses spécialités cuites à la broche dans la cheminée. Repas servis dans une superbe salle à manger, où siège encore le palan à tonneaux. Les proprios font aussi pension pour chats, qui sont hébergés dans de petites maisonnettes au fond du parc. Accueil de qualité. Au fait, une petite visite de la biscuiterie artisanale de Vergy s'impose... Ah, le pain d'épice, les dents de loup !

DONZY 58220 — Carte régionale A1

18 km E de Cosne-sur-Loire ; 26 km N de La Charité-sur-Loire

▲ |●| ⇼ *Chambres d'hôte Les Jardins de Belle Rive (Laura et Billy Juste) :* Bagnaux. ☎ 03.86.39.42.18. Fax : 03.86.39.49.15. Accès : de Cosne-sur-Loire, D 33 vers Donzy ; dans le bourg traversez deux ponts et prenez la petite route à droite. Dans un écrin de verdure, Laura et Billy ont construit une petite maison indépendante qui ne manque pas de charme avec sa petite tour carrée. Intérieur lumineux, très *cosy* et raffiné. Laura est artiste peintre et vous trouverez plusieurs de ses œuvres dans la décoration (toiles, reproductions, trompe-l'œil). 4 chambres romantiques et douillettes avec de luxueux sanitaires privés (baignoire et douche pour la plus grande). Selon la taille des chambres, de 40 à 49 € (262,38 à 321,42 F) pour 2, petit déjeuner compris, servi dans la maison des propriétaires au décor rustique (meubles campagnards, poutres et cheminée). Laura, votre charmante hôtesse, propose la table d'hôte (partagée en famille), pour 16 € (104,95), vin compris. Parmi ses spécialités : quiche au saumon, canard au sancerre, pâté de légumes, gratin de poisson, tarte aux amandes. Pour ne rien gâcher, une agréable piscine est à votre disposition. Accueil de qualité. Une de nos adresses préférées sur le département.

ÉCHALOT 21510
Carte régionale B1

50 km NO de Dijon ; 11 km SE d'Aignay-le-Duc

BOURGOGNE

🏠 |●| 🐾 *Chambres d'hôte (Rita Bonnefoy) :* ☎ 03.80.93.86.84. Accès : au bas du village. Conseillé de réserver. Maison de village qui vous dévoilera tout son charme sitôt que vous aurez franchi son seuil. Ses origines remontent au XVIIe siècle, mais au cours de sa longue vie, elle devint le bistrot du village (ce qui explique le peu d'attraits de la façade). 3 chambres, pour 2 ou 3 personnes, avec de jolis meubles campagnards. L'une d'elles a un accès direct sur le jardin. Sanitaires privés. Comptez 36 € (236,14 F) pour 2, petit déjeuner compris. Repas sur demande à 13 € (85,27 F) par personne, vin compris, avec un kir traditionnel pour vous mettre dans l'ambiance. Les repas et petits déjeuners sont servis dans une belle salle à manger avec une immense cheminée où crépite le feu, pratiquement tous les soirs de l'année. Rita s'occupe aussi du ramassage scolaire depuis vingt ans ! (elle fait jusqu'à 200 km par jour, car elle ne possède qu'un minibus...). C'est une hôtesse discrète qui, dès qu'on la connaît un peu, se révèle être une femme chaleureuse. Une gentille adresse.

ÉPOISSES 21460
Carte régionale B1

35 km N de Saulieu ; 24 km E d'Avallon ; 12 km O de Semur-en-Auxois

🏠 ✦ **(10 %)** *Chambres d'hôte (Claudine et Bernard Virely) :* Plumeron. ☎ 03.80.96.44.66. Fax : 03.80.96.33.97. Accès : de Montbard, prenez la D 980, puis à Semur-en-Auxois, la N 454 vers Époisses ; dans le bourg, la D 4 direction Montberthault, c'est à 1 km. Dans une ferme en activité, 2 jolies chambres avec sanitaires privés. L'une familiale avec une grande baie vitrée et une terrasse privative ouvrant sur le parc, et l'autre tout aussi sympa avec une belle charpente apparente. Comptez 44 € (288,62 F) pour 2, avec le p'tit déj, 39 € (255,82 F) à partir de la 2e nuit et 10,67 € (70 F) par personne supplémentaire. Pas de table d'hôte mais coin cuisine à disposition. Petits restos à Époisses ou à Semur-en-Auxois, dont la visite vaut le détour. Accueil agréable. Vous êtes au pays de l'époisses (un des seuls fromages bourguignons vraiment réputés), alors allez en chercher un chez *Berthaut*, très connu dans le coin, qui fabrique le vrai !

ÉTRIGNY 71240
Carte régionale B2

25 km S de Chalon-sur-Saône ; 13 km O de Tournus

🏠 |●| 🐾 **(10 %)** *Ferme-auberge (Pascal Goujon) :* Malo. ☎ 03.85.92.21.47 ou 03.85.92.23.40. Fax : 03.85.92.22.13. ● www.aubergemalo.com ● Accès : de Tournus, D 215 vers Saint-Gengoux-le-National ; à Nogent, prenez la D 159 vers Champlieu et fléchage. Ouvert les samedis et dimanches, de Pâques à mi-novembre (toute l'année pour les chambres). En pleine campagne, dans un petit hameau, petite salle rustique de 50 couverts. 2 menus à 10,67 € (70 F) le « campagnard » et 15,24 € (100 F) avec la spécialité maison : les volailles (poulet, canard, oie, pintade). Petite carte des vins : 6,40 € (42 F) le pichet de 75 cl et autour de 11,59 € (76 F) pour une bouteille. Également 3 chambres d'hôte avec sanitaires privés, à 39,64 € (260 F) pour 2, petit déjeuner inclus, et pour les plus fauchés, 1 camping à la ferme de 25 emplacements avec possibilité de baignade. Ici, ça sent bon la campagne et les produits maison.

FLEY 71390
Carte régionale B2

23 km SO de Chalon-sur-Saône ; 6 km S de Buxy

🛏 🐕 ⊁⊁ ⟨10%⟩ **Chambres d'hôte La Randonnée (Françoise et André David) :** Le Bourg. ☎ et fax : 03.85.49.21.85 et 06.07.09.54.81. • anddavid@club-internet.fr • Accès : A 6 sortie Chalon-Sud, puis D 977 et D 983 vers Charolles. Après Buxy, tournez à gauche (D 983) et continuez jusqu'à Fley. Fermé en octobre. Réservation indispensable entre novembre et Pâques. Dissimulée au fond d'un petit jardin fleuri et verdoyant, ancienne fermette de village très bien restaurée. Sur différents niveaux de la maison, 3 chambres, dont 1 suite, avec accès indépendant et sanitaires privés. Déco agréable mais une préférence pour la chambre avec le couvre-lit en patchwork. Comptez 45 € (295,18 F) pour 2, petit déjeuner compris. Agréable salon avec une belle charpente, une collection de coqs et un jeu d'échecs. Françoise peint à ses heures perdues et réalise de superbes aquarelles, ainsi que plein de petits bibelots peints genre boîtes, plateaux, paniers... Pas de table d'hôte, mais Françoise et André ont récupéré toutes les cartes des restos sympas du coin. Accueil de qualité.

FOISSY-SUR-VANNE 89190
Carte régionale A1

18 km E de Sens ; 5 km O de Villeneuve-l'Archevêque

🛏 ⟨10%⟩ **Chambres d'hôte Le Moulin de l'Europe (Geneviève et Gérard Kohler-Couvidat) :** 5, rue du Moulin. ☎ 03.86.86.71.74. Fax : 03.86.86.71.74. • www.bon adresse.com/Bourgogne/Foissy-sur-Vanne.htm • Accès : de Sens, N 60 vers Troyes jusqu'à Foissy-sur-Vanne ; à l'église du village, prenez la route à droite de l'église et fléchage. Fermé de début novembre à fin mars. Au calme, charmant moulin dont les origines remontent au XVIe siècle. Destiné à faire de la farine, il se reconvertit dans bien d'autres activités dont la fabrication d'électricité (il a fourni toute celle du village de 1922 à 1947 !). Geneviève et Gérard en sont devenus propriétaires dans les années 1960. Architecte à la retraite, votre hôte l'a complètement aménagé et aujourd'hui, 5 chambres agréables vous attendent. Une au rez-de-chaussée avec accès direct sur le jardin et sur la Vanne (pour ceux que le bruit de l'eau ne gêne pas) ; deux au 1er étage et deux au 2e (dont une familiale de 4 personnes). Spacieux sanitaires privés. Selon la taille des chambres, de 46 à 56 € (de 301,74 à 367,34 F) pour 2, petit déjeuner compris, 9 € (59,04 F) par personne supplémentaire. Pas de table d'hôte mais 1er resto à 5 km. Accueil de qualité.

FONTAINES 89130
Carte régionale A1

32 km SO d'Auxerre ; 8 km S de Toucy

🛏 ⦿I ⊁⊁ **Chambres d'hôte La Bruère (Chantal et Guy Jorry) :** ☎ 03.86.74.30.83. Accès : de Toucy, prenez la D 955 vers Saint-Sauveur-en-Puisaye, traversez Fontaines, continuez dans la même direction pendant 3,5 km et fléchage à droite. Chantal et Guy élèvent des charolais. Au 1er étage de la maison, ils ont installé 3 chambres campagnardes avec sanitaires privés. Comptez 38 € (249,26 F) pour 2, petit déjeuner compris, avec les confitures de Chantal qui fait aussi un pain délicieux. Table d'hôte partagée en famille à 14 € (91,83 F), apéro et vin inclus. Généreuse et bonne cuisine traditionnelle avec les produits maison (hum !). Accueil authentique et souriant. Une adresse pour découvrir la vraie vie de la ferme.

FRASNAY-REUGNY 58270
Carte régionale A2

30 km E de Nevers ; 20 km N de Decize

🛏 🐕 ⟨10%⟩ **Chambre d'hôte Domaine de la Touriterie (Annie et Georges Cornu) :** ☎ 03.86.60.20.94. Fax : 03.86.60.26.19. Accès : de Nevers, D 978 vers Châtillon-en-Bazois ; 3 km après Billy, tournez à droite vers Frasnay, la maison est avant le village sur votre droite (fléchage). En pleine campagne, sur une exploitation agricole. Au 1er étage de leur maison, Annie et Georges ont aménagé 1 chambre d'hôte pour 3 ou 4 personnes, avec accès indépendant par un escalier extérieur. Vous jouirez de tout l'étage, et croyez-nous, il y a de la place ! Un immense salon à l'atmosphère rustique où vous prendrez votre petit déjeuner, et une chambre coquette, un brin romantique. Sanitaires privés. Comptez 45 € (295,18 F) pour 2, petit déjeuner inclus. Une adresse pour ceux qui veulent être indépendants et à l'écart de la foule. Accueil agréable.

GY-L'ÉVÊQUE 89580 — Carte régionale A1

10 km S d'Auxerre

🏠 ◉ ⑩% *Chambres d'hôte La Fontaine (Chantal et Martial Moyer) :* 2, rue de la Fontaine. ☎ 03.86.41.61.64. Fax : 03.86.41.74.17. Accès : d'Auxerre, suivez la N 151 vers Bourges/Nevers jusqu'à Gy-l'Évêque et fléchage. Fermé en janvier. Gy est un joli petit village avec une vieille église des XIIIᵉ et XVIᵉ siècles. Au cœur de celui-ci, dans l'ancienne grange d'une exploitation agricole du XIXᵉ, 5 chambres agréables avec sanitaires privés. Déco de bon goût. Comptez de 46 à 51 € (de 301,74 à 334,54 F) pour 2, petit déjeuner compris (confitures et pain d'épice maison). Les repas se prennent dans une grande salle à manger avec cheminée, murs en pierre apparente et poutres. Table d'hôte pas systématiquement partagée avec les propriétaires à 20 € (131,19 F), apéro et vin compris. Accueil convivial.

IGUERANDE 71340 — Carte régionale A-B2

32 km S de Paray-le-Monial

🏠 ◉ ⑩% *Chambres d'hôte À la Ferme d'é Monty (Denise et Maurice Martin) :* ☎ et fax : 03.85.84.09.69. • http ://lesmonty.free.fr • Accès : sur la D 982 ; dans Iguerande, suivez les fléchages « Outre-Loire », puis « Les Montées » et « Chambres d'hôte ». Ancienne ferme rénovée, jouissant d'un joli panorama sur la campagne environnante. 4 chambres agréables avec sanitaires privés (préférez la chambre rustique). Comptez 45 € (295,18 F) pour 2, petit déjeuner compris (toutes sortes de confitures, fromage et gâteau maison). Table d'hôte à 15,24 € (100 F), vin compris. Bonne cuisine familiale à base de produits fermiers. Pour ceux qui veulent piquer une tête, les proprios connaissent quelques coins pour se baigner dans la Loire. Accueil familial et convivial.

JOUX-LA-VILLE 89440 — Carte régionale A1

38 km SE d'Auxerre ; 16 km N d'Avallon

🏠 ⑩% *Chambres d'hôte Le Clos du Merry (Maryse et Jean-Paul Gueuniot) :* 4, rue Crété. ☎ 03.86.33.65.54 et 06.61.15.65.54. Fax : 03.86.33.61.72. • closmerry @aol.com • Accès : A 6, sortie Nitry, puis D 944 vers Avallon jusqu'à Joux et fléchage (1ʳᵉ ferme à droite à l'entrée du village). Il est conseillé de téléphoner. Jean-Paul et Maryse sont agriculteurs, mais leur exploitation n'est pas sur place. Pourtant vous êtes bien à la ferme, et l'écurie et la grange ont été entièrement réaménagées pour devenir une immense pièce de jour avec un beau volume et 5 chambres d'hôte équipées de sanitaires privés : une au rez-de-chaussée, accessible aux personnes handicapées ; les quatre autres à l'étage, dont deux familiales composées chacune de deux chambres. Comptez 40 € (262,38 F) pour 2, petit déjeuner compris. Pas de table d'hôte, mais plusieurs restos à proximité. Jean-Paul est animateur de randos et organise des circuits pédestres ouverts à ceux qui ont envie de l'accompagner. Amoureux de sa région, il vous la fera découvrir. Accueil authentique et chaleureux.

LAIN 89560 — Carte régionale A1

32 km SO d'Auxerre ; 17 km S de Toucy ; 13 km E de St-Sauveur-en-Puisaye

🏠 ◉ 🐕 ⑩% *Chambres d'hôte Art'Monie (Arlette et Jacques Elzière) :* Le Bourgelet. ☎ 03.86.45.20.39. Fax : 03.86.45.21.76. • www.artmonie.net • Accès : de Toucy, D 950 vers Avallon jusqu'à Ouanne, puis à droite (D 85) vers Saint-Sauveur-en-Puisaye ;

e de Coulon, tournez à gauche (D 4) et allez jusqu'à Lain ; la maison est à la sortie
du village en direction de Sougères. Ouvert de début février au 11 novembre. À l'extrémité
du village, ancienne ferme en pierre du pays, avec un petit jardin central. Dans une aile
indépendante, 5 chambres avec sanitaires privés, dont une accessible aux personnes
handicapées et une familiale avec lits pour enfants en mezzanine. Comptez de 38 à 41 €
(de 249,26 à 268,94 F) pour 2, petit déjeuner compris, servi chez Arlette et Jacques. Votre
hôtesse est artiste peintre et nombre de ses œuvres décorent les murs. Table d'hôte (les
jeudi, vendredi et samedi, sur réservation) partagée en famille à 15 € (98,39 F), vin
compris. Accueil agréable.

LAIZY 71190

Carte régionale B2

50 km O de Chalon-sur-Saône ; 15 km SO d'Autun

🛏 ⏋⏋ **10 %** *Chambres d'hôte Ferme de la Chassagne (Françoise Gorlier) :* ☎ et fax :
03.85.82.39.47. • francoise.gorlier@wanadoo.fr • Accès : d'Autun, prenez la N 81 vers
Luzy que vous ne quittez plus jusqu'au hameau des Quatre-Vents (à 13 km), puis tournez
à droite vers La Chassagne jusqu'au bout du sentier (n'allez pas à Laizy). Fermé du
15 décembre au 15 janvier. Table d'hôte sur réservation. Venir à La Chassagne, c'est
entrer dans le rêve de Françoise : avoir sa ferme ! Depuis toute petite, elle voulait devenir
fermière et il lui a fallu du temps... Mais quelle splendeur ! Sa maison est magnifique, elle
date du XVIIIe siècle et est supportée par deux piliers en granit, qui devaient être en bois à
l'origine. Quant au panorama sur l'Autunois, il est unique ! L'intérieur n'est pas en reste.
2 chambres au rez-de-chaussée, 2 autres à l'étage, accueillantes, décorées avec goût.
Murs peints à l'éponge et frises au pochoir. Comptez 40 € (262,38 F) pour 2, petit déjeuner compris (avec gâteau maison). Table d'hôte (sauf le dimanche soir) à 14 € (91,83 F),
apéritif, vin et café compris. C'est bien simple, tout provient de la ferme. Françoise possède trois vaches pour le lait, le beurre et la crème, six chèvres pour les fromages, tandis
que lapins, volailles et légumes du jardin se transforment en plats avec accompagne-
ments. Chaleureuse salle à manger avec un beau plafond (poutres), de vieilles tommettes
et une immense cheminée. De l'autre côté, un gentil salon où trône un piano accordé, et
une autre cheminée (plus bourgeoise celle-là) parée de deux nymphes dont l'une dévoile
pudiquement son sein. Accueil comme on les aime, chaleureux et décontracté. Excellent
rapport qualité-prix-convivialité. Bref, un de nos coups de cœur.

LAMARCHE-SUR-SAÔNE 21760

Carte régionale B1-2

25 km E de Dijon ; 5 km S de Pontailler-sur-Saône

🛏 ⏋⏋ *Chambres d'hôte (Martine et Jean Clément) :* 15, rue du Pont. ☎ 03.80.47.17.04.
Fax : 03.80.47.40.06. Accès : de Dijon, prenez la D 70 vers Gray et sortez vers Pontailler-
sur-Saône ; à Vonges, D 976 jusqu'à Lamarche. Au centre du village prenez la rue du
Pont ; la maison est juste avant le pont à gauche. En bordure de Saône, imposante et
vieille maison qui était autrefois une dépendance du château aujourd'hui disparu. 4 belles
chambres chaleureuses et fleuries avec sanitaires privés. Une préférence pour la
chambre « Bleuet » qui ouvre sur le fleuve et l'agréable piscine qui vous attend dans le jardin. Barbecue sur demande. Comptez 46 € (301,74 F) pour 2 petit déjeuner compris, et il
est royal ! Martine et Jean tiennent la boulangerie-pâtisserie du village voisin (je craque !).
À vous les viennoiseries qui changent chaque jour et les différentes sortes de pains. Pas
de table d'hôte, mais plusieurs restos à proximité. Accueil convivial.

LAVAU 89170

Carte régionale A1

55 km SO d'Auxerre ; 10 km SO de Saint-Fargeau

🛏 ⏋⏋ *Chambres d'hôte Domaine des Beaurois (Anne-Marie et Bernard Marty) :* ☎ et
fax : 03.86.74.16.09. Accès : A 6 sortie Dordives, puis N 7 vers Nevers jusqu'à Boony-sur-
Loire ; là, D 965 vers Auxerre pendant 10 km et fléchage « Domaine des Beaurois » pendant 3 km. Fermé Noël et Nouvel An. Belle ferme du XIXe dans un joli coin de campagne
aux confins du Loiret, de la Nièvre et de l'Yonne. 2 chambres d'hôte, dont une familiale
composée de deux chambres. Sanitaires privés. Déco de bon goût. Atmosphère calme et
sereine. Comptez 45 € (295,18 F) pour 2, petit déjeuner compris, 39 € (255,82 F) dès la

2ᵉ nuit. Anne-Marie est une hôtesse charmante qui sait recevoir. Aux beaux jours, vous profiterez de la piscine et, pour vous faire découvrir la région, Anne-Marie a préparé un classeur tout plein d'infos bien présentées (de quoi vous donner l'envie de rester). Si vous êtes amateur de vin, Bernard vous fera visiter son chai... L'occasion de goûter son coteau du Giennois blanc qui a obtenu la médaille d'or à Paris en 1999 et en 2001. Une bonne adresse dans un beau coin de nature.

LINDRY 89240   Carte régionale A1

12 km O d'Auxerre

🏠 |●| 🐾 ⅓⅞ ⟨10 %⟩ *Chambres d'hôte La Védérine (Éliane et Gérard Bonfanti) :* hameau de Chazelles. ☎ 03.86.47.10.86. Fax : 03.86.47.01.64. Accès : d'Auxerre, D 965 vers Orléans/Toucy ; 4,5 km après Villefargeau, tournez à droite vers Chazelles et fléchage. Éliane et Gérard ont restauré la ferme familiale et y ont aménagé 5 chambres avec sanitaires privés. Une au rez-de-chaussée, accessible aux personnes handicapées, et quatre à l'étage (préférez celles qui ouvrent sur le jardin). De 38 à 40 € (249,26 à 262,38 F) pour 2, petit déjeuner compris. L'ancienne étable a été transformée en une agréable salle à manger. Table d'hôte partagée avec vos hôtes à 19 € (124,63 F), apéro, vin et café compris. Bonne cuisine traditionnelle, régionale et familiale. Accueil chaleureux. Si vous êtes là un samedi matin, n'oubliez pas d'aller voir le pittoresque marché de Toucy, qui est aussi un joli village fortifié.

LIXY 89140   Carte régionale A1

15 km NO de Sens ; 10 km SO de Pont-sur-Yonne

🏠 |●| ⅓⅞ *Chambres d'hôte Le Clos Mélusine (Cathy et Alain Balourdet) :* 16, place de la Liberté. ☎ et fax : 03.86.66.11.39 et 06.86.65.53.89. ● http://perso.infonie.fr/clos-melusine ● Accès : à Villeneuve-la-Guyard sur la N 6 entre Fontainebleau et Sens, prenez la D 103 vers Saint-Agnan, Villethierry puis Lixy ; la maison est sur la place du village. C'est en tant qu'utilisateurs et adeptes que Cathy et Alain ont découvert les chambres d'hôte, puis ils ont réalisé leur rêve : créer leur propre structure. Dans l'ancienne grange de cette ferme du XIXᵉ siècle, ils ont aménagé 3 chambres élégantes avec de luxueux sanitaires privés. Une au rez-de-chaussée avec accès direct sur le jardin, les 2 autres à l'étage (une préférence pour la chambre avec l'armoire en noyer et poutres apparentes). 41 € (268,94 F) pour 2, petit déjeuner compris (plein de confitures maison). Table d'hôte partagée en famille à 17 € (111,51 F), apéro et bourgogne compris. Une cuisine recherchée qui mélange les saveurs salées et sucrées. Cathy et Alain vous ont concocté un super classeur bourré d'infos touristiques, sportives, sans oublier tous les artisans du coin. Accueil jeune et chaleureux. Une de nos adresses préférées sur le département.

LOURNAND 71250   Carte régionale B2

25 km NO de Mâcon ; 5 km N de Cluny

🏠 ⅓⅞ *Chambres d'hôte La Ronzière (Brigitte et Bernard Blanc) :* Collonge. ☎ et fax : 03.85.59.14.80. Accès : de Cluny, prenez la D 981 vers Taizé ; ne prenez pas la 1ʳᵉ route qui va à Lournand, mais la 3ᵉ à gauche avec fléchage « Collonge-Chapelle romane », puis « Chambres d'hôte ». Fermé de début décembre à fin février. Dans un grand corps de ferme remarquablement restauré, Brigitte et Bernard, éleveurs de charolais, ont installé 5 chambres d'hôte. Belle vue sur la campagne environnante. Deux sont au rez-de-chaussée (dont une accessible aux personnes handicapées) et trois au 1ᵉʳ étage. Sanitaires privés. Comptez 43 € (282,06 F) pour 2, petit déjeuner compris, servi dans une grande salle. Coin cuisine à disposition. Accueil jeune et agréable. Si vous n'avez pas peur de la foule, allez faire un tour à Cluny. Sinon, Brigitte et Bernard vous conseilleront des circuits de randos à partir de chez eux pour admirer Cluny de loin !

MAGNY-LÈS-VILLERS 21700　　　　　Carte régionale B2

35 km S de Dijon ; 9 km N de Beaune

🏠 ⤬ *Chambres d'hôte (Micheline et Robert Dumay)* : ruelle du Puits. ☎ 03.80.62.91.16. Accès : sur la N 74 ; à Corgoloin, prenez la D 115 ; puis fléchage. Dans un ensemble de maisons du XVIIIe siècle joliment restaurées, 1 chambre avec sanitaires privés. Comptez 40 € (262,38 F) pour 2, petit déjeuner compris. Calme et indépendance assurés. Une adresse bien située pour faire la route des vins (Magny est le berceau de l'aligoté), puisque Nuits-Saint-Georges est à 9 km.

MAXILLY-SUR-SAÔNE 21270　　　　　Carte régionale B1

35 km E de Dijon ; 3 km SE de Talmay

🏠 |●| *Chambres d'hôte (Janine et Yves Fontenille)* : 2, rue de Talmay. ☎ 03.80.47.41.95. Accès : de Dijon, D 70, puis D 961 vers Pontailler, puis D 976 vers Talmay jusqu'à Maxilly ; la maison est au centre du bourg. Au cœur du village, la maison de Janine et Yves fait partie des anciennes dépendances d'une grande demeure bourgeoise. Au 1er étage, 3 chambres agréables avec sanitaires privés, dont une familiale pour 4 personnes. Belle hauteur sous plafond, poutres apparentes et vieux meubles de famille. 38 € (249,26 F) pour 2, petit déjeuner compris (gâteaux et confitures maison). Table d'hôte partagée en famille, à 15,24 € (100 F), apéro, bourgogne et café compris. Délicieuse cuisine familiale et traditionnelle. Original *pool* rond pour ceux qui s'adonnent au billard et un juke-box pour les nostalgiques des années 1970. Prêt de vélos, dont un tandem. Enfin, si vous êtes pêcheur, sachez qu'Yves prête du matériel, ainsi qu'une embarcation à moteur pour remonter la Saône (c'est pas beau la vie ?). Accueil vraiment chaleureux. Une très gentille adresse.

NOLAY 21340　　　　　Carte régionale B2

28 km E d'Autun ; 20 km SO de Beaune

|●| 🏡 *Ferme-auberge La Chaume des Buis (Bernadette et Dominique Corcelle)* : ☎ et fax : 03.80.21.84.10. Accès : de Nolay, direction Bligny ; traversez Cirey-lès-Nolay, 1 km après, tournez à droite sur un petit chemin de campagne et faites encore 2 km. Ouvert le week-end, les jours fériés, et tous les jours du 15 juin au 15 septembre sauf le mardi. Uniquement sur réservation. Petite ferme-auberge en pleine nature, avec un joli panorama qui ouvre sur la vallée de la Cozanne. Agréable salle au décor dépouillé, un peu monacal. Repas « fermier » à 19,10 € (125,29 F). Spécialités de civet et confit de cochon, porcelet à la morvandiotte, cuisse de cochon en meurette, aiguillette de cochon façon Gaston Gérard, fromage blanc à la crème et fromages fermiers affinés. Une adresse où l'on prend son temps.

OUROUËR 58130　　　　　Carte régionale A2

18 km NE de Nevers

🏠 ⤬ *Chambres d'hôte (Catherine Henry)* : Nyon. ☎ 03.86.58.61.12. Accès : sur la D 978 entre Nevers et Châtillon-en-Bazois, prenez à gauche la D 26 vers Ourouër, puis la D 176 vers Nyon (fléchage dans le village). Beau château du XVIIIe, qui appartenait aux parents de Catherine et qu'elle restaure petit à petit, ce qui explique qu'il y ait encore quelques finitions à réaliser. En revanche, les chambres sont réellement craquantes, avec un beau mobilier de style. Au nombre de 3, notre préférence va à la chambre bleue avec son splendide lit Charles X en marqueterie et une croquignolette table basse peinte. Beaux sanitaires privés. Comptez 52 € (341,10 F) pour 2, petit déjeuner compris (jus de fruits pressés et confitures maison). Accueil charmant.

OZOLLES 71120

50 km O de Mâcon ; 10 km SE de Charolles

▲ |●| ⌇✕ ⟨10%⟩ *Chambres d'hôte (Jean-François Moncorger) :* Le Bourg. ☎ 03.85.88.35.00. et 06.08.26.27.83. Accès : par la D 168 ; la maison est dans le bourg. Très jolie maison en pierre du début du XIXᵉ. 2 chambres d'hôte agréables et printanières (préférez celle tapissée en paille). Comptez 33,54 € (220 F) pour 2, petit déjeuner compris (confitures et petits pains maison). Ici, c'est Jean-François qui s'occupe de l'accueil et surtout de la cuisine, et croyez-nous, la qualité des produits, ça compte... Table d'hôte à 13,72 € (90 F), vin compris : pâté de foies de volailles, poulet au vinaigre, blanquette de veau, jarret de bœuf au four, tarte aux pommes tiède, crème aux œufs, galette au fromage blanc... Accueil jeune et chaleureux. Bon rapport qualité-prix-convivialité.

POISSON 71600

11 km S de Paray-le-Monial

▲ |●| 🐕 ⟨10%⟩ *Chambres d'hôte (Maguy et Paul Mathieu) :* Sermaize. ☎ et fax : 03.85.81.06.10. Accès : à Paray-le-Monial, direction Poisson par la D 34 ; continuez en direction de Charolles et fléchage « Sermaize ». Fermé du 15 novembre au 15 mars. Recommandé de réserver. Ancien relais de chasse du XVᵉ siècle, où Maguy et Paul reçoivent avec une grande simplicité. 5 jolies chambres auxquelles on accède par un escalier à vis d'époque. Décoration raffinée. Sanitaires privés. Salon avec télé et coin-bibliothèque, salle à manger avec cheminée. Comptez de 46 à 54 € (301,74 à 354,22 F) pour 2, petit déjeuner compris. Possibilité de repas sur réservation à 16 € (104,95 F), apéro et vin compris. Les amoureux des vieilles pierres feront le circuit des églises romanes.

ROCHE-EN-BRÉNIL (LA) 21530

20 km SE d'Avallon ; 13 km N de Saulieu

▲ |●| ⌇✕ *Chambres d'hôte La Clé des Champs (Michelle et René Legrand) :* Chenesaint-le-Bas. ☎ et fax : 03.80.64.79.06. ● rene.legrand.free.fr ● Accès : La Roche-en-Brénil se trouve sur la N 6 entre Avallon et Saulieu. Du village, prenez la D 15a vers Saint-Agnan et fléchage. Au cœur d'un petit hameau. C'est dans l'ancienne grange d'une agréable ferme du XIXᵉ que Michelle et René ont installé 5 chambres fleuries, dont une double pour les familles. Sanitaires privés. Comptez 49 € (321,42 F) pour 2, petit déjeuner compris (souvent avec muffins et pancakes). Chaleureuse salle à manger avec une immense cheminée pour prendre les petits déjeuners, et partager les repas en compagnie de vos hôtes. 20 € (131,19 F), apéro, bourgogne passetoutgrain et café compris. Agréable espace vert avec piscine et terrain de pétanque. Accueil convivial.

ROCHEPOT (LA) 21340

30 km E de Autun ; 15 km SO de Beaune

▲ *Chambres d'hôte La Pauline (Lucienne et Marc Fouquerand) :* rue de l'Orme. ☎ 03.80.21.72.80. Fax : 03.80.21.74.69. Accès : de Beaune, D 973 vers Autun ; dans le village, montez vers le château et fléchage. Fermé du 1ᵉʳ septembre au 15 octobre. Au cœur du charmant village de La Rochepot, dominé par un superbe château romantique des XIIᵉ et XVᵉ siècles (il appartient aux descendants du président Sadi Carnot, assassiné en 1894). Dans deux petits bâtiments, 2 chambres d'hôte installées de chaque côté de la petite rue. Une préférence pour la dernière créée. Sanitaires privés. Comptez 40 € (262,38 F) pour 2, petit déjeuner compris, servi dans une belle salle rustique avec cheminée. Lucienne et Marc sont vignerons (on en voit déjà qui font claquer leur palais... et ils ont raison !). Vous pourrez déguster des vins d'appellation bourgogne hautes-côtes-de-beaune, aligoté, santenay 1ᵉʳ cru (une merveille) et un excellent volnay 1ᵉʳ cru « Chanlins ». Une adresse que ne manqueront pas les amateurs de bourgogne (nous en sommes aussi...). Accueil authentique et chaleureux.

ROUVRAY 21530 — Carte régionale A-B1

20 km NO de Saulieu ; 19 km SE d'Avallon

🛏 ╬ *Chambres d'hôte (Jacqueline et Pierre Berthier)* : 1, rue du Général-Leclerc. ☎ 03.80.64.74.61. Accès : sur la N 6 entre Avallon et Saulieu. Fermé du 15 novembre au 15 mars. Petite maison de village dans le parc régional du Morvan. 2 chambres mignonnettes (préférez la « Crèche ») qui sentent bon la cire, les dentelles et les vieilles tommettes. Sanitaires privés. Comptez 40 € (262,38 F) pour 2, petit déjeuner compris (bonnes confitures maison, dont la kiwi-pomme). L'accueil est tout ce qu'il y a de chaleureux et d'authentique. Dommage qu'il n'y ait pas de table d'hôte, mais on trouve plusieurs restos dans le coin. Et comme Jacqueline s'occupe du syndicat d'initiative du village, elle vous donnera de bons tuyaux pour découvrir sa région.

ROYER 71700 — Carte régionale B2

30 km N de Mâcon ; 9 km O de Tournus

🛏 ╬ ⑩% *Chambres d'hôte (Sylvie et Thierry Meunier)* : Le Bourg. ☎ et fax : 03.85.51.03.42. • www.multimania.com/gsenard • Accès : sur la D 14 de Tournus à Cormatin, juste avant Ozenay, tournez à droite vers Royer (D 82) ; dans le village, tournez à droite juste avant le château. Fermé du 15 novembre à fin janvier. Belle vue sur les coteaux environnants et extérieurs très soignés : fleurs, salon de jardin, etc. Ensemble de maisonnettes de charme avec 3 chambres d'hôte (pour 2, 4 et 5 personnes). Accès indépendant et sanitaires privés. Comptez 39 € (255,82 F) pour 2, petit déjeuner inclus (confiture de figues maison) et 9 € (59,04 F) par personne supplémentaire. Pas de table d'hôte, mais de nombreux restos à proximité. Accueil jeune et décontracté. Routards musiciens, vous serez les bienvenus, Thierry joue de la batterie, alors vous pourrez toujours faire un bœuf avec lui ! À 3 km, allez voir la petite cité médiévale de Brancion.

SACY 89270 — Carte régionale A1

30 km SE d'Auxerre ; 22 km N d'Avallon

🛏 ▮◉▮ 🐾 ⑩% *Chambres d'hôte (Maryse et Claude Moine)* : Les Vieilles Fontaines. ☎ et fax : 03.86.81.51.62 et 06.08.25.55.31. • vieillesfontaines@minitel.net • Accès : Sacy se trouve sur la D 11 entre la N 6 et l'A 6 (sortie Nitry). Ouvert de début avril à fin octobre. Au cœur de la plus vieille partie de ce petit village vigneron (plus qu'un viticulteur aujourd'hui...), charmante maison en pierre apparente. On accède chez Maryse et Claude par un escalier fleuri. 4 chambres. Une au rez-de-chaussée avec accès indépendant. Les trois autres à l'étage, dont une familiale composée de deux chambres aménagées en duplex. Déco agréable. Sanitaires privés. Comptez 44 € (288,62 F) pour 2, petit déjeuner compris (avec gâteau, confitures et pain maison). Sacy est le village d'enfance de Claude ; il en connaît toutes les richesses et les petits chemins de campagne n'ont plus de secrets pour lui. Il a aussi les clés de la vieille église de Sacy. Elle date du XIIe siècle mais a été remodelée au cours des siècles. Table d'hôte à 23 € (150,87 F), apéritif compris. Cuisine équipée et salle à manger, à disposition, installées dans une ancienne cave voûtée. Accueil cordial et souriant.

SAINT-GERMAIN-DES-CHAMPS 89630 — Carte régionale A1

10 km S d'Avallon ; 14 km SE de Vézelay

🛏 ▮◉▮ 🐾 ╬ ⑩% *Chambres d'hôte Haras de Kenmare (Danielle et Maureen O'Sullivan)* : Le Meix. ☎ 03.86.34.27.63. Fax : 03.86.34.24.91. • www.harasdenkenmare.com • Accès : d'Avallon, D 944 vers Lorme ; à la sortie d'Avallon D 10 vers Quarreles-Tombes pendant 6 km, puis tournez à droite vers Le Meix et fléchage. Dans le parc régional du Morvan, belle maison datant de 1850. La campagne est belle et, bien que l'élevage ne soit plus qu'un souvenir, Danielle et sa fille Maureen continuent à garder chevaux et poneys qui font partie de la vie de la maison. Aux 1er et 2e étages de la maison,

5 chambres d'hôte avec sanitaires privés. Chacune a sa personnalité et porte le nom d'une célébrité bourguignonne : Lamartine, Colette ou encore Vauban. Beaux meubles de famille. Comptez 50 € (327,98 F) pour 2, petit déjeuner compris. Table d'hôte (sauf jeudi soir, et sur réservation) à 18 € (118,07 F) sans le vin ou 21 € (137,75 F) vin compris. Cuisine traditionnelle et familiale à partir des produits du terroir : poulet aux 5 alcools, coquelets aux figues et aux amandes... Et un matériel de musculation ! Ambiance toute particulière, à la fois distinguée et décontractée. Accueil cordial. Bien sûr, ne manquez pas la visite d'Avallon qui possède, entre autres, un superbe musée du Costume.

SAINT-GERVAIS-EN-VALLIÈRE 71350 Carte régionale B2

23 km N de Chalon-sur-Saône ; 14 km S de Beaune

🛏 📍 *Chambres d'hôte (Martine Lyssy) :* Champseuil. ☎ et fax : 03.85.91.80.08 et 06.71.00.54.08. ● martine.lyssy-chambres-d'hotes@wanadoo.fr ● Accès : A 6 sortie Beaune/Chagny, puis D 970 vers Lons-le-Saunier/Verdun-sur-le-Doubs ; à Saint-Loup-de-la-Salle D 183 vers Saint-Martin-en-Gâtinois jusqu'à Champseuil (n'allez pas à Saint-Gervais). Ouvert du 15 mars au 15 novembre. Au bord d'une petite route de campagne, à l'orée d'un hameau, agréable demeure qui vous séduira si vous en franchissez le seuil. On se sent tout de suite bien chez Martine et Jean-Marc. Il faut dire que la déco a de la personnalité avec ses mélanges de couleurs et de styles, ses toiles, aquarelles et bibelots. Et vous saurez tout si l'on vous dit que Martine est décoratrice d'intérieur (eh bien, voilà !...). 3 chambres coquettes et chaleureuses avec de beaux enduits à l'ancienne (et w.-c. privés). Comptez 50,31 € (330 F) pour 2, petit déjeuner compris. Repas à 18,29 € (120 F), vin compris, partagé avec vos hôtes. Cuisine familiale. Accueil souriant et décontracté.

SAINT-LOUP 58200 Carte régionale A1

65 km SO d'Auxerre ; 12 km NE de Cosne-sur-Loire

🛏 📍 ✖ *Chambres d'hôte Chez Elvire (Elvire et René Duchet) :* Chauffour. ☎ 03.86.26.20.22. Accès : de Cosne, D 114 vers Cours, puis Saint-Loup et Saint-Vérain, c'est à 3 km de Saint-Loup. Fermé du 15 novembre au 1er avril. Magnifique maison, dont le toit descend jusqu'au sol, qu'Elvire et René ont entièrement restaurée à l'ancienne. Poutres apparentes, tommettes anciennes, et 2 chambres très mignonnes, avec salles d'eau privées bien spacieuses. Comptez 45,73 € (300 F) pour 2, petit déjeuner inclus. Possibilité de repas à la table d'hôte, à 19,82 € (130 F) apéro, vin et café compris : salade aux foies de volailles, tarte aux poireaux, filet de canard aux griottes, viandes et volailles à la broche, œufs au lait, tarte Tatin ou aux fruits de saison. Elvire est Portugaise, alors si vous le lui demandez, elle vous mitonnera quelques spécialités de là-bas. René (Dudu pour les intimes) est un ancien journaliste de *Vie Ouvrière* qu'on prend plaisir à écouter quand il raconte la restauration de sa maison. Ambiance un rien bohème, accueil très agréable et authentique.

SAINT-PIERRE-LE-VIEUX 71520 Carte régionale B2

35 km O de Mâcon ; 22 km SO de Cluny

🛏 📍 🏠 ⑩% *Chambres d'hôte (Marie-Noëlle et Jean Dorin) :* Écussoles. ☎ 03.85.50.40.99. Accès : sur la N 79 entre Mâcon et Charolles, à Clermain, prenez la D 987 vers Matour-la-Clayette ; puis à Pari-Gagné, suivez la direction de Saint-Pierre-le-Vieux ; vers le monument aux morts, fléchage « Écussoles ». Fermé en janvier et février. Petite ferme à la sortie du hameau avec une jolie treille et une belle vue sur les monts du Beaujolais. 4 chambres (une double et trois familiales composées de deux chambres attenantes) dans une petite maison indépendante à 39,64 € (260 F) pour 2, petit déjeuner inclus. Coin cuisine à disposition, mais aussi table d'hôte (sauf le dimanche soir) à 12,20 € (80 F), vin non compris. Spécialités de tarte à l'oignon, crudités, poulet à la crème, gâteau de foies aux quenelles, bananes flambées, flan grand-mère et pain maison. Jean et Marie élèvent des charolaises, des volailles, et font aussi un peu de vin sur les coteaux juste audessus de la maison. Jean apprivoise aussi les animaux, notamment les oiseaux (après un corbeau, il a aujourd'hui une pie). 3 VTT à disposition, ainsi qu'un petit étang pour la pêche. Accueil très chaleureux.

BOURGOGNE

SAINT-PRIX-EN-MORVAN 71990   Carte régionale A-B2

20 km O d'Autun

🏠 |●| **10 %** *Chambres d'hôte L'Eau Vive (Catherine et René Denis) :* ☎ 03.85.82.59.34. ● redenis@club-internet.fr ● Accès : en venant de Saint-Léger-sous-Beuvray, c'est à la sortie du bourg. Fermé de la Toussaint à fin mars et du 15 juin au 8 juillet. Au cœur du parc naturel régional du Morvan. Belle vue sur les environs et petit étang. En contrebas de la petite route qui traverse le village, ancien bâtiment de ferme annexe à la maison d'habitation. Catherine et René y ont installé 4 chambres avec sanitaires privés. Ayant vécu longtemps aux Antilles et fait de nombreux voyages (en utilisant le *GDR*!), ils ont décoré la maison de nombreux objets exotiques. La chambre en rotin vert et papier jaune est la plus sympa. Comptez 42 € (275,50 F) pour 2, petit déjeuner compris. Catherine est, de plus, une excellente cuisinière qui vous mitonnera de délicieux repas. Pour 16 € (104,95 F), bonnes spécialités : tarte aux escargots, flan d'herbes aux cèpes, veau charolais à l'anis, rôti de porc à la cervoise, charlotte à la rhubarbe, soufflé au suc du charolais... Une adresse qui fait de nombreux habitués. Pour les randonneurs, 100 km de sentiers balisés autour de la maison. À 10 km, le site archéologique de Bibracte, ancienne capitale gauloise, et Musée celtique.

SAINT-RÉVÉRIEN 58420   Carte régionale A2

45 km NE de Nevers ; 17 km SO de Corbigny

🏠 ✕ *Chambres d'hôte Villa des Prés (Bernadette Burgi) :* ☎ 03.86.29.04.57. Fax : 03.86.29.65.22. ● www.villa-des-pres.com ● Accès : sur la D 977 *bis* de Corbigny à Prémery ; c'est sur la gauche à l'entrée du village. Maison de maître avec joli parc et vue imprenable sur le Morvan. Bernadette et Florent y proposent 5 chambres décorées avec goût : 4 au 1er étage et 1 au 2e. Sanitaires privés. Bernadette, Alsacienne d'origine, a une vraie passion pour sa maison et la peinture, c'est pourquoi un certain nombre de toiles décorent les pièces. De 57 à 80 € (373,80 à 524,77 F) pour 2, petit déjeuner compris (kugelhopf fait par Bernadette, confitures de baies sauvages, pains maison et miel). Accueil très attentionné. Une adresse pour routards aisés. L'église de Saint-Révérien (sur la route de Saint-Jacques-de-Compostelle) mérite une halte pour ses chapiteaux du XIIe siècle.

SAUVIGNY-LE-BEURÉAL 89420   Carte régionale A-B1

17 km E d'Avallon

🏠 |●| ✕ *Chambres d'hôte Ferme de la Forlonge (Jacqueline et Bernard Noirot) :* 5, rue de la Vallée-de-Beauvoir. ☎ et fax : 03.86.32.53.44. Accès : sur la N 6 entre Avallon et Saulieu ; à la hauteur de Cussy-les-Forges, prenez la D 954 vers Semur-en-Auxois, et juste avant le pont de l'autoroute, tournez à droite vers Sauvigny ; c'est juste en face du vieux lavoir. Corps de ferme joliment restauré. 4 chambres avec sanitaires privés : deux au 1er étage dans une aile de la maison, la troisième avec accès extérieur par un bel escalier de bois (notre préférée). Chambres agréables et mansardées, avec de jolies couettes. Comptez 44 € (288,62 F) pour 2, petit déjeuner compris. Jacqueline et Bernard, anciens agriculteurs, proposent aussi la table d'hôte, que vous partagerez avec eux si vous le souhaitez. Repas à 13 € (85,27 F) vin compris, servi dans une salle avec poutres, pierres apparentes et vaste cheminée, avec, par exemple, soupe de légumes, coq au vin, pâté bourguignon, truite à la dijonnaise, quenelles maison, tartes. Bar à disposition, billard français et pêche sur étang privé pour les amateurs. Bon accueil.

SIVIGNON 71220   Carte régionale B2

37 km O de Mâcon ; 7 km S de Saint-Bonnet-de-Joux

🏠 ✕ **10 %** *Chambres d'hôte L'Écousserie du Bas (Christiane et Jean-Claude Geoffroy) :* ☎ 03.85.59.66.66. Accès : de Mâcon, N 79 vers Paray-le-Monial ; à la sortie Sainte-Cécile, tournez à droite (D 17) vers Mazille et continuez jusqu'à trouver la D 739 vers Saint-Bonnet-de-Joux. Après Mairie-École, montez à gauche vers Suin et fléchage. Imposante maison bourgeoise du XIX⁰ siècle qui bénéficie d'un beau point de vue sur les environs. Au 1ᵉʳ étage, 3 chambres vastes, sobres et bien tenues avec sanitaires privés. Comptez 45,73 € (300 F) pour 2, petit déjeuner compris. Agréable salon à l'ambiance très méditerranéenne avec un joli trompe-l'œil et deux nymphes qui ne se lassent pas d'être admirées. À l'opposé, un autre salon avec une immense cheminée et un beau piano quart de queue. Piscine. À quelques encablures de la maison, le village de Suin vous offrira une vue unique sur la région ; vous y trouverez aussi une gentille petite auberge.

TANNERRE-EN-PUISAYE 89350 — Carte régionale A1

40 km O d'Auxerre ; 12 km N de Saint-Fargeau

🛏 🐏 *Chambres d'hôte Le Moulin de la Forge (Chantal et René Gagnot) :* ☎ 03.86.45.40.25. Accès : d'Auxerre D 965 vers Toucy, puis Saint-Fargeau jusqu'à Mézilles et à droite (D 7) vers Tannerre ; la maison est à la sortie du village, en direction de Champignelles. Gentil moulin dont les origines remontent au XIVᵉ siècle et transformé en scierie en 1921 par le grand-père de René. Lui a décidé d'accueillir des hôtes et a créé 5 chambres spacieuses dans une aile indépendante. Déco sobre, sanitaires privés. Comptez 50 € (327,98 F) pour 2, petit déjeuner compris, servi chez Chantal et René. Grande piscine et, juste derrière le moulin, un bel étang privé de plus d'1 ha où les pêcheurs munis d'une carte pourront taquiner truites, carpes, gardons et brochets. Accueil agréable.

TERNANT 21220 — Carte régionale B2

27 km S de Dijon ; 15 km N de Gevrey-Chambertin

🍽 🐏 *Ferme de Rolle (Martine Chevalier) :* ☎ 03.80.61.40.10. Fax : 03.80.61.41.91. Accès : de Ternant, prenez la petite route à droite près de l'église et faites 5 km à travers bois. Uniquement sur réservation. Un décor comme on les aime, avec pierres et poutres apparentes, ainsi qu'une impressionnante collection de sabots que les habitués complètent au fil de leurs visites, et une immense cheminée pour les grillades. Carte variée, et plusieurs menus : 15 € (98,39 F) pour le végétarien, et de 17 à 21 € (111,51 à 137,75 F) pour les autres, tous avec entrée, plat, fromage et dessert. Plus un menu enfant à 9 € (59,04 F). Vaste choix de salades, cuisses de grenouilles à la crème, œufs en meurette, coq au vin, lapin à la moutarde de Dijon, caille désossée et farcie avec une sauce aux baies de cassis (un vrai délice), jambon à la broche, tartes, mousse au chocolat, nougat glacé... pour ne citer que quelques spécialités. Bonne carte des vins, à prix raisonnables. L'atmosphère est détendue, servie en cela par une patronne dynamique et pleine d'humour, et la cuisine de qualité. Une de nos adresses préférées dans le coin.

TINTURY 58110 — Carte régionale A2

37 km E de Nevers ; 35 km SO de Château-Chinon

🛏 🐕 ⑩% *Chambres d'hôte (Marie-France et Michel Gueny) :* Fleury-la-Tour. ☎ et fax : 03.86.84.12.42. ● fleurylatour@wanadoo.fr ● Accès : sur la D 978 de Nevers à Château-Chinon ; à Rouy, tournez à droite et fléchage. Joli corps de ferme recouvert d'ampélopsis, où Michel et Marie-France ont installé 4 chambres simples et agréables, qui portent des noms de juments. Sanitaires privés. La « Ponnette » et la « Fanette » (avec sa déco exotique) donnent sur l'étang privé de 65 ha. Les deux autres sont du côté cour. Comptez de 38 à 46 € (de 249,26 à 301,74 F) pour 2, petit déjeuner inclus. Coin cuisine à disposition. Les pêcheurs (munis d'une carte, accès gratuit) seront ravis (certains ont pris des carpes de 30 livres !). Prêt de barque. Court de tennis. Ambiance familiale, accueil chaleureux et authentique, une bonne adresse. Avis aux amateurs d'oiseaux : si vous êtes patients, vous pourrez observer les nombreux hérons qui viennent au bord de l'étang ainsi que d'autres espèces, selon les saisons.

TOURNUS 71700   Carte régionale B2

28 km N de Mâcon

🛏 ***Chambres d'hôte Marie-Clémentine (Françoise Dourneau) :*** 1, quai de Saône. ☎ et fax : 03.85.51.04.43. ● www.perso.wanadoo.fr/marie.clementine.chambres.hotes/ ● Accès : dans Tournus (sortie A 6), prenez la N 6 vers Mâcon et suivez la direction des quais. Ouvert du 15 mars au 15 novembre, hors saison sur réservation. Au bord de la Saône, belle maison en pierre avec des volets bleus où Françoise a passé toute son enfance. On entre dans une agréable pièce toute bleue (sa couleur favorite), avec deux originales colonnes, derniers témoins de l'activité de l'ancien propriétaire, tailleur de pierre. À l'étage, 3 chambres colorées, très vastes et décorées avec goût. Atmosphère rétro et romantico-campagnarde. Comptez 60 € (393,57 F) pour 2, petit déjeuner compris. Pas de table d'hôte, mais les restos ne manquent pas à Tournus. Une hôtesse pétillante et chaleureuse qui ne mâche pas ses mots.

VALLERY 89150   Carte régionale A1

20 km O de Sens ; 6 km NE de Chéroy

🛏 🍽 ⑩% ***Chambres d'hôte Ferme de la Margottière (Colette et Didier Deligand) :*** ☎ 03.86.97.70.77 ou 03.86.97.57.97. Fax : 03.86.97.53.80. Accès : dans le village, prenez la D 26 vers Sens ; la propriété est à la sortie du bourg sur la gauche. Grande ferme du XVIIᵉ siècle joliment restaurée. 6 chambres agréables avec sanitaires privés, télé et téléphone. 61 € (400,13 F) pour 2, petit déjeuner compris. Toute nouvelle salle pour les banquets, installée dans le pavillon des Moissons. Sur réservation, repas entre 13,72 et 19,82 € (90 et 130 F), apéro, vin et café compris.

VANDENESSE-EN-AUXOIS 21320   Carte régionale B2

40 km O de Dijon ; 6 km SE de Pouilly-en-Auxois

🛏 🍽 ⠿ ***Chambres d'hôte (Lisa Jansen-Bourne) :*** péniche *Lady A.* ☎ 03.80.49.26.96. Fax : 03.80.49.27.00. Accès : de l'A 6, sortie Pouilly-en-Auxois, puis D 18 vers Créancey et Vandenesse. Fermé en décembre et janvier. S'il est des endroits à la fois insolites et charmants, cette péniche est bien en tête de liste... Lisa, Néerlandaise d'origine, vous accueillera chaleureusement sur *Lady A,* dans laquelle elle a aménagé 3 chambres d'hôte avec sanitaires privés. Bien sûr, les chambres ne sont pas immenses, mais il y règne un calme et une tranquillité rares, du fait de l'eau qui passe pratiquement au ras des hublots. Comptez 50 € (327,98 F) pour 2, petit déjeuner compris (servi sur le pont par beau temps, là où vous pourrez aussi faire bronzette). Lisa propose la table d'hôte, à 20 € (131,19 F) vin compris, et ses spécialités sont nombreuses : terrine, jambon persillé, boeuf à la cannelle, canard au miel, tartes maison... une agréable soirée en perspective. Avant de partir, ne manquez pas de visiter le superbe village de Châteauneuf avec son vieux château. Si vous séjournez, questionnez votre hôtesse, elle est une véritable mine d'infos sur la région et sur ses vins. Possiblité de promenade en calèche. Bref, un de nos coups de cœur.

VAREILLES 89320   Carte régionale A1

18 km E de Sens ; 18 km NE de Villeneuve-sur-Yonne

🛏 🍽 ⠿ ⑩% ***Chambres d'hôte (Claudine et Michel Picault) :*** 3, rue du Charme. Les Vallées de Vareilles. ☎ 03.86.88.24.26 et 06.14.94.11.15. Accès : de Sens, N 60 vers Troyes jusqu'à Petit-Villiers, puis D 905 vers Saint-Florentin jusqu'à Cerisiers, puis à gauche D 20 vers Villeneuve-l'Archevêque jusqu'aux Vallées de Vareilles. A l'orée de la forêt d'Othe, ancienne ferme avec un gentil jardin agrémenté d'un petit bassin. Jeunes retraités, Claudine et Michel ont ouvert leurs chambres pour le plaisir d'accuelllir. Au 1ᵉʳ étage de la maison, elles sont 2, coquettes et agréables avec sanitaires privés. 40 € (262,38 F) pour 2, petit déjeuner compris. Table d'hôte partagée avec les proprios à 18 €

BOURGOGNE

(118,07 F) apéro et vin compris. Cuisine traditionnelle et familiale. Accueil chaleureux. Un point de chute idéal pour les amateurs de rando, les autres pourront suivre la route du cidre (hips !).

VARENNES-SOUS-DUN 71800 — Carte régionale B2

36 km SE de Paray-le-Monial ; 22 km S de Charolles

🛏 I●I *Chambres d'hôte (Michèle et Alain Desmurs) :* La Saigne. ☎ et fax : 03.85.28.12.79 et 06.84.67.14.81. ● michelealaindesmurs@wanadoo.fr ● Accès : de Charolles, D 985 vers La Clayette, puis D 987 vers Varennes et fléchage. Sur une exploitation agricole pratiquant l'élevage de charolais, Michèle et Alain, agriculteurs, vous proposent 3 chambres simples, dont une pour quatre personnes. Sanitaires privés. Comptez 40 € (262,38 F) pour 2, petit déjeuner inclus (avec plein d'originales confitures maison). Table d'hôte (sauf dimanche soir) à 15,24 € (100 F), 1/4 de beaujolais et café compris. Si vous ne désirez pas manger à leur table, les proprios ont prévu un petit coin cuisine à votre disposition. Une adresse pour ceux qui aiment la vie de la ferme et l'accueil authentique.

VAUCHIGNON 21340 — Carte régionale B2

32 km E d'Autun ; 25 km SO de Beaune

🛏 🐕 ✂ ⑩% *Chambres d'hôte (Joël Truchot) :* Le Bout du Monde. ☎ 03.80.21.80.53. Fax : 03.80.21.88.76. Accès : de Beaune, D 973 vers Autun ; à la hauteur de Nolay, D 111 jusqu'à Vauchignon. La maison est dans la rue principale, sur la droite. Conseillé de réserver. Ancienne maison vigneronne avec 5 chambres d'hôte : deux chambres simples (elles partagent les sanitaires, mais sont idéales pour les petits budgets) ; trois autres, plus récentes, plus champêtres, équipées de sanitaires privés. Comptez de 30 à 40 € (de 196,79 à 262,38 F) pour 2, petit déjeuner inclus. Accueil de chevaux possible. GR 7 à proximité.

VENOY 89290 — Carte régionale A1

10 km E d'Auxerre ; 10 km O de Chablis

🛏 ✂ ⑩% *Chambres d'hôte Domaine de Montpierreux (Françoise et François Choné) :* route de Chablis. ☎ 03.86.40.20.91. Fax : 03.86.40.28.00. Accès : sur la route d'Auxerre à Chablis, après être passé sous l'autoroute (sortie Auxerre-Sud, n° 20), faites 3 km, le domaine est sur la droite (n'allez pas à Venoy). Fermé du 1er au 31 janvier. Au milieu d'un grand parc, d'un bois et des vignes, belle maison de caractère avec une petite tour. Les fenêtres en ogive du XIXe siècle donnent à l'ensemble une note romantique. 5 chambres (dont une suite), mansardées et claires, meublées simplement mais agréables. Sanitaires privés. Comptez de 45 à 55 € (de 295,18 à 360,78 F), selon la taille des chambres, pour 2, petit déjeuner compris (avec pain aux noix et raisins, brioche ou pâtisserie maison, etc.). Il est servi sur des tables individuelles dans une petite salle avec un joli four à pain. François cultive des truffes et est aussi vigneron (son bourgogne blanc a été primé de nombreuses fois). Bien sûr, on peut visiter la cave et la truffière, et de toute façon, François est intarissable sur le sujet ! Accueil agréable.

VÉZANNES 89700 — Carte régionale A1

35 km NE d'Auxerre ; 10 km de Chablis

🛏 I●I ✂ *Chambres d'hôte Domaine des Pierries (Éliane et Daniel Copin-Raoult) :* 1, Grande-Rue. ☎ 03.86.55.14.05 et 06.71.42.26.77. Fax : 03.86.55.35.96. Accès : de Chablis, direction Tonnerre, puis à gauche vers Collan ; 2 km après ce village, bifurquez vers Vézannes, la maison est à l'entrée du village. Fermé du 15 septembre au 30 mars. Dans une petite maison récente mitoyenne à celle des propriétaires. 3 chambres : une avec accès indépendant au rez-de-chaussée (notre préférée) et deux mansardées au 2e étage.

Sanitaires privés. Deux chambres sont meublées en rotin de couleur et la troisième est plus rustique. Comptez 42 € (275,50 F) pour 2, avec un copieux petit déjeuner (pâtisserie et confitures maison, biscuits duché, spécialité de Chablis). Table d'hôte (sauf les mercredis et dimanches et sur réservation) à 16 € (104,95 F) vin compris, avec de bonnes spécialités régionales : flamiche au soumaintrain (fromage local), cake bourguignon, bœuf bourguignon, jambon chaud au chablis, charlotte au chocolat, gâteau à l'ananas. Éliane et Daniel sont de jeunes viticulteurs dynamiques qui font partie de la coopérative chablisienne, donc on peut acheter des bouteilles à prix coûtant chez eux. Bon accueil.

VILLARS-VILLENOTTE 21140   Carte régionale B1

70 km NO de Dijon ; 4 km NE de Semur-en-Auxois

🛏 ✖ (10%) *Chambres d'hôte Les Langrons (Mary et Roger Collins) :* 19, rue du Creux Neuf. ☎ 03.80.96.65.11. Fax : 03.80.97.32.28. ● langrons@club-internet.fr ● Accès : A 6 sortie Bierre-lès-Semur et D 980 jusqu'à Semur-en-Auxois, puis D 954 vers Venarey-les-Laumes jusqu'à Villenotte, puis Villars et fléchage. Magnifique ferme de 1840 qui comprend plusieurs corps de bâtiments bien restaurés, où nichent chouettes et faucons. L'intérieur est soigné et Mary et Roger ont essayé de lui garder son cachet d'origine. Chaleureuse salle à manger au superbe dallage, où le vieux poêle Godin et le piano ont trouvé leur place. Un noble escalier de bois conduit aux 3 chambres à la fois pleines de fraîcheur, douillettes et reposantes. Sanitaires privés. Comptez 50 € (327,98 F) pour 2, petit déjeuner compris. Accueil charmant, teinté par l'accent de Mary, autrefois Londonienne. Une bonne adresse. Pour les plaisirs de la table, plusieurs bons restos à Semur-en-Auxois qui est, pour nous, l'un des plus jolis villages du département (comment n'est-il pas classé parmi les plus beaux de France !... on en connaît d'autres...).

VITRY-EN-CHAROLLAIS 71600   Carte régionale A-B2

5 km O de Paray-le-Monial

🛏 |●| (10%) *Chambres d'hôte Les Bruyères (Michelle et Guy Merle) :* ☎ et fax : 03.85.81.10.79. ● merle.vitry@libertysurf.fr ● Accès : sur la N 79 de Mâcon à Moulins, après avoir passé Paray, tournez à gauche (D 479) et fléchage. Michelle et Guy sont des agriculteurs spécialisés dans la culture bio, ils élèvent des vaches charolaises et des volailles. Dans une partie de la ferme mitoyenne à leur maison, ils tiennent 6 chambres pour 2 à 4 personnes, simples mais agréables, avec sanitaires privés. Comptez 38 € (249,26 F) pour 2, petit déjeuner compris (pain bio maison, yaourt ou fromage frais, fruits secs, jus de fruits). À la table d'hôte, pour 14 € (91,83 F) vin et café compris, ils servent une bonne cuisine familiale avec les produits de la ferme (repas végétarien sur demande). Ambiance agréable et authentique, calme et détente assurés.

Bretagne

22 *Côtes-d'Armor*
29 *Finistère*
35 *Ille-et-Vilaine*
56 *Morbihan*

BAUD 56150
Carte régionale A2

30 km NE de Lorient ; 25 km N d'Auray

🏠 🐕 ***Chambres d'hôte Kersommer (Alice Robic) :*** ☎ et fax : 02.97.51.08.02. Accès : entre Pontivy et Auray. Bien fléché à la sortie de Baud, en direction de Pontivy. Fermé du 15 novembre à fin mars. Réservez dès mars si vous comptez vous y rendre entre la mi-juillet et la mi-août. Jolie fermette de pierre bien fleurie, où Alice Robic propose 4 chambres avec sanitaires privés. Comptez 41 € (268,94 F) pour 2, avec un bon petit déjeuner (crêpes et confitures maison, pain, far, etc.). Lit clos transformé en bibliothèque, beau vaisselier, cheminée et ambiance très rustique.

BERNÉ 56240
Carte régionale A2

25 km N de Lorient ; 10 km de Plouay

🏠 ⚡ (10%) ***Chambres d'hôte (Isabelle et Jean-Pierre Hello-Brégardis) :*** Marta. ☎ et fax : 02.97.34.28.58. Accès : sur la D 769 entre Lorient et Carhaix-Plouguer, sortez à vallée du Scorff/Pont-Calleck ; tournez à gauche et fléchage sur 4 km jusqu'au village de Marta. Dans une ancienne grange de la fin du XVIIIᵉ bien restaurée (totalement indépendante de la maison des proprios). 6 chambres avec sanitaires privés. Comptez 41 € (268,94 F) pour 2, petit déjeuner compris (pancakes et gâteaux maison). Pas de table d'hôte, mais coin cuisine à disposition et plusieurs restos à proximité. Grande piscine pour vous détendre. Accueil jeune et agréable. La forêt de Pont-Calleck vous offrira de belles balades ; on ne visite pas son château, mais on peut voir le parc et l'étang. À proximité, site du championnat du monde de cyclisme de Plouay et des chapelles de Le Faouët.

BERRIEN 29690
Carte régionale A1

25 km S de Morlaix ; 5 km N de Huelgoat

🏠 🍴 (10%) ***Auberge de Porz-Kloz (Herveline et Yves Berthou) :*** Trédudon-le-Moine. ☎ 02.98.99.61.65. Fax : 02.98.99.67.36. ● porzkloz@wanadoo.fr ● Accès : sur l'axe

Nous vous rappelons que la table d'hôte est le complément d'une formule d'héberge-ment (chambre d'hôte, gîte d'étape...). Ce service n'est offert qu'aux personnes qui dorment sur place (excepté lorsqu'il est clairement écrit « ouvert aux extérieurs »).

BRETAGNE

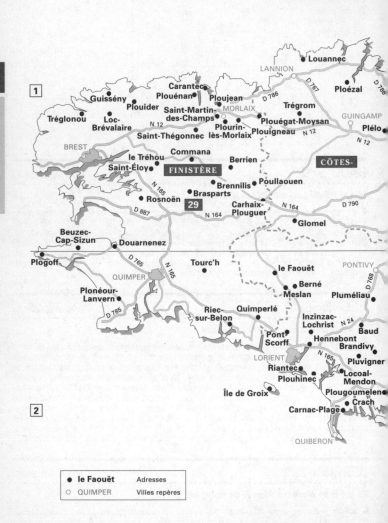

A

LANNION
Louannec
Ploézal
GUINGAMP
Plélo
N 12
CÔTES-
PONTIVY

1

Guissény
Carantec
Plouénan
Ploujean
Plouider
MORLAIX
Saint-Martin-
des-Champs
Trégrom
Tréglonou
Loc-
Brévalaire
N 12
Saint-Thégonnec
Plourin-
lès-Morlaix
Plouégat-Moysan
Plouigneau
BREST
Commana
le Tréhou
Saint-Éloy
FINISTÈRE
Berrien
Brennilis
Poullaouen
Rosnoën
Brasparts
29
N 164
Carhaix-
Plouguer
N 164
D 790
Glomel
D 887
N 165

Beuzec-
Cap-Sizun
Douarnenez
D 765
N 165
Tourc'h
le Faouët
Berné
Pluméliau
D 768
Plogoff
QUIMPER
Meslan
Plonéour-
Lanvern
Riec-
sur-Belon
Quimperlé
Inzinzac-
Lochrist
N 24
Baud
D 785
Pont-
Scorff
Hennebont
Brandivy
Pluvigner
LORIENT
N 165
Riantec
Plouhinec
Locoal-
Mendon
Île de Groix
Plougoumelen
Crach
2
Carnac-Plage
QUIBERON

| ● le Faouët | Adresses |
| ○ QUIMPER | Villes repères |

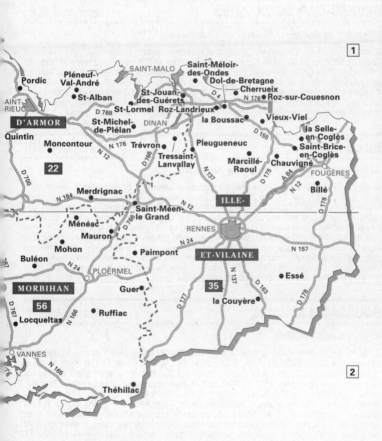

BRETAGNE

B

1

2

B

Pordic
Pléneuf-
Val-André
St-Alban
SAINT-MALO
Saint-Méloir-
des-Ondes
Dol-de-Bretagne
Cherrueix
St-Jouan-
des-Guérets
Roz-sur-Couesnon
N 176
AINT-
RIEUC
D'ARMOR
St-Lormel
Roz-Landrieux
la Boussac
Vieux-Viel
D 768
DINAN
St-Michel-
de-Plélan
la Selle-
en-Coglès
Saint-Brice-
en-Coglès
Quintin
Trévron
Pleugueneuc
Moncontour
N 176
D 155
22
N 12
D 766
Tressaint-
Lanvallay
Marcillé-
Raoul
Chauvigné
D 175
A 84
FOUGÈRES
D 700
Merdrignac
N 164
N 137
ILLE-
N 12
Billé
D 178
Ménéac
Saint-Méen-
le-Grand
D 766
N 12
Mauron
RENNES
Mohon
Paimpont
N 24
ET-VILAINE
Buléon
N 157
D 767
PLOËRMEL
N 24
Essé
MORBIHAN
Guer
35
N 137
D 163
D 178
56
N 166
Ruffiac
la Couyère
D 767
Locqueltas
N 177
VANNES
N 165
2
Théhillac

0   10   20 km

Lorient-Roscoff, à La Feuillée, prenez la 1re route à gauche et fléchage. Fermé de décembre à mars. Sur réservation uniquement, et pour les chambres, conseillé de réserver dès le printemps pour l'été. Dans cette ancienne dépendance de l'abbaye voisine, ça sent bon le feu dans la cheminée. 7 chambres avec sanitaires privés, de 39 à 61 € (de 255,82 à 400,13 F) pour 2, et de 3 à 6 € (de19,68 à 39,36 F) pour le petit déjeuner. Cuisine à disposition. Salle à manger du XVIIe avec beau mobilier breton. Ceux qui séjourneront pourront déguster les délicieux produits maison (agneau, chevreau, légumes, fromages...). Comptez de 41,16 à 51,83 € (de 270 à 340 F) par personne en demi-pension (sauf le mardi soir). Repas du soir à 19 € (124,63 F). Une adresse de charme pour routards aisés.

BEUZEC-CAP-SIZUN 29790 — Carte régionale A1

35 km NO de Quimper ; 15 km O de Douarnenez

📷 |●| ⚐ ⚑ ⑩% *Chambres d'hôte (Christine Jadé) :* Cosquer. ☎ et fax : 02.98.70.50.99 et 06.08.16.44.67. Accès : de Quimper, D 765 vers Douarnenez/Audierne ; 2 km après Pont-Croix, fléchage. Pour l'été, il est conseillé de réserver dès mars. Maison indépendante aux volets bleus, à laquelle on accède après avoir traversé la ferme. 4 chambres sans prétention à 31 € (203,35 F) pour 2, petit déjeuner compris. Gratuit pour les bébés. Table d'hôte : 12 € (78,71 F), cidre compris, avec potée campagnarde, saucisses grillées dans la cheminée, pommes de terre au lard, pot-au-feu, crêpes.

BILLÉ 35133 — Carte régionale B1

43 km NE de Rennes ; 9 km SO de Fougères

📷 |●| ⚐ ⑩% *Ferme-auberge de Mésaubouin (Jeanine et Stéphanie Roussel) :* ☎ 02.99.97.61.57. Fax : 02.99.97.50.76. ● steph.mesaubouin@wanadoo.fr ● Accès : dans le village, prenez la D 23 vers Saint-Georges-de-Chesné et fléchage. Sur réservation uniquement. En pleine nature, dans une jolie ferme de caractère, belles salles de 20 et 40 couverts. Pour la délicieuse cuisine de Jeanine, on vient de 30 km à la ronde ! 2 menus à 14,94 à 21,04 € (98 et 138 F) vous permettent de goûter à toutes ses spécialités : coq au cidre, poulet à la casse, canette rôtie aux pommes, charlotte aux poires et délicieuses tartes, le tout arrosé d'un cidre bien fruité. 6 chambres pour 2, 3 et 4 personnes avec sanitaires privés. Comptez 36,89 € (242 F) pour 2 avec le petit déjeuner, repas à 13,72 € (90 F), pour ceux qui dorment. Accueil chaleureux.

BOUSSAC (LA) 35120 — Carte régionale B1

32 km SE de Saint-Malo

📷 |●| ⚐ ⑩% *Chambres d'hôte Le Moulin du Bregain (Mary-Anne et Bernard Briand) :* ☎ 02.99.80.05.29. Fax : 02.99.80.06.22. Accès : sur la D 155 entre Trans et Dol-de-Bretagne, à 3 km sur la gauche avant La Boussac (quand on vient de Trans). Fermé de décembre à février. Au milieu de 13 ha de nature, jolie maison en pierre apparente. 3 gentillettes chambres en soupente, dont une double pour les familles (une préférence pour la chambre orange). Sanitaires privés. Comptez 38,11 € (250 F) pour 2, petit déjeuner compris et 7,62 € (50 F) par personne supplémentaire. Table d'hôte pour 12,20 € (80 F), apéro, vin et digeo compris. Une cuisine familiale, toujours partagée avec les proprios. Sur place, un étang sauvage et privé de 2 ha (vous êtes pêcheur ?). Ambiance décontractée. Une adresse teintée par la personnalité de la jeune et dynamique Mary-Anne.

BRANDIVY 56390 — Carte régionale A2

22 km NO de Vannes ; 17 km N d'Auray

📷 ⚐ ⑩% *Chambres d'hôte de Kerdrean (Marie-Anne et Gilles Demais) :* Kerdrean. ☎ 02.97.56.12.50 et 06.08.06.92.81. Fax : 02.97.56.10.52. Accès : entre Brandivy et Plumergat (et facile à trouver car l'adresse est connue comme le loup blanc !). Mieux vaut téléphoner à l'avance (gare aux habitués qui réservent d'une année sur l'autre !). Au bout d'une longue allée, petit hameau bourré de charme, composé de deux chaumières et d'une longère privées. Marie-Anne Demais y tient 4 chambres mignonnettes. Comptez de 34 € (223,03 F), pour les « Oiseaux », ravissante, mais avec w.-c. au rez-de-chaussée à 45 € (295,18 F) pour 2, avec petit déjeuner : buffet très copieux, avec pain de campagne, crêpes, jus de fruits, plateau de fromages, etc. Pas de table d'hôte, mais les crêpes, à Brandivy, de Jean-François sont largement plébiscitées par ses clients... Bibliothèque bien fournie et piano. Également 1 gîte pour 2 personnes installé dans une petite chaumière, pour ceux qui veulent séjourner. Accueil chaleureux, bon rapport qualité-prix, une gentille adresse.

BRASPARTS 29190   Carte régionale A1

48 km NE de Quimper ; 47 km S de Morlaix

🛏 |●| ✂ **10 %** *Chambres d'hôte Domaine du Rugornou-Vras (Romy Chaussy) :* ☎ 02.98.81.46.27 et 06.82.91.37.36. Fax : 02.98.81.47.99. Accès : de Quimper, direction Pleyben-Morlaix ; traversez Brasparts en direction de Morlaix, faites 2 km et 2e fléchage à gauche. Au bout d'une petite route de campagne, en pleine nature, charmant ensemble de bâtiments d'où vous bénéficierez d'une vue imprenable sur le parc régional d'Armorique. Dans l'ancienne grange, Romy a aménagé 4 chambres coquettes et claires. Deux sur les pignons, accessibles par de petits escaliers extérieurs et deux dans la partie centrale (une préférence pour la bleue avec lit à baldaquin). Sanitaires privés. 41 € (268,94 F) pour 2, petit déjeuner compris (gâteau et confitures maison). Table d'hôte à 14 € (91,83 F) apéro et vin compris. Bonne cuisine familiale avec des produits bio. Les repas ne sont pas partagés avec Romy car elle ne peut être à la table et aux fourneaux... Sa maman possède aussi 2 chambres d'hôte à 1 km et vient souvent lui donner un coup de main. Fans de randos, les circuits sont nombreux pour partir à la découverte des monts d'Arrée. Romy, hôtesse aussi charmante que dynamique accompagne souvent ses hôtes (quand elle n'est pas débordée) et saura de toutes façons vous guider utilement. Une adresse vraiment nature. Ceux qui aiment les vieilles pierres ne manqueront pas la superbe église de Pleyben avec son remarquable calvaire.

BRENNILIS 29690   Carte régionale A1

30 km S de Morlaix ; 10 km O de Huelgoat

🛏 |●| 🐕 🏠 **10 %** *Chambres d'hôte et auberge du Youdig (Gwenaëlle Le Lann) :* Kerveguenet. ☎ 02.98.99.62.36. Fax : 02.98.99.67.79. ● www.youdig.fr ● Accès : à 2 km de La Feuillée sur l'axe Lorient-Roscoff. Dans une ex-maison de pilhouère (comprenez chiffonnier), une poignée de Bretons passionnés ont installé une auberge. Ambiance « si la Bretagne m'était contée ». 18,29 € (120 F) le menu, tout compris. Possibilité d'y séjourner dans 4 chambres à 34 € (223,03 F) pour 2, petit déjeuner compris. Table d'hôte à 12 € (78,71 F), hors boisson, avec uniquement des plats bretons et une « formule goûter » à 2,74 € (18 F), avec un grand bol de chocolat et un gâteau. Week-ends à thème et durant l'été, soirée légendes le jeudi soir (brrr !...). Nouveau, un gîte dans une ancienne maison de tisserand.

BULÉON 56420   Carte régionale B2

38 km N de Vannes ; 11 km O de Josselin

🛏 |●| *Chambres d'hôte La Ferrière (Patricia Thresher) :* La Vielle Ferme de la Ferrière. ☎ et fax : 02.97.75.35.31. Accès : sur la N 24 entre Josselin et Locminé, sortez à Buléon ; devant l'église du village, prenez la direction de Radénac ; la propriété est située dans le virage à 1 km du bourg. C'était la maison du seigneur de Lantivy... Elle date du XVIe siècle, et si elle a perdu deux tours, les deux dernières se dressent encore fièrement. La cour intérieure est aujourd'hui ouverte sur l'arrière et donne sur les bois et pâturages. L'intérieur est aménagé avec goût, mêlant harmonieusement meubles de styles ou résolument modernes. 2 chambres coquettes avec sanitaires privés. Une installée dans un petit pavillon indépendant avec mezzanine et kitchenette, l'autre au 1er étage de la maison avec deux lits de 120 (pour faire sa nuit sans réveiller l'autre...). Moquette épaisse et ambiance raffinée. 44 € (288,62 F) pour 2, petit déjeuner compris. Immense pièce de jour avec banquettes d'église et table de monastère ramenés d'Angleterre. Table d'hôte à 13 € (85,27 F), vin compris. Une cuisine faite par une Anglaise mais d'inspiration très française. Accueil sympa, teinté par l'accent de Patricia. Une adresse de charme.

CARANTEC 29660   Carte régionale A1

12 km NO de Morlaix ; 10 km SE de Saint-Pol-de-Léon

🛏 *Chambres d'hôte Manoir de Kervézec (Famille Bohic) :* ☎ 02.98.67.00.26. Accès : de Morlaix, D 58 vers Roscoff, puis à droite vers Carantec et fléchage. Fermé du 15 octobre au 15 mars. Les Bohic sont agriculteurs, spécialisés dans la culture bio et vous ouvrent leur belle maison bourgeoise. 5 chambres coquettes, aménagées de façon très personnelle. Sanitaires privés. Comptez de 42,70 à 57,90 € (280 à 380 F) pour 2, petit déjeuner inclus. Terrasse pour profiter à votre aise de la vue sur le pays. Excellent accueil, une adresse de charme. Également 2 gîtes de 4 personnes, loués selon la saison entre 243,90 et 533,60 € (1600 et 3500 F) la semaine.

CARHAIX-PLOUGUER 29270   Carte régionale A1

50 km S de Morlaix ; 48 km N de Lorient

🛏 🐕 ✼ (10 %) *Chambres d'hôte Manoir de Prévasy (Clarissa et Peter Novak) :* ☎ et fax : 02.98.93.24.36. Accès : dans Carhaix, restez sur la N 164 vers Quimper si vous venez de Rostrenen (et vice versa) ; et au Distri Center, suivez le fléchage « Prévasy ». Fermé de la fin septembre à Pâques. À peine quitté la zone des grandes surfaces commerciales de Carhaix (vraiment pas jojo, mais comme partout...), on se retrouve dans un p'tit coin de paradis, isolé en pleine nature. Imaginez une magnifique ferme-manoir du XVIe dans un écrin de verdure, entourée d'une romantique ruine, d'une chapelle, et d'anciennes écuries. Clarissa et Peter, les charmants proprios anglais, ont accompli un magnifique travail pour la restaurer et lui redonner son allure originelle. Un noble escalier, démonté et remonté pièce par pièce avec amour (pour remplacer les parties ayant servi de festin aux vers !), dessert nos 2 chambres préférées : une avec un vieux lit de fer 1930, l'autre (pour 4 personnes) avec une superbe charpente apparente. 2 autres chambres se trouvent dans l'aile opposée de la maison. La dernière (la moins chère) est installée dans un petit pavillon indépendant : un petit nid d'anges (ils sont deux), avec une belle charpente bleue et des bouquets de fleurs séchées. Sanitaires privés. Comptez de 42 à 50 € (de 275,50 à 327,98 F) pour 2, petit déjeuner compris. Pas de table d'hôte, mais plusieurs restos à Carhaix. Clarissa et Peter organisent des stages « découverte des champignons » en septembre et octobre (mais rien n'empêche d'y aller seul !). Bon rapport qualité-prix-convivialité. Une adresse de charme.

CARNAC-PLAGE 56340   Carte régionale A2

47 km SE de Lorient

🛏 🐕 *Chambres d'hôte L'Alcyone (Marie-France Allain-Balsan) :* impasse de Beaumer. ☎ 02.97.52.78.11 et 06.68.31.43.17. Accès : dans Carnac-ville, direction les plages ; au rond-point des Salines, prenez l'avenue des Druides jusqu'au bout, tournez à gauche chemin de Beaumer et c'est à 500 m à gauche. Marie-France et Daniel ont aménagé 5 chambres agréables dans cette ancienne ferme joliment restaurée avec un beau jardin où vous pourrez faire bronzette. Sanitaires privés. Décoration de bon goût, où dessus-de-lit et rideaux assortis agrémentent les murs en plâtre gratté (il faut dire que le proprio est tapissier et que tous les lits sont de sa création, de même que les superbes canapés qui meublent la salle à manger). Comptez de 46 à 53 € (300 à 350 F) pour 2, petit déjeuner compris (confitures maison dont celle de courgettes, et viennoiseries). Pas de table d'hôte mais Marie-France, ancienne restauratrice, saura utilement vous conseiller. Accueil convivial. Une des plus belles plages de la baie est à 500 m de la maison.

CHAUVIGNÉ 35490
Carte régionale B1

38 km NE de Rennes ; 21 km O de Fougères

🛏 |●| 🐕 ⇟⋈ ⑩% **Ferme-auberge La Maison Neuve (Marie-Armelle et Henri Rault) :** ☎ 02.99.95.05.64. Fax : 02.99.95.08.32. Accès : sur la N 175 entre Rennes et Le Mont-Saint-Michel ; à Romazy, prenez la D 211 vers Chauvigné et fléchage. Fermé le mercredi pour la ferme-auberge. Sur réservation uniquement. En pleine nature, dans un immense corps de ferme avec cour intérieure, 60 couverts installés dans l'ancienne étable. Décoration rustique, poutres apparentes, murs à la chaux. Menu unique à 11,40 € (74,78 F), vin non compris. Parmi les spécialités maison : potage aux orties, terrine, pintade au cidre, poulet à la casse (cuit dans la cheminée). 4 chambres avec sanitaires privés, à 38,10 € (249,92 F) pour 2, petit déjeuner inclus. Pour les petits budgets, 1 gîte de groupe de 30 lits (confort assez sommaire) pour 7,60 € (49,85 F) la nuit sans les draps, ou possibilité de planter votre tente derrière la ferme. Ambiance familiale, conviviale et authentique. Nombreux circuits de randonnées à proximité. Une petite boutique de vente de produits fermiers est en projet (à suivre...).

CHERRUEIX 35120
Carte régionale B1

25 km SE de Saint-Malo ; 5 km NE de Dol-de-Bretagne

🛏 **Chambres d'hôte (Marie-Madeleine et Jean Glémot) :** La Hamelinais. ☎ 02.99.48.95.26 et 06.17.47.53.49. Fax : 02.99.48.89.23. Accès : de Dol, par la D 80 vers Saint-Broladre pendant 3 km, puis D 85 vers Cherrueix et fléchage à droite à 1 km. Charmante ferme en pleine campagne tenue par une hôtesse adorable. 5 chambres croquignolettes et lumineuses avec sanitaires privés. Comptez 40 € (262,38 F) pour 2 avec le petit déjeuner, une moins chère à 35 € (229,58 F). Grand jardin verdoyant et fleuri. Gentillesse et hospitalité garanties.

COMMANA 29450
Carte régionale A1

28 km SO de Morlaix ; 16 km SE de Landivisiau

🛏 🐕 ⇟⋈ **Chambres d'hôte (Danielle et Michel Le Signor) :** Kerfornédic. ☎ 02.98.78.06.26. Accès : de Commana, prenez la direction de Saint-Cadou pendant 6 km par Ty Douar, fléchage « Kerfornédic ». Dans une maison typique des monts d'Arrée, rénovée avec goût. 2 très belles chambres bien équipées, parfumées aux senteurs des fleurs des champs qui décorent toute la maison. Comptez 50 € (327,98 F) pour 2, avec un copieux petit déjeuner pris dans la cuisine familiale. Egalement 1 gîte rural pour 4 personnes. Attention, séjour de 2 nuits minimum, 3 en juin-juillet-août...

COUYÈRE (LA) 35320
Carte régionale B2

28 km S de Rennes ; 25 km SO de Vitré

🛏 |●| ⑩% **Chambres d'hôte (Claudine et Raymond Gomis) :** La Tremblais. ☎ et fax : 02.99.43.14.39 et 06.63.65.24.22. ● www.la.raimonderie.com ● Accès : de Rennes, D 41 vers Angers pendant 23 km, puis bifurquez vers La Couyère (D 92) vers Châteaubriant ; au niveau des Patissiaux, tournez à gauche (D 92) vers Janzé, la maison est à 1 km. En quelques années, Claudine et Raymond ont restauré plusieurs petites maisons du XVIIe siècle. Dans l'une, 2 superbes chambres : une immense, genre suite avec coin repas, salon avec cheminée et lit en mezzanine ; l'autre est plus petite mais très sympa, printanière et douillette, dans les tons jaune et vert de bon goût, avec salon particulier et cheminée. Comptez de 49 à 57 € (de 321,42 à 373,9 F) pour 2 avec le petit déjeuner. Claudine est une femme charmante qui aime recevoir et dorloter ses hôtes. Elle propose une soirée pour les tourtereaux : dîner aux chandelles, musique d'ambiance et champagne, nuit et petit déjeuner à 122 € (800,27 F) pour 2. Dans une autre, 1 petit gîte pour 4 personnes. Accueil très convivial. Vous pourrez chiner d'avril à septembre, une petite brocante vous étant réservée.

CRACH 56950
Carte régionale A2

25 km O de Vannes ; 8 km S d'Auray

🛏 ⑩% *Chambres d'hôte (Suzanne et Roger Tanguy) :* Kérino-en-Crach. ☎ et fax : 02.97.55.06.10.● www.kerino.com● Accès : d'Auray, D 28, puis D 781 vers La Trinité-sur-Mer ; au feu avant le pont de Kérisper, tournez à droite, faites 2 km et prenez la route à droite vers Kérino. Dans une belle ferme en pleine campagne, à deux pas du bord de la rivière. 2 chambres agréables, réservées en principe aux familles, avec un bloc sanitaire privé. Comptez 83 € (544,44 F) pour 4, petit déjeuner compris. Les proprios ont aussi aménagé de superbes duplex tout confort, avec living spacieux et kitchenette, de 43 à 55 € (de 282,06 à 360,78 F) la nuit selon la période, petit déjeuner compris.

🛏 🐕 *Chambres d'hôte (Hélène Kervadec) :* Kergoët. ☎ 02.97.55.06.91. Accès : d'Auray, D 28 vers La Trinité-sur-Mer et sortie Crach ; dans le bourg, suivez le fléchage « Le Tourbillon » ; au restaurant, tournez à droite et c'est la 5e rue à gauche. Dans une ancienne maison bretonne à proximité de leur habitation, 5 chambres agréables avec sanitaires privés, tenues par Hélène et sa fille. Comptez 36 € (236,14 F) pour 2, petit déjeuner compris. Pas de table d'hôte, mais un coin cuisine à disposition et un barbecue à l'extérieur. Vous trouverez tous les renseignements sur le coin, jusqu'aux heures de la messe et les discothèques les plus proches ! De quoi passer un agréable séjour à Crach, patrie de Gérard d'Aboville.

DOL-DE-BRETAGNE 35120
Carte régionale B1

25 km SE de Saint-Malo ; 25 km NE de Dinan

🛏 *Chambres d'hôte (Maryvonne et Alain Roncier) :* L'Aunay-Bégasse. ☎ 02.99.48.16.93. Accès : dans Dol (centre-ville), direction lycée A. Pelé et fléchage. Fermé du 20 décembre au 20 janvier. Dans une ferme pratiquant l'élevage de vaches laitières, 3 chambres campagnardes avec sanitaires privés. 36 € (236,14 F) pour 2, petit déjeuner compris. Un accueil authentique et très convivial.

🛏 *Chambres d'hôte (Anna Roussel) :* 24, rue de Rennes. ☎ 02.99.48.14.78. Accès : proche de la gare. Dans une jolie maison du centre-ville, 4 chambres avec salle d'eau ou de bains privée mais w.-c. communs. Comptez 33,54 € (220 F) pour 2 avec un copieux petit déjeuner, qui selon les jours pourra être agrémenté de délicieuses pâtisseries confectionnées par Anna. Elle remporte d'ailleurs la palme de la gentillesse toutes catégories. C'est la grand-mère de rêve, embrassez-la pour nous en passant !

DOUARNENEZ 29100
Carte régionale A1

25 km NO de Quimper

🛏 🐕 ✂ ⑩% *Chambres d'hôte Manoir de Kervent (Marie-Paule Lefloch) :* ☎ et fax : 02.98.92.04.90 et 06.68.29.32.01. Accès : en venant de Quimper, à Douarnenez, prenez la D 765 vers Audierne (sans entrer dans la ville) ; passez le feu rouge et 400 m après, tournez à droite ; fléchage sur 1 km. Réserver en décembre et janvier. Jolie ferme-manoir du XIXe recouverte d'ampélopsis, tenue par la vive et dynamique Marie-Paule Lefloch. 4 chambres rococo dégageant un petit air d'autrefois (meubles rustiques et vieilles gravures de mode), dont une suite composée de deux chambres pour les familles. Si vous êtes deux, demandez la rose, c'est la plus vaste. Sanitaires privés. Comptez de 40 à 43 € (262,38 à 282,06 F) pour 2, petit déjeuner compris. Pas de table d'hôte, mais les restos ne manquent pas dans les environs. À noter que le fils de Marie-Paule est tonnelier ; son atelier se trouve dans les dépendances de la maison (un travail artisanal à découvrir). Plein de choses à faire : les amoureux de la mer et des bateaux ne manqueront pas le port-musée de Douarnenez, ceux qui préfèrent les vieilles pierres iront visiter le superbe village de Locronan (classé parmi les plus beaux de France, mais envahi en été). Les flemmards, quant à eux, trouveront la première plage (les Sables-Blancs) à 3 km. Une adresse où hospitalité rime avec personnalité (faites-lui une bise pour nous). Bon rapport qualité-prix-convivialité.

ESSÉ 35150   Carte régionale B2

30 km SE de Rennes ; 15 km O de La Guerche-de-Bretagne

🏠 |●| 🐕 ⟨10%⟩ **Le Relais des Fées (Béatrice et Jhonny Santos-Rozé) :** La Roche aux Fées. ☎ 02.99.47.73.84 et 06.07.06.04.22. Fax : 02.99.44.50.79. ● www.roche-aux-fees.com ● Accès : N 157 sortie La Guerche-de-Bretagne, puis D 47 vers Rétiers et D 41 vers Janzé ; peu après tournez à droite vers La Roche-aux-Fées, la ferme est à 200 m du site. L'auberge est ouverte tous les jours en juillet-août, le week-end le reste de l'année. *Le Relais des Fées*, c'est avant tout une histoire de famille... Il est composé de plusieurs petites maisons en pierre du pays. D'abord l'auberge, où l'on vous servira un bon menu à 15 € (98,39 F), apéro et café compris. 2 salles de 30 et 70 couverts avec une grande cheminée où les grillades dorent en hiver. Carte des vins à prix doux entre 7 et 19 € (45,92 et 124,63 F) la bouteille. Rien que des produits maison : pâtés cuits au feu de bois, rillettes, boudin (du cousin), grillades (on en parlait), volailles farcies, tartes aux fruits de saison... On oubliait le pain, fabriqué de façon traditionnelle (pétri à la main et cuit dans un vieux four à pain) par Marie-France et Louis (les parents) ; il s'arrache sur les marchés des environs ! Ensuite, 4 chambres guillerettes, situées à l'étage de la maison de Béatrice et Jhonny (ouvertes toute l'année). Sanitaires privés. 40 € (262,38 F) pour 2, petit déjeuner compris, 60 € (393,57 F) pour 4. Enfin, 2 gîtes ruraux pour ceux qui veulent séjourner. Certains soirs d'été, c'est autour des contes, que vous découvrirez le célèbre site de la Roche-aux-Fées. Accueil familial, chaleureux et décontracté. Atmosphère très nature et campagne. Bref, une de nos adresses préférées sur le département.

FAOUËT (LE) 56320   Carte régionale A2

35 km N de Lorient ; 35 km S de Carhaix-Plouguer

🏠 🐕 ⟨✕⟩ **Chambres d'hôte (Angella et Al Brown) :** Kergoff. ☎ et fax : 02.97.23.06.37. ● thebrowns@onetelnet.fr ● Accès : du Faouët, D 769 vers Gourin pendant 2 km et à droite C 5 vers Saint-Jean, puis de nouveau à droite vers Kergoff et fléchage. Dans un joli coin de campagne, ancienne ferme du XIXᵉ qui devait être une chaumière. Angella et Al tenaient un B&B en Angleterre... Tombés amoureux de la région et surtout de ses habitants, ils ont décidé de réitérer l'expérience, mais cette fois-ci, côté France. Dans la partie la plus ancienne de la maison, ils ont aménagé 2 chambres spacieuses et coquettes. Beaux volumes, lits *queen size* (1,60 m, ignorants !) et sanitaires privés. Comptez 42 € (275,50 F) pour 2, petit déjeuner compris avec salade de fruits frais, pain et brioche maison (miam-miam !). Possibilité de table d'hôte et kitchenette à disposition (micro-onde). Plusieurs restos sympas dans les environs. Accueil chaleureux. Ne manquez pas la visite de l'église de Kernascleden, elle est somptueuse.

🏠 |●| **Auberge de Kerizac (Bernadette et François Le Meur) :** ☎ et fax : 02.97.34.44.57. ● cyrillelemeur@wanadoo.fr ● Accès : à 5 km de Le Faouët, en direction de Scaer. Fermé le lundi en saison, et en semaine hors saison. Éleveurs, les Le Meur se sont spécialisés dans les grillades à base d'agneau et de porc, comme leurs côtes d'agneau Kerizac. Menus à 11,43 et 14,48 € (75 et 95 F) et « menu terroir » à 13,72 € (90 F), salade d'andouille chaude, émincé de porc à la bière bretonne, tarte paysanne. Menu enfant à 6,86 € (45 F). Ils louent aussi des chambres confortables à 35,06 € (230 F) pour 2, ainsi que des gîtes pour 4 à 6 personnes. En d'autres termes, Kerizac est de plus en plus auberge, et demeure cependant une ferme d'élevage.

GLOMEL 22110   Carte régionale A1

59 km NE de Quimper ; 8 km O de Rostrenen

🏠 |●| 🐕 ⟨✕⟩ ⟨10%⟩ **Auberge Le Manoir de Saint-Péran (Famille Gouazou) :** route de Paule. ☎ 02.96.29.60.04. Fax : 02.96.29.86.34. Accès : de Rostrenen, prenez la N 164 vers Carhaix-Plouguer, puis la D 3 vers Glomel ; dans le village, D 85 vers Paule. Fermé le dimanche soir. Sur réservation uniquement. Au bord du canal de Nantes à Brest, en pleine campagne, manoir accolé à une tour féodale dominant une vaste pelouse. Bonne cuisine familiale entre 10,67 et 17,53 € (70 et 115 F) : crêpes et galettes, charcuterie de la ferme. 10 chambres avec sanitaires privés, télé et téléphone. Comptez 41,16 € (270 F) pour 2 avec le petit déjeuner, et 32,01 € (210 F) par personne en demi-pension à partir de

3 nuits. Ambiance bohème et chaleureuse, hors du temps. Les proprios sauront vous donner mille idées sur les possibilités du coin. À 2 km, lac de 72 ha avec activités nautiques.

GROIX (ÎLE DE) 56590 — Carte régionale A2

Chambres d'hôte La Grek (Pascale Le Touze) : Le Bourg, 3, place du Leurhé. ☎ 02.97.86.89.85 et 06.09.71.01.91. Fax : 02.97.86.58.28. ● groe@infonie.fr ● Accès : 45 mn de bateau depuis Lorient. 5 coquettes chambres avec sanitaires privés dans une chaleureuse maison de caractère. Comptez 45,73 € (300 F) pour 2, petit déjeuner compris (moins cher en moyenne et basse saison). Grand jardin avec aire de jeu.

GUER 56380 — Carte régionale B2

45 km SO de Rennes ; 25 km E de Ploërmel

Chambres d'hôte (Christine et Albert Chotard) : La Biliais. ☎ 02.97.75.74.84. Fax : 02.97.75.81.22. Accès : sur la N 24 entre Rennes et Ploërmel, sortez à Guer ; au lieu-dit Herupé, prenez la direction Cosnuel. Traversez ce village et tournez à gauche, puis à droite. C'est dans d'anciens bâtiments de ferme joliment restaurés, que Christine et Albert ont aménagé 5 chambres agréables avec sanitaires privés (beaux volumes, enduit gratté). Comptez 45,73 € (300 F) pour 2 avec le petit déjeuner. Très joli jardin d'hiver sous une véranda, en face des chambres. Table d'hôte partagée avec Christine et Albert, pour 14,48 € (95 F), apéro maison, vin ou cidre compris. Ici, l'accueil n'est pas un vain mot et on se sent bien. Passionné par les moteurs et par son métier d'agriculteur, Albert s'est monté au fil des ans une collection de tracteurs, dont un Renault de 1922 et un Marshall de 1936 (tous en état de marche). Il a aussi remis en état une vieille batteuse de 1928 de la marque Guillotin (ça vous la coupe !). Pendant l'été, elle ronronne à nouveau pour le plus grand plaisir des hôtes. Le premier lundi du mois (entre mars et octobre), il organise des ventes de génisses montbéliardes... L'occasion de revivre l'ambiance des foires qui disparaissent peu à peu. Christine est une hôtesse charmante et souriante qui sait se rendre disponible. Une adresse pour goûter les joies de la campagne. Vous êtes à la limite de l'Ille-et-Vilaine et tout près de la magnifique forêt de Brocéliande.

GUISSÉNY 29880 — Carte régionale A1

30 km N de Brest ; 5 km NE de Plouguerneau

Auberge de Keraloret (Blandine Yvinec) : ☎ 02.98.25.60.37. Fax : 02.98.25.69.88. Accès : à quelques kilomètres de Guissény ; très bien fléché, suivez les petites pancartes roses. Uniquement sur réservation. Pour les chambres, conseillé de réserver dès janvier pour l'été. Jolie ferme avec des murs de granit et de beaux massifs d'hortensias. Déco rustique et bonne nourriture paysanne. Au coin du feu, bons menus à 15,20 € (99,71 F). Goûtez au jambon à l'os (coupé devant le client et servi à volonté), aux côtes d'agneau et au suprême aux pommes. Kig ha Farz le mardi et le samedi soir. Également 5 chambres sympas, avec parquet, vieilles armoires. Comptez 45 € (295,18 F) pour 2, petit déjeuner compris. Belle salle de petit déjeuner, où l'on vous sert jus de fruits, pain noir, croissants, pâté, lard et coup de rouge sur demande ! Possibilité de demi-pension à 37,40 € (245,33 F) par personne. L'océan est à 4 km. Une adresse conviviale et chaleureuse.

HENNEBONT 56700 — Carte régionale A2

12 km E de Lorient

Chambres d'hôte (Édyth-Charlotte Hillion) : Le Bas-Locoyarne. ☎ 02.97.36.21.66 et 06.72.34.10.68. ● http ://pro.wanadoo.fr/gite.hennebont/ ● Accès : de Rennes, N 24 direction Lorient et sortez à Port-Louis/Hennebont (10 km avant Lorient) ; continuez vers Port-Louis ; Le Bas-Locoyarne est le 1er village à droite. Ouvert de Pâques à la Toussaint. Au pays de la vallée du Blavet, jolie ferme fleurie d'hortensias et de géraniums, dont les origines remontent au XVIIe siècle. 3 chambres charmantes avec sanitaires privés. Elles sentent bon la Bretagne, avec le mobilier régional, les poutres, le plâtre gratté et les

BRETAGNE

petites fenêtres en pierre apparente. Comptez 35,83 € (235 F) pour 2, copieux petit déjeuner compris : jus d'orange, viennoiseries, spécialités locales dont le « pain noir » et confitures maison. Il est servi dans une vaste et belle pièce agrémentée d'un petit vitrail et d'une grande cheminée en granit. En termes d'infos sur les restos et les centres d'intérêt de la région, Édith vous proposera du sur mesure en fonction de vos goûts (génial !). Accueil de qualité, teinté d'un zeste d'originalité. Très bon rapport qualité-prix-convivialité. Pour ceux qui veulent séjourner, il y a aussi 1 petit gîte de 3 personnes, loué 297,28 € (1950 F) la semaine en haute saison. Si vous êtes là un jeudi matin, n'oubliez pas le marché pittoresque d'Hennebont, qui est aussi une sympathique ville, chargée d'histoire.

INZINZAC-LOCHRIST 56650 Carte régionale A2

15 km NE de Lorient ; 6 km N d'Hennebont

⌂ ⌕⤫ *Chambres d'hôte Le Ty Mat (Catherine et Mathieu Spence) :* Penquesten. ☎ et fax : 02.97.36.89.26. ● www.pro.wandadoo.fr/ry-mat/● Accès : dans Lochrist, au 2ᵉ pont, tournez à droite vers Penquesten/Bubry (D 23) ; la maison est à 4 km sur la gauche. Grande demeure bourgeoise du XVIIIᵉ, entourée d'un joli parc de 3 ha et répondant au doux nom de *Ty Mat* (bonne maison). Catherine et Mathieu ont accompli un travail colossal pour la restaurer. Quand on entre, on se sent tout de suite à l'aise... Est-ce l'accueil et le sourire de Catherine ? Le charme de la maison et du mobilier ? 4 chambres décorées avec goût (il faut dire que Mathieu tient un magasin d'antiquités spécialisé dans les meubles anglais). Préférez la « chambre Bleue » avec une immense salle de bains, ou la « chambre Cachemire » pour son côté intime. Comptez 49 € (321,42 F) pour 2, petit déjeuner compris (far maison ou crêpes, entre autres...). Pas de table d'hôte, mais plusieurs bonnes crêperies à proximité. Une adresse de charme. Si vous êtes là un jeudi matin, le marché typique d'Hennebont vaut une petite visite.

LOC-BRÉVALAIRE 29260 Carte régionale A1

20 km N de Brest ; 12 km E de Lannilis

⌂ I●I ⌕⤫ ⑩% *Chambres d'hôte (Germaine et René Bozec) :* Penchréach. ☎ 02.98.25.50.99 et 06.83.97.03.17. Accès : sur la D 28 entre Lesneven et Lannilis, prenez la D 38 jusqu'à Loc-Brévalaire ; passez entre la mairie et l'église ; la maison est à 400 m à droite. Au pays des Abers, à quelques encablures des plages, en bordure de village, agréable maison entourée d'un jardin bien fleuri. Germaine et René, agriculteurs à la retraite ont construit cette demeure aux encadrements en granit et toit d'ardoise, à laquelle ils viennent d'ajouter une grande véranda. Les chambres d'hôte, Germaine en rêvait, car elle adore recevoir. Au 1ᵉʳ étage, 2 chambres mignonnes et campagnardes à souhait. Draps et serviettes brodés car c'est la passion de votre hôtesse. 38 € (249,26 F) pour 2, petit déjeuner compris. Table d'hôte partagée en famille à 8,50 € (55,76 F), vin ou cidre compris. Repas simple avec la soupe et les légumes du jardin, sans oublier le far breton. Si vous jardinez un peu, allez voir le potager de René. Tous les légumes sont là et les fleurs innombrables... et pour en avoir en toutes saisons, il a construit une grande serre. Accueil authentique, vrai et chaleureux. Hospitalité et gentillesse au rendez-vous. Une adresse qu'on aime bien.

LOCOAL-MENDON 56550 Carte régionale A2

27 km E de Lorient ; 10 km NO d'Auray

⌂ I●I *Ferme-auberge du Moustoir (Anne-Marie et Gilbert Guellec) :* ☎ 02.97.24.64.59. Fermé le lundi et le mois de janvier. Uniquement sur réservation. Ferme-auberge d'une quarantaine de couverts, avec des menus de 9,91 à 19,82 € (de 65 à 130 F). Spécialités de coq au vin, canard fermier au cidre, porcelet grillé dans le four à bois ou à la broche, potée aux choux et far breton ; le tout accompagné du cidre de la ferme. On vous en a assez dit ? Non ? Eh bien, sachez que les proprios ont reçu plusieurs prix pour la qualité de leur cuisine. Également des gîtes ruraux pour 2 et 4 personnes, à louer à la semaine.

⌂ I●I *Chambres d'hôte (Marie-Thérèse Maho) :* Kervihern. ☎ et fax : 02.97.24.64.09. Accès : à partir de la N 165 prendre la sortie Locoal-Mendon, sur la D 16, prenez la

2ᵉ route à gauche (après la pharmacie). Prévenez en hiver, car ça peut fermer ponctuellement. En été, réservez longtemps à l'avance. Dans cette ancienne étable avec façade en granit, poutres, vieux meubles et cheminée, 6 chambres confortables (préférez la « saumon »), de 38 à 41 € (249,26 à 268,94 F) pour 2, petit déjeuner inclus. Sanitaires privés. 1 autre, toute nouvelle, en duplex pour les familles a été aménagée dans un petit batiment joliment restauré. Table d'hôte le soir à 14 € (91,83 F), avec cidre maison et vin compris. Bons produits de la ferme : pintade au cidre et aux pommes, poulet fermier, potée, pâté maison, tarte Tatin, far breton, et aussi poisson.

LOCQUELTAS 56390   Carte régionale B2

12 km N de Vannes

Chambres d'hôte La Chaumière de Kérizac (Mme Cheilletz-Maignan) : ☎ 02.97.66.60.13. Fax : 02.97.66.67.57. Accès : D 767 direction Pontivy-Saint-Brieuc, sortie Locqueltas, traversez le 1ᵉʳ croisement après la sortie du bourg, et fléchage à gauche. Fermé du 5 janvier au 5 février. Un hameau avec quelques fermes, et un peu plus loin, deux belles chaumières. Vous y trouverez 3 chambres dégageant beaucoup de charme et de caractère : harmonie des couleurs et des tissus, meubles anciens, vieilles dentelles... Sanitaires privés. Comptez de 61 à 64 € (de 400,13 à 419,81 F) pour 2, avec le petit déjeuner.

LOUANNEC 22700   Carte régionale A1

12 km NE de Lannion

Chambres d'hôte Le Colombier (Janet et Yves Fajolles) : Coat-Gourhant. ☎ 02.96.23.29.30 et 06.81.54.99.37. Accès : de Lannion, D 788 jusqu'à Perros-Guirec ; au grand rond-point à l'entrée de Perros, prenez la D 6 vers Louannec sur 20 m, tournez à droite et fléchage sur 2,5 km. Ouvert de mars à octobre. Dans un environnement calme et verdoyant, ancienne ferme agréablement restaurée. 4 chambres coquettes dans une aile indépendante avec sanitaires privés. Comptez 45 € (295,18 F) pour 2, avec le petit déjeuner. Ici, c'est Yves qui s'occupe des hôtes et du petit déjeuner. Vous le dégusterez dans une grande salle rustique, sur fond de musique classique, en regardant évoluer les poissons dans un grand aquarium marin. Barbecue à disposition. Janet, elle, est documentaliste ; vous aurez donc à votre disposition toute la doc touristique sur les environs. Pas de table d'hôte, mais nombreux restos à Perros-Guirec pour toutes les bourses (et bien sûr la mer !). Accueil chaleureux et un très bon rapport qualité-prix-convivialité.

MARCILLÉ-RAOUL 35560   Carte régionale B1

39 km N de Rennes ; 11 km E de Combourg

Chambres d'hôte Le Petit Plessis (Annick et Louis Rault) : ☎ et fax : 02.99.73.60.62. Accès : de Combourg, D 794 vers Vitré, la ferme est sur la gauche, à 1 km avant Marcillé. Sur réservation. Dans un grand corps de ferme, 5 chambres avec sanitaires privés (dont deux composées de deux chambres pour les familles). Une préférence pour « Écurie » qui est immense et pour « Fournil » avec son joli four à pain, deux autres, « La Grange » et « Le Grenier », sont totalement indépendantes. Comptez 35 € (229,58 F) pour 2, petit déjeuner inclus. Table d'hôte (sauf les samedis et dimanches) à 15 € (98,39 F), apéro maison, vin et cidre compris. Une bonne cuisine du terroir avec les produits de la ferme. Les repas sont partagés en famille. Si c'est encore trop cher, coin cuisine à disposition. Agriculteurs, Annick et Louis élèvent des vaches laitières, des volailles, des lapins et possèdent un cochon d'Inde, une chèvre naine et une ânesse pour le plaisir de vos bambins. Une adresse où l'authentique est à l'honneur, et l'accueil chaleureux.

MAURON 56430
Carte régionale B2

52 km O de Rennes ; 15 km SO de Saint-Méen-le-Grand

▲ ⊱⋇⊰ (10%) *Chambres d'hôte Le Grand Launay (Christiane et Jean-Paul Bara) :* ☎ 02.97.22.76.20. Accès : de Rennes, N 12 vers Saint-Brieuc, sortie Saint-Méen-le-Grand ; dans Mauron, D 307 vers Trémorel, passez l'hippodrome, la ferme est un peu plus loin à gauche (2 km du village). Ouvert d'avril à septembre. Aux confins du Morbihan, de l'Ille-et-Vilaine et des Côtes-d'Armor, en pleine campagne, ancienne ferme du XVIIIe qui dépendait du château de Boyer. Dans une aile indépendante, 1 chambre de 3 personnes installée au 1er étage. Déco agréable. Sanitaires privés. Une autre chambre devrait voir le jour très prochainement. 43 € (282,06 F) pour 2, petit déjeuner compris. Jeune retraité de la marine nationale, Jean-Paul a décidé de poser son barda pour avoir une autre qualité de vie (on le comprend...). Christiane est artiste peintre et nombre de ses oeuvres parent les murs de la maison. Pas de table d'hôte mais des restos dans le village. Si vous aimez taquiner le poisson, les proprios ont aménagé un petit étang à cet effet (n'oubliez pas votre matériel). Accueil souriant et agréable.

MÉNÉAC 56490
Carte régionale B2

65 km NE de Vannes ; 8 km S de Merdrignac

▲ ⊱⋇⊰ (10%) *Chambres d'hôte Manoir de Bellouan (Émilienne Bellamy) :* ☎ et fax : 02.97.93.35.57. Accès : sur la N 164 entre Rennes et Loudéac, sortir à Ménéac ; dans le village, prenez la D 305 vers Illifaut pendant 1,5 km, le manoir est à gauche. Au nord du département, à quelques encablures des Côtes d'Armor, charmant manoir du XVIIe dans un petit hameau. Tout en granit, il est entouré d'un parc de 2 ha et d'un bois d'une même superficie. C'est par un noble et bel escalier que l'on accède aux 4 chambres. L'une immense avec des murs recouverts de boiseries et une alcôve ; l'autre plus petite (nettement moins chère) mais tout aussi accueillante, les deux dernières donnant sur le parc. Sanitaires privés. Respectivement 61,46 et 38 € (400,13, 301,74 et 249,26 F) pour 2, petit déjeuner compris (fromages, crêpes et confitures maison). Salon avec vieux canapés et bibliothèque bien fournie. N'oubliez pas de jeter un petit coup d'oeil à la chapelle du manoir. Émilienne est une hôtesse chaleureuse et dynamique. Une gentille adresse.

MERDRIGNAC 22230
Carte régionale B1

60 km O de Rennes ; 26 km E de Loudéac

▲ ⋔ ⊱⋇⊰ (10%) *Chambres d'hôte Manoir de la Peignie (François-Régis Marie) :* ☎ 02.96.28.42.86 et 06.82.45.96.00. ● françois-regis.marie@libertysurf.fr ● Accès : Merdrignac se situe sur la N 164 entre Rennes et Loudéac, la maison est à côté du stade et du château d'eau. Bien qu'en bordure de village, c'est par une belle allée boisée qui court le long du stade, que l'on rejoint le manoir entouré d'un agréable parc. Vous êtes ici devant l'ancien château de Merdrignac, détruit pendant la guerre de Cent Ans et incendié en 1994 (tu parles d'une histoire...). Aujourd'hui, il a refait peau neuve dans le but d'accueillir des hôtes. 5 chambres vastes et décorées avec goût (meubles anciens et jolies gravures). Deux au 1er étage et trois au 2e, sur le palier duquel Louis XIV vous contemple. Sanitaires privés. 53,36 € (350 F) pour 2, petit déjeuner compris. Magnifique salle à manger meublée Empire avec de superbes toiles et souvenirs de famille. C'est dans la partie la plus ancienne du château que vous prendrez votre collation du matin, sous le regard d'une statue de pape. Accueil courtois.

MESLAN 56320
Carte régionale A2

30 km N de Lorient ; 23 km NE de Quimperlé

▲ ⊱⋇⊰ *Chambres d'hôte (Marie-France Jambou) :* Roscalet. ☎ et fax : 02.97.34.24.13. Accès : de Lorient, D 769 vers Morlaix sur 30 km, puis D 6 vers Meslan et les Roches du Diable (C 2) sur 4 km. Fermé du 1er novembre au 31 mars. Conseillé de réserver à l'avance. Au cœur de l'Argoat, Marie-France Jambou a réhabilité d'anciennes écuries pour y installer 5 chambres d'hôte confortables, avec sanitaires privés. Beaucoup de goût dans toute la maison, déco soignée, et belles gravures anciennes. La maîtresse de maison aime recevoir, et cela ne fait qu'ajouter au charme des lieux. Comptez de 40 à 43 € (de 262,38 à 282,06 F) pour 2, et 56 € (367,34 F) pour 3, avec un copieux petit déjeuner. Pas de table d'hôte, mais coin cuisine équipé, et le soir, on peut pique-niquer dehors sur les tables du jardin. Accueil convivial.

MOHON 56490   Carte régionale B2

65 km NE de Vannes; 10 km N de Josselin

≜ |●| 🐕 ✥ ⑩ **Chambres d'hôte La Charbonnière (Marylène Four et Marcel Vilotte) :** Bodegat. ☎ 02.97.93.96.80. Fax : 02.97.93.97.41. • http://perso.wanadoo.fr/charbonniere • Accès : de Josselin, D 793 vers La Trinité-Porhoët jusqu'à Mohon, dans le village suivre La Trinité sur 300 m et fléchage à gauche. A l'écart d'un petit hameau, ferme au milieu des pâturages. 4 chambres agréables et claires dont une au rez-de-chaussée, les trois autres à l'étage. 37 € (242,70 F) pour 2, copieux petit déjeuner compris (plusieurs sortes de pain, gâteau et confitures maison et si vous le souhaitez, œufs et charcuterie). Table d'hôte partagée avec Marylène et Marcel à 13 € (85,27 F), apéro et vin compris. Goûteuse cuisine familiale et traditionnelle. Grande salle à manger avec des mannequins qui arborent des costumes et coiffes traditionnels et où la cheminée crépite en hiver. Pour les amateurs d'équitation, Marcel a 6 chevaux et emmènent ses clients en balade, 15,24 € (100 F) pour 1 h 30 et 68,60 € (450 F) la journée, pique-nique compris. Accueil chaleureux, authentique et vrai. Une adresse très campagne.

MONCONTOUR 22510   Carte régionale B1

23 km S de Saint-Brieuc; 16 km SO de Lamballe

≜ |●| 🐕 ✥ ⑩ **Chambres d'hôte À la Garde Ducale (Christiane et Roland Le Ray) :** 10, place de Penthièvre. ☎ et fax : 02.96.73.52.18. Accès : en plein centre, sur la place principale de la ville. Au cœur de cette agréable cité médiévale, vieille demeure de la fin du XVIᵉ. Durant sa longue histoire, elle servit notamment d'hébergement aux gardes de la ville. Christiane et Roland y ont aussi tenu un magasin de vêtements, désormais fermé, et qui sert aujourd'hui de petit salon de détente. Sur plusieurs niveaux, 4 chambres colorées avec sanitaires privés. 39 € (255,82 F) pour 2, petit déjeuner compris, 64 € (419,81 F) pour 4. Table d'hôte partagée en famille autour d'une immense table où les conversations vont bon train. 15 € (98,39 F) le repas, apéro et vin compris. Une cuisine traditionnelle voir médiévale certains soirs. Christiane s'affaire derrière les fourneaux, tandis que Roland fait la conversation. Connu comme le loup blanc, le soir venu, il emmène ses clients à la découverte de Moncontour. Accueil chaleureux, authentique et vrai.

PAIMPONT 35380   Carte régionale B2

40 km O de Rennes; 25 km NE de Ploërmel

≜ ✥ ⑩ **Chambres d'hôte La Corne de Cerf (Annie et Robert Morvan) :** Le Cannée. ☎ 02.99.07.84.19. Accès : au sud de Paimpont, après le grand rond-point, prenez la D 71 vers Beignon-Le Cannée pendant 3 km et fléchage. Fermé en janvier. Très jolie maison en pierre apparente, entourée d'un romantique jardin fleuri. Ici, c'est une maison d'artistes... Robert est peintre (et aussi prof d'arts plastiques), et Annie fait des tapisseries très originales (qui se rapprochent de sculptures), restaure et peint des meubles (certains que vous n'auriez pas mis chez vous et auxquels elle a donné un charme fou!). 3 chambres d'hôte au décor raffiné, agrémenté de frises. Entre les trois, le choix est difficile : on aime bien « Amaryllis » (jaune vif), et « Olivine » (au 2ᵉ étage), qui bénéficie d'une magnifique vue sur le jardin. Comptez 46 € (301,74 F) pour 2, petit déjeuner compris, servi sur des tables individuelles, avec des services différents selon le ton des chambres. Pas de table d'hôte, mais plusieurs restos à proximité. Une adresse de charme.

🛌 |●| *Ferme-auberge Grosset (Régine Méance et Patricia Hamelin) :* Trudeau. ☎ 02.99.07.81.40. Accès : en venant de Plélan, juste avant d'arriver à Paimpont, tournez à droite (D 40) vers Trudeau et fléchage. Sur réservation uniquement. Dans un petit hameau, ensemble de trois maisons sur une exploitation agricole. Dans l'une, Colette et ses deux filles ont ouvert une petite salle de 60 couverts très campagnarde, avec grande cheminée dans laquelle est suspendu un chaudron (ne vous y trompez pas, c'est le système de chauffage !). Menu unique à 21,34 € (140 F), apéro, vin, cidre et café compris (16,77 € sans boisson soit 110 F). Spécialités cuites au feu de bois. Dans les deux autres, elles vous proposent 7 chambres d'hôte : trois avec sanitaires privés et quatre avec salle d'eau privée mais w.-c. communs. Comptez de 39,64 à 42,69 € (260 à 280 F) pour 2, petit déjeuner inclus. En saison, dîner à la ferme-auberge pour 14,48 € (95 F), cidre et vin compris. Pour les petits budgets, 1 gîte d'étape en 2 dortoirs pour 30 personnes (7,93 € la nuit soit 52 F) et 1 aire de camping. Location de vélos. Accueil authentique et chaleureux.

PLÉLO 22170   Carte régionale A1

20 km NO de Saint-Brieuc ; 13 km E de Guingamp

🛌 |●| ⤙⤚ ⑩% *Ferme-auberge Au Char à Bancs (Famille Lamour) :* Moulin de la ville Geffroy. ☎ 02.96.74.13.63. Fax : 02.96.74.13.03. ● charabancs@wanadoo.fr ● Accès : dans le bourg, fléchage. Fermé le mardi en été et la semaine hors saison. Voici une adresse qui est devenue une véritable institution et où l'on a dépensé une énergie incroyable pour recréer l'univers des agriculteurs de la fin du siècle dernier... Ça commence par une jolie ferme du XIXe, face à une petite vallée plantée de pommiers, où nichent 5 chambres ravissantes avec sanitaires privés. Toutes mansardées et décorées selon un thème différent (la suite a un superbe lit clos). À partir de 59,50 € (390,29 F) pour 2, avec un petit déjeuner composé de crêpes et de confitures maison. Il y a aussi le musée paysan et l'ancienne minoterie qui abrite la ferme-auberge (potée au feu de bois, nombreux choix de galettes et crêpes) et la petite brocante. On oubliait les pédalos pour descendre la rivière. Bref, on peut s'appeler Lamour et ne pas avoir les deux pieds dans le même sabot. Accueil chaleureux.

|●| *Ferme-auberge de la Ville-Andon (Marie-Claire et Hervé Caillebot-Corbel) :* ☎ 02.96.74.21.77. Fax : 02.96.74.35.79. Accès : dans le bourg, fléchage. Ouvert les week-ends et vacances scolaires sauf le lundi. Sur réservation de préférence. Superbe manoir du XVe siècle. 3 jolies salles avec poutres et cheminées monumentales, dont une sert de séchoir à la spécialité maison : l'andouille. C'est au coin du feu que vous pourrez la déguster. Capacité totale de 120 couverts. Menus à partir de 15,24 € (100 F) : andouille, coq au cidre, canard aux navets, pintade au chou et far breton. Les proprios organisent des expos d'œuvres contemporaines en été. Une bonne adresse.

PLÉNEUF-VAL-ANDRÉ 22370   Carte régionale B1

27 km NE de Saint-Brieuc ; 16 km N de Lamballe

🛌 ⤙⤚ *Chambres d'hôte Le Pré Mancel (Yvette Rouinvy) :* ☎ 02.96.72.95.12. Fax : 02.96.63.16.28. Accès : de Pléneuf, prenez la D 786 vers Erquy et faites 4 km ; au rond-point direction Pré-Mancel. À 1,5 km de la plage et en pleine campagne, grande ferme où Bernard et Yvette élèvent 400 brebis (sans compter les agneaux). Vous pourrez d'ailleurs regarder travailler leurs border collies, qui rassemblent le troupeau pour aller d'un champ à un autre. Dans cet univers nature, 5 chambres simples, mais agréables. Sanitaires privés. Comptez 38 € (249,26 F) pour 2 avec le petit déjeuner. C'est aussi une bonne adresse pour goûter aux joies de la mer. Accueil sympathique. Également, 2 gîtes de 4 personnes chacun, location à la semaine ou au week-end.

🛌 *Chambres d'hôte Le Clos Fontaine (Maud et Claude Le Nai-Méheut) :* 5, rue de la Corderie. ☎ et fax : 02.96.63.08.53 et 06.68.10.12.05. ● www.le-clos-fontaine.fr.st/ ● Accès : au centre du bourg, prenez la direction « la ville Berneuf » ; la maison est sur la gauche, en face du stade. Ouvert d'avril à septembre. Sur la route des plages (la première est à 1/4 d'heure de marche), belle longère du XIXe bien fleurie avec un petit jardin. 2 chambres d'hôte : une indépendante, genre gîte, avec petite salle à manger, coin cuisine et deux chambres à l'étage décorées sur le thème du golf et de la mer ; l'autre au

1er étage de la maison des propriétaires où vous découvrirez des coiffes bretonnes. Sanitaires privés. Comptez respectivement 46 et 40 € (301,74 et 262,38 F) pour 2, copieux petit déjeuner compris, 10,67 € (70 F) par personne supplémentaire. Accueil agréable. La circulation peut être un peu dense en saison, mais le soir, le calme est bien là, et vous dormirez paisiblement.

PLEUGUENEUC 35720 Carte régionale B1

14 km SE de Dinan ; 12 km O de Combourg

🛏 🐕 (10%) *Chambres d'hôte Le Lézard Tranquille (Julie de Lorgeril) :* ☎ 02.99.69.40.36. Accès : par la N 137, sortie Pleugueneuc et fléchage « La Bourbansais ». Dépendant du château de la Bourbansais, ce bâtiment qui avait été créé par les ancêtres de Julie pour devenir une école est aujourd'hui sa maison. Elle y a aménagé 4 chambres agréables avec accès indépendant par porte-fenêtre. Grands sanitaires privés. Préférez les chambres qui donnent sur l'arrière, avec vue sur les prés et le bois en fond de décor. Comptez 44 € (288,62 F) pour 2, petit déjeuner compris. Véritable châtelaine, Julie sera une hôtesse qui vous charmera par son sourire, son dynamisme et sa gentillesse. Vélos à disposition (chouette !). Bref, une adresse qu'on aime et un accueil de qualité.

PLOÉZAL 22260 Carte régionale A1

46 km NO de Saint-Brieuc ; 20 km N de Guingamp

🛏 (10%) *Chambres d'hôte (M. et Mme Jean-Louis Hervé) :* Kerléo. ☎ 02.96.95.65.78. Fax : 02.96.95.14.63. Accès : près du château de la Roche-Jagu ; dans le bourg, fléchage. Au calme, dans une vieille ferme bretonne. 4 chambres spacieuses, dont deux avec sanitaires privés (les deux autres ont des w.-c. communs). Selon le confort, comptez 33,54 et 41,16 € (220 et 270 F) pour 2, petit déjeuner inclus. Pas de table d'hôte, mais ferme-auberge, restaurants et crêperies à proximité.

PLOGOFF 29770 Carte régionale A1-2

50 km O de Quimper ; 5 km E de la pointe du Raz

🛏 🍽 🐕 ✛ (10%) *Chambres d'hôte (Marie-Rose et Jean-Paul Ganne) :* Kerhuret. ☎ 02.98.70.34.85. Accès : par la D 784 ; dans le village, direction « la pointe du Raz » pendant 2,5 km, et tournez à gauche vers Kerhuret. Jolie ferme traditionnelle à deux pas de la célèbre pointe du Raz (infestée de touristes en été), où il fait bon aller voir, hors saison, le coucher du soleil sur la mer dansant autour du phare de la Vieille (à vos appareils !). 5 mignonnettes chambres avec sanitaires privés. Elles sont toutes installées dans d'anciennes crèches (étables), chacune avec accès indépendant. Rassurez-vous, vous êtes vraiment chez l'habitant et les adorables proprios sont très présents. Comptez 35 € (229,58 F) pour 2, petit déjeuner compris (une véritable aubaine) avec des crêpes toutes chaudes sorties de la poêle ! Pour la petite histoire, Jean-Paul tenait un petit resto gastro en Suisse et ses anciens clients l'ont suivi jusqu'ici ! Et on les comprend ! Pour 15 € (98,39 F) le repas, vin compris, vous pourrez déguster suivant les jours, les langoustines flambées ou le saumon fumé dans la cheminée (tip-top !), le lapin à l'ail, la fondue de poissons (un véritable régal !), la tarte noisettes et bien sûr le far... Les proprios vous indiqueront d'agréables sentiers qui longent la côte déchiquetée et battue par la mer, et vous pourrez aussi parcourir la lande sur les chevaux d'une ferme équestre voisine. Une adresse où l'on se sent vite comme chez soi, un très bon rapport qualité-prix-convivialité ; bref, un de nos coups de cœur.

PLONÉOUR-LANVERN 29720 Carte régionale A2

18 km SO de Quimper ; 7 km NO de Pont-l'Abbé

🛏 🍽 ✛ (10%) *Chambres d'hôte (Mathilde et Pierre Durand) :* Lestregueoc. ☎ et fax : 02.98.87.62.46. Accès : de Plonéour, direction Pouldreuzic ; faites 2 km et tournez à droite, puis fléchage « Camping à la ferme » sur 1 km. En pleine nature, jolie maison bretonne récente. Mathilde et Pierre ont ouvert 2 chambres avec sanitaires privés. Amateurs de vastes salles de bains, choisissez la chambre au lit double ! Comptez 41,16 € (270 F) pour 2, avec un copieux petit déjeuner : pain de campagne, crêpes, lait et jus de pomme de la ferme, confitures maison. Table d'hôte sur réservation (sauf les samedis et dimanches) à 15,24 € (100 F), vin compris, à base des produits de la ferme et de poissons. Également 1 camping de 25 emplacements pour les petits budgets, environ 3,81 € (25 F) par jour. Vélos à disposition.

PLOUÉGAT-MOYSAN 29650   Carte régionale A1

19 km E de Morlaix ; 7 km N de Guerlesquin

🛏 |●| ⑩% ***Ferme-auberge Pen-an-Neach (Famille Thomas-Scarella)* :** ☎ 02.98.79.20.15. Fax : 02.98.79.22.73. Ouvert tous les jours sauf le mardi en haute saison, du vendredi soir au dimanche midi en basse saison. Sur réservation de préférence. Ferme-auberge d'une soixantaine de couverts. Excellentes crêpes et galettes entre 3 et 7 € (19,68 et 45,92 F), salades bretonnes, menu viande de bœuf à 29,80 € soit 195,48 F, cidre de la ferme, etc. Sur résa, le vendredi soir et le samedi midi, menu Kig ha Farz (spécialité du Finistère-Nord). Dans une maison indépendante à 200 m de l'auberge, 4 chambres coquettes avec sanitaires privés. Comptez 39,60 € (259,76 F) pour 2, petit déjeuner compris. Accueil familial et chaleureux. Possibilité de séjour en gîtes ruraux.

PLOUÉNAN 29420   Carte régionale A1

15 km NO de Morlaix ; 15 km S de Roscoff

🛏 🐾 ***Chambres d'hôte (Sylvie et Alain Cazuc)* :** Lopreden. ☎ 02.98.69.50.62. Fax : 02.98.69.50.02. Accès : de Morlaix, D 58 vers Roscoff ; tout de suite après le pont de la Corde, tournez à gauche (D 769) jusqu'à Plouénan ; dans le village, prenez la D 75 vers Plouvorn pendant 2 km, puis bifurquez à gauche vers Lopreden (ouf !). Ouvert de mars à octobre. Dans une ancienne crèche (comprenez étable), juste à côté de leur petite ferme, Sylvie et Alain ont aménagé 3 chambres avec sanitaires privés (une préférence pour la classique avec sa collection d'assiettes). Comptez 37 € (242,70 F) pour 2, petit déjeuner compris (on le prend chez Sylvie et Alain). Pas de table d'hôte, mais un petit coin cuisine à disposition. Sylvie est une femme pleine d'humour, dynamique et décontractée. Elle connaît sa région comme sa poche, et vous indiquera des petits îlots à découvrir à pied à marée basse (mais chut !... il y a très peu d'initiés...). Pour ceux qui préfèrent lézarder, deux plages à 8 km : Carantec et Saint-Pol. Une gentille adresse et un accueil chaleureux.

PLOUGOUMELEN 56400   Carte régionale A2

12 km O de Vannes ; 6 km E d'Auray

🛏 ⌘ ⑩% ***Chambres d'hôte Les Chaumières de Cahire (Arsène Trochery)* :** ☎ 02.97.57.91.18. Fax : 02.97.57.93.20. ● trochery@leschaumieres ● Accès : sur la N 165, sortie Plougoumelen, puis fléchage « Cahire ». Fermé en janvier et du 1er au 15 mars. Dans un petit village classé site historique (que des petites chaumières traditionnelles du XVIIe siècle !). Arsène a aménagé 4 chambres : une dans l'ancien four à pain, deux dans l'ancien pressoir et la dernière dans sa maison (notre préférée, car elle est décorée de superbes toiles). Très grands et luxueux sanitaires privés. Comptez de 44,52 à 58,24 € (de 292 à 382 F) pour 2, petit déjeuner compris. Le golfe du Morbihan est à 6 km.

PLOUHINEC 56680   Carte régionale A2

20 km SE de Lorient ; 18 km NO d'Auray

🛏 |●| ⌘ ⑩% ***Chambres d'hôte (Marie-Hélène Le Guennec)* :** Le Clos Marive. ☎ 02.97.85.81.80. Fax : 02.97.85.82.84. Accès : à la sortie du bourg, direction Belz et fléchage. Recommandé de réserver 1 mois à l'avance. Belle maison de caractère aux volets bleus. En bord de route, mais double vitrage efficace. Intérieur spacieux et cossu, avec de gros murs de pierre bien épais. 5 chambres avec sanitaires privés, à 40 € (262,48 F) pour 2, copieux petit déjeuner inclus. Préférez la chambre bleue, c'est la plus sympa. Possibilité de lit supplémentaire, 9,15 à 12,20 € (60 à 80 F), et matériel de puériculture à disposition. Dans le bâtiment attenant, les proprios ont aménagé une crêperie.

PLOUIDER 29260   Carte régionale A1

25 km NE de Brest ; 5 km N de Lesneven

🛏 |●| 🏠 **Chambres d'hôte (Claudine Roué) :** Kersehen. ☎ 02.98.25.40.41 et 06.81.04.10.87. ● claudine.roue@wanadoo.fr ● Accès : de Lesneven, faites 5 km et prenez la 2e route à gauche après le rond-point vers Kersehen pendant 1 km, et fléchage. Pour l'été, il est conseillé de réserver dès le mois de mai. Maison moderne avec 3 chambres situées au 1er étage. Sanitaires privés. Comptez 38 € (249,26 F) pour 2, petit déjeuner compris (avec des crêpes maison). Possibilité de repas, pour 14 € (91,83 F) vin compris : beaucoup de poissons, bavaroise au café, mousse au chocolat. Petite cuisine équipée pour les clients qui le désirent. Salon avec piano à disposition. Vélos. Accès à la mer par de petits chemins côtiers. Accueil souriant.

PLOUIGNEAU 29610   Carte régionale A1

8 km E de Morlaix

🛏 ✆ **10 %** **Chambres d'hôte Le Manoir de Lanleya (André Marrec) :** ☎ et fax : 02.98.79.94.15. ● www.multimania.com/lanleya ● Accès : de Morlaix, N 12 vers Guingamp ; sortez à Plouigneau mais prenez ensuite la direction Lanneur (D 64) ; tournez à la 1re route à gauche et continuez jusqu'à Lanleya (environ 4 km) ; la maison est au centre du bourg. André a cessé son activité pour rénover son petit manoir des XVIe et XIXe siècles, et vous propose 5 chambres spacieuses. Elles sont desservies par un bel escalier situé dans une tour. Comptez 55 € (360,78 F) pour 2, petit déjeuner compris. Pas de table d'hôte, mais plusieurs restos à proximité. Si vous désirez séjourner, il y a 4 gîtes ruraux sur place (2 à 7 personnes) qui se louent de 221 à 535 € (de 1449,66 à 3509,37 F) selon la capacité et la saison. Enfin, 1 tout nouveau gîte d'étape de 4 chambres avec séjour et coin cuisine à 24 € (157,43 F) par personne avec petit déjeuner (draps fournis). André connaît bien sa région et il possède une excellente bibliothèque qui vous permettra de la découvrir aussi bien du point de vue touristique que culturel (nombreux ouvrages d'auteurs bretons). Demandez-lui de vous faire visiter la charmante chapelle du manoir, située de l'autre côté de la route ; elle abrite de superbes statues. Accueil de qualité.

PLOUJEAN (MORLAIX) 29600   Carte régionale A1

3 km N de Morlaix

🛏 **10 %** **Manoir de Roch ar Brini (Armelle et Étienne Delaisi) :** Pen-an-Traon, Ploujean. ☎ 02.98.72.01.44. Fax : 02.98.88.04.49. ● www.brittanyguesthouse.com ● Accès : dans Morlaix, allez jusqu'au port et suivez la rive droite de la rivière pendant 3 km, puis prenez la 2e route vers Ploujean, montez pendant 500 m, tournez à droite ; la maison est à 500 m à droite. Belle histoire que celle de cette noble demeure construite au XIXe par Édouard Corbière, écrivain de son état, et père du poète Édouard Joachim Corbière dit Tristan, « poète maudit » révélé par Verlaine et auteur des *Amours jaunes* (vous savez tout !). Au 1er étage, 2 chambres claires et spacieuses avec de luxueux sanitaires privés. Beaux parquets anciens (ceux du rez-de-chaussée sont remarquables, marquetés d'un motif rose des vents). 2 chambres complémentaires pour famille ou amis. 67 € (439,49 F) pour 2, petit déjeuner compris. Billard français pour les amateurs. Équitation dans la propriété. Grand parc ombragé avec vue dégagée sur les alentours. Pas de table d'hôte mais les restos ne manquent pas dans le coin. Un point de chute idéal pour découvrir la célèbre baie de Morlaix (en saison, on vous conseille de prendre la route touristique entre Plougasnou et Loquirec car plus sauvage et moins fréquentée). Accueil jeune, convivial et décontracté. Une adresse de charme pour routards aisés.

PLOURIN-LÈS-MORLAIX 29600 Carte régionale A1

2 km S de Morlaix

📷 ❄️ *Chambres à la ferme du Pillion (Annick et Roger Quéré) :* ☎ 02.98.88.18.54. Accès : dans Morlaix, de la place Traoulen, deux routes indiquent Plourin, prenez celle de gauche, c'est à 2 km. Ouvert seulement en juillet et août. Annick et Roger Quéré ont réservé à leurs hôtes le 1er étage de leur maison. Chambres agréables avec salle de bains commune. Comptez 33,54 € (220 F) pour 2, petit déjeuner à la mode de Bretagne compris. Pas de table d'hôte mais cuisine à disposition. Accueil chaleureux et tuyaux sur les randonnées dans la région.

PLUMÉLIAU 56930 Carte régionale A2

40 km NE de Lorient ; 12 km S de Pontivy

📷 ❄️ ⑩% *Chambre d'hôte (Paulette et Léon Le Hir) :* Kerdaniel. ☎ 02.97.51.80.56 et 06.17.69.06.58. Accès : de Pontivy, D 768 vers Baud/Lorient ; à Talvern Menez, prenez la D 188 vers Pluméliau pendant 1,5 km et tournez à gauche vers Kerdaniel. Fermé du 1er décembre au 28 février. Belle ferme en granit du XIXe. Au 1er étage de la maison, 1 chambre campagnarde et chaleureuse. Mobilier breton traditionnel, armoire et lit avec scène de la vie rurale sculptée. Grande salle de bains et w.-c. privés. Et 1 chambre plus spacieuse, au mobilier Louis-Philippe, avec sanitaires tout neufs. 38 € (249,26 F) pour 2, copieux petit déjeuner compris (gâteau et confitures maison, fromage blanc et charcuterie). Paulette aime les bibelots et c'est une collectionneuse dans l'âme... Il y a celle des petites boîtes, des flacons, des fèves... Mais sa passion, c'est le patchwork ! Elle en a accroché partout, et il ne reste plus à Léon qu'à lui installer un atelier. Pas de table d'hôte, mais si vous restez 3 jours, Paulette vous offre le krampouz ou plus vulgairement un repas crêpes (c'est pas gentil ?). Accueil chaleureux, authentique et vrai. L'adresse idéale pour découvrir la région de l'intérieur.

PLUVIGNER 56330 Carte régionale A2

26 km E de Lorient ; 13 km N d'Auray

📷 🐕 *Chambres d'hôte (Marie-Claire Collet) :* Kerdavid-Duchentil. ☎ 02.97.56.00.59 et 06.08.57.05.00. Accès : traversez Pluvigner quand vous venez de la N 165 et au rond-point à la sortie du bourg, prenez la D 16 vers Bieuzy-Lanvaux pendant 4 km, puis tournez à droite vers Kerdavid. Dans une ancienne ferme du XVIIIe siècle, 5 chambres de plain-pied avec sanitaires privés. Préférez les trois qui ouvrent sur l'arrière, plus agréables, avec accès direct sur un parc bien ombragé. Comptez 41 € (268,94 F) pour 2, copieux petit déjeuner compris. Pas de table d'hôte, mais cuisine et salon à disposition. Également un petit gîte pour ceux qui veulent séjourner. Les pêcheurs trouveront une jolie pièce d'eau au bout du parc. Une adresse idéale pour les familles. Accueil agréable et discret.

📷 ❄️ ⑩% *Chambres d'hôte (Jacqueline et Bernard Belin) :* Keraubert. ☎ et fax : 02.97.24.93.10. Accès : l'accès de la maison se trouve sur la D 24 entre Landévant et Baud, plus précisément entre Lambel et Malachappe (n'allez pas à Pluvigner). Belle ferme des années 1930 aux volets bleus et en pierre des champs. Agréable parc aux multiples essences dont des palmiers et d'innombrables fleurs. 2 chambres croquignolettes et campagnardes avec sanitaires privés. La rouge avec ses peintures à l'éponge et la bleue à l'atmosphère plus marine avec une originale glace entourée de coquillages. Accès indépendant, TV et nécessaire pour se faire un café ou un thé. 42,69 € (280 F) pour 2, copieux petit déjeuner compris (avec pâtisserie maison), servi dans la chaleureuse et typique salle à manger des proprios. Réfrigérateur à disposition. Passionné de vieilles voitures, Bernard possède une splendide Wohseley de 1964, modèle peu courant en France (intérieur bois et cuir, english style oblige). Accueil convivial.

📷 🍽️ ❄️ *Chambres d'hôte (Gérard Greves) :* chaumière de Kerreo. ☎ 02.97.50.90.48. Fax : 02.97.50.90.69. • www.gites-de-france-morbihan.com/kerreo • Accès : sur la N 165 entre Auray et Lorient, dans Landevant, prenez la direction de Baud (D 24) ; au lieu-dit Malachappe, continuez sur 700 m et tournez à gauche. Fermé en janvier. Dans une ancienne chaumière du XVIIIe siècle. 5 chambres avec sanitaires privés. Elles portent toutes des noms de fées (préférez « Morgane » ou « Mélusine ») et sont blanchies à la chaux. Un petit quelque chose de Provence dans l'atmosphère de ces chambres, néanmoins dans une chaumière tout ce qu'il y a de breton. Comptez de 46 à 50 € (de 301,74 à 327,98 F) pour 2, avec un copieux petit déjeuner : quatre-quarts breton, lait de ferme et beurre en motte, pain cuit au feu de bois et confitures (charcuterie, œuf et yaourt sur demande). Bonne table d'hôte (le patron est cuisinier) à 17 € (111,51 F), vin à volonté compris. Pour vous mettre l'eau à la bouche, on citera la langue de veau à la fondue d'oignons, le pot-au-feu, la mousseline de cabillaud au beurre de langoustines, la salade de poissons crus marinés, la tarte Tatin, la crème brûlée ou encore les petites pommes au caramel flambées au calva... Après le repas, vous pourrez faire une partie de *darts* (fléchettes) selon les règles anglaises en compagnie du maître des lieux. Joli parc avec pommiers et four à pain du XIXe. Bref, tout y est : la chaleur de l'accueil, une superbe demeure, une table savoureuse...

PONT-SCORFF 56620   Carte régionale A2

10 km N de Lorient ; 10 km E de Quimperlé

■ *Chambres d'hôte (Françoise Guénégo) :* 11, rue du Général-de-Gaulle. ☎ 02.97.32.65.60. Accès : à 6 km de la voie rapide Brest-Nantes, sortie Queven. Dans un ravissant village, jolie maison en pierre avec 5 chambres d'hôte, qui ont toutes des noms de fleurs. Trois chambres doubles avec sanitaires privés à 38 € (249,26 F), petit déjeuner compris, et deux chambres triples à 46 € (301,74 F). Cuisine à disposition le soir.

PORDIC 22590   Carte régionale B1

8 km N de Saint-Brieuc

■ 🐕 ⤫ *Chambre d'hôte Le Pré Péan (Marie-Irène et Pierre Gaubert) :* ☎ 02.96.79.00.32. Fax : 02.96.79.18.69. Accès : D 786 vers Paimpol. Dans une jolie ferme ancienne, en pleine campagne, 5 chambres dont deux avec sanitaires privés ; les trois autres avec salle d'eau privée mais w.-c. communs. 35,10 € (230,24 F) pour 2 avec le petit déjeuner servi devant la cheminée, avec le lait de la ferme et les confitures maison. Accueil authentique. Mer à 3 km.

POULLAOUEN 29246   Carte régionale A1

30 km SE de Morlaix ; 5 km SE de Huelgoat

■ |●| ⤫ ⑩% *Chambres d'hôte Les Tilleuls de Goasvennou (Ghislaine et Stéphane Degryse Briand) :* ☎ 02.98.93.57.63 ou 02.98.93.53.88. Fax : 02.98.93.53.88. ● http:// chambreslestilleuls.free.fr ● Accès : Poullaouen se trouve sur la D 769 entre Carhaix-Plouguer et Morlaix ; dans le village, direction Carnoet pendant 350 m et à gauche vers La Mine pendant 3,7 km et à gauche vers Goasvennou (bon fléchage). Dans un joli coin de campagne vallonné, entre forêts et pâturages, exploitation agricole dans laquelle les proprios élèvent des vaches laitières. 4 chambres mignonnettes, toutes avec accès indépendant et sanitaires privés. Deux au rez-de-chaussée et deux autres à l'étage. Une préférence pour la chambre décorée sur le thème de la mer. 41 € (268,94 F) pour 2, petit déjeuner compris (pratiquement tout est maison : beurre, lait, pain et gâteau... qui dit mieux ?). Table d'hôte partagée avec Ghislaine et Stéphane à 15 € (98,39 F), apéro et vin compris. Cuisine traditionnelle et familiale à base de produits fermiers, sans oublier les soirées crêpes. Accueil dynamique, jeune et sympa.

QUIMPERLÉ 29300   Carte régionale A2

18 km NO de Lorient ; 17 km E de Pont-Aven

■ 🐕 ⤫ ⑩% *Chambres d'hôte (Monique Moello) :* Le Petit Llchern. ☎ 02.98.96.06.40. Accès : par la route d'Arzano. 3 mignonnes chambres avec sanitaires privés. Comptez de 35,06 à 38,11 € (de 230 à 250 F) pour 2, petit déjeuner compris.

L'accueil est extrêmement chaleureux et Monique se fera un plaisir de vous renseigner sur Quimperlé et sa région.

QUINTIN 22800   Carte régionale A-B1

19 km SO de Saint-Brieuc

🛏 |●| ⑩% *Chambres d'hôte Le Clos du Prince (Marie-Madeleine Guilmoto)* : 10, rue des Croix-Jarrots. ☎ et fax : 02.96.74.93.03 et 06.82.18.86.69. Accès : de la mairie, prenez la rue des Douves, ensuite la rue des Forges, puis la rue Saint-Yves et vous tomberez dans la rue que vous cherchez. Dans une belle maison de ville avec un grand jardin intérieur peuplé d'arbres centenaires, dont un superbe séquoia. Marie-Madeleine possédant un petit magasin d'antiquités au rez-de-chaussée, la décoration change souvent, mais toujours avec goût. 2 chambres avec sanitaires privés. Comptez de 53,36 à 68,60 € (de 350 à 450 F) pour 2 avec le petit déjeuner. Table d'hôte (uniquement hors saison) à 15,24 € (100 F), vin non compris. Accueil charmant. Quintin est une jolie cité de caractère, allez donc vous balader dans la vieille ville, elle vaut le détour !

RIANTEC 56670   Carte régionale A2

12 km E de Lorient ; 6 km S d'Hennebont

🛏 ⑩% *Chambres d'hôte La Chaumière de Kervassal (Maya et Gonzague Watine)* : ☎ 02.97.33.58.66. Fax : 02.97.33.49.47. ● http://pro.wanadoo.fr/chaumiere.kervassal ● Accès : de la N 165 sortie et direction Port-Louis par D 781, 1 km après le rond-point de Kérnours, bifurquez vers Fontaine-Galèze jusqu'à Kervassal et suivez le fléchage. Fermé de novembre à février. Petit hameau d'une douzaine de maisons pour 50 âmes. Chaumière traditionnelle dont les origines remontent au XVIIᵉ, mais dont le toit a refait plusieurs fois paille neuve. 3 chambres coquettes avec de croquignolets sanitaires privés qui font partie intégrante de la déco. Une préférence pour la romantique (avec ciel de lit et tenture motif toile de Jouy) et pour celle à l'ambiance très marine. 49 € (321,42 F) pour 2, petit déjeuner compris. Accueil dynamique et souriant, teinté par la forte personnalité de Maya. Pas de table d'hôte, mais plusieurs restos dans les environs. C'est l'occasion de découvrir Port-Louis et sa citadelle.

RIEC-SUR-BELON 29340   Carte régionale A2

30 km NO de Lorient ; 6 km E de Pont-Aven

🛏 |●| *Chambres d'hôte (Martine et Rémy Guillou)* : Le Rest. ☎ 02.98.06.92.98. Accès : de Riec, direction Quimperlé ; au château d'eau, tournez à gauche vers le Trévoux sur 1,1 km, puis à droite direction Saint-Gilles. Sur une exploitation agricole, jolies maisons de pierre bien fleuries. Dans un bâtiment annexe à leur maison, Martine, Rémy et leurs enfants tiennent 4 chambres confortables, avec sanitaires privés, à 39 € (255,82 F) pour 2, petit déjeuner compris (jus de fruits, pain, confitures maison, et selon les jours, crêpes, viennoiseries, far, gâteaux, etc.). Possibilité de repas à 15 € (98,39 F). Également 2 gîtes ruraux pour 2 et 5 personnes à louer de 294,53 363,90 € (1932 à 2387 F) selon la capacité, la semaine en haute saison. Tranquillité garantie. Bon accueil.

ROSNOËN 29590   Carte régionale A1

35 km SE de Brest ; 20 km NO de Châteaulin

🛏 |●| *Ferme-auberge du Seillou (Marie-Thérèse et Hervé Le Pape)* : ☎ 02.98.81.92.21. Fax : 02.98.81.07.14. Accès : à partir du Faou, direction Crozon sur 6 km et fléchage. Hors saison, ferme-auberge ouverte uniquement le week-end. Sur réservation. Dans cette ancienne maison de ferme de pur style breton, Marie-Thérèse et Hervé peuvent recevoir une cinquantaine de personnes. Spécialités de crêpes, grillades avec des menus de 12,96 à 16,77 € (de 85 à 110 F), boisson en sus. Délicieux *kig ha farz* à 12,96 € (85 F). Également 6 chambres au-dessus de l'auberge (dont une accessible aux personnes handicapées), meublées de façon rustique. Sanitaires privés. Comptez 43 € (282,06 F) pour 2, petit déjeuner inclus. Accueil chaleureux et discret. Environs fabuleux, avec la splendide abbaye de Landévennec à proximité.

ROZ-LANDRIEUX 35120 Carte régionale B1

20 km SE de Saint-Malo ; 6 km O de Dol-de-Bretagne

🏠 ⁕✕ ⑩% *Chambres d'hôte (Geneviève et Marie-Geneviève Robidou) :* La Petite Rivière. ☎ 02.99.48.15.64. Accès : de Roz-Landrieux, D 78 vers Le Vivier-sur-Mer et fléchage. Ancienne maison rénovée, tenue par Marie-Geneviève et sa maman. 3 chambres avec sanitaires privés. Déco agréable et ciels de lit. Comptez 34 € (223,03 F) pour 2, petit déjeuner compris. Si vous venez avec des enfants, ils seront charmés par Ysatis, l'ânesse, mascotte de la maison. Accueil plein de gentillesse et de discrétion.

🏠 I●I ⁕✕ *Chambres d'hôte Manoir de la Mettrie (Marie-Claude et Claude Jourdan) :* ☎ et fax : 02.99.48.29.21. Accès : de Dol, N 176 vers Dinan et fléchage. Ferme-manoir dont la partie centrale date du XIIIe et la dernière du XVIe siècle. 5 chambres avec sanitaires privés. Déco agréable et de bon goût (on a craqué pour les chambres avec baldaquins). Comptez 37 € (242,70 F) pour 2, petit déjeuner compris. Table d'hôte à 15 € (98,39 F), apéro et cidre maison compris. Accueil dynamique.

ROZ-SUR-COUESNON 35610 Carte régionale B1

30 km E de Saint-Malo

🏠 ⑩% *Chambres d'hôte (Hélène Gillet) :* 3, rue du Val-Saint-Revert. ☎ 02.99.80.27.85 et 06.08.14.16.38. Fax : 02.99.80.20.57. ● www.gitesdeFrance.fr ● Accès : sur la N 176 entre Pontorson et Dol-de-Bretagne, prenez la D 289 vers Roz-sur-Couesnon ; un peu avant l'entrée du bourg, au rond-point tournez à gauche ; la maison est à 100 m à droite. Hélène c'est un peu la grand-mère rêvée. Ancienne infirmière aujourd'hui septuagénaire, elle accueille ses hôtes avec chaleur ; aussi, si elle vous appelle mon chou, ne vous offusquez pas, ça fait partie du charme de la maison. 5 chambres, dont une plus grande dans une partie indépendante (plus chère), les quatre autres dans la maison (une au rez-de-chaussée et trois à l'étage). Trois d'entre elles ont une vue exceptionnelle sur Le Mont-Saint-Michel et la baie du même nom (le lever de soleil reste un instant inoubliable !). Comptez 35 € (229,58 F) pour 2, copieux petit déjeuner compris avec saucisson, fromages, viennoiseries et corbeille de fruits, 46 € (301,74 F) pour la plus grande. Sanitaires privés. Plein de balades à faire, notamment sur le GR 34 qui longe la baie et passe par la ravissante chapelle Sainte-Anne. Très bon rapport qualité-prix-convivialité. Avant de partir, faites une bise à Hélène de notre part.

RUFFIAC 56140 Carte régionale B2

45 km NE de Vannes ; 17 km S de Ploërmel

🏠 ⁕✕ ⑩% *Chambres d'hôte Ferme de Rangera (Germaine et Gilbert Couëdelo) :* ☎ et fax : 02.97.93.72.18. Accès : sur la D 8 ; dans Ruffiac, prenez la D 134 vers Saint-Martin et fléchage. Ouvert du 15 février au 15 novembre. Sur une ferme, 5 chambres simples avec sanitaires privés. Trois dans une petite maison uniquement destinée aux hôtes, deux autres dans celle de Germaine. Comptez 37 € (242,70 F) pour 2, petit déjeuner compris. Accueil authentique.

SAINT-ALBAN 22400 Carte régionale B1

22 km NE de Saint-Brieuc ; 11 km N de Lamballe

🏠 *Chambres d'hôte (Huguette et Robert Le Grand) :* Malido. ☎ 02.96.32.94.74. Fax : 02.96.32.92.67. Accès : à 2 km de Saint-Alban par la D 786 vers Saint-Brieuc. À 4 km de la mer, dans un joli corps de ferme avec une cour intérieure très fleurie. 6 chambres pour

2 ou 3 personnes avec sanitaires privés. Mobilier en bois naturel, tissus dans les teintes pastel. Comptez de 33,50 à 39,60 € (de 219,75 à 259,76 F) pour 2 avec le petit déjeuner. La chambre avec le balcon est à 45,73 € (300 F). Pas de table d'hôte, mais coin cuisine et barbecue à disposition. Une gentille adresse. Possibilité d'accueillir des groupes (téléphoner) avec ou sans petit déjeuner. Parc de loisirs à 2 km.

SAINT-BRICE-EN-COGLÈS 35460   Carte régionale B1

48 km NE de Rennes ; 15 km NO de Fougères

🛏 *Chambres d'hôte (Marguerite et Marcel Harlais) :* Le Guéret. ☎ 02.99.97.76.49. Accès : de Fougères, D 155 vers Antrain ; après avoir passé Saint-Étienne, fléchage à 800 m sur la gauche. En pleine campagne, 3 accueillantes chambres (deux avec sanitaires communs). Comptez de 30,34 à 35,83 € (de199 à 235 F) pour 2 avec le petit déjeuner. Marcel est sabotier à la retraite (son grand-père et son père l'étaient déjà) et fait partager sa passion à ses hôtes depuis des années. Son atelier est une véritable malle aux trésors où s'anime une foule d'outils insolites, dont certains ont été conçus par lui pour répondre à ses besoins. Un fascinant voyage hors du temps.

SAINT-ÉLOY 29460   Carte régionale A1

28 km E de Brest ; 12 km SO de Sizun

🛏 |●| ⌇⌇ *Chambres d'hôte (Nicole et Jacques Le Lann) :* Kérivoal. ☎ et fax : 02.98.25.86.14. Accès : sur la D 18 entre Sizun et Le Faou, prenez la D 230 jusqu'à Saint-Éloy ; bon fléchage depuis le bourg. Par une petite route buissonnière, on arrive à Kérivoal. La campagne est belle et vallonnée. Dans ce décor, chouette ensemble de bâtiments du XIXᵉ en schiste et granit, coiffé d'ardoise (celles de l'étable sont d'origine, épaisses comme des lauzes). Nicole et Jacques l'ont acheté en ruine et l'ont restauré avec amour. Dans l'ancienne grange, 3 chambres accueillantes avec sanitaires privés dont une familiale (4 à 5 personnes) avec télévision, réfrigérateur, entrée indépendante. Beaux meubles locaux dont une superbe armoire presse-lin dans l'une d'elle (notre préférée). Comptez respectivement 40 et 43 € (262,38 et 282,06 F) pour 2, petit déjeuner compris. Table d'hôte partagée en famille à 14 € (91,83 F), kir et bergerac compris. Goûteuse cuisine traditionnelle servie dans la salle à manger de Nicole et Jacques avec une immense cheminée avec sa niche où l'on mettait les cendres. Coin cuisine et petit lave-linge à disposition. Potager bien tenu et agréable verger. Accueil convivial.

SAINT-JOUAN-DES-GUÉRETS 35430   Carte régionale B1

6 km S de Saint-Malo

🛏 |●| *Ferme-auberge de la Porte (Jocelyne et Laurent Harzic) :* ☎ 02.99.81.10.76. Fax : 02.99.82.68.38. Accès : fléchage à partir du bourg de Saint-Jouan. Fermé pour les vacances de la Toussaint et de Noël. Sur réservation uniquement. Dans une belle salle à manger de 80 couverts, Jocelyne vous propose des spécialités cuites à la broche : gigot, poulet, canard, cochon de lait. Menus de 14 à 25 € (91,83 à 163,99 F). 2 chambres avec sanitaires privés, à 52 € (341,10 F) pour 2 avec le petit déjeuner. 2 autres chambres sont en cours de finition (à suivre...) et il y a aussi 3 gîtes ruraux. VTT à disposition. Possibilité de se baigner dans la Rance à la plage du Vallion, à 500 m de la ferme.

SAINT-LORMEL 22130   Carte régionale B1

28 km SO de Saint-Malo ; 20 km NO de Dinan

🛏 |●| *Chambres d'hôte La Pastourelle (Évelyne et Jean-Yves Ledé) :* ☎ et fax : 02.96.84.03.77. Accès : dans Saint-Lormel, tournez à gauche en face de l'école (en venant de Plancoët) ; la Pastourelle est à 1,5 km. En pleine nature, dans une superbe ferme, 5 chambres, plus réussies les unes que les autres, avec sanitaires privés. La n° 4 avec lit à baldaquin et la n° 5 avec ciel de lit sont nos préférées. Comptez 41 € (268,94 F) pour 2, petit déjeuner inclus, 39 € (255,82 F) dès la 2e nuit. Table d'hôte à 15 € (98,39 F), vin compris. Les repas sont servis sur tables individuelles, dans une belle salle rustique. Ici, le sourire est au rendez-vous, Évelyne aime recevoir et ça se voit. Bref, tout ce qu'il faut pour avoir envie de séjourner et de revenir. Bon rapport qualité-prix-convivialité. Une excellente adresse.

SAINT-MARTIN-DES-CHAMPS 29600   Carte régionale A1

3 km O de Morlaix

 ▪ ⌘ *Chambres d'hôte Kéréliza (Marie-Noëlle Aliven) :* ☎ 02.98.88.27.18. Accès : de Saint-Martin, direction Roscoff. Passez deux ronds-points, prenez la direction Sainte-Sève et au 3e rond-point, suivez le fléchage. M. et Mme Aliven, agriculteurs, ont entièrement rénové une ancienne maison de maître. 5 chambres agréables avec sanitaires privés, à 38 € (249,26 F) pour 2, petit déjeuner inclus. Grand et agréable jardin. Producteurs de fraises, les proprios vous proposent d'aller les ramasser et de les déguster sur place (mai, juin). Pas de table d'hôte, mais cuisine à disposition. Petit billard américain pour les amateurs.

SAINT-MÉEN-LE-GRAND 35290   Carte régionale B1-2

44 km O de Rennes ; 20 km SO de Bécherel

 ▪ |●| ⇥ ⑩% *Chambres d'hôte Le Clos Constantin (Catherine et Luc Ruan) :* 39, avenue Foch. ☎ et fax : 02.99.09.53.09 et 06.80.22.45.26. ● luc.ruan@wanadoo.fr ● Accès : allez jusqu'au centre du bourg, l'avenue Foch part de la place centrale entre la pharmacie et le Crédit Agricole. Au cœur de la cité, agréable demeure bourgeoise du début du XXe, reconnaissable aux deux palmiers qui se dressent dans le jardin. Ici, c'est une maison d'artiste... Luc est photographe et Catherine artiste peintre. Au-dessus de sa petite galerie, ils ont installé deux croquignolettes et douillettes chambres avec sanitaires privés. Possibilité d'accueillir des enfants en mezzanine. 42 € (275,5 F) pour 2, petit déjeuner compris, 66 € (432,93 F) pour 4. Table d'hôte partagée en famille à 17 € (111,51 F), kir celtique (spécialité du coin) et vin compris. Bonne cuisine, inventive et goûteuse. Si vous êtes passionnés par la peinture et la photo, Catherine et Luc organisent des stages. Accueil jeune et sympa. Une gentille adresse.

SAINT-MÉLOIR-DES-ONDES 35350   Carte régionale B1

10 km E de Saint-Malo ; 6 km SO de Cancale

 ▪ ⌘ ⑩% *Chambres d'hôte Le Mur Blanc (Brigitte Hertau-Barbotin) :* ☎ 02.99.82.00.60 et 06.82.22.92.17. ● www.che/.com./barbotinhertau/ ● Accès : de Saint-Malo direction Cancale jusqu'à un grand rond-point où vous bifurquez vers Le Mont-Saint-Michel (D 155) ; la maison est sur la droite, 2,5 km après la sortie de Saint-Malo. Fermé en janvier et en décembre. En retrait de la route, donc relativement calme, malouinière inscrite à l'ISMH, et bien qu'appelée *Le Mur Blanc*, sa façade tendrait plutôt sur le rose. Les malouinières sont très typiques de la région mais il n'en reste que très peu en état. Construites au XVIIIe, elles appartenaient aux armateurs qui avaient fait fortune... 3 chambres installées au 2e étage, auquel on accède par un vieil et noble escalier. Déco agréable, plancher chêne et acajou dans les sanitaires privés. Une préférence pour celle qui ouvre sur La Manche. Immense salon (5m sous plafond) dont les murs, recouverts de boiseries, ont recouvré leur couleur d'autrefois. 52 € (341,10 F) pour 2, petit déjeuner compris. Passionnée par la pêche à pied, Brigitte emmène volontiers ses clients lors des grandes marées. Un bon point de chute pour visiter la région. Première plage à 4 km.

 ▪ ⌘ ⑩% *Chambres d'hôte (Sophie et Loïc Collin) :* Langavan. ☎ 02.99.89.22.92 ou 02.99.58.71.37. Accès : n'allez pas à Saint-Méloir ; prenez la D 155 vers Saint-Benoît, puis fléché. Fermé du 11 novembre au 15 mars. En bordure de la baie du Mont-Saint-Michel, dans une ancienne grange restaurée, 5 chambres avec sanitaires privés, dont une accessible aux personnes handicapées. Préférez les chambres qui donnent sur la mer. Comptez 39 € (255,82 F) pour 2 avec le petit déjeuner. Également 2 gîtes, dont un avec vue sur la mer.

SAINT-MICHEL-DE-PLÉLAN 22980   Carte régionale B1

34 km SO de Saint-Malo ; 17 km O de Dinan

🛏 🐕 *Chambres d'hôte La Corbinais (Henri Beaupère)* : ☎ 02.96.27.64.81. Fax : 02.96.27.68.45. ● www.corbinais.com ● Accès : de Dinan N 176 vers Plélan, sortez à Plélan-le-Petit, puis D 19 jusqu'à Saint-Michel-de-Plélan et fléchage. En pleine campagne, un couple rayonnant vous accueille dans une petite maison bretonne décorée avec goût. 3 chambres avec sanitaires privés. Comptez 45,73 € (300 F) pour 2, petit déjeuner inclus. Ici, on goûte la vie au rythme de la nature, des occupations artistiques de la maîtresse de maison et des activités sportives. Le golf est à l'honneur car Henri a créé un parcours de 9 trous. Cours à la journée, stages avec professeur diplômé, etc. Si vous faites partie de ceux pour qui le *swing* n'a plus de secret, comptez 15,24 € (100 F). Possibilités de balades en mer et à VTT.

SAINT-THÉGONNEC 29410   Carte régionale A1

10 km O de Morlaix

🛏 ⋇ *Chambres d'hôte Le Moulin de Kerlaviou (M. et Mme Cornily)* : ☎ 02.98.79.60.57. Accès : du bourg, prenez la D 712 vers Landivisiau, puis fléchage « Chambres d'hôte » à gauche à 1 km. De préférence sur réservation. Petite ferme bordée d'une rivière, à côté d'un vieux moulin, dans une campagne fleurie. 2 chambres agréables avec sanitaires privés. 39,64 € (260 F) pour 2, avec le petit déjeuner. Accueil chaleureux.

🛏 🐕 ⋇ (10 %) *Chambres d'hôte (Mme Kergadallan)* : 20, avenue Kerizella ☎ 02.98.79.65.30 et 06.70.61.39.78. Fax : 02.98.79.63.86. Accès : l'entrée se trouve rue des Cyprès (1er petit portillon à gauche). Dans le village, 3 chambres tout confort, dont deux avec salon commun. Sanitaires privés. Comptez 35 € (229,58 F) pour 2, petit déjeuner inclus.

🛏 ⦿ ⋇ (10 %) *Chambres d'hôte Ar Presbital Koz (Christine et André Prigent)* : 18, rue Lividic. ☎ 02.98.79.45.62. Fax : 02.98.79.48.47. ● andre.prigent@wanadoo.fr ● Accès : fléchage dans le bourg. Dans l'ancien presbytère de Saint-Thégonnec. 6 chambres spacieuses et confortables, destinées à accueillir les férus d'enclos paroissiaux. 44 € (288,62 F) pour 2, petit déjeuner compris. Table d'hôte à 14,50 € (95,11 F).

SELLE-EN-COGLÈS (LA) 35460   Carte régionale B1

45 km NE de Rennes ; 16 km NO de Fougères

🛏 ⋇ (10 %) *Chambres d'hôte (Renée et Jean-Louis Aoustin)* : La Totinais. ☎ 02.99.98.64.69. Accès : par la D 102 ; dans le bourg, face à l'église, tournez à droite ; au carrefour suivant (à 1,5 km), continuez tout droit ; la maison est à 300 m sur la droite. Belle maison bourgeoise du XVIIIe entourée d'un joli parc d'1 ha. 3 chambres lumineuses, un brin romantiques, décorées avec beaucoup de goût. Comptez 41,20 € (270,25 F) pour 2, petit déjeuner compris (avec, entre autres, les craquelins de Saint-Malo). Sanitaires privés. Une chaleureuse salle de petit déjeuner, exactement comme on les aime : vieilles tommettes, grande cheminée, table campagnarde, napperons au crochet et un piano qui n'attend que vos doigts agiles. Pas de table d'hôte, mais plusieurs petits restos renommés, dont Jean-Louis vous donnera les adresses. Accueil convivial, une bonne adresse. Allez voir le château du Rocher Portail (il ne se visite pas, mais vaut un petit coup d'œil), et faites un tour à Fougères qui est une ville charmante (pour ceux qui séjournent, Le Mont-Saint-Michel est à 35 km).

THEHILLAC 56130   Carte régionale B2

55 km E de Vannes ; 12 km S de Redon

🛏 🐕 ⋇ (10 %) *Chambres d'hôte Saint-Michel (Danièle et Jean-Pierre Brossier)* : route de Sévérac. ☎ et fax : 02.99.90.24.16 et 06.70.40.73.00. ● chambres-hotes-d brossier@wanadoo.fr ● Accès : de Vannes, N 165 sortie n° 16 (Redon), puis suivez Saint-

Dolay puis Thehillac ; rentrez dans le village et fléchage. Ouvert de Pâques au 30 septembre. Réservation obligatoire hors saison. Au pays de Vilaine, ancienne fermette du XIXᵉ toute en pierre. Il a fallu 35 ans à Danièle et Jean-Pierre pour la retaper et lui redonner une âme... Opération réussie ! 4 chambres, dont une composée de deux chambres pour les familles ou amis. Sanitaires privés. 44 € (288,62 F) pour 2, petit déjeuner compris (toujours avec crêpes ou gâteau maison, confitures et yaourts maison). Accueil convivial. Vous êtes dans la région des marais, des étangs et du canal de Nantes à Brest. Les jeudis soir de juillet et août, les proprios revêtent le costume traditionnel breton et initient leurs hôtes aux danses et musique du pays (sympa, non ?). Balançoires et piscine pour les enfants, ping-pong et vélos.

TOURC'H 29140 — Carte régionale A2

20 km E de Quimper ; 8 km N de Rosporden

🛏 |●| *Chambres d'hôte (Odette et Rémy Le Bourhis) :* place de l'Église. ☎ 02.98.59.15.42. Fax : 02.98.59.01.41. Accès : par la D 36 ; la maison est en face de l'église. Ouvert seulement du 15 juin au 15 septembre. C'est derrière la vitrine assez austère d'une ancienne boulangerie que se cache la charmante maison d'Odette. On entre dans une agréable salle à manger rustique, prolongée par une verrière ouvrant sur un petit jardin où poussent de superbes fleurs... la passion de votre hôtesse ! Au 1ᵉʳ, 4 chambres vastes et claires, décorées avec goût (une préférence pour la jaune, avec un petit balcon). Sanitaires privés. Comptez 40 € (262,38 F) pour 2, petit déjeuner compris. La maison est surtout réputée pour la cuisine d'Odette (avec Rémy, ils élèvent vaches laitières et canards gras à 2 km du village). Pour 13 € (85,27 F) le repas, vin compris, voici quelques-unes de ses spécialités : salade de magret fumé, rillettes de canard, petit pâté au foie gras (miam-miam !), magret de canard aux abricots, fromage blanc fermier, crème brûlée, tarte à la rhubarbe, crêpes... (pratiquement que des produits maison !). Accueil chaleureux et authentique. Une adresse que les gourmets ne manqueront pas.

TRÉGLONOU 29870 — Carte régionale A1

20 km N de Brest ; 4 km SO de Lannilis

🛏 |●| *Chambres d'hôte du Manoir de Trouzilit (Roland Stephan) :* ☎ 02.98.04.01.20. Fax : 02.98.04.17.14. ● trouzilit@wanadoo.fr ● Accès : de Brest, sortie Gouesnou (D 13) jusqu'à Lannilis, puis D 28 vers Ploudalmezeau et fléchage. Pour la crêperie, service tous les jours en été, de 12 h à 14 h et à partir de 18 h ; en basse saison, uniquement les vendredis, samedis et dimanches. Réservez dès janvier pour l'été. Cette ex-résidence du marquis de Trouzilit est aujourd'hui gérée par la famille Stephan qui en a fait un centre de loisirs. En tout, une soixantaine de lits qui se répartissent en 5 chambres d'hôte, des gîtes ruraux et 1 gîte d'étape. Comptez 39 € (255,82 F) pour 2 pour les chambres, avec le petit déjeuner. Pour vos loisirs : golf miniature et équitation, 12,20 € (80 F) de l'heure.

TRÉGROM 22420 — Carte régionale A1

35 km E de Morlaix ; 20 km NO de Guingamp

🛏 |●| 🐾 ⤴ ⑩% *Chambres d'hôte L'Ancien Presbytère (Nicole de Morchoven) :* ☎ et fax : 02.96.47.94.15. Accès : de Guingamp, N 12 vers Morlaix, sortie Louargat puis D33 vers Trégrom (7 km) ; la maison est face au porche ouest de l'église. Dans un petit village très calme, ancien presbytère du XVIIIᵉ. 3 chambres absolument ravissantes avec sanitaires privés. Comptez 50 € (327,98 F) pour 2 avec le petit déjeuner. Beaucoup de charme et de goût dans la déco. Table d'hôte à 20 € (131,19 F) apéro, vin et café compris. Ambiance décontractée. Pour vos amis à quatres pattes, supplément de 4,57 € (30 F) par jour. Accueil de qualité.

TRÉHOU (LE) 29450 — Carte régionale A1

28 km E de Brest ; 12 km SE de Landerneau

🛏 |●| ⤬ **Chambres d'hôte (Élisabeth Soubigou) :** Mescouez. ☎ 02.98.68.86.79 ou 02.98.68.83.39. Fax : 02.98.68.86.79. ● elisabeth.soubigou@libertysurf.fr ● Accès : de Sizun, direction Landerneau par la D 764, faites 4,2 km, tournez à gauche et fléchage « Gîte rural/Chambres d'hôte Mescouez » sur 1,4 km. Belle maison de caractère avec 5 chambres confortables et pleines de charme, comme chez nos grand-mères. Déco rustique, couleurs claires et vieux meubles. Sanitaires privés. Comptez de 41,92 à 44,21 € (de 275 à 290 F) pour 2, petit déjeuner compris (avec gâteau maison tous les matins). À l'étage, un joli mannequin avec une robe 1930 portée par l'arrière-grand-tante. Possibilité de repas à 15 € (98,39 F), pour une bonne cuisine familiale (sauf du 15 juillet au 15 août). Coin cuisine et frigo à disposition. Les propriétaires sont des Bretons proches de leurs racines, et qui tiennent à faire partager leur amour du patrimoine. Tennis. Parking couvert. Également 4 gîtes ruraux, environ 350,63 € (2300 F) la semaine en été.

TRESSAINT-LANVALLAY 22100 — Carte régionale B1

4 km S de Dinan

🛏 |●| ⤬ ⑩% **Chambres d'hôte (Huguette et Yvon Lemarchand) :** La Ville-Ameline. ☎ et fax : 02.96.39.33.69 et 06.22.63.48.33. Accès : de Dinan, direction Rennes jusqu'à Lanvallay, puis D 2 vers Évran jusqu'à l'entrée de Tressaint ; là tournez à gauche (la maison est à 1 km). Dans un petit hameau, belle maison de maître en granit datant du XIXe. C'est aussi une ferme où Huguette et Yvon élèvent des vaches laitières. 4 chambres vastes et familiales, installées au 1er étage de la maison. Déco simple et atmosphère campagnarde à souhait. 38 € (249,26 F) pour 2, petit déjeuner compris. Table d'hôte (sauf le dimanche et jours fériés) partagée en compagnie des proprios à 13 € (85,27 F), apéro et vin compris. Cuisine familiale avec les volailles, le veau de la ferme et les légumes du jardin. Accueil chaleureux et vrai. Vous êtes dans la région des carrelets (petite cabane de pêche sur pilotis avec système de filet sur poulie) et vous pourrez les voir à l'Écluse du Chatelier. Le père d'Yvon en possède un, et avec un peu de chance, vous pourrez l'accompagner. Dinan mérite aussi une petite visite et on peut rejoindre la ville par les chemins de halage.

TRÉVRON 22100 — Carte régionale B1

34 km S de Saint-Malo ; 10 km S de Dinan

🛏 |●| 🐾 ⤬ ⑩% **Auberge La Priquetais (Annick et Christine Renault) :** ☎ 02.96.83.56.89. Fax : 02.96.83.65.56. ● priquetais@free.fr ● Accès : à 1 km du bourg. Uniquement sur réservation. Petite auberge en pleine nature, où vous pourrez déguster un repas campagnard traditionnel, 10,67 à 12,96 € (70 à 85 F), ou un menu végétarien. Parmi les spécialités : volaille farcie, canard aux navets, lapin au cidre, potée, pâtisseries maison. Également 5 chambres avec sanitaires communs. Système de demi-pension à 30 € (196,79 F) par personne. Possibilité de camper et gîte d'étape de 19 places. Accueil authentique.

VIEUX-VIEL 35610 — Carte régionale B1

40 km SE de Saint-Malo ; 22 km SE de Dol-de-Bretagne

🛏 |●| ⤬ **Chambres d'hôte L'Ancien Presbytère (Madeleine Stracquadanio) :** ☎ et fax : 02.99.48.65.29. Accès : en face de l'église. Fermé de mi-janvier à fin janvier. Ancien presbytère du XVIIe siècle. Dans l'aile droite, Madeleine a aménagé une chambre familiale en duplex avec sanitaires privés et 2 chambres avec sanitaires communs. Dans l'aile gauche, 2 chambres familiales pour 4 personnes avec sanitaires privés (une avec accès direct sur le jardin). Comptez 40 € (262,38 F) pour 2 avec le petit déjeuner (confitures et gâteaux maison). Table d'hôte à 17 € (111,51 F), vin non compris : spécialités de poissons et crustacés, poularde sauce suprême, charlotte aux fruits, marbré au chocolat. Ambiance vieille France. Accueil agréable. Bien sûr, une petite visite au Mont-Saint-Michel, à 13 km, s'impose.

BRETAGNE

Centre

18 *Cher*
28 *Eure-et-Loir*
36 *Indre*
37 *Indre-et-Loire*
41 *Loir-et-Cher*
45 *Loiret*

ARDENAIS 18170   Carte régionale B2

50 km S de Bourges ; 15 km SO de Saint-Amand-Montrond

🏠 |●| ⑩% *Chambres d'hôte La Folie (Annick Jaquet) :* ☎ et fax : 02.48.96.17.59.
● http://www.perso.wanadoo.fr/cher.berry.la.folie ● Accès : de Saint-Amand-Montrond,
D 951 vers Culan, puis La Châtre ; dans Ardenais, tournez à droite vers Marçais D 38 et
fléchage. Dans un paysage de bosquets, de forêts et de pâturages, belle ferme du
XVIIIe siècle très bien restaurée, agrémentée par des encadrements de portes et de
fenêtres en grès de Saulzais. Née à Paris et tombée amoureuse de cette région, Annick,
ingénieur agricole, a décidé de créer sa propre exploitation, dont les bâtiments les plus
anciens datent du XVe siècle ! 2 chambres au rez-de-chaussée et à l'étage, spacieuses et
agréables (une chambre complémentaire pour celle du 1er). Sanitaires privés. Comptez de
40 à 46 € (de 262,38 à 301,74 F) pour 2, petit déjeuner compris. Belle salle de jour avec
coin salon, piano pour les amateurs et cheminée. C'est également ici que vous partagerez
les repas avec votre souriante et charmante hôtesse. Table d'hôte à 15 € (98,39 F) le
repas, vin compris. Accueil de qualité. Pour ceux qui s'adonnent à la marche, la superbe
forêt de Tronçais est toute proche.

🏠 |●| 🐕 ✿✿ ⑩% *Chambres d'hôte Domaine de Vilotte (Jacques Champenier) :* ☎ et
fax : 02.48.96.04.96. Accès : A 71, sortie Saint-Amand/Vallon-en-Sully, puis D 925 jusqu'à
l'entrée de Saint-Amand ; avant le pont qui traverse le Cher, prenez la D 951 vers Culan,
puis à droite vers Le Châtelet jusqu'à Ardenais et fléchage. Après avoir beaucoup roulé sa
bosse, en passant par RTL et le Futuroscope (merci pour la pub !), Jacques a décidé de
reprendre cette belle et grande demeure bourgeoise du XIXe, achetée par son grand-père.
On arrive côté cour, mais le plus intéressant se passe côté jardin... La maison ouvre sur
une belle roseraie qui fleurit en juin et juillet et qui mène à l'étang privé. Quant à l'intérieur,
c'est un véritable musée qui rassemble une collection de vieilles affiches et cartes postales, de postes de radio, ainsi que de nombreux tableaux et aquarelles. 5 chambres
d'hôte, dont quatre ouvrent sur le jardin. Déco agréable et soignée. Sanitaires privés.
Selon les chambres, comptez de 60 à 70 € (de 393,57 à 459,17 F) pour 2, petit déjeuner
compris, avec jus de fruits pressés et confitures maison (eh oui, Jacques a de la res-
source !). C'est aussi lui qui cuisine. Table d'hôte à 25 € (163,99 F), vin compris. Vous
partagerez les repas dans sa chaleureuse cuisine où trône une vieille cuisinière et
pendent les casseroles en cuivre. Accueil de qualité. Les pêcheurs pourront librement
aller taquiner le poisson. Une adresse qui ne manque pas de charme, mais pour laquelle il
faudra mettre le prix.

ARTHON 36330
Carte régionale B2

19 km S de Châteauroux

🛏 |●| (10 %) *Gîte d'étape équestre du Breuil (Christian Fouchet) :* le Breuil
☎ 02.54.36.14.25. Fax : 02.54.36.73.25. Accès : c'est à 1 km du village en direction
d'Ardentes. Ferme équestre avec hébergement pour 18 personnes. 4 chambres de 3, 4 et
6 lits avec lavabo. 3 douches communes. Mobilier de bois blanc, lits superposés. Belle
pièce de vie avec grande cheminée et poutres apparentes, coin cuisine à disposition.
Comptez 8,38 € (55 F) par personne et par nuit, 2,29 € (15 F) les draps et 3,05 € (20 F) le
petit déjeuner. Table d'hôte à partir de 9,91 € (65 F). Spécialités : coq au vin, gigot
d'agneau bonne femme, galette de pommes de terre au fromage de chèvre, charcuterie
maison, tartes maison. Si vous tombez un bon jour, vous aurez même du gibier (du cerf ou
du sanglier). Accueil sympa et convivial. Une vingtaine de chevaux sur place (qui servent
pour les chasses à courre l'hiver). Pour l'équitation et l'attelage, comptez 10,67 € (70 F)
de l'heure. Randonnées sur plusieurs jours possibles. Étang et matériel de pêche sur
place. Également 3 chalets pour 4 à 6 personnes sur place. Si vous venez en train, accueil
en gare de Châteauroux sur demande.

AUBIGNY-SUR-NÈRE 18700
Carte régionale B2

45 km N de Bourges ; 23 km SO de Gien

|●| 🏠 *Ferme-auberge Les Colas (Régine et Ranny Gaudry) :* ☎ et fax : 02.48.58.33.11
et 06.19.71.07.09. Accès : à 3 km d'Aubigny-sur-Nère par la D 923 direction Lamotte-
Beuvron, ensuite fléchage. Ouvert le samedi, midi et soir, et le dimanche midi. Réservez
24 h à l'avance. Croquignolette fermette en briques et à colombages. Déco intérieure rustique : poutres, cheminée, bibelots champêtres et plantes vertes. 60 couverts. Menu
unique de 13,75 à 14,50 € (90,19 à 95,11 F), vin non compris, avec les produits de la
ferme. Spécialités : terrine maison, pâté aux pommes de terre, volailles maison, tarte
Tatin.

AUTRY-LE-CHÂTEL 45500
Carte régionale B2

18 km S de Briare ; 15 km S de Gien

🛏 |●| 🏠 (10 %) *Ferme-auberge Les Trainats (Nanou et Jacques Fonteny) :*
☎ 02.38.36.80.64. Fax : 02.38.36.82.91. ● fermeauberge@wanadoo.fr ● Accès : d'Autry-
le-Châtel, D 51 vers Châtillon-sur-Loire ; c'est la 2e à droite. Pour l'auberge, fermé du
dimanche soir au vendredi midi (sauf pour les groupes) et en janvier. Uniquement sur
réservation. Sur une ferme en activité, dans un site calme et agréable au milieu des prés.
Salle de 60 couverts. Nanou y propose ses spécialités, comme la soupe au chaudron (en
hiver), le pâté de pommes de terre berrichon, les terrines maison, le canard aux pêches, le
poulet aux cèpes, les tartes et desserts maison. Un menu à 14,50 € (95,11 F) que vous
fixez avec elle et un autre à 20,60 € (135,13 F) qui comprend deux entrées. Également
6 petits chalets pour 4 à 6 personnes (dont un équipé pour personnes handicapées), pour
ceux qui veulent séjourner. Accueil agréable.

AZÉ 41100
Carte régionale A1

8 km NO de Vendôme

🛏 |●| ⚄ (10 %) *Chambres d'hôte Les Gourmets (Nadège et Michel Boulai) :* Gorgeat.
☎ 02.54.72.04.16. Fax : 02.54.72.04.94. ● http ://perso.wanadoo.fr/gorgeat ● Accès : au
village, prenez la rue de la Fontaine au croisement église-boulangerie, puis suivez le pan-

---

Nous vous rappelons que la table d'hôte est le complément d'une formule d'hébergement (chambre d'hôte, gîte d'étape...). Ce service n'est offert qu'aux personnes qui dorment sur place (excepté lorsqu'il est clairement écrit « ouvert aux extérieurs »).

CENTRE

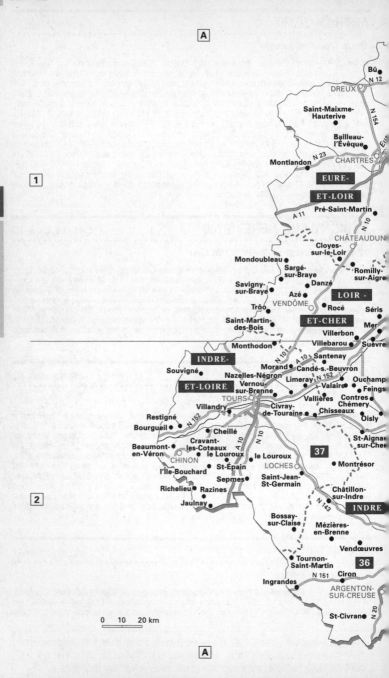

Bû
N 12
DREUX
Saint-Maixme-Hauterive
N 154
Bailleau-l'Évêque
Eu
Montlandon
N 23
CHARTRES
EURE-ET-LOIR
Pré-Saint-Martin
N 10
A 11
CHÂTEAUDUN
Cloyes-sur-le-Loir
Mondoubleau
Sargé-sur-Braye
Romilly-sur-Aigre
Danzé
Savigny-sur-Braye
Azé
LOIR-
Tröo
VENDÔME
Rocé
Séris
Saint-Martin-des-Bois
ET-CHER
Mer
Villerbon
Villebarou
Suèvre
Monthodon
N 10
Santenay
INDRE-
Morand
A 10
Candé-s.-Beuvron
Souvigné
Nazelles-Négron
Limeray
N 152
Ouchamp
ET-LOIRE
Vernou-sur-Brenne
Valaire
Feings
TOURS
Vallières
Contres
Chémery
Villandry
Civray-de-Touraine
Chisseaux
Restigné
N 152
Oisly
Bourgueil
Cheillé
Cravant-les-Coteaux
St-Aignan-sur-Cher
Beaumont-en-Véron
le Louroux
le Louroux
37
CHINON
LOCHES
Montrésor
l'Île-Bouchard
St-Épain
Saint-Jean-St-Germain
Sepmes
Richelieu
Razines
Châtillon-sur-Indre
Jaulnay
N 143
INDRE
Bossay-sur-Claise
Mézières-en-Brenne
Vendœuvres
Tournon-Saint-Martin
36
N 151
Ciron
Ingrandes
ARGENTON-SUR-CREUSE
N 20
St-Civran

0   10   20 km

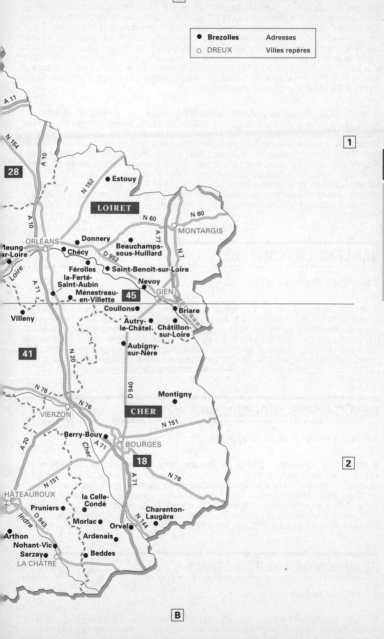

| ● Brezolles | Adresses |
| ○ DREUX | Villes repères |

B

A 11

N 154

28

A 10

N 152

● Estouy

LOIRET

N 60   N 60

○ MONTARGIS

A 10

A 71

● Donnery

○ ORLÉANS

Meung-sur-Loire

● Chécy   D 952   ● Beauchamps-sous-Huillard

Loire

● Férolles   ● Saint-Benoît-sur-Loire

la-Ferté-Saint-Aubin   ● Nevoy

● Ménestreau-en-Villette   **45**   ○ GIEN

● Coullons   ● Briare

● Villeny   ● Autry-le-Châtel   ● Châtillon-sur-Loire

41   N 20   ● Aubigny-sur-Nère

N 76

N 76   ● Montigny

○ VIERZON   **CHER**

A 20   N 151

Cher   D 940

● Berry-Bouy   ○ BOURGES

18

A 71   N 76

○ CHÂTEAUROUX   N 151

● Pruniers   ● la Celle-Condé

Indre   D 943   ● Morlac   ● Orval   ● Charenton-Laugère

● Arthon   ● Ardenais   N 144

● Nohant-Vic

● Sarzay   ● Beddes

○ LA CHÂTRE

B

neau « Gorgeat », c'est à 1 km, avant les bois. Fermé en février. 6 chambres d'hôte colorées, avec salle d'eau et w.-c., dont une avec baignoire balnéo, gérées par Nadège et Michel. 3 chambres doubles et 3 chambres familiales. Deux sont dans un bâtiment indépendant, mansardées et avec mezzanine. Les quatre autres sont dans la maison principale. Comptez de 36 à 46 € (de 236,14 à 301,74 F) pour 2 avec petit déjeuner (pain maison aux raisins-noix ou raisins-amandes). Repas, sur réservation, à 15 € (98,39 F) apéro, vin et café compris : salade au fromage de chèvre, potée maison, saucisses aux lentilles, pot-au-feu, canard aux pommes, lapin à la menthe, charlotte au chocolat, gratin de fruits. Vente de produits fermiers et bio. Également 1 gîte rural pour 5 à 7 personnes, de 118,91 à 243,92 € (de 780 à 1600 F) la semaine, selon la saison. Beau court de tennis à disposition, et petit plan d'eau pour les pêcheurs. Accueil souriant et sympa. Possibilité d'aller chercher les hôtes à la gare de Vendôme.

🏠 🍽 🐕 ⑩% *Chambres d'hôte Crislaine (Annie et Christian Guellier) :* ☎ 02.54.72.14.09 et 06.07.68.59.97. Fax : 02.54.72.18.03. Accès : en venant de Vendôme, D 957 vers Le Mans, c'est la 1re ferme sur la gauche, 3 km après le hameau de Galette. Dans une jolie ferme recouverte de vigne vierge, 5 chambres (quatre doubles et une familiale) au 1er étage de la maison des propriétaires, avec accès indépendant. Grande salle de séjour avec une salle de jeux pour les enfants en mezzanine. Comptez 36 € (236,14 F) pour 2, petit déjeuner compris. Table d'hôte (sauf le dimanche soir) avec les bons produits de la ferme classés bio. 16 € (104,95 F) le repas, apéro, vin et digeo compris. Adresse idéale pour les familles. Un âne pour randonner, piscine. VTT et vélos de route à disposition. Si vous venez en train, on pourra venir vous chercher à la gare de Vendôme.

BAILLEAU-L'ÉVÊQUE 28300　　　Carte régionale A1

8 km NO de Chartres

🏠 🍽 ✺ *Chambres d'hôte La Ferme du Château (Nathalie et Bruno Vasseur) :* Levesville. ☎ et fax : 02.37.22.97.02. Accès : de Chartres, N 154 vers Dreux ; avant le carrefour de Poisvilliers, tournez à droite, puis gauche vers Levesville et fléchage. Au milieu d'une immense cour fermée, jolie ferme du XIXe siècle, en pierre et silex. 2 chambres (dont une familiale), claires et spacieuses. Sanitaires privés. Comptez 45 € (295,18 F) pour 2, petit déjeuner compris. Table d'hôte (sauf le samedi) partagée en famille à 15 € (98,39 F), vin et café compris. Bonne cuisine du terroir. Accueil agréable.

BEAUCHAMPS-SUR-HUILLARD 45260　　　Carte régionale B1

43 km E d'Orléans ; 30 km O de Montargis

🏠 🍽 🐕 ⑩% *Chambres d'hôte Le Bangin (Michèle Dhuit) :* ☎ 02.38.26.10.17. Accès : 1 km après Beauchamps en venant de Bellegarde, fléchage. De préférence sur réservation. Dans une ancienne ferme recouverte de vigne vierge, 5 chambres colorées qui dégagent un charme certain. Toutes ont un lavabo, mais se partagent deux salles de bains et deux w.-c. (au rez-de-chaussée et à l'étage). 30,49 € (200 F) pour 2, petit déjeuner compris. Michèle est une hôtesse charmante qui propose aussi la table d'hôte, 12,20 € (80 F) vin compris. Cuisine familiale. Une adresse pour profiter des joies de la campagne.

BEAUMONT-EN-VÉRON 37420　　　Carte régionale A2

5 km NO de Chinon

🏠 ⑩% *Chambres d'hôte La Balastière (Antolnette Degrémont) :* Grézille. ☎ 02.47.58.87.93 et 06.81.69.35.06. Fax : 02.47.58.82.41. ● www.perso.infonie.fr/balastiere ● Accès : du village, direction La Roche-Honneur, puis à gauche vers Grézille. Dans

Découvrez
le Centre-Val-de-Loire
en week-ends détente
avec les Gîtes de France

 D ÉTENTE

Pour vous, pas de contraintes matérielles ; vous profitez au maximum de votre week-end. À l'arrivée, le gîte est chauffé, les draps, les produits d'entretien et l'épicerie de base sont fournis. Et à la fin du wek-end, pas de ménage à faire ! Les week-ends détente, hors vacances scolaires, du vendredi 18 h au dimanche 18 h, à partir de 600 F (hors charges).

ARCHITECTURE ET PATRIMOINE   RIVIÈRE ET PÊCHE

NATURE ET PROMENADE   ART ET LITTÉRATURE

PRODUIT DU TERROIR ET GASTRONOMIE

une charmante ferme joliment restaurée, 4 chambres charmantes avec sanitaires privés et un loft avec coin cuisine et coin salon. L'ensemble est assez dépouillé (murs blancs, poutres apparentes) et donne une agréable sensation de clarté. De 38 à 50 € (249,26 à 327,98 F) pour 2, avec le petit déjeuner. Pas de table d'hôte mais grand salon et cuisine à disposition des hôtes. Question nature, vous serez servis... La maison est classée gîte Panda et deux « sentiers découverte » sont proposés. Accueil très sympa. Une adresse qu'on aime bien.

BEDDES 18370
Carte régionale B2

23 km E de La Châtre

🛏 |●| 🐶 ⊱ *Ferme-auberge Le Grand Vernet (Jean-Claude et Madeleine Aupetit) :* ☎ 02.48.56.20.31. Fax : 02.48.56.30.23. Accès : c'est à 2 km après le village direction Maisonnais, à gauche. Ouvert le week-end. Sur réservation uniquement. Grande salle (60 couverts) avec poutres et cheminée. On y prépare une cuisine berrichonne et marchoise. 2 menus à 16,80 et 19,85 € (110,20 et 130,21 F), avec par exemple : volaille fermière, tourte au fromage, tête de veau ravigote, carpe farcie. Également 4 chambres d'hôte à 39 € (255,82 F) pour 2, petit déjeuner compris.

BERRY-BOUY 18500
Carte régionale B2

6 km O de Bourges

🛏 *Chambres d'hôte Domaine de l'Ermitage (Laurence et Géraud de la Farge) :* ☎ 02.48.26.87.46. Fax : 02.48.26.03.28. Accès : la maison se trouve sur la D 60 entre Berry-Bouy et Saint-Doulchard. *L'Ermitage* est une belle ferme bourgeoise, où Laurence et Géraud élèvent des bovins, produisent des céréales et cultivent quelques arpents de vigne... Dans leur maison, ils ont aussi installé 2 jolies chambres d'hôte : une au rez-de-chaussée (« la romantique ») et une à l'étage. 3 autres chambres dans l'ancien moulin juste à côté, toutes aussi belles. Notre cœur balance pour la jaune. Sanitaires privés. Comptez de 49 à 52 € (de 321,42 à 341,10 F) pour 2, petit déjeuner compris. Accueil chaleureux.

BOSSAY-SUR-CLAISE 37290
Carte régionale A2

55 km O de Châteauroux ; 6 km SE de Preuilly-sur-Claise

🛏 |●| *Chambres d'hôte La Fertauderie (Famille Glenn) :* ☎ 02.47.94.43.74. Fax : 02.47.94.44.63. ● Glentram@aol.com ● Accès : de Preuilly-sur-Claise, D 50 vers Martizay ; avant Bossay prenez la C 301 vers Obterre pendant 2 km et fléchage. Ici, comme aimait à le dire Jacques, vous êtes au fond du sac (c'est la forme de l'Indre-et-Loire) ! En pleine campagne, ancienne fermette du XVIe siècle composée de plusieurs charmants bâtiments. Au rez-de-chaussée de l'un d'eux, 1 chambre familiale (4 personnes) et 2 autres, plus petites mais coquettes, au 1er étage. Enfin, la dernière, plus exotique est dans une ancienne bergerie et possède son coin cuisine (idéal pour les séjours). Sanitaires privés. Selon les chambres, de 38,11 à 42,69 € (250 à 280 F) pour 2, petit déjeuner compris. Table d'hôte à 15,24 € (100 F), vin compris. Vous êtes dans une famille de musiciens ; si vous l'êtes aussi, vous trouverez une agréable salle de musique. Les autres plongeront avec bonheur dans la nouvelle piscine. Accueil chaleureux. Une gentille adresse.

BOURGUEIL 37140
Carte régionale A2

18 km N de Chinon

🛏 |●| 🐶 ⊱ ⑩% *Gîte d'étape (Mme Roussier-Fernagut) :* Fontaine de Malitourne. ☎ 02.47.97.80.89. Accès : si vous venez de Tours, ne rentrez pas dans Bourgueil mais bifurquez vers Courléon et suivez le fléchage « Malitourne ». Fermé en janvier et février. En pleine nature, au bord d'un petit étang privé. Dans une maison de plain-pied, gîte d'étape comprenant 2 dortoirs pour 6 personnes, disposant chacun de sanitaires complets. Comptez 12 € (78,71 F) la nuitée, petit déjeuner inclus. À la table d'hôte (sur réservation uniquement), pour 11 € (72,16 F) vin et café compris, la maîtresse de maison prépare une cuisine simple et naturelle à partir des légumes et des volailles maison. Accueil de cavaliers possible. Une adresse vraiment sympa, comme on les aime.

BRIARE 45250   Carte régionale B1-2

4 km SE de Gien

🛏 🐕 ✂ *Chambres d'hôte Domaine de la Thiau (Bénédicte François Ducluzeau) :* route de Gien ☎ 02.38.38.20.92 et 06.62.43.20.92. ● http://perso.club-internet.fr/lathiau ● Accès : à mi-chemin sur la route de Gien à Briare (D 952), à côté des pépinières. Il est prudent de réserver. Chambres bien décorées, récemment rénovées, dans une maison du XVIIIᵉ, à côté d'un hôtel particulier, dans un parc de 3 ha. Comptez de 41,16 à 44,21 € (de 270 à 290 F) pour 2, avec petit déjeuner. Également, 1 suite avec coin cuisine à 48,78 € (320 F) pour 2, petit déjeuner inclus. 3,05 € (20 F) par jour pour nos amis à quatre pattes. Accueil chaleureux.

BÛ 28410   Carte régionale A1

12 km NE de Dreux

🛏 |●| 🐕 ✂ ⟨10 %⟩ *Auberge de l'Avaloir (Anne-Marie et Christian Barbot) :* 8, rue Saint-Antoine. ☎ 02.37.82.13.85. Fax : 02.37.82.16.98. Accès : fléchage depuis Marolles (D 21). Fermé le vendredi et le week-end. Réservation impérative. Dans une ancienne ferme, Anne-Marie et Christian proposent plusieurs menus à partir de 9,91 € (65 F). Cuisine familiale (coq au vin, porc aux lentilles, fricassée de poulet) que vous prendrez dans une jolie pièce avec poutres, pierres apparentes et grande cheminée. Carte des vins entre 7,62 et 11,43 € (50 et 75 F) la bouteille. Au-dessus de la salle de restauration, 3 chambres d'hôte avec une très belle hauteur de plafond et sanitaires particuliers, pour 35,06 € (230 F) pour 2, petit déjeuner compris. Bar avec billard et télé. Vous pourrez également vous évader en calèche ou chariot bâché, pour 7,62 € (50 F) par personne sur réservation, tout compris. Accueil jeune et sympa.

CANDÉ-SUR-BEUVRON 41120   Carte régionale A2

13 km SO de Blois

🛏 ✂ *Chambres d'hôte La Court-au-Jay (Claudette et Louis Marseault) :* ☎ et fax : 02.54.44.03.13. Accès : par la D 751 entre Blois et Chaumont-sur-Loire ; dans le bourg, direction Chaumont, puis fléchage « Fleurs séchées ». Fermé du 24 au 31 décembre. 3 chambres coquettes et agréables avec sanitaires privés. Comptez de 35,06 à 38,11 € (de 230 à 250 F) pour 2, petit déjeuner compris. Superbe vue sur la campagne aux alentours, la forêt et le village. Accueil spontané et plein d'humour des propriétaires, qui confectionnent aussi de jolis bouquets secs originaux et harmonieux.

CELLE-CONDÉ (LA) 18160   Carte régionale B2

46 km E de Châteauroux ; 40 km SO de Bourges

🛏 |●| ✂ ⟨10 %⟩ *Ferme-auberge Pont Chauvet (Élisabeth et Alain Manssens) :* ☎ 02.48.60.22.19. Accès : de la D 940, c'est à 2 km à droite. Fermé le mercredi et en janvier et septembre. Uniquement sur réservation. Maison de maître du XVIIIᵉ siècle. Cuisine traditionnelle du Berry avec des menus à 12,96 et 15,24 € (85 et 100 F). 40 couverts. À l'étage de l'auberge, 2 chambres d'hôte, avec salle d'eau et w.-c., ont été aménagées avec goût (déco soignée, cheminée). Comptez de 35,06 à 38,11 € (de 230 à 250 F) pour 2, avec le petit déjeuner. Possibilité de chasse et de pêche sur l'exploitation.

CHARENTON-LAUGÈRE 18210 — Carte régionale B2

40 km SE de Bourges

🛏 |●| 🐾 ⑩% *Chambres d'hôte La Serre (Claude et Claude Moreau) :* route de Dun. ☎ et fax : 02.48.60.75.82 et 06.14.90.23.56. Accès : D 953 direction Dun-sur-Auron. Fermé de début octobre à fin mars, sauf si vous réservez. Grande maison du début du siècle, entièrement décorée dans les styles Art déco et contemporain. M. Moreau, peintre et antiquaire, aime à partager sa passion pour l'aménagement intérieur. 3 chambres au 1er étage, toutes avec de spacieux sanitaires privés. Déco à la fois originale et soignée. Comptez de 61 à 76 € (de 400,13 à 498,63 F) pour 2, avec le petit déjeuner (confitures et gâteau maison, jus de fruits pressés). Possibilité de repas sur demande ou sinon restaurants à 3 km. Claude est également un passionné de whisky et en a plus de 40 sortes ! Superbe parc et jardins dessinés par le maître des lieux. Une adresse pour routards aisés.

CHÂTILLON-SUR-INDRE 36700 — Carte régionale A2

46 km NO de Châteauroux ; 22 km S de Montrésor

🛏 |●| 🍴 *Chambres d'hôte et goûter à la ferme (Huguette et Michel Pasquier) :* Bigorne. ☎ 02.54.38.80.74. Accès : de Chatillon, D 975 vers Blois, sortir du bourg, la ferme est à 1 km à droite. En retrait de la départementale, mais dans un décor campagnard, petite ferme en activité. Dans une aile indépendante, Huguette propose, sur réservation, un goûter à la ferme avec visite de l'exploitation (vaches laitières avec participation à la traite), et de nombreux enfants du coin en profitent ! Au menu, le lait et ses dérivés (et ils sont nombreux...). En réservant, Huguette vous propose de faire votre beurre (c'est pas beau patron ?). Au 1er étage, 3 chambres sans prétention. 2 avec sanitaires privés attenants, la dernière sous forme de suite de 2 chambres avec sanitaires privés sur le palier. 35 € (229,58 F) pour 2, petit déjeuner compris. Cuisine à disposition mais aussi repas du soir (sans vos hôtes) à 11 € (72,16 F), vin compris. Une cuisine familiale avec des produits maison (le lait et ses..., mais aussi volailles de la ferme et légumes du jardin). Accueil authentique et vrai. *NOUVEAUTÉ.*

CHÂTILLON-SUR-LOIRE 45360 — Carte régionale B2

15 km SE de Gien

🛏 ⑩% *Chambres d'hôte La Giloutière (Nicole Lefranc) :* 13, rue du Port. ☎ 02.38.31.10.61. Accès : juste après le pont. De préférence sur réservation. Dans une maison datant de 1842, Nicole propose 2 chambres très spacieuses avec salles d'eau particulières. La chambre rétro est notre préférée. 41 € (268,94 F) pour 2, petit déjeuner compris. Les chambres donnent sur la rue, mais les fenêtres sont équipées d'un double vitrage. Également 1 petit gîte rural (pour 2 ou 3 personnes) tout confort, avec accès indépendant, derrière la maison. 99 € (649,40 F) le week-end et 183 € (1200 F) la semaine. Allez faire un tour sur le port de Mantelot, il y a une jolie vue sur la Loire.

CHÉCY 45430 — Carte régionale B1

12 km E d'Orléans

🛏 🍴 ⑩% *Chambres d'hôte Les Courtils (Annie Meunier) :* rue de l'Ave. ☎ 02.38.91.32.02 et 06.89.65.35.51. Fax : 02.38.91.48.20. ● les.courtils@wanadoo.fr ● Accès : d'Orléans, prenez la tangentielle Nord (N 60) direction Montargis, sortir à Chécy ; la maison est toute proche de l'église et est signalée par une jolie potence. Téléphoner de préférence. Au cœur du village, c'est dans une ancienne grange, mitoyenne de sa maison, qu'Annie a aménagé 4 chambres charmantes. Une au rez-de-chaussée, les trois autres à l'étage, dont une pour 4 personnes. Atmosphère élégante où les couleurs se juxtaposent à merveille. Sanitaires privés. 49 € (321,42 F) pour 2, petit déjeuner compris. Agréable salon avec belles tommettes et cheminée. Ambiance musique classique ou jazz. Petit jardin avec vue dégagée sur la campagne environnante et le canal d'Orléans, dont vous pourrez parcourir le chemin de halage. Pas de table d'hôte mais plusieurs restos à proximité. Un bon point de chute aux portes d'Orléans.

CHEILLÉ 37190   Carte régionale A2

30 km SO de Tours ; 3,5 km O d'Azay-le-Rideau

📧 |●| ⊱ (10%) *Chambre d'hôte Les Écureuils (Françoise et Lionel Ménoret) :* Le Grand Vaujoint. ☎ 02.47.45.39.74. ● ecureuils.menoret@wanadoo.fr ● Accès : par la D 17 vers Cheillé pendant 2,5 km ; au panneau « Les Écureuils », tournez à gauche, la maison est à 500 m. Au cœur de l'un des hameaux qui composent Cheillé, gentille demeure composée de plusieurs bâtiments des XVIIIe et XIXe siècles. Dans l'ancienne boulangerie du village, Françoise et Lionel ont aménagé une grande chambre (pour 4 personnes) avec mezzanine et coin kitchenette. Déco romantico-campagnarde si ce n'est la belle collection de billets qui orne le mur (rassurez-vous, ils sont périmés !). Une autre chambre pour 2 personnes est installée dans leur maison, décorée, elle, sur le thème de la mer. Sanitaires privés. Comptez respectivement 54 et 46 € (354,22 et 301,74 F) pour 2, petit déjeuner compris, avec jus de fruits pressés (oh oui !), yaourt, coupe de fruits frais et gâteau maison. Françoise vous propose aussi la table d'hôte pour 18 € (118,07 F), apéro et vin compris, que vous partagerez avec elle et Lionel et leurs trois filles (ce sont des copains, utilisateurs du *GDR*). La présentation des p'tits plats de Françoise (c'est sa passion) n'a d'égale que leurs saveurs... et ses spécialités sont nombreuses. Bref, d'agréables moments en perspective, mais séjour de 2 nuits minimum. Accueil chaleureux. Pour ceux qui veulent séjourner, les propriétaires louent 1 petit gîte indépendant pour 5 personnes, de 300 à 495 € (1967,87 à 3246,99 F) la semaine, suivant la saison. Tennis privé, 6 € (39,36 F) l'heure.

CHÉMERY 41700   Carte régionale A2

28 km S de Blois

📧 |●| 🐕 ⊱ (10%) *Chambres d'hôte Le Château de Chémery (Axel Fontaine) :* ☎ 02.54.71.82.77 et 06.88.15.62.64. Fax : 02.54.71.71.34. ● axel.fontaine@libertysurf.fr ● Accès : le village se trouve sur la D956 entre Contres et Selles-sur-Cher ; en venant de Blois, prenez à gauche dans le centre du village (on voit le château de la route). Fermé en janvier. Axel est un convaincu, qui n'arrête pas d'innover pour développer le tourime de sa région. Chambres d'hôte de 45,73 à 68,60 € (300 à 450 F). Sanitaires privés. Si elles sont libres, visitez-en plusieurs avant de vous décider. Pour les moins fortunés, dortoirs (rudimentaires pour l'instant) à 15,24 € (100 F). Dans tous les cas, le petit déjeuner, la visite et le poster du château, la promenade en barque et la visite de la tour de Beauvoir à Blois (où il vient d'ouvrir un cachot d'hôte, inscrit dans nos pages), sont inclus dans le prix. Le propriétaire propose aussi des gîtes pour 4 à 6 personnes, avec cuisine et salle de bains. Comptez environ 45,73 € (300 F) par jour (c'est donc très valable en groupe). Possibilité de repas au château : plats rapides à partir de 5,34 € (35 F) ou table d'hôte sur réservation. Menu à 18,29 € (120 F), vin et café compris.

CHISSEAUX 37150   Carte régionale A2

40 km E de Tours ; 8 km O de Montrichard

📧 |●| ⊱ *Chambres d'hôte Les Tilleuls du Perpassé (Mireille et Serge Ansar-Boutron) :* 5, rue du Perpassé. ☎ 02.47.23.81.20. Fax : 02.47.23.85.94. ● lestilleulsduperpasse@wanadoo.fr ● Accès : à l'entrée de Chisseaux, en venant de Chenonceaux, avant l'hotel du « Clair Cottage » prendre à gauche la rue du Perpassé. Ancienne maison viticole, entourée de fermes en activité. 3 chambres colorées et sans prétention avec accès indépendant de plain-pied. 2 dans 1 aile de la maison, la dernière dans un autre batiment (une familiale devrait prochainement ouvrir). Sanitaires privés. De 46 à 53 € (301,74 à 347,66 F) pour 2, petit déjeuner compris. Table d'hôte à 18 € (118,07 F) apéro et vin compris. Serge réalise tous les travaux, y compris la déco, aussi tout n'est pas encore fini et beaucoup d'outillages et matériaux fréquentent les abords. Ambiance familiale (les proprios ont 3 filles), un tantinet bohème. Accueil familial et authentique. *NOUVEAUTÉ.*

CENTRE

CIRON 36300   Carte régionale A2

40 km SO de Châteauroux ; 15 km E de Le Blanc

🛏 I●I ⊱⊰ *Chambres d'hôte Beau Rêve (Linda et Den Barlow) :* Cochet ☎ et fax : 02.54.28.55.71 et 06.21.06.27.53. Accès : Ciron se trouve sur la N 151 entre Châteauroux et Le Blanc ; à la sortie du bourg (en venant de Châteauroux), tournez à gauche vers Belâbre (D 44), puis à gauche D 3 vers Oulches et fléchage « Cochet ». Au milieu des pâturages, avec la forêt en fond de décor, jolie ferme du XVIIIe tout en longueur, qui était devenue une petite fabrique artisanale de tuiles. C'est aujourd'hui la maison de Linda et Den (d'origine anglaise). Ils ont ouvert 2 chambres d'hôte et ont réalisé tous les travaux d'aménagement. 2 chambres avec sanitaires privés. 46 € (301,74 F) pour 2, petit déjeuner compris. Possibilité de table d'hôte (partagée avec les proprios) à 18,50 € (121,35 F), vin compris. Den est aussi passionné de vieilles voitures et possède une superbe Austin Atlantique de 1952 (vous en aviez déjà vu ?). Une adresse pour prendre le vert et parfaire son anglais (Linda et Den n'ont pas encore un français *fluent*...).

CIVRAY-DE-TOURAINE 37150   Carte régionale A2

23 km E de Tours ; 10 km S d'Amboise

🛏 I●I *Chambres d'hôte La Marmittière (Marie et Yves Boblet) :* 22, vallée de Mesvres. ☎ 02.47.23.51.04 et 06.88.83.82.48. ● http://perso.libertysurf/marmittiere/ ● Accès : d'Amboise, D 31 vers Bléré jusqu'à la Croix-en-Touraine puis D 40 vers Chenonceaux pendant 1,5 km, la vallée de Mesvres est à gauche, 3 km avant Civray. Ouvert du 15 mars au 31 octobre. La Vallée de Mesvres est une petite route qui suit la rivière du même nom. Au bout d'un petit parcours, on arrive dans cet ancien domaine viticole qui date de la fin du XVIIe. Dans les anciennes écuries, 3 chambres décorées avec goût et équipées de spacieux sanitaires privés. 2 de plain-pied, la dernière avec escalier extérieur. Une est sous forme de suite-appartement avec 2 chambres, salle à manger-cuisine et tout le toutim. 53,50 € (350,94 F) pour 2, copieux petit déjeuner compris (jus de fruits pressés, viennoiserie bio, yaourt, miel, confitures et gâteau maison). Table d'hôte bio à 18,50 € (121,35 F) apéro et vin compris. Goûteuse cuisine traditionnelle avec les légumes du jardin et produits fermiers. Magnifique salle à manger où les couleurs se mêlent harmonieusement et grande fresque, oeuvre de votre hôte. Les enfants iront faire une caresse à l'ânesse. Accueil de qualité. Une bonne adresse. *NOUVEAUTÉ.*

CLOYES-SUR-LE-LOIR 28220   Carte régionale A1

55 km SO de Chartres ; 12 km SO de Châteaudun

🛏 🐕 ⊱⊰ ⑩% *Chambres d'hôte La Ferme du Carrefour (Odile et Dominique Clichy) :* ☎ et fax : 02.37.98.53.10. Accès : de Châteaudun, N 10 vers Tours, sortie ZI de Cloyes/Romilly ; tournez à droite vers Cloyes, puis prenez la 1re route à droite. La ferme est à côté du château d'eau. Mignonnette ferme céréalière. Dans une partie indépendante (l'ancienne habitation), 2 chambres agréables avec sanitaires privés. Entre les deux, la salle des petits déjeuners, avec coin télé. Comptez 36,59 € (240 F) pour 2, petit déjeuner compris. Certains regretteront de ne pas vraiment rentrer dans la maison, les autres apprécieront leur indépendance. Pas de table d'hôte, mais coin kitchenette à disposition.

CONTRES 41700   Carte régionale A2

20 km S de Blois ; 6 km S de Cheverny

🛏 ⊱⊰ ⑩% *Chambres d'hôte La Rabouillère (Martine et Jean-Marie Thimonnier) :* chemin de Marçon. ☎ 02.54.79.05.14. Fax : 02.54.79.59.39. ● www.rabouillere. ifrance.com/ ● Accès : de Cheverny, D 102 vers Contres pendant 6 km et fléchage. Magnifique réalisation que cette maison typiquement solognote entièrement reconstruite par Martine et Jean-Marie à partir de matériaux récupérés sur des bâtiments anciens. 5 chambres coquettes avec sanitaires privés vous attendent. Comptez 55 € (360,78 F) pour 2, avec un copieux petit déjeuner (jus de fruits, cake, yaourts, viennoiseries). Pas de table d'hôte mais un petit coin cuisine à disposition. De plus, Martine connaît tous les petits restos sympas des environs. La maison se situant à l'orée de la forêt de Cheverny, les randonnées sont nombreuses ; les plus fainéants pourront simplement se détendre dans une chaise longue au bord de la pièce d'eau, à l'ombre des arbres du parc. Accueil agréable et souriant.

COULLONS 45720   Carte régionale B2

8 km SO de Gien

🛏 🏠 *Chambres d'hôte (Claire Raffin) :* Ferme de Gault. ☎ 02.38.67.59.77. Fax : 02.38.38.23.42. Accès : à 8 km, en haut de la côte (D 940 en venant de Gien), tournez à droite, la ferme est à 1,5 km. De préférence sur réservation. Dans une ancienne ferme rénovée en pleine nature, 4 chambres meublées de façon rustique, toutes avec salle de bains particulière. Trois au rez-de-chaussée avec accès indépendant et une au 1er étage, très grande et lumineuse, avec lit à baldaquin et deux lits simples. Comptez de 36,59 à 51,83 € (de 240 à 340 F) pour 2, petit déjeuner compris. Le petit studio de 2 personnes, de plain-pied, avec un petit jardin, se loue de 114,34 à 137,20 € la semaine (de 750 à 900 F). Petit étang privé pour taquiner le poisson.

CRAVANT-LES-COTEAUX 37500   Carte régionale A2

8 km E de Chinon

🛏 *Chambres d'hôte Pallus (Barbara et Bernard Chauveau) :* ☎ 02.47.93.08.94. Fax : 02.47.98.43.00. ● bcpallus@club-internet.fr ● Accès : en venant de Chinon, par la D 21 jusqu'à Cravant-les-Coteaux ; la maison est à 1,5 km du village. Belle maison de caractère avec piscine. Barbara et Bernard Chauveau sont antiquaires et toute la décoration de leur maison dégage charme et raffinement : des meubles superbes, des objets anciens posés partout, et des salles de bains magnifiques. 2 chambres élégantes et 1 suite qui dispose d'un petit salon, où de délicieux petits déjeuners sont servis, bien sûr, dans de l'argenterie et de la belle vaisselle. Un grand salon avec cheminée et piano. Et, si vous devenez des habitués, ne vous étonnez pas de voir la déco changer, car les chambres se transforment au fil du temps (et des hôtes qui ont craqué et acheté tel ou tel meuble). Comptez de 76,22 à 83,85 € (de 500 à 550 F) pour 2, avec le petit déjeuner, pour un séjour de charme.

DANZÉ 41160   Carte régionale A1

15 km N de Vendôme ; 30 km SO de Châteaudun

🛏 ⑩% *Chambres d'hôte Le Château de la Borde (M. et Mme Kamette) :* ☎ 02.54.80.68.42. Fax : 02.54.80.63.68. ● michelkamette@minitel.net ● Accès : de Danzé, D 24 direction La Ville-aux-Clercs et fléchage. Ce n'est pas vraiment un château mais une gentilhommière du début du siècle, entourée d'un grand parc. Chambres agréables au mobilier rustique. Comptez de 37 à 49 € (de 242,70 à 321,42 F) la chambre double, petit déjeuner compris. Prix dégressifs à partir de la 2e nuit. Piscine couverte. Excellent accueil et calme assuré.

DONNERY 45450   Carte régionale B1

16 km E d'Orléans

🛏 ⑩% *Chambres d'hôte Cornella (Marie-Pierre et Jacques Avril) :* 27, rue de Vennecy. ☎ 02.38.59.26.74. Fax : 02.38.59.29.69. Accès : prenez la rue à droite de la mairie et de l'église (rue Adrienne-Bolland) sur 1 km, la rue de Vennecy est sur la droite. De préférence sur réservation. 2 chambres spacieuses et très agréables dans un ancien corps de ferme très bien restauré. Une au rez-de-chaussée, une au 1er étage. Sanitaires privatifs. Télévision, mobilier ancien, superbe charpente apparente. Très grand jardin ombragé. Comptez 44 € (288,62 F) pour 2, avec le petit déjeuner. Les proprios sont un couple de retraités qui prodiguent à leurs hôtes un accueil chaleureux. Étape tout à fait sympathique. À 15 km, allez voir le château de Chamerolles avec son musée des Parfums ou bien baladez-vous le long du canal de Donnery.

ESTOUY 45300   Carte régionale B1

50 km NE d'Orléans ; 7 km E de Pithiviers

lOl 🏠 **Ferme-auberge de la Vallée (Cécile et Bernard Tessier) :** 6, rue du Vau. ☎ 02.38.34.20.83. Accès : 1re à droite après le lotissement, passez le bar-tabac, c'est à 500 m plus loin sur la droite. Uniquement sur réservation. Dans une petite salle qui était une ancienne étable, Bernard et Cécile ont installé de quoi accueillir 48 personnes. La spécialité de la maison est le civet de lapin au sang (chaudement recommandé). Un menu unique à 14,03 € (92 F), sans les boissons, comprenant deux entrées (crudités/terrine ou terrine/tarte de saison), civet de lapin ou coq au vin, plateau de fromages, et, proximité oblige, le célèbre pithiviers. Un seul vin, en l'occurence du touraine, à 8,08 € (53 F) la bouteille. Une bonne adresse.

FEINGS 41120   Carte régionale A2

22 km S de Blois ; 5 km NO de Contres

🏠 **Chambres d'hôte Le Petit Bois Martin (Denise et Régis Papineau) :** Favras. ☎ 02.54.20.27.31. Fax : 02.54.33.20.98. Accès : de Blois, D 956 vers Châteauroux ; 1 km après Cormeray, D 52 vers Fougères ; au centre du hameau de Favras, tournez à gauche vers Fresnes et fléchage. Fermé du 16 novembre au 28 février. En pleine nature, au milieu des pâturages et des forêts, superbe demeure du XVIIIe, avec une grande cour où se dresse un magnifique cèdre du Liban. Au 1er étage de la maison, 3 chambres d'hôte, vastes, calmes et sereines, dont deux familiales composées de deux chambres. Déco de fort bon goût. Sanitaires privés. Comptez de 43 à 50 € (de 282,06 à 327,98 F) pour 2, petit déjeuner compris. Très agréable salle à manger avec piano accordé. Pas de table d'hôte, mais coin cuisine à disposition. Denise est une hôtesse charmante, qui reçoit ses hôtes avec beaucoup de gentillesse et d'attention. À côté de la maison, un étang privé et sauvage permettra aux pêcheurs d'assouvir leur passion. Accueil de qualité. Une adresse de charme et un bon rapport qualité-prix.

FÉROLLES 45150   Carte régionale B1

20 km E d'Orléans ; 5 km S de Jargeau

🏠 **lOl** 💦 **Chambres d'hôte (Susan de Smet) :** 8, route de Martroi. ☎ 02.38.59.79.53. Accès : par la D 921 et fléchage dans le village. Pour une fois, on a fait une petite exception : c'est une maison neuve... mais même si d'extérieur elle n'a pas vraiment de charme, c'est celui de la maîtresse des lieux qui nous a fait craquer. 3 gentillettes chambres (dont deux familiales pour 4 personnes) : deux dans la maison (au rez-de-chaussée et 1er étage), la troisième dans un petit bâtiment indépendant. Luxueux sanitaires privés bien que petits. Comptez 40 € (262,38 F) pour 2, avec le petit déjeuner. Susan, Anglaise d'origine, aime recevoir et propose aussi la table d'hôte pour 13 € (85,27 F), vin compris. Parmi ses spécialités, le poulet farci à l'anglaise, la tarte au fromage, le rôti de porc au roquefort, pomme de terre à la crème, le crumble aux fruits de saison (miam !)... Grand jardin derrière la maison avec verger, potager (cultivé par Susan). Accueil charmant, teinté par l'humour de votre hôtesse.

FERTÉ-SAINT-AUBIN (LA) 45240   Carte régionale B1

40 km NE de Blois ; 21 km S d'Orléans

🏠 **Chambres d'hôte (Marie-Françoise et Michel Ravenel) :** La Vieille Forêt. ☎ 02.38.76.57.20. Fax : 02.38.64.82.80. Accès : du village, prenez la D 18 vers Jouy-le-Potier pendant 4 km, puis tournez à droite sur un chemin de terre pendant 400 m. Isolée au milieu de la lande solognote, ancienne ferme du XIXᵉ siècle. 4 chambres spacieuses, installées dans différentes ailes de la ferme : trois au rez-de-chaussée et une au 1ᵉʳ étage avec accès indépendant. Déco agréable, mais mobilier un peu classique (pin naturel) ; une préférence cependant pour la chambre des canards. Comptez 42 € (275,50 F) pour 2 et 61 € (400,13 F) pour 4, petit déjeuner compris (gâteau et confitures maison dont celle de pissenlits). Pas de table d'hôte, mais coin cuisine à disposition. Certains regretteront de ne pas être réellement chez l'habitant, les autres apprécieront le calme et la tranquillité des lieux. Marie-Françoise aime la nature et avec son mari, ils ont créé un petit étang juste à côté de la maison (les pêcheurs pourront apporter leur matériel). Elle connaît aussi très bien sa région, et vous donnera toutes les infos pour la découvrir. Le domaine du Ciran à Ménestreau-en-Villette, la maison du Cerf à Ligny-le-Ribault sont des visites sympas pour ceux qui aiment le vert.

ÎLE-BOUCHARD (L') 37220   Carte régionale A2

15 km E de Chinon

â l●l ⌂ ⅍ 🌐 ⑩% *Ferme-auberge Le Moulin de Saussaye (Béatrice et Bruno Meunier) :* ☎ 02.47.58.50.44 . Fax : 02.47.58.66.54. ● http://www.moulindesaussaye.com ● Accès : en arrivant de Sainte-Maure, tournez à droite à l'entrée du bourg, puis fléchage. Uniquement sur réservation. Jolie ferme-auberge dans un moulin à eau qui fonctionne encore. 3 salles permettent d'accueillir 60 personnes environ. Bruno propose 1 menu à 15 € (98,39 F) : apéro maison avec toasts au chèvre, terrine et rillettes, cuisse de canard au chinon ou truite maison, fromage et dessert (fraises au chinon, framboiser). 3 autres menus entre 15,50 et 20 € (101,67 et 131,19 F). Pour la carte des vins, les bouteilles tournent autour de 9,15 € (60 F) et le vin en pichet (50 cl) est à 5,50 € (36,08 F). 3 chambres d'hôte sans prétention : deux dans un bâtiment séparé à l'entrée de la propriété et une mitoyenne à la salle de restauration. 39 € (255,82 F) pour 2, petit déjeuner compris. L'activité ne manque pas : canards, poulets, moutons, truites à pêcher sur place, et le vin, car les proprios possèdent quelques vignes ! Également 1 camping à la ferme.

INGRANDES 36300   Carte régionale A2

70 km O de Châteauroux ; 10 km O de Le Blanc

â l●l ⌂ ⅍ 🌐 ⑩% *Chambres d'hôte Château d'Ingrandes (Jacqueline et Alain Drouart) :* ☎ 02.54.37.46.01. Fax : 02.54.28.64.55. ● jdrouart@aol.com ● Accès : de Le Blanc, N 151 vers Poitiers ; le château se situe à gauche, juste avant de passer le pont sur l'Anglin. Fermé d'octobre à fin mars. Bien que situé en bordure de nationale (heureusement pas hyper fréquentée), nous n'avons pas pu résister à l'envie d'inscrire ce superbe château, répertorié à l'ISMH, et dont les origines remontent au XIᵉ siècle, comme en témoigne sa superbe cave voûtée. Détruit, puis reconstruit aux XIVᵉ et XVᵉ siècles, il domine aujourd'hui les rives de l'Anglin. 5 chambres et 1 chambre-studio avec sanitaires privés. Deux chambres meublées en rustique, qui rappellent les douillettes chambres de grand-mère, à 44,20 et 52 € (289,93 et 341,10 F) pour 2, petit déjeuner compris. Une suite en duplex, installée dans le donjon, à 67 € (439,49 F) pour 2 et 76,20 € (499,84 F) pour 4 personnes, toujours avec le petit déjeuner. La dernière est familiale (5 personnes). Table d'hôte partagée avec les propriétaires à 17 € (111,51 F), vin et café compris. Pour vous détendre, agréable piscine abritée des regards indiscrets (veinards !). Bien sûr, si vous aimez les vieilles pierres, Jacqueline vous fera visiter son château gracieusement (elle adore conter son histoire). Si vous voulez rester dans l'ambiance, à quelques encablures, le château féodal de Forges vaut un petit coup d'œil (ne se visite pas). Une adresse pour les passionnés d'histoire. Accueil de qualité.

JAULNAY 37120   Carte régionale A2

30 km SE de Chinon ; 11 km SE de Richelieu

â l●l *Chambres d'hôte La Rivagère (Marie et Gérard Patrouillault) :* ☎ 02.47.95.66.55 et 06.78.35.56.18. Fax : 02.47.95.67.20. Accès : de Richelieu, D 749 vers Châtellerault ; à l'entrée du bourg, tournez à gauche et fléchage. Fermé du 15 au 30 juin. Grande ferme au milieu des terres cultivées par Gérard (asperges et choux-fleurs). On regrette que la mai-

CENTRE

son n'ait pas le charme des bâtiments agricoles. 3 chambres d'hôte pour 2 à 5 personnes. Sanitaires privés. Comptez 29 € (190,23 F) pour 1 personne, et 63 € pour 5 (413,25 F) petit déjeuner compris. Table d'hôte à 12 € (78,71 F), apéro et vin compris, avec les légumes du jardin et les volailles maison. Parmi les spécialités de Marie : le gigot d'agneau, la blanquette de veau aux pointes d'asperges et le confit de canard. Gentillesse et authenticité au rendez-vous. Le Futuroscope est à 40 mn en voiture.

LIMERAY 37530 — Carte régionale A2

30 km E de Tours

🏠 |●| ✂ ⑩% *Auberge Les Grillons (Nicole et Gilbert Guichard) :* ☎ et fax : 02.47.30.11.76. Pour les routards qui ne dorment pas, ouvert du samedi midi au dimanche midi. Uniquement sur réservation. C'est dans une salle simple de 50 couverts que Nicole et Gilbert vous proposent un menu à 17 € (111,51 F) et le plat du week-end à 10 € (65,60 F). Carte des vins raisonnable, autour de 10 € (65,60 F) la bouteille. La grande spécialité maison, c'est la charcuterie. Ne manquez pas la terrine de lapin aux noisettes, c'est un délice ! Également 5 chambres avec sanitaires particuliers, de 43 à 49 € (282,06 à 321,42 F) pour 2, petit déjeuner compris. Accueil sympa.

LOUROUX (LE) 37240 — Carte régionale A2

30 km S de Tours ; 19 km O de Loches

🏠 🐕 ✂ ⑩% *Chambres d'hôte La Ferme de la Chaumine (Claude Baudoin) :* ☎ 02.47.92.82.09 et 06.85.45.68.10. Fax : 02.47.92.29.24. ● bruno.baudoin@free.fr ● Accès : de Tours, N 10 vers Châtellerault et à Montbazon, prenez la D 50 vers Ligueil ; c'est à l'entrée du bourg à droite. Dans une ferme en activité (céréales et framboises), 2 chambres correctes, avec télévision, dans un bâtiment indépendant, dont une avec coin cuisine. Sanitaires privés. Comptez 38,11 € (250 F) pour 2, petit déjeuner compris. Pour les moins fortunés, 1 camping de 6 places à 2,29 € (15 F) par personne et 2,29 € (15 F) pour l'emplacement. Ils trouveront un petit magasin de produits maison (miel, confitures), mais aussi ceux des fermes alentour. Accueil authentique. À noter que Le Louroux possède un vieux château du XIIe quasiment abandonné qui enchantera les amoureux des vieilles pierres.

MÉNESTREAU-EN-VILLETTE 45240 — Carte régionale B1-2

27 km S d'Orléans

🏠 🐕 ✂ *Chambres d'hôte Ferme des Foucault (Rosemary Beau) :* ☎ et fax : 02.38.76.94.41 et 06.83.39.70.94. ● rbeau@waikag.com ● Accès : de Marcilly-en-Villette, D 64 vers Sennely pendant 6 km et fléchage à droite « Les Foucault » (ouvrez l'oeil, on le loupe facilement). En pleine forêt, dans une grande clairière, ancienne ferme composée de plusieurs bâtiments, tout de brique vêtue. Ici vous séjournerez à l'américaine dans l'espace, le luxe et la volupté. 3 chambres immenses avec superbes sanitaires privés, la plus grande avec douche et baignoire (faut c'qui faut !). Une au rez-de-chaussée avec petit salon et cheminée ; deux à l'étage, dont une carrément hollywoodienne qui ouvre sur trois côtés de la maison. Grand lit, moquette épaisse, beaux meubles de style, et des murs qui s'enorgueillissent des toiles réalisées par la fille de Rosemary. De 59,46 à 68,60 € (390 à 450 F) pour 2, petit déjeuner compris. Si vous aimez la forêt, elle vous tend les bras. Accueil chaleureux et décontracté. Une adresse nature, made in U.S., pour ceux qui ont des dollars.

MER 41500 — Carte régionale A1

16 km NE de Blois

🏠 ✂ *Chambres d'hôte Le Clos (Joëlle et Claude Mormiche) :* 9, rue Jean-et-Guy-Dutems. ☎ 02.54.81.17.36 et 06.81.08.37.90. Fax : 02.54.81.70.19. ● mormiche@wanadoo.fr ● Accès : de Blois, N 152 vers Orléans ; dans Mer, la maison se trouve dans la rue à

CENTRE

gauche de l'église. Fermé en janvier. C'est en passant côté jardin que l'on apprécie le charme de cette maison de village du XVI° siècle. 5 chambres décorées avec goût (nombreuses aquarelles et gravures encadrées par Joëlle, d'ailleurs, son magasin est au rez-de-chaussée). Sanitaires privés. Comptez de 45 à 61 € (de 295,18 à 400,13 F) pour 2, petit déjeuner compris. Pas de table d'hôte, mais kitchenette à disposition. Accueil jeune et convivial.

MEUNG-SUR-LOIRE 45130 · Carte régionale B1

18 km O d'Orléans

🛏 🐕 ⇞ **10%** *Chambres d'hôte (Raymonde Béchu)* **:** 30, rue de la Batissière, la Nivelle. ☎ et fax : 02.38.44.34.38. Accès : juste après la pancarte Meung-sur-Loire en venant d'Orléans, tournez à droite au 1ᵉʳ feu et fléchage. De préférence sur réservation. Maison des années 1960, où Raymonde, gentille grand-mère, propose 4 petites chambres meublées rustique. Idéal pour les familles car elle adore les enfants, et elle vous chouchoutera pendant votre séjour. Elle connaît bien l'Asie et l'Afrique (nombreux objets rapportés de voyage sur les murs), et elle est très bavarde, ce ne sont donc pas les sujets de conversation qui manqueront. Toutes les chambres ont salle d'eau ou salle de bains et w.-c. privés. Comptez 39,64 € (260 F) pour 2 et 36,59 € (240 F) à partir de la seconde nuit, avec un petit déjeuner qui vaut le détour : jusqu'à huit confitures maison sur le plateau, corbeille de fruits, fromage, jus de fruits, yaourts maison et viennoiseries !

🛏 🐕 **10%** *Chambres d'hôte (Gillette et Pierre Penaud)* **:** 5, rue Haute-Croix. ☎ 02.38.44.35.37. Accès : près de la gare. Fermé 2 semaines en avril et en octobre. 5 chambres d'hôte agréables pour 2 ou 3 personnes dans une grande maison avec jardin. Douche dans chaque chambre. 39,64 € (260 F) pour 2, petit déjeuner inclus. Pas de table d'hôte, mais possibilité de pique-niquer sur place.

MÉZIÈRES-EN-BRENNE 36290 · · · · · · · · · · · · · · · Carte régionale A2

39 km O de Châteauroux

🛏 ⇞ **10%** *Gîte d'étape communal Le Moulin (Office de Tourisme)* **:** 1, rue du Nord. ☎ 02.54.38.12.24. Fax : 02.54.38.13.76. ● tourisme.mezieresenbrenne@wanadoo.fr ● Accès : au centre du village, au-dessus de l'office du tourisme. Fermé de Noël au Jour de l'An. Uniquement sur réservation. Ancien moulin joliment restauré et géré par l'office de tourisme. 10 chambres (4 de 2 lits, 4 de 4 et 2 de 6) réparties sur 2 gîtes communicants, dont 4 avec sanitaires privés. Deux cuisines équipées. 9,50 € (62,32 F) par personne pour les chambres avec sanitaires communs, draps fournis, et 10,98 € (72 F) par personne pour les autres. Pas de petit déjeuner. Point de chute idéal pour les randonneurs qui veulent découvrir la Brenne, la « région des mille étangs ». Location de vélos, de VTT et vente de produits artisanaux.

MONDOUBLEAU 41170 · Carte régionale A1

28 km NO de Vendôme

🛏 🍴 ⇞ **10%** *Chambres d'hôte (Isabelle Peyron et Alain Gaubert)* **:** carrefour de l'Ormeau ☎ 02.54.80.93.76. Fax : 02.54.80.88.85. Accès : la maison se situe dans le bourg, à proximité de la tour du XI° siècle. Alain est sculpteur sur bois, puis s'est orienté vers la fabrication de meubles très design. Dans sa maison de village de la fin du XVII° toute en briques, 5 chambres avec sanitaires privés, mais pas systématiquement accolés à la chambre. Déco épurée, mobilier entièrement réalisé par le maître des lieux. Une préférence pour la chambre du rez-de-chaussée qui ouvre sur le jardin (plus chère), les autres sont à l'étage. A partir de 40 € (262,38 F) pour 2, petit déjeuner compris (pain Poilâne et confitures maison). Table d'hôte, partagée avec vos hôtes à 19 € (124,63 F), vin de pays compris ; et si vous êtes un connaisseur en cet auguste breuvage, sachez qu'Alain est un passionné... Agréable salle de jour avec une grande et belle table (de qui ?... bon, ben, recommencez du début) et chaleureuse cuisine très champêtre. Les proprios proposent des week-ends à thème et des cours de cuisine. Au 2ᵉ étage, une immense et superbe salle avec un beau volume et une splendide charpente apparente.

CENTRE

Elle tient lieu de salle d'exposition et parfois de spectacle (piano demi-queue accordé). Accueil chaleureux. Une bonne adresse. Juste à côté de la demeure d'Isabelle et Alain, se trouve la maison dite du gouverneur, splendide, avec ses murs à pans de bois. 4 vélos sont à la dispositions des hôtes.

MONTHODON 37110   Carte régionale A1-2

25 km NE de Tours ; 25 km NO d'Amboise

🏠 |●| 🐕 **10 %** *Chambres d'hôte La Maréchalerie (Patricia et Danny Niedbalski) :* 6, rue des Rosiers. ☎ 02.47.29.61.66. ● http://members.aol.com/lamarechalerie ● Accès : à 4 km de Monthodon, à proximité de l'église du hameau du Sentier (qui a cessé de sonner). C'est dans une ancienne forge, datant de la fin du XVIIIe, que Patricia et Danny ont aménagé 6 chambres d'hôte, avec le souci que l'on s'y sente bien. Au rez-de-chaussée, une grande salle où la forge a été conservée et 5 chambres pour 2 et 3 personnes. Quatre d'entre elles ouvrent sur le jardin, mais nos préférées ont portes-fenêtres avec petite terrasse abritée et transats. Un escalier extérieur conduit à la dernière (pour 4 personnes) avec petite cuisine et possibilité de coucher un enfant sur la mezzanine. Toutes sont dotées de sanitaires privés. Déco chaleureuse et campagnarde. Comptez 34 € (223,03 F) pour 2, avec un copieux petit déjeuner maison. Plus que pour les chambres, on vient ici pour la convivialité de Patricia et Danny, qui se vouent entièrement au service de leurs hôtes. Une balade à vélo ? Ceux de la maison sont à votre disposition. Une partie de pêche ? Rien de plus facile, le voisin de Danny possède un étang et la rivière coule au fond du jardin ; de plus, il vous prête le matériel. Enfin, si vous êtes plutôt branché culture, Patricia et Danny connaissent tous les châteaux de la région, et vous montreront prospectus et photos perso. Table d'hôte partagée en leur compagnie à 13 € (85,27 F), apéro, vin, digestif et café compris. Enfin, on oubliait le reste de la famille : Roro, Idi, Juju et Lilie... Ils raviront les enfants, qui pourront, s'ils le souhaitent, faire un tour à dos d'âne. Une adresse comme il y en a peu, où le maître mot est hospitalité.

MONTIGNY 18250   Carte régionale B2

30 km NE de Bourges ; 16 km SO de Sancerre

🏠 |●| **10 %** *Chambres d'hôte (Élisabeth Gressin) :* La Reculée. ☎ 02.48.69.59.18 et 06.80.74.93.20. Fax : 02.48.69.52.51. ● www.pays-sancerre-sologne.com ● Accès : de Bourges, D 955 vers Sancerre ; après avoir traversé Saint-Céols, prenez la D 59 vers Montigny puis la D 44 en direction de Feux pendant 4 km (suivre le fléchage). Fermé du 15 novembre au 15 mars. Jolie ferme berrichonne du XVIIIe avec grande cour fermée. 5 chambres coquettes et agréables, avec sanitaires privés. Nos préférées : « la Primevère » avec lit 1930 et ciel de lit, et « la Coquelicot » avec ciel de lit et décor tout en bois – et rouge bien entendu. D'ailleurs ici, le bois est utilisé partout. Le fait qu'il soit neuf choque de prime abord, mais on finit par apprécier l'originalité des lieux. Comptez 46 € (301,74 F) pour 2, avec le petit déjeuner et 18 € (118,07 F) pour la table d'hôte, vin compris (sauf le dimanche soir). Bon rapport qualité-prix-convivialité. Bien sûr, vous êtes au début de la zone d'appellation du sancerre pour les amateurs de vins, et pour ceux qui préfèrent l'insolite, le musée de la Sorcellerie de Blancafort est tout proche (pour les petits et les grands).

MONTLANDON 28240   Carte régionale A1

37 km O de Chartres ; 17 km NE de Nogent-le-Rotrou

🏠 |●| ↔ **10 %** *Chambres d'hôte (Suzanne et Gérard Gallet) :* 7, rue de la Tour. ☎ 02.37.49.81.06. Accès : prenez la rue à droite en face de l'église, la maison est à 200 m sur la gauche. Fermé du 1er au 15 septembre. Maison contemporaine avec agréable jardin et belle vue sur les forêts environnantes. Suzanne y a aménagé 2 chambres pour 2 personnes, une au rez-de-chaussée avec salle de bains et w.-c., l'autre, au 1er étage avec de jolis tissus bleus, douche et w.-c. Comptez 33,54 € (220 F) pour 2 avec le petit déjeuner. Table d'hôte, sur réservation, à 12,20 € (80 F), apéro et vin compris.

MONTRÉSOR 37460
Carte régionale A2

60 km SE de Tours ; 18 km E de Loches

🛏 🐕 (10%) *Chambres d'hôte (Catherine Pivet) :* 15 rue Branicki. ☎ 02.47.92.69.26. Fax : 02.47.92.78.77. • catherine.pivet@wanadoo.fr • Accès : de Loches, D 960 vers Valençay (ou vice versa) ; la maison est dans la partie basse de la cité. Montrésor est classé parmi les plus beaux villages de France. En son cœur, plus exactement au pied du château, belle maison du XVIe, ancien four à pain du bourg. Par un bel escalier en pierre, on accède aux 2 chambres vastes et lumineuses. Une dans les tons verts (notre préférée), l'autre dans des couleurs orangées. Belle poutres apparentes et murs en pierre. Sanitaires privés. 41 € (268,94 F) pour 2, petit déjeuner compris. Toute la déco est l'oeuvre de Catherine. Il faut dire qu'elle est graphiste et a réalisé de nombreuses plaquettes et étiquettes (notamment pour le vin!). Passionnée de planche à voile, elle a acheté cette maison parce qu'elle est toute proche du lac de Chemillé (si vous voulez vous tirer une petite bourre!... pardon!). Pas de table d'hôte mais un resto sympa dans le village. Atmosphère décontractée. Accueil jeune et sympa.

MORAND 37110
Carte régionale A2

35 km NE de Tours ; 6 km SE de Château-Renault

🛏 🍴 🐕 (10%) *Chambres d'hôte L'Allier (Catherine et Marc Dattée) :* ☎ et fax : 02.47.56.00.14 et 06.83.28.48.75. Accès : A 10, sortie Château-Renault/Amboise, prenez à droite la D 31 vers Château-Renault, puis encore à droite, la D 73 vers Morand ; dans le bourg, continuez vers Château-Renault et fléchage. Au milieu des prés, gentillette ferme céréalière du début du XVIIIe tenue par un sympathique couple d'agriculteurs à la retraite. Catherine, la maîtresse des lieux, est une hôtesse dynamique, tout feu tout flamme, qui mène son affaire avec énergie. On entre au choix par la cuisine (très chaleureuse), ou par l'arrière de la maison qui donne directement sur l'escalier desservant les 2 chambres (dont une familiale, composée de deux chambres). Sanitaires privés et déco agréable. Comptez 42 € (275,50 F) pour 2, petit déjeuner compris. Une magnifique pièce de séjour qui a gardé le charme d'autrefois, avec une superbe cheminée au foyer surélevé et des poutres apparentes, où vous pourrez prendre des repas à la table d'hôte (le week-end uniquement). 16 € (104,95 F) le repas, vin compris, pour une cuisine simple et familiale avec les légumes du jardin. Deux vélos à disposition.

MORLAC 18170
Carte régionale B2

45 km S de Bourges ; 18 km O de Saint-Amand-Montrond

🛏 🍴 ✠ (10%) *Chambres d'hôte La Forêtrie (Arlette Genty) :* ☎ 02.48.60.08.39. Fax : 02.48.60.26.78. Accès : de Saint-Amand-Montrons, D 925 vers Lignières ; lorsque vous croiserez la D 3 qui mène à Morlac, ignorez-la et continuez tout droit, puis tournez à droite vers Ineuil (D 144) et fléchage. Belle ferme traditionnelle avec entourage des portes et des fenêtres en pierre genre tuffeau, bâtie sur une exploitation céréalière et accueillant un élevage de volailles (notamment des chapons). Une belle entrée avec murs en brique et pans de bois. Un noble escalier conduit aux 2 chambres de la maison (nos préférées), à l'atmosphère très douillette. Vous bénéficierez en outre de l'accès direct au billard français (6 pieds, s'il vous plaît !) et dont le cadre peut se transformer pour devenir américain. 3 autres chambres se trouvent dans une aile indépendante. Sanitaires privés. Comptez 40 € (262,38 F) pour 2, petit déjeuner compris. Table d'hôte partagée en famille à 15 € (98,39 F), apéro local (le berrichon) et vin compris. Une bonne cuisine du terroir avec les volailles et légumes et fruits du jardin. Il y a une piste ULM homologuée, alors si vous avez le vôtre, il ne vous reste plus qu'à atterrir... (un passionné du coin propose aussi des baptêmes). Les pêcheurs trouveront un étang privé de 5 ha à leur disposition (chouette !). Accueil chaleureux et vrai. Une adresse nature.

NAZELLES-NÉGRON 37530   Carte régionale A2

3 km N d'Amboise ; 20 km E de Tours

🏠 |🍴| ⍀ *Chambres d'hôte Château de Nazelles (Véronique et Olivier Fructus) :* 16, rue Tue la Soif. ☎ et fax : 02.47.30.53.79. ● www.chateau-nazelles.com ● Accès : le château se situe sur la rive opposée de celle du château d'Amboise (la Loire, ignorant !) et il faut encore traverser la Cisse. La rue se trouve à gauche de la mairie du bourg. Rue Tue la Soif, il est une adresse d'exception et vous en resterez la bouche ouverte (si vous en avez les moyens...). Classée Monument Historique, ce domaine du XVIᵉ siècle, domine la vallée de la Loire et le point de vue est superbe. Quand à la demeure par elle-même, c'est un ravissement. Marie-Antoinette l'aurait adoré... alors on vous passe les détails ! 3 chambres, 2 au 1ᵉʳ étage, auxquelles on accède par un escalier large mais assez raide, mais dont la vue vous ravira, la dernière dans un ravissant pavillon indépendant de plain-pied et d'ou vous jouirez du charme des vieilles pierres. Elles sont élégantes, avec sanitaires privés. Immense salon avec billard français. Côté jardin (entretenu à la française), une incroyable piscine-bassin à moitié creusée dans la roche (plein d'habitats troglodytiques dans le coin). Selon la chambre, de 85 à 90 € (557,56 F à 590,36 F) petit déjeuner compris. Table d'hôte partagée avec les jeunes maîtres des lieux, à 23 € (150,87 F), apéro et vin compris. Cuisine parfumée aux accents d'Italie. L'orangeraie devrait bientôt servir de cuisine d'été. Tout en haut de la propriété, le plateau avec les vignes. Eh oui, Olivier est aussi viticulteur et produit un excellent Touraine avec la complicité d'un vigneron voisin. Accueil de qualité. Une adresse pour séduire sa dulcinée. *NOUVEAUTÉ.*

NEVOY 45500   Carte régionale B1

5 km NO de Gien

🏠 |🍴| 🐾 ⟨10 %⟩ *Chambres d'hôte Le Domaine de Sainte-Barbe (Annie et Jean-Michel Le Lay) :* route de Lorris. ☎ 02.38.67.59.53. Fax : 02.38.67.28.96. ● www.france-bonjour. com/sainte-barbe/ ● Accès : d'où que vous veniez, il faut vous retrouver sur la D 940 et prendre la direction de Gien-Nord/Orléans, puis prenez la D 44 vers Lorris pendant 5 km, puis tournez à gauche au fléchage et faites encore 1,8 km. Dans un joli p'tit coin de campagne, belle ferme du XVIIIᵉ siècle. Annie et Jean adorent chiner... y compris les vieilles pierres ! C'est ainsi que la grange s'est parée d'une fenêtre à meneaux, le grenier de vitraux... L'intérieur est à la hauteur de notre attente et les meubles de style, gravures, bibelots sont légion. À l'étage, 2 chambres romantico-campagnardes avec sanitaires privés. Une préférence pour la chambre avec ciel de lit et vieille baignoire sur pied. L'autre a TV et magnétoscope. Pour les célibataires ou les familles, 2 autres petites chambres de 1 personne. Gentil salon particulier au rez-de-chaussée. 58 € (380,46 F) pour 2, petit déjeuner compris (service en faïence de Gien, s'il vous plaît !). Repas entre 23 et 30 € (150,87 et 196,79 F), apéro, vin et café compris. La table d'hôte n'est pas partagée avec les propriétaires ; il faut dire qu'ils ont 5 enfants. Pour vous remettre en forme, un court de tennis, une belle piscine et un jacuzzi. Accueil chaleureux et souriant.

NOHANT-VIC 36400   Carte régionale B2

7 km N de La Châtre

🏠 |🍴| 🐾 ⍀ ⟨10 %⟩ *Chambres d'hôte Ripoton (Martine Colomb) :* ☎ 02.54.31.06.10. ● martine.colomb@tak.fr ● Accès : tournez à droite devant l'église de Vic (et non de Nohant), puis fléchage ; la maison est la dernière du village sur la gauche avant la rivière. Fermé de début novembre à fin février. Dans la ferme familiale qui n'est plus en activité, Martine a ouvert 4 chambres meublées rustique, décorées avec goût, toutes avec salle d'eau et w.-c. privés. Sur chaque porte, un petit village est peint, qui donne son nom à chaque chambre. Comptez 35 € (229,58 F) pour 2, petit déjeuner compris (avec gâteaux et confitures maison). Une très belle salle de séjour avec baie vitrée, poutres apparentes et cheminée. Fine cuisinière, Martine vous fera déguster les spécialités régionales à la table d'hôte. On a particulièrement apprécié le pâté de Pâques, les magrets de canard au chèvre frais, l'épaule d'agneau au miol, le petit salé aux lentilles, le confit de pommes et le flan aux poires. Repas, sur réservation, pour 14 € (91,83 F), apéro maison (vin d'orange), café et vin du pays compris. Prix dégressifs pour séjours. Très bon rapport qualité-prix convivialité. Une de nos adresses préférées sur le département. Pêche sur place. N'oubliez pas d'aller faire un tour à l'église de Vic (superbes fresques du XIIᵉ) et, à 2 km, à la maison de George Sand à Nohant.

OISLY 41700 — Carte régionale A2

26 km S de Blois ; 6 km SO de Contres

▲ ✕ (10 %) *Chambres d'hôte (Suzanne et Claude Boucher)* : La Presle. ☎ 02.54.79.52.69. Accès : de Contres, D 675 vers Saint-Aignan, puis tournez à droite (D 21) vers Oisly et fléchage. Suzanne a ouvert ses 2 chambres d'hôte, alors qu'il n'en existait que très peu... autant dire que les habitués sont nombreux. Les chambres d'hôte sont accueillantes et respirent le charme d'autrefois. Comptez 34 € (223,03 F) pour 2, petit déjeuner compris. Également un charmant gîte rural pour 4 personnes, loué de 200 à 244 € (de 1311,91 à 1600,54 F) la semaine, selon la saison. Les moins fortunés trouveront aussi 1 petit gîte d'étape de 12 lits, répartis en deux chambres pour 5 personnes et une chambre pour 2. Comptez 11 € (72,16 F) la nuit. Une adresse pour redécouvrir le sens du mot « vrai ». On oubliait le pigeonnier au centre de la cour : c'est un petit kiosque d'infos touristiques, dans lequel vous trouverez aussi un espace pour jouer aux cartes.

▲ (10 %) *Chambres d'hôte (Monique et François Bonnet)* : rue du Stade. ☎ 02.54.79.52.78. Accès : dans le bourg. Ancienne ferme viticole avec cour intérieure. Monique et François ont ouvert 3 chambres, et reçoivent leurs hôtes avec sourire et gentillesse. Une chambre au rez-de-chaussée avec coin cuisine. Deux autres au 1ᵉʳ étage, dont une immense avec une belle charpente apparente. Cette dernière dispose d'une petite kitchenette et d'un coin salon. Atmosphère un brin désuète et prix doux : de 31 à 34 € (de 203,35 à 223,03 F), celles avec cuisinette, pour 2, petit déjeuner compris. Dans l'ancien cellier, ping-pong et billard américain attendent les amateurs. Chaleur et authenticité au rendez-vous.

ORVAL 18200 — Carte régionale B2

46 km S de Bourges ; 3 km O de Saint-Amand-Montrond

▲ |●| ✕ (10 %) *Chambres d'hôte La Trolière (Mme Dussert)* : ☎ 02.48.96.47.45. Fax : 02.48.96.07.71. Accès : A 71, sortie Saint-Amand-Montrond, au 1ᵉʳ carrefour tournez à gauche vers Châteauroux, la maison est à 200 m sur la droite. Petit manoir Directoire recouvert de lierre, avec grand parc ombragé. 3 chambres, une avec sanitaires privés, les deux autres avec douche particulière mais w.-c. communs. Déco un peu vieille France mais l'ambiance est décontractée. Comptez de 45 à 53 € (295,18 à 347,66 F) pour 2, petit déjeuner compris. Mme Dussert propose aussi la table d'hôte préparée à partir des produits maison. Menu à 17 € (111,51 F) tout compris. Agréable salon avec cheminée. Accueil chaleureux. Une bonne adresse.

OUCHAMPS 41120 — Carte régionale A2

14 km S de Blois

▲ 🐾 ✕ (10 %) *Chambres d'hôte Ferme des Motteux (M. et Mme Jean Vernon)* : Le Motteux. ☎ et fax : 02.54.70.42.62. Accès : de Blois, D 764 vers Pontlevoy et fléchage à gauche. Sur une exploitation agricole, 3 chambres avec accès indépendant. Deux dans un petit bâtiment annexe, qui se partagent un coin cuisine ; la troisième dans le prolongement de la maison des proprios avec coin cuisine. Sanitaires privés. 36 € (236,14 F) pour 2, petit déjeuner compris. Pas de table d'hôte, mais coin cuisine à disposition et terrasse avec barbecue. Également 1 gîte rural pour 6 personnes, loué de 198,18 à 335,39 € (de 1300 à 2200 F) la semaine, suivant la saison. Une adresse pour ceux qui préfèrent l'indépendance et qui veulent rayonner.

CENTRE

PRÉ-SAINT-MARTIN 28800   Carte régionale A1

27 km S de Chartres ; 2 km E de Moriers

▲ 🐕 ⤬ *Chambres d'hôte Le Carcotage Beauceron (Bernadette et Jean-Baptiste Violette) :* 8, rue Saint-Martin. ☎ 02.37.47.27.21. Fax : 02.37.47.38.09. Accès : par la N 10, bien fléché. Conseillé de réserver à l'avance. Superbe corps de ferme beauceron, dont une partie date du XVIIIᵉ. Bernadette vous propose 4 chambres vastes et agréables, meublées rustique, toutes avec sanitaires particuliers. Les chambres « Avoine », « Étable » et « Prairie » sont dans une partie totalement indépendante, la chambre « Froment » se situe au 1ᵉʳ étage de la maison. Comptez 41,50 € (272,22 F) pour 2, petit déjeuner compris que vous prendrez dans une très grande pièce avec une jolie peinture murale.

PRUNIERS 36120   Carte régionale B2

30 km E de Châteauroux ; 20 km S d'Issoudun

▲ |●| 🐕 *Chambres d'hôte Le Moulin de Palbas (Joke ten Haaft et Everard Gersten) :* ☎ et fax : 02.54.49.13.01. ● www.palbas.com ● Accès : Pruniers se trouve sur la D 925 entre Châteauroux et Lignières. De la place du village, suivre Chézal-Benoit pendant 2 km et au hameau Les Binets tournez à droite et faites encore 3 km. Fermé pendant les vacances de février. S'il est des endroits préservés et nature, celui-ci en est un... Après avoir emprunté des petites routes de campagne, on traverse un petit bois de chênes et on arrive dans ce superbe domaine. Son histoire n'est pas facile à retrouver, mais des moines habitaient là, travaillant sûrement pour l'abbaye du coin. 33 ha inoccupés depuis des lustres avec de superbes batiments du XVIᵉ bien restaurés par vos hôtes, les vestiges du moulin, la forêt et un bel étang de 2 ha. Joke et Éverard, originaires des Pays Bas, ont parcouru le monde et ramené une collection de souvenirs et de trésors qui peuplent aujourd'hui les 4 chambres qu'ils proposent. Si vous êtes 2, on a craqué pour « l'Africaine » avec son magnifique mobilier scupté. En famille, préférez la « Marocaine » où voiles et tissus ajoutent au charme du décor. Sanitaires privés. 50 € (327,98 F) pour 2, petit déjeuner compris (jus de fruits pressés, confitures et pain maison). Agréable salon où on admire le four à pain et immense salle à manger pour partager les repas. Table d'hôte à 15,30 € (100,36 F), 1/4 de vin et café compris. Cuisine internationale bien sûr. Pour vous détendre, la piscine et les 11 ha de forêt, à moins que vous n'aimiez taquiner le poisson. Accueil charmant. Une adresse qui vaut le détour. *NOUVEAUTÉ.*

RAZINES 37120   Carte régionale A2

30 km S de Chinon ; 8 km E de Richelieu

▲ |●| *Chambres d'hôte La Prunelière (Nicole et Bernard Menanteau-Berton) :* ☎ 02.47.95.67.38. Accès : sur la D 749 entre Chinon et Chatellerault, passez Richelieu, laissez Razines à gauche et quelques km plus loin suivre « château de Chargé » et fléchage. À la limite de la Vienne, domaine viticole du XVIIᵉ, en pierre blanche et tuffeau, dominant la vallé qui aujourd'hui n'a plus les flancs couverts de vignes. Dans l'ancien chai, 3 chambres coquettes installées au 1ᵉʳ étage, aux couleurs pastel et avec charpente apparente. 1 est familiale composée de 2 chambres (plus chère si on est 2) avec frigo et micro-ondes, les 2 autres sont pour 2. Sanitaires privés. 40 et 46 € (262,38 et 301,74 F) pour 2, copieux petit déjeuner compris (miel et pain d'épice maison, charcuterie et fromage, corbeille de fruits frais,...qui dit mieux?). Table d'hôte partagée en famille à 16 € (104,95 F), apéro et vin maison compris. Cuisine familiale et traditionnelle avec les volailles du domaine et les légumes du jardin. Accueil chaleureux. Vélos à disposition (chouette !), l'occasion d'aller à Faye-la-Vineuse, joli village médiéval. *NOUVEAUTÉ.*

RESTIGNÉ 37140   Carte régionale A2

25 km E de Saumur ; 22 km N de Chinon

▲ |●| 🐕 ⤬ *Chambre d'hôte (Josiane Hudebine) :* 77, rue Basse. ☎ 02.47.97.32.93 et 06.21.04.70.26. ● josiane.hudebine@voila.fr ● Accès : à l'église, prendre la direction de Bourgueil (vous êtes dans la rue basse). Adossé à la départementale, c'est en passant son porche que vous découvrirerz cet agréable domaine viticole. Au 1er étage, 2 chambres vastes, sobres et élégantes, avec sanitaires privés. Beaux sols en terre cuite et poutres apparentes. 44 € (288,62 F) pour 2, petit déjeuner compris (jus de fruits pressés, confitures maison et coupe de fruits). Table d'hôte partagée en famille à 16 € (104,95 F), apéro et vin compris. Cuisine familiale et traditionnelle. Au fait, Josiane est viticultrice et produit du Bourgueil qu'elle vend sur place (hic!). Accueil attentionné et discret. *NOUVEAUTÉ.*

🛏 |●| ⤬ ⑩% *Chambres d'hôte La Croix des Pierres (Annette Galbrun)* : 15, rue Croix-des-Pierres. ☎ 02.47.97.33.49 et 06.81.20.90.65. Fax : 02.47.97.46.56. Accès : à l'église, prenez la rue basse sur 800 m et tournez à gauche dans la rue Croix-des-Pierres. À proximité du bourg, maison en tuffeau avec petite cour. Les propriétaires exploitent 10 ha de vignes de bourgueil. 3 chambres (dont une familiale pour 4 personnes) dans une partie annexe de la maison. Sanitaires privés. Mobilier rustique. De 41,16 à 44,21 € (de 270 à 290 F) pour 2, petit déjeuner inclus. Table d'hôte (sauf le dimanche et sur réservation) à 15,24 € (100 F), apéro et vin à compris. Visite des caves, et bien sûr, vente de vins sur place.

RICHELIEU 37120   Carte régionale A2

21 km S de Chinon

🛏 ⤬ *Chambres d'hôte (Mme Leroy)* : 15, Grand-Rue. ☎ 02.47.58.19.23 ou 02.47.58.13.55. Fax : 02.47.58.19.23. ● mia.comite.richelieu@libertysurf.fr ● Accès : dans l'une des 28 maisons de la fameuse rue Principale. Fermé de novembre à mai. La particularité de cette demeure est d'avoir appartenu à Louis le Barbier, secrétaire et maître d'hôtel de Louis XIII. 2 chambres meublées et arrangées avec goût et respect pour l'histoire qui en imprègne les murs. Sanitaires privés. Comptez 70,89 € (465 F) pour 2, petit déjeuner compris. Accueil agréable.

ROCÉ 41100   Carte régionale A1

6 km E de Vendôme

🛏 🐕 ⤬ ⑩% *Chambres d'hôte La Touche (Jean-Louis Nouvellon)* : ☎ 02.54.77.19.52. Fax : 02.54.77.06.45. Accès : de Vendôme, N 10 vers Châteaudun; dans Saint-Ouen, tournez vers Meslay, puis D 92 vers Rocé et fléchage. Fermé du 16 septembre au 14 mai. Jean-Louis est agriculteur, il cultive des porte-graines, celles que vous semez dans votre jardin. Il s'occupe également de ses 5 chambres d'hôte. Déco fonctionnelle. Comptez 40 € (262,38 F) pour 2, petit déjeuner compris. Pas de table d'hôte mais 3 kitchenettes à disposition avec tout le matos popote. Ici, c'est une adresse idéale pour les sportifs, amoureux de randos pédestres, de VTT et de tir à l'arc. La maison est une étape sur les circuits vélo, et le proprio a un beau parc de VTT à louer. Il vous donnera tous les itinéraires pour découvrir les petits chemins de campagne. Également, 1 gîte pour 8 personnes à dispo.

ROMILLY-SUR-AIGRE 28220   Carte régionale A1

15 km S de Châteaudun

🛏 *Chambre d'hôte La Touche (Kristine et René Bourdon)* : ☎ 02.37.98.30.48. Accès : de Châteaudun, N 10 vers Tours, sortie ZI de Cloyes/Romilly. Traversez Romilly, la ferme est à 1,5 km. C'est par un noble porche que vous entrerez dans cette superbe ferme (ancienne seigneurie dont les origines remontent à l'époque gallo-romaine!). Deux tours marquent les angles de l'immense cour intérieure : l'une ronde, hébergeant les chouettes de la maison ; l'autre carrée, où dit-on, Émile Zola serait venu tirer une partie de son inspiration pour son roman *La Terre* (il fit scandale à l'époque). Une seule chambre, claire et agréable, avec sanitaires privés (non attenants). Comptez 38,11 € (250 F) pour 2, petit déjeuner compris. Kristine connaît bien sa région et vous indiquera toutes les balades sympas à faire dans le coin. Accueil chaleureux. Une maison de charme et un bon rapport qualité-prix. L'église du village vaut le coup d'œil ; ses deux tours, qui lui donnent une allure toute particulière, appartenaient à un château. À l'intérieur, magnifique charpente en forme de coque de bateau.

SAINT-AIGNAN-SUR-CHER 41110 — Carte régionale A2

38 km S de Blois

🛏 ✕ *Chambres d'hôte Sousmont (Geneviève Besson) :* 66, rue Maurice-Berteaux. ☎ et fax : 02.54.75.24.35. Accès : en venant de Blois, traversez les deux ponts à l'entrée de la ville ; au feu, tournez à gauche et au suivant à droite. À deux pas du centre, maison de ville du XIXᵉ siècle, dans laquelle vous attendent 4 chambres, dont une suite pour 4 personnes, avec sanitaires privés. Décoration soignée. C'est le côté jardin qui nous a fait craquer (Monet l'aurait adoré...) ! Bien sûr, à la française, avec une vieille balançoire, mais surtout la plus belle vue de la ville sur le château privé (72 pièces !) et la collégiale de Saint-Aignan (c'est le moment d'apporter votre chevalet). Comptez de 40 à 50 € (de 262,38 à 327,98 F) pour 2, petit déjeuner compris. La route passe en bordure de la maison, mais le trafic est quasiment nul la nuit, et puis faites comme nous : réservez la chambre côté jardin (c'est la dernière née). Sourire et gentillesse au rendez-vous.

SAINT-BENOÎT-SUR-LOIRE 45730 — Carte régionale B1

39 km E d'Orléans ; 6 km NO de Sully-sur-Loire

🛏 ▯◯ 🐎 ✕ *Chambres d'hôte (Mireille et Dominique Bouin) :* 6, chemin de la Borde. ☎ 02.38.35.70.53 et 06.85.56.63.19. Fax : 02.38.35.10.06. ● www.france-bonjour.com/laborde/ ● Accès : du village, route de Bonnée ; à la chapelle Saint-Scholastique, fléchage. De préférence sur réservation. Dans une grande maison neuve, 6 chambres spacieuses, avec sanitaires privés dont 1 accessible aux personnes handicapées. Toutes ont des lits simples (2 ou 3). Deux sont plus indépendantes, au rez-de-chaussée, deux autres sont à l'étage ; enfin les deux dernières (genre suite pour 4 personnes) sont installées dans une maison indépendante (dont une entièrement équipée pour personnes handicapées). Selon la taille des chambres, comptez de 43 à 46 € (282,06 à 301,74 F) pour 2, petit déjeuner compris (avec jus de fruits, gâteau et confitures maison). Les repas se prennent sur une gigantesque table, dans une véranda donnant sur un jardin fleuri. 16 € (104,95 F) le repas, vin compris (cuisine à partir de produits fermiers, de légumes du potager et fruits du jardin). Accueil agréable.

SAINT-CIVRAN 36170 — Carte régionale A2

48 km SO de Châteauroux ; 6 km N de Saint-Benoît-du-Sault

🛏 ▯◯ *Les Ateliers de Chassingrimont (Anouchka et Éric Blavier) :* ☎ 02.54.25.53.54. Fax : 02.54.25.53.55. ● www.gitecouvert.com ● Accès : A 20 sortie nº 18 (Argenton) et D 1 vers St-Benoit pendant 11 km ; après Abloux, tournez à droite D 1B vers St-Civran et fléchage sur 1,5 km. En pleine campagne. C'est à la place de l'ancien château que cette belle et grande demeure bourgeoise a vu le jour au XIXᵉ. 7 chambres dont 1 au rez-de-chaussée (notre préférée), 2 au 1ᵉʳ étage et 4 au 2ᵉ. Sanitaires privés. Elles sont lumineuses et dégagent une atmosphère sereine. Déco dans un style dépouillé. 48,80 € (320 F) pour 2, petit déjeuner compris, mais tarif dégressif en fonction du nombre de personnes. Superbe salle à manger avec d'originales fresques murales sur les animaux de la région, réalisées par un copain. Table d'hôte partagée en famille entre 12,20 et 15,24 € (80,03 et 99,97 F), apéro et vin compris. La cuisine d'Anouchka (on a encore les papilles qui frétillent) et ses spécialités sont aussi nombreuses que variées. Également un gîte tout mignon pour 2-3 personnes. Pour vous détendre, plusieurs bibliothèques (pas moins de 3500 bouquins !), un grand parc avec un bel étang pour les pêcheurs et un ravissant potager. Accueil chaleureux et de qualité. Une de nos adresses préférées sur le département. *NOUVEAUTÉ.*

SAINT-ÉPAINS 37800 — Carte régionale A2

30 km S de Tours ; 20 km E de Chinon

🛏 ▯◯ 🐎 ✕ *Chambres d'hôte La Maison Rouge (Josseline et Jean-Philippe Rossi) :* ☎ 02.47.73.59.76 et 06.13.82.43.82. ● chambredhore@aol.com ● Accès : de Ste-Maure-de-Touraine, D 760 vers Chinon jusqu'à Noyant puis D 57 vers St-Épain, puis D 57 vers

Crissay pendant 2 km, la maison est à droite. Installée sur une colline, avec une belle vue dégagée, superbe ferme dont la partie la plus ancienne remonte au XVIᵉ siècle. Dans le plus vieux des nobles bâtiments, 3 chambres avec accès indépendant, dont une par un vieil escalier en pierre. Déco champêtre, belles poutres apparentes. La chambre moulin est familiale avec mezzanine. On aime bien celle avec la cheminée. Sanitaires privés avec cabine-douche. Selon la chambre, de 43 à 46 € (282,06 à 301,75) pour 2 petit déjeuner compris et 12 € (78,71 F) par personne supplémentaire. On mange chez les proprios, et vous passerez de la cuisine « bordélique » comme dit Josseline, mais qu'on adore. Table d'hôte à 16 € (104,95 F), vin d'épine et Chinon compris. Goûteuse cuisine aux saveurs originales. La musique fait aussi partie de la maison avec un incroyable choix de cassettes. Jean-Philippe, quand à lui, parcourt le monde, mais ramène plein de souvenirs. Accueil chaleureux et décontracté. Une adresse comme on les aime. Au fait, Crissay juste à côté, est classé parmi les plus beaux villages de France et c'est bien mérité (na !...) *NOUVEAUTÉ.*

SAINT-JEAN-SAINT-GERMAIN 37600   Carte régionale A2

7 km S de Loches

🛏 |●| ⁕⁄⁕ ⟨10 %⟩ *Chambres d'hôte Le Moulin (Suzan et Andrew Hutton) :* ☎ 02.47.94.70.12 et 06.85.75.50.14. Fax : 02.47.94.77.98.● millstjean@aol.com ● Accès : de Loches, N 143 vers Châteauroux ; traversez Perrusson et 3 km après, vous trouvez Saint-Jean, tournez à gauche, la maison est à 300 m à gauche. Fermé du 15 novembre à fin janvier. Moulin du XIXᵉ niché sur une petite île, entre deux bras de l'Indre. Derrière, un gentil jardin à l'anglaise vous permettra d'apprécier la douceur des lieux. 5 belles chambres que Suzan, ancienne décoratrice d'intérieur, a aménagées avec bonheur. Sanitaires privés. Comptez de 60 à 70 € (393,57 à 459,17 F) pour 2, petit déjeuner compris. Deux salles de séjour : une au rez-de-chaussée avec le mouvement du moulin, l'autre au 1ᵉʳ étage avec de nombreuses toiles dans les tons bleus. Table d'hôte à 23 € (150,87 F), apéro, vin et café compris. Petite piscine chauffée. Aux beaux jours, les repas sont servis sur la terrasse donnant sur la rivière.

SAINT-MAIXME-HAUTERIVE 28170   Carte régionale A1

30 km NO de Chartres

🛏 |●| ⁕⁄⁕ *Chambres d'hôte La Rondellière (Catherine et Jean-Paul Langlois) :* 11, rue de la Mairie. ☎ 02.37.51.68.26. Fax : 02.37.51.08.53. Accès : de Chartres, D 939 vers Verneuil jusqu'à Chateauneuf-en-Thymerais ; passez Chateauneuf et 3 km après, tournez à gauche vers Saint-Maixme, la ferme est dans le village (bon fléchage). Dans un petit village rural, grande maison traditionnelle avec murs en silex et entourages des portes et fenêtres en brique. Immense cour intérieure fermée par un pigeonnier. Dans une bâtisse indépendante proche de leur maison, 4 chambres vastes et bien tenues. Sanitaires privés. 37 € (242,70 F) pour 2, petit déjeuner compris (gâteau et confitures maison). Catherine et Jean-Paul sont agriculteurs et produisent céréales, colza, pois secs et chanvre (pour la pâte à papier). Table d'hôte partagée en famille à 12 € (78,71 F), vin compris. Cuisine du terroir avec les légumes et les volailles de la ferme. Accueil souriant et discret.

SAINT-MARTIN-DES-BOIS 41800   Carte régionale A1

50 km NE de Tours ; 5 km SO de Montoire-sur-le-Loir

🛏 |●| 🐕 ⟨10 %⟩ *Chambres d'hôte Ferme des Pignons (Élisabeth et Guy Chevereau) :* ☎ 02.54.72.57.43. Fax : 02.54.72.57.39. ● http://www.multimania.com/fermedespignons ● Accès : du centre de Montoire, direction Tours ; après avoir traversé le Loir, prenez à droite vers Artins (D 10) pendant 3,4 km, puis à gauche vers Saint-Martin sur 900 m, et de nouveau à droite vers Ternay, fléchage « Les Pignons » à 1,3 km. En pleine campagne, dans une ferme en activité (céréales et élevage de vaches à viande). 4 chambres installées dans un bâtiment indépendant. Une au rez-de-chaussée (accessible aux personnes handicapées), les autres au 1ᵉʳ étage. Déco simple, sanitaires privés. Comptez 36,59 € (240 F) pour 2, petit déjeuner compris. Table d'hôte partagée en famille à 13,72 € (90 F), vin compris. Accueil authentique et vrai. Pour ceux qui veulent séjourner : 1 gîte rural pour

CENTRE

4 personnes et 1 gîte de séjour pour 12 personnes. Pour les marcheurs, les GR 35 et 335 passent juste à côté.

SANTENAY 41190   Carte régionale A2

23 km O de Blois et d'Amboise

≜ ⇜ ⑩ % *Chambres d'hôte Ferme d'Herceux (Monique et Bernard Thomas) :*
☎ 02.54.46.12.10 et 06.67.56.57.87. Accès : de Santenay, D107 vers Dame-Marie pendant 1 km, puis à gauche vers Herceux ; continuez sur cette route pendant 2,5 km et fléchage. En pleine campagne entre champs et forêts, ancienne ferme joliment restaurée par Monique et Bernard. Au 1er étage, 1 chambre à l'atmosphère et à la déco sur le thème de la mer : tons blanc et bleu, transat, hamac, sol recouvert de jonc de mer, sans parler des cartes et des tableaux encadrés par Monique. Sanitaires privés (douche et baignoire). 45,73 € (300 F) pour 2, petit déjeuner compris. 1 chambre communicante pour 4 à 19,06 € (125 F) par personne. La chambre ouvre sur un petit salon damé noir et blanc. De l'autre côté, 1 petit dortoir de 12 couchages. Système bas-flancs mais gentiment décoré. 15,24 € (100 F) par personne, petit déjeuner compris mais sans draps (amenez votre duvet). Accueil chaleureux. Une adresse qui fait des adeptes. Également, 1 ravissant gîte rural de 6 personnes à l'atmosphère très campagnarde, mais avec tout le confort moderne. De 289,65 à 365,88 € (de 1900 à 2400 F) la semaine suivant la saison.

≜ |●| *Chambres d'hôte Le Bas Beau Pays (Monique et Jean Deutine) :* ☎ et fax : 02.54.46.12.33 et 06.71.72.18.96. Accès : de Blois, D 766 vers Angers et à Molineuf, D 155 ; dans le bourg, D 65 vers Saint-Étienne-des-Guérets et fléchage à 3 km sur la droite. Dans une ferme en activité, 4 chambres simples avec sanitaires privés. Comptez 35 € (229,58 F) pour 2, petit déjeuner compris et 12 € (78,71 F) par personne supplémentaire. Table d'hôte partagée très souvent avec les proprios à 16 € (104,95 F), apéro, vin et café compris. Cuisine familiale préparée à partir des produits de l'exploitation. Accueil discret et authentique, pour redécouvrir le sens du mot vrai ! Une gentille adresse.

SARGÉ-SUR-BRAYE 41170   Carte régionale A1

23 km NO de Vendôme

≜ 🐎 ⇜ ⑩ % *Chambres d'hôte La Vougrerie (Martine et Claude Rousseau) :*
☎ 02.54.72.78.24 et 06.73.27.31.95. Fax : 02.54.72.75.96. ● vougrerie@free.fr ● Accès : du village, direction Mondoubleau pendant 5 km, au milieu du hameau Le Gravier, tournez à droite. Sur une exploitation agricole pratiquant l'élevage de vaches laitières, que les amateurs pourront visiter. Dans une maison récente, 4 chambres pour 2 ou 3 personnes, dont les fenêtres ont une magnifique vue sur le Perche. Trois au-dessus de l'habitation de Martine, une avec sanitaires privatifs, les deux autres avec sanitaires communs. La quatrième a un accès indépendant extérieur et une magnifique hauteur de plafond. Comptez de 33 à 36 € (de 216,47 à 236,14 F) pour 2, avec le petit déjeuner (cakes, confitures et yaourts maison). Pas de table d'hôte, mais un coin cuisine est à disposition. Spécialiste de la peinture sur soie, Martine pourra vous initier ; Claude, lui, est un accro du VTT et a balisé des sentiers aux alentours (VTT sur place). En rentrant, il ne vous restera plus qu'à piquer une tête dans la piscine. Une adresse sympa en pleine nature. Bon rapport qualité-prix-convivialité.

SARZAY 36230   Carte régionale B2

7 km O de La Châtre ; 32 km SE de Châteauroux

≜ *Chambres d'hôte Château de Sarzay (Hurbain Richard) :* ☎ 02.54.31.32.25. Accès : dans Sarzay, suivre fléchage château. C'est un beau château féodal dont les origines remontent au XIVe siècle. À l'origine, cette forteresse comptait 38 tours ! Hurbain, les journalistes le connaissent bien... Normal, ça fait des années qu'il restaure cette douce folie pour lui conserver son âme, et sans l'aide d'aucune subvention. Tout ça parce qu'il ne suit pas à la lettre les indications des Monuments Historiques (quand on voit le travail, il mériterait plus d'indulgence et d'aides financières, messieurs !). À l'intérieur de l'enceinte, dans les dépendances, 4 chambres avec sanitaires privés. Atmosphère campagnarde à sou-

CENTRE

hait. 1 au rez-de-chaussée, les 3 autres à l'étage. 43 € (282,06 F) pour 2, petit déjeuner compris. Le château se visite et l'intérieur est une immense brocante. Hurbain a voulu le conserver dans son jus (sans eau, ni jus... électricité, quoi !). Accueil chaleureux. Une adresse qui sort de l'ordinaire. Pas de table d'hôte, mais une ferme-auberge sur la commune (dans nos pages). *NOUVEAUTÉ.*

🛏 |●| *Ferme-auberge et chambres d'hôte (Odette et Michel Laburie) :* Domaine de Montgarni. ☎ 02.54.31.31.05 ou 02.54.31.34.64. Fax : 02.54.31.30.10. Uniquement sur réservation. Maison bourgeoise au milieu d'un parc, avec dépendances. Dans l'une d'elles, une ferme-auberge. Ancien conseiller financier, Michel a décidé de retourner à la terre et d'en faire partager les fruits à ses clients. 3 menus uniques avec les spécialités du patron : à 12,20 € (80,03 F), ça peut être terrine fermière ou crudités du jardin,... rôti de veau ou gigot,...flognarde ou pâtisserie ; à 16,80 € (110,20 F) on a 2 entrées dont souvent la charcuterie de la ferme et un 2ᵉ choix de viande comme tournedos limousin ; enfin à 23,60 € (154,81 F), vous rajoutez un poisson et vous dégraffez vot' pantalon (ça rime !). Les 3 chambres, sont au 1ᵉʳ étage de la maison de maître, desservies par un immense pallier. C'est le domaine d'Odette. Elles sont spacieuses avec sanitaires privés. Déco style vieille France et quelques très jolies pièces. 38,20 € (250,58 F) pour 2, petit déjeuner compris. Odette se plaint souvent des odeurs des bonnes conserves de Michel, et vous, comment vous le sentez ? *NOUVEAUTÉ.*

SAVIGNY-SUR-BRAYE 41360 Carte régionale A1

20 km NO de Vendôme ; 50 km de Blois

🛏 ⛧ (10%) *Chambres d'hôte Le Gros Chêne (Huguette et Louis Crosnier) :* Villeaux. ☎ 02.54.23.71.49 et 06.64.99.08.26. Accès : du village, D 5 en direction de Vendôme ; avant d'arriver à La Poulinière, tournez à droite après le château d'eau vers Villeaux. Fermé en octobre, décembre et janvier. Mieux vaut réserver longtemps à l'avance, surtout pour les vacances scolaires. Une vraie ferme comme on les aime, avec vaches, cours d'eau, et des chemins de terre qui parcourent la campagne. La famille propose des chambres de 35 à 39,50 € (393,57 à 426,37 F) pour 2, avec petit déjeuner (œuf, gâteau et plein de sortes de confitures maison). Cuisine à disposition. Si vous le souhaitez, Huguette pratique aussi une formule d'initiation à la cuisine régionale. Sinon, ils ont 2 gîtes distincts, pleins de charme, confortables et très bien tenus. Pour 5 à 16 personnes et de 76,22 à 381,12 € (de 500 à 2500 F) la semaine, en fonction du nombre et de la saison. Mobilier rustique, chauffage privé, cheminée, barbecue et jardin privé. En outre, 1 gîte de groupe pouvant accueillir 30 personnes. Possibilité d'acheter des produits de la région, mais aussi de pêcher dans l'étang privé, tandis que les petits feront du poney. Une adresse idéale pour se mettre au vert où la chaleur de l'accueil est de mise.

SEPMES 37800 Carte régionale A2

35 km S de Tours ; 7 km SE de Sainte-Maure-de-Touraine

🛏 |●| 🐕 *Chambres d'hôte La Ferme des Berthiers (Anne-Marie Vergnaud) :* ☎ et fax : 02.47.65.50.61. ● lesberthiers@libertysurf.fr ● Accès : de Sainte-Maure-de-Touraine, D 59 vers Ligueil, à la sortie de Sepmes, tournez à gauche et fléchage. Fermé le Noël et le Jour de l'An. 6 chambres simples mais confortables avec salle de bains ou douche privées dans une belle maison du XIXᵉ siècle couverte de lierre. Comptez de 41 à 46 € (268,94 à 301,74 F) pour 2, petit déjeuner compris. Possibilité d'y prendre ses repas en prévenant la veille, pour 18 € (118,07 F), vin et café compris. Excellent accueil.

SÉRIS 41500 Carte régionale A1

25 km NE de Blois

🛏 |●| ⛧ *Chambres d'hôte (Annie et Jean-Yves Peschard) :* 10, chemin de Paris. ☎ 02.54.81.07.83 et 06.03.17.14.27. Fax : 02.54.81.39.88. ● jypeschard@wanadoo.fr ● Accès : dans le village en direction de Talcy. Dans un très beau corps de ferme en U joliment restauré, 5 chambres dans des bâtiments annexes. Toutes possèdent salle d'eau ou bains et w.-c. Comptez 45,73 € (300 F) pour 2, petit déjeuner compris. Bonne table d'hôte partagée en famille à 15,24 € (100 F), apéro, vin et digeo compris. Spécialités de tarte aux asperges vertes, coq au vin, magret de canard au cassis et de légumes originaux, comme potimarron, spaghetti végétal et igname. Location de vélos et de VTT sur place, car Annie propose des balades pour découvrir la région façon nature. Également 1 gîte rural pour 5 personnes, pour ceux qui veulent séjourner.

SOUVIGNÉ 37330   Carte régionale A2

28 km NO de Tours ; 7 km E de Château-la-Vallière

🛏 🐾 *Chambres d'hôte La Mésange Potière (Liliane et Patrick Brunet) :* 10, rue Juliette-Aveline. ☎ et fax : 02.47.24.54.36 et 06.62.62.54.36. ● mesangep@club-inter net.fr ● Accès : de Tours, N 138 vers Angers, puis D 959 vers Château-la-Vallière ; dans Souvigné, prenez la direction Sonzay, la maison est un peu plus loin à droite. Au cœur d'un agréable petit village, belle demeure aux volets bleus dont les origines remontent au XVIIe siècle. 4 chambres (dont une familiale avec mezzanine) claires et charmantes, installées dans différentes ailes de la maison (une préférence pour « l'Acanthe bleue », qui ouvre sur le grand jardin arboré, au bout duquel coule la rivière). Comptez de 35 à 43 € (229,58 à 282,06 F) pour 2, petit déjeuner compris (suivant la taille des chambres). Patrick est potier et vous pourrez le voir travailler (il réfléchit d'ailleurs à l'organisation de stages). Accueil agréable. Le village possède une superbe église du XIe siècle, malheureusement souvent fermée.

SUÈVRES 41500   Carte régionale A1

12 km NE de Blois ; 5 km SO de Mer

🛏 ⚓ (10 %) *Chambres d'hôte Le Moulin des Choiseaux (Marie-Françoise et André Seguin) :* 8, rue des Choiseaux. ☎ 02.54.87.85.01 et 06.80.33.50.38. Fax : 02.54.87.86.44. ● choiseaux@wanadoo.fr ● Accès : sur la N 152 entre Blois et Orléans, traversez Suèvres (si vous venez de Blois) et fléchage à gauche sur la nationale (1 km après la sortie du village). Magnifique moulin du XVIIIe, superbement restauré. Son mécanisme était très particulier, car il devait accentuer le débit de l'eau (chois-eaux... bon sang, mais c'est bien sûr !). Bien que détruit quand ils en sont devenus les propriétaires, avec patience, recherche et travail, Marie-Françoise et André ont fait refaire certaines pièces ainsi que la roue, pour qu'il revive à nouveau. 5 chambres dont une suite, joliment décorées, chacune avec un charme (et un prix) différent. Trois dans la maison : une au rez-de-chaussée, champêtre et rustique avec de vieilles tommettes, et qui donne sur la roue (notre préférée et l'une des moins chères) ; une au 1er étage, l'autre au 2e à l'ambiance romantique (ciel de lit) et ornée de toiles et collages réalisés par Marie-Françoise. Enfin, dans la maison du meunier, la suite (pour 3 personnes) et une petite chambre (la moins chère), croquignolette comme tout et à l'atmosphère romantico-printanière. Sanitaires privés. Comptez de 49 à 60 € (de 321,42 à 393,57 F) pour 2, petit déjeuner compris (73 €, 478,85 F, pour la suite). Chaleureuse salle à manger avec piano accordé, salon avec télévision. Pas de table d'hôte, mais les restos ne manquent pas. Agréable jardin ombragé. Accueil jeune et souriant. Une adresse de charme, idéalement située pour visiter les châteaux de la Loire.

TOURNON-SAINT-MARTIN 36220   Carte régionale A2

56 km NO d'Argenton-sur-Creuse ; 16 km NO de Le Blanc

🛏 |○| 🐾 (10 %) *Chambre d'hôte La Ferme de la Charité (Jean et Renée Gagnot) :* Route de Martizay. ☎ et fax : 02.54.37.52.77. Accès : D 6 en direction de Lureuil, puis après le pont de chemin de fer, juste avant le garage, prenez la D 50 à gauche direction de Martizay pendant 3,5 km, la ferme est sur la gauche. De préférence sur réservation. Dans une petite ferme aux portes de la Brenne, qui pratique l'élevage de vaches limousines et moutons, une petite chambre agréable, couleur soleil, avec une belle horloge comtoise. Accueil sympa, ici ça fleure bon la campagne. Comptez 29,88 € (196 F) pour 2 avec le petit déjeuner, qui est servi dans la cuisine des proprios. Agréable salon, avec un canapé qui a été fabriqué dans une ancienne charrette à foin. Également 1 gîte d'étape dans un bâtiment annexe (accueil de chevaux possible). Une salle commune avec un four à pain au rez-de-chaussée et un dortoir de 12 lits à l'étage. 7,01 € (46 F) par nuit et par personne et 1,98 € (13 F) de plus pour un sac à viande. Petit déjeuner à 3,96 € (26 F). Fait aussi table d'hôte, sur demande. Pour 10,98 € (72 F), vin et café compris, on mangera par exemple un potage ou des crudités, du bœuf mode et des œufs au lait. De temps en temps, soirée four à pain dans le gîte d'étape avec viande grillée, pâté aux pommes de terre. Bon rapport qualité-prix-convivialité. Pour les fans d'ornithologie, un observatoire situé à 800 m, sur un étang, pour lequel Jean vous prêtera une mallette complète avec jumelles et bouquins spécialisés. Enfin, il y a aussi 1 gîte rural pour 5 à 6 personnes, à partir de 182,94 € (1200 F) la semaine en basse saison.

TRÖO 41800   Carte régionale A1

25 km O de Vendôme

🏠 🐕 ⑩% *Chambres d'hôte (Barbara et Bernard Savaete) :* escalier Saint-Gabriel. ☎ 02.54.72.50.34. • bandbcave@minitel.net • Accès : au niveau de la place de la mairie, prenez la rue Haute (signalez sans issue) et montez jusqu'en haut. Ouvert de mars à décembre. Le village de Trôo est réputé pour ses maisons troglodytiques. C'est dans cette atmosphère que vous allez séjourner... Ici, on les appelle des caves. Rien à voir avec le local souterrain du dico, ce sont des habitations creusées dans la pierre, situées au cœur de la colline et composées en général d'une seule pièce. Dans l'une d'elle, Barbara et Bernard ont aménagé une immense chambre lumineuse (contrairement à ce qu'on pourrait penser) avec cheminée et coin repas. Sanitaires privés. 40 € (262,38 F) pour 2, petit déjeuner compris. Les proprios vous le descendent sur un plateau car ils habitent la « cave » du dessus. Atmosphère d'autrefois proche de la carte postale jaunie où vous verrez la famille au bercail (1906). Accueil chaleureux. Attention, pour y accéder, il ne faut pas craindre les escaliers. Une adresse originale qui ne manque pas de charme.

VALAIRE 41120   Carte régionale A2

17 km S de Blois ; 6 km E de Chaumont-sur-Loire

🏠 ⤫ *Chambres d'hôte Ferme de la Caillaudière (Muriel et Étienne Gallou) :* ☎ et fax : 02.54.44.03.04. Accès : de Blois, D 751 vers Candé-sur-Beuvron, puis Amboise ; à la sortie de Candé, direction La Pieuse pendant 3 km, tournez à droite, passez le hameau et c'est la 1ʳᵉ maison. Jolie ferme du XVIIᵉ siècle. 3 chambres simples avec sanitaires privés. Comptez 37 € (242,70 F) pour 2, avec un copieux petit déjeuner (jus de fruits, fromages et confitures maison). Coin cuisine à disposition. Vous pourrez aussi profiter de la piscine familiale. Un bon point de chute pour découvrir les châteaux de la Loire et un accueil authentique.

VALLIÈRES-LES-GRANDES 41400   Carte régionale A2

25 km SO de Blois ; 15 km NE d'Amboise

🏠 🍴 *Chambres d'hôte La Hubardière (Joëlle et Gérard Levieuge) :* ☎ 02.54.20.95.38 et 06.86.37.63.15. Fax : 02.54.20.90.35. Accès : du village, D 27 vers Chaumont-sur-Loire, puis tournez à 3 km sur la droite en face du transformateur électrique. Sur une exploitation agricole dans une maison contemporaine, au milieu des champs et des forêts, 3 chambres, dont deux avec cabine de douche privée mais w.-c. communs. Comptez 38 à 41 € (249,26 à 268,94 F) pour 2, petit déjeuner compris (yaourts et gâteaux maison). À la table d'hôte, Joëlle vous propose ses spécialités, préparées à partir des produits de l'exploitation, pour 14,48 € (95 F), vin et café compris (flan de courgettes au parmesan, saucisson brioché, pintade au chou, escalope de porc à la crème, charcuterie artisanale, clafoutis à la rhubarbe, tarte aux framboises en saison). Gérard possède trois étangs, dont un de 1 ha, à proximité, pour pêcher ou pique-niquer. Boutique de produits du terroir. À noter qu'ils louent aussi 1 superbe gîte rural, rustique à souhait (lits à rouleaux), pour 6 personnes, complètement indépendant, pour 190,60 € (1250 F) la semaine en basse saison et 373,50 € (2450 F) en haute saison. Possibilité d'accueillir des groupes ou des familles à partir de 15 personnes.

VENDŒUVRES 36500 — Carte régionale A2

28 km O de Châteauroux

🛏 |●| 🐕 ⑩ % *Chambres d'hôte Château Robert (Catherine et Didier Aine) :* ☎ 02.54.38.32.48. ● catherine.aine@freesbee.fr ● Accès : direction Méobecq par la D 11, après 4 km de forêt, tournez à droite après le petit pont, et suivez cette petite route sur 1,5 km. Perdu au milieu des bois, près d'un magnifique étang, le domaine de Lancosme (qui appartient à la CNP) est une propriété de 3500 ha avec 250 km de chemins privés. 3 grandes chambres, avec mobilier en pin des Landes. Sanitaires privatifs. Deux immenses salles de séjour avec cheminée et deux coins cuisines à disposition. Comptez 45 € (295,18 F) pour 2, 80 € (524,77 F) pour 2 nuits, petit déjeuner compris. Table d'hôte sur commande, sinon, pensez à apporter vos victuailles car les commerces ne sont pas à côté. Un coin unique à découvrir pour les amoureux de la nature (et de la photo !). Plusieurs miradors d'où vous pourrez admirer les oiseaux qui nichent ou migrent près des étangs et, avec un peu de chance, des cerfs, nombreux sur le domaine. On peut aussi pêcher sur plusieurs étangs, dont celui de Fosse-Noire (50 ha) ou de Château-Robert à 150 m de la maison (3 ha). Il renferme des pièces énormes, dont carpes et silures (plus de 50 livres !). 30 € (196,79 F) pour 24 h. On peut aussi pêcher la nuit, mais toujours un seul mot d'ordre : toutes les prises doivent être remises à l'eau.

VERNOU-SUR-BRENNE 37210 — Carte régionale A2

15 km E de Tours

🛏 🐕 *Chambres d'hôte La Ferme des Landes (Netty Bellanger) :* vallée de Cousse. ☎ 02.47.52.10.93. Fax : 02.47.52.08.88. Accès : de Vernou, suivez la direction Chançay (D 46) vers la vallée de Cousse. Jolie ferme du XVᵉ siècle avec une cour bien fleurie. Dans une dépendance, Netty a aménagé 6 chambres confortables et meublées avec goût. Comptez de 50,31 à 53,36 € (330 à 350 F) pour 2, avec le petit déjeuner.

VILLANDRY 37150 — Carte régionale A2

18 km de Tours ; 12 km de Langeais

|●| 🐕 *L'Étape Gourmande (Mr et Mme de Montferrier) :* Domaine de la Giraudière. ☎ 02.47.50.08.60. Fax : 02.47.50.06.60. Accès : de Villandry direction Druye par la D 121, la ferme est à 1,5 km à gauche. Uniquement sur réservation et prenez de l'avance. Voilà une halte bien nommée... et nous vous parlerons encore longtemps de notre passage ici, à moins que vous n'ayez déjà dégusté de la glace au fromage de chèvre ? D'abord c'est une immense ferme du XVIIᵉ, avec une gigantesque cour où l'agréable terrasse ombragée s'est installée. De là, on accède à la chèvrerie, à la fromagerie, à la boutique de produits et à la chaleureuse salle à manger pour l'hiver. Plusieurs formules pour tous les appétits et toutes les bourses. Plat et dessert à 12 € (78,71 F), entrée et plat à 14 € (91,83 F) et la totale, si vous avez le temps, à 19 € (124,63 F). Parmi les spécialités maison : mousse de fromage de chèvre ou en terrine ou encore en toast aux amandes et au poivre, blancs de poulet avec pâtes fraîches, filet de canette au miel, cochon de lait grillé sauce crème, tarte aux pommes tiède avec quenelle de fromage frais,... sans oublier la glace de chèvre frais et son coulis de cassis, servie avec brioche (on hallucine !). Service charmant et souriant. Une adresse où il faut prendre son temps. *NOUVEAUTÉ.*

VILLEBAROU 41000 — Carte régionale A1-2

5 km N de Blois

🛏 🐕 ⑩ % *Chambres d'hôte Le Retour (Agnès et Jacques Masquilier) :* 8, route de la Chaussée-Saint-Victor. ☎ 02.54.78.40.24. Fax : 02.54.56.12.36. Accès : dans Blois, D 924 vers Châteaudun pendant 4 km et fléchage à droite (Francillon) ; la maison est un peu plus loin sur la droite (n'allez pas à Villebarou). Ancienne ferme au milieu d'un hameau avec une grande cour intérieure fermée, où siège Baloo, le sympathique labrador de la maison (il adore les enfants). 3 chambres d'hôte avec accès indépendant et sanitaires privés. Deux sont accessibles aux personnes handicapées. Une au rez-de-chaussée de la maison, les deux autres de l'autre côté de la cour, dans les anciennes étable et écurie (ce sont nos préférées : bel enduit sable gratté et superbes dessus-de-lit en patchwork). Deux lits doubles dans chaque chambre. Comptez 45 € (295,18 F) pour 2, petit déjeuner compris, 12 € (78,71 F) par personne supplémentaire. Au 1er étage de la maison, une quatrième chambre, immense, avec petite mezzanine pour les gosses. Belle charpente apparente, mobilier ancien et vieux instruments de musique en cuivre. 73 € (478,85 F) pour 2. Pas de table d'hôte, mais local avec cuisine à disposition. Agnès et Jacques aiment les enfants (ils en ont eu huit!), alors, si vous voulez souffler un peu, ils peuvent garder les vôtres... et croyez-nous, ils s'amusent, comme en témoigne la jolie fresque de l'entrée. Derrière la maison, agréable parc avec portique.

VILLENY 41220   Carte régionale B2

37 km S d'Orléans ; 22 km O de Lamotte-Beuvron

☎ *Chambres d'hôte Le Château de la Giraudière (Anne Giordano-Orsini) :* ☎ 02.54.83.72.38. Accès : du village, D 113 et D 18 puis tournez à gauche sur la D 925, ensuite à droite après quelques mètres, et suivez le chemin de terre pendant 1 km. Fermé du 11 novembre au 31 mars. Belle demeure des XVIIe et XVIIIe siècles en briques de Sologne, au milieu d'un parc fleuri. Mme Orsini y propose 5 très jolies chambres décorées à l'ancienne avec goût. Selon la chambre, de 60 à 65 € (393,57 à 426,37 F) pour 2, avec salle de bains et petit déjeuner. En outre, 1 gîte, mais souvent pris. Tennis à disposition.

VILLERBON 41000   Carte régionale A1

10 km N de Blois

☎ 🐕 ⟨10%⟩ *Chambres d'hôte Le Cellier (Élisabeth Lesourd-Nouvellon) :* 3 route des Grèves, Villejambon. ☎ et fax : 02.54.46.83.16. Accès : de Blois, D 924 vers Châteaudun pendant 8 km et fléchage « Villejambon-Chambres d'hôte ». Ouvert sur réservation de novembre à mars. Réservation indispensable. Au milieu d'un petit hameau, ancienne ferme avec grande cour intérieure. Dans un bâtiment indépendant, 3 chambres à l'atmosphère très campagnarde. Sanitaires privés. Comptez 44 € (288,62 F) pour 2, petit déjeuner compris (bonnes confitures maison). Élisabeth accueille ses hôtes avec gentillesse et discrétion. Pas de table d'hôte, mais coin cuisine à disposition.

Champagne-Ardenne

08 Ardennes
10 Aube
51 Marne
52 Haute-Marne

ACY-ROMANCE 08300   Carte régionale A1

37 km NE de Reims ; 1 km SO de Rethel

🏠 *Chambres d'hôte (Noëlle et Alain Lebègue) :* rue de l'Oseraie. ☎ et fax : 03.24.38.50.16 et 06.78.58.37.93. Accès : par l'A 26 et la N 51. Grande ferme en brique avec cour intérieure. 4 chambres toutes mignonnes, agréables et claires ; deux donnent sur les prés derrière la maison (préférez celle avec le lit de fer noir), les deux autres sur la cour. Sanitaires privés. Comptez 33,54 € (220 F) pour 2, petit déjeuner inclus. Alain et Noëlle sont agriculteurs et prodiguent un accueil authentique. Ambiance calme. Plein de randos sympas aux alentours, notamment le long du canal. Trois vélos à disposition. Pas de table d'hôte, mais possibilité de pique-niquer dans le jardin.

BANNAY 51270   Carte régionale A2

57 km SO de Reims ; 32 km SO d'Épernay ; 15 km E de Montmirail

🏠 |●| � *Chambres d'hôte Ferme de Bannay (Muguette et Jean-Pierre Curfs) :* 1, rue Petit-Moulin. ☎ 03.26.52.80.49. Fax : 03.26.59.47.78. Accès : sur la D 933 de Montmirail à Châlons-en-Champagne, à Fromentières, prenez à droite vers Bannay ; fléchage dans le village. En pleine nature, dans un grand corps de ferme, 3 chambres avec sanitaires privés. Une au 1er étage de la maison, une autre indépendante avec accès par un escalier extérieur. Comptez 43 € (282,06 F) pour 2, petit déjeuner compris et 15,25 € (100,03 F) par personne supplémentaire. La chambre familiale indépendant avec kitchenette à 52 € (341,10 F). Table d'hôte à 22 € (144,31 F), 1/4 de vin et café compris.

BAY-SUR-AUBE 52160   Carte régionale B2

30 km O de Langres ; 3 km N d'Auberive

🏠 |●| ✕ *Chambres d'hôte La Maison Jaune (Marian et Jan Willem Jansen) :* rue Principale. ☎ 03.25.84.99.42 ou 03.25.87.57.65. Fax : 03.25.87.57.65. ● jwjan sen@club-internet.fr ● Accès : d'Auberive, allez jusqu'à Bay-sur-Aube puis direction Germaine ; allez jusqu'au lavoir et tournez à gauche. Dans un joli coin de campagne vallonné, ancienne ferme située au cœur d'un ravissant village champêtre. Les proprios sont Hollandais et ont installé 4 chambres élégantes dans différentes ailes de la maison. « La blanche », spacieuse et romantique, avec ses vieilles gravures, ciel de lit et une grande glace un peu coquine. « La verte », charmante, qui ouvre sur le potager. Enfin, 2 autres aux couleurs chaudes. Sanitaires privés. 60 € (393,57 F) pour 2, petit déjeuner compris. Superbe salle à manger avec cuisine américaine et une gigantesque table pour prendre les repas. 22 € (144,31 F) vin compris, mais sans les propriétaires. Cusine traditionnelle avec des produits fermiers et les légumes du jardin. Atmosphère chaleureuse, beaux meubles anciens, portraits de famille et une collection de poteries chinées par Marian dans toute la France. Une adresse au charme indéniable. *NOUVEAUTE.*

BERNON 10130   Carte régionale A2

44 km S de Troyes; 15 km SO de Chaource

🏠 |●| 🐾 ⋇ ⑩% *Goûter à la ferme et chambres d'hôte (Claudine et Daniel Petit) :* 2, rue de la Fontaine. ☎ 03.25.70.55.42 ou 03.25.70.08.34. Fax : 03.25.70.50.90. ● www. fontaine-escargots.fr ● Accès : de Chaource, prenez la D 444; après Vallières, tournez à droite (D 84), et continuez tout droit. Fermé du 1er janvier au 30 avril. Uniquement sur réservation. C'est dans une ancienne fromagerie que Daniel a décidé un jour de se lancer dans l'héliciculture. Tout un monde passionnant à découvrir, d'autant que la France ne produit que 2,5 % de sa consommation. Élevées dans des parcs, ces petites bêtes demandent une attention toute particulière. Bien sûr, on peut déguster les escargots maison, dans une formule goûter à la ferme. Pour 6,86 € (45 F), verre de chablis compris, vous savourerez six escargots et une assiette avec rillettes, rondelles d'andouillette ou de boudin blanc aux escargots, mousse de truite et dessert. Pour 10,67 € (70 F), vous en aurez une douzaine et du fromage de chèvre en plus. À noter que les autres produits proviennent des fermes voisines. « Menu terroir » à 13,72 € (90 F), boissons non comprises. Également 4 chambres d'hôte, dans une aile indépendante (attention aux jours des visites de groupes). Comptez de 35,06 à 38,11 € (230 à 250 F) pour 2, petit déjeuner compris. Accueil agréable.

BOSSÉVAL 08350   Carte régionale B1

14 km E de Charleville-Mézières; 11 km NO de Sedan

🏠 |●| ⋇ *Chambres d'hôte (Jacqueline et Jean-François Lamberty) :* 4, place de la République. ☎ 03.24.29.48.25 ou 03.24.27.43.02. Fax : 03.24.52.79.60. Accès : A 203 entre Charleville et Sedan sortie Donchery puis suivre Bosséval; la maison est sur la place du village. C'est l'ancien presbytère du village et il date du XVIIIe. On entre dans le couloir aux trophées et on monte au 1er étage. À ce niveau, 1 chambre avec un joli trumeau (notre préférée) et vue sur le jardin. 2 autres chambres au 2e dont 1 familiale avec mezzanine. Les planchers craquent, les portes sont de guingois, mais l'ambiance est chaleureuse. Atmosphère campagnarde, beaux meubles anciens, vieilles gravures et tableaux. Sanitaires privés. 38,20 € (250,58 F) pour 2, petit déjeuner compris. Jacqueline est une grand-mère casse-cou... Figurez-vous qu'en 1949, elle était une des plus jeunes aviatrices du monde (mais chut!). C'est aussi une excellente cuisinière qui aime faire découvrir les spécialités ardennaises, comme le boudin blanc de Rethel, découvert, selon la légende, par Mazarin! Table d'hôte partagée en famille à 15,30 € (100,36 F) apéro et vin compris. France, sa fille, lui donne souvent un coup de main. Accueil chaleureux... Jacqueline aménage une nouvelle maison et transférera bientôt ses chambres... à suivre! *NOUVEAUTE.*

BOURGUIGNONS 10110   Carte régionale A2

30 km SE de Troyes; 2 km N de Bar-sur-Seine

🏠 🐾 ⋇ *Chambres d'hôte La Capitainerie de Saint-Vallier (Jeanine et Raymond Gradelet) :* rue du Pont. ☎ 03.25.29.84.43. Accès : de Troyes, N 71 vers Dijon; 2 km avant Bar-sur-Seine tournez vers Bourguignons, la maison se situe juste avant d'arriver

Nous vous rappelons que la table d'hôte est le complément d'une formule d'héberge-ment (chambre d'hôte, gîte d'étape...). Ce service n'est offert qu'aux personnes qui dor-ment sur place (excepté lorsqu'il est clairement écrit « ouvert aux extérieurs »).

CHAMPAGNE-ARDENNE

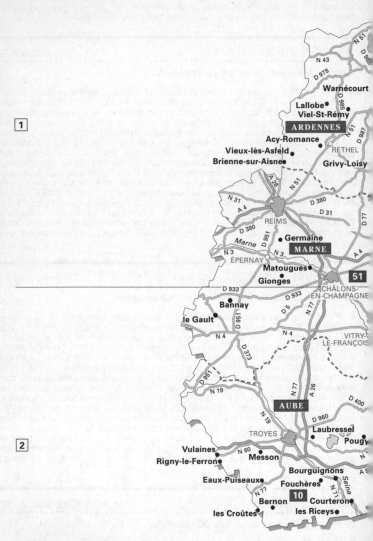

A

1

N 51
D 986
N 43
D 978
Warnécourt
D 985
Lallobe
Viel-St-Rémy
N 51
ARDENNES
D 987
Acy-Romance
RETHEL
Vieux-lès-Asfeld
Brienne-sur-Aisne
Grivy-Loisy
A 26
N 51
N 31
D 380
A 4
D 31
REIMS
D 77
D 951
Germaine
Marne
MARNE
N 3
A 4
ÉPERNAY
N 3
Matougues
51
Gionges
CHÂLONS-
EN-CHAMPAGNE
D 933
D 933
Bannay
D 5
D 951
N 77
le Gault
VITRY-
N 4
N 4
LE-FRANÇOIS
D 373
N 77
A 26
D 951
D 400
N 19
AUBE
D 960
TROYES
Laubressel
2
Pougy
Vulaines
N 60
Rigny-le-Ferron
Messon
Bourguignons
Eaux-Puiseaux
Fouchères
Seine
N 77
10
Bernon
Courteron
les Croûtes
les Riceys

0   10   20 km

A

BELGIQUE

Fumay

● **Bayonville**   Adresses
○ REIMS   Villes repères

CHARLEVILLE-MÉZIÈRES
● Gernelle
● Bosseval

illers-sur-
e-Mont

D 764   N 43

08

D 947

1

● Champigneulle

SAINTE-MENEHOULD

3

Vitry-en-Perthois

4

SAINT-DIZIER

D 384

● Droyes

N 67

52

HAUTE-MARNE

Marne

N 74

D 74

2

ongchamps-
sur-Aujon

● Treix
CHAUMONT

D 65

Mandres-la-Côte

● Verbiesles   D 417

D 429

A 5   N 19   A 31   D 417

D 74

● Villiers-
sur-Suize

● Coiffy-
le-Haut

● Montlandon

LANGRES

Bay-sur-Aube

● Velles

olmier-le-Bas

● Chalindrey   N 19

● Flagey

ourcelles-Val-d'Esnoms ●

D 67

● Pressigny

Esnoms-au-Val

N 74

B

CHAMPAGNE-ARDENNE

dans le bourg. Fermé de début janvier à mi-mars. Étrange histoire que celle de cette capitainerie, construite au bord d'un canal qui ne fut jamais mis en eau (eh oui, le sol était poreux!). Aujourd'hui, elle abrite 5 chambres d'hôte, petites mais agréables (meubles rustiques et ambiance un peu rococo). Sanitaires privés. Comptez de 33,54 € (220 F) (pour la plus petite) à 50,31 € (330 F) pour 2, petit déjeuner compris. Accueil agréable. Ceux qui s'intéressent à la vigne iront voir ces curieuses cabanes en pierres sèches, les « cadoles », qui servaient d'abri et de lieu de casse-croûte aux vignerons (demandez à Jeanine, elle en connaît un certain nombre).

BRIENNE-SUR-AISNE 08190 Carte régionale A1
. . . .

30 km SO de Rethel; 20 km N de Reims

▲ ✸ (10 %) *Chambres d'hôte (Jacqueline et Jean-Pierre Leriche) :* 13, route de Poilcourt. ☎ et fax : 03.24.72.94.25. Accès : sur la route Reims-Bruxelles ou Soissons-Vouziers. Grand corps de ferme avec 4 chambres d'hôte, dont une chambre-studio (avec coin cuisine). Trois très spacieuses (pour 4 personnes) avec coin salon, télé et mezzanine, et une plus petite (celle du chasseur, avec tête de biche en trophée). Sanitaires privés. 28 à 38 € (183,67 à 249,26 F) pour 2, petit déjeuner inclus. Jacqueline et Jean-Pierre sont agriculteurs, et défendent leur corporation avec fougue. Également un petit musée sur place sur la vie rurale et les 2 guerres. Pas de table d'hôte mais coin cuisine. Salle de jeux et vélos à disposition. Accueil authentique.

CHALINDREY 52600 Carte régionale B2
. . . .

12 km SE de Langres

▲ |●| ♂ ✸ (10 %) *Chambres d'hôte Gîte des Archots (Véronique et Serge François) :* ☎ et fax : 03.25.88.93.64 et 06.78.02.28.94. Accès : de Langres, D 17 jusqu'à Chalindrey ; dans le bourg, prenez la D 136 vers Grenant et fléchage ; c'est à 2 km. En pleine campagne, dans un petit hameau entouré de champs et de forêts. 5 chambres (pour 2 à 5 personnes), aux 1er et 2e étages de la maison. Sanitaires privés. Elles mériteraient un peu plus de déco, mais elles sont claires et fonctionnelles. Comptez 37 € (242,7 F) pour 2, petit déjeuner compris, et 10,67 € (70 F) par personne supplémentaire. Table d'hôte partagée avec les proprios dans une salle assez rustique avec une grande cheminée. 12,20 € (80 F) le repas, apéro, vin et café compris. Deux ruisseaux courent devant la maison et petit étang de pêche. Accueil agréable.

CHAMPIGNEULLE 08250 Carte régionale B1
. . . .

42 km N de Sainte-Menehould; 10 km S de Buzancy

▲ *Chambres d'hôte (Marie-Ange et Pierre Decorne) :* ☎ 03.24.30.78.66. ● http:// perso/wanadoo.fr.fr-gitardennes ● Accès : sur la D 947 entre Buzancy et Grandpré ; à Thénorgues, prenez la D 42 vers Champigneulle, la maison est à la sortie du village sur la droite, en direction de Grandpré. Dans une vaste ferme, 3 chambres correctes au 1er étage de la maison. Préférez les nos 1 et 3, qui donnent sur l'arrière. Sanitaires privés. Comptez 33 € (216,47 F) pour 2 avec le petit déjeuner, et 8 € (52,48 F) par personne supplémentaire. Accueil authentique.

COIFFY-LE-HAUT 52400 Carte régionale B2
. . . .

40 km E de Langres; 8 km SO de Bourbonne-les-Bains

▲ |●| *Chambres d'hôte La Ferme Adrien (Gaby et Henri Pelletier) :* Les Granges du Val ☎ 03.25.90.06.76. Accès : de Bourbonne, D 26 vers Chalindrey, traversez Coiffy et suivez le fléchage. En pleine campagne, au milieu des prés et des forêts, très grande ferme dans laquelle Gaby et Henri ont aménagé 5 chambres simples avec sanitaires privés. Comptez 36,59 € (240 F) pour 2, petit déjeuner compris (et servi avant 10 h !). Table d'hôte partagée en famille dans une grande salle surchargée de bibelots et agrémentée d'une belle cheminée. Repas à 12,20 € (80 F) vin compris. Calme et tranquillité assurés. Ambiance et accueil authentiques.

COLMIER-LE-BAS 52160   Carte régionale B2

37 km O de Langres

🛏 |●| ✻ ⑩% *Chambres d'hôte Le Chat Dodu (Jenny et Terry Mc Namara) :* ☎ et fax : 03.25.88.93.43. ● http://members.aol.com/lechatdodu/Index.htm ● Accès : de Langres, D 428 vers Auberive, puis Colmier-le-Haut et Colmier-le-Bas, bon fléchage. Tombés amoureux de cette superbe demeure du XVIIIᵉ siècle, qui était l'ancienne ferme du château, Jenny et Terry (prof de piano) ont décidé d'ouvrir 4 chambres d'hôte. Elles sont desservies par un bel escalier de pierre. Déco soignée, superbes poutres et magnifiques cheminées (mais qui ne fonctionnent pas). Les amoureux des grands lits apprécieront les lits *queen size* (1,60 m). Une préférence pour la *front-room* qui bénéficie d'une vue imprenable sur la campagne environnante. Comptez 44 € (288,62 F) pour 2, petit déjeuner compris (à la française). Table d'hôte, en compagnie des maîtres des lieux, à partir de 14 € (91,83 F), vin compris. Ici, la cuisine est internationale, et si vous restez quelques jours, vous goûterez des spécialités de tous pays. Mention spéciale pour les végétariens et cartes bancaires acceptées.

COURCELLES-VAL-D'ESNOMS 52190   Carte régionale B2

25 km S de Langres ; 15 km NO de Montsaugeon

🛏 |●| 🍴 *Ferme-auberge de la Dhuis (Thérèse et Émanuelle Six) :* ☎ 03.25.84.85.55. Fax : 03.25.90.01.66. Accès : la ferme-auberge se trouve entre Leuchey (qu'on rejoint par la N74) et Vaillant. Fermé en janvier et le dimanche soir. Uniquement sur réservation. Agréable ferme-auberge qui jouit d'un beau panorama sur la campagne environnante. 1 salle de 50 couverts avec cheminée et poutres apparentes. 2 menus à 14,50 et 19,10 € (95,11 et 125,29 F), le dernier comportant 2 entrées. Parmi les spécialités, terrine de volaille, lapin à la moutarde, coq au vin blanc, canard au cidre, crêpe en amère, tarte à la rhubarbe,... Vin en pichet à 5,4 € (35,42 F) et petite carte entre 7,70 et 12,20 € (50,51 et 80,03 F). Pour ceux qui veulent séjourner, 3 chambres au-dessus de la salle de l'auberge. Sanitaires privés. 35 € (229,58 F) pour 2, petit déjeuner compris. Accueil convivial et vrai. *NOUVEAUTÉ.*

COURTERON 10250   Carte régionale A2

53 km SE de Troyes ; 13 km S de Bar-sur-Seine

🛏 |●| 🍴 ⑩% *Restaurant À la ferme de la Gloire Dieu (Pascal et Frédéric Ruelle) :* ☎ 03.25.38.21.77 et 03.25.38.20.67. Fax : 03.25.38.22.78. Accès : de Troyes, N 71 vers Dijon ; ne prenez pas la sortie qui indique Courteron, continuez tout droit ; la maison est un peu plus loin sur la droite. Fermé du 15 septembre au 15 mars, ouvert le dimanche midi. Réservation impérative le dimanche. Après avoir traversé un petit pont privé qui enjambe la Seine, on tombe sur un ensemble de bâtiments grandioses : ancien prieuré du XIIᵉ, colombier, et superbe exploitation agricole. Pascal et Frédéric, deux frères, se sont attelés à la restauration du site, et croyez-nous, elle vaut le coup d'œil. Grande salle de 60 couverts à l'atmosphère agréable (poutres apparentes, vieux outils dont une belle collection de gouges de sabotier). Un menu du jour (qui change chaque semaine) avec une entrée froide, à 16 € (104,95 F). Parmi les spécialités : salade avec magret fumé, pintade au porto, brochette de cailles aux girolles, canard forestier sauce champagne, crème brûlée, omelette soufflée... Petite carte des vins, de 10,67 à 18,29 € (de 70 à 120 F) la bouteille. Sur place, 3 chambres avec sanitaires privés et accès indépendant (attention, ceux qui voudraient séjourner risquent quelquefois de tomber sur un car de touristes). Comptez 34 € (223,03 F) pour 2, petit déjeuner compris. Accueil jeune et agréable.

CROÛTES (LES) 10130   Carte régionale A2

50 km SO de Troyes ; 13 km E de Saint-Florentin

🛏 |●| 🐾 **10%** *Chambres d'hôte (Marie-Anne et Christian Albert-Brunet) :* ☎ et fax : 03.25.70.60.90. ● Marie-Anne.ALBERT-BRUNET@wanadoo.fr ● Accès : de Troyes, N 77 vers Auxerre jusqu'à Auxon, puis D 374 jusqu'aux Croûtes ; dans le village, prenez la route de Percey et fléchage. Fermé du 15 novembre au 15 mars. En pleine campagne, au milieu des prés et des forêts, maison de plain-pied que Marie-Anne et Christian ont fait construire d'après leurs plans. Son aspect peut choquer au départ, mais à l'intérieur, la priorité à été donnée à la lumière et d'immenses baies vitrées ouvrent sur la nature. 2 petites chambres et 1 familiale, avec télé et video. Sanitaires privés. Comptez de 36 à 43 € (de 236,14 à 282,06 F) pour 2, petit déjeuner compris. Déco agréable avec plein de lithos animalières et d'aquarelles de nus (les deux passions des maîtres de maison). En dehors d'être maire de son village, Marie-Anne est aussi une fine cuisinière. On vous conseille sa table d'hôte pour 16,50 € (108,23 F), apéro et vin compris : toutes sortes de soufflés (arrivez à l'heure) au fromage, aux asperges, flan aux champignons, mais aussi boudin blanc sur fondue d'endives, saumon au curry, coq au vin, mousse au chocolat blanc... À la bonne saison, Christian emmène ses clients aux champignons (il connaît tous les bons coins, mais chut !). Accueil chaleureux. Une gentille adresse.

DROYES 52220   Carte régionale B2

28 km SO de Saint-Dizier

🛏 🐾 **10%** *Chambres d'hôte La Maison de Marie (Sylvie Gravier) :* 11, rue de la Motte. ☎ 03.25.04.62.30. ● lamaison.marie@wanadoo.fr ● Accès : dans le bourg. Dans une jolie maison de village à colombages (visible côté jardin). Une immense suite de deux chambres avec une mignonnette salle de séjour, et superbe salle de bains avec un lavabo encastré dans une ancienne cuisinière. Accès à la chambre par un escalier extérieur et tout l'étage est à vous ! Une autre, toute nouvelle, avec petit salon au rez-de-chaussée et chambre à l'étage (escalier d'accès un peu raide). Déco rustico-provencale et ambiance chaleureuse. Comptez 44 € (288,62 F) pour 2, petit déjeuner compris. Pas de table d'hôte mais un resto sympa dans le bourg. Petit jardin derrière la maison avec un vieux four à pain. Accueil jeune et agréable, atmosphère sereine. À noter que Sylvie n'est pas toujours là, mais laissez un message sur son répondeur et elle vous rappellera. Le lac du Der est à proximité, lieu idéal pour contempler les oiseaux (grues et oies cendrées) notamment en octobre-novembre et février-mars (de 25 000 jusqu'à 75 000 aux bonnes périodes !), un spectacle naturel à découvrir. Également tous sports nautiques sur le lac.

EAUX-PUISEAUX 10130   Carte régionale A2

30 km SO de Troyes

|●| 🐾 *Restaurant La Ferme du Clocher (Alain Gremaud) :* 5, Grande-Rue. ☎ 03.25.42.02.21. Fax : 03.25.42.03.30. ● la-ferme-du-clocher@wanadoo.fr ● Accès : sur la N 77 de Troyes à Auxerre, au niveau d'Auxon, tournez à droite vers Aix-en-Othe/Eaux-Puiseaux (D 374), c'est à 3 km de la nationale. Fermé en janvier, ainsi que les dimanches soir et lundis. Dans son ancienne ferme magnifiquement restaurée, Alain a aménagé une jolie salle de 70 couverts avec charpente apparente et vaste cheminée. Terrasse en été. 3 menus à 15 € (en semaine), 21 et 28 € (98,39, 137,75 et 183,67 F), avec 2 entrées. Savoureuses spécialités de terrine de volaille et de coq au cidre 13,72 € (90 F), de tartare de saumon (extra !), de filet de saumon à l'oseille, rognons de veau à la crème et aux morilles, 14,48 € (95 F), et de magret de canard grillé au gros sel de Guérande. De toute façon, les menus changent au gré des saisons. Ambiance décontractée.

ESNOMS-AU-VAL 52190   Carte régionale B2

25 km SO de Langres ; 8 km O de Prauthoy

▲ |●| 🐴 ⛌ (10%) *Chambres d'hôte Le Gîte du Val (Véronique et Gérard Pascard) :*
☎ 03.25.84.82.02. Accès : de Langres, N 74 vers Dijon, après Saint-Michel, tournez à
droite (D 21) ; la maison est dans le bourg. Dans une grande maison en pierre, au
1er étage, 4 chambres agréables avec sanitaires privés, crépi blanc et mobilier rustique.
Comptez 38,11 € pour 2 (250 F), avec le petit déjeuner. Vous prendrez vos repas dans
une jolie salle avec une grande cheminée ouverte sur deux côtés, pour 12,20 € (80 F), vin
et café compris. Grand jardin derrière la maison. Accueil jeune et dynamique, une bonne
adresse.

FLAGEY 52250   Carte régionale B2

12 km SO de Langres

▲ |●| *Chambres d'hôte (Sylvie et Bruno Japiot) :* ☎ 03.25.84.45.23. Accès : de
Langres, D 428 vers Auberive ; à mi-chemin, prenez la D 6 vers Flagey, la maison est au
centre du village près de l'église. Maison de village en pierre apparente, avec un coquet
jardin fleuri. 4 chambres avec sanitaires privés. Deux au 1er étage, dont une avec petite
terrasse privative (bien évidemment plus chère). 42 € (275,50 F) pour 2, petit déjeuner
inclus. Table d'hôte sans les proprios à 12,20 € (80 F), boisson comprise, avec les produits de la ferme. Sylvie et Bruno sont agriculteurs et élèvent des vaches allaitantes.
Attention, la ferme se trouve à proximité d'une petite route de campagne, mais le trafic est
restreint. Location de VTT.

FOUCHÈRES 10260   Carte régionale A2

23 km SE de Troyes ; 10 km NO de Bar-sur-Seine

▲ 🐴 (10%) *Chambres d'hôte Le Prieuré (Sylvie et Gilles Berthelin) :* 1, place de
l'Église. ☎ et fax : 03.25.40.98.09. Accès : dans Fouchères, prenez la D 81 vers Poligny ;
la maison est juste à côté de l'église (rentrez dans la cour). Ancien prieuré du XIe siècle,
transformé en exploitation agricole pendant la Révolution au profit de la famille de Gilles
(c'est pas tout jeune !). Avec Sylvie, ils élèvent des bovins et ont une basse-cour bien fournie (la vraie vie de la ferme, quoi). Dans la maison, 3 chambres spacieuses et familiales
(dont deux avec cheminée, où vous pourrez faire une petite flambée en hiver) ; deux
autres toutes nouvelles, plus indépendantes, dans un bâtiment joliment restauré. Sanitaires privés. Comptez de 35 à 45 € (de 229,58 à 295,18 F) pour 2, petit déjeuner
compris, avec des crêpes au sirop d'érable (chouette !). Pas de table d'hôte, mais un bon
resto dans le village. Ce qui fait avant tout le charme de cette adresse, c'est la personnalité de Sylvie et son accent québécois. L'église à côté de la maison est superbe (elle abrite
le tombeau de l'ancien prieur), et soyez content, Sylvie a les clés. Ne manquez pas cette
visite, ni la petite balade le long de la Seine. Accueil chaleureux et familial. Bon rapport
qualité-prix-convivialité.

FUMAY 08170   Carte régionale A-B1

30 km N de Charleville-Mézières ; 16 km NE de Rocroi

▲ *Chambres d'hôte (Liliane et Jean-Claude Lorent) :* 3, rue du Docteur Bourgeois.
☎ 03.24.41.29.66. Accès : de Charleville, direction Givet jusqu'à Fumay ; dans le bourg,
suivre Haybes, la maison est au bord de la Meuse juste avant le pont. Superbe demeure
bourgeoise, genre hôtel particulier, datant du XVIIIe siècle. Par un grand et noble escalier
bois, on accède aux 3 chambres. Elles sont immenses et décorées avec goût. Beaux parquets, hauteur sous plafond et partout, toiles, aquarelles, sanguines,... (la passion de
Jean-Claude), ainsi qu'une foultitude de bouquins. Préférez les chambres qui ouvrent sur
la Meuse (une à 4 fenêtres). Luxueux et vastes sanitaires privés. 43 € (282,06 F) pour 2,
copieux petit déjeuner compris (jus de fruit pressé et fromages !). Pas de table d'hôte,

mais Liliane tient une super-pizzeria dans le bourg « Sous la Voûte ». Outre les pizzas, on y déguste des viandes grillées à la braise, ainsi que du boudin blanc à l'oignon, accompagnés de pommes de terre à la cendre. Accueil de qualité. Une de nos adresses préférées sur le département. Si vous aimez le chocolat, vous êtes à 2 km de la Belgique. *NOUVEAUTÉ.*

GAULT (LE) 51210　　　　　　　Carte régionale A2

35 km SO d'Épernay ; 10 km N de Sézanne

🛏 🍽 ⚹ *Chambres d'hôte Désiré (Famille Boutour) :* ☎ 03.26.81.60.09. Fax : 03.26.81.67.95. ● domaine-de-desire@yahoo.fr ● Accès : sur la D 373 entre Montmirail et Sézanne, 2 km après Le Gault, prenez à gauche la D 47 et fléchage « Désiré ». À l'orée de la forêt domaniale du Gault, ferme céréalière avec une grande cour gravillonnée. 3 chambres d'hôte avec sanitaires privés : deux dans une aile indépendante, et une dans la maison des propriétaires (notre préférée, car elle bénéficie d'une belle vue sur la campagne et la « grand mare des canards »). Comptez 34 € (223,03 F) pour 2, petit déjeuner compris, qu'on prend chez Nicole et sa famille. Table d'hôte à 16 € (104,95 F), apéro, vin et café compris. Calme et tranquillité assurés. Accueil tonique.

GERMAINE 51160　　　　　　　Carte régionale A1

19 km S de Reims ; 15 km NE d'Épernay

🍽 *Auberge des Bœufs (Isabelle et Bernard Verdonk) :* ☎ 03.26.52.88.25. Fax : 03.26.52.84.08. Accès : N 51 jusqu'au carrefour de Saint-Imoges, puis Germaine et fléchage « Ferme des Bœufs » ; c'est à 3 km. Ouvert du 15 avril au 25 octobre, le samedi midi et le dimanche midi. Uniquement sur réservation. En pleine nature, au milieu des vignes et des forêts. Grand corps de ferme joliment restauré avec une salle de 50 couverts. Menu unique à 20 € (131,19 F), avec un grand choix de petits plats bien tentants. Parmi les spécialités : pain de la reine (vieille recette champenoise), tourte champenoise, filet de porc au ratafia, poulet au marc de champagne, pommes de terre paysanne, salade au lard, forêt champenoise, macaron aux biscuits de Reims et charlottes. Excellent accueil.

GERNELLE 08840　　　　　　　Carte régionale B1

8 km E de Charleville-Mézières

🛏 ⚹ *Chambre d'hôte (Josette et Guy Toulouse-Dauphin) :* rue des Autrichiens ☎ 03.24.54.79.26. Accès : de Charleville, suivre direction préfecture puis Saint-Laurent (D 79) ; aller jusqu'à St-Laurent puis Gernelle ; la maison est au centre du bourg. Petite maison mitoyenne au cœur du village. Une chambre au rez-de-chaussée avec coin salon et télévision. Déco agréable. Sanitaires privés. Comptez 43 € (282,06 F) pour 2, copieux petit déjeuner compris. Pas de table d'hôte mais une auberge sympa dans le bourg. Une deuxième chambre devrait voir le jour prochainement. Accueil convivial. *NOUVEAUTÉ.*

GIONGES 51130　　　　　　　Carte régionale A1

40 km S de Reims ; 12 km S d'Épernay

🍽 🍴 *Auberge de Saint-Fergeux (Nelly et Patrick Vatel) :* ☎ 03.26.57.90.60. Fax : 03.26.57.77.22. Accès : d'Épernay, D 3 vers Châlons, puis D 9 vers Vertus jusqu'au Mesnil-sur-Oger ; tournez ensuite vers Gionges (D 238) ; la ferme est en face de l'église. Ouvert tous les midis et le samedi soir. Fermé le lundi. De préférence sur réservation. Nelly et Patrick gavent des canards, fabriquent du foie gras (slurp !) et les produits dérivés du canard. Ils vendent leur production sur les marchés (mardi matin à Vertus), dans une petite boutique sur place, et les présentent sur la table (si vous voulez être en tête à tête, demandez s'il n'y a pas de groupes). 1er menu à 15 € (98,39 F) et 3 autres menus de 20 à 31 € (131,19 à 203,35 F). Au programme ? Euh... magret fumé, gésiers confits, foie gras, magret grillé, cuisse de canard au champagne,... Le menu le plus cher propose 2 entrées. Sur commande, escalope de foie gras. Les proprios ayant de plus un demi-hectare de vigne, le champagne ne coûte que 21,34 € (140 F) la bouteille (on s'tape un p'tit gueuleton entre copains ?). Accueil agréable.

GRIVY-LOISY 08400   Carte régionale A1

55 km NE de Reims ; 6 km NO de Vouziers

🛏 |❍| *Auberge du Pied des Monts (Maurice Creuwels) :* ☎ 03.24.71.92.38. Fax : 03.24.71.96.21. • auberge-du-pied-des-monts@wanadoo.fr • Accès : de Vouziers, D 946 vers Rethel, et à Blaise, D 21 vers Chufilly-Roche. Fermé le lundi. De préférence sur réservation. Jolie salle rustique en brique et poutres apparentes de 50 couverts. Maurice propose des menus de 10 à 26 € (65,60 à 170,55 F). Spécialités de crêpes ardennaises, coq au cidre, pintade aux girolles. Il y a aussi 5 chambres d'hôte, avec télé et téléphone. Quatre quadruples, avec coin salon et lits en mezzanine, et une double, plus petite. Les chambres sont au-dessus de la salle de restauration, mais le tout a été bien isolé. Comptez de 43 à 46 € (282,06 à 301,74 F) pour 2, petit déjeuner compris. Ambiance détendue. Location de canoës (de 2 ou 3 places) pour descendre l'Aisne, 23 € (150,87 F) la demi-journée. Une bonne adresse, qu'on y passe ou qu'on s'y attarde.

LALLOBE 08460   Carte régionale A1

34 km SO de Charleville-Mézières ; 24 km N de Rethel

🛏 |❍| *Chambres d'hôte (Danièle et Claude Carpentier) :* La Besace. ☎ 03.24.52.81.94. Fax : 03.24.54.04.95. Accès : de Rethel, D 985 jusqu'à Signy-l'Abbaye puis Lalobbe ; au cimetière à l'entrée du village, tournez à droite (route de plusieurs hameaux) et fléchage. Minuscule hameau dans un écrin de verdure et de fleurs. Au 1er étage d'une charmante maison typique de la région en brique, pierre et bois, 4 chambres à l'atmosphère très cosy. Très douillettes, les moins chères ont leurs w.-c. particuliers sur le palier, mais toutes ont sanitaires privés. De 38 à 40 € (249,26 à 262,38 F) pour 2, petit déjeuner compris. Table d'hôte partagée en famille à 14 € (91,83 F), apéro et vin compris. Cuisine aux saveurs sauvages du terroir et charcuterie maison. Pour 23 € (150,87 F), les amateurs auront droit au repas gibier. Beau jardin à l'anglaise avec plein de petits espaces romantiques et intimes. Claude est l'instit du village, mais chante aussi dans un groupe de jazz (on en pousse une ?). Vous êtes juste à côté de la forêt de Signy qui offre de nombreuses randonnées à pied et en VTT. Vous l'avez compris, une adresse qu'on aime bien. *NOUVEAUTÉ.*

LAUBRESSEL 10270   Carte régionale A2

12 km E de Troyes

🛏 ⤬⤬ ⑩% *Chambres d'hôte La Coraline (Nelly Noailly) :* 2, rue du Paty. ☎ et fax : 03.25.80.61.77 et 06.88.19.86.61. Accès : de Troyes, N 19 vers Chaumont, au 3e rond-point, prenez Thennelières, puis Laubressel. Dans une superbe demeure avec des murs à colombages extérieurs et intérieurs. 4 chambres dont deux pour une grande famille (5 personnes). Elles portent toutes des noms de vins de la région. Notre préférée, avec sa porte ancienne en tête de lit, se nomme « Ratafia ». Comptez 37 € (242,70 F) pour 2 avec le petit déjeuner (gâteau maison, jus de fruit, yaourts). 2 jolis séjours, avec une très belle cheminée en brique et un vieux four à pain. Pas de table d'hôte mais cuisine et au jardin barbecue à disposition. Accueil très convivial. Une très bonne adresse, avec un bon rapport qualité-prix-convivialité.

🛏 🐕 ⤬⤬ ⑩% *Chambres d'hôte (Joëlle et Didier Jeanne) :* 33, rue du Haut. ☎ 03.25.80.27.37. Fax : 03.25.80.80.67. Accès : de Troyes, N 19 vers Chaumont, suivez ensuite Thennelières, puis Laubressel. Ancienne grange et pigeonnier à colombages joliment restaurés avec belles baies vitrées donnant sur la campagne, à proximité de la maison des proprios. 6 chambres, deux au rez-de-chaussée, quatre à l'étage mansardées avec belle charpente apparente. Salles d'eau privées. Comptez 37 € (242,70 F) pour 2, avec le petit déjeuner (gâteau ou viennoiseries, fromage blanc ou yaourt à la ferme, confitures maison, jus de fruits). Pas de table d'hôte, mais deux salles avec coins cuisines à disposition, lave-linge et barbecue à l'extérieur. Piscine Zodiac. Accueil souriant, une bonne adresse.

LONGCHAMPS-SUR-AUJON 10310 Carte régionale B2

28 km O de Chaumont ; 13 km SE de Bar-sur-Aube

🏠 |●| 🖙 *Ferme-auberge Saint-Malachie (Irmgard et François-Xavier Guenin) :* Outre-Aube. ☎ et fax : 03.25.27.80.26. Accès : de la sortie Bar-sur-Aube (sur l'A 5), direction Chaumont par la N 19, puis D 396 vers Bayel/Ville-sous-la-Ferté ; au croisement de Clairvaux, prenez la D 12 à gauche, c'est à 300 m plus loin sur la droite. Fermé de Noël au Jour de l'An. Sur réservation. À proximité des forêts de Clairvaux, dans un décor de chasse. 3 salles de 15 et 30 personnes. 2 menus à 13 et 16 € (85,27 et 104,95 F) avec deux entrées. C'est la 1ʳᵉ réservation qui fait le menu du jour ! Parmi les spécialités : terrine de foies de volailles, quiche, salade de gésiers de poulet, coq au vin, potée, canard cuit dans son jus, fromages régionaux, tartes, clafoutis. Vin de 5,34 à 14,18 € (de 35 à 93 F) la bouteille et champagne à 15,24 € (100 F). Propose aussi la « formule goûter à la ferme » : découverte de la basse-cour, du four à pain et promenade, 6,86 € (45 F) par adulte et 4,57 € (30 F) par enfant, comprenant un plat salé et sucré, plus boisson. Également 1 gîte rural pouvant héberger 6 personnes et 2 enfants, avec tout l'équipement pour bébé.

MANDRES-LA-CÔTE 52800 Carte régionale B2

17 km SE de Chaumont ; 4 km N de Nogent

🏠 |●| 🖙 *Chambres d'hôte Le Relais de la Côte (Christiane et Robert Lesprit) :* 6, rue de Normandie. ☎ et fax : 03.25.01.94.03. Accès : au centre du village. Au coeur du village, ancienne ferme en pierre. 4 chambres avec sanitaires privés. 1 au rez-de-chaussée, les 3 autres à l'étage. 33,60 € (220,40 F) pour 2, petit déjeuner compris avec croissant maison ! Eh oui, Robert est un ancien boulanger et c'est lui qui s'occupe des fourneaux. Table d'hôte sans les propriétaires à 10,70 € (70,19 F), apéro maison et vin compris. Cuisine traditionnelle avec des produits du terroir et les légumes du jardin. Accueil authentique et chaleureux. *NOUVEAUTÉ.*

MATOUGUES 51510 Carte régionale A1

35 km S de Reims ; 10 km O de Châlons-en-Champagne

🏠 |●| 🖙 ⑩% *Chambres d'hôte La Grosse Haie (Nicole et Jacques Songy) :* chemin de Saint-Pierre. ☎ 03.26.70.97.12. Fax : 03.26.70.12.42. ● songy.chambre@wanadoo.fr ● Accès : de l'A 26, sortie n° 27 Saint-Gibrien, puis D 3 vers Épernay, c'est le 1ᵉʳ village, et la maison est un peu à l'écart. De préférence sur réservation. Dans une maison récente au milieu d'un grand espace vert, 3 chambres au 1ᵉʳ étage, claires et guillerettes, avec sanitaires privés. Comptez 42 € (275,50 F) pour 2 avec le petit déjeuner (confitures et yaourts maison, jus de fruits, œufs). Nicole et Jacques sont agriculteurs et élèvent taurillons, lapins et poulets. C'est à partir des produits de la ferme qu'ils préparent leurs repas en table d'hôte pour 18 € (118,07 F), vin compris (sauf le dimanche soir). Possibilité de repas gastronomique sur réservation, pour 27 € (177,11 F). Accueil agréable.

|●| 🖙 *Ferme-auberge des Moissons (Claudine, André et Benoît Jacquinet) :* 8, route Nationale. ☎ 03.26.70.99.17. Fax : 03.26.66.56.94. ● www.des-moisson.com ● Accès : de Châlons-en-Champagne, D 3 vers Épernay ; la ferme-auberge est sur cette route, à l'entrée de Matougues. Fermé de Noël à fin janvier et la 2ᵉ quinzaine d'août. Uniquement sur réservation. Ferme-auberge installée dans l'ancienne écurie (les mangeoires et les râteliers ont été conservés). Grande salle en L de 75 couverts. Menu unique à 19 € (124,63 F), café compris et plat principal servi à volonté (!), qui change très souvent. Parmi les spécialités : mousse de volaille au coulis de champignons, terrine de truite aux brocolis, pintade au ratafia, canard aux groseilles, potée champenoise (cuite dans le chaudron), charlotte à la rhubarbe. Vente de produits maison et volailles. Accueil chaleureux. Salle pour séminaires (25 personnes).

MESSON 10190 Carte régionale A2

12 km SO de Troyes

📧 |◎| ⤋ ⑩% *Ferme-auberge de la Cray'Othe (Sophie et Denis Debrouwer) :* 31 Grande-Rue. ☎ 03.25.70.31.12. Fax : 03.25.70.37.03. • www.auberge-crayothe.fr • Accès : de Troyes, N 60 vers Sens, puis tournez à gauche vers Messon (D 83). Fermé la 1ʳᵉ quinzaine de février et la 1ʳᵉ quinzaine de septembre. De préférence sur réservation. Dans le village, immense corps de ferme avec cour gravillonnée. 3 salles de 8, 30 et 60 couverts. Repas sur réservation, du jeudi au dimanche midi. Chaque mois, un menu différent à 20 € (131,19 F). Menu plus gastro avec foie gras maison. À côté de la ferme, ils proposent 5 chambres d'hôte avec sanitaires privés, à 39 € (255,82 F) pour 2, petit déjeuner inclus. Repas des chambres à 15 € (98,39 F). Et aussi 1 gîte rural pour 4 personnes. Et encore vente de produits du terroir !

MONTLANDON 52600 Carte régionale B2

10 km E de Langres

|◎| 🐕 *Ferme-auberge (Famille Devilliers) :* ☎ 03.25.88.57.48. Fax : 03.25.88.05.60. Accès : de Langres, N 19 vers Vesoul et bifurquez à gauche vers Montlandon ; la ferme est avant le village sur la droite. Fermé du 15 décembre au 15 février. Uniquement sur réservation. C'est un ancien fort de guerre, construit après la guerre de 1870. Devenu ferme, il a fallu y amener l'eau et l'électricité. Les proprios élèvent des volailles et des chèvres. Grande salle à l'atmosphère d'autrefois. 3 menus à 12,2, 15 et 19 € (80,03, 98,39 et 124,63 F). Le dimanche soir, c'est le menu assiette (plus simple). Nombreuses spécialités dont terrine de volaille, jambon braisé au four, poule au riz, canard au four à bois, fromage de chèvre maison, tartes aux fruits de saison,... Gentille carte des vins entre 7 et 10,70 € (45,92 et 70,19 F) la bouteille. Accueil authentique et souriant. *NOUVEAUTÉ.*

POUGY 10240 Carte régionale A2

30 km E de Troyes ; 16 km NO de Brienne-le-Château

📧 |◎| 🐕 ⑩% *Chambres d'hôte Le Château de Pougy (Antoine Morlet) :* Grande-Rue. ☎ 03.25.37.09.41. Fax : 03.25.37.87.29. Accès : de Troyes, D 960 vers Nancy/Saint-Dizier jusqu'à Lesmont ; à l'entrée du bourg, tournez à gauche direction Molins-sur-Aube (D 441) ; Pougy se trouve à 2 km après Molins, la maison est au centre du village. Belle demeure du XVIIIᵉ, entourée d'un beau parc de 1 ha. Antoine, jeune proprio, a repris cette maison de famille et aménagé 5 chambres, dont une double pour les familles. Elles sont spacieuses et confortables et ont gardé le charme d'autrefois. Un mignon petit salon leur est réservé. Comptez 39 € (255,82 F) pour 2, petit déjeuner compris. Antoine est très présent et propose de nombreux services ; vous trouverez, par exemple, tout ce qu'il faut pour vos bambins (pot, lit-bébé, chauffe-biberon...). N'ayant pas de talents culinaires particuliers, c'est sa maman qui s'occupe de la table d'hôte. Les repas (proposés occasionnellement) se prennent dans une immense salle à manger, sous le regard du portrait de son ancêtre. 13,72 € (90 F) le repas, vin compris (avec 2 entrées). Accueil très attentionné, une gentille adresse.

PRESSIGNY 52500 Carte régionale B2

30 km SE de Langres ; 8 km SE de Fayl-Billot

📧 |◎| ⤋ ⑩% *Chambres d'hôte Maison Perrette (Évelyne et Michel Poope) :* 24, rue Augustin-Massin. ☎ 03.25.88.80.50. Fax : 03.25.88.80.49. • POOPEMichel@net-up.com • Accès : de Langres, N 19 vers Vesoul ; 100 m après le carrefour de La Folie, tournez à droite (D 138) vers Broncourt, puis Pressigny ; la maison est à l'entrée du village. Fermé à Noël. Belle demeure bourgeoise du milieu du XIXᵉ siècle. C'est en mémoire de la famille Perrette (anciens proprios), qu'Évelyne et Michel ont baptisé leur maison. 3 chambres charmantes avec salles d'eau privées (deux partagent un w.-c.). Une préférence pour la

« chambre de Paul » avec son superbe mobilier en loupe d'orme. Comptez de 34 à 39 € (de 223,03 à 255,82 F) pour 2, avec un copieux petit déjeuner (yaourts de la ferme, gâteau et confitures maison). Également, 1 suite de deux chambres pour 4 personnes à 75 € (491,97 F). Adorable petit salon de détente, avec de nombreux jeux de société et une bibliothèque bien fournie. Table d'hôte partagée avec Évelyne et Michel, pour 12 € (78,71 F), apéro maison, vin et large choix d'infusions compris. Bonne cuisine familiale et de délicieux gâteaux préparés par Michel (c'est sa passion, et comme tout gourmand qui se respecte, il aime aussi les déguster). Il est aussi artiste peintre et réalise de très belles aquarelles. Une gentille adresse.

RICEYS (LES) 10340 — Carte régionale A2

39 km SE de Troyes ; 14 km S de Bar-sur-Seine

|●| 🏠 *Ferme-auberge Saint-Sébastien (Andrée et Jacques Fagiolini) :* 31, rue Gaston-Cheq. ☎ et fax : 03.25.29.35.10. Accès : dans Les Riceys, direction Tonnerre par la rocade ; 200 m après le restaurant *Le Magny*, prenez à gauche. Fermé le lundi et en janvier et février. Réservation impérative. Dans la plus grande commune d'appellation champagne, 2 salles de 20 et 40 couverts. 2 menus à 15,24 et 19,82 € (100 et 130 F) sans les vins. « Menu marcheur » à 12,20 € (80 F) tout compris (kir, vin et café) et assiette de salade de 5,34 à 7,62 € (35 à 50 F). Spécialités de galantine et terrine maison, gougères forestières, tourte champenoise, terrine de légumes en croûte, poule au vin blanc, coq ou pintade au champagne, tarte Tatin et nougat glacé. Rosé-des-riceys à 18,29 € (120 F), coteaux champenois à 16,77 € (110 F) et champagne à 15,24 € (100 F).

RIGNY-LE-FERRON 10160 — Carte régionale A2

45 km O de Troyes ; 10 km O d'Aix-en-Othe

🏠 ⟨10 %⟩ *Chambre d'hôte La Ferme des Ardents (Jannick et Patrice Deraeve) :* 16, rue du Moulin. ☎ 03.25.46.79.82. Fax : 03.25.46.75.80. Accès : sur la N 60 entre Troyes et Sens, à Vulaines, prenez la D 54 vers Saint-Florentin, la ferme est à 4 km. Dans un grand corps de ferme avec cour intérieure carrée gravillonnée. Au 1er étage, 5 chambres simples et correctes avec lavabo. Salle d'eau et w.-c. communs. Comptez 28 € (183,67 F) pour 2 avec le petit déjeuner. Jannick et Patrice sont agriculteurs : ils produisent des céréales, des plants de fleurs et des légumes. Trois petits poneys feront la joie des enfants. Accueil agréable. Vous êtes à la limite du pays d'Othe, réputé pour sa forêt (nombreux sentiers pédestres et équestres).

TREIX 52000 — Carte régionale B2

5 km N de Chaumont

🏠 |●| ⟨⟩ *Chambres d'hôte (Sylvie et Francis Pauthier) :* ☎ 03.25.32.26.88. Accès : de Chaumont, N 74 vers Nancy, puis tournez à gauche (D 161). Dans une jolie maison avec cour intérieure, 2 chambres au 1er étage, claires et agréables avec sanitaires privés (une préférence pour celle avec le lit double). Comptez 30 € (196,79 F) pour 2, avec le petit déjeuner. Table d'hôte à 12 € (78,71 F), 1/4 de vin compris (uniquement de mai à septembre). Sylvie est une excellente cuisinière, une hôtesse agréable doublée d'une bonne vivante qui aime recevoir et discuter avec ses clients. Parmi ses spécialités, le saucisson brioché, la mousse de thon, le lapin au citron, le jambon au madère, le soufflé à l'ananas... de quoi se laisser tenter, non ? Accueil chaleureux, excellent rapport qualité-prix-convivialité. Pour les amateurs d'histoire, Colomboy-les-Deux-Églises est à 30 km, allez donc saluer le Général et admirer dans sa maison les cadeaux qui lui ont été offerts par des personnalités internationales.

VELLES 52500 — Carte régionale B2

35 km E de Langres ; 16 km NE de Fayl-Billot

▸ ☗ ⚹ *Chambres d'hôte et gîte d'étape Les Randonneurs du Pré-Cheny (Christine et Alain Rousselot) :* ☎ et fax : 03.25.88.85.93. Accès : de Langres, N 19 vers Vesoul, à La Folie D 460, puis D 34 vers Anrosey, ensuite D 270 ; la ferme est à la sortie du bourg. Dans une ferme, gîte d'étape composé de 3 dortoirs (3, 5 et 11 lits) avec sanitaires communs. Coin cuisine et séjour à disposition. Comptez 6,86 € (45 F) par personne et par nuit (pensez à apporter votre duvet) et 9,15 € (60 F) en hiver. Également 4 chambres avec douche-cabine privée mais w.-c. communs, à 30 € (196,79 F) pour 2, avec le petit déjeuner. Ici, c'est le cheval qui prime et ça se sent (odorats sensibles s'abstenir !), surtout dans le gîte d'étape qui est juste au-dessus des écuries. Possibilité de randonnées à cheval à la journée ou à l'heure. Une bonne adresse pour les amoureux de l'équitation, sinon, location de VTT. Accueil jeune et agréable, ambiance décontractée. Parc de loisirs avec « circuit aventure » à 3 km.

VERBIESLES 52000 — Carte régionale B2

6 km SE de Chaumont

▸ ⚹ *Chambre d'hôte (Marie-Thérèse et Bob Marusiak) :* ☎ et fax : 03.25.31.16.41. ● www.marusiakbedandbreakfast.com ● Accès : de Chaumont, N 19 vers Langres pendant 5 km et prendre la sortie Verbiesles ; la maison est à l'entrée du village à gauche. Ouvert de Pâques à la Toussaint. Agréable maison recouverte d'ampelopsis, au milieu d'un beau jardin. C'est par le garage qu'on accède à 1 chambre familiale, située à l'étage et comportant 2 chambres avec coin salon. Déco soignée. 45 € (295,18 F) pour 2 et 75 € (491,97 F) pour 4, petit déjeuner compris avec jambon à l'os, oeuf coque et confitures maison. Marie-Thérèse peint des oeufs et vous pourrez admirer son talent. Des heures de travail pour un résultat étonnant ! Elle réalise aussi des tableaux en paille collée. Accueil souriant et courtois. *NOUVEAUTÉ.*

VIEL-SAINT-RÉMY 08270 — Carte régionale A1

30 km SO de Charleville-Mézières ; 20 km NE de Rethel

▸ ◖◑ ⚹ *Chambres d'hôte (Thérèse et René Turquin) :* Margy. ☎ et fax : 03.24.38.56.37. Accès : N 51 entre Charleville et Rethel ; au milieu de Faissault, au niveau du pont de chemin de fer, prendre direction Margy et fléchage (n'allez pas à Viel). Ancienne ferme familiale reconvertie aujourd'hui en chambres d'hôte. Elles sont 3, au 1er étage dont 1 grande familiale et 2 autres pour les couples. Pour la vue, choisissez celles qui ouvrent sur le jardin. Sanitaires privés. 35,06 € (229,98 F) pour 2, petit déjeuner compris. Repas partagé en famille à 14,50 € (95,11 F) apéro et vin compris. Cuisine goûteuse et régionale. Thérèse est une artiste et aussi un monstre de patience et de minutie, comme en témoignent ses créations : les patchworks et les tableaux en trois dimensions (une merveille). Elle pourrait remplir un musée. Grand étang où les pêcheurs pourront taquiner le poisson. Accueil convivial. *NOUVEAUTÉ.*

VIEUX-LÈS-ASFELD 08190 — Carte régionale A1

25 km N de Reims ; 25 km O de Rethel

▸ ◖◑ ⚹ ⑩％ *Chambres d'hôte et auberge d'Écry (Christiane Lamotte et Michel Boucton) :* ☎ 03.24.72.94.65. Fax : 03.24.38.39.41. ● www.multimania.com/fermedecry ● Accès : sur la D 926 entre Reims et Rethel. Fermé le dimanche soir, 15 jours en janvier et 1re semaine d'août. Préférable de réserver. Jolie maisonnette fleurie dans laquelle Christiane et Michel tiennent 2 salles rustiques agréables (30 et 50 couverts). Le midi en semaine, menu à partir de 9,50 € (62,32 F), avec par exemple : terrine de campagne, poulet à l'estragon, fromage blanc ou coupe de fruits frais. Le weekend, menus à 14,50 et 20 € (95,11 et 131,19 F). Dans le plus cher, notons la terrine de St-

Jacques sauce oseille, saumon aux lardons et lentilles roses, filet de canard au ratafia, fromage et choix de dessert. 5 chambres, de 37 à 38 € (242,70 à 249,26 F) pour 2, petit déjeuner inclus, et pour les groupes, un dortoir de 12 lits. À disposition, deux salons et un terrain de jeux pour les enfants. Accueil agréable.

VILLERS-SUR-LE-MONT 08430   Carte régionale A-B1

30 km NE de Rethel ; 14 km S de Charleville-Mézières

🛏 |●| *Chambres d'hôte (Marie-France et Jean-Claude Colinet) :* ☎ et fax : 03.24.32.71.66. Accès : A 34 entre Charleville et Rethel sortie Yvernaumont puis Villers-sur-le-Mont, la maison est la dernière du village. À l'orée d'un petit village de 80 âmes, jolie ferme en pierre qui jouit d'une belle vue sur les environs. Les Colinet élèvent des bovins de race salers pour la viande. Au 1er étage, 4 chambres vastes et agréables avec sanitaires privés (préférez la bleue ou la jaune). 34 € (223,03 F) pour 2, petit déjeuner compris. Table d'hôte partagée en famille à 12 € (78,71 F), apéro et vin compris. Cuisine du terroir. Accueil dynamique et souriant pour une ambiance nature. *NOUVEAUTÉ.*

VILLIERS-SUR-SUIZE 52210   Carte régionale B2

19 km NO de Langres ; 17 km S de Chaumont

🛏 |●| *Chambres d'hôte Ferme du Bas Bois (Roseline et Éric Gruot) :* ☎ 03.25.31.11.80 ou 03.25.31.23.07. Fax : 03.25.31.11.80. Accès : sur la N 19 entre Langres et Chaumont, prendre direction Villiers. Dans le village, direction Rolampont, c'est la dernière ferme à gauche. Accueillir des hôtes, c'était le rêve de Roseline et Éric, pour sortir un peu de cette agriculture qu'ils ne comprennent plus... D'ailleurs la ferme s'oriente petit à petit vers l'élevage bio. Au 1er étage de la maison, 2 chambres claires et guillerettes avec beaux sanitaires privés (3 lits 1 place dans chaque chambre). Déco dans un style dépouillé. 39,70 € (260,41 F) pour 2, petit déjeuner compris. Table d'hôte à 12,20 € (80,03 F) apéro maison et vin compris. Excellente cuisine du terroir avec pratiquement rien que des produits maison. Éric est passionné d'astronomie et il s'est aménagé un observatoire qui ferait rêver plus d'un amateur éclairé. Les 2 petits garçons de la maison participent à l'accueil et pourront vous montrer leur élevage de pigeons. Une adresse familiale et chaleureuse. Également une formule goûter à la ferme, mais uniquement sur résa. *NOUVEAUTÉ.*

VITRY-EN-PERTHOIS 51300   Carte régionale B2

25 km NO de Saint-Dizier ; 4 km N de Vitry-le-François

|●| *Auberge rurale La Pavoise (Odile et Michel Gerard) :* 26, rue de la Trinité. ☎ 03.26.74.59.00. Fax : 03.26.72.11.68. Accès : sur la D 395 entre Vitry-le-François et Bar-le-Duc. Ouvert les samedis soir, dimanches midi et jours fériés. Sur réservation uniquement. Ancienne écurie en pierre apparente avec une grande cour gravillonnée. Jolie salle rustique de 70 couverts, avec poutres et cheminée. Menus de 20 à 30,50 € (131,19 à 200,07 F). Spécialités de soufflé de volaille, velouté de champignons, foie gras, filet de canard au ratafia, et gâteau meringué. Carte des vins entre 7,60 et 24,40 € (49,85 et 160,05 F), et champagne à 21,30 € (139,72 F). Ambiance conviviale, accueil agréable.

VULAINES 10160   Carte régionale A2

35 km O de Troyes ; 28 km E de Sens

🛏 ✳ (10 %) *Chambres d'hôte (Nelly et Daniel Fandard-Schmite) :* 7, rue de l'Ancienne-Gare. ☎ et fax : 03.25.40.80.99. Accès : Sur la N 60 entre Sens et Troyes, prenez la D 54 vers Saint-Florentin et fléchage. À l'écart de la RN et donc au calme, jolie maison mi-brique mi-crépi, qui était à l'origine l'ancien hôtel de la gare aujourd'hui désaffectée (plus de problème de bruit). 5 chambres très agréables et décorées avec goût. Sanitaires privés. De 35 € pour la plus petite (229,58 F) à 42 € (275,50 F) pour 2, petit déjeuner compris (jus de fruits, yaourt, confitures maison, plein de sorte de pains, viennoiseries et gâteau maison). Belle salle à manger qui sent bon la cire et l'ambiance des maisons d'autrefois, avec un superbe piano trois-quarts de queue accordé pour dégourdir les doigts des mélomanes. Pas de table d'hôte, mais coin cuisine à disposition. Nelly est une hôtesse souriante et agréable, c'est aussi Madame le maire du village (heureusement, y a tout de même des femmes dans la politique). Une gentille adresse.

WARNÉCOURT 08090   Carte régionale A-B1

6 km SO de Charleville-Mézières

▪ ⋈ ⋇ *Chambres d'hôte (Béatrice et Bernard Perret) :* 25, rue de la Hobette. ☎ 03.24.58.08.76. Accès : de Charleville, D 3 vers Launois jusqu'à Warnécourt, la maison est à l'entrée du village. Bernard a de l'or dans les mains... Il sait tout faire. Pour preuve, il a entièrement construit sa maison et croyez-nous, elle a de l'allure ! Béatrice, elle, rêvait d'une chambre d'hôte... Alors, Bernard a construit un petit pavillon indépendant, un vrai petit nid d'amour qui héberge une charmante chambre avec mezzanine. Vieilles poutres apparentes et rateliers. Sanitaires privés. 42,70 € (280,09 F) pour 2, petit déjeuner compris. Il est servi dans le jardin aux beaux jours, face à l'étang où s'ébattent les canards ou dans la maison de vos hôtes. Au passage, notez la grande hotte en cuivre, les lustres, le mobilier,... que des réalisations de Bernard. Ici, on est réveillé par le chant des oiseaux. Accueil chaleureux. Une adresse comme on les aime. *NOUVEAUTÉ.*

CHAMPAGNE-ARDENNE

Corse

ALERIA 20270 — Carte régionale A2

15 km N de Ghisonaccia

🛏 *Chambres d'hôte di U Fiume (Jean Martinière) :* Cateraggio. ☎ et fax : 04.95.57.02.89. Accès : à l'entrée d'Aleria en venant du nord, prendre la route de Corte, la maison est à 100 m à gauche. En retrait de la nationale et en bordure de rivière, grande maison assez récente dont toute la partie basse est en granit. À l'étage, 5 chambres pas immenses, mais agréables et claires avec sanitaires privés. Préférez celles qui ouvrent sur la rivière. 41,20 € (270,25 F) pour 2, petit déjeuner compris servi sur la terrasse couverte aux beaux jours. Pas de table d'hôte mais plein de restos à proximité. Accueil chaleureux. *NOUVEAUTÉ.*

ASCO 20276 — Carte régionale A1

40 km NO de Corte (1 h de route)

🛏 |●| ⓾% *Table et chambres d'hôte L'Acropole (Nicole et Ambroise Vesperini) :* ☎ et fax : 04.95.47.83.53 et 06.20.39.45.33. Accès : à l'entrée du village. Fermé le mardi et de novembre à avril. Au pied du Monte Cinto, à 650 m d'altitude, petit village dans une nature sauvage à souhait. Ambroise s'occupe de ses abeilles et de ses ruches, tandis que Nicole peint et s'occupe des hôtes. Chambres toutes différentes et agréablement décorées. 42,69 € (280 F) pour 2, petit déjeuner compris. Table d'hôte à 18,29 € (120 F). Demi-pension obligatoire en juillet-août. Ambroise est un incorrigible bavard, sympathique comme tout ; quant à Nicole, elle régale ses clients avec de nombreuses spécialités corses. Accueil chaleureux.

CARTALAVONU 20137 — Carte régionale A2

25 km NO de Porto-Vecchio

🛏 |●| *Gîte d'étape et Chambres Le Refuge (François-Marie Monti) :* forêt de l'Ospedale. ☎ 04.95.70.00.39. Accès : de Porto-Vecchio, D 368 vers Zonza ; à la sortie de l'Ospedale, tournez à gauche et faites 3 km dans la forêt. Fermé les lundis et mardis. À 1000 m d'altitude, dans un site sauvage et splendide, au milieu des résineux, on arrive dans un petit hameau, mélange insolite de constructions anciennes et récentes mais toutes respectant le caractère local. Vue superbe sur le golfe de Porto-Vecchio, et par temps clair, on peut même apercevoir la Sardaigne. Il y a quelques années le Refuge était

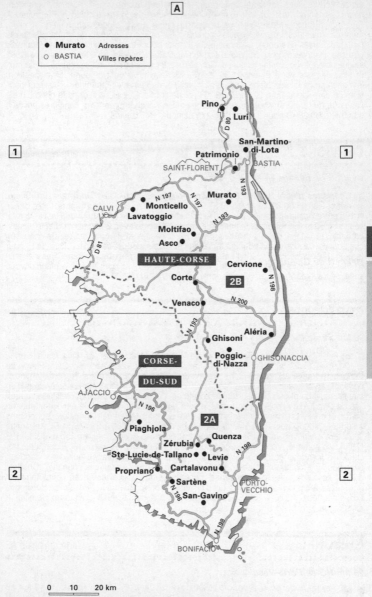

● **Murato** Adresses
○ BASTIA Villes repères

Pino
Luri
D 80
San-Martino-
di-Lota
Patrimonio
BASTIA
SAINT-FLORENT
N 193
Murato
CALVI
N 197
Monticello
N 197
Lavatoggio
N 193
Moltifao
N 193
Asco
HAUTE-CORSE
D 81
Cervione
Corte
2B
N 198
Venaco
N 200
Aléria
Ghisoni
N 193
Poggio-
di-Nazza
GHISONACCIA
CORSE-
D 81
DU-SUD
AJACCIO
N 196
2A
Piaghjola
Quenza
Zérubia
Ste-Lucie-de-Tallano
Levie
N 198
Propriano
Cartalavonu
Sartène
PORTO-
VECCHIO
N 196
San-Gavino
N 198
BONIFACIO

0 10 20 km

CORSE

une petite auberge. Aujourd'hui c'est le refuge de nombreuses familles. D'abord les gens du coin, des habitués qui connaissent l'adresse et qui l'ont vu s'agrandir, il y a ceux qui fuient la plage et les embouteillages pour retrouver la nature, la vraie ; et enfin les randonneurs, car vous êtes sur le circuit *de mare a mare* de Porto-Vecchio à Propriano. À l'auberge, François-Marie propose une carte variée avec salades, charcuterie maison, grillades, mais aussi des spécialités corses et les desserts (gâteau de châtaignes ou la tarte aux fraises des bois). Grandes baies vitrées pour jouir du paysage et très agréable terrasse. Pour les marcheurs, gîte d'étape avec 5 chambres de 4 à 6 lits, simples et assez exigües mais avec sanitaires privés. Comptez 15,24 € (99,97 F) par personne et par nuit, et n'oubliez pas votre duvet. 21,34 € (139,98 F) avec le petit déjeuner. À disposition, immense pièce faisant office de salon TV, salle à manger avec cheminée, cuisine. Possibilité de demi-pension, à 27,44 € (180 F) par personne. Repas servi dans le gîte ou dans l'auberge (on préfère).Vous voulez plus de confort ? 5 chambres avec sanitaires privés à 53,40 € (350,28 F) pour 2, petit déjeuner compris. Bon accueil.

CERVIONE 20221 — Carte régionale A1

46 km S de Bastia ; 24 km N d'Aleria

🛏 **Chambres d'hôte a Casa Corsa (Anne-Marie et Jean-Jules Doumens) :** Prunete. ☎ et fax : 04.95.38.01.40 et 06.09.37.07.11. Accès : au coeur de Prunete (situé sur la N 198 entre Bastia et Aleria), prendre le petit chemin à droite en venant de Bastia, la maison est à 50 m. En retrait de la nationale, maison récente avec 3 chambres d'hôte vastes, agréable et claires avec sanitaires privés. 2 à l'étage et 1 suite au rez-de-chaussée composée de 2 chambres pour les familles avec accès indépendant. 51 € (334,54 F) pour 2, petit déjeuner compris, servi sous une agréable treille aux beaux jours. Pas de table d'hôte, mais plusieurs restos sympas dans le village. Au fait, pour aller à la plage, il vous suffit de traverser la route. Accueil convivial. *NOUVEAUTÉ.*

CORTE 20250 — Carte régionale A1

96 km SE de Calvi

🛏 |●| ✂ ⑩% **Gîte de Saint-Pierre-de-Venaco (Antoinette et Charles Hiver) :** ☎ 04.95.47.07.29 et 06.03.92.60.83. Fax : 04.95.47.02.80. Accès : Saint-Pierre de Venaco se trouve à 7 km de Corte. Fermé du 30 octobre au 1er mars. Réservation indispensable en été car c'est souvent complet. Tout en haut du village, sur les contreforts d'un massif sauvage et peu connu, dont les sommets dépassent les 2000 m d'altitude, la maison de Charles et Antoinette vous attend pour randonner en étoile. Elle est belle, toute en pierre, et on s'y sent bien. Les prestations sont uniquement en demi-pension. 2 chambres à 60,98 € (400 F) pour 2, et 5 petits dortoirs de 4 à 5 lits, à 26,70 € (175,14 F). Antoinette vous fera découvrir sa délicieuse cuisine traditionnelle corse dans un repas à 11,43 € (75 F), vin compris. Vous voulez des exemples ?... Eh bien, les zucchinis (courgettes farcies), les lasagnes corses à l'huile d'olive, les pouyettes (boulettes aux deux viandes), sans oublier les gâteaux et le flan à la farine de châtaigne... Si vous le souhaitez, Charles, qui est accompagnateur de moyenne montagne, vous conseillera avec compétence et gentillesse et vous racontera des tas d'histoires (corses, bien sur). Possibilité de randos accompagnées, 12,20 € (80 F) par personne et par jour. Accueil chaleureux, familial et sans façon.

GHISONI 20227 — Carte régionale A2

23 km O d'Aleria

|●| 🏠 **Ferme-auberge U Sampolu :** Sampolo. ☎ 04.95.57.60.18. Accès : à 19 km au nord-ouest de Ghisonaccia, dans le défilé de l'Inzecca (route de Ghisoni), sur la gauche après le lac artificiel en venant de la plaine orientale. Ouvert de mai à septembre. Uniquement sur réservation. Dans un joli coin de campagne, gentille ferme-auberge avec grande salle et agréable terrasse couverte. 2 menus à 13,80 et 16,80 € (90,52 et 110,20 F) et une petite carte. Parmi les spécialités, jambon corse, aubergines paysannes, beignets maison, agneau grillé, magret de canard au miel... Accueil convivial. *NOUVEAUTÉ.*

LAVATOGGIO 20225 ·············· Carte régionale A1

12 km E de Calvi

|●| 🏠 *Ferme-auberge Chez Edgar (Edgar Santelli) :* ☎ 04.95.61.70.75. Accès : Lavatoggio est un village minuscule sur la route qui descend à Lumio. Ouvert de Pâques à octobre. Une bonne adresse pour dîner. Edgar Santelli est un véritable personnage de film : il a du panache, du caractère et représente l'âme corse. Des vertus que l'on aime retrouver dans sa cuisine copieuse et inventive. Souvent viande et charcuterie maison, légumes du jardin. L'atmosphère est chaleureuse que ce soit dans la grande cour ombragée avec une partie abritée, ou dans la petite salle, ouverte les jours maussades (oui, ça arrive !). Immense barbecue extérieur.Toute la famille participe à l'accueil, même le petit dernier ! Ici, on commence par se poser (n'est-ce pas les parigots !) et on se détend... Edgar compose le menu pour vous (original, non ?.. et puis, qui c'est l'papa !...). Voici l'agneau rôti et fondant qui descend des bergeries locales. Cochon de lait sur réservation. Menu à 28,96 € (190 F).

LEVIE 20170 ·············· Carte régionale A2

42 km O de Porto-Vecchio ; 30 km E de Propriano

🛏 |●| (10 %) *Ferme-auberge A Pignata (Lili et Antoine de Rocca Serra) :* route du Pianu. ☎ 04.95.78.41.90. Fax : 04.95.78.46.03. Accès : de Levie, continuez en direction de Sartène pendant 3 km et tournez à droite vers les sites archéologiques ; à 1,5 km, au carrefour, prenez la petite route en contrebas sur la gauche et à la barrière à 200 m, tournez à gauche et montez sur 80 m. Sur réservation uniquement. En pleine nature, petite ferme-auberge de 60 couverts avec grande cheminée et système de broche à l'ancienne. Menu à 27,44 € (180 F), avec charcuterie maison ou beignets de fromage frais ou tarte à la pomme de terre, épaule de mouton ou daube ou aubergines farcies ou tripettes ou coq au vin ou sanglier en daube (en automne), cannellonis au brocciu ou *storzapreti* (« étouffe-curé » ! boulettes de menthe, d'œufs et de brocciu), haricots de Soissons en sauce, fromage du Berger, fruits du jardin ou beignets à la farine de châtaigne ou au brocciu. Vin maison à 10,67 € (70 F) la bouteille. Également des chambres, en système demi-pension uniquement (51,83 € par personne, soit 340 F). Produits maison de qualité et accueil authentique, une bonne adresse. Ici, pour les activités, c'est le cheval qui prime et Jean-Baptiste, le fils de la maison, emmène les hôtes en bivouac sur 2 jours (14 petits chevaux corses assez rustiques car ils doivent avoir le pied sûr). Ceux qui préfèrent l'histoire visiteront les sites archéologiques de Cucuruzzu et Capula (3 km).

LURI 20228 ·············· Carte régionale A1

34 km N de Bastia

🛏 *Chambres d'hôte (Marie-Thé et Alain Gabelle) :* Gîtes « I Fundali », Spergane. ☎ 04.95.35.06.15. Accès : du village de Piazza (un des 17 hameaux qui composent la commune de Luri), au niveau de la poste, direction Spergane pendant 3 km et fléchage. Fermé du 10 novembre au 15 février. Vu le succès (légitime) de l'endroit, il est plus que conseillé de réserver. Une chouette adresse toute proche du cap Corse !... Pas facile de se rendre dans cette petite enclave où rien ne parvient à troubler le silence... Dans un vallon verdoyant, imposantes ruines de tour médiévale. Au centre du décor, la maison de Marie-Thérèse et Alain, où 6 mignonnes chambres vous attendent. 40 € (262,38 F) pour 2, petit déjeuner compris. En demander une sur la vallée. Table d'hôte à 11 € (72,76 F). Cuisine familiale. Pour ceux qui préfèrent l'indépendance, 2 petits gîtes (2 et 4 personnes) à 213,43 et 274,41 € (1400 et 1800 F) la semaine. Marie-Thérèse et Alain sont chaleureux et ne sont pas avares de renseignements sur les environs. Prix doux pour la qualité des lieux. Une bonne adresse.

Nous vous rappelons que la table d'hôte est le complément d'une formule d'hébergement (chambre d'hôte, gîte d'étape...). Ce service n'est offert qu'aux personnes qui dorment sur place (excepté lorsqu'il est clairement écrit « ouvert aux extérieurs »).

🍴 |●| **Gîtes de Campo (Françoise et Georges Abelli) :** hameau de Campo. ☎ et fax : 04.95.35.05.64. Accès : à Santa-Severa, bifurquez vers Luri, faites 3 km et prendre le petit chemin à droite qui monte. Dans un joli petit coin de campagne, Françoise et Georges ont aménagé 2 chambres d'hôte avec sanitaires privés et 2 gîte ruraux de 4 personnes, dont 1 avec tout le matériel pour les petits. En chambre, comptez 38,50 € (252,54 F) pour 2, petit déjeuner compris, avec plein de sortes de confitures maison. En gîte, de 229 à 381,50 € (1502,14 à 2502,48 F) la semaine, selon la saison. Agréable jardin avec bananier et un grand palmier qui abrite la table d'hôte. Repas partagé en famille à 15,50 € (101,67 F) vin, apéro et digeo maison compris. Cuisine traditionnelle et familiale avec de nombreux produits maison et du poisson quand le fils a fait bonne pêche. Georges s'occupe d'un club de randos, alors si vous aimez crapahuter... Accueil vraiment chaleureux. Une adresse conviviale et sans façon. *NOUVEAUTÉ.*

MOLTIFAO 20218 Carte régionale A1

55 km SO de Bastia ; 12 km NE d'Asco

🍴 |●| 🐎 **Chambres d'hôte (Marie-Jeanne et Alexandre Filippi) :** Cabanella. ☎ 0495.47.80.29. Accès : de Ponte-Leccia, D 147 vers Asco, ne bifurquez pas vers Moltifao, la maison est sur cette route 1 km plus loin à gauche. Ouvert de mars à octobre. Dans la vallée de l'Asco, ancien hôtel à la façade mauve, installé en bordure d'une petite départementale, face à la rivière. 6 chambres simples avec sanitaires privés dont 2 au rez-de-chaussée, les autres à l'étage. 41,20 € (270,25 F) pour 2, petit déjeuner compris. Table d'hôte sans les proprios à 16,80 € (110,20 F) vin compris. Cuisine familiale avec de nombreux produits corses. Son pays, Alexandre l'aime, alors comptez sur lui pour vous en indiquer toutes les richesses. Accueil authentique et convivial. *NOUVEAUTÉ.*

MONTICELLO 20220 Carte régionale A1

6 km S de l'Île Rousse ; 24 km NE de Calvi

🍴 |●| **Chambres d'hôte Tre Castelli (Christiane Bandini) :** ☎ 04.95.60.24.27. Accès : de l'Île Rousse, D 63 vers Monticello, passez le village, la maison est 1,5 km plus loin à gauche. Ouvert d'avril à octobre. Sur les hauteurs de l'Île Rousse, à l'écart de la foule, construction à l'architecture moderne et cubique, bénéficiant d'un panorama exceptionnel sur la mer et le rocher. 5 chambres élégantes dans la maison des propriétaires et 2 autres dans un batiment indépendant. Sanitaires privés. 46 € (301,74 F) pour 2, copieux petit déjeuner compris. Table d'hôte à 19 € (124,63 F), vin compris. Cuisine familiale où les spécialité corses sont à l'honneur. Atmosphère chaleureuse et décontractée. Accueil charmant. une de nos adresses préférées sur le département. *NOUVEAUTÉ.*

MURATO 20239 Carte régionale A1

25 km SO de Bastia ; 18 km S de Saint-Florent

|●| **Ferme-auberge de Campo di Monte (Pauline Juillard et Henri Thiers) :** ☎ 04.95.37.64.39. Accès : de Bastia, N 193 en direction de Bonifacio ; à 12 km, prenez la D 827 ; en passant par Rutali, la ferme se trouve avant le pont à l'entrée de Murato ; chemin de 2 km. En été, ouvert tous les soirs ; et du 15 septembre au 28 juin, uniquement les vendredis soir, samedis soir et dimanches midi. Sur réservation. S'il est des endroits majestueux, celui-là en est un ! À 600 m d'altitude, avec une vue imprenable sur le golfe de Saint-Florent, et dans l'axe, la petite église en pierre verte et blanche de Murato. La ferme, quant à elle, ne dépare en rien ce merveilleux paysage, au contraire. Pierre apparente et toit de lauzes, tout ce qu'il y a de plus authentique. La capacité de 40 couverts se répartit en fait dans plusieurs petites salles de 8 et 16 places, admirablement bien aménagées par Pauline, qui prête une attention toute particulière à la déco (joli nappage et belle vaisselle). Dans l'assiette, bonne cuisine locale : soupe et charcuterie corses, ragoût de veau, grillades, agneau, truite maison, *storzapreti* ou polenta en hiver, fromages corses avec confitures de clémentines et de figues, *fiadone* et pets-de-nonne. Comptez 38,20 € (250,58 F), apéro, vin et café compris, tous les plats étant servis à volonté. Vous l'avez compris, une de nos adresses préférées, et en prime, un excellent accueil. Que demander de plus ?

PATRIMONIO 20253   Carte régionale A1

18 km O de Bastia ; 5 km E de Saint-Florent

Chambres d'hôte (Pierre-Louis Ficaja) : Lieu-dit Calvello. ☎ et fax : 04.95.37.01.15. Accès : dans le village, suivez les flèches « Gîte rural et chambres », mais attention, ne vous arrêtez pas à la 1re adresse, allez jusqu'au bout de l'impasse. Ouvert de mai à fin septembre. Adresse typique dans un village bien connu pour la qualité de ses vins. Impossible de rater la maison, car c'est une imposante bâtisse du XVIe siècle. Pierre-Louis, agriculteur à la retraite, et sa femme y ont aménagé des gîtes simples et 2 chambres en appartement, qui partagent une salle d'eau et deux grands salons. Comptez de 54,88 à 59,46 € (de 360 à 390 F) la chambre, petit déjeuner compris. La déco est plutôt classique, mais l'accueil des plus chaleureux, et le proprio intarissable sur sa Corse natale. Pas de table d'hôte, mais trois restaurants dans le village.

PIAGHJOLA 20166   Carte régionale A2

35 km SE d'Ajaccio

Chambres d'hôte Domaine de Piaghjola (Pierrette et Joseph Paoloni) : ☎ et fax : 04.95.24.23.79. Accès : d'Ajaccio, D 555 vers Porticcio puis plage d'Agosta ; tournez ensuite vers Pietrosella (D 255a) que vous traversez ; 3 km plus loin, à l'embranchement, c'est le portail en face de vous. Fermé en mars. Voici une adresse pour ceux qui rêvent de calme et de nature... Imaginez une ancienne ferme perdue au milieu de 300 ha de prairies et de maquis ! De septembre à fin février, c'est un domaine de chasse. En haute saison, la maison fonctionne en chambres d'hôte. 6 chambres agréables avec sanitaires privés. 61 € (400,13 F) pour 2, petit déjeuner compris et 19 € (124,63 F) le repas, pas systématiquement partagé avec les proprios. Première plage à Agosta (une petite demi-heure).

PINO 20228   Carte régionale A1

20 km S du Cap Corse

Chambres d'hôte (Martine Beneventi) : hameau de Metimo. ☎ 04.95.35.10.42. Accès : à l'entrée de Pino en venant du nord, au bar, garez-vous, prenez l'escalier à gauche, passez sous le porche et grimpez jusqu'à la maison rose aux volets verts. Au coeur du village parcouru par un dédale d'escaliers, Martine a ouvert 2 chambres avec sanitaires privés et accès indépendant. 41,20 € (270,25 F) pour 2, petit déjeuner compris, servi en terrasse aux beaux jours. Attention, pas de table d'hôte. Le bar propose une petite restauration rapide, mais 1er resto à 15 km. Martine possède aussi 2 petits gîtes dans le village de 4 et 5 personnes, loués entre 381,20 et 457,40 € (2500,51 et 3000,35 F) la semaine, draps et linge de maison fournis. Accueil authentique et vrai. *NOUVEAUTÉ.*

POGGIO-DI-NAZZA 20240   Carte régionale A2

15 km NO de Ghisonaccia

Ferme-auberge U Pugholu (Toussainte Tiberi) : ☎ 04.95.56.91.41. Accès : à 15 km de Ghisonaccia, prendre à gauche juste avant le défilé de l'Inzecca et grimper jusqu'à Poggio. Ouvert le midi seulement, les mercredis, jeudis, samedis et dimanches. Uniquement sur réservation. Une toute petite ferme-auberge au coeur du village. Ici on mange chez l'habitant dans la salle à manger familiale qui peut recevoir jusqu'à 20 couverts. À vous les spécialités corses pour 18,30 € (120,04 F) vin et café compris. Charcuterie maison, soupes corses, gâteau aux châtaignes, sanglier en saison... Accueil authentique et vrai. *NOUVEAUTÉ.*

PROPRIANO 20110 · Carte régionale A2

74 km S d'Ajaccio

🛏 |●| 🐴 **Chambres d'hôte Île de Beauté (Gisèle et Bernard Tafanelli) :** route de Viggianello. ☎ 04.95.76.06.03. Accès : dans Propriano, allez jusqu'au rond-point du supermarché et suivez les flèches. Sur les hauteurs de Propriano, dans un parc de 1 ha, Gisèle et Bernard ont installé 8 petits gîtes ruraux. Chacun dispose d'un salon, d'une chambre, d'une salle de bains, ainsi que d'une petite terrasse, d'où l'on a une vue imprenable sur le golfe de Valinco (on ne vous parle même pas des couchers de soleil...). Comptez de 210 à 400 € (de 1377,51 à 2623,83 F) la semaine (pour 4 personnes), suivant la saison. Également 3 petits chalets, avec frigo, faisant office de chambres d'hôte. 43 € (282,06 F) pour 2, petit déjeuner compris (délicieuses confitures maison). Possibilité de demi-pension à 77 € (505,09 F) par jour. Une chambre supplémentaire dans la maison des proprios. À l'occasion, Béber (pour les intimes) emmène même ses hôtes sur son petit bateau.

QUENZA 20122 · Carte régionale A2

45 km NE de Propriano

🛏 |●| 🐴 ⛲ **Gîte d'étape Chez Pierrot (Pierre Milanini) :** Jalicu. ☎ et fax : 04.95.78.63.21. Accès : en venant de Zonza (sur la D 420 vers Aullène), dans Quenza tournez à droite et montez dans la montagne ; fléchage sur 5 km, route goudronnée. Uniquement sur réservation. À 1200 m d'altitude, dans un site sauvage à souhait, petite maison en pierre apparente entourée de pâtures où s'égayent dix chevaux. Mais parlons couchage : 3 dortoirs de 4, 6 et 8 lits avec sanitaires communs. Comptez 29,73 € (195 F) par personne en demi-pension et 44,97 € (295 F) en pension complète. Cuisine simple mais traditionnelle. Table unique où Pierrot partage les repas avec ses hôtes : charcuterie maison, soupe corse, grillades dans la cheminée, ragoût de veau à l'ancienne, etc. Pour les clients de passage, possibilité de manger pour 22,87 € (150 F) par personne, apéro, vin, café et digeo compris. Si vous aimez le cheval, Pierrot propose une balade sympa pour découvrir la Corse de l'intérieur (2 h pour 27,44 €, soit 180 F), mais aussi d'autres formules, dont un forfait pension complète avec cheval. Très bon accueil. À côté, les aiguilles de Bavella, site superbe et majestueux.

SAINTE-LUCIE-DE-TALLANO 20112 · · · · · · · Carte régionale A2

20 km NE de Sartène

🛏 |●| 🐴 **Gîte d'étape U Fragnonu (Palma et Jean-François Pietri Poedda) :** ☎ 04.95.78.82.56 ou 04.95.78.82.67. Accès : du centre du village, prendre la route de Zoza sur 300 m, le gîte est à droite. Ouvert d'avril à octobre. Uniquement sur réservation. Comme son nom l'indique (U Fragnonu), c'est un ancien moulin tout en granit. Au 1er et 2e étage, 8 chambres de 4 lits superposés avec sanitaires privatifs. Mobilier réalisé par le menuisier du village. Belle pièce de jour, ornée de superbes photos sur la Corse. Le repas comprend souvent crudités, lasagnes au bruccio et aux épinards, tomme de brebis et flan à la châtaigne. 30 € (2196,79 F) en demi-pension vin compris, café et digeo offerts. Accueil jeune, souriant et sympa. Une adresse comme on les aime. *NOUVEAUTÉ.*

SAN-GAVINO (FIGARI) 20114 · · · · · · · · · · · Carte régionale A2

25 km SO de Porto-Vecchio ; 15 km N de Figari

🛏 |●| **Chambres d'hôte L'Orca (Alberte Bartoli) :** L'Orca-de-Sangavino. ☎ 04.95.71.01.29. Accès : de Figari, D 322 vers Pogglale, et 1 km après bifurquez vers San-Gavino. Fermé en novembre. Au cœur d'un ravissant petit village (15 âmes en hiver), c'est dans deux maisons qu'Alberte vous reçoit. Dans l'une, 2 chambres agréables, décorées avec goût. Sanitaires privés. Comptez 54 € (354,22 F) pour 2, petit déjeuner compris. Ici, Alberte prône la liberté et l'indépendance, aussi vous prendrez votre petit déjeuner à l'heure que vous le souhaitez et où vous le désirez (à l'intérieur ou sur la terrasse). En contrepartie, il faudra vous le préparer ; Alberte vous montrera où tout se trouve. Dans l'autre maison, 1 autre chambre sous forme de suite avec salon, TV, bouquins,... Atmosphère sereine et charmante. 61 € (400,13 F) pour 2, petit déjeuner compris. Au rez-de-chaussée, elle a aménagé deux petites salles chaleureuses, ouvertes aux clients de passage (nombreux habitués qui apprécient l'ambiance de la maison). Les spécialités d'Alberte sont nombreuses : soupe corse, aubergines farcies au brocciu et à la menthe, sauté de veau aux olives et miel du maquis, cannellonis au brocciu, sanglier en sauce (selon la saison), flans aux fruits de saison, gâteaux de farine de châtaigne... 19,80 € (129,88 F) le repas, apéro, vin et café compris. Une hôtesse souriante et décontractée. Une adresse pour prendre le temps de vivre et où l'on aurait bien posé nos sacs plus longtemps...

SAN-MARTINO-DI-LOTA 20200　　　Carte régionale A1

10 km N de Bastia

â **Chambres d'hôte (Florence et Bertrand Cagninacci) :** château Cagninacci. ☎ 04.95.31.69.30. Fax : 04.95.31.91.15. Accès : de Bastia, prenez la D 80 en direction du cap Corse, puis la D 131 sur la gauche en direction de San-Martino-di-Lota, et suivez le fléchage « Hôtel de la Corniche ». Ouvert du 15 mai au 30 septembre. De préférence sur réservation. Situé sur la route de la corniche, le château Cagninacci est une superbe demeure de famille qui surplombe la mer. Au rez-de-chaussée, charmant salon avec meubles anciens à disposition des hôtes et grande pièce de jour donnant sur un hall, avec escalier monumental en bois. 4 chambres confortables et gaiement décorées, situées au 1er étage (l'une dispose d'une petite terrasse, une autre a vue sur la mer). Sanitaires privés. Comptez de 69 à 75 € (de 452,61 à 491,97 F), selon la saison, pour 2, petit déjeuner compris (servi dans la salle à manger ou dans le parc). Pas de table d'hôte, mais trois restaurants au village. Accueil chic et chaleureux, pour un site enchanteur.

SARTÈNE 20100　　　Carte régionale A2

54 km NO de Bonifacio

|●| **Fromagerie d'Acciola (André Henry) :** ☎ et fax : 04.95.77.14.00. Accès : de Sartène prendre la nationale vers Bonifacio, pendant 8 km, la fromagerie est sur la droite (ne montez pas dans Sartène). Ouvert de mi-juin à fin septembre de 12 h à 15 h et de 19 h à 23 h (fermé le lundi en septembre). Il a fallu des années à André pour se faire accepter par les gens du coin... Il faut dire qu'on le prenait un peu pour un fou de venir élever des chèvres. Aujourd'hui, tout le monde le connaît et ses produits sont appréciés. Une terrasse couverte protège une cinquantaine de places sur tables et bancs en bois. Parmi les spécialités maison : salade de chèvre chaud, omelette au bruccio, terrine de fromage aux herbes, galette de farine de châtaigne, lasagnes au bruccio, cochon de lait au four, cheese cake à l'orange,... Comptez de 4 à 6 € (26,24 à 39,36 F) pour une entrée ou un dessert, de 6 à 8 € (39,36 à 52,48 F) pour un plat. Carte des vins de la région à prix très raisonnables. Accueil convivial. Si vous ne mangez pas, vous pouvez toujours acheter tous les produits du coin sur place. **NOUVEAUTE.**

VENACO 20231　　　Carte régionale A1

12 km S de Corte

â |●| 🐕 (10 %) **Ferme-auberge de Peridundellu (Angèle et Mathieu Angeli) :** ☎ et fax : 04.95.47.09.89. Accès : d'Aléria, N 200 vers Corte ; à 30 km, prenez à gauche la D 143 ; c'est à 4 km à gauche avant le village. Fermé d'octobre à Pâques. De préférence sur réservation. En pleine nature, petite ferme-auberge de 40 couverts. Bâtiment neuf sans caractère particulier, jolie vue sur les montagnes environnantes. Menu à 15,30 € (100,36 F), hors boisson, avec de bons petits plats, tels que feuilleté au fromage de chèvre, charcuterie de la ferme, lasagnes au brocciu, aubergines et courgettes farcies, magret de canard grillé, sauté d'agneau aux olives, lapin aux herbes, flan au caramel, *fiadone*, mousse au chocolat. Carte des vins entre 6,90 et 9,10 € (45,26 et 59,69 F) la bouteille. Il y a aussi une aire naturelle de camping de 25 emplacements, au milieu des sapins. Douche chaude. Accueil jeune et agréable. Nombreuses randos à proximité.

ZERUBIA 20116

Carte régionale A2

30 km NE de Sartène

♠ |●| *Chambres d'hôte U Rughjonu (Marie-Claire Comiti) :* ☎ 04.95.78.73.64. ● comiti@worldonline.fr ● Accès : à l'église du village, tournez à gauche, faites 50 m et 1er chemin à droite. À 830 m d'altitude, maison toute en granit vieille de plus d'un siècle. 5 chambres à l'atmosphère campagnarde, toutes de plain-pied avec sanitaires privés. 45,73 € (299,97 F) pour 2, petit déjeuner compris. Un peu partout des peintures réalisées par le papa de la maîtresse des lieux, vous feront découvrir les paysages et villages de Corse. Table d'hôte à 18,30 € (120,04 F), apéro maison (vin de gentiane), vin et café ou infusion compris. Marie-Claire est née juste à côté, aussi, elle connait tous les sentiers alentours (elle a fait un petit classeur où tout est marqué). Accueil chaleureux où l'hospitalité est de mise. *NOUVEAUTÉ.*

Franche-Comté

25 Doubs
39 Jura
70 Haute-Saône
90 Territoire de Belfort

ABONCOURT-GÉSINCOURT 70500 — Carte régionale A1

25 km NO de Vesoul ; 8 km SE de Jussey

|●| *Ferme-auberge La Ludore (Anne-Françoise et Laurence) :* ☎ 03.84.68.71.28. Fax : 03.84.68.72.34. Accès : de Vesoul, N 19 vers Langres ; à Port-sur-Saône, tournez à droite (D 56) vers Jussey ; l'auberge est à la sortie du village. Ouvert les samedis, dimanches et jours fériés. Uniquement sur réservation. Dans un joli corps de ferme recouvert d'ampélopsis. Deux petites salles rustiques (30 et 40 couverts), avec pierres et poutres apparentes, installées dans l'ancienne écurie et la grange (belle hauteur sous plafond). Ici, ce sont les femmes qui ont pris les choses en main... Anne-Françoise et Laurence proposent 2 menus à 11,40 et 15,20 € (74,78 et 99,71 F), le second comprenant deux entrées. Parmi les spécialités : terrine de lapin, jambon au foin (jambon maison cuit dans le foin, sauce madère, hum !), poulet gratiné (crème, moutarde, fromage), gigot d'agneau, canard au cassis et gâteau au chocolat. Carte des vins (surtout des crus régionaux) de 9,10 à 16,80 € (59,69 à 110,20 F), le demi-pichet à 3,50 € (22,96 F). Accueil chaleureux et authentique.

ARLAY 39140 — Carte régionale A2

12 km N de Lons-le-Saunier

🛏 |●| 🐕 *Chambres d'hôte Le Jardin de Misette (Marie-Claude et Christian Petit) :* rue Honoré-Chapuis. ☎ 06.11.63.86.58. Accès : de Lons, N 83 vers Besançon, puis à gauche D 120 vers Arlay ; la maison est à côté de l'église. Vous ne pouvez pas la rater, elle est au centre du village et Christian a peint une fresque sur la façade. On accède aux 3 premières chambres par un escalier extérieur, la dernière se situe dans une petite maison au fond du jardin, tandis qu'au bout du pré coule la Seille. Deux sont composées de deux chambres pour les familles. Déco sobre, papiers colorés. Mobilier neuf ou campagnard. Sanitaires privés. Comptez 42 € (275,50 F) pour 2, petit déjeuner compris. Chaleureux salon orné d'une belle cheminée avec le four à pain. Les livres régionaux édités par les proprios, le piano et l'accordéon complètent le décor. Salle à manger où vous dînerez avec Marie-Claude et Christian en compagnie de Popaul, le gris du Gabon qui reprend en chœur les vieilles chansons françaises interprétées par son maître (si l'ambiance est là, bien entendu). 14,50 € (95,11 F) le repas, pour une excellente cuisine régionale et

---

Nous vous rappelons que la table d'hôte est le complément d'une formule d'hébergement (chambre d'hôte, gîte d'étape...). Ce service n'est offert qu'aux personnes qui dorment sur place (excepté lorsqu'il est clairement écrit « ouvert aux extérieurs »).

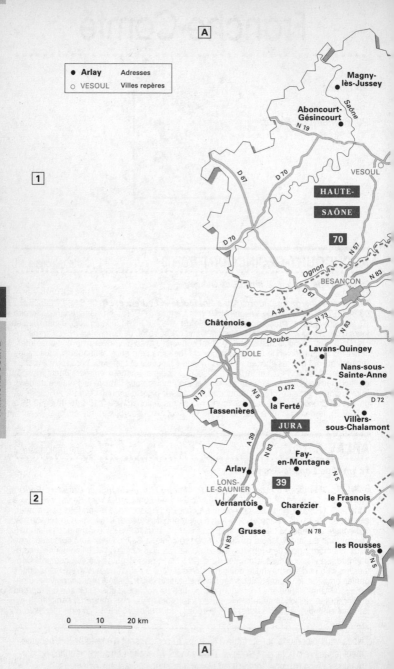

- **Arlay** Adresses
- ○ VESOUL Villes repères

Magny-lès-Jussey

Aboncourt-Gésincourt

N 19

VESOUL

D 67 · D 70

HAUTE-SAÔNE

70

D 70

Ognon · N 57

BESANÇON · N 83

D 67

A 36 · N 73 · N 83

Châtenois

Doubs

DOLE

Lavans-Quingey

Nans-sous-Sainte-Anne

N 73 · N 5 · D 472 · D 72

Tassenières · la Ferté

JURA · Villers-sous-Chalamont

A 39 · N 83

Fay-en-Montagne

Arlay · **39**

LONS-LE-SAUNIER · N 5

le Frasnois

Vernantois · Charézier

Grusse · N 78

N 83 · les Rousses · N 5

0 10 20 km

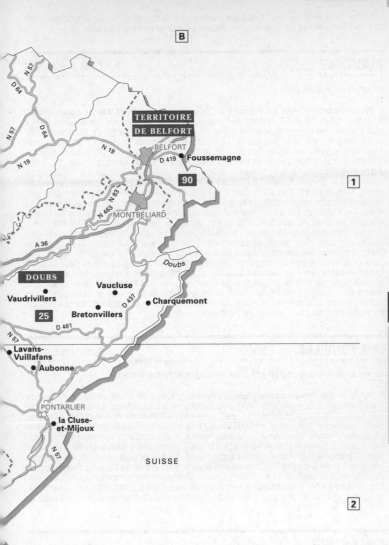

familiale, mais sans les vins. Ambiance chaleureuse et décontractée. Le village, avec son château, son parc et les ruines de sa forteresse, mérite qu'on s'y attarde.

AUBONNE 25520

Carte régionale B2

15 km N de Pontarlier

≜ |●| *Chambres d'hôte La Ferme du Château (Véronique et Xavier Lombardot) :* ☎ et fax : 03.81.69.90.56. Accès : de Pontarlier N 57 vers Besançon que vous ne quittez plus jusqu'au fléchage « Aubonne » à gauche, puis allez jusqu'au centre du village. C'est un château et c'est aussi une ferme... Ancienne résidence de vacances d'un marquis du coin, cette superbe demeure date de 1706 et a été achetée en 1920 par le grand-père de Véronique, qui la transforma en ferme laitière, reprise depuis de père en fils. Un grand escalier vous conduit aux 3 chambres, spacieuses et claires. Joli parquet d'époque, belle hauteur sous plafond. Mobilier à l'opposé du style château et papiers colorés. Sanitaires privés. Comptez 38 € (249,26 F) pour 2, 9 € (59,04 F) par personne supplémentaire, petit déjeuner compris, avec le bon lait de la ferme, les confitures maison et plusieurs sortes de miels. Pour prendre les repas, une grande salle à manger avec une surprenante cheminée dont les piedroits sont deux imposantes colonnes. Table d'hôte à 12,50 € (82 F), vin compris, partagée avec Véronique, souriante, jeune et discrète hôtesse, mais aussi avec Louis, son papa, qui participe activement à l'animation de la table. Quel plaisir de l'entendre parler des champignons et de ses tâches secrètes, des spécialités locales que vous dégusterez en sa compagnie. Pratiquement tout ce qui est servi sort de la maison. Les volailles, le veau, les légumes du jardin, la saucisse de Morteau et même le fromage, puisque la ferme livre la coopérative qui fabrique le fameux Mont-d'Or (servi chaud certains soirs... hum !). Une adresse comme on les aime, chaleureuse et sans façon. Bon rapport qualité-prix-convivialité. Ceux qui aiment l'ambiance château ne manqueront pas de visiter celui de Joux, au sud de Pontarlier.

BRETONVILLERS 25380

Carte régionale B1

60 km E de Besançon ; 10 km E de Pierrefontaine-les-Varans

≜ ⅷ⅍ 10 % *Chambres d'hôte (Patrick Dorget) :* La Joux. ☎ 03.81.44.35.78. Accès : de Pierrefontaine, D 32 vers Belleherbe, puis à droite vers Bretonvillers, puis encore à droite vers La Joux et fléchage (le hameau de La Joux est à 2,5 km de Bretonvillers). Fermé de début novembre à fin février. Petit hameau d'une quinzaine d'âmes perdu entre forêts et pâturages. Patrick, médecin à la retraite, habite là et, dans son ancienne ferme traditionnelle, il a ouvert 4 chambres d'hôte. On entre par la vieille étable pavée, on grimpe dans la grange à foin et on accède aux chambres. Toutes de bois vêtues et meublées en pin naturel. Sanitaires privés. Possibilité de dortoir dans la grange pour 4 à 6 enfants (literie fournie). Comptez 38,11 € (250 F) pour 2, petit déjeuner compris. Accueil convivial. Pas de table d'hôte, mais plusieurs restos à proximité. Patrick vivant seul, il s'absente fréquemment, alors n'hésitez pas à lui laisser un message... Une adresse pour se mettre au vert.

CHARÉZIER 39130

Carte régionale A2

28 km SE de Lons-le-Saunier ; 5 km N de Clairvaux-les-Lacs

≜ |●| ⌂ 10 % *Chambres d'hôte (Jacqueline et Guy Devenat) :* 17, rue du Vieux-Lavoir. ☎ 03.84.48.35.79 et 06.85.96.14.10. Accès : de Lons-le-Saunier, N 78 vers Genève ; après Pont-de-Poitte, tournez à gauche (D 27) vers le lac de Chalain et fléchage. À 500 m d'altitude, dans une maisonnette indépendante à l'orée d'un petit bois, mais à proximité de leur habitation, Jacqueline et Guy ont aménagé 3 chambres avec sanitaires privés. Décoration simple, meubles en bois naturel. Calme et indépendance assurés. Une chambre supplémentaire au 1er étage de leur maison, utilisée en hiver à cause de problèmes de chauffage. Comptez 32 € (209,91 F) pour 2 et 46 € (301,74 F) pour 4 personnes, avec le petit déjeuner. Possibilité de repas à 9,15 € (60 F), vin non compris. Accueil authentique et agréable.

CHARQUEMONT 25140   Carte régionale B1

65 km E de Besançon ; 12 km S de Maîche

🛏 *Chambres d'hôte Les Grillons (Sylvie Marcelpoix) :* Bois de la Biche. ☎ 03.81.44.07.01. Accès : de Maîche, D 464 vers Charquemont ; dans le village, prenez la D 10 vers La Combe-Saint-Pierre, puis fléchage « Bois de la Biche ». À 1000 m d'altitude, en pleine nature, au milieu des bois et des prés. Grande maison dans laquelle Sylvie, qui vit avec ses parents, vous propose 4 chambres dont deux composées de deux chambres pour 4 personnes. Sanitaires privés, et pour les inconditionnels du petit écran, télé dans chaque chambre. Comptez 39,64 € (260 F) pour 2, avec le petit déjeuner. Pas de table d'hôte, mais le frère de Sylvie tient un petit resto à 100 m plus bas, où elle travaille d'ailleurs en saison. Accueil convivial et très souriant, bref, une gentille adresse.

CHATENOIS 39700   Carte régionale A1

7 km N de Dole

🛏 ✳ ⑩% *La Thuilerie des Fontaines (Françoise et Michel Meunier) :* 2, rue des Fontaines. ☎ 03.84.70.51.79 et 06.07.39.62.82. Fax : 03.84.70.57.79. ● http://perso.wanadoo.fr/hotes-michel.meunier/michel.htm ● Accès : de Dole, N 73 vers Besançon ; à Rochefort-sur-Nenon, D 10 vers Amange/Châtenois, puis fléchage. Grande demeure du XVIIIe, un peu en bord de route (de campagne, rassurez-vous !), mais qui, une fois passé le grand portail, dévoile ses charmes. Les gens du coin l'appellent d'ailleurs « le château ». 4 chambres agréables avec sanitaires privés. Comptez 41,16 € (270 F) pour 2, avec le petit déjeuner : charcuterie, fromages, gâteau maison (bref, de quoi commencer la journée en pleine forme). Grande et belle salle de séjour. Pas de table d'hôte mais nombreux restos à Dole (c'est le moment d'aller voir la collégiale et la maison natale de Pasteur...). Pour vous détendre, une grande piscine avec balnéo (chouette !). À noter que Françoise s'occupe d'une petite association qui fabrique des costumes et il y en a plus de trois cents sur place (si on avait eu le temps, on en aurait bien essayé quelques-uns !). Accueil chaleureux et bon rapport qualité-prix-convivialité.

CLUSE-ET-MIJOUX (LA) 25300   Carte régionale B2

5 km SE de Pontarlier

🛏 🐕 ✳ ⑩% *Chambres d'hôte (Liliane Marguier) :* Montpetot. ☎ 03.81.69.42.50. Accès : de Pontarlier, N 57 vers Lausanne ; traversez La Cluse-et-Mijoux, puis prenez à gauche la D 6 vers Les Fourgs/Yverdon ; faites encore 1 km et tournez à gauche au fléchage. On se sent tout de suite bien chez Liliane... Est-ce le cadre ? Une superbe nature de prés et de forêts (propices aux randos et à la cueillette des champignons), avec une belle maison traditionnelle au milieu d'un petit hameau. Est-ce la déco de la maison ? Dès l'entrée, on peut admirer des vitrines remplies de poupées anciennes et de vieilles dentelles. 2 chambres croquignolettes avec sanitaires privés : une plus à l'écart, l'autre (notre préférée) avec des poutres apparentes et de splendides meubles campagnards. Comptez de 33,54 à 35,83 € (de 220 à 235 F) pour 2, petit déjeuner compris, avec charcuterie et fromage, servi dans une grande pièce rustique avec une chaleureuse cheminée. Est-ce la personnalité de Liliane ? Forte et indépendante, elle s'occupe du festival de théâtre qui a lieu dans la cour d'honneur du château de Joux. Est-ce son accueil charmant et sa passion pour les chats ? Sûrement les quatre, car c'est notre adresse préférée sur le département. Même si vous n'êtes pas ici pendant le festival, allez voir le château, superbe forteresse haut perchée dont certaines parties remontent au XIe siècle ! Il abrite un musée d'armes.

FAY-EN-MONTAGNE 39800   Carte régionale A2

25 km NE de Lons-le-Saunier ; 17 km O de Champagnole

🛏 ▐●▌ 🐕 ⑩% *Chambres d'hôte (Andrée Romand) :* ☎ 03.84.85.30.79. Fax : 03.84.85.39.69. Accès : de Lons-le-Saunier, D 471 vers Pontarlier et à Crançot, prenez la D 4 vers La Marre, puis vers Fay-en-Montagne ; dans le bourg, c'est la maison à la façade jaune-ocre un peu criarde. Andrée, gentille mamie qui vit avec son fils, a installé 3 chambres avec sanitaires privés, dont une au rez-de-chaussée et deux à l'étage. Comptez 36,59 € (240 F) pour 2 avec le petit déjeuner. Elle vous propose les repas en table d'hôte, à 10,70 € (70 F) pour un repas simple et à 12,20 € (80,03 F) avec des plats plus cuisinés. Parmi ses spécialités, la tourte et les beignets au comté, le gratin de pommes de terre, sans oublier le fromage blanc et les tartes maison (pas de repas le week-end pendant l'été). Accueil chaleureux et authentique.

FERTÉ (LA) 39600   Carte régionale A2

25 km SE de Dole ; 10 km NO d'Arbois

🛏 🍽 🐕 ✖ ⑩% *Chambres d'hôte Le Moulin (Michèle Peseux) :* rue du Moulin. ☎ 03.84.37.51.83. Accès : de Dole, N 5 vers Genève et à Mont-sous-Vaudrey, prenez la D 469 vers Arbois ; la maison est au centre du village. Sur réservation de préférence. Dans un moulin à eau qui fabrique encore une partie de l'électricité, Michèle s'occupe de 2 chambres avec sanitaires privés. Comptez 41,16 € (270 F) pour 2 avec le petit déjeuner, pris dans une grande salle en pierre et poutres apparentes, avec au centre un des mécanismes du moulin (ancienne salle d'auberge). Possibilité de table d'hôte (3 fois par semaine) à 19,82 € (130 F), vin d'Arbois compris (et ne manquez pas de lui réserver la spécialité maison : le coq au vin jaune et aux morilles, slurp !...). Accueil souriant et convivial. Également 2 chambres communiquantes avec sanitaires privés, 68,60 € (450 F) pour 4 personnes.

FOUSSEMAGNE 90150   Carte régionale B1

15 km E de Belfort

🛏 *Chambres d'hôte Domaine du Parc (Marianne Liote) :* 7, rue des Vosges. ☎ et fax : 03.84.23.48.76. Accès : par la D 419 entre Frais et Bessoncourt ; après Frais prenez la direction d'Altkirch. Dans un fort beau parc, Mme Marianne Liote reçoit chaleureusement dans sa grande et belle demeure, vieille de plus de deux siècles, aux allures de manoir. Les patrons ont tout refait de leurs mains et se voient là récompensés : leur maison possède une âme ! 2 chambres spacieuses et confortables où l'on a tenté (avec succès) de maintenir le charme d'autrefois. Les beaux planchers ont été remis en valeur, pas de modernisme incongru, mais de vrais meubles de campagne et des chambranles narquoisement de guingois. Sanitaires privés. Comptez 42,69 € (280 F) pour 2, petit déjeuner compris (superbe). À côté, 2 beaux gîtes dans le même corps de bâtiment, à louer de 304,90 à 335,39 € (de 2000 à 2200 F) la semaine, en haute saison. Bref, une bonne adresse.

FRASNOIS (LE) 39130   Carte régionale A2

42 km E de Lons-le-Saunier ; 15 km S de Champagnole

🛏 🍽 ⑩% *Gîte d'étape L'Éolienne (Danielle et Christian Monneret) :* La Fromagerie. ☎ 03.84.25.50.60 ou 03.84.25.57.27. Fax : 03.84.25.50.38. Accès : de Lons-le-Saunier, N 78 vers Genève, après Bonlieu tournez à gauche (D 75) vers Frasnois, puis à Ilay à gauche vers la Fromagerie et fléché. Fermé du 15 novembre au 15 décembre et du 5 janvier au 5 février. À 800 m d'altitude, dans un site verdoyant et serein, au cœur de la région des lacs et cascades. Dans une maison à proximité de celle des proprios, gîte d'étape avec 3 chambres-dortoirs pour 4, 5 ou 11 personnes et 2 blocs sanitaires communs. Décoration simple, lits en bois naturel, mais chambres claires et agréables. Comptez 26,68 € (175 F) par personne en demi-pension sans les draps. Également 4 chambres d'hôte, 33,54 € (220 F), petit déjeuner compris. Un petit resto sur place, *L'Éolienne*, tenu par la fille de la maison et son mari, vous permettra de prendre vos repas. Ils accueillent randonneurs et extérieurs. Petits menus simples, mais aussi un bon choix de salades, crêpes et gril, de 5,34 à 15,24 € (de 35 à 100 F) environ. Une bonne adresse pour les amoureux de la nature (espace botanique, jardin plantes médicinales, exposition), et de superbes randonnées pour découvrir lacs et cascades. Les cavaliers sont les bienvenus, plusieurs boxes pour les chevaux. Accueil agréable.

FRANCHE-COMTÉ

GRUSSE 39190   Carte régionale A2

15 km S de Lons-le-Saunier

🛏 |●| ⬱ (10%) *Chambres d'hôte (Germaine et Douglas Baud) :* ☎ 03.84.25.04.03. et 06.82.42.10.30. Accès : de Lons-le-Saunier, N 83 vers Lyon jusqu'à Sainte-Agnès (10 km), puis D 72 vers Vincelles, puis Grusse et fléchage. Ici, c'est la vraie vie de la ferme, alors tombez le costard et laissez les talons aiguilles à la maison. La campagne est belle et vous aurez une vue superbe sur le Sud-Revermont avec ses coteaux parsemés de vignobles. Eh oui, Douglas et Germaine produisent du mousseux mais aussi des côtes-du-jura blanc et rouge (hum !). Mais les enfants (et les adultes) trouveront aussi tous les animaux de la ferme, dont Chloé la truie chinoise, mascotte de la maison. 2 chambres au charme désuet dans deux ailes de la maison, dont une avec un baldaquin neuf qui a vu souvent les jeunes mariés du coin. 3 autres chambres avec salon, coin cuisine, télévision et terrasse. Sanitaires privés. Comptez 35 € (229,58 F) pour 2, petit déjeuner compris. Les repas se prennent en famille, dans la véranda, sous le regard des poupées en porcelaine qui forment l'importante collection de Germaine. Table d'hôte à 13,72 € (90 F), apéro et vin compris. Bonne cuisine du terroir avec pratiquement que des produits maison : les volailles élevées en totale liberté et nourries au maïs et au blé, les légumes du jardin, le tout arrosé du vin sorti tout droit de la cave qu'il faut vraiment visiter. Accueil chaleureux. Une adresse authentique et vraie.

LAVANS-QUINGEY 25440   Carte régionale A2

17 km SO de Besançon

|●| 🐎 *Auberge de la Lavandière (Jacqueline et Éric Guyon-Goncalves) :* rue Lavandière. ☎ et fax : 03.81.63.69.28. Accès : de Besançon, N 83 vers Lons-le-Saunier ; 1 km après Quingey, tournez à droite au fléchage et suivez-le. Ouvert tous les jours, sauf le dimanche soir et lundi et le samedi midi en hors saison. Réservation conseillée. Agréable auberge installée dans une ferme du XVIIIe bien restaurée. Salle avec poutres apparentes et cheminée monumentale. La spécialité maison, c'est le veau de lait élevé sur place, mais il y a en bien d'autres, telles que les escargots fermiers, le fumé du Jura, les rösti, la boîte chaude de Mont-d'Or... Menus de 15 à 24 € (98,39 à 157,43 F). Plat du jour en semaine à 6,50 € (42,64 F). Petite carte avec terrine maison à 6,40 € (41,98 F), gratinée jambon-morilles à 14,50 € (95,11 F), et escalope de veau Belle Comtoise à 11 € (72,16 F). Accueil souriant.

LAVANS-VUILLAFANS 25580   Carte régionale B2

35 km SE de Besançon ; 13 km E d'Ornans

🛏 |●| ⬱ *Ferme-auberge du Rondeau (Gisèle et Bernard Bourdier) :* ☎ 03.81.59.25.84. Fax : 03.81.59.29.31. Accès : de Besançon, N 57 vers Valdahon, puis D 67 vers Ornans, puis Pontarlier ; à Vuillafans, prenez la D 27 vers Lavans-Vuillafans et fléchage. Fermé le lundi. Uniquement sur réservation. En pleine nature, dans un cadre superbe, Bernard élève des chèvres et des sangliers (rassurez-vous, les élevages sont petits). Dans un grand chalet tout fleuri, une petite salle de 35 couverts, avec une grande cheminée en pierre. Menus de 15,20 à 24,40 € (99,71 à 160,05 F), dont 1 végétarien. Le « gourmand », à 24,40 €, avec deux entrées dont un délicieux confit de foie de chevreau. Mais les spécialités sont nombreuses : jambon cru de sanglier, terrine maison de chevreau, filet mignon de sanglier, confit de volaille, sanglier rôti aux groseilles, corne d'abondance du Rondeau (extra !), sabayon glacé... Même l'apéro et le pain sont maison. 4 chambres d'hôte : deux à côté de l'auberge et deux dans la maison de la mère de Bernard toute proche. De 41,17 à 51,84 € (270,06 à 340,05 F) pour 2, petit déjeuner compris. Également, une petite boutique avec la vente des produits maison. Enfin, visite de l'exploitation et de la fabrication des fromages.

MAGNY-LÈS-JUSSEY 70500 — Carte régionale A1

40 km NO de Vesoul ; 7 km NE de Jussey

🛏 🐕 **(10%)** *Chambres d'hôte (Bernadette Billy) :* ☎ 03.84.68.07.28. Accès : de Jussey, D 3 vers Corre ; à 1 km, tournez à droite (D 46) vers Cendrecourt, puis D 153 vers Magny ; la maison est près de la mairie. Au cœur du village, une grande maison composée d'une partie ancienne et d'une plus récente où Bernadette a aménagé 2 chambres simples avec sanitaires privés. Comptez 42 € (275,50 F) pour 2 avec le petit déjeuner. Bernadette est retraitée et consacre tout son temps à ses hôtes. Accueil authentique.

NANS-SOUS-SAINTE-ANNE 25330 — Carte régionale A2

35 km O de Pontarlier ; 15 km NE de Salins-les-Bains

🛏 |●| 🐕 ⇖ **(10%)** *Gîte d'étape Lison Accueil (Gérard, Marc et Michel) :* 7, Grande-Rue. ☎ 03.81.86.50.79. Fax : 03.81.86.42.24. Accès : au centre du bourg. C'est l'amour du sport et de la nature qui a poussé Gérard, Marc et Michel (amis d'enfance) à ouvrir cette structure d'accueil. 5 chambres de 2 à 4 lits (dont 4 avec douche privative) et 3 dortoirs de 4 à 8 places. Nombreux sanitaires. Comptez de 9,50 à 11 € (62,32 à 72,16 F) la nuit par personne, de 25,50 à 27 € (167,27 à 177,11 F) en demi-pension et de 33 à 35 € (216,47 à 229,58 F) en pension. Cuisine familiale, servie dans une agréable salle à manger avec une noble cheminée (spécialité : jambon cuit à l'os sauce au vin jaune) ou en terrasse. Tous trois moniteurs de spéléo mais aussi de canyoning et d'escalade, ils proposent des tas d'activités pour tous niveaux (ces stages sont agréés par l'École française de spéléologie).

ROUSSES (LES) 39220 — Carte régionale A2

70 km SE de Lons-le-Saunier ; 11 km SE de Morez

🛏 |●| 🐕 ⇖ **(10%)** *Gîte de séjour La Grenotte (Isabelle et Jean-Claude Feugère) :* Le Bief de la Chaille. ☎ 03.84.60.54.82. Fax : 03.84.60.04.67. ● www.jura.france.com ● Accès : des Rousses, N 5 vers Genève ; à la sortie du bourg, prenez la D 29 à droite vers Lamoura et fléchage à 1,5 km. Attention, en hiver le gîte n'est pas accessible en voiture (300 m à pied). Fermé du 15 novembre au 15 décembre. À 1100 m d'altitude, en pleine nature, grand gîte de séjour de 38 lits répartis en 8 chambres pour 2 à 6 personnes et 1 dortoir de 10 couchages. Déco gentillette, mobilier en pin naturel. Deux formules sont proposées par Isabelle et Jean-Claude, les jeunes proprios, qui ont repris cet ancien gîte d'étape : soit en petit dortoir et vous apportez votre duvet, soit en chambre avec couette. Sanitaires communs. Comptez de 11,43 à 14,48 € (de 75 à 95 F), par nuit et par personne, 4,57 € (30 F) le petit déjeuner. Une petite salle d'auberge avec coin détente, ouverte aux extérieurs. Petite carte simple pour les randonneurs : choix d'omelettes, assiette de charcuterie, tarte aux myrtilles (miam-miam !), et des spécialités : quiche comtoise, croûte aux morilles, fondue, raclette, tartiflette. Pour ceux qui dorment, possibilité de demi-pension et pension, respectivement à 30,18 et 39,33 € (198 et 258 F), par jour et par personne en chambre, 27,14 et 36,28 € (178 et 238 F) en dortoir. Une adresse idéale pour les sportifs : l'hiver, le ski alpin (les remontées sont à 800 m), mais surtout le fond ; la GTJ (Grande Traversée du Jura) passe devant la maison. L'été, la randonnée ; les GR 9 et 5 sont tout proches. Circuits VTT. Accueil décontracté et chaleureux.

TASSENIÈRES 39120 — Carte régionale A2

20 km S de Dole

|●| 🐕 *Ferme-auberge du Carrouge (Brigitte et Michel Monamy) :* 9, route de Pleure. ☎ 03.84.81.44.92. Fax : 03.84.81.42.05. Accès : au centre du bourg. Ouvert les vendredis soir (en juillet et août), samedis soir et dimanches midi. Fermé pendant les vacances de février. Uniquement sur réservation. C'est dans l'ancienne étable que Brigitte et Michel ont aménagé une gentillette salle de 40 couverts (pierres et poutres apparentes). L'attraction

de cette ferme-auberge, c'est le vieux tournebroche dans la cheminée. D'excellentes spécialités à partir des produits maison, qu'on retrouve dans 2 menus à 13 et 16 € (85,27 et 104,95 F). Le second est carrément pantagruélique avec 2 entrées et 1 dessert (si, si !... les plus affamés terminent en général par une glace, on se demande bien pourquoi !). Le poulet ou le canard à la broche bien sûr, mais aussi le veau de lait maison (en blanquette, rôti ou côte) pourront être à votre programme. Petite carte des vins à prix doux de 6,1 à 12,20 € la bouteille (40 à 80 F), et 4,57 € (30 F) le pichet de 50 cl. Une petite terrasse couverte pour les beaux jours. Accueil souriant et authentique et un bon rapport qualité-prix-convivialité.

VAUCLUSE 25380 Carte régionale B1

61 km E de Besançon ; 18 km O de Maîche

Ferme-auberge (Sandrine et Anne Moreau) : Frémondans. ☎ 03.81.44.35.66. Accès : de Maîche, D 464 vers Cour-Saint-Maurice, puis D 310 ; fléchage « Frémondans » depuis le village. Ouvert tous les soirs en juillet-août, et de septembre à juin du vendredi soir au dimanche soir. Sur réservation de préférence. Dans une jolie ferme traditionnelle en pleine nature, à 600 m d'altitude, petite salle de 30 couverts très rustique (superbe meuble avec horloge comtoise intégrée). 2 sœurs ont décidé d'ouvrir cette petite auberge et de vous faire découvrir les spécialités régionales à partir des produits maison. La fondue comtoise (uniquement avec du comté) à 6,10 € (40,01 F), l'omelette aux cèpes à 3,90 € (25,58 F) et la salade au chèvre chaud à 2,80 € (18,37 F). Également 2 menus, servis uniquement sur résa, à 12,20 et 14 € (91,83 F), avec respectivement en plat principal, la pintade au vin blanc, le cabri à l'oseille. Carte des vins de 6,10 à 13,70 € (40,01 à 89,87 F) la bouteille. Les prix sont très doux, l'accueil sympa, en clair, une bonne adresse.

VAUDRIVILLERS 25360 Carte régionale B1

35 km E de Besançon ; 15 km S de Baume-les-Dames

Chambres d'hôte Chez Mizette (Mizette et Daniel Philippe) : 3, rue de l'Église. ☎ et fax : 03.81.60.45.70. ● chez-mizette@wanadoo.fr ● Accès : A 36, sortie Baume-les-Dames, puis D 50 vers Valdahon, puis D 464 vers Maîche jusqu'à Vaudrivillers. La maison est au centre du bourg derrière l'église. Dans une ancienne grange indépendante de la maison des propriétaires, grande pièce de jour avec immense table pour prendre les repas. 4 chambres avec sanitaires privés. Comptez 40 € (262,38 F) pour 2, petit déjeuner compris. Table d'hôte partagée avec Mizette et Daniel. Goûteuse cuisine familiale et régionale pour 13 € (85,27 F), vin compris (c'est pas la ruine !). Accueil chaleureux.

VERNANTOIS 39570 Carte régionale A2

7 km S de Lons-le-Saunier

Chambres d'hôte Galerie Rose Art (Monique et Michel Ryon) : 8, rue Lacuzon. ☎ et fax : 03.84.47.17.28. Accès : dans Lons-le-Saunier, prenez la direction de la gare SNCF et juste avant celle-ci, tournez à droite vers Macornay, puis Vernantois et fléchage « Rose Art ». Au cœur de ce petit village se trouve une adresse au double visage : d'un côté une galerie d'art qui présente des œuvres de peintres renommés, comme Mac Avoy (célèbre pour ses portraits de personnages illustres) ; de l'autre, 2 grandes chambres d'hôte (dont une familiale composée de deux chambres), parées de toiles de jeunes talents (comme dans toute la maison d'ailleurs !). Sanitaires privés. Comptez 38,11 € (250 F) pour 2 petit déjeuner compris. Possibilité de repas sur réservation (cuisine régionale) et de dégustation de vins du Jura bio. Un petit salon avec un beau piano attend vos doigts agiles, car Monique, ancienne libraire, aime les artistes. C'est elle qui a créé cette galerie, où tous les peintres, quelle que soit leur renommée, exposent gratuitement (ça n'est pas de la passion ça ?). Mais elle aussi sait créer... elle brode à merveille et vous trouverez dans sa galerie des services de tables et napperons (chers, car c'est un très long travail), mais surtout de ravissantes cartes postales, brodées par elle, sur des motifs de sa création (c'est ravissant !). Un accueil chaleureux, et une adresse pour les amateurs d'art mais aussi de golf (il y en a un juste à côté), dont les clients connaissent déjà bien la maison de Monique. Prêt de VTT.

VILLERS-SOUS-CHALAMONT 25270 Carte régionale A2

30 km O de Pontarlier ; 7 km N de Levier

â ⋈ ⑩% ***Chambres d'hôte (Jeanne et Yves Jeunet) :*** Grande-Rue. ☎ 03.81.49.37.51. Fax : 03.81.49.32.26. Accès : par la D 49 ; au milieu du bourg. À 800 m d'altitude, Jeanne et Yves, agriculteurs (l'exploitation n'est pas sur place), ont aménagé 3 chambres. Une au 1er étage de leur maison, et deux dans une petite maison (préférez la chambre rustique qui donne sur l'arrière). Sanitaires privés pour la première, salle d'eau privée mais w.-c. communs pour les deux autres. En outre, ceux qui préféreront l'indépendance auront un petit coin cuisine à disposition. Tout le monde se retrouve au petit déjeuner dans la grande salle à manger de Jeanne (c'est le moment de lui demander des tuyaux sur la région, qu'elle connaît bien). Comptez 34 € (223,03 F) pour 2, petit déjeuner compris. Ceux qui le désirent pourront visiter l'exploitation et la fromagerie. Accueil authentique et vrai.

Île-de-France

77 *Seine et Marne*
78 *Yvelines*
91 *Essonne*
95 *Val-d'Oise*

AUFFARGIS 78610
Carte régionale A1

40 km O de Paris ; 10 km NE de Rambouillet

🏠 🐴 (10%) ***Chambre d'hôte (Silvia Depaoli) :*** chemin des Côtes. ☎ et fax : 01.34.84.95.97 et 06.12.04.33.56. ● peckinpah@free.fr ● Accès : de Paris, N 10 vers Rambouillet, sortie le Perray-en-Yvelines, continuez vers le Perray, puis à gauche vers Auffargis, traversez le village en direction de l'abbaye et 600 m après l'église prenez le chemin à gauche (juste avant les tennis) et faites 600 m, c'est la dernière maison. On vous le dit tout de suite, on a vraiment craqué pour cette adresse... Il va falloir vous battre car malheureusement il n'y a qu'1 seule chambre. Ancienne dépendance du château d'Auffargis, elle pourrait s'appeler « La Petite Maison dans la forêt ». Silvia, américano-italienne, vous charmera par sa personnalité et son accent. On rentre directement dans la chambre, romantico-campagnarde, parée de poutres et de vieilles gravures botaniques. Petits sanitaires privés. 45,73 € (300 F) pour 2, copieux petit déjeuner compris, avec du café *San Marco*, cela va de soi. Il vous est servi dans un ravissant salon attenant qui peut héberger aussi le reste de la famille. Si monsieur n'est pas en forme ou pour les jours de pluie, télévivion et magnétoscope... Eh oui, Silvia et Miguel sont passionnés par le cinéma et possèdent des milliers de cassettes ! Et rien que des films en VO (je craque !). Ils éditent de petits catalogues et vous choisissez selon vos goûts : vous êtes plutôt comédie italienne, thriller américain, classique français... ? Pour prendre un coup de vert culturo-pédestre, sachez que le chemin des Côtes est aussi le GR1 qui passe par Dampierre, l'étang, puis l'abbaye des Vaux-de-Cernay. Un accueil de qualité, un cadre charmant, bref, un de nos coups de cœur.

AUVERS-SUR-OISE 95430
Carte régionale A1

30 km N de Paris ; 6 km E de Pontoise

🏠 ✗ (10%) ***Chambres d'hôte La Ramure (Sylvie et Thierry Amaniera) :*** 38, rue du Montcel. ☎ 01.30.36.79.32. et 06.81.31.30.86. Fax : 01.30.36.79.39. ● http://perso.club-internet.fr/laramure ● Accès : devant la célèbre église peinte par Van Gogh, tournez à droite et continuez jusqu'à un grand portail en ferronnerie. Au cœur du vieux village, belle demeure 1900, de style Mansart, agrémentée d'un mignonnet perron. Derrière et en

---

Nous vous rappelons que la table d'hôte est le complément d'une formule d'héberge-ment (chambre d'hôte, gîte d'étape...). Ce service n'est offert qu'aux personnes qui dorment sur place (excepté lorsqu'il est clairement écrit « ouvert aux extérieurs »).

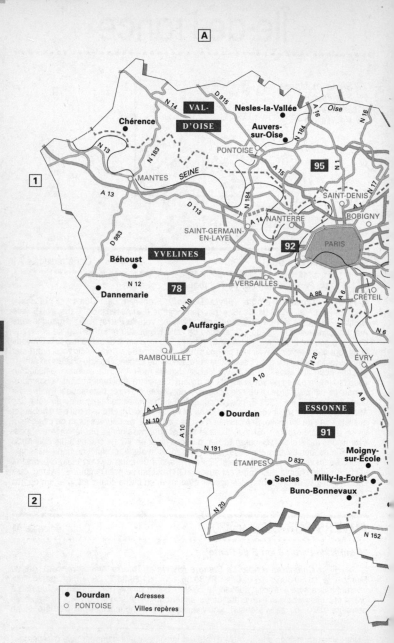

ÎLE-DE-FRANCE

- ● **Dourdan**   Adresses
- ○ PONTOISE   Villes repères

ÎLE-DE-FRANCE

surplomb, le parc étend ses 2000 m^2, peuplé d'arbres centenaires. Mais parlons des chambres... Elles sont 3 et pour tous les budgets... Tout dépend des sanitaires. Les plus riches choisiront « la rococo », au mobilier en loupe marquetée et parée de statues en résine, œuvres d'un artiste local. Sanitaires privés et attenants. La 2e s'est vêtue de couleurs pastel avec salle d'eau privée, mais w.-c. sur le palier. La dernière, plus petite et moins chère, a salle de bains et w.-c. sur le palier (mais au bout de deux couloirs différents, histoire de vous mettre en selle...). Respectivement 70, 60 et 40 € (459,17, 393,57 et 262,38 F) pour 2, petit déjeuner compris, servi dans le parc aux beaux jours. Pas de table d'hôte, mais *Le Cordeville* est un resto sympa et économique. Enfin, ne partez pas sans allez faire un tour à la petite galerie d'art de vos hôtes, où les amateurs trouveront aussi un billard français et les amoureux des antiquités, un remarquable piano désaccordé. Une adresse aussi charmante que sa propriétaire et un point de chute idéal pour découvrir Auvers et ses souvenirs impressionnistes.

BÉHOUST 78910 Carte régionale A1

30 km O de Versailles ; 10 km NE de Houdan

🛏 ⟨10 %⟩ *Chambre d'hôte (Josiane Seray) :* 2, rue de la Masse. ☎ 01.34.87.27.88. Fax : 01.34.86.76.77. Accès : de Versailles, N 12 vers Dreux et sortie La Queue-les-Yvelines ; dans le bourg, prenez la rue en face du château, la maison est à 100 m à droite. Dans un petit village très sympa, Josiane a aménagé une guillerette et champêtre chambre double pour 4 personnes, dans une ancienne écurie au fond de son jardin. Superbe salle de bains. 51 € (334,54 F) pour 2, petit déjeuner compris (qui se prend dans la salle à manger des proprios). Pour les amoureux, Josiane peut même le leur apporter dans la chambre. Prêt de vélos. Accueil souriant et chaleureux. Une bonne adresse.

BRÉAU 77720 Carte régionale B2

15 km E de Melun

🛏 ⦿ 🐾 ⟨10 %⟩ *Chambres d'hôte Ferme Relais du Couvent (Nicole et Jacques Legrand) :* ☎ 01.64.38.75.15. Fax : 01.64.38.75.75. • www.lafermeducouvent.com • Accès : fléchage. Domaine de 6 ha avec belle vue sur les prés. Dans une ancienne ferme, 9 chambres pour 2, 3, 4 ou 5 personnes, simples et agréables. Comptez 43 € (282,06 F) pour 2, petit déjeuner compris. Grande salle avec cheminée pour les petits déjeuners et la table d'hôte. Repas, sur réservation, à 16 € (104,95 F) apéro, vin et café compris. Également 3 gîtes ruraux pour 3 ou 4 personnes, à louer de 144,83 à 198,18 € (de 950 à 1300 F) la semaine selon la saison. Pour les sportifs, court de tennis sur place et possibilité de baptême en montgolfière, 160 € (1049,53 F) par personne. C'est à 30 mn de Disneyland Paris.

BUNO-BONNEVAUX 91720 Carte régionale A2

21 km SE d'Étampes ; 8 km SO de Milly-la-Forêt

🛏 *Chambres d'hôte (M. et Mme Despert) :* 8, route de Maleherbes, Chantambre. ☎ 01.64.99.40.23. • adespert@fr.packardbell.org • Accès : par l'A 6, sortie n° 11 vers Milly, puis D 1 vers Gironville pendant 6 km ; tournez à gauche vers Buno, traversez le bourg en direction de Maleherbes, la maison est à 1,4 km, au lieu-dit Chantambre. 1 suite familiale tout confort dans une maison de village restaurée. Entrée indépendante. Comptez 47,26 € (310 F) pour 2, petit déjeuner inclus. Également 1 gîte indépendant pour 4 à 5 personnes. Atmosphère chaleureuse.

CHÂTRES 77610 Carte régionale B1

45 km SE de Paris ; 4 km O de Fontenay-Trésigny

🛏 ⦿ ⟨10 %⟩ *Chambres d'hôte Le Portail Bleu (Dominique et Pierre Laurent) :* 2, route de Fontenay. ☎ et fax : 01.64.25.84.94 et 06.61.17.59.76. • leportailbleu@voila.fr • Accès : de Paris, N 4 en direction de Metz, puis 4 km avant Fontenay-Trésigny tournez à droite (D 96) vers Châtres ; la maison est à côté de l'église. Gentillette ferme du XIXᵉ siècle avec cour intérieure gravillonnée, fermée par un portail bleu (bien sûr). 2 chambres agréables, une installée au rez-de-chaussée (notre préférée), et l'autre au 1ᵉʳ étage de la maison. Sanitaires privés. 49 € (321,42 F) pour 2, petit déjeuner compris. Également 2 nouvelles chambres de 4 et 5 personnes.Table d'hôte à 18 € (118,07 F), vin compris, avec, par exemple, flan de courgettes, terrine maison, pintade à la crème, crumble. Repas non partagé avec les proprios. Mignonnet jardin. Ambiance décontractée et accueil chaleureux.

CHÉRENCE 95510 — Carte régionale A1

16 km NO de Mantes ; 16 km E de Vernon

▣ ⊱ ⑩% **Chambres d'hôte Saint-Denis (Andrée Bessenet Pernelle) :** 1, rue des Cabarets. ☎ 01.34.78.15.02. Accès : A 15 vers Pontoise, puis N 14 vers Magny-en-Vexin, Chaussy et Chérence. Fermé de janvier à mars sauf réservation. Réservation conseillée. Avant, c'était un petit hôtel de charme... Ne voulant pas prendre sa retraite trop vite, Andrée a décidé de le transformer en chambres d'hôte. C'est une hôtesse sympathique, qui a son franc-parler et qui tient au calme et à la tranquillité de ses habitués (vous voilà prévenus, même si elle habite rue des Cabarets, elle déteste le bruit !). 5 chambres mignonnettes à la déco rustique. Sanitaires privés. Comptez 46 € (301,74 F) pour 2, copieux petit déjeuner compris (œufs frais, yaourts et confitures maison), servi dans le jardin par beau temps. Si vous voulez visiter l'église du village, Andrée a les clés. Une gentille adresse.

DANNEMARIE 78550 — Carte régionale A1

65 km O de Paris ; 3 km S de Houdan

▣ ⑩% **Chambres d'hôte (Marie-France et Antoine Hiele) :** 2, rue de Chaude-Joute. ☎ et fax : 01.30.59.68.01. ● ahiele@club-internet.fr ● Accès : N 12 entre Paris et Dreux, sortie Houdan-centre puis Dannemarie. À l'écart des grands axes routiers, au croisement de 2 petites routes à l'intérieur du village, jolie longère avec 2 chambres qui ouvrent sur le jardin. Une petite avec 2 lits simples. Déco réduite. L'autre superbe, vaste et élégante, avec un beau volume et de grandes baies vitrées qui ouvrent sur la verdure (notre préférée mais plus chère). Sanitaires privés. Respectivement 42 et 54 € (275,50 et 354,22 F) pour 2, petit déjeuner compris, servi dans la salle à manger des proprios. Ambiance et atmosphère d'autrefois : vieux services de vaisselles, pots et cafetières, affiches anciennes... Il faut dire qu'Antoine est brocanteur par Internet ! Ça lui laisse le temps de s'occuper de ses clients. Accueil convivial.

DORMELLES 77130 — Carte régionale B2

18 km SE de Fontainebleau ; 12 km NE de Nemours

▣ ⊱ ⑩% **Chambres d'hôte La Mare aux Loups (Odile et Guy Largillière) :** bois de Dormelles. ☎ 01.60.96.62.46. Fax : 01.64.70.90.90. Accès : de Fontainebleau, N 6 vers Moret-sur-Loing, puis D 218 vers Villecerf et D 22 vers Dormelles ; et fléchage « Bois de Dormelles », puis « Artisanat du cuir ». Dans un site verdoyant, calme et agréable, ancienne ferme joliment restaurée, possibilité d'accueil pour chevaux (pré et abri). Odile et Guy ont installé 2 chambres simples avec une salle d'eau commune. 46 € (301,74 F) pour 2, petit déjeuner compris. Ils sont artisans et ont ouvert sur place une petite boutique où sont exposées leurs réalisations en cuir (masques, ceintures, sacs...). Pas de table d'hôte mais une gentille auberge dans le village. Accueil jeune et agréable.

DOURDAN 91410 — Carte régionale A2

15 km NO d'Étampes

▣ ⌗ ⊱ ⑩% **Chambres d'hôte (M. et Mme Évain) :** 4, rue de la Gambade, Rouillon. ☎ et fax : 01.64.59.84.27. Accès : de l'A 10, sortie et direction Dourdan ; à 500 m à gauche, direction Bouc-Étourdi. À l'écart de tout, au calme. Immense ferme fortifiée avec cour carrée et deux belles tours. 2 chambres meublées rustique avec sanitaires privés, de 37 à 40 € (de 242,70 à 262,38 F) pour 2, petit déjeuner inclus, servi dans une agréable salle avec cheminée. Grand étang avec canards. Vente de produits fermiers. Accueil chaleureux. À proximité, circuits de randonnée, les forêts de Dourdan et de Rambouillet, la ville de Dourdan (3 km).

ÉCHOUBOULAINS 77830 .... Carte régionale B2

20 km E de Fontainebleau ; 13 km N de Montereau

🏠 |♦| ⅏ (10 %) *Ferme-auberge de la Recette (Pascale, Philippe et Frédéric Dufour) :* ☎ 01.64.31.81.09 et 06.72.92.37.43. Fax : 01.64.31.89.42. Accès : de Fontainebleau, D 210 vers Provins, puis prenez la N 105 vers Melun ; à Valence-en-Brie, tournez à droite vers Échouboulains et fléchage. Ouvert du samedi midi au dimanche midi sauf pendant les vacances de février, la semaine pour les groupes d'un minimum de 10 personnes. Sur réservation uniquement. Belle et grande ferme en activité du XVIe siècle qui dépendait de l'abbaye de Preuilly. Une salle agréable de 60 couverts. 2 menus à 19,82 et 24,39 € (130 et 160 F), identiques, le second propose deux entrées et un sorbet arrosé. Parmi les spécialités : la tourte au brie, la terrine maison et le rôti d'agneau. Sur place, 7 chambres avec sanitaires privés (si vous êtes seul, dites que vous voulez dormir dans le gîte de groupe, vous paierez moins cher pour une chambre plus petite, mais avec le même confort sanitaire). Accueil familial.

LIZINES 77650 .... Carte régionale B2

15 km SO de Provins

🏠 |♦| 🐾 *Chambres d'hôte (Christine et Jean-Claude Dormion) :* 2, rue des Glycines. ☎ et fax : 01.60.67.32.56. Accès : au centre du village, sur la droite D 209, direction Bray-sur-Seine. 5 chambres d'hôte avec coin cuisine, aménagées dans une maison annexe à celle des propriétaires, mitoyenne à 1 gîte rural. Comptez 39,64 € (260 F) pour 2, petit déjeuner inclus. Table d'hôte (lundi, mardi et mercredi) à 13,72 € (90 F), préparée avec les produits de la ferme : asperges, lapin aux pruneaux, confitures maison, tarte à la rhubarbe. Également 2 gîtes ruraux pour 5 et 6 personnes, à louer de 158 à 290 € (de 1036,41 à 1902,28 F) la semaine, selon la saison.

MILLY-LA-FORÊT 91490 .... Carte régionale A2

19 km O de Fontainebleau

🏠 ⅏ *Chambres d'hôte Ferme de la Grange Rouge (Sophie et Jean-Charles Desforges) :* ☎ 01.64.98.94.21. Fax : 01.64.98.99.91. Accès : du centre de Milly, suivez la direction Étampes, puis prenez la D 1 vers Gironville ; la ferme est à 3 km du bourg, sur la droite. Fermé du 15 décembre à fin janvier. *La Grange Rouge* est une ferme du XVe siècle avec cour carrée, typique de l'Île-de-France. Dans une grange entièrement restaurée, Sophie a installé 5 chambres agréables et personnalisées (préférez la « Rétro » avec son lit de fer 1930 ou la « Bretonne » avec ses meubles sculptés, mais réservée aux petits), auxquelles on accède par un escalier assez raide. Sanitaires privés. Comptez 33 € (216,47 F) pour une personne et 40 € (262,38 F) pour 2, avec le petit déjeuner. Certains regretteront de ne pas être chez l'habitant, car même les petits déjeuners se prennent dans une salle réservée aux hôtes. Si vous êtes là un jeudi après-midi, le marché de Milly sous sa magnifique halle vaut une petite visite, profitez-en aussi pour aller voir la maison où Cocteau a vécu pendant dix-sept ans (rue du Lau, ne se visite pas).

MOIGNY-SUR-ÉCOLE 91490 .... Carte régionale A2

21 km O de Fontainebleau ; 3 km N de Milly-la-Forêt

🏠 ⅏ (10 %) *Chambres d'hôte (Marie-Claude Roulon-Appel) :* 10, sentier de la Grille. ☎ 01.64.98.49.97 et 06.81.70.27.44. Accès : A 6 vers Lyon, sortie n° 11 (Auvernaux/Le Coudray-Monceau), puis D 948 vers Moigny ; de l'église, prenez à droite le boulevard de

Verdun, c'est à 50 m à droite. De préférence sur réservation. C'est derrière un grand mur que se cache cette charmante maison de caractère en pierre, installée dans les anciennes granges d'une ferme. 2 jolies chambres contiguës avec entrée indépendante et ouverture directe sur le jardin. Coin cuisine à disposition. Comptez 39,64 € (260 F) pour 2 et 70,89 € (465 F) pour 4 personnes, petit déjeuner compris, servi dans le jardin quand il fait beau. Accueil détendu et chaleureux. Une gentille adresse.

▲ |●| ♂ ✈ ⑩% **Chambre d'hôte Le Clos de la Croix Blanche (Frédéric Lenoir) :** 9, rue du Souvenir. ☎ 01.64.98.47.84. Fax : 01.64.57.22.50. Accès : A 6, sortie n° 11 (Auvernaux/Le Coudray-Monceau), puis D 948 vers Milly ; fléchage dans le bourg. Belle fermette en pierre avec volets bleus installée rue du Souvenir ! 3 chambres croquignolettes, pleines de romantisme. Ambiance douillette et chaleureuse : vieilles tommettes, toiles, gros édredon en dentelle. Comptez de 43 à 49 € (de 280,06 à 321,42 F) pour 2, petit déjeuner inclus. Table d'hôte occasionnelle (sur réservation) à 13 € (85,27 F), vin non compris, à partir des légumes et des volailles maison. En projet, deux chambres supplémentaires. Avant de partir, descendez la rue du Moulin près de l'église jusqu'au moulin grenat, vous découvrirez un cadre enchanteur (il y a un petit musée).

MONTIGNY-SUR-LOING 77690 Carte régionale B2

10 km SE de Fontainebleau

▲ ♂ ✈ ⑩% **Chambres d'hôte (Pascale et Jean-Michel Gicquel) :** 46, rue Renée-Montgermont. ☎ 01.64.45.87.92. Accès : au carrefour de l'obélisque de Fontainebleau, prenez la D 58 vers Bourron-Marlotte, puis Montigny ; la maison se trouve au centre du village. Ancienne ferme avec petite cour intérieure. 3 ravissantes et douillettes chambres avec sanitaires privés. Passionnée de déco, Pascale leur a donné un charme fou, un brin Laura Ashley. Une préférence pour la chambre verte avec son ciel de lit. Comptez 41,16 € (270 F) pour 2, petit déjeuner inclus. Pas de table d'hôte, mais plusieurs restos dans le bourg. Accueil vraiment charmant. Une de nos meilleures adresses sur le département.

MONTMACHOUX 77940 Carte régionale B2

28 km E de Fontainebleau ; 10 km S de Montereau

▲ ✈ ⑩% **Chambres d'hôte La Maréchale (Catherine et Jacques Rousseau) :** 7, Grande-Rue. ☎ 01.64.70.21.31 et 06.82.66.28.65. Fax : 01.64.70.29.68. ● http://perso.infonie.fr/la-marechale ● Accès : de Fontainebleau N 6 vers Sens et après avoir passé l'embranchement pour Montereau (à gauche), tournez à droite vers Montmachoux ; la maison est au centre du village. Jolie maison en pierre et briques dans un village où ne vivent que 200 habitants à l'année. Dans une petite maison indépendante de la leur, qui abritait jadis le four à pain et les ateliers de cette ancienne maréchalerie, Catherine et Jacques ont aménagé 3 chambres. Une au rez-de-chaussée avec deux lits de fer 1930 ; deux autres à l'étage, vastes et mansardées, avec une belle charpente apparente (dont une familiale pour 4 personnes). Sanitaires privés. Déco agréable et beaux tissus colorés. Comptez 45 à 55 € (295,18 à 360,78 F) pour 2, petit déjeuner compris. Boissons chaudes offertes dans les chambres. Accueil jeune et sympa.

NANGIS 77370 Carte régionale B2

22 km NE de Fontainebleau ; 22 km O de Provins

▲ |●| ♂ ⑩% **Logis Les Billettes (Lionel Farjon) :** route de Montereau. ☎ 01.64.08.22.50. Fax : 01.64.60.97.56. ● lionelfarj@aol.com ● Accès : de Nangis, D 201 vers Montereau ; le logis est à 2 km sur la gauche. Ce n'est pas de l'accueil chez l'habitant, mais la structure est si personnelle et familiale qu'on ne résiste pas à l'envie de l'inscrire ! Au milieu d'un immense parc de 4 ha, grande demeure bourgeoise du XVIIIe avec 2 salles agréables de 16 et 30 couverts. 2 menus à 13 et 22 € (85,27 et 144,31 F), différents selon les jours, et une appétissante carte avec les spécialités du chef : foie gras, ris de veau aux morilles, duo de rognons de veau, gambas aux cèpes, gratin aux fruits de saison. On peut aussi y dormir dans 11 chambres : sept dans un bâtiment récent (plus éloigné de la route, donc plus au calme), genre motel, et quatre dans un petit pavillon à l'entrée du parc (ce devait être la maison du gardien). Comptez de 24,50 à 36 € (de 160,71 à 236,14 F) pour les premières (télé et téléphone), 22,87 € (150 F) seulement pour les autres (elles sont moins calmes, mais plus personnalisées). Lionel, le proprio, est très présent et prodigue un accueil convivial. En résumé, une gentille adresse avec un bon rapport qualité-prix.

NESLES-LA-VALLÉE 95690   Carte régionale A1

35 km N de Paris ; 7 km N d'Auvers-sur-Oise

☀ ⚑ **(10 %)** *Chambres d'hôte (Dominique Boulanger) :* hameau de Verville - 19, rue Carnot. ☎ 01.34.70.66.59. ● dboul@bigfoot.com ● Accès : l'accès au hameau se situe sur la D 15, à gauche avant d'arriver à Nesles-la-Vallée quand on vient de l'Isle-Adam. Après avoir sonné et passé l'impressionnant portail en bois, vous découvrirez une charmante ferme du XIXe, qui n'en n'a pas moins subi quelques transformations pour accueillir des hôtes. Dans l'ancienne grange, 2 chambres à l'atmosphère élégante dont une immense, pour 4 personnes, avec un magnifique volume qui met en valeur une noble charpente (plus chère). Respectivement 45,73 et 68,60 € (300 et 450 F) pour 2, petit déjeuner compris, 11,43 € (75 F) par personne supplémentaire. Un immense salon vous conduira à la salle des p'tits creux matinaux. Là, bien que dans la partie récente reliant la grange à la maison, l'ambiance est d'autrefois et les murs chargés d'une foultitude de petites toiles paysagères. Pas de table d'hôte, mais un resto sympa à Auvers-sur-Oise, *Le Cordeville*, idéal pour le déjeuner. Le soir choisissez plutôt l'Isle-Adam. Il y a plus d'animation, peut-être parce qu'on y trouve aussi la plus grande plage fluviale de France ! Voilà qui devrait ravir les familles. Accueil de qualité.

NOISY-SUR-ÉCOLE 77123   Carte régionale B2

60 km S de Paris ; 5 km S de Milly-la-Forêt

☀ ✂ **(10 %)** *Gîte d'étape des 3 Pignons (Michèle Paunet) :* 28, rue d'Auvers. ☎ 01.64.24.54.67. ● paunet.gite3p@libertysurf.fr ● Accès : de Paris, A 6 vers Fontainebleau (sortie Milly), suivre la direction de Milly-la-Forêt Centre, puis la D 410 vers Malesherbes ; Noisy-sur-École est sur la gauche ; le gîte se trouve dans le hameau d'Auvers (juste avant Noisy). C'est dans une ravissante ferme du début du XIXe siècle avec une romantique cour fleurie que Michèle, ex-prof (on aurait aimé assister à ses cours), a aménagé un petit gîte d'étape pour 9 personnes. 4 chambres pour 2 ou 3 personnes, avec sanitaires privés. Comptez 11,50 € (75,44 F) par personne (une aubaine) et 3,05 € (20 F) pour la couette (si vous avez oublié votre duvet). Belle salle de jour avec baie vitrée, cheminée et coin cuisine. Possibilité de petit déjeuner à 4 € (26,24 F), plusieurs sortes de pains et de confitures maison. Pas de table d'hôte, mais Michèle vous propose d'aller faire vos courses si vous la prévenez à l'avance : elle vous donne le ticket de caisse et ne prend que 10 % pour le service (c'est pas beau la vie ?). Les plus fortunés iront à l'excellente auberge du village. Accueil chaleureux.

☀ ✂ **(10 %)** *Chambres d'hôte (Bérénice Brouard) :* 23, rue d'Auvers. ☎ 01.64.24.79.12. Fax : 01.64.24.72.71. ● bbrouard@club-internet.fr ● Accès : de Milly-la-Forêt, direction Malesherbes/Orléans et après Oncy-sur-École, tournez à gauche (D 63e) vers Auvers et fléchage. C'est par un grand porche qu'on entre dans cette ancienne ferme typique de la région. Bérénice est architecte d'extérieur et a dessiné, puis aménagé un beau jardin. Un bel escalier de pierre indépendant conduit aux 2 chambres. Une double avec une ravissante coiffeuse italienne, l'autre familiale (4 personnes) avec un petit coin salon. Comptez 50 € (327,98 F) pour 2, petit déjeuner compris. Il est servi dans le jardin aux beaux jours ou dans la chaleureuse cuisine de Bérénice. Location de vélos. Accueil jeune, souriant et décontracté.

PROVINS 77160   Carte régionale B2

45 km E de Melun

☀ ✂ *Chambres d'hôte (Annie et Claude Lebel) :* rue de la Citadelle. ☎ 01.64.00.10.73 et 06.89.86.84.22. Fax : 01.64.00.10.99. ● www.provins.net ● Accès : suivez le fléchage « Ville haute », puis « Chambres d'hôte », « cité médiévale ». Mais non, vous ne rêvez pas ! Vous êtes bien au cœur du village médiéval chez l'un des cinq derniers agriculteurs. 5 chambres avec sanitaires privés dans une partie indépendante de la ferme. Elles manquent un peu de caractère, excepté une belle charpente apparente, mais sont au calme et tenues parfaitement par Annie, la maîtresse des lieux. 45 € (295,18 F) pour 2, petit déjeuner compris. Coin cuisine et barbecue à disposition. Une adresse idéale pour découvrir la ville haute de Provins. Attention, pour la fête médiévale, réservez à l'avance car c'est bondé ; pour la fête de la moisson (dernier week-end d'août), sachez que les préparatifs se font chez les proprios (c'est le moment de prendre vos appareils !). Accueil agréable.

SACLAS 91690   Carte régionale A2

9 km S d'Étampes

🛏 **Chambres d'hôte Ferme des Prés de la Cure (Françoise et André Souchard) :** 17, rue Jean-Moulin. ☎ 01.60.80.92.28. Accès : d'Étampes, suivez la D 49 ; dans le bourg, prenez la D 108, la ferme est en face de l'école. Fermé en décembre et janvier. Dans un grand et agréable corps de ferme, 3 charmantes chambres installées dans une aile indépendante de la maison. Sanitaires privés. Elles sont claires et engageantes (préférez la « Graine d'ortie »). Comptez 46 € (301,74 F) pour 2, avec un copieux petit déjeuner. Pas de table d'hôte, mais un resto sympa dans le village. Une adresse teintée par la gentillesse de la maîtresse des lieux.

VILLENAUXE-LA-PETITE 77480   Carte régionale B2

20 km S de Provins ; 16 km SO de Nogent-sur-Seine

🛏 I●I 🐴 ⤫ ⑩% **Chambres d'hôte (Dominique et Jean-Louis Colas) :** hameau de Toussac. ☎ 01.64.01.82.90 et 06.10.07.87.70. Fax : 01.64.01.82.61. ● toussacq@terre-net.fr ● Accès : de Paris, A 5 vers Troyes jusqu'à la sortie n° 18 Marolles-sur-Seine, puis D 411 vers Nogent pendant 24 km et fléchage à gauche après une sablière (n'allez pas à Villenauxe). Au pays de la Bassée, exploitation agricole de céréales et pommes de terre, installée en bordure de rivière. On arrive dans une grande cour de ferme et, derrière celle-ci se cache un charmant ensemble composé d'un pigeonnier, d'une petite chapelle, d'écuries, d'une forge... Ce sont les anciennes dépendances du château de Toussac (XVIIe-XVIIIe siècles). Aux 1er et 2e étages, 5 chambres agréables avec sanitaires privés. Comptez 45 € (295,18 F) pour 2, petit déjeuner compris. Table d'hôte (sauf le dimanche soir et le mardi soir) à 12 € (78,71 F), vin inclus. Repas partagé en famille dans la maison de Dominique et Jean-Louis. Bonne cuisine du terroir avec les produits de la ferme (agneau, lapin, volailles et légumes du jardin). Menu végétarien possible. Le château proprement dit a été transformé en hangar à grain (il date de 1858 et a été construit par la marquise de Chérisey en remplacement d'un autre plus ancien). Pour ceux qui veulent séjourner, il y a aussi 1 gîte pour 9 personnes. Accueil authentique et convivial.

ÎLE-DE-FRANCE

Languguedoc-Roussillon

11 *Aude*
30 *Gard*
34 *Hérault*
48 *Lozère*
66 *Pyrénées-Orientales*

LANGUEDOC-ROUSSILLON

ALLÈGRE 30500   Carte régionale B1

15 km NE d'Alès ; 10 km S de Saint-Ambroix

🏠 ❚●❚ ✦ ⑩% *Chambres d'hôte et gîte d'étape du Mas Cassac (Françoise et Michel Simonot) :* ☎ 04.66.24.85.65. Fax : 04.66.24.80.55. ● www.ceramique.com/Mas.Cassac ● Accès : d'Alès, direction Salindres/Barjac par D 16, puis à gauche D 241 et fléchage. En pleine nature, au milieu des vignes et de la garrigue. Dans leur joli mas, les Simonot proposent 2 chambres d'hôte, avec sanitaires privés. Comptez de 38,11 à 44,21 € (de 250 à 290 F) pour 2, petit déjeuner compris. Également 1 gîte d'étape de 10 lits, à 8,38 € (55 F) par personne et par nuit. Deux choses attirent les hôtes ici : l'escalade et la spéléo, car la maison est à 15 mn de sites importants ; et la poterie, car Michel, dont c'est le métier, organise des stages. On y apprend le tournage, le tournassage, le garnissage, la fabrication des glaçures, et autres techniques... alors avis aux amateurs ! Les repas se prennent parfois ensemble, pour 13,72 € (90 F), vin compris.

ARAGON 11600   Carte régionale A2

14 km N de Carcassonne

🏠 ✦ ⑩% *Chambres d'hôte Le Château d'Aragon (Aimé et Laetitia Ourliac) :* ☎ et fax : 04.68.77.19.62 et 06.11.35.62.23. Accès : de Carcassonne, N 113 direction Toulouse ; à Pennautier, prenez la direction Aragon (pas le centre) par la D 203. Le château est en haut du village, près de l'église. Ouvert du 15 mars au 15 octobre et pendant les vacances scolaires. S'il est des adresses magiques, en voici une : au sommet d'un petit village paisible, haut perché entre vignes et garrigue, superbe château médiéval du XIIe siècle, parfaitement restauré. Lorsque la lourde porte se referme, on est impressionné par le calme, puis on découvre avec bonheur 3 chambres et 2 suites confortables, meublées avec raffinement. Elles répondent aux noms d'Effente, Mabilia, Azalaïs, Guillaume Roger d'Aragon, Aliénor et Elzéar — qui ont tous habité ici autrefois... Comptez de 53,60 à 61 € (351,59 à 400,13 F) pour 2, petit déjeuner compris, et 83 € (544,44 F) pour 4 si vous prenez la suite. Piscine aux allures de bassin ancien avec fontaine. Dégustation de vins (production maison). Une adresse de charme.

ARAMON 30390   Carte régionale B1

40 km NE de Nîmes ; 13 km SO de Villeneuve-lès-Avignon

🏠 ⑩% *Chambres d'hôte Le Rocher Pointu (Annie et André Malek) :* plan de Dève. ☎ 04.66.57.41.87. Fax : 04.66.57.01.77. ● www.rocherpointu.com ● Accès : d'Avignon, direction Nîmes, puis D 2 vers Aramon, D 126 direction Saze pendant 2,3 km et fléchage. Fermé du 15 octobre à fin mars. De préférence sur réservation. En pleine nature, charmante bergerie qu'Annie et André ont aménagée avec beaucoup de goût. Déco personnalisée et jolis meubles anciens. 4 chambres confortables, avec sanitaires privés. Comptez de 64 à 74 € (de 419,81 à 485,81 F) pour 2, avec un copieux petit déjeuner, servi en terrasse. Ambiance très provençale, jolis tissus, bois et teintes naturelles. Très grand salon avec coin télé, coin musique et coin jeux. Cuisine équipée à disposition. Egalement possibilité de louer toute l'année, à la nuitée, studio ou petit appartement. Point-phone. Barbecue à disposition. Piscine avec jolie vue sur la garrigue... Accueil agréable. Alors, avis aux festivaliers aisés, qui veulent sortir d'Avignon et retrouver une certaine sérénité !

ARGELÈS-SUR-MER 66700   Carte régionale A2

21 km S de Perpignan ; 6 km NO de Collioure

🛏 |●| *Chambres d'hôte Mas Senyarich (Marina et Gérard Roméro) :* ☎ et fax : 04.68.95.93.63. Accès : passez devant la poste du village, aux feux, tournez à droite, passez sous le pont de chemin de fer, sous celui de la N 114, tournez à gauche et fléchage (pendant 1,3 km). Dans un écrin de verdure, au bout d'un petit chemin boisé, superbe mas catalan, dominant Argelès et la mer. 5 chambres, aussi charmantes les unes que les autres (beaux crépis et vieilles poutres), certaines avec vue sur la Méditerranée. Sanitaires privés. Selon la saison de 50 à 55 € (327,98 à 360,78 F) pour 2, petit déjeuner compris. Table d'hôte à 18,29 € (120 F), vin compris. Marina, en vraie catalane, concocte de délicieux menus régionaux et originaux. Les repas sont servis dans le jardin aux beaux jours ; l'hiver, c'est au coin de la cheminée d'une vaste salle à manger avec grande baie vitrée ouvrant sur la mer que vous prendrez vos collations. Immense parc avec agréable piscine. La nature n'a pas de secret pour Gérard qui vous conseillera utilement sur les escapades et circuits touristiques. Un point de chute idéal à 5 km des plages, tout en restant à l'écart de la foule et du bruit. Accueil très sympa.

ARZENC-DE-RANDON 48170   Carte régionale B1

36 km N de Mende ; 8 km O de Châteauneuf-de-Randon

🛏 |●| 🐕 ⌦ ⑩% *Chambres d'hôte (Françoise et Alexis Amarger) :* Le Giraldès. ☎ et fax : 04.66.47.92.70. ● www.vacances-en-lozere.com ● Accès : un peu après Arzenc-de-Randon, sur la D 3. Fermé à Noël. Dans une ferme d'élevage, au cœur d'une belle nature, où passe le GR Tour de Margeride. 4 chambres simples et sympathiques avec salle de bains (w.-c. sur le palier). On peut prendre les repas à la ferme pour 26,68 à 30,49 € (175 à 200 F) par personne en demi-pension. Bons produits maison : pain, lait, beurre, fromages, charcuterie, volailles.... Françoise et Alexis élèvent des aurochs et ont créé un petit musée pour tout savoir de cette vache primitive. Pour les randonneurs, il y a un dortoir pour groupes. Prix raisonnables.

AUTIGNAC 34480   Carte régionale A2

20 km N de Béziers

🛏 |●| 🐕 ⑩% *Chambres d'hôte La Coquillade (Josette et Christian Horter) :* rue du 8-Mai. ☎ 04.67.90.24.05. Accès : de Béziers, D 909 vers Bédarieux pendant 18 km, puis tournez à gauche vers Autignac (D 16e) et fléchage. Agréable maison au cœur d'un petit village paisible. 3 chambres avec sanitaires privés. Comptez 43 € (282,06 F) pour 2, petit déjeuner compris (servi dans le jardin aux beaux jours). Christian est viticulteur et produit du faugères. Dans l'ancienne cave, devenue salle à manger, on prend les repas préparés

> Nous vous rappelons que la table d'hôte est le complément d'une formule d'hébergement (chambre d'hôte, gîte d'étape...). Ce service n'est offert qu'aux personnes qui dorment sur place (excepté lorsqu'il est clairement écrit « ouvert aux extérieurs »).

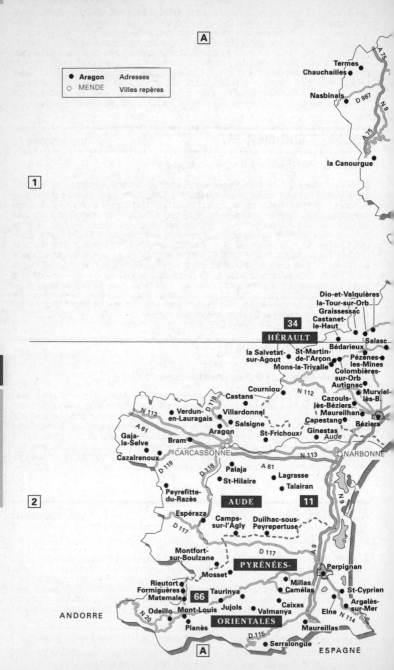

LANGUEDOC-ROUSSILLON

A

● **Aragon** Adresses
○ MENDE Villes repères

1

Termes
Chauchailles

Nasbinals

la Canourgue

A 75
A 75
D 987
N 9

Dio-et-Valquières
la-Tour-sur-Orb
Graissessac
Castanet-
le-Haut
Salasc

34
HÉRAULT
Bédarieux

la Salvetat-
sur-Agout
St-Martin-
de-l'Arçon
Mons-la-Trivalle

Pézenes-
les-Mines
Colombières-
sur-Orb
Autignac

Courniou
N 112
Cazouls-
lès-Béziers
Murviel-
lès-B.

Castans
Villardonnel
Verdun-
en-Lauragais
Maureilhan

Salsigne
Capestang
Béziers

Aragon
St-Frichoux
Ginestas
Aude

N 113
Gaja-
la-Selve
Bram

A 61
Cazalrenoux
CARCASSONNE
NARBONNE

D 119
N 113

D 118
Palaja
A 61
Lagrasse

St-Hilaire
Talairan

Peyrefitte-
du-Razès
AUDE
11

Espéraza
Camps-
sur-l'Agly
Duilhac-sous-
Peyrepertuse

D 117
Montfort-
sur-Boulzane
D 117
PYRÉNÉES-

N 9
A 9

Mosset
Perpignan

Rieutort-
Formiguères
Matemale
66
Taurinya
Millas
Camélas
St-Cyprien

Odeillo
Mont-Louis
Jujols
Valmanya
Caixas
Argelès-
sur-Mer

ANDORRE
N 20
Planès
ORIENTALES
Elne
N 114

Maureillas
D 115
Serralongue
ESPAGNE

A

B

N 106

Naussac
Arzenc-
de-Randon

N 88

LOZÈRE

88

MENDE
Saint-Étienne-
du-Valdonnez

Chanac

le Pont-de-Montvert

FLORAC

Saint-Frézal-
de-Ventalon

48

N 106

Rochegude

St-André-de-Lancize
Le Pompidou
St-Germain-
de-Calberte

Allègre

N 86

Rhône

1

Meyrueis
Moissac-
Vallée-Française

ALÈS

Servas

Lussan

Revens
St-Christol-les-Alès

Bréau-
et-Salagosse
Colognac

GARD

St-Hippolyte-du-Fort

Ribaute-
les-Tavernes

Julien-de-la-Nef
Ganges

N 110

N 106

30

A 9

Villeneuve-
lès-Avignon

Caylar

St-André-de-Buèges

N 86

Aramon

St-Jean-
de-Buèges
N.-D.-de-Londres

NÎMES

St-Étienne-de-G.

A 75

St-Guilhem-
le-Désert

St-Martin-
de-Londres

Ste-Croix-
de-Q.

Villetelle

A 54

N 113

N 9

Celles

Grabels

Saint-Sériès

N 113

Clermont-
Hérault

MONTPELLIER

Montcalm

Gigean

N 113

Hérault

Montagnac

N 112

Castelnau-
de-Guers

Mèze

112

2

0   10   20 km

B

LANGUEDOC-ROUSSILLON

par Josette, pour 16,77 € (110 F), vin de la propriété compris. Également 2 gîtes ruraux pour 4 ou 5 personnes.

BÉDARIEUX 34600 Carte régionale A2

35 km N de Béziers ; 10 km NE de Lamalou-les-Bains

🏠 |○| ⑩% *Chambres d'hôte Domaine de Pélissols (Mireille Bonnal) :* ☎ 04.67.95.42.12. Fax : 04.67.95.04.64. Accès : de Bédarieux, direction Lodève ; 500 m après la sortie de la ville, tournez à droite, traversez la rivière sur le pont, la maison est en face. Fermé en décembre et janvier. Sur une exploitation viticole et arboricole, noble et vieille maison ombragée de platanes centenaires. 4 chambres à 38,11 € (250 F) pour 2, petit déjeuner compris. Sanitaires privés. Belle fontaine du XVIIe siècle et vergers plantés de vignes et de cerisiers. Au repas (sauf le dimanche en juillet et août), pour 13,72 € (90 F), vin et café compris. À vous les bons produits de la ferme. Piscine. Dégustation et vente de vins.

BÉZIERS 34500 Carte régionale A2

2,5 km du canal du Midi, à l'O de Béziers

🏠 |○| ⑫ *Chambres d'hôte Domaine de la Crémade (Anne et René Purseigle) :* Ancienne route de Vendres. ☎ et fax : 04.67.49.30.71 et 06.12.21.77.86. • gites.lacre made@wanadoo.fr • Accès : de l'A9, sortie péage Béziers-Ouest, prenez la 1re route à droite en sortant du péage et fléchage. A deux pas de Béziers, ancien domaine agricole du XVIIe siècle qui propose 1 chambre indépendante en rez-de-chaussée, ouvrant sur un parc ombragé et fleuri. Jolis meubles anciens, portraits de familles et rideaux fleuris, avec une spacieuse salle de bains attenante. Comptez 50 € (327,98 F) pour 2, avec un copieux petit déjeuner, et 16 € (104,95 F) en table d'hôte. Également 2 gîtes sur la propriété. Anne est une hôtesse dynamique, n'hésitez pas à lui demander des renseignements sur les promenades qu'elle organise en « ragondin » sur le canal du Midi.

BRAM 11150 Carte régionale A2

15 km O de Carcassonne ; 15 km E de Castelnaudary

|○| ⑩% *Ferme-auberge du Pigné (Line et Bernard Piquet) :* ☎ 04.68.76.10.25 et 06.85.40.01.99. Fax : 04.68.76.13.71. Accès : de l'A 61 sortie Bram ; fléchage depuis le village. Sur réservation. Exploitation familiale de volailles fermières (l'une des plus grosses productions de chapons de la région), d'artichauts et d'asperges. Dans 2 petites salles indépendantes coquettement aménagées, Line sert de savoureuses spécialités. Plusieurs menus de 22 à 34 € (144,31 à 223,03 F). Par exemple, charcuterie maison, chapon rôti sauce aux morilles, papillotes de confit de chapon, canette rôtie à l'estragon, pintade grillée au citron et à la sauje, potée au cochon de la ferme, gâteau au chocolat crème anglaise, à l'ananas, clafoutis, vacherin maison... Pour ceux qui veulent séjourner, 2 chambres avec sanitaires privés à 37 € (242,70 F) pour 2, petit déjeuner compris. Vous pourrez aussi faire vos commandes de chapons pour Noël ou acheter les délicieuses conserves de la maison.

BRÉAU-ET-SALAGOSSE 30120 Carte régionale B1

69 km SO d'Alès ; 4 km O du Vigan

🏠 ⑩% *Chambres d'hôte (MmeSuzanne Lamouroux) :* Les Plans. ☎ 04.67.81.76.81. Accès : du Vigan, D 48 vers Aulas-Bréau. Camping ouvert du 1er mai au 15 septembre. Chambres simples et familiales, tenues par une dame très aimable. 30,50 € (200,07 F) pour 2, petit déjeuner compris. Pas de table d'hôte, mais cuisine équipée à disposition (le soir uniquement). De mai à octobre, les campeurs trouveront ici un coin bien ombragé avec barbecue et petit local couvert, 3,81 € (25 F) par personne tout compris.

CAIXAS 66300   Carte régionale A2

30 km SO de Perpignan ; 26 km N de Céret

🛏 🍴 🐕 ☒ *Chambres d'hôte Mas Saint-Jacques (Ian Mayes) :* ☎ et fax :
04.68.38.87.83 et 06.12.29.69.05. ● masstjacq@aol.com ● Accès : de l'A 9, sortie Perpignan-Sud, prenez la D 612 jusqu'à Thuir, puis direction Elne ; et à 2 km de là, prenez la
D 615 vers Céret jusqu'à Fourques ; puis à droite la D 2 direction Caixas pendant 11 km ;
dans Caixas, allez jusqu'à la mairie. Dans le plus petit village de France, au milieu d'une
petite vallée couverte de vignobles. Ian habite la seule maison à côté de la mairie et de
l'église. Anglais en vacances, il a eu un coup de foudre pour la région et s'y est installé.
4 belles chambres, spacieuses, avec du mobilier anglais en pin, et 1 suite de deux chambres ; sanitaires privés. Comptez 49,55 € (325 F) pour 2, copieux petit déjeuner compris
(d'excellents thés pour les amateurs). Table d'hôte à 19,06 € (125 F), apéro, vin et café
compris. Pour votre détente, une piscine et un solarium. Atmosphère très *british* et dépaysement total.

CAMÉLAS 66300   Carte régionale A2

22 km SO de Perpignan ; 10 km O de Thuir

🛏 🍴 ☒ *Chambres d'hôte Le Mas Félix (Lucie et Jacques Boulitrop) :* Petite route
de Castelnou. ☎ 04.68.53.46.71 et 06.73.67.08.21. Fax : 04.68.53.40.54. ● lucie.bouli
trop@wanadoo.fr ● Accès : A 9, sortie Perpignan-Sud, et restez sur la gauche au péage,
direction Thuir ; à Thuir, prenez à droite vers Ille-sur-Tet ; au 2e rond-point, direction Ille ; à
4 km, suivez le panneau Auxineil/Mas Félix sur la gauche, traversez un lotissement et
continuez sur 2 km, à droite une petite route fléchée conduit au mas. Ouvert du 1er avril au
15 septembre. Au bout de cette petite route, vous découvrirez un joli mas catalan du
XVIIIe siècle haut perché, entouré de vignes, d'arbres et de fleurs. Jacques et Lucie proposent 5 chambres confortables et personnalisées autour de leur maison, situées de
plain-pied, avec entrée indépendante et sanitaires privés. Comptez 55 € (360,78 F) pour
2, petit déjeuner compris, et 21 € (137,75 F) pour un repas à la savoureuse table d'hôte
de Lucie. Dans cet endroit calme, plein de petits lieux de détente, pour lire, se reposer ou
préparer la prochaine balade. Accueil chaleureux.

CAMPS-SUR-L'AGLY 11190   Carte régionale A2

55 km NO de Perpignan ; 25 km E de Quillan

🛏 🍴 ☒ ⑩% *Chambres d'hôte (GAEC de la Bastide) :* ☎ 04.68.69.87.57. Fax :
04.68.69.81.11. Accès : de Perpignan, direction Foix, Saint-Paul-de-Fenouillet, Cubières,
puis La Bastide. Sur réservation. À 580 m d'altitude, au milieu des châteaux cathares,
dans un hameau du XIIIe, composé autrefois de dix-neuf foyers, puis complètement abandonné, que deux familles ont décidé de faire revivre. Entreprise titanesque, pour une opération totalement réussie ! C'est Néli qui reçoit et qui explique que la propriété s'étend sur
250 ha, où sont élevées 80 vaches gasconnes. 6 chambres confortables, de 33 à 39 € (de
216,47 à 255,82 F) pour 2, petit déjeuner inclus. Déco soignée, avec beaucoup de
touches personnelles (marionnettes, luminaires, peintures sur soie...). Également 1 gîte
d'étape, avec 4 dortoirs de 6, 7, 8 et 9 lits, à 10 € (65,60 F) par personne et par nuit, draps
compris, possibilité de demi-pension à 28 € (183,67 F) et de pension complète à 34 €
(223,03 F). Table d'hôte à 15 € (98,39 F) tout compris : salade, quiche aux légumes,
lapin, veau, bœuf ou volaille de la ferme, légumes du jardin, fromage fermier et tarte maison. Avis aux amateurs, les hôtes sont musiciens (jazz), et d'ailleurs, des stages avec des
professionnels sont organisés.

CANOURGUE (LA) 48500   Carte régionale A1

40 km SO de Mende ; 22 km S de Marvejols

🛏 🍴 🐕 ⑩% *Ferme-auberge Chez Louis (M. et Mme Tranchard) :* Le Mazelet.
☎ 04.66.32.83.16. Accès : à La Canourgue, prenez la D 998 jusqu'au golf, puis la D 46, et
après Le Sabot de Malepeyre, prenez à gauche la D 43 sur 2 km. Sur réservation. Dans

un coin perdu, petite auberge de 30 couverts avec des menus de 11,13 à 14,64 € (de 73 à 96 F). Spécialités d'aligot, de tripoux, truffade, volaille, mouton et veau de la ferme, dessert maison. Dans une grange indépendante, 3 chambres confortables à 37,35 € (245 F) pour 2, petit déjeuner inclus et 30,18 € (198 F) par personne en demi-pension. Sanitaires privés pour l'une, salle d'eau privée mais w.-c. communs pour les deux autres. Calme absolu.

▲ |●| ⚑ ✸ **⑩%** *Chambres d'hôte et ferme-auberge (Christine et Jean Basset) :* Les Écuries de Sauveterre. ☎ 04.66.48.82.83 et 06.08.00.39.01. Fax : 05.66.48.89.23. ● christine.jean.basset@wanadoo.fr ● Accès : quittez l'A 75 à la sortie n° 41, puis suivez la Tieule et fléchage (petite route de campagne pendant 4 km). Uniquement sur réservation. Au sein d'un petit village pittoresque, ferme-auberge dans un ancien monastère du XVIIIe restauré. Christine et Jean élèvent des volailles et des autruches, aussi les curieux pourront tester l'émincé d'autruche sur commande.... Menus à 12 et 19 € (78,71 et 124,63 F) et menu enfant. Pour ceux qui veulent séjourner, 6 chambres d'hôte avec sanitaires privés. 52 € (341,10 F) pour 2, petit déjeuner compris. Également 1 petit gîte d'étape de 13 lits (dortoir et 2 chambres pour 2 et 4 personnes) à 12 € (78,71 F) la nuit par personne et 5 € (32,80 F) le petit déjeuner. Piscine.

▲ |●| ⚑ *Chambres d'hôte (Anne-Marie et Jean Fages) :* La Vialette. ☎ 04.66.32.83.00. Fax : 04.66.32.94.62. Accès : La Vialette est à 10 km après La Canourgue (en direction de Sainte-Énimie), en face de La Capelle, sur la D 998. En plein causse de Sauveterre, à 850 m d'altitude. Ensemble de maisons restaurées avec 5 belles chambres de caractère tout confort. Comptez 41,92 € (275 F) pour 2, petit déjeuner compris. 34 € (223 F) par personne en demi-pension. Bonne cuisine familiale. Calme et tranquillité garantis. Accueil chaleureux, une adresse agréable.

CAPESTANG 34310 Carte régionale A2

20 km N de Narbonne ; 15 km O de Béziers

▲ |●| *Chambres d'hôte La Bastide-Vieille (Christine et Bernard Fouissac) :* ☎ 04.67.93.46.23 et 06.13.93.93.44. Fax : 04.67.93.46.56. Accès : si vous venez de Béziers, direction Montady-Capestang ; dans Capestang, traversez le canal du Midi, et tournez à droite (D 39) vers Maureilhan, La Bastide-Vieille se trouve à 4 km plus loin, en haut d'une côte. Fermé de novembre à février. C'est la 1re maison du hameau et croyez-nous, elle ne manque pas de charme... Cette ancienne dépendance abritait les vendangeurs et tout le matériel. On entre par la rue, on agite la cloche, c'est là ! Une grande entrée débouche dans une immense pièce avec poutres et mezzanine. Des murs tout de blanc vêtus, discrètement parés de gravures anciennes. 3 chambres élégantes, habillées par Christine avec un goût subtil. Luxueux sanitaires particuliers. Comptez 40 € (262,38 F) pour 2 petit déjeuner compris. Côté jardin, une agréable terrasse pour prendre les repas (sauf le dimanche soir). Pour 15 € (98,39 F), vin compris, à vous les spécialités de la maîtresse des lieux : soupe de crabe, paella, grillades au feu de bois, îles flottantes et la bougnette (spécialité locale). Si vous voulez faire une petite randonnée dans le coin, Bernard vous conseillera utilement. Une adresse chaleureuse et un bon rapport qualité-prix. En bref, on aime !

CASTANET-LE-HAUT 34610 Carte régionale A1

50 km NO de Béziers ; 27 km O de Lacaune ; 27 km O de Bédarieux

▲ |●| ✸ *Ferme-auberge Les Falaises d'Orques (Élisabeth et Daniel Bousquet) :* Croix de Mounis - Le Fau. ☎ et fax : 04.67.23.60.93. Accès : de Béziers, D 909 vers Bédarieux, puis Hérépian ; là, prenez la D 304 vers Lacaune que vous ne quittez plus jusqu'à la Croix de Mounis, tournez ensuite vers Brusque (D 12), et fléchage « Le Fau ». Fermé de décembre à février. À 800 m d'altitude, belle ferme familiale, où il fait bon s'arrêter (surtout pendant les périodes de très grosses chaleurs). Superbe salle à manger rustique en pierre apparente, agrémentée d'une cheminée monumentale. Menus de 12,96 à 21,34 € (85 à 140 F), vin compris. Cuisine du terroir à partir des produits maison ou des fermes environnantes : charcuterie, volailles et légumes du jardin. Pour ceux qui veulent rester plus longtemps, 1 gîte d'étape avec dortoirs et chambres individuelles. Comptez 9,91 € (65 F) par personne en dortoir, 3,81 € (25 F) pour le petit déjeuner, et 38,11 € (250 F) pour 2 personnes en chambre, petit déjeuner compris. Accueil jeune et sympa.

LANGUEDOC-ROUSSILLON

CASTANS 11160 Carte régionale A2

50 km NO de Narbonne ; 33 km N de Carcassonne

🛏 |●| 🐾 *Chambres d'hôte Les 3 Petits Cochons (Martine Roque et Luc Lapeyre) :* La Viale. ☎ 04.68.26.14.18 ou 04.68.26.61.28. Accès : de Carcassonne direction Cabrespine, puis D 9 vers Castans jusqu'au hameau de La Viale. Fermé de novembre à avril. De préférence sur réservation. Au milieu des châtaigniers, petit hameau tranquille dont une grande batisse décorée de trois sympathiques petits cochons. 5 chambres d'hôte réparties dans 2 maisons avec sanitaires privés. Comptez 37,40 € (245,33 F) pour 2, petit déjeuner inclus. Une salle agréable avec tables nappées de rose et cheminée, un salon TV- bibliothèque qui ouvre sur une terrasse ombragée, d'où vous profiterez de la vue sur la vallée. Atmosphère d'autrefois et vieux outils en bois. Table d'hôte à 14,50 € (95,11 F), boissons comprises. Accueil dynamique et sympa.

CASTELNAU-DE-GUERS 34120 Carte régionale B2

32 km NE de Béziers ; 17 km N d'Agde ; 8 km S de Pézenas

🛏 |●| ⑩% *Chambres d'hôte (Michèle et Philippe Vaillé) :* domaine Saint-Paul de Fannelaure. ☎ 04.67.98.93.87 et 06.83.30.00.99. Fax : 04.67.98.00.95. ● fanne laure@aol.com ● Accès : d'Agde, D 13 vers Pézenas et sortez à Castelnau-de-Guers ; traversez le village en direction de Pomerols et fléchage à 4 km. Philippe et Michèle perpétuent la tradition familiale : la viticulture. Toute leur production part à la cave coopérative, ce qui ne les empêche pas de faire déguster leur petit vin blanc (ah le...!) : le picpoul de Pinet (sec, idéal avec les coquillages). Dans leur maison au milieu des vignes, ils ont installé 2 chambres spéciales familles de 5 personnes, qui prennent tout l'étage. Sanitaires privés. Comptez de 38,11 à 45,73 € (de 250 à 300 F), selon la saison, pour 2, petit déjeuner compris (jus d'oranges pressées et confitures maison). Table d'hôte partagée en famille dans la salle à manger, peuplée de meubles anciens et d'œuvres d'un ami qui expose ici. 13,72 € (90 F) le repas, vin du domaine compris (eh, eh!). Bonne cuisine à l'huile d'olive avec nombreuses spécialités régionales. Piscine privée à disposition et petit sentier balisé pour découvrir la garrigue. Quel plaisir de se détendre au milieu des vignes à seulement 15 km de la première plage. Accueil chaleureux. Une très bonne adresse.

CAYLAR (LE) 34520 Carte régionale B1

73 km NO de Montpellier ; 19 km N de Lodève

🛏 |●| 💱 ⑩% *Chambres d'hôte du Barry du Grand Chemin (Mme Clarissac) :* 88 faubourg Saint-Martin. ☎ 04.67.44.50.19. Fax : 04.67.44.52.36. Accès : au cœur du village, au bord d'une petite route départementale peu empruntée. Une institution qui rime avec tradition... Mme Clarissac, doyenne des gîtes de l'Hérault, reçoit des hôtes depuis une vingtaine d'années dans cette maison qui accueillait autrefois les cavaliers et leurs chevaux les jours de foire. 5 chambres avec sanitaires privés, mignonnes comme tout, avec de jolis couvre-lits de dentelle faits main. Comptez 46 € (301,74 F) pour 2, petit déjeuner compris. Déco rustique, qui fleure bon les vacances chez grand-maman. Beaucoup de bois, de pierre, de fleurs, de porcelaine. Intérieur frais et coquet, absolument impeccable. Table d'hôte pour 17 € (111,51 F), vin du pays compris. Ambiance chaleureuse.

CAZALRENOUX 11270 Carte régionale A2

35 km O de Carcassonne ; 17 km S de Castelnaudary

🛏 |●| 🐾 ⑩% *Chambres d'hôte du Domaine de Saint-Estèphe (Joëlle Chauvel) :* ☎ 04.68.60.51.67. Accès : de Castelnaudary, D 6 vers Mirepoix, et au Poteau, à gauche D 102 vers Fanjeaux. De préférence sur réservation. Au calme, ancien prieuré du XIIIe siècle. 3 chambres avec sanitaires communs et 2 chambres avec salle de bains privée mais w.-c. communs. Comptez de 24,39 à 33,54 € (de 160 à 220 F) pour 2, petit déjeuner

LANGUEDOC-ROUSSILLON

compris. Et 1 gîte rural pour 6 personnes. Joëlle fait aussi table d'hôte. Les repas sont servis dans une belle salle à manger rustique avec cheminée. Pour 10,67 € (70 F) par exemple, charcuterie, confit de canard, fromage et dessert. Piscine. Ambiance familiale et accueil convivial.

CAZOULS-LÈS-BÉZIERS 34370   Carte régionale A2

8 km NO de Béziers

🛏 ❙●❙ 🐕 *Chambres d'hôte La Noria (Josiane et Marcel Ramos) :* domaine de la Plaine. ☎ 04.67.93.58.27. Fax : 04.67.93.34.97. Accès : de Béziers, N 112 vers Mazamet, jusqu'à Maureilhan ; puis D 162 vers Cazouls-lès-Béziers ; la maison est à 3 km à gauche. Fermé de début novembre à Pâques. Belle histoire que celle de cette demeure, ancienne propriété viticole construite par deux moines au XIXe siècle (il en reste quelques vestiges). 2 coquettes chambres installées au 1er étage de la maison, et une suite au rez-de-chaussée, avec accès indépendant. Spacieux sanitaires privés. Déco raffinée et campagnarde. Comptez 36,60 € (240,08 F) pour 2 et 59,50 € (390,29 F) pour 4 personnes, petit déjeuner inclus. À la belle saison, vous le prendrez à l'ombre des platanes, en écoutant chanter les cigales (c'est pas beau la vie ?). Josiane est la reine des tartes salées et sucrées. Elle vous propose une gentille table d'hôte, pour 12,20 € (80,03 F) tout compris. Cuisine d'été à disposition pour le pique-nique de midi (sympa !). Accueil discret, mais très, très chaleureux. Bon rapport qualité-prix. Une excellente adresse.

CELLES/LODÈVE 34700   Carte régionale B1

52 km O de Montpellier ; 9 km S de Lodève

🛏 ❙●❙ 🐕 ❄ *Chambres d'hôte La Maison du Lac (Antoine Bernard) :* Les Vailhés. ☎ 04.67.44.16.33. Fax : 04.67.44.46.02. ● maisonlac@aol.com ● Accès : A 75 entre Clermont-Ferrand et Béziers (sortie n° 54 ou 55, selon d'où vous venez) et direction « lac de Salagou » ; au rond-point de Cartels, suivez le fléchage « Vailhès-le-Lac » sur 1 km et avant une esplanade-parking, tournez deux fois à gauche et suivez la petite route qui grimpe jusqu'au bout du goudron (1 km) ; c'est en bas du hameau. Fermé de janvier à fin mars. Réserver à l'avance. Au bord du lac de Salagou, dans un site somptueux, ancienne bergerie toute en pierre très bien restaurée. Dans une aile de la maison, 6 chambres confortables avec vue sur le lac : deux au rez-de-chaussée et quatre à l'étage, accessibles par un escalier et un balcon. 48 € (314,86 F) pour 2, petit déjeuner compris. De la terrasse où l'on prend les repas aux beaux jours, la vue est magnifique, l'environnement exceptionnel et le dépaysement total. Table d'hôte à 16 € (104,95 F), vin et café compris. Nicole est un fin cordon bleu et ses spécialités sont nombreuses : terrine de légumes au safran, tatin de navets au miel, lapin aux pruneaux, pintade aux figues, flan de coco aux cerises pochées... Antoine organise des séjours multi-activités ; il faut dire qu'ici, on peut tout faire : pêcher (le lac regorge de poissons), canoter, randonner à pied ou à cheval, accompagné par Laurent, diplômé et ami de la maison (même pour les débutants !), et enfin, on peut aussi se baigner. Accueil discret et très chaleureux. Une bonne adresse.

CHANAC 48230   Carte régionale B1

25 km SO de Mende ; 12 km N de Sainte-Énimie

🛏 ❙●❙ ⑩% *Chambres d'hôte L'Oustal del Jas (Sylvie et Jean-Pierre Durand) :* ☎ 04.66.48.22.93. Accès : de Mende, N 88 vers Rodez jusqu'à Chanac ; dans le bourg, prenez la D 31, puis la D 44 vers Sainte-Énimie, et fléchage. Ouvert de début avril à fin septembre. À 900 m d'altitude, entre les gorges du Tarn et la vallée du Lot, le *Jas* vous ouvre ses portes... Maison neuve (mais bien dans le style caussenard) où Sylvie a ouvert 3 coquettes chambres. Sanitaires privés. Comptez 40 € (262,38 F) pour 2, petit déjeuner compris (confitures maison). Le petit classeur de votre chambre vous expliquera toutes les activités d'une ferme. La production de lait part pour la fabrication du roquefort, mais on le retrouve aussi dans les spécialités de la table d'hôte (hum !). 13 € (85,27 F) le repas, vin compris (sauf dimanches, mercredis, jeudis en été). Kitchenette à disposition.

CHAUCHAILLES 48310   Carte régionale A1

65 km NO de Mende ; 18 km O de Saint-Chély-d'Apcher

🛏 |○| 🐾 ⑩% *Chambres d'hôte Lou Chastel (Malik et Marie-Christine Alili) :* Boutans Bas. ☎ 04.66.31.61.12. Accès : A 75 jusqu'à Saint-Chély ; de Saint-Chély, prenez la D 989 direction Fournels/Saint-Juéry/Chaudes-Aigues ; à Saint-Juéry, tournez à gauche vers Boutans, c'est à l'entrée du village. Fermé en janvier, février, mars et décembre. *Lou Chastel* est une ancienne ferme qui servait au stockage des céréales au XVIᵉ siècle, et où Malik et Marie-Christine élèvent aujourd'hui des oies. Grande bâtisse bien restaurée, avec une salle à manger accueillante : grande table de ferme, cheminée voûtée, poutres. On accède à l'ancienne grange attenante à la maison par un escalier extérieur ; là, un grand balcon dessert 4 chambres simples et indépendantes (fermé d'octobre à mai), avec coin cuisine et sanitaires. Comptez 38,11 € (250 F) pour 2, petit déjeuner compris, et 6,10 € (40 F) de plus pour 1 enfant. Table d'hôte à 15,24 € (100 F), avec spécialités de foie gras, rillettes d'oie, cou farci, gratin de pommes de terre et champignons, etc. À proximité, la station thermale de La Chaldette, et Nasbinals pour le ski l'hiver. Également un appartement pour 4 personnes (ouvert les mois d'hiver).

CLERMONT-L'HÉRAULT 34800   Carte régionale B2

44 km O de Montpellier ; 30 km E de Bédarieux

🛏 |○| 🐾 *Gîte d'étape et chambres d'hôte L'Étrier du Lac (Mathilde et Jean-Christophe Bonnet) :* route du Lac. ☎ 04.67.96.37.10. Accès : de Clermont, prenez la route du lac et fléchage. Préférable de réserver à l'avance pour l'été. À 15 mn à pied du lac de Salagou, mas isolé sur un promontoire, au cœur de la garrigue baignée de soleil. Cette ferme équestre fait le bonheur des enfants avec tous ses animaux : chevaux et poneys bien sûr, mais aussi lapins et cochons. Ici, on aime la nature, le terroir, le bien manger et le bien boire. Gîte de groupe pour 15 personnes, loué 122 € (800,27 F), et 3 chambres d'hôte indépendantes à 37 € (242,70 F) pour 2, petit déjeuner compris ; possibilité de matelas pour enfants en mezzanine. Grande salle pour les repas, en compagnie des patrons, à 17 € (111,51 F) avec apéro maison et vin à volonté. Cuisine régionale et charcuterie maison. Pour les balades à cheval, comptez 20 € (131,19 F) pour 2 h, 36 € (236,14 F) pour la demi-journée et 54 € (354,22 F) pour la journée (hors repas). Et si ça ne vous suffit pas, il y a encore la piscine ! Une halte très accueillante.

🛏 |○| *Chambres d'hôte du Mas de Font Chaude (Martine et Pascal Moreau) :* Les Bories (route du lac). ☎ et fax : 04.67.96.19.77. ● martine.moreau34@wanadoo.fr ● Accès : A 75 (Montpellier/Clermont-Ferrand), sortie Clermont-l'Hérault, continuez vers le lac de Salagou, et fléchage à droite « Les Bories ». C'est par un petit chemin ombragé qu'on arrive chez Martine et Pascal. Dans un bâtiment indépendant, 3 chambres confortables, avec sanitaires privés, à 46 € (301,74 F) pour 2, petit déjeuner compris. La campagne est belle et plantée d'oliviers. Chaleureuse salle à manger (ancienne auberge), où Martine et Pascal proposent un bon repas demi-pension à 14 € (91,83 F) vin compris. Un point de chute idéal pour les pêcheurs (un petit local leur est réservé) et les fans de sports nautiques (lac de Salagou à 2 km). Bon accueil.

COLOGNAC 30460   Carte régionale B1

39 km SO d'Alès ; 15 km NO de Saint-Hippolyte-du-Fort

🛏 |○| 🐾 *Chambres d'hôte et gîte d'étape (Anne Chartreux) :* place de la Mairie. ☎ 04.66.85.28.84. Fax : 04.66.85.48.77. Accès : de Saint-Hippolyte, D 39 vers Lasalle, puis D 185. Fermé le lundi sauf en juillet et août. Dans un petit village de 40 âmes, au milieu des Cévennes. 2 chambres à 38,11 € (250 F) pour 2, petit déjeuner inclus. Possibilité de repas à 12,96 € (85 F), vin compris. Également 1 gîte d'étape à 10 € (65,60 F) la nuit par personne, et 3 gîtes ruraux.

LANGUEDOC-ROUSSILLON

COLOMBIÈRES-SUR-ORB 34390 — Carte régionale A2

50 km NO de Béziers ; 7 km O de Lamalou-les-Bains

▥ ⦁❙⦁ ⤞ *Chambres d'hôte (Marie-José Azéma) :* Sévirac. ☎ 04.67.95.89.80. Accès : de Lamalou, D 908 vers Saint-Pons-de-Thomières ; la maison se trouve à 1 km avant Colombières. Au pied du Caroux, belle maison au cœur d'une propriété de 4 ha, traversée par un ruisseau. Dans une partie indépendante, un coin détente et 3 chambres au rez-de-chaussée. Sanitaires privés. Comptez 33,54 € (220 F) pour 2, petit déjeuner compris, et 7,62 € (50 F) par personne supplémentaire. Pour 12,96 € (85 F), apéro, vin et café compris, vous dégusterez les spécialités de Marie-José : pain de poisson, moules farcies, écrevisse à l'américaine, omelette aux cèpes, escargots à la provençale, chapon farci... le tout accompagné des légumes et des fruits du domaine. Organise des réveillons pour Noël et le Jour de l'An. Boulodrome et ping-pong.

COURNIOU 34220 — Carte régionale A2

58 km NO de Béziers ; 7 km O de Saint-Pons-de-Thomières

▥ ⌂ *Chambres d'hôte (Éliane et Jean-Louis Lunes) :* Prouilhe. ☎ et fax : 04.67.97.21.59. Accès : de Saint-Pons, N 112 vers Mazamet ; traversez Courniou, et à la sortie du village, tournez à droite vers Prouilhe ; la maison est à 3 km. Sur réservation de début octobre à fin mars. À 550 m d'altitude, gentille ferme familiale au cœur d'un petit hameau. Éliane et Jean-Louis élèvent des moutons (pas moins de 140) et produisent des noix et des châtaignes. Dans l'ancienne grange, ils ont aménagé 2 chambres d'hôte confortables avec sanitaires privés. Comptez 43 € (282,06 F) pour 2 avec un copieux petit déjeuner (délicieux gâteaux maison et du fromage de chèvre !). Pas de table d'hôte, mais coin cuisine à disposition. Accueil convivial. Calme et tranquillité assurés. Location de VTT. Une adresse pour se mettre au vert !

DIO-ET-VALQUIÈRES 34650 — Carte régionale A1

45 km N de Béziers ; 12 km NE de Bédarieux

▥ ⦁❙⦁ ⌂ *Chambres d'hôte La Bergerie des Maurelles (Michèle Lauffenburger) :* Vernazoubres. ☎ et fax : 04.67.23.00.65. • maurelles@hotmail.com • Accès : de Bédarieux, D 35 vers Le Bousquet-d'Orb jusqu'au Mas-Blanc, et à droite D 157 vers Brenas, puis à gauche vers Vernazoubres (n'allez pas à Dio). Fermé du 20 décembre au 30 mars. *La Bergerie*, c'est d'abord la montagne et le dépaysement total... On est loin de l'agitation et du bruit. 5 chambres confortables, avec sanitaires privés. Comptez 48 € (314,86 F) pour 2, petit déjeuner compris (fromage blanc et confitures maison). Bonne cuisine du terroir, pour 14,48 € (95 F). Parmi les spécialités de Michèle : croustade au fromage de brebis, canard aux olives, lapin chasseur et tartes gratinées. Séduisante salle à manger, avec une belle cheminée. Plein de randos à faire (le lac de Salagou est à 12 km). En saison, on peut aller ramasser châtaignes et champignons (une petite omelette ?). Piscine. Une adresse pour se mettre au vert.

DUILHAC-SOUS-PEYREPERTUSE 11350 — Carte régionale A2

50 km NO de Perpignan ; 20 km O de Tuchan

▥ ⦁❙⦁ ⌂ ⟨10%⟩ *Chambres d'hôte (Aimé Coussinoux) :* Bergerie de Bugamus. ☎ 04.68.64.34.42 et 06.85.47.69.54. Accès : 2 km après Duilhac, suivez la route du Château (GR 36). Sur réservation. Dans un site superbe, Aimé vit seul dans l'unique pièce de sa bergerie, en pleine nature, et possède un troupeau de 40 vaches d'Aubrac dont il s'occupe avec amour. Seule concession au progrès, des panneaux solaires qui lui permettent d'avoir électricité et eau chaude. Il vous accueille à sa table en ami et vous prépare un repas simple : charcuterie de campagne, viande (spécialité d'agneau et de veau sous la mère), fromage et fruits. Les amoureux de la nature et de l'authenticité seront séduits par la chaleur humaine qui règne en ce logis et la gentillesse de son propriétaire.

Également 2 chambres toutes simples avec sanitaires privés pour ceux qui souhaiteraient rester. Système demi-pension à 68,60 € (450 F) pour 2 personnes. Une étape à ne pas manquer, surtout en juillet lorsque les genêts en fleurs embaument l'air pur de la Serre.

ELNE 66200　　　　　　　　　　　　　　Carte régionale A2

13 km SE de Perpignan

🛏 |●| 🐾 🛏 ⑩% *Chambres d'hôte du Mas de la Roubine (Régine Piquemal-Pastré) :* ☎ et fax : 04.68.22.76.72. Accès : de l'A 9, sortie Perpignan-Sud, prenez la rocade direction Argelès-sur-Mer ; à Elne, prenez la D 40 ; à l'Intermarché, entrez dans Latour-Bas-Elne, passez devant la mairie, faites 500 m, tournez à droite, passez sur le pont, c'est à 800 m à gauche. Fermé du 31 novembre au 1er février. Vieux mas blotti dans une exploitation arboricole, au calme. Dans une maison indépendante, Régine a aménagé 3 chambres confortables et bien meublées, à 47,30 € (310 F) pour 2, petit déjeuner compris. A sa table d'hôte, pour 18,29 € (120 F), vin compris, vous dégusterez de savoureuses recettes régionales : encornets farcis, lapin à l'ariégeoise, salmis de pintade et desserts maison. Accueil agréable. Une adresse qui présente en outre l'avantage d'être à 5 km de la mer et à proximité de nombreux sentiers de randonnées.

🛏 |●| 🛏 *Chambres d'hôte Can Oliba (Florence Le Corre et Jean-Pierre Boisard) :* 24, rue de la Paix. ☎ et fax : 04.68.22.11.09 et 06.14.73.81.43. ● Elna@club-internet.fr ● Accès : Elne se trouve sur la N 114 entre Argelès et Perpignan ; dans la ville, allez dans le centre et suivez le « circuit touristique/le cloître » jusqu'au fléchage « Can Oliba ». La ville haute, c'est le centre historique d'Elne, cité qui fut jadis capitale épiscopale. Can Oliba est l'ancienne demeure de l'évêque. Toute en pierre, on y accède par un grand porche. Si aujourd'hui elle a retrouvé une âme, c'est grâce au talent de Florence et Jean-Pierre qui est architecte (ça aide !). Un bel escalier conduit aux 6 chambres, confortables, gaies où ancien et moderne vivent en harmonie. Sanitaires privés. 55 € (360,78 F) pour 2, petit déjeuner compris, servi en terrasse lorsque le temps est clément (c'est souvent le cas...). Table d'hôte à 17 € (111,51 F), vin compris. Goûteuse cuisine régionale. Il ne manquait plus que la piscine, et elle s'y trouve, veinards ! Calme assuré. Accueil jeune et très sympa. Une bonne adresse.

ESPÉRAZA 11260　　　　　　　　　　　　Carte régionale A2

80 km NO de Perpignan ; 50 km S de Carcassonne ; 12 km N de Quillan

🛏 |●| 🐾 ⑩% *Chambres d'hôtes Les Pailhères (Monique et René Pons) :* ☎ et fax : 04.68.74.19.23. Accès : de Carcassonne, D 118 vers Perpignan ; 3 km après Couiza en direction de Quillan, prenez le chemin à gauche vers Pailhères pendant 2 km. Au cœur du pays cathare, on accède à la ferme de Monique et René par un petit chemin qui serpente entre champs, vignes et barriques. Elle est dans la famille depuis plusieurs générations et ils continuent à l'exploiter : vignoble et élevage de vaches allaitantes conduit en bio (bravo !). 5 chambres d'hôte avec accès indépendant : dans l'ancienne grange, trois au rez-de-chaussée, une autre à l'étage, la dernière en contrebas de l'agréable terrasse panoramique. Sanitaires privés. Comptez 38,10 € (249,92 F) pour 2, petit déjeuner compris (et jus de raisin maison !). Table d'hôte servie dans la chaleureuse salle à manger des proprios, avec sa cheminée et sa vieille horloge, qui laisse entendre son tic-tac rassurant. Repas à 13,70 € (89,87 F) et priorité aux produits de la ferme (hum !). Côté intérêts touristiques, les petits classeurs vous aideront à faire votre choix. Accueil authentique et vrai. Une bonne adresse.

FORMIGUÈRES 66210　　　　　　　　　　Carte régionale A2

95 km SO de Perpignan

🛏 |●| 🛏 *Gîte d'étape La Dressère (Clairette et René Compagni) :* 60, Carrer d'Amont. ☎ et fax : 04.68.04.46.45. Accès : de l'A9, sortie Perpignan-Nord, direction Andorre par N 116 ; à Montlouis, prenez direction Les Angles, puis Formiguères ; à la supérette du village, prenez la rue des Écoles et fléchage. Sur réservation. Dans la rue du haut du village (Carrer d'Amont), une famille de sportifs a aménagé 1 gîte d'étape à proximité d'un chemin de randonnée. René et Clairette sont d'ailleurs secondés par Julie, l'aînée de leurs quatre enfants. Au 2e étage, 5 chambres et plusieurs sanitaires permettent l'accueil de 18 personnes, avec une cuisine en gestion libre pour ceux qui le souhaitent. 14 € (91,83 F) la nuitée, 5 € (32,80 F) le petit déjeuner, panier repas sur demande et 28 € (183,67 F) par personne en demi-pension.

GAJA-LA-SELVE 11270   Carte régionale A2

41 km O de Carcassonne ; 15 km S de Castelnaudary

📷 ▮●▮ ≍ *Chambres d'hôte (Simone et Jean-Jacques Granel) :* Saint-Sauveur. ☎ 04.68.60.61.59 ou 04.68.60.68.56. Fax : 04.68.60.62.07. Uniquement sur réservation. Château avec deux tours dans un grand parc boisé, et magnifique point de vue sur les Pyrénées. Dans un bâtiment annexe, 1 gîte pour 6 personnes tout confort, qui se loue de 380 à 480 € (2492,64 à 3148,59 F) la semaine selon la saison. Également 3 chambres d'hôte avec sanitaires privés. Comptez 40 € (262,38 F) pour 2, petit déjeuner compris (attention, séjour d'une semaine minimum en juillet-août). Possibilité de repas, de 15 à 30 € (98,39 à 196,79 F), vin et café compris. Les amateurs de pêche se délecteront du lac privé de 5 ha. Bon accueil.

GANGES 34190   Carte régionale B1

46 km NO de Montpellier ; 17 km SE du Vigan

📷 ▮●▮ (10%) *Auberge du Domaine de Blancardy (Laure et Alain Martial) :* Moulès-et-Beaucels. ☎ 04.67.73.94.94. Fax : 04.67.73.55.59. • www.blancardy.com • Accès : à l'entrée de Ganges, prenez la direction de Nîmes, passez le village de Moulès-et-Beaucels (à 7 km de Ganges) et tournez à droite au panneau Blancardy. Fermé du 2 janvier à début mars, le mercredi du 16 septembre au 14 juin. Réservation conseillée. Auberge dans un ancien mas des XIIe et XVIe siècles. Vous y goûterez d'excellents produits fermiers à l'ombre d'un patio voûté. Bonne cuisine de 13 à 32 € (85,27 à 209,91 F) avec la spécialité maison : le foie gras mi-cuit à la cartagène. Dans l'ancienne bergerie, 10 chambres simples et colorées, avec sanitaires privés. De 39,60 à 76,20 € (259,76 à 499,84 F) pour 2, petit déjeuner compris. C'est aussi un domaine viticole (24 ha), qui produit des vins rouges, blancs et rosés.

GIGEAN 34770   Carte régionale B2

20 km SO de Montpellier ; 12 km N de Sète

📷 ▮●▮ *Chambres d'hôte (Françoise Barbé et Roland Niéri) :* 55, avenue de la Gare. ☎ 04.67.78.39.91 et 06.82.66.23.11. Accès : dans le village, suivez la direction Montbazin, la maison est au centre du bourg, fléchage « Gîtes de France » (merci pour la pub). Belle maison vigneronne qui va bientôt fêter son bi-centenaire. Le grand porche d'accès a été transformé en salle à manger d'été. Un beau carrelage rosé met en valeur les pierres apparentes. De là, on pénètre dans le jardin fleuri qui se prolonge par un parc, où niche une agréable piscine. Au 1er étage, 2 chambres agréables (préférez celle qui donne côté jardin), avec sanitaires privés. Selon la saison, de 41 à 46 € (de 268,94 à 301,74 F) pour 2, petit déjeuner compris (un moment raffiné avec nappe brodée et belle vaisselle). Table d'hôte à 16 € (104,95 F), apéro et vin compris. Une adresse au calme, pour ceux qui préfèrent être au cœur d'un village.

GINESTAS 11120   Carte régionale A2

12 km NO de Narbonne

📷 🐕 (10%) *Chambres d'hôte (M. et Mme Manuel Bernabeu) :* Le Somail. ☎ et fax : 04.68.46.16.02 et 06.84.46.15.49. Accès : c'est la grande maison couverte de vigne vierge, près du pont. Fermé du 31 octobre au 28 février. Construite en même temps que le canal, elle date du XVIIe siècle. On est reçu par un couple très gentil. Comptez 40 € (262,38 F) pour 2, petit déjeuner compris. Demandez une chambre côté canal évidemment.

GRABELS 34790 · · · · · · · · · · · · · · · · · · Carte régionale B1-2

4 km NO de Montpellier

Chambres d'hôte Le Mazet (Suzanne Caffin et Philippe Robardet) : 253, chemin du Mas de Matour. ☎ 04.67.03.36.57 et 06.20.80.21.75. Accès : de Montpellier, direction Millau, La Paillade ; dans Grabels, suivez la direction Lodève et prenez la 1re rue à droite après le petit pont à voie unique. À proximité du village, maison languedocienne entourée d'un agréable parc ombragé et fleuri. Dans un petit bâtiment annexe, au rez-de-chaussée, 2 chambres pour 3 personnes avec mezzanine (échelle assez raide). Elles sont très coquettes et entre les deux, notre cœur balance... et vous ?). Sanitaires privés. Au fond du parc, la dernière chambre (pour 2 personnes et avec coin cuisine) idéale pour les séjours. Comptez de 40 à 43 € (de 262,38 à 282,06 F) pour 2 et 55 € (360,78 F) pour 3, copieux petit déjeuner compris (suivant les saisons, gâteau maison, crêpes ou clafoutis). 3,05 € (20 F) par jour pour nos amis à quatre pattes. Les petits déjeuners sont servis sur la terrasse ou dans une conviviale salle à manger aux couleurs vives. Pour compléter le tout, une piscine pour faire trempette. Grande chaleur d'accueil.

GRAISSESSAC 34260 · · · · · · · · · · · · · · · Carte régionale A1

45 km N de Béziers, 15 km NO de Bédarieux

Chambres d'hôte les Platanes (Lise Schweyer et Roger martinet) : 11, rue de la Gare. ☎ et fax : 04.67.23.93.43. ● platanes.les@fnac.net ● Accès : A 9, sortie Béziers est et D 909 direction Bédarieux ; à Hérépian, au rond-point, suivez Graissessac, la maison est dans le village. Grande maison du début du siècle dans le parc naturel du Haut-Languedoc. 3 chambres familiales, claires et spacieuses, au 1er étage, et une autre, pour 2 personnes, au 2e. Comptez 41 € (268,94 F) pour 2, petit déjeuner compris (gâteau et confitures maison), et 10 € (65,60 F) par personne supplémentaire. Roger propose une bonne cuisine méditerranéenne, avec les bons légumes du jardin, pour une table d'hôte à 15 € (98,39 F) et, pour les amateurs de grillades, barbecue à disposition. Plusieurs chemins de randonnées au départ de la maison, et un coin qui ravira les botanistes (pivoine officinale, lys martagon, campanule...). Accueil jeune et sympa.

JUJOLS 66360 · Carte régionale A2

65 km O de Perpignan ; 21 km SO de Prades ; 3 km NE d'Olette

Gîte d'étape et Auberge de Jujols (Gilles Calmer) : ☎ et fax : 04.68.97.02.40 et 06.18.60.86.75. ● aubergedejujols@wanadoo.fr ● Accès : d'Olette, prenez la D 57 ; au centre du village. Auberge fermée du 15 septembre à fin mars. Il est prudent de réserver. On découvre le village au détour d'une ravissante route en lacets. Une sacrée adresse qui cultive son originalité ! Entrées à base de crudités et de fruits (mélanges subtils de sucré-salé), bœuf en daube, coq au vin ou cassoulet (selon l'humeur du jour), salade aux fleurs (si, si !) et tarte aux pommes à la confiture de sureau. Comptez de 16 à 19 € (de 104,95 à 124,63 F) pour un repas. Le gîte d'étape comprend 4 chambres (2 de 6 lits, une de 4 et une de 2), comptez 10,30 € (67,56 F) par personne et 5,70 € (37,39 F) avec 2 douches et 2 w.-c. Demi-pension à 32 € (209,91 F). Les 4 chambres d'hôtes récemment ouvertes sont à 32 € (209,91 F) pour 2. Salle commune avec cheminée et coin cuisine. Expos d'artistes locaux en été.

LAGRASSE 11220 · · · · · · · · · · · · · · · · · · Carte régionale A2

38 km SO de Narbonne ; 30 km SE de Carcassonne

Chambres d'hôte (Paulette et Roger Carbonneau) : Château de Villemagne. ☎ 04.68.24.06.97. Accès : de Carcassonne, N 113 vers Narbonne ; à Trèbes, prenez la CD 3 à droite pendant 20 km, Villemagne se trouve 8 km avant Lagrasse. Fermé en juillet et août. Belle maison avec tourelles du XIIe siècle, appartenant à de sympathiques viticulteurs. 2 chambres avec sanitaires privés et petit jardin à disposition. Comptez 34 €

(223,03 F) pour 2, petit déjeuner compris. Les dynamiques propriétaires n'hésiteront pas à vous faire visiter le chai et à vous présenter toute leur production : corbières rosé, blanc et rouge, plusieurs fois médaillés ; le carthagène (vin liquoreux idéal en apéro, avec le foie gras...) ; un vin de pays, cépage chardonnay. Et pour ceux qui conduisent ? Eh bien... le jus de raisin ! Tout l'été, ils organisent des expos pour présenter artistes et artisans locaux. Pas de table d'hôte, mais plusieurs petits restos à Lagrasse.

LUSSAN 30580   Carte régionale B1

30 km E d'Alès ; 25 km O de Bagnols-sur-Cèze

▲ |●| ♔ ✎ *Chambres d'hôte et Ferme équestre (M. et Mme Cailar) :* Mas de Rossière. ☎ et fax : 04.66.72.96.57. Accès : de Lussan, prenez la D 37 vers Saint-Amboix sur 3 km et suivez le fléchage à gauche. Fermé de novembre à mars. Réservation obligatoire. Ferme équestre avec 2 chambres d'hôte. Salles de bains privées. 38 € (249,26 F) pour 2, petit déjeuner compris. Possibilité de table d'hôte, sur réservation, à 14 € (91,83 F). Piscine. Promenades à cheval à l'heure, 12,2 € (80 F), mais aussi à la journée, 54,88 € (360 F) avec pique-nique ; également possible sur 2 jours. En calèche, comptez 30,49 € (200 F) l'heure pour 4 personnes. Accueil agréable.

▲ |●| *Chambres d'hôte du Mas des Garrigues (Sylvia Heidelinde Dollfus) :* La Lèque. ☎ 04.66.72.91.18 et 06.07.49.42.07. Fax : 04.66.72.97.91. • http://masdesgarrigues.free.fr • Accès : A 7, sortie Bollène et direction Alès pendant 23 km, puis à droite vers Barjac pendant 7 km. Fermé du 10 janvier au 2 février. De préférence sur réservation. Loin de la pollution et du bruit, La Lèque est un ravissant hameau fait de vieilles maisons en pierre. Dans ce havre de paix, Mme Dollfus a restauré avec amour (et goût !) plusieurs maisons. Dans l'une d'elles, vous trouverez 4 chambres personnalisées et chaleureuses, avec de beaux meubles et gravures anciennes. Beaucoup de charme. Comptez de 55 € (360,78 F) pour 2, petit déjeuner compris. Également 1 gîte d'étape coquet de 13 lits, très bien tenu, à 9,15 € (60 F) par personne et par nuit. Possibilité de table d'hôte à 13 € (85,27 F). Et plusieurs gîtes ruraux de toute beauté, aménagés à l'ancienne, pour ceux qui viendront plus nombreux et craqueront pour ce lieu enchanteur... Dans ce cas, comptez de 266,79 à 660 € (de 1750 à 4329,32 F) la semaine, selon la capacité et la saison. Piscine et tennis. Fait aussi ferme équestre avec des randonnées à l'heure, 14 € (91,83 F), ou à la journée, 70 € (459,17 F).

MATEMALE 66210   Carte régionale A2

90 km SO de Perpignan ; 10 km N de Mont-Louis

▲ ✎ ⑩% *Chambres d'hôte Cal Simunot (Cathy et Jean-Pierre Verges) :* 25 rue de la Mouline. ☎ 04.68.04.43.17 et 06.88.34.49.55. Accès : de l'A9, sortie Perpignan-Nord, puis N 116 vers Andorre ; à Mont-Louis, direction les Angles (1er rond-point à droite) et continuez la route jusqu'à Matemale. Sur réservation. 4 chambres avec sanitaires privés que Cathy et Jean-Pierre, jeunes agriculteurs, ont aménagées dans le petit bâtiment jouxtant leur maison. Petit déjeuner servi dans la véranda des proprios, avec lait de la ferme, petits fromages et confitures maison. Plein d'animaux en liberté feront le bonheur des enfants : lapins, chevreaux, paons, canards, oies, poules et poussins vivent ici en parfaite harmonie. 39 € (255,82 F) pour deux, petit déjeuner compris. Cuisine équipée avec un coin TV. Accueil chaleureux, et possibilité de gîtes dans le village (Isabelle, la sœur de Jean-Pierre, en tient 3).

MAUREILHAN 34370   Carte régionale A2

8 km O de Béziers

▲ |●| ♔ ✎ ⑩% *Chambres d'hôte Les Arbousiers (Jacqueline et Bruno Fabre Barthez) :* ☎ 04.67.90.52.49 et 06.84.20.04.28. Fax : 04.67.90.50.50. • ch.d.hotes.les.arbousiers@wanadoo.fr • Accès : dans Maureilhan, suivez la N 112 ; au café, tournez à droite et de nouveau à droite. Conseillé de réserver à l'avance. Au cœur du village, en face de la mairie coiffée de son campanile, une petite impasse conduit jusqu'à la maison familiale de Jacqueline et Bruno (appartient à la famille depuis six générations !). 4 chambres au 1er étage de la maison et 2 autres installées dans un petit pavillon au fond du jardin fleuri, si vous préférez l'indépendance. Sanitaires privés. 40 € (262,38 F) pour 2, petit déjeuner compris. Table d'hôte à 15 € (98,39 F), apéro maison et vin de la propriété compris, où vous pourrez déguster les spécialités de Jacqueline (soupe de poisson, tarte aux asperges, charcuterie maison, petits légumes farcis, pêches au vin) pendant que Bruno, viticulteur, pourra vous parler de la vigne et du vin. Ambiance familiale et accueil formidable.

MAUREILLAS 66480 — Carte régionale A2

25 km S de Perpignan ; 5 km E de Céret

🛏 ıoı ✥ *Chambres d'hôte Mas d'en Bach (Claire et Grégor Penfold) :* ☎ 04.68.83.04.10. Fax : 04.68.83.07.69. Accès : de Perpignan, N 9 jusqu'au Boulou, puis D115 et D 618 vers Céret puis Maureillas ; à l'entrée du village, juste avant le pont, prenez la direction de la zone pavillonnaire et fléchage. Face au village, au milieu d'un agréable parc boisé, mas du XVIIIe ombragé par une luxuriante glycine. Son vieux cadran solaire témoigne encore de son passé. 4 chambres, dont une suite avec sanitaires privés. À partir de 46 € (301,74 F) pour 2, petit déjeuner compris, servi à l'extérieur par beau temps en écoutant le gargouillis de la source du domaine. Table d'hôte à 19 € (124,63 F), apéro et vin compris. Bien qu'Anglaise, Claire vous mitonnera une cuisine régionale et variée, avec de bons produits du terroir. Pour compléter le tout, il y a aussi une piscine. Accueil sympa.

MEYRUEIS 48150 — Carte régionale B1

50 km S de Mende ; 35 km SO de Florac

🛏 ıoı 🏠 *Chambre d'hôte (Denis et Yolande Gal) :* Le Buffre. ☎ 04.66.45.61.84. Accès : de Florac, D 16 jusqu'à Chanet, et 3 km après l'aérodrome de Florac, tournez à gauche. Ouvert de Pâques à novembre. Au cœur du Causse, dans un petit village typique, corps de bâtiment en pierre, ayant appartenu à la famille de Denis, éleveur d'ovins. Dans l'ancienne grange du XIIe, un escalier fleuri, puis un porche voûté donnent accès à l'unique chambre d'hôte de la ferme, spacieuse et coquette, avec sanitaires privés. Comptez 41,16 € (270 F) pour 2, petit déjeuner compris. Pour 10,67 € (70 F), vous partagerez un repas familial à base des produits de la ferme. Ceux que ça intéresse pourront visiter l'exploitation (500 brebis). Nombreuses randonnées et gorges du Tarn à proximité. Également 1 gîte pour 6 personnes sur place.

ıoı ✥ *Ferme-auberge (Famille Baret) :* Les Hérans. ☎ 04.66.45.64.42. Fax : 04.66.45.68.60. Accès : à 1 km au sud de l'aven Armand par une petite route en cul-de-sac. Ouvert tous les midis d'avril à octobre (sauf le samedi et le mardi en juillet-août). Uniquement sur réservation. Dans un hameau isolé sur le causse Méjean, Mme Baret règne sur les fourneaux, tandis que sa fille s'occupe du service dans la petite salle meublée de tables individuelles en bois d'ormeau. Au plafond, poutres en châtaignier. Ici, on n'aime que les choses naturelles, comme ces produits de la ferme tous plus délicieux que les uns les autres et préparés à l'ancienne. 3 menus à partir de 10,21 € (67 F). Celui à 20,89 € (137 F) est un véritable festin campagnard ! On peut demander à l'avance la spécialité de la maison, la tourte au roquefort. 1 chambre avec sanitaires privés à 35,06 € (230 F).

MÈZE 34140 — Carte régionale B2

33 km E de Béziers ; 18 km O de Sète

🛏 ıoı 🏠 *Auberge du Domaine de Creyssels (Josiane et Henri Benau) :* Route de Marseillan. ☎ 04.67.43.80.82. Fax : 04.67.18.82.06. Fermé du 15 septembre au 15 octobre et en semaine (sauf pour les groupes). Sur réservation, le samedi soir et le dimanche midi. Très belle demeure avec, à l'étage, une spacieuse salle de 40 couverts, dont l'attrait majeur est une superbe cheminée monumentale. On y cuit un succulent canard à la broche, ou on peut choisir entre les menus à 12,96 € et 21,34 € (85 et 140 F), vin du domaine compris, qu'on peut aussi acheter dans le caveau de la maison. Les patrons proposent également des fruits de mer (huîtres, moules farcies, etc.) sur commande. Possibilité d'y dormir dans 3 gîtes ruraux. Accueil agréable.

MILLAS 66170
Carte régionale A2

17 km O de Perpignan

■ *Chambre d'hôte (Monique et Joseph Richard)* : 6, place Portalade.
☎ 04.68.57.22.17 et 06.03.75.23.25. Accès : A 9, sortie Perpignan-Nord direction Andorre/Prades ; dans Millas, c'est juste sous le porche en face de l'église. Joli porche tout en pierre et briques roses, qui abrite une charmante maison pleine de petits coins salons et de terrasses fleuries, propices à la détente. Monique, sympathique catalane, a manifestement pris beaucoup de plaisir à mêler ancien et moderne, fleurs, bibelots et tableaux... 1 unique et confortable chambre d'hôte climatisée, à 41,16 € (270 F) la nuit pour 2, petit déjeuner compris. Accueil chaleureux, calme et repos assurés.

MOISSAC-VALLÉE-FRANCAISE 48110
Carte régionale B1

33 km SE de Florac ; 17 km NO de Saint-Jean-du-Gard

■ |●| ✕✕ ⓵⓪% *Chambres d'hôte Le Cambon (Hubert et Francine Divoux)* :
☎ 04.66.44.73.13. Fax : 04.66.44.73.15. Accès : de Saint-Jean-du-Gard, prenez la direction de Florac par la corniche jusqu'à Saint-Romain-de-Tousque, puis la D 140 jusqu'à la vallée et fléchage « Moissac ». Fermé à Noël. Adossé à la montagne couverte de pins et de châtaigniers, joli mas cévenol restauré par Hubert et Francine (éleveurs de chèvres, de canards et d'oies), comprenant trois petits bâtiments tout en pierre avec toits de lauzes ; à droite, la clède, où séchaient autrefois les châtaignes, puis l'ancienne chèvrerie abritant 4 chambres d'hôte, toutes avec sanitaires privés. Au rez-de-chaussée, la « Treille » est une chambre spacieuse avec pierres apparentes et mezzanine, tandis que les trois autres, à l'étage, ont une entrée indépendante donnant sur la terrasse. Comptez 42,69 € (280 F) pour 2, petit déjeuner compris, avec le pain confectionné dans le four à pain familial par Étienne, jeune agriculteur et fils de la maison. Savoureuse table d'hôte (sauf le dimanche et le lundi) confectionnée par Francine, pour 15,24 € (100 F), vin et café compris : pot-au-feu de canard, cabri à la purée d'herbes, tourte d'oie aux salsifis, gâteau moelleux aux mirabelles, gâteau aux châtaignes... Hubert, lui, s'occupe du potager pour une culture bio et accompagne ses hôtes pour la visite des jardins suspendus et des ruches cévenoles sur la propriété. Une bonne adresse.

MONS-LA-TRIVALLE 34390
Carte régionale A2

47 km NO de Béziers ; 12 km O de Lamalou-les-Bains

■ |●| *Gîte d'étape Le Presbytère (Roland Arnaud)* : ☎ 04.67.97.77.06. Fax : 04.67.97.80.78. Accès : dans la partie haute du village. De préférence sur réservation. Après avoir gravi la « rue de la condition physique », on découvre un délicieux presbytère aménagé en gîte de 18 places. Superbe vue sur la vallée. Comptez 9,15 € (60 F) par personne et par nuit, plus 3,81 € (25 F) le petit déjeuner. Possibilité de repas sur demande à 11,43 € (75 F) et de panier pique-nique à 5,34 € (35 F). Également 2 chambres d'hôte à 30,49 € (200 F) pour 2, avec le petit déjeuner. Accueil chaleureux des propriétaires, qui proposent des randonnées pour découvrir le coin.

■ |●| ⓵⓪% *Chambres d'hôte Les 4 Saisons (Véronique Saussol et Antoine Martinez)* : Le Village. ☎ 04.67.97.70.93 et 06.87.48.91.92. Accès : de Béziers, D 909 direction Bédarieux jusqu'à Hérépian, puis D 908 vers Saint-Pons, dans le village, suivez le clocher de l'église et prenez la ruelle à droite en suivant le fléchage. Au pied du mont Caroux, dans un petit village médiéval, vieille maison languedocienne du XVIIe, toute en pierre, et qu'Antoine a joliment restaurée. 1 chambre indépendante au rez-de-chaussée, donnant sur la terrasse et le jardin, avec un petit coin cuisine, et deux autres chambres à l'étage. Comptez 38,11 à 45,73 € (250 à 300 F) pour 2, petit déjeuner compris. Ne manquez pas la table d'hôte de Véronique, à 15,24 € (100 F) le repas, car elle mitonne de succulentes tourtes aux cèpes, mais aussi de nombreuses recettes à base des légumes du jardin ou encore de bonnes tartes aux fruits. Possibilité de logement en gîtes. Accueil jeune et chaleureux.

MONT-LOUIS 66210 — Carte régionale A2

80 km SO de Perpignan ; 9 km E de Font-Romeu

📛 ⛲ ***Chambres d'hôte La Volute (Martine Schaff) :*** ☎ et fax : 04.68.04.27.21. Accès : de Perpignan, N 116 vers l'Andorre jusqu'à Mont-Louis. Mont-Louis est une place forte fortifiée par Vauban (encore une...). On passe le porche pour entrer dans la ville et juste à gauche, un escalier imposant vous conduit jusqu'à l'entrée de la maison. C'est une ancienne poste qui fut jadis la maison du gouverneur de Louis XIV ! 5 chambres d'hôte spacieuses et confortables. Trois dans l'ancien bureau du receveur, deux autres à l'étage avec accès direct sur le jardin. De 52 à 60 € (de 341,1 à 393,57 F) pour 2, petit déjeuner compris. Pas de table d'hôte, mais petit resto dans la cité. De juin à octobre, Mont-Louis propose tout un programme d'animation (feux de la Saint-Jean, foire aux potiers, ballet de Sardane, spectacle de rue pour revivre au temps du Roi-Soleil...). Calme et tranquillité, accueil chaleureux avec en prime le côté pittoresque ! Que voulez-vous de plus ?

MONTAGNAC 34530 — Carte régionale B2

28 km NE de Béziers ; 5 km NE de Pézenas

📛 🐴 ***Chambres d'hôte (Françoise et Daniel Gener) :*** 34, avenue Pierre-Sirven. ☎ et fax : 04.67.24.03.21. Accès : de Mèze, N 113 vers Pézenas jusqu'à Montagnac ; dans le village, la maison se trouve juste après le feu. Une allée vous conduira jusqu'à la maison, située à l'écart du bruit. Anciennement une gendarmerie y avait élu domicile, transformée par la suite en domaine viticole (si y z'avaient su !). Au rez-de-chaussée, 3 chambres d'hôte, avec sanitaires privés et accès indépendant, ouvrent sur le grand jardin. Par un balcon, on accède à la quatrième chambre. Toutes très différentes, on a bien craqué pour les chambres « Cavalière » (allez savoir pourquoi !...) et « Tilleuls ». Comptez 42 € (275,50 F) pour 2, petit déjeuner compris, servi par beau temps dans le jardin ou sur la terrasse au 1er étage. Pas de table d'hôte, mais petite cuisine à disposition (ainsi qu'une buanderie) et restaurant dans le village.

MONTCALM 30600 — Carte régionale B2

50 km S de Nîmes ; 10 km NE d'Aigues-Mortes

📛 🔟% ***Chambres d'hôte des Pierrades (Virginie Rutyna) :*** place du Château. ☎ et fax : 04.66.73.52.72. Accès : la maison se situe à 20 km au sud de Vauvert, dans le hameau de Montcalm. Si vous êtes à Aigues-Mortes, faites 10 km en direction des Saintes-Maries-de-la-Mer et fléchage. Fermé à Noël. À l'ombre des ruines du château de Montcalm, au cœur de la Camargue et de ses fêtes. Chambres de 37,35 à 44,97 € (de 245 à 295 F) pour 2 (selon le confort : douche ou sanitaires privés), petit déjeuner compris. Moustiquaires aux fenêtres. Propose aussi un appartement pour 5 à 6 personnes, à 336 € (2204,02 F) la semaine en haute saison. Première plage à 15 km.

MONTFORT-SUR-BOULZANE 11140 — Carte régionale A2

67 km O de Perpignan ; 23 km S de Quillan

📛 🍽 🐴 ⛲ 🔟% ***Chambres d'hôte (Dany et Jean Daubèze) :*** ☎ et fax : 04.68.20.62.56. Accès : prenez la D 118 Carcassonne-Quillan, puis la D 117 vers Perpignan ; à Lapradelle, direction Ginclat-Montfort par D 22. Fermé la 1re semaine de juillet. Petit village bien calme, où Dany tient 4 chambres de 22,9 à 26,7 € (150,21 à 175,14 F), selon les sanitaires, pour 2, petit déjeuner compris, supplément de 3 € (20,68 F) pour les animaux. Également 1 petit dortoir de 8 places. Dany chasse (sanglier, chevreuil...) et cuisine bien. Pour 12,20 € (80,03 F), vin de pays compris, vous pourrez déguster confit de canard ou magret, civet de sanglier ou de chevreuil, légumes du jardin, crème catalane ou tartes aux fruits des bois. Jean est apiculteur, passionné de nature, il vous racontera tout de son métier et vous emmènera découvrir la nature environnante si vous le souhaitez. Une adresse idéale pour ceux qui veulent se mettre au vert avec un petit budget.

MOSSET 66500   Carte régionale A2

50 km O de Perpignan ; 9 km de Prades

🛏 |●| ⇔ *Chambres d'hôte La Casa del Gat (Aurélie d'Huyvetter et Jo Jacobs) :* route de Campôme, lieu-dit Brezes. ☎ et fax : 04.68.05.07.50. Accès : de l'A 9, sortie Perpignan-Sud (n° 42) et direction Prades/Andorre par N116 ; à Prades, direction Molitg-les-Bains/Mosset par D 14 ; après Molitg, à gauche direction Campôme, et traversez le village ; la maison est à gauche juste après le panneau « Hameau de Brezes ». Accueil, gentillesse, calme et repos, vous trouverez tout cela à la « Casa del Gat »... Dans leur maison située dans un grand parc ombragé, Aurélie et Jo, les jeunes propriétaires, ont aménagé une chambre au rez-de-chaussée, et une autre ainsi qu'une suite à l'étage. Vous apprécierez tant la décoration harmonieuse et de bon goût que les repas servis sur la terrasse ensoleillée ou dans la salle à manger. De 42,70 à 45,70 € (280,09 à 299,77 F) pour 2, petit déjeuner compris et 14,50 € (95,11 F) pour une table d'hôte à base de produits du terroir (bonne cuisine méditerranéenne, et cuisine végétarienne sur demande). Belle piscine. Une adresse parfaite pour se reposer et se balader, entre mer et montagne.

MURVIEL-LES-BÉZIERS 34490   Carte régionale A2

15 km NO de Béziers

🛏 *Chambres d'hôte du Château de Murviel (Marie-Laure Bernard et Augustin Rousselet) :* 1, place G.-Clemenceau. ☎ 04.67.32.35.45 et 06.82.35.05.65. Fax : 04.67.32.35.25. • http://www.murviel.com • Accès : A 9, Béziers-Est (n° 35), direction centre-ville. Tout en haut d'un petit village dit « en circulade », château du XVe siècle avec une vue magnifique sur la vallée de l'Orb et la chaîne des Pyrénées. Le château a lui aussi une forme circulaire : la façade avant (partie privée des proprios), une cour intérieure et au fond, un escalier qui conduit à 3 chambres originales et meublées avec raffinement (la chambre « Louise Tassy » est à baldaquin). Comptez 70 € (459,17 F) pour 2, petit déjeuner copieux compris. Pas de table d'hôte, mais restaurants à proximité. Accueil jeune et dynamique. Une adresse pour routards aisés.

NASBINALS 48260   Carte régionale A1

60 km NO de Mende ; 23 km NO de Marvejols

🛏 |●| ⋔ ⇔ *Chambres d'hôte Les Puechs de l'Aubrac (Jeanine et André Boyer) :* Marchastel. ☎ 04.66.32.53.79. Accès : de Marvejols, D 900 vers Nasbinals ; Marchastel se trouve 5 km avant, sur la droite (fléchage). Fermé en hiver. Au cœur de l'Aubrac et aux confins de la Lozère, du Cantal et de l'Aveyron. Dans l'ancienne grange restaurée, Jeanine et André ont aménagé 5 chambres. Deux au rez-de-chaussée et trois à l'étage. Sanitaires privés. Comptez 39 € (255,82 F) pour 2, petit déjeuner compris (toujours avec une petite douceur maison : brioche ou gaufres ou fouace). Goûteuse cuisine qui vous fera découvrir les spécialités du terroir (farçou, aligot, truffade, paschade...). 12 € (78,71 F) le repas, vin compris. Accueil très chaleureux. Activités sportives : en été, les randos dans l'Aubrac (le GR 65 passe tout près). Une adresse aux petits oignons !

NAUSSAC 48300   Carte régionale B1

50 km NE de Mende ; 4 km SO de Langogne

🛏 |●| ⇔ ⑩% *Chambres d'hôte et Ferme-auberge L'Escapade (Sylvianne et Georges Auguste) :* Pomeyrols. ☎ 04.66.69.25.91 et 06.80.08.40.28. Accès : sur la N 88 de Mende au Puy, à Langogne, prenez la route de Naussac (D 26), le hameau est après le barrage sur la droite. Fermé de mi-novembre à mi-février, sauf pendant les fêtes de Noël. En pleine nature, au cœur d'une forêt de conifères, à 1000 m d'altitude, Sylvianne, Georges et leur fils Laurent vous attendent dans leur ancienne ferme du XVIIe entièrement rénovée. À l'étage, 4 chambres confortables avec sanitaires privés, à 42,69 € (280 F) pour 2, petit déjeuner compris (avec lait tout frais et confitures maison). Belle salle à manger authentique avec une imposante cheminée voûtée toute en pierre, siège de la ferme-auberge (ouverte tous les soirs, samedi et dimanche midi). Tous les clients se retrouvent à la même table en compagnie des propriétaires (sympa, non ?). 15,24 € (100 F) le repas, à partir des produits de la ferme et du terroir (charcuterie et veau maison, roustide, truffade), apéritif, vin et café compris. À 3 km, le lac de Naussac permet la pratique de tous les sports nautiques sur quelque 1000 ha. Excellent accueil.

NOTRE-DAME-DE-LONDRES 34380   Carte régionale B1

33 km N de Montpellier

🏠 ⍼ *Chambres d'hôte Domaine du Pous (Élisabeth Noualhac) :* ☎ 04.67.55.01.36. Accès : de Montpellier, D 986 vers Ganges sur 30 km ; 6 km après Saint-Martin-de-Londres, tournez à droite vers Ferrières-les-Verreries, et fléchage. Il y a différentes sortes de Poux, mais croyez-nous, celui-là est loin d'être moche... (facile !). Au milieu des garrigues et des vignes, vaste domaine qui appartient à la famille d'Élisabeth depuis la Révolution (une paille !). Aujourd'hui, votre distinguée et très accueillante hôtesse a décidé d'ouvrir tous les bâtiments aux touristes. D'abord l'ancienne demeure, où nichent 6 chambres d'hôte confortables. Sanitaires privés. Comptez de 45,73 à 54,88 € (de 300 à 360 F) selon le confort, pour 2, petit déjeuner compris. Dans le séduisant salon, quatre admirables statues supportent le plafond (les quatre saisons). Ensuite, les bergeries de « Pouzancre » et de « Montei » (ancienne ferme du XIVᵉ siècle !), transformées en 2 gîtes d'étape (6 et 10 personnes). Ici, on apprécie le calme, ponctué par le chant des cigales. Au fait, on oubliait la chapelle... Elle n'est ouverte que pour les célébrations familiales, mais si vous voulez la voir, Élisabeth fera une petite entorse à la règle... Ceux qui s'adonnent à la marche ou au VTT trouveront de nombreux chemins de randonnées.

ODEILLO 66120   Carte régionale A2

70 km SO de Perpignan ; 30 km N d'Andorre

🏠 |●| ⍼ (10 %) *Gîte d'étape les Cariolettes (Sylvie Kalt et Francis Marty) :* 1, rue des Fontanilles. ☎ 04.68.30.25.48. • http://www.gite-cariolettes.com • Accès : À 9, sortie Perpignan-Nord, direction Prades par N 116 ; à Mont-Louis, prenez vers Saillagouse, passez le col de la Perche, puis D 29 direction Font-Romeu/Odeillo ; traversez le hameau Via et vous arriverez à Odeillo ; à l'église, prenez la rue des Lilas et fléchage. À 1620 m d'altitude, très belle ferme datant de 1817, dont Sylvie et Francis vous raconteront l'histoire. Ils y ont aménagé un gîte d'étape et de séjour très lumineux pouvant accueillir 24 personnes : 1 chambre accessible aux personnes handicapées au rez-de-chaussée, et 2 autres chambres indépendantes à l'arrière, côté jardin, avec sanitaires privés. Aux 1ᵉʳ et 2ᵉ étages, des chambres de 2, 3 et 4 personnes, spacieuses, claires et gaies. Comptez de 17 à 29 € (110 à 160 F) la nuit pour une personne, draps fournis, plus 4,57 € (30 F) de petit déjeuner. Repas à 12,20 € (80 F) et demi-pension de 32 à 45,75 € (209,91 à 300,10 F). Accueil dynamique et agréable.

PALAJA 11570   Carte régionale A2

5 km S de Carcassonne

🏠 |●| ⍼ *Chambres d'hôte de la Sauzette (Diana Warren et Chris Gibson) :* route de Villefloure, Cazilhac. ☎ 04.68.79.81.32. Fax : 04.68.79.65.99. • info@lasauzette • Accès : en venant de Carcassonne, traversez Cazilhac, prenez la direction Villefloure, la Sauzette se trouve 2 km après la sortie du village. Fermé en janvier et en novembre. Préférable de réserver. Diana et Chris tiennent 5 superbes chambres, décorées avec goût, dont 1 accessible aux personnes handicapées. Ameublement rustique et grand confort. Comptez de 55,50 à 64 € (de 364,06 à 419,81 F) pour 2, petit déjeuner compris (séjour minimum de 2 jours entre mai et septembre, réductions pour longs séjours). Belle salle à manger et terrasse. Table d'hôte le soir, à 25 € (163,99 F), vin et café compris : gigot au genièvre, canard aux pruneaux, pigeons farcis, cassoulet, légumes de la propriété et tartes. Tombés amoureux de la région, Diana et Chris ont abandonné l'Angleterre pour s'installer ici, ce qui ne les empêche pas de vous accueillir en français dans une atmosphère chaleureuse. Ils vous parleront des richesses des alentours, et surtout des vins qu'ils connaissent bien. Si vous venez avec des petits, vous apprécierez d'être dépannés en lit bébé et chaise haute. Possibilité de louer des VTT sur place. Accueil de qualité.

PERPIGNAN 66100   Carte régionale A2

6 km O du Canet; 5 km du centre-ville de Perpignan

🛏 🐕 ✖ ***Chambres d'hôte Domaine du Mas Boluix (Huguette et Jean-Louis Ceilles)* :** chemin du Pou de las Colobres. ☎ 04.68.08.17.70 et 06.09.20.79.18. Fax : 04.68.08.17.71. • www.domaine-de-boluix.com • Accès : A 9, sortie Perpignan-Sud, passez cinq ronds-points en suivant la direction d'Argelès et au 6ᵉ (celui de la clinique Notre-Dame) revenez sur Perpignan et suivez le fléchage. Par une petite route entre vignes et vergers, on arrive au domaine d'Huguette et Jean-Louis, immense propriété du XVIIIᵉ, rénovée avec goût. Pierres, briques et ferronneries lui donnent tout son charme. Sur 3 niveaux, 5 chambres et 1 suite claires et spacieuses. Déco originale avec rideaux et coussins maison. Sanitaires privés. Chacune porte le nom d'un peintre catalan et vous saurez tout si l'on rajoute qu'elles sont climatisées! 64 € (419,81 F) pour 2, copieux petit déjeuner compris, 99 € (649,40 F) pour la suite de 4 personnes. Belle pièce de jour avec meubles anciens, plantes vertes et un croquignolet coin bibliothèque d'où l'on découvre la ville. Accueil chaleureux et stylé. Un point de chute idéal aux portes de Perpignan et des plages.

PEYREFITTE-DU-RAZÈS 11230   Carte régionale A2

44 km SO de Carcassonne; 20 km O de Limoux

🛏 ▮●▮ 🐕 ✖ ⑩% ***Chambres d'hôte (Marie-Claire et Jean-Pierre Ropers)* :** domaine de Couchet. ☎ et fax : 04.68.69.55.06. • jean.pierre.ropers@fnac.net • Accès : de Limoux, prenez la D 620 vers Chalabre, puis la D 626 vers Mirepoix; à Peyrefitte, prenez la direction de Bellegarde sur 1 km. Fermé du 1ᵉʳ novembre à Pâques, sauf pour séjours de 3 nuits minimum, et sur réservation. Dans un environnement de collines et de prairies, belle maison du XVIIIᵉ siècle restaurée. Marie-Claire et Jean-Pierre y ont aménagé 4 chambres très confortables, décorées avec beaucoup de goût (salle d'eau et w.-c. privés, télé). La « Puivert » est pour 2 ou 3 personnes, la « Montségur », avec son mobilier en bois clair, et la « Puylaurens » pour 2 personnes et peuvent être complétées par une chambre annexe avec 2 lits superposés pour des enfants. Comptez 53,40 € (350,28 F) pour 2, petit déjeuner inclus. Marie-Claire fait table d'hôte, pour 19,80 € (129,88 F), apéro, vin et café compris : salade de magrets, vol-au-vent de fromage de chèvre, pavé de saumon sauce citron, agneau aux herbes, aubergines farcies, tiramisu, soupe de fraises... Vaste bibliothèque à disposition. Piscine pour vous détendre. Accueil soigné.

PÉZÈNES-LES-MINES 34600   Carte régionale A2

35 km NE de Béziers; 10 km de Bédarieux

🛏 ▮●▮ 🐕 ⑩% ***Chambres d'hôte Les Vignals (Jeanine et Roland Verdier)* :** ☎ et fax : 04.67.95.12.42 et 06.17.22.35.78. • http://members.aol.com/verdier • Accès : A 9, sortie Béziers-Est direction Bédarieux; à Bédarieux, D 908 vers Clermont-l'Hérault, et à 10 km, à droite vers Levas; à Levas, prenez à gauche direction Pézènes et fléchage. En pleine nature, Jeanine et Roland ont entièrement aménagé une ancienne bergerie située à 2 km du village. 4 jolies chambres aux volets bleus, deux dans un petit bâtiment et 2 autres dans la maison, toutes dotées d'une entrée indépendante et de sanitaires privés. Partout règne une ambiance chalet, faite du mariage de la pierre et du bois, comme pour rappeler les origines savoyardes de Roland. Comptez 40 € (262,38 F) pour 2, petit déjeuner compris, et 14 € (91,83 F) en table d'hôte, où produits bio et légumes du potager sont mis en valeur. Excellent accueil, une adresse où il fait bon séjourner.

PLANÈS 66210   Carte régionale A2

90 km SO de Perpignan ; 5 km de Mont-Louis

🛏 |●| 🐾 ≿ *Gîte d'étape et de séjour Le Malaza (Anne-Marie Allies)* : ☎ 04.68.04.83.79 ou 04.68.04.20.99. Fax : 04.68.04.83.79. Accès : A 9, sortie Perpignan-Nord, puis N 116 vers Prades/Andorre ; à Mont-Louis, prenez à gauche direction La Cabanasse/Saint-Pierre-dels-Forcats/Planès, le gîte est en face de la mairie. Le Malaza, c'est le nom de la montagne qui domine le petit village de Planès, à 1550 m d'altitude. Anne-Marie, qui prodigue un accueil discret et chaleureux, y propose 3 chambres de 2 à 3 couchages au rez-de-chaussée, et 2 dortoirs de 10 personnes avec sanitaires communs. Comptez de 10,7 à 15,24 € (70,19 à 99,97 F) la nuitée. Possibilité de demi-pension, de 25,90 à 31 € (169,89 à 203,35 F) par personne. Une adresse idéale pour les randonneurs et les sportifs.

POMPIDOU (LE) 48110   Carte régionale B1

30 km NO de Saint-Jean-du-Gard ; 23 km SE de Florac

🛏 |●| ⑩% *Chambres d'hôte (Jean-Marie et Catherine Causse)* : Le Poulailler des Cévennes. ☎ et fax : 04.66.60.31.82 et 06.71.28.64.04. ● j.m.causse@libertysurf.fr ● Accès : de Florac, D 907 direction Saint-Laurent-de-Trèves ; puis de Saint-Laurent, D 9 vers Saint-Jean-du-Gard jusqu'au Pompidou. Fermé du 22 décembre au 6 janvier et du 22 au 29 juin. Vous trouverez la maison de Catherine et Jean-Marie dans le village, à l'enseigne du « Canard ». Eh oui, les jeunes propriétaires sont éleveurs de volailles et gavent des canards pour les délices de nos palais... À l'occasion d'une halte ou d'un séjour dans l'une des 4 chambres (demandez celle qui donne sur le pré), venez goûter à la table d'hôte, 13 € (85,27 F) le repas : coq au vin, pintade en sauce, omelette aux cèpes, pommes de terre à la graisse de canard, charcuterie maison, clafoutis. Comptez 40 € (262,38 F) pour 2, petit déjeuner compris. Bon rapport qualité-prix.

PONT-DE-MONTVERT (LE) 48220   Carte régionale B1

45 km SE de Mende ; 21 km NE de Florac

🛏 |●| ≿ *Chambres d'hôte et gîtes du Merlet (Catherine et Philippe Galzin)* : ☎ 04.66.45.82.92. Fax : 04.66.45.80.78. ● www.lemerlet.com ● Accès : du Pont-de-Montvert, prenez la direction de Génolhac et à 5 km, fléchage. Réservation obligatoire. Au carrefour des Cévennes et du mont Lozère, en pleine montagne, le hameau regroupe plusieurs maisons en granit et en lauzes. Panorama de toute beauté, à perte de vue. 6 chambres avec sanitaires privés, absolument impeccables. Déco simple. Ici, c'est le système demi-pension à 40 € (262,38 F) par personne. Belle salle de séjour avec magnifique cheminée et four à pain. Et aussi 3 gîtes ruraux (pour 2 à 6 personnes), avec possibilité de prendre des repas à la table d'hôte. Philippe est accompagnateur de moyenne montagne et vous aidera dans l'organisation de vos randonnées.

🛏 |●| 🐕 ≿ *Chambres d'hôte (Jacqueline Galzin et Mario Pantel)* : Maison Victoire - Finiels. ☎ 04.66.4584.36. Fax : 06.66.45.84.36. ● mariopantel1@libertysurf.fr ● Accès : de Mende, direction Bagnols-les-Bains par la D 901 ; allez jusqu'à Bleymard, prenez la route du mont Lozère (D 20), c'est le 1er village une fois passé le col de Finiels (en hiver, vérifiez que le col est ouvert, sinon passez par le Pont-de-Montvert). À 1200 m d'altitude, grande maison cévenole toute en pierre et en lauzes, située dans un hameau tranquille. 5 chambres simples et spacieuses, avec sanitaires privés, à 71,96 € (472 F) pour 2, petit déjeuner compris (gâteau et confitures maison, demandez celle de « gratte-culs »...). Grande salle à manger avec cheminée et de beaux meubles fabriqués par Mario, menuisier-artiste, où sont servis les repas de la table d'hôte, 11,43 € (75 F). 2,29 € (15 F) par jour pour nos amis à quatre pattes. Le chemin de Stevenson passe par le village, et côté soirées, il arrive que Mario sorte son « piano à bretelles ». Une bonne adresse pour les amateurs de nature.

LANGUEDOC-ROUSSILLON

REVENS 30750 — Carte régionale B1

56 km SO de Florac ; 21 km SO de Meyrueis

🛏 |●| *Chambres d'hôte de l'Ermitage Saint-Pierre (Madeleine et Hubert Macq) :* Trèves. ☎ 05.65.62.27.99. Accès : par la D 991 (borne 21 de Nant à Millau). De préférence sur réservation. Dans un cadre somptueux, donnant sur la vallée de la Dourbie. Superbe ensemble de plusieurs maisons restaurées, avec une chapelle romane du XIᵉ siècle. Les Macq y tiennent 5 chambres de grand confort, décorées avec infiniment de goût. Très beaux meubles anciens. Sanitaires privés. Comptez 53,36 € (350 F) pour 2, petit déjeuner compris. Très agréables salle à manger et salon. Possibilité de repas (sur demande et hors saison) et four à pain à disposition pour grillades. Baignade et pêche dans la Dourbie. Moutons, chevaux, canards, cygnes et paons sur le domaine.

RIBAUTE-LES-TAVERNES 30720 — Carte régionale B1

35 km N de Nîmes ; 12 km S d'Alès

🛏 |●| 🐕 ⟋ (10 %) *Chambres d'hôte du Château de Ribaute (Françoise Chamski) :* ☎ 04.66.83.01.66. Fax : 04.66.83.86.93. ● chateau.de-ribaute@wanadoo.fr ● Accès : de Nîmes, N 106 vers Alès ; à Pont-de-Ners, D 982 vers Anduze sur 5 km, puis N 110 vers Alès pendant 2 km ; aux Tavernes, suivez à gauche vers Ribaute. Fermé en janvier et février. Au calme, château du XVIIIᵉ siècle entouré d'un jardin avec piscine. Les moins argentés se contenteront de visiter les salons et appartements qui ont conservé leur mobilier d'époque, et ne manqueront pas d'emprunter l'escalier à double révolution. Les autres pourront s'offrir une nuit de rêve à partir de 57,93 € (380 F), plus 6,10 € (40 F) le petit déjeuner (pains, viennoiseries, confitures maison, yaourt, jus de fruit servi dans une jolie vaisselle) et dîner à partir de 19,82 € (130 F), pas systématiquement partagé avec la propriétaire. Une très belle adresse.

RIEUTORT 66210 — Carte régionale A2

100 km O de Perpignan ; 32 km NE de Font-Romeu

🛏 |●| ⟋ (10 %) *Gîte-auberge Le Moulin (Sabine Morillon et Jo Loubière) :* 3, rue du Bac. ☎ et fax : 04.68.30.97.37. Accès : de Perpignan, N 116 vers l'Andorre jusqu'à Mont-Louis, puis D 118 vers Les Angles, puis Puyvalador et enfin Rieutort ; le gîte est à l'entrée du village sur la gauche. À 1500 m d'altitude, ancien moulin bien restauré, transformé en gîte-auberge. Ici, l'accueil se fait en famille... Sabine s'occupe de la partie gîte et Jo, sa maman, de la partie auberge. Chaleureuse salle en pierre apparente et une belle cheminée. Repas possible pour les extérieurs (uniquement sur réservation) entre 13,27 et 24,39 € (90 et 160 F). Goûteuse cuisine traditionnelle aux accents de la Provence. Ceux qui séjournent, trouveront 4 chambres coquettes et douillettes (2 à 4 personnes) : une au rez-de-chaussée, les trois autres à l'étage. Sanitaires individuels irréprochables. 12,20 € (80 F) la nuitée, 3,81 € (25 F) la location de draps, 4,57 € (30 F) le petit déjeuner, 28,97 € (190 F) en demi-pension. Accueil ultra-chaleureux, une adresse comme on les aime. Les activités nature sont nombreuses : rando sur le GR 10, avec ânes si vous ne voulez pas porter vos sacs (location en face du gîte) ; l'hiver, petite station de ski alpin à 2 km.

ROCHEGUDE 30430 — Carte régionale B1

20 km NE d'Alès ; 10 km SO de Barjac

🛏 |●| (10 %) *Chambres d'hôte (Michèle Caces) :* le Haut Village. ☎ et fax : 04.66.24.48.91. Accès : D 16 d'Alès à Barjac, Rochegude est à 10 km avant Barjac ; arrivé sur la place du village, téléphonez impérativement à Michèle. Ouvert du 1ᵉʳ mai au 30 septembre. Réservation conseillée. Rochegude est un pittoresque village médiéval accroché à un piton rocheux, face aux Cévennes. Michèle y possède une maison de caractère, tout en haut du village, à laquelle on accède par une ruelle piétonne en escalier (tout près, parking municipal protégé où les voitures sont en sécurité). Ensemble de 3 chambres, pouvant accueillir de 3 à 6 personnes, en famille ou entre amis. Comptez 50 € (327,98 F) pour 2, copieux petit déjeuner compris, et 18,29 € (120 F) par personne supplémentaire. Michèle, bonne cuisinière, fait aussi table d'hôte, à 15,50 € (101,67 F) tout compris : délicieux poulet aux figues, aubergines à l'aristo, tourte cévenole, mousseline provençale, et autres bonnes spécialités. Pour votre détente, une agréable piscine nichée dans le jardin en terrasse, mais surtout de nombreux stages (à prévoir dès la réservation) : botanique, préhistoire, archéologie, canyoning, spéléo, escalade... Et si vous avez un jour rêvé d'être chercheur d'or, choisissez le « stage orpaillage », vous irez au bord de la Cèze, rivière aurifère, pour y découvrir peut-être, avec beaucoup de patience, une ou plusieurs pépites !

SAINT-ANDRÉ-DE-BUÈGES 34190 Carte régionale B1

45 km NO de Montpellier ; 13 km SO de Ganges

▪ |●| ⚒ ⑩% *Chambres d'hôte (Anne-Marie Bouec) :* Bombequiols. ☎ et fax : 04.67.73.72.67. ● bombequiols@wanadoo.fr ● Accès : après avoir passé le village de Brissac (entre Ganges et Saint-André-de-Buèges), Bombequiols est indiqué. Réservation impérative. Magnifique bastide médiévale située dans un cadre enchanteur, restaurée avec goût. Piscine à disposition. 6 chambres avec salles de bain privées et déco personnalisée. Mobilier superbe et très beaux matériaux. Évidemment, tout cela n'est pas à la portée de tous... alors routards friqués, comptez de 80 à 110 € (de 524,77 à 721,55 F) pour 2, petit déjeuner compris. Possibilité de repas à la table d'hôte pour 25 € (163,99 F), apéro et vin compris. Bons produits du terroir. Idéal pour les cadres sups parisiens surmenés et stressés, ils trouveront ici une hôtesse qui saura les mettre au vert.

SAINT-ANDRÉ-DE-LANCIZE 48240 Carte régionale B1

45 km NO d'Alès

▪ |●| 🏠 *Gîte d'étape et auberge des Ayres (Dominique Imbert) :* Les Ayres. ☎ et fax : 04.66.45.90.95. Accès : à 11 km au nord de Saint-Germain ; prenez la route qui monte à Saint-André-de-Lancize ; 1,5 km après ce village, tournez à droite en direction du col de Pendédis ; le hameau est à environ 1,5 km de ce carrefour. Fermé du 25 au 31 décembre. Hameau typiquement cévenol, perché sur une crête, qui domine un paysage époustouflant. 14 places dans ce gîte réparties en un dortoir de 10 lits et une chambre pour 4 personnes. Comptez 9,15 € (60 F) par nuit. Dominique, le patron, est éleveur de moutons. Passionné de nature, il connaît les Cévennes sur le bout des doigts. Le soir à l'auberge (située juste en face), vous pourrez échanger vos impressions avec les randonneurs qui font le tour des Cévennes par le GR 67. Une des meilleures adresses dans le genre sympa.

SAINT-CHRISTOL-LES-ALÈS 30380 Carte régionale B1

5 km S d'Alès ; 30 km d'Uzès

▪ |●| 🐕 ⑩% *Chambres d'hôte Les Micocouliers (Clotilde Magand Sallières) :* Boujac, 128, chemin des Brusques (vieille route d'Anduze). ☎ 04.66.60.71.94 et 06.11.99.77.30. Fax : 04.66.60.96.77. Accès : de Saint-Cristol, prendre la direction Mainterague et suivez le fléchage « Tennis-club du vallon de Boujac », c'est à côté. Jolie maison ancienne sentant bon la Provence. Au calme. 4 belles et confortables chambres, personnalisées, meublées à l'ancienne, dont une indépendante. Jolis meubles, cadres et bibelots. Comptez de 45,73 à 68,60 € (de 300 à 450 F) pour 2, petit déjeuner compris. Salle à manger avec cheminée et poutres. Possibilité de repas pour 15,24 € (100 F) tout compris, avec spécialités cévenoles et stéphanoises (la région d'origine de Clotilde). Très agréable jardin, piscine. Accueil chaleureux.

SAINT-CYPRIEN 66750 Carte régionale A2

17 km SE de Perpignan ; 10 km N d'Argelès

▪ 🐕 ⑩% *Gîte Les Aulnes (Monique Berdaguer) :* Cami de la Barnède. ☎ et fax : 04.68.21.97.97. Accès : A 9, sortie autoroute Leucate, direction Barcarès, Canet, jusqu'à St-Cyprien que vous traversez en direction d'Elne. Tournez à droite en direction des

LANGUEDOC-ROUSSILLON

Aulnes. À 1,5 km des plages, exploitation agricole où Monique élève des chevaux. Par un escalier extérieur on accède aux 3 chambres, claires, gaies et résolument modernes. Sanitaires privés. 43 € (282,06 F) pour 2, copieux petit déjeuner compris, servi sur une grande terrasse aux beaux jours. Pas de table d'hôte mais coin pique-nique avec barbecue à disposition. Si vous aimez l'équitation, Monique organise des balades et des circuits en poneys pour les enfants. Bon rapport qualité-prix-convivialité. Une gentille adresse.

SAINT-ÉTIENNE-DU-VALDONNEZ 48000   Carte régionale B1

28 km SE de Mende ; 25 N de Florac

🛏 |●| *Gîte d'étape de La Fage (Madeleine et Georges Meyrueix) :* ☎ 04.66.48.05.36. Accès : au col de Montmirat, prenez la D 35 vers Pont-de-Montvert pendant 6 km, tournez à gauche fléchage « La Fage » (n'allez pas à Saint-Étienne-du-Valdonnez). Fermé du 15 novembre au 1er avril. En pleine nature, pour ceux qui affectionnent les adresses isolées... Hameau typique en pierre et lauzes. Les Meyrueix y ont 1 gîte d'étape de 20 lits et 2 chambres d'hôte (location de 2 nuits minimum pour les chambres), avec sanitaires privés. Comptez 7,62 € (50 F) par personne en gîte, 4,12 € (27 F) le petit déjeuner, et 38,11 € (250 F) pour 2 en chambre, petit déjeuner inclus. Possibilité de repas pour 9,91 € (65 F), vin compris (sauf le dimanche). Spécialités de saucisse aux herbes, farci de porc, fromage en faisselle et yaourt frais. Tranquillité et calme assurés. GR 44 et proximité des GR 68 et 43.

SAINT-FRÉZAL-DE-VENTALON 48240   Carte régionale B1

65 km SE de Mende ; 34 km E de Florac

🛏 |●| ⇆ (10 %) *Ferme-auberge et chambres d'hôte L'Escudelou (Catherine et Jean-Yves Pin) :* Vimbouches. ☎ 04.66.45.54.00. Accès : de Florac, N 106 direction Alès ; faites 30 km et à la sortie de Saint-Privat-de-Vallongue, prenez à gauche la D 29 vers Saint-Frézal-de-Ventalon, et encore à gauche à 3 km vers Vimbouches (petite route qui serpente dans les châtaigniers). Sur réservation. *L'Escudelou* signifie en fait « moule à fromage »... Dans ce hameau typique du parc des Cévennes, Jean-Yves, le sympathique propriétaire des lieux, élève brebis et chèvres, en même temps qu'il pratique la culture bio (légumes, fruits...). 2 menus à 16 et 22 € (104,95 et 144,31 F), préparés par Catherine, sa charmante épouse : salade au chèvre chaud, pâté maison, chevreau et gratin de courgettes, pélardon, framboises, etc. Également 3 chambres d'hôte (dont une suite familiale) avec de beaux meubles rustiques, petite bibliothèque et sanitaires privés, à 39 € (255,82 F) pour 2, petit déjeuner compris (lait de chèvre sur demande). Possibilité de demi-pension à 35,50 € (232,86 F) par personne. Très bon rapport qualité-prix-convivialité.

SAINT-FRICHOUX 11800   Carte régionale A2

45 km O de Narbonne ; 15 km E de Carcassonne

🛏 |●| ⇆ (10 %) *Chambres d'hôtes La Belle Minervoise (Claudine et Dominique Jarry) :* 6, rue du Château. ☎ 04.68.78. 23.65. Accès : de Carcassonne, D 610 vers Trèbes jusqu'à Marseillette, puis à gauche D 57 jusqu'à Aigues-Vives ; tournez à droite vers Rieux-Minervois ; dans Saint-Frichoux, prenez la 1re rue à droite. Fermé du 15 novembre au 15 mars sauf sur réservation pour 2 nuits minimum. Au cœur du Minervois, maison de village du XIXe avec un petit jardin fleuri. À l'étage, 5 chambres répondant à des noms de cépages. Normal, quatre ouvrent sur les vignes (la dernière sur le jardin). Sanitaires privés. Comptez 43 € (282,06 F) pour 2, petit déjeuner compris (plein de sortes de confitures et gâteau maison). Grande salle à manger avec mobilier Louis XIII et belle terrasse en pierre pour prendre les repas. Table d'hôte (sauf le mercredi en juillet-août) à 15 € (98,39 F), apéro maison et vin compris. Légumes du jardin et goûteuses spécialités : lapin aux senteurs de garrigue, poisson au curry, cassoulet, crème cathare, tarte Tatin et gâteau au fromage blanc. Accueil chaleureux. Pour ceux qui veulent s'offrir une p'tite dégustation, il y a un vigneron dans le village (on attend vos commentaires de connaisseurs, hic!).

SAINT-GERMAIN-DE-CALBERTE 48370 Carte régionale B1

40 km SE de Florac ; 40 km NO d'Alès

▪ |●| ⌂ ⌗ **Chambres d'hôte (Sabine et Gérard Lamy) :** Vernet. ☎ 04.66.45.91.94. Fax : 04.66.45.93.36. ● gerard.lamy@libertysurf.fr ● Accès : de Florac, N 106 vers Alès jusqu'au col de la Jalcreste, puis D 984 vers Saint-Germain-de-Calberte ; après Saint-André-de-Lancize, tournez à droite vers Vernet. Uniquement sur réservation. Dans le parc national des Cévennes, charmant petit hameau (maisons en pierre et toit de lauzes). Sabine, Gérard et leurs deux filles ont aménagé 6 chambres dans leur ferme. Déco simple mais fonctionnelle (mobilier en bois naturel). Sanitaires particuliers. Comptez 43 € (282,06 F) pour 2, petit déjeuner compris (délicieuses confitures de châtaignes et de framboises). Table d'hôte à 13 € (85,27 F), vin inclus. Une cuisine saine à partir des produits de la ferme. Les proprios élèvent des brebis et des ânesses. Gérard est aussi hydrobiologiste ; il organise des randos sur le thème de l'eau. Accueil chaleureux. Une adresse vraiment nature (ah, les couleurs de l'automne !...).

SAINT-GUILHEM-LE-DÉSERT 34150 Carte régionale B1

44 km NO de Montpellier ; 10 km N de Gignac

▪ |●| ⌂ ⌗ (10%) **Gîte d'étape du Mas Aubert (Ursula Segura) :** Les Lavagnes. ☎ et fax : 04.67.73.10.25. Accès : par la D 122 et le GR 74. Réservation souhaitée. Complètement paumé aux abords du GR 74, petit gîte d'étape pour 20 personnes. 2 dortoirs, un de 12 lits dans une ancienne bergerie et un de 8 dans une pièce voûtée. Nuit à 10 € (65,60 F), petit déjeuner à 4 € (26,24 F), et repas à 12,50 € (81,99 F). Cuisine familiale. Surtout recommandez-vous du *GDR* et commandez à l'avance le repas. Accueil charmant, teinté par l'accent d'Ursula. Une adresse nature.

SAINT-HILAIRE 11250 Carte régionale A2

70 km O de Narbonne ; 14 km S de Carcassonne

▪ (10%) **Chambres d'hôte Aux Deux Colonnes (Joël Thevenot et Pierre Hoyos) :** 3, avenue de Limoux. ☎ 04.68.69.41.21. Fax : 04.68.69.69.02. Accès : de Carcassonne, ne prenez pas la D 108, mais la D 104 vers Saint-Hilaire qui passe par Cavanac et Leuc (la maison est en face de l'abbaye). Fermé en janvier et février. Au centre du village, mais au calme, belle maison de maître restaurée avec amour par ses propriétaires. Joël est peintre et décorateur, et il se dégage de l'ensemble une atmosphère raffinée notamment grâce aux meubles achetés au hasard de visites chez les antiquaires. 3 chambres d'hôte élégantes et personnalisées au 1er étage et 2 autres en duplex. Sanitaires privés. Comptez de 38,11 à 44,21 € (de 250 à 290 F) pour 2, petit déjeuner compris, avec jus d'orange, confitures et gâteau de Joël (rien de tel pour démarrer en fanfare). Pas de table d'hôte mais barbecue à disposition et plusieurs restos à proximité. Accueil de qualité. Bien sûr, l'abbaye et son cloître du VIIIe valent une petite visite (vous n'avez que la rue à traverser).

SAINT-HIPPOLYTE-DU-FORT 30170 Carte régionale B1

35 km SO d'Alès ; 13 km E de Ganges

▪ |●| **Chambres d'hôte du hameau du Buisson (Corinne et Patrick Aigoin) :** Cros. ☎ et fax : 04.66.77.60.93. Accès : de Saint-Hippolyte-du-Fort, direction Cros, puis Saint-Roman-de-Codières (D 169) et chemin sur la droite ; le hameau du Buisson est à 2 km plus loin. Ouvert toute l'année. Sur réservation. Joli petit hameau fait de maisons de caractère restaurées des XVe et XVIe siècles. Panorama exceptionnel, avec vue sur les Cévennes et la vallée. Corinne et Patrick élèvent volailles, moutons et chèvres et tiennent des chambres d'hôte. 38,10 € (250 F) pour 2, avec le petit déjeuner. Gîtes ruraux pour ceux qui veulent séjourner. Piscine, jeux pour les enfants, pêche, atelier de poterie. Fait aussi ferme-auberge pour les groupes à partir de 15 personnes : 18,30 € (120 F) le repas, vin et café compris. Plein de randos sympas. Calme et tranquillité garantis.

SAINT-JEAN-DE-BUÈGES 34380   Carte régionale B1

45 km NO de Montpellier ; 18 km SO de Ganges

🛏 🐕 **10%** *Chambres d'hôte du Grimpadou (Jean-Luc Coulet) :* ☎ et fax : 04.67.73.11.34 et 06.07.78.57.24. Accès : dans le village, près du château médiéval. Ouvert en juillet-août et sur réservation hors saison. Dans ce village médiéval 4 chambres avec sanitaires privés. 42 € (275,50 F) pour 2, petit déjeuner compris. Pas de table d'hôte, mais une auberge dans le village. La location de VTT tombe à pic car l'endroit est charmant bien qu'escarpé. Une adresse pour découvrir l'un des plus pittoresques villages de la Séranne.

🛏 |●| 🐕 ⤪ **10%** *Gîte de groupe L'Aire de la Séranne-Horizons (Konstanze Baade) :* Saint-Jean-de-Buèges. ☎ 04.67.73.11.19. Fax : 04.67.73.10.84. ● horizonserrane@liber tysurf.fr ● Accès : à côté de la petite place aux deux platanes. Réservation conseillée. Au cœur d'un des villages les plus pittoresques de la haute vallée de l'Hérault, gîte tenu par une non moins pittoresque jeune Allemande, et pouvant accueillir une vingtaine de personnes. Chambres et dortoirs, sobres et bien tenus. Comptez de 10 à 12 € (de 65,60 à 78,71 F) par personne et par nuit, 5 € (32,80 F) le petit déjeuner, et 25 € (163,99 F) en demi-pension. Cuisine familiale. Location de vélos, 3 € (19,68 F) la journée, et diverses activités possibles (découverte de la faune et de la flore, peinture d'expression, soirées contes...).

SAINT-JULIEN-DE-LA-NEF 30440   Carte régionale B1

53 km SO d'Alès ; 6 km N de Ganges

🛏 |●| 🐕 **10%** *Ferme d'hôte du Château d'Isis (Mme Roudier) :* ☎ et fax : 04.67.73.56.22. ● castelisis@free.fr ● Accès : fléchage sur la D 999 entre Le Vigan et Ganges. Fermé du 15 janvier au 1er mars. Au calme, château médiéval du XIVe siècle en cours de restauration avec 3 belles chambres meublées en ancien. Sanitaires privés. Comptez de 50 à 65 € (de 327,98 à 426,37 F) pour 2, petit déjeuner inclus. Dans la salle à manger voûtée, auberge de 50 places. Spécialités de cuisine à la broche, foie gras, écrevisses, brandade de morue, confit, gigot d'agneau, cassoulet, truite au lard, gibier. Pour les chambres d'hôte, repas à 13 € (85,27 F), avec un menu végétarien sur demande, pris sur la terrasse en été. Ouverture prévue en juin d'un gîte pour 8 personnes. Rivière et cascade à proximité.

SAINT-MARTIN-DE-L'ARÇON 34390   Carte régionale A2

50 km NO de Béziers ; 8 km O de Lamalou-les-Bains

🛏 |●| 🐕 ⤪ **10%** *Gîte d'étape La Pomarède (Marie-Pierre et Jean-Louis Raynal) :* ☎ 04.67.95.80.42. Accès : de l'A 9, sortie Béziers-Est ; puis prenez la direction Béziers-Centre et la D 909 vers Bédarieux ; à Bédarieux, D 908 direction Saint-Pons et fléchage. Fermé la semaine de Noël. Ici, vous trouverez 1 gîte de 12 places dans la maison d'habitation familiale que Jean-Louis a retapée, transformée et agrandie. Également au rez-dechaussée, un refuge de 12 places. Enfin, 3 chambres d'hôte avec sanitaires privés. En fait, l'adresse idéale pour les sportifs, puisque Jean-Louis est guide de haute-montagne. Selon vos goûts, vous pourrez pratiquer de l'escalade, du VTT, de la spéléo ou même du canyoning. Comptez 9,15 € (60 F) la nuit en dortoir, 12,20 € (80 F) en chambre et 3,81 € (25 F) le petit déjeuner. Si vous optez pour le confort des chambres, il vous en coûtera 32,01 € (210 F) pour 2 avec le petit déjeuner. Table d'hôte à 11,43 € (75 F) et cassecroûte à 6,10 € (40 F).

SAINT-MARTIN-DE-LONDRES 34380   Carte régionale B1

27 km NO de Montpellier ; 19 km S de Ganges

🛏 |●| ⤪ **10%** *Gîte de séjour de la Bergerie du Bayle (Michel Guerry) :* Le Frouzet. ☎ et fax : 04.67.55.72.16. Accès : dans Saint-Martin, prenez la direction de Causse-de-la-Selle, c'est à 5 km plus loin (chemin de terre pour y arriver). Fermé du 1er décembre à fin mars. Réservation conseillée, surtout hors saison. Au cœur de la garrigue, ancienne bergerie superbement restaurée. 8 chambres pour une trentaine de personnes. Vaste salle de séjour avec cheminée et cuisine. En juillet et hors saison, le gîte est plutôt réservé aux groupes ; en août, priorité est donnée aux familles et aux personnes seules. Comptez 11 € (72,16 F) par personne et par nuit, et 26,50 € (173,83 F) en demi-pension (demi-tarif jusqu'à 7 ans). Pas le grand confort, mais l'accueil est très chaleureux.

SAINT-SERIÈS 34400   Carte régionale B1

25 km NE de Montpellier ; 25 km SO de Nîmes

🛏 🐕 ⑩% *Chambres d'hôte du Mas de Fontbonne (Nathalie et Luc Lignon) :* ☎ 04.67.86.08.74 ou 04.67.86.00.30. Fax : 04.67.86.00.30. ● www.visualproject.com/ Fontbonne ● Accès : sur la D 34 entre Saint-Seriès et Boisseron. Mieux vaut réserver à l'avance pour juillet-août. Dans un mas indépendant de la maison des propriétaires, 5 petites chambres avec sanitaires privés. Déco simple, mais elles sont fraîches et disposent de moustiquaires et de petits frigos. Comptez 47,26 € (310 F) pour 2 et 59,46 € (390 F) pour 4 (lits superposés), petit déjeuner inclus. Pas de table d'hôte, mais barbecue à disposition. Agréable terrasse et piscine couverte (chouette !). Jeux d'enfants, boulodrome et tir à l'arc. Accueil agréable. Une adresse pour ceux qui préfèrent l'indépendance.

SAINTE-CROIX-DE-QUINTILLARGUES 34270   Carte régionale B1

25 km N de Montpellier

🛏 🐕 ⅏ *Chambres d'hôte (Michèle et Bernard Gueugneau) :* 214, chemin des Clausses. ☎ 04.67.55.35.88. Fax : 04.67.55.36.16. Accès : A 9 direction Montpellier, sortie échangeur de Vendargues direction Millau-Montpellier Facultés ; continuez jusqu'au rond-point et prenez direction Teyran ; à environ 10 km, sortez à Sainte-Croix-de-Quintillargues, le chemin des Clausses est derrière l'église. Jolie maison languedocienne, dans un grand parc boisé, aménagée avec goût. Michèle et Bernard vous y accueilleront dans 3 chambres claires et confortables, l'une située dans leur maison, les deux autres dans un petit bâtiment juste à côté. Une nouvelle chambre est accessible aux handicapés. Comptez 45 € (295,18 F) pour 2 avec le petit déjeuner, servi sur la terrasse aux beaux jours. Accueil charmant.

SALASC 34800   Carte régionale A1-2

40 km N de Béziers ; 10 km O de Clermont-L'Hérault

🛏 ❙●❙ 🐕 *Auberge et chambres d'hôte (Christine Royer et Xavier Jeanroy) :* route du Mas Canet. ☎ 04.67.96.15.62 ou 04.67.88.13.39. Fax : 04.67.96.15.62. Accès : sur la route de Bédarieux. Fermé du 20 décembre au 1er avril. Des chambres d'hôte attenantes à l'auberge, confortables, à 40 € (262,38 F) pour 2, petit déjeuner compris. Repas à 15 € (98,39 F), vin compris : terrines, grillades, gibier en saison, produits du terroir et cuisine régionale. Possibilité de demi-pension à 65 € (426,37 F) pour 2 personnes. Vue superbe sur la vallée du Salagou.

SALSIGNE 11600   Carte régionale A2

20 km N de Carcassonne

🛏 ❙●❙ ⅏ *Ferme-auberge et chambres d'hôte de la Source (Élisabeth et André Lafage) :* Combestrémière, route de Villardonnel. ☎ 04.68.77.06.97. Fax : 04.68.77. 56.39. Accès : de Carcassonne, prenez la direction Mazamet (D 118) jusqu'à Villardonnel ; traversez le village et prenez vers Salsigne, puis à 4 km à droite, direction Combestrémière. Ouvert du 15 mars au 30 octobre ; les chambres d'hôte sont ouvertes en juillet et août uniquement. Élisabeth et André accueillent chaleureusement dans leur ferme d'élevage d'agneaux du pays cathare. Agréable auberge avec 3 menus de 17 à 28 € (de 111,51 à 183,67 F). À l'étage, 5 chambres avec salles d'eau et w.-c. privés, à 34 €

(223,03 F) pour 2, petit déjeuner compris. Pour les randonneurs, une chambre familiale de 8 couchages. Repas en table d'hôte (sauf le dimanche soir), à 16 € (104,95 F) tout compris, à la ferme-auberge : tarte aux légumes, purée de courgettes ou charcuterie maison, fricassée de porc à l'ancienne, lapin en saupiquet, agneau grillé, casserole d'agneau (recette de la grand-mère), tartes, croustades, savarins, glace au lait de brebis... Évidemment, un séjour prolongé ne réussira peut-être pas à votre taille de guêpe, mais qu'est-ce-qu'on se régale ! Possibilité de location de VTT. Calme assuré, et un bon rapport qualité-prix.

SALVETAT-SUR-AGOUT (LA) 34330   Carte régionale A2

72 km NO de Béziers ; 21 km N de Saint-Pons-de-Thomières

🏠 |●| ✕ (10 %) *Chambres d'hôte (Famille Pistre et Cazals)* : La Moutouse. ☎ 04.67.97.61.63. et 06.76.67.85.02. Accès : allez à la nouvelle poste de La Salvetat, et prenez la route de gauche pendant 4 km et fléchage. Ouvert de Pâques à la Toussaint. À 870 m d'altitude, au cœur du parc naturel régional du Haut-Languedoc. La Moutouse est une ancienne ferme familiale. 3 chambres d'hôte (qui viennent de faire peau neuve) avec sanitaires privés. 37 € (242,70 F) pour 2, petit déjeuner inclus. Table d'hôte à 13 € (85,27 F). Cuisine familiale et traditionnelle avec les produits de la ferme. Nombreux sentiers de randonnées (un des chemins de St Jacques de Compostelle passe à la Moutouse).

SERRALONGUE 66230   Carte régionale A2

64 km SO de Perpignan ; 18 km de Prats-de-Mollo

🏠 |●| *Chambres d'hôte Case Guillamo (Élisabeth et Philippe Bracckveldt)* : ☎ 04.68.39.60.50. Accès : de l'A 9, sortie le Boulou et D 115 direction Amélie-les-Bains/Prats de Mollo ; avant Prats, prenez la D 44 direction Serralongue et continuez la route vers Lamanère ; au lieu-dit Can Guillamo, prenez le chemin à droite et suivez la piste jusqu'au mas catalan. Niché dans une forêt de frênes, de tilleuls et de châtaigniers, vous découvrirez un superbe mas catalan restauré en 1839, mêlant harmonieusement pierres, briques, poutres apparentes et belles toiles expressionnistes. Philippe et Élisabeth y proposent 2 chambres luxueuses au rez-de-chaussée et 1 suite à l'étage avec une grande cheminée. Comptez 53,36 € (350 F) pour 2, petit déjeuner compris, 22,87 € (150 F) le repas en table d'hôte et 68,60 € (450 F) par personne en demi-pension. Une bonne adresse pour routards aisés.

SERVAS 30340   Carte régionale B1

15 km NE d'Alès

🏠 *Chambres d'hôte Le Mas des Commandeurs (Myriam Sordi)* : ☎ et fax : 04.66.85.67.90 et 06.10.11.57.26. Accès : d'Alès, prenez la D 6 direction Bagnols, puis à gauche la D 747 jusqu'à Servas ; à Servas, la D 147 vers Navacelle, prenez la 1ʳᵉ à gauche, et encore à gauche, puis fléchage « Mas des Commandeurs ». De préférence sur réservation. Ancienne commanderie des Templiers, en pleine nature, où Myriam élève des moutons. Les amateurs de calme y trouveront 4 chambres agréables avec sanitaires privés. 45,70 € (300 F) pour 2, petit déjeuner compris et 64,03 € (420 F) pour 4. Pas de table d'hôte, mais kitchenette à disposition, ferme-auberge à 4 km et plusieurs restos aux Fumades (station thermale située à 5 km). À l'extérieur, une piscine, avec le chant des cigales en fond sonore.

TALAIRAN 11220   Carte régionale A2

30 km SO de Narbonne ; 10 km SE de Lagrasse

🏠 (10 %) *Gîte rural (Marthe et Daniel Rémon)* : domaine Degrave. ☎ et fax : 04.68.44.00.65 et 06.85.05.34.44.● d.remon.degrave@wanadoo.fr● Accès : de l'A 9, sortez à Narbonne-Sud, en direction de l'abbaye de Fontfroide ; 5 km après Saint-Laurent-de-Cabrerisse, vous trouverez Talairan ; bien fléché à partir du centre du village. Fermé de novembre à mars. Réservation obligatoire. Bien qu'on ne puisse pas y passer qu'une seule nuit, on signale ce gîte car on y est vraiment bien accueilli. Possibilité de louer pour une semaine ou un week-end, pour 4 à 5 personnes. 2 chambres, lave-linge, lave-vaisselle, micro-onde, téléphone, télé, cheminée pour les froidures de l'hiver et petit bout de jardin. Déco bien du Sud, tout en blanc et bleu. Comptez de 274,41 à 381,12 € (de 1800 à 2500 F) par semaine selon la saison, et 100 € (655,93 F) le week-end (draps fournis). Les proprios, extrêmement chaleureux, ne manqueront pas de vous faire déguster le cru corbières du domaine. Pas de table d'hôte, mais en été le resto du domaine vous propose à partir de 9,91 € (65 F) du poisson à la plancha ou des viandes grillées au sarment de vigne. Une adresse à ne pas louper si vous faites la route des châteaux cathares ou si vous vous dirigez vers l'Espagne.

TAURINYA 66500   Carte régionale A2

40 km O de Perpignan ; 5 km S de Prades

🛏 |●| *Chambres d'hôte Las Astrillas (Bernard Loupien) :* 12, Carrer d'Avall, route du Canigou. ☎ et fax : 04.68.96.17.01. ● las.astrillas@libertysurf.com ● Accès : de Perpignan, N 116 vers l'Andorre jusqu'à Prades ; là, direction l'abbaye de Saint-Michel-de-Cuxa, puis Taurinya ; la maison est à l'entrée du village à gauche. Fermé du 11 décembre au 1er mars. On l'a surnommée « la maison du pauvre » par dérision. Cette demeure vieille de trois siècles a été restaurée par Bernard dans le respect des vieilles pierres. Adorable jardin bien fleuri. 5 chambres d'hôte, dont deux au rez-de-chaussée, agréables et coquettes, et une suite avec terrasse privative. Sanitaires privés. Belle salle à manger dont les murs se sont parés de vieilles faïences et tableaux. 42 € (275,50 F) et 58 € (380,46 F) la suite, pour 2, petit déjeuner compris. Bernard est un fin cordon bleu et régalera vos papilles pour 16 € (104,95 F), vin compris. Il a aussi créé un petit musée rempli de vieux outils et autres témoignages de la vie d'autrefois. Ne manquez pas l'abbaye de Saint-Michel-de-Cuxa, célèbre pour son festival, et la grimpette au pic du Canigou, situé à quelques encablures. Pour le reste, faites confiance à Bernard pour vous orienter. Accueil très chaleureux.

TERMES 48310   Carte régionale A1

60 km N de Mende ; 8 km O de Saint-Chély-d'Apcher

🛏 |●| 🐕 ⤢ ⑩% *Chambres d'hôte (Lydie et Alain Chalvet) :* La Narce. ☎ et fax : 04.66.31.64.12. Accès : de l'A 75, sortie Saint-Chély-d'Apcher, puis D 989 direction Fournels ; 5 km avant Fournels, on trouve le village ; tournez à droite et fléchage. À 1180 m d'altitude, entre Aubrac et Margeride, La Narce (ou source issue des volcans) abrite une ancienne ferme du début du siècle, située à 500 m du village, en pleine nature. Dans l'ancienne étable et grange, 3 chambres adorables avec sanitaires privés, à 41 € (268,94 F) pour 2, petit déjeuner inclus. Table d'hôte familiale et goûteuse. Système de demi-pension à 33 € (216,47 F) par personne. Lydie et Alain ont aussi 8 chevaux, on peut donc faire de l'équitation sur place ou des randonnées accompagnées par Alain, 2 h de balade pour 23 € (150,87 F). L'hiver, ski de fond à proximité. Accueil jeune et chaleureux.

TOUR-SUR-ORB (LA) 34260   Carte régionale A1

42 km N de Béziers ; 6 km N de Bédarieux

🛏 |●| 🐕 *Maison d'hôte Domaine Apicole de la Tour (Françoise Périer et Philippe Chevalier) :* ☎ et fax : 04.67.95.02.99 et 06.75.37.53.10. Accès : de Bédarieux, prenez la D 35 vers Lodève. Maison de maître, centenaire, agrémentée d'un joli parc fleuri. 6 chambres coquettes et confortables avec sanitaires privés. Comptez 41 € (268,94 F) pour 2, petit déjeuner compris (servi sur la terrasse aux beaux jours). Philippe est apiculteur, vous pourrez déguster les produits de la ruche et visiter la miellerie si vous le souhaitez. Table d'hôte à 16 € (104,95 F) le repas, vin du caveau voisin compris (c'est le moment de rapporter des p'tits crus de la région). Dans le parc, une nouvelle salle accueille réceptions et spectacles. Accueil chaleureux.

VALMANYA 66320
Carte régionale A2

47 km SO de Perpignan ; 27 km SE de Prades

🛏 |●| 🐴 ⛄ **⑩%** *Gîte d'étape Le Roc de l'Ours (Bernadette et Francis Mary) :* ☎ et fax : 04.68.05.92.49 et 06.11.86.40.73. ● mairie.valmanya@wanadoo.fr ● Accès : de Perpignan, N 116 vers l'Andorre jusqu'à Vinça, puis à gauche D 36 et D 13 vers Baillestavy, puis Valmanya ; le gîte est dans le village. Fermé de février à avril sauf vacances scolaires. Sur réservation. Au cœur du massif du Canigou, *Le Roc de l'Ours*, c'est la maison familiale de Francis. Toute en pierre de taille, elle s'est transformée en 1 gîte d'étape très confortable et particulièrement accueillant. 8 chambres coquettes pouvant recevoir jusqu'à 24 personnes, presque toutes avec sanitaires privés. 11,50 € (75,44 F) la nuit, 4,50 € (29,52 F) le petit déjeuner (très copieux) et 12,20 € (80,03 F) le repas. Si vous préférez la gestion libre, il vous en coûtera 13,70 € (89,87 F) par jour et par personne. Grande salle de détente avec TV, jeux et bibliothèque. Les randos sont nombreuses et 2 GR passent juste à côté. Francis, montagnard émérite, connaît le coin comme sa poche. Il accompagne ses hôtes en rando et lui mieux que lui ne sait repérer les isards (chamois, ignorants !). Vous serez rassuré si l'on ajoute que Francis était médecin spécialisé en traumatologie et Bernadette infirmière. Hospitalité, nature et liberté au rendez-vous.

VERDUN-EN-LAURAGAIS 11400
Carte régionale A2

40 km NO de Carcassonne ; 17 km NE de Castelnaudary

🛏 |●| 🐴 **⑩%** *Ferme-auberge Le Bout du Monde (Mme Trinquelle) :* Ferme de Rhodes. ☎ 04.68.94.95.96 ou 04.68.94.20.92. Fax : 04.68.94.96.02. ● bout-du-monde@wanadoo.fr ● Accès : de Castelnaudary, D 103 vers Saissac et fléchage. Ouvert tous les soirs et les samedis et dimanches midi. Réservation impérative. Sur leur vaste exploitation, les Trinquelle vous proposent diverses formules : une ferme-auberge avec des menus entre 18,29 à 48,78 € (120 et 320 F). Spécialités de poulet aux écrevisses, gigot, chapon, pintade au foie gras, truite, fromage et pain maison, etc. Également 1 gîte d'étape de 50 lits répartis en dortoirs dans des cabanes de berger, à 8,38 € (55 F) la nuit avec douche ; une aire naturelle de camping de 25 emplacements.

VILLARDONNEL 11600
Carte régionale A2

18 km N de Carcassonne

🛏 |●| 🐴 *Chambres d'hôte L'Abbaye de Capservy (Denise et Daniel Meilhac) :* ☎ et fax : 04.68.26.61.40. Accès : de Carcassonne, D 118 vers Mazamet pendant 17 km ; laissez Villardonnel à droite, et prenez la 1re à gauche (en face des auberges). Fermé du 15 novembre au 15 février. Ancien prieuré du XIIe siècle admirablement restauré par Daniel et Denise (et on pèse nos mots !). On longe le mur d'enceinte, ouvert d'arcades successives, et on pénètre dans la cour. Ambiance sereine alimentée par la taille des pièces et l'authenticité du décor. Au cœur de la bâtisse, 3 chambres, dont deux avec mezzanine et une suite immense composée de 2 chambres (idéale pour les familles). Sanitaires privés. Selon la saison, de 45 à 52 € (295,18 à 341,10 F) pour 2, petit déjeuner compris. Table d'hôte (sauf le dimanche) à 20 € (131,19 F), vin de la maison compris. Domaine de 30 ha, avec un lac (routards pêcheurs, à vos cannes !), une agréable piscine, sans oublier les 6 ha de vignes qui produisent un excellent vin de pays médaillé d'or au concours interrégional Méditerranée. Une adresse pour ceux qui veulent se dépayser.

VILLENEUVE-LÈS-AVIGNON 30400
Carte régionale B1

35 km NE de Nîmes ; 21 km E du Pont-du-Gard

🛏 🐴 *Chambres d'hôte (Bruno Eyrier) :* 15, rue de la Foire. ☎ et fax : 04.90.25.44.21 et 06.17.68.89.21. ● christiane.cabeza@wanadoo.fr ● Accès : à 1 mn de l'église collégiale et de la mairie ; avant d'entrer, sonnez à « Eyrier ». Dans cette ancienne magnanerie du Grand Siècle, aux allures de maison de maître, un escalier avec une rampe en fer

LANGUEDOC-ROUSSILLON

forgé dessert 4 chambres et 3 studios, tous aménagés avec goût. On est ici entouré des souvenirs, des trésors, et des ancêtres de la famille Eyrier, dont les tableaux ornent les murs de la cage d'escalier. Voici les chambres nᵒˢ 1 et 2 avec lit à baldaquin, cheminée et plafond à la française (peinture d'époque). Comptez de 55 à 61 € (de 360,78 à 400,13 F) pour 2 (suivant la saison), avec la possibilité de faire son petit déjeuner soi-même. Salle de bains intérieure ou douches sur le palier. Ardent défenseur de la culture provençale, Bruno vous fera découvrir dans les caves voûtées, sa collection de harnais et de vieux outils agricoles. Parking privé. Accueil chaleureux.

VILLETELLE 34400 — Carte régionale B1

22 km SO de Nîmes ; 25 km SE de Montpellier

🛏 ✞✞ ⑩% *Chambres d'hôte Les Bougainvillées (Simone et Daniel Barlaguet) :* 343, chemin des Combes-Noires. ☎ et fax : 04.67.86.87.00 et 06.83.14.29.26. Accès : à deux pas du site d'Ambrusum et de la Petite Camargue. Dans une villa récente, chambres et suites confortables à 56,41 € (370 F) pour 2, petit déjeuner inclus. Toutes ont une kitchenette et des sanitaires privés. Pour vous détendre, une piscine couverte, le sauna et le hammam, et un court de tennis en terre battue. Attention cependant, l'A 9 ne passe pas très loin et peut générer un certain bruit (mais ne craignez rien pour votre sommeil).

🛏 ⑩✝ ✞✞ *Chambres d'hôte l'Amaïradou (Valérie et Paul Scalesse) :* 620 chemin de Montpellier. ☎ et fax : 04.67.86.80.65. Accès : A 9, sortie Lunel, direction Villetelle ; dans Villetelle, suivez le fléchage à partir du rond-point. À deux pas de la Camargue, aux confins de l'Hérault, très belle demeure construite par les compagnons du Tour de France et dotée d'un parc magnifique. Valérie et Paul y ont aménagé 2 chambres et 2 suites extrêmement confortables et admirablement meublées, dont une à proximité de la maison. Comptez de 64 à 74 € (419,81 à 485,41 F) pour 2, copieux petit déjeuner compris, et 20 € (131,19 F) pour la table d'hôte de la maîtresse de maison : bouillabaisse et autres poissons, gardiane de toro, par exemple. Pour compléter votre détente, sauna et piscine à disposition. Accueil chaleureux.

LANGUEDOC-ROUSSILLON

Limousin

●●

19 Corrèze
23 Creuse
87 Haute-Vienne

LIMOUSIN

ALLEYRAT 23200   Carte régionale B1

7 km NO d'Aubusson

🏠 |●| 🐴 *Ferme de séjour de la Vallée de la Creuse (Guylaine et Patrice d'Hiver) :* Ourdeaux. ☎ 05.55.66.29.65 et 06.87.88.58.19. Accès : d'Aubusson, direction Guéret, puis à 7 km, tournez à gauche, ensuite fléchage. Dans un joli cadre verdoyant, Guylaine et Patrice ont aménagé une salle de 35 couverts et 6 chambres dans d'anciennes écuries annexes à leur maison. Chambres avec accès indépendant, télé et sanitaires privés. Comptez de 41,16 à 45,73 € (270 à 300 F) pour 2, petit déjeuner compris. Côté ferme-auberge, 1 repas à 14,48 € (95 F), sans le vin. Guylaine et Patrice élèvent des bovins (bio) et des volailles. Également deux ponettes, deux doubles-poneys et trois chevaux de trait, qui feront la joie des petits et des grands (possibilité d'initiation et de promenades en attelage). Piscine et vélos. Accueil agréable.

BANIZE 23120   Carte régionale B1

14 km O d'Aubusson

🏠 |●| ⋉ ⑩% *Chambres d'hôte (Maryse Guy) :* Meizoux. ☎ 05.55.66.07.17. Accès : à 1500 m de la N 141. Fermé de la fin octobre à fin février. Conseillé de réserver une semaine à l'avance. En pleine campagne, ravissante maison, ancien manoir, couverte de vigne vierge. 4 chambres décorées avec goût : une simple, une double et deux quadruples, avec télé et sanitaires privés. Vue imprenable, petit cloître attenant. Comptez 24,44 € (180 F) pour une personne et 42,69 € (280 F) pour 2, petit déjeuner inclus. Possibilité de table d'hôte à 11,43 et 13,72 € (75 et 90 F), sans les proprios, un menu végétarien est proposé. Bon accueil.

BEAULIEU-SUR-DORDOGNE 19120   Carte régionale B2

45 km SE de Brive-la-Gaillarde ; 18 km SO d'Argentat

🏠 ⋉ ⑩% *Chambres d'hôte (Christine et Jean-Claude Henriet) :* 11, rue de la Gendarmerie. ☎ 05.55.91.24.97. Fax : 05.55.91.51.27. Accès : à côté de la gendarmerie, bien sûr. Fermé de fin septembre à début avril. Maison très pittoresque de la fin XIXᵉ avec un superbe patio intérieur, où glougoute la fontaine et où le balcon s'est paré de fresques colorées, œuvres d'artistes sud-américains. 6 non moins pittoresques chambres, avec sanitaires privés. Ici, c'est l'originalité de la déco qui prime, avec les salles de bains aux murs de bois teinté et les thèmes différents des chambres : « l'Indienne », « la matrimoniale » avec lit à baldaquin, « la 1930 », et trois autres plus classiques, mais toujours très colorées. Comptez de 45,73 à 56,41 € (de 300 à 370 F) pour 2, avec un copieux petit déjeuner (servi au « Café des Sports », grande pièce de détente réservée aux hôtes). En plus, Christine est une hôtesse souriante et charmante. Agréable piscine dans le jardin (c'est pas beau la vie?). Beaulieu, surnommée la Riviera limousine, est un bon départ pour de somptueuses balades.

BERSAC-SUR-RIVALIER 87370 — Carte régionale A1

37 km N de Limoges; 22 km S de La Souterraine

⌂ 🍴 🐕 ***Gîte d'étape (Yvonne et Maurice Forgeron) :*** Galachoux. ☎ et fax : 05.55.71.44.16. Accès : A 20, sortie n° 24 (Bessines et Bersac). Au milieu d'un petit hameau, dans une maison indépendante de la leur, Yvonne et Maurice, agriculteurs à la retraite, ont installé 1 gîte d'étape pour 12 personnes. 9,15 € (60 F) la nuit par personne et 21,34 € (140 F) en demi-pension. Les petits déjeuners et les repas sont pris chez Yvonne, dans un ancien moulin au bord d'une rivière. Très bonne cuisine régionale avec les produits de la ferme. Également 1 gîte rural, 6 chambres pour 14 personnes, mitoyen au gîte d'étape. Une gentille adresse, des prix doux et un accueil chaleureux. Idéal pour les familles (les enfants vont adorer la vie de la ferme) et pour les randonneurs (nombreux circuits dont une boucle de 8 jours).

⌂ 🍴 🐕 🚭 (10 %) ***Chambres d'hôte (Anna et Jean Masdoumier) :*** domaine du Noyer. ☎ 05.55.71.52.91 et 06.70.89.70.78. Fax : 05.55.71.51.48. Accès : sur la N 20, sortie n° 24 (venant de Paris), puis direction Bersac-sur-Rivalier; du village, direction Laurière, et tout de suite à la sortie, tournez à gauche après le pont de chemin de fer, direction Folles puis à 2 km fléchage. Fermé en janvier, ainsi que la 2e semaine de juin. Ici, en pleine nature, vous découvrirez une superbe demeure du XVIe siècle, avec une vue magnifique sur les monts d'Ambazac. On accède aux 4 chambres par un très bel escalier d'époque en pierre. Décoration sobre et plutôt dépouillée. Salles d'eau et w.-c. privés. Comptez 45 € (295,18 F) pour 2, petit déjeuner compris. Nombreuses salles de séjour à disposition et une grande salle avec poutres et cheminée. Table d'hôte à 15 € (98,39 F), vin non compris : potée limousine, confit de porc, fondant aux châtaignes, etc. Menu végétarien sur demande. C'est Jean, sculpteur, qui se charge d'accueillir ses hôtes, car Anna est homéopathe-acupuncteur. Amoureux des hommes et de la culture, il vous racontera avec passion l'Occitanie, vous expliquera une recette de cuisine ou vous narrerera l'histoire du Limousin. Beaucoup d'activités possibles : piscine, salle de gym, étang privé de 1 ha, vélos à disposition, et tout au long de l'année, des week-ends thématiques organisés par les propriétaires; et aussi 2 gîtes ruraux. Bon rapport qualité-prix-convivialité.

BLANZAC 87300 — Carte régionale A1

40 km N de Limoges; 4 km E de Bellac

⌂ 🚭 ***Chambres d'hôte (Marcelle et Jean-Louis Le Quéré) :*** Rouffignac. ☎ 05.55.68.03.38 . Accès : à Bellac, direction Guéret (N 145); après 3 km, à gauche, en face du garage *Lavergne*, l'allée qui mène à Rouffignac. Grande maison bourgeoise et beau parc qui procurent une impression de tranquillité. M. et Mme Le Quéré proposent 5 chambres à l'ancienne, avec salle d'eau et w.-c. privés. 38 € (249,26 F) pour 2, petit déjeuner compris. Ils sont servis dans un salon particulier décoré avec goût. Pas de table d'hôte, mais ferme-auberge à 200 m (dans nos pages). Bon accueil et calme garanti.

⌂ 🍴 ***Ferme-auberge (Catherine Kubiak et Alex Le Quéré) :*** Rouffignac ☎ 05.55.68.02.14. Fax : 05.55.68.86.89. Accès : à Bellac, N 145 vers Guéret; après 3 km tournez à gauche, en face du garage Lavergne, et prendre l'allée qui mène à Rouffignac. Ca fait 18 ans que Catherine fait des conserves et du foie gras, à partir des volailles, mou-

Nous vous rappelons que la table d'hôte est le complément d'une formule d'hébergement (chambre d'hôte, gîte d'étape...). Ce service n'est offert qu'aux personnes qui dorment sur place (excepté lorsqu'il est clairement écrit « ouvert aux extérieurs »).

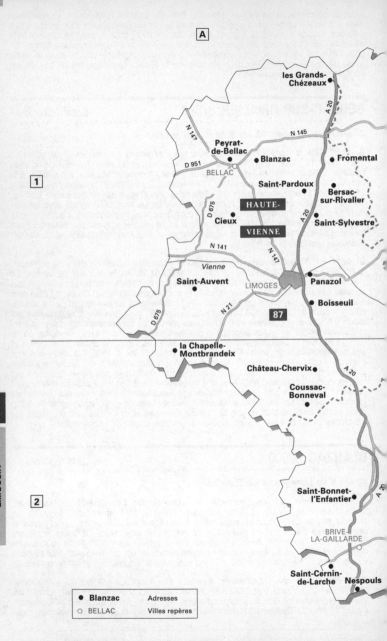

les Grands-Chézeaux

Peyrat-de-Bellac

Blanzac

Fromental

N 145

BELLAC

Saint-Pardoux

Bersac-sur-Rivaller

HAUTE-VIENNE

Cieux

Saint-Sylvestre

N 141

Vienne

Saint-Auvent

LIMOGES

Panazol

Boisseuil

87

la Chapelle-Montbrandeix

Château-Chervix

Coussac-Bonneval

Saint-Bonnet-l'Enfantier

BRIVE-LA-GAILLARDE

Saint-Cernin-de-Larche

Nespouls

LIMOUSIN

A

● Blanzac	Adresses
○ BELLAC	Villes repères

tons et des porcs que la famille élève. Aujourd'hui, elle a décidé de faire déguster ses produits sur place. Grande salle lumineuse de 35 couverts où moderne et traditionnel vivent en harmonie. 2 menus à 13,80 € et 17,60 € (90,52 et 115,45 F). Parmi les spécialités, la quiche aux rillettes de canard, salade de gésiers, confit de porc ou de canard, cane farcie, magret au porto, gigot d'agneau... 5 chambres coquettes avec TV, spacieux sanitaires privés, dont 2 suites familiales avec lits enfants en mezzanine. 39,70 € (260,41 F) pour 2 et 65,60 € (430, 31 F) pour 4 petit déjeuner compris, servi dans la salle de l'auberge. Pour ceux qui dorment, menu à 14,50 € (95,11 F), vin compris. Accueil dynamique et convivial. Boutique de vente de produits fermiers et visite de l'élevage. *NOUVEAUTÉ.*

BOISSEUIL 87220 Carte régionale A1

10 km SE de Limoges

🏠 ***Chambres d'hôte (Brigitte et Philippe Ziegler) :*** domaine de Moulinard. ☎ 05.55.06.91.22. Fax : 05.55.06.98.28. ● pilippe.ziegler@wanadoo.fr ● Accès : de Limoges, A 20, direction Toulouse; jusqu'à sortie n° 37 (Boisseuil) à 10 km; fléchage depuis le centre commercial. Fermé de novembre à fin mars. À 10 mn du centre de Limoges et pourtant en pleine nature. Sur leur ferme d'élevage ovin et d'arboriculture, Brigitte et Philippe ont restauré une partie de la maison de maître du XIXe siècle, à proximité de leur habitation. Les 5 chambres sont donc indépendantes, spacieuses et ouvrent sur un beau jardin ombragé. Elles disposent de sanitaires privés, mais les w.-c. sont à l'extérieur pour l'une des chambres. Comptez 36 € (236,14 F) pour 2, petit déjeuner compris. Très bon accueil. On peut pique-niquer dans le parc et plusieurs restos sont à proximité.

CHAPELLE-MONTBRANDEIX (LA) 87440 Carte régionale A2

50 km SO de Limoges; 15 km O de Chalus

🏠 ▮◉▮ 🐎 ⛷ ***Chambres d'hôte (Évelyne et Bernard Guérin) :*** Lartimache. ☎ 05.55.78.75.65. Accès : du village, prendre la direction de Marval pendant 1 km puis à droite vers Lartimache. Ah ! que la campagne est belle. Au pays des feuillardiers (comprenez tailleurs de piquets), ravissant corps de ferme composé d'un ensemble de petits bâtiments dont 2 clédiers (séchoir à châtaignes) et le four à pain. 4 chambres dont 1 familiale composée de 2 chambres. Sanitaires privés. Déco sans prétention qui tranche un peu avec le charme des extérieurs. 37 € (242,70 F) pour 2 et 52 € (341,10 F) pour 4, petit déjeuner compris (pain grillé car le 1er boulanger est à 12 km et confitures maison). Table d'hôte partagée en famille à 12 € (78,71 F), vin compris. Cuisine à disposition avec lave-linge (sympa !). 2 étangs pour les pêcheurs. Ne manquez pas le château féodal de Montbrun à 5 km (ne se visite pas, mais vaut le coup d'oeil). Okapi, le chien de la maison est impressionnant, mais se révèle rapidement être un compagnon agréable. Pour les randonneurs, le GR4 passe dans le village. Accueil chaleureux et décontracté. *NOUVEAUTÉ.*

CHAPELLE-SAINT-GÉRAUD (LA) 19430 Carte régionale B2

40 km SE de Tulle; 10 km SE d'Argentat

🏠 ▮◉▮ ⑩⑩ ***Chambres d'hôte (Lucette Dupuy) :*** Lagrange. ☎ 05.55.28.51.50. Accès : d'Argentat, N 120 vers Aurillac, puis à 1 km, tournez à droite vers La Chapelle-Saint-Géraud (D 33); avant d'arriver au bourg, tournez à gauche vers Lagrange, la maison est à l'entrée du hameau à droite. Ouvert de Pâques à la Toussaint. Dans la vallée de la Dordogne, petite maison au joli toit de lauzes, avec 3 chambres dont deux regroupées pour les familles. Salle de bains et w.-c. communs. 32 € (209,91 F) pour 2, petit déjeuner compris. Repas à la table d'hôte à 12 € (78,71 F) vin compris, servi dans une salle avec cheminée. Parmi les spécialités de Lucette, le chou farci, le rôti de veau aux cèpes et le civet de lapin aux châtaignes. La patronne est une agricultrice très chaleureuse qui aime recevoir. Réductions pour séjours. Nombreux lacs et baignade à proximité.

CHAPELLE-SAINT-MARTIAL (LA) 23250   Carte régionale B1

22 km S de Guéret

🛏 🐕 ⑩% *Chambres d'hôte (Simone et Alain Couturier) :* ☎ et fax : 05.55.64.54.12. Accès : sur la D 13, au milieu du bourg. Un peu en bord de route, jolie maison avec agréable jardin et piscine. 4 chambres confortables, à la décoration soignée, avec sanitaires privés : une dans une petite maison séparée, à côté de la piscine, à 50 € (327,98 F) pour 2 (notre préférée) ; une plus petite au 1er étage, à 40 € (262,38 F) ; une avec lit à baldaquin, à 60 € (393,57 F) et une mansardée au 2e étage (tout aussi charmante) à 50 € (327,98 F). Mobilier de style et pour les inconditionnels, télé dans chaque chambre. À 500 m, immense étang pour se balader.

CHÂTEAU-CHERVIX 87380   Carte régionale A2

35 km S de Limoges

🛏 ◉ ⑩% *Chambres d'hôte (Mayder et Patrick Lespagnol) :* La Chapelle. ☎ 05.55.00.86.67. Fax : 05.55.00.70.78. ● lespagno@club-internet.fr ● Accès : n'allez pas à Château-Chervix qui est à 7 km de La Chapelle ; depuis l'A 20, sortie n° 41 Magnacbourg, puis fléchage. Au milieu des prés et des bosquets, mignonne fermette toute basse, où Patrick et Mayder élèvent des chèvres et fabriquent des fromages. Dans une aile de la maison, 4 petites chambres au décor rustique, agrémentées de jolis tissus, avec sanitaires privés. 38 € (249,26 F) pour 2, avec le petit déjeuner. Ici, les repas, à 14 € (91,83 F) vin compris, se prennent en famille autour d'une grande table chaleureuse du 1er juillet au 15 août (un coin cuisine est à la disposition des hôtes). Cuisine à partir des produits de la ferme (agriculture biodynamique). Parmi les spécialités : chou farci, ragoût de chevreau, blanquette à l'ancienne, délice de pommes au cassis, et bien sûr, les fromages maison. Calme et tranquillité assurés, une bonne adresse.

CIEUX 87520   Carte régionale A1

30 km NO de Limoges ; 22 km S de Bellac

🛏 ◉ *Chambres d'hôte Les Lathières (Geneviève et René de la Bardonnie) :* ☎ et fax : 05.55.03.30.61. Accès : sur la N 147 entre Bellac et Limoges, au niveau de Nantrat, prendre la D 5 vers Chamboret puis D 711 vers Cieux ; faites 4 km et tournez à gauche route forestière sur 900 m. Fermé entre Noël et le Jour de l'An. Si vous aimez les coins tranquilles, vous serez servis... Ancienne ferme toute en pierre, perdue entre pâturages et forêts, avec une vue imprenable sur les monts de Blond. 3 chambres réparties dans différentes ailes de la maison. Celle de « Bénédicte », de plain-pied avec sanitaires privés, la chambre « Canada » avec salle d'eau privée et w.c communs avec vos hôtes, et enfin, la dernière sous forme de chambre appartement pour 4, avec cuisine séparée, salon avec TV. 37 € (242,70 F) pour 2, et 64 € (419,81 F) pour 4, petit déjeuner compris. Geneviève et René ont longtemps accueilli des enfants, ils sont aussi des voyageurs, utilisateurs de notre bible. Repas partagé en famille à 12 € (78,71 F), vin compris. Goûteuse cuisine familiale. Ici hospitalité rime avec convivialité. Une adresse qu'on aime bien. Pour les randonneurs, le GRP passe devant la maison. *NOUVEAUTÉ.*

CLERGOUX 19320   Carte régionale B2

30 km E de Tulle ; 6 km O de Marcillac-la-Croisille

🛏 ◉ 🐕 ✂ ⑩% *Ferme équestre de Leix (Sylvie et André Soudant) :* ☎ et fax : 05.55.27.75.49 ● asoudant@wanadoo.fr ● Accès : de Tulle, D 978 vers Aurillac, puis Mauriac pendant 22 km ; à la sortie du lieu-dit Les Cambuses, tournez à droite au fléchage (3 km avant Clergoux). La petite route de campagne qui mène jusqu'à la ferme s'arrête là. C'est un beau corps de ferme traditionnel en pierre. Dans l'ancienne grange, 4 chambres agréables équipées de sanitaires privés, dont deux familiales avec lits enfants en mezzanine. Elles sont toutes de plain-pied avec accès indépendant. Comptez 42 € (275,50 F) pour 2, petit déjeuner compris (confitures, viennoiserie, yaourt et jus de pomme maison). Table d'hôte partagée avec Sylvie et André à 14 € (91,83 F), vin compris. Cuisine familiale préparée avec les légumes du jardin. Ici, l'activité qui prime, c'est le cheval. Forfait de 2 h (dont 1 h de balade) à 18,29 € (120 F). Pour la journée, comptez 59,46 € (390 F) pique-nique compris. Possibilité de promenade en calèche. Derrière sa forte carrure, André paraît assez bourru, mais ne vous y fiez pas, il sait être très cordial. Vous pouvez aussi randonner à pied et vous trouverez sur place tous les itinéraires. Une adresse nature.

COUSSAC-BONNEVAL 87500   Carte régionale A2

40 km S de Limoges ; 12 km E de Saint-Yrieix-la-Perche

🛏 |●| 🐕 **10%** *Chambres d'hôte Moulin de Marsaguet (Valérie et Renaud Gizardin) :* ☎ et fax : 05.55.75.28.29. Accès : de Limoges, A 20 direction Brive, sortez à Pierre-Buffière vers Saint-Yrieix, puis prenez la D 57 vers Coussac-Bonneval ; c'est à 3 km avant le bourg. Fermé de novembre à mars. Superbe site au bord d'un étang de 13 ha. Renaud aime depuis toujours la sérénité de ce lieu. Il se souvient quand son arrière-grand-père, l'un des derniers meuniers du pays, libérait la grande roue et déclenchait la puissante machinerie du moulin. C'est ici qu'avec Valérie il a voulu installer sa ferme d'élevage de canards. Grande maison aux volets blancs avec 3 chambres d'hôte dotées de sanitaires privés. 39 € (250 F) pour 2, petit déjeuner inclus. Repas à 17 € (111,51 F), vin et café compris, avec spécialités de rillettes et pâté maison, magret de canard grillé au barbecue, poisson d'étang. Possibilité de pêcher sur place (accès payant), car le lieu est réputé pour la prise de gros carnassiers, comme le brochet par exemple. Renaud pourra d'ailleurs vous initier à différents types de pêche si vous le souhaitez.

ESPAGNAC 19150   Carte régionale B2

15 km E de Tulle ; 6 km S de Saint-Martial-de-Gimel

🛏 |●| ᔐ *Chambres d'hôte (Viviane et Hubert Rouget) :* La Traverse. ☎ 05.55.29.29.79. Fax : 05.55.29.28.22. ● www.espagnac.com ● Accès : dans le village, prenez la petite route entre l'église et l'école et suivez-la jusqu'au bout, c'est la dernière maison à droite. Fermé de début décembre à fin février. Curieuse demeure du début du XVIIe siècle qui, après avoir servi de tour de guet et de prison, est aujourd'hui une ferme apicole. D'ailleurs Hubert a créé une petite boutique assez rustique, où il propose tous ses produits (miel, pain d'épice et hydromel). On accède aux 2 chambres par l'escalier de pierre de la tour. Déco et mobilier simples. Sanitaires privés. Comptez 36,59 € (240 F) pour 2, petit déjeuner compris (l'occasion de savourer la production maison). Table d'hôte à 13,72 € (90 F), apéro et vin compris (partagée avec vos hôtes). Si vous avez des enfants, la jeune fille de la maison pourra leur faire découvrir ses petits amis (chinchillas, cochon d'Inde et même une petite chouette chevêche tombée un jour du nid), et leur faire faire une balade à dos d'âne. Accueil cordial. Calme et tranquillité assurés.

EYMOUTIERS 87120   Carte régionale B1

45 km E de Limoges ; 10 km S de Peyrat-le-Château

🛏 |●| ᔐ *Chambres d'hôte Le Clos des Arts (Michel et Josette Jaubert) :* La Roche. ☎ 05.55.69.61.88. ● http://clos.arts.free.fr ● Accès : d'Eymoutiers, prendre la D 30 pendant 7,5 km jusqu'au hameau de la Roche. Fermé de janvier à mars. Ancien et superbe relais de diligence, très bien restauré. Dans ce qui était autrefois les écuries, 2 chambres au 1er et 2e étage, avec sanitaires privés. 47 € (308,30 F) pour 2, petit déjeuner compris. Michel est peintre et sculpteur, et une fois qu'on passe le pas de la porte, on entre dans son monde, qui contraste totalement avec l'extérieur du site. Ses oeuvres sont aussi originales que variées, mais on vous laisse les découvrir. Table d'hôte partagée en famille à 15 € (98,39 F), vin compris. L'autre passion de Michel, c'est les voitures anciennes (on craque!) : TR3, MGTF, austin healey frog... Accueil convivial. *NOUVEAUTÉ.*

FORGÈS 19380 — Carte régionale B2

15 km SE de Tulle; 11 km NO d'Argentat

▤ |●| ✳ (10%) **Chambres d'hôte La Souvigne (Ian et Jacquie Hoare) :** 3, impasse La Fontaine. ☎ 05.55.28.63.99. Fax : 05.55.28.65.62. ● http://perso.wanadoo.fr/souvigne ● Accès : Forgès se trouve sur la N 120 entre Tulle et Argentat; dans le village, la maison se trouve en haut d'une petite rue qui débouche place de l'Église. Fermé en novembre et décembre. Dans une mignonnette maison de village, 3 chambres d'hôte douillettes, toutes dotées de sanitaires privés. Petite bibliothèque franco-anglaise dans chacune d'elles et plein d'infos touristiques sur le coin. Comptez de 25 à 31 € (de 163,99 à 203,35 F) pour 2, petit déjeuner compris, avec jus de fruits pressés, six sortes de confitures maison, viennoiseries et céréales (une véritable aubaine!). Jacquie et Ian habitent la petite maison d'à côté. C'est là qu'on prend les repas. On se sent vite bien et il fait bon converser avec ce charmant couple qui partage ses racines entre la France, la Hongrie et l'Angleterre. Ne manquez pas la table d'hôte en leur compagnie, 13 € (85,27 F), vin compris. Le vin, c'est la passion de Ian; si vous en êtes aussi, il vous fera découvrir de petits crus qui nous ont laissé de gouleyants souvenirs... Les repas se prennent dans leur chaleureuse salle à manger située à l'étage. Goûteuse cuisine familiale. Excellent rapport qualité-prix-convivialité. Bref, un de nos coups de cœur. À proximité, les cascades de Murel valent le coup d'œil.

FRESSELINES 23450 — Carte régionale B1

47 km NO de Guéret

▤ |●| 🐕 ✳ (10%) **Chambres d'hôte Confolent (Danièle Demachy-Dantin) :** ☎ 05.55.89.70.83 et 06.81.33.41.25. Accès : fléchage « Claude Monet », c'est la maison au bout du chemin. Réservation souhaitée. Endroit magnifique avec vue superbe sur le château de Puyguillon. Belle ferme des XVIIᵉ et XVIIIᵉ siècles, où Danièle, journaliste, auteur d'ouvrages sur la Creuse et artiste peintre, a aménagé 3 chambres décorées avec goût (nombre de ses œuvres décorent d'ailleurs les murs). Tout a été restauré à l'ancienne : murs à colombages, vieilles tommettes. Comptez de 62,50 à 73 € (de 409,97 à 478,85 F) pour 2, petit déjeuner inclus. Repas en table d'hôte de 14,48 à 21,34 € (de 95 à 140 F). À proximité, le site Claude Monet, pour admirer les lieux qui ont inspiré pas mal de ses toiles. Une adresse pour routards aisés.

FROMENTAL 87250 — Carte régionale A1

40 km N de Limoges; 11 km SO de La Souterraine

▤ |●| 🐕 ✳ (10%) **Chambres d'hôte Le Moulin du Goutay (Nathalie et Patrick Emery) :** ☎ 05.55.76.60.22. ● le-moulin-du-goutay@wanadoo.fr ● Accès : A 20, sortie nº 23.1 ou 24, puis direction Fromental par la D 1 et la D 51a; et fléchage « Site équestre et Chambres d'hôte ». Au milieu des prés et des sous-bois, dans un environnement calme et serein, ancien moulin au bord de la Semme. 3 chambres d'hôte très campagnardes avec salle d'eau privée mais w.-c. communs. Préférez celles qui donnent sur la rivière. Comptez 31 € (203,35 F) pour 2, petit déjeuner compris. Table d'hôte à 12,20 € (80,23 F) vin compris, avec une bonne cuisine familiale et régionale. Ici, c'est le paradis des chevaux! Aujourd'hui, ils sont 20 en comptant les poneys. Certains ont été adoptés par Nathalie et Patrick pour qu'ils échappent à une mort certaine, les autres partent en balade pour 12,20 € (80,23 F) de l'heure. Les moins téméraires pourront faire un tour en carriole. Des projets sont en cours pour permettre aux hôtes de mieux séjourner (à suivre...). Accueil charmant et décontracté, une adresse pour se mettre au vert.

GRANDS-CHÉZEAUX (LES) 87160   Carte régionale A1

60 km N de Limoges ; 12 km NO de La Souterraine

🛏️ |●| ✀ ⑩% *Chambres d'hôte Le Grand Moulin (Malou et Hervé Dru) :* ☎ et fax : 05.55.76.75.67. ● rv@dru.fr ● Accès : A 20, sortie n° 21 et direction Les Grands-Chézeaux ; c'est à 800 m du bourg. Au milieu des prés, avec vue dégagée sur la campagne environnante. Dans un grand corps de ferme joliment restauré, Malou et Hervé élèvent des volailles et des moutons. Ils proposent 3 chambres champêtres avec sanitaires privés : une double, une quadruple et une suite (4 personnes) dont deux avec accès extérieur indépendant. Joli salon avec charpente apparente à la disposition des hôtes. Comptez 38 € (249,26 F) pour 2, petit déjeuner inclus, servi sur la terrasse. Repas à 14,48 € (95 F), sur réservation, vin et café compris : salade de gésiers, chèvre chaud, poulet au miel, rôti de porc aux pruneaux, etc. Accueil authentique et chaleureux, ambiance décontractée, pas étonnant qu'on ne veuille plus partir ! Visite de la ferme et pas mal de boucles de randonnées.

LAFAGE-SUR-SOMBRE 19320   Carte régionale B2

35 km E de Tulle ; 5 km NE de Marcillac-la-Croisille

🛏️ |●| 🐴 ✀ ⑩% *Ferme-auberge du Buisson (Geneviève et Jean-Yves Malissard) :* ☎ 05.55.27.83.86. Accès : de Marcillac-la-Croisille, D 978 vers Mauriac et 1re route à droite (n'allez pas à Lafage). Fermé du 15 septembre à la Toussaint, une semaine à Pâques et le mercredi le reste de l'année. Uniquement sur réservation. Si vous aimez l'authentique, c'est ici qu'il faut venir. Vieille ferme du XVIIIe siècle avec le traditionnel cantou (immense cheminée avec banc) et la bassière, partie humide de la maison où se trouvait l'évier qui s'évacuait directement à l'extérieur. Poutres et pierres apparentes complètent ce décor d'autrefois, dans lequel vous vous régalerez des produits maison. Ici, c'est le « menu surprise » car tout dépend de la production ; sachez cependant qu'il vous en coûtera autour de 14 € (91,83 F) pour le menu et 21 € (137,75 F) si vous choisissez la terrine de foie gras maison ou le foie gras poêlé (slurp !). Le repas commence toujours par la soupe puis, selon la saison, tourte aux cèpes, chou farci, fricassée de poulet, blanquette de veau, canard braisé, flognarde, clafoutis, merveilles (ou bugnes), tarte à la praline... Au-dessus de la salle de l'auberge, une petite chambre avec sanitaires privés à 33,54 € (220 F) pour 2, petit déjeuner compris. Accueil chaleureux.

LUSSAT 23170   Carte régionale B1

35 km E de Guéret ; 8 km O de Chambon-sur-Voueize

🛏️ |●| 🐴 *Chambres d'hôte Château de Puy Haut (Nadine et Claude Ribbe) :* ☎ et fax : 05.55.82.13.07. Accès : de Guéret, N 145 vers Montluçon jusqu'à la sortie Gouzon, puis D 915 vers Lussat et 3e route à gauche (fléchage). Ouvert d'avril à novembre. Autres périodes sur réservation. Superbe domaine du XVIIe siècle dont les origines remontent au XIVe, avec une belle cour intérieure en partie pavée. Nadine et Claude sont agriculteurs et élèvent des vaches limousines. Un vaste hall avec un noble escalier de bois conduit aux 4 chambres : deux très vastes et deux plus petites qui ouvrent sur l'arrière. Sanitaires privés. Selon la taille des chambres, comptez de 50,36 à 57,93 € (de 350 à 380 F) pour 2 petit déjeuner compris. Table d'hôte (sauf le mardi) à 16,77 € (110 F), apéro et vin compris. Goûteuse cuisine du terroir avec des produits maison. Salle de jeux, ping-pong, panier de basket. Belle piscine pour vos détendre. Accueil authentique et convivial. Les amoureux de la nature ne manqueront pas d'aller se promener autour de l'étang des Landes : sauvage à souhait, c'est un site somptueux qui abrite quantité d'espèces d'oiseaux.

MARCILLAC-LA-CROISILLE 19320   Carte régionale B2

30 km NE de Tulle ; 17 km S d'Égletons

🛏️ |●| 🐴 ⑩% *Chambres d'hôte La Grange au Tissage (Joëlle Gilmert) :* Le Sucquet. ☎ 05.55.27.83.75. ● la.grange.au.tissage@free.fr ● Accès : à 200 m du bourg en direction d'Argentat. Ouvert de Pâques à septembre, sauf le lundi en avril, mai, juin et septembre.

Dans un cadre verdoyant, 4 chambres situées dans un bâtiment annexe et mitoyen à la grange qui abrite une petite salle de restauration et une salle d'exposition. Les chambres sont équipées de sanitaires privés, de lits à rouleaux et ornées de jolis tissus. Comptez 41,16 € (270 F) pour 2, petit déjeuner compris. Pour la restauration, formules de 12,96 à 22,90 € (85 à 150 F), et menu enfant à 6,4 € (42 F). Fonctionne aussi en demi-pension. Cuisine du terroir où les champignons tiennent une place de choix. À disposition : bibliothèque, ping-pong et VTT. Hors saison, possibilité de séjours à thèmes (yoga, photo...). À Marcillac, plan d'eau de 250 ha avec base nautique et plage aménagée (accès gratuit).

MÉRINCHAL 23420   Carte régionale B1

30 km E d'Aubusson ; 18 km S d'Auzances

🛏 |O| *La Ferme des Soleils (Blandine et Hervé Leprêtre)* : Marlanges. ☎ 05.55.67.27.88. Fax : 05.55.67.60.44. • lessoleils@oreka.com • Accès : en venant de Montluçon, suivre Évaux-les-Bains/Auzances, Mérinchal jusqu'à Létrade (où l'axe Aubusson-Clermont passe de N 141à D 941). Là, vous êtes à 500 m, la maison est la dernière dans Marlanges. Proche d'un axe routier, mais en pleine campagne, ancienne ferme avec un petit étang. Hervé est agriculteur, mais sa production sert surtout pour la table d'hôte. Avec Blandine, ils ont fui la ville pour retrouver une qualité de vie sereine avec leurs 3 enfants. 5 chambres agréables, 3 dans la maison, 2 autres dans un petit bâtiment indépendant qui ouvre sur l'étang. Selon le confort et la proximité des sanitaires, de 28 à 36 € (183,67 à 236,14 F) pour 2, petit déjeuner compris et 10 € (65,60 F) pour les enfants. Ceux qui ont les moyens, choisiront la grande chambre dans la maison avec sanitaires privés. Avec des enfants ou entre amis, choisissez les autres qui peuvent avoir leur sanitaire privatif à l'étage inférieur. Table d'hôte à 11 € (72,16 F), sans les boissons. Accueil décontracté et chaleureux. Très bon rapport qualité-prix-convivialité. *NOUVEAUTÉ.*

MONCEAUX-SUR-DORDOGNE 19400   Carte régionale B2

35 km SE de Tulle ; 13 km SO d'Argentat

|O| *Ferme-auberge de la Jonchère (Marie-Claude et Jean-Philippe Eyrignoux)* : ☎ 05.55.28.90.10 et 06.87.50.28.46. Fax : 05.55.28.42.91. Accès : d'Argentat, D 12 vers Beaulieu pendant 12 km et après Vaurette, tournez vers Moustoulat jusqu'à la Jonchère et fléchage (n'allez pas à Monceaux). Ouvert d'avril à septembre les samedis soir et dimanches midi ; et tous les soirs (sauf les vendredis, samedis et dimanches midi en juillet-août). Uniquement sur réservation. Belle ferme traditionnelle bénéficiant d'une superbe vue sur la vallée de la Dordogne. Au 1er étage, belle salle de 35 couverts avec murs en pierre, poutres apparentes et le traditionnel cantou. Menu unique à 15,24 € (100 F) avec apéro maison, deux entrées, plat, fromages et dessert au choix. Parmi les spécialités préparées à partir des produits maison : la quiche aux noix, la terrine de foies en feuilleté, le canard aux cèpes, le lapin aux girolles, le veau fermier, la mousse aux noix glacée, les charlottes aux fruits de saison... Que du bon et du frais, cuisiné et servi par Marie-Claude. C'est une hôtesse souriante et chaleureuse. Attention, comme elle prépare tout elle-même, elle restreint volontairement le nombre de clients... Alors un seul mot d'ordre : réservez !

NAVES 19460   Carte régionale B2

10 km N de Tulle

🛏 |O| 〰 (10%) *Chambres d'hôte (Brunhild et Jean-Marc Perrot)* : Gourdinot. ☎ 05.55.27.08.93. Accès : de Tulle, N 120 vers Limoges ; passez Naves à 5 km au niveau d'une petite zone commerciale, tournez à droite et fléchage. Dans un joli petit coin de campagne vallonné, grande maison en pierre du début du XIXe. À l'étage, 3 chambres d'hôte agréables équipées de sanitaires privés. Une chambre romantico-campagnarde avec lit à baldaquin (plus chère) et deux plus petites, dont une avec un gentil balcon (notre préférée car on peut profiter du lever du jour et de la beauté de la nature). Comptez de

35,06 à 39,64 € (de 230 à 260 F) pour 2, petit déjeuner compris (plein d'originales confitures, pâtisseries et pain maison, car Brunhild aime faire des essais). Table d'hôte partagée en famille à 13,72 € (90 F), apéro, vin et café compris. Bonne cuisine traditionnelle et familiale. Ambiance nature. Accueil simple, sympa et vrai.

NESPOULS 19600 — Carte régionale A2

15 km S de Brive-la-Gaillarde ; 6 km O de Turenne

l●l ⌂ ✕ *Ferme-auberge (Lucette et Dominique Champagnac) :* Baudran. ☎ 05.55.85.81.45. Fax : 05.55.22.93.75. Accès : N 20, sortie n° 53 en venant de Brive, n'allez pas à Nespouls, mais continuez et tournez à droite, direction Estivals (D 196) ; ensuite fléchage. Fermé les dimanches soir et lundis. Sur réservation uniquement. Sur le Causse corrézien, en pleine nature, très jolie ferme en pierre dans laquelle Dominique et Lucette ont installé 2 petites salles de 20 et 30 couverts. Intérieur traditionnel comme on les aime. Préférez la salle fumeurs (désolés !), avec son immense cheminée et la couillerine (chaudron en cuivre) pendue. Menu à 16,77 € (110 F) avec soupe, entrée (pâté de foie, omelette aux cèpes, cou d'oie farci, salade de gésiers), pintade, salade, fromage et dessert, confit ; à 21,34 € (140 F), 2 entrées ; et à 25,92 € (170 F), deux entrées, dont une de foie gras. Bonne cuisine. Accueil authentique et vraiment convivial. Une bonne adresse.

PANAZOL 87350 — Carte régionale A1

4 km E de Limoges

🛏 l●l ⌂ *Chambres d'hôte Les Alleux (Maryse Chamoulaud et Henri Parry) :* 4, allée de Courbiat. ☎ 05.55.30.81.37. Fax : 05.55.31.00.98. ● henri.parry@libertysurf.fr ● Accès : de Limoges, N 141 vers St-Léonard-de-Noblat, traversez Panazol et 1 km après la sortie du village, fléchage à gauche vers Courbiat. Belle demeure bourgeoise aux volets lavande, au milieu d'un parc de 3 ha. 5 chambres avec sanitaires privés (non attenant pour 1). 2 au 2ᵉ étage de la maison et 3 autres dans une aile indépendante. Déco agréable. 42,70 € (280,09 F) pour 2, petit déjeuner compris (brioche et confitures maison). Les repas se prennent dans une grande cuisine comme on les aime, bourrée de pots, de bouquets de fleurs séchées... Table d'hôte partagée avec Maryse à 12,20 € (80,03 F), apéro et vin compris. Gentil salon en mezzanine avec mobilier indien. Ici vous êtes dans une maison de musiciens (piano, saxo et accordéon). Pour vous détendre, une grande piscine. Ambiance jeune, souriante, décontractée et un brin bohème. Un point de chute idéal à proximité de Limoges. *NOUVEAUTÉ.*

PEYRAT-DE-BELLAC 87300 — Carte régionale A1

5 km O de Bellac

🛏 l●l ✕ **10 %** *Chambres d'hôte (Marie-Simone et Georges Quesnel) :* La Lande. ☎ 05.55.68.00.24 ou 05.55.68.31.83. Accès : à Bellac, direction Poitiers (N 147) ; à 3 km, sur la gauche, petite route et fléchage. Fermé de novembre à Pâques. Sur une exploitation agricole, belle maison marchoise ouvrant sur une agréable terrasse. 3 chambres avec salle d'eau et w.-c. privés. Comptez 40 € (262,38 F) pour 2, petit déjeuner compris. Marie, fin cordon bleu, vous fera déguster ses spécialités à la table d'hôte, pour 15 € (98,39 F), apéro maison et vin compris. Piscine. À Bellac, patrie de Giraudoux, les vieux quartiers médiévaux qui dominent la rivière du Vincou sont à voir. Également 1 gîte rural pour 6 personnes.

SAINT-AUGUSTIN 19390 — Carte régionale B2

25 km N de Tulle ; 22 km O d'Égletons

🛏 l●l *Auberge de Chauzeix (Fabrice Faure) :* Chauzeix. ☎ 05.55.98.23.42. Accès : par la D 121, à 4 km du bourg de Saint-Augustin. Ouvert uniquement le midi. Uniquement sur réservation. 3 salles, d'environ 40 couverts, dans la maison des propriétaires. Menus de

15,20 à 20 € (99,71 à 131,19 F), 1/4 de vin compris. À 15,20 € (99,71 F), potage, terrine maison, lapin aux pruneaux, râpée de pommes de terre, salade, fromage et tarte maison ; à 18,30 € (120,04 F), deux entrées ; et à 20 € (131,19 F), viande et poisson (vraiment pour les appétits robustes !). On peut aussi y dormir dans 5 chambres.

SAINT-AUVENT 87310   Carte régionale A1

40 km O de Limoges ; 8 km E de Rochechouart

🛏 ❙●❙ ⅍ *Chambres d'hôte (Geoffroy Tilleul) :* Coufiegas. ☎ et fax : 05.55.48.16.12. Accès : de Limoges, N 21 vers Périgueux jusqu'à Aixe-sur-Vienne puis à droite D 10 vers Rochechouart ; après le pont de la Gorre, tournez à gauche (D 58) vers St-Auvent, la ferme est à 400 m à droite. Dans un beau coin de campagne, de bois, cultures et pâturages, ancienne ferme bien restaurée qui jouit d'un superbe panorama sur les environs. 4 chambres au 1ᵉʳ étage, agréablement décorée. Sanitaires privés. Comme Geoffroy réalise les travaux, il manque encore quelques finitions. 35 € (229,58 F) pour 2, petit déjeuner compris. C'est souvent la maman du maître des lieux qui s'occupe des fourneaux. 13 € (85,27 F) le repas, apéro et vin compris (sans les propriétaires). Cuisine traditionnelle avec le cochon de la ferme. Accueil jeune et convivial. *NOUVEAUTÉ.*

SAINT-BONNET-L'ENFANTIER 19410   Carte régionale A2

20 km N de Brive-la-Gaillarde ; 18 km SO d'Uzerche

🛏 ❙●❙ ⅍ *Chambres d'hôte (Nadine Buge) :* La Borde. ☎ et fax : 05.55.73.72.44 et 06.13.46.29.30. ● nbuge@encorreze.com ● Accès : A 20, sortie n° 46 Perpezac-le-Noir, allez dans le bourg puis rejoignez Saint-Bonnet par la D 156 ; c'est la 1ʳᵉ maison du village. Fermé du 15 septembre au 15 octobre. Réservation souhaitée. Dans une grande maison des années 1930, en pierre, 5 chambres avec sanitaires privés. Au 1ᵉʳ, petite cuisine à disposition, et au 2ᵉ, salle de détente avec jeux de société et un sympathique choix de BD. Nadine, jeune hôtesse dynamique, privilégie la convivialité et propose donc des séjours en demi-pension. Comptez 35 € (229,58 F) par personne (repas, nuit et petit déjeuner compris). Elle partage ses repas avec vous, servis dans le jardin aux beaux jours. Ne manquez pas les bonnes spécialités d'Yvette, son cordon bleu de maman : potage (et ici, on fait chabrot), chapon fermier, magret d'oie aux noix, confit de porc, petit salé aux lentilles. De décembre à mars, Nadine organise des « week-ends foie gras ». Forfait 2 nuits, 2 petits déjeuners et 5 repas (du vendredi midi au dimanche), à 290 € (1902,28 F) par personne, pour tout savoir sur la découpe de l'oie grasse et la manière de cuisiner le foie ! Accueil très agréable, une très bonne adresse.

SAINT-CERNIN-DE-LARCHE 19600   Carte régionale A2

12 km SO de Brive-la-Gaillarde ; 6 km S de Saint-Pantaléon-de-Larche

🛏 ❙●❙ ⅍ *Chambres d'hôte Le Moulin de La Roche (Danielle et Michel Andrieux) :* La Roche. ☎ 05.55.85.40.92. Fax : 05.55.85.34.66. Accès : de Brive, N 89 vers Périgueux jusqu'à Larche ; au feu, tournez à gauche vers le lac de Causse (D 19), à la marbrerie du village de La Roche, 2ᵉ à droite vers Chavagnac ; c'est la dernière maison. Fermé de début novembre à fin février. Bien que vous soyez en Corrèze, vous vous rapprochez franchement du Sud-Ouest et de la Dordogne. D'ailleurs il vous suffira de connaître la personnalité et l'hospitalité de Michel pour en être définitivement convaincu. Boulanger-pâtissier réputé dans tout le département, il a décidé de vendre la boutique et de redonner vie à cette magnifique demeure qui avait été laissée à l'abandon et que la végétation avait envahie au fil des années. Le résultat est grandiose et l'intérieur tient toutes ses promesses. La déco réalisée par Danielle est superbe. On entre dans un joli salon méditerranéo-campagnard : beau dallage du Luberon, murs peints au gant couleur soleil et poutres bleues. La salle à manger est immense avec la vieille table de ferme, le vaisselier et l'horloge comtoise qui n'en finit pas de se balancer, sans oublier les jolis vitraux dessinés par Danielle et réalisés sur mesure. 4 chambres d'hôte ravissantes avec de luxueux sanitaires privés. Peintures au gant, patinées, frises au pochoir. Une préférence pour la chambre rose avec le ciel de lit. Comptez 48,78 € (320 F) pour 2, petit déjeuner compris (confitures, plusieurs sortes de pains et viennoiseries, maison bien sûr). Le moulin du XIIIᵉ siècle

LIMOUSIN

est en cours de rénovation (2 futures chambres). À l'extérieur, agréable parc qui vous réserve quelques surprises. Table d'hôte (sur réservation) à partir de 18,29 € (120 F). Accueil de qualité. Une adresse de charme. Juste à côté, le lac de Causse vous permettra de pratiquer tous sports nautiques ; on peut aussi s'y baigner.

SAINT-JULIEN-PRÈS-BORT 19110   Carte régionale B2

20 km SE d' Ussel ; 8 km NO de Bort-les-Orgues

🛏 |●| 🖤 ⑩% *Chambres d'hôte La Garenne (Martine et Éric Mesnil) :* Nuzéjoux. ☎ et fax : 05.55.94.83.83. ● www.LA-GARENNE.FR.ST ● Accès : Nuzéjoux se trouve sur la D 979 entre Bort-les-Orgues et Ussel (n'allez pas à Saint-Julien). À 600 m d'altitude, dans un bel environnement de nature, maison typique du pays. Avec l'aide précieuse d'Éric, qui est menuisier, Martine a décidé de réaménager la maison de vacances de son enfance et d'y ouvrir 4 chambres d'hôte (pour 2 à 4 personnes) avec sanitaires privés. Elles sont coquettes et colorées. Comptez 44,21 € (290 F) pour 2, petit déjeuner compris. Agréable véranda où vous pourrez partager le repas de 12,96 à 15,24 € (de 85 à 100 F), vin non compris. Cuisine familiale. Belle piscine devant la maison, mais aussi tables de pique-nique et cabane pour les enfants dans l'agréable petit bois de la propriété. Accueil chaleureux.

SAINT-PARDOUX 87250   Carte régionale A1

35 km N de Limoges

🛏 |●| 🖤 ⑩% *Maison d'hôte Le Château de Vauguenige (Marick et Alain Claude) :* ☎ et fax : 05.55.76.58.55. ● vauguenige@lenel.fr ● Accès : de Saint-Pardoux direction Bessines-sur-Gartempe pendant 1 km, puis prenez à gauche la D 103, puis de nouveau à gauche (D 27) vers Saint-Symphorien-sur-Couze pendant 600 m et fléchage à droite. Fermé du 11 novembre au 31 mars. En prenant le chemin de Vauguenige, on passe devant une série de petits étangs de pêche, devant un centre hippique et on arrive au château. Les différentes structures peuvent travailler ensemble mais sont indépendantes. Plus que par cette grande demeure bourgeoise, le regard est attiré par une immense cour charpentée et vitrée où loge une incroyable piscine chauffée et entièrement carrelée par Alain. Elle est immense, avec un bassin pour les petits, un confortable jacuzzi sans oublier le sauna (!). Si vous voulez en profiter, il faudra séjourner dans l'une des 10 chambres de la maison. Installées aux 1er et 2e étages, elles sont spacieuses et claires, meublées sans prétention. Sanitaires privés. Selon la saison, comptez de 65 à 75 € (426,37 à 491,97 F) pour 2, petit déjeuner compris. Un immense couloir pailleté dessert plusieurs salons et salles à manger (dont une réservée aux fumeurs) conviviaux. Repas sans les proprios à 19,90 € (130,54 F). Marick et Alain proposent aussi des stages (également ouverts aux gens du coin) : cours de natation pour les enfants, aquagym pour ces dames (mais pour vous aussi messieurs) et yoga. Une adresse pour vous remettre en forme si votre budget n'est pas trop serré. Accueil chaleureux. Ambiance décontractée.

SAINT-PARDOUX-LE-NEUF 23200   Carte régionale B1

6 km SE d'Aubusson

🛏 |●| 🐴 ⑩% *Chambres d'hôte (Sylvie et Patrick Dumontant) :* Les Vergnes. ☎ 05.55.66.23.74 et 06.82.48.33.29. Fax : 05.55.67.74.16. ● sylvie.dumontant@frees bee.fr ● Accès : d'Aubusson, N 141, direction Clermont-Ferrand ; restez sur la N 141 et ne bifurquez pas vers Saint-Pardoux ; 6 km plus loin, prenez le petit chemin sur la droite, en face de la route vers Bellegarde/Auzances. Fermé de novembre à mars. En pleine nature, jolie maison typiquement creusoise, avec un étang privé juste devant. 6 chambres décorées avec goût. Sanitaires privés. De 51,83 à 73,18 € (de 340 à 480 F) pour 2, dont une avec salle de bains balnéo en mezzanine, petit déjeuner compris. Table d'hôte sans les propriétaires à 16,01 € (105 F). Vin autour de 13,72 € (90 F) la bouteille. Piscine (chauffée solaire). Également 3 gîtes ruraux sur place : deux mitoyens et un indépendant dans une maison tricentenaire. Eux aussi ont une piscine, mais couverte ! De 579,31 à 686,02 € (de 3800 à 4500 F) la semaine, suivant la saison. Accueil souriant.

SAINT-PARDOUX-LES-CARDS 23150   Carte régionale B1

23 km N d'Aubusson ; 3 km O de Chénéraille

🛏 🍴 🐎 ⸭ *Chambres d'hôte Ferme du Mont Gapier (Ghislaine Juhel) :* ☎ 05.55.62.35.16. Accès : d'Aubusson, D 990 jusqu'à Chénéraille, puis direction Château de Villemonteix et face à celui-ci, le chemin de la ferme est à 500 m à gauche. Dans un joli coin de campagne, magnifique ferme en pierre du pays. Après avoir connu les joies du travail en ville, Ghislaine a rendu son tablier et est devenue agricultrice. Petit à petit, elle restaure sa ferme et élève des vaches limousines (pour les veaux). D'ailleurs son troupeau se remarque et provoque l'admiration des paysans du coin. Sur place, 4 belles chambres avec sanitaires privés. Deux au 1er étage et deux au 2e, mansardées (nos préférées). Comptez de 46 à 48 € (de 301,74 à 314,86 F) pour 2, petit déjeuner compris. Agréable salle à manger avec une immense cheminée qui supporte la série de casseroles en cuivre. Table d'hôte partagée avec Ghislaine et Dominique de 16 € (104,95 F), apéro et vin compris. Bonne cuisine (très souvent au feu de bois) familiale et traditionnelle. Accueil souriant, dynamique et chaleureux. Une adresse pour se mettre au vert.

SAINT-SYLVESTRE 87240   Carte régionale A1

18 km NE de Limoges ; 12 km SE de Saint-Pardoux

🛏 🍴 ⸭ *Chambres d'hôte Les Chênes (Édith et Lorenzo Rappelli) :* Les Sauvages. ☎ et fax : 05.55.71.33.12. ● www.haute-vienne.com/chenes.htm ● Accès : A 20, sortie n° 25, puis D 44 vers Saint-Sylvestre ; avant le village, prenez à gauche la D 78 vers Saint-Léger-la-Montagne, traversez Grandmont ; 200 m plus loin, tournez à droite et fléchage. Dans les monts d'Ambazac, à 600 m d'altitude, entre forêts et pâturages, superbe chalet en bois massif. Édith et Lorenzo n'ont voulu utiliser que des matériaux naturels, d'où l'atmosphère toute particulière qui règne dans cette maison où l'on se sent bien. Ici, c'est une maison d'artiste et les toiles et aquarelles de Lorenzo peuplent avec bonheur les murs de la maison. Pour les hôtes, 3 chambres charmantes et chaleureuses avec sanitaires privés. Une préférence pour la chambre orientée à l'ouest avec une ravissante coiffeuse et une croquignolette armoire anglaise. Comptez de 42 à 46 € (de 275,50 à 301,74 F) pour 2, petit déjeuner compris, avec confitures, miel des ruches, yaourts et pain maison (vos hôtes vont même jusqu'à moudre le blé pour la farine). Table d'hôte partagée avec Édith et Lorenzo, 13,72 € (90 F), sans le vin. Excellente cuisine avec des produits frais. Accueil de qualité. Bref, une bonne adresse.

TERCILLAT 23350   Carte régionale B1

38 km NE de Guéret ; 20 km NO de Boussac

🍴 🐎 *Auberge de Pays Chez P'tit Paul :* Le Bourg. ☎ 05.55.80.68.68. Fax : 05.55.80.54.08. Accès : de Guéret, D 940 vers La Châtre pendant 35 km et à Bordessoule, tournez vers Tercillat ; l'auberge est au centre du bourg. Fermé le mercredi soir et jeudi en basse saison. Réservation conseillée. Tandis que P'tit Paul s'occupe du service, Cathy officie en cuisine, mais elle ne manque pas de venir saluer ses clients avec le sourire. Le midi, un sympathique menu du jour à 9,10 € (59,69 F), 1/4 de vin compris (qui dit mieux !), qu'on déguste sur la terrasse aux beaux jours. On a aussi craqué pour le « menu du pays » à 15 € (98,39 F) avec, par exemple, salade de gésiers ou charcuterie, magret de canard, plateau de fromages et gâteau creusois. Autres menus dont 1 spécial creusois dans l'ambiance (salle 8/10 personnes). Menu enfant à 5,70 € (37,39 F) : jambon-purée, ou steack haché frites, yaourt ou glace... c'est pas la joie ? Au fait, c'est aussi le tabac et le bar du village. P'tit Paul et Cathy organisent aussi des soirées aux flambeaux. Accueil convivial.

USSEL 19200
Carte régionale B2

29 km NE d'Égletons

⌂ |●| ⟨10%⟩ *Chambres d'hôte (Michèle Malpelas) :* La Grange du Bos. ☎ 05.55.72.15.68. Accès : à la sortie d'Ussel, direction Tulle, prenez la D 157 jusqu'au plan d'eau du Ponty ; c'est à 800 m. Fermé du 20 décembre au 30 janvier. À 650 m d'altitude, dans la campagne, maison en pierre de 1863. 3 chambres avec sanitaires communs. Comptez 32,78 € (215 F) pour 2 avec le petit déjeuner, ou 28,97 € (190 F) par personne en demi-pension. Pour les moins fortunés, une aire naturelle de camping. Bien sûr, vente de produits fermiers.

VITRAC-SUR-MONTANE 19800
Carte régionale B2

21 km NE de Tulle ; 11 km O d'Égletons

⌂ 🐕 ⟨10%⟩ *Chambres d'hôte (Raymonde et Roland Manoury) :* place de l'Église. ☎ et fax : 05.55.21.35.50. ● rolmanv@aol.com ● Accès : sur la N 89 entre Tulle et Égletons, à Gare-d'Eyrein, prenez la D 135e vers Vitrac ; la maison est au centre du village près de l'église. Après avoir connu la trépidante vie parisienne, Raymonde et Roland ont décidé de revenir aux sources. Ils ont fait construire leur maison en essayant de garder le style de la région. Toute en granit, elle est recouverte de lauzes récupérées sur une ancienne grange. Dans la salle à manger, Raymonde a voulu le traditionnel cantou (on venait s'y réchauffer, tout près du feu), copie de celui de sa grand-mère. À l'étage, 2 chambres accueillantes avec sanitaires privés. Tentures murales et meubles anciens. Comptez 40 € (262,38 F) pour 2, petit déjeuner compris avec jus de fruits pressés (géant !) et confitures maison. Pas de table d'hôte, mais plusieurs restos dans un rayon de 10 km. Accueil agréable.

LIMOUSIN

Lorraine

●●

54 Meurthe-et-Moselle
55 Meuse
57 Moselle
88 Vosges

ANCEMONT 55320 — Carte régionale A1

43 km N de Bar-le-Duc ; 10 km S de Verdun

● I●I **Chambres d'hôte (Marie-José et René Eichenauer) :** Château de Labessière. ☎ 03.29.85.70.21. Fax : 03.29.87.61.60. ● rene.eichenauer@wanadoo.fr ● Accès : de Verdun, D 34 ; dans le bourg. Fermé à Noël et au Jour de l'An. Château du XVIIIᵉ siècle mitoyen à d'autres maisons, que René a entièrement aménagé. 5 chambres, dont deux regroupées en suite, avec meubles de style. Sanitaires privés. Préférez celle de l'arrière avec son immense salle de bains. Comptez 70 € (459,17 F) pour 2 avec le petit déjeuner et 60 € (393,57 F) par personne en demi-pension (c'est ça la vie de château !). Agréable jardin avec piscine privée. Une adresse pour routards aisés.

ARS-LAQUENEXY 57530 — Carte régionale B1

4 km E de Metz

I●I **Ferme-auberge de Chagny (Gaby Borsenberger) :** ☎ et fax : 03.87.38.20.20. ● fadc@free.fr ● Accès : de Metz, D 999 vers Morhange, jusqu'à Ars et fléchage. Ouvert les vendredis soir (en été), samedis soir et dimanches midi (sauf en février). Uniquement sur réservation. Dans une grande demeure de maître du XIXᵉ, petite ferme-auberge avec 2 salles de 35 et 50 couverts. Déco agréable, sans prétention. 6 menus de 11 à 25 € (72,16 à 163,99 F). Parmi les spécialités : cochonnailles de la ferme, rillettes d'oie, pâté lorrain, canard au madère ou aux pommes, poulet au vin blanc de Moselle, filet de porc sauce à la crème, pintade sauce bière et framboise, clafoutis ou charlotte aux fruits de saison, nougat glacé... Accueil décontracté et chaleureux.

BELVAL 88210 — Carte régionale B2

28 km N de Saint-Dié ; 7 km E de Senones

● ✂ (10 %) **Chambres d'hôte Au Prince de Salm (Renée et François Martin) :** 30, Grande-Rue. ☎ 03.29.41.00.08. Accès : au centre du village sur la D 424. Ouvert de

---

Nous vous rappelons que la table d'hôte est le complément d'une formule d'hébergement (chambre d'hôte, gîte d'étape...). Ce service n'est offert qu'aux personnes qui dorment sur place (excepté lorsqu'il est clairement écrit « ouvert aux extérieurs »).

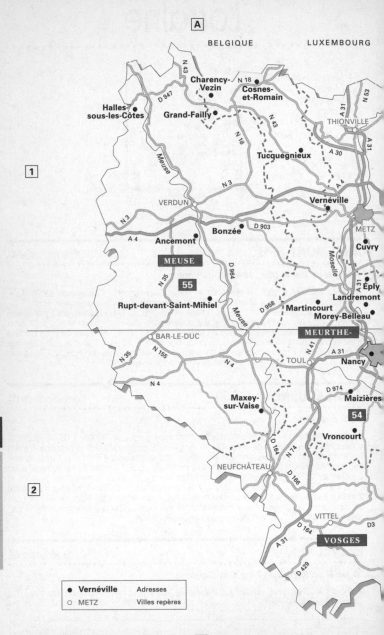

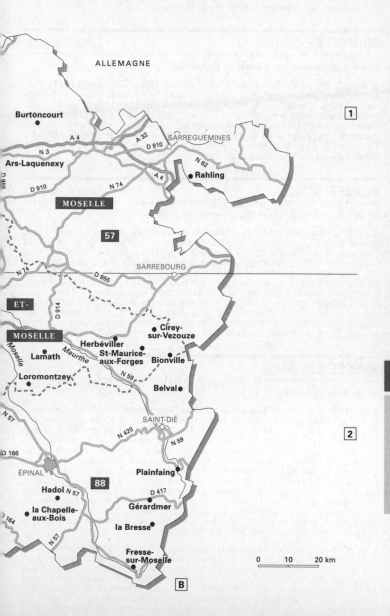

B

ALLEMAGNE

Burtoncourt

A 4   A 32   SARREGUEMINES
N 3   D 910
Ars-Laquenexy
                              N 62
D 910   N 74   A 4   Rahling

MOSELLE

57

SARREBOURG
N 74   D 955

ET-

MOSELLE

D 914
                    Cirey-
Moselle   Herbéviller   sur-Vezouze
Lamath   St-Maurice-
Meurthe   aux-Forges   Bionville
Loromontzey
              N 59
              Belval

N 57   N 420   SAINT-DIÉ
                    N 59
D 166
ÉPINAL   Plainfaing
      Hadol N 57
88   D 417
la Chapelle-   Gérardmer
aux-Bois
O 164   la Bresse
      N 57
              Fresse-
              sur-Moselle

0   10   20 km

B

1

2

LORRAINE

Pâques à la Toussaint. Située dans l'ancienne principauté de Salm, petit pays jouxtant l'Alsace et rattaché à la France en 1793. La maison de Renée et François date du XVIIIe siècle et était jadis un relais de diligences (ils conservent d'ailleurs jalousement la précieuse enseigne). À l'arrière de la maison, complètement indépendantes, 2 chambres d'hôte avec sanitaires privés. Déco agréable, tons pastel. Comptez 40 € (262,38 F) en juillet-août, pour 2, petit déjeuner compris, servi chez Renée. Coin cuisine à disposition, ainsi que lave-linge. Terrasse et jardin. Accueil convivial.

BIONVILLE 54540 — Carte régionale B2

48 km S de Sarrebourg ; 9 km E de Badonviller

⌂ |●| **10 %** *Chambres d'hôte Le P'tit Bonheur (Michèle et Dieudonné Hoblingre) :* Les Noires Colas. ☎ et fax : 03.29.41.12.17 et 06.85.36.08.16. ● petitbon heur21@yahoo.fr ● Accès : de Bionville, D 183 vers Les Noires Colas ; au centre du hameau. Sur réservation de préférence. À 370 m d'altitude, dans le massif vosgien, jolie petite maison avec balcon de bois. Dieudonné, qui élève des chèvres, tient 6 chambres avec sanitaires privés. 39,64 € (260 F) pour 2, petit déjeuner compris. Table d'hôte à 13,72 € (90 F), vin compris. Accueil jeune et sympa, ambiance décontractée et conviviale. Location d'ânes pour les randonnées.

BONZÉE 55160 — Carte régionale A1

20 km SE de Verdun ; 3 km O de Fresnes-en-Woëvre

⌂ 🐕 **10 %** *Chambre d'hôte Les Écuries de Bonzée (Sybil Anzani) :* 1, rue du Château. ☎ 03.29.87.37.77. Fax : 03.29.87.30.43. Accès : de Verdun, D 903 et 904 jusqu'à Fresnes-en-Woëvre, puis D 21 vers Bonzée ; la ferme est à la sortie du village, sur votre gauche. C'est dans la maison, que Sybil a installé une petite chambre avec sanitaires privés. Déco simple, sans prétention. Comptez 31 € (203,35 F) pour 2, petit déjeuner compris. Ici, c'est l'activité équestre qui prime et le beau-frère de Sybil possède 5 chevaux pour la randonnée. 11 € (72,16 F) l'heure et 46 € (301,74 F) la journée. Pour les enfants, ils ont essayé de conserver la vie de la ferme avec tous ses animaux (cochons, moutons, chèvres et basse-cour). Accueil jeune et souriant, ambiance décontractée, un brin bohème. Si la randonnée en roulotte avec cheval de trait vous intéresse, sachez que dans le village des amis de Sybil proposent cette activité (François Biocalti : 03.29.87.30.75).

BRESSE (LA) 88250 — Carte régionale B2

15 km S de Gérardmer

⌂ |●| 🐕 ⥹ *Chambres d'hôte (Marie-Noëlle et Daniel Perrin) :* 13, chemin des Huttes. ☎ 03.29.25.60.98. et 06.82.62.98.58. Accès : dans La Bresse, direction Gérardmer ; à la sortie du bourg, D 34 vers La Croix des Moinats et 1200 m après, direction Le Droit, puis chemin des Huttes. À 950 m d'altitude, grande ferme traditionnelle complètement isolée avec une vue splendide sur les montagnes environnantes. 3 chambres, dont deux regroupées pour les familles, avec sanitaires privés. Décoration bois très chaleureuse, jolis tissus, moquette bien épaisse. Comptez 33,54 € (220 F) pour 2 avec le petit déjeuner (brioche maison !). Repas à 12,20 € (80 F) vin et café compris, partagé avec les proprios. Par exemple, roulé de porc fumé, potée vosgienne, tarte aux mirabelles. Superbe cuisine ancienne avec le four à pain. Une adresse pour les amoureux de la nature. Nombreux circuits pédestres et VTT. Avec un peu de chance, vous pourrez même voir paître des chevreuils près de la maison. Également 2 gîtes ruraux pour ceux qui veulent séjourner. Petit étang privé à proximité pour les pêcheurs. Accueil convivial.

⌂ |●| 🐕 ⥹ *Auberge et refuge de la Rételère (Sylviane et Michel Bruneau) :* 11, route de la Courbe. ☎ 03.29.25.52.10. ● www.retelere.com ● Accès : de La Bresse, D 486 vers le col de Grosse-Pierre pendant 4 km, tournez à droite et fléchage (ne prenez pas le chemin de la Rételère). Ouvert du samedi midi au dimanche soir et tous les jours pendant les vacances scolaires (sauf le mercredi). Sur réservation de préférence. À 950 m d'altitude avec une vue imprenable sur les montagnes environnantes et sur le bourg de La Bresse. Dans leur ferme où ils élèvent des doubles-poneys (fjords), Sylviane et Michel ont aménagé une sympathique salle campagnarde de 50 couverts. Grandes tables et bancs de bois, poutres apparentes et cheminée. Atmosphère très chaleureuse. Un menu à 11,89 € (78 F) avec assiette de crudités, pommes de terre à la diable, lard paysan fumé et frit, jambon cru, munster, salade et tarte. Selon les périodes, vous pourrez aussi déguster le sauté d'agneau maison et le coq au vin. Également 1 gîte d'étape de 40 lits en 4 dortoirs, avec 2 blocs sanitaires. Système de demi-pension de 23,63 à 24,39 € (de 155 à 160 F) par personne, mais apportez votre sac de couchage. Ici, c'est l'ambiance sport et nature : l'été, rando (le GR 533 passe à proximité), l'hiver, le ski de fond (première piste à 2 km). Accueil chaleureux, un brin soixante-huitard.

BURTONCOURT 57220   Carte régionale B1

23 km NE de Metz ; 16 km SO de Bouzonville

🏠 |●| ⚘ ⟨10 %⟩ *Chambres d'hôte (Alina et Gérard Cahen) :* 51, rue de Lorraine. ☎ et fax : 03.87.35.72.65. Accès : de Metz, D 3 vers Bouzonville, puis à droite D 53a vers Burtoncourt ; la maison est au centre du bourg. Dans ce village, où les habitations s'alignent le long de la départementale, petite maison sur deux niveaux. 2 chambres mignonnettes équipées de sanitaires privés agréablement inclus dans la déco. 42 € (275,50 F) pour 2, petit déjeuner compris (gâteau, confitures et miel maison). Charmante cuisine avec le vieux fourneau de grand-mère et une superbe salle à manger avec de beaux volumes agrémentés par de petites tapisseries polonaises (la patrie d'Alina). Table d'hôte de 13 à 16 € (85,27 à 104,95 F), vin compris, toujours partagée avec les propriétaires. Cuisine plutôt végétarienne, avec des spécialités polonaises, comme les *pierogi* (sortes de raviolis) ou le *bortsch* (soupe de betteraves). Accueil souriant, teinté par la gentillesse d'Alina.

CHAPELLE-AUX-BOIS (LA) 88240   Carte régionale B2

25 km SO d'Épinal ; 3 km NE de Bains-les-Bains

🏠 |●| 🐕 *Chambres d'hôte (Marie-Claire et Gérard Chassard) :* 9, Les Grands Prés. ☎ et fax : 03.29.36.31.00. Accès : de Bains-les-Bains, D 164 vers Saint-Loup pendant 3 km, puis tournez à gauche vers Les Grands Prés et fléchage (n'allez pas à La Chapelle-aux-Bois qui est à l'opposé, à 6 km !). Entre forêts et pâturages, grande maison bourgeoise du XIXᵉ siècle. Un vaste escalier conduit aux 3 chambres, spacieuses et lumineuses. Sanitaires privés. Déco et mobilier sans prétention. Comptez 38 € (249,26 F) pour 2, petit déjeuner compris (confitures et croissant ou brioche maison !). Table d'hôte partagée en famille à 13 € (85,27 F), apéro et vin compris. Bonne cuisine du terroir qui fait des adeptes... Il faut dire que tout provient de la basse-cour, où les différentes volailles sont représentées, et du superbe jardin de Gérard que vous pourriez admirer en contrebas de la maison. Question activités, la forêt vous attend et vous offrira de belles balades ; ceux qui ont des rhumatismes pourront faire leur cure à Bains-les-Bains. Également 2 gîtes ruraux pour 6 personnes pour ceux qui veulent séjourner. Accueil chaleureux et vrai.

CHARENCY-VEZIN 54260   Carte régionale A1

25 km O de Longwy ; 10 km NO de Longuyon

🏠 |●| ⚘ *Chambres d'hôte (Viviane et Miroslave Jakircevic) :* 1, Grand'Rue. ☎ et fax : 03.82.26.66.26. ● chambreshotess@wanadoo.fr ● Accès : de Longuyon, N 43 vers Charleville/Reims pendant 10 km puis D 29 jusqu'à Charency-Vezin, la maison est avant l'église à droite. Vous êtes dans une maison républicaine toute en pierre dorée, au carrefour de la Belgique et du Luxembourg...D'ailleurs c'est marqué au-dessus de la porte (L 12 RF). 3 chambres dont 2 familiales (avec chambres attenantes pour les enfants). Une au rez-de-chaussée avec un croquignolet phonographe, les 2 autres à l'étage. Mobilier néo-rustique ou moderne. Sanitaires privés. 39 € (255,82 F) pour 2, petit déjeuner compris et 16 € (104,95 F) par personne supplémentaire. Table d'hôte partagée avec les proprios à 13 € (85,27 F) apéro et vin compris. Cuisine traditionnelle avec des produits fermiers et légumes du jardin. Accueil convivial. Aux abords du village, « la pelouse calcaire » offre une belle balade pour découvrir orchidées et papillons. *NOUVEAUTÉ.*

CIREY-SUR-VEZOUZE 54480 — Carte régionale B2

30 km S de Sarrebourg

🛏 |●| (10 %) *Chambres d'hôte (Monique et Daniel Bouvery)* : 18, rue du Val. ☎ et fax : 03.83.42.58.38. Accès : sur la N 4 de Lunéville à Sarrebourg, après avoir passé Blâmont, tournez à droite (D 993). Grande demeure du début du siècle avec 5 grandes chambres meublées rustique. La n° 1 qui donne sur le jardin est la plus sympa. Sanitaires privés. Comptez 45,73 € (300 F) pour 2, petit déjeuner inclus. Repas de 12,20 à 18,29 € (de 80 à 120 F) — hors boissons —. Cuisine régionale et familiale. Billard français, bibliothèque bien fournie en polars et salon télé. Terrasse avec salon-jardin. Accueil charmant.

COSNES-ET-ROMAIN 54400 — Carte régionale A1

25 km NO de Thionville ; 4 km O de Longwy

|●| *Auberge La Baraque (Danielle Oriac)* : rue de Normandie. ☎ 03.82.25.62.29 ou 03.82.24.43.72. Accès : à proximité de la mairie. Ouvert les vendredis soir, samedis soir et dimanches midi ; également le dimanche soir de mai à septembre. Uniquement sur réservation. Dans une petite maison recouverte d'ampélopsis, 2 jolies salles avec pierres et poutres apparentes. La grande cheminée et les vieux outils qui décorent les murs donnent une atmosphère chaleureuse. À 18,29 € (120 F), terrine ou bouchée à la reine, lapin à la moutarde avec pommes de terre au lard, fromage et œufs à la neige. Autres menus à 18,29 € (120 F) avec spécialité de coq en pâte et à 21,34 € (140 F), avec entrée de ris de veau. Le dimanche soir, menu à 10,67 € (70 F). Carte des vins de 9,15 à 30,49 € (de 60 à 200 F) la bouteille. Bon accueil. La Belgique et le Luxembourg sont à 5 km.

CUVRY 57420 — Carte régionale A1

10 km S de Metz

🛏 |●| ⇆ *Chambres d'hôte Ferme de Haute Rive (Brigitte et Jean-François Morhain)* : ☎ 03.87.52.50.08. Fax : 03.87.52.60.20. Accès : de Metz, A 31 vers Nancy, sortie n° 29, puis D 66 vers Cuvry et fléchage. Fermé de novembre à mars. En pleine nature, dans une jolie ferme, dont une aile est composée d'une magnifique tour du XIII° siècle, 4 chambres agréables : trois avec sanitaires privés et une avec salle d'eau privée mais w.-c. communs. Beaux meubles peints par votre hôtesse. Comptez 46 € (301,74 F) pour 2 avec le petit déjeuner, pris dans une belle salle de séjour avec une superbe cheminée en pierre. Jean-François est agriculteur et Brigitte partage son temps entre son jardin et ses hôtes ; à ses moments perdus, elle peint de belles aquarelles, fabrique des objets en pâte à sel et sculpte la pierre et la terre. Avant de partir, allez visiter la petite église de Sillégny avec ses magnifiques fresques du XVI° siècle. Accueil chaleureux, une adresse où il fait bon séjourner.

ÉPLY 54160 — Carte régionale A1

25 km S de Metz ; 12 km E de Pont-à-Mousson

🛏 |●| ⇆ *Ferme-auberge Les Verts Pâturages (Audrey, Édith et Jean-Marie François)* : ☎ et fax : 03.83.31.30.85. Accès : de Pont-à-Mousson, D 910 vers St-Avold jusqu'à Cheminot puis D 70 vers Éply ; la ferme est au centre du bourg. Ferme-auberge ouverte samedi soir et dimanche midi. Uniquement sur réservation. Petite salle de 50 couverts. 5 menus de 15,24 à 22,87 € (100 à 150 F), toujours apéro offert. Parmi les spécialités : tourte lorraine, terrine de sanglier, canard flambé au marc, rôti de veau, chaud-froid de mirabelles,... Dans une maison séparée, 3 chambres sans prétention avec sanitaires privés. 35,83 € (235 F) pour 2, petit déjeuner de la ferme. Table d'hôte sans les proprios à

12,20 € (80 F), vin compris. Là encore, une cuisine familiale avec les produits de la ferme. Accueil authentique et souriant. *NOUVEAUTÉ.*

FRESSE-SUR-MOSELLE 88160   Carte régionale B2

35 km S de Gérardmer ; 3 km E du Thillot

🛏 |●| 🐕 *Chambres d'hôte (Michèle et Georges Gross) :* La Colline. ☎ 03.29.25.83.31. Fax : 03.29.28.14.98. Accès : sur la N 66 ; dans le village, fléchage « La Colline », puis « Chambres d'hôte à la ferme ». Fermé le Jour de l'An et début septembre. Réservation conseillée, et indispensable pour les vacances scolaires. À 650 m d'altitude, mignonnette ferme au milieu des forêts et des pâturages, avec une superbe vue sur les montagnes. 5 chambres : deux au 1er étage, trois autres au 2e, sanitaires privés. Couettes, ambiance très douillette. Système de demi-pension à 31 € (203,35 F) par personne, vin compris. Les spécialités de Michèle : fromage de brebis chaud au cognac, agneau de lait maison à l'estragon, tranches farcies (spécialité alsacienne, sorte de cannellonis), pintade à la mirabelle, potée bergère (agneau et petits légumes cuits à l'étouffée) et tarte aux myrtilles. Les repas sont partagés en famille autour d'une grande table, au coin de la cheminée. Michèle est une ancienne prof d'anglais, Georges élève une centaine de brebis pour le lait et fabrique plusieurs sortes de fromages, dont la tomme. Accueil souriant. Une bonne adresse.

GÉRARDMER 88400   Carte régionale B2

51 km E d'Épinal

🛏 |●| 🐕 *Chambres d'hôte Chalet L'Épinette (Claudine et Gisèle Poirot-Scherrer) :* 70, chemin de la Trinité. ☎ et fax : 03.29.63.40.06 et 06.08.61.60.64. ● epinette@liberty surf.fr ● Accès : dans Gérardmer, direction Colmar (bd de Jamagne) jusqu'au pont et la station de lavage *L'Éléphant Bleu* ; en face commence le chemin qui mène jusqu'au chalet. Fermé du 18 novembre au 6 décembre. Claudine est une enfant du pays, fille et petite-fille de bûcherons. Elle a décidé, avec sa fille Gisèle, de faire construire un superbe chalet en bois massif, typique de la région. 6 chambres d'hôte chaleureuses et douillettes avec sanitaires privés. Trois au rez-de-chaussée (dont une accessible aux personnes handicapées) ; les trois autres à l'étage. On aime bien la petite car elle a un romantique lit à baldaquin. Comptez 49 € (321,42 F) pour 2, petit déjeuner compris (confitures et brioche maison). Agréable séjour qui ouvre par de larges baies vitrées sur la forêt d'un côté et Gérardmer de l'autre. Table d'hôte (sauf le dimanche soir) de 15 à 18 € (de 98,39 à 118,07 F), vin et café compris. Ici, on se sent bien... Est-ce le bois qui diffuse son agréable chaleur ou toutes les photos noir et blanc qui vous conteront le travail des bûcherons (débardage, traîneau chargé de bois...), ou encore le sourire et le charme de vos deux hôtesses ? Pour vous détendre, un sauna, une douche balnéo et un grand billard américain. Bref, une adresse très sympa.

GRAND-FAILLY 54260   Carte régionale A1

40 km N de Verdun ; 6 km O de Longuyon

|●| 🐕 *Ferme-auberge de la Ronde-Fontaine (Geneviève Bretnacher) :* route de St-Laurent. ☎ et fax : 03.82.26.55.21. Accès : à Noërs, sur la N 43 entre Longuyon et Montmedy, prendre la D 178 vers St-Laurent, la ferme est à 2 km (n'allez pas à Grand-Failly). Uniquement sur réservation. En pleine campagne, exploitation agricole avec 2 salles pour une capacité de 60 couverts. Une plus grande avec baie vitrée, 1 plus petite, l'ancienne cuisine de la ferme, avec le vieil évier en pierre et sa pompe en cuivre. 2 repas le midi à 13,80 € et 15,20 € (90,52 et 99,71 F), le second avec 2 entrées. 2 repas style campagnard pour le soir avec charcuterie, tourte aux pomes de terre, salade, fromage et dessert (autour de 10 € soit 65,60 F). Parmi les autres spécialités, la tourte lorraine, le poulet au vinaigre, le canard en sauce brune, tarte tiède au fromage blanc meringuée. Accueil authentique et souriant. *NOUVEAUTÉ.*

HADOL 88220   Carte régionale B2

12 km S d'Épinal; 12 km NO de Remiremont

🛏️ |O| 🐴 **⟨10%⟩** *Chambres d'hôte (Marie-Reine et Claude Conreaux) :* 2, Les Paxes. ☎ et fax : 03.29.32.53.41 et 06.11.33.35.79. Accès : d'Épinal, N 57 vers Remiremont, sortez à Arches et D 44 vers Hadol ; dans le village, D 12 vers Xertigny, c'est à 2 km sur la droite. Dans une maison récente avec jolie vue sur la campagne environnante : 1 chambre d'hôte à l'étage, claire et agréable, avec sanitaires privés ; également 2 chambres simples avec sanitaires communs, aménagées au demi-sous-sol, avec de petites fenêtres (que les routards claustros éviteront). Pour y accéder, vous traverserez l'atelier de vannerie de Claude, où vous pourrez le questionner sur son travail et le regarder exécuter de superbes paniers. Il est aussi agriculteur et produit son osier. Comptez de 29,73 à 37,35 € (de 195 à 245 F) pour 2, avec le petit déjeuner. Repas à 10,67 € (70 F), vin compris, partagé en famille au 1er étage de la maison. Accueil chaleureux.

HALLES-SOUS-LES-CÔTES 55700   Carte régionale A1

50 km N de Verdun; 10 km SO de Stenay

🛏️ |O| 🐴 **⟨10%⟩** *Gîte d'étape (Noëlle et Marcel Renault) :* rue de la Lotée. ☎ 03.29.80.40.85 et 06.82.47.77.95. Fax : 03.29.80.98.54. Accès : de Stenay, D 947 vers Reims jusqu'à Beauclair, puis à gauche D 30 vers Halles ; le gîte est dans le bourg. De préférence sur réservation. Au centre du village, gîte d'étape composé de 6 chambres de 2 à 10 lits. Plusieurs blocs sanitaires. Que vous soyez en chambre ou en dortoir, le prix reste le même : 12 € (78,71 F) par nuit, draps fournis. Deux grandes salles à manger, dont une avec cheminée. Possibilité de se faire la popote, mais Noëlle et Marcel proposent aussi ce service. 3,10 € (20,33 F) le petit déjeuner et 10 € (65,60 F) pour un repas (pas toujours partagé avec les proprios). Également 1 gîte rural de 7 personnes pour ceux qui préfèrent l'indépendance. Accueil authentique et convivial. Question distractions, un tour de pays passe tout près du gîte, autrement, le musée de la Bière est à 10 km. Si la vie de la ferme vous intéresse, Marcel est agriculteur, et élève des vaches ; vous pourrez l'accompagner au moment de la traite.

HERBÉVILLER 54450   Carte régionale B2

33 km SO de Sarrebourg; 15 km N de Baccarat

🛏️ |O| 🐴 ✉️ *Chambres d'hôte (Brigitte et Gilbert Bregeard) :* 7, route Nationale. ☎ et fax : 03.83.72.24.73 et 06.22.06.64.07. ● Gilbert-et-Brigitte-BREGEARD@wanadoo.fr ● Accès : sur la N 4 ; à la sortie du village sur la droite en direction de Blamont. Fermé de début novembre à fin avril. Petite maison typique que Brigitte et Gilbert ont retapée avec beaucoup de goût. Ils vous accueillent dans 2 chambres d'hôte guillerettes, claires et agréables. Sanitaires privés. La maison est en bordure de nationale, mais comme les chambres donnent sur le jardin, à l'arrière, c'est plus au calme. Comptez 38,11 € (250 F) pour 2, petit déjeuner compris. Repas à 13,72 € (90 F), apéro et vin compris : potage, crudités, quiche lorraine, grillades du jardin, filet mignon à la crème, mirabelles flambées au caramel, tartes aux fruits, etc. Accueil jeune et sympa, ambiance décontractée.

LAMATH 54300   Carte régionale B2

35 km SE de Nancy; 8 km S de Lunéville

|O| *Ferme-auberge de la Mortagne (Françoise et Jean-Luc Vuillaume) :* 10, rue de la Côte. ☎ 03.83.71.00.12. Accès : de Lunéville, D 914 vers Rambervillers ; à Xermaménil, prenez la D 9 vers Bayon ; la ferme-auberge est tout en haut de la côte, juste avant l'église. Ouvert les vendredis soir, samedis soir et dimanches midi. Uniquement sur réservation. Dans leur ancienne étable, Françoise et Jean-Luc ont ouvert une petite salle chaleureuse de 45 couverts (cheminée, meubles rustiques et beau dallage réalisé par le proprio), et une terrasse avec jolie vue pour les beaux jours. Menus à 13 puis à 17 et 22 €

(85,27, 111,51 et 144,31 F) avec de bonnes spécialités et plusieurs choix d'entrées, plats et desserts dans les deux derniers. Un aperçu ? Il y a le choix : tarte au canard, quiche lorraine, terrine de lapin aux noisettes, feuilleté de volaille, pot-au-feu, canard au thym et au miel, oie aux pommes, rôti de porc aux mirabelles, capeline à la mousse de rhubarbe (je craque !), éclair aux framboises... (le tout provenant de la production et servi dans du Lunéville, s'il vous plaît !). Accueil souriant, plein de gentillesse. Une bonne halte pour découvrir les bons petits plats régionaux.

LANDREMONT 54380   Carte régionale A1

25 km N de Nancy ; 10 km SO de Nomeny

â ı❂ı ⌂ **Gîte d'étape Soléole (Michel Gigleux) :** ☎ 03.83.23.64.26. Accès : de Nancy, A 31 vers Metz ; sortez à Custines (n° 24), puis D 40 Millery/Autreville/Pont-de-Mons, puis D 10 vers Bezaumont, le gîte est à gauche à l'entrée de Landremont. Dominant la vallée, mais seulement à 400 m d'altitude, ensemble de trois petites structures (dont une accessible aux personnes handicapés) : pour dormir 3 chalets de 3, 4 et 8 lits, un petit bâtiment séparé pour les sanitaires (prévoyez votre petite laine en hiver) avec 2 douches, 2 w.-c., 2 lavabos, et enfin la maison proprement dite, où l'on prend les repas. Comptez 6,50 € (42,64 F) la nuit, 3 € (19,68 F) pour un petit déjeuner et à partir de 9,50 € (62,32 F) pour un repas. Cuisine simple et familiale. Michel est considéré comme un homme un peu à part... Peut-être est-ce la conception de son travail, toujours très proche de la nature... Pour preuve, ici, le chauffage et l'électricité sont fournis par des panneaux solaires et une éolienne ! Et question nature, vous n'allez pas être déçu ; le panorama est magnifique et le site réputé pour ses orchidées (pas moins de 16 espèces !). La forêt gagnant sur les pâturages, Michel y a installé une vache et deux ânes. Accueil authentique et chaleureux. Une adresse pour les amoureux de nature et pour tous les budgets.

LOROMONTZEY 54290   Carte régionale B2

40 km SE de Nancy ; 10 km N de Charmes

â ⌇⤬ ⑩% **Chambres d'hôte Ferme de Loro (Mariam Colin) :** ☎ 03.83.72.53.73 et 06.09.30.16.26. Fax : 03.83.72.49.81. ● aqua.fruit@wanadoo.fr ● Accès : de Charmes, prenez la D 55 vers Saint-Germain, puis Loromontzey (D 133), c'est un peu avant d'arriver au village. Fermé de novembre à fin janvier. Dans un petit hameau, jolie ferme avec cour intérieure fermée. 2 chambres dont une familiale, claires et agréables, à 35,06 € (230 F) pour 2, petit déjeuner compris (avec du pain, jus de fruit et confitures, le tout maison). Sanitaires privés. 2 VTT à disposition. Bon accueil.

MAIZIÈRES 54550   Carte régionale A2

16 km SO de Nancy

â ı❂ı ⌂ ⌇⤬ ⑩% **Chambres d'hôte (Laurent Cotel) :** 69, rue Carnot. ☎ et fax : 03.83.52.75.57. Accès : de Nancy, prenez la D 974 vers Colombey/Neuves-Maisons. Demeure du XIIᵉ siècle qui servait de maison forte à l'évêché de Toul, et qui appartient à la famille depuis le XVIIᵉ siècle. 3 chambres rustiques et agréables : deux au rez-de-chaussée et une à l'étage. Des chambres, belle vue sur le jardin. Préférez celle avec la salle de bains et les chapeaux accrochés aux murs. Ambiance vieille France, avec les portraits des ancêtres de Bernard qui sont là pour rappeler l'histoire. Si vous en êtes féru, vous ferez son bonheur, car il n'a pas son pareil pour le conter ! Chambres à 38,11 € (250 F) pour 2, petit déjeuner compris. Repas (sauf le dimanche) à 12,20 € (80 F), vin non compris : potage, jambon fumé ou charcuterie maison, poule au gris de Toul, pâté lorrain, crème renversée, mousse au chocolat, glace maison, etc. 3,81 € (25 F) par jour pour votre compagnon à quatre pattes. Les patrons vous donneront aussi de bons tuyaux pour visiter la région à partir de chez eux. Une adresse où l'on séjourne volontiers, et un bon rapport qualité-prix-convivialité.

MARTINCOURT 54380   Carte régionale A1

35 km NO de Nancy ; 12 km SO de Pont-à-Mousson

|●| *Ferme-auberge de la Petite-Suisse (Marie-Christine et Bernard George) :* 124, rue de l'Église. ☎ et fax : 03.83.23.10.70. Accès : de Pont-à-Mousson, D 958 vers Commercy, puis direction Mamey sur la gauche (D 106), puis Martincourt. Ouvert le samedi, le dimanche midi, sauf le 4ᵉ week-end du mois. Uniquement sur réservation. Joli petit village au milieu des bois, au cœur de la Petite Suisse Lorraine. Belle salle rustique de 60 couverts, avec cheminée centrale, poutres et pierres apparentes. 2 menus avec deux entrées, plat, salade, fromage et dessert. Parmi les spécialités, tarte aux asperges, petits flans suisses, grillades d'agneau, charlotte aux fruits, à 16 € (104,95 F), terrine de lapin, tourte lorraine, forêt noire et mirabellier, à 22 € (144,31 F). Accueil agréable. À noter que le GR 5 traverse le village.

MAXEY-SUR-VAISE 55140   Carte régionale A2

43 km SO de Nancy ; 8 km S de Vaucouleurs

🛏 🐕 (10%) *Chambres d'hôte (Danielle Noisette) :* ☎ 03.29.90.85.19. Fax : 03.29.90.82.88. ● www.perso.wanadoo.fr/gite.maxey ● Accès : sur la D 964 entre Vaucouleurs et Neufchâteau ; au centre du bourg. Dans une partie annexe de sa maison, Danielle vous propose 2 chambres meublées de façon rustique, claires et agréables. Sanitaires privés. Comptez 39 € (255,82 F) pour 2, petit déjeuner inclus. Piscine. Pas de table d'hôte, mais coin cuisine à disposition. Quelques restos à proximité et bien sûr la ferme-auberge du village.

🛏 |●| 🐕 ⛄ (10%) *Gîte d'étape (Martine et Sylvain Noisette) :* ☎ 03.29.90.80.05 et 06.77.95.50.65. Accès : dans le centre. C'est la sœur de Danielle (qui a des chambres d'hôte) qui tient ce gîte d'étape de 16 lits en 3 dortoirs et 1 chambre. Sanitaires communs. Les lits en bois ont été fabriqués par Martine et Sylvain. Ambiance western. Comptez 9 € (59,04 F) par nuit et par personne, 2 € (13,12 F) pour les draps et 4 € (26,24 F) le petit déjeuner. Séjour rustique où Martine sert aussi des repas, à 10 € (65,60 F) sans les vins. Cuisine familiale. Ambiance un peu bohème, accueil convivial.

|●| 🐕 *Ferme-auberge (Famille Noisette) :* Grande Rue ☎ 03.29.90.85.16. Fax : 03.29.90.82.88. Accès : dans le centre. Ouvert les samedi, dimanche midi et les jours fériés et du 1ᵉʳ mai à la Toussaint. Uniquement sur réservation. Jolie salle rustique de 50 couverts, très lumineuse. Menus de 14 à 18 € (de 91,83 à 118,07 F), avec 2 entrées. Spécialités de salade lorraine, tourte au lapin, lapin à l'ancienne, poulet au vinaigre de framboise, gâteau lorrain et parfait glacé aux noix caramélisées.

MOREY-BELLEAU 54610   Carte régionale A1

20 km N de Nancy ; 15 km S de Pont-à-Mousson

🛏 |●| 🐕 ⛄ *Chambres d'hôte Château de Morey (Anne-Marie et Johann Karst) :* ☎ et fax : 03.83.31.50.98. ● www.chateaudemorey.com ● Accès : A 31 Nancy-Metz sortie 24 (Custines). Dans Custines, D 44 A vers Nomeny jusqu'à Morey. Il a fallu un travail de titan pour redonner vie à ce beau château du XVIᵉ siècle, détruit par un incendie en 1985. C'est Johann, le fils d'Anne-Marie qui s'est occupé du chantier et le résultat ne manque pas de charme. 5 chambres dont 1 suite, installées au 2ᵉ étage, auxquelles on accède par un grand escalier en pierre. Elles sont spacieuses et confortables avec coin salon et TV. Sanitaires privés. On aime bien la chambre de la tourelle avec son baldaquin moderne ou la chambre printanière aux couleurs chaudes et sa belle vue sur la campagne. De 53 à 61 € (347,66 à 400,13 F) pour 2, petit déjeuner compris (plateau de fromages, viennoiseries et confitures maison). Table d'hôte sans les propriétaires à 15 € (98,39 F) vin compris. Cuisine régionale et familiale. Pour vous détendre, grand parc d'1 ha, piscine, bibliothèque et salle de remise en forme. Accueil sympa. *NOUVEAUTÉ.*

NANCY 54000   Carte régionale A2

|●| 🐾 *Restaurant du Parc (Jean-Luc Rigolet)* : parc Sainte-Marie. ☎ 03.83.28.17.08. Accès : au cœur du parc. Ouvert de mars à octobre quand il fait beau. Dans ce poumon vert situé au cœur de Nancy, on vient quand il fait beau pour profiter de la grande terrasse, mais il y a aussi une super salle de 50 couverts. Elle se donne des allures de taverne à la mexicaine. Formule viandes grillées, mais aussi buffet d'entrées et de desserts, plats du jour, sans oublier les spécialités maison : tourte à la viande, quiche lorraine, gauffres et tartes maison aux fruits de saison. Comptez entre 9 et 16 € (59,04 à 104,95 F) pour un repas. Question vin, vous allez être gâtés... Fin connaisseur, Jean-Luc propose une carte bien achalandée à prix raisonnables. Routard et ami de longue date, il fait de très nombreux voyages... et si vous ne le voyez pas sur place, c'est qu'il trace la route ou qu'il croise les mers ! C'est Denis qui vous accueillera. Atmosphère sympa et décontractée. Pour compléter le décor, un vieux et noble manège très « Sixties » fera la joie des enfants. Si vous avez un coup de chaud, la piscine municipale est juste à côté. Apéro maison offert sur présentation de cette bible (est-ce bien raisonnable ?)

PLAINFAING 88230   Carte régionale B2

25 km NE de Gérardmer ; 19 km SE de Saint-Dié

|●| *Ferme-auberge Les Grands Prés (Christiane et Francis Papelier)* : ☎ 03.29.50.41.66. Accès : de Saint-Dié, N 415 vers Colmar ; à la sortie de Plainfaing, quand la route passe à trois voies, tournez à droite et fléchage. Ouvert du vendredi au dimanche soir ; pendant les vacances scolaires, tous les jours sauf le lundi. Sur réservation de préférence. À 750 m d'altitude, petite ferme avec salle de 50 couverts. Intérieur rustique, ambiance agréable. Dans un coin de la salle, un piano demi-queue attend quelques habitués qui viennent en jouer de temps en temps. Un menu du jour à 13 € (85,27 F) et une petite carte avec des entrées autour de 3 € (19,68 F), comme la terrine de volaille aux cèpes, la terrine d'agneau à la menthe, des plats de 8 à 11 € (52,48 à 72,16 F), saucisse de brebis fumée aux beignets râpés, poulet au riesling, éminçé de gigot aux champignons, en dessert, tartes ou charlottes. Accueil jeune et convivial.

RAHLING 57410   Carte régionale B1

31 km SE de Sarreguemines ; 22 km de Bitche

🛏 ⑩% *Chambres d'hôte (Annie et Louis Bach)* : 2, rue du Vieux-Moulin. ☎ 03.87.09.86.85. Accès : de Sarreguemines, N 62 jusqu'à Rohrbach, puis D 35 vers Rahling ; fléchage dans le bourg. Aux portes de l'Alsace, ancien moulin du village, dont il ne reste plus grand-chose. Au 2ᵉ étage de la maison, 3 chambres d'hôte, avec sanitaires privés. Déco simple. Comptez 35 € (229,58 F) pour 2, copieux petit déjeuner compris (gâteau maison, fromages et charcuterie). Pas de table d'hôte, mais coin cuisine à disposition. Accueil authentique et familial.

RUPT-DEVANT-SAINT-MIHIEL 55260   Carte régionale A1

24 km NE de Bar-le-Duc

🛏 |●| 🐾 *Ferme équestre Le Rupt (Wil et Joseph Kaag)* : ☎ 03.29.75.01.69. Fax : 03.29.71.00.56. ● joseph.kaag@wanadoo.fr ● Accès : de Bar-le-Duc, N 35 vers Verdun, puis D 901 vers Saint-Mihiel et fléchage. En pleine campagne, gentille ferme équestre, tenue par un sympathique couple de Hollandais. 1 petit gîte d'étape de 26 lits, répartis en 2 dortoirs (6 et 8 couchages) et 3 chambres de 2 à 4 lits. Comptez 10 € (65,60 F) par nuit (apportez votre duvet). Agréable pièce de détente avec la traditionnelle flamande (puits de lumière), des jeux de société et un piano accordé. Également 2 petits gîtes pour 3 et 4 personnes, avec coin cuisine, à 10,67 € (70 F) la nuit, sans les draps (idéal pour ceux qui veulent séjourner). 3,05 € (20 F) le petit déjeuner et 10,67 € (70 F) le repas, qu'on prend chez les parents de Joseph, installés juste à côté. Les moins fortunés pourront aussi planter leur tente sur une aire naturelle de camping. Les proprios ont voulu conserver l'aspect

LORRAINE

ferme, pour la plus grande joie des petits et des grands : moutons, cochons, ânes... et chevaux. Il y en a 20 pour la randonnée. Environ 9,15 € (60 F) l'heure, et 53,36 € (350 F) pour la rando d'une journée, avec le pique-nique. Accueil convivial et décontracté.

SAINT-MAURICE-AUX-FORGES 54540 — Carte régionale B2

65 km SE de Nancy ; 12 km NE de Baccarat

♨ |○| ⇝ *Chambres d'hôte La Treille (Marie-France et Pierre Schwarz) :* 6, rue Clairbois. ☎ et fax : 03.83.42.21.85. Accès : à Ogéviller situé sur la N 4 entre Lunéville et Strasbourg, prendre la D 992 vers Badonviller ; après Ste-Pôle, tournez à gauche vers St-Maurice. La maison est en face de l'église. Au coeur du village, ancienne ferme au caractère bourgeois. 2 chambres agréables avec sanitaires privés. 1 spéciale bébé avec table à langer et tout le toutim... Mobilier ancien et joli parquet. 41,20 € (270,25 F) pour 2, copieux petit déjeuner compris (jambon cru ou oeufs au lard et fromages,...). L'étable s'est tranformée en une immense pièce de jour avec coin TV par satellite. Table d'hôte pas systématiquement partagée avec les proprios à 12,20 € (80,03 F), apéro et vin compris. Cuisine traditionnelle et régionale avec des produits fermiers. Vélos à disposition. Accueil dynamique, souriant et familial. *NOUVEAUTÉ.*

TUCQUEGNIEUX 54640 — Carte régionale A1

27 km SO de Thionville ; 10 km N de Briey

|○| *Ferme-auberge Sainte-Mathilde (Marie-Madeleine et Étienne Finot) :* 9, rue du Pale. ☎ 03.82.21.29.04. Accès : à l'église, prenez la D 145 vers Mairy/Piennes, puis la 1re route à droite et fléchage. Ouvert le samedi soir et le dimanche midi, en semaine pour les groupes d'au moins 15 personnes. Uniquement sur réservation. Marie-Madeleine et Étienne ont une superbe demeure du XVIe siècle, classée monument historique, dans laquelle ils ont aménagé 2 très jolies salles de 20 et 35 couverts. Style médiéval, avec poutres et pierres apparentes et une grosse cheminée en pierre. « Ici, on ne sait pas à l'avance ce que l'on va manger, comme lorsqu'on va dîner chez des amis », souligne la maîtresse de maison. Mais n'ayez crainte, vous ne serez pas déçu par son « menu surprise » à 18,29 € (120 F) : deux entrées, plat, fromage et dessert. Spécialités de pain et charcuterie maison, béret feuilleté (au fromage maison), poulet flambé à la mirabelle, filet de porc en croûte, fromages maison, mousse glacée au caramel et sorbet maison. Carte des vins autour de 7,62 € (50 F) la bouteille. Accueil décontracté et ambiance chaleureuse. Bon rapport qualité-prix-convivialité, une excellente adresse dans un cadre de charme.

VERNÉVILLE 57130 — Carte régionale A1

15 km O de Metz ; 5 km NO de Gravelotte

|○| *Ferme-auberge Chantereine (Georgette et Charles Mathis) :* ☎ 03.87.61.87.88. Fax : 03.87.61.81.90. Accès : de Gravelotte, N 3 vers Jarny, puis D 11 vers Sainte-Marie-aux-Chênes ; à Vernéville, prenez le chemin à droite en face du cimetière, la ferme est à 1,5 km. Ouvert les vendredis soir, samedis soir, dimanches midi, sauf le dernier week-end du mois. Uniquement sur réservation. Dans un ancien couvent du XIIIe siècle devenu ferme par la suite, 4 salles de 25 à 50 couverts, agréables et claires. Le vendredi soir, « menu campagnard » à 12,20 € (80 F) avec terrine et crudités, jambon cru, pommes de terre rôties, salade, fromage blanc, tarte ou clafoutis. Les samedis et dimanches, 3 menus à 13,80 puis 18,30 et 24,40 € (90,52, 120,04 et 160,05 F). Parmi les spécialités maison : tarte aux poireaux, bouchées à la reine, porcelet à la broche, chapon en croûte de sel, pintade farcie, charlotte aux mirabelles, île flottante et forêt noire. 1 gîte rural pour 8 personnes, pour ceux qui veulent séjourner. Accueil souriant.

VRONCOURT 54330 — Carte régionale A2

28 km S de Nancy ; 22 km NO de Charmes

|●| 🐾 *Ferme-auberge du Breuil (Colette et Maurice Masson)* : 13, rue de l'Église.
☎ 03.83.26.95.81. Accès : de Nancy, N 57 vers Épinal, puis D 913 vers Mirecourt ; à Tantonville, D 9 puis D 53 vers Vroncourt ; fléchage dans le village. Uniquement sur réservation. Petite salle de 50 couverts. Menu unique à 14,48 € (95 F), vin non compris, à base des bons produits de l'exploitation. Parmi les spécialités, la salade paysanne, le chèvre chaud, le poulet à la crème, le coq au vin, le porc braisé, le savarin et les œufs à la neige. Vin à partir de 5,49 € (36 F) la bouteille. Vente des produits maison, notamment une délicieuse saucisse du berger faite avec de l'agneau. Accueil convivial et agréable.

Midi-Pyrénées

• •

09 Ariège
12 Aveyron
31 Haute-Garonne
32 Gers
46 Lot
65 Hautes-Pyrénées
81 Tarn
82 Tarn-et-Garonne

AGUESSAC 12520
Carte régionale B1

12 km N de Millau

▲ ✕ **10 %** *Gîte de séjour (Ruth et Jürgen Dewess) :* Cabrières. ☎ 05.65.59.84.44. Fax : 05.65.59.72.55. ● www.cabrieres-net ● Accès : de Millau, prenez la N 9 et à 12 km, tournez à droite vers Cabrières, continuez sur 1 km, le gîte est à côté du château. Sur réservation. Dans une ferme du château de Cabrières, autrefois propriété de la cantatrice Emma Calvé, Ruth et Jürgen ont aménagé 1 gîte de 19 places en 6 chambres, dont trois avec sanitaires privés. Cuisine à disposition, restaurants et ferme-auberge à proximité. Comptez 12,50 € (81,99 F) la nuit, draps fournis. Possibilité de stages de deltaplane et multi-activités à partir de 8 personnes groupées (sur place, moniteur diplômé de delta). Une adresse idéale pour les sportifs.

AIGNAN 32290
Carte régionale A2

54 km O d'Auch ; 15 km SE de Nogaro

iOi ⌂ *Ferme-auberge de la Cave (Antoinette et Bernard Tomasella) :* ☎ 05.62.09.23.17. Fax : 05.62.09.20.65. Accès : d'Auch, prenez la N 124 jusqu'à Demu, puis la D 263 et la D 20 jusqu'à Aignan, la ferme est à 500 m de l'église. Ouvert toute l'année du vendredi soir au dimanche midi, plus les jours fériés ; en juillet-août, ouvert tous les jours sauf le dimanche soir. Sur réservation uniquement. Dans leur ferme d'élevage de canards, Antoinette et Bernard vous reçoivent dans une jolie salle de 30 couverts avec poutres apparentes. Menus à 14,48, 19,06 et 25,15 € (95, 125 et 165 F), avec du canard décliné sous toutes ses formes : pâtés, foie gras, cassoulet de canard, confit, magret, etc., croustade ou œufs au lait en dessert, sans oublier le floc, le vin de la propriété et l'armagnac d'un producteur voisin. Visite de la ferme (2000 canards) et vente de produits.

AIGUEFONDE 81200
Carte régionale B2

17 km SE de Castres ; 6 km de Mazamet

▲ iOi *Chambres d'hôte (Simone, Véronique et Roger Lelièvre) :* Le Fourchat. ☎ 05.63.98.12.62 ou 05.63.61.22.67. Accès : de Mazamet, D 621 vers Labruguière ; à la hauteur de Caucalière, prenez vers Aupillac, passez le village et fléchage « Le Fourchat ». Fermé en janvier, février et décembre. Une petite route bordée d'arbres conduit à la propriété. Dans l'ancienne étable, une grande salle de séjour avec la cuisine. À l'étage,

5 chambres avec sanitaires privés. Comptez 34 € (223,03 F) pour 2, petit déjeuner compris. Table d'hôte à 12,50 € (81,99 F), composée principalement avec des produits de la ferme et régionaux, vin compris. À l'extérieur, les petits pourront aller voir bovins, chèvre naine et poneys, sans oublier ces dames de la basse-cour. Les grands pourront partir à l'assaut des sentiers de la Montagne Noire.

ANSOST 65140   Carte régionale A2

25 km N de Tarbes ; 7 km NO de Rabastens

▪ |●| ⊱ ⑩% *Chambres d'hôte (M. et Mme Louit) :* ☎ et fax : 05.62.96.62.63. Accès : à Rabastens-de-Bigorre, D 124 vers Barbachen, puis la D 52 jusqu'à Ansost. Charles et son épouse cultivent céréales, légumes de plein champ et vignes pour la consommation personnelle. Dans une ancienne grange à colombages, 5 chambres spacieuses avec poutres apparentes, desservies par un immense couloir. Sanitaires privés. Comptez 32,01 € (210 F) pour 2, petit déjeuner inclus, et 10,20 € (80 F) en table d'hôte, avec le vin de la ferme, bien sûr ! Magret et confit, légumes du jardin, flan au caramel, tartes aux fruits. Accueil charmant.

ARIÈS-ESPÉNAN 65230   Carte régionale A2

46 km S d'Auch ; 3 km SE de Castelnau-Magnoac

▪ |●| 🐾 ⑩% *Chambres d'hôte (Dorit Weimer) :* Moulin d'Ariès. ☎ et fax : 05.62.39.81.85. ● www.poterie.fr ● Accès : de Castelnau-Magnoac, prenez la D 632 vers Boulogne, faites 2 km puis tournez à droite vers Aries. Ouvert du 15 mai au 15 janvier. Sur réservation. Ancien moulin du XIVᵉ siècle très bien restauré, installé sur les rives du Gers. 5 belles chambres avec sanitaires privés, à 50,31 € (330 F) pour 2, petit déjeuner compris. Possibilité de repas à la table d'hôte pour 18,29 € (120 F) avec, entre autres, pintade à l'armagnac, aux prunes, et gigot à la lavande. 3,05 € (20,01 F) pour nos amis les bêtes. Agréable salle de séjour avec poutres et cheminée plus une deuxième grande salle avec bibliothèque, télévision (satellite), vidéo, jeux d'enfants et de société à disposition. Belle collection de tableaux, passion des proprios qui vendent aussi du vin... leur 2ᵉ passion. À 500 m de la maison, piscine communale (accès gratuit) et court de tennis. Vélos à disposition (sympa !). Très bon accueil.

AUTERIVE 31190   Carte régionale A2

33 km S de Toulouse ; 14 km O de Nailloux

▪ |●| ⊱ *Auberge Les Murailles (Hélène et Philippe Tourniant) :* route de Grazac. ☎ et fax : 05.61.50.76.98. ● www.helene.touniant.free.fr ● Accès : 1,5 km après Auterive sur la route de Grazac ; fléchage. Fermé les lundis en automne et en hiver. Sur réservation. Grange en briques de terre crue restaurée, avec une belle salle à manger rustique et chaleureuse. Menus à base de canard et de volailles, à 14,48, 21,19, et 24,24 € (95, 139 et 159 F) : grillades de magrets, volailles au feu de bois dans la cheminée, dariole de foie gras aux morilles, cassoulet maison... Pour ceux qui se sentent une faim d'ogre, menu à 37,96 € (249 F) pour « faire ripaille », avec foie gras, magret, fromages et desserts à volonté ! 5 chambres d'hôte avec sanitaires privés, joliment décorées à l'anglaise (dont une accessible aux personnes handicapées). Comptez 42,69 € (280 F) pour 2, petit déjeuner compris. Pour les hôtes qui dorment, « menu-étape » à 15,24 € (100 F), sans les boissons. Excellent accueil d'Hélène et Philippe, une très bonne adresse.

MIDI-PYRÉNÉES

Lacave — Adresses
CAHORS — Villes repères

Saint-Denis-
lès-Martel

Rocamadour

Autoire

Rignac

Gramat

le Bastit

N 140

D 13

LOT

D 653

FIGEAC

N 122

Montbrun

Balaguier-
d'Olt

46

D 911

Bournazel

Rignac

Villefranche-
de-Rouergue

Belcastel

Castanet

Najac

Sanvensa

Saint-Antonin-
Noble-Val

la Salvetat-
Peyralès

D 911

Sauveterre-
de-Rouergue

Camjac

Centrès

Bruniquel

Puycelci

TARN

Padiès

Castelnau-
de-Montmiral

Gaillac

D 903

Villefranche-
d'Albigeois

ALBI

81

Rabastens

A 68

Mézens

Lombers

Saint-Antonin-
de-Lacalm

Briatexte

Réalmont

Azas

Graulhet

Lavaur

Lautrec

Vabre

Montpitol

Belcastel

Cambounet-
sur-le-Sor

CASTRES

Lanta

N 126

Lempaut

Lagardiolle

Préserville

Montgey

Aiguefonde

31

Avignonet-
Lauragais

Sorèze

Escoussens

N 112

N 113

A 61

Saint-Amancet

Montaut

Gaudiès

D 119

FOIX

Montbel

D 117

N 20

Mérens-
les-Vals

Thérondels

Mur-
de-Barrez

D 921

Entraygues

Laguiole

Florentin-la-Capelle

Conques

Noailhac

Estaing

AVEYRON

Auzits

Marcillac-
Vallon

Espalion

1

N 140

RODEZ

N 88

Lapanouse

N 9

Séverac-
le-Château

12

D 911

Verrières

N 9

Peyreleau

D 25

Aguessac

Compeyre

Castelnau-Pégayrols

Villefranche-
de-Panat

Millau

Sainte-Eulalie-
de-Cernon

D 25

N 9

Saint-Sernin-
sur-Rance

D 999

Gissac

Camarès

Montredon-
Labessonnié

Lacaune

Espérausses

Murat-sur-Vèbre

Lamontélarié

Labastide-
Rouairoux

2

0   10   20 km

AUTOIRE 46400

Carte régionale B1

76 km NE de Cahors ; 6 km E du gouffre de Padirac

🛏 |●| 🐕 ⑩% *Chambres d'hôte La Rivière (Christiane Graves) :* ☎ 05.65.38.18.01. Fax : 05.65.38.00.50. Accès : de St-Céré, D 673 puis D 30 vers Gramat ; 1,1 km après un rond-point, prendre à gauche la D 38, la ferme est à 800 m à gauche. Maison quercynoise sur une exploitation agricole. 3 chambres avec sanitaires privés. 33,50 € (219,75 F) pour 2 avec le petit déjeuner (1 nuit offerte à la semaine). À la table d'hôte, on retrouve bien sûr les produits de la ferme et de la région, et on apprécie la bonne cuisine de la maîtresse de maison, pour 13,70 € (89,87 F), vin et café compris. Vente de produits régionaux.

AUZAS 31360

Carte régionale A2

80 km SO de Toulouse ; 8 km de NO de Saint-Martory

🛏 |●| 🐕 ⑩% *Ferme-auberge et chambres d'hôte Chez Angéline (Angéline et André Schmitt) :* ☎ et fax : 05.61.90.23.61. Accès : A 64, sortie Saint-Martory, prenez la D 52 vers Aurignac, puis tournez à gauche vers Auzas (D 88b) et fléchage. Au cœur d'un adorable et tranquille petit village. C'est par un passage privé qu'on arrive chez Angéline. Parlons d'abord de la ferme-auberge (25 couverts) où la cheminée crépite hors saison. Rien que des produits maison, pour 13,72 € (90 F) le repas (sur réservation). Du reste, Angéline vous proposera de découvrir son élevage (brebis et agneaux), ainsi que l'atelier de gavage de canards et la conserverie. Si l'on ajoute qu'elle organise aussi des stages où l'on apprend (entre autres) à faire son pain complet, vous comprendrez que tout ce qui est servi sur la table provient de la ferme (magret, confit, foie gras, côtes d'agneaux, gigot, fruits et légumes du jardin...). Dans l'ancienne grange, desservie par un escalier et un grand balcon, 3 chambres coquettes, chacune avec mezzanine. Sanitaires privés. Comptez 36,59 € (240 F) pour 2, petit déjeuner compris avec les confitures et le pain d'Angéline *of course*. Pour ceux qui dorment, le menu de la ferme-auberge passe à 12,20 € (80 F), chouette ! Enfin, comme rien n'a été laissé au hasard, vous pourrez profiter de la piscine. Des proprios sympas et disponibles. Bon rapport qualité-prix-convivialité.

AUZITS 12390

Carte régionale B1

30 km NO de Rodez

🛏 |●| *Chambres d'hôte (Anne-Marie et Jean-Marie Delcamp) :* Lestrunie. ☎ 05.65.63.11.40. Accès : dans le triangle Villefranche-Decazeville-Rodez ; entre Rulhe et Roussenac sur la D 525. Dans un petit hameau, belle ferme familiale avec pigeonnier et four à pain. Anne-Marie et Jean-Marie, jeunes agriculteurs, vous y accueillent très chaleureusement. Belle salle de séjour avec meubles anciens. Demandez la chambre indépendante. Comptez de 26 à 35 € (de 170,55 F à 229,58 F) pour 2, petit déjeuner compris. Vous y goûterez les savoureuses confitures que prépare Anne-Marie (une vingtaine en tout !), comme par exemple celles aux fleurs de pissenlit, aux pétales de violettes ou de roses, aux baies d'églantier ou à la rhubarbe. Mais ses talents culinaires ne s'arrêtent pas là puisqu'elle propose également la table d'hôte, à 10 € (65,60 F), vin de la maison compris. Spécialités de gratin au potimarron, d'estofinade et de tarte aux framboises. Possibilité de participer aux travaux de la ferme. Une de nos adresses préférées dans la région.

AVIGNONET-LAURAGAIS 31290

Carte régionale B2

40 km SE de Toulouse ; 12 km SE de Villefranche-de-Lauragais

🛏 ⚡✕ ⑩% *Chambres d'hôte (Anne et Agnès Leguevaques) :* En Jouty. ☎ 05.61.81.57.35. Accès : A 61 vers Montpellier, sortie Villefranche-de-Lauragais, puis N 113 jusqu'à Avignonet ; à l'entrée du village, tournez à droite vers Beauteville, passez la voie ferrée, l'autoroute, le canal du Midi et, au sommet de la côte, fléchage ; la maison est à 3 km du bourg. Fermé de début novembre à fin février. Ici, c'est une ferme familiale tenue par les femmes (production de céréales et d'asperges). Vous y serez reçu par Anne, Agnès ou Gastine, la maman. À l'étage de la maison, 2 chambres d'hôte avec salle de bains privative, mais w.-c communs. Comptez 35 € (229,58 F) pour 2, petit déjeuner compris. Accueil convivial.

AZAS 31380   Carte régionale B2

30 km NE de Toulouse

🏠 |●| ✣ ⑩% *Chambres d'hôte (Chantal et Gérard Zabé) :* En Tristan. ☎ et fax : 05.61.84.94.88 et 06.08.30.81.17. ● http//en.tristan.free.fr/en.tristan ● Accès : A 68 Toulouse/Albi, sortie Montastruc, puis D 30 vers Lavaur pendant 6 km, puis à gauche (D 30c) jusqu'à Azas; traversez le village vers Garrigues (D 22g), la maison est à 2 km sur la droite. Au milieu des vallons, avec la chaîne des Pyrénées en fond de décor, c'est par un grand porche qu'on entre dans cette vieille métairie. Au 1er étage, 4 chambres d'hôte, installées dans l'ancien grenier à foin. Spacieuses et confortables, elles ne manquent pas de charme, avec leurs poutres apparentes et leurs petites fenêtres. Dans chaque chambre, une bouilloire pour préparer infusions et tisanes. Sanitaires privés. Comptez de 37 à 41 € (de 242,70 à 268,94 F) pour 2, petit déjeuner compris. Les repas se prennent dans une spacieuse salle de jour agrémentée d'une grande cheminée de brique. Table d'hôte à 14 € (91,83 F) pour une bonne cuisine familiale. Accueil chaleureux. Prêt de vélos. Bon rapport qualité-prix.

BALAGUIER-D'OLT 12260   Carte régionale B1

30 km N de Villefranche-de-Rouergue ; 20 km S de Figeac

🏠 🐕 ⑩% *Chambres d'hôte (Maud Le Fur) :* place de la Mairie. ☎ et fax : 05.65.64.62.31. Accès : de Figeac, N 922 vers Villefranche-de-Rouergue, puis la D 86 qui longe le Lot en direction de Cahors. Ouvert du 1er avril au 15 novembre. Dans un charmant village, maison quercynoise superbement restaurée. Maud y tient 2 belles chambres avec sanitaires privés, dont une familiale. Comptez 42 € (275,50 F) pour 2, petit déjeuner copieux compris (confitures et pâtisseries maison). Ruisseau et jardin, et comme le Lot est tout proche, la propriétaire vous prêtera un canoë (moyennant caution) si vous le souhaitez. Vélos à disposition (sympa !). Pas de table d'hôte mais barbecue dans le jardin à disposition.

BARTRÈS 65100   Carte régionale A2

18 km SO de Tarbes ; 3 km N de Lourdes

🏠 ✣ ⑩% *Chambres d'hôte (Angèla et Daniel Laurens) :* 3 route d'Adé. ☎ 05.62.42.34.96. Fax : 05.62.94.58.06. Accès : N 21 entre Tarbes et Lourdes, à Adé, D 3 jusqu'à Bartrès, en face de l'église, prenez l'impasse n° 13. Au cœur d'un petit village, beau corps de ferme du XVIIe siècle. Dans un bâtiment indépendant (les anciennes étables et écuries), Angela et Daniel ont aménagé 5 chambres d'hôte et une grande salle à vivre, rustique et toute blanche (poutres et cheminée). La chambre du rez-de-chaussée est accessible aux personnes handicapées, les quatre autres sont à l'étage. Déco simple mais agréable. Sanitaires privés. Comptez 33,50 € (219,75 F) pour 2, petit déjeuner compris (lait de la ferme voisine, gâteau maison et confitures exotiques !). Pas de table d'hôte, mais deux auberges toutes proches. Accueil convivial. Un point de chute idéal, à quelques encablures de Lourdes. Et coïncidence, Bartrès est le village dans lequel a grandi Bernadette Soubirous (pour les mécréants, c'est à cause de ses visions en 1858, que le pèlerinage existe !).

> Nous vous rappelons que la table d'hôte est le complément d'une formule d'hébergement (chambre d'hôte, gîte d'étape...). Ce service n'est offert qu'aux personnes qui dorment sur place (excepté lorsqu'il est clairement écrit « ouvert aux extérieurs »).

BASTIT (LE) 46500 — Carte régionale B1

58 km NE de Cahors

 🛏 |○| 🏇 (10%) *Chambres d'hôte (Francine Chambert) :* Bel-Air. ☎ 05.65.38.77.54 et 06.87.43.64.78. Fax : 05.65.38.85.18. Accès : sur la D 677, fléchage sur la droite, juste avant le bourg (en venant de Gramat). Fermé l'hiver en dehors des congés scolaires. De préférence sur réservation. Dans sa maison située en pleine nature, Mme Chambert propose 6 chambres d'hôte confortables. 41,16 € (270 F) pour 2, petit déjeuner compris. Accueil charmant. Fait aussi table d'hôte. Cuisine régionale et familiale, à base des produits de la ferme : foie gras, confit, magret, cèpes, gâteau aux noix. Comptez 14,48 € (95 F) le repas. Un circuit de randonnée.

BEAUMONT-DE-LOMAGNE 82500 — Carte régionale A1

30 km SO de Montauban

 🛏 |○| 🏇 (10%) *Ferme-auberge Le Vieux Chêne (Yves Miramont) :* Sérignac. ☎ 05.63.20.70.32 et 06.08.89.86.77. Fax : 05.63.20.74.39. Accès : de Montauban, D 928 vers Beaumont-de-Lomagne ; 3 km après Larrazet suivez le fléchage « Ferme-auberge », elle est à 500 m. Fermé en février. Uniquement sur réservation. Dominant la Gimone, belle ferme-auberge, tenue par Yves. Ce dernier, ancien directeur de campagne des Verts, a décidé de reprendre la ferme familiale, et croyez-nous, il a bien fait... Menus de 13,72 à 28,20 € (de 90 à 185 F) toujours apéro, vin de pays et café compris. On a craqué pour le repas « Lomagnol » à 19,82 € (130 F) avec : bouillon de poule, poule farcie avec gratin de pâtes, salade verte, fromage maison et dessert. À 22,87 € (150 F), c'est carrément le délire : tourain à l'ail, foie gras, magret aux pommes de terre, salade, fromage maison et crêpes flambées à l'armagnac (le banquet gascon). Après le repas, les pêcheurs pourront aller taquiner la truite dans l'étang de la propriété (cannes sur place) ; les plus petits iront découvrir les animaux de la ferme... Si vous ne voulez plus partir, ça tombe bien, il y a 3 chambres d'hôte avec sanitaires privés et télé. Comptez 38,11 € (250 F) pour 2, petit déjeuner compris. On oubliait aussi la piscine. Il y en aura pour tout le monde, les campeurs peuvent aussi s'installer pour 4,57 € (30 F) la nuit.

 🛏 |○| 🏇 (10%) *Chambres d'hôte L'Arbre d'Or (M. et Mme Ellard) :* 16, rue Despeyrous. ☎ 05.63.65.32.34 et 06.87.13.50.31. Fax : 05.63.65.29.85. ● ellardanthony@wanadoo.fr ● Accès : de Montauban, prenez la D 928 ; dans le centre-ville, en face de la poste. Fermé du 2 au 16 janvier. Recommandé de réserver en haute saison. Une super adresse chez deux Anglais chaleureux. Grande maison bourgeoise du XIIe siècle, agrémentée d'un superbe jardin. 6 chambres d'hôte vous attendent : trois de prestige (dont une au rez-de-chaussée, accessible aux personnes handicapées), trois plus simples équipées d'une salle d'eau (toutes disposent de sanitaires privés). Pour 2 personnes, comptez de 45,12 à 50,31 € (de 296 F à 330 F), petit déjeuner inclus. Table d'hôte entre 15,24 et 18,29 € (100 et 120 F), apéro, potage, vin et café compris. Beaumont-de-Lomagne est réputé pour son lac qui héberge des carpes monstrueuses (record actuel : 25 kg... on prend les paris !).

BELCASTEL 12390 — Carte régionale B1

25 km O de Rodez ; 4 km SE de Rignac

 🛏 |○| *Ferme-auberge Chambres d'hôte (SARL Rouquette) :* Le Luc Haut. ☎ et fax : 05.65.64.40.61 et 06.82.64.21.24. ● www.mairie-belcastel.fr ● Accès : à Villefranche-de-Rouergue, prenez la D 1 vers Rodez ; 4 km après Rignac, tournez à droite direction Le Luc Haut, et à 200 m, fléchage. Fermé en janvier et février. Ouvert le week-end le reste de l'année, tous les jours en juillet-août. Ferme typique avec ses murs en pierre, son toit de lauzes et sa grande salle à manger campagnarde (50 couverts maximum). Dans une ambiance familiale, Sylvie et Jean-Claude y proposent de bons menus entre 13 et 22 € (85,27 et 144,31 F). Au programme : salades composées maison, foie gras, charcuteries, volaille de la ferme avec légumes du jardin, confits, dessert maison... Pour les séjours, 5 chambres d'hôte indépendantes avec vue sur la campagne à 47 € (308,30 F) pour 2, petit déjeuner compris. Les chèques vacances sont acceptés.

BELCASTEL 81500   Carte régionale B2

30 km E de Toulouse ; 10 km S de Lavaur

🏠 I●I ⇝ ⑩% *Chambres d'hôte (Famille Taillefer)* : En Charlemagne-Fontauriole ☎ 05.63.58.71.93. Fax : 05.63.58.71.93. Accès : de Toulouse, D 112 vers Lavaur, peu après Verfeil tournez à droite vers Belcastel (D 20) ; laissez le village à votre gauche, et prenez la D 28 vers Teulat (fléchage). En pleine campagne, c'est à la place de l'ancienne ferme familiale (elle a été rasée) que s'élève aujourd'hui une agréable maison. Au 1ᵉʳ étage, 2 chambres champêtres avec sanitaires privés. Comptez 30,49 € (200 F) pour 2, petit déjeuner compris. Possibilité de table d'hôte (uniquement le samedi soir) à 10,67 € (70 F). Cuisine gasconne et familiale. Une adresse authentique et vraie, où l'on se sent vite à l'aise.

BELLEGARDE 32140   Carte régionale A2

30 km S d'Auch ; 4 km E de Masseube

🏠 I●I ⑩% *Chambres d'hôte Balcon Vert des Pyrénées (Mireille et Olivier Courouble)* : La Garenne. ☎ et fax : 05.62.66.03.61. Accès : dans Masseube, direction Simorre (CD 27) ; après 4 km, au panneau indiquant Bellegarde, 1ᵉʳ chemin à gauche avant l'église et le château. Belle maison typique qui était autrefois la métairie du château voisin. 2 chambres au 1ᵉʳ étage avec beau balcon rustique offrant une belle vue sur les Pyrénées. Jolis bibelots et beaux meubles anciens, le tout donne une ambiance un peu bonbonnière. Comptez 44 € (288,62 F) pour 2, petit déjeuner compris. Table d'hôte (pas systématique) de 12 à 15 € (de 78,71 à 98,39 F). Également 2 gîtes pour 4 et 6 personnes, décorés à l'ancienne avec goût. Piscine Zodiac. Prêt de vélos et VTT. Très bon accueil et de nombreuses infos sur la région.

BETPOUEY 65120   Carte régionale A2

40 km S de Lourdes ; 3 km E de Luz-Saint-Sauveur

🏠 I●I *Chambres d'hôte (Christine et Jean-Louis Lassalle)* : Le Cueyla. ☎ 05.62.92.88.50 et 06.86.25.84.25. Accès : N 21 jusqu'à Luz-Saint-Sauveur, puis à gauche après le pont direction Barèges ; 3 km après Luz, prenez la D 140 à droite vers Betpouey et fléchage. Petit village tranquille pour cette ancienne bergerie qui abrite 4 chambres d'hôte (dont une au rez-de-chaussée) ; sanitaires privés. Comptez 38,11 € (250 F) pour 2, petit déjeuner compris (demandez celle qui donne sur les montagnes). Christine, aidée de sa fille Stéphanie, spécialiste des gâteaux, officie en cuisine, pour une table d'hôte à 12,20 € (80 F) : garbure, pâté maison, navarin de mouton aux haricots tarbais, pâtisserie maison. Accueil jeune et agréable.

BIRAN 32350   Carte régionale A2

20 km O d'Auch ; 12 km SE de Vic-Fezensac

🏠 🐴 *Chambres d'hôte (Gisèle Vouters)* : Engaron. ☎ 05.62.64.41.74. ● http:// www.gascogne.fr/engaron ● Accès : N 124 (Auch-Vic Férensac) jusqu'à Saint-Jean-Poutge puis D 939 vers Brouilh-Mirande. Ouvert de Pâques à la Toussaint. Gisèle vous attend au domaine d'Engaron, dans 3 chambres confortables, avec sanitaires privés. Comptez 56 € (367,34 F) pour 2 avec le petit déjeuner, servi sous les ombrages aux beaux jours. Pièce avec baignoire balnéo (1 séance gratuite si vous séjournez 3 jours). Massage de détente, drainage lymphatique manuel pour 15,24 € (100 F). Pas de table d'hôte, mais plusieurs bonnes auberges à proximité. Pour ceux qui restent 2 jours, Gisèle offre aussi une petite balade en calèche pour découvrir la ferme où a été tourné *Le Bonheur est dans le pré* (sympa, non ?). Pêche à 300 m dans la Baïse. Beau jardin fleuri. Plein d'infos touristiques pour découvrir la région. Accueil souriant.

BOUDOU 82200 — Carte régionale A1

35 km O de Montauban ; 4 km O de Moissac

🛏 |○| 🐴 (10 %) **Chambres d'hôte (Anne-Marie et Alain Coural, Simone et Robert Tatouat)** : Ferme de Lamouroux. ☎ 05.63.04.27.32 ou 05.63.04.28.43. Fax : 05.63.04.07.65. Accès : de Montauban, prenez la N 113 direction Moissac ; à la sortie de Moissac, traversez l'aire de repos et prenez à droite le point de vue de Boudou, puis suivez le fléchage « Ferme de Lamouroux ». Sur réservation. Sur les coteaux de Moissac, à deux pas du chemin de Saint-Jacques-de-Compostelle, très belle ferme d'élevage de chevaux arabes. Vous y trouverez 2 chambres confortables avec sanitaires privés, dont une complètement indépendanto (accès extérieur) avec cheminée. Comptez 42 € (275,50 F) pour 2, petit déjeuner compris et 14 € (91,83 F) le repas, pour une cuisine régionale et raffinée, préparée avec de bons produits locaux (gastro sur demande à 23 € solt 150,87 F). Possibilité de visiter l'élevage et, bien sûr, accueil de cavaliers avec leurs chevaux.

BOURG-DE-VISA 82190 — Carte régionale A1

60 km NO de Montauban ; 20 km NO de Moissac

🛏 |○| 🐴 (10 %) **Ferme-auberge de Lasbourdettes (Arlette Decaunes)** : ☎ 05.63.94.26.75 et 06.76.25.29.68. Accès : de Moissac, direction Bourg-de-Visa ; à partir de Brassac, fléchage sur 3 km. Fermé à la Toussaint et à Noël. Sur réservation uniquement. En pleine nature, Arlette accueille jusqu'à 50 personnes dans les 2 salles et la terrasse fermée de sa ferme-auberge. Son petit « plus » : son goût pour les recettes d'antan et, bien sûr, sa gentillesse. 4 menus de 13,72 à 28,97 € (de 90 à 190 F), tous copieux, vin et café compris. Étonnants apéros aux fleurs d'aubépine ou aux pissenlits. Selon les menus et la saison, on choisira : rillettes d'oie aux cèpes, cou d'oie farci au foie gras, poulet rôti à l'ail, lapin aux pruneaux, canard aux cerises, magret grillé au feu de bois, fromage maison aux trois confitures... Pots de confitures offerts sur présentation du guide. Également 1 chambre d'hôte (38,11 €, 250 F la nuit pour 2) et 1 gîte rural pour 2 ou 3 personnes.

🛏 |○| 🐴 ✙✕ (10 %) **Chambres d'hôte La Marquise (Michèle et Gilbert Dio)** : Brassac. ☎ et fax : 05.63.94.25.16. Accès : de Moissac, suivez la D 7 vers Bourg-de-Visa, puis fléchage « La Marquise » avant Brassac. Réservation recommandée. Dans une ferme du Bas-Quercy, dans la vallée du château de Brassac, un couple d'agriculteurs propose 4 chambres d'hôte confortables, spacieuses et agréablement décorées, avec poutres apparentes. Comptez 38 € (249,26 F) pour 2, avec un copieux petit déjeuner. Table d'hôte à 14 € (91,83 F), apéro, vin et café compris, servie dans une véranda. Michèle a reçu la médaille de la Toque d'Or ; elle propose des stages d'initiation à la cuisine locale et traditionnelle. Autres activités sur place : pêche en étang privé avec prêt de cannes à pêche, randonnée pédestre et 6 VTT à disposition (que demander de plus, hein ?). Excellent accueil. Également 1 gîte pour 4 personnes de 170 à 295 € (de 1115,13 à 1935,07 F) la semaine.

BOURNAZEL 12390 — Carte régionale B1

30 km NO de Rodez ; 7 km N de Rignac

🛏 |○| 🐴 (10 %) **Ferme-auberge de Bournazel (Famille Nicoulau)** : ☎ 05.65.64.52.86. Fax : 05.65.64.45.80. Accès : la ferme est au centre du bourg. Ouvert du 15 mars au 15 novembre. De préférence sur réservation. Nicole et Claude élèvent agneaux, volailles et cochons. Une grande partie de cette production se retrouve dans les menus de la ferme. Petite salle campagnarde de 45 couverts. Murs en pierre apparente et nappage vichy. Atmosphère authentique. 3 menus à 10,70 € (70,19 F), 14,50 et 21,30 € (95,11 et 139,72 F). Le 1er est un repas campagnard qui commence par la traditionnelle soupe et se termine par fromage blanc, tarte maison et café. Celui à 21,30 € comprend deux entrées, foie gras maison et omelette aux cèpes. Attention, le premier client qui réserve décide du choix du menu (vous n'êtes pas au restaurant, il n'y a pas de carte, sauf pour le vin). Au-dessus de la salle de restauration, 4 petites chambres simples, avec cabinet de toilette, à 34 € (223,03 F) pour 2, petit déjeuner compris. Isabelle, la fille de Nicole, en a ouvert 2 plus récentes juste en face, avec mezzanine et au même tarif. Ceux qui séjournent et qui souhaitent dîner auront le premier menu de l'auberge pour 10 € (65,60 F). Derrière le parking, ils trouveront aussi une piscine. Tout n'est pas astiqué de très près, mais l'accueil est authentique et chaleureux. Bournazel est un joli village avec un ravissant château Renaissance transformé en maison de repos. Tout l'été, le syndicat d'initiative propose une visite guidée du village et du château (2 fois par jour et c'est gratuit !).

BOUSSENAC 09320 — Carte régionale A2

30 km SE de Saint-Girons ; 7 km E de Massat

 Ferme-auberge Las Trinquades (Marie-Christine Soula) : ☎ 05.61.96.95.39. Accès : entre Massat et le col de Port. Ouvert le week-end et pendant les vacances scolaires ; tous les jours en juillet-août. De préférence sur réservation. À 950 m d'altitude, en pleine nature. Salle rustique de 50 couverts avec cheminée et terrasse. Menus à 11,43 et 16,01 € (75 et 105 F), 1/4 de vin compris. Spécialités de brochettes et grillades d'agneau. Également 3 chalets en bois indépendants, comportant chacun une chambre pour 3 personnes et une salle d'eau. Comptez 38,11 € (250 F) pour 2, avec le petit déjeuner et 30,49 € (200 F) par personne en demi-pension. Randonnées pédestres et parcours de ski de fond sur place.

BOUTX 31440 — Carte régionale A2

73 km SE de Tarbes ; 20 km N de Bagnères-de-Luchon

 ⟨10 %⟩ *Gîte d'étape Équi'Boutx (M. et Mme Médan) :* Coumanie. ☎ 05.61.79.44.69 ou 05.61.79.44.66 et 06.87.32.81.18. Fax : 05.61.79.44.66. ● www.BoutxLoisirs.ifrance.com ● Accès : de Saint-Béat, direction Le Mourtis, c'est à 2 km. En pleine nature, gîte de groupe pouvant accueillir une quinzaine de personnes en 2 chambres et 2 dortoirs. Comptez 28,97 € (190 F) pour l'étape (nuitée, draps, repas et petit déjeuner compris). Bonne cuisine traditionnelle pour redécouvrir les recettes de grand-mère. Piscine à disposition. Aire naturelle de camping. 26 chevaux et poneys sur le centre, donc balades, randos à cheval. VTT possible. Le GR 10 passe dans Boutx. Pour la petite histoire, vous êtes sur l'une des quatre communes ayant réintroduit des ours ! Alors, ouvrez l'œil... En hiver, station de ski au Mourtis à 20 mn.

BRIATEXTE 81390 — Carte régionale B2

38 km NO de Castres ; 7 km O de Graulhet

 ⟨10 %⟩ *Chambres d'hôte (Mme Bru) :* Engalinier. ☎ et fax : 05.63.42.04.01. Accès : de Briatexte en venant de Toulouse, direction Graulhet et tournez à droite après le bureau de tabac ; faites 3,6 km et vous y êtes. Ferme ovine proposant 2 chambres d'hôte, à 36 € (236,14 F) pour 2, petit déjeuner inclus. Également 1 camping à la ferme de 6 emplacements à 3,50 € (22,96 F) par personne. Table d'hôte à 10,67 € (70 F), à base des produits de la ferme et des légumes du jardin. Spécialités de cassoulet, d'agneau maison et de pâtisseries. Visite de la ferme. Excellent accueil.

BRUNIQUEL 82800 — Carte régionale B1

28 km E de Montauban ; 17 km SE de Caussade

 ⟨10 %⟩ *Chambres d'hôte (Marc de Baudouin) :* promenade du Ravelin. ☎ 05.63.67.26.16 et 06.83.07.99.31. Fax : 05.63.24.17.26. ● randodo@wanadoo.fr ● Accès : à 20 m de la poste du village. Fermé du 15 décembre au 15 janvier. 4 chambres d'hôte dans une vieille maison superbement retapée, toutes avec vue sur le Causse. Sanitaires privés. Comptez 38 € (249,26 F) pour 2,54 € (354,22 F) pour 3 personnes, petit déjeuner inclus. Table d'hôte à 15 € (98,39 F), apéro et vin compris. Hors saison, possibilité de logement à la semaine pour 122 € (800,27 F), pour 2 ou 3 personnes, sans petit déjeuner.

BULAN 65130   Carte régionale A2

31 km SE de Tarbes ; 15 km de Bagnères-de-Bigorre

🛏 🐕 **10%** *Chambre d'hôte (François Viau) :* La Caucade. ☎ et fax : 05.62.39.11.71. Accès : sur la D 26, entre Heches et Bagnères-de-Bigorre. De préférence sur réservation. En moyenne montagne, avec vue superbe sur les alentours et végétation luxuriante. Dans une maison indépendante, 1 chambre d'hôte pour 4 personnes meublée avec goût. Salon et cheminée, salle de bains et w.-c. privés. Comptez 30,49 € (200 F) pour 2, avec le petit déjeuner. Également 2 gîtes pour 4 personnes, qui se louent à la semaine mais peuvent aussi fonctionner en chambres d'hôte. Les propriétaires font de la pisciculture (avec pêche à la truite) et de la culture de sapins de Noël. Pas de table d'hôte, mais possibilité de se restaurer dans une auberge toute proche, à prix modérés. Très bon accueil et excellent rapport qualité-prix.

CAMARÈS 12360   Carte régionale B1-2

65 km SO de Millau ; 23 km S de Saint-Afrique

🛏 ✕ **10%** *Gîte de Séjour (Muriel Migayrou et René Capelle) :* Faragous. ☎ 05.65.99.85.78. Fax : 05.65.49.50.87. Accès : de Saint-Afrique, D 999 vers Albi ; au Moulin Neuf, prenez la D 12 vers Camarès et 1,5 km avant le village, tournez à gauche vers Briols pendant 3 km et à droite vers Faragous (fléchage). Au cœur du Rougier de Camarès qui se donne des allures de Colorado tant sa terre est rouge, petit gîte de séjour de 16 places : 12 dans un bâtiment annexe, réparties dans trois chambres de 2, 4 et 6 lits, chacune avec sanitaires privés ; 4 autres dans une petite maison indépendante avec sanitaires privés et petite kitchenette. Déco simple, colorée et fonctionnelle. 13 € (85,27 F) par jour et par personne, draps 3 € (19,68 F) et 3,05 € (20 F) le petit déjeuner. 27,44 € (180 F) pour 2, petit déjeuner compris en formule chambre d'hôte. Muriel organise des stages de danse-improvisation en formule week-end et semaine (demandez le programme !) Accueil jeune, souriant et décontracté. Nature et tranquillité assurées.

🛏 🐕 **10%** *Chambres d'hôte Le Prieuré Saint-Jean (Chantal Desprez) :* Rigols. ☎ et fax : 05.65.99.51.37. ● DESPREZ.ANNE-MARIE@wanadoo.fr ● Accès : de Camarès, D 902 vers Brusque et à la sortie du bourg, tout de suite à droite (D 51) vers Mounes pendant 6 km, puis à gauche D 109 vers Couffouleux jusqu'à Rigols (1 petit km). Ouvert de Pâques à Novembre. Dans un joli coin de campagne vallonné, petit hameau éloigné du bruit et de la foule, qui abrite 13 personnes en hiver. Là, vous attend une grande demeure bourgeoise de la fin du XVIIIᵉ siècle, ancienne maison de Mgr Gély, archevêque de Mende. 4 chambres, dont une double au rez-de-chaussée pour les familles, les trois autres à l'étage. Sanitaires privés. Atmosphère sereine, enduits colorés et beaux meubles anciens. De 37 à 48 € (242,70 à 314,86 F) pour 2, petit déjeuner compris. Bibliothèque bien fournie. Accueil de qualité. L'adresse idéale pour se mettre au vert.

CAMBOUNET-SUR-LE-SOR 81580   Carte régionale B2

10 km O de Castres

🛏 🍴 🐕 ✕ *Chambres d'hôte Le Bois des Demoiselles (Alice André) :* La Serre. ☎ 05.63.71.73.73. Fax : 05.63.71.74.74. Accès : de Castres, N 126 vers Toulouse ; 2 km avant Soual, tournez à droite vers Cambounet (D 14) et fléchage. Ici, on aime parler agriculture... Il y a le petit-fils, qui s'occupe des 90 ha de la propriété, la grand-mère qui répond parfois au téléphone et Alice. Elle a décoré sa maison avec beaucoup de goût, dans le souci qu'on s'y sente bien (opération réussie !). 4 chambres agréables : une au rez-de-chaussée, les trois autres à l'étage. Sanitaires privés. Selon la chambre, de 28 à 29 € (183,67 à 190,23 F) pour 2, petit déjeuner compris. Table d'hôte (sauf le week-end). Spacieuse salle à manger, qui vit au rythme de l'horloge comtoise et attend ses hôtes près de la cheminée. En été, les repas sont servis sur la terrasse qui jouit d'une vue imprenable sur le village et les environs. Tout ça pour combien, me direz-vous ?... 11 € (72,16 F) par personne, vin compris (ça vaut pas l'coup d'se priver !). Accueil très chaleureux. Allez voir le mignon château de La Serre (XVIᵉ-XIXᵉ siècles).

CAMJAC 12800   Carte régionale B1

30 km SO de Rodez ; 5 km SE de Naucelle-Gare

|●| **Ferme-auberge de la Vialette (Marie-Hélène et James Albarès-Cadars) :** Frons. ☎ 05.65.72.18.67. Accès : sur la N 88 entre Rodez et Albi, après le village de La Mothe (en venant de Rodez), tournez à gauche avant le pont SNCF et fléchage. Ouvert tous les week-ends de mars à fin décembre et tous les jours de juin à septembre. Uniquement sur réservation. Gentille salle de 60 couverts à l'atmosphère chaleureuse avec une belle charpente apparente et des reproductions de tapisseries. Tables et chaises de ferme dépareillées ajoutent encore au charme du décor. Menu du terroir à 13,57 € (89 F) qui comprend deux petites entrées, plat, fromage ou dessert, café ou infusion. Il change toutes les semaines. Menu nature à 16,62 € (109 F). Voici quelques spécialités de Marie-Hélène : soupe d'ortie, terrine de volaille au pastis, pascadous (sorte de farcis), pintade à la menthe ou à la pistache, lapin confit, canard sauvage à l'armagnac, poulette sur canapé (j'en veux !), gâteau à la broche, tarte aux fruits de saison. Petite carte des vins entre 7,32 et 9,15 € (48 et 60 F) la bouteille (qui dit mieux ?) Que des produits maison... L'exploitation est en cours d'agrément bio. Si vous en doutez, allez dehors voir toutes les volailles installées dans d'immenses volières et accompagnées d'oiseaux d'ornement : faisans, pigeons, perruches et d'incroyables coureurs indigènes, des canards qui se déplacent droits comme des i (idéal pour occuper les petits). Pour digérer, allez faire un tour au château du Bosc, c'était la maison familiale de Toulouse-Lautrec. Accueil discret et convivial.

CAMPAN 65710   Carte régionale A2

27 km S de Tarbes ; 6 km S de Bagnères-de-Bigorre

🛏 🐾 ╳ (10 %) **Chambres d'hôte Lahore (Cathy Duffau et Serge Abadie) :** chemin d'Angoué. ☎ 05.62.91.77.95 et 06.08.78.18.94. Fax : 05.62.91.73.60. ● catherine.duffau @tps.fr ● Accès : sortie Baudéan par la D 935, 1re route à droite, juste après la route de Lesponne et le pont (fléché). N'allez pas croire que Cathy et Serge ont vécu au Pakistan... S'ils ont baptisé leur maison Lahore (en gascon), c'est qu'elle est tout là-bas, au calme, à peine dérangée par le bruit du ruisseau... 3 adorables chambres dans les tons jaune (nuance chaux d'antan), bien décorées et lumineuses. Sanitaires privés. 44 € (288,62 F) pour 2, petit déjeuner compris. Cuisine à disposition. Accompagnateur en montagne, moniteur de ski et guide culturel, Serge vous conseillera en toute simplicité. Une adresse chaleureuse à l'écart des sentiers battus.

CASTANET 82160   Carte régionale B1

60 km NE de Montauban ; 17 km SO de Villefranche-de-Rouergue

🛏 (10 %) **Chambres d'hôte (Chantal et Jean-Claude Castagné) :** ☎ 05.63.65.75.04. Accès : de Montauban, N 20 vers Cahors, à Caussade, prenez la D 926 vers Villefranche-de-Rouergue ; à Parisot, D 84 vers Najac, puis V 3 jusqu'à Castanet. À la limite du Tarn-et-Garonne, à 503 m d'altitude (point culminant du département !), Jean-Claude et Chantal vous accueillent chaleureusement, dans leur grande maison de village toute fleurie. Ce sont les plus vieux adhérents des Gîtes de France (merci pour la pub !), c'est dire si l'accueil ça les connaît. Pour la petite histoire, ils ont eu la médaille du tourisme en 1993, et une d'argent en 2000. 3 chambres simples avec lavabo privé, mais sanitaires communs (un bon bain vous fera du bien, mais pensez aux suivants !...). Comptez de 22,87 à 25,92 € (de 150 à 170 F) pour 2, petit déjeuner compris. À proximité, ils ont aussi 2 gîtes et 3 chalets. Piscine à disposition. Pour vous distraire, Jean-Claude organise des randonnées (avec pique-nique, pour ceux qui veulent la jouer *cool*). Les plus solitaires viendront, en automne, ramasser châtaignes et champignons. Une adresse authentique et vraie.

🛏 |●| (10 %) **Chambres d'hôte (Myriam et Daniel Vidal) :** Cambayrac. ☎ 05.63.24.02.03 et 06.85.83.08.36. Fax : 05.63.24.01.68. ● dvidal@wanadoo.fr ● Accès : sur la N 20 de Montauban à Cahors, à Caussade, prenez la D 926 direction Villefranche-de-Rouergue ; à Parisot, prenez la D 84 direction Najac, c'est à 6 km. De préférence sur réservation. Dans les gorges de l'Aveyron, charmant hameau avec de belles maisons typées en pierre du Lot et toits en ardoise. 4 jolies chambres avec sanitaires privés, à 40 € (262,38 F) pour 2, petit déjeuner compris. Table d'hôte (sauf le dimanche soir et le mercredi soir) à 13 € (85,27 F), avec apéro, vin et café compris. Bonnes spécialités comme feuilleté au roquefort, truffade, magret cuit sur la braise, confit à l'oseille, tarte aux fraises ou aux framboises, profiteroles. Tranquillité garantie et agréable piscine. Allez faire un tour à Najac et au lac de Parisot (4 km), d'autant plus que les proprios mettent 5 VTT à disposition (tip-top!).

CASTELNAU-BARBARENS 32450   Carte régionale A2

17 km SE d'Auch

≜ |●| *Chambres d'hôte (Alice et René Cartier) :* Au Baste. ☎ 05.62.65.97.17. Accès : à 800 m du village, bien indiqué. Et si d'aventure vous ne trouviez vraiment pas, demandez la maison de l'ancien maire (René a été maire de Castelnau pendant 24 ans!). Belle maison du XVIIIe siècle, bien entretenue, sur 150 ha de terres exploitées par le fils des propriétaires. Agréable ambiance familiale et excellent accueil. 2 chambres d'hôte spacieuses et confortables, à 42 € (275,50 F) pour 2, petit déjeuner inclus. Sanitaires privés. À la table familiale, pour 13,72 € (90 F), vin et café compris, les pensionnaires dégusteront des repas gascons (recettes de la grand-mère) avec tous les produits de la ferme. Par exemple, charcuterie gasconne, confit de canard, magret grillé, croustade gasconne, lapin aux pruneaux, gâteau Alice... Accueil chaleureux.

CASTELNAU-D'ARBIEU 32500   Carte régionale A1

31 km N d'Auch ; 6 km E de Fleurance

≜ ✕ (10%) *Chambres d'hôte (Maryse et Claude Cochard) :* rue Au Barry ☎ 05.62.64.07.32 et 06.08.85.23.07. Fax : 05.62.64.06.91. ● maryse.cochard@wanadoo.fr ● Accès : de Lectoure, direction Fleurance, puis à Fleurance, prenez la direction Toulouse/Saint-Clar, la maison est à 6 km ; au croisement, suivez le panneau « Castelnau-d'Arbieu », la maison se trouve en haut de la côte à gauche. Fermé du 15 décembre au 15 janvier. Sur réservation. Très belle maison de village (XVIIIe siècle) toute en pierre du pays, très bien restaurée et entourée d'un grand jardin fleuri avec piscine privée. Intérieur chaleureux avec pierres et poutres apparentes, cuisine agrémentée d'une grande cheminée, et agréable salle à manger. À l'étage, 2 chambres confortables donnant sur une grande terrasse fleurie. Sanitaires privés. Comptez 58 € (380,46 F) pour 2, petit déjeuner compris. Maryse est une hôtesse chaleureuse et sympathique. Calme et détente assurés, une adresse pour routards aisés.

CASTELNAU-D'AUZAN 32440   Carte régionale A1

60 km NO d'Auch ; 27 km O de Condom

≜ |●| ✕ (10%) *Chambres d'hôte Domaine de la Musquerie (Bernadette et Michel Denis) :* Le Juge. ☎ 05.62.29.21.73 et 06.83.97.89.19. Fax : 05.62.29.28.47. ● www.france-bonjour.com/la-musquerie ● Accès : A 61 Bordeaux/Toulouse, sortie Agen ; prenez la direction Condom (D 931) ; traversez Condom, puis D 15 vers Montréal-du-Gers, puis Castelnau ; à l'entrée du village, D 43 direction Eauze sur 2,7 km et fléchage. Sur réservation. Grande maison du XVIIIe, située sur un domaine viticole et agricole de 30 ha, et agrémentée d'un jardin ombragé. À l'étage, 3 chambres d'hôte avec sanitaires privés, joliment décorées. Comptez 49 € (321,42 F) pour 2, petit déjeuner compris (œufs à la ventrèche, gâteau et confitures maison). Repas à 18 € (118,07 F), avec apéro maison ou régional, tourain ou garbure, feuilleté de pétoncles au floc de gascogne, magret au miel, confit, poulet, légumes du potager, tartes. Michel a aménagé un circuit dans les vignes pour ses hôtes et les conseillera utilement sur les circuits touristiques et les randonnées à faire dans les environs. Vente de vins au domaine.

CASTELNAU-DE-MONTMIRAL 81140   Carte régionale B1

37 km O d'Albi ; 15 km NO de Gaillac

≜ 🐎 *Chambres d'hôte (Jacques Galaup) :* Le Vert. ☎ 05.63.33.13.87. Accès : de Castelnau, D 964 vers la base de loisirs ; au croisement prenez la D 1 vers Le Verdier, et suivez la direction Forêt de la Grésigne (D 170), puis tournez le 3e chemin à gauche (Le Vert) et vous y êtes (ouf !). Ferme ancienne que les propriétaires ont bien restaurée. Ils tiennent 2 chambres d'hôte meublées rustique. Comptez 27,44 € (180 F) pour 2, petit déjeuner compris.

CASTELNAU-MAGNOAC 65230 Carte régionale A2

45 km S d'Auch ; 26 km N de Lannemezan

🛏 ⦿ 🐕 🕷 *Chambres d'hôte Au Verdier (Nathalie Carrillon-Fontan) :* ☎ 05.62.99.80.95 ou 05.62.39.85.45. Fax : 05.62.39.85.45. Accès : prenez la D 929, puis la D 10 vers Lannemezan ; à 2 km de Castelnau, tournez à gauche vers Lamarque. Fermé de novembre à mars. C'est dans une grande ferme d'élevage que vous serez accueillis par Nathalie et sa famille. À l'étage de l'ancienne étable, où mangeoires et râteliers ont été conservés, Nathalie a installé 3 belles chambres avec sanitaires privés. Chacune est différente, décorée avec goût (demandez la 1ʳᵉ en haut de l'escalier). Du balcon qui longe la façade, on peut admirer les parterres de fleurs et les buis taillés par le grand-père. Comptez 39 € (255,82 F) pour 2, petit déjeuner compris (servi, ainsi que les repas du soir, au rez-de-chaussée). Table d'hôte à partir de 14 € (91,83 F), avec légumes du jardin, grillades d'agneau, volailles, pâtés et confits confectionnés par la maman de la patronne, clafoutis.

CASTELNAU-PÉGAYROLS 12620 Carte régionale B1

21 km N O de Millau

🛏 🐕 🕷 *Chambres d'hôte (Geneviève et Guy Soulié) :* Le Sahut. ☎ 05.65.62.02.26. Accès : de Millau, direction Cahors ; le Sahut est à 3 km de Castelnau-Peygarols. Fermé du 20 décembre au 2 janvier. À 900 m d'altitude, ferme familiale en pierre avec toit de lauzes. Belle vue. 4 chambres à 35 € (229,58 F) pour 2, petit déjeuner inclus. Coin cuisine à disposition et séjour avec télé. Barbecue. Également 1 camping de 15 emplacements et un lac à truites d'1 ha : pêche privée toute l'année. De plus, cette ferme ovine de 500 brebis produit le lait pour la fabrication du roquefort.

CASTELNAU-RIVIÈRE-BASSE 65700 Carte régionale A2

40 km N de Tarbes ; 10 km O de Plaisance-du-Gers

🛏 ⦿ 🐕 🕷 *Chambres d'hôte Flânerie (Nicole et Jean-Louis Guyot) :* hameau de Mazères. ☎ 05.62.31.90.56. Fax : 05.62.31.92.88. Accès : de Tarbes, D 935 vers Aire-sur-l'Adour ; 16 km après Maubourguet, prenez la D 65 vers Mazères et fléchage. Voilà une adresse originale... Au pied de la magnifique église romane du hameau, belle ferme du XVIIIᵉ siècle. *Flânerie* est une asinerie, comprenez une ferme où on élève des ânes. Jean-Louis propose des randos avec ânes de 1 à plusieurs jours : le tour de fermes en chais du madiran. Pour dormir, 3 chambres confortables, meublées à l'ancienne. Sanitaires privés. Comptez 43 € (282,06 F) pour 2, petit déjeuner compris (confitures de potimarron et de tomates vertes). Nicole est une excellente cuisinière. 14 € (91,83 F) le repas, boisson comprise : tarte à l'oignon, croquettes de maïs, purée de châtaignes à l'armagnac, aiguillettes de canard, pruneaux et lapin au madiran... Accueil chaleureux. Une adresse qui va faire la joie des petits et des grands !

CAUJAC 31190 Carte régionale A2

40 km S de Toulouse ; 6 km S d'Auterive

🛏 ⦿ 🐕 ⑩% *Chambres d'hôte (Famille Goris) :* Rieumajou. ☎ 05.61.08.93.83 et 06.80.40.02.44. Fax : 05.61.08.12.33. Accès : en venant de Toulouse, après Auterive, prenez la D 12d jusqu'à Caujac, puis continuez la même route pendant 2 km. 2 fermes et 6 chambres d'hôte sans prétention avec sanitaires privés. Comptez 33,54 € (220 F) pour 2, 41,16 € (270 F) pour 3, et 50,31 € (330 F) pour 4, petit déjeuner compris. Possibilité de repas à 10,67 € (70 F), vin et café compris. 2 piscines.

CENTRÈS 12120   Carte régionale B1

45 km SO de Rodez ; 10 km SE de Naucelle-Gare

🛏 **(10 %)** *Chambres d'hôte (Claudine Boidot) :* La Malénie. ☎ 05.65.69.26.19 et 06.21.12.96.55. ● jean-pierre.boidot2@libertysurf.fr ● Accès : à Naucelle-Gare (sur la N 88 entre Albi et Rodez), prenez la D 10 vers Requista ; au hameau le Terme, continuez la D 10 sur 500 m, puis à gauche D 592 vers Meljac et en face du panneau indiquant « La Malénie », prenez le chemin à gauche (ouf !). Ouvert de début mai à fin octobre. Dans un petit hameau isolé au milieu des collines, vieille ferme en schiste recouverte d'ardoises. Dans 2 parties indépendantes de la maison, 2 chambres pas immenses mais agréables avec accès de plain-pied. 37 € (242,70 F) pour 2, petit déjeuner compris (fouace, gâteau et confitures maison). Piscine privée à disposition. Ping-pong. Accueil souriant et décontracté. Bon rapport qualité-prix-convivialité.

CINTEGABELLE 31550   Carte régionale A2

41 km S de Toulouse ; 8 km SE d'Auterive

🛏 |●| **(10 %)** *Chambres d'hôte (M. et Mme Deschamps-Chevrel) :* Serres-d'en-Bas. ☎ et fax : 05.61.08.41.11. Accès : à 3,5 km de Cintegabelle, direction Nailloux par la D 25. Ouvert de Pâques à fin septembre. Jolie ferme restaurée, lovée entre les douces collines du Lauragais, au milieu des champs, avec vue sur les Pyrénées. Les propriétaires y tiennent 4 chambres arrangées avec goût, confortables et personnalisées (dont une familiale composée de deux chambres). Sanitaires privés. Comptez de 42 à 46 € (de 275,50 à 301,74 F) pour 2, petit déjeuner compris. Belle salle à manger avec poutres et cheminée. Table d'hôte à 15 € (98,39 F), avec de bons plats familiaux et régionaux : cassoulet au feu de bois, jambon au foin, fricassée d'agneau, gâteau de choux, nougat glacé, tarte Tatin... Menu enfant à 8 € (52,48 F). Formule « week-end gastronomique » comprenant 2 nuits et 2 repas régionaux à 175 € (1147,92 F) pour 2, vin compris. Également 1 gîte rural, pour ceux qui veulent séjourner. Bon accueil. Piscine, tennis, ping-pong.

CLERMONT-POUYGUILLÈS 32300   Carte régionale A2

20 km S d'Auch

|●| *Ferme-auberge du Hillan (Anne-Marie Dupouey) :* ☎ 05.62.66.26.02. Accès : à Seissan, direction Mirande, allez jusqu'à Clermont-Pouyguillès ; fléchage. Fermé le lundi. Réservation obligatoire. Belle ferme avec agréable jardin et joli point de vue. Au calme. Salle de 85 couverts avec poutres apparentes et cheminée. 6 menus de 13,80 à 27,50 € (90,52 à 180,39 F) toujours vin en carafe et café compris. À 13,80 € : soupe campagnarde, salade paysanne ou charcuterie, cassoulet maison et flan ; à 22,90 € (150,21 F), on vous offre en plus l'apéro, puis bouillon de poule, poule farcie, légumes, cœurs de canard ou volaille rôtie, salade aux croûtons et pâtisserie maison. À 27,50 €, c'est la totale avec foie gras, salmis ou civet de lièvre (en période de chasse), légumes, magret ou confit, salade aux croûtons, dessert (bref le gueuleton de l'apéro jusqu'au café).

COMPEYRE 12520   Carte régionale B1

10 km N de Millau

🛏 |●| 🏇 *Ferme-auberge de Quiers (Véronique et Jean Lombard-Pratmarty) :* ☎ 05.65.59.85.10. Fax : 05.65.59.80.99. ● www.ifrance.com/quiers ● Accès : de Millau, N 9 vers Sévérac-le-Château ; après Aguessac, à droite vers Compeyre et Quiers ; fléchage. Pas de repas les dimanches et lundis hors saison (avril, mai, juin, septembre, octobre et novembre). Sur réservation. Bonne cuisine du terroir, avec un menu à 14,50 € (95,11 F), et 17 € (111,51 F) le dimanche, vin non compris. Spécialités de farçou aux herbes, crêpes au roquefort, tourte aux poireaux, épaule d'agneau farcie, légumes, foie d'agneau au genièvre, croûte au fromage, poulet fermier à la crème et aux herbes, sorbets maison, tarte Tatin. Également 6 chambres d'hôte agréables, à 43 € (282,06 F) pour 2, petit déjeuner compris. Bon accueil.

CONQUES 12130   Carte régionale B1

40 km NO de Rodez ; 30 km NE de Decazeville

🛏 I●I ⚱ *Chambres d'hôte (Maurya et Gérard Achten) :* Montignac. ☎ 05.65.69.84.29. Accès : de Conques-Faubourg, prenez la D 901 vers Marcillac et juste après la sortie, prenez à gauche vers Montignac ; la maison est au centre du hameau. Ouvert de début avril à la Toussaint. Conques est classé parmi les plus beaux villages de France. Dans le hameau juste à côté, superbe maison à colombages et en schiste, revêtue de lauzes. 4 chambres rustico-campagnardes tenues par un couple américano-hollandais adorable. Elles ne sont pas immenses, mais ont gardé le charme d'autrefois. Déco soignée et originale. Sanitaires privés. 39,64 € (260 F) pour 2, petit déjeuner compris (pain et confitures maison, fromage blanc et plateau de fromages). Table d'hôte pas systématiquement partagée avec les proprios à 13,72 € (90 F), Marcillac compris. Cuisine à partir de produits fermiers et des légumes du jardin. Maurya et Gérard sont très connus dans la région car ils vendent leurs farçous sur les marchés. Le vendredi c'est le jour du pain, doré dans le four traditionnel (ah, les bonnes odeurs !). Ambiance nature, un brin bohème. Pour les amateurs, le Lot se descend en kayak dans cette partie.

COS 09000   Carte régionale A2

4 km O de Foix

🛏 I●I *Ferme-auberge de Caussou (Paulette Baby) :* ☎ et fax : 05.61.65.34.42. Accès : fléchage à la sortie de Foix en direction de Saint-Girons ; entrez dans l'aire de stationnement pour accéder à l'auberge. Dans une ferme ancienne bien restaurée. Menu à 22,90 € (150,21 F) : spécialités d'azinat (soupe aux choux avec saucisses), de rousole (œufs, pain frit, chair à saucisse, jambon) et d'omelette aux pommes flambées. Pour dormir, 6 chambres d'hôte avec sanitaires privés. Comptez de 36,60 à 42,70 € (240,08 à 280,09 F) pour 2, petit déjeuner compris. Repas à 13,70 € (89,87 F) pour ceux qui dorment (sauf le dimanche). Également 2 gîtes sur place pour ceux qui veulent séjourner, 381,10 € (2449,85 F) la semaine. La propriétaire possède un élevage de bovins gascons et de brebis tarasconnaises et pratique la transhumance au mois de mai. En été, possibilité de monter à l'alpage avec elle pour voir les bêtes.

COUSSAN 65350   Carte régionale A2

15 km E de Tarbes ; 10 km S de Chelle-Débat

I●I 🐎 *La Table d'Hourcanné (Véronique Ducombs) :* ☎ et fax : 05.62.35.40.64. Accès : par la D 21 en venant de Tarbes et à gauche avant Goudon. Ouvert les vendredis soir, samedis soir et dimanches midi. Uniquement sur réservation (1 ou 2 jours à l'avance). Une vraie table paysanne, une fois n'est pas coutume, où l'on mange en compagnie d'un couple de jeunes agriculteurs, Véronique et Pascal. Leur maison de conception est perchée au sommet d'un joli petit village. Ici règnent une véritable gentillesse et cette fois une cuisine saine, issue de l'agriculture biologique. Menu bio fraîcheur à 15,30 € (100,36 F) sans le vin et menus gastros entre 19,80 et 27,40 € (129,88 et 179,73 F). Accueil, sincérité et calme assurés. En somme, l'anti « malbouffe » garantie, par ces temps de doute alimentaire !

DURAVEL 46700   Carte régionale A1

39 km O de Cahors ; 6 km O de Puy-l'Évêque

🛏 I●I ⚱ (10%) *Ferme-auberge La Roseraie (Patricia et Denis Rigal) :* ☎ 05.65.24.63.82. Fax : 05.65.30.89.79. Accès : sur la route de Fumel à Cahors (D 911) ; à 1 km du bourg ; bien indiqué. Ouvert tous les soirs en juillet-août, les dimanches et jours fériés ; le reste de l'année, sur réservation. Ferme quercynoise traditionnelle qui a créé un élevage d'autruches. Bonne cuisine régionale servie dans une très agréable salle à manger (50 couverts). Menus de 17 à 23 € (111,51 à 150,87 F). Le festin : foie gras de canard mi-cuit, salade de gésiers, magret ou confit, cabécou, dessert maison au choix, apéro et vin de Cahors de la propriété. Le « spécial autruche » pour les amateurs. Menu enfant à 7,62 € (50 F). Également 4 chambres un peu impersonnelles, aménagées dans une ancienne grange, à 38,50 € (252,54 F) pour 2, avec le petit déjeuner. Piscine. Bien sûr, possibilité de demi-pension et de pension. Vente de conserves et de vins de Cahors.

EAUZE 32800
Carte régionale A1

50 km NO d'Auch ; 28 km SO de Condom

🛏 ◉◉ **Chambres d'hôte Ferme de Mounet (Monique et Bernard Molas) :** avenue de Parleboscq. ☎ 05.62.09.82.85. Fax : 05.62.09.77.45. Accès : de Vic-Fezensac, D 626, et dans Eauze, suivez l'avenue Parleboscq sur 4 km ; la ferme est sur la gauche. Ouvert de Pâques à la Toussaint. De préférence sur réservation. Sur un plateau de 60 ha, charmant manoir avec deux tours et parements en briques. Monique et Bernard élèvent des oies et des canards, et viennent d'ouvrir une ferme-auberge (groupes de 15 personnes minimum). On peut naturellement visiter l'exploitation, déguster et acheter des produits. Dans leur maison, 3 chambres cossues et tranquilles avec sanitaires privés, de 42,69 à 48,78 € (280 à 320 F) pour 2, petit déjeuner compris. La table d'hôte à 18,29 € (120 F) se partage en famille sur une grande table de monastère, dans une salle à manger chaleureuse agrémentée d'une superbe cheminée : deux entrées (potage, tourain à l'ail, garbure, crudités, charcuterie), puis, selon les jours, magret, aiguillettes de canard, daube d'oie, confit, accompagnés de gratin ou de légumes de saison, dessert (tartes maison, tourtière, millasson aux pruneaux...). Bon accueil.

ENTRAYGUES 12140
Carte régionale B1

50 km N de Rodez ; 14 km S de Montsalvy

🛏 ◉◉ ⚄ **Ferme-auberge La Mejanassère (Véronique et Frédéric Forveille) :** ☎ et fax : 05.65.44.54.76. Accès : Entraygues est à mi-chemin entre Rodez et Aurillac par les D 988 et D 920 ; dans le village, prenez la D 42 vers Laguiole pendant 5 km. Fermé d'octobre à février. Ouvert les week-ends, les jours fériés, de mai, juin et septembre, tous les jours en juillet-août. Uniquement sur réservation. La ferme-auberge de Véronique et Frédéric est aussi un superbe domaine viticole tout en pierre et lauzes, composé de plusieurs charmants bâtiments qui renferment des trésors... Vous pourrez y déguster (avec modération) le vin de la propriété (classé VDQS) et le cidre. Véronique a décoré avec goût la belle salle à manger typique du pays en y jetant des touches de couleurs : murs en pierre, vieilles poutres et une grande cheminée pour le plaisir des yeux et du palais, puisque toutes les viandes sont cuites à la broche. Dans le four à pain attenant, Frédéric fait cuire son pain au levain, les pâtés, les fouaces, les échaudés. Pour 19,06 € (125 F) le repas (sans le vin), les spécialités sont nombreuses : les terrines, la toupine de saucisse fumée à l'huile, le farçou (crêpe fourrée aux herbes, aux blettes et aux pruneaux... miam !), toutes les viandes rôties accompagnées des légumes de saison, fromages au lait cru (de vache ou de chèvre, fermiers, bleu ou cantal), le gâteau aux noix et les tartes maison. Une goûteuse cuisine aux accents du terroir. Possibilité de dormir dans 2 chambres d'hôte, dont une ravissante, très campagnarde, avec deux lits clos de 140 ! Elle est immense, décorée avec goût. Atmosphère très champêtre. Sanitaires privés. Comptez 45,73 € (300 F) pour 2, petit déjeuner compris. Coin cuisine à disposition. Également 1 petit gîte de 3 personnes pour ceux qui veulent séjourner. Enfin, si vous le souhaitez, Frédéric vous montrera son vieux pressoir, ses cuves... car l'exploitation est très artisanale. Son vin, c'est son bébé et il aime en parler. Ses entraygues blanc et rosé obtiennent régulièrement des médailles aux concours agricoles. Accueil jeune, dynamique et enthousiaste. Une adresse à ne pas manquer.

ESCOUSSENS 81290
Carte régionale B2

17 km S de Castres

🛏 ◉◉ ♞ **Chambres d'hôte du Mont Saint-Jean (Marie-Thérèse Escafre) :** ☎ 05.63.73.24.70 et 06.14.40.41.53. Accès : de Castres, D 56 direction Labruguière, puis D 60 jusqu'à Escoussens, et faites 2 km en direction du Pas du Sant. En pleine nature, au pied de la Montagne Noire, la maison de Marie-Thérèse est une ancienne habitation de chartreux, sur le chemin de Saint-Jacques-de-Compostelle. Vous y trouverez pierres et poutres apparentes, grandes cheminées, mais aussi une collection de bénitiers et de statues. 2 chambres ravissantes avec sanitaires privés, et une 3e tout aussi jolie, mais avec sanitaires communs avec la propriétaire, à noter une 4e chambre équipée pour personnes handicapées au rez-de-chaussée. Comptez 34 € (223,03 F) pour 2, petit déjeuner inclus, et 14 € (91,83 F) pour un repas à la table d'hôte. Accueil chaleureux. Allez faire un tour à Escoussens, charmant village médiéval, et demandez conseil à Marie-Thérèse pour découvrir la région.

ESPALION 12500   Carte régionale B1

45 km NE de Rodez

|●| *Ferme-auberge de Sisterne (Marie-Françoise et Jean Boyer)* : Mandailles. ☎ 05.65.48.71.44 ou 05.65.48.91.01. Accès : d'Espalion, prenez la D 987 vers Saint-Côme-d'Olt, puis la D 141 sur 9 km vers Sisterne, direction Mandailles. Ouvert du 14 juillet au 30 août. Hors saison, seulement le dimanche midi et pour les groupes en semaine. Uniquement sur réservation. Jolie ferme en pierre du pays, en pleine nature, et ambiance familiale (35 couverts maximum) pour cette auberge qui ne sert que de bons produits maison. Menu à 14 € (91,83 F) tout compris, avec salade composée et charcuterie maison, volaille ou lapin, truffade, fromages régionaux (cantal, bleu d'Auvergne mais surtout écir, fromage au lait de vache ou terrien au lait de brebis) et tarte. Pour 16 € (104,95 F), les spécialités d'aligot ou de chou farci remplacent la truffade.

ESPÉRAUSSES 81260   Carte régionale B2

34 km NE de Castres ; 17 km O de Lacaune

🛏 |●| (10%) *Chambres d'hôte La Maison de Jeanne (Florence et René Artero)* : ☎ 05.63.73.02.77. Accès : de Castres D 622 vers Lacaune ; après Brassac, tournez à gauche vers Castelnau-de-Brassac (D 54), puis continuez jusqu'à Espérausses ; la maison est dans le village, elle a des volets rouges. Fermé du 15 décembre au 15 janvier. *La Maison de Jeanne*, c'est l'ancien café-restaurant du village, installée dans une maison toute en pierre (vieille de plus de trois siècles), qu'un éminent cardiologue doit bien connaître... (chut !). Florence et René l'ont admirablement restaurée et ont retrouvé toutes les archives de la maison (même le certificat d'études de Jeanne). Au 1er étage, 4 chambres personnalisées avec sanitaires privés. Meubles rustiques et vieilles poutres. Comptez 35 € (229,58 F) pour 2, petit déjeuner compris. C'est René qui est derrière les fourneaux, dans sa grande cuisine avec cheminée, et croyez-nous, sa cuisine vaut le détour ! 14 € (91,83 F) le repas pour de super recettes du terroir : pâté au roquefort, filet de bœuf et sa compote aux cèpes... Hors saison, week-end gastronomique pour 2 pour 85 € (557,56 F). Agréable séjour et salon de détente avec billard. Une petite terrasse vous permettra d'admirer le vieux lavoir alimenté par un petit ruisseau. Calme assuré. Accueil sympa. Très bon rapport qualité-prix-convivialité.

ESTAING 12190   Carte régionale B1

40 km N de Rodez ; 6 km O d'Espalion

🛏 |●| ✖ (10%) *Chambres d'hôte (Madeleine et André Alazard)* : route de Vinnac, Cervel. ☎ et fax : 05.65.44.09.89. Accès : d'Espalion, D 920 vers Estaing pendant 5 km, puis à droite vers Vinnac et fléchage. Fermé du 15 novembre à fin mars. Dans leur ferme d'élevage de chèvres située à flanc de coteau, dans la vallée du Lot, Madeleine et André tiennent 4 confortables chambres meublées à l'ancienne. Sanitaires privés. Dans le salon avec cheminée, bibliothèque et piano, divers jeux sont mis à la disposition des hôtes. Comptez 45 € (295,18 F) pour 2, copieux petit déjeuner compris : confitures et fouace maison (un délice préparé la veille, sous vos yeux, et dont Madeleine vous confiera la recette), lait de chèvre ou de vache. Et croyez-nous, vous prolongerez votre séjour, lorsque vous aurez goûté la cuisine de Madeleine ! Pour 14 € (91,83 F) tout compris, vous dînerez de deux entrées (soupe ou salade, charcuterie), d'une viande maison, comme le chevreau « dans tous ses états », de fromage de chèvre et d'un dessert maison. André participe activement au développement du tourisme rural; c'est un homme chaleureux avec qui il fait bon partager un repas, tandis que Madeleine s'affaire en cuisine. Elle aime les plantes, les connaît et s'occupe d'un superbe potager. Tous les produits sont naturels et elle vous fera découvrir des saveurs inconnues. Vous l'aviez compris, une adresse où convivialité et hospitalité sont de mise.

FABAS 09230   Carte régionale A2

20 km N de Saint-Girons

🏠 I●I ⊁← ⑩% *Chambres d'hôte Les Estivades de Peyre (Rosina de Pèira) :* Peyre. ☎ 05.61.96.40.16. Fax : 05.61.96.42.36. ● www.ariège.com/lesestivades ● Accès : de Sainte-Croix direction Fabas ; à Peyre, ne loupez pas la route qui part à droite. Fermé de novembre à mars. Sur réservation. Maison de caractère dans les coteaux du Piémont. Deux corps de bâtiments rénovés, en haut d'une colline, avec une belle vue sur la chaîne des Pyrénées. 6 chambres doubles avec sanitaires privés et chauffage central. Comptez 45,73 € (300 F) pour 2, petit déjeuner inclus. Demi-pension à 38,11 € (250 F) et pension complète sur demande. Piscine. Possibilité d'animation occitane le dimanche après-midi (chants du Moyen Âge) organisée par Rosina, chanteuse occitane.

FIGAROL 31260   Carte régionale A2

27 km NO de Saint-Girons ; 16 km E de Saint-Gaudens

🏠 I●I ⋔ ⑩% *Chambres d'hôte (M. et Mme Bordères-Marquais) :* Chourbaou. ☎ 05.61.98.25.54. Accès : sur la D 26, après l'église de Figarol, 4e route à gauche direction Aspet. Dans cette belle ferme, vous trouverez 4 chambres confortables dont 1 suite avec sanitaires privés. Deux avec terrasse (nos préférées) à 43 € (282,06 F) pour 2, petit déjeuner inclus, et les deux autres à 38 € (249,26 F) pour 2. Salle à manger avec cheminée et agréable salon de détente. Repas le soir, à 13 € (85,27 F), vin et café compris. Cuisine traditionnelle et familiale avec les légumes du jardin. Tranquillité garantie, une bonne adresse.

FLORENTIN-LA-CAPELLE 12140   Carte régionale B1

55 km N de Rodez ; 25 km NO d'Espalion ; 17 km SO de Laguiole

🏠 I●I ⋔ ⊁← ⑩% *Chambres d'hôte Les Capellous (Valérie et Lucien Veyre) :* ☎ et fax : 05.65.44.46.39. Accès : de Laguiole, D 42 vers Entraygues ; à la D 897, prenez à droite vers Saint-Amans-de-Cots, puis à droite vers La Capelle (n'allez pas à Florentin). Au cœur du hameau, dans la ferme familiale, Valérie et Lucien ont aménagé dans une aile indépendante, 2 chambres coquettes et chaleureuses avec sanitaires privés. Une au rez-de-chaussée, la 2e à l'étage. 40 € (262,38 F) pour 2, petit déjeuner compris (au moins 12 sortes de confitures et gâteau maison). Table d'hôte à 13 € (85,27 F), apéro maison et vin de pays compris. Une cuisine savoureuse avec la charcuterie maison, les spécialités locales, les légumes du jardin et les volailles de la ferme (n'exagérez pas, pas tout à la fois !). Ici, on aime la culture régionale... Valérie joue de la cabrette dans un groupe folklorique et ses enfants (qui pourront initier les vôtres) dansent à la cabrette du Haut-Rouergue. Accueil jeune et sympa. Une adresse idéale pour découvrir la région de l'intérieur.

FONTRAILLES 65220   Carte régionale A2

30 km NE de Tarbes ; 18 km S de Miélan ; 3 km N de Trie-sur-Baïse

🏠 I●I ⋔ ⊁← *Chambres d'hôte Les Musardises (Claudine Casteret) :* ☎ 05.62.35.51.70 et 06.86.83.98.60. Accès : de Trie-sur-Baïse, prenez la route de Mirande, le village est à 3 km et fléché. Difficile d'imaginer un tel raffinement dans cette demeure, contiguë à la ferme d'élevage de moutons et de cultures céréalières, sauf quand on connaît Claudine ! Elle offre à ses hôtes 2 chambres ravissantes. D'abord une véritable suite princière au 1er étage de la tour de la maison où rien ne manque : déco raffinée, moquette épaisse, et spacieuse salle de bains qui foisonne de petits flacons et de bouquets (si vous préférez la douche, elle est indépendante, ainsi que les w.-c.). Elle est complétée par une chambre attenante avec lit double (idéal pour les familles et amis). Au rez-de-chaussée, une autre chambre ouvre sur le parc avec salon de musique attenant. Comptez de 45,73 à 53,36 € (de 300 à 350 F) pour 2 et 79,27 € (520 F) pour 4 personnes, petit déjeuner compris (avec de délicieux gâteaux maison). Goûteuse table d'hôte préparée à partir des produits de la ferme, toujours soigneusement présentée : soupe de tomate glacée, charcuterie maison, poulet grillé dans la cheminée avec petits beignets de courgettes, cocktail de fruits frais... 18,29 € (120 F) le repas. Superbe salle à manger remplie de bibelots et de bouquets. Une adresse de charme.

🛏 ❘●❘ ⚛ *Chambres d'hôte Jouandassou (Dominique et Nick Collinson)* : ☎ 05.62.35.64.43. Fax : 05.62.35.66.13. ● www.planete.net/vniske/tourism.html ● Accès : à l'entrée de Fontrailles. Ancien relais de poste du XVIIIᵉ siècle, à l'architecture superbe (disposition en L, structure à colombages, poutres apparentes, galets et briques plates). Totalement rénové et tenu par un couple franco-anglais jovial. 4 chambres avec sanitaires privés dans un goût typiquement british : couleurs vives (oh, la belle rouge, oh la belle verte !) et confort très cosy. C'est charmant tout plein, tout comme l'adorable jardin de curé. 50 € (327,98 F) pour 2, petit déjeuner compris, et 10 € (65,60 F) par personne supplémentaire. Table d'hôte à 20 € (131,19 F), apéro et 1/4 de vin compris. Cuisine traditionnelle et régionale, voire même exotique, parfaite pour se réconcilier avec la gastronomie anglaise et pour communiquer avec la clientèle internationale séjournant ici ! Piscine, ping-pong et location de VTT pour les amateurs.

FRAYSSINET-LE-GÉLAT 46250 — Carte régionale A1

31 km NO de Cahors ; 12 km N de Puy-l'Évêque

❘●❘ 🐎 ⚛ *Ferme-auberge Aux délices de la Serpt (Familles Soulie et Larribe)* : ☎ 05.65.36.66.15 ou 05.65.36.62.07. Fax : 05.65.36.60.34. Accès : à 5 km du village sur la D 28. Fermé en janvier et le lundi. Uniquement sur réservation. Belle ferme de 1730 dans un hameau pouvant accueillir 50 personnes (35 dans une salle agréable et 15 en terrasse). Accueil sympa. 4 menus : à 13 € (85,27 F), avec soupe, crudités ou rillettes, volaille, fromage et dessert, vin de pays et café compris ; à 20 € (131,19 F), avec apéro maison, tourain, pâté, confit ou magret, salade, fromage, dessert, vin et café ; à 25 et 27 € (163,99 et 177,11 F), « menu Gourmet » avec foie gras, confit ou magret et dessert maison. Spécialités uniquement sur commande : oie au cahors, faisan aux choux, cassoulet, poule au pot, mique levée, chou farci au foie gras et confit. Visite de la ferme et vente de conserves.

GAILLAC 81600 — Carte régionale B1

22 km O d'Albi

🛏 🐎 ⑩% *Chambres d'hôte Mas de Sudre (Pippa et George Richmond-Brown)* : ☎ et fax : 05.63.41.01.32. ● georgerbrown@free.fr ● Accès : du centre de Gaillac, suivez la direction Cordes et, après le passage à niveau, tournez à gauche vers Castelnau-de-Montmirail (D 964) pendant 1 km, puis de nouveau à gauche (D 18) vers Montauban, et enfin prenez à droite vers Téoulet (D 4) pendant 1,5 km et fléchage. Fermé en juillet. Au cœur du vignoble, grande maison de maître, tenue par un gentil couple d'Anglais. 4 chambres : deux dans la maison des proprios et deux dans un bâtiment séparé (pour ceux qui préfèrent l'indépendance). Sanitaires privés. Comptez 55 € (360,78 F) pour 2, petit déjeuner compris. Déco raffinée : frises au pochoir (réalisées par Pippa), jolis meubles glanés sur les brocantes, nombreux tableaux et un piano (chouette !). Pour compléter le tout, un grand jardin fleuri avec piscine et court de tennis. Accueil chaleureux.

GALAN 65330 — Carte régionale A2

40 km E de Tarbes ; 12 km de Lannemezan

🛏 ❘●❘ ⑩% *Chambres d'hôte Namasté (Jean et Danièle Fontaine)* : ☎ et fax : 05.62.99.77.81 et 06.19.23.70.72. ● namaste-65@libertysurf.fr ● Accès : sur la N 117 de Toulouse à Pau, sortie Lannemezan et D 939 vers Galan. Au milieu du village, prenez la route de Boulogne-sur-Gesse et fléchage. « Namasté » (bienvenue, la paix soit avec toi), c'est l'avant-dernière maison du village, une ancienne ferme du début XIXᵉ, que les propriétaires, tous deux d'origine provençale, ont agrémentée du bleu (pour les poutres et les portes) du ciel ou de la mer. 3 chambres spacieuses ouvrant sur la verdure, dont deux aménagées au rez-de-chaussée. Sanitaires privés. Lit bébé à disposition. Comptez 42,69 € (280 F) pour 2, petit déjeuner inclus. Table d'hôte à 15,24 € (100 F), préparée par Jean, à base de produits fermiers et de légumes bio, servie sous les arbres quand le temps le permet (repas végétarien sur demande). Le maître des lieux connaît bien la région et saura vous donner les bons tuyaux pour les balades alentour. Accueil chaleureux.

GALIAX 32160   Carte régionale A2

45 km N de Tarbes ; 3 km O de Plaisance

🛏 *Chambres d'hôte (Michèle et Pierre Métayer) :* ☎ 05.62.69.34.23. Accès : en face de la mairie et de l'église. Fermé du 15 décembre au 4 janvier. De préférence sur réservation. Grande maison-ferme où les Métayer, couple de retraités, proposent 3 belles chambres, confortables et spacieuses. Comptez 38 € (249,26 F) pour 2 personnes, petit déjeuner compris. Également 1 gîte pour 4 à 6 personnes.

GANAC 09000   Carte régionale A2

5 km O de Foix

🛏 **⟨10 %⟩** *Chambre d'hôte Les Carcis (Sylviane Piednoël) :* route de Micou. ☎ 05.61.02.96.54. Accès : après le pont de Foix, tournez à gauche au 2ᵉ rond-point vers Ganac (D 21) ; avant le village, prenez la route de Micou sur la gauche, c'est juste après le petit pont à droite. Fermé en janvier. 1 chambre d'hôte, à 30,50 € (200,07 F) pour 2, petit déjeuner compris (location à la semaine sans petit déjeuner possible), avec cuisine attenante à disposition. Également 1 gîte situé en bordure de torrent, à louer de 228,70 à 320,10 € (1500,17 à 2099,72 F) la semaine, suivant la saison. Nombreuses randonnées pédestres aux alentours et possibilité de balade en voiture à cheval (à l'heure ou à la journée, avec pique-nique). Très bon accueil.

GARDÈRES 65320   Carte régionale A2

18 km O de Tarbes ; 11 km N de Pontiacq

🛏 |●| ✕ *Chambres d'hôte (Josette et Joseph Laborde) :* 27, route de Séron. ☎ 05.62.32.53.86. Accès : de Tarbes, N 117 vers Pau jusqu'à Ger ; au grand rond-point, D 47 jusqu'à Gardères (la maison est à 2 km du village). Bien que située dans les Hautes-Pyrénées, la ferme de Josette et Joseph se trouve dans un îlot au milieu des Pyrénées-Atlantiques... (pratique, quand on sait que les deux départements ne sont pas dans la même région administrative !). Dans l'ancienne étable, ils ont installé 4 chambres d'hôte (une au rez-de-chaussée, trois autres à l'étage). Déco simple mais agréable. Sanitaires privés. Comptez 33,54 € (220 F) pour 2, petit déjeuner compris. Joseph trône à la table d'hôte et anime les conversations. C'est l'ami des enfants et il les emmène volontiers jouer ou visiter la ferme. Repas à 10,67 € (70 F). Goûteuse cuisine du terroir avec les produits de la ferme : charcuterie maison, omelette au boudin (vous connaissiez ?), saucisses confites, tomates farcies, confit maison et, sur commande, la poule au pot (si vous dormez bien sûr !). Ambiance chaleureuse. Accueil authentique et vrai. Une adresse idéale pour les familles.

GAUDIÈS 09700   Carte régionale B2

30 km N de Foix ; 4 km S de Belpech

🛏 |●| 🐴 ✕ *Chambres d'hôte (Jeanne et Guy Gosselin) :* Certes. ☎ 05.61.67.01.56. Fax : 05.61.67.42.30. Accès : d'où que vous veniez, il faut arriver à Belpech (N 20 sortie Mazères) ; dans le village, prenez la direction de Gaudiès (derrière le jardin public) pendant 3 km, puis à gauche vers Certes (fléchage). Quel courage il a fallu à Guy pour restaurer ce hameau abandonné, et qui aujourd'hui revit grâce à lui... (autrefois, six familles demeuraient ici!). La déco, elle, est imprégnée des œuvres de Jeanne (sculpteur-céramiste). Dans une des maisons, elle a installé son atelier *Le Mouton d'Argile*; dans une autre, 4 chambres d'hôte très personnalisées et confortables. Sanitaires privés. Comptez de 30,49 à 38,11 € (de 200 à 250 F) pour 2, petit déjeuner compris. Guy est éleveur (moutons et chevaux), mais il adore aussi cuisiner. Goûteuse table d'hôte, pour 13,72 € (90 F), vin compris. Grande salle à manger, où trône un piano (c'est le moment de dégourdir vos doigts!). Jeanne propose des stages de sculpture, céramique et peinture pour tous niveaux (auriez-vous une âme d'artiste?). Il y a aussi 1 gîte rural pour ceux qui préfèrent l'indépendance. Une bonne adresse.

GAUSSAN 65670   Carte régionale A2

45 km E de Tarbes; 16 km N de Lannemezan

|●| 🖈 *Ferme-auberge La Ferme des Périlles (Josette et Patrick Darné) :* ☎ et fax : 05.62.99.43.63 et 06.71.65.01.55. Accès : de Lannemezan, D 929 vers Auch pendant 16 km et fléchage. Ouvert du vendredi midi au dimanche midi, tous les jours de début juillet à fin septembre. Uniquement sur réservation. Petite ferme-auberge installée dans l'ancienne bergerie de l'exploitation familiale. 3 menus à 14 puis 19 et 23 € (91,83, 124,63 et 150,87 F) toujours vin et café compris (avec l'apéro en plus pour les deux derniers). La production maison, c'est le canard, que l'on retrouve en vedette dans les trois propositions (aiguillettes, manchon confit, foie gras, magret grillé, cuisse confite...) et le porc noir gascon, élevé sur place. Mais la ferme-auberge a aussi forgé sa réputation sur les haricots tarbais, les fromages de chèvre et ce curieux dessert : le gâteau à la broche! Accueil chaleureux.

GÈDRE 65120   Carte régionale A2

63 km S de Tarbes; 11 km S de Luz-Saint-Sauveur

🛏 |●| 🖈 ✝⊱ (10 %) *Gîte d'étape Le Saugué (Françoise Cuel) :* ☎ 05.62.92.48.73. Accès : en quittant Gèdre vers Gavarnie, laissez la D 929 et suivez la direction du plateau du Saugué pendant 7 km. Ouvert de mai à octobre. À 1610 m d'altitude, dans un site complètement somptueux, voilà 1 gîte d'étape à ne pas manquer! Évidemment, il s'apparente plus au refuge de montagne, avec son toit de chaume et ses lits en bas-flancs, mais on oublie vite le côté sommaire quand on regarde le paysage. Situé sur le GR 10, il offre une telle vue sur le cirque de Gavarnie et les montagnes environnantes qu'on n'a qu'une envie, admirer le coucher du soleil et se réveiller tôt pour voir le jour se lever... Et pour ne rien gâter, Françoise prodigue un excellent accueil. Comptez 11,43 € (75 F) par personne et par nuit, et 23,63 € (155 F) en demi-pension (capacité de 32 lits). Également un terrain mis à la disposition d'éventuels campeurs. Bon rapport qualité-prix-hospitalité. Gavarnie est à 1 h 30 de marche et Luz-Saint-Sauveur à 5 h.

🛏 |●| ✝⊱ (10 %) *Gîte d'étape et de séjour L'Escapade (Hélène et Jean-Marc Lasserre) :* ☎ 05.62.92.49.37. Fax : 05.62.92.49.83. ● h.lassere@wanadoo.fr ● Accès : à la sortie de Gèdre en venant de Luz, fléchage. Ouvert uniquement pour les groupes en avril, mai, octobre et novembre. En pleine montagne, avec vue imprenable sur les cimes et la vallée. Dans une ancienne bergerie restaurée, Hélène et Jean-Marc ont aménagé 1 gîte pouvant accueillir une trentaine de personnes. 4 chambres (5/8 personnes); w.c., douches et lavabos privatifs. Vaste salle à manger avec cheminée et cuisine équipée. Salle de jeux. Comptez de 9,91 à 12,20 € (de 65 à 80 F) par personne (selon la saison et le nombre de personnes) et de 25,15 à 26,68 € (165 à 175 F) par personne en demi-pension. Bons produits de la ferme. Calme et tranquillité garantis. Bon accueil.

GISSAC 12360   Carte régionale B1

46 km SO de Millau; 11 km NE de Camarès; 6 km N de Sylvanès

🛏 |●| ✝⊱ *Chambres d'hôte (Anne-Marie et Gilbert Bosc) :* Saint-Étienne. ☎ et fax : 05.65.99.59.27. Accès : suivez « abbaye de Sylvanès » puis Gissac; 200 m après l'église, tournez à droite vers Saint-Étienne et faites 2 km. Superbe corps de ferme comprenant une grande bâtisse bourgeoise de la fin du XIX° et des dépendances plus anciennes, avec le vieux four et les lessiveuses traditionnelles. Au 2° étage de la maison, 4 chambres vastes et claires avec sanitaires privés. 46 € (301,74 F) pour 2, petit déjeuner compris. Table d'hôte partagée en famille dans une grande salle à manger voûtée avec un beau dallage d'origine. Repas à 13,72 € (90 F), apéro maison et vin compris. Une cuisine saine et naturelle avec les légumes du jardin et les volailles maison. Les fils de Gilbert ont repris l'exploitation familiale et élèvent des brebis dont le lait part à la coopérative de Roquefort. Il s'est battu pour rendre les paysans plus indépendants culturellement et économiquement. Accueil authentique et chaleureux. Bon rapport qualité-prix-convivialité.

GOURDON 46300   Carte régionale A1

47 km N de Cahors ; 27 km S de Souillac

▲ |●| *Chambres d'hôte Le Paradis (Jacquie Jardin) :* La Peyrugue. ☎ 05.65.41.09.73 et 06.72.18.05.44. Accès : à l'entrée du village, en venant de Salviac par la D 673. Pensez à réserver en haute saison. Maison récente au milieu d'un grand jardin, à deux pas de la ville. 4 jolies chambres avec sanitaires privés. Comptez 37 € (242,70 F) pour 2, petit déjeuner copieux compris, avec toutes sortes de confitures (pastèque, tomate verte, kiwi, figue...). Jacquie propose 2 menus à sa table d'hôte : l'un à 13 € (85,27 F), vin et café compris, et l'autre gastronomique à 18 € (118,07 F). Les repas sont pris à la table familiale et, outre les produits fermiers de la région (confit, magret, salade de gésiers, etc.), sa spécialité est le lapin à la moutarde. Superbe piscine et pataugeoire pour les enfants. Excellent accueil.

GRAMAT 46500   Carte régionale B1

55 km NE de Cahors ; 9 km E de Rocamadour

▲ |●| ╳ *Chambres d'hôte Moulin de Fresquet (Claude Ramelot) :* ☎ 05.65.38.70.60 et 06.08.85.09.21. Fax : 05.65.33.60.13. ● moulindefresquet@ifrance.com ● Accès : à 800 m du centre sur la route de Figeac, prenez un petit chemin à gauche et faites 400 m. Fermé de novembre à mars. Moulin à eau quercynois du XVII° siècle, entièrement restauré. 5 chambres d'hôte, équipées de salles d'eau et w.-c., et décorées dans le style du moulin avec poutres, pierres apparentes, tapisseries murales. Ambiance distinguée. Comptez de 50,31 à 67,08 € (de 330 à 440 F) pour 2, petit déjeuner compris. Table d'hôte où l'on vous propose une cuisine régionale, à 18,29 € (120 F) vin compris. Cadre agréable, parc important traversé par un cours d'eau privé, canards en liberté.

GRAMONT 82120   Carte régionale A1

50 km O de Montauban ; 14 km E de Lectoure

▲ |●| ╳ (10 %) *Chambres d'hôte La Ferme de Garbès (Simone Vargas et Patrice Gaillard) :* ☎ 05.63.94.07.81. Accès : à 4 km au nord de Gramont par la D 88 ou par l'autoroute A 62, sortie n° 8 Saint-Loup/Valence-d'Agen, puis prenez la direction de Saint-Clar/Château de Gramont et fléchage. Ouvert de Pâques à la Toussaint. Simone et Patrice vous accueillent avec beaucoup de gentillesse dans leur ferme lomagnole pour recouvrer paix et tranquillité. Ils ont aménagé dans une ancienne grange, dont il subsiste les poutres et un mur de pierre, 4 chambres confortables. Laquelle voulez-vous : « Camomille », « Pâquerette », « Coquelicot » ou « Bleuets » ? Comptez 38 € (249,26 F) pour 2, petit déjeuner compris. Sur la terrasse, pour 13 € (85,27 F), vous pourrez apprécier les bonnes spécialités de Simone à partir des produits maison, sans oublier son pain bio : lapin à l'estragon, poulet aux pleurotes, blanquette de veau à l'oseille, magret grillé aux pêches, clafoutis aux mirabelles, tarte aux abricots... le tout arrosé du vin de Patrice, un bon petit rouge agréable au palais. Prêt de VTT, ping-pong, pétanque et balançoire.

|●| ╙ *Ferme-auberge Le Petit Feuillant (Carole et Bernard Corbière) :* ☎ et fax : 05.63.94.00.08. Accès : à 17 km de Lavit, vers Saint-Clar, au pied du château de Gramont. Fermé le mercredi et le dimanche soir, du 1er au 15 octobre et du 1er au 28 février. N'oubliez pas de réserver. Bonne cuisine du terroir avec 6 menus, servie en terrasse les soirs d'été. Vous aurez le choix entre le « campagnard » très copieux à 13,72 € (90 F),

avec soupe, pâtés maison, rôti de porc aux pruneaux, fromage et dessert maison ; à 17,53 € (115 F), cassoulet ; à 19,06 € (125 F), pâtés maison, salade au fromage et gésiers, confit de canard ; à 20,58 € (135 F), tourte à l'ail et au fromage, poule farcie ; le « menu gourmand » à 22,87 € (150 F), avec foie gras et quatre desserts (aïe ! mes kilos...), et à 28,97 € (190 F), foie gras maison, canard en daube ou magret grillé, salade au chèvre et dessert. À l'apéro, déjà offert à tous, s'ajoute le café ou le digestif sur présentation du guide. Accueil sympa. Boutique de produits maison et locaux.

GRAULHET 81300   Carte régionale B2

31 km NO de Castres ; 20 km SE de Gaillac

Chambres d'hôte (Simone et Yves Florenchie) : Labouriasse. ☎ et fax : 05.63.34.78.20. Accès : sur la D 631 de Toulouse à Réalmont, passez Graulhet, faites 6 km et tournez à gauche sur la D 30 pendant 2 km. Pour réserver, téléphonez de préférence avant 19 h. Ferme restaurée avec 2 chambres équipées de sanitaires privés. 36,59 € (240 F) pour 2, petit déjeuner compris. Table d'hôte partagée avec Simone et Yves à 12,2 € (80 F), gaillac et café compris, avec de bons produits de l'exploitation. Spécialités de canard à l'orange, pintade aux raisins, cou et poule farcis. Calme et tranquillité assurés. Accueil vraiment chaleureux. Une gentille adresse.

GRUST 65120   Carte régionale A2

40 km S de Lourdes ; 6 km O de Luz-Saint-Sauveur

Gîte d'étape (Claudine Tarrieu) : Soum de l'Ase. ☎ 05.62.92.34.79. Accès : de Lourdes, N 21 jusqu'à Luz ; à la sortie de Luz, tournez vers Saint-Sauveur (D 12), passez Sazos, et vous arriverez à Grust. Fermé du 15 novembre au 1er décembre. À 975 m d'altitude, sur la route de la station de ski de Luz-Ardiden, ancienne étable aménagée dans le respect de l'authenticité des lieux : vieilles poutres, piliers de bois aux chapiteaux sculptés, pierres apparentes, cheminée. Pour accéder à l'étage, on passe devant le coin aux chaussons (il y en a de toutes les tailles !). Un dortoir de 4, un autre de 7 lits et 2 chambres avec sanitaires privés. Comptez 10,67 € (70 F) par personne et par nuit, plus 3,81 € (25 F) de petit déjeuner (possibilité de louer des draps). Pour les repas, coin cuisine à disposition, ou bien repas familial, comptez 11,43 € (75 F), avec agneau de la ferme, légumes du jardin, sans oublier la traditionnelle garbure. Une adresse idéale pour les randonneurs, d'autant plus que le GR 10 passe devant la porte !

HUOS 31210   Carte régionale A2

52 km SE de Tarbes ; 12 km SO de Saint-Gaudens

Gîte d'étape Le Pigeon Voyageur (M. et Mme Lubin) : 1, rue de la Grotte. ☎ 05.61.95.68.01. Fax : 05.61.95.82.24. Accès : en venant de Gourdan, prenez la 1re rue avant l'église. Au pied des Pyrénées, dans un petit hameau sympa. Gîte de 12 lits très bien tenu. Comptez 7,62 € (49,98 F) la nuit, 9,15 € (60,02 F) en hiver, et 1,52 € (9,97 F) le petit déjeuner que vous vous préparerez. Gratuit pour les moins de 6 ans et demi-tarif de 6 à 12 ans. Le patron est guide de haute montagne. Un endroit agréable pour se reposer et pratiquer des activités de pleine nature. Si vous louez le gîte en entier il vous en coûtera 295 € (1935,07 F) pour 6 nuits.

MIDI-PYRÉNÉES

IDRAC-RESPAILLÈS 32300   Carte régionale A2

25 km SO d'Auch ; 3 km E de Mirande

Chambres d'hôte Les Quatre Saisons (Alain Fillos) : ☎ 05.62.66.60.74. Accès : de l'A 62 Bordeaux/Toulouse, sortie Aiguillon direction Auch ; 3 km avant Mirande, prenez la direction Lannemezan. Arrivé à Idrac, suivez le fléchage. Sur réservation. Dans un petit bâtiment agrandi et complètement rénové, face à la ferme, Alain a aménagé 4 chambres de plain-pied, à 34 € (223,03 F) pour 2, petit déjeuner compris. Repas à partir de 11 € (72,16 F), à base des produits de la ferme (céréales et élevage de bovins), souvent servi en terrasse, avec le spectacle reposant des prairies, des vaches qui paissent et des bois environnants. Accueil sympa et authentique, une bonne adresse pour les familles et les amateurs de nature et de repos.

ISLE-EN-DODON (L') 31230   Carte régionale A2

70 km SO de Toulouse ; 40 km N de Saint-Gaudens

🏚 |●| (10 %) *Chambres d'hôte (Marie-Pierre et Philippe Égretaud) :* Encatello. ☎ et fax : 05.61.88.67.72. Accès : N 124 Toulouse/Auch jusqu'à L'Isle-Jourdain ; puis direction Lombez, traversez le bourg et à 8 km, prenez la D 17 ; traversez L'Isle-en-Dodon et à 1 km (sur la D 17) fléchage « Encatello ». Marie-Pierre et Philippe tiennent 4 chambres avec sanitaires privés, à 31 € (203,35 F) pour 2, petit déjeuner compris. À la table d'hôte, 13 € (85,27 F) in vlnus, vous goûterez tous les bons produits de la ferme : spécialités de confit, magret, cassoulet, salmis de pigeon, civet, etc. Les animaux raviront les petits, et les familles qui le souhaitent pourront aussi séjourner dans 2 gîtes ruraux. Une adresse tranquille, et un très bon rapport qualité-prix.

ISLE-JOURDAIN (L') 32600   Carte régionale A2

45 km E d'Auch ; 36 km O de Toulouse

🏚 |●| ✕ (10 %) *Ferme-auberge du Pigeonnier de Guerre (Éliane Bajon) :* ☎ 05.62.07.29.17. Fax : 05.62.07.31.70. ● http://perso.libertysurf.fr/gite-ferme-bajon ● Accès : sur la N 124 entre Toulouse et Auch ; dans L'Isle-Jourdain, prenez la D 9 vers Grenade, la ferme est à 2 km plus loin à droite. Fermé du 24 décembre au 10 janvier. Uniquement sur réservation (pour l'auberge). Ne cherchez pas le château, il a brûlé en 1955. Il ne reste du domaine que la ferme des parents d'Éliane, l'étable et le grenier (aménagés en chambres d'hôte et ferme-auberge), le pigeonnier, et la maison des maîtres valets (la maison d'Éliane). 3 chambres à la déco simple mais sympa. Sanitaires privés. Comptez 41,16 € (270 F) pour 2, petit déjeuner compris (jus de pomme artisanal, confitures et gâteau maison). Grande salle à manger avec cheminée pour prendre les repas. Table d'hôte à 13,72 € (90 F). Ceux qui opteront pour l'auberge trouveront 3 menus à 16, 21 à 29 € (104,95, 137,75 et 190,23 F), toujours café et vin compris ; avec apéro dans les deux derniers. Bonnes spécialités du terroir : garbure, tourin à l'ail, foie gras avec verre de blanc à 29 € (190,23 F), poule farcie, pintade en habit d'automne, gâteau gersois et les merveilles (miam-miam !). Les randonneurs trouveront le GR 653 (chemin de Saint-Jacques) à 200 m. Éliane, jeune et souriante hôtesse, organise aussi des week-ends à thème : foie gras, découverte des pigeonniers. Une gentille adresse.

JUILLAC 32230   Carte régionale A2

25 km de Mirande ; 40 km N de Tarbes

🏚 |●| *Chambres d'hôte (Hélène et Yves de Rességuier) :* Au Château. ☎ 05.62.09.37.93 et 06.15.90.25.31. Accès : A 61 jusqu'à Langon, puis D 932 jusqu'à Aire-sur-l'Adour et D 935 jusqu'à Riscle ; là, prenez la D 3 vers Plaisance, Marciac, et à Marciac la D 255 direction Juillac ; traversez le village, c'est la 1ʳᵉ à gauche après la sortie de Juillac. Sur réservation. Ancienne chartreuse du XVIIIᵉ siècle, entourée d'un parc fleuri et ombragé, qui jouit d'une vue magnifique sur la campagne environnante. Yves et Hélène ont fort bien restauré l'aile gauche, qui était en fait l'ancienne demeure des salariés de la propriété (élevage de vaches laitières et cultures céréalières). À l'étage, 3 coquettes chambres avec sanitaires privés : « le Cocher », « la Lingère » et « le Jardinier », à 46 € (301,74 F) pour 2, petit déjeuner compris (ah ! le bon lait de la ferme et les confitures maison...). Sur réservation, possibilité de repas à 15,50 € (101,67 F), des produits du terroir frais, frais, frais... Une bonne adresse pour les randonneurs (2 vélos peuvent être prêtés aux plus courageux !), les adeptes de la montagne (les Pyrénées sont à 1 h) et les fans de jazz (Marciac est à 5 km).

JUNCALAS 65100   Carte régionale A2

26 km SO de Tarbes ; 5 km S de Lourdes

🛏 |●| ⧓ *Chambres d'hôte Maison de Monseigneur Laurence (Arlette et Robert Assouere) :* ☎ 05.62.42.02.04. Fax : 05.62.94.13.91. Accès : de Lourdes, D 21 vers Argelès-Gazost, avant le Pont-Neuf prenez la D 13 Lugagnan/Ger, l'embranchement vers Juncalas est un peu plus loin à gauche (D 26). Au cœur d'un petit village paisible, agréable maison datant de 1802. Pour la petite histoire, c'est ici que grandit Mgr Laurence (né en 1790), évêque de Tarbes, celui-là même qui officialisa les apparitions de Lourdes ! Au 1er étage, 4 chambres décorées avec goût. Sanitaires privés. 38,11 € (250 F) pour 2, super petit déjeuner compris (plein de sortes de confitures, et pâtisserie maison). Belle salle à manger cossue, agrémentée d'un buffet garde-manger et d'une grande cheminée ornée de bougeoirs rutilants. Table d'hôte à 15,24 € (100 F), vin compris. Comme Robert chasse et pêche, vous dégusterez souvent ses prises, accommodées par Arlette comme, par exemple, le civet de marcassin ou de chevreuil. Coquet jardin fleuri pour se détendre. Accueil ultra-chaleureux. Une bonne adresse à deux pas de Lourdes (il faudra bien qu'on finisse par faire notre pèlerinage, le lieu s'y prête quand même !).

LAAS 32170   Carte régionale A2

35 km SO d'Auch ; 10 km SO de Mirande

🛏 |●| 🛏 ⧓ ⑩⑩% *Chambres d'hôte Au Marchou (Odette et Paul Duffar) :* ☎ 05.62.67.57.14 et 06.13.31.38.10. Accès : à 4 km de Miélan, sur la N 21 Auch/Tarbes ; bien indiqué. Ferme familiale typique. Les propriétaires prennent plaisir à accueillir leurs hôtes pour leur faire partager les traditions gasconnes. 4 chambres d'hôte simples mais agréables, avec vue sur les Pyrénées. Deux avec sanitaires privés, les deux autres avec douches privées mais w.-c. communs. Comptez de 34 à 39 € (de 223,03 à 255,82 F) pour 2, petit déjeuner compris. Savoureuse cuisine régionale, servie à la table d'hôte, à 15,50 € (101,67 F), vin et café compris. Nous, on a bien apprécié les bonnes spécialités d'Odette : soupe aux fèves, garbure, omelette aux girolles, salmis de palombe, croustade de canard aux olives, flan aux pruneaux, millasson aux pommes... Inutile de préciser qu'on sort le ventre bien repu et l'esprit guilleret ! Installation prévue d'un gîte de 4 personnes. Accueil des plus chaleureux.

LABASTIDE-DU-TEMPLE 82100   Carte régionale A1

20 km NO de Montauban

🛏 |●| 🛏 ⑩⑩% *Chambres d'hôte La Ferme de Barriquoutié (Elke et Francis Poly-carpe) :* ☎ 05.63.31.68.36. Accès : de Montauban, prenez la D 958 vers Castelsarrasin ou la D 937 vers Lafrançaise, Labastide-du-Temple se trouve entre ces deux villes par la D 45. Elke et Francis sont horticulteurs et arboriculteurs... Dans leur propriété située dans un village paisible, venez déguster les pommes, les pêches ou les brugnons, et le délicieux jus de pomme qu'Elke ne manquera pas de vous faire goûter. 2 chambres agréables et spacieuses, avec sanitaires privés, à 39,60 € (259,76 F) pour 2, petit déjeuner compris. Possibilité de repas le soir pour 13 € (85,27 F) : entrée, viande, légumes et surtout tartes aux fruits maison, ou fruits frais bien sûr. Vous pourrez profiter de la piscine, visiter les serres et le jardin de Francis. Bon accueil.

LABASTIDE-ROUAIROUX 81270   Carte régionale B2

42 km SE de Castres ; 25 km E de Mazamet

🛏 🛏 ⧓ ⑩⑩% *Chambres d'hôte et gîte de séjour (Gérard Bastide) :* Montplaisir. ☎ et fax : 05.63.98.05.76. Accès : à Labastide-Rouairoux, prenez la D 64 direction route des Lacs, puis la D 165 vers Anglès sur 2,5 km. Dans un site sauvage au milieu des bois, à mi-pente de la vallée du Merlaussou, Marie et Gérard vous reçoivent dans une ancienne fabrique textile du XVIIIe siècle. 1 chambre d'hôte avec sanitaires privés, à 33,54 € (220 F) pour 2, petit déjeuner compris, et 1 gîte de séjour pour 8 personnes à 8,38 € (55 F) la nuit par personne. Côté loisirs, Gérard vous propose de découvrir les sentiers à VTT (mono diplômé, il écrit même des topoguides), et Marie tient à votre disposition la panoplie du parfait naturaliste. Accueil chaleureux, une adresse pour les amateurs de nature.

LABATUT-RIVIÈRE 65700
Carte régionale A2

34 km N de Tarbes ; 8 km N de Maubourguet

🛏 |●| 🏠 **⟨10 %⟩** *Chambres d'hôte (Daniel Souquet) :* 5, route du Manoir. ☎ 05.62.96.34.12. Fax : 05.62.96.95.92. ● manoir.souq@worldonline.fr ● Accès : sur la D 935 ; à Maubourguet, suivez la direction de Marciac, puis de Plaisance (D 67). Cette vaste et superbe propriété était en fait l'ancienne perception, jusqu'à ce qu'elle devienne la propriété familiale des Souquet en 1894. Belle cour ombragée et fleurie. Dans un bâtiment indépendant, 6 chambres, de 38,11 à 45,73 € (de 250 à 300 F) pour 2 (selon les sanitaires), petit déjeuner compris. Possibilité de repas sur demande uniquement à 13 € (85,27 F). Également 2 gîtes ruraux (pour 2 à 10 personnes) à louer de 274,41 à 682,02 € (de 1800 à 4500 F) la semaine, suivant la saison et la capacité. Grande salle d'animation pour soirées. Pêche sur étang et canal. Piscine. Sauna et spa (accès payant). Vélos et VTT. Court de tennis et poney. Propriétaires extrêmement dynamiques.

LACAUNE 81230
Carte régionale B2

45 km E de Castres ; 20 km S de Belmont-sur-Rance

🛏 |●| *Chambres d'hôte Le Relais de Couloubrac (Christine et Claude Sereno) :* ☎ et fax : 05.63.37.14.94. Accès : de Castres, D 622 vers Murat jusqu'à Lacaune ; dans le bourg, D 81 vers Viane, et fléchage à l'embranchement vers Couloubrac. Fermé en décembre. À 800 m d'altitude, aux confins du Tarn, de l'Aveyron et de l'Hérault, ancien corps de ferme tenu par un couple sympa. 5 coquettes chambres (une préférence pour la chambre bleue, plus romantique). Sanitaires privés. Comptez 42,69 € (280 F) pour 2, petit déjeuner compris. La table d'hôte est le domaine de Christine. Goûteuses spécialités locales pour 14,48 € (95 F). À l'extérieur, petit lac d'agrément. VTT à disposition. Bon rapport qualité-convivialité-prix. N'oubliez pas que vous êtes aux portes du parc régional du Haut-Languedoc... Les randonneurs de tout poil trouveront leur bonheur, qu'ils soient à pied, à VTT, à skis ou en raquettes. Passionnés d'histoire, sachez que la région était à majorité protestante. Il n'en reste pratiquement plus de signes, et pour cause !... Après la révocation de l'édit de Nantes en 1685 (pour mémoire, il avait été promulgué par Henri IV en 1598), tous les temples furent détruits... (on ne parle pas des hommes !). Obligée de rentrer dans la clandestinité (durant un siècle), la religion s'exprima dans des réunions secrètes, les « Assemblées du Désert ». Nombreuses sont celles qui se tinrent à Couloubrac...

LACAVE 46200
Carte régionale A1

56 km N de Cahors ; 16 km E de Souillac

|●| 🏠 *Ferme-auberge Calvel Le Bougayrou (Claude et Jean-Philippe Calvel) :* ☎ 05.65.37.87.20. Accès : à 2 km du village, sur la D 23 vers Meyronne. Fermé le jeudi et de fin septembre à fin octobre. En basse saison, ouvert le week-end et à Pâques uniquement. Conseillé de réserver. Dans un site enchanteur, une grande demeure de charme. Accueil chaleureux et excellente cuisine. 2 menus : à 13 € (85,27 F), vin compris, avec soupe de campagne, jambon de pays, rillettes d'oie, viande du jour accompagnée d'une galette de pommes de terre, salade, fromage et dessert maison ; à 14,50 € (95,11 F) avec confit d'oie. Suppléments de 6,86 € (45 F) pour le foie gras et de 2,29 € (15 F) pour les cèpes. Pas de chambres mais 1 camping à la ferme de 6 emplacements. Le coin rêvé pour une semaine de repos et de détente.

LAFRANÇAISE 82130 · Carte régionale A1

12 km N de Montauban ; 17 km NE de Moissac

🛏 ♞ *Chambres d'hôte (Francine Huc)* : Les Rives. ☎ 05.63.65.87.65 et 06.73.24.25.21. Accès : de Montauban, D 927 vers Lafrançaise, et fléchage à gauche à 12 km. Au milieu d'un grand parc, belle demeure de caractère recouverte d'ampélopsis. 2 suites confortables, bien meublées et équipées de sanitaires privés. 42 € (275,5 F) pour 2, copieux petit déjeuner compris : jus de fruits, viennoiseries, gâteau et confitures maison (voilà de quoi commencer la journée !). Pas de table d'hôte, mais une ferme-auberge à Lafrançaise (voir ci-dessous) et coin cuisine d'été pour les beaux jours. Salon, bibliothèque, télévision. Agréable piscine. Accueil chaleureux. Une bonne adresse.

🛏 ¶◀ *Ferme-auberge des Trouilles (Monique et Benoît Guffroy)* : ☎ 05.63.65.84.46. Accès : à la sortie du village, prenez la route de Molières pendant 800 m et la 1re route à droite. Uniquement sur réservation. Grande ferme assez loin de la route principale. Calme assuré. Propose 6 belles chambres, dont une pour nos lecteurs(trices) romantiques, joliment mansardée, avec de grosses poutres. Salle de bains privée. Comptez 43 € (282,06 F) pour 2. Excellente cuisine régionale servie copieusement dans une salle à manger agréable. Menus de 14 à 29 € (91,83 à 190,23 F), tous avec apéro, vin et café compris. « Menu grillade » avec potage, pâté de canard au foie gras, salade quercynoise aux gésiers confits, magret grillé au feu de bois, plateau de fromages fermiers et deux pâtisseries maison. « Menu saveur » avec, entre autres, le foie gras de canard entier et la tourte gourmande (émincé de confit, cèpes...). Possibilité de demi-pension, bien entendu. Piscine. 3 petits chalets pour les séjours. Vente de produits fermiers. Accueil vraiment charmant.

LAGARDIOLLE 81110 · Carte régionale B2

25 km SO de Castres ; 16 km NE de Revel

🛏 ¶◀ ♞ ⚇ **10 %** *Chambres d'hôte (Laurence et Jean-Claude Larroque)* : En Calas. ☎ et fax : 05.63.50.38.17 et 06.08.63.55.15. Accès : N 126 Castres/Soual, puis D 622 Soual/Revel ; à mi-chemin, prenez la D 12 jusqu'à Lagardiolle que vous traversez ; la maison est dans le hameau suivant, sur la droite. Dans un petit coin tranquille, Laurence et Jean-Claude habitent dans la seule maison en pierre apparente. Ils vous recevront dans l'ancienne étable restaurée, qui a conservé la mangeoire, le râtelier et quelques poutres d'origine. 2 chambres agréables avec sanitaires privés, à 30,49 € (200 F) pour 2, petit déjeuner compris. Table d'hôte à 10 € (65,60 F) à partir des produits de la ferme : cassoulet, charcuterie, blanquette de chevreau, fromage de chèvre... Possibilité de repas gastronomique (avec foie gras, pigeons sur canapé, confit ...) et de panier pique-nique sur demande. Si vous venez avec vos bambins, la basse-cour fera leur bonheur.

LAGUIOLE 12210 · Carte régionale B1

56 km NE de Rodez ; 10 km S de Cassuejouls

🛏 ♞ ⚇ *Chambres d'hôte La Ferme de Moulhac (Claudine et Philippe Long)* : ☎ et fax : 05.65.44.33.25 et 06.07.30.55.77. ● www.france-bonjour.com/moulhac/ ● Accès : de Laguiole, prenez la direction de Saint-Flour et au garage *Citroën* prenez la 1re à droite. À 1100 m d'altitude, au milieu des pâturages, superbe ferme traditionnelle du XIXe, coiffée de lauzes. Dans l'ancienne grange 4 chambres, dont une pour 4 personnes installées à l'étage avec sanitaires privés. La déco est superbe et mélange matériaux bruts de chantier ou naturels, cuivre martelé, bois et fer forgé. Il faut dire qu'elle a été réalisée par un architecte du pays, Thierry Chaleux, qui a, pour la petite histoire, œuvré pour la déco du resto de Michel Bras (vous m'en direz tant !). On a bien craqué sur la n° 1 dont les tables de chevet sont des morceaux d'orgues basaltiques... 49 € (321,42 F) pour 2, petit déjeuner compris (fromage blanc, fruits et crêpes maison) et 12,20 € (80 F) par personne supplémentaire. Accueil convivial. Une adresse au charme indéniable et une déco comme on n'en voit pas souvent.

LAMONTÉLARIÉ 81260   Carte régionale B2

45 km E de Castres ; 10 km NO de La Salvetat-sur-Agout

🏠 |●| ***Chambres d'hôte La Tranquille (Sophie et Denis Saillard) :*** ☎ et fax :
05.63.74.56.54. ● la-tranquille@worldonline.fr ● Accès : de Castres, D 622 vers Lacaune ;
avant la gendarmerie de Brassac, tournez à droite vers La Salvetat/lac de la Raviège, puis
au barrage, tournez à gauche vers Lamontélarié (D52) ; la maison est à 1,5 km avant le
village sur la droite. Fermé du 1er novembre au 15 février. Nichée dans un grand parc où
court un gentil ruisseau, *La Tranquille* porte bien son nom. C'est une maison assez
récente que Denis et Sophie ont aménagée et agrandie. 3 chambres coquettes, spacieuses et claires, toutes de plain-pied. Une plus grande, familiale à l'étage. Sanitaires privés. Comptez 37 € (242,70 F) pour 2, petit déjeuner compris. C'est Denis qui cuisine et
c'est quelque chose !... Normal, sa mère et sa grand-mère lui ont enseigné toutes leurs
recettes. Repas à 11 € (72,16 F), vin et café compris. Accueil jeune et sympa. Une bonne
adresse. Plein de randos à faire tout autour et pour ceux qui préfèrent les sports aqua-
tiques, le lac est à deux pas.

LANTA 31570   Carte régionale B2

15 km E de Toulouse

🏠 ⤳ ***Chambres d'hôte (M. et Mme Panegos) :*** Garnes d'Espagne. ☎ 05.61.83.75.23.
Accès : de la rocade de Toulouse, prenez la sortie n° 17 direction Castres par la N 126
jusqu'à Vallesvilles ; puis la D 31 vers Lanta, c'est à 3 km avant. Ouvert d'avril à
novembre. Belle maison de maître en brique rose, entourée d'un parc avec arbres centenaires. 2 jolies chambres avec sanitaires privés : une suite à l'étage, et une ravissante,
idéale pour les familles, avec mezzanine pour les enfants et salon particulier. Comptez
41,16 € (270 F) pour 2, petit déjeuner compris. Beaux meubles anciens et atmosphère
cossue. Pas de table d'hôte, mais réfrigérateur à disposition des hôtes, possibilité de
pique-niquer dans le jardin et restos pas trop loin.

LAPANOUSE-DE-SÉVERAC 12150   Carte régionale B1

42 km N de Millau ; 4 km O de Séverac-le-Château

🏠 🐕 ⤳ ⑩% ***Chambres d'hôte (Armelle et Henri Costes) :*** rue des Rosiers. ☎ et fax :
05.65.71.64.40. ● costes@net-up.com ● Accès : A 75, sortie 42 (Séverac-le-Château),
puis N 88 vers Rodez jusqu'à Lapanouse ; rentrez dans le village et suivez le trèfle,
emblème de la maison. Agréable maison de village, dont une partie est installée dans
l'ancienne tour de garde du château de Lapanouse. 3 chambres coquettes et colorées,
installées au 1er étage de la maison, pouvant accueillir de 2 à 5 personnes. Sanitaires privés. 38 € (249,26 F) pour 2, petit déjeuner compris (gâteau, confitures et yaourt maison).
Les chambres sont classées « accueil toboggan » et vous trouverez tout le matériel pour
les plus petits. Pas de table d'hôte mais un bon routier dans le village. Accueil convivial.

LARTIGUE 32450   Carte régionale A2

20 km SE d'Auch ; 70 km O de Toulouse Blagnac

🏠 🐕 ***Chambres d'hôte (Marie-Claire et Jean Forget) :*** Garrigas. ☎ 05.62.65.42.10.
Fax : 05.62.65.49.25. Accès : d'Auch, direction Castelnau-Barbarens (D 626) ; à Castelnau, prenez la D 40 direction Héréchou sur 6 km ; au 1er carrefour, prenez le petit chemin à
droite sur 800 m et fléchage. Fermé du 15 décembre au 1er avril. Sur réservation. *Garrigas*
est une propriété toute fleurie située sur un petit coteau dominant la vallée de l'Arratz.
Dans un petit bâtiment restauré, Marie-Claire et Jean, agriculteurs à la retraite, ont aménagé 3 chambres personnalisées et décorées avec goût, toutes équipées de sanitaires
privés : « les Pigeonniers », la « chambre Rose » et « les Tournesols ». Comptez 44 €
(288,62 F) pour 2, petit déjeuner compris. Pas de table d'hôte, mais auberges à proximité.
Accueil chaleureux.

🏚 |●| 🏠 *Chambres d'hôte (Régine et Raymond Bertheau)* : Moulin de Mazères. ☎ 05.62.65.98.68. Fax : 05.62.65.83.50. Accès : à 2,5 km de la mairie, sur la D 40, entre Héréchou et Castelnau-Barbarens. Moulin à eau entièrement restauré donnant sur la rivière Arrats. 4 chambres confortables et bien décorées. Comptez 56,50 € (370,62 F) pour 2, petit déjeuner compris. Sur demande, repas gascon servi dans la grande salle des meules du moulin, sur nappe blanche, avec porcelaine et argenterie, 19 € (124,63 F) par personne. Grand parc avec piscine. Très bon accueil.

🏚 |●| 🏠 ⁂ ⑩% *Chambres d'hôte (Nicole et Philippe Devaux)* : hameau de Mazères. ☎ 05.62.65.80.72. Fax : 05.62.65.80.75. Accès : d'Auch, prenez la D 626 direction Castelnau-Barbarens ; à Castelnau, D 40 vers Héréchou sur 3 km et tournez à gauche direction hameau de Mazères. Sur réservation. Au bout d'un petit chemin, vous trouverez une maison récente, mais bien dans le style du pays. Nicole et Philippe, deux agriculteurs sympas, y tiennent 4 chambres confortables, deux situées au rez-de-chaussée et les deux autres à l'étage. Comptez 45,80 € (300,43 F) pour 2, petit déjeuner compris, et 13,80 € (90,52 F) le repas copieux en table d'hôte (les proprios exploitent une conserverie artisanale de canards gras). Possibilité de participer à des séjours « foie gras » et de visiter la conserverie.

LAUTREC 81440   Carte régionale B2

30 km S d'Albi ; 15 km NO de Castres

🏚 |●| ⁂ ⑩% *Chambre d'hôte Moulin de Ginestet (Nadine et Gilles Dubois)* : ☎ et fax : 05.63.75.32.65. ● duboisgilles@aol.com ● Accès : de Castres, D 83 vers Graulhet ; 3 km avant Lautrec, tournez à gauche (en face de la casse) et tout de suite à droite, allez jusqu'au bout du hameau. Ouvert de début juin à fin septembre, et pendant les vacances scolaires (c'était l'bon temps). Voilà encore un lieu original où il fait bon s'arrêter... Eh oui, vous êtes dans un authentique moulin du XVIIIᵉ siècle, installé au bord d'un ruisseau. Le vieil escalier en pierre vous conduit sur une terrasse couverte. Viennent ensuite le salon et la salle à manger meublés avec goût, dans le respect du style de la maison. 1 seule chambre sous forme de suite. Sanitaires privés. Comptez 31 € (203,35 F) pour 2, petit déjeuner compris. Table d'hôte à 14 € (91,83 F). Nadine adore les tartes salées et n'oublie jamais la spécialité de la région (l'ail rose de Lautrec). Ceux qui aiment taquiner le poisson pourront (s'ils ont le permis) pêcher dans le Bagas. Accueil chaleureux.

|●| *Ferme-auberge Le Garde Pile (Joséphine et Thierry Bardou)* : Combelasse. ☎ et fax : 05.63.75.34.58. Accès : de Castres, D 83 vers Lautrec ; 3 km avant Lautrec, fléchage. Ouvert du vendredi au dimanche, sauf en août. Uniquement sur réservation. Le « garde pile », c'est le bâtiment dans lequel on stockait autrefois les gerbes et les sacs de blé. Il faisait partie de la ferme familiale et Thierry l'a restauré en respectant son authenticité. Grosses poutres d'une magnifique charpente, pierres apparentes et grande cheminée en font tout son charme. Menus de 14 à 26 € (91,83 à 170,55 F), 1/4 de vin compris. Parmi les spécialités : soupe à l'ail (la spécialité du coin), charcuterie et foie gras maison, poulet au curry, magret de canard fourré aux pleurotes sauce aux morilles (hum !), cassoulet, poule au pot, poularde à l'ancienne, canard farci, coq au vin... Excellente cuisine avec les produits maison.

LAVARDENS 32360   Carte régionale A2

19 km NE de Vic-Fezensac ; 18 km NO d'Auch

🏚 |●| ⑩% *Chambres d'hôte (Monique et Roger Hugon)* : Mascara. ☎ 05.62.64.52.17. Fax : 05.62.64.58.33. Accès : à 3 km du village en allant sur Fleurance. Fermé en janvier. Préférable de réserver. Grande maison gasconne entièrement restaurée avec beaucoup de goût. 4 chambres de prestige, équipées de belles salles d'eau. Comptez de 54 à 61 € (de 354,22 à 400,13 F) pour 2, petit déjeuner compris. Belle salle à manger, et repas servis sur nappe en dentelle, avec porcelaine et argenterie. Accueil raffiné. Piscine. Une adresse pour routards aisés.

LAVAUR 81500   Carte régionale B2

30 km NE de Toulouse ; 26 km S de Gaillac

🛏 |●| 🎿 *Chambres d'hôte Le Pépil (Marie-José et Jean-Paul Raynaud) :* Giroussens. ☎ 05.63.41.62.84 et 06.86.89.40.07. Accès : de l'A 68 Toulouse/Albi, sortie n° 7, et faites 6 km en direction de Graulhet ; la maison est à 200 m du croisement entre la D 87 (Gaillac/Lavaur) et la D 631. Fermé du 28 août au 5 septembre. Ancienne ferme restaurée en pierre du pays, avec un charmant pigeonnier qui inspirera peintres et photographes. 4 belles chambres confortables et lumineuses, aménagées au 1er étage d'une grange, à 38 € (249,26 F) pour 2, petit déjeuner inclus. Marie-José s'occupe des ânes et de la volaille, ainsi que du jardin pour les repas de ses hôtes. Table d'hôte entre 14 € (91,83 F), gaillac de la propriété compris et pain maison, servie dans l'ancienne étable, près d'une splendide cheminée. Spécialités de salade d'artichauts au foie séché, de beignets d'aubergine, de soupe d'ortie, de poulet à l'oseille, de salade de pissenlits aux lardons, de tartes et de curbelets. Vélos à disposition pour une balade en forêt, ou sinon, allez faire un tour au village de Giroussens, où quelques potiers font revivre une tradition réputée depuis le XVIIIe siècle.

LAVIT-DE-LOMAGNE 82120   Carte régionale A1

45 km O de Montauban ; 23 km SO de Castelsarrasin

🛏 |●| 🎿 ✂ ⟨10 %⟩ *Chambres d'hôte (Danielle et Joseph Borgolotto) :* Ferme de Floris, route de Saint-Clar. ☎ 05.63.94.03.26. Fax : 05.63.94.05.45. Accès : à Valence-d'Agen, prenez la D 953 direction Lectoure/Saint-Clar, puis la D 88 direction Beaumont-de-Lomagne, puis la D 3 vers Lavit-de-Lomagne, au rond-point prenez la D 15, puis la D 111 vers Saint-Clar, faites 2,5 km et Floris se trouve à gauche (ouf !). Sur les coteaux de Lomagne, au cœur de la région de l'ail et des vergers, superbe ferme restaurée en pleine campagne. 5 chambres mansardées, spacieuses, avec sanitaires privés, à 41 € (268,94 F) pour 2, petit déjeuner inclus. Agréable salon avec cheminée et de beaux meubles anciens. À sa table d'hôte, pour 13,72 € (90 F) apéro, vin et café compris, Danielle vous mitonnera de bons petits plats : velouté de courgettes, tourain à l'ail, charcuterie maison, poule farcie, coq au vin, daube aux pruneaux, tartes, fruits du verger, merveilles avec confitures maison. Pour vous dégourdir, un circuit de 30 km de rando passe devant la maison (peut être raccourci bien sûr). Accueil chaleureux et bon rapport qualité-prix.

LAYRISSE 65380   Carte régionale A2

15 km NE de Lourdes ; 15 km S de Tarbes

🛏 |●| 🎿 ⟨10 %⟩ *Chambres d'hôte (Thierry et Martine Salles) :* Ferme Davancens. ☎ et fax : 05.62.45.47.22 et 06.85.40.96.44. ● thierryetmartine-SALLE@wanadoo.fr ● Accès : de Tarbes, D 921 et au 2ne rond-point, direction Louey (D 7) jusqu'à Bénac, puis D 203 vers Visker ; puis 1re route à droite vers Layrisse, la maison est dans le bourg. Fermé du 15 novembre au 10 janvier. Petit village de 143 habitants qui invite au repos et à la détente, dans lequel Martine et Thierry, jeunes et sympathiques agriculteurs, ont aménagé, à côté de leur maison, la ferme bigourdane des oncles de Thierry. 3 chambres coquettes et confortables, avec sanitaires privés, et de très beaux tableaux réalisés par la sœur de Thierry dans toute la maison. Comptez 33,54 € (220 F) pour 2, petit déjeuner compris (confitures et viennoiseries maison, ainsi qu'un excellent pain de campagne). Repas à base des produits de la ferme, pour 10,67 € (70 F) vin et café compris. Accueil convivial, et de bons conseils pour découvrir les alentours.

|●| 🎿 *Ferme-auberge La Couriole (Laurence et Bernard Salles) :* dans le village. ☎ et fax : 05.62.45.42.25 et 06.07.74.59.38. Accès : de Tarbes, N 21 vers Lourdes jusqu'au carrefour de l'aéroport d'Ossun, tournez vers Louey/Bénac ; dans Bénac continuez la D 203 pendant 2 km, puis tournez à droite vers Layrisse et fléchage. Ouvert du jeudi au dimanche midi. C'est peut-être la vue magnifique sur les Pyrénées qui a poussé Laurence et Bernard à construire ici cette maison bigourdane dans le pur respect de la tradition (en tout cas, nous, on a d'autres raisons d'avoir envie d'y revenir...). Une ferme-auberge comme on en voit peu... Grande salle claire et toute fleurie, aménagée avec

beaucoup de goût (rideaux de cretonne) et agrémentée d'une vieille cheminée, qui semble avoir été là depuis toujours. Menus à 15,20 puis 19,10 et 24,40 € (100, 125 et 160 F). Délicieuse cuisine du terroir avec les volailles élevées par Bernard (réservation obligatoire). Selon les saisons : garbure, foie gras mi-cuit, confit de canard, poule au pot, magret aux pêches, poulet aux oignons, canette flambée aux pêches. L'accueil des proprios est à la hauteur du charme de l'auberge. Un de nos coups de cœur.

LECTOURE 32700 — Carte régionale A1

37 km N d'Auch ; 21 E de Condom

|●| 🐴 *Auberge de Gauran (Marylène Diaques) :* route de Nérac. ☎ 05.62.68.84.12. Accès : à 3 km du village, sur la route de Nérac (D 36), c'est le 3ᵉ chemin à gauche. Fermé de novembre à janvier, les lundis, mardis et mercredis midi en juillet et août ; les lundis, mardis et le dimanche soir le reste de l'année (vous avez votre agenda ?). Bonne cuisine de campagne. 50 couverts. Menus à 15,24 à 20,58 € (100 et 135 F), avec foie gras. Spécialités de terrines, garbure, croustade, gratins et farcis, tourte feuilletée à la viande, volailles rôties ou farcies, fromage de chèvre, sorbets et confitures de saison. Menu enfant à 8,38 € (55 F). En été, possibilité de manger en terrasse ou de profiter des expos de peinture et sculpture.

LÉGUEVIN 31490 — Carte régionale A2

18 km O de Toulouse

🛏 🐴 *Chambres d'hôte (M. et Mme Lapointe) :* domaine de Labarthe. ☎ 05.61.86.60.25. Accès : de la N 124 Toulouse/Auch, sortie Léguevin, au feu tournez à gauche puis à droite ; au rond-point (à 1 km) tournez à gauche, c'est la maison blanche. Aux portes de Toulouse, ferme en galets de la Garonne. 3 belles chambres, calmes et spacieuses (préférez celle avec l'estrade), avec salle d'eau et w.-c. communs. Comptez de 27,44 € (180 F), pour la plus petite, à 44,21 € (290 F), pour la plus grande, pour 2, petit déjeuner compris.

LEMPAUT 81700 — Carte régionale B2

22 km SO de Castres

🛏 🐴 ⟨10 %⟩ *Chambres d'hôte (Catherine et Gaëtan de Falguerolles) :* La Rode. ☎ 05.63.75.51.07. Fax : 05.63.70.43.49. ● www.perso.wanadoo.fr/larode ● Accès : en venant de Soual, D 622 vers Lempaut ; à Lescout, continuez tout droit (n'allez pas à Lempaut) pendant 1,5 km. Fermé du 1ᵉʳ novembre au 1ᵉʳ mars. Réservation conseillée, obligatoire en été. Ancien prieuré cistercien du XVIIᵉ siècle, transformé en vieille demeure de famille, au milieu d'un immense parc propice à la flânerie. 4 chambres très spacieuses avec de beaux meubles anciens. Comptez 45,73 € (300 F) pour 2, petit déjeuner compris. Réduction pour les séjours. Piscine. Propriétaires amicaux et discrets. Bonne adresse.

🛏 |●| ⟨10 %⟩ *Chambres d'hôte (Monique et Charles Sallier) :* La Bousquétarie. ☎ et fax : 05.63.75.51.09. et 06.84.09.37.08. Accès : de Castres, N 126 jusqu'à Soual, puis D 622 vers Lescout ; la maison est sur la D 46 entre Lempaut et Lescout. Fermé du 20 décembre au 5 janvier. Au milieu d'un parc de 50 ha, face à la Montagne Noire, superbe gentilhommière, avec un ensemble de salons, bibliothèque et splendide salle à manger avec cheminée. 4 chambres équipées de vastes sanitaires privés, décorées avec raffinement et meublées à l'ancienne. Comptez 60,98 € (400 F) pour 2, petit déjeuner inclus. Fait aussi table d'hôte, de 15,24 à 22,87 € (de 100 à 150 F) tout compris : spécialités de tomates farcies, cassoulet, galantines et volailles maison. Pour vous détendre dans ce havre de paix, grande piscine et tennis. Une adresse pour routards aisés.

LESCURE 09420　　　　　　　　Carte régionale A2

7 km E de Saint-Girons

🛏 |●| � ⑩% *Chambres d'hôte (Julie et Nicolas Goldsworthy) :* La Baquette. ☎ et fax : 05.61.96.37.67. ● www.ariege/nature/goldsworthy ● Accès : de Saint-Girons, prenez la D 117 vers Foix pendant 8 km, puis fléchage. Fermé du 1er novembre au 1er avril. Dans un petit hameau de trois maisons, adorable demeure bien restaurée. 3 chambres d'hôte, réparties entre le rez-de-chaussée et le 1er étage. Sanitaires privés. Comptez 36,59 € (240 F) pour 2, petit déjeuner compris. Possibilité de table d'hôte, dans une toute nouvelle véranda aux beaux jours. 13 € (85,27 F) le repas, vin compris (sur réservation en dehors de juillet et août). Une adresse pour se mettre au vert.

LOMBERS 81120　　　　　　　　Carte régionale B1-2

15 km S d'Albi ; 10 km NO de Réalmont

|●| 🏠 *Ferme-auberge de Racco (Roselyne et Bernard Mas) :* ☎ 05.63.56.67.07. Accès : par la D 4 de Cadalen à Lombers, sur la gauche après avoir passé l'Agros. Fermé en juillet. Uniquement sur réservation. Belle ferme restaurée avec une salle rustique de 65 couverts. Menus de 16,01 à 25,92 € (de 105 à 170 F), pour tous les goûts et tous les appétits ! Spécialités de quiche aux asperges, gâteau de foies de volailles, tarte au roquefort et aux noix, colvert aux pruneaux, confit, magret et pâtisserie maison.

LORP-SAINT-LIZIER 09190　　　　　Carte régionale A2

3 km O de Saint-Girons

🛏 |●| � ⑩% *Chambres d'hôte La Maison Blanche (Agnès et Alain Roques) :* Prat du Ritou. ☎ 05.61.66.48.33 et 06.12.52.36.00. Fax : 05.61.66.36.71. ● http://perso.wana doo.fr/a.roques.lamaisonblanche ● Accès : de Saint-Girons, D 117 vers Toulouse juqu'à Lorp ; à l'église, tournez à droite, puis traversez la voie ferrée et c'est à droite. Située au bord de la rivière, cette maison faisait autrefois partie d'une papeterie actuellement désaffectée (c'était celle du *big boss*...). Elle est toute simple, mais l'accueil d'Agnès et d'Alain est particulièrement chaleureux. 3 chambres confortables équipées de spacieux sanitaires privés. Comptez 42,69 € (280 F) pour 2, petit déjeuner compris. Agnès est directrice de crèche, et elle accueillera vos chères têtes blondes avec bonheur. C'est aussi une fine cuisinière, qui n'hésite pas à se lancer dans les recettes originales... 2,20 € (80 F) le repas, vin compris. Les proprios adorent les chevaux ; ils peuvent recevoir cavaliers et montures. Si vous avez oublié Jolly Jumper à la maison, les proprios attellent Rosper, et... hue coco ! Possibilité de balades accompagnées pour cavaliers confirmés en compagnie d'Agnès. Pour les amoureux des vieilles pierres, Saint-Lizier est tout proche, et possède une belle cathédrale avec des fresques romanes et un cloître.

LOUBAJAC 65100　　　　　　　　Carte régionale A2

25 km SO de Tarbes ; 5 km NO de Lourdes

🛏 |●| *Chambres d'hôte (Nadine Vivès) :* 28, route de Bartres. ☎ 05.62.94.44.17 et 06.08.57.38.95. Fax : 05.62.42.38.58. ● www.anousta.com ● Accès : sur la D 3 de Bartres à Loubajac, à 500 m de la nationale pour Lourdes. Fermé de la Toussaint aux vacances de février. Dans le village, vieille ferme restaurée avec 6 chambres superbement bien meublées, à 33,54 € (220 F) pour 2, petit déjeuner compris. Nadine fait aussi table d'hôte, à 12,20 € (80 F) avec vin et café, et sert de bons produits provenant de l'exploitation : charcuterie ou crudités, viande (poulet, lapin, canard, mouton), fromage et dessert. Vente de produits fermiers. Très belle salle à manger avec poutres, cheminée et meubles anciens. Très bon rapport qualité-prix-convivialité, une adresse à ne pas manquer !

LOURDES 65100   Carte régionale A2

4 km SO de Lourdes

🛏 |●| ✎ 💯 *Chambres d'hôte Les Rocailles (Murielle et Jacques Fanlou) :* Omex.
☎ 05.62.94.46.19. Fax : 05.62.94.33.35. ● muriellefanlou@aol.com● Accès : de Lourdes,
passez sous le pont de chemin de fer, prenez vers Saint-Pé-Bétharram à droite (D 937)
jusqu'aux sanctuaires situés à 800 m du pont ; puis le pont à gauche vers la vallée de Bat-
surguère jusqu'à Omex (D 13). Fermé du 15 novembre au 15 janvier. Dans un adorable
petit village situé au sein d'une des vallées du Lavedan, Murielle et Jacques ont redonné
vie à une très belle maison du XVIe au passé chargé d'histoire. Une fois le portail passé,
on entre dans une cour fleurie, on longe la piscine, puis le potager, et c'est au fond du jardin que l'on découvre au rez-de-chaussée une très belle pièce à vivre : murs peints à la
chaux, vieilles poutres, cheminée, coin cuisine aux rideaux en vichy. Murielle, qui était
couturière à l'Opéra, a mis un soin tout particulier dans l'harmonie des tissus, rideaux,
coussins, et dans la décoration de la maison. 3 chambres personnalisées avec sanitaires
privés, une au rez-de-chaussée et deux autres à l'étage, auxquelles on accède par un
escalier dont la rampe en fer forgé a été fabriquée par Jacques. Comptez 54 € (354,22 F)
pour 2, petit déjeuner compris (gâteau à la broche !). Télé, téléphone et coffre-fort dans
chaque chambre, celles à l'étage sont climatisées (waouh !). Table d'hôte (sauf le jeudi
soir) à 17 € (111,51 F), pour une cuisine fine préparée par Murielle (plats régionaux du
« Grand Sud-Ouest »). Une bonne adresse.

LOUSSOUS-DÉBAT 32290   Carte régionale A2

55 km O d'Auch ; 6 km S d'Aignan

🛏 |●| 🚶 ✎ 💯 *Chambres d'hôte (Agnès de Joly et Pierre Caravannier) :* ☎ et fax :
05.62.09.21.98. ● pierre.caravannien@wanadoo.fr ● Accès : Loussous-Débat se trouve
sur la D 20 entre Aignan et Plaisance-de-Gers (fléchage dans le village). Fermé de début
novembre à fin mars. Dans un village de 50 âmes, ancienne ferme restaurée, desservie
par un petit chemin privé. Au rez-de-chaussée, 2 chambres attenantes pour les familles.
Déco rustique, murs à colombages. Dans l'ancienne grange, 2 chambres mansardées, et
1 dans l'ancien poulailler, toutes simples mais agréables. Une dernière dans une petite
maison indépendante, idéale pour les séjours (pour 4 personnes, avec 2 lits en mezzanine, kitchenette et petite terrasse). Toutes ont sanitaires privés. Comptez 40 € (262,38 F)
pour 2, petit déjeuner compris, et, oh, surprise, à vous la grasse matinée ! Les maîtres des
lieux veillent sur vos marmots, et croyez-nous, ils ont de quoi les occuper... (la maison est
classée « accueil toboggan », original non ?). À la table d'hôte, il y a deux services de
repas : enfants et parents (c'est bon les vacances !). Bonnes recettes régionales avec les
légumes bio et le pain maison ! 15 € (98,39 F) le repas (tarif réduit pour les petits). À
l'extérieur, piscine, nombreux jeux et équipements pour bambins, qui pourront de plus visiter la ferme avec les ânes, les moutons et les petits cochons (souvent plus de trois).
Accueil très sympa. Une adresse spéciale famille.

LUNAX 31350   Carte régionale A2

35 km N de Saint-Gaudens ; 6 km NE de Boulogne-sur-Gesse

🛏 |●| 🚶 ✎ 💯 *Chambres d'hôte (Werner et Karin Mazanek) :* ☎ 05.61.88.26.06.
Accès : de Boulogne-sur-Gesse, D 632 vers Toulouse pendant 6 km et sortie Lunax ; au
carrefour, laissez le village à droite et tournez à gauche, c'est la 2e maison à droite.
Ancienne ferme entourée d'un jardin. Dans un bâtiment indépendant de la maison,
2 chambres coquettes et parées de toiles d'Hubert, l'ami de la famille. Chacune avec
entrée indépendante et sanitaires privés. Comptez 37 € (240 F) pour 2, copieux petit
déjeuner compris (charcuterie, fromages, fruits...). Repas et petit dej sont servis chez
Karin et Werner, dans une cuisine-séjour agrémentée d'une agréable cheminée. Table
d'hôte à 14 € (91,83 F), pour une cuisine originale et internationale, avec des produits de
qualité... Pour les loisirs, le lac de la Gimone est à quelques enjambées et est équipé
d'une base nautique. Autrement, vous pourrez aussi faire un tour dans la DS de Werner
qui propose des balades-découverte de la région (original, non ?). Pour les petits budgets,
il y a aussi une petite aire de camping pour planter sa tente ou même louer une grande

caravane ou un mobile-home tout équipés (idéal pour les familles de 4 personnes), respectivement à 15 et 23 € (98,39 et 150,87 F) par jour. Accueil jeune et sympa.

LUPIAC 32290
Carte régionale A2

37 km O d'Auch ; 10 km E d'Aignan

☎ |○| 🐾 ***Chambres d'hôte Domaine de Hongrie (Jacqueline et René Gillet) :*** ☎ 05.62.06.59.58. Fax : 05.62.64.41.93. Accès : du village, prenez la D 37 direction Vic-Fezensac, c'est à 2 km sur la gauche. Fermé en décembre, janvier et février. Uniquement sur réservation. Au calme, maison mi-gasconne mi-landaise très bien restaurée. Magnifiques salon et salle à manger avec poutres et cheminées. Les propriétaires, méridionaux et accueillants, proposent 3 chambres d'hôte et 4 gîtes très personnalisés. Comptez 50,31 € (330 F) pour 2, petit déjeuner inclus. Pour la table d'hôte, 2 formules : repas à 18,29 € (120 F), avec confit, magret, etc., ou le repas provençal, à 32,01 € (210 F), vin et café en sus.

MARCILLAC-VALLON 12330
Carte régionale B1

18 km N de Rodez ; 13 km S de Conques

☎ |○| (10%) ***Ferme-auberge (Claudine Costes et Éric Vinas) :*** Combret ☎ 05.65.72.83.85. Accès : de Rodez, direction Conques par la D 901 ; 5 km après Marcillac-Vallon, prenez à droite vers Combret pendant 500 m. Ouvert tous les jours en juillet-août, sauf le lundi ; hors saison, ouvert le samedi soir et le dimanche midi. On ne vient se restaurer chez Claudine et Éric que sur réservation, alors n'oubliez pas de téléphoner. La salle à manger est installée dans l'ancienne étable, et la belle cheminée dégage de délicieux effluves de viande rôtie (poulet, canard, pintade). De quoi vite passer à table pour déguster les spécialités de la maison... Menu à 14,94 € (98 F), sans le vin et le café, avec par exemple, pascadou, saucisse à l'huile, fricandeau, canard à la broche, légumes du jardin, plateau de fromages et une succulente tarte aux noix. Côté vin, Éric vous proposera son marcillac AOC, dont il n'est pas peu fier. Dans une des maisons de ce joli petit village aux pierres rouges, Claudine et Éric ont aménagé 3 chambres avec sanitaires privés. 38,10 € (250 F) pour 2, petit déjeuner compris. Table d'hôte à 12,96 € (85 F), vin compris. Accueil chaleureux.

MARTEL 46600
Carte régionale A-B1

58 km NO de Figeac ; 15 km NE de Souillac

|○| 🐾 ***Ferme-auberge Le Moulin à Huile de Noix (Jean-Luc Castagne) :*** route de Bretenoux. ☎ 05.65.37.40.69. Fax : 05.67.37.39.70. Accès : 3 km après Martel, suivez le fléchage « Moulin à noix ». Ouvert du printemps à l'automne sauf le lundi. Uniquement sur réservation. Dans une maison imposante en pierre de pays, datant du XVIIe siècle, ancien relais de chasse et de poste, Jean-Luc et son épouse vous accueillent chaleureusement. Sous la ferme-auberge, le patron fabrique de l'huile de noix, dans un moulin que vous pourrez visiter. Belle salle à manger rustique, pour des menus de 12,20 à 21,34 € (de 80 à 140 F), avec une bonne cuisine à l'ancienne : foie gras, confit de canard, grillades, gigot d'agneau, gâteau, clafoutis, glace aux noix, le tout arrosé d'un petit cahors, sans oublier l'apéro et la prune ! En bref, vous ne regretterez pas d'avoir fait le détour !

MARTRES-TOLOSANE 31220
Carte régionale A2

36 km NO de Saint-Girons ; 28 km NE de Saint-Gaudens

☎ |○| 🐾 (10%) ***Chambres d'hôte (M. et Mme Perrier) :*** domaine de Campignas. ☎ et fax : 05.61.90.02.29. Accès : autoroute Martres-Bayonne sortie n° 21 Boussens-Aurignac, au rond-point prenez la VC 30, traversez le canal et tournez aussitôt à gauche puis à droite ; la ferme est au bout du chemin à gauche. Ouvert du 1er juin au 15 septembre. Dans cette maison ancienne, 2 chambres familiales (composée de deux chambres) avec sanitaires privés. Comptez 33,50 € (219,75 F) pour 2, petit déjeuner compris. 12,50 € (81,99 F) par personne supplémentaire. Repas à 12,50 € (81,99 F), vin et café compris : salade de gésiers, confit, pintade sauce madère, tarte aux fruits de saison. Calme garanti et balades dans les 9 ha de bois. Centre équestre à 800 m.

MASSAT 09320 — Carte régionale A2

27 km SE de Saint-Girons

🏠 |●| 🐕 ⤫ (10%) *Chambres d'hôte Las Paouses (Béatrice et Denis Leblon) :* ☎ 05.61.96.94.31 ou 05.61.04.94.45. Fax : 05.61.04.94.45. Accès : de Saint-Girons, D 618 jusqu'à Massat ; dans le bourg, suivez la direction Boates et fléchage. À 750 m d'altitude, agréable maison (genre grand chalet) qui bénéficie d'un magnifique panorama sur les Pyrénées et la vallée de Lers. 2 chambres confortables installées dans une partie indépendante. Sanitaires privés. Comptez 38,11 € (250 F) pour 2, petit déjeuner compris. En été, cuisine à disposition et barbecue. Denis est horticulteur, Béatrice infirmière, et c'est aussi elle qui cuisine. Table d'hôte à 13,72 € (90 F), vin compris (uniquement en juillet-août). Bonne cuisine familiale avec des légumes bio. Les fans de randos trouveront plein de circuits à faire autour de la maison. Accueil agréable.

MAUBEC 82500 — Carte régionale A1-2

45 km S de Montauban ; 12 km SO de Beaumont-de-Lomagne

🏠 |●| 🐕 ⤫ (10%) *Chambres d'hôte (Michèle et Jean-Claude Roux) :* Jardin d'en Naoua. ☎ et fax : 05.63.65.39.61 et 06.87.24.29.93. ● jardin.naoua@free.fr ● Accès : de Montauban, prenez la route des Pyrénées direction Auch (D 928) ; passez Beaumont-de-Lomagne, allez jusqu'à Solomiac ; dans le village, prenez la D 165 sur 2 km, le lieu-dit Naoua est sur la gauche. Ouvert d'avril à octobre. Sur réservation de novembre à mars. *En Naoua*, c'est la propriété familiale de Jean-Claude, elle remonte au XVIIe siècle. Au rez-de-chaussée, une grande chambre familiale avec sanitaires privés, et une autre petite avec salle de bains privée mais w.-c. extérieurs ; à l'étage, 3 chambres avec sanitaires privés, jouissant d'une belle vue sur la campagne environnante. Comptez 45 € (295,18 F) pour 2, petit déjeuner compris, avec lait fermier, confitures et gâteau maison. Si vous le souhaitez, Michèle vous concoctera une cuisine régionale soignée, pour 15 € (98,39 F) le repas. Sous le grand auvent, vous pourrez apercevoir bon nombre d'outils que Maurice, le père de Jean-Claude, a remis en état et exposés. Et, si vous avez envie de faire un tour, prenez le petit chemin qui part de la maison vers le village médiéval de Maubec.

MAUBOURGUET 65700 — Carte régionale A2

26 km N de Tarbes

🏠 |●| ⤫ (10%) *Chambres d'hôte (Françoise et Henri-Paul Nouvellon) :* domaine de la Campagne. ☎ 05.62.96.45.71. Fax : 05.62.96.02.29. Accès : de Maubourguet, prenez à gauche la direction d'Auriébat, puis prenez le petit chemin à droite. Fermé de la Toussaint à Pâques. Belle ferme restaurée avec 4 chambres d'hôte. Deux au rez-de-chaussée avec sanitaires privés, entrée indépendante, et deux à l'étage avec salle de bains privée mais w.-c. communs. Comptez 46 € (301,74 F) pour 2, petit déjeuner inclus. Table d'hôte à 10,67 € (70 F), vin et café compris. Et un gîte pour 4 personnes, en rez-de-chaussée, à 305 € (2000,67 F) la semaine. Prêt de vélos, et tuyaux sur les randos à faire dans le coin. Détente en hamacs. Piscine. Bon rapport qualité-convivialité-prix.

MAUPAS 32240 — Carte régionale A1

75 km NO d'Auch ; 17 km NO de Nogaro

🏠 🐕 ⤫ (10%) *Chambres d'hôte Le Pouy (Béatrice et Germaine Ducasse) :* Le Pouy. ☎ 05.62.09.60.68 ou 05.62.09.08.07 et 06.72.25.64.17. Fax : 05.62.09.60.68. ● bducasse@minitel.net ● Accès : Maupas se trouve sur la D 32 entre Estang et Le Houga, fléchage à l'entrée du village. Fermé de mi-novembre à fin mars. Dans l'Armagnac Noir, au milieu d'une forêt de chênes et d'eucalyptus, maison du XVIIe siècle en pierre. 4 belles chambres à la ferme, avec sanitaires privés, de 45 € (295,18 F) et 50 € (327,98 F) pour la chambre 1900 et celle avec le baldaquin, pour 2, toujours avec le petit déjeuner. Pas de table d'hôte, mais cuisine et barbecue à disposition. Piscine et aire de jeux. Location de VTT. Bonnes infos sur la région, les artisans du pays et les circuits pédestres.

MAUROUX 32380 · Carte régionale A1

40 km NE d'Auch ; 17 km E de Fleurance ; 7 km NE de Saint-Clar

🛏 |●| ⤬ ⑩%️ *Chambres d'hôte La Ferme des Étoiles (Béatrice et Bruno Monflier) :* ☎ 05.62.66.46.83 ou 05.62.06.09.76. Fax : 05.62.06.09.76. ● fleurance.etoiles@net.fr ● Accès : de Saint-Clar, direction Lavit, en bas du village, prenez la D 13 jusqu'à Mauroux ; la maison est à la sortie du bourg à gauche. Fermé du 15 novembre à fin mars. En pleine nature, sur une petite colline, belle ferme gersoise, admirablement restaurée (par temps clair, on peut admirer toute la chaîne des Pyrénées). 5 chambres coquettes, une au rez-de-chaussée, les quatre autres à l'étage. Sanitaires privés. 52 € (341,10 F) pour 2, petit déjeuner compris. Table d'hôte à 16 € (104,95 F). Bonne cuisine du terroir. Ceux qui veulent faire ripaille pourront choisir le repas gastro à 25 € (163,99 F). Grande piscine pour se relaxer. La nuit tombée, vous comprendrez le sens de son nom... Pour la petite histoire, la maison est parrainée par Hubert Reeves (astrophysicien) et a servi de cadre pour l'émission *La Nuit des étoiles.* Il y a bien sûr un planétarium (ouvert au public ; droit d'entrée). L'été, quand le ciel est découvert, les proprios organisent aussi des veillées aux étoiles. Accueil chaleureux. Une adresse pour changer de planète !

MÉRENS-LES-VALS 09110 · · · · · · · · · · · Carte régionale B2

52 km SE de Foix ; 9 km S d'Ax-les-Thermes

🛏 |●| ⤬ *Gîte d'étape (Stéphanie Fabert) :* ☎ 05.61.64.32.50. Fax : 05.61.64.02.75. Accès : au milieu du village ; sur le GR 10. Fermé du 6 novembre au 15 décembre. Vous vous sentirez le cœur en joie, l'esprit optimiste sur le genre humain et le ventre rassasié en sortant du gîte de Stéphanie, tant l'accueil est chaleureux et le lieu sympathique. Hébergement en chambres, dortoirs et mezzanines, une quarantaine de places en tout. Comptez 10,50 € (68,88 F) par nuit et par personne (pensez à apporter votre duvet) et 5 € (32,80 F) le petit déjeuner. Le repas (sur réservation) fort copieux et composé de produits du terroir, est à 11 € (72,16 F), vin et café compris. Pour les randonneurs, le GR 10 et le GR 107, le « chemin des Bonshommes » qui rejoint l'Espagne, passent à Mérens.

MÉZENS 81800 · Carte régionale B2

35 km NE de Toulouse ; 25 km SO de Gaillac

🛏 |●| ⤬ ⑩%️ *Chambres d'hôte (Régine Saulle) :* Le Cambou. ☎ 05.63.41.82.66 et 06.13.13.24.35. Fermé du 23 décembre au 2 janvier. Belle maison lauragaise avec 3 jolies chambres avec salles de bains. Décoration personnalisée. Comptez 35 € (229,58 F) pour 2, petit déjeuner compris. Routards à l'âme d'artiste, n'hésitez pas, c'est ici qu'il vous faut venir ! Régine est spécialiste des tissages et tapisseries. Elle se fera un plaisir de répondre à toutes vos questions sur les différentes techniques. Pour ceux qui veulent aller plus loin, elle organise même des stages. Possibilité de repas à 12,50 € (81,99 F), apéro, vin et café compris. Cuisine familiale. Prêt de VTT. Une adresse idéale pour les amoureux de la nature et des arts.

MILHAS 31160 · Carte régionale A2

45 km O de Saint-Girons ; 18 km S de Saint-Gaudens

🛏 ⌂ ⑩%️ *Chambres d'hôte (M. et Mme Laylle) :* ☎ 05.61.88.41.06. Accès : par la D 26 jusqu'à Aspet, puis la D 5 vers Milhas. À 600 m d'altitude, dans un petit village de 120 âmes, jolie maison ancienne. En bas, le Rossignol, petit ruisseau de montagne, coule tranquillement. 3 chambres tout confort avec sanitaires privés, meublées à l'ancienne. Prix modérés : 30,49 € (200 F) pour 2, à 45,73 € (300 F) pour 4, petit déjeuner compris. Accueil très agréable. Pas de table d'hôte, mais petits restos à 2 km.

MILLAU 12100   Carte régionale B1

115 km N de Montpellier

I●I ⚑ *Ferme-auberge (Lucienne et Jean-Claude Galtier) :* Jassenove du Larzac. ☎ 05.65.60.71.80. Accès : traversez Millau par la N 9 ; au bout de la côte à gauche, direction La Salvage/Saint-Martin-du-Larzac. Fermé le mercredi en juillet-août et 10 jours en septembre. Uniquement sur réservation. Ferme-auberge de 50 couverts. Sur réservation. Un menu à 14,48 € (95 F), vin et café non compris. Spécialités de terrines, crêpes et soufflés au roquefort, galettes aux poireaux, côtelettes, gigot d'agneau ou de mouton, bœuf de Jassenove, lapins et poulets fermiers, gratins, tartes et gâteau au chocolat.

MOLIÈRES 82220   Carte régionale A1

25 km N de Montauban ; 15 km O de Caussade

I●I *Ferme-auberge de Coutié (Famille Lafargue) :* Espanel. ☎ 05.63.67.73.51. Accès : à Molières, prenez la D 20 direction Caussade jusqu'à Espanel, puis la D 22 pendant 200 m. Fermé le dimanche soir et le mardi (sauf pour les groupes). Uniquement sur réservation. Voilà une ferme-auberge comme on les aime, chargée d'histoire et de caractère. De prime abord, une maison bien de la région, avec ses murs faits de briques et de grésier (la pierre du pays), ses canards, ses oies et son élevage de vaches allaitantes. Mais ce qui en fait toute l'âme, c'est que depuis dix siècles, les Lafargue cultivent la même terre. Philippe vous en parlera d'ailleurs avec fierté, vous montrera archives et documents anciens, tandis que des portraits d'ancêtres vous attendent dans l'une des 2 salles de l'auberge. La cuisine, mitonnée avec amour par Josette, n'est pas moins authentique : elle prépare bon nombre de vieilles recettes dont elle garde jalousement le secret, comme la crème fermière de la grand-mère. 5 menus de 14,50 à 30,50 € (95,11 à 200,07 F), mais toujours cocktail de bienvenue, soupe, vin et café compris. Selon votre porte-monnaie, vous choisirez entre un pâté maison, une délicieuse tourte au confit, un poulet cocotte (viens poupoule !... euh... pardon) et une inoubliable croustade aux pommes. À 24,40 € (160,05 F), le « menu quercynois » avec foie gras et confit (au choix d'oie ou de canard). Accueil simple et chaleureux.

MONCAUP 31160   Carte régionale A2

28 km S de Saint-Gaudens ; 10 km SO d'Aspet

🛏 I●I ⚑ ⟨10 %⟩ *Gîte de séjour Le Bergerot (Colette Savès-Ducès) :* ☎ et fax : 05.61.88.83.41. ● lebergerot@aol.com ● Accès : d'Aspet, D 618 et 4 km avant le col des Ares, prenez la D 39 jusqu'à Moncaup ; le gîte est à l'entrée du village. *Le Bergerot*, c'est l'ancienne école du village construite en 1893 et reconvertie en gîte de séjour un siècle plus tard. Située à 576 m d'altitude dans un site exceptionnel, elle surplombe Moncaup. Au 1er étage, l'appartement de l'instit s'est transformé en 3 chambres agréables (4 et 6 places) avec des couvre-lits aux couleurs vives. Au 2e, 1 dortoir pour 8 personnes très spacieux, où chacun pourra trouver son petit coin. 11,43 € (75 F) la nuit (possibilité de louer des draps), 3,05 € (20 F) le petit déjeuner et 10,67 € (70 F) le repas (qu'on peut aussi faire soi-même). La salle de classe, elle, est devenue une charmante salle de séjour, claire et gaie, où se marient harmonieusement le vert et le blanc. Colette est une hôtesse chaleureuse et sympa. Plein d'activités sportives à proximité (rando, escalade, spéléo, parapente, canoë...). Une adresse idéale pour les familles et amis qui veulent se mettre au vert.

MIDI-PYRÉNÉES

MONFERRAN-PLAVÈS 32260   Carte régionale A2

20 km S d'Auch ; 20 km E de Mirande

🛏 |○| 🐾 � ⑩% *Chambres d'hôte Les Merisiers (Louisette et Auguste Lebrun) :* ☎ 05.62.66.20.90. Accès : A 62 Bordeaux/Toulouse sortie Agen/Auch ; à Auch, prenez la direction Seissan, et de là, la route de Simorre, la ferme est à 3 km au bord de la route à gauche. Fermé du 2 au 30 janvier. Sur réservation. Petite ferme gersoise datant de 1830, couverte d'ampélopsis et entourée d'un grand jardin. Pour dormir, 2 chambres très agréables avec des couettes douillettes, donnant sur une galerie commune où l'on peut bouquiner ou tout simplement se reposer. Louise et Auguste viennent d'en créer une toute nouvelle (on attend vos commentaires). Sanitaires privés. Comptez 45 € (295,18 F) pour 2, petit déjeuner compris. Table d'hôte à 18 € (118,07 F) pour une cuisine soignée, tantôt gasconne, tantôt internationale. Accueil chaleureux teinté par l'accent de Louise.

MONTAUBAN 82000   Carte régionale A1

41 km N de Toulouse

🛏 🐾 ⑩% *Chambres d'hôte du Ramierou (Claudine et Jean-Pierre Péré) :* 960, chemin du Ramierou. ☎ et fax : 05.63.20.39.86. Accès : de Montauban, prenez la N 20 direction Caussade/Paris ; au rond-point après Auchan (le 2e), tournez à droite vers Nègrepelisse ; continuez sur 1 km environ, puis fléchage à droite. Sur réservation. Belle demeure de maîtres (ancienne exploitation agricole en briques du pays), située au milieu de 16 ha de prés et de bois. De chaque côté de la maison principale, deux bâtiments parfaitement restaurés par Claudine et Jean-Pierre ; celui de gauche, doté d'un charmant pigeonnier, abrite deux chambres confortables, avec petit salon, meubles anciens et sanitaires privés, ainsi qu'une cuisine à disposition ; elles donnent sur le grand potager qui fait la fierté d'Abel, le papa de Claudine, tandis que la 3e chambre, située à droite dans le petit bâtiment où l'on triait le raisin, ouvre sur une grande terrasse côté bois. Comptez de 42,69 à 47,26 € (de 280 à 310 F) pour 2, petit déjeuner compris. Très bon rapport qualité-prix.

MONTAUT 09700   Carte régionale B2

25 km N de Foix ; 10 km SE de Saverdun

🛏 ⑩% *Chambres d'hôte Ferme de Royat (Bernadette et Casimir Gianésini) :* Royat-Montaut. ☎ et fax : 05.61.68.32.09. ● royat@free.fr ● Accès : de Foix, N 20 vers Toulouse jusqu'au Vernet, puis tournez à droite sur la D 624 vers Mazères/Castelnaudary et fléchage à droite (1 km de la N 20). On entre par une grande allée bordée de platanes et on découvre une demeure immense, au milieu d'un beau parc aux arbres centenaires. Son histoire est fabuleuse... C'est une ancienne ferme-école d'agriculture fondée en 1849 et transformée pendant la Grande Guerre en centre de réinsertion pour les Poilus... (toutes les archives sont là ; la maison a même reçu la visite du général de Gaulle en 1950 !). Au 1er étage, 4 chambres claires et agréables, toutes équipées de sanitaires privés. De 36 à 40 € (236,14 à 262,38 F) pour 2, petit déjeuner compris. Pas de table d'hôte, mais cuisine à disposition. Immense étang privé de 10 ha pour une agréable balade (il est né suite aux travaux de la nouvelle autoroute Toulouse/Pamiers mais qui passe fort heureusement à 700 m de la maison). Accueil agréable.

MONTBEL 09600   Carte régionale B2

40 km E de Foix ; 25 km S de Mirepoix

🛏 |○| � *Chambres d'hôte (M. et Mme Croison) :* Canterate. ☎ 05.61.68.18.45. Accès : à 3 km du lac de Montbel. Fermé en hiver. À 600 m d'altitude et une vue magnifique. 3 chambres simples (dont une avec douche), spacieuses et décorées naïvement, avec sanitaires communs sur le palier. Comptez de 37 à 40 € (de 242,70 à 262,38 F) pour 2, petit déjeuner inclus. Les propriétaires, qui brillent par leur gentillesse, proposent aussi à leurs hôtes un repas familial pour 11,50 € (75,44 F) par personne. Superbe jardin de fleurs sauvages. Possibilité d'installer 2 tentes pour profiter du panorama. Sports nautiques au lac.

MONTBRUN 46160   Carte régionale B1

22 km SO de Figeac ; 7 km NE de Cajarc

Chambres d'hôte La Treille (Nathalie et Emmanuel Pradines) : ☎ 05.65.40.77.20. Accès : de Cajarc, sur la D 662 en direction de Figeac ; traversez Montbrun, la propriété se trouve à 1 km à droite (chemin en contre-bas de la route). Dans une ancienne grange restaurée, Nathalie et Emmanuel, jeune et sympathique couple d'agriculteurs (production de tabac, maïs, asperges et noix), ont aménagé 4 chambres avec sanitaires privés, dont une accessible aux personnes handicapées, et une autre familiale. Comptez 34 € (223,03 F) pour 2 et 49 € (321,42 F) pour 4 personnes, avec un copieux petit déjeuner (gâteau et confitures maison), servi sur la terrasse aux beaux jours. Pour les amateurs de pêche, le Lot coule au bout du jardin. Pas de table d'hôte, mais plusieurs restos à proximité.

MONTBRUN-BOCAGE 31310   Carte régionale A2

20 km NE de Saint-Girons ; 55 km E deSaint-Gaudens

Chambres d'hôte (Josette Parinaud) : Pave. ☎ 05.61.98.11.25. Accès : à 5 km au sud du village, vers Mérigon ; fléchage. Réservation obligatoire. Tout en haut d'une colline, dans un environnement superbe. Petite ferme d'élevage de moutons. Calme total. 4 très agréables chambres avec sanitaires privés. Comptez 37 € (242,70 F) pour 2 avec le petit déjeuner. Table d'hôte le soir, à 14 € (91,83 F) le repas (partagé avec les propriétaires). Bonne cuisine familiale avec les produits frais de la ferme, comme l'épaule d'agneau en croûte d'herbes, ou le lapin flambé à l'armagnac. En formule demi-pension, comptez de 57 à 65 € (de 373,90 à 426,37 F) pour 2, selon la durée du séjour. Bon accueil. Beaucoup de chouettes balades à faire dans les environs.

MONTCABRIER 46700   Carte régionale A1

39 km O de Cahors ; 6 km N de Puy-l'Évêque

Ferme-auberge Lou Montaïcos (Marie-France Malarme) : Lagrave. ☎ 05.65.36.55.70. Fax : 05.65.30.89.41. Accès : à 5 km du village, à 800 m de la D 673, sur la route de Fumel à Gourdon. Fermé le mercredi de début octobre à fin avril. De préférence sur réservation. Agréable salle à manger rustique de 100 couverts. Menu à 10,67 € (70 F), boissons non comprises, avec potage, terrine maison, volaille ou viande de la ferme, salade, cabécou et dessert ; à 29,27 € (192 F), apéro, vin et café compris, avec foie gras, magret ou oie cuisinée et escalope de foie frais. Pour que vous puissiez le déguster tranquillement, les proprios viennent d'aménager des jeux (à l'extérieur) pour vos bambins. Possibilité d'y séjourner en gîte rural pour 10 personnes ou dans 4 chambres d'hôte (avec sanitaires privés). 38,11 € (250 F) pour 2, petit déjeuner compris. Visite de l'élevage d'oies, du gavage (bof !) et vente de conserves.

Chambres d'hôte (Odette et Roger Lemozy) : Mérigou. ☎ et fax : 05.65.36.53.43. Accès : sur la D 68 entre Montcabrier et Sauveterre. Petit hameau tout

MIDI-PYRÉNÉES

mignon. Ferme perchée sur une colline boisée, totalement à l'écart de tout passage. Environnement de rêve pour les amoureux de la nature. Odette et Roger prodiguent une hospitalité hors pair et proposent leurs chambres d'hôte à la ferme, ainsi que 2 splendides et confortables gîtes ruraux dans des maisons de caractère. Un petit gîte pour 4 personnes au moins, en pleine campagne, et un plus grand disposant de 4 chambres, dans le hameau, de 274,41 à 914,69 € (de 1800 à 6000 F) la semaine. Piscine près du grand gîte, également accessible aux locataires de l'autre gîte. Comptez 25,92 € (170 F) pour 2 avec le petit déjeuner. Possibilité de repas du soir (partagé avec vos hôtes) à 10,67 € (70 F), apéro et vin compris. Du 15 septembre au 15 mai, « week-ends foie gras » (du vendredi après-midi au dimanche après-midi) pour tout savoir sur le foie gras et le confit dans le but d'épater et de régaler les copains. Une gentille adresse à prix très doux.

MONTESQUIEU-LAURAGAIS 31450   Carte régionale A-B2

26 km SE de Toulouse ; 8 km NO de Villefranche-de-Lauragais

▣ ✕✕ ⑩% *Chambres d'hôte (Irène et José Pinel) :* Bigot. ☎ et fax : 05.61.27.02.83. ● http://perso.libertysurf.fr/hotebigot ● Accès : de Toulouse, N 113 vers Villefranche-de-Lauragais, passez Baziège et à l'entrée de Villenouvelle, tournez à droite après l'abribus face au garage Peugeot, suivez le chemin Bigot, traversez l'Hers par le vieux petit pont de brique, c'est la grande ferme à droite. Ouvert d'avril à octobre. Au cœur du Lauragais et à quelques encablures du canal du Midi, superbe ferme du XVIIe siècle restaurée de façon contemporaine. L'intérieur est superbe. Une cuisine moderne, où siège un poêle scandinave, avec un sympathique coin petit déj. Grand salon avec cheminée et piano. Au 1er étage, un joli hall avec poutres apparentes dessert 3 chambres douillettes, où s'exprime la passion d'Irène : le patchwork (elle organise même des stages... nous on craque !). La chambre « Nord », avec sanitaires privés, est la moins chère. La chambre « Est » est dotée d'immenses sanitaires à l'extérieur (balnéo et douche hydromassante). 3 autres chambres, dont une familiale avec coin cuisine, sont situées au-dessus d'une étable superbement rénovée. Comptez 45 € (295,18 F) pour 2, petit déjeuner compris. Grand jardin avec piscine (ça va de soi) et un beau potager, la fierté de José. Il fait bon s'arrêter là, d'autant que c'est un excellent point de chute pour visiter la région. Délicieuses balades à faire à vélo au bord de l'eau en longeant le canal, sans compter les ravissants villages des alentours. Accueil de qualité. Une adresse de charme. Bref, un de nos coups de cœur sur le département.

MONTESQUIEU-VOLVESTRE 31310   Carte régionale A2

22 km N de Saint-Girons ; 12 km S de Carbonne

▣ |●| 🐎 *Chambres d'hôte La Halte du Temps (Marie-Andrée Garcin et Dominique Mercier) :* 72, rue Mage. ☎ 05.61.97.56.10. Accès : la maison est dans le village, près de l'église et à côté du fleuriste. Lorsque l'on passe le porche de cette bastide dont les origines remontent au XIIIe siècle, on a vraiment l'impression que le temps s'arrête. Bien sûr, elle a été plusieurs fois remaniée et c'est l'esprit du XVIIe qui domine. Un escalier monumental conduit aux 4 chambres qui ont toutes une histoire... Toutes ont cheminée (chouette !) et sanitaires privés. 53,40 € (350,28 F) pour 2, petit déjeuner compris. Grande salle à manger avec un majestueux buffet deux corps, une fresque peinte par Dominique et une cheminée en briques où mijotent souvent les plats préparés par Marie-Andrée. Entre 12,20 et 15,20 € (80,03 et 99,71 F) le repas qui, suivant l'humeur de votre hôtesse, sera parfois catalan, régional ou à base de poisson. Accueil dynamique et chaleureux. Superbe jardin derrière la maison avec une petite piscine.

MONTFAUCON 46240   Carte régionale A1

46 km N de Cahors ; 20 km SE de Gourdon

▣ |●| *Chambres d'hôte (Jean-Luc Tétard) :* Rouquette. ☎ 05.65.31.16.64 et 06.07.06.07.09. Accès : à 3 km du village, sur la D 10 vers Labastide-Murat. Fermé de novembre à Pâques. De préférence sur réservation. En pleine campagne, dans un paysage on ne peut plus paisible, vous aurez la stupeur de tomber sur une tour médiévale, adossée à une ancienne ferme entièrement restaurée dans le style du pays !... Il a fallu un travail colossal pour en arriver là, mais quand on a une passion... Celle du propriétaire, c'est le Moyen Âge et il fabrique aussi des armures (quoi de plus naturel !). Dans la maison, grandes pièces avec poutres, cheminée et meubles anciens. 3 chambres confortables à 38,11 € (250 F) pour 2, petit déjeuner inclus. Et bien sûr, il y a la chambre de la tour, où tout a été décoré pour vous mettre dans l'ambiance, sans oublier la terrasse en haut de la tour (il ne manque plus que les costumes). Pour cette chambre, comptez 53,36 € (350 F) pour 2, petit déjeuner compris. À la table d'hôte, les repas sont pris avec les propriétaires : cassoulet, confit, magret, mique, gigot d'agneau à la ficelle, pain maison. Comptez 15,24 € (100 F), apéro, vin et café compris. Accueil sympa. Calme assuré. Belle piscine. Circuit de randonnée dans la propriété qui fait 35 ha. Possibilité de louer la maison complète en juillet et août.

MONTGAILLARD 82120   Carte régionale A1

50 km SO de Montauban ; 20 km S de Valence-d'Agen

â ‰⚂ ⑩% *Chambres d'hôte La Clé des Champs (Peter et Jo Woodhouse) :* ☎ et fax : 05.63.94.13.77. ● p.woodhouse@libertysurf ● Accès : de l'A 62, prenez la sortie Valence-d'Agen ou Castelsarrasin, passez par Lavit-de-Lomagne et fléchage. Fermé en juillet et août (!). Sur les coteaux de la Lomagne, belle maison gasconne traditionnelle, où Peter et Jo ont aménagé 3 chambres d'hôte confortables avec sanitaires privés. Comptez 36,59 € (240 F) pour 2, petit déjeuner inclus. Grande piscine privée et terrasses ensoleillées, et pour les marcheurs et les gros mollets, plusieurs circuits de randonnée, à faire à pied ou à VTT. Bon rapport qualité-prix.

MONTGAILLARD 65200   Carte régionale A2

14 km S de Tarbes ; 6 km N de Bagnères

â |●| 🐎 *Chambres d'hôte Maison Buret (Jo et Jean-Louis Cazaux) :* 67, le Cap de la Vielle. ☎ 05.62.91.54.29 et 06.11.77.87.74. Fax : 05.62.91.52.42. Accès : en venant de Bagnères, route de Lourdes sur la gauche ; ou en venant de Tarbes, dépassez le village et prenez la sortie à droite. Beau manoir bigourdan aux persiennes bleu-lavande vieilli et deux fois centenaire, habité par une famille dotée d'un sens de l'hospitalité rare. 3 chambres, dont une suite composée de deux chambres (l'une dans les tons rose style infante espagnole, l'autre avec vraie fenêtre en trompe l'oeil). Sanitaires privés. De 34,50 à 45 € (de 226,31 à 295,18 F) pour 2, petit déjeuner compris (pain brioché, cake et confitures maison). Table d'hôte à 16 € (104,95 F), apéro et vin compris. Une cuisine gourmande à consommer sans modération, à base de plats du terroir. Autrement, possibilité de préparer vous-même votre pique-nique au barbecue. Jean-Louis viendra peut-être vous jouer un petit air de vielle...Egalement deux gîtes de 2 et 4 personnes et un petit musée paysan.

MONTGEY 81470   Carte régionale B2

32 km SO de Castres ; 10 km NO de Revel

â |●| 🐎 *Chambres d'hôte (Anne-Marie Reiss) :* Roc Marty. ☎ 05.63.75.71.70. Accès : au rond-point à l'entrée de Revel (quand on vient de Castres ou de Soual par la D 662), prenez la D 45 vers Garrevaques, continuez, traversez Auvezines et 1 km après, fléchage à gauche. Ouvert de mai à septembre. C'est en contournant le grand parc par un petit chemin que l'on découvre cette belle maison de maître, en pierre et en briques, recouverte d'ampélopsis et de glycine. C'est une demeure familiale qui a plus de trois siècles. À l'étage, 2 chambres spacieuses avec de très beaux meubles et une bibliothèque bien fournie. Salle de bains commune adorablement décorée. Également une agréable suite parée de vieilles poutres, équipée de sanitaires privés. Comptez de 30,49 à 38,11 € (de 200 à 250 F) pour 2, petit déjeuner compris. Table d'hôte à 13,72 € (90 F). Goûteuse cuisine avec des recettes internationales qu'Anne-Marie a rapportées de ses nombreux voyages. Chaleureux salon sur deux niveaux avec une grande cheminée et toujours des livres qui semblent peupler la maison. Accueil très chaleureux. Une bonne adresse.

MIDI-PYRÉNÉES

MONTPEZAT-DE-QUERCY 82270   Carte régionale A1

28 km S de Cahors

🏠 |●| 🐕 ⟨10 %⟩ *Chambres d'hôte Le Barry (Lothar Jaross et Francis Bankes) :* faubourg Saint-Roch. ☎ 05.63.02.05.50. Fax : 05.63.02.03.07. Accès : N 20 Cahors/Montauban, puis D 20 ou D 38 jusqu'à Montpezat, la maison est à 150 m de la mairie. Uniquement sur réservation en hiver. Joli petit village situé sur les coteaux, qui abrite une magnifique demeure en pierre du Lot, entièrement restaurée. 5 très belles chambres, originales et confortables, avec sanitaires privés, donnant sur un jardin à l'anglaise et sur la piscine. Comptez 57,93 € (380 F) pour 2, avec le petit déjeuner (à la française ou à l'anglaise), servi dans une jolie salle à manger où trône une superbe cheminée toute en bois. Possibilité de table d'hôte, à 19,06 € (125 F) le repas, vin et café compris. Une adresse raffinée, pour routards aisés.

MONTPITOL 31380   Carte régionale B2

20 km NE de Toulouse ; 4 km SE de Montastruc

🏠 |●| *Chambres d'hôte (Claudette Fieux) :* Stoupignan. ☎ 05.61.84.22.02. Accès : de Toulouse, N 88 vers Albi, puis D 30 vers Lavaur, faites 4,5 km et à droite vers Stoupignan. Dans un grand parc, maison de maître Louis XIII couverte de vigne vierge. Claudette Fieux y tient 4 chambres confortables, à 76,50 € (501,81 F) pour 2, petit déjeuner compris, servi à l'ombre des chênes verts. Sanitaires privés.

MONTRÉAL 32250   Carte régionale A1

59 km NO d'Auch ; 15 km O de Condom

|●| *Auberge de Macon (Yolande Tramont) :* route de la Villa-Gallo-Romaine. ☎ 05.62.29.42.07. Fax : 05.62.29.44.85. Accès : du village, prenez la D 29 vers Eauze ; puis à droite à 100 m. Fermé le dimanche soir. Sur réservation. Environnement agréable et excellente cuisine du terroir : bouillon de poule, foie gras, magret grillé, pigeonneau, lapin aux oignons, sorbets, tarte aux raisins. « Menu gascon » à 24,40 € (160,05 F), et menu traditionnel à 29 € (190,23 F). Ceux qui suivent le chemin de Saint-Jacques-de-Compostelle trouveront le gîte et le couvert (menu à 11,40 € soit 74,78 F).

MONTREDON-LABESSONNIÉ 81360   Carte régionale B2

25 km NE de Castres ; 16 km SE de Réalmont

🏠 |●| *Chambre d'hôte (Annie Cournède) :* 14, route de Saint-Pierre. ☎ 05.63.75.15.56. Accès : de Castres, N 112 vers Albi jusqu'à Réalmont ; puis D 63 vers Montredon-Labessonnié ; la chambre d'hôte est dans le village, près de la maison de retraite. Vous la reconnaîtrez facilement, c'est la maison aux volets verts... et une fois que vous aurez apprécié le charme de cette adresse, vous ne l'oublierez plus... Dans une aile indépendante, une délicieuse suite dotée d'une originale véranda vous permettant de profiter du jardin (magnifique !). Déco campagnarde et raffinée (belles dentelles). Comptez 37 € (242,70 F) pour 2, petit déjeuner compris (gâteau et confitures maison). On vous conseille de partager les repas de votre hôtesse, qui est un fin cordon bleu. Pour 14 € (91,83 F), tout compris, à vous les bonnes spécialités comme la soupe à l'oignon gratinée, la pissaladière, le confit et le cassoulet (aïe ! mes kilos...). Calme et tranquillité assurés. Une bonne adresse.

MUR-DE-BARREZ 12600   Carte régionale B1

77 km N de Rodez ; 13 km N d'Entraygues-sur-Truyère

🏠 |●| 🐕 ⟨10 %⟩ *Centre de tourisme équestre Les Sentiers Battus (Christian Hervé) :* Le Batut-de-Murols. ☎ et fax : 05.65.66.18.61. ● www.iFrance.com/lebatut ● Accès : d'Entraygues, remontez la D 904, puis, à environ 7 km, tournez à gauche, direction Pons

MIDI-PYRÉNÉES

et Murols ; toute petite route de montagne qui s'élève rapidement ; le hameau se trouve à 4 km avant Murols et à 4 km après Pons à gauche. Fermé en novembre, décembre et janvier. Un centre de tourisme équestre complètement paumé, en pleine nature. Christian adore les chevaux (qui vivent en troupeau toute l'année) et les longues balades dans la campagne sur les vieux sentiers aveyronnais. Il aime faire partager aux autres cette passion « cheval-liberté ». Il propose plusieurs programmes : initiation bien sûr, mais aussi balades, sur une ou plusieurs journées. Possibilité également de randonner à pied avec un poney bâté. Nombreuses autres activités : canoë-kayak (en eau calme), baignade et pêche en rivière (à 2 mn du hameau) ou encore la piscine. Pour séjourner, là encore, le choix est large : charmants gîtes dans des maisons paysannes fort joliment restaurées et décorées avec beaucoup de goût, à 246,97 € (1620 F) la semaine ; 8 chambres d'hôte, dont trois avec sanitaires privés, à 26 € (170,55 F) en demi-pension et 35 € (229,58 F) par jour et par personne en pension complète. Pour les plus fauchés, 1 camping avec bloc sanitaire complet. N'hésitez pas à contacter les propriétaires pour connaître les tarifs des balades et des randos. Excellent accueil, vous l'aviez deviné !

MURAT-SUR-VÈBRE 81320 Carte régionale B2

70 km E de Castres ; 17 km E de Lacaune

🛏 (10 %) *Chambres d'hôte (Christiane et André Roques) :* Félines. ☎ 05.63.37.43.17. Fax : 05.63.37.19.85. Accès : de Castres, D 622 jusqu'à Lacaune, puis Murat et fléchage à droite vers Félines. Au cœur d'un petit hameau, Christiane et André élèvent des brebis et fabriquent des fromages (slurp !). C'est dans cet univers que vous pourrez profiter de 4 chambres simples mais agréables, toutes équipées de sanitaires privés, 32,01 € (210 F) pour 2, petit déjeuner compris. Belle piscine pour vous détendre. Accueil souriant et authentique. Bon rapport qualité-convivialité-prix.

NAJAC 12270 Carte régionale B1

50 km N d'Albi ; 15 km S de Villefranche-de-Rouergue

🛏 🐕 (10 %) *Chambres d'hôte Maison Autheserre (Susan Waller et Frédéric Maurau) :* place Principale. ☎ 05.65.29.73.47. ● f.maurau-hanrion.@wanadoo.fr ● En leur demeure ancienne du XVIe siècle, sur la place d'un des plus beaux villages de l'Aveyron, Susan et Frédéric reçoivent de façon délicieuse. Intérieur frais (murs blancs où la pierre affleure parfois), mobilier de campagne, belle lumière. Chambres confortables à 45 € (295,18 F) pour 2, copieux petit déjeuner compris (bonnes confitures maison et fouace toute chaude du boulanger d'en face). Appartement de 2 chambres pour les familles à 75 € (491,97 F). Agréable jardin pour prendre le petit déjeuner aux beaux jours.

🛏 ⚮ (10 %) *Chambres d'hôte (Jean-Pierre et Maïté Verdier) :* La Prade. ☎ et fax : 05.65.29.71.51. ● jp-et-m-verdier@hotmail.com ● Accès : sortez du village par la D 239, vers Saint-André-de-Najac ; à un carrefour, suivez les panneaux « Chambres d'hôte-Camping à la ferme La Prade ». Réservation recommandée. En pleine nature, dans une toute nouvelle construction à côté de la maison de Jean-Pierre et Maïté, 3 chambres agréables pour 2 ou 3 personnes avec sanitaires privés. Comptez 31,50 € (206,63 F) pour 2, petit déjeuner compris. Séjour et coin cuisine à disposition. Camping à la ferme de 6 emplacements, près d'un petit bois de sapins. Accueil charmant.

NOAILHAC 12320 Carte régionale B1

35 km N de Rodez ; 14 km E de Decazeville ; 5 km S de Conques

🛏 ⚮ *Chambres d'hôte (Simone et Michel Falip) :* Monbigoux. ☎ et fax : 05.65.69.85.01. et 06.81.93.34.50. Accès : sur la D 901 de Rodez à Aurillac, à Saint-Cyprien, tournez à gauche vers Noailhac (D 502) ; à la sortie du village, direction Firmi et fléchage. Maison contemporaine construite dans le style du pays, qui bénéficie d'un admirable point de vue sur la région environnante : on peut y admirer, à 30 km à la ronde, des points, tels que le mont Lévezou ou la cathédrale de Rodez. 2 chambres en soupente, lambrissées, avec sanitaires privés, à prix doux : 34 € (223,03 F) pour 2, petit déjeuner compris (avec 12 sortes de confitures maison, gâteaux régionaux et lait de la ferme). Pas de table d'hôte, mais barbecue dans le jardin et restaurant à 500 m. Conques avec son abbaye vaut bien un petit détour (5 km). Le GR 65 passe à 200 m de Montbigoux.

ORDIZAN 65200 — Carte régionale A2

16 km S de Tarbes ; 6 km N de Bagnères

≜ ⅙⊀ ⑩% *Chambre d'hôte Le Presbytère Ancien (Claude Brianti) :* 1, route d'Antist. ☎ 05.62.95.13.91. Dans un très beau village traversé par le canal de l'Alaric, avec un pigeonnier de 1900 restauré. Habité jadis par un prêtre peu orthodoxe (marabout à ses heures perdues...), le presbytère de 1740 a été entièrement restauré par Claude qui s'en occupe presque... comme un diocèse. Au rez-de-chaussée, une salle à manger rustique avec plafond en chêne, fenêtres XVIIIe et évier en marbre de Campan. Au 1er étage, 1 vaste chambre de 27 m² peut accueillir jusqu'à 3 personnes. Sanitaires privés. Décoration d'un goût exquis : cheminée Louis XVI en noyer, malle en cèdre de Tunisie (Claude y a enseigné le français pendant 17 ans) et rideaux en lin. 39,60 € (260 F) pour 2, petit déjeuner compris et 48,78 € (320 F) pour 3. Accueil plein de délicatesse. Pour la petite histoire, c'est ici que Robert Guédiguian a relu et peaufiné le scénario de « Marius et Jeannette » !

OUZOUS 65400 — Carte régionale A2

30 km S de Tarbes ; 3 km N d'Argelès-Gazost

≜ ⌗ ⅙⊀ ⑩% *Chambres d'hôte (Pierre Noguez) :* chemin de l'Église. ☎ 05.62.97.24.89 ou 05.62.97.26.69 et 06.08.51.77.62. Fax : 05.62.97.29.87. ● p.noguez@wanadoo.fr ● Accès : par la N 21 et la D 102 ; fléchage dans le village en direction de Pibeste. Fermé en novembre. Au concours des maison fleuries, Pierre remporterait sûrement la palme... Normal, il est horticulteur... Il vous accueille dans sa charmante demeure entourée d'un beau jardin, avec une agréable piscine, qui ouvre sur la vallée d'Argelès. 6 chambres dont 2 doubles pour les familles. Déco agréable. Comptez 39,64 € (260 F) pour 2, petit déjeuner compris. Pas de table d'hôte, mais coin cuisine à disposition. Un point de chute idéal pour ceux qui veulent se rendre à Lourdes (à 10 km). C'est surpeuplé, mais on dit qu'il faut le faire au moins une fois dans sa vie... (on a encore le temps d'y aller !). Pour ceux qui préfèrent la marche, le pic de Pibeste est à 2 h 30.

PADIÈS 81340 — Carte régionale B1

30 km NE d'Albi ; 5 km de Valence-d'Albigeois

≜ |●| ⌗ ⑩% *Chambres d'hôte L'Amartco (Sylvie et Pierre Manesse-Dumetz) :* Saint-Marcel. ☎ 05.63.76.38.47 ou 05.63.43.41.23. Accès : d'Albi, D 903 jusqu'à Valence-d'Albigeois ; là, tournez à gauche (avant la pharmacie) vers Tanus (D 53) pendant 5,5 km, puis encore à gauche vers Saint-Marcel ; la maison est en face d'une église isolée (n'allez pas à Padiès). En pleine campagne, tout près de la vallée du Tarn, ancienne fermette du XIXe siècle toute en pierre, bien fleurie et ombragée par une glycine. Une belle chambre campagnarde (3-4 personnes), spacieuse et très claire, avec de beaux meubles et une cheminée et une autre toute aussi sympa pour 2. Sanitaires privés. Comptez 33,50 € (219,75 F) pour 2, petit déjeuner compris avec de délicieuses confitures maison entreposées dans l'ancien four à pain. Table d'hôte partagée en famille à 13 € (85,27 F). Bonne cuisine familiale et régionale, dîners au jardin. Sympathique cuisine avec une cheminée qui héberge un poêle Godin en céramique, un bel évier en pierre garni de faïences et de petits paniers. Accueil chaleureux. Une adresse pour se mettre au vert.

PALAMINY 31220 — Carte régionale A2

45 km SO de Toulouse ; 35 km NE de Saint-Gaudens

≜ |●| ⑩% *Chambres d'hôte (Brigitte Le Bris) :* Les Pesques. ☎ 05.61.97.59.28. Fax : 05.61.98.12.97. Accès : prenez la N 117 Toulouse/Tarbes jusqu'à Cazères ; traversez Cazères, direction Couladère ; puis traversez la Garonne, et suivez la direction Mauran ;

500 m après le camping du Plantaurel, prenez la D 62 (la maison se trouve en fait sur la rive opposée de la Garonne par rapport à Palaminy). Au pied des Petites Pyrénées, demeure de caractère, avec 2 chambres accueillantes et coquettes à souhait, disposant en plus d'une chambre d'enfants ; salle d'eau et w.-c. privés. Comptez 40 € (262,38 F) pour 2, petit déjeuner compris. Possibilité de table d'hôte, à 14 € (91,83 F), apéro, vin et café compris : spécialités de saucisses de Toulouse au barbecue avec haricots blancs du jardin et de légumes farcis. Superbe jardin fleuri et excellent accueil.

PÉGUILHAN 31350 — Carte régionale A2

55 km S d'Auch ; 8 km NE de Boulogne-sur-Gesse

▲ |●| 🏠 (10 %) *Ferme-auberge de Péguilhan (Annie Castex) :* ☎ et fax : 05.61.88.75.78. Accès : en venant de Toulouse, par la D 632, tournez à gauche (D 90) et suivez le fléchage « ferme-auberge » à l'entrée du village. Ouvert tous les jours. Sur réservation le soir et le week-end. Jolie ferme à colombages restaurée. Poutres et superbes cheminées, ambiance rustique à souhait. Aux beaux jours, terrasse pour jouir de la vue. Le midi, menu du jour à 10,67 € (70 F). Autres menus à 15,24 et 23,17 € (100 et 152 F). Spécialités de foie gras de canard, magret grillé au feu de bois, épaule d'agneau ou poule farcies. 3 chambres d'hôte campagnardes et agréables, avec sanitaires privés. Comptez 36,59 € (240 F) pour 2, petit déjeuner compris. Pour les moins argentés, à proximité, 1 gîte de groupe de 28 lits répartis dans 6 chambres, pour 10,67 € (70 F) la nuit et 4,57 € (30 F) le petit déjeuner. On peut aussi louer la totalité du gîte pour le week-end (idéal pour les familles et bande de copains !). Également 1 gîte rural pour 4 personnes. Des produits de qualité et des formules pour tous les budgets.

PEYRELEAU 12720 — Carte régionale B1

22 km NE de Millau

▲ 🍴 *Chambres d'hôte L'Amorier (Florence Boisnard et Éric Garras) :* ☎ 05.65.62.67.20. Accès : la maison est dans le village, bien fléchée. Fermé du 15 janvier au 15 mars. Le ravissant village de Peyreleau domine les gorges du Tarn, là où elles rencontrent celles de la Jonte. Au milieu du bourg, accrochée à la roche, superbe et vieille maison en pierre sur plusieurs niveaux. 3 chambres pour 2, 3 et 4 personnes romantico-campagnardes, dont deux agrémentées de voûtes. Sanitaires privés. Comptez 49 € (321,42 F) pour 2, petit déjeuner compris. Belle terrasse ouverte sur les causses Noir et Méjean, soutenue par deux voûtes géantes (genre arches), dont on apprécie la beauté côté jardin. Bien sûr, c'est un lieu idéal pour les amateurs de sports en eaux vives, mais aussi un superbe site pour randonner. Accueil jeune et décontracté.

▲ |●| 🍴 (10 %) *Gîte de séjour Évolutions (M. et Mme Duffau) :* ☎ 05.65.62.60.93. Fax : 05.65.62.64.15. ● gite.evolutions@wanadoo.fr ● Accès : à Aguessac, direction gorges du Tarn. Ouvert d'avril à novembre. Sur réservation. Gîte de 30 places, situé merveilleusement au bord des gorges, dans un ravissant village médiéval. 6 chambres pour 4 personnes et 1 dortoir pour 6 (pensez à apporter votre duvet). Les patrons – elle, officie en cuisine, lui, est accompagnateur en montagne et moniteur de descente de canyons, d'escalade, de spéléo et de VTT – proposent des séjours en demi-pension à 27,50 € (180,39 F) par personne, ou en pension complète à 35 € (229,58 F). Repas typiques : tripoux, aligot, truites, côtes de mouton, saucisses d'herbes, fouace, roquefort. Toutes sortes d'activités possibles (en collaboration avec la maison des guides des gorges du Tarn) : randos, escalade, spéléo, VTT, descente de canyons, etc. Une adresse idéale pour les sportifs.

PIN-MURELET (LE) 31370 — Carte régionale A2

45 km SO de Toulouse ; 6 km O de Rieumes

▲ |●| (10 %) *Chambres d'hôte En Jouanet (Annie et Jean-Louis Flous) :* ☎ et fax : 05.61.91.91.05. Accès : de Toulouse A 64 vers Tarbes, jusqu'à la sortie n° 34 Rieumes ; traversez ce village et continuez vers L'Isle-en-Dodon (D 3) pendant 6 km et 1 km après La Grande-Carrère, tournez à gauche derrière une grande maison et continuez le chemin jusqu'au bout. Ouvert de Pâques à la Toussaint. Les fermes nichées au bout d'un chemin sont souvent très belles et celle-ci n'y déroge pas. C'est une métairie vieille de deux siècles. L'étable s'est métamorphosée en un grand séjour avec mezzanine. Beau carrelage à l'ancienne, murs d'un bleu lumineux, grande cheminée moderne toute blanche et immense baie vitrée qui ouvre sur une terrasse fleurie. Les meubles anciens font bon ménage avec la déco plutôt moderne. À l'étage, 2 chambres (dont une familiale) claires, modernes et spacieuses. Sanitaires privés. Comptez 44,21 € (290 F) pour 2, petit déjeuner compris et 13,72 € (90 F) par personne supplémentaire. Ne manquez pas la table d'hôte pour 12,20 € (80 F). Une cuisine régionale goûteuse et originale avec les produits frais. Pour vous détendre, il y a une piscine et les balades ne manquent pas. Accueil très sympa avec un brin d'accent du terroir.

PINAS 65300 Carte régionale A2

43 km SE de Tarbes ; 7 km E de Lannemezan

■ ⌂ *Chambres d'hôte Domaine de Jean-Pierre (Marie-Sabine Colombier) :* route de Villeneuve. ☎ et fax : 05.62.98.15.08 et 06.84.57.15.69. ● marie.colombier@wanadoo.fr ● Accès : sur la route de Montréjean à Lannemezan ; à l'église de Pinas, prenez la D 158 sur 800 m et fléchage. Téléphoner en hiver. Au cœur d'un véritable écrin de verdure, magnifique demeure de caractère couverte de vigne vierge et de glycine. Marie-Sabine y tient 3 chambres de charme, arrangées avec un goût exquis, mais toujours dans la sobriété. Comptez 45 € (295,18 F) pour 2, avec un copieux petit déjeuner, servi aux beaux jours dans le parc. Accueil chaleureux, à la fois discret et enjoué. Une bonne adresse.

POUYLEBON 32320 Carte régionale A2

35 km SO d'Auch ; 10 km NO de Mirande

|●| ⌂ *Ferme-auberge (France et Christian Lafforgue) :* L'Aoueille. ☎ 05.62.66.65.31 et 06.07.96.14.14. Fax : 05.62.66.79.10. Accès : sur la D 34 entre Monclar et Montesquiou. Ouvert en juillet et août ; hors saison, pour les groupes. Réservation obligatoire. Dans l'ancienne étable, salle de 40 places. La déco est simple, mais on y sert de très bonnes spécialités du pays, à un excellent rapport qualité-prix. Menu à 18,29 € (120 F), apéro maison, vin, café et armagnac compris : assiette gasconne (aiguillettes roulées au foie gras et magret de canard séché), puis confit, magret ou brochette de canard ou steak d'autruche, salade, croustade. 3 chambres d'hôte. Location de châlets (4 à 6 personnes) en été (487,84 €, 3200 F) la semaine. Le dynamique propriétaire organise par ailleurs des randonnées pédestres, des matinées pêche, ainsi que des visites de la conserverie et de la ferme. C'est un véritable zoo, avec parcours fléché en été : 1500 canards, 300 oies, autruches, vaches, ânes, chevaux, daims... Vente de conserves.

PRÉSERVILLE 31570 Carte régionale A-B2

20 km SE de Toulouse

■ |●| ⌂ ⟨10 %⟩ *Chambres d'hôte La Pigeonnière (Catherine et Jean-Claude Gerin) :* ☎ 05.61.83.82.11. Accès : de Toulouse, D 2 vers Revel ; à la sortie de Fourquevaux, tournez à gauche vers Préserville et fléchage. À 800 m du village, en plein Lauragais, une vieille ferme toute en briques, adorablement restaurée : c'est la maison des musiciens. On entre dans le jardin avec à droite, la piscine, et à gauche, la maison d'habitation. L'étable, quant à elle, s'est transformée en une magnifique pièce (poutres, murs en briques, très beaux meubles anciens), où le piano et les trois violoncelles occupent une place de choix. À l'étage, 2 chambres pittoresques avec des murs en terre cuite et d'adorables petites fenêtres. Sanitaires privés. Comptez 39,60 € (259,76 F) pour 2, petit déjeuner compris. Table d'hôte à 13 € (85,27 F), préparée par Jean-Claude. Cuisine familiale et régionale. Accueil jeune et sympa.

PUYCELCI 81140 — Carte régionale B1

30 km E de Montauban; 27 km SE de Caussade; 20 km NO de Gaillac

🛏 |●| 🏠 ⟨10%⟩ *Chambres d'hôte (M. et Mme Roques)* : Laval. ☎ 05.63.33.11.07. Accès : sur la D 964 entre Caussade et Gaillac, prenez la D 1 vers Laval et Monclar-de-Quercy. Au calme, à l'ombre des peupliers. Superbe maison ancienne en pierre apparente en bord de rivière. 3 jolies chambres très spacieuses dont une avec une suite pour famille. Comptez de 29,73 à 31,25 € (de 195 à 205 F) pour 2, petit déjeuner inclus. Belle salle à manger rustique avec cheminée, où sont servis les repas (sur la terrasse en été sur réservation). Cuisine régionale et familiale, pour 10,98 € (72 F), gaillac et café compris : cassoulet, canard, légumes du jardin, etc. De plus, 6 places de camping au bord de l'eau. Bon accueil. Circuit des Bastides, GR 36 et 46 à proximité.

🛏 |●| 🏠 ⟋ *Chambres d'hôte (Jeanne Gaignard)* : Prat Barrat. ☎ et fax : 05.63.33.11.22. Accès : par la D 964. Fermé de début décembre à fin février. Dans un site bien tranquille, Jeanne propose 4 chambres d'hôte, dont deux équipées de sanitaires privés. Comptez 19,51 € (128 F) pour 1 personne et 30 € (196,79 F) pour 2, petit déjeuner compris. Repas à 10,67 € (70 F), vin et café compris, à partir des bons produits de la ferme. En outre, Jeanne connaît sa région à merveille et prodigue d'excellents conseils sur les excursions à faire (le GR 46 est tout à côté). Très bon accueil.

PUYDARRIEUX 65220 — Carte régionale A2

35 km E de Tarbes; 25 km N de Lannemezan

🛏 |●| 🏠 ⟋ ⟨10%⟩ *Gîte de séjour (Association La Ferranderie)* : 34 route de Galan. ☎ 05.62.33.61.66. Fax : 05.62.33.62.20. ● association.la.ferranderie@wanadoo.fr ● Accès : de Tarbes, D 632 jusqu'à l'entrée de Trie-sur-Baïse, puis Puydarrieux; fléchage dans le village. Fermé du 20 au 30 décembre. La Maison de la Nature gère 1 gîte de 58 lits (installés dans une belle demeure rurale), répartis dans deux bâtiments, à proximité d'un superbe lac de 220 ha! On a recensé pas moins de deux cents espèces d'oiseaux, dont de nombreux migrateurs qui viennent stationner là, avant de retailler la route (des routards, y en a dans toutes les espèces!). Et pour les approcher d'encore plus près, une caméra a été installée sur le lac, vous permettant de les voir sur grand écran... (ça n'empêche pas d'apporter son télé... objectif bien sûr!). 17 chambres avec sanitaires privés pour 3 à 5 personnes. Comptez 13,72 € (90 F) pour la nuit avec les draps et le petit déjeuner, 24,39 € (160 F) en demi-pension, 35,06 € (230 F) en pension. On peut aussi faire de belles randos dans la forêt toute proche (classée zone d'intérêt écologique pour sa faune et sa flore), et aussi pêcher sur une partie du lac.

|●| 🏠 *Ferme-auberge du Lac (M. Dubarry)* : 41, route de Castelnau. ☎ 05.62.35.54.92. Fax : 05.62.33.60.69. ● tdubarry.free.fr ● Accès : sur la D 632 entre Trie-sur-Baïse et Castelnau-Magnoac. Fermé les lundis et mardis, et pendant les vacances de Noël. Sur réservation uniquement. Sympathique salle à manger familiale, pouvant accueillir jusqu'à 25 personnes. Les jeunes patrons proposent 3 menus à 16,77 puis 20,58 et 26,68 € (110, 135 et 175 F), avec spécialités de foie gras, poule farcie, charcuterie, confit et magret. Bonne cuisine à base de produits bien frais, venant de la ferme et du jardin. Déjeuner en terrasse aux beaux jours (sous la grange). Très bon accueil.

PUYLAROQUE 82240 — Carte régionale A-B1

40 km NE de Montauban; 14 km N de Caussade

🛏 |●| ⟨10%⟩ *Chambres d'hôte Les Chimères (Lisanne Ashton)* : avenue Louis-Bessières. ☎ 05.63.31.25.71. Fax : 05.63.64.90.16. Accès : de Cahors ou de Montauban, prenez la N 20 jusqu'à Caussade puis la D 17. La maison de Lisanne a subi maintes transformations, tout en gardant les empreintes d'un de ses propriétaires, Italien d'origine. 2 chambres spacieuses, chacune avec balcon : « la Romantique » avec sa baignoire sur pieds ; « la Rustique » avec des couleurs plus vives. Entrée indépendante par une cour ou un vieil escalier en pierre, probablement d'une ancienne tour de guet. Sanitaires privés. De 53,40 à 68,60 € (350,28 à 449,99 F) pour 2, petit déjeuner compris. Table d'hôte à 17,50 € (114,79 F), apéro, vin et café compris. Cuisine variée et savoureuse ; « menu végétarien » sur demande. Pour les séjours, 2 petits gîtes de 2 et 3 personnes, avec entrée indépendante et kitchenette. Enfin, si vous êtes branché art, vous pourrez toujours vous inscrire à l'un des stages d'arts plastiques que la proprio organise.

RABASTENS 81800 — Carte régionale B1

40 km NE de Toulouse ; 18 km SO de Gaillac

🏠 l◉l ✂ ⟨10 %⟩ **Chambres d'hôte La Bouriette (Suzy et Paul Baubil) :** ☎ et fax : 05.63.33.86.69. Accès : de Toulouse, N 88 vers Albi ; la ferme se trouve à droite à l'entrée de Rabastens. Ouvert de début mai à fin septembre. Située juste au bord du Tarn, *La Bouriette* est une jolie demeure des années 1930. Au 1er étage de la maison, 3 chambres ouvrent sur l'agréable jardin fleuri. Sanitaires privés (sur le palier pour la plus petite, mais moins chère). Comptez de 33,54 à 42,69 € (de 220 à 280 F) pour 2, petit déjeuner compris, avec les croquants de Cordes ou le *pescassou* (vous connaissez ?). Noble salle à manger avec cheminée et meubles Louis XIII. Table d'hôte à 14,50 € (95,11 F), vin compris. Bonne cuisine traditionnelle avec des spécialités locales : tarte à la moutarde, flan de courgettes, civet de sanglier (en saison), confit, poulet sauté aux petits oignons, clafoutis (on en a l'eau à la bouche !). À l'extérieur, la piscine et le Tarn vous attendent. Un chemin vous y conduit, et vous pourrez pêcher. Accueil chaleureux. Une très bonne adresse.

RÉALMONT 81120 — Carte régionale B2

20 km N de Castres ; 15 km S d'Albi

🏠 l◉l ✂ **Chambres d'hôte Ferme de Bellegarde (Lydie et Philippe Hallet) :** route d'Albi. ☎ et fax : 05.63.45.50.83. Accès : 1 km avant l'entrée de Réalmont quand on vient d'Albi (N 112), tournez à gauche vers Bellegarde ; 100 m après le panneau « Le Domaine », suivez le fléchage. Ancienne ferme toute en pierre, vieille de deux siècles. Dans un petit bâtiment séparé, 2 chambres indépendantes avec une grande terrasse. Murs en pierre apparente et superbe charpente. L'une des chambres possède une mezzanine qui abrite deux lits de coin anciens, l'autre a des lits jumeaux. Sanitaires privés. Comptez 34 € (223,03 F) pour 2, petit déjeuner compris. Repas et petit déjeuner sont servis chez vos hôtes, dans un magnifique séjour-cuisine où vous découvrirez l'ancien potager. Les poutres, la grande cheminée et le tic-tac de la veille horloge complètent l'atmosphère chaleureuse et campagnarde. Lydie et Philippe élèvent des chèvres et fabriquent du cabécou frais (hum !). Bien sûr, vous retrouverez à la table d'hôte beaucoup de produits maison cuisinés avec passion par Lydie : soupe à l'ail rose, tomates farcies au chèvre, blanquette de chevreau, charcuterie de la ferme, poulet rôti, épaule de chevreau farcie, accompagnés des légumes du jardin. 12,50 € (81,99 F) le repas, vin compris. Les gourmets ne manqueront pas le chèvre frais au miel et aux amandes (je craque !)... Le parc vous permettra de faire une balade digestive, les autres pourront faire la sieste au bord du petit lac privé ou taquineront le poisson. Accueil sincère et chaleureux. Très bon rapport qualité-prix-convivialité. Un de nos coups de cœur.

RIGNAC 12390 — Carte régionale B1

26 km O de Rodez

🏠 🐾 **Chambres d'hôte La Garisonnerie (M. et Mme Pradel) :** ☎ et fax : 05.65.64.53.25. et 06.17.31.68.09. Accès : 5 km après le village, sur la route de Villefranche à Rodez ; c'est sur la gauche. Maison de caractère, comprenant un beau salon avec cheminée, une véranda et un joli jardin fleuri. Les propriétaires, éleveurs de quatre cents brebis, proposent 3 chambres coquettes. Comptez de 38,11 à 41,16 € (de 250 à 270 F) pour 2 personnes. Pas de table d'hôte mais possibilité de barbecue et de pique-nique dans le parc. Mise à disposition de 2 chevaux pour les cavaliers. Bon accueil.

ROCAMADOUR 46500 — Carte régionale A-B1

45 km NO de Figeac

🛏 🗨 *Chambres d'hôte Ferme Maisonneuve (Odette Arcoutel) :* ☎ 05.65.33.62.69.
Accès : de Rocamadour, prenez la route C 1 vers Mayrinhac-le-Francal, la propriété est à 1 km. En plein Causse, au cœur du Quercy. 4 chambres simples avec sanitaires privés (dont une pour 1 personne). Comptez 30,49 € (200 F) pour 1 personne et 33,54 € (220 F) pour 2, petit déjeuner compris (bonnes confitures maison). Pour les petits, basse-cour et moutons de la ferme. Ne manquez pas la visite de Rocamadour et de Padirac.

SAINT-AMANCET 81110 — Carte régionale B2

25 km SO de Castres ; 8 km E de Revel

🛏 🍽 🗨 (10%) *Chambres d'hôte (Chantal et Gilles Loup) :* La Méjeane. ☎ et fax : 05.63.50.19.78. ● www.latelier7.com/mejeane ● Accès : de Revel, D 85 jusqu'à Sorèze, puis direction Dourgne pendant 3 km et tournez à droite vers Saint-Amancet ; la maison est au bout de l'allée de platanes. Fermé la dernière semaine d'août. Dans le parc régional du Haut-Languedoc, ancienne métairie du château La Méjeane (comprenez la Moyenne). Toute en pierre, elle est dotée d'un joli perron. Tout est au rez-de-chaussée. 2 chambres, ornées d'aquarelles peintes par Claude (le papa de Chantal), dont une grande réservée aux familles (tout le matériel bébé à disposition). Sanitaires privés. Comptez 29 € (190,23 F) pour 2, petit déjeuner compris. Agréable salle de séjour avec murs en pierre et vieilles poutres. Repas à 12 € (78,71 F) avec les légumes du jardin et les volailles fermières. Savoureuses spécialités régionales comme le « frézinat » (porc et pommes de terre coupés en dés et sautés avec ail et persil) et le cassoulet maison à commander à l'avance. Si vous avez des enfants, ils pourront jouer avec les trois de la maison. Accueil souriant et décontracté. Une adresse pour goûter au charme d'une vie simple dans un cadre authentique.

SAINT-ANTONIN-DE-LACALM 81120 — Carte régionale B2

33 km SE d'Albi ; 12 km E de Réalmont

🛏 🍽 (10%) *Chambres d'hôte (M. et Mme Teotsky) :* La Ginestarié. ☎ 05.63.45.53.46.
Accès : de Réalmont, suivez la direction du lac de la Bancalie. Si vous aimez les jolis coins de nature, celui-ci en est un... Gentille ferme d'élevage de chèvres, située en bordure de lac. Les Téotsky ont aménagé 3 chambres confortables à l'atmosphère campagnarde. De 38 à 46 € (249,26 à 301,74 F) pour 2, petit déjeuner compris. Table d'hôte servie dans une belle salle à manger avec cheminée centrale. 15 € (98,39 F) le repas, apéro et vin compris. Cuisine à partir des produits maison. Spécialités de chevreau, fromages de chèvre et légumes bio. Également 1 gîte rural pour 6 personnes. Accueil souriant et discret.

SAINT-ANTONIN-NOBLE-VAL 82140 — Carte régionale B1

40 km NE de Montauban ; 12 km S de Caylus

🛏 🍽 🗨 *Chambres d'hôte (Denise et Joseph Costes) :* Le Bès de Quercy. ☎ 05.63.31.97.61. Accès : de Saint-Antonin, direction Caylus ; après le pont, fléchage (c'est à 6 km). De préférence sur réservation. Belle bâtisse en pierre du Lot, au milieu des prés et des bois. Cette ferme appartenait à la célèbre chanteuse des sixties Yvette Girou, mais aujourd'hui, seuls les Japonais s'en souviennent... 4 chambres d'hôte confortables. Déco simple. Comptez 38,11 € (250 F) pour 2, petit déjeuner compris. Table d'hôte à 10,67 € (70 F) pour une généreuse cuisine régionale, apéritif offert. Accueil chaleureux. Une adresse nature.

MIDI-PYRÉNÉES

SAINT-ARROMAN 65250 — Carte régionale A2

45 km SE de Tarbes ; 12 km S de Lannemezan

🛏 |◉| ⑩% *Chambres d'hôte Domaine Véga (Jacques et Claudie Mun)* **:** La Barthe-de-Neste. ☎ et fax : 05.62.98.96.77. Accès : de Lannemezan, prenez la D 929 jusqu'à La Barthe-de-Neste, puis la D 142, le domaine est sur la droite. Fermé du 1er novembre au 31 janvier. De préférence sur réservation. Par une allée ombragée, on arrive au *Domaine Véga*, havre de verdure et de fleurs ouvrant sur les Pyrénées. Les proprios ont tous les deux restauré les lieux avec amour. Dans la grange attenante, un escalier mène d'abord dans un petit salon avec poutres apparentes, puis débouche dans un couloir aux planches façonnées à l'ancienne où nichent 5 chambres. Chacune dispose de sanitaires privés et a été décorée par Claudie, qui a peint des frises de fruits ou de fleurs au pochoir. Comptez 45,73 € (300 F) pour 2, petit déjeuner compris. Salle à manger avec une immense cheminée d'origine et un évier en pierre. Jacques met en œuvre ses talents culinaires, pour 18,29 € (120 F), apéro, vin du pays et café compris : melon à la gelée de muscat (un vrai délice), pigeon à la marjolaine, magret au miel, truite au jurançon, lapin à l'ail confit, millassou, pêches en sabayon, etc. En prime, vous pourrez piquer une tête dans la piscine de rêve avec « plage » et rochers intégrés, visiter l'élevage de pigeons dont il est très fier, voir les ruches de la propriété et vous essayer aux danses traditionnelles (mazurka, rondeau, congo...).

SAINT-DENIS-LÈS-MARTEL 46600 — Carte régionale B1

68 km N de Cahors ; 15 km E de Souillac

🛏 |◉| ✕ *Chambres d'hôte Le Cabrejou (Marinette et Roger Andrieux)* **:** ☎ et fax : 05.65.37.31.89. Accès : fléchage entre Saint-Denis-lès-Martel et Martel. Réservation fortement recommandée. Superbe maison perchée au sommet de falaises surplombant la vallée de la Dordogne, et entourée de 52 ha de terrain (cultures d'asperges, de tabac et noyeraie). Vous l'avez compris, ici, c'est le calme et la tranquillité garantis. 3 chambres avec salle de bains. L'une d'elles dispose d'un très joli salon. Comptez 35 € (229,58 F) pour 2 et 40 € (262,38 F) pour 3 personnes, copieux petit déjeuner compris (et pour un séjour d'1 semaine, 1 nuit vous sera offerte). Dans l'immense salle à manger avec pierres apparentes, cheminée, poutres et meubles rustiques, Marinette, dite Ninou, propose un repas (sauf de novembre à Pâques) à base des produits de la ferme (asperges, confit, pâtisserie aux noix), dont vous ressortirez rassasié, 13 € (85,27 F), vin et café compris.

🛏 |◉| ✕ *Chambres d'hôte Le Cabrejou (Josette et Jean-Paul Andrieux)* **:** ☎ et fax : 05.65.37.31.89. Accès : fléchage entre Saint-Denis-lès-Martel et Martel. Les enfants de Ninou vivent aussi sur le domaine et ont restauré une ancienne grange. 4 jolies chambres aux noms de fleurs, « Camélia », « Rose », « Giroflée » et « Tilleul », donnant sur la Dordogne. Sanitaires privés. Comptez 35 € (229,58 F) pour 2, petit déjeuner inclus, et 13 € (85,27 F) pour le menu de la ferme (sauf de novembre à Pâques), qui ravira les bons appétits ! Dans le parc, cascade avec bassin. Tranquillité et repos garantis.

SAINT-ÉLIX-LE-CHÂTEAU 31430 — Carte régionale A2

45 km SO de Toulouse ; 45 km NE de Saint-Gaudens

🛏 |◉| 🐕 ✕ ⑩% *Chambres d'hôte (Michèle et Patrice Bouisset)* **:** L'Enclos. ☎ et fax : 05.61.87.61.46 et 06.83.51.51.54. ● pbouisset@hotmail.com ● Accès : dans le village, prenez la direction de Marignac (D 48). Au pied des Pyrénées, dans la région de Volvestre, belle maison de maître en briques et galets de la Garonne, sise sur une exploitation céréalière de 100 ha. Charmant pigeonnier et parc verdoyant très fleuri avec piscine. 2 coquettes chambres d'hôte vous attendent, dont une bénéficiant d'une superbe vue sur le château de Saint-Élix. Sanitaires privés. Comptez 43 € (282,06 F) pour 2 avec le petit déjeuner. Table d'hôte à 14 € (91,83 F), pour le menu gastronomique, avec foie gras, apéro, vin et café compris : magret grillé, pommes de terre sarladaises, cassoulet, confit, charlotte aux fruits du jardin, flan maison... Calme et tranquillité garantis.

SAINT-GIRONS 09200   Carte régionale A2

45 km O de Foix ; 10 km S de Saint-Girons

â |●| ♂ ⛄ (10%) *Chambres d'hôte Les Raoubots (Mme Lorne) :* Lacourt. ☎ 05.61.66.62.65. Fax : 05.61.66.19.02. Accès : de Saint-Girons, allez jusqu'à Lacourt ; à la sortie du village, prenez à droite vers Alos ; après 3 km, tournez encore à droite, et c'est à 1 km. De préférence sur réservation. En pleine nature, maison ariégeoise dans un minuscule hameau, entourée de forêts et de prairies. 5 petites chambres confortables, à 35,06 € (230 F) pour 2, petit déjeuner compris. Table d'hôte à 12,20 € (80 F) par personne, apéro maison et vin compris. Par exemple, lapin à l'oseille et aux pignons, agneau aux figues ou confit, magret aux pêches et au miel (hum !). Les propriétaires sont des spécialistes de la montagne et pourront vous conseiller si vous voulez randonner. Une adresse idéale pour les amoureux de la nature.

SAINT-LARY 09800   Carte régionale A2

25 km SO de Saint-Girons

â ♂ ⛄ (10%) *Chambre d'hôte de la Calabasse (Zélia Estaque) :* ☎ 05.61.96.70.32 et 06.07.11.41.90. Fax : 05.61.04.71.75. ● LACALABASSE@aol.com ● Accès : par la D 618. Une seule et belle chambre d'hôte pour 4 personnes avec climatisation. Sanitaires privés. Coin cuisine. 35,10 € (230 F) pour 2 et 52,70 € (280 F) pour 4 personnes, petit déjeuner compris. Vous aurez ici l'occasion de goûter à la production maison : le pic de la calabasse (authentique fromage des Pyrénées). Pas de table d'hôte, mais une bonne auberge dans le village. Ski de fond au col de la Core à 15 km et ski de piste au Mourtis à 22 km.

SAINT-LÉON 31560   Carte régionale A2

30 km SE de Toulouse ; 15 km NO de Villefranche-de-Lauragais

â |●| ⛄ *Ferme-auberge et chambres d'hôte Château Pagnard (Anne-Marie et René Lamouroux) :* ☎ et fax : 05.61.81.92.21. Accès : de Toulouse, N 113 vers Villefranche-de-Lauragais jusqu'à Montgiscard, puis D 31 vers Nailloux ; au carrefour Saint-Léon/ Aigues-Vives, continuez vers Nailloux (D 19), le domaine est à 3 km à droite (chasse gardée et clôturée). *Château Pagnard* est une grande ferme de céréales et d'élevage (volailles) qui appartient à la même famille depuis cinq générations. Contiguë à la maison des propriétaires, la ferme-auberge, avec son bar en briques et sa grande cheminée. À l'étage, 5 chambres d'hôte confortables équipées de sanitaires privés. Mobilier familial. Comptez 38,11 € (250 F) pour 2, petit déjeuner compris. Les repas se prennent à l'auberge pour 9,15 € (60 F), mais vous pouvez aussi opter pour les menus de la ferme-auberge de 15,24 à 28,97 € (de 100 à 190 F). Cuisine du terroir. De la salle, on accède à la piscine couverte et chauffée, mise à la disposition des hôtes.

SAINT-MARCET 31800   Carte régionale A2

90 km SO de Toulouse ; 12 km N de Saint-Gaudens

â |●| ♂ (10%) *Chambres d'hôte (Gisèle et Jacques Lavigne) :* ☎ 05.61.89.22.21 ou 05.61.88.94.58. Fax : 05.61.89.22.21. ● http://gite.deco.free.fr ● Accès : de Saint-Gaudens, D 5 vers Boulogne-sur-Gesse ; la maison est à 2 km après Saint-Marcet sur la droite. Fermé la 1re semaine de septembre. Ce sont les ancêtres de Jacques qui ont fait construire cette magnifique ferme toute en pierre, qui est aussi la maison de Monsieur le maire. Dans un petit bâtiment de plain-pied avec une belle terrasse fleurie, 2 chambres d'hôte avec entrées indépendantes. Elles sont coquettes et personnalisées. Sanitaires privés. Comptez 36,59 € (240 F) pour 2, petit déjeuner compris. L'ancienne étable a été harmonieusement restaurée et dégage une atmosphère gaie avec ses tissus rayés de bleu et blanc. Près de la cheminée, vous dégusterez les spécialités de Gisèle, jeune agricultrice souriante et sympa. Pour 12,20 € (80 F), à vous les produits maison comme la charcuterie, les volailles de la ferme, les fruits et les légumes du jardin. Les activités sont nombreuses : pêche ou pédalo sur le petit lac de la propriété, mais aussi des « week-ends terroir » pour redécouvrir avec Gisèle les recettes d'autrefois. Accueil chaleureux. Très bon rapport qualité-prix-convivialité. Bref, un de nos coups de cœur.

SAINT-MARTIN-DE-CARALP 09000   Carte régionale A2

7 km O de Foix

🛏 |●| (10%) ***Chambres d'hôte et ferme équestre Cantegril (Élisabeth Pages) :*** ☎ 05.61.65.15.43 et 06.81.21.72.78. Fax : 05.61.02.96.86. Accès : de Foix, D 117 jusqu'à Saint-Martin-de-Caralp puis fléchage. Centre équestre fermé le lundi hors vacances scolaires. À 535 m d'altitude, ancien petit hameau face aux Pyrénées. Ferme équestre de 50 chevaux. Élisabeth y propose, outre les activités équestres, 7 chambres d'hôte : trois avec lavabo, douche et w.-c. sur le palier, à 23,63 € (155 F) pour 2, petit déjeuner compris, et quatre plus confortables, avec sanitaires privés, à 33,54 € (220 F). Possibilité de repas sur réservation, à 10,50 € (68,88 F), et 7,70 € (50,51 F) pour les enfants de moins de 12 ans. Comptez 13 € (85,27 F) l'heure d'équitation (sauf le lundi, hors vacances scolaires). Possibilité de séjours équestres en pension complète, 45 € (295,18 F) par jour avec 2 h d'équitation. Ambiance groupe car il y a toujours beaucoup de cavaliers sur la propriété. Adresse idéale pour les amoureux des chevaux.

SAINT-MAUR 32300   Carte régionale A2

32 km SO d'Auch ; 7 km S de Mirande

🛏 🐴 (10%) ***Chambres d'hôte (Marthe Sabathier) :*** Noailles. ☎ 05.62.67.57.98. Fax : 05.62.67.64.60. Accès : un peu en dehors du village ; fléchage « Noailles ». Ouvert de mai à octobre. Coin sympa avec pas mal de charme. Ferme gersoise typique avec grande cheminée. 3 chambres agréables (dont une double pour les familles), équipées de sanitaires privés. Comptez 35,06 € (230 F) pour 2, petit déjeuner compris (servis sur la terrasse). Pas de table d'hôte, mais cuisine et barbecue à disposition. Excellent accueil.

SAINT-NICOLAS-DE-LA-GRAVE 82210   Carte régionale A1

30 km O de Montauban ; 9 km SO de Moissac

🛏 🐴 (10%) ***Chambres d'hôte (Christiane Valette) :*** place de l'Église. ☎ 05.63.95.59.15. Fax : 05.63.95.59.16. ● christvalette@wanadoo.fr ● Accès : sur la N 113 de Moissac à Agen ; à Malause, prenez la D 26. Au cœur du village, au pied du château de Richard Cœur-de-Lion, 2 superbes chambres, raffinées, avec sanitaires privés, qui disposent d'un accès indépendant, d'un salon et d'une cuisine réservés aux hôtes. Le tout est agrémenté de très beaux tableaux peints par Jean-Paul Boyé, le mari de Christiane. Comptez 38,11 € (250 F) pour 2, petit déjeuner compris. Agréable jardin avec terrasse couverte. Pas de table d'hôte, mais possibilité de se restaurer au village. En automne, la cure thérapeutique de raisin de chasselas vous permettra d'éliminer les toxines accumulées pendant l'année. Excellent rapport qualité-prix.

SAINT-PIERRE-LAFEUILLE 46090   Carte régionale A1

7 km N de Cahors

🛏 (10%) ***Chambres d'hôte Château de Roussillon (Marcelle Hourriez) :*** ☎ 05.65.36.87.05. Fax : 05.65.36.82.34. Accès : à 1 km du village par la N 20. Fermé de début novembre à fin mars. Un cadre exceptionnel dans un château des XIII et XV siècles, dont une partie est en ruine. Mais le gîte, lui, est en très bon état et peut recevoir 5 à 6 personnes. Feu ouvert et chauffage électrique si les vieux murs vous paraissent froids. Comptez de 259,16 à 426,86 € (de 1700 à 2800 F) par semaine pour le gîte, selon la saison et 70 € (459,17 F) pour 2 (un peu cher), petit déjeuner compris dans une chambre d'hôte superbe et gigantesque avec télé, téléphone et frigo.

SAINT-SERNIN-SUR-RANCE 12380   Carte régionale B1

52 km E d'Albi

🛏 |●| 🐕 ☇ ⑩% *Chambres d'hôte (Monique et Marcel Cambon)* : Monteils.
☎ 05.65.99.62.73. Accès : sur la D 999 (route de Millau à Albi), à Saint-Sernin-sur-Rance,
prenez la route de Monteils sur 4 km. Fermé de début novembre à fin mars. Réservation
recommandée pour juillet-août. À 650 m d'altitude, un hameau en pleine nature. Dans leur
ferme bovine, Monique et Marcel, les sympathiques propriétaires, proposent 4 chambres
d'hôte confortables. Comptez 30,49 € (200 F) pour 2, petit déjeuner compris. Bonne cuisine familiale, servie plus que généreusement. Jugez-en : potage, crudités, charcuterie
maison, viande (porc, canard, pintade, poule farcie, pigeon...) avec légumes, salade, fromage et dessert (flan, îles flottantes, tartes) pour 9,91 € (65 F) ! Demi-pension à 25,15 €
(165 F) par personne, vin compris.

SAINT-VINCENT-LESPINASSE 82400   Carte régionale A1

40 km O de Montauban ; 15 km O de Moissac

🛏 |●| ☇ *Gîte de séjour Le Grenier du Levant (Annie Granier)* : ☎ 05.63.29.07.14.
Accès : entre Valence-d'Agen et Moissac ; à Malause, prenez la D 96 direction Lauzerte,
puis fléchage sur 2 km. De préférence sur réservation. Dans deux maisons traditionnelles
en pierre, Annie et Raymond ont créé plusieurs formules de séjour pouvant accueillir
adultes et enfants : 2 chambres d'hôte (dont une avec salle d'eau dissimulée dans un placard) et 2 chambres de 6 lits avec sanitaires communs pour les clients du gîte d'étape et
de séjour. Comptez 16 € (104,95 F) par personne avec le petit déjeuner en gîte d'étape,
et de 38,10 à 42,70 € (249,92 à 280,09 F) pour 2 en chambre d'hôte, petit déjeuner
compris. Possibilité de repas à 13,70 € (89,87 F), avec par exemple tourain à l'ail, lapin
farci, charlotte aux fruits de saison et la spécialité maison : les beignets au fer. Si vous le
souhaitez, Annie organise des séjours de découverte de l'environnement suivant les saisons ; elle propose aussi une formule « goûter à la ferme ».

SAINTE-CROIX-VOLVESTRE 09230   Carte régionale A2

20 km N de Saint-Girons ; 14 km S de Cazères

🛏 |●| ☇ *Chambres d'hôte Maison du bout du pont (Josette Péré)* :
☎ 05.61.66.73.73. Accès : à la sortie du village. Belle maison avec jolie vue sur un lac.
Trois ensembles : un de 2 chambres (3 ou 4 personnes), un de 3 chambres (dont deux
petites pour des enfants), le dernier de 2 chambres (dont une pour 2 enfants). Sanitaires
privés. Comptez 36 € (236,14 F) pour 2 avec le petit déjeuner. Aux murs, de nombreux
tableaux peints par la maîtresse de maison, qui est aussi une excellente cuisinière. Table
d'hôte le soir pour 13 € (85,27 F). Mini-golf et ferme pour les enfants.

SAINTE-EULALIE-DE-CERNON 12230   Carte régionale B1

25 km S de Millau

🛏 🐕 ⑩% *Chambres d'hôte (Monique et Henri Vinas)* : Les Clauzets.
☎ 05.65.62.71.26. Accès : à quelques encablures du village, un peu en surplomb de la
route ; fléchage. Préférable de réserver, surtout en saison. Grande maison toute blanche,
seule au milieu d'un grand jardin. Superbe environnement et calme assuré. 3 chambres
confortables, avec accès indépendant et sanitaires privés. Comptez 36 € (236,14 F) pour
2, petit déjeuner compris. Monique et Henri ont préparé plusieurs petits itinéraires pour
vous faire découvrir les environs. Accueil tout à fait charmant, un lieu de séjour idéal.

SALIGOS 65120   Carte régionale A2

35 km S de Lourdes

▲ |●| ⁔ *Chambres d'hôte La Mounia (Monique Labit) :* ☎ 05.62.92.84.74 et 06.70.55.10.72. Accès : de Lourdes, prenez la N 21 et juste avant Luz, tournez à gauche direction Saligos/Chèze par la D 12 ; à l'entrée du village, prenez à gauche direction La Mounia (attention, la descente est raide !). Fermé début juin. Le pic de la Mounia a donné son nom à la maison de Monique, tout près du gave que l'on voit couler du haut du balcon. Elle y a aménagé 3 chambres avec mezzanine et sanitaires privés à l'étage, à 31 € (203,35 F) la nuit pour 2, petit déjeuner compris. Possibilité de table d'hôte à 11 € (72,16 F), servie sur une grande table de ferme : garbure ou soupe maison, agneau et légumes du jardin, fromage du pays, tarte. Accueil chaleureux et familial, puisque Monique vit avec sa fille Marion, ses parents, sa tante et sa grand-mère. Une gentille adresse.

SALVETAT-PEYRALÈS (LA) 12440   Carte régionale B1

49 km SO de Rodez ; 22 km SE de Villefranche-de-Rouergue

▲ |●| 🐴 **10 %** *Ferme des Tronques (Régine et Marc Foulquier) :* ☎ et fax : 05.65.81.81.34. • www.lestronques.fr.fm • Accès : à La Salvetat, prenez la direction de la vallée du Viaur et Bellecombe ; c'est à 2 km ; bien indiqué. Ouvert de novembre à septembre. Réservation obligatoire. Sympathique accueil de Marc et Régine – fidèles lecteurs – qui proposent 6 belles chambres, avec salle d'eau privée, à 40 € (262,38 F) pour 2, petit déjeuner compris. Très agréable salle à manger dans l'ancienne étable. Table d'hôte à 14 € (91,83 F). Au menu, soupe de campagne aux croûtons, à l'ortie, rillettes de canard, magret fumé, poule farcie, foie gras et confit de canard, légumes du jardin farcis, pommes de terre poêlées et champignons des prés, tarde aux fruits du verger, à l'ortie, boulaigou aux fleurs d'acacia. Mais le truc le plus sympa, c'est l'animation culturelle. Tous les 15 jours en hiver, animations country, blues, rock. Hors juillet-août, possibilité de stage équestre en collaboration avec l'école d'équitation de Barthas, située à 2 km.

SAMOUILLAN 31420   Carte régionale A2

55 km NO de Saint-Girons ; 40 km NE de Saint-Gaudens ; 10 km NE d'Aurignac

▲ |●| 🐴 *Chambres d'hôte (Steve Callen) :* Le Moulin. ☎ 05.61.98.86.92. Fax : 05.61.98.60.77. • www.moulin-vert.net • Accès : de Boussens, prenez la D 635 vers Aurignac ; à l'entrée d'Aurignac, prenez la D 8 vers Samouillan, et la D 96 sur 2 km. Cette belle maison, ancien moulin à eau sur la Nère, vous offre un séjour en toute tranquillité. 4 jolies chambres : deux avec sanitaires communs, deux autres avec salle d'eau et w.-c. privés. Comptez 42 € (275,50 F) pour 2, petit déjeuner inclus. Steve, qui était chef à Glasgow, propose une cuisine raffinée en table d'hôte, 14 € (91,83 F) vin compris : spécialités traditionnelles, végétariennes, indiennes ou chinoises, selon le goût des hôtes (c'est pas beau, ça ?), préparées avec les bons légumes du jardin. Possibilité de pêche sur la propriété et vélos à disposition.

SANVENSA 12200   Carte régionale B1

60 km O de Rodez ; 10 km S de Villefranche-de-Rouergue

▲ |●| 🐴 *Chambres d'hôte (Monique et Pierre Bateson) :* Monteillet. ☎ 05.65.29.81.01. Fax : 05.65.65.89.52. • pbc.@wanadoo.fr • Accès : sur la D 922 de Villefranche à Albi, à l'entrée de Sanvensa, fléchage sur la droite. Fermé 15 jours en septembre. Jolie maison bien restaurée avec jardin fleuri. Très beau four à pain à restaurer. 2 chambres sont au rez-de-chaussée, avec accès indépendant, à 38 € (249,26 F) pour 2 petit déjeuner compris. Une 3e chambre familiale (4 personnes) est située dans une maisonnette avec cuisine équipée et terrasse, à 46 € (301,74 F) pour 2, petit déjeuner compris. À la table d'hôte, bonne cuisine avec les produits du potager et des fermes des alentours, pour 16 € (104,95 F), kir, vin et café compris. Agréable tonnelle pour prendre le frais. Propriétaire très aimable.

SARRAGACHIES 32400 — Carte régionale A2

70 km O d'Auch ; 10 km S de Nogaro

â |●| ⚐ *Chambres d'hôte La Buscasse (Fabienne et Michel Abadie) :* ☎ 05.62.69.76.07. Fax : 05.62.69.79.17. ● http://buscasse.free.fr ● Accès : D 935 entre Bordeaux et Tarbes jusqu'à Riscle, puis D 3 vers Marciac pendant 1 km ; dans Sarragachies, direction Termes-d'Armagnac, et fléchage. Dans un joli coin de nature, belle propriété toute en pierre. Fabienne et Jean-Michel cultivent la vigne et produisent des céréales. Pour accéder aux 3 chambres, on emprunte un long couloir à colombages. Sanitaires privés. Comptez 45 € (295,18 F) pour 2, petit déjeuner inclus. Table d'hôte les mardis et vendredis (suivant les possibilités) à 15 € (98,39 F), vin compris. Coin cuisine à disposition. Calme et tranquillité absolus. Piscine, prêt de vélos et tir à l'arc. Accueil jeune et sympa.

SAURAT 09400 — Carte régionale A2

23 km S de Foix

â |●| ⚐ (10 %) *Chambre d'hôte (Monique et Roger Robert) :* Layrole. ☎ 05.61.05.73.24. Accès : à 3 km du village sur la route du col de Port. Ouvert du 15 avril au 15 octobre. En montagne, jolie maison ancienne bien entretenue. Il n'y a qu'une seule chambre mais l'accueil vaut qu'on s'y arrête. Comptez 34 € (223,03 F) pour 2, petit déjeuner compris, et 14 € (91,83 F) pour un repas à la table d'hôte. Robert a mis de nombreuses maquettes qu'il a faites en vitrine et affectionne particulièrement les trains.

SAUVETERRE-DE-ROUERGUE 12800 — Carte régionale B1

55 km NE d'Albi ; 30 km SO de Rodez

â |●| (10 %) *Chambres d'hôte Lou Cambrou (M. et Mme Privat) :* Jouels. ☎ 05.65.72.13.40. Accès : à Baraqueville, direction Rieupeyroux, puis tournez à gauche vers Sauveterre-de-Rouergue jusqu'à Jouels. Dans un ancien couvent, 3 chambres et une suite (4/5 personnes) avec sanitaires privés. Déco rustique. Comptez 42 € (275,50 F) pour 2, petit déjeuner inclus, avec plein de confitures originales : sureau, nèfles, fleurs de pissenlits, gratte-culs (fruits de l'églantier)... À la table d'hôte, (sauf le vendredi et le samedi en juillet-août, et sur réservation) pour 14 € (91,83 F) apéro et vin compris, vous dégusterez une bonne cuisine familiale à partir des produits de la ferme. Bon rapport qualité-prix.

SERRES-SUR-ARGET 09000 — Carte régionale A2

15 km O de Foix

â |●| ⚐ *Chambres d'hôte (Jenny et Bob Brogneaux) :* Le Poulsieu. ☎ et fax : 05.61.02.77.72. Accès : à Foix, prendre la D 17 direction Tour Laffont ; à La Mouline, tourner à gauche et suivez les panneaux « Chambres d'hôte » (4 km). Fermé du 1er octobre au 1er avril. À 800 m d'altitude, en pleine nature. Vue magnifique sur la montagne environnante. 4 chambres bien aménagées, confortables et calmes. Entre 37 et 40 € (242,70 et 262,38 F) pour 2, petit déjeuner compris. Table d'hôte à 12 € (78,71 F) le repas, vin et café compris. Piscine et chevaux pour cavaliers confirmés, en balade non accompagnée. Rivière à truites sur place. Également 2 gîtes fonctionnant toute l'année.

SÉVERAC-LE-CHÂTEAU 12150 — Carte régionale B1

42 km N de Millau ; 15 km S de La Canourgue

â |●| (10 %) *Gîte de Séjour du Rocher de Corbière (Monique et Alain Rivière) :* Le Villaret. ☎ et fax : 05.65.70.79.64 et 06.15.10.89.40. ● www.lerocherdecorbieres.fr.st ● Accès : A 75, sortie Séverac-le-Château (n° 42), puis direction Massegros-Gorges du Tarn

(D 995), puis à gauche D 235 vers Le Villaret pendant 5 km et fléchage. Aux portes de la Lozère, ancienne ferme du milieu du XIXᵉ, toute en pierre, recouverte de lauzes, et qui bénéficie d'un joli point de vue sur la campagne environnante. 3 chambres avec accès indépendant de 2, 3 et 5 personnes. Sanitaires privés. 17 € (111,51 F) par personne, petit déjeuner compris et 29 € (190,23 F) en demi-pension (kir et vin compris). Goûteuse cuisine familiale avec les légumes du jardin et viandes cuites à la broche dans la cheminée en hiver. Ici, c'est l'activité cheval qui domine et c'est l'adresse idéale pour se faire une petite rando. Alain propose une rando-bivouac de 2 jours, mais aussi des séjours randos jusqu'à 11 jours ! Si vous avez votre canasson, on peut aussi l'héberger. Accueil décontracté et convivial.

SIMORRE 32420   Carte régionale A2

30 km SE d'Auch ; 9 km S de Saramon

🛏 |●| ✂ ⑩% *Chambres d'hôte Ferme du Rey (Marie et Pascal Consiglio) :* ☎ 05.62.65.35.91. Fax : 05.62.65.36.42. Accès : d'Auch, N 124 vers Toulouse, jusqu'à Gimont, puis D 12 vers Saramon, jusqu'à Simorre ; la ferme est fléchée à droite avant l'entrée du village. Fermé du 15 novembre au 15 mars. Dans un espace de nature préservé, maison gasconne parfaitement restaurée. Marie et Pascal transforment des canards. Au 1ᵉʳ étage, 4 chambres d'hôte personnalisées (nombreux tableaux et gravures). Sanitaires privés. Comptez 41,16 € (270 F) pour 2, petit déjeuner inclus, avec confitures et miel maison. Table d'hôte à 15,24 € (100 F). Si vous le souhaitez, Pascal vous fera découvrir les nombreux sentiers de randonnée, et participer à la vie de la ferme qui pratique aussi l'agriculture bio. Piscine. Marie propose également des « week-ends foie gras » (demandez le programme).

SOMBRUN 65700   Carte régionale A2

25 km N de Tarbes ; 2 km O de Maubourguet

🛏 |●| ✂ *Chambres d'hôte Château de Sombrun (Gilles et Josette Brunet) :* ☎ 05.62.96.49.43. Fax : 05.62.96.01.89. ● www.sudfr.com/chateaudesombrun/ ● Accès : de Tarbes, D 935 jusqu'à Maubourguet, puis D 50 vers Sombrun ; fléchage « Gîtes de France » dans le village. Fermé du 15 octobre au 30 janvier. Au bout d'une magnifique allée de tilleuls, apparaît le château de Sombrun, imposante et charmante demeure bourgeoise, flanquée de deux tours. Tout autour (ça rime !), des dépendances, dont un croquignolet poulailler typique de la région. Le château doit son nom à la lignée des seigneurs de Sombrun qui l'occupèrent fort longtemps (Josette et Gilles ont retrouvé tous les documents retraçant son histoire !). L'intérieur n'est pas mal non plus... Une vaste entrée ornée de gravures anciennes (elles valent un p'tit coup d'œil...), un noble escalier qui conduit à un long couloir aux murs recouverts de tenture saumon et au parquet ciré. 4 belles chambres spacieuses et stylées (petit coin secrétaire, commodes avec miroir). Déco très raffinée. Coquets sanitaires privés. Comptez 57,93 € (380 F) pour 2, petit déjeuner compris. Quand on voit la cuisine, on a envie d'y rester... Elle est immense, avec une grande cheminée qui rougeoie en permanence, et dallée de carreaux en terre cuite qui ont su résister aux assauts du temps (on connaît des cuisinières que ça ferait rêver !). Claire et agréable salle à manger avec doubles rideaux fleuris. Sous l'œil des gallinacés peints par Gilles, vous pourrez partager la table d'hôte (sur réservation et sauf le dimanche soir) pour 19,82 € (130 F), apéro et madiran compris. Bonne cuisine familiale à base de produits frais (Josette y tient). Bien sûr, vous pourrez profiter des 6 ha de la propriété et du billard français. Piscine et VTT à disposition. Accueil très chaleureux. Une adresse de charme.

SORÈZE 81540   Carte régionale B2

25 km SO de Castres ; 3 km E de Revel

🛏 🏠 ⑩% *Chambres d'hôte (Bernard et Véronique Galy-Fajou) :* lieu-dit Moulin du Chapître. ☎ 05.63.74.18.18. ● veronique.follet@libertysurf.fr ● Accès : de Revel, D 85 vers Sorèze, au carrefour précédant le village, tournez à droite et fléchage. Au chevet de la Montagne Noire, dans un site pittoresque à souhait, ancien moulin à farine au bord de l'eau. 2 chambres à l'étage avec sanitaires privés (non attenant pour une). 2 autres chambres sont près de la salle des meules au rez-de-chaussée. Sanitaires privés. Selon la chambre, de 28 à 40 € (183,67 à 262,38 F) pour 2, petit déjeuner compris (confitures maison avec des fruits sauvages). Immense pièce de jour, l'ancienne salle de blutage (au fait que veut dire bluter?... tamiser la farine, ignorant!). Elle est superbe avec son vieux rouage, ses meubles anciens, ses poutres, sans oublier le magnifique piano. Coin cuisine à dispo si vous séjournez au moins 3 jours. Ambiance un brin écolo, un brin soixante-huitarde. Accueil chaleureux. Également un petit gîte rural indépendant pour 3 personnes.

THÉRONDELS 12600   Carte régionale B1

12 km NE de Mur-de-Barrez

🛏 |o| 🐎 ⋈ *Chambres d'hôte La Gentiane (Laetitia et René Dri)* : Frons. ☎ 05.65.66.08.47 et 06.12.34.38.96. Fax : 05.65.66.02.98. Accès : à 2 km de Thérondels, au centre du hameau de Frons. Au pays de Carladez, à 1000 m d'altitude, petit hameau de 26 âmes. En son cœur, une belle maison traditionnelle du début du XIXe en granit avec un toit recouvert de tuiles écailles de poisson. 2 chambres d'hôte : une au 1er étage de la maison de Laetitia et René, l'autre installée dans une partie indépendante et composée de deux chambres (uniquement familles ou amis). Déco soignée, chaleureuse, peuplée de meubles rustiques. Sanitaires privés. Comptez 36 € (236,14 F) pour 2, petit déjeuner compris. Salle à manger agréable avec immense cheminée. Table d'hôte partagée avec les propriétaires à 14,50 € (95,11 F), apéro et vin compris. Ici, c'est René qui s'occupe des hôtes ; il vous donnera toutes les infos touristiques pour découvrir la région ; vous pourrez aussi l'accompagner aux champignons si ça vous tente. Un étang privé d'1 ha peuplé de truites et d'écrevisses attend les amateurs. Vous êtes à la pointe nord du département, région qui devait être rattachée au Cantal, mais qui par décision politique fut rattachée à l'Aveyron (allez savoir pourquoi...). Accueil chaleureux et courtois. Bon rapport qualité-prix-convivialité.

VABRE 81330   Carte régionale B2

30 km NE de Castres

🛏 |o| 🐎 ⋈ **10%** *Ferme équestre (Véronique et François Clarenson)* : La Mouline. ☎ 05.63.50.41.91. Fax : 05.63.50.49.77. ● www.lamouline.free.fr ● Accès : dans Vabre, suivez la direction de Lacaune pendant 500 m, puis tournez à droite (« chemin de la Mouline ») ; faites 1 km avant l'entrée de la ferme à gauche. Fermé en février. En pleine nature, avec une rivière (coin baignade et pêche à la truite). Véronique et François ont aménagé dans leur ferme 2 chambres d'hôte et 2 gîtes ruraux. Comptez 35,83 € (235 F) pour 2, petit déjeuner compris, et 12,20 € (80 F) le repas en table d'hôte. Bons produits frais de la ferme et du jardin. Pain complet au levain bio maison (cuit tous les vendredis dans le four à bois), pâtisseries biologiques. Pour les gîtes (de 4 à 12 personnes), prévoyez de 167,69 à 533,57 € (de 1100 à 3500 F) la semaine selon la saison. Une douzaine de chevaux sur la propriété, et différentes formules possibles (à l'heure, à la journée, dressage, randonnées, etc.). En saison, priorité est donnée aux cavaliers (lecteurs fanas d'équitation, profitez-en !), hors saison, c'est beaucoup plus souple.

VAÏSSAC 82800   Carte régionale A1

15 km E de Montauban

|o| 🐎 *Ferme-auberge de Belle Chasse (Isabelle et Alexis Vandercam)* : ☎ et fax : 05.63.30.86.58 et 06.84.01.27.19. Accès : par la D 115 Montauban/Nègrepelisse, puis direction Vaïssac au 2e croisement (1,5 km) tournez à droite et fléchage. Uniquement sur réservation. Au milieu d'un bois de chênes et de châtaigniers, au calme, belle maison de maître avec un escalier monumental. Petite salle rustique de 40 couverts, où l'on pourra vous servir 3 menus, de 15,24 à 27,44 € (99,97 à 179,99 F), apéro, vin et café compris (pour les 3) : le « campagnard » avec potage et omelette, poulet rôti à la moutarde ou à l'estragon ou encore la blanquette de veau maison, fromage et dessert ; le « menu de la Ferme » avec omelette aux cèpes et confit ou magret (si vous êtes quatre, la poule farcie) ; le « menu Belle Chasse », avec par exemple le velouté aux cèpes, les œufs pochés

et foie de veau sauce au vin, le coquelet farci ou tournedos de magret ou médaillon de veau sauce ciboulette... après lequel il vaut mieux aller faire une sieste dans les bois avant de reprendre la route !

VERRIÈRES 12520 Carte régionale B1

25 km N de Millau

🛏 |●| 🐕 ✕ ⑩％ *Gîte de groupe La Blaquière (Dominique et Jean-Baptiste Castanier) :* Larquinel. ☎ 05.65.47.69.66. Fax : 05.65.47.69.93. Accès : de Millau, N 9 vers Sévérac-le-Château ; tournez au fléchage « Village-Vacances de Becours » (sur 3 km), puis suivez les panneaux « Gîtes-Dromadaires ». Dominique et Jean-Baptiste ont entièrement restauré cet ancien hameau isolé nommé La Blaquière. Dans une ancienne ferme totalement réaménagée, ils ont installé 1 gîte de groupe pouvant accueillir 24 personnes en 6 chambres de 2 à 7 lits (en gestion libre pour ceux qui le souhaitent). Comptez 13 € (85,27 F) la nuit (draps fournis), et 3,05 € (20 F) le petit déjeuner (non servi). Pour les repas, deux formules : le non servi à 8,38 € (55 F) et le servi à 11,43 € (75 F), mais toujours avec le fromage de brebis fabriqué dans la ferme. Pour les petits budgets, 1 aire de camping, 3,05 € (20 F) par adulte, 1,83 € (12 F) par enfant et 2,29 € (15 F) pour les groupes. Mais l'originalité de la maison, c'est l'activité qu'elle propose : découvrir le Causse à dos de dromadaire ! Dominique et Jean-Baptiste en ont 10 qui partent à la demande en caravane. Comptez 27,44 € (180 F) pour 2 h de balade (par dromadaire et pour 2 personnes qui alternent le passage en guide). Possibilité de randonner jusqu'à 2 jours, 121,96 € (800 F) par dromadaire. Si vous préférez le VTT, qu'à cela ne tienne, location sur place, 13,72 € (90 F) la journée. Si vous êtes plutôt du genre à user vos semelles, 3 circuits balisés sur place (prêt de guide, jumelle et boussole, histoire de ne pas perdre le nord). Une adresse pour tribus et familles. Accueil agréable.

VIC-EN-BIGORRE 65500 Carte régionale A2

20 km N de Tarbes ; 9 km S de Maubourguet

🛏 |●| ✕ ⑩％ *Chambres d'hôte Maison Daunat (Félix et Martine Grangé) :* Escaunets. ☎ 05.59.81.50.67 et 06.80.81.08.54. Accès : c'est à 11 km de Vic-en-Bigorre ; de Tarbes, direction Ger sur 18 km, puis à droite D 202 direction Ponson-Dessus ; traversez Ponson, tournez à gauche, traversez le lac du barrage et fléchage « Escaunets » sur 1 km, c'est à droite, à l'entrée du village. Ferme familiale en activité, où Félix élève des bovins, tandis que Martine s'occupe du gavage des canards. À l'étage, ils ont aménagé 2 chambres confortables (dont une double), avec sanitaires privés, à 32,01 € (210 F) pour 2, petit déjeuner compris (confitures et gâteau maison). Table d'hôte à 11,43 € (75 F) tout compris : crudités, charcuterie maison, magret aux deux pommes, maïs doux en gratin, fromage du pays, dessert. Les pêcheurs, eux, se régaleront du lac situé à 500 m. Les proprios ont aussi cinq ânesses pour partir à la découverte du pays (circuit fléché). Également 1 petit gîte rural pour ceux qui veulent séjourner. Accueil authentique et souriant.

VIELLA 65120 Carte régionale A2

50 km S de Tarbes ; 17 km SE d'Argelès-Gazost

🛏 |●| ✕ ⑩％ *Gîte de groupe La Grange au Bois (Jean-Jacques Destrade) :* ☎ 05.62.92.82.76. Fax : 05.62.92.95.93. ● www.lagrangeaubois.com ● Accès : sur la route de Luz-Saint-Sauveur (à 2 km) vers Barèges. Sur réservation. Dans une grange restaurée, 8 chambres de 3 à 6 lits, avec sanitaires privés pour chaque chambre. Possibilité d'y dormir à la nuitée ou de louer la totalité si vous constituez un groupe. Cuisine équipée, salle de détente, local à skis. À partir de 10 € (65,60 F) par personne (sans les draps), 4,73 € (31 F) le petit déjeuner et 25,31 € (166 F) en demi-pension (obligatoire en période de vacances scolaires). Cuisine familiale : garbure, chou farci, truite, tartes, etc. Jean-Jacques est guide de haute montagne, moniteur de ski et accompagnateur équestre, donc conseils et encadrement possibles. En été, il propose des balades à cheval d'1 à 3 h, selon le niveau.

VILLEFRANCHE-D'ALBIGEOIS 81430   Carte régionale B1

28 km E d'Albi

🛏 |O| 🐕 ❄ *Chambres d'hôte (Michael et Michèle Wise)* : La Barthe. ☎ et fax : 05.63.55.96.21. ● www.angelfire.com/la/wise ● Accès : d'Albi, D 999 vers Millau jusqu'à la Croix-Blanche ; puis tournez à gauche vers La Barthe (D 163), et fléchage « Chambres d'hôte » pendant 4 km. On se sent tout de suite bien dans la ferme de Michèle et Michael (adorable couple d'Anglais). Elle bénéficie d'un magnifique panorama sur la vallée du Tarn, et ils l'ont retapée en respectant son authenticité. 2 chambres agréables (dont une familiale). Sanitaires privés. Comptez 35 € (229,58 F) pour 2, petit déjeuner compris. Table d'hôte à 14,50 € (95,11 F), apéro, vin et café compris (repas plus léger sur demande). Un point de chute idéal pour se mettre au vert, et découvrir les richesses culturelles de la région. Accueil charmant. Une très bonne adresse.

VILLEFRANCHE-DE-PANAT 12430   Carte régionale B1

46 km O de Millau ; 15 km S de Pont-de-Salars

🛏 |O| ❄ ⑩% *Chambres d'hôte La Ferme de la Centaurée (Agnès Bonnelarge et Patrick Perron d'Arc)* : Le Mas Bertrand. ☎ et fax : 05.65.46.43.11. ● www.lacentau ree.com ● Accès : de Millau D 911 vers Cahors, puis à gauche D 30 vers Saint-Beauzély jusqu'à Bouloc et direction Villefranche-de-Panat ; la maison se trouve à gauche, à 6 km après les Canabières et à 8 km avant Villefranche. À 927 m d'altitude, dans un joli coin de campagne vallonné, belle ferme du XVIIIe en schiste avec toit de lauzes. Extérieurs soignés avec une authentique cour pavée. 4 chambres coquettes et agréables : deux au 1er étage (dont une familiale composée de deux chambres) et deux au 2e. Sanitaires privés. Comptez 39 € (255,82 F) pour 2 avec le petit déjeuner. Table d'hôte à 15 € (98,39 F), apéro et vin compris (sauf le dimanche en juillet-août). Cuisine familiale et traditionnelle. Agnès est accompagnatrice de tourisme équestre et emmène ses clients en balade (plusieurs formules pour découvrir le Lévezou quelque soit votre niveau). Patrick est accompagnateur de pêche et propose des journées découverte et de perfectionnement toutes pêches (au toc, aux carnassiers, à la mouche, au coup...). Accueil jeune et dynamique pour des séjours sportifs.

VILLEFRANCHE-DE-ROUERGUE 12200   Carte régionale B1

61 km E de Cahors ; 54 km O de Rodez

🛏 🐕 ⑩% *Chambres d'hôte Le Mas de Comte (Agnès et Philibert Jayr)* : Les Pesquiés. ☎ et fax : 05.65.81.16.48. Accès : de Villefranche, D 922 vers Albi ; à 5 km, au lieu-dit La Miroulie, prenez sur la droite vers Les Pesquiés sur 1 km. Fermé du 2 janvier au au 1er février. Ensemble de plusieurs maisons qui furent autrefois ferme, étable, grange, forge, four à pain et maison de maître. C'est cette dernière que Philibert et Agnès ont restaurée avec beaucoup de goût, et d'où l'on peut découvrir la vallée de l'Aveyron et le château d'Orlhonac tout proche. À l'étage, une entrée indépendante, un salon avec cheminée et coin cuisine à disposition, et 3 chambres spacieuses et fraîches, avec sanitaires privés. Comptez 44 € (288,62 F) pour 2, petit déjeuner compris. Pas de table d'hôte, mais jardin ombragé avec barbecue, et plein de restos à Villefranche. Également, 1 gîte pour 6 personnes.

VILLELONGUE 65260   Carte régionale A2

20 km S de Lourdes

🛏 |O| 🐕 ❄ ⑩% *Gîte de séjour Les Moulins d'Isaby (Jeannine et Marthe Latapie)* : 18, rue de la Hourcadette. ☎ 05.62.92.78.74 et 06.08.15.63.29. Fax : 05.62.92.29.62. ● moulins.isaby@wanadoo.fr ● Accès : de la N 21 de Lourdes à Argelès-Pierrefite, prenez à gauche avant les gorges de Luz, passez à gauche de la centrale, direction Villelongue et fléchage. Dans ce « coin des moulins » (dont cinq subsistent encore sur les dix qui existaient autrefois), l'ancienne étable et la grange ont été restaurées et transformées en gîte de 30 places. 2 dortoirs et 7 chambres pour 3 personnes, avec blocs sanitaires, sont répartis entre le rez-de-chaussée et l'étage, dans une ambiance confortable et coquette. Grande salle de séjour avec des poutres peintes en vert et une belle cheminée. Comptez 11 € (72,16 F) la nuit, sans la location des draps, et 3 € (19,68 F) le petit déjeuner (tarif groupe à partir de 15 personnes). La demi-pension revient à 23,50 € (154,15 F), en saison. Le repas familial est préparé par Marthe, la maman de Jeannine.

VISCOS 65120   Carte régionale A2

30 km S de Lourdes ; 7 km N de Luz-Saint-Sauveur

🛏 |●| 🐶 ⑩% *Gîte de séjour L'Asphodèle (Nicole Santam) :* ☎ 05.62.92.33.43 ou 05.62.92.84.81. Accès : sur la N 21 de Lourdes à Luz, direction Viscos par la D 149 et fléchage. En pleine nature, à 1000 m d'altitude, charmante bergerie au nom de fleur (qui fleurit deux fois l'an, en mai et en août), avec un joli toit d'ardoises et des murs en granit. À l'étage, où la vieille charpente a été bien conservée, 2 dortoirs de 6 places avec sanitaires. Comptez 10,67 € (70 F) par personne, draps et linge de toilette fournis, 3,81 € (25 F) le petit déjeuner. Repas à 10,67 € (70 F), vin et café compris, servi par Nicole, adorable et discrète hôtesse. Bonne cuisine régionale. Panier pique-nique à 6,10 € (40 F). De la terrasse, belle vue sur les gorges de Luz et sur le village de Viscos. Possibilité en demi-pension (chèques vacances acceptés pour les séjours).

Nord-Pas-de-Calais

59 Nord
62 Pas-de-Calais

AMETTES 62260

Carte régionale A1-2

40 km NO d'Arras ; 7 km SO de Lillers

Chambres d'hôte La Ferme des 2 Tilleuls (Colette et Jean Gévas) : 2, rue de l'Église. ☎ et fax : 03.21.27.15.02. Accès : d'Arras, D 341 vers Boulogne/ Thérouanne et tournez à gauche (D 69) jusqu'à Amettes ; la ferme est à côté de l'église. Voici une adresse pour ceux qui aime l'authenticité... On passe le portail de cette ferme traditionnelle avec cour intérieure, salué par les chiens. Rassurez-vous, ceux de chasse sont en enclos et le gardien, au bout d'une chaîne. Là, on découvre une petite exploitation agricole avec vaches, cochons, lapins et volailles. Mais parlons des 2 chambres... Pour 2 et 3 personnes, situées au 1er et 2e étage, on y accède par un escalier assez raide. Elles ne sont pas immenses mais chaleureuses avec petits sanitaires privés. 27,44 € (180 F) pour 2, petit déjeuner compris avec plein de sortes de confitures maison (dont la rhubarbe que Colette et Jean cultivent !). Table d'hôte à 12,20 € (180 F) apéro maison et bière compris (chouette !). Une cuisine familiale avec rien que des produits de la ferme... et partagée en famille bien sûr. Si vous avez des enfants, ils pourront jouer avec les deux garçons de la maison. Accueil simple et chaleureux. Une adresse vraie, nature et campagnarde. Au fait, Amettes est le village natal de saint Benoît-Joseph Labres, qui au XVIIIe siècle, visita à pied, les principaux sanctuaires européens (tu parles d'un Routard !...). On peut visiter l'église et sa maison natale.

ARDRES 62610

Carte régionale A1

12 km SE de Calais

Chambres d'hôte Le Manoir de Bois-en-Ardres (Françoise et Thierry Roger) : 1530, rue de Saint-Quentin. ☎ 03.21.85.97.78 et 06.15.03.06.21. Fax : 03.21.36.48.07. ● www.aumanoir.com ● Accès : sur la N 43 entre Saint-Omer et Calais (A 26 sortie n° 2), traversez Ardres en direction de Calais (en venant de Saint-Omer) et au 1er rond-point, tournez à droite dans la rue de Saint-Quentin pendant 1 km et fléchage. Curieuse histoire que celle de cette superbe demeure, située au cœur d'un magnifique parc de 5 ha peuplé d'arbres centenaires. Ici, siègeait le château d'Ardres... Il appartenait à une famille notable de la région et brûla dans les années 1940. Les proprios

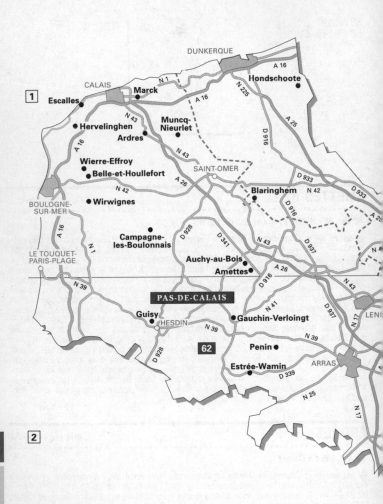

A

1

DUNKERQUE

CALAIS

N 1

A 16

Hondschoote

Escalles

Marck

N 225

A 16

A 25

N 43

Muncq-
Nieurlet

D 916

Hervelinghen

Ardres

A 16

N 43

D 933

SAINT-OMER

D 933

Wierre-Effroy

A 26

Belle-et-Houllefort

Blaringhem

N 42

N 42

D 916

Wirwignes

BOULOGNE-
SUR-MER

A 16

N 1

Campagne-
les-Boulonnais

D 928

D 341

N 43

D 937

LE TOUQUET-
PARIS-PLAGE

Auchy-au-Bois

A 26

Amettes

D 916

N 43

N 39

PAS-DE-CALAIS

N 41

LENS

Guisy

HESDIN

Gauchin-Verloingt

D 937

N 17

N 39

N 39

62

Penin

ARRAS

Estrée-Wamin

D 339

D 928

N 25

N 17

0   10   20 km

2

A

B

	Blaringhen	Adresses
○	DUNKERQUE	Villes repères

1

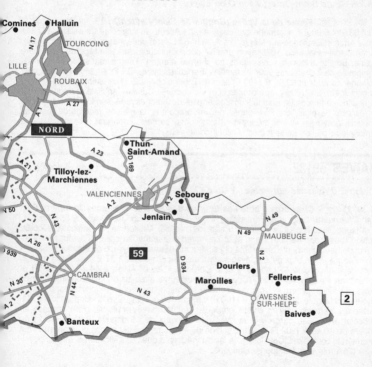

BELGIQUE

Comines · Halluin
N 17
TOURCOING
LILLE
ROUBAIX
A 1
A 27
NORD
A 23
Thun-
Saint-Amand
A 21
D 169
Tilloy-lez-
Marchiennes
VALENCIENNES
Sebourg
N 50
A 2
N 43
Jenlain
A 26
N 49
MAUBEUGE
939
N 49
59
D 934
N 2
Dourlers
Felleries
N 30
CAMBRAI
N 44
Maroilles
AVESNES-
SUR-HELPE
A 2
N 43
2
Banteux
Baives

NORD-PAS-DE-CALAIS

décidèrent de réaménager les dépendances avec le concours d'un architecte et surtout avec les pierres du château. Le résultat est admirable et le mélange des styles charmant : des colonnes avec un bassin intérieur (ancienne piscine) lui donnent un côté méditerranéen, la maison par elle-même avec des pièces immenses bordées de baies vitrées, et les vieux bâtiments agricoles, restés à l'identique... Bref, on n'a plus envie de bouger ! Pourtant, quand Françoise et Thierry l'ont achetée, cette demeure était devenue un squatt, puis abandonnée. Plusieurs années ont été nécessaires pour lui redonner son visage. Au 1er étage de la maison, 4 chambres d'hôte avec sanitaires privés, dont 3 avec accès indépendant. Une préférence pour la suite « Vigne » et « Glycine » avec ses belles fresques réalisées par Françoise. 52 € (341,10 F) pour 2, petit déjeuner compris. Table d'hôte, sur réservation uniquement, à 18 € (118,07 F), apéro et vin compris, servie dans le jardin aux beaux jours. Sinon de nombreux restos dans les environs. Accueil souriant et décontracté. Une adresse de charme. Nombreuses randos dans les environs et tous sports nautiques sur le lac d'Ardres.

AUCHY-AU-BOIS 62190   Carte régionale A1

25 km SE de Saint-Omer ; 7 km O de Lillers

🛏 |●| 🍴 ⟨10 %⟩ *Ferme de la Vallée (Brigitte de Saint Laurent) :* 13, rue Neuve. ☎ et fax : 03.21.25.80.09. ● fermedelavallee@free.fr ● Accès : le village se trouve sur la D 341 entre Arras et Boulogne-sur-Mer (sortie A 26 n° 5 : Lillers) et fléchage. Au cœur du village, ferme traditionnelle de 1828 avec grande cour intérieure. Au 1er étage de l'ancienne écurie, Brigitte a ouvert 4 chambres au charme d'antan. Toutes mansardées, une est composée de 2 chambres pour les familles. Sanitaires privés. 38,11 € (250 F) pour 2, petit déjeuner compris et 60,98 € (400 F) pour 4. Table d'hôte, sur réservation, partagée avec Brigitte à 13,72 € (90 F), apéro maison et vin compris. Cuisine familiale et traditionnelle. Agricultrice à la retraite, Brigitte s'occupe encore des vaches mais son fils Thierry a repris le reste de l'exploitation. Passionnée par les brocantes, la maison regorge de meubles anciens, gravures, vieilles assiettes, étains, pots, cannes... donnant à l'ensemble une atmosphère où l'on se sent bien. Accueil chaleureux.

BAIVES 59132   Carte régionale B2

23 km E d'Avesnes-sur-Helpe ; 3 km de la Belgique

🛏 |●| 🐕 ⟨10 %⟩ *Chambres d'hôte Les Écuries des Prés de la Fagne (Corinne et Pascal Chauveau) :* 2, rue Principale. ☎ et fax : 03.27.57.02.69 et 06.88.54.57.71. ● la.fagne@wanadoo.fr ● Accès : à côté de l'église. Maison hyper originale, décorée design (beaucoup de noir, blanc et rouge) avec une immense salle de séjour mesurant 9,5 m de haut, charpente apparente et escalier intérieur suspendu. 5 chambres : « Saba » et « Zagora », les plus petites, avec salle d'eau, au 1er étage, à 37 € (242,70 F) pour 2, petit déjeuner inclus ; « Ladoga » et « Cordoba » au 2e étage à 44 € (288,62 F) et « Zucayan » à 52 € (341,10 F). Copieux petit déjeuner avec jus de fruit, confitures artisanales, céréales, lait cru et fromage. Corinne et Pascal, les jeunes propriétaires, assurent également la table d'hôte, 15,24 € (100 F) vin non compris, et servent, selon les jours : flamiche au maroilles, chèvre chaud, crêpe au saumon fumé, poulet au cidre, mousse au chocolat, etc. Beau parc de 6 ha avec des chevaux de randonnée, 9,91 € (65 F) de l'heure ou 30,49 € (200 F) le forfait balade de 4 h. L'accueil est sympa et la maison vaut vraiment le coup d'œil. Côté loisirs, le lac du val Joly, à quelques kilomètres, offre la possibilité d'exercer tous les sports nautiques.

BANTEUX 59266   Carte régionale B2

27 km N de Saint-Quentin ; 11 km S de Cambrai

🛏 🍴 *Chambres d'hôte Ferme de Bonavis (Michel, Carole et Thérèse Delcambre) :* Carrefour de Bonavis. ☎ et fax : 03.27.78.55.08. ● www.gites-de-france-nord.com ● Accès : A 26, sortie n° 9 (Masnières) ; la ferme est à 2 km au nord du village de Banteux, au croisement de la D 917 et de la RN 44. Fermé en janvier. Un peu en bord de route (mais les chambres donnent sur l'intérieur). C'est en franchissant le grand portail de cette immense ferme, ancien relais de poste, que vous comprendrez pourquoi elle est inscrite dans nos pages. Une immense cour et une ancienne pièce d'eau (en forme de fer à cheval) a été transformée en espace vert. Le superbe pigeonnier d'angle a été restauré. 3 chambres spacieuses (dont une familiale composée de deux chambres), auxquelles on accède par un vaste hall et un grand escalier. Déco agréable et sanitaires privés. Préférez la chambre qui a le balcon, et en plus, c'est la moins chère (ça tombe bien !). Également 1 chambre de plain-pied, accessible aux personnes à mobilité réduite, ainsi qu'1 gîte pour 6 à 8 personnes. Comptez de 42 à 49 € (de 275,50 à 321,42 F) pour 2, avec le petit déjeuner. Très copieux, Thérèse y apporte un soin tout particulier. Michel, lui, est aviateur amateur, et adore parler de sa passion. Expo permanente de photos sur l'agriculture de nos ancêtres. Côté animations : jeu de boules, ping-pong, balançoires, volley... Pas de table d'hôte. Accueil agréable.

BELLE-ET-HOULLEFORT 62142 Carte régionale A1

10 km E de Boulogne-sur-Mer

Chambres d'hôte Le Breucq (Isabelle et Jacques de Montigny) : ☎ et fax : 03.21.83.31.99 et 06.87.53.94.07. Accès : au village, prenez la D 233 vers Conteville et à 1,5 km, prenez à droite un chemin caillouteux sur 800 m. Fermé du 1er au 20 septembre. Dans un joli manoir de famille du XIXe siècle, Isabelle et Jacques proposent 4 chambres d'hôte assez rococo : deux disposent d'une salle d'eau particulière, les deux autres partagent une salle d'eau et un w.-c. Installées au rez-de-chaussée, elles ont vue soit sur les prés, soit sur une cour agréablement fleurie. Deux d'entre elles disposent en plus d'une petite chambre annexe avec un lit simple. Comptez de 27,44 à 32,01 € (de 180 à 210 F) pour 2, petit déjeuner compris (brioche et confitures maison), servi dans le salon, sur une immense table pour 18 personnes. Pour 12,20 € (80 F) vin compris, Isabelle vous mitonnera par exemple : potage ou gougère (une de ses spécialités), poulet à la crème, blanquette de veau ou bœuf mariné, gratin au potiron, gâteau à la semoule ou tarte à la rhubarbe. De toute façon, cette gentille grand-mère se mettra en quatre pour vous faire plaisir. Et si certains murs intérieurs sont un peu décrépis, l'ambiance est chaude et vieillotte. Beau parc de 4 ha et calme assuré.

BLARINGHEM 59173 Carte régionale A1

12 km SE de Saint-Omer ; 5 km N d'Aire-sur-la-Lys

Auberge de campagne Les Trois Saules (Bernadette et Michel Vandenkerckhove) : Le Mont du Pil. ☎ 03.28.43.20.11. Accès : l'auberge se trouve sur la N 43 entre Wittes et Racquinghem (n'allez pas à Blaringhem). Ouvert tous les midis (sauf le samedi). Uniquement sur réservation. Anciens restaurateurs, Bernadette et Michel, préférant les contacts, ont ouvert cette toute petite auberge de 20 couverts. Gentille déco avec cheminée pour l'hiver, une petite véranda pour les beaux jours et un piano pour souhaiter les anniversaires. Un menu à 9,91 € (65 F) le midi, avec par exemple : flamiche au maroilles ou tarte à l'oignon, rognons au madère ou poulet à la bière et tartes maison. Possibilité d'y séjourner dans 3 chambres d'hôte installées dans une maisonnette indépendante. Comptez de 35,06 à 36,59 € (de 230 à 240 F) pour 2, avec le petit déjeuner (gâteau maison, jus de fruits, coupe de fruits). Table d'hôte à 15,24 € (100 F), apéro, vin et café compris. Accueil chaleureux.

CAMPAGNE-LES-BOULONNAIS 62650 Carte régionale A1

30 km SE de Boulogne-sur-Mer

Ferme-auberge du Moulin (Josiane et Yves Frammery) : 5, Bout-de-la-Ville. ☎ et fax : 03.21.86.55.20. ●www.vacances-alacampagne.com ●Accès : sur la D 341 en direction de Boulogne-sur-Mer, tournez à gauche juste avant Châteauvent et fléchage sur 3 km. Sur réservation uniquement. Dans un joli corps de ferme, Josiane et Yves ont aménagé 2 petites salles de 15 et 35 couverts dans un décor rustique, chaud, avec belle cheminée, rideaux sympas et frise très champêtre. 3 menus : à 12,20 € (80 F), avec plat du jour et dessert ; à 14,48 € (95 F), potage, entrée (caroline au jambon ou spécialité de gâteau roulé au jambon), plat (magret de canard ou cuisse de volaille), fromage ou dessert ; à 19,06 € (125 F), potage, salade de gésiers, gigot, fromage, salade, flan aux œufs ou tarte. Également 1 chambre d'hôte, très vaste, mansardée, déco style maison de poupée, avec de jolis sanitaires. Comptez 39,64 € (260 F) pour 2, petit déjeuner compris. Il y a aussi 2 gîtes, pour ceux qui veulent séjourner. Accueil agréable.

COMINES 59560
Carte régionale B1

14 km N de Lille

🛏 I●I ⟨10 %⟩ *Auberge Relais de la Vieille Garde (Frida, Pierre et Nicolas Watrin) :* 265, rue du Grand Perne au Vieux Soldat. ☎ 03.20.78.91.31 ou 03.20.78.99.99 et 06.66.68.27.72. Fax : 03.27.92.93.00. Accès : de Lille, A 22 Tourcoing/Gand puis direction Dunkerque et sortie n° 10 Comines, passez deux ronds-points et fléchage « Gîtes de France n° 2212 » (n'allez pas jusqu'à Comines). À deux pas de la Belgique (à 7 km des pistes de ski d'Ice Montain), superbe ferme flamande de la fin du XVIIIe siècle, avec petite cour intérieure qui a gardé son atmosphère d'autrefois et ses vieux pavés. Ici, la maison est tenue par la famille. D'abord la table et croyez-nous, elle vaut le détour et n'est pas courante ! Eh oui, Nicolas gave des canards et y présente entre autres un délicieux foie gras au torchon et des magrets fumés au feu de bois. Sur réservation, on peut y manger en famille et entre amis dans une petite salle de réception. Au 1er étage d'une aile de la feme, 3 chambres, dont une composée de deux chambres pour les familles. Accès indépendant par deux petits escaliers qui ouvrent sur une volaillère improvisée. Ambiance douillette et meubles anciens. Sanitaires privés. Ici, on se douche à l'eau de source, aussi par grandes inondations, ne vous étonnez pas qu'elle soit moins limpide. 35 € (229,58 F) pour 2, petit déjeuner compris. Table d'hôte servie par Nicolas de 16 à 22 € (de 104,95 à 144,31 F) avec foie gras maison (je craque !), mais boissons en supplément. Les repas se prennent dans une petite salle à manger indépendante avec grandes baies vitrées. Accueil avenant.

DOURLERS 59440
Carte régionale B2

15 km S de Maubeuge

🛏 ⤬ *Chambres d'hôte (Marie-France et Jean-Marie Willot) :* 24, rue Là-haut. ☎ 03.27.57.82.15. Accès : sur la N 2 entre Maubeuge et Avesnes-sur-Helpe, prenez Dourlers-centre et suivez le fléchage « Gîtes de France n° 4142 ». À l'écart de l'axe routier, mais dans le village, belle maison en pierre et briques. 2 chambres d'hôte élégantes avec sanitaires privés. Une au rez-de-chaussée de la maison, au décor charmant avec boiseries et tenture motif toile de Jouy. L'autre tout aussi coquette, située dans un pavillon indépendant et moins chère (chouette !). 38,11 à 41,16 € (250 à 270 F) pour 2, petit déjeuner compris sur fond de musique classique. Joli mobilier ancien chiné par Marie-France. Agricultrice à la retraite, passionnée de déco, elle a un petit atelier dans lequel elle fabrique des vitraux de décoration ! Accueil chaleureux. Charme et gentillesse au rendez-vous. Pas de table d'hôte mais plusieurs restos à Dourlers et Avesnes-sur-Helpe.

ESCALLES 62179
Carte régionale A1

12 km O de Calais ; 2 km du cap Blanc-Nez

🛏 ⤬ *Chambres d'hôte La Grand' Maison (Jacqueline et Marc Boutroy) :* hameau de la Haute-Escalles. ☎ et fax : 03.21.85.27.75. Accès : A 16, sortie n° 11 vers Peuplingues que vous traversez, continuez vers le cap Blanc-Nez (D 243), la Haute-Escalles est à 2 km avant (fléchage). Belle ferme du XIXe, avec une grande cour fleurie où se dresse un romantique pigeonnier du XVIIIe siècle. 6 chambres dont 2 studios, totalement indépendants. Déco de bon goût. Comptez de 40 € (les deux moins chères, mais aussi craquantes) à 50 € (de 262,38 à 327,98 F) pour 2, petit déjeuner compris. Jacqueline le sert dans une agréable véranda qui ouvre sur les prés et les massifs de fleurs. Accueil agréable. Pour les séjours, il y a aussi 3 gîtes ruraux confortables pour 5 à 10 personnes. Location de VTT. Promenade à dos d'âne, sur demande. Un point de chute idéal pour ceux qui veulent découvrir la côte d'Opale.

ESTRÉE-WAMIN 62810 Carte régionale A2

30 km O d'Arras ; 13 km S de Saint-Pol-sur-Ternoise

|●| 🐕 ⑩% **Ferme-auberge de la Haute-Estrée (Jean-Pierre, Josiane et Delphine Rose) :** 11, route de Saint-Pol. ☎ et fax : 03.21.55.01.41. ●Fermaub@aol.com ●Accès : d'Arras, N 39 vers Saint-Pol, puis D 339 vers Habarcq/Frévent, jusqu'à Estrée-Wamin et fléchage dans le village. Ouvert tous les jours sauf les dimanches soir et lundis. Uniquement sur réservation. La Haute-Hestrée est une des rares fermes-auberges hélicicoles (?....) qui élève des escargots, ignorants ! Mignonnette salle de 55 couverts, dans un joli décor trompe-l'oeil, brique et pierre, avec une agréable cheminée et de grandes baies vitrées qui ouvrent sur la campagne (un joli coin de nature aménagé avec pièce d'eau où s'ébattent des volailles de toutes sortes). 2 menus à 14 et 17 € (91,83 et 111,51 F), le deuxième avec 2 entrées, plat, fromage ou dessert et café. Si vous aimez les escargots, faites votre choix ! Vol-au-vent, ficelle, petits feuilletés, pizza ou coquilles ? Selon les périodes, les plats vont de la truite à la persillade, au magret de canard en passant par l'escalope de poulet,... (volailles maison ou de fermes alentours, cela va sans dire). Les pensionnaires sont d'une race africaine qui arrive à maturité en 9 mois au lieu de 3 ans pour les escargots de Bourgogne ! Jean-Pierre et Josiane diffusent leurs produits sur les marchés et dans les foires et salons gastronomiques. Mais les enfants sont pleinement associés à l'entreprise : le fils à l'élevage, et Delphine, la fille, en salle. D'ailleurs, son sourire, son dynamisme et sa gentillesse vous séduiront. Si vous le voulez, vous saurez tout sur ces petites bêtes à cornes, car elle est incollable sur le sujet. On peut aussi acheter les produits sur place (les gens du coin le savent bien...).

FELLERIES 59740 Carte régionale B2

22 km S de Maubeuge ; 10 km E d'Avesnes-sur-Helpe

🏠 |●| ⑩% **Chambres d'hôte (Édith et Jean-Pierre Dumesnil) :** 20, rue de la Place. ☎ et fax : 03.27.59.07.43. Accès : au village de Beugnies, fléchage « Musée des Bois-Jolis » ; à Felleries, c'est en face du moulin. Dans une maison des années 1930, Édith propose 2 chambres avec accès indépendant (une de 2 lits, la plus sympa, et une avec lit double et lit en alcôve). Prévoyez 39 € (255,82 F) pour 2, petit déjeuner inclus. Possibilité de table d'hôte pour 14 € (91,83 F), apéro et vin compris, pain maison. Parmi les spécialités : flamiche au maroilles, poulet au cidre, filet mignon au maroilles, gâteau à la rhubarbe, clafoutis aux pommes. Jean-Pierre est tourneur sur bois (certaines de ses réalisations sont exposées au musée du Bois, juste en face de la maison), et si vous le souhaitez, il vous fera sûrement une petite démonstration, car il adore son métier.

GAUCHIN-VERLOINGT 62130 Carte régionale A2

35 km O d'Arras ; 1 km de Saint-Pol-sur-Ternoise

🏠 🐕 ⑩% **Chambres d'hôte Le Loubarré (Marie-Christine et Philippe Vion) :** 550, rue des Montifaux. ☎ 03.21.03.05.05 et 06.70.40.38.90. Fax : 03.21.41.26.76. ●MCVion.Loubarre@wanadoo.fr ●Accès : de Saint-Pol, D 343 vers Fruges, bifurquez vers Gauchin-centre et fléchage. À l'orée du village, belle demeure de maître du XIXe, entourée d'un joli parc où paissent les 2 chèvres de la maison qui adorent être en compagnie... Dans les anciennes dépendances, Marie-Christine et Philippe ont aménagé 5 chambres agréables avec sanitaires privés. Deux grandes au rez-de-chaussée et trois plus petites au 1er étage, dont une installée dans l'ancien pigeonnier. 38 € (249,26 F) pour 2, petit déjeuner compris, servi dans le manoir et croyez-nous, l'intérieur vaut le détour ! Bien que dans la famille de votre hôtesse depuis 5 générations, c'est un artiste qui l'a fait construire et aménager. Il en résulte des pièces au décor de château. Le salon de chasse avec une incroyable cheminée ornée d'un blason et de trophées de chasse ; la salle à manger au superbe plafond ornée d'une cheminée et d'un impressionnant et imposant buffet sculpté renfermant une collection de fèves ; et le salon « Quatre saisons » que Marie-Christine ouvre aux regards indiscrets. Pas de table d'hôte mais plusieurs restos à Saint-Pol, qu'on peut rejoindre par un chemin piétonnier en un quart d'heure (c'est l'occasion de goûter à la bière locale !). Accueil très sympa. Faites pour nous une caresse à Dolly, l'adorable chienne labrador. Une adresse qu'on aime bien.

NORD-PAS-DE-CALAIS

GUISY 62140 — Carte régionale A2

32 km SE du Touquet ; 3 km NO d'Hesdin

▲ 🐕 **10 %** *Chambres d'hôte La Hotoire (Martine et Marc-William Garrel) :* 2, place de la Mairie. ☎ et fax : 03.21.81.00.31 et 06.13.34.47.79. Accès : d'Hesdin, N 39 vers Le Touquet jusqu'à Bouin-Plumoison et à droite vers Guisy. Au cœur du village, entre la mairie et l'école, ancienne ferme avec cour intérieure. Dans différentes ailes de la maison, 4 chambres vastes et agréables avec accès indépendant. Sanitaires privés. Pour les budgets serrés, sachez que trois possèdent un coin kitchenette. TV à disposition. 42 € (275,50 F) pour 2, petit déjeuner compris, servi dans la salle à manger des proprios. Martine travaille à Lille et c'est souvent Marc-William qui s'occupe des hôtes, de plus, il pourra vous emmener en promenade dans la forêt à dos d'âne. Adeptes du Routard (faut bien s'faire mousser !), ils ont fait de nombreux voyages... Ils pourront vous guider utilement dans la découverte de la région. Pas de table d'hôte, mais plusieurs restos à Hesdin, pour toutes les bourses. Accueil souriant et convivial.

HALLUIN 59250 — Carte régionale B1

17 km N de Lille

▲ ⤬ *Chambres d'hôte Ferme du Nid de Mousse (Delesalle Marie-Joseph) :* 94, chemin du Billemont. ☎ 03.20.37.02.05. Fax : 03.20.03.58.05. Accès : de Lille, A 22 vers Tourcoing, sortie n° 17 Halluin/douane ; au 1ᵉʳ feu, tournez à droite, la ferme est un peu plus loin à gauche (bon fléchage). Toute proche de la Belgique et à 2 km du village, ferme traditionnelle vieille de deux siècles, dont deux ailes, brûlées en 1990, ont été reconstruites pour lui conserver sa cour intérieure. Dans la partie récente, 3 chambres d'hôte dont une au rez-de-chaussée, accessible aux personnes handicapées ; les autres à l'étage. De 2 à 4 personnes, une est composée de deux chambres pour les familles. Déco fonctionnelle, atmosphère agréable et sanitaires privés. 30,50 € (200 F) pour 2, petit déjeuner compris. Ici, c'est la vraie vie de la ferme et l'accueil se fait en famille. Marie-Joseph est aidée par ses parents et son frère qui a repris la petite activité de la ferme. Il cultive et vend ses pommes de terre sur place. Egalement 2 petits gîtes ruraux pour ceux qui veulent séjourner. Accueil chaleureux, authentique et vrai.

HERVELINGHEN 62179 — Carte régionale A1

18 km N de Boulogne-sur-Mer ; 12 km SO de Calais

▲ |●| **10 %** *Chambres d'hôte La Loulène (Catherine et Jean-Marc Petitprez) :* 708, rue Principale. ☎ 03.21.82.47.30. ● laleulene@aol.com ● Accès : A 16, sortie n° 9 (Inglevert/Wissant) en venant de Calais, et sortie n° 8 en venant de Boulogne, puis D 244 vers Wissant jusqu'à Hervelinghen, la maison est juste avant l'église. Fermé à Noël et au Nouvel An. Sur réservation. Au cœur du village, ancienne fermette des années 1930, recrépie en blanc et couverte de verdure. Au 1ᵉʳ étage, 3 chambres mansardées, dont une composée de 2 chambres pour familles ou amis. Sanitaires privés. Déco sobre mais agréable. 43 € (282,06 F) pour 2 et 77 € (505,09 F) pour 4, petit déjeuner compris (brioche et confitures maison). Vaste salle à manger avec un beau volume et baie vitrée sur la campagne, grande cheminée et 1/4 de queue accordé pour les pianistes. Table d'hôte sans les propriétaires à 15 € (98,39 F), apéro et vin compris. Accueil chaleureux. Un point de chute idéal pour découvrir la superbe côte entre les caps Gris-nez et Blanc-nez et la plage de Wissant est à 3 km ! GR 120 à proximité (tour du Boulonnais).

HONDSCHOOTE 59122 — Carte régionale A1

17 km SE de Dunkerque ; 20 km SO de La Panne (Belgique)

▲ |●| ⤬ *Auberge La Xavière (Serge Rouffelaers et Isabelle Lermytte) :* 1200, chemin du Clachoire. ☎ 03.28.62.61.04. Fax : 03.28.68.31.27. Accès : dans le village, derrière l'église, direction La Panne/Furnes, prenez la 1ʳᵉ à droite, puis fléchage « Gîtes de

France » ou « la Xavière » sur 5 km. Fermé en février. Sur réservation uniquement. Beaux bâtiments de brique rouge avec jardin fleuri. Les proprios, jeunes et sympas, vous y attendent dans 2 salles de 15 et 45 couverts pour déguster leurs spécialités : délice de foies de volailles maison, waterzoï de poissons, carbonade de lotte, potjevleisch, pâtisseries maison. Menus de 17 à 30 € (de 111,55 à 196,79 F). Carte des vins de 11,43 à 45,73 € (de 75 à 300 F) la bouteille. Il y a aussi 6 chambres d'hôte : deux situées au-dessus des salles de restauration et quatre dans un bâtiment annexe. Comptez 43 € (282,06 F) pour 2, petit déjeuner compris.

JENLAIN 59144
Carte régionale B2

10 km SE de Valenciennes

▲ ⇞ *Chambres d'hôte Le Château d'En-Haut (Marie-Hélène et Michel Demarcq) :* 20, route nationale. ☎ 03.27.49.71.80 et 06.08.09.93.39. Fax : 03.27.35.90.17. ● mde marcq@nordnet.fr ● Accès : au centre du village, au n° 20, en face de la route qui va vers Maubeuge. Il est prudent de réserver, car c'est souvent plein, et d'arriver entre 18 et 20 h. Superbe petit château du XVIIIe siècle, entouré d'un joli parc de 2 ha magnifiquement entretenu. 6 chambres d'hôte plus ravissantes les unes que les autres, avec des meubles d'époque et des toiles partout (Michel est un grand amateur de peinture), toutes avec salle d'eau ou salle de bains. Comptez de 45 à 64 € (de 295,18 à 419,81 F) pour 2, petit déjeuner compris. Ambiance musique classique pour le petit déjeuner (harpe et clavecin, histoire de coller à l'époque de la demeure...). Goûtez la célèbre bière de Jenlain (l'abus d'...,). Une très bonne adresse.

MARCK 62730
Carte régionale A1

8 km E de Calais

▲ *Chambres d'hôte Le Manoir du Meldick (Danièle et Jean Houzet) :* Le Fort Vert. 2528, avenue du Gal de Gaulle. ☎ et fax : 03.21.85.74.34. ● Jeandaniele.houzet@free.fr ● Accès : de Calais, A 16 vers Dunkerque sortie n° 19 (Marck), puis tournez à droite (N 1), puis à gauche (D 248 ; avenue de Verdun) qui mène au hameau de Fort Vert et à droite D 119 (bon fléchage). On ne peut pas s'empêcher de penser à Brel, tant le pays est plat et la vision à perte de vue. *Le Manoir du Meldick* est une belle demeure des années 1930, toute de brique vêtue. Danièle est une hôtesse charmante qui aime les beaux meubles, les toiles, les gravures, les portraits et surtout les bibelots ! Couloirs, salons en regorgent, et ce sera une découverte permanente où vous croiserez des regards d'ancêtres ou d'inconnus, sans compter les collections de vases, carafes, assiettes, lampes à pétrole... 5 chambres vastes, colorées et décorées avec goût. Spacieux sanitaires privés. TV câblée et nécessaire pour un café ou un thé. Nos préférences vont aux chambres « Bleuets » au rez-de-chaussée et « Pâquerettes » à l'étage. « Jacinthes » a un lit *queen-size* et est pour 4 personnes. 50 € (327,98 F) pour 2, copieux petit déjeuner compris avec gâteau maison, fromages, jus de fruit frais pressé... 8,84 € (58 F) par personne supplémentaire. Accueil soigné. Bon rapport qualité-prix-convivialité. Pas de table d'hôte, mais plein de restos dans les environs, sans compter ceux de Calais ou l'animation nocturne est permanente (large clientèle anglaise).

MAROILLES 59550
Carte régionale B2

45 km SE de Valenciennes ; 12 km O d'Avesnes-sur-Helpe

▲ ⇞ ⑩％ *Chambres d'hôtes Vert Bocage (Marie-France et Jean-Noël Vilbas) :* 555, rue des Juifs. ☎ et fax : 03.27.77.74.22 et 06.85.17.68.32. ● jean-noel.vilbas@wana doo.fr ● Accès : exactement à 555 m du centre du village en direction de Locquignol. Au cœur du village où votre nez fleurera bon la flamiche, ancienne ferme du XVIIIe, toute en brique. Marie-France est institutrice et avec Jean-Noël, ils participent activement à la vie associative de Maroilles. 3 grandes chambres installées au 1er étage d'une partie indépendante, bien au calme, dont une composée de deux chambres pour familles ou amis. Sanitaires privés. Atmosphère lumineuse, coquette et colorée. Salon télé avec bibliothèque bien fournie. Grande salle à manger, où siègent une superbe cuisinière flamande et un poêle qui réchauffe l'ambiance s'il en était encore besoin. 39,64 € (260 F) pour 2, petit déjeuner compris. Pas de table d'hôte mais un bon petit resto dans le village. Accueil chaleureux. Au fait, Maroilles est aussi réputé pour son église du XVIIIe (classée), sa course du 1er mai et sa brocante du 3e dimanche de juin... Qu'on se le dise !

MUNCQ-NIEURLET 62890 — Carte régionale A1

20 km SE de Calais

🏠 |O| 🐕 ✹ *Chambres d'hôte La Motte Obin (Françoise Breton) :* 191, rue du Bourg.
☎ 03.21.82.79.63. Accès : après le village, direction Ruminghem, c'est à 1,5 km sur la gauche (maison au fond d'une allée privée). Fermé de la Toussaint au 1er avril. Belle maison du XIXe recouverte d'ampélopsis. 2 chambres simples avec sanitaires privés. Les chambres sont au 1er étage et on y accède par un escalier assez raide. Comptez 32,01 € (210 F) pour 2, petit déjeuner inclus. Belle salle de séjour rustique pour prendre les repas. Table d'hôte à 16,77 € (110 F), 1/4 de vin compris.

PENIN 62127 — Carte régionale A2

20 km O d'Arras ; 15 km E de Saint-Pol-sur-Ternoise

🏠 |O| 🐕 ✹ (10 %) *Ferme-château de Penin (Sarah et Christophe Boutin) :* 1, rue de Tincques. ☎ 03.21.22.73.37. Fax : 03.2158.93.48. Accès : sur la N 39 entre Saint-Pol et Arras, prenez la D 77 vers Penin ; la ferme est dans le bourg sur la gauche. Cette ferme était le château du comte de Béthune !... Ses origines remontent à la fin du XVIe siècle. À moitié en ruine dans les années 1960, le père de Christophe décide de l'acheter pour y créer une ferme car le domaine comprend des hectares de terres. Depuis, il restaure cette demeure et, à la retraite, en a confié la suite à Christophe. Avec Sarah, ils ont décidé de l'ouvrir au tourisme. Dans une aile indépendante, 4 chambres avec sanitaires privés de 2 à 5 personnes (une au rez-de-chaussée, les trois autres à l'étage). Murs en brique, mobilier en bois naturel. 33,54 € (220 F) pour 2, petit déjeuner compris, servi sur place. Déco simple, sans rapport avec l'histoire des lieux. Table d'hôte de 12,20 à 15,24 € (de 80 à 100 F) apéro et vin compris. Une cuisine saine avec les produits de la ferme (lait, légumes, volailles et des oeufs extras ! 10 m² par poule oblige...). Vous prendrez vos repas soit dans l'aile indépendante, soit à la table des proprios, si vous le souhaitez. Accueil jeune et décontracté. Vos hôtes envisagent d'ouvrir une ferme-auberge dans les anciennes caves où voûtes et colonnes vous emmènent hors du temps (à visiter et à suivre...).

SEBOURG 59990 — Carte régionale B2

10 km E de Valenciennes ; 3 km de la Belgique

🏠 🐕 *Chambres d'hôte (Andrée et Pierre Delmotte-Leroy) :* 23, rue du Moulin.
☎ 03.27.26.53.31. Fax : 03.27.26.50.08. Accès : A 2, sortie Maubeuge/Le Quesnoy, puis 1re sortie Curgies, puis Sebourg-centre ; la maison est derrière l'église. Fermé du 15 février au 8 mars. Aux portes de l'Avesnois, Sebourg est un ravissant village. En son cœur et dans un écrin de verdure, jolie maison en brique des années 1968 qui jouit d'une vue magnifique sur l'étang. En entrant, on est frappé par la topologie des lieux. Eh oui, c'est un ancien hôtel ! Bien qu'à la retraite, Andrée et Pierre n'ont pu se résoudre à arrêter totalement de recevoir des routards et ont transformé leur maison en chambres d'hôte. Elles sont 5, dont 1 familiale composée de 2 chambres située au rez-de-chaussée, les 4 autres à l'étage. Déco au charme désuet, TV et téléphone. Sanitaires privés. Préférez celle qui ouvrent sur l'étang. 41 € (268,94 F) pour 2, petit déjouner compris. Andrée et Pierre adorent les cuivres qui parent les différentes pièces de la maison dont une croquignolette collection de casques de pompiers. Pas de table d'hôte, mais 2 restos dans le village. Accueil charmant. Une gentille adresse.

THUN-SAINT-AMAND 59158 Carte régionale B2

20 km N de Valenciennes ; 5 km N de Saint-Amand-les-Eaux

🛏 |●| ✕ ⑩% *Auberge de campagne Le Val en Thun (Marie-Claude et Pierre Hoyez) :* 14, rue Dussart – route de Mortagne. ☎ et fax : 03.27.26.88.87. Accès : de Saint-Amand, D 268 vers Nivelle puis Thun ; l'auberge se situe à 1,5 km après l'église de Thun sur la droite. C'est dans l'ancien bâtiment administratif d'une usine métallurgique (rasée aujourd'hui), en pierre et briques (très sympa et inattendu), que Marie-Claude et Pierre ont ouvert cette petite auberge de 50 couverts. 2 salles mignonnettes, dont une plus intime de 10 places, où vous pourrez déguster les spécialités de Pierre. 4 menus de 11,43 à 22,87 € (74,98 à 150,02 F). Pierre est aussi musicien. Il touche à de nombreux instruments à cordes et notamment à ce curieux instrument irlandais, le dulcimeur (très proche de l'épinette), accroché au mur (s'il n'y a pas trop de monde, il se fera un plaisir de jouer un petit morceau). 3 chambres d'hôte spacieuses et engageantes avec sanitaires privés. Chacune à un prix différent, elles vont de 29 à 42,68 € (190,23 à 279,96 F) pour 2, petit déjeuner inclus. Possibilité d'hébergement pour les chevaux. Accueil chaleureux et gentillesse au rendez-vous. N'oubliez pas de faire un tour à Saint-Amand et de jeter un œil à la magnifique tour abbatiale (d'inspiration très orientale), qui abrite un petit musée de faïences et d'art religieux. Haute de 80 m, cette tour est le seul vestige de l'une des plus grandes abbayes du Nord (on vous a tout dit).

TILLOY-LEZ-MARCHIENNES 59870 Carte régionale B2

30 km SE de Lille ; 17 km NO de Valenciennes

🛏 |●| ✕ ⑩% *Chambres d'hôte (Mariette et Valentin Decoopman) :* 231, rue Émile-Bot. ☎ 03.27.27.92.42. Accès : à l'entrée de Marchiennes, passez le pont et tout de suite à droite, direction Saint-Amand ; traversez Marchiennes et au panneau « Tilloy », 2e route à gauche. Mariette et Valentin ont 3 chambres simples dans leur ferme (une double, une triple et une quadruple). Sanitaires privés. Coin cuisine à disposition. Comptez 30,49 € (200 F) pour 2 avec le petit déjeuner. Table d'hôte le soir, à 11,43 € (75 F), apéro et vin compris : pâté de lièvre maison ou pain de thon, poulet fermier, fromage, tarte au lait bouilli (c'est une spécialité de la maison). Si vous aimez monter, Valentin a des chevaux et des poneys qu'il loue respectivement pour 9,15 et 6,10 € (60 et 40 F) la balade (plus d'1 h) en forêt de Marchiennes. Pas d'accompagnateur, mais un manège pour vous entraîner avant de partir seul (carte de cavalier et assurance responsabilité civile obligatoires). Également, pour les petits budgets : 1 camping à la ferme de 6 emplacements, 4,57 € (30 F) par personne tout compris : emplacement, douche chaude, bac à laver. Accueil paysan très sympa.

WIERRE-EFFROY 62720 Carte régionale A1

12 km NE de Boulogne-sur-Mer

🛏 |●| 🐾 ✕ *Logis de France La Ferme du Vert (Annie et Joseph Bernard) :* route du Paon. ☎ 03.21.87.67.00. Fax : 03.21.83.22.62. ●ferme.du.vert@wanadoo.fr ●Accès : sur l'A 16 entre Boulogne et Calais, sortie Marquise. Fermé du 15 décembre au 15 janvier. Le restaurant est ouvert midi et soir du 15 mai au 15 septembre (sauf les dimanches et lundis midi) ; le reste de l'année fonctionne uniquement le soir. Ancienne ferme du XIXe avec cour. Beau jardin. 16 chambres de 53,36 à 106,71 € (de 350 à 700 F) pour 2. Les plus chères disposent d'un petit salon. Toutes sont lumineuses, décorées avec de jolis tissus, possèdent téléphone et sanitaires privés. Pour le petit déjeuner, comptez 7,93 € (52 F), avec une formule buffet. Menus entre 19,82 et 35,06 € (130 et 230 F). Carte des vins fournie, de 9,15 à 18,29 € (de 60 à 120 F) la bouteille. Également une carte, avec entrée aux alentours de 4,57 € (30 F) et plat à environ 10,67 € (70 F). Il est aussi proposé une salle de séminaire pouvant accueillir 20 personnes, et d'agréables petits salons d'agrément. Antoine, le fils de Joseph et Annie, exploite sur place une fromagerie artisanale que l'on peut visiter et auprès de laquelle on peut se ravitailler. Location de VTT. Bon accueil. À noter, vos amis à quatres pattes ne sont pas admis au restaurant.

WIRWIGNES 62240

12 km E de Boulogne-sur-Mer ; 6 km O de Desvres

🛏 ▮●▮ **(10 %)** *Ferme-auberge du Blaisel (Maria et Hervé Noel) :* chemin de la Lombarderie. ☎ 03.21.32.91.98 et 06.07.28.32.89. Fax : 03.21.87.46.12. Accès : sur la D 341 entre Boulogne et Desvres ; dans le bourg, allez jusqu'à la mairie et prenez la petite rue qui lui fait face. Fermé le mercredi et du 20 décembre au 10 janvier. De préférence sur réservation. Gentille ferme-auberge avec 3 petites salles ouvrant sur les vergers. 3 menus à 10 € (65,60 F) servi uniquement la semaine puis à 15 et 20 € (98,39 et 131,19 F). On commence toujours par le potage maison, la suite est différente. Parmi les spécialités : tourte aux pleurotes, flamiche au maroilles, poulet aux noisettes, lapin à la bière, filet de canard au cidre, fraisier, moka au café. À noter, le superbe plateau de fromages provenant des fermes des environs et chèvre maison. Une bonne cuisine du terroir aux portions généreuses... Bref, tout pour faire un bon gueuleton. Également 3 chambres d'hôte avec sanitaires privés. 40 € (262,38 F) pour 2, petit déjeuner compris.

Basse-Normandie

14 Calvados
50 Manche
61 Orne

ANCTEVILLE 50200   Carte régionale A1

35 km O de Saint-Lô; 10 km N de Coutances

🏠 |◑| 🐕 **10%** *Chambres d'hôte Le Manoir de la Foulerie (Sylvie et Michel Enouf) :* ☎ 02.33.45.27.64. Fax : 02.33.45.73.69. ● www.manoirdelafoulerie.com ● Accès : sur la D 2 entre Coutances et Cherbourg, prenez la D 393 vers Ancteville, puis suivez le fléchage ; le manoir est sur la D 534. Dans un site verdoyant et serein, très joli manoir du XVIᵉ, dans lequel Sylvie et Michel ont aménagé un petit ensemble touristique. D'abord, 4 chambres, dont deux avec sanitaires privés. Elles sont toutes installées dans la tour et vous y accéderez par un bel escalier de pierre. Mobilier simple, télé et téléphone dans toutes les chambres. Comptez 38 € (249,26 F) pour 2 avec le petit déjeuner. Table d'hôte à 15 € (98,39 F), vin ou cidre et café compris : soupe à l'oignon, pâté maison, jambon chaud aux pommes, poulet farci au calva, riz au lait. Il y a aussi 1 gîte d'étape pour les petits budgets, à 13 € (85,27 F) par personne et 5 € (32,80 F) le petit déjeuner. Enfin la crêperie, ouverte le week-end et pendant les vacances scolaires. Plein d'activités : court de tennis, petit étang, mini-parcours de golf, 5 chevaux pour la randonnée, 15 € (98,39 F) de l'heure, possibilité de balades, demi-journée et week-end, et poneys pour les petits avec circuit aménagé. Atmosphère bohème et décontractée. Sylvie préfère accompagner ses hôtes à cheval plutôt que de faire du ménage, comme on la comprend ! Accueil dynamique et vrai. Une adresse nature.

ANGOVILLE-AU-PLAIN 50480   Carte régionale A1

35 km NO de Saint-Lô; 7 km N de Carentan

🏠 🐕 ✂ **10%** *Chambres d'hôte La Ferme d'Alain (Jeanne et Roger Flambard) :* ☎ 02.33.42.11.30. Accès : sur la D 913, entre Carentan et Sainte-Mère-Église. Dans une gentille ferme, 2 chambres de charme meublées et décorées à l'ancienne. L'une, avec sa table d'écrivain, conviendrait fort bien à celles ou ceux de nos lecteurs qui rédigent leur autobiographie ou une thèse sur l'affabilité des gens de la Manche. Comptez de 35 à 38 € (de 229,58 à 249,26 F) pour 2, petit déjeuner inclus. 5,34 € (35 F) par jour pour votre éléphant domestique. Accueil sympa, et calme remarquable.

Nous vous rappelons que la table d'hôte est le complément d'une formule d'hébergement (chambre d'hôte, gîte d'étape...). Ce service n'est offert qu'aux personnes qui dorment sur place (excepté lorsqu'il est clairement écrit « ouvert aux extérieurs »).

BASSE-NORMANDIE

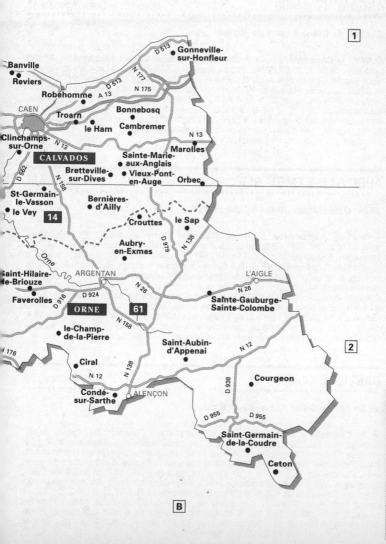

ARDEVON 50170   Carte régionale A2

20 km SO d'Avranches ; 3,5 km SE du Mont-Saint-Michel

🛏 *Chambres d'hôte (Louise Audienne) :* La Rive. ☎ 02.33.60.23.56. Accès : à 2 km de la digue, dans la direction de Caen sur la D 275. 5 chambres avec sanitaires privés, et une vue imprenable sur le Mont-Saint-Michel. Comptez de 30,49 à 33,54 € (de 200 à 220 F) pour 2, avec le petit déjeuner.

ARGANCHY 14400   Carte régionale A1

30 km O de Caen ; 5 km S de Bayeux

🛏 |●| ⑩% *Chambres d'hôte Ferme de la Grande Abbaye (Suzanne et Michel Letouze) :* ☎ 02.31.92.57.22. Accès : de Bayeux, D 572 vers Saint-Lô, 4 km après tournez à gauche (D 192) vers Arganchy. Fermé de la Toussaint à fin février. Dans la région du Bessin, ancienne abbaye du XIIᵉ siècle. 3 chambres spacieuses, dont deux avec sanitaires privés. Comptez de 29 à 34 € (190,23 à 223,03 F) pour 2, avec le petit déjeuner. Table d'hôte de 10 à 15 € (65,60 à 98,39 F) avec des spécialités régionales. Michel est producteur-récoltant de pommes à cidre (au programme, visite de cave et dégustation). Au fait, n'oubliez pas d'aller jeter un œil à la tapisserie de Bayeux, puis de continuer par les plages du Débarquement très proches.

AUBRY-EN-EXMES 61160   Carte régionale B2

45 km O de L'Aigle ; 10 km NE d'Argentan

🛏 |●| ☝ ⑩% *Chambres d'hôte (Ghislaine et Pierre Maurice) :* Sainte-Eugénie. ☎ 02.33.36.82.36. Fax : 02.33.36.99.52. ● ghis.p.maurice@wanadoo.fr ● Accès : à 7 km d'Argentan, prenez la N 26 vers l'Aigle/Paris ; au niveau de Silly-en-Gouffern, prenez à gauche vers Aubry-en-Exmes jusqu'à Sainte-Eugénie et fléchage. Par une jolie route de campagne, on arrive à cette superbe ferme (aujourd'hui céréalière), recouverte d'ampélopsis. 4 chambres, dont une au 1ᵉʳ étage de la maison et trois autres dans un partie indépendante, dont une familiale pour 4 personnes. Une préférence pour la chambre « Été » qui ouvre sur le parc et la rivière. Sanitaires privés. Ambiance romantico-campagnarde. Comptez 37 € (242,70 F) pour 2, petit déjeuner compris. À la table d'hôte, repas à 14 € (91,83 F) les jeudis et samedis soir. Cuisine familiale et traditionnelle. Bonne adresse accueillante, où l'on peut aussi louer des vélos pour découvrir la région.

BANVILLE 14480   Carte régionale B1

20 km NO de Caen ; 17 km SO de Bayeux

🛏 ❄ *Chambres d'hôte Ferme Le Petit Val (Gérard Lesage) :* 24, rue du Camp-Romain. ☎ et fax : 02.31.37.92.18 et 06.87.03.85.52. Accès : de Caen, prenez le périphérique nord vers Courseulles et Douvres (D 7) ; dans Courseulles prenez la direction de Creully et passez par Banville. Fermé de la Toussaint à Pâques. Il est prudent de réserver, l'adresse est connue. Dans un joli corps de ferme du XVIIIᵉ en pierre de Caen, 5 coquettes chambres avec sanitaires privés. Deux dans la maison des proprios et trois (dont une suite) dans un bâtiment annexe. Comptez de 41,16 à 47,26 € (de 270 à 310 F) pour 2, avec le petit déjeuner. Banville est un petit village très agréable, situé à 3 km des plages. Creully, qui est tout à côté, vaut aussi une petite halte pour son château (miraculeusement préservé des bombardements) et son église. Encore une très gentille adresse et un bon rapport qualité-prix-convivialité.

BARNEVILLE-CARTERET 50270 — Carte régionale A1

36 km S de Cherbourg

Chambres d'hôte (Gérard Lebourgeois) : 5, rue du Pic-Mallet. ☎ 02.33.04.90.22 et 06.82.98.95.06. Accès : dans le bourg, en face de l'église. Fermé en janvier. Belle maison de village dans laquelle Gérard a aménagé 3 chambres d'hôte avec sanitaires privés : deux au 1er étage et une au 2e. Comptez 38 € (249,26 F) pour 2 avec le petit déjeuner. Il prend grand soin de ses hôtes, prépare des crêpes, va chercher des croissants chauds, met de la dentelle sous les tasses. Un vrai bonheur ! Dommage que Barneville soit si bruyant en été.

BERNESQ 14710 — Carte régionale A1

27 km NE de Saint-Lô ; 20 km O de Bayeux

Chambres d'hôte (Marcelle Marie) : Le Ruppaley. ☎ 02.31.22.54.44. Accès : de Bayeux, D 5 vers Le Molay-Littry, puis D 5 vers Bernesq. Dans une grande ferme traditionnelle datant de 1761, 3 chambres confortables avec sanitaires privés. Comptez 36,60 € (240,08 F) pour 2, petit déjeuner compris (pain au levain cuit au feu de bois dans le four de la ferme). Calme et gentillesse au rendez-vous.

BERNIÈRES-D'AILLY 14170 — Carte régionale B2

40 km SE de Caen ; 8 km SO de Saint-Pierre-sur-Dives

|●| Chambres d'hôte Ferme d'Ailly (Arlette et André Vermes) : ☎ 02.31.90.73.58. Fax : 02.31.40.89.39. Accès : sur la D 511 entre Falaise et Saint-Pierre-sur-Dives, prenez la D 271 vers Bernières et fléchage. Fermé du 15 novembre au 15 mars. Conseillé de réserver à l'avance. Sur une exploitation agricole (céréales et légumes), ancienne ferme du château d'Ailly, 4 chambres avec sanitaires privés, dont une au rez-de-chaussée. Comptez 33,54 € (220 F) pour 2 avec le petit déjeuner, où vous dégusterez de succulentes confitures maison. Repas le soir à 13,72 € (90 F), pris à la table familiale, dans l'ancienne écurie de la ferme transformée en salle à manger. Accueil authentique. Une adresse idéale pour les familles.

BESNEVILLE 50390 — Carte régionale A1

40 km S de Cherbourg ; 11 km E de Barneville-Carteret

|●| ✂ (10%) Chambres d'hôte (Michèle et Marcel Lerossignol) : La Bretonnerie. ☎ 02.33.41.66.24. Accès : sur la D 15 entre Portbail et Saint-Sauveur-le-Vicomte, prenez la D 127 vers Briquebec et dans Besneville, fléchage. En pleine nature, dans une ancienne ferme typique de la fin du XVIIe siècle avec une belle cour intérieure, 2 chambres au 1er étage (pour 2 ou 4 personnes) avec salle d'eau privée mais w.-c. communs. Comptez 32,50 € (213,19 F) pour 2, petit déjeuner compris. Table d'hôte à 13 € (85,27 F), cidre familial compris, avec par exemple la terrine maison, les œufs à l'oseille, le bœuf mode, le poulet au cidre, ou plus simplement les viandes grillées dans la cheminée, riz brûlé au calvados... Les Lerossignol sont agriculteurs à la retraite mais débordent d'activité (Michèle fait de la peinture sur tissu). Allez voir le château d'Olonde à quelques kilomètres de là : il ne se visite pas mais c'est un ravissement pour les yeux. Pour ceux qui aiment jouer les lézards, la première plage à Portbail est à 7 km. Calme et tranquillité assurés, ambiance authentique.

BLAINVILLE-SUR-MER 50560 — Carte régionale A1

40 km O de Saint-Lô

(10%) Chambres d'hôte (Jacqueline et Robert Sebire) : Village-Grouchy - 11, rue du Vieux-Lavoir. ☎ et fax : 02.33.47.20.31. Accès : de Coutances, D 44 vers Coutainville, puis D 650 vers Blainville ; dans le bourg prenez la direction d'Agon-Coutainville, puis à droite rue Village-Grouchy, puis celle du Vieux-Lavoir. Fermé du 15 janvier au 15 mars. Au cœur de Blainville, dans une petite impasse au calme, jolie maison en pierre et granit du XVIIe. Au 1er étage, 4 chambres avec sanitaires privés. Trois ouvrent sur le jardin avec le golf en fond de décor, la dernière, familiale est orientée côté cour. Déco sobre et élégante. 35 € (229,58 F) pour 2, petit déjeuner compris. Jacqueline et Robert ont beaucoup voyagé et profitent des deux mois de fermeture pour partir en escapade à travers le monde (ah, qu'est-ce qu'on aime parler voyage !... on n'se refait pas...). Pas de table d'hôte, mais cuisine d'été à disposition et petits restos à proximité. Accueil sympa. La plage est à 1 km et ils vous prêtent même les vélos. Bon rapport qualité-prix-convivialité.

BONNEBOSQ 14340   Carte régionale B1

38 km E de Caen ; 18 km NO de Lisieux

🛏 *Chambres d'hôte Le Manoir de Champ-Versant (M. et Mme Marcel Letrésor) :* ☎ et fax : 02.31.65.11.07. Fermé de novembre à Pâques. Pensez à réserver le plus tôt possible, car vous ne serez pas les seuls à vouloir y dormir. Magnifique manoir augeron, à l'intérieur rustique, où vous admirerez de monumentales cheminées. 2 chambres agréables avec sanitaires privés. De 42,69 à 45,37 € (de 280 à 300 F) pour 2, avec le petit déjeuner. Une adresse de rêve tenue par des proprios bien nommés.

BRÉMOY 14260   Carte régionale A2

45 km SO de Caen ; 20 km N de Vire

🛏 ｜●｜ 🐕 ⏦ ⑩% *Chambres d'hôte (Jacqueline et Gilbert Lalleman) :* Le Carrefour-des-Fosses. ☎ 02.31.77.83.22. ● www.fg-lalleman.fr ● Accès : sur la A 84 vers Le Mont-Saint-Michel, sortie n° 41, traversez le village des Becaces, puis à gauche (4 km). Fermé de décembre et février. Dans une ferme typique du bocage, 2 chambres avec sanitaires privés, situées au rez-de-chaussée et à l'étage. Comptez 32,78 € (215 F) pour 2, petit déjeuner compris. Repas (sauf le dimanche) à 12,20 € (80 F), partagé en famille. Vous pourrez déguster les recettes maison, préparées notamment à partir des oies et autres volailles qu'élèvent Jacqueline et Gilbert. Ce dernier est aussi responsable des chemins de randonnées de son secteur, et c'est avec plaisir qu'il vous les fera découvrir. Accueil agréable.

BRETTEVILLE-SUR-DIVES 14170   Carte régionale B1

32 km SE de Caen ; 2 km N de Saint-Pierre-sur-Dives

🛏 🐕 ⏦ ⑩% *Chambres d'hôte Ferme de Glatigny (Michèle Renauldon) :* ☎ et fax : 02.31.20.78.34. Accès : de Lisieux, par N 13 direction Crèvecœur-en-Auge, par D 511 direction Falaise/Saint-Pierre-sur-Dives et fléchage. Fermé de la Toussaint à Pâques. Superbe ferme en pierre du début du XVIIe siècle, magnifiquement restaurée. Cadre champêtre à souhait : 3 chambres confortables et charmantes, équipées de sanitaires privés et disposant chacune d'une entrée indépendante. Une au rez-de-chaussée dans l'une des parties les plus anciennes ; une autre au 1er étage avec accès par un superbe escalier en pierre couvert, et agrémentée d'une cheminée ; la dernière dans un croquignolet petit pavillon typiquement normand (murs à pans de bois, charpente apparente) romantico-campagnard, un peu plus rustique et moins chère (n'est pas louée l'hiver car il n'y a pas de chauffage). Comptez de 32,01 à 38,11 € (de 210 à 250 F) pour 2, petit déjeuner compris. Pas de table d'hôte, mais les deux premières chambres ont un coin cuisine.

CAHAGNES 14240   Carte régionale A1

32 km SO de Caen ; 30 km E de Saint-Lô

🛏 ｜●｜ 🐕 ⏦ ⑩% *Chambres d'hôte (Marie-Thérèse et Joseph Guilbert) :* Benneville. ☎ 02.31.77.58.05. Fax : 02.31.77.37.84. Accès : de Caen, A 84 vers le Mont-Saint-Michel, sortie n° 42, puis N 175 pendant 2 km et fléchage à droite. Réservez à l'avance car l'adresse est prisée. Au cœur du bocage normand, dans une grande ferme recouverte d'ampélopsis, avec un beau jardin fleuri, 5 chambres d'hôte avec sanitaires privés. Trois dans l'habitation des proprios (une au rez-de-chaussée et deux à l'étage) ; deux autres dans un bâtiment indépendant. Comptez 34 € (223,03 F) pour 2 et 49 € (321,42 F) pour 4 personnes, petit déjeuner inclus. Table d'hôte à 14 € (91,83 F) tout compris, servie dans une superbe salle de jour avec pierres apparentes, autour d'une grande table conviviale. Les spécialités de Marie-Thérèse sont les tartes, salées et sucrées. Des prix doux, un accueil chaleureux. Bref, une de nos adresses préférées sur le département. Accueil et convivialité prennent ici tout leur sens.

CAMBREMER 14340 — Carte régionale B1

30 km E de Caen ; 12 km O de Lisieux

🛏 |○| ⛛ (10%) *Chambres d'hôte Le Clos Saint-Laurent (Danny et Michel Bernard) :* Saint-Laurent-du-Mont. ☎ 02.31.63.47.04 et 06.03.46.32.26. Fax : 02.31.63.46.92. Accès : sur la N 13 entre Caen et Lisieux, prenez la D 50 vers Cambremer au carrefour Saint-Jean ; la maison se trouve sur la droite après Notre-Dame-d'Estrée. Dans une jolie maison en pierre et briques recouverte de glycine, 5 chambres agréables avec télé et sanitaires privés. Quatre dans la maison des proprios et une familiale dans un petit pavillon au fond du jardin. Comptez 42,69 € (280 F) pour 2, petit déjeuner compris. La déco est chaude et rococo. Des toiles exécutées par Michel et par sa sœur (qui peignait avec la bouche) décorent agréablement la salle à manger. Ici, on vient pour la personnalité de Michel qui est Cannois (faut-il en dire plus ?). Danny, elle, est plus réservée et mitonne de bons petits plats : c'est la reine du poulet au cidre et des confitures maison ! 13,72 € (90 F) le repas, vin non compris. La maison est un peu en bord de route, mais c'est une route touristique interdite aux poids lourds et la fréquentation est très ralentie le soir. Grand parc de 8000 m². Une adresse où personnalité rime avec hospitalité.

CATTEVILLE 50390 — Carte régionale A1

40 km S de Cherbourg ; 6 km SO de Saint-Sauveur-le-Vicomte

🛏 |○| *Chambres d'hôte domaine du Haul (Odile et Gérard Langlois) :* ☎ et fax : 02.33.41.64.69. ●lehaul@free.fr ●Accès : sur la D 900 entre Saint-Sauveur et La Haye-du-Puits, prenez la D 215 et fléchage. Fermé de Noël au Jour de l'An. Au cœur du parc régional des marais du Cotentin, ferme du milieu du XIXᵉ siècle recouverte d'ampélopsis. Au 1ᵉʳ étage, 4 chambres avec sanitaires privés. Comptez de 34 à 38 € (de 223,03 à 249,26 F) pour 2 avec le petit déjeuner. Repas à 14 € (91,83 F), apéro et cidre maison compris. Odile et Gérard élèvent des chevaux pour les concours, ils ont donc beaucoup de prés autour de chez eux, et dans l'un d'eux, ils ont installé une petite hutte près d'un étang où l'on peut admirer les oiseaux, voire pratiquer la chasse en saison. Des chemins de randonnées pédagogiques sillonnent le domaine. La première plage à Denneville est à 9 km. Cinq VTT à disposition. Accueil décontracté et nature.

CETON 61260 — Carte régionale B2

62 km SE d'Alençon ; 25 km SE de Bellême

🛏 |○| ⛛ (10%) *Chambres d'hôte (Thérèse Pinoche) :* L'Aître. ☎ 02.37.29.78.02. Accès : sur la N 23, 6 km après Nogent-le-Rotrou en direction de la Ferté-Bernard, tournez à gauche vers Ceton, puis direction Authon et chemin à droite vers L'Aître. Jolie ferme dont la partie à colombages date du XVIIIᵉ. Beau parc avec superbe vue sur l'étang de Céton, en bas duquel coule la Maroisse. Dans une partie indépendante, 2 chambres dont une familiale composée de deux chambres. Déco rétro et enduits à l'ancienne. Sanitaires privés. À l'étage de la maison, autre suite familiale composée de 2 chambres avec w.-c. au rez-de-chaussée et salle de bains à l'inter-étage. Joli mobilier normand. Comptez de 43 à 50 € (de 282,06 à 327,98 F) pour 2, petit déjeuner inclus. Table d'hôte végétarienne à base de produits bio (même le café !), pour 16 € (104,95 F) par personne. Possibilité de demi-pension. Accueil aimable et souriant. Les enfants sont les bienvenus (jeux, balançoires, matériel de puériculture). Piscine et pêche dans le village.

CHAMP-DE-LA-PIERRE (LE) 61320 — Carte régionale B2

37 km NO d'Alençon ; 8 km NO de Carrouges

🛏 I●I 🐴 ⇔ ⑩% *Chambres d'hôte (Maryvonne et Bernard Montcharmont) :* Le Pommerel. ☎ 02.33.27.56.71. Accès : sur la D 909 entre Rânes et Carrouges, suivre le fléchage « Pommerel ». Fermé du 1er janvier au 15 février et du 15 novembre au 31 décembre. En pleine nature, vieille ferme toute de granit vêtue. 5 chambres, dont deux au 1er étage de la maison des propriétaires (campagnardes et mansardées) et trois dans un bâtiment indépendant, dont une pour 4 personnes. 35 € (229,58 F) pour 2, petit déjeuner compris. Table d'hôte partagée en famille à 13 € (85,27 F), pintade à la normande, légumes bio du potager, confitures maison, vin et café compris.

CHAMPS-DE-LOSQUE (LES) 50620 — Carte régionale A1

16 km NO de Saint-Lô ; 15 km S de Carentan

🛏 I●I *Chambres d'hôte (Irène et Georges Voisin) :* Les Ronds-Champs. ☎ 02.33.56.21.40. Accès : de Saint-Lô, D 900 vers Périers, puis D 29 vers Les Champs-de-Losque ; la maison est sur la D 92 avant d'arriver au village. Située dans le parc régional des marais du Cotentin, agréable ferme avec 4 chambres équipées de sanitaires privés. Comptez de 32,01 à 34,30 € (de 210 à 225 F) pour 2, petit déjeuner compris. Table d'hôte sur réservation à 13,72 € (90 F), boisson comprise. Bonne cuisine traditionnelle à partir des produits de la ferme. Une adresse chaleureuse à prix doux.

CIRAL 61320 — Carte régionale B2

20 km NO d'Alençon ; 10 km S de Carrouges

I●I 🐴 *Ferme-auberge du Petit Germancé (Béatrice et Daniel Blotière) :* ☎ 02.33.28.07.16. Accès : de Ciral, D 226 vers Longuenoë pendant 2 km et fléchage. Uniquement sur réservation. Dans une belle ferme traditionnelle, agréable salle de 60 couverts où siège la cheminée. 3 menus de 12,20 à 16,77 € (80 à 110 F) avec rien que des produits maison. Parmi les spécialités : terrine et rillettes de canard, poule au blanc, canard ou poulet au cidre, teurgoule, tartes ou charlottes aux fruits de saison... Petite carte des vins à prix raisonnables : pichet d'anjou de 75 cl à 6,10 € (40 F). Accueil jeune et sympa.

CLINCHAMPS-SUR-ORNE 14320 — Carte régionale B1

13 km S de Caen ; 15 km NE de Thury-Harcourt

🛏 ⇔ *Chambres d'hôte Le Courtillage (Annick Hervieu et Paul Masson) :* ☎ 02.31.23.87.63. Accès : de Caen, D 562 vers Laval/Flers jusqu'à Laize-la-Ville puis à droite D 41 vers Clinchamps, tournez à gauche au niveau de l'église (après la salle polyvalente), et le chemin du Courtillage vous mène à la maison. Dans un petit village, charmante et grande demeure bourgeoise du XIXe, dont la façade est parée de volets bleus (14 pièces !). Grand parc d'1,5 ha. De petits escaliers s'enchevêtrent pour mener aux différentes chambres (attention si vous avez des problèmes de mobilité). Au nombre de 4, elles sont vastes et décorées avec goût. Atmosphère romantico-campagnarde. On aime bien la « chambre des écrivains » et la « suite provençale » pour les familles. Sanitaires privés avec du bain moussant maison. 61 € (400,13 F) pour 2, petit déjeuner compris en formule brunch avec cake, muffins, scones, charcuteries, fromage et plusieurs sortes de pain. Bibliothèque avec nombreux livres anciens (à disposition si vous en prenez soin) et gentil salon pour les fumeurs. Pour la petite histoire, c'est ici que le général Rommel (brrr !...) installa son quartier général pour préparer son plan d'intervention contre le Débarquement. Accueil à la hauteur du charme de la maison. Une adresse pour routards aisés.

CONDÉ-SUR-SARTHE 61250 Carte régionale B2

3 km O d'Alençon

🛏 ⇔ *Chambres d'hôte Au Clos des Roses (Simone et Pierre Pellegrini) :* 10, rue de la Jardinière. ☎ et fax : 02.33.27.70.68. Accès : d'Alençon, direction Rennes, passez devant Carrefour et au rond-point, tout droit vers La Boissière et allez jusqu'au village, tournez à droite ; la maison est à 500 m à gauche. Aux portes d'Alençon, au bord d'une petite route calme, gentille maison de village. 3 chambres qui ouvrent sur un charmant jardin de roses avec gloriette et petite fontaine. Deux à l'étage dont une à l'atmosphère rococo (médaillons de mode, gravures polychrome, nombreux bibelots) avec sanitaires au rez-de-chaussée ; une plus petite mais douillette avec sanitaires attenants ; la dernière, de plain-pied avec accès indépendant. 38 € (249,26 F) pour 2, petit déjeuner compris, servi dans une agréable véranda à l'ambiance jardin d'hiver, ou en terrasse. Accueil très sympa. Bon rapport qualité-prix-convivialité.

COURGEON 61400 Carte régionale B2

42 km E d'Alençon ; 7 km SE de Mortagne-au-Perche

🛏 |●| ♂ *Chambres d'hôte Ferme de l'hôtel Neveu (Marie-Claire et Gilbert Simoen) :* ☎ 02.33.25.10.67. Fax : 02.33.83.39.57. Accès : de Courgeon, prenez au nord la D 306 en direction de Saint-Mard-de-Réno. Ferme typiquement percheronne dans laquelle Marie-Claire a aménagé 2 chambres assez mignonnes, nichées sous le toit et donnant sur la cour et 1 autre au rez-de-chaussée. Sanitaires privés. Comptez de 36,59 à 39,64 € (240 à 260 F) pour 2, avec le petit déjeuner. Table d'hôte à 13 € (85,27 F), le repas arrosé de cidre fermier. La proprio fabrique de succulents produits laitiers : crème, fromage blanc, yaourts et du lait bien évidemment, puisque la région s'y prête merveilleusement. D'ailleurs, on peut, sur demande, visiter la fromagerie familiale. Accueil vraiment gentil et souriant. Une bonne adresse au calme et au vert.

COURSON 14380 Carte régionale A2

36 km NE d'Avranches ; 15 km O de Vire

🛏 |●| ♂ (10%) *Chambres d'hôte (Élisabeth et Daniel Guezet) :* La Plaine Postel. ☎ et fax : 02.31.68.83.41 et 06.68.64.92.98. Accès : de Vire, D 524 vers Granville ; à Saint-Sever, tournez à droite (D 81) vers Landelles, puis suivez les panneaux « chambres d'hôte ». Dans une ferme du bocage en pierre apparente, 5 chambres confortables : trois avec sanitaires particuliers et deux avec sanitaires communs. Comptez de 25,15 à 35,06 € (de 165 à 230 F) pour 2, petit déjeuner inclus. Table d'hôte à 14,50 € (95,11 F), tout compris. Repas simples à partir des produits de la ferme. Ne manquez pas la spécialité d'Élisabeth en dessert, le riz au lait à la palette. Piscine, billard et étang pour les pêcheurs. Accueil chaleureux.

CROUTTES 61120 Carte régionale B2

53 km NO de L'Aigle ; 34 km S de Lisieux

|●| ♂ *Ferme-auberge Le Haut de Croutes (M. et Mme Guidez) :* ☎ 02.33.35.25.27. Fax : 02.33.67.13.61. Accès : de Lisieux, D 579 vers Vimoutiers, puis D 916 vers Argentan. Fermé le dimanche soir. Sur réservation uniquement. Au pays du camembert (la ville est à 8 km), ferme qui élève du gibier et des oiseaux d'ornement. À table, on sert des spécialités comme le canard farci aux pommes, l'agneau grillé et du daguet (jeune cerf) d'élevage. « Menu spécial gibier » en automne au son des cors de chasse. Comptez de 14 à 23 € (91,83 à 150,87 F) pour un repas.

FAVEROLLES 61600 Carte régionale B2

25 km E de Flers ; 25 km O d'Argentan

🛏 |●| **10 %** *Chambres d'hôte (M. et Mme Fortin) :* Le Mont-Rôti. ☎ et fax : 02.33.37.34.72. Accès : sur la D 924 entre Flers et Argentan, au lieu-dit Fromentel D 19 vers La Ferté-Macé et fléchage vers Le Mont-Rôti (n'allez pas à Faverolles). En pleine campagne, ferme en exploitation (vaches laitières). 3 chambres à l'étage (une familiale composée de deux chambres), une plus indépendante avec accès direct sur l'extérieur. Déco simple, mobilier en pin naturel. Sanitaires privés (cabines douche). 32,01 € (210 F) pour 2, petit déjeuner compris. Agréable véranda pour prendre les repas. Table d'hôte partagée en famille à 12,20 € (80 F), cidre et vin compris. Accueil souriant, simple et authentique.

FORMIGNY 14710 Carte régionale A1

45 km NO de Caen ; 16 km NO de Bayeux

🛏 |●| 🐾 ⤬ *Chambres d'hôte Quintefeuille (Mme Delesalle) :* ☎ et fax : 02.31.22.51.73. Accès : de Caen, N 13 vers Cherbourg ; à la sortie Formigny prenez la 1re route à droite (D 517) et le 1er chemin à gauche. Fermé en décembre et janvier. Ancienne ferme des XVe et XVIe siècles avec une immense cour carrée, dans un beau cadre de verdure. 3 chambres agréables, dont deux regroupées pour les familles, avec sanitaires privés. Comptez 39 € (255,82 F) pour 2, petit déjeuner compris. Table d'hôte à 14,50 € (95,11 F), vin compris. Bonne cuisine familiale avec des spécialités de la région. Ambiance vieille France, où l'on a l'impression que le temps s'est arrêté, bercé seulement par le tic-tac de l'horloge comtoise de la salle à manger. Accueil agréable. Vous êtes à 5 km d'Omaha Beach, la plus célèbre plage du Débarquement.

GÉFOSSE-FONTENAY 14230 Carte régionale A1

36 km N de Saint-Lô ; 30 km O de Bayeux ; 6 km N d'Isigny-sur-Mer

🛏 ⤬ **10 %** *Chambres d'hôte L'Hermerel (Agnès et François Lemarié) :* ☎ et fax : 02.31.22.64.12 et 06.89.30.18.08. ● lemarie.hermerel@aol.com ● Accès : fléchage depuis la route de Grandcamp-Maisy. Fermé du 15 novembre au 15 mars. Dans leur manoir du XVIIe siècle, un adorable couple d'agriculteurs a aménagé 4 chambres, dont une suite composée de deux chambres pour 4 personnes, avec sanitaires privés. Chacune dans un style très différent : une familiale, mansardée, une autre dans les tons bleu et blanc, très marine... Comptez 50 € (327,98 F) pour 2, petit déjeuner compris. Dans la cour, un vieux pigeonnier aménagé en coin pique-nique et une sublime petite chapelle du XVe siècle. Grand jardin-verger d'agrément. Durant l'année scolaire, c'est aussi une ferme pédagogique qui accueille des petits.

🛏 |●| 🐾 ⤬ *Chambres d'hôte Ferme de Jaro (Janine Blestel) :* ☎ et fax : 02.31.22.65.05. Accès : d'Isigny, fléchage depuis la D 514 route de Grandcamp. Dans une agréable ferme recouverte d'ampélopsis, à proximité de la mer et des parcs à huîtres, 4 chambres équipées de sanitaires privés. Intérieur rustique et accueillant. Comptez 33,54 € (220 F) pour 2, copieux petit déjeuner inclus. Table d'hôte à 16 € (104,95 F), apéro, vin ou cidre et café compris, avec toujours des produits de la mer (chouette !). Grand jardin d'agrément, prêt de vélos. Accueil vraiment chaleureux. Très bon rapport qualité-prix-convivialité. Bref, une bonne adresse.

GONNEVILLE-SUR-HONFLEUR 14600 Carte régionale B1

55 km NE de Caen ; 35 km N de Lisieux ; 5 km S de Honfleur

🛏 *Chambres d'hôte La Chaumière de Beauchamp (Andrée et Daniel Michel) :* ☎ 02.31.89.19.93. Accès : petite voie à droite de la D 144, à 500 m après la sortie de Gonneville, en direction de Pont-l'Évêque. Fermé à Noël. Dans une chaumière du pays d'Auge du XVIIe, 2 chambres avec sanitaires particuliers. Comptez 38,11 € (250 F) pour

2, petit déjeuner compris, avec le lait sorti tout droit du pis de la vache ; de quoi vous remettre en forme ! Pas de table d'hôte mais petit resto dans le bourg. Accueil charmant.

HAM (LE) 14430 — Carte régionale B1

27 km E de Caen ; 15 km S de Dives-sur-Mer

🛏 🐾 *Chambres d'hôte (Marie Gallot) :* Les Vignes. ☎ 02.31.79.22.89. Accès : D 78 entre Hotot-en-Auge et Le Ham. Belle maison restaurée dans l'architecture typique du pays d'Auge, entourée d'un grand jardin. 3 chambres dont certaines avec sanitaires privés. Comptez de 30,49 à 39,64 € (de 200 à 260 F) pour 2, petit déjeuner inclus. Lieu idéal pour les amoureux de la nature et des balades. Quel plaisir de passer quelques jours dans cette ferme en activité, goûtant aux produits naturels et savourant la gentillesse de Mme Gallot. Une bonne adresse.

HEUGUEVILLE-SUR-SIENNE 50200 — Carte régionale A1

26 km O de Saint-Lô ; 6 km O de Coutances

🛏 🍽 *Chambres d'hôte, Le Manoir de Bas (Albane de Montzey) :* ☎ et fax : 02.33.46.67.25 et 06.73.35.80.58. Accès : l'accès au domaine se situe sur la D 650 à 500 m après Pont-de-la-Roque en direction d'Agon-Coutainville quand on vient de Granville. En retrait d'une petite route qui mène en bord de mer, joli manoir niché dans un petit domaine. Il est dans la famille d'Albane depuis plusieurs générations, les meubles et les tableaux témoignent de son histoire. Au 1er étage, 2 chambres vastes avec de luxueux sanitaires privés, dont une avec baignoire et douche. 53 € (347,66 F) pour 2, petit déjeuner compris (gache et confitures maison). Gentil jardin avec agréable roseraie. Belle vue sur la campagne, noyée pendant les grandes marées (des voiliers passent juste en face !). Ambiance décontractée et accueil de qualité. Pas de table d'hôte, mais petit resto sympa à Hauteville-Plage chez Maryvonne.

LIEUSAINT 50700 — Carte régionale A1

27 km S de Cherbourg ; 5 km S de Valognes

🛏 ⟨10 %⟩ *Chambres d'hôte (Ghislaine et André Mouchel) :* Le Haut Pitois. ☎ 02.33.40.19.92. Accès : fléchage depuis la D 2, 500 m après le bourg en direction de Saint-Sauveur-le-Vicomte. Grande ferme à la superbe architecture (entrée avec arches médiévales). Plusieurs bâtiments de caractère autour d'une cour. 5 chambres particulièrement agréables (dont deux familiales), avec sanitaires privés. Comptez 35,83 € (235 F) pour 2 et 54,88 € (360 F) pour 4 personnes, copieux petit déjeuner compris (fromages, gâteau et confitures maison). Mais ce qui donne avant tout l'envie de revenir, c'est l'accueil et l'hospitalité de Ghislaine et André qui savent être à l'écoute de leurs hôtes. Bicyclettes sur place et sentiers pédestres à proximité. Bon rapport qualité-prix-convivialité. Une très très gentille adresse.

LIVRY 14240 — Carte régionale A1

30 km O de Caen ; 22 km S de Bayeux

🛏 🍽 🐾 ⟨10 %⟩ *Chambres d'hôte La Suhardière (Françoise et Alain Petiton) :* ☎ et fax : 02.31.77.51.02. Accès : de Caen, D 9 vers Torigny-sur-Vire ; lorsque Livry est signalé, continuez sur cette route, la ferme est à 1 km avant Caumont-l'Éventé sur la gauche (quand on vient de Caen). Au creux d'un petit vallon, belle ferme en pierre du XVIIIe en activité (50 laitières). 3 chambres coquettes et agréables réparties entre le rez-de-chaussée et le 1er étage. Ambiance meubles rustiques et vieilles dentelles. Sanitaires privés. Elles ouvrent toutes sur le petit étang de la maison. Comptez 39 € (255,82 F) pour 2, petit déjeuner inclus. Table d'hôte partagée avec Françoise et Alain, à 19 € (124,63 F), vin et cidre compris. Ceux qui aiment taquiner le poisson pourront exercer leur art sans carte ; les débutants auront même tout le matériel de base à leur disposition. Accueil authentique et agréable.

LONGVILLERS 14310   Carte régionale A1

22 km SO de Caen ; 4 km S de Villers-Bocage

â (10 %) *Chambres d'hôte (Anne-Marie et Jean de Mathan) :* Mathan. ☎ 02.31.77.10.37. Fax : 02.31.77.49.13. Accès : de Villers-Bocage, D 6 vers Aunay-sur-Odon et en bas d'une grande descente, tournez à droite. Fermé du 1er décembre au 28 février. Les Mathan habitent, cela tombe sous le sens, dans le hameau du même nom... En fait, il consiste en une superbe ferme-manoir et ses dépendances, dont les origines remontent au XVe, entourée d'un magnifique domaine où nature et agriculture vivent en harmonie. L'accueil de la famille est à la hauteur du charme de la maison... Et croyez-nous, ils vont s'occuper de vous... Eh oui, ils sont huit ! Anne-Marie et Jean ont eu six enfants dont cinq (10 à 22 ans) continuent à vivre et travailler ici avec pour devise : nature et liberté. On a rencontré Grégoire, qui souhaite reprendre la ferme, Laure-Emmanuelle qui continue ses études dans l'arboriculture et Sixtine la petite dernière, et non pas Sixteen, comme l'ont compris certains anglophones de passage dans la région (oh, my God !...my Lord !...). Ceci dit, si vous ne pouvez pas grimper des escaliers, reprenez votre voiture, car les 3 chambres sont à l'étage (deux au 2e et une au 3e étage). On y accède par un bel escalier en pierre installé dans une petite tour, et là, vous serez payés de votre peine... On s'y sent bien car elles sont immenses, décorées avec goût et accompagnées de luxueux sanitaires privés. Un effort de plus et vous aurez en prime un superbe volume et une belle charpente apparente. 39,70 € (260,41 F) pour 2, petit déjeuner compris. Bon rapport qualité-prix-convivialité.

MAROLLES 14100   Carte régionale B1

60 km E de Caen ; 10 km E de Lisieux

â ⌁ (10 %) *Chambres d'hôte La Drouetterie (Vicky et Alain Gran) :* ☎ et fax : 02.31.62.73.93. Accès : sur la N 13 entre Évreux et Paris, bifurquez vers Marolles, puis D 75b vers Courtome-la-Meurdrac et suivez le fléchage « La Drouetterie ». Dans un joli petit coin de campagne, superbe maison en pan de bois. 2 chambres immenses dont une plus petite pour les enfants, chacune desservie par un petit escalier extérieur indépendant. TV dans chaque chambre. 38,11 € (250 F) pour 2, petit déjeuner compris (confitures et miel maison), servi dans la maison. Pas de table d'hôte mais petit resto à 2 km et nombreux autres à Lisieux pour s'en mettre plein... les yeux... (facile...) !

MESNILBUS (LE) 50490   Carte régionale A1

23 km O de Saint-Lô ; 12 km NE de Coutances ; 8 km SO de Périers

â |●| ⌁ (10 %) *Auberge du Terroir des Bonnes Gens (Véronique et Manuel Guittard) :* Le Bourg. ☎ 02.33.07.66.85. Accès : l'auberge est derrière l'église. Ouvert d'octobre à avril sur réservation (sauf le dimanche soir), tous les jours en juillet-août. Sur réservation de préférence. Petite auberge avec une jolie salle de 60 couverts agrémentée d'une immense cheminée. 3 menus à 14, 19,8 et 24,40 € (91,83, 129,88 et 160,05 F) avec, comme spécialités, les huîtres gratinées au cidre, la poule au blanc (pas au vin, à la crème !) et le méli-mélo de rognons et ris de veau au pommeau. Également 4 chambres simples avec douche. Comptez 30,50 € (200,07 F) pour 2, avec le petit déjeuner. Possibilité de pension et demi-pension. À noter, un petit centre d'infos touristiques sur place, pour avoir tous les bons tuyaux du coin. Accueil jeune et agréable.

MOITIERS-EN-BAUPTOIS (LES) 50360   Carte régionale A1

44 km S de Cherbourg ; 12 km SO de Sainte-Mère-Église

|●| ⌁ *Auberge du Terroir de l'Ouve (Jeanne B.) :* Longuerac. ☎ 02.33.21.16.26. Fax : 02.33.41.83.61. Accès : de Sainte-Mère-Église, D 15 vers Pont-l'Abbé, puis D 24 vers Périers et à 1,5 km, tournez à droite et fléchage « Longuerac ». Ouvert de Pâques au 29 septembre. Sur réservation uniquement. Au bord de la Douve, dans un site calme et

reposant, petite auberge avec deux salles de 30 et 50 couverts. Décoration très rustique avec, dans la petite salle, une superbe cheminée de pierre. 5 menus de 9,91 à 18,29 € (de 65 à 120 F) avec, parmi les spécialités, la terrine maison (à volonté), la matelote d'anguille, le jambon fumé au cidre, le gâteau normand (pommes au calva), le délicieux à la rhubarbe. Carte des vins de 7,62 à 11,43 € (de 50 à 75 F) la bouteille, celle de cidre à 4,88 € (32 F). Pour la digestion, possibilité de louer des barques pour se balader sur la Douve, 6,10 € (40 F) de l'heure. Accueil jeune et convivial, ambiance légèrement bohème et décontractée.

MONTFARVILLE 50760   Carte régionale A1

25 km E de Cherbourg ; 800 m S de Barfleur

â ⊱⊱ (10 %) *Chambres d'hôte Le Manoir (Claudette et René Gabroy) :* ☎ 02.33.23.14.21. Accès : de Barfleur, allez jusqu'au port, puis D 1 vers Saint-Vaast, puis 2ᵉ route à droite après le panneau de sortie de Barfleur et 1ʳᵉ à gauche (n'allez pas à Montfarville). Au bout d'un joli chemin bordé de fleurs (la passion de Claudette), superbe manoir du XVIᵉ qui bénéficie d'une vue unique sur la mer. 2 chambres vastes et claires, décorées avec goût. Une au rez-de-chaussée avec une petite chambre annexe pour 1 personne, l'autre à l'étage, que l'on rejoint par un bel escalier en pierre. Sanitaires privés. 50 € (327,98 F) pour 2, petit déjeuner compris (confitures et plusieurs sortes de pains maison). Pas de table d'hôte, mais plusieurs restos à Barfleur, qui, on vous le rappelle, est classé parmi les plus beaux villages de France (ça c'est ben vrai !...). Accueil de qualité. Première plage à 300 m. Une adresse de charme.

MONTGARDON 50250   Carte régionale A1

46 km S de Cherbourg ; 3 km SO de La Haye-du-Puits

â |●| ⋈ ⊱⊱ *Chambres d'hôte (Nicole et Yves Séguineau) :* Le Mont-Scolan. ☎ 02.33.46.11.27. Accès : de La Haye-du-Puits, prenez la D 136 vers Bretteville, puis tournez à gauche à l'opposé du village sur la D 528 et fléchage. Au calme, dans une grande ferme en activité (vaches laitières), 4 chambres d'hôte simples mais agréables équipées de sanitaires privés. Deux sont au 1ᵉʳ étage de la maison et les deux autres dans un pavillon indépendant avec 2 studios mitoyens. Comptez 35,10 € (230,24 F) pour 2, avec le petit déjeuner (lait de la ferme et confitures maison dont 1 délicieuse potiron-orange). Repas sur réservation, partagé avec les proprios pour 13,80 € (90,52 F), cidre compris, avec par exemple papillotes de saumon, poulet au cidre, teurgoule, tarte flambée au calva et pavé au chocolat. La plage de Saint-Germain-sur-Ay est à 9 km. Accueil agréable.

MONTS-EN-BESSIN 14310   Carte régionale A1

20 km O de Caen

â ⊱⊱ *Chambres d'hôte La Varinière (Pippa et David Edney) :* La Vallée. ☎ 02.31.77.44.73. Fax : 02.31.77.11.72. ● pippa.edney@free.fr ● Accès : de Caen, la A 84 vers Rennes/Mont-Saint-Michel, sortie nº 45 puis à droite vers Monts-en-Bessin (D 92) ; au carrefour, tournez à droite avant le château et fléchage. Fermé du 20 décembre au 31 janvier. Jolie maison bourgeoise en pierre du pays. Pippa et David, charmant couple d'Anglais, l'ont entièrement restaurée avec beaucoup de goût. 5 chambres ravissantes avec sanitaires privés. Elles sont gaies, claires, avec des lits de fer 1930, et les fenêtres ouvrant sur la campagne sont ornées de jolis rideaux fleuris. Comptez 60 € (393,57 F) pour 2, petit déjeuner compris (un peu cher pour le département).

NICORPS 50200   Carte régionale A1

30 km O de Saint-Lô ; 6 km S de Coutances

â (10 %) *Chambres d'hôte La Moinerie (Solange Calipel) :* ☎ et fax : 02.33.45.20.87. Accès : prenez la D 27 après le café et la 4ᵉ petite route à gauche. En pleine campagne, 2 belles chambres dans le ton du pays avec sanitaires privés. Lits en bois sculpté.

Comptez 33 € (216,47 F) pour 2, avec le petit déjeuner. Grand jardin ombragé. Adresse au calme, et bon accueil.

ORBEC 14290 — Carte régionale B1-2

70 km SE de Caen ; 20 km SE de Lisieux ; 22 km E de Livarot

⚑ ✕ (10 %) *Chambres d'hôte (Dorothea et Claude Vaillère) :* 62, rue Grande. ☎ et fax : 02.31.32.77.99. Accès : au centre du bourg, mais en retrait du passage routier. À la limite de l'Eure et du Calvados, au carrefour de deux petites départementales qui réunissent L'Aigle et Lisieux, Livarot et Bernay, Orbec est un joli village (ouf !). Mais parlons de la maison de Dorothea. Pour la découvrir, il va vous falloir sonner à la porte ! Et là, vous allez découvrir l'ancienne distillerie du Père Magloire ! (si, si !). Toute en briques, elle date du début du XIXe et le jardin intérieur, grâce à Dorothea et Claude, est superbe. En son milieu, un ruisseau suit son cours et forme un véritable tableau. C'est côté jardin, dans une aile indépendante, que les Vaillère ont installé 2 chambres vastes et lumineuses, dont une composée de deux chambres pour famille ou amis (avec salon). Sanitaires privés. Comptez 50 € (327,98 F) pour 2, copieux petit déjeuner compris, avec fromage, gâteau maison et un choix incroyable de confitures, dont les recettes restent secrètes. Si vous êtes pianiste, un magnifique Steinway à queue attend vos doigts agiles. Si vous aimez les vieilles pierres, la maîtresse des lieux vous donnera toute la doc pour visiter Orbec. Une bonne adresse.

PERCY 50410 — Carte régionale A2

25 km S de Saint-Lô ; 10 km N de Villedieu-les-Poêles

⚑ 🐾 *Chambres d'hôte Le Cottage de la Voisinière (Maryclaude et Daniel Duchemin) :* ☎ 02.33.61.18.47 et 06.85.81.81.75. Fax : 02.33.61.43.47. ● http://perso.wanadoo.fr/cottagedelavoisiniere ● Accès : Percy est sur la D 999 entre Saint-Lô et Villedieu-les-Poêles ; dans le bourg, prenez la route de Sourdeval-les-Bois, la maison est sur la droite à 1,5 km. En pleine campagne, dans un ensemble de deux petites maisons au milieu de superbes parterres de fleurs (Maryclaude a d'ailleurs obtenu de nombreux prix). 5 chambres coquettes avec sanitaires privés : deux au-dessus de la maison des propriétaires avec accès par un escalier extérieur ; trois dans l'autre maisonnette avec coin cuisine à disposition. Comptez de 38 à 43 € (de 249,26 à 282,06 F) pour 2, petit déjeuner compris. 5 € (32,80 F) par jour pour les animaux. Très joli pressoir à pommes dans le jardin. Maryclaude est une femme pétillante qui gère son affaire avec énergie. Lors des grandes marées, ils emmènent volontiers leurs hôtes à la pêche à pied. Accueil agréable, calme et tranquillité assurés.

PETITE-SIOUVILLE (LA) 50340 — Carte régionale A1

20 km SO de Cherbourg ; 6 km N des Pieux

⚑ ✕ (10 %) *Chambres d'hôte (Solange et Pierre Gogibu) :* ☎ 02.33.52.45.15. Accès : des Pieux, D 23 vers Diélette puis Siouville ; laissez Siouville sur la gauche et continuez la D 4, la maison est à l'entrée du hameau. Maison traditionnelle avec 2 chambres simples et de minuscules sanitaires privés. Comptez 24,50 € (160,71 F) pour 2, avec le petit déjeuner (une aubaine !). Pas de table d'hôte, mais un coin cuisine à disposition. La maison est un peu en bord de route, mais le trafic est restreint. Accueil authentique et agréable. La plage de Siouville est à 3 km. Mine de rien, des plans comme ça, faut les trouver !

REVIERS 14470 — Carte régionale B1

18 km NO de Caen ; 18 km E de Bayeux

⚑ 🐾 (10 %) *Chambres d'hôte La Malposte (Patricia et Jean-Michel Blanlot) :* 15, rue des Moulins. ☎ et fax : 02.31.37.51.29 et 06.72.39.93.59. Accès : de Caen, D 7 puis D 404 vers Courseulles-sur-Mer ; 3,5 km avant d'y arriver, tournez à gauche au carrefour vers

Creuly, jusqu'à Reviers ; au rond-point du village, tournez à droite, la maison est un peu plus loin à gauche. Au cœur d'un ravissant village, rempli de vieilles maisons, c'est dans une dépendance d'un joli moulin à eau que Patricia et Jean-Michel vous proposent de séjourner. Ici, les niveaux et accès s'enchevêtrent, permettant de rejoindre le jardin, où court une petite rivière, et 3 chambres élégantes : la chambre jaune et ses tissus écru (notre préférée), la bleue composée de deux chambres pour famille ou amis, et la verte. TV et sanitaires privés. 48 € (314,86 F) pour 2, petit déjeuner compris, servi dans une agréable salle à manger aux couleurs pastel. Pas de table d'hôte mais petite cuisine à disposition. Accueil jeune et sympa. Si vous êtes de vrais amateurs de voile, Jean-Michel a créé une association de Dragons, des quillards de 8,90 m et d'1,95 m de large pour voile sportive (des bombes !). La cotise est minime. Si vous avez le mal de mer, allez plutôt voir le château de Fontaine-Henry tout proche. De style Renaissance, il appartient à la même famille depuis sa construction (si, si !). Malheureusement, il attire de nombreux touristes (choisissez le jour et l'heure de votre visite). Pour les lézards, première plage à 3 km.

ROBEHOMME 14860 — Carte régionale B1

18 km NE de Caen ; 10 km S de Cabourg

🛏 ⑩% *Chambres d'hôte (M. et Mme Jacques Marie) :* Manoir du Hôm, 26, rue de l'Église. ☎ 02.31.78.01.74. Accès : à 500 m de l'église. Fermé la 1re quinzaine d'octobre. Adresse idéalement située. Une des rares dans les marais. Ferme-manoir du XVIe siècle, bien restaurée. 2 chambres meublées à l'ancienne. Sanitaires privés. Comptez 38 € (249,26 F) pour 2 avec le petit déjeuner. Également 1 gîte rural pour 4 personnes. Pour ne rien gâcher, les propriétaires sont gentils comme tout !

SAINT-AUBIN-D'APPENAI 61170 — Carte régionale B2

28 km NE d'Alençon ; 6 km N du Mêle-sur-Sarthe

🛏 ▮●▮ 🐕 ✲ *Ferme de séjour Le Gué Falot (Marie-Annick Flochlay) :* ☎ et fax : 02.33.28.68.12. Accès : Le Mêle-sur-Sarthe, D 4 vers Coutomer, puis D 214 vers Boitron pendant 3 km ; et tournez à gauche au fléchage (n'allez pas à Saint-Aubin). Fermé en janvier et en décembre. Ici, c'est la vraie vie de la ferme... La maison d'abord : elle est belle et ses origines remontent au XVIIIe (encadrements de portes et fenêtres en granit et tuffeau). C'est avec sa maman que Marie-Annick exploite cette petite ferme bio de 15 ha. Elles possèdent 15 vaches, 6 chèvres accompagnées du bouc, 6 brebis, lapins et volailles, sans oublier un superbe potager. 3 chambres de 2 à 4 personnes avec sanitaires privés. Deux au rez-de-chaussée avec accès indépendant, l'autre à l'étage, très vaste et sur deux niveaux. 37 € (242,70 F) pour 2, petit déjeuner compris. Table d'hôte partagée avec vos hôtesses. 15 € (98,39 F) le repas, pommeau et cidre compris. Excellente cuisine traditionnelle et familiale avec plein de produits maison. Accueil chaleureux.

SAINT-AUBIN-DE-TERREGATE 50240 — Carte régionale A2

17 km S d'Avranches

🛏 ▮●▮ ✲ ⑩% *Chambres d'hôte de la Ferme de la Patrais (Hélène et Jean-Pierre Carnet) :* ☎ 02.33.48.43.13. Fax : 02.33.48.59.03. Accès : de Saint-Aubin-de-Terregate, prenez la direction de Saint-Laurent, la ferme est à 1,5 km du bourg sur la gauche. Fermé pendant les vacances de février. Dans une ancienne ferme dont les bâtiments agricoles ont été aménagés et restaurés, 4 chambres agréables avec sanitaires privés : deux au rez-de-chaussée, aux deux extrémités de la maison, très indépendantes, et deux au 1er étage. Comptez 35 € (229,58 F) pour 2, petit déjeuner compris. Repas à 13 € (85,27 F), vin compris (cuisine familiale). Coin cuisine à disposition. Hélène et Jean-Pierre sont agriculteurs et l'exploitation se trouve juste en face de la maison (élevage de vaches laitières). Accueil authentique et chaleureux.

SAINT-BÔMER-LES-FORGES 61700   Carte régionale A2

14 km S de Flers ; 6 km N de Domfront

🛏 |●| *Chambres d'hôte La Roculière (M. et Mme Pierre Roussel) :* ☎ et fax : 02.33.37.60.60. Accès : n'allez pas à Saint-Bômer ; de Domfront, D 962 vers Flers, à 1 km après Les Forges, prenez un chemin à droite et fléchage. En pleine campagne, une maison de ferme en grosses pierres qui hésite entre la Normandie et la Bretagne. Au 1er étage, 4 chambres pimpantes et bien tenues avec sanitaires privés. Vue sur la campagne environnante. Endroit calme. Comptez 36,59 € (240 F) pour 2, avec le petit déjeuner. Table d'hôte (sauf les dimanches soir), sur réservation, partagée avec Madeleine et Pierre à 15,24 € (100 F), apéro, poiré et café compris. Le vieux four s'est transformé en cuisine d'été, où vous pourrez faire vos grillades. Pour les familles ou amis, gîte rural indépendant de 6 personnes loué de 182,94 à 335,39 € (de 1200 à 2200 F) la semaine selon la saison. Accueil convivial.

🛏 |●| *Auberge La Nocherie (M. et Mme Mottier) :* ☎ 02.33.37.60.36. Fax : 02.33.38.16.08. Accès : de Domfront, D 962 vers Flers ; à la hauteur de Saint-Bômer, n'allez pas au village, mais prenez la D 260 sur la droite ; l'auberge est à 4 km. Fermé les dimanches soir et lundis. Sur réservation uniquement. Dans l'ancienne boulangerie du manoir du XVIe siècle, 2 chambres avec sanitaires privés et 1 gîte d'étape de 34 lits (en dortoirs). Comptez 32 € (209,91 F) pour 2 petit déjeuner compris en chambre. En dortoir il vous en coûtera 9,20 € (60,35 F) par nuit et 3 € (19,68 F) le petit déjeuner. Quelque soit la formule, possibilité de repas entre 12,20 et 24,40 € (80 et 160 F). Sur réservation pour les groupes, assocés du coin... les Mottiers organisent des repas préparés dans les vieux fours à pain (plus de 3 h de chauffe !), et proposent des spécialités comme les terrines maison, les grillades au feu de bois, les tartes, le riz à la palette et les crèmes à l'ancienne. Possibilité de rejoindre des sentiers de petite et moyenne randonnée qui passent à côté. Ambiance vraiment campagnarde et conviviale.

SAINT-DENIS-DE-VILLENETTE 61330   Carte régionale A2

35 km S de Flers ; 12 km SE de Domfront

🛏 |●| 🛉 *Chambres d'hôte Ferme de la Prémoudière (Pascal et Marie Brunet) :* ☎ et fax : 02.33.37.23.27. Accès : sur la N 176 entre Domfront et Alençon, sortie Bourg-de-la-Chapelle-d'Andaine et prenez à gauche D 270 jusqu'à Saint-Denis ; traversez le village et fléchage. Dans un joli petit coin de campagne, agréable ensemble de bâtiments. Pascal et Marie élèvent 20 vaches allaitantes, cultivent des fruits (notamment rouges) et produisent cidre et poiré. Dans une belle maison en pierre et colombages (indépendant de la leur), ils ont aménagé 5 chambres coquettes et claires. Une au rez-de-chaussée, deux au 1er et une au 2e étage. Cuisine aménagée dans la 5e chambre. Sanitaires privés. 36 € (236,14 F) pour 2, petit déjeuner compris avec jus de fruits maison. Table d'hôte partagée en famille à 14 € (91,83 F) apéro, cidre et poiré compris. Ambiance décontractée. Accueil jeune et sympa. Vente des produits maison. Une adresse nature.

SAINT-GEORGES-D'AUNAY 14260   Carte régionale A1

32 km SO de Caen ; 8 km S de Villers-Bocage

|●| 🛉 *Ferme-auberge de Saulques (Claudine et Alain Louis) :* ☎ 02.31.77.03.51. Fax : 02.31.77.01.57. Accès : n'allez pas jusqu'à Saint-Georges ; de Villers-Bocage, N 175 puis D 577 vers Vire, 2 km avoir pris la départementale, tournez à gauche (D 54) vers Aunay ; la ferme est à 2 km à droite. Fermé le lundi et le dimanche soir. Sur réservation uniquement. Dans un site superbe, avec vue sur la forêt, jolie ferme avec une salle rustique de 80 couverts. Les menus que vous choisissez à la réservation, varient de 25,92 € (de 89 à 170 F) selon votre choix. Parmi les spécialités de Claudine : terrine, gésiers confits, poule au blanc, volailles rôties ou au cidre, magret de canard, tarte normande, teurgoule et un délicieux foie gras.

SAINT-GERMAIN-DE-LA-COUDRE 61130　　Carte régionale B2

10 km NO de la Ferté-Bernard ; 10 km S de Bellême

🛌 ⑩% *Chambres d'hôte Le Haut Buat (Isabelle et Laurent Thiéblin) :* ☎ 02.33.83.36.00. ● http://haut.buat.free.fr ● Accès : de Saint-Germain-de-la-Coudre, direction Bellou-Trichard pendant 3 km, puis fléchage et petit chemin à droite. Lorsque l'on emprunte cette route buissonnière, on sent que la ferme va être belle... Et elle l'est !... Ses origines remontent au XVIe siècle et sa grange prend des airs de chapelle. Bref, un vrai dépaysement... Dans les anciennes porcheries, Isabelle et Laurent ont aménagé 2 chambres de plain-pied avec sanitaires privés. Belles tommettes et vieux meubles campagnards. Fenêtre par porte-fermière à deux battants. 55 € (360,78) F pour 2, petit déjeuner compris. Au 1er étage de leur maison, une chambre familiale (6 personnes) composée de 2 chambres, accessible par une surprenante petite porte. Salon avec piano accordé. Accueil chaleureux, plein de conseils pour les visites dans le Perche.

SAINT-GERMAIN-LE-GAILLARD 50340　　Carte régionale A1

23 km SO de Cherbourg ; 14 km N de Barneville-Carteret

|●| *Ferme-auberge de Bunehou (Famille Le Vallois) :* ☎ 02.33.52.80.69. Fax : 02.33.52.84.29. Accès : sur la D 904 entre Barneville et Cherbourg, prenez la D 62 vers Saint-Germain-le-Gaillard, puis D 131 vers Le Vrétot et fléchage. Ouvert du 15 mars au 31 janvier du samedi midi au dimanche midi, et à partir du vendredi soir en juillet-août. Uniquement sur réservation. A 3 km du village, dans un petit hameau, belle ferme ouverte sur un paysage de campagne parsemé de quatre étangs qui regorgent de truites que vous allez pouvoir déguster (veinards !). 2 salles : la 1re au rez-de-chaussée avec cheminée, décorée sur le thème du cidre (pressoir et vieux tonneaux), l'autre à l'étage, plutôt destinée aux groupes. 2 menus à 14 et 16 € (91,83 et 104,95 F), et 2 autres à 19 € (124,63 F). Pratiquement tout est maison, et si l'on rajoute que l'autre spécialité de la maison c'est la cuisson au four à pain (3 à 4 h de chauffe), voilà qui devrait vous mettre en appétit. Au programme : terrine de lapin, poulet, canard ou pintade au cidre, teurgoule, sans oublier « l'aumônière de Brunehou » ou la crêpe fourrée aux pommes et flambées au calva (arrête !... je craque !). Accueil convivial.

SAINT-GERMAIN-LE-VASSON 14190　　Carte régionale B2

20 km S de Caen ; 16 km NO de Falaise

🛌 ⑩% *Chambres d'hôte La Broquette (Marie-France et Bruno Giard) :* ☎ 02.31.90.51.75. ● http://perso.club-internet.fr/giard ● Accès : sur la N 158 entre Falaise et Caen, sortez à Grainville-Langannerie, puis D 131 vers Urville et D 167 jusqu'à Saint-Germain ; tournez tout de suite à droite à l'entrée du village. Un peu à l'écart du village, dans un petit coin de campagne, ancienne ferme avec grande cour intérieure pelousée. Dans l'ancien pressoir, 2 chambres familiales avec lits enfants en mezzanine. 30 € (196,79 F) pour 7,62 € (2,50 F) par personne supplémentaire, petit déjeuner compris, servi dans la maison de Marie-France et de Bruno. Billard américain qui peut aussi être utilisé en pool (billes jaunes et rouges). Prêt de vélos et VTT. Pas de table d'hôte mais coin cuisine à disposition et ferme-auberge à 3 km. Accueil sympa et décontracté.

SAINT-HILAIRE-DE-BRIOUZE 61220　　Carte régionale B2

23 km E de Flers ; 25 km O d'Argentan

🛌 |●| ⑩% *Chambres d'hôte de la Grande Beche (Florence Deveaux et Denis Sauquet) :* ☎ et fax : 02.33.66.02.17 et 06.03.74.33.30. Accès : sur la D 924 entre Flers et Argentan, prenez la D 51 jusqu'à Saint-Hilaire ; après la voie ferrée, tournez à gauche et fléchage. Sur une exploitation agricole en activité (vaches laitières), 3 chambres d'hôte dont deux à l'étage ; la dernière avec accès indépendant. Sanitaires privés. 35 € (229,58 F) pour 2, petit déjeuner compris. Table d'hôte, partagée avec Florence et Denis, à 15 € (98,39 F), apéro, cidre et vin compris. Goûteuse cuisine du terroir comme pâté en croûte (hum !), soufflé au camembert, coq au vin, canard rôti, gratin de pommes de terre au camembert, tartes aux fruits de saison... Salle de jeux. Accueil, gentillesse et simplicité au rendez-vous.

SAINT-MARTIN-DE-BLAGNY 14710 Carte régionale A1

25 km NE de Saint-Lô ; 20 km O de Bayeux

🏠 |●| 🐴 *Chambres d'hôte La Coquerie (Geneviève et Alain Pasquet) :* ☎ et fax : 02.31.22.50.89. Accès : de Bayeux, D 5 vers Le Molay-Littry jusqu'à Tournières ; à l'église du village, prenez la petite route à droite, faites 2,5 km et fléchage à gauche. À l'orée du parc naturel régional des marais du Cotentin et du Bessin, ancienne ferme du XVIIe dont l'autre moitié a disparu. Un superbe et noble escalier de bois dessert 3 chambres familiales aux 1er et 2e étages. Elles sont vastes et leur déco chaleureuse : l'une avec un vieux coffre-fort et dans une autre un mignon banc d'écolier. Cette dernière est mansardée avec une belle charpente apparente. Sanitaires privés avec tout le matériel bébé à disposition (super !). Il faut dire que Geneviève a eu cinq enfants et connaît les galères des voyages avec bébé (arrête, bientôt il va nous falloir la remorque !). Comptez 32 € (209,91 F) pour 2 et 50 € (327,98 F) pour 4 personnes, petit déjeuner compris avec corbeille de fruits et lait de la ferme. Eh oui, Geneviève et Alain sont agriculteurs et élèvent un petit troupeau de vaches et aussi des truies (j'en connais qui vont aller voir les petits cochons et les veaux léchouilleurs). Table d'hôte partagée en famille à 12 € (78,71 F), pommeau compris. Une cuisine naturelle avec des produits maison : toujours du potage (même en été car plébiscité par les habitués), des volailles de la ferme et la teurgoule en dessert (riz au lait de la ferme et à la cannelle, cuit dans une terrine). Une adresse à prix doux, chaleureuse et sans façon, où il fait bon venir avec des petits, d'autant que le parc régional est tout proche et offre bien sûr de belles balades.

|●| 🐴 *Ferme-auberge de la Piquenotière (Christiane et Jean-Louis Havel) :* ☎ et fax : 02.31.21.35.54. Accès : de Bayeux, D 5 vers Le Molay-Littry, puis à droite vers Isigny ; à Bernesq, tournez à gauche (D 145) vers Saint-Martin, la ferme est à 2 km sur la droite. Sur réservation uniquement. Grande ferme en pierre apparente, où Christiane et Jean-Louis élèvent des bovins et des volailles. Dans une superbe petite salle de 50 couverts à la décoration soignée, typique de la région, ils vous proposent de choisir votre menu, qui variera de 13,57 à 22,11 € (de 89 à 145 F) selon les spécialités que vous voudrez déguster : salade de magret et de gésiers confits, rillettes d'oie, confit ou magret de canard (sans oublier le foie gras) et le chaud-froid de crêpes fourré aux pommes flambées au calvados. Accueil chaleureux.

SAINT-PIERRE-DU-MONT 14450 Carte régionale A1

30 km N de Saint-Lô ; 5 km E de Grandcamp-Maisy

🏠 |●| 🥬 *Chambres d'hôte (Isabelle Weidner) :* hameau Lefèvre. ☎ et fax : 02.31.22.96.22. Accès : de Port-en-Bessin, D 514 vers Grandcamp-Maisy jusqu'à Saint-Pierre-du-Mont ; la maison est bien fléchée à partir du village. Ici, on ne peut pas être plus proche de la Manche (on n'a pas dit des plages !). L'ancienne ferme d'Isabelle, qui date de la fin du XIXe, est à 500 m du sentier du littoral (qui refait peau neuve mais qui devrait réouvrir). 3 chambres simples et agréables avec sanitaires privés. Une au rez-de-chaussée et deux au 1er étage (on les préfère), couvertes d'une grosse moquette douillette. Comptez 38,10 € (249,92 F) pour 2, petit déjeuner compris (fromage blanc, jus de fruits, croissant et baguette fraîche). Table d'hôte où poissons et coquillages sont à l'honneur (super !). 13,70 € (89,87 F) le repas, hors boisson et sans votre hôtesse qui ne peut pas être au four et... avec vous. La passion d'Isabelle, c'est la pêche ; d'ailleurs une bonne partie de la déco est sur ce thème. Accueil décontracté et convivial.

SAINTE-GAUBURGE-SAINTE-COLOMBE 61370 Carte régionale B2

16 km SO de L'Aigle

🛏 |O| ✸ (10 %) *Chambres d'hôte (Nathalie et Antoine Le Brethon)* : La Bussière. ☎ 02.33.34.05.23. Fax : 02.33.34.71.47. Accès : en venant de L'Aigle, 1 km après la sortie de Sainte-Gauburge, la propriété est à gauche. Fermé du 1er décembre au 28 février. Dans le pays des haras, charmant manoir couvert de lierre. Au 2e étage, 1 chambre et 1 suite de deux chambres, avec sanitaires privés, donnant sur le parc. Décoration soignée et personnalisée : cheminées, beaux tissus, meubles anciens et jolies gravures anciennes. Comptez 50,31 € (330 F) pour 2, petit déjeuner compris, 76,22 € (500 F) pour 4. Table d'hôte à 22,11 € (145 F), uniquement sur réservation (apéro, vin et café compris). Une maison également ouverte aux enfants (coffre à jouets, lit de bébé...).

SAINTE-GENEVIÈVE 50760 Carte régionale A1

27 km E de Cherbourg ; 3 km SO de Barfleur

🛏 🐴 ✸ (10 %) *Chambres d'hôte La Fèvrerie (Marie-France et Maurice Caillet)* : village d'Arville. ☎ 02.33.54.33.53 et 06.80.85.89.01. Fax : 02.33.22.12.50. Accès : de Barfleur, prenez la D 901 vers Cherbourg, et à 2 km, la D 10 à gauche, puis fléchage. Ancienne et très belle ferme-manoir des XVIe et XVIIe siècles, avec cour intérieure gravillonnée. 3 chambres meublées et décorées avec goût, auxquelles on accède par un superbe escalier de pierre à l'intérieur d'une tour. Sanitaires privés. Très agréable salle de séjour, agrémentée d'une immense cheminée en granit, et où sont servis les petits déjeuners. Comptez de 46 à 58 € (de 301,74 à 380,46 F) pour 2, petit déjeuner compris. Marie-France est une hôtesse charmante qui n'a jamais quitté sa maison natale, et elle connaît toutes les balades sympas à faire dans le coin. Pas de table d'hôte, mais plusieurs restos à Barfleur. Accueil soigné. Une adresse pour séduire sa belle.

SAINTE-MARIE-AUX-ANGLAIS 14270 Carte régionale B1

40 km SE de Caen ; 4 km NE de Saint-Pierre-sur-Dives

|O| 🐴 *Auberge du Doux Marais (Marinette Patrice et Bernard Debaize)* : ☎ 02.31.63.82.81. Fax : 02.31.63.96.33. ●www.stpi.com/fermes-auberges/fr.14001.html ● Accès : de Saint-Pierre, prenez la D 16, après Bretteville-sur-Dives tournez à droite (D 252) et fléchage. Fermé le dimanche soir et le lundi hors saison. De préférence sur réservation. Gentille fermette à la déco rustique où vous pourrez déguster 2 copieux menus à 18,50 et 24,50 € (121,35 et 160,71 F), le deuxième comprenant 2 entrées. Parmi les spécialités : terrine campagnarde, salade de gésiers, galette sauce camembert, tourte au livarot, canard farci, poulet à la normande, agneau grillé au feu de bois, pintade au pommeau, teurgoule (un must !), tarte tatin,... Le tout accompagné, si on le souhaite, d'un bon cidre du coin à 6,10 € (40,10 F). Café offert à nos lecteurs. Accueil chaleureux.

SAP (LE) 61470 Carte régionale B2

30 km NO de L'Aigle

🛏 🐴 ✸ (10 %) *Chambres d'hôte (M. et Mme Bourgault)* : Les Roches. ☎ 02.33.39.47.39. Accès : de Vimoutiers, D 979 vers Gacé, puis D 12 vers Le Sap (la maison est à 2 km du bourg). Un joli petit chemin traverse des prés verdoyants et mène à cette grande ferme à colombages aux allures de manoir. Vieille de près de trois siècles, elle est tenue par un couple d'agriculteurs sympathiques. 2 chambres avec sanitaires privés. Une préférence pour celle orientée à l'est, abritant une cheminée avec une grande hotte en pierre. Comptez 38 € (249,26 F) pour 2 et 53,36 € (350 F) pour 4 personnes, avec le petit déjeuner.

SAVIGNY 50210

Carte régionale A1

25 km O de Saint-Lô ; 8 km E de Coutances

▲ |O| 🐕 ⟨10 %⟩ *Auberge de La Voisinière (Philippe Lavalley) :* 8, rue des Hêtres. ☎ 02.33.07.60.32. Fax : 02.33.46.25.28. Accès : fléchage depuis la route Coutances/ Saint-Lô. Fermé les dimanches soir, lundis, mardis midi et pendant les vacances de février et Toussaint. Grande demeure de charme en pleine campagne, au milieu d'un grand jardin avec de superbes plantes brésiliennes. Restaurant sur place dont la renommée n'est plus à faire. 4 menus de 16 à 35 € (de 104,95 à 229,58 F) et menu midi en semaine à 10,67 € (70 F) : escalope de saumon, fondue de poireaux, fricassée de pintade aux raisins, poêlée de langoustines aux arômes d'orange, magret, foie gras, feuillantine de poires caramélisées... Egalement 3 chambres avec sanitaires privés. 37 € (242,70 F) pour un couple et 5 € (32,80 F) le petit déjeuner.

TOUR-EN-BESSIN 14400

Carte régionale A1

30 km NO de Caen ; 6 km NO de Bayeux

▲ |O| ⤜ ⟨10 %⟩ *Chambres d'hôte Le Relais de la Vignette (Catherine et Bertrand Girard) :* route de Crouay. ☎ et fax : 02.31.21.52.83 et 06.80.45.69.95. ● relais.vignette@wanadoo.fr ● Accès : de Bayeux, N 13 vers Cherbourg jusqu'à Tour-en-Bessin ; à la sortie du village, tournez à gauche et faites 1,5 km. Aux portes de Bayeux, dans un joli coin de campagne, superbe corps de ferme des XVIIe et XVIIIe siècles, qui enserre une cour agrémentée d'un amusant jardinet à la française avec banc et petit bassin. Catherine et Bertrand l'ont restauré avec passion et lui ont donné une âme très personnelle. Déco originale et chatoyante. TV pour les inconditionnels. Catherine a osé les couleurs : jaune, vert, bleu, rose (elles y sont toutes, mais la dernière a ses préférences). 3 chambres croquignolettes avec sanitaires privés. Deux à l'étage, et une au rez-de-chaussée (la rose) qui ouvre sur la campagne, avec un lit de fer 1930 et des bibelots un peu partout. Comptez 40 € (262,38 F) pour 2, petit déjeuner compris. Table d'hôte à 19 € (124,63 F), apéro, vin et café compris (pas systématiquement partagée avec les propriétaires). Salle à manger jaune et verte meublée rustique avec une imposante cheminée d'époque et un salon en rotin. Pour les moins fortunés, Catherine et Bertrand ont aménagé 1 camping rural dans un grand pré avec un bloc électrique et de sympathiques sanitaires installés dans l'ancien poulailler (les niches accueillent aujourd'hui la collection de gallinacés de votre hôtesse). Les douches ont un petit côté ranch, car la maison fait aussi relais équestre. Accueil chaleureux. Une bonne adresse.

TROARN 14670

Carte régionale B1

15 km E de Caen ; 15 km SO de Cabourg

▲ ⤜ *Chambres d'hôte Le Manoir des Tourpes (Marie-Catherine et Michael Landon-Cassady) :* Bures-sur-Dives. ☎ 02.31.23.63.47. Fax : 02.31.23.86.10. ● www.cpod.com/monoweb/mantourpes ● Accès : de Troarn, prenez la D 95 vers Bures. Fermé du 15 novembre au 15 mars. Dans un petit village du pays d'Auge, mignonne demeure du XVIIe siècle, entourée d'un jardin où coule la Dives. Les proprios ont restauré l'intérieur avec goût, récupérant même une magnifique baignoire en cuivre et en étain pour l'une des salles de bains. 3 chambres avec sanitaires privés, de 46 à 61 € (de 301,74 à 400,13 F) pour 2, avec le petit déjeuner. Une adresse pour routards aisés.

VASSY 14410

Carte régionale A2

20 km NO de Flers ; 16 km E de Vire

▲ 🐕 ⟨10 %⟩ *Chambres d'hôte La Calbrasserie (Évelyne et Michel de Saint-Léger) :* ☎ 02.31.68.51.53. ● calbrasserie@hotmail.com ● Accès : sur la route entre Condé et Vire, à 2 km de Vassy. En plein cœur du bocage normand, jolie ferme avec 3 chambres confortables, dont une avec coin cuisine et cheminée ! Sanitaires privés. Comptez 32 €

(209,91 F) pour 2, petit déjeuner compris (yaourts et confitures maison). Possibilité de panier repas, 7 € (45,92 F) environ, pour pique-niquer dans le jardin ou en balade. Adresse idéale pour un séjour dans le bocage (les proprios vous prêtent même des vélos pour le découvrir). Accueil cordial. Gentil gîte rural pour 4 personnes avec une grande cheminée, loué à la semaine entre 199 et 290 € (1305,35 et 1902,28 F), selon la saison.

VAST (LE) 50630 — Carte régionale A1

23 km E de Cherbourg ; 4 km NO de Quettehou

▪ ⚹ *Chambres d'hôte La Dannevillerie (Françoise et Benoît Passenaud) :* ☎ et fax : 02.33.44.50.45. • ch.hotes.passenaud@wanadoo.fr • Accès : de Quettehou, prenez vers Barfleur et à la sortie du bourg, D 26 vers Le Vast ; faites 4 km, tournez à droite et fléchage. Dans une ancienne ferme, 3 chambres avec accès indépendant, ouvrant sur les prés où se trouve Titou, l'ânesse maison. Elles sont claires et gentiment décorées. Sanitaires privés. Comptez de 35 à 40 € (de 229,58 à 262,38 F) pour 2, petit déjeuner compris. Les véritables amateurs de l'accueil chez l'habitant regretteront un peu de ne pas être dans la maison, mais Françoise est très présente. Un couple de proprios jeunes et souriants. Avant de partir, n'oubliez pas de passer voir le boulanger du village pour emmener une brioche du Vast, une des plus réputées de la région !

VAUDRIMESNIL 50190 — Carte régionale A1

31 km O de Saint-Lô ; 3 km S de Périers

▪ *Chambres d'hôte La Rochelle (Olga et Alain Berthou) :* ☎ 02.33.46.74.95. Accès : de Périers, D 971 vers Coutances ; 1 km avant Vaudrimesnil, la maison est fléchée sur la droite. Ancienne ferme à laquelle vous accéderez par une allée de chênes, 3 chambres simples avec sanitaires privés, dont une au rez-de-chaussée. Comptez 36 € (236,14 F) pour 2, petit déjeuner compris (pris en été sous une véranda ouvrant sur les prés). Pas de table d'hôte, mais plusieurs restos à Périers. Un très joli pigeonnier héberge billard et table de ping-pong sans oublier le petit étang. Accueil authentique et agréable.

VAUX-SUR-AURE 14400 — Carte régionale A1

30 km NO de Caen ; 4 km N de Bayeux

▪ **10 %** *Chambres d'hôte Le Grand Fumichon (Agnès et Joseph Duyck) :* ☎ et fax : 02.31.21.78.51. • duyckja@wanadoo.fr • Accès : de Bayeux, prenez la route d'Arromanches (D 516), puis la direction de Vaux-sur-Aure (D 153). Dans le village, continuez sur la D 104 et fléchage. Une belle grande ferme en pierre du XVIIe siècle, avec son petit étang. 4 chambres spacieuses avec douche et w.-c. privés (une préférence pour celle avec cheminée). Comptez 33,54 € (220 F) pour 2, avec le petit déjeuner. Les proprios produisent cidre et calvados. A déguster !

VEY (LE) 14570 — Carte régionale B2

23 km N de Flers ; 10 km NE de Condé-sur-Noireau

▪ ▮●▮ *Chambres d'hôte La Ferme du Manoir (Louise Pellier) :* ☎ 02.31.69.73.81. Accès : sur la D 562 entre Caen et Condé, D 133 vers Clécy puis Le Vey. En Suisse Normande, dans un joli manoir du XVIe siècle, 3 chambres pour 2, 3, 4 personnes, avec sanitaires privés. Vous y accéderez par une mignonnette tourelle. Comptez 35,06 € (230 F) pour 2, avec le petit déjeuner. Table d'hôte à 13 € (85,27 F), cidre compris : lapin au cidre, escalope normande, tarte maison, teurgoule. Repas partagés autour d'une grande table familiale. Accueil agréable.

BASSE-NORMANDIE

VIEUX-PONT-EN-AUGE 14140

Carte régionale B1

20 km SO de Lisieux ; 7 km NE de Saint-Pierre-sur-Dives

🛏️ (10%) *Chambres d'hôte La Baronnie (Élisabeth et Patrice Lescoualch) :* ☎ 02.31.20.55.72. Accès : le village est signalé sur la D 511 entre Lisieux et Saint-Pierre-sur-Dives ; fléchage à partir du bourg. Voilà un petit village qui devrait être classé parmi les plus beaux de France (qu'on se le dise...). Les maisons normandes, disséminées dans une jolie nature, sont toutes traditionnelles avec des murs à colombages. À la sortie, ou à l'entrée du bourg (suivant d'où vous arrivez), dans une petite maison du XVIIIe indépendante de la leur, Élisabeth et Patrice ont aménagé 2 chambres champêtres et agréables pour 3 et 4 personnes. Sanitaires privés. Comptez 33,60 € (220,40 F) pour 2 et 53,40 € (350,28 F) pour 4 personnes, petit déjeuner compris. Il est servi dans la salle à manger de vos hôtes et souvent accompagné de la spécialité locale : le pain aux pommes (on en apprend tous les jours...). Pas de table d'hôte mais coin cuisine à disposition. Accueil nature et chaleureux. Une adresse idéale pour les familles. Il faut dire qu'Élisabeth et Patrice ont cinq enfants, dont d'adorables jumelles (les vôtres risquent de ne pas s'ennuyer...). Le village est vraiment superbe et renferme une magnifique église du Xe siècle, prolongée par une croquignolette sacristie avec murs à pans de bois (Élisabeth devrait pouvoir vous obtenir les clés, veinards !).

VIRE 14500

Carte régionale A2

50 km SO de Caen

🛏️ 🐕 ✉️ (10%) *Chambres d'hôte (Solange et Bernard Prunier) :* La Blanquière. ☎ 02.31.68.02.95. Accès : sur la D 577 entre Caen et Vire, 4 km avant Vire, tournez à gauche vers La Blanquière et fléchage. Dans une petite ferme, 3 chambres simples avec sanitaires privés, ou attenants, soit sur le palier. Comptez 28,97 € (190 F) pour 2, avec le petit déjeuner. Pas de table d'hôte, mais un coin cuisine avec salon a été installé dans un petit « chalet » mitoyen à la maison, rien que pour vous. Accueil authentique, convivial, et des prix doux. Une adresse pour redécouvrir le sens du mot vrai. Et n'oubliez pas que vous êtes au pays de l'andouille, c'est le moment d'en profiter !

VOUILLY 14230

Carte régionale A1

27 km N de Saint-Lô ; 7 km SE d'Isigny-sur-Mer

🛏️ ✉️ (10%) *Chambres d'hôte Le Château (Marie-Josée et James Hamel) :* ☎ 02.31.22.08.59. Fax : 02.31.22.90.58. Accès : d'Isigny, prenez la route de Molay-Littry/Balleroy (D 5) ; prendre à gauche immédiatement après Vouilly-Église. Fermé de début décembre à fin février. Dans un joli château entouré de douves, construit en 1600 et arrangé au XVIIIe siècle. Belle façade avec tour qui donne sur un grand jardin. 5 chambres spacieuses avec sanitaires privés, de 54 à 62 € (de 354,22 à 406,69 F) pour 2, avec le petit déjeuner (qui se prend dans la salle à manger qui servit de QG à la presse américaine lors du Débarquement, rien que ça !). Marie-Josée adore sa région et se fait un plaisir d'aider ses hôtes à la découvrir. Étang de pêche sur place.

VRÉTOT (LE) 50260

Carte régionale A1

30 km S de Cherbourg ; 8 km N de Barneville-Carteret

🛏️ ✉️ *Chambre d'hôte Manoir de Val Jouet (Claudine et Jean-Louis Davenet) :* route de Barneville-Bricquebec. ☎ 02.33.52.24.42. Accès : sur la D 902 entre Barneville et Bricquebec, au panneau « Le Vrétot », prenez la petite route juste en face et fléchage. En pleine nature, dans un joli manoir du XVIe siècle, Jean-Louis et Claudine vous proposent un ensemble de 2 chambres avec une salle de bains privée (elles ne se louent qu'ensemble). Comptez 38,50 € (252,54 F) pour 2, petit déjeuner compris. Déco vieille France. Faites le tour du manoir et appréciez la toiture en schiste, la tourelle et le jardin à la française avec des palmiers (eh oui, même en Normandie !). Un bijou de maison, souvent croqué par les habitués des lieux. Accueil chaleureux. Première plage à 8 km.

Haute-Normandie

27 Eure
76 Seine-Maritime

AUZOUVILLE-AUBERBOSC 76640   Carte régionale A1

30 km SE d'Étretat ; 22 km SE de Fécamp

🛏 *Chambre d'hôte Le Vert Bocage (Yvette et Pierre Levesque) :* ☎ et fax : 02.35.96.72.37 et 06.20.12.65.76. Accès : par la D 109, la maison est face à la mairie-école du village. Dans un petit village typique du pays de Caux, petit ensemble de maisons normandes. Dans l'habitation principale, une chambre pour 3 personnes avec sanitaires privés, coin cuisine et accès indépendant. Comptez 35,06 € (230 F) pour 2 avec le petit déjeuner. Les proprios proposent aussi 2 gîtes ruraux pouvant accueillir jusqu'à 5 personnes pour 129,58 € (850 F) le week-end et 304,90 € (2000 F) la semaine en haute saison. Très bien équipés avec machine à laver, lave-vaisselle et surtout cheminée. Pierre a même fait un court de tennis, alors avis aux amateurs (n'oubliez pas vos raquettes). L'accueil est fort sympathique et donne envie d'y demeurer quelque temps.

BERTRIMONT 76890   Carte régionale A-B1

30 km N de Rouen ; 12 km NO de Clères

🛏 ⏸ 🐴 ⋙ *Chambres d'hôte Le Colombier (Marie-Louise et Alain Duval) :* ☎ et fax : 02.32.80.14.24. ● www.multimania.com/colombier ● Accès : de Rouen A 15 vers le Havre/Dieppe, continuez sur Dieppe et sortie D2 Val de Sâane ; poursuivez dans cette direction pendant 5 km et fléchage. Au pays du lin et des colombiers, dans un grand parc aux nombreuses essences, belle ferme à colombage du début du XVIIIe siècle, restaurée en préservant son authenticité. Le colombier est là, orné d'un magnifique cadran solaire qui indique 1748. Aujourd'hui, il héberge 1 immense chambre avec salon, cheminée et canapé. Déco soignée, lit en 180 avec croquignolette façade de lit clos (souvenir de Bretagne). 1 autre chambre est située au 1er étage de la maison. Sanitaires privés. Comptez respectivement 56 et 40 € (367,34 et 262,38 F) pour 2, petit déjeuner compris (pain et gâteau maison). Marie-Louise et Alain chinent depuis des années et ont une véritable passion pour les meubles anciens. La salle à manger est superbe avec son imposante cheminée et ses cuivres rutilants. Table d'hôte partagée en famille à 16 € (104,95 F) pommeau maison, cidre, vin et café compris. Cuisine goûteuse et simple avec de bons produits fermiers. Atmosphère raffinée, calme et volupté, accueil de qualité... bref, une adresse comme on les aime. *NOUVEAUTÉ.*

A

● **Quiberville**	Adresses
○ DIEPPE	Villes repères

1

Quiberville

Saint-Martin-
aux-Buneaux

Houdetot

FÉCAMP

D 925

Saâne-
Saint-Just

Criquebeuf-
en-Caux

Cliponville

N 29

Sausseuzemare ●

D 926

Auzouville-
Auberbosc

Manneville-
la-Goupil

A 29   N 15

Flamanville

Sainneville-
sur-Seine

N 15   N 15

N 15

Saint-Arnoult

D 982   *Seine*

la Vaupalière

LE HAVRE

A 131

Jumièges

Conteville ●

Fourmetot

Bourneville

D 180

Étréville-en-R.

N 175   A 13

Beuzeville

A 13

Tourville ●

PONT-AUDEMER

Martainville ●

Campigny

Bourgtheroulde-
Infreville

Saint-Étienne-
l'Allier

D 138

Saint-Didier-
des-Bois

Saint-Éloi-
de-Fourques

Giverville

Épégard

N 13   D 834

EURE

N 13

BERNAY

D 840

Saint-Clair-
d'Arcey

27

2

N 138

Juignettes

D 840

N 26

N 12

0   10   20 km

A

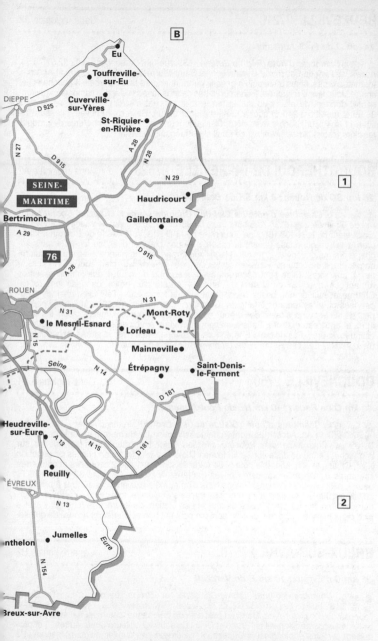

B

Eu

Touffreville-
sur-Eu

DIEPPE
D 925

Cuverville-
sur-Yères

St-Riquier-
en-Rivière

N 27

D 915

A 28

N 28

N 29

1

**SEINE-
MARITIME**

Haudricourt

Gaillefontaine

Bertrimont

A 29

D 915

76

A 28

ROUEN

N 31

Mont-Roty

N 31

● le Mesnil-Esnard

Lorleau

N 15

Mainneville●

Seine

N 14

Étrépagny

Saint-Denis-
le-Ferment

D 181

**Heudreville-
sur-Eure**

A 13

N 15

D 181

ÉVREUX

N 13

2

Jumelles

nthelon

N 154

Eure

Breux-sur-Avre

B

BEUZEVILLE 27210
Carte régionale A2

14 km O de Pont-Audemer

10% *Chambres d'hôte (Régine Bultey) :* 835, rue des Coutances. ☎ 02.32.57.75.54. Accès : à 1 km de Beuzeville en direction de Saint-Pierre-du-Val ; face au Crédit Agricole, tournez à droite, faites 50 m puis à gauche pendant encore 50 m, et route à gauche et fléchage. Jolie ferme restaurée. 2 chambres très calmes, avec vue sur la campagne environnante, donnant de plain-pied sur la terrasse et l'agréable jardin. Comptez de 30,49 à 36,59 € (de 200 à 240 F) pour 2, petit déjeuner inclus. Salle d'eau privée. Intérieur rustique et très fleuri, décoré avec goût. Quelques jeux pour les enfants. Vente de produits fermiers (œufs, cidre...). Ambiance familiale et accueil convivial.

BOURGTHEROULDE-INFREVILLE 27520
Carte régionale A2

25 km SO de Rouen ; 8 km SE de Bourg-Achard

10% *Chambres d'hôte La Clef des Champs (Annick et Michel Costil) :* 141, rue de Grainville. ☎ 02.35.78.88.50. Fax : 02.35.77.57.56. Accès : le village se trouve au croisement de la N 138 (Brionne-Rouen) et de la D 313 ; à la mairie de Bourgtheroulde, prenez la rue qui passe devant la caserne de pompiers et direction Infreville, puis fléchage. Fermé en janvier et février. Magnifique chaumière normande avec murs à colombages et toit de chaume. Par un escalier de meunier extérieur mais couvert, on accède aux 2 chambres. Elles sont décorées avec beaucoup de goût. L'une immense et très romantique, avec ciel de lit et lit de fer 1930 ; l'autre plus petite, dans les tons roses. Charme et raffinement, beaux meubles et belles tommettes. Télé avec chaînes européennes pour les routards étrangers. Comptez 42 et 47 € (275,50 et 308,30 F) pour 2, petit déjeuner compris (avec des crêpes pour ceux qui séjournent, mais toujours les confitures et le gâteau maison). Salle à manger conviviale avec poutres et nombreux cuivres astiqués de près. Pas de table d'hôte, mais plusieurs restos dans le village, accessibles à pied. Accueil très chaleureux. Bon rapport qualité-prix-convivialité.

BOURNEVILLE 27500
Carte régionale A1

40 km O de Rouen ; 10 km NE de Pont-Audemer

10% *Chambres d'hôte (Claude et Jim Brown) :* route d'Aizier - La Grange. ☎ 02.32.57.11.43. Accès : de Pont-Audemer, direction Le Havre et à la sortie de la ville, D 139 vers Bourneville ; dans le bourg, direction Aizier, la maison est un peu plus loin sur la gauche. Fermé de décembre à fin février. Dans une jolie ferme en briques du début du XIXe, Claude et Jim, adorable couple de retraités, ont aménagé 2 coquettes et douillettes chambres d'hôte, avec sanitaires privés (préférez la bleue). Comptez 38 € (249,26 F) pour 2, petit déjeuner compris. Pas de table d'hôte, mais plusieurs restaurants à proximité au village. Jim est Anglais, ancien prof de français et Claude, tout ce qu'il y a de plus normande. Ne manquez pas la visite du musée des Métiers de Bourneville (on peut y aller à pied de la maison). Une très gentille adresse où il fait bon séjourner, et accueil de qualité.

BREUX-SUR-AVRE 27570
Carte régionale B2

35 km S d'Évreux ; 10 km E de Verneuil

10% *Chambres d'hôte (Marie-Christine et Bruno Leroy) :* La Troudière. ☎ 02.32.32.50.79. Fax : 02.32.32.33.23. Accès : Troudière est à 1 km de la N 12, à l'opposé de Breux-sur-Avre. Dans un petit coin de campagne, charmant hameau avec de belles maisons traditionnelles. Bruno et Christine sont agriculteurs (entre autres...) et produisent céréales et oléagineux. Cependant, ne croyez-pas que les animaux manquent à l'appel, car ils sont là, installés dans de jolis enclos parsemés d'arbres fruitiers. Ici, quelques chèvres, là, les poneys, et partout la basse-cour. Ici, les poules dorment dans les sapins pour échapper aux prédateurs...Mais parlons des chambres. Dans une aile indépendante de cette belle ferme normande (ex-maison familiale, entièrement réaménagée pour vous), elles sont 2, au rez-de-chaussée, de part et d'autre d'un petit salon chaleureux avec cheminée. Déco originale et colorée qui mélange les styles avec bonheur. Beaux sanitaires privés. Comptez 35 € (229,58 F) pour 2, petit déjeuner compris. Pas de table d'hôte, mais plusieurs restos à proximité et pour tous les goûts... Bruno est très actif. Il participe à la vie de la cité et du monde agricole ; c'est aussi un routard du tourisme rural (il a effectué de nombreux voyages à l'étranger). Une adresse comme on les aime : hospitalière et sans façon. Excellent rapport qualité-prix-convivialité.

CAMPIGNY 27500   Carte régionale A2

7 km S de Pont-Audemer

🛏 |O| 🐾 ✨ ⑩% *Chambres d'hôte Le Clos Mahiet (Régine et Alain Vauquelin) :* ☎ 02.32.41.13.20. Accès : de Pont-Audemer, D 810 vers Bernay pendant 2 km, puis tournez à gauche (D 29) vers Campigny et fléchage. Ancienne ferme à colombages entourée d'un superbe jardin fleuri. Une chambre au rez-de-chaussée et 2 chambres agréables au 1er étage de la maison, avec accès par un petit escalier assez raide. Sanitaires privés. Comptez 36,59 € (240 F) pour 2, petit déjeuner inclus. Table d'hôte (sauf le dimanche) à 13,72 € (90 F), apéro, cidre et café compris. Régine est une excellente cuisinière qui mitonne de savoureuses spécialités : flan aux poireaux, lapin au cidre, poulet vallée d'Auge, tarte aux poires et au fromage blanc, tarte aux pommes et au miel. À ses heures perdues, elle dessine et peint, certaines de ses réalisations décorent les murs. Accueil authentique et convivial.

CLIPONVILLE 76640   Carte régionale A1

50 km NO de Rouen ; 11 km NO d'Yvetot

🛏 🐾 ✨ ⑩% *Chambres d'hôte La Ferme de Rucquemare (Béatrice et Jean-Pierre Lévêque) :* ☎ et fax : 02.35.96.72.21. Accès : d'Yvetot, D 131 vers Héricourt, puis D 5 ; allez jusqu'à Envronville et tournez à gauche avant l'église ; faites 2 km et 1re route à droite après le château d'eau ; c'est la 2e ferme à gauche. Jolie ferme traditionnelle en briques dont la partie haute est à colombages, dans un grand clos masure (talus entourant la ferme planté de hêtres). À noter qu'un talus ici est un fossé ! 4 chambres agréables avec sanitaires privés dont une toute nouvelle au rez-de-chaussée. 37 € (242,70 F) pour 2, petit déjeuner compris. Pas de table d'hôte, mais cuisine à disposition. Béatrice et Jean-Pierre sont agriculteurs et prodiguent un accueil chaleureux. Prêt de VTT (chouette !). Bon rapport qualité-prix.

CONTEVILLE 27210   Carte régionale A1

10 km NO de Pont-Audemer

🛏 ✨ *Chambres d'hôte (M. et Mme Anfrey) :* Le Clos Pottier. ☎ et fax : 02.32.57.60.79 et 06.88.37.43.35. Accès : à 2 km de Conteville. Conseillé de réserver à l'avance. Jolie maison normande dans une cour de ferme bien fleurie. Petites chambres coquettes, meublées à l'ancienne, agrémentées de vieilles dentelles et de bibelots anciens, genre maison de poupée. 50 € (327,98 F) pour 2, petit déjeuner compris. Très beau pressoir à pommes du XVIIe siècle, qu'on peut visiter. Vente de cidre bouché. Vélos à disposition. Clientèle d'étrangers et d'habitués, une gentille adresse.

CRIQUEBEUF-EN-CAUX 76111   Carte régionale A1

5 km SO de Fécamp

🛏 |O| ✨ ⑩% *Ferme-auberge de la Côte d'Albâtre (Odile et Michel Basille) :* 190, le bout de la Ville. ☎ 02.35.28.01.32. Accès : de Fécamp, D 940 vers Étretat ; à Saint-Léonard, D 211 vers Yport, l'auberge est à 300 m sur la droite. Fermé le mercredi et le dimanche soir. Sur réservation uniquement. Dans une grande maison en briques et silex en bordure de route, petite salle de 30 couverts avec cheminée. 2 menus à 17,99 et

26,53 € (118 et 174 F) vous sont proposés par Odile qui se tient derrière les fourneaux. Le 1er avec entrée, poisson ou viande, salade, fromage ou dessert, l'autre avec poisson et viande, fromage et dessert (la totale !). Parmi les spécialités maison : les champignons farcis, le brioché au pont-l'évêque, le poulet farci, la pintade vallée d'Auge (flambée au calva, sauce au cidre), la truite au cidre, la marquise au chocolat, les îles flottantes aux fraises, la tarte aux pêches à la bénédictine. Également 2 chambres simples avec sanitaires privés, à 38,11 € (250 F) pour 2, petit déjeuner compris. Bel espace vert devant la maison. Ambiance authentique, accueil agréable et souriant.

CUVERVILLE-SUR-YÈRES 76260 — Carte régionale B1

25 km E de Dieppe ; 8 km SE de Criels

Chambres d'hôte La Petite Prairie (Marie-Christine et Pierre Beuzeboc) : 02.35.50.74.98. Accès : à l'église de Criels (entre Dieppe et le Tréport) prendre la D 16 jusqu'à Cuverville et au calvaire prenez la rue de l'Abreuvoir que vous remontez jusqu'au bout. Dans un magnifique coin de campagne vallonné, verdoyant et parcouru de rivières. Maison en brique et à colombages qui n'a pas vraiment d'âge, mais s'est embellie au cours des années. 2 chambres sympas avec sanitaires privés dont 1 familiale composée de 2 chambres. On préfère la bleue, à l'atmosphère rétro, mais la jaune n'est pas mal non plus. 40 € (262,38 F) pour 2, petit déjeuner compris et 70 € (459,17 F) pour 4. Table d'hôte partagée en famille à 17 € (111,51 F), vin compris. Cuisine à partir des volailles maison. Accueil agréable. *NOUVEAUTÉ.*

ÉPÉGARD 27110 — Carte régionale A2

39 km SE de Pont-Audemer ; 5 km N du Neubourg

Chambres d'hôte La Paysanne (M. et Mme Lucas) : 8, rue de l'Église. et fax : 02.32.35.08.95. Accès : au Neubourg, suivez la direction du château du Champ-de-Bataille. Ancienne ferme normande du XVIIe à colombages, entourée par une belle pelouse. 5 chambres agréables avec sanitaires privés (douche), dont une est accessible aux personnes handicapées. Comptez 35,10 € (230,24 F) pour 2 personnes, copieux petit déjeuner compris (jus d'oranges pressées, fromages, yaourts, brioche maison...) pas désagréable ! Séjour spacieux avec coin cuisine. Accueil plutôt sympathique. Pièce d'eau avec quelques volatiles. À proximité, on accède au château du Champ-de-Bataille en suivant le « circuit des chaumières », et un peu plus loin, à celui d'Harcourt.

ÉTRÉPAGNY 27150 — Carte régionale B2

45 km SE de Rouen ; 16 km O de Gisors

Chambres d'hôte (Marie-Louise et Jules Deleu) : Nojeon-en-Vexin. et fax : 02.32.55.71.03 et 06.08.14.52.04. Accès : près de la mairie. Belle ferme à deux pas de la forêt. Jules et Marie-Louise Deleu vous y accueillent, dans 5 chambres d'hôte. Trois avec sanitaires privés ; les deux autres partagent douche et w.-c. Comptez de 25,92 à 30,06 € (de 170 à 230 F) pour 2, petit déjeuner compris.

ÉTRÉVILLE-EN-ROUMOIS 27350 — Carte régionale A1-2

12 km E de Pont-Audemer

Chambres d'hôte (Denise Dagorn) : Les Besnards. 02.32.57.45.74. Adorable ferme normande située en pleine campagne. Maison à colombages avec une grande pelouse verdoyante autour. 3 chambres décorées avec beaucoup d'attention. L'une avec baignoire, l'autre avec douche, et la dernière avec lavabo, mais pour 3 personnes. Comptez 38,11 € (250 F) pour 2, avec le petit déjeuner. Possibilité de repas sur demande. Calme garanti.

EU 76260   Carte régionale B1

30 km NE de Dieppe ; 4 km E du Tréport

📧 🐕 **10%** *Chambres d'hôte Manoir de Beaumont (Catherine et Jean-Marie Demar-quet) :* ☎ 02.35.50.91.91. • www.chez.com/demarquet • Accès : dans Eu prendre la D 49 vers Ponts-et-Marais et juste avant d'y arriver, prendre à droite la route de Beaumont et faire 2 km (bon fléchage). C'est la maison d'enfance de Catherine et elle y est attachée. Le manoir comportait un pavillon de chasse, transformé en plusieurs écuries quand le domaine est devenu haras. Aujourd'hui Catherine a aménagé 2 gîtes ruraux, et 2 chambres d'hôte, dont 1 située au 1er étage de sa maison. Sanitaires privés. 44 € (288,62 F) petit déjeuner compris. Atmosphère un peu vieille France. Accueil très sympa. *NOUVEAUTÉ.*

FLAMANVILLE 76970   Carte régionale A1

30 km NO de Rouen ; 7 km E d'Yvetot

📧 🐕 *Chambres d'hôte (Béatrice et Yves Quévilly) :* rue Verte. ☎ 02.35.96.81.27. Accès : dans le centre ; passez derrière l'église, et tournez à gauche à 300 m. Dans un endroit calme et reposant, jolie maison du XVIIe siècle. 4 chambres dont deux avec sanitaires privés et télé, et deux avec sanitaires communs. Comptez de 35 à 37 € (229,58 à 242,70 F) pour 2, petit déjeuner compris (avec différents pains : raisins, campagne, céréales, brioché...), servi dans une belle salle rustique avec poutres et murs à pans de bois. L'accueil est extraordinaire, les conversations interminables, bref, une adresse où l'on a envie de rester pour se mettre au vert. Également 1 gîte et 1 camping à la ferme.

FOURMETOT 27500   Carte régionale A1-2

6 km NE de Pont-Audemer

📧 🍴 ❄ *Chambres d'hôte L'Aufragère (Nicole et Régis Dussartre) :* La Croisée. ☎ 02.32.56.91.92. Fax : 02.32.57.75.34. • www.laufragere.com • Accès : en venant de Pont-Audemer, à l'église, tournez à droite vers Saint-Laurent et fléchage. Fermé du 20 décembre au 4 janvier. Dans un cadre verdoyant, jolie maison à colombages, dans laquelle Nicole et Régis ont installé 5 chambres d'hôte avec sanitaires privés (deux au 1er et trois au 2e étage). Comptez 61 € (400,13 F) pour 2, petit déjeuner compris, avec jus de fruits, œuf coque, fruits et viennoiseries. Repas à 23 € (150,87 F), apéro, vin, café et trou normand compris. Accueil décontracté.

GAILLEFONTAINE 76870   Carte régionale B1

42 km NE de Rouen ; 5 km NE de Forges-les-Eaux

📧 🍴 🐕 **10%** *Chambres d'hôte (Isabelle et Jean-Jacques Thuault-Assié) :* Les Noyers. ☎ 02.35.90.93.54. • isabelleThc@aol.com • Accès : depuis Forges, prenez la D 919 vers Gaillefontaine, puis la D 135 vers Grumesnil, le hameau est à environ 2 km et la maison juste derrière l'église. Grande et jolie maison de maître en briques et pierre. 5 chambres agréables avec salle d'eau privée, mais dont quatre avec w.-c. à l'étage. Comptez 40 € (262,38 F) pour 2 avec le petit déjeuner, que l'on prend sur une vaste pelouse lorsque le temps le permet. Dans l'escalier, des toiles réalisées par la maman d'Isabelle. Salon à l'anglaise et billard français accessible aux hôtes. Table d'hôte à 14,48 € (95 F) le repas, et 9,15 € (60 F) pour les enfants. Accueil souriant.

GIVERVILLE 27560   Carte régionale A2

22 km S de Pont-Audemer ; 15 km N de Bernay

🍴 🐕 *Ferme-auberge (Ginette et Marcel Esprit) :* ☎ 02.32.45.96.69. Accès : sur la N 13 entre Évreux et Lisieux, prenez la D 29 vers Boissy-Lamberville, la ferme-auberge est sur la gauche, à 2 km avant d'arriver à Giverville. Ouvert du vendredi soir au dimanche midi du 1er mars au 15 novembre. Sur réservation uniquement. En pleine nature, dans une petite maison à colombages, mignonnette petite salle de 40 couverts, rustique et accueillante. Un menu à 14,48 € (95 F) avec terrine maison ou turban de jambon, pintade au porto ou canard à l'orange, marquise au chocolat ou parfait aux poires. Un autre plus gastronomique à 21,34 € (140 F) avec apéro, deux entrées, trou normand, plat, fromage, dessert et café. Carte des vins de 10,67 à 16,77 € (de 70 à 110 F) la bouteille, et cidre à 3,81 € (25 F). Accueil chaleureux.

HAUDRICOURT 76390   Carte régionale B1

60 km SE de Dieppe ; 7 km SO d'Aumale

🏠 |●| 🔖 *Chambres d'hôte Ferme de La Mare du Bois (Stéphane Nuttens et Florence) :* ☎ 02.35.94.44.56 et 06.74.18.53.29. Fax : 02.35.93.38.52. Accès : n'allez pas jusqu'à Haudricourt ; d'Aumale, prenez la N 29 vers Neufchâtel-en-Bray. Jolie ferme dans un cadre verdoyant. 3 chambres d'hôte à l'étage avec sanitaires privés, simples mais correctes. Comptez 35 € (229,58 F) pour 2 avec le petit déjeuner. Repas à la ferme à 12 € (78,71 F). Bonne cuisine traditionnelle avec des produits de l'exploitation. Il y a aussi une auberge du terroir réservée à l'accueil de groupes,1 gîte de groupe de 9 chambres (31 lits) avec sanitaires privés et 1 camping à la ferme pour les petits budgets. Accueil convivial.

HEUDREVILLE-SUR-EURE 27400   Carte régionale B2

38 km S de Rouen ; 14 km N d'Évreux

🏠 🔖 ⟨10%⟩ *Chambres d'hôte La Ferme (Mme Bourgeois) :* 4, rue de l'Ancienne-Poste. ☎ et fax : 02.32.50.20.69. Accès : sur la D 836 entre Louviers et Pacy-sur-Eure, prenez la D 155e vers Heudreville ; dans le bourg, la maison est au dos de l'église. Fermé en janvier. Dans une superbe maison traditionnelle à colombages, 3 chambres dont deux regroupées pour les familles, avec sanitaires communs. Comptez de 39,64 à 44,21 € (de 260 à 290 F) pour 2, avec le petit déjeuner. Séjour très rustique avec de beaux meubles et des poutres apparentes dégageant une atmosphère chaleureuse. Accueil réservé.

HOUDETOT 76740   Carte régionale A1

25 km SO de Dieppe ; 12 km SE de Saint-Valery-en-Caux

🏠 ⟨10%⟩ *Chambres d'hôte (Catherine et Jean-François Bocquet) :* ☎ 02.35.97.08.73. Fax : 02.35.57.19.21. ● www.chez.com/chambresbocquet ● Accès : près de l'église. Fermé du 24 décembre au 2 janvier. Jolie ferme à colombages au milieu d'un bel espace vert. Dans une aile indépendante, 2 chambres champêtres avec sanitaires privés. Belle charpente apparente. Comptez 36 € (236,14 F) pour 2, petit déjeuner compris. Pas de table d'hôte mais un coin cuisine à disposition. Première plage à Veules-les-Roses, profitez-en pour faire le tour du village avec son vieux moulin et sa rue des Champs-Élysées (il n'y a pas que Paris à l'avoir !), longez la Veules (le plus petit fleuve de France, long de 1194 m !). Accueil très souriant, une bonne adresse.

JUIGNETTES 27250   Carte régionale A2

48 km SO d'Évreux ; 6 km NO de Rugles

🏠 |●| 🔖 *Chambres d'hôte de la Pommeraie (Marie-Claude et Pierre Vaudron) :* L'Aubrière ☎ 02.33.34.91.84. Accès : sur la D 14 entre Glos-la-Ferrière et Rugles, suivez le fléchage, l'auberge est à 2 km de Juignettes. Sur réservation de préférence. Au milieu des vergers, dans une ancienne ferme-auberge, 3 chambres d'hôte avec sanitaires privés. Comptez 33,54 € (220 F) pour 2, petit déjeuner compris. Possibilité de table d'hôte à 12,20 € (80 F). Accueil authentique.

JUMELLES 27220 Carte régionale B2

15 km S d'Évreux ; 4 km O de Saint-André-de-l'Eure

🏠 ❧✕ ⑩% *Chambres d'hôte Ferme de la Huguenoterie (Jacqueline et Daniel Poitrineau) :* ☎ 02.32.37.50.06. Fax : 02.32.37.83.36. • www.chez.com/hyguendoterie • Accès : de Saint-André, D 32 vers Conches, la ferme est à 1 km avant Jumelles sur la droite. Dans un grand corps de ferme avec cour intérieure, Jacqueline et Daniel, agriculteurs céréaliers, ont aménagé 5 chambres coquettes avec sanitaires privés dans une ancienne bergerie. Deux au rez-de-chaussée et trois au 1er étage (préférez celle de gauche avec le lit double et une belle charpente apparente). Comptez de 39,64 à 42,69 € (de 260 à 280 F) pour 2, petit déjeuner inclus. Salon avec cheminée à disposition exclusive des hôtes. Calme et tranquillité garantis. Accueil agréable.

JUMIÈGES 76480 Carte régionale A1

27 km O de Rouen ; 8 km SO de Duclair

🏠 *Chambres d'hôte (Brigitte et Patrick Chatel) :* 798, rue du Quesney. ☎ 02.35.37.24.98. Accès : derrière l'enceinte de l'abbaye. Petite ferme de style normand, aménagée avec beaucoup de goût. 4 chambres agréables avec sanitaires privés. Comptez 35,80 € (234,83 F) pour 2, avec le petit déjeuner. Au rez-de-chaussée, belle salle à manger. Les proprios sont toujours prêts à faire un brin de causette. Une chouette adresse.

LORLEAU 27480 Carte régionale B1

35 km E de Rouen ; 3 km NE de Lyons-la-Forêt

🏠 ⑩% *Chambres d'hôte (Marie-Christine et Jean-Michel Paris) :* 3, hameau Saint-Crespin. ☎ et fax : 02.32.49.62.22. Accès : à La Feuillie (sur la N 31 entre Beauvais et Rouen), prenez la D 13 vers Morgny, puis à droite la D 132 vers Lyons-la-Forêt/Lorleau, la ferme est fléchée bien avant le village. Dans un petit coin de campagne typique de Normandie (vergers et pâturages), agréable ferme en activité (vaches laitières). Dans l'ancienne étable indépendante, 2 chambres, dont une familiale composée de deux chambres (notre préférée car très lumineuse) ; l'autre est pour 4 personnes. Sanitaires privés. Comptez de 39,64 à 41,16 € (de 260 à 270 F) pour 2, petit déjeuner compris. Pas de table d'hôte, mais kitchenette à disposition. Accueil agréable.

MAINNEVILLE 27150 Carte régionale B2

55 km E de Rouen ; 14 km N de Gisors

🏠 ❧✕ ⑩% *Chambres d'hôte Ferme Sainte-Geneviève (Jeannine et Jean-Claude Marc) :* ☎ 02.32.55.51.26. Fax : 02.32.55.82.27. Accès : de Gisors, D 915 vers Dieppe, à la sortie d'Éragny, avant le pont de chemin de fer, D 14 vers Hébécourt, puis Mainneville et fléchage. Fermé entre Noël et le Jour de l'An. Dans le village, jolie ferme au milieu d'un grand jardin où Jeannine et Jean-Claude, agriculteurs, ont installé 5 chambres avec sanitaires privés : deux dans un bâtiment annexe (les plus agréables), mansardées, avec petite salle de séjour, et trois dans une aile de la maison des proprios (une au rez-de-chaussée et deux mansardées à l'étage). Comptez 37 € (242,70 F) pour 2, avec le petit déjeuner. Calme et tranquillité assurés. Accueil discret, mais gentillesse et authenticité au rendez-vous.

MANNEVILLE-LA-GOUPIL 76110 Carte régionale A1

16 km S de Fécamp

🏠 ❧●❧ *Chambres d'hôte (Nicole et Hubert Loisel) :* Écosse. ☎ et fax : 02.35.27.77.21 et 06.10.55.60.80. Accès : dans le village, fléchage « chambres d'hôte ». Fermé du 15 décembre au 15 janvier. Table d'hôte (sauf le dimanche soir) sur réservation. Ah ! la voilà la super adresse comme il y en a assez peu ! Maison de pierre de caractère du XVIIIe siècle au milieu d'un jardin que Nicole soigne avec amour. Elle vous propose 4 chambres spacieuses, décorées avec goût et dans un style classique bourgeois, avec sanitaires privés. Comptez de 28,97 à 44,97 € (de 190 à 295 F) pour 2, petit déjeuner compris. Ne manquez pas d'y dîner. 19,82 € (130 F) le repas, partagé sur la grande table familiale, incluant un excellent cidre à volonté et le calva. Les propriétaires élèvent eux-mêmes poulets, pintades et plein d'autres produits. Également 1 gîte rural à Étretat avec vue sur la mer. Une bonne adresse.

MANTHELON 27240 — Carte régionale B2

18 km SO d'Évreux ; 9 km SE de Conches ; 7 km N de Damville

🏠 **10%** *Chambres d'hôte Le Nuisement (Annick et Daniel Garnier) :* ☎ et fax : 02.32.30.96.90. Accès : au carrefour de la D 55 (Évreux/Breteuil) et de la D 140 (Conches/Damville). Vaste gentilhommière normande avec 4 chambres confortables, deux avec bain balnéo et deux avec douche massante. Déco personnalisée, avec de beaux meubles de la région. Comptez 42,69 € (280 F) pour 2, avec le petit déjeuner, servi dans une salle où les vieilles photos de famille qui recouvrent un mur dégagent le charme des maisons d'antan. Pas de table d'hôte, mais plusieurs restos à Conches et Damville. Sympa, un salon avec plusieurs billards anciens et une pièce pour les fans de muscu et de gym. Annick Garnier est une hôtesse aimable et très discrète, qui fait de jolies compositions de fleurs séchées.

MARTAINVILLE-EN-LIEUVIN 27210 — Carte régionale A2

18 km SO de Pont-Audemer ; 6 km SE de Beuzeville

🏠 |●| ᠅ *Chambres d'hôte (M. et Mme Bouteiller) :* ☎ et fax : 02.32.57.82.23. Accès : de Beuzeville D 27 vers Épaignes pendant 6 km et fléchage. Conseillé de réserver une dizaine de jours à l'avance pour le printemps et l'été. Dans un beau parc, peuplé de superbes essences et de massifs de fleurs, magnifique manoir de 1750 qui appartenait au clergé. Les amateurs apprécieront les dessins des colombages et de l'ardoise de la toiture. L'intérieur n'en est pas moins séduisant... 1 chambre à l'étage vaste et élégante avec luxueux sanitaire privé (douche et baignoire). Agréable charpente apparente blanche. 46 € (301,74 F) pour 2, petit déjeuner compris, auquel Domino (pour les intimes) apporte un soin particulier (argenterie s'il vous plaît !). Elle est aussi, ou avant tout, artiste peintre et nombre de ses toiles décorent la maison, très influencées par son amour de l'Espagne (olé !). Au 2e étage, elle a aménagé 2 petites chambres pour les étudiants de l'Alliance Française qu'elle reçoit de juin à septembre. Accueil charmant. Un de nos coups de coeur. *NOUVEAUTÉ.*

MESNIL-ESNARD (LE) 76420 — Carte régionale B1

6 km E de Rouen

🏠 *Chambres d'hôte (Monique Monnereau et Alain) :* 12, rue St-Léonard. ☎ 02.35.80.24.48. Accès : le Mesnil se trouve sur la N 14 entre Cergy et Rouen. Au Crédit du Nord, tournez à droite (en venant de Cergy) et fléchage. Dans un beau parc, peuplé de superbes essences et de massifs de fleurs, magnifique manoir de 1750 qui appartenait au clergé. Les amateurs apprécieront les dessins des colombages et de l'ardoise de la toiture. L'intérieur n'en est pas moins séduisant... 1 chambre à l'étage vaste et élégante avec luxueux sanitaire privé (douche et baignoire). Agréable charpente apparente blanche. 46 €

MONT-ROTY 76220 — Carte régionale B1

50 km E de Rouen ; 20 km N de Gisors

🏠 |●| ᠅ **10%** *Gîte d'étape Brindille (Madeleine Bourdier) :* ☎ 02.35.90.21.88. Fax : 02.35.09.88.77. ● brindille@wanadoo.fr ● Accès : de Gisors, D 915 vers Dieppe ; à Neufmarché, tournez à gauche au feu rouge, à la sortie de la forêt, c'est la 1re maison sur la droite. Dans une jolie maison de brique et à colombages, petit gîte d'étape pouvant accueillir 14 personnes : une chambre double et un dortoir pour 12 personnes. Bloc sanitaire commun (2 salles de bains et 2 w.-c.). Déco très fraîche, avec tables et chaises en rotin, jolis tissus et belle charpente apparente. Comptez 10,67 € (70 F) par personne pour le dortoir et 13 € (85,27 F) pour la chambre, sans les draps. Madeleine propose des repas le soir à 9,91 € (65 F), mais vous faites votre service et votre vaisselle. Par exemple, soupe à l'ortie blanche, velouté de courgettes, pain de légumes, poulet à l'estragon, sauté d'agneau au cidre, tarte à la rhubarbe. Petit déjeuner à 2,29 € (15 F) selon le même principe, avec les confitures maison, comme rhubarbe-banane, pétales de rose. Accueil agréable, jeune et dynamique.

QUIBERVILLE 76860   Carte régionale A1

15 km O de Dieppe

▲ ⑩﹪ *Chambres d'hôte Les Vergers (Marie-France et Christian Auclert) :* rue des Vergers. ☎ 02.35.83.16.10. Fax : 02.35.83.36.46. ● chauclert@aol.com ● Accès : à Quiberville-plage, prenez Quiberville-village et fléchage. Dans un joli parc, grande demeure bourgeoise avec 5 chambres d'hôte. Sanitaires privés. Deux au 1er étage et trois au 2e, très claires. Décoration soignée et de bon goût. Comptez 54,88 € (360 F) pour 2 avec le petit déjeuner, servi dans une grande et belle salle aux couleurs harmonieuses. Jardin d'hiver, avec salon et différents jeux pour se détendre. Pour les bons marcheurs, la plage est accessible à pied. Ambiance décontractée, accueil souriant et agréable.

REUILLY 27930   Carte régionale B2

9 km NE d'Évreux

▲ ⧉ ⑩﹪ *Chambres d'hôte Clair Matin (Amaïa et Jean-Pierre Trevisani) :* 19, rue de l'Église. ☎ 02.32.34.71.47. Fax : 02.32.34.97.64. Accès : sur la D 316 entre Évreux et Gaillon, puis fléchage. Réservation recommandée. Jolie maison en pierre apparente, que l'on découvre une fois passé le portail en fer forgé, avec grande cour fleurie. 2 chambres d'hôte agréables avec sanitaires privés et une suite avec petit salon. Comptez 41,16 et 48,78 € (270 et 320 F) pour 2, avec le petit déjeuner. Amaïa et Jean-Pierre ayant vécu de nombreuses années en Amérique du Sud, beaucoup de meubles de la maison témoignent de leur séjour là-bas. Accueil de qualité.

SAÂNE-SAINT-JUST 76730   Carte régionale A1

25 km SO de Dieppe ; 7 km SO de Bacqueville

▲ 🐕 ⧉ ⑩﹪ *Chambres d'hôte du Tilleul (Denise Fauvel) :* route de la Mer. ☎ et fax : 02.35.83.24.37 et 06.17.22.00.95. Accès : de Rouen, voie rapide vers Dieppe ; à la sortie de Belmesnil, D 149 vers Bacqueville-en-Caux, puis Saint-Laurent ; dans le village, fléchage. Dans un ancien bâtiment agricole restauré, indépendant de sa maison, Denise a aménagé 5 chambres avec sanitaires privés. Décoration simple. Comptez 28,97 € (190 F) pour 2, avec le petit déjeuner. Une grande salle de séjour avec cheminée insert et coin cuisine à disposition des hôtes. Bel espace vert devant la maison. Également 2 gîtes ruraux mitoyens au bâtiment. Une petite route passe juste derrière la maison, mais la nuit, le trafic est restreint. Denise consacre beaucoup de son temps à ses hôtes et prête tout l'équipement bébé (pratique). Accueil chaleureux.

SAINNEVILLE-SUR-SEINE 76430   Carte régionale A1

20 km NE du Havre

▲ ⧉ ⑩﹪ *Chambres d'hôte La Chaumière (Brigitte Granger) :* chemin du Grénesé. ☎ 02.35.20.89.04. Accès : après avoir traversé le pont de Tancarville, prenez la D 39 vers Étretat et au rond-point suivez la D 31 vers Sainneville ; traversez le bourg, puis D 234 vers Saint-Laurent et fléchage. Fermé pour Noël et jour de l'An. Magnifique chaumière normande dans un cadre verdoyant. 2 chambres guillerettes aux deux extrémités de la maison, avec sanitaires privés et accès indépendant. Comptez 38,10 € (249,92 F) pour 2, petit déjeuner compris, servi dans une chaleureuse salle ornée d'une magnifique cheminée, dont les colonnes sont surmontées de chapiteaux sculptés (ils proviennent vraisemblablement d'une église !). L'accueil de Brigitte (qui est dans l'enseignement) est tout aussi charmant. Bref, un de nos coups de cœur sur le département. À voir dans le coin : l'église romane de Manéglise et l'abbaye de Montivilliers. Pour les amateurs de rando, le GR 21 passe à côté de la maison.

SAINT-ARNOULT 76490 — Carte régionale A1

35 km O de Rouen ; 32 km N de Pont-Audemer

≜ |●| ⅍ ⑩ % *Ferme-auberge et chambres d'hôte La Bergerie (Chantal et Lucien Lefrançois) :* route de la Bergerie. ☎ et fax : 02.35.56.75.84 et 06.81.54.51.83. ● ferme-auberge-la-bergerie@wanadoo.fr ● Accès : près de la D 982 entre Caudebec-en-Caux et Lillebonne. Fermé le dimanche soir. Repas sur réservation uniquement. Ferme-auberge dans une belle maison de maître. Menu du jour à 14 € (91,83 F), tous les midis du lundi au vendredi. « Menu terroir » à 18 € (118,07 F) et un copieux menu gastronomique à 24 € (157,43 F), avec deux entrées et sorbet à la pomme arrosé au calva (je craque !). Bonne cuisine normande : tarte au camembert, terrine du Père Lulu, sauté d'agneau au cidre... Carte des vins à prix doux. Également 2 chambres d'hôte sanitaires privés. Comptez 35,06 € (230 F) pour 2, petit déjeuner compris. Repas à la table familiale (le soir, du lundi au jeudi) pour 14 € (91,83 F) tout compris. « Soirée étape » à 43 € (282,06 F), comprenant le repas à la table familiale, la chambre, et le petit déjeuner.

SAINT-CLAIR-D'ARCEY 27300 — Carte régionale A2

40 km O d'Évreux ; 7 km SE de Bernay

≜ |●| 🐾 ⑩ % *Chambres d'hôte Domaine du Plessis (Antoine Gouffier et Henri Rodriguez) :* ☎ et fax : 02.32.46.60.00. ● email.rodriguez.@wanadoo.fr ● Accès : sur la D 140 entre Bernay et Conches-en-Ouche, prenez la D 142 jusqu'à Saint-Clair-d'Arcey ; à l'église du village, suivez le fléchage « Le Plessis » pendant 1 km. Fermé du 15 décembre au 15 février. Belle gentilhommière de la fin du XVIIe siècle, qu'Antoine et Henri ont entièrement restaurée en préservant son charme d'autrefois (opération réussie !). Façade en brique à et colombages ; superbe intérieur avec murs à pans de bois, poutres et vieilles tommettes. Au 1er étage, 3 chambres pour 2 ou 3 personnes, dont une très vaste avec coin salon (plus chère). Mobilier rustique ou de style. Comptez 47,26 et 53,36 € (310 et 350 F) pour 2, petit déjeuner compris. Agréable séjour pour prendre les repas en compagnie d'Antoine, à 15,24 € (100 F), apéro, vin et café compris. Une bonne cuisine traditionnelle où cidre et crème fraîche tiennent une place de choix. Henri est sculpteur (sculptures académiques en terre, plâtre, bronze, résine avec poudre de marbre) et vous pourrez bien sûr visiter son atelier. Grand parc de 5 ha avec pièce d'eau et une grande volière qui abrite des oiseaux d'ornement. Les amoureux de la nature pourront faire une balade sympa le long de la Charentonne, entre Saint-Quentin-des-Isles et Broglie. Accueil chaleureux.

SAINT-DENIS-LE-FERMENT 27140 — Carte régionale B2

52 km E de Rouen ; 6 km N de Gisors

≜ ⅍ *Chambres d'hôte (Madeleine Rousseau) :* 8, rue des Gruchets. ☎ et fax : 02.32.55.14.45. et 06.13.89.30.19. Accès : de Gisors, D 14 *bis* vers Étrépagny, dans Bézu-Saint-Éloi, D 17 à droite vers Saint-Denis et fléchage (attention, 2 adresses de chambres d'hôte sont fléchées, c'est de la seconde qu'il s'agit). Dans une jolie maison à colombages, avec un petit jardin fleuri, 2 chambres avec sanitaires privés. Une dans la maison de Madeleine et une autre installée dans l'ancien fournil, notre préférée (mais plus chère), très champêtre avec son superbe four à pain et son coin cuisine. Comptez 44 et 48 € (288,62 et 314,86 F) pour 2 avec le petit déjeuner (pâtisserie et confitures maison, plusieurs sortes de pain). Accueil charmant.

SAINT-DIDIER-DES-BOIS 27370 — Carte régionale A2

30 km S de Rouen ; 15 km O de Louviers

▲ |●| ✗⋉ *Chambres d'hôte Le Vieux Logis (Annick Auzoux) :* 1, place de l'Église. ☎ 02.32.50.60.93 et 06.70.10.35.76. Fax : 02.32.25.41.83. Accès : sur la D 313 entre Louviers et Elbeuf, à l'entrée de Saint-Pierre-des-Elbeuf, ne prenez pas la D 52 à gauche mais la D 60 (la suivante) jusqu'à Saint-Didier ; la maison est en face de l'église. Charmante maison du XVIIe à colombages côté cour, et en briques et silex côté jardin. Annick, ancienne antiquaire et sculpteur, qui habite dans une autre maison au bout du jardin, s'est attelée à la restauration de cette vieille demeure de famille et y consacre toute son énergie. Elle y propose 4 chambres agréables (préférez la bleue), campagnardes à souhait (meubles rustiques et tentures murales), avec sanitaires privés. Comptez 41 € (268,94 F) pour 2, petit déjeuner compris. Alors, ne vous étonnez pas que les sols rustiques ne soient pas droits et que certains murs soient de travers, c'est ce qui fait tout le charme de la maison. Table d'hôte à 14 € (91,83 F) vin non compris, mais la proprio ne partage pas toujours les repas avec ses hôtes.

SAINT-ÉLOI-DE-FOURQUES 27800 — Carte régionale A2

37 km NO d'Évreux ; 12 km NE de Brionne

▲ ⑩% *Chambres d'hôte Manoir d'Hermos (Béatrice et Patrice Noël-Windsor) :* ☎ et fax : 02.32.35.51.32 et 06.11.75.51.63. ● ● members.aol.com/hermos1/hermosfr.htm ● Accès : sur la N 138 entre La Maison Brûlée (sortie A 43) et Brionne, prenez la D 83 vers Le Gros Theil pendant 5 km, puis à droite la D 92 et fléchage « Hermos ». C'est par un petit bois que l'on arrive à ce curieux et joli manoir chargé d'histoire (ça rime). Ses origines remontent au XVIe siècle ; au XVIIe on lui a ajouté une chapelle originale, suspendue audessus du porche d'entrée desservi par un double escalier. Pour l'anecdote, il servit de pavillon de chasse à Henri IV. 2 chambres d'hôte au 1er étage. Une petite (notre préférée et la moins chère), claire et douillette ; une plus grande avec mobilier ancien. Sanitaires privés. Comptez 42 et 58 € (275,50 et 380,46 F) pour 2, petit déjeuner compris. Devant le manoir, une immense prairie où paissent les moutons. De temps en temps, Béatrice organise des soirées dîner-théâtre et loue ses salons pour des mariages et autres réceptions et dans ces cas-là, les chambres ferment... Location de VTT. Accueil souriant et décontracté. Possibilité d'accueil pour les cavaliers l'été ; également, 1 gîte (capacité 20 personnes).

SAINT-ÉTIENNE-L'ALLIER 27450 — Carte régionale A2

34 km SE de Honfleur ; 10 km S de Pont-Audemer

▲ ✗⋉ ⑩% *Chambres d'hôte (Annie Harou) :* Le Bois Carré. ☎ 02.32.42.84.21. Accès : l'accès de la maison se trouve sur la D 29 entre Pont-Audemer et Saint-Georges-de-Vièvres, 2 km à gauche après Saint-Martin-Saint-Fumin (quand on vient de Pont-Audemer). N'allez pas au village. C'est dans sa belle demeure bourgeoise en brique, construite par son arrière-grand-père en 1870, qu'Annie a aménagé 2 chambres d'hôte, dont une familiale composée de deux chambres. Elles sont claires et agréables. Préférez celle au papier paille qui ouvre à l'arrière sur les pâturages et les vergers. Comptez 42 € (275,50 F) pour 2, petit déjeuner compris. Pas de table d'hôte, mais resto à proximité. À ses heures perdues, Annie est aussi artiste, nombre de ses toiles parent les murs, notamment de très jolis nus. Chaleur et gentillesse au rendez-vous, une bonne adresse. Au fait, la petite église de Saint-Étienne-l'Allier renferme un magnifique rétable, un jubé du XVIIe siècle et un gisant du XIVe.

SAINT-MARTIN-AUX-BUNEAUX 76450 — Carte régionale A1

20 km NE de Fécamp ; 10 km S de Saint-Valéry-en-Caux

▲ *Chambres d'hôte (Nicole et Michel Viard) :* 3, rue de la Cour-de- Champs (Tournetot). ☎ et fax : 02.35.97.54.77. Accès : à l'église du village, prenez la rue du Château, puis la direction Tournetot ; la rue de la Cour-des-Champs est à droite. Il y a des adresses qui sont bonnes et celles qui sortent de l'ordinaire. Eh bien, mes amis, en voilà une ! Croquignolette ferme normande à colombages, dans un coin calme, que la proprio a aménagée dans un style qui nous plaît bien (objets anciens, bouquets de fleurs séchées). 3 chambres très différentes avec des coins, recoins, mezzanines, alcôves. Toutes sont équipées de sanitaires privés et peuvent accueillir jusqu'à 6 personnes. Charme, sérénité et prix doux. Comptez 32,80 € (215,15 F) pour 2, avec le petit déjeuner. Chapeau Nicole ! Par ailleurs, pour les groupes d'amis, elle possède 1 gîte bien équipé, pouvant accueillir 18 personnes en 2 dortoirs. Vous avez aussi la possibilité de camper. Mine de rien, des plans comme ça, ça ne court pas les rues. Ne nous dites pas merci, c'est not'boulot !

SAINT-RIQUIER-EN-RIVIÈRE 76430   Carte régionale B1

70 km NE de Rouen ; 8 km SO de Blangy-sur-Bresle

📧 |●| 🛏 ✜ *Chambres d'hôte La Ferme (Andrée Jouhandeaux et Jean Tourneux) :* 1, impasse du Mont Rôti. ☎ et fax : 02.35.94.46.10. Accès : à Foucarmont sur la N 28 entre Blangy et Neufchâtel prendre la route de Criel-sur-Mer jusqu'à St-Riquier. Dans la vallée de l'Yères, vieille ferme que restaure Andrée depuis 17 ans... Elle a remplacé le torchis entre les colombages par des briques et une des façades s'orne aujourd'hui d'une fresque campagnarde. 2 chambres sympas avec sanitaires privés. La déco est originale, composée de nombreux objets détournés. Atmosphère champêtre et rococo. 38,20 € (250,58 F) pour 2, petit déjeuner compris. Au bout de la maison, un gîte d'étape complète le lieu (la façade n'est pas encore terminée). Andrée donne des cours de yoga pour les gens du coin et organise aussi des stages. Jean est auteur-compositeur-interprète et a déjà sorti 3 albums. Table d'hôte partagée en famille à 14 € (91,83 F), vin et café compris. Cuisine simple et naturelle. Accueil chaleureux, ambiance artiste, bohème et zen. *NOUVEAUTÉ.*

SAUSSEUZEMARE 76110   Carte régionale A1

25 km NE du Havre ; 8 km S de Fécamp

📧 |●| *Chambres d'hôte (Nicole Coisy) :* ☎ 02.35.27.93.55. Fax : 02.35.93.93.55. ● www.chez.com/cqf/nicole/promenades.htm ● Accès : dans le bourg, direction « les Loges », la maison est à 500 m à gauche. À la sortie du village, dans un joli coin de campagne, belle ferme à colombages et toit d'ardoise du début du XVIIIe. Typique de la région, elle est basse, avec de petites fenêtres. Au 1er étage, 3 chambres dont 1 familiale avec sanitaires privés. De 36,60 à 42,70 € (240,08 à 280,09 F) pour 2, petit déjeuner compris. Agréable salle à manger avec murs à pans de bois, grande cheminée, mobilier ancien et où le vieux soufflet s'est mué en table. Ancienne libraire, fan de musique classique, ce qui fait la réputation de Nicole, c'est son art culinaire... Service à l'assiette sur tables individuelles. 18,30 € (120,04 F) le repas, apéro, vin et café compris. Une cuisine originale et inventive avec du pain maison (cucurbitacées, fleurs et herbes sauvages à l'honneur !). Une adresse pour se faire dorloter sauf si vous craignez les chats (ils sont 2). *NOUVEAUTÉ.*

TOUFFREVILLE-SUR-EU 76910   Carte régionale B1

20 km NE de Dieppe ; 12 km SO du Tréport

📧 |●| 🛏 ✜ ⑩% *Chambres d'hôte La Demeure de Litteville (Francine Lefebvre) :* Litteville. ☎ 02.35.50.93.04. Accès : depuis Le Tréport, prenez la D 940 sur 6 km, pour rejoindre ensuite la D 925 que vous suivez sur 3 km ; prenez la D 226 à gauche et dans Touffreville la D 454, puis fléchage. Dans une charmante maisonnette en bois, style maison californienne, 3 chambres avec sanitaires privés, dont une équipée d'une kitchenette (genre studio) installée dans une dépendance. Comptez de 40 à 44 € (de 262,38 à 288,62 F) pour 2, petit déjeuner compris, avec pains bio, jus de pommes, yaourts et confitures maison. Dans la salle à manger agrémentée d'une élégante bow-window, on peut prendre son repas (sur réservation) pour 14 € (91,83 F). Également un grand gîte rural de 10 places (4 chambres pour 2 à 4 personnes), loué à la semaine ou le week-end. Location de VTT. Un lieu à l'ambiance *cool*. On aime.

TOURVILLE-SUR-PONT-AUDEMER 27500   Carte régionale A2

3 km S de Pont-Audemer

🛏 🐕 ⚹ *Chambres d'hôte La Ricardière (Denise Carel) :* route de Lisieux. ☎ 02.32.41.09.14 et 06.08.98.59.82. Fax : 02.32.42.58.28. Accès : suivez la D 139 en direction de Lisieux ; 150 m après la scierie Sonorbois (sur la gauche), un petit chemin privé avec 2 panneaux (« sens interdit » et « propriété privée ») descend vers une rivière ; remontez-le jusqu'à la maison blanche avec un gros hêtre pourpre. Uniquement sur réservation. Après le pont, nichée dans la verdure, une demeure d'époque Directoire vous offre ses chambres aux noms de fleurs : « Bleuet », « Rose », « Glycine » et « Chèvrefeuille ». Chambres spacieuses et confortables avec sanitaires privés, de 45,80 à 55 € (300,43 à 360,78 F) pour 2.

VAUPALIÈRE (LA) 76150   Carte régionale A1

10 km NO de Rouen ; 10 km E de Duclair

🛏 🐕 *Chambres d'hôte (Françoise et Bernard Taupin) :* 778, domaine de l'Ouraille. ☎ 02.35.33.81.34. Accès : passez devant l'église que vous laissez sur votre gauche et faites 1 km ; au stop, prenez la D 67 vers Hénouville, et tournez immédiatement à droite, puis fléchage. Grande demeure en brique du XVIe siècle, genre petit manoir, dans un grand parc planté de beaux pommiers. 2 chambres avec sanitaires privés. Comptez 34 € (223,03 F) pour 2, petit déjeuner inclus. Délicieuse adresse calme et champêtre. On s'y sent vite chez soi. Bon rapport qualité-prix-convivialité.

Pays de la Loire

44 *Loire-Atlantique*
49 *Maine-et-Loire*
53 *Mayenne*
72 *Sarthe*
85 *Vendée*

AILLIÈRES 72600
Carte régionale B1

7 km NO de Mamers ; 70 km N du Mans

Chambres d'hôte (Marie-Rose et Moïse Lorieux) : La Locherie. 02.43.97.76.03. Accès : de Mamers, D 3 vers le Mêle-sur-Sarthe ; à la hauteur d'Aillières, continuez vers le Mêle pendant 1 km, la maison est à gauche. Dans un gentil coin de campagne, agréable demeure du XVIᵉ avec une belle tour d'angle qui elle, est encore plus vieille. Par un escalier assez raide, on accède aux 2 chambres. 1 avec cabine-douche dans un espace semi-cloisonné (w.c communs avec les proprios) ; l'autre familiale, composée de 2 chambres (la 2ᵉ est installée dans la tour) a des sanitaires privés mais sur le palier. Déco sans prétention. Selon la chambre, de 42 à 46 € (275,50 à 301,74 F) pour 2, petit déjeuner compris. Marie-Rose et Moïse sont agriculteurs à la retraite. Table d'hôte en leur compagnie à 16 € (104,95 F), cidre compris. Piscine devant la maison, ouverte en juillet-août. *NOUVEAUTÉ.*

ASNIÈRES-SUR-VÈGRE 72430
Carte régionale B1

40 km SO du Mans ; 12 km NE de Sablé-sur-Sarthe

Chambres d'hôte et Gîte d'étape La Tuffière (Mauricette et Yves David) : 02.43.95.12.16. Fax : 02.43.92.43.05. Accès : sur la D 4 entre Brûlon et Sablé, à Poillé-sur-Vègre, prenez la direction d'Asnières-sur-Vègre (D 190) ; c'est à 3 km plus loin sur la gauche, avant d'arriver au village. Fermé du 7 au 31 janvier. Corps de ferme joliment restauré dans un cadre serein, en bordure de rivière. 3 chambres dans un bâtiment annexe à la maison des propriétaires, de 33,54 à 38,11 € (de 220 à 250 F), pour la plus grande, pour 2, petit déjeuner inclus. Également 1 gîte d'étape de 30 lits (plusieurs dortoirs et sanitaires communs), pour 11,43 € (75 F) par personne et par nuit et 3,05 € (20 F) le petit déjeuner. Fait aussi table d'hôte pour 13,72 € (90 F), apéro, vin et café compris : marmite sarthoise, tarte aux rillettes, pâté de lapin maison, quiche au brochet, poulet au cidre, charlotte aux pommes, miroir aux pommes. Barques à disposition et location de kayaks.

BELGEARD 53440
Carte régionale B1

7 km SE de Mayenne

Chambres d'hôte Le Closeau de Brives (Thérèse et Pierre Lelièvre) : Ancien-Bourg. 02.43.04.14.11. Accès : en venant de Mayenne, prenez la D 207 ; 2,5 km avant Belgeard, à Ancien-Bourg, puis fléchage. Dans un petit hameau au milieu des prés, maisonnette en pierre apparente où Thérèse et Pierre, agriculteurs à la retraite, ont ouvert 3 chambres d'hôte. Deux doubles à l'étage et une simple avec accès extérieur indépendant. Comptez de 32 à 35 € (209,91 à 229,58 F) pour 2, petit déjeuner compris. Les propriétaires accueillent bien gentiment. Calme et tranquillité assurés. À 7 km, ville gallo-romaine de Jublains.

BOIS-DE-CÉNÉ 85710   Carte régionale A2

51 km SO de Nantes ; 10 km N de Challans

🏠 |●| ⚒ *Chambres d'hôte Les Albizzias (Marie-Thérèse et Hubert Lebeau) :* 15, route de Challans. ☎ 02.51.68.24.68. Accès : à l'entrée du village, prenez la D 58 vers Challans. À proximité du « marais breton vendéen », dans une maison récente, 2 chambres avec sanitaires privés, à 40 € (262,38 F) pour 2, petit déjeuner compris. Marie-Thérèse, femme dynamique et volubile, propose aussi la table d'hôte (sauf le dimanche soir), à 13 € (85,27 F) vin compris : crudités, soupe de poissons, canard au muscadet, lapin à la maraîchine, tarte aux fruits de saison, charlotte aux fraises, gâteau de semoule au caramel. Les plages sont à 20 km. Noirmoutier, l'île des Mimosas (qui fleurissent en février), est à 25 km et est accessible à marée basse par le passage du Gois (demandez le carnet des marées à Marie-Thérèse). Pour l'île d'Yeu, comptez 30 mn de traversée au départ de Fromentine. Hubert, quant à lui, est un spécialiste des marais et vous propose des randos en sa compagnie pour découvrir les oiseaux.

BRAINS-SUR-GÉE 72550   Carte régionale B1

17 km O du Mans

🏠 |●| ⚒ ⑩% *Chambres d'hôte La Sablière (Denise Briand) :* ☎ et fax : 02.43.88.75.19. Accès : du Mans, prenez la N 157 vers Laval ; à Coulans-sur-Gée, après les virages, tournez à gauche vers Brains ; avant d'entrer dans le village, prenez à gauche vers Crannes-en-Champagne, la maison est tout de suite à gauche. Petite maison formant un ensemble en U avec une petite cour intérieure fleurie. 3 chambres guillerettes à l'étage (préférez la verte). Comptez 38,11 € (250 F) pour 2, avec un bon petit déjeuner. Excellente table d'hôte souvent à partir de produits bio (de préférence sur réservation) à 12,20 € (80 F), vin et café compris : tarte au fromage ou aux brocolis, paupiettes de poisson, poulet au cidre, escalope au curry, charlotte au chocolat, cheesecake, tarte meringuée, etc. Pour les petits appétits, possibilité de repas léger à 6,86 € (45 F), vin et café compris. Les chambres sont très calmes, en revanche à l'extérieur, le bruit de la nationale s'entend au loin. Denise est une hôtesse charmante qui aime ouvrir sa maison aux hôtes dont elle s'occupe avec soin. Amoureux des vieux quartiers, allez faire un petit tour dans le vieux Mans.

BRION 49250   Carte régionale B1-2

35 km E d'Angers ; 30 km O de Saumur

🏠 |●| ⚒ *Chambres d'hôte Le Logis du Pressoir (Anne et Jean-Marc Le Foulgocq) :* Villeneuve. ☎ et fax : 02.41.57.27.33 et 06.80.25.76.65. ● www.lepressoir.fr.st ● Accès : de Beaufort-en-Vallée, prenez la D 7 direction Brion, puis fléchage depuis l'église du village, c'est à environ 500 m. Anne et Jean-Marc Le Foulgocq ont totalement restauré l'ancienne ferme du château, avec ses étables et son vieux pressoir, située dans un cadre verdoyant et paisible. Mais il ne s'agit pas de simples chambres d'hôte, car la piscine, la table de ping-pong, le billard, la cave à vins leur donnent une dimension résolument originale. C'est un vieux rêve que ces deux Parisiens ont réalisé, un rêve unique en Anjou. Comptez de 46 à 53 € (de 301,74 à 347,66 F) pour 2, petit déjeuner inclus. Table d'hôte à 18 € (118,07 F), vin et café compris. Une adresse attachante.

> Nous vous rappelons que la table d'hôte est le complément d'une formule d'hébergement (chambre d'hôte, gîte d'étape...). Ce service n'est offert qu'aux personnes qui dorment sur place (excepté lorsqu'il est clairement écrit « ouvert aux extérieurs »).

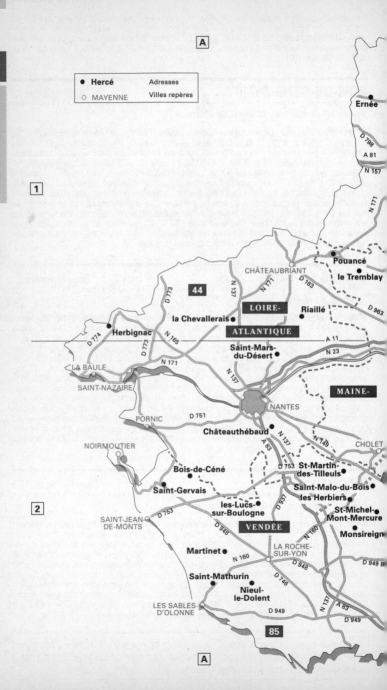

A

● **Hercé**   Adresses
○ MAYENNE   Villes repères

● Ernée

D 798
A 81
N 157

N 171

1

● Pouancé
CHÂTEAUBRIANT
● le Tremblay

D 163
44
D 773
N 137
N 171
LOIRE-
● Riaillé
D 963
la Chevallerais ●
ATLANTIQUE
D 774
Herbignac
N 165
A 11
D 773
Saint-Mars-
du-Désert ●
N 23
LA BAULE
N 171
N 137
SAINT-NAZAIRE
MAINE-
NANTES
PORNIC
D 751
Châteauthébaud ●
N 137
N 149
NOIRMOUTIER
CHOLET
A 83
D 753 St-Martin-
Bois-de-Céné ●
des-Tilleuls ●
Saint-Gervais ●
Saint-Malo-du-Bois ●
les Herbiers ●
D 937
les-Lucs-
St-Michel-
SAINT-JEAN
sur-Boulogne ●
Mont-Mercure
DE-MONTS
VENDÉE
N 160
D 948
● Monsireign
D 753
N 160
Martinet ●
LA ROCHE-
SUR-YON
D 948
D 949 B
Saint-Mathurin ●
D 746
Nieul-
le-Dolent ●
LES SABLES-
N 137
A 83
D'OLONNE
D 949
85
D 949

A

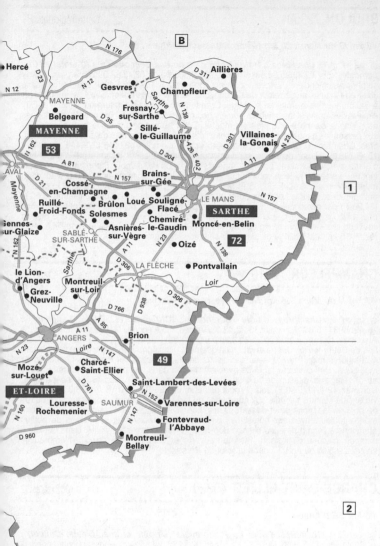

B

N 176

• Hercé

D 311 • Aillières

N 12

D 23

Gesvres • Champfleur

N 12

MAYENNE

Sarthe

N 138

Belgeard

Fresnay-
sur-Sarthe

D 35

MAYENNE

Sillé-
le-Guillaume

Villaines-
la-Gonais

N 162

53

D 301

N 23

D 304

AVAL

A 81

A 28 E 402

A 11

N 157

D 21

N 157

Brains-
sur-Gée

LE MANS

1

Cossé-
en-Champagne

Mayenne

Ruillé-
Froid-Fonds

Brûlon

Loué

Souligné-
Flacé

SARTHE

Solesmes

Chemiré-
le-Gaudin

Moncé-en-Belin

72

Gennes-
sur-Glaize

SABLÉ-
SUR-SARTHE

Asnières-
sur-Vègre

N 23

Oizé

N 138

A 11

Sarthe

D 306

LA FLÈCHE

• Pontvallain

le Lion-
d'Angers

Montreuil-
sur-Loir

Loir

Grez-
Neuville

D 766

D 938

D 306

A 85

ANGERS

Brion

N 23

Loire

N 147

49

Mozé-
sur-Louet

Charcé-
Saint-Ellier

D 761

Saint-Lambert-des-Levées

ET-LOIRE

N 160

Louresse-
Rochemenier

SAUMUR

N 152

Varennes-sur-Loire

N 147

Fontevraud-
l'Abbaye

D 960

Montreuil-
Bellay

2

Saint-Michel-le-Cloucq

N 148

0   10   20 km

B

BRÛLON 72350 — Carte régionale B1

40 km O du Mans ; 20 km NE de Sablé-sur-Sarthe

🏠 |●| ⌂ ⑩% *Chambres d'hôte et gîte d'étape Les Belmondières (Chantal et Guy Lemesle) :* ☎ 02.43.95.60.63 et 06.70.80.13.53. Fax : 02.43.92.09.22. ● perso.liberty surf.fr/les.belmondieres ● Accès : du Mans, prenez la N 157 vers Laval ; après avoir passé Joué-en-Charnie, au carrefour de la Lune, prenez la D 4 vers Brûlon/Sablé ; avant d'arriver à Brûlon, tournez à droite au fléchage. Grande ferme en pleine nature où Chantal et Guy élèvent des lapins et les célèbres poulets de Loué. 5 chambres d'hôte ont été aménagées dans une ancienne écurie bien champêtre. Deux au rez-de-chaussée sont accessibles aux personnes handicapées et trois sont à l'étage. Sanitaires privés dans toutes les chambres. Chambres lumineuses et jolis rideaux fleuris. Comptez 42,60 € (279,44 F) pour 2 et 15 € (98,39 F) par personne supplémentaire, petit déjeuner inclus. Également 1 gîte d'étape avec 6 chambres pour 2 à 4 personnes et un dortoir pour 6 personnes, comportant une immense salle et un coin cuisine à disposition, sanitaires privés mais w.-c. communs. Prévoyez 12,60 € (82,65 F) par personne et par nuit, et 4,40 € (28,86 F) pour le petit déjeuner. Pour les petits budgets, 1 camping à la ferme avec douche chaude (3,50 € (22,96 F) par personne. Guy et Chantal proposent à leurs hôtes de partager leur repas pour 15,20 € (99,71 F), apéro et cidre maison compris. Pour vous détendre, une piscine couverte chauffée et un swing golf de 18 trous. Accueil familial. Calme et tranquillité assurés. À 15 km, petit village médiéval d'Asnières-sur-Vègre.

CHAMPFLEUR 72610 — Carte régionale B1

45 km N du Mans ; 16 km NE de Fresnay-sur-Sarthe

🏠 |●| ⌂ ⋸⋇ *Chambres d'hôte Garencière (Christine et Denis Langlais) :* ☎ 02.33.31.75.84. Fax : 02.33.27.42.09. Accès : d'Alençon, N 138 vers Le Mans ; à Arçonnay, tournez à gauche vers Champfleur (D 55) ; du village, c'est à 1,5 km en direction de Bourg-le-Roi. Sur réservation uniquement. Dans une jolie ferme à flanc de coteau, 4 chambres mignonnettes avec des tissus fleuris. Christine fait d'ailleurs beaucoup de mosaïque. Une chambre familiale avec mezzanine dans une petite maison, deux autres au 1er étage au-dessus de la salle de restauration, et une avec accès indépendant. Comptez 42 € (275,50 F) pour 2, petit déjeuner inclus. Repas à 18 € (118,07 F), apéro, vin et café compris : soufflé aux courgettes ou tarte au camembert, poulet au cidre ou rôti de porc au lait, fromage et dessert. Denis, bon vivant appréciant les plaisirs de la table, mange toujours avec ses hôtes. Les patrons aiment recevoir et sont pleins de petites attentions à l'égard de leurs clients. Bon rapport qualité-prix-convivialité. Dans la salle à manger, piano à disposition. Piscine couverte et chauffée (quel pied !). Nombreuses balades à pied ou en VTT dans la forêt de Perseigne.

CHARCÉ-SAINT-ELLIER 49320 — Carte régionale B2

20 km SE d'Angers

🏠 ⋸⋇ ⑩% *Chambres d'hôte La Pichonnière (Martine et Jean-Claude Colibet) :* ☎ 02.41.91.29.37 et 06.71.76.40.87. Fax : 02.41.91.96.85. ● gite-brissac@wanadoo.fr ● Accès : d'Angers, direction Cholet-Poitiers ; après avoir traversé la Loire, prenez la D 748 vers Poitiers pendant 10 km et lorsque vous voyez Brissac sur votre droite, continuez sur la D 761 pendant 1,5 km ; fléchage à gauche. Joli et grand corps de ferme en forme de U, tout en tuffeau, où deux familles cohabitent. La demeure de Martine et Jean-Claude est à droite, quand on entre dans la cour. Ils cultivent des fleurs pour commercialiser leurs graines (on ne vous raconte pas les photos !). 4 chambres d'hôte coquettes et confortables dont 1 au rez-de-chaussée, accessible aux personnes handicapées, les 3 autres à l'étage de la maison. Murs en pierre apparente, déco agréable. 2 avec sanitaires privés, deux avec salles d'eau privatives mais w.-c. communs sur le palier. De 38 à 46 € (249,26 à 301,74 F) pour 2, petit déjeuner compris, servi dans la conviviale salle à manger des propriétaires. Pas de table d'hôte, mais plusieurs petits restos à proximité. Vélos à disposition pour parcourir la campagne peuplée de charmants villages. Accueil sincère et chaleureux. Une gentille adresse.

CHÂTEAUTHÉBAUD 44690   Carte régionale A2

15 km SE de Nantes ; 15 km NO de Clisson

🏠 ❙●❙ 🐎 ✣ ⑩% *Chambres d'hôte (Annick et Gérard Bousseau) :* La Pénissière. ☎ et fax : 02.40.06.51.22. Accès : à Châteauthébaud, D 58 direction Montbert, puis fléchage « La Pénissière » sur la gauche. Au cœur du vignoble nantais, 4 chambres personnalisées, avec sanitaires privés. Comptez 36,59 € (240 F) pour 2, petit déjeuner compris. Agréable salle à manger rustique avec cheminée. Le proprio fait déguster son muscadet, son cabernet et vous fournira tous les renseignements sur la vinification. Possibilité de repas sur demande. À 400 m de la maison, un étang privé permettra aux pêcheurs d'assouvir leur passion. Très calme. Accueil familial.

CHEMIRÉ-LE-GAUDIN 72210   Carte régionale B1

20 km SO du Mans ; 5 km O de Louplande

🏠 ❙●❙ *Ferme-auberge et chambres d'hôte (Marie et Alain Fornell) :* Théval. ☎ 02.43.88.14.92. Accès : sortie A 11 le Mans-sud/Louplande (N° 9), traversez Louplande et à Chemiré prendre la 1re à gauche vers Suze et fléchage Théval (en petit). C'est un domaine magnifique de 22 ha avec pour décor la campagne, la ferme, la rivière et les vestiges d'un moulin. D'abord l'auberge avec une capacité de 50 couverts. Menu unique à 25 € (163,99 F) apéro et café compris. Une cuisine originale et internationale, avec pratiquement que des produits maison. Cela peut aller du poulet au vinaigre au couscous, du cassoulet au poulet au curry,... Dans une partie indépendant, 4 chambres avec accès privatif. Déco agréable. Selon le confort des sanitaires (douche ou baignoire), de 45 à 50 € (295,18 à 327,98 F) pour 2, petit déjeuner compris. Si vous dormez, table d'hôte partagée avec les proprios à 18,30 € (120,04 F) apéro, vin et café compris (pour une cuisine plus simple qu'à l'auberge). Dehors, le cadre est ensorceleur. Pour ceux qui séjournent, barque à disposition sur la Sarthe et pêche possible. *NOUVEAUTÉ.*

CHEVALLERAIS (LA) 44810   Carte régionale A1

35 km N de Nantes ; 7 km E de Blain

🏠 ❙●❙ ✣ ⑩% *Chambres d'hôte (Roselyne et Dominique Mongazon) :* La Baluère. ☎ 02.40.79.80.37 et 06.80.05.59.93. Accès : N 137 entre Rennes et Nantes sortie Blain/Redon ; puis D 164 vers Blain ; au niveau de l'église de La Chevallerais, prenez la VC 7 vers La Grigonnais ; la maison est à 1,7 km sur la droite. Roselyne et Dominique ont acheté cette ferme en ruine et l'ont entièrement retapée. Aujourd'hui, elle se dresse fièrement dans un agréable petit coin de campagne. Dans une aile indépendant, 2 chambres au 1er étage avec sanitaires privés. Bien qu'en soupente, elles sont vastes et lumineuses. 44 € (288,62 F) pour 2, petit déjeuner compris. Table d'hôte partagée en famille à 14,50 € (95,11 F), vin compris. Bonne cuisine traditionnelle. Accueil chaleureux.

COSSÉ-EN-CHAMPAGNE 53340   Carte régionale B1

48 km O du Mans ; 40 km SE de Laval

🏠 ❙●❙ 🐎 ✣ ⑩% *Gîte d'étape Le Tournesol (Janine et Pierre Monnier) :* 5, rue du Soleil-Levant. ☎ 02.43.90.22.70. Fax : 02.43.90.05.59.95. Accès : à 150 m de l'église et de la mairie. Sur réservation de préférence. C'est dans un ensemble de bâtiments en bord de route (mais pas trop de circulation) qu'ils ont restaurés, que Janine et Pierre ont monté 1 gîte d'étape et de séjour. 5 chambres pour 1 à 6 personnes, plusieurs blocs sanitaires et w.-c. communs. Lits en pin naturel, jolies couettes fleuries et meubles peints par Janine, qui est une spécialiste en la matière. Comptez 10,70 € (70,19 F) par personne et par nuit (inutile d'apporter votre duvet) et 4 € (26,24 F) pour le petit déjeuner (gateaux et confitures maison). Repas à 11 € (72,16 F) : crudités, potage, tarte aux poireaux, roulades de lapin gratinées, dinde au lait, baba au rhum, tartes aux fruits de saison. Grand jardin fleuri derrière la maison et nombreuses petites randonnées pédestres tout autour. Idéal pour les

PAYS DE LA LOIRE

individuels. Moyennant un petit supplément, les proprios vous proposent une randonnée nocturne à la lampe-tempête (original non ? on attend vos commentaires...). Bon rapport qualité-convivialité-prix.

ERNÉE 53500   Carte régionale A1

30 km O de Mayenne ; 15 km E de Fougères

🏠 |●| **Chambres d'hôte La Rouaudière (Thérèse et Maurice Trihan) :** Mégaudais. ☎ 02.43.05.13.57. Fax : 02.43.05.71.15. Accès : sur la N 12 entre Ernée et Fougères, au niveau du hameau de Mégaudais, fléchage, c'est à 650 m en contrebas de la nationale. Fermé du 1er novembre au 1er avril, sauf vacances scolaires. Dans une jolie ferme d'élevage (vaches laitières) recouverte de vigne vierge, 4 chambres avec sanitaires privés. Trois sont à l'étage et une au rez-de-chaussée. Thérèse, qui a la passion des brocantes et des tissus (elle chine en permanence), les a décorées avec goût. Aux murs, paille de couleur qui donne une atmosphère chaleureuse. De 38,10 à 41,20 € (de 250 à 270 F) pour 2, copieux petit déjeuner compris (avec jambon, œufs et fromages). Repas à 14,50 € (95 F), apéro, vin et café compris, avec spécialités de rôti de veau au lait et de pintade aux pommes et au cidre. Accueil agréable.

FONTEVRAUD-L'ABBAYE 49590   Carte régionale B2

12 km SE de Saumur

🏠 |●| **10%** **Chambres d'hôte Domaine de Mestré (Rosine Dauge) :** ☎ 02.41.51.75.87 ou 02.41.51.72.32. Fax : 02.41.51.71.90. ● www.dauge-fontevraud.com ● Accès : sur la route de Fontevraud à Montsoreau. Fermé du 20 décembre au 1er mars et les week-ends en mars. Il vaut mieux réserver, surtout en saison. Dans une belle demeure d'un ancien domaine agricole de l'abbaye, en pleine campagne. Une dizaine de chambres de charme. Comptez 52,59 € (344,97 F) la nuit pour 2 personnes, petit déjeuner compris. Repas sur réservation (sauf le jeudi et le dimanche) à 22,87 € (150,02 F), à base des produits de la propriété. Une adresse pour ceux qui ont les moyens. On y trouve aussi une savonnerie artisanale, passion de la maîtresse de maison.

FRESNAY-SUR-SARTHE 72130   Carte régionale B1

40 km N du Mans ; 17 km NE de Sillé-le-Guillaume

🏠 |●| ⇘ **Chambres d'hôte (Thérèse et Alain Leclercq) :** 43, avenue Victor Hugo. ☎ 02.43.97.22.19 et 06.86.16.25.84. Fax : 02.43.97.17.24. ● http://fresnay.bnb.free.fr ● Accès : dans le centre du bourg, direction Sillé-le-Guillaume et à gauche dans le virage. Fresnay est une petite cité médiévale à découvrir. En son sein, cette belle demeure bourgeoise du début du XIXe. C'est surtout côté parc qu'on apprécie cette adresse. Dans l'ancien four à pain, Thérèse et Alain ont aménagé 2 chambres bien au calme avec de luxueux sanitaires privés. Elles sont élégantes. Déco sobre et meubles anciens. 50 € (327,98 F) pour 2, petit déjeuner compris (jus de fruits pressés et confitures maison. Table d'hôte partagée en famille à 15 € (98,39 F) apéro et vin compris. Cuisine familiale à l'ambiance barbecue aux beaux jours. Il faut dire qu'on est bien dans le parc qui regorge de magnifiques essences dont un cèdre et un majestueux séquoïa. Pour compléter le tout, il y a aussi la piscine. Des hôtes chaleureux, lecteurs de Géo et utilisateurs de notre bible, on ne peut que craquer ! *NOUVEAUTÉ.*

GENNES-SUR-GLAIZE 53200   Carte régionale B1

29 km SE de Laval ; 23 km O de Sablé-sur-Sarthe

🏠 |●| 🏕 **10%** **Chambres d'hôte Les Maraudes (Alexandre Mourin) :** ☎ 02.43.70.90.81. Accès : Gennes-sur-Glaize est sur la D 28 entre Sablé et Château-Gontier ; dans le village, direction Châtelain (D 589), c'est à 600 m sur la droite. Fermé du 15 au 30 septembre. Dans d'anciennes étables joliment restaurées, 4 chambres : deux avec salle de bains mais w.-c. communs et deux avec sanitaires privés. Comptez de 30,49 à 33,54 € (de 200 à 220 F) pour 2, petit déjeuner inclus. À l'extérieur, petit barbecue à disposition, dans un joli jardin fleuri. Sinon, repas à 13,72 € (90 F), vin compris, avec une cuisine simple et familiale. Billard. Les patrons sont agriculteurs à la retraite et prodiguent un accueil authentique.

GESVRES 53370   Carte régionale B1

39 km E de Mayenne

▲ ♪ ⟨10%⟩ *Chambres d'hôte La Tasse (Danièle et Daniel Commoy-Lenoir) :* ☎ 02.43.03.01.59. Fax : 02.43.03.01.10. ● www.bourricot.com. ● Accès : n'allez pas jusqu'à Gesvres ; de Pré-en-Pail, sur la N 12, au milieu du bourg, prenez la D 204 vers Saint-Julien-des-Églantiers ; et après le bourg, la D 255 vers Averton, la maison est à 1 km. Superbe site campagnard de prés, forêts et petits vallons. Très jolie ferme avec grande baie vitrée donnant sur le mont des Avaloirs (eh oui, à 417 m, le point culminant de l'ouest de la France !). Les propriétaires élèvent des chèvres et des ânes qu'ils proposent en location pour des randos avec ânes bâtés. 2 chambres champêtres à souhait : une double avec sanitaires privés et une suite de deux chambres communicantes avec sanitaires et coin salon. Comptez de 34 à 37 € (de 223,03 à 242,70 F) pour 2, 10 € (65,60 F) par personne supplémentaire, petit déjeuner compris (fromage de chèvre et confitures maison, pain et beurre biologiques). Pas de table d'hôte, mais de nombreux restos pas loin. Accueil jeune et chaleureux. Vente de fromages de chèvre et de poiré. À 10 km, le village classé de Saint-Céneri vaut le détour.

GREZ-NEUVILLE 49220   Carte régionale B1

20 km NO d'Angers ; 4 km SE du Lion-d'Angers

▲ ♪ ⟨10%⟩ *Chambres d'hôte (Auguste et Jacqueline Bahuaud) :* 2, rue de l'Écluse - La Croix-d'Étain ☎ 02.41.95.68.49. Fax : 02.41.18.02.72. ● www.anjou-et-loire.com/croix ● Accès : peu avant Le Lion-d'Angers, à 2 km de la N 162 ; au centre du village, entre la rivière et l'église. Fermé du 15 novembre au 15 mars. Belle demeure de caractère style Directoire, au milieu d'un parc arboré et fleuri longeant la Mayenne. 4 chambres d'hôte confortables, toutes avec sanitaires privés. Déco personnalisée, avec de beaux meubles anciens. Comptez de 60 à 74 € (de 393,57 à 485,41 F) pour 2, petit déjeuner compris. Pas de table d'hôte, mais resto et crêperie à côté. Une adresse pour routards aisés.

HERBIERS (LES) 85500   Carte régionale A2

50 km NE de La Roche-sur-Yon ; 6 km du Puy-du-Fou

▲ ⟨10%⟩ *Chambres d'hôte (Odile et Joël Marchais) :* 57, rue Monseigneur-Massé - Ardelay. ☎ 02.51.64.95.10 et 06.10.26.27.75. ● http://perso.worldonline.fr/famille-mar chais/ ● Accès : du centre des Herbiers, suivez la direction Ardelay ; passez devant le vieux donjon du XVe, la maison est un peu plus loin sur la gauche. Ouvert de début juin à fin août. Au cœur du village, grande maison bourgeoise avec vaste jardin rempli d'activités pour les enfants : piscine, trampoline, tipi et billard américain dans la maison. Il faut dire que Joël est un ancien directeur de centre de vacances, alors les enfants, il connaît... 5 chambres dont une au 1er étage, les quatre autres au 2ne. Déco simple et fonctionnelle. Sanitaires privés. Comptez 40 € (262,38 F) pour 2, petit déjeuner compris, 50 € (327,98 F) les vendredis et samedis, spectacle du Puy-du-Fou oblige... La maison est en bordure de route, mais double vitrage dans toutes les chambres. Pas de table d'hôte mais plusieurs restos dans le village. Accueil et atmosphère décontractés. Une adresse idéale pour les familles.

HERBIGNAC 44410   Carte régionale A1

18 km N de La Baule

🏠 🐕 ⚞ ⑩‰ *Chambres d'hôte La Noé de Marlais (Josiane et Henri Fresné) :* 12, rue Jean de Rieux - Marlais. ☎ et fax : 02.40.91.40.83 et 06.71.35.54.90. ● www.pays-blanc.com/noe-marlais ● Accès : d'Herbignac, D 774 vers La Baule, puis tout de suite à droite D 47 vers Saint-Lyphard que vous ne quittez plus jusqu'à Marlais ; la maison est à 400 m à droite. Jolie longère dont le toit tombe presque jusqu'au sol avec un petit jardin. A l'entrée, vous serez accueillis par les pigeons paons qui nichent dans un croquignolet pigeonnier. Au 1er étage de la maison, 2 chambres, dont une suite familiale de deux chambres avec sanitaires privés. Déco agréable et jolis meubles restaurés par Henri, ébéniste de son métier. 46 € (301,74 F) pour 2, petit déjeuner compris. Ancien président du syndicat d'initiative et président de l'association de la Maison de la Nature et de la Randonnée, comptez sur Henri pour vous organiser des journées découverte sur mesure. Accueil chaleureux. Pas de table d'hôte, mais plusieurs restos à proximité.

HERCÉ 53120   Carte régionale B1

26 km NO de Mayenne

🏠 🍽 🐕 *Ferme-auberge du Bailleul (Jacques Lefeuvre) :* ☎ et fax : 02.43.08.65.46. ● auberge.du.bailleul@wanadoo.fr ● Accès : le village est situé sur la D 33 entre Ambrières et Fougères ; en venant de Gorron, c'est la 1re entrée de château à droite, 1 km avant d'arriver à Hercé. Ouvert du samedi midi au dimanche midi, en semaine pour les groupes d'au moins 20 personnes. Uniquement sur réservation. Dans le parc d'un château, Jacques a joliment restauré 3 salles rustiques dans les anciennes dépendances (10, 20 et 40 couverts). Poutres apparentes et cheminées en pierre. Menus à 12,96, 16,01 et 20,28 € (85, 105 et 133 F), à partir des produits de l'exploitation (essentiellement le canard). À 12,96 € (85 F), terrine de canard et crudités de saison, poulet fermier rôti ou cuisse de canard au cidre, salade, fromage et dessert. À 16,01 € (105 F), une entrée de poisson. À 20,28 € (133 F), assiette paysanne, filet de truite ou parfait de brochet, filet de canard au cidre, salade, fromage et dessert. Carte des vins de 8,23 à 16,01 € (54 à 105 F) la bouteille. À noter que la mère de Jacques propose 2 chambres d'hôte, avec sanitaires privés, dans une maison neuve à l'entrée du parc. En balade digestive, jardins des Renaudies (3000 plantes différentes) à Colombiers-du-Plessis (à 4 km) et musée des Vieux Outils.

LION-D'ANGERS (LE) 49220   Carte régionale B1

27 km NO d'Angers

🏠 🍽 ⑩‰ *Chambres d'hôte Le Petit Carqueron (Martine et Patrick Carcaillet) :* ☎ 02.41.95.62.65. Accès : d'Angers, N 162 vers Laval ; avant d'arriver au Lion, au rond-point, prenez la D 770, direction Vern-d'Anjou, c'est à 2 km. Fermé de fin octobre à début avril. Ancienne ferme très joliment restaurée, au milieu des prés. Calme et tranquillité assurés. 4 chambres douillettes et guillerettes au 1er étage de la maison. Salle d'eau privée mais w.-c. communs. Comptez 38,11 € (250 F) pour 2 avec le petit déjeuner. Fait aussi table d'hôte, à 19,06 € (125 F), apéro, vin et café compris (pain maison) : terrine maison, lapin aux pruneaux, blanquette de dindonneau, crêpes, gâteau au chocolat. Accueil jeune et dynamique, et en prime, une belle collection de BD à disposition (avis aux amateurs !) et une piscine privée. À 18 km, balade « séquence frissons » à la mine bleue (visite des puits et des galeries à 130 m).

LOUÉ 72540   Carte régionale B1

28 km O du Mans ; 7 km NE de Brûlon

🏠 ⚞ *Chambres d'hôte (Sue et Gary Pledger) :* 2, rue de la Libération. ☎ et fax : 02.43.88.07.83. Accès : du centre prendre direction de Brûlon, la maison est au coeur de Loué, à l'opposé de la mairie. Le véritable B&B à la française c'est ici... Cette demeure date du XVIIIe siècle, le mobilier qui la peuple est du coin, mais vos hôtes sont britanniques. Vous passerez donc un excellent séjour pour peu que vous pratiquiez la langue de Shakespeare. Jolie cour intérieure avec plantes vertes et tables de jardin. 4 chambres vastes et agréables au charme d'antan mais avec tout le confort moderne. Sanitaires privés. 53,50 € (350,94 F) pour 2, petit déjeuner compris (à l'anglaise moyennant supplément). Gary travaille pour le cinéma et plein de souvenirs hantent la maison dont de nombreux dédicaces et accessoires (ma parole, c'est le Planet Hollywood de Loué !). Pas de table d'hôte mais plusieurs bons restos dans le village. Une adresse chaleureuse et sympa, teintée par le sourire et la bonne humeur de Sue. *NOUVEAUTÉ.*

LOURESSE-ROCHEMENIER 49700　　　Carte régionale B2

20 km O de Saumur

■ 🍽 **Gîte d'étape Le Grison (Yvette Hugel) :** 1, rue des Troglogites. ☎ 02.41.59.28.78 ou 02.41.59.07.02. Réservation obligatoire car la proprio n'est pas toujours sur place. Situé dans une cour troglodytique, mais c'est une maison normale collée au tuffeau. 4 chambres (en tout 19 lits), à 10 € (65,6 F) par personne et par nuit. Location de draps possible, 8 € (52,48 F). Grande salle avec cheminée et coin cuisine (vaisselle pour 50 personnes). Supplément pour bois et chauffage. Bien tenu. Point-phone dans la cour. Patrons très sympas. Également 3 petits gîtes ruraux pour ceux qui veulent séjourner. Restaurant dans le village pour ceux qui ne souhaitent pas cuisiner.

■ 🐕 **(10 %) Chambre d'hôte La Grande Maison (Philippe Juin) :** 16, rue du Musée-Rochemenier. ☎ 02.41.59.36.07. Accès : au centre du village troglodytique. Mieux vaut téléphoner pour réserver. Ferme du XVIe siècle offrant une chambre d'hôte avec tout le confort, à 33 € (216,47 F) pour 2, petit déjeuner compris. Également 2 gîtes. Accueil très sympathique.

LUCS-SUR-BOULOGNE (LES) 85170　　　Carte régionale A2

20 km N de La Roche-sur-Yon ; 9 km N de Poiré-sur-Vie

■ 🍽 **(10 %) Chambres d'hôtes (Josiane et Hubert Perrocheau) :** Le Chef du Pont. ☎ et fax : 02.51.31.22.42 et 06.83.99.73.81. Accès : du village, prenez la direction du Mémorial ; la maison juste en face, fléchage à gauche. Superbe demeure du XVIe située sur une ancienne voie romaine. Pendant la Révolution, c'est au logis du Chef du Pont que l'on payait le droit de péage pour traverser le gué (le pont sur la Boulogne n'existait pas). Si la maison a une histoire, l'intérieur est un véritable petit musée... 2 chambres superbes et spacieuses, chacune avec son salon particulier où sont servies les collations matinales. 41,16 € (270 F) pour 2, petit déjeuner compris. Une au rez-de-chaussée au décor typiquement vendéen, pour se replonger dans l'atmosphère d'autrefois ; l'autre à l'étage avec un ravissant salon sur le thème de la mode (mannequin, collection de vieilles machines à coudre, coiffes traditionnelles...). Ambiance romantique et vieilles dentelles. Il faut dire que Josiane est une ancienne modéliste qui a travaillé, entre autres, pour Coco Chanel (vous m'en direz tant...). Hubert, lui est un passionné de l'histoire vendéenne. On lui doit un livre sur le curé Barbedette et il a aussi mis en place le circuit « Sur les pas de Charette » (officier de marine qui pris la tête des paysans du bocage lors du soulèvement vendéen). Accueil de qualité. Très bon rapport qualité-prix-convivialité. Bref, un de nos coups de cœur. Pas de table d'hôte, mais une sympathique auberge au bord du lac, juste à côté. Le soir, le Mémorial est illuminé et le parc de 16 ha vous offrira une bonne balade digestive.

MARTINET 85150　　　Carte régionale A2

22 km O de La Roche-sur-Yon ; 21 km NE des Sables-d'Olonne

■ 🍽 🐕 **Chambres d'hôte Ferme de Montmarin (Françoise et Martial Fortineau) :** ☎ 02.51.34.62.88. Fax : 02.51.34.65.52. Accès : à la Mothe-Achard, direction Nantes (D 978), à 2 km, tournez à gauche vers Martinet (D 55a), et prenez la route de la ferme 2 km plus loin, c'est la 4e à gauche. Fermé du 1er novembre au 31 mars. Dans le bocage vendéen, en pleine nature, ferme avec 4 chambres d'hôte à proximité d'un joli étang. Chambres agréables (deux doubles, une triple et une quadruple), toutes avec sanitaires privés, situées au 1er étage de la maison. Comptez 37 € (242,7 F) pour 2, petit déjeuner compris. Petit coin cuisine avec salle de détente à disposition, mais aussi possibilité de manger à la table d'hôte, à 13 € (85,27 F), apéro maison, vin et café compris. Une bonne adresse pour découvrir la vie de la ferme. Plages des Sables-d'Olonne et de Saint-Gilles-Croix-de-Vie à 25 km.

MONCÉ-EN-BELIN 72230   Carte régionale B1

13 km S du Mans

▲ |●| *Chambres d'hôte (Jacqueline et Bernard Brou) :* 3, rue du Petit-Pont. ☎ 02.43.42.03.32 et 06.08.25.06.60. Accès : à l'église du village, direction Téloché, puis tournez tout de suite vers Saint-Gervais-en-Belin ; la maison est à 100 m sur la gauche. Dans une ferme pratiquant l'élevage bovin, 6 chambres agréables avec sanitaires privés. Trois sont dans un bâtiment annexe et la 4e dans la maison des propriétaires. Comptez 39,64 € (260 F) pour 2, petit déjeuner compris. Fait aussi table d'hôte, de 12,20 à 15,24 € (de 80 à 100 F), apéro, vin et café compris : pâté maison, saumon au vinaigre de xérès, tête de veau, blanquette, magret de canard, coq au vin, tarte aux pommes, sorbets maison. Accueil authentique et ambiance familiale.

MONSIREIGNE 85110   Carte régionale A2

46 km E de La Roche-sur-Yon ; 13 km NE de Chantonnay

▲ ⤫ (10 %) *Chambres d'hôte La Baudonnière (Rosaline et John Collinson) :* ☎ et fax : 02.51.66.43.79. ● wjsjfrance@aol.com ● Accès : sur la D 960 entre Chantonnay et Pouzauges ; à Saint-Prouant prenez la D 23 pendant 800 m et bifurquez vers Réaumur ; en haut de la côte, prenez la 1re à gauche (route des Salinières), la maison est à 800 m à gauche. En pleine campagne, beau logis du XVIIIe avec une grande cour agréable. Rosaline, John et Stephen (leur fils) ont acheté ce bel ensemble de bâtiments à l'état de ruine, et ont accompli un travail énorme pour le restaurer (et ce n'est pas fini !). Ils proposent 4 ravissantes chambres, spacieuses et douillettes, avec de charmantes coiffeuses (elles raviront ces dames). Deux sont familiales et possèdent un petit coin cuisine (idéal pour ceux qui veulent séjourner). Sanitaires privés. Comptez 38,11 € (250 F) pour 2, petit déjeuner compris et 41,92 € (275 F), sans le petit déjeuner, pour celles avec coin cuisine. Pour les moins fortunés, 1 camping à la ferme de 6 emplacements. À proximité, le lac de Rochereau vous permettra, selon vos goûts, de faire trempette ou la randonner (il n'est pas trop surpeuplé en été). Accueil authentique et décontracté, une adresse qu'on aime bien.

MONTREUIL-BELLAY 49260   Carte régionale B2

18 km S de Saumur

▲ ✝ ⤫ (10 %) *Chambres d'hôte (Monique et Jacques Guezenec) :* place des Augustins. ☎ et fax : 02.41.52.33.88. ● moniqueguezenecbb@minitel.net ● Accès : en plein centre, près de l'église des Grands-Augustins. Fermé du 1er novembre au 1er avril. Séduisant hôtel particulier du XVIIe siècle. Mignonne petite cour de caractère, couverte de lierre. 3 chambres à 55 € (360,78 F) pour 2 personnes, petit déjeuner inclus. Sanitaires privés. Bon accueil. Ameublement ancien. Si vous réservez un peu à l'avance (ce qui est préférable), demandez la grande chambre (près de la chapelle).

MONTREUIL-SUR-LOIR 49140   Carte régionale B1

22 km NE d'Angers ; 7 km NO de Seiches-sur-le-Loir

▲ |●| (10 %) *Chambres d'hôte Château de Montreuil (Marie et Jacques Bailliou) :* ☎ 02.41.76.21.03. ● www.anjou-et-loire.com/chateau ● Accès : A 11 sortie Seiches-sur-le-Loir ; traversez Seiches puis direction Tiercé (D 74) ; le château se trouve à la sortie de Montreuil sur la droite. Ouvert du 15 mars au 15 novembre. Sur le site d'un ancien château du XVIe siècle (brûlé accidentellement), belle demeure de charme, œuvre de l'architecte romantique René Hodé (précurseur de Viollet-le-Duc). Immense parc de 16 ha, bénéficiant d'une superbe vue sur la campagne environnante. 4 chambres vastes (une préférence pour celle avec le lit à baldaquin), claires et agréables. Mobilier de style, Louis XV et Empire. Sanitaires privés. Comptez de 61 à 65 € (de 400,13 à 426,37 F) pour 2, petit déjeuner compris. Beau salon avec plafond et poutres peints ; chaleureuse salle à manger rustique (ancienne cuisine), agrémentée d'une monumentale cheminée. Table d'hôte à 23 € (150,87 F), vin et café compris (pas toujours partagée avec les propriétaires). Cuisine traditionnelle et familiale. Demandez à Marie de vous montrer son joyau : un salon avec de nombreuses tapisseries d'Aubusson, où trône un somptueux piano Pleyel. Enfin, allez visiter l'église du village, c'est l'ancienne chapelle du château (Marie vous prêtera les clés). Barque à disposition pour vous balader sur le Loir.

MOZÉ-SUR-LOUET 49610   Carte régionale B2

15 km S d'Angers

🛏 ⅍ (10%) *Chambres d'hôte Les Roches (Anita et Philippe Catrouillet) :* ☎ 02.41.78.84.29. Accès : d'Angers prenez la D 751, n'allez pas à Mozé ; la maison se trouve sur la D 751, à mi-chemin entre Mûrs-Érigné et Denée. Belle demeure typiquement angevine avec façade en tuffeau, entourée d'un joli parc avec accès à la rivière l'Aubance. Au 2e étage, 2 chambres charmantes (poutres et pierres apparentes). Coquets sanitaires privés. Comptez 45 € (295,18 F) pour 2, petit déjeuner compris (viennoiseries, jus de fruit et confitures maison). Agréable salle de séjour avec horloge comtoise et cheminée. Pas de table d'hôte, mais plusieurs restos dans le coin. Ceux qui veulent séjourner, trouveront 1 studio avec mezzanine et coin cuisine à 50 € (327,98 F) pour 2, petit déjeuner inclus. Accueil agréable. Un point de chute idéal, à proximité d'Angers.

NIEUL-LE-DOLENT 85430   Carte régionale A2

14 km SO de La Roche-sur-Yon ; 23 km des Sables-d'Olonne

🛏 ⅍ *Chambres d'hôte Les Sorinières (Françoise et Patrick Bouron) :* ☎ 02.51.07.91.58 ou 02.51.07.93.46 et 06.85.20.88.73. Fax : 02.51.07.94.78. • bouron P@club-internet.fr • Accès : de La Roche-sur-Yon, direction La Tranche pendant 4 km, puis sortie Aubigny, puis Nieul-le-Dolent ; dans le village, direction Les Sables-d'Olonne, tournez la 1re à droite et fléchage à gauche. En pleine campagne, agréable ferme des années 1920. Françoise et Patrick sont agriculteurs et élèvent vaches et poulets label. Au 1er étage de la maison, 4 chambres simples avec sanitaires communs (des travaux sont en cours, et les chambres devraient avoir bientôt des sanitaires privés). Comptez 38,11 € (250 F) pour 2, petit déjeuner compris. Pas de table d'hôte, mais coin cuisine en cours d'aménagement. Pour les moins fortunés, aire naturelle de camping ombragée, avec des sanitaires rutilants et une piscine avec petit bassin pour les plus jeunes. Elle est bien sûr accessible à ceux qui dorment dans les chambres. Forfait camping pour 3 personnes à 15,24 € (100 F) par jour, 3,05 € (20 F) pour les moins de 12 ans et 2,28 € (15 F) pour l'électricité. Accueil chaleureux.

OIZÉ 72330   Carte régionale B1

20 km S du Mans ; 20 km NE de La Flèche

🛏 |○| 🐴 ⅍ (10%) *Chambres d'hôte Château de Montaupin (Marie David et Laurent Sénéchal) :* ☎ 02.43.87.81.70 et 06.83.56.60.40. Fax : 02.43.87.26.25. • chateaudemon taupin@oreka.com • Accès : sur la N 23 entre La Flèche et Le Mans, à Cérans-Foulletourte, prenez la D 31, direction Oizé, traversez le village, et au stop, prenez à gauche vers Yvré-le-Pôlin ; la maison est à 200 m à droite. Joli château de la fin du XVIIIe avec un parc arboré et une agréable piscine chauffée. Marie et Laurent proposent 5 chambres avec sanitaires privés, dont trois familiales composées de deux chambres. Préférez la rose et la jaune qui ont un ciel de lit et un mobilier de style, ou bien la fleurie qui est sympa et un peu moins chère. Comptez de 49 à 58 € (de 321,42 à 380,46 F) pour 2, petit déjeuner compris (rillettes, pain grillé, croissants, yaourts, corbeille de fruits). Table d'hôte sur réservation pour 19 € (124,63 F), apéro, vin et café compris. Toujours deux entrées et de bien sympathiques spécialités : soupe à l'oseille, pain de poisson, tarte aux rillettes, marmite sarthoise (poulet, lapin et jambon), faisan au gingembre, charlotte au chocolat, tartes aux fruits de saison. Également 1 gîte rural pour 5 personnes avec piscine, loué de 304,90 à 457,35 € (2000 à 3000 F) la semaine. Accueil agréable et souriant.

PONTVALLAIN 72510 — Carte régionale B1

30 km S du Mans ; 25 km E de La Flèche

Chambres d'hôte (Guy Vieillet) : 5, place Jean-Graffin. ☎ et fax : 02.43.46.36.70. Accès : du Mans, N 23 vers La Flèche jusqu'à Arnage, puis D 307 vers Le Lude jusqu'à Pontvallain ; la maison est au centre du village. Au centre du bourg, derrière une noble demeure de la fin du XVIIIe siècle, vous découvrirez 3 chambres ravissantes et romantiques (ciels de lit, beaux tissus assortis), installées dans les anciens fours banaux, qui datent du XIIe siècle ! Les chambres ouvrent sur un croquignolet jardin intérieur, avec petit bassin et une originale terrasse d'été, agrémentée d'une splendide cheminée extérieure, où l'on apprécie les grillades au barbecue en saison. Comptez de 41 à 60 € (de 268,94 à 393,57 F) pour 2, petit déjeuner compris, avec croissants, plusieurs sortes de pains et de confitures maison. Pour compléter le tout, une belle piscine.

POUANCÉ 49420 — Carte régionale A1

45 km NO d'Angers ; 16 km E de Châteaubriant

Chambres d'hôte et gîte de séjour La Saulnerie (Marie-Jo et Yannick Brousse) : ☎ et fax : 02.41.92.62.66 et 06.81.38.45.01. ● brousse.gite@wanadoo.fr ● Accès : du village, direction Châteaubriant, le gîte est à 800 m du bourg à gauche, en face du garage. Située aux confins de l'Ille-et-Vilaine, de la Loire-Atlantique, de la Mayenne et du Maine-et-Loire (ouf !), *La Saulnerie* est un superbe et ancien grenier à sel. La demeure de Marie-Jo et Yannick servait d'habitation aux saulniers. Elle date du XVIIe siècle, et des contreforts lui donnent un petit côté moyenâgeux. Il faut dire qu'on est baigné dans l'ambiance, car d'ici, vous bénéficierez d'un point de vue unique sur le village et les ruines du château fort du XIVe siècle (classé monument historique, il appartint à Du Guesclin). Dans l'ancienne grange, 4 nouvelles chambres d'hôte avec sanitaires privés. 41 € (268,94 F) pour 2, petit déjeuner compris. Pour les moins fortunés, gîte de séjour avec 6 petites chambres pour 2 à 5 personnes (lits superposés), toutes avec lavabo, deux au rez-de-chaussée et quatre à l'étage, pour une capacité totale de 20 couchages. Ambiance colorée et agréable. Comptez 10 € (65,60 F) par nuit, 4 € (26,24 F) pour les draps, 4 € (26,24 F) le petit déjeuner et 10 € (65,60 F) le repas. Piscine couverte. Yannick s'occupe de tourisme rural, mais est aussi régisseur et responsable communication de spectacles de théâtre. Ceux-ci sont présentés dans la ferme-auberge qui suit. Pour les randonneurs et les fans d'ornithologie, le gîte se trouve sur un sentier pédestre qui fait le tour des étangs du coin (6,5 km). Grande chaleur d'accueil. Une bonne adresse.

Ferme-auberge L'Herberie (Renée et Jean-Yves Ampilhac) : ☎ 02.41.92.62.82. Fax : 02.41.94.90.25. ● ferme.auberge.lherberie@wanadoo.fr ● Accès : de Pouancé, direction Châteaubriant, puis bifurquez vers Rennes et 50 m plus loin, tournez à droite (bien fléché). Ouvert du vendredi soir au samedi soir sauf pendant la 1re quinzaine d'août et les vacances de février. Uniquement sur réservation. Dans un joli petit coin de campagne, belle ferme-auberge qui bénéficie d'un beau point de vue sur le lac de Saint-Aubin. 2 chaleureuses salles de 50 et 30 couverts. Jean-Yves et Renée élèvent des volailles et des moutons, qu'on retrouve sur la table, dans les menus de 15 à 21 € (98,39 à 137,75 F). Le 1er propose terrine maison et rillettes de volaille, confit de poulet ou pintade à l'ancienne, salade et fromages fermiers, crème caramel aux noisettes grillées ; à 18,1 € (118,73 F), vous ajoutez la salade paysanne en entrée, de nouvelles propositions de potée au confit de volaille ou d'agneau à l'orange et à la coriandre ou encore canette rôtie et, en dessert le clafoutis tiède (hum !). À 20,60 € (135,13 F), c'est la totale avec 2 entrées, l'agneau rôti au feu de bois ou la pintade au cidre et aux noix, le gratin de fruits tiède ou la tarte aux poires à la cannelle . Régulièrement, Renée et Jean-Yves proposent des spectacles (théâtre, musiques du monde...). Soirée à 31 € (203,35 F) tout compris, même le vin (ça ne vaut pas le coup de se priver, alors demandez vite le programme !).

RIAILLÉ 44440 · Carte régionale A1

45 km NE de Nantes ; 25 km N d'Ancenis

🛏 |●| ᵉ⤜ ⑩% *Chambres d'hôte (Madeleine et Jean-Paul Harel) :* La Meilleraie. ☎ et fax : 02.40.97.89.52 et 06.83.57.95.07. ● mjp-harel@free.fr ● Accès : A 11, sortie Ancenis, puis D 878 vers Saint-Mars-la-Jaille et à gauche vers Pannecé, puis Riaillé (D18) ; dans le village continuez vers La Meilleraie-de-Bretagne pendant 3 km et au moulin tournez à gauche et fléchage. Fermé du 1ᵉʳ novembre au 1ᵉʳ avril. En pleine campagne, dans un petit hameau, c'est dans un ancien et joli bâtiment agricole que Madeleine et Jean-Paul ont installé leur maison. 3 chambres de 3 personnes dont deux avec mezzanine. Déco agréable. Sanitaires privés. 40 € (262,38 F) pour 2, petit déjeuner compris. Table d'hôte partagée en famille à 14 € (91,83 F), vin de pays ou cidre et café compris. Cuisine familiale avec le pain fait maison. Accueil simple et vrai. Une adresse vraiment nature. Et une piscine Zodiac pour se rafraîchir. Pour vous détendre, la commune de Riaillé a mis en place trois sentiers sympas pour découvrir les richesses du coin (5 à 10 km).

RUILLÉ-FROID-FONDS 53170 · Carte régionale B1

25 km SE de Laval

🛏 |●| 🐕 ⑩% *Chambres d'hôte Villeprouvé (Christine et Christophe Davenel) :* ☎ et fax : 02.43.07.71.62 et 06.89.81.50.13. Accès : sur la N 162, entre Laval et Château-Gontier ; à une quinzaine de kilomètres de Laval, aller à Ruillé-Froid-Fonds ; ensuite fléchage, c'est à 1 km du village (C4 route du Hignon). Magnifique ferme du XVIIᵉ avec murs à colombages intérieurs. Vue superbe sur le village de Ruillé et la campagne environnante. Beau jardin très fleuri avec un étang. Ici, l'authentique est à l'honneur : vieilles tommettes, escaliers de bois de guingois, vieux meubles, cheminées en pierre et plein de bibelots. 4 chambres confortables avec sanitaires privés, à la déco vraiment sympa et de beaux lits à baldaquin. Comptez 38,50 € (252,54 F) pour 2, petit déjeuner inclus. Table d'hôte à 12,20 € (80 F), vin non compris : omelette aux lardons, salade composée, lapin au cidre, blanquette à l'ancienne, clafoutis, tarte aux pommes. Atmosphère nature et décontractée. Un tout nouveau gîte de 8 personnes pour ceux qui veulent séjourner. Accueil très chaleureux. Une bonne adresse. À 15 km, musée Robert Tatin, situé à Cossé-le-Vivien, lieu insolite que son fondateur, artiste peintre et sculpteur, a voulu être un « pont entre Orient et Occident ».

SAINT-GERVAIS 85230 · Carte régionale A2

50 km NO de La Roche-sur-Yon ; 15 km NO de Challans

🛏 ᵉ⤜ *Chambres d'hôte La Ferme du Pas de l'Ile (Marie-Thérèse et Henri Pitaud) :* ☎ 02.51.68.78.51. Fax : 02.51.68.42.01. Accès : à l'entrée du village en venant de Challans, tournez à droite vers Bouin (D 59) et suivre le fléchage « foie gras » pendant 4 km. Ouvert de début avril à fin octobre. Vous êtes au pays du Gois... c'est le nom du passage qui permet de rejoindre l'île de Noirmoutier à marée basse, sans passer par le pont payant. En pleine nature, longère traditionnelle toute en longueur, blanche avec des volets bleus. 3 chambres de plain-pied avec accès indépendant et sanitaires privés. 40 € (262,38 F) pour 2, petit déjeuner compris. Agréable salle à manger d'été qui ouvre sur l'étang ; en hiver vous profiterez de la cheminée et de l'horloge comtoise qui n'en finit pas de se balancer. Déco agréable et campagnarde avec les vieux meubles régionaux de famille. Les Pitaud élèvent des canards et les dérivés sont nombreux : rillettes, pâtés, magret, confit, foie gras... Marie-Thérèse et Henri prêtent gracieusement des canoës pour partir à la découverte des étiers du marais vendéen qui rejoignent l'océan. Ils proposent aussi des visites de marais salants et des journées de pêche à pied pendant les grandes marées. Accueil très chaleureux. Une adresse comme on les aime : simple et sans façon.

SAINT-LAMBERT-DES-LEVÉES 49400   Carte régionale B2

4 km NO de Saumur

🛏 🐴 *Chambres d'hôte La Croix de la Voulte (Helga et Jean-Pierre Minder) :* route de Boumois. ☎ et fax : 02.41.38.46.66. Accès : en venant de Saumur, traversez l'île d'Offard ; prenez la 2ᵉ à gauche (D 229) la levée de la Loire sur 4 km ; puis fléchage. Ouvert de Pâques à mi-octobre. Conseillé de réserver à l'avance. Fort jolie demeure des XVᵉ et XVIIᵉ siècles avec 3 ha de jardin. 4 chambres, équipées de sanitaires privés, dans un bâtiment annexe. Intérieur de charme, ameublement et tissus de style. Décoration soignée. Les chambres « Touraine » et « Anjou » ont de très grandes cheminées du XVᵉ siècle. Comptez de 55 à 70 € (de 360,78 à 459,17 F) pour 2, petit déjeuner compris. Salon-blibliothèque, belle piscine avec barnum. Bon accueil. Une adresse au calme pour routards pas fauchés.

SAINT-MALO-DU-BOIS 85590   Carte régionale A2

16 km S de Cholet ; 16 km NE des Herbiers

🛏 🍽 ⤳ ⑩% *Chambres d'hôte (Régina et André Fruchet) :* Les Montys. ☎ 02.51.92.34.12. Fax : 02.51.64.62.45. Accès : du village, D 72, direction La Verrie, à 2 km, tournez à droite, c'est à 500 m. Conseillé de réserver à l'avance pour juin, juillet et août. Dans une grande maison, avec des bâtiments agricoles appartenant aux fils d'André, 5 chambres avec sanitaires privés. Projeté de peinture de teinte différente suivant les chambres, meubles en pin naturel ou rustiques. 36,59 € (240 F) pour 2, petit déjeuner inclus. Possibilité de table d'hôte (sauf les dimanches, lundis et mardis soir et sur réservation), pour 13,72 € (90 F) apéro, vin et café compris : crudités, charcuterie maison, moules marinière, pintade fermière au vin, gratin de moules et épinards au muscadet, coq au vin, crème au caramel, tarte au citron meringuée, charlotte aux fraises. Cuisine à disposition. André, agriculteur à la retraite, connaît la région comme sa poche et vous donnera de bons tuyaux sur les excursions à faire. Écoutez-le aussi vous raconter l'histoire de la Vendée. Accueil authentique. Le Puy du Fou est à 6 km et le château de Gilles de Rais (dit « Barbe-Bleue »), à Tiffauges, à 16 km.

SAINT-MARS-DU-DÉSERT 44850   Carte régionale A2

20 km NE de Nantes ; 20 km E d'Ancenis

🛏 🐴 *Ferme équestre de Mazerolles (Chantal et Maurice Nicol) :* Le Grand Patis. ☎ et fax : 02.40.77.44.95. ● espace.equestre@wanadoo.fr ● Accès : de Nantes, direction Châteaubriant (D 178) ; à 10 km après Carquefou, direction Saint-Mars-du-Désert (D 31). Tournez à gauche au restaurant, c'est un peu plus bas. Fermé la 2ᵉ quinzaine de décembre. En pleine nature, grande ferme avec 2 chambres d'hôte : une pour 4 personnes avec coin cuisine et une pour 5 personnes. Jolis tissus et déco chaleureuse. Comptez 41,16 € (270 F) pour 2, petit déjeuner inclus. Également 1 gîte d'étape avec 2 chambres pour 4 personnes en lits individuels, une grande salle de séjour avec quelques couchages supplémentaires et un coin cuisine à disposition. Comptez 12,20 € (80 F) par personne et par nuit (attention, ni location de draps ni service de petit déjeuner pour le gîte d'étape). Naturellement, ferme équestre oblige, des chevaux partout : 10,67 € (70 F) l'heure de poney et 15,24 € (100 F) l'heure de cheval. En plus, belle piscine chauffée. Les proprios organisent des week-ends voile dans un 12 m avec 3 cabines. Comptez 304,90 € (2000 F) par jour avec skipper (minimum 6 personnes). Accueil souriant, dynamique, ambiance agréable.

🛏 ⤳ ⑩% *Chambres d'hôte (Martine et Dominique Morisseau) :* Longrais. ☎ 02.40.77.48.25 et 06.80.62.95.63. Accès : de Carquefou, D 178 vers Chateaubriant, puis D 9 vers Saint-Mars-du-Désert pendant 4 km jusqu'à Longrais, puis à droite D 89 vers Mauves ; c'est la 5ᵉ maison à gauche. Au cœur d'un hameau, sur une petite route départementale, vieille et belle longère du XVIIIᵉ. 3 chambres réparties dans différentes ailes de la maison. Une au rez-de-chaussée avec accès indépendant (la plus grande pour 4 personnes). Cheminée et meubles anciens. Une dans l'ancien grenier à foin avec belle charpente apparente. La dernière dans un petit pavillon indépendant avec mezzanine et petit salon (pour 3). Selon la chambre, 42, 46 et 50 € (275,50, 301,74 et 327,98 F) pour 2, petit déjeuner compris. Il est servi dans la salle à manger de Martine et Dominique. Atmosphère campagnarde. Accueil agréable. Pas de table d'hôte, mais grande cuisine à disposition.

SAINT-MARTIN-DES-TILLEULS 85130   Carte régionale A2

22 km SO de Cholet ; 8 km SE de Tiffauges

▲ 🖙 ⌘ ⑩% *Chambres d'hôte (Bertrand Bodin et Antoine Bresse) :* Les Gâts. ☎ 02.51.65.60.06 et 06.20.31.04.43. Fax : 02.51.65.63.93. ● bertrand.bodin85@wanadoo.fr ● Accès : en venant de Landes-Génusson, prenez la 1re à droite vers Les Gâts. Imposant logis du XVIIIe dans un petit hameau, mais bien au calme. Si la maison paraît assez austère d'extérieur, à l'intérieur c'est tout autre... On entre dans un vaste hall dont les murs sont d'un bleu très flashant. Bertrand et Antoine ont joué les couleurs et croyez-nous, elles éclairent singulièrement la maison. 2 chambres avec sanitaires privés. Une au rez-de-chaussée plus petite et moins chère, l'autre à l'étage (escalier assez raide), spacieuse, avec coin salon et belle charpente apparente. Déco sobre mais de bon goût. Comptez 35,06 et 42,69 € (230 et 280 F) pour 2, petit déjeuner compris. Pas de table d'hôte, 1er resto à 4 km. Accueil jeune et décontracté. Ne manquez pas la visite du château de Tiffauges, dont le seigneur, Gilles de Rais, fut plus connu sous le nom de Barbe Bleue (brrrr !...).

SAINT-MATHURIN 85150   Carte régionale A2

25 km SO de La Roche-sur-Yon ; 10 km NE des Sables-d'Olonne

▲ ⌘ ⑩% *Chambres d'hôte Château de la Millière (Danielle et Claude Huneault) :* ☎ 02.51.22.73.29 et 06.12.70.23.97. Fax : 02.51.22.73.29. Accès : en venant de La Roche-sur-Yon (par N 160), sortie Saint-Mathurin, prendre la direction la Mothe Achard. Au km 81, une allée de 500 m mène au château. Fermé de début octobre à fin avril. Superbe château du XIXe siècle dans un vaste parc de 18 ha. Les propriétaires proposent 4 chambres et 1 suite de prestige, avec sanitaires privés. Chambres à 88,42 € (580 F) pour 2 personnes, petit déjeuner compris. Possibilité de barbecue dans le parc, près de la piscine (oh oui !). Accueil raffiné. Ping-pong, baby-foot, billard pour les amateurs et bicyclettes à disposition. Golf de 18 trous à 3 km. Une adresse pour épater sa dulcinée... (mais il faudra y mettre les moyens). Également un gîte rural pour 5 personnes.

SAINT-MICHEL-LE-CLOUCQ 85200   Carte régionale B2

64 km SE de La Roche-sur-Yon ; 3 km NE de Fontenay-le-Comte

🍽 🖙 *Ferme-auberge de Mélusine (Pascal Raguin) :* place de la Maison-Neuve. ☎ 02.51.51.07.61. Fax : 02.51.50.08.80. Accès : à 50 m de l'église. Fermé le mercredi, ainsi que pour les vacances de la Toussaint. Dans une vieille grange typiquement vendéenne, 2 salles de 80 et 60 couverts. Menus à partir de 16 € (104,95 F) avec rien que des produits de la ferme. Spécialités de potée vendéenne, charcuteries maison, préfou, grillée de mojhettes, jambon vendéen, anguilles du marais poitevin. Agréables petits vins vendéens. Bon accueil.

SAINT-MICHEL-MONT-MERCURE 85700   Carte régionale A2

45 km S de Cholet ; 19 km SE des Herbiers

▲ 🖙 ⑩% *Chambres d'hôte La Bonnelière (Françoise et Gaston Retailleau) :* ☎ et fax : 02.51.57.21.90 et 06.87.00.49.60. Accès : du village, direction Les Herbiers ; à 4 km, au carrefour de La Croix-Bara, prenez à droite la D 79 vers Le Boupère, c'est à 3 km sur la droite, juste après le château de la Bonnelière. Sur une ferme pratiquant l'élevage du charolais, en pleine nature, 2 chambres d'hôte pour 4 personnes avec sanitaires privés. Déco agréable et accueillante, télé en noir et blanc, kitchenette dans chaque chambre. Comptez 40 € (262,38 F) pour 2, petit déjeuner compris. Accueil plein de gentillesse. De plus, Françoise se propose de vous réserver des places pour le spectacle (ou le parcours) du Puy du Fou, à 8 km de là. Également 2 gîtes ruraux pour 5 personnes, de 243,92 à 350,63 € (de 1600 à 2300 F) la semaine, suivant la saison.

SILLÉ-LE-GUILLAUME 72140   Carte régionale B1

32 km NO du Mans

🛏 ❙◉❙ ✂ ⑩% *Chambres d'hôte Ferme de la Groie (Thérèse Lefèvre) :* ☎ 02.43.20.11.91. Accès : du village (sur la D 304, du Mans vers Mayenne), prenez la D 16 vers Villaine-la-Juhel, puis tout de suite à droite la D 105 vers Mont-Saint-Jean, c'est à 200 m sur la droite. Thérèse, agricultrice à la retraite, a une jolie ferme en pierre apparente. Au 1er étage, une chambre pour 3 personnes et une autre pour 4, avec salle d'eau et w.-c. communs. Comptez 30,49 € (200 F) pour 2, petit déjeuner compris (7,62 € (50 F) par personne supplémentaire). Repas à la table d'hôte, à 12,96 € (85 F) vin et café compris : pâté maison, coq au vin, poulet à l'estragon, bœuf bourguignon, clafoutis aux abricots, tarte aux fruits de saison. Daniel, le fils de la maison, est un passionné d'équitation. Si ça vous dit, il peut vous accompagner pour une balade en forêt (le week-end) pour 9,91 € (65 F) de l'heure. Plusieurs étangs à proximité pour les pêcheurs et un lac pour la baignade.

SOLESMES 72300   Carte régionale B1

40 km SO du Mans ; 7 km E de Sablé-sur-Sarthe

🛏 ❙◉❙ ✂ ⑩% *Chambres d'hôte Le Fresne (Marie-Armelle et Pascal Lelièvre) :* ☎ et fax : 02.43.95.92.55 et 06.87.49.38.93. Accès : du Mans, D 309 vers Sablé-sur-Sarthe ; 5 km après Parcé, prenez la petite route à droite et fléchage (attention, la ferme est à 4 km de Solesmes). En pleine nature, Marie-Armelle et Pascal ont aménagé, dans les anciennes soues (sortez donc votre dico !) de la ferme familiale, 3 chambres d'hôte pour 2 à 4 personnes, coquettes et agréables. Deux d'entre elles possèdent une petite cour privative. Sympathique crépi, mignonnes petites armoires, fabriquées par un artisan du coin. Sanitaires privés, avec céramiques de la région. Comptez 42 € (275,50 F) pour 2, petit déjeuner inclus. Les proprios sont agriculteurs et élèvent des poulets de Loué (2 bâtiments de 4000 têtes) et des vaches limousines. Chaleureuse salle à manger agrémentée par une cheminée et des meubles de famille. Table d'hôte partagée avec les propriétaires. 19 € (124,63 F) le repas, apéro, vin de Loire et café compris. Bons produits maison, dont le poulet de Loué (si vous séjournez bien sûr). Accueil convivial. Petit étang privé, pour ceux qui veulent taquiner le poisson. Également 1 gîte rural pour 11 personnes loué entre 460 et 540 € (3017,40 et 3542,17 F) la semaine suivant la saison. Les amoureux des vieilles pierres ne manqueront pas la célèbre abbaye de Solesmes.

SOULIGNÉ-FLACÉ 72210   Carte régionale B1

18 km O du Mans ; 18 km E de Loué

🛏 ❙◉❙ 🐾 ✂ *Chambres d'hôte (Lily et Bruno Portehault) :* La Bertellière. ☎ et fax : 02.43.88.13.22. • http://perso.wanadoo.fr/labertelliere • Accès : de Souligné direction Vallon (D 22) et à la sortie du bourg, D 88 vers Coulans faire 500 m et VC 8 vers Brain, faites encore 1500 m, la Bertellière est fléchée à droite (ne pas confondre avec les Bertelières). En pleine campagne, dans un écrin de verdure, superbe longère que Lily et Bruno ont restaurée, aménagée, transformée, pour lui donner un cachet traditionnello-moderno-contemporain (ouf !). 2 chambres agréables (1 au rez-de-chaussée, l'autre à l'étage). Déco qui a su garder un caractère campagnard. Sanitaires privés. 40 € (262,38 F) pour 2, petit déjeuner compris et 8 € (52,48 F) par personne supplémentaire. Belle salle à manger avec immense cheminée. Table d'hôte partagée en famille à 12,20 € (80 F), apéro, vin et café compris. Cuisine familiale avec des touches très personnelles (chut !). Les passions de Lily ? D'abord sa collection de grenouilles (vous ne pouvez pas les manquer), et surtout son jardin. Il est superbe, plein de fleurs et d'espaces. Accueil chaleureux. Pssit ! 1 chambre familiale devait ouvrir, renseignez-vous. Bon rapport qualité-convivialité-prix. *NOUVEAUTÉ.*

TREMBLAY (LE) 49520   Carte régionale A1

15 km N de Candé; 15 km SE de Pouancé

I●I *Ferme-auberge de la Touche (Familie Gohier) :* ☎ 02.41.94.22.45. Fax : 02.41.94.21.27. Accès : la ferme-auberge se situe sur la D 81 entre Challain et Combrée. Fermé le dimanche soir et le lundi. Uniquement sur réservation. Cette ferme est tellement belle qu'on la croirait directement sortie d'un rêve. Ici, on mange dans la maison. Trois petites salles chaleureuses, une avec murs en pierre apparente, une autre avec une noble cheminée, et partout, un superbe dallage. Atmosphère authentique et campagnarde qui rappelle l'intérieur des fermes d'autrefois. En semaine, 3 menus de 13 à 17,50 € (85,27 à 114,79 F); de 14,64 à 22,56 € (96 à 148 F) le week-end. Les spécialités maison sont nombreuses : terrine de canard au vin de noix (un régal !), rillettes de pintade, pintade au cidre, cuisse de cane au cabernet rosé, coq à l'angevine, charlotte aux pêches, crémet fermier (mélange de fromage blanc et de chantilly au coulis de fruits de saison). Accueil chaleureux et familial. Une bonne adresse pour faire un petit retour en arrière, et déguster d'excellents produits fermiers. Bon rapport qualité-prix-convivialité.

PAYS DE LA LOIRE

VARENNES-SUR-LOIRE 49730   Carte régionale B2

12 km E de Saumur

🛏 **I●I** **10%** *Chambre d'hôte Les Volubilis (Monique Vervialle) :* 15, rue de la Gare. ☎ 02.41.51.78.20 et 06.70.30.39.56. Accès : sur la N 152, en face du pont de Montsoreau, direction Brain/Allonnes, c'est à 200 m sur la gauche après l'église. Maison du XVᵉ siècle, avec une chambre dans une partie neuve et indépendante de la maison. Très claire avec salle d'eau et w.-c. Belle salle de séjour avec poutres apparentes et cheminée monumentale, où Monique sert de très bons petits déjeuners. Comptez 37 € (242,7 F) pour 2, petit déjeuner compris. Elle propose aussi la table d'hôte, sur réservation, pour 12,50 € (81,99 F), vin de Saumur compris (cuisine locale et familiale). Faites un tour au moulin de Varennes qui vient d'être restauré et ne manquez pas les pistes de boules de fort qui attirent de nombreux passionnés, ambiance locale assurée. Jean pourra vous parrainer pour y entrer car il y joue.

VILLAINES-LA-GONAIS 72400   Carte régionale B1

38 km NE du Mans; 8 km SO de La Ferté-Bernard

🛏 ✤ **10%** *Chambres d'hôte La Gadellière (Éliane et Bernard Dorison) :* ☎ 02.43.93.21.07. Accès : de La Ferté-Bernard, prenez la N 23; dans le village, direction Sceaux-sur-Huisne pendant 2 km, en haut de la côte, tournez à droite et faites encore 2 km. Mignonnette et ancienne ferme en pleine campagne. 2 petites chambres coquettes installées dans l'ancien grenier (accès par un escalier de bois assez raide). Sanitaires privés, mais sur le palier. Comptez 38,11 € pour 2 (250 F), petit déjeuner inclus (lait et beurre fermier, confitures maison et croissants pour les lève-tard). Ambiance familiale et décontractée.

Picardie

••

02 Aisne
60 Oise
80 Somme

AMBLENY 02290
Carte régionale B2

••

10 km O de Soissons

🛏 |○| 🐾 *Chambres d'hôte Domaine de Montaigu (Philippe de Reyer) :* 16, rue de Montaigu. ☎ et fax : 03.23.74.06.62. Accès : sur la N 31 entre Compiègne et Soissons, passez la 1ʳᵉ route pour Ambleny (en venant de Compiègne) et prendre la suivante à droite puis à gauche vers « Le Soulier » et fléchage. Dans un petit hameau, superbe demeure bourgeoise, genre petit château, datant du XIXᵉ. Au 1ᵉʳ étage, 5 chambres dont 2 suites avec luxueux sanitaires privés, dont 4 avec baignoire sur pied. La déco est élégante et raffinée, oeuvre de Phillipe qui adore aussi chiner. 69 € (452,61 F) pour 2, petit déjeuner compris. Table d'hôte à 19,80 € (129,98 F), tout compris. Grand parc de 5 ha. Luxe, calme et volupté, telle pourrait être la devise de la maison... Accueil jeune et décontracté. Une adresse pour routards aisés. *NOUVEAUTÉ.*

AUGER-SAINT-VINCENT 60800
Carte régionale A2

••

15 km E de Senlis ; 7 km O de Crépy en Valois

🛏 |○| 🐾 *Chambres d'hôte Ferme du Raguet (Françoise et Philippe Mommelé) :* 8, rue Raguet. ☎ 03.44.59.03.61. Fax : 03.44.59.28.68. Accès : sur la N 324 entre Senlis et Crépy en Valois, prendre la D 938 vers Auger-St-Vincent, la ferme est dans le rue principale (pratiquement pas de passage). Ferme céréalière en activité. Dans une aile indépendante et récente, 3 chambres spacieuses et bien tenues, installées au 1ᵉʳ étage. Sanitaires privés et TV. 41 € (268,94 F) pour 2, petit déjeuner compris et 9 € (59,04 F) par personne supplémentaire. Au rez-de-chaussée, salle à manger pour prendre votre pitance. Table d'hôte sans les propriétaires à 13 € (85,27 F), boissons comprises. Cuisine à partir des produits de la ferme et des légumes du jardin. Sur place une petite boutique de vente de produits fermiers. De mars à octobre, dans le jardin derrière la ferme, une piscine couverte par une grande serre vous attend (veinards !). Accueil authentique et discret. *NOUVEAUTÉ.*

BAVELINCOURT 80260
Carte régionale A1

••

18 km NE d'Amiens ; 6 km N de Pont-Noyelles

🛏 ✳⊱ ⑩% *Chambres d'hôte Les Aulnaies (Marie-Françoise et Noël Valengin) :* 15, Grande rue. ☎ 03.22.40.51.51. Accès : d'Amiens, prenez la D 929 vers Albert jusqu'à Pont-Noyelles, puis à gauche la D 115 vers Bavelincourt. Fermé de début décembre à fin mars. Au centre du village, belle demeure bourgeoise du XIXᵉ siècle, entourée d'un grand parc avec un joli coin potager (la passion de Noël). Une chambre au rez-de-chaussée avec sanitaires privés. 50 € (327,98 F) pour 2, petit déjeuner compris. Pour ceux qui veulent séjourner, 1 gîte rural pour 6 à 8 personnes. Accueil agréable.

BÉHEN 80870   Carte régionale A1

10 km SO d'Abbeville

📧 |●| ⑩% *Chambres d'hôte Le Château des Alleux (Élisabeth et René-François de Fontanges) :* Les Alleux. ☎ et fax : 03.22.31.64.88. Accès : d'Abbeville, A 28 vers Rouen, sortie Monts-de-Caubert ; au stop à droite pour prendre la D 928 vers Blangy, au panneau « Les Croisettes », tournez à droite vers les Alleux et fléchage (n'allez pas à Béhen). Au milieu d'un grand parc, belle demeure du XVIIᵉ siècle avec une jolie petite tour. René-François et Élisabeth y ont aménagé 4 chambres : une dans leur maison et trois dans des dépendances (une avec déco de bois blanc et coin cuisine et deux constituant une suite familiale dans une maisonnette avec coin salon, cheminée et cuisine à disposition). Comptez 50 € (327,98 F) pour 2, petit déjeuner compris. Il est servi, ainsi que les repas, dans la maison, dans une belle salle rustique agrémentée d'une immense cheminée. Table d'hôte (sur réservation) en commun à 20 € (131,19 F), apéro, vin et café compris : gâteau de crêpes aux fruits de mer, terrine de lièvre, brochet au beurre blanc, lapin aux pruneaux, gigue de chevreuil, faisan aux pêches, omelette soufflée et flambée au calva. Les propriétaires sont parents de cinq enfants, qui s'occuperont des vôtres si vous venez en famille ! Poneys, souvent attelés en carriole. Amateurs de photos, vous ne serez pas déçus par les clichés qui décorent la maison, René-François, dont c'est le métier, en est l'heureux collectionneur. Accueil agréable et décontracté. Ambiance sereine.

BRAYE-EN-LANNOIS 02000   Carte régionale B2

20 km S de Laon ; 8 km NO de Bourg-et-Comin

📧 |●| ↳×‍ *Chambres d'hôte (David Kaczmarek et Martine) :* 2, rue de l'Église. ☎ 03.23.25.68.55. Accès : sur la N 2 entre Soissons et Laon prendre la D 18 (chemin des Dames) jusqu'à Braye ; la maison est à côté de l'église. Ancienne ferme au cœur du village. Ici, c'est David qui s'occupe des hôtes, aidé souvent par ses parents. 4 chambres dont 1 au rez-de-chaussée, les 3 autres à l'étage (dont 1 familiale). De 42,70 à 48,80 € (280,09 à 320,11 F) pour 2, petit déjeuner compris. Table d'hôte sans les proprios à 14,50 € (95,11 F), boisson incluse. *NOUVEAUTÉ.*

BUICOURT 60380   Carte régionale A2

22 km NO de Beauvais ; 2 km de Gerberoy

📧 ⑩% *Chambres d'hôte (M. et Mme Verhoeven) :* 3, rue de la Mare. ☎ 03.44.82.31.15. Dans une maison de campagne bien tranquille. La propriétaire, agricultrice retraitée, propose 2 jolies chambres confortables et très bien tenues. Salles de bains et w.-c. privés. Comptez 40 € (262,38 F) pour 2, petit déjeuner compris. Bon accueil. N'oubliez pas de passer à Gerberoy, minuscule village classé parmi les plus beaux de France, avec ses rues pavées bordées de maisons à colombages, et dont la partie haute est réservée aux piétons (chouette !).

> Nous vous rappelons que la table d'hôte est le complément d'une formule d'hébergement (chambre d'hôte, gîte d'étape...). Ce service n'est offert qu'aux personnes qui dorment sur place (excepté lorsqu'il est clairement écrit « ouvert aux extérieurs »).

PICARDIE

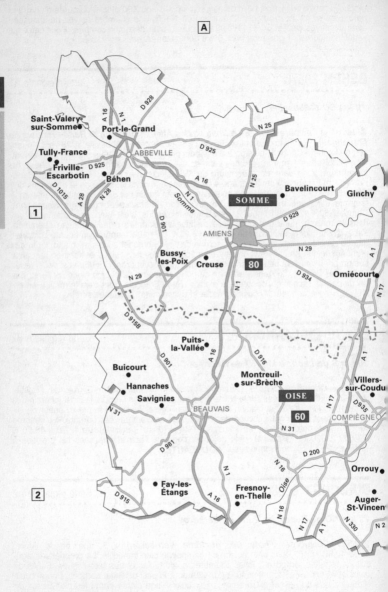

B

| ● | **Béhen** | Adresses |
| ○ | ABBEVILLE | Villes repères |

B

BUSSY-LES-POIX 80290
Carte régionale A1

25 km SO d'Amiens ; 6 km NE de Poix-de-Picardie

🏠 |●| 🐕 **⟨10 %⟩** *Chambres d'hôte (Françoise et Francis Guérin)* : 1, rue de l'Église. ☎ 03.22.90.06.73. Accès : A 16, sortie n° 18, puis N 29 vers Poix jusqu'à Quevauvillers ; à la pharmacie, tournez à droite vers Fresnoy-au-Val (D 38) puis D 51 jusqu'à Bussy ; au niveau de l'église, descendre la rue jusqu'en bas. Belle maison à colombages dont les origines remontent au XVIIIe. Françoise et Francis l'ont achetée en ruine et l'ont restaurée à l'ancienne (torchis), pour lui rendre son allure d'autrefois. 4 chambres coquettes et claires, dont trois à l'étage avec une belle charpente apparente et une au rez-de-chaussée qui ouvre sur le jardin, et le petit bassin. Sanitaires privés. 40 € (262,38 F) pour 2, petit déjeuner compris.Table d'hôte partagée en famille à 13 € (85,27 F), apéro et vin compris. Bonne cuisine familiale avec souvent les légumes du jardin et du pain maison. Francis a la passion du travail du bois. Il a monté un atelier qui ferait pâlir d'envie les ébénistes professionnels. Il restaure et crée du mobilier, dont de superbes copies de meubles traditionnels picards. Accueil de qualité. Pensez à prévenir de votre arrivée... Françoise ouvrira le portail et attachera l'impressionnant bas-rouge Enack qui se révèle sympa lorsque les présentations sont faites.

CHAOURSE 02340
Carte régionale B1

35 km NE de Laon ; 2 km NO de Montcornet

🏠 |●| ⤬ **⟨10 %⟩** *Chambres d'hôte (Annie et Jean Brucelle)* : 26, rue du Château. ☎ 03.23.21.30.87. Fax : 03.23.21.20.78. Accès : de Laon, D 977 vers Montcornet ; 2 km avant, tournez à gauche vers Chaourse, allez jusqu'à l'église et prenez la rue du Château (attention, Chaourse est partagé en deux à cause d'une zone inondable). Dans le village, sur leur exploitation agricole, Annie et Jean élèvent des vaches allaitantes et produisent des céréales. Ils ont aménagé 3 chambres au 1er étage d'une aile indépendante de la maison. Déco gentillette, mobilier en pin naturel. Sanitaires privés. 40 € (262,38 F) pour 2, petit déjeuner compris. Table d'hôte (sauf le dimanche) partagée avec les proprios, à 16 € (104,95 F), apéro et vin compris. Bonne cuisine du terroir avec les volailles de la ferme et les légumes du jardin. Accueil authentique et vrai.

CHÉRÊT 02860
Carte régionale B2

35 km NO de Reims ; 7 km SE de Laon

🏠 |●| **⟨10 %⟩** *Chambres d'hôte Le Clos (Monique et Michel Simonnot)* : ☎ 03.23.24.80.64. Accès : de Laon, prenez la D 967 vers Fismes ; à la sortie de Bruyères-et-Montbérault, suivez la direction de Chéret, la maison est à l'entrée du village sur la gauche. Fermé du 15 octobre au 15 mars. Sur réservation. Immense demeure (ancien vendangeoir du XVIIe), avec 6 chambres claires et agréables, dont quatre avec sanitaires privés. Déco rustique et jolie vue sur la campagne. Comptez de 34 à 43 € (de 223,03 à 282,06 F) pour 2, petit déjeuner compris. Repas servi sur la grande table familiale (sauf le dimanche soir). Pour 15,24 € (100 F), vin compris, à vous les bons produits de la ferme (légumes, canards et poulets) et la cuisine au cidre ! Ambiance chaleureuse et décontractée. Pendant que vous y êtes, visitez donc Laon (remparts, abbaye et cathédrale) et profitez du GR 12 qui passe devant la maison pour faire une petite balade !

CONNIGIS 02330
Carte régionale B2

37 km S de Soissons ; 12 km E de Château-Thierry

🏠 |●| ⤬ *Chambres d'hôte (Jeanine et Pierre Leclère)* : ☎ 03.23.71.90.51. Fax : 03.23.71.48.57. Accès : sur la N 3 entre Château-Thierry et Dormans, à Crézancy, prenez la CD 4 jusqu'à Connigis, la maison est sur la gauche en haut du village. Fermé à Noël et pour le Jour de l'An. Dans le bourg, grande demeure aux extérieurs un peu défraîchis, donnant sur un grand parc ombragé. L'intérieur est un peu vieillot, mais l'ambiance agréable. 5 chambres, dont une suite installée dans une tour avec sanitaires privés, meublées de façon rustique. Comptez de 37 à 46 € (de 242,70 à 301,74 F), la suite, pour 2, petit déjeuner compris. Pierre est producteur de champagne (en coopérative, donc malheureusement, pas de visite de cave), mais on peut déguster (ouf!) et en acheter... Repas à 14 € (91,83 F), apéro et vin compris, servi autour d'une grande table familiale. Spécialités de flan aux courgettes, blanquette de lapin aux pâtes fraîches, poulet au champagne et tartes. Françoise et Paul, les parents de Pierre, participent activement à l'accueil des hôtes. Ambiance familiale donc, et authentique...

CREUSE 80480 Carte régionale A1

15 km SO d'Amiens

🛏 *Chambres d'hôte (Monique Lemaître) :* 26, rue Principale. ☎ et fax : 03.22.38.91.50. Accès : d'Amiens, N 29 vers Poix, puis à gauche vers Creuse et fléchage. Fermé de début novembre à fin mars. Ravissante chaumière picarde de la fin du XVIIIᵉ siècle, qui a perdu son toit de chaume, mais pas son charme. 4 coquettes chambres d'hôte, à l'atmosphère raffinée. Deux au rez-de-chaussée, avec accès indépendant sur un beau parc ombragé et fleuri, et deux au 1ᵉʳ étage. Comptez de 39,64 à 57,93 € (de 260 à 380 F) pour 2, petit déjeuner compris, 85,37 € (560 F) pour 4 personnes. Il est servi dans une superbe pièce de jour, dotée d'une immense cheminée typique et de très jolis meubles rustiques (ça sent bon la cire et l'ambiance d'antan). Également un gîte pour 2 ou 4 personnes, 426,86 € (2800 F) la semaine. Accueil agréable. Une adresse de charme.

CUIRY-HOUSSE 02220 Carte régionale B2

18 km SE de Soissons ; 16 km N de Fère-enTardenois

🛏 |●| ⅓✕ *Chambres d'hôte Le Puits et la Girafe (Maryse et Jean-Louis Massue) :* 6, rue de Soissons. ☎ et fax : 03.23.55.01.06. ● http://perso.wanadoo.fr/cuiry-housse ● Accès : sur la N31 entre Soissons et Reims prendre la D 22 vers Fère-en-Tds puis à gauche vers Cuiry, la maison est à l'entrée du village à gauche. À l'orée du bourg, belle maison en pierre. Ici, c'est Jean-Louis qui s'occupe des hôtes. 2 chambres au rez-dechaussée avec accès indépendant (nos préférées), 2 autres à l'étage dont 1 familiale plus vaste. Sanitaires privés (non attenants pour 1). Selon la chambre de 46 à 61 € (301,74 à 400,13 F) pour 2, petit déjeuner compris (jus de fruit pressé, confitures maison et fromage). Table d'hôte pas systématiquement partagée avec les proprios à 15 € (98,39 F), vin compris. Cuisine traditionnelle et familiale. Pour les amateurs il y a aussi une carte des vins (passion de Jean-Louis). Accueil dynamique et courtois. *NOUVEAUTÉ.*

ÉPARCY 02500 Carte régionale B1

55 km NE de Laon ; 13 km E de Vervins, 6 km S d'Hirson

🛏 |●| ⅓✕ ⑩% *Chambres d'hôte (Nathalie Pointier et Hubert Fourdrignier) :* 7, route de Landouzy. ☎ 03.23.98.46.17. Accès : de Laon, N 2 jusqu'à Vervins, puis D 963 vers Hirson ; à la sortie de Labouteille, tournez à droite vers Landouzy-la-Ville que vous traversez, puis Éparcy et fléchage. Dans un petit village de 45 âmes, belle demeure bourgeoise en briques du XIXᵉ. À l'étage, 3 chambres avec salles d'eau privées, mais w.-c. communs sur le palier. Au 2ᵉ, 2 autres chambres avec sanitaires privés. Déco rustique et atmosphère de nos grands-mères. Une préférence pour la chambre saumon avec la petite coiffeuse. 35 et 38 € (229,58 et 249,26 F) pour 2, petit déjeuner compris. Table d'hôte sans les proprios à 12,20 € (80 F), vin compris. Grand parc parsemé de tilleuls et bordé par une rivière. Accueil jeune, souriant et décontracté.

ÉTOUVELLES 02000 Carte régionale B2

5 km S de Laon

🛏 |●| *Chambres d'hôte Au Bon Accueil (Isabelle et François Trichet) :* 24, rue de Paris ☎ 03.23.20.15.72. ● au.bon.accueil@wanadoo.fr ● Accès : sur la N 2 entre Soissons et Laon, prendre la D 65 jusqu'à Étouvelles, la maison est au centre du bourg. C'est une demeure qui a une longue tradition d'accueil... Relais de diligence, puis restaurant, elle s'est aggrandie au fils des années et des changements de propriétaires. Aujourd'hui, c'est une demeure charmante où Isabelle et François ont aménagé 5 chambres, toutes aussi différentes que craquantes et toutes accessibles de plain-pied. Les moins fortunés choisiront « la grecque », les grands voyageurs « la chinoise » ou « l'africaine », les amoureux « la romantique » qui a une immense baignoire balnéo 2 places (on va en faire des folies, chérie!). Sanitaires privés. Selon la chambre, de 46 à 52 € (301,74 à 341,10 F) pour 2, petit déjeuner compris (gâteau et confitures maison, salade de fruits frais). Table d'hôte pas systématiquement partagée avec les proprios, mais si vous insistez... Repas à 16 € (104,95 F), vin compris. La passion d'Isabelle, c'est la cuisine (hum!), mais on vous laisse juges. pour les amateurs, billard français et un gigantesque snooker de 8 pieds (quel pied!). Babi et flip complètent le tout. Côté jardin, un étang fera la joie des pêcheurs. Accueil charmant tout comme cette adresse. *NOUVEAUTÉ.*

FAY-LES-ÉTANGS 60240   Carte régionale A2

30 km S de Beauvais ; 7 km SE de Chaumont-en-Vexin

â |●| ꭓ *Chambres d'hôte Le Clos (Philippe et Chantal Vermeire) :* 3, rue du Chêne Noir. ☎ et fax : 03.44.49.92.38. ● philippe.vermeire@wanadoo.fr ● Accès : de Paris, A 15 vers Beauvais, sortie « la Marines » puis D 28 vers Monneville puis Fleury et à gauche vers Fay-les-Étangs. Au cœur du village, superbe et ancienne ferme à colombages, vieille de 3 siècles. Dans une aile indépendante, 2 chambres d'hôte avec sanitaires privés. 1 au rez-de-chaussée pour 1 personne ; l'autre au 1er étage avec accès par escalier extérieur. Celle-ci est vaste avec coin salon et TV. Décoration de fort bon goût. Comptez 38 € (249,26 F) pour 1 personne et 46 € (301,74 F) pour 2, petit déjeuner compris. On mange dans la maison de Philippe et Chantal ; c'est monsieur qui fait la cuisine et croyez-nous, ses spécialités sont aussi nombreuses qu'alléchantes. Repas partagé avec vos hôtes à 19 € (124,63 F), apéro, vin et café compris. Atmosphère campagnarde et sereine avec vielles tommettes, poutres, mobilier ancien et cheminée. Adorable jardin verdoyant et fleuri avec une tonnelle où pousse la vigne et mûrit le raisin. On n'a pas parlé de Chantal ! Elle est l'institutrice du village et le Maire-adjoint... Accueil chaleureux. Une adresse comme on les aime. *NOUVEAUTÉ.*

FRESNOY-EN-THELLE 60530   Carte régionale A2

45 km N de Paris ; 15 km O de Chantilly

â ꭓ *Chambres d'hôte (Élise et Marc Lamoureux) :* 41, rue de Lamberval. ☎ 03.44.26.17.33. Fax : 03.44.26.21.62. ● marc.lamoureux@free.fr ● Accès : de Paris, N 1 vers Beauvais ; après Chambly, prendre la première sortie après la sation et tournez à droite. Fermé la 1re semaine de juillet. C'est à la place de l'ancien château de Fresnoy que cette grande demeure bourgeoise a été édifiée en 1826. C'est aujourd'hui une ferme en activité qui produit céréales et betteraves. Dans une aile indépendante, 2 chambres spacieuses, installées au 1er étage avec sanitaires privés. Le parquet et les meubles anciens tranchent avec les couleurs (vert ou rouge), mais l'ensemble est de bon goût. 46 € (301,74 F) pour 2, petit déjeuner compris et 12 € (78,71 F) par personne supplémentaire. Pas de table d'hôte. Grand parc avec poney et cheval. Accueil jeune et convivial. Les lève-tard verront un petit inconvénient à la départementale qui longe le parc, assez passante le matin. *NOUVEAUTÉ.*

FRIVILLE-ESCARBOTIN 80130   Carte régionale A1

20 km O d'Abbeville

â |●| ꭓ *Centre équestre et Gîte d'étape du Vimeu (Bernard Delabie) :* 51, rue Marius-Briet. ☎ et fax : 03.22.30.77.69. Accès : sur le GR arrière-littoral. 4 dortoirs (22 lits en tout) au-dessus des écuries, avec sanitaires, salle commune et coin cuisine. Comptez environ 9,91 € (65 F) par personne et par nuit. Équitation tous niveaux (avec moniteur DE) : 9,91 € (65 F) de l'heure pour ceux qui dorment en gîte. Également de l'attelage. Accueil jeune et sympa, une bonne adresse pour les fans d'équitation.

GINCHY 80360 Carte régionale A1

45 km NE d'Amiens ; 15 km E d'Albert

🛏 |●| *Chambres d'hôte L'Hermitage (Odile et Roger Samain)* : 1, Grande-Rue. ☎ 03.22.85.02.24. Fax : 03.22.85.11.60. Accès : N 17 entre Bapaume et Péronne ; au niveau du village Le Transloy, prenez la D 19 vers Lesbœufs et fléchage. Fermé de décembre à février. Grand corps de ferme avec cour intérieure, au centre du village. 4 chambres, une au rez-de-chaussée et trois à l'étage (pour 3, 4 et 5 personnes), spacieuses et mansardées, avec belle charpente apparente. Sanitaires privés. Comptez 38,11 € (250 F) pour 2, petit déjeuner compris. Table d'hôte à 15,24 € (100 F) vin compris : salades composées, ficelle picarde, gigot farci, carbonade flamande, saumon à l'oseille, tarte à la rhubarbe, baba aux fruits de saison et la spécialité maison : l'aumônière ginchoise (hum !). Accueil chaleureux et authentique.

HANNACHES 60650 Carte régionale A2

25 km O de Beauvais ; 7 km NE de Gournay-en-Bray ; 5 km SO de Gerberoy

🛏 |●| 🐕 ✤ (10 %) *Chambres d'hôte (Brigitte et Pascal Bruandet)* : 13, hameau de Bellefontaine. ☎ et fax : 03.44.82.46.63 et 06.70.54.10.26. ● http://bellefontaine.free.fr ● Accès : de Gisors, route de Dieppe jusqu'à Gournay, puis D 930 vers Marseille-en-Beauvaisis, laissez Hannaches sur la droite et 500 m après, tournez à gauche vers Bellefontaine (n'allez pas à Hannaches). Fermé en janvier. Dans un joli coin de campagne, ancienne ferme toute en briques de 1867, typiquement picarde, avec grande cour intérieure fermée. Ici, c'est une maison d'artiste et croyez-nous, vous en prendrez plein les yeux... Pascal est peintre et sculpteur ; il travaille principalement le métal et le torchis. 3 chambres complètement craquantes avec sanitaires privés. Toutes de plain-pied et accès indépendant. L'ensemble du mobilier a été réalisé par Pascal en acier gris martelé : lits, armoires, tables et lampes de chevets... jusqu'aux porte-serviettes et au support de lavabos (chaque pièce est unique). 41 € (268,94 F) pour 2, petit déjeuner compris (brioche chaude, jus de fruits frais pressés et confitures maison). Chaleureuse salle à manger où le pressoir s'est reconverti en table. Repas partagé avec Brigitte et Pascal à 14 € (91,83 F), apéro, vin et café compris. Brigitte est un fin cordon bleu et vous régalera suivant les jours de soupe de carottes au cumin, tagliatelles de courgettes à l'huile d'olive, poulet à l'étouffée, confit de canard parmentier, soupe de fruits rouges, flognarde... Dans le jardin, vous découvrirez les superbes sculptures du maître des lieux. Gerberoy, classé parmi les plus beaux villages de France est juste à côté, ainsi qu'un gentil circuit de vieux lavoirs. Accueil jeune, décontracté et vraiment sympa. Très bon rapport qualité-prix-convivialité. Bref, un de nos coups de cœur.

MONT-SAINT-MARTIN 02220 Carte régionale B2

30 km SE de Soissons ; 4 km SO de Fismes

🛏 |●| ✤ (10 %) *Chambres d'hôte Ferme de Ressons (Valérie et Jean-Paul Ferry)* : ☎ 03.23.74.71.00. Fax : 03.23.74.28.88. Accès : n'allez pas jusqu'à Mont-Saint-Martin ; de Fismes, prenez la direction de Fère-en-Tardenois (D 967), la ferme est à 1 km de l'embranchement de Mont-Saint-Martin sur la gauche. Fermé pour les fêtes de fin d'année. Réservation recommandée. Belle vue sur la Champagne, la Marne n'est pas loin. À l'écart du village, immense ferme en activité avec cour intérieure et 5 chambres de charme meublées de façon rustique : deux au 1er étage avec sanitaires privés et trois au 2e avec sanitaires communs formant une grande suite. Valérie, archi, les a meublées et décorées avec beaucoup de goût. L'une d'elles dispose d'une belle terrasse. Comptez de 38,11 à 45,73 € (de 250 à 300 F) pour 2, petit déjeuner compris. Bonne table d'hôte, à 15,24 € (100 F), vin non compris. Également 2 gîtes ruraux, pour ceux qui veulent séjourner.

MONTREUIL-SUR-BRÈCHE 60480   Carte régionale A2

40 km S d'Amiens ; 15 km NE de Beauvais

🏠 |●| ⇔ (10%) **Chambres d'hôte Ferme des 3 Bouleaux (Annie et Dominique Frémaux)** : 154, rue de Clermont. ☎ 03.44.80.44.85. Fax : 03.44.80.08.52. ● info@lafer medes3bouleaux.com ● Accès : depuis Paris par la N 1 ou la D 938, puis empruntez la D 151. Dans le bourg, jolie ferme avec cour intérieure. Dans une ancienne grange très joliment restaurée (murs à colombages et vieilles tommettes), 4 chambres avec télé et sanitaires privés. Comptez 35,06 € (230 F) pour 2, petit déjeuner compris. Annie, jeune agricultrice dynamique et expansive, propose aussi la table d'hôte, à 12,20 € (80 F) sans le vin : crudités, terrine, rouelle de porc au cidre, volailles de la ferme et légumes du jardin, charlottes, tartes. Pour ceux qui veulent séjourner, coin cuisine et barbecue à disposition. Vélos et VTT à disposition pour parcourir les 3 circuits GR qui passent juste à côté. La maison est aussi classée ferme pédagogique et vos bambins pourront aller voir tous les animaux de la ferme. Et bientôt, balades en attelage. Bon accueil.

NANTEUIL-LA-FOSSE 02880   Carte régionale B2

15 km NE de Soissons

🏠 (10%) **Chambres d'hôte (Marie-Catherine et Jacques Cornu-Langy)** : La Quincy. ☎ 03.23.54.67.76. Fax : 03.23.54.72.63. ● laquincy@caramail.com ● Accès : de Soissons, N 2 vers Laon, puis D 536 vers Nanteuil-la-Fosse, puis D 423 jusqu'à La Quincy ; c'est à 2 km du village. Au milieu des bois et des pâturages, superbe petit château planté dans un grand parc peuplé d'arbres centenaires. La vieille tour est la seule rescapée des bombardements de la guerre de 1914, le reste de cette demeure date des années 1920 et lui confère un cachet tout particulier. Au 1er étage de la tour (vernis que vous êtes), une chambre immense et claire avec sanitaires privés. Beau mobilier assorti et marqueté. 46 € (301,74 F) pour 2, copieux petit déjeuner compris (avec du jus de fruits pressés !). Marie-Catherine, charmante hôtesse, vous le servira devant la cheminée en hiver et dans une croquignolette orangeraie aux beaux jours. Petite chambre complémentaire avec cabinet de toilette. Dehors, la nature est belle... Un étang privé attend les pêcheurs et les baigneurs qui ne craignent pas les fonds glissants (ça rafraîchit !). La nature, Jacques la connaît bien. Il est gestionnaire de forêts... Il faut l'écouter parler des arbres, vous expliquer l'âge maximum qu'atteignent les différentes espèces, car contrairement aux idées reçues, un arbre naît, vit et meurt... De plus, il vous guidera utilement pour aller à la découverte des chemins alentours. Les proprios sont aussi des passionnés d'histoire, notamment sur la Première Guerre mondiale. Accueil de qualité. Une bonne adresse.

OMIÉCOURT 80320   Carte régionale A1

45 km SE d'Amiens ; 13 km SO de Péronne

🏠 |●| ⇔ (10%) **Chambres d'hôte Château d'Omiécourt (Véronique et Dominique de Thézy)** : route de Chaulnes. ☎ 03.22.83.01.75 et 06.07.28.70.85. Fax : 03.22.83.21.83. ● www.isasite.net/chateau-omiecourt ● Accès : A1, sortie 12, puis N 17 vers Péronne jusqu'à Omiécourt ; dans le village, D 142 vers Chaulnes, la maison est un peu plus loin à droite. Fermé du 23 décembre au 2 janvier. Si on l'appelle le château, c'est que cette noble demeure en pierre et briques rouge et noir a été construite dans les années 1920, en remplacement du château détruit pendant la guerre de 1914. Grand parc qui ouvre sur les prés. 4 chambres vastes et lumineuses, dont une double composée de deux chambres. Déco agréable (cheminée en marbre et beau parquet). Une préférence pour la chambre 1900 et la chambre merisier avec ses gravures napoléoniennes. 50 € (327,98 F) pour 2, petit déjeuner compris. Table d'hôte pas systématiquement partagée avec les proprios de 12 à 20 € (78,71 à 131,19 F), apéro et vin compris. Si vous avez des enfants, ils pourront jouer avec les quatre garçons de la famille (entre 6 et 12 ans). Accueil convivial

ORROUY 60129   Carte régionale A2

5 km N de Crépy-en-Valois ; 16 km S de Compiègne

🛏 |●| ⍍ *Chambres d'hôte La Ferme de la Chaînée (Germaine et Daniel Gage) :* 64, rue de la Forêt. ☎ 03.44.88.60.41. Fax : 03.44.88.92.89. Accès : sur la D 332 entre Compiègne et Crépy-en-Valois, à Gilocourt, prendre la D 123 jusqu'à Orrouy ; la ferme est sur le haut du village (fléchage). Petite ferme avec cour intérieure qui ouvre sur une rue du village, très peu passante. La maison de Germaine, ceux qui parcourent les routes la connaisse bien. C'est un peu la Maïté des chambres d'hôte. Elle vous accueille souvent en tablier car elle aime régaler ses clients. 4 chambres sans prétention avec sanitaires privés et TV (2 avec douche et baignoire !). 1 au rez-de-chaussée, les 3 autres à l'étage. 45 € (295,18 F) pour 2, petit déjeuner compris. Table d'hôte partagée en famille (avec Daniel quand il est libre, car il est aussi Maire de son village). 12 € (78,71 F) le repas, vin compris. Germaine propose aussi un goûter à la ferme à 6,50 € (42,64 F) pour ceux qui passent mais qui ont réservé avant. Accueil authentique et vrai. *NOUVEAUTÉ.*

PICARDIE

PAISSY 02160   Carte régionale B2

22 km S de Laon ; 35 km de Reims

🛏 |●| ⍍ ⑩% *Chambres d'hôte (Pierrette et Didier Vernimont Rossi) :* 6, rue de Neuville. ☎ et fax : 03.23.24.43.96. Accès : de Soissons, N 2 vers Laon, puis prenez à droite la D 18 (Chemin-des-Dames) jusqu'à Cerny, puis Paissy ; traversez tout le village, la maison est à la sortie de Paissy, sous l'église à gauche. Fermé la 1re quinzaine de février. Sur le Chemin-des-Dames, dans un beau coin de campagne, Paissy est un village troglodytique. Dans ces maisons, vivaient les déshérités qui travaillaient souvent au service des moines des abbayes avoisinantes. Mais parlons de la maison... Elle se dresse fièrement entre la route et la colline qui la domine. Pierrette et Didier sont antiquaires... La maison est remplie de bibelots, tableaux et beaux meubles, coups de cœur qu'ils n'ont jamais cédés. Au 1er étage, 2 chambres avec sanitaires privés. Une préférence pour celle meublée Louis XIII avec un romantique ciel de lit et un petit balcon avec salon pour profiter de la vue (plus chère). L'autre est meublée avec goût, mais w.-c. privés sur le palier. Atmosphère d'autrefois. 35,06 et 39,64 € (230 et 260 F) pour 2, petit déjeuner compris. Table d'hôte à 13,72 € (90 F) apéro et vin compris. Goûteuse cuisine traditionnelle et familiale, partagée avec vos hôtes. Dans le jardin intérieur abrité des regards indiscrets, vous pourrez découvrir la roche et les excavations. Accueil agréable.

PARFONDEVAL 02360   Carte régionale B1

50 km NE de Laon ; 15 km NE de Montcornet

🛏 |●| ⍍ ⑩% *Chambres d'hôte et Goûter à la Ferme (Françoise et Lucien Chrétien) :* 1, rue du Chêne. ☎ 03.23.97.61.59. Fax : 03.23.97.10.85. Accès : de Laon, D 977 jusqu'à Montcornet, puis Rocroi ; au hameau de La Garde-de-Dieu, tournez à gauche vers Parfondeval ; la ferme est sur la place du village, juste devant l'église. Résa obligatoire pour le goûter. Parfondeval est classé parmi les plus beaux villages de France. Lucien est son ancien maire et a été membre actif de cette association. Agriculteur à la retraite, épris de vieux instruments agricoles, il a installé chez lui un véritable musée qui comporte aujourd'hui plus de 1000 pièces ! C'est dans cette atmosphère authentique et campagnarde que Françoise et Lucien vous proposent leur goûter à la ferme. Pour 5,34 € (35 F), vous vous régalerez d'une tarte salée (souvent maroilles), d'une tarte aux fruits de saison ou une crème ; le tout arrosé de cidre ou jus de pommes maison. Si vous voulez séjourner, ils ont aménagé 2 chambres dans une ancienne maison de famille. Accès indépendant, déco simple. 38 € (249,26 F) pour 2, petit déjeuner compris (maroilles et gâteau maison). Coin cuisine aménagé, 3,05 € (20F) par jour. Visitez l'église du village ; elle fait partie d'un circuit d'églises fortifiées de la Thiérache qui en comporte 65 (Lucien les connaît presque toutes !). Pas de table d'hôte, mais vous pouvez demander un goûter. Accueil chaleureux et vrai.

PORT-LE-GRAND 80132 — Carte régionale A1

8 km NO d'Abbeville

≜ 🐕 ✆ (10%) *Chambres d'hôte (Myriam et Jacques Maillard) :* bois de Bonance. ☎ 03.22.24.11.97. Fax : 03.22.31.72.01. ● maillard.chambrehote@bonance.com ● Accès : à Abbeville, prenez la direction de Saint-Valery-sur-Somme (D 40) ; à l'entrée de Port-le-Grand, tournez à droite et faites 2 km. Fermé du 11 novembre aux vacances de février. Belle maison de caractère du XIXᵉ en briques roses avec superbe jardin fleuri. 3 chambres dont une double avec sanitaires privés, décorées avec beaucoup de goût. Atmosphère romantique et fenêtres en alcôve. Une au 1ᵉʳ et deux au 2ᵉ étage, avec accès par un ravissant escalier à l'intérieur d'une petite tour. Préférez la chambre verte et violette qui bénéficie d'une magnifique vue sur le château. Comptez 60,98 € (400 F) pour 2, petit déjeuner compris. Piscine. Excellent accueil, une adresse de charme.

PUITS-LA-VALLÉE 60480 — Carte régionale A2

18 km N de Beauvais ; 4 km NO de Froissy

≜ ❙●❙ ✆ (10%) *Chambres d'hôte La Faisanderie (Catherine et Philippe Dumetz) :* 8, rue du Château. ☎ 03.44.80.70.29. Fax : 03.44.80.55.52. Accès : de Beauvais, N 1 vers Amiens ; à Froissy, D 151 vers Crèvecœur pendant 4 km, puis à droite vers Puits-la-Vallée ; la maison est en face de l'école-mairie, au bout de l'allée. Si cette demeure a aujourd'hui des allures bourgeoises, c'est grâce au talent de Georgio, le père de Catherine. Il a construit une aile identique à celle qui existait en pierre, réunissant le tout par un hall gigantesque. Ici, tout est dans le faux et le trompe-l'œil et dans un style tellement kitsch, que ça en devient grandiose ! Partout des statues, des statuettes, des miroirs, des tapisseries, des peintures dorées, des plumes de paons et de faisans... Mais le clou du décor revient à une immense méridienne tout droit sortie d'Astérix et Cléopâtre. Sur la propriété, Philippe élève des faisans et perdreaux qu'il vend ensuite à des chasses privées. Catherine, elle, s'occupe des 3 chambres. Elles sont immenses, chacune avec coin salon et canapé convertible (pratique si vous venez avec des bambins). Sanitaires privés. 42 € (275,50 F) pour 2, petit déjeuner compris. Table d'hôte partagée en famille à 16 € (104,95 F) apéro, vin et café compris. La spécialité maison ? Le gibier bien sûr, servi dans d'immenses plats avec un faisan empaillé queue en l'air. Accueil chaleureux. Visite de l'élevage. Une petite ponette fera la joie des enfants.

RESSONS-LE-LONG 02290 — Carte régionale B2

20 km N de Villers-Cotterêts ; 15 km O de Soissons

≜ (10%) *Chambres d'hôte Ferme de la Montagne (Solange et Patrick Ferté) :* ☎ 03.23.74.23.71. Fax : 03.23.74.24.82. Accès : de Villers-Cotterêts, N 2 vers Soissons, puis à gauche, D 81 vers Vic-sur-Aisne ; 9 km plus loin, au stop, prenez en face vers Ressons et fléchagé. Fermé en janvier et février. Si vous aimez l'architecture, l'histoire et les vieilles pierres, c'est ici qu'il faut descendre ! Plus qu'une ferme, c'est un gigantesque et magnifique ensemble de bâtiments (tous avec des pignons dits « à pas de moineaux » !) dont les origines remontent au XIVᵉ. Le premier propriétaire, dont Solange et Patrick aient retrouvé la trace, était avoué et gérait les terres d'une abbaye de Soissons. Elle devint une ferme au début du XIXᵉ. On y installa la distillerie à betteraves, une immense grange, ainsi que d'autres bâtiments. Autour de l'immense cour, il y eut jusqu'à cinq fermes ! Enfin, si elle se nomme de la Montagne, c'est qu'elle est située sur un promontoire et domine les environs. 5 chambres spacieuses, disséminées dans différentes ailes de la maison. Atmosphère charmante et campagnarde. Sanitaires privés. Une préférence pour « la chambre du bureau », située au rez-de-chaussée. 46 € (301,74 F) pour 2, petit déjeuner compris, servi dans l'un des salons... Celui du piano à queue, celui du billard français ou celui qui bénéficie d'une vue unique sur le Soissonnais ? Pas de table d'hôte, mais un petit resto dans le village. Ambiance décontractée, un brin bohème. Accueil convivial. Question loisirs, vous trouverez la piscine, le court de tennis et un grand parc où vous jouirez d'un magnifique coucher de soleil. Mais avant, allez voir la maison côté jardin ; elle vous dévoilera sa tourelle et ses fenêtres à meneaux.

SAINT-VALERY-SUR-SOMME 80230 Carte régionale A1

18 km NO d'Abbeville

▲ *Chambres d'hôte (Sophie et Patrick Deloison)* : 1, quai du Romerel. ☎ et fax : 03.22.26.92.17. Accès : au centre du bourg. Au cœur du ravissant village de Saint-Valéry. Patrick et Sophie ont installé, dans une petite maison à proximité de la leur, 2 chambres d'hôte avec sanitaires privés. Déco agréable avec plein de bibelots et d'antiquités (il faut dire qu'ils tiennent un magasin de brocante). Ambiance bohème et décontractée. Comptez 43 € (282,06 F) pour 2, petit déjeuner compris. Pas de table d'hôte mais plusieurs restos dans le bourg. Pour les familles ou copains, les proprios viennent d'ouvrir un superbe appartement genre loft, très lumineux, installé dans un ancien atelier de fabrication de bateaux. La déco est craquante et le confort tip-top. Pour ne rien gâcher, il est situé au cœur de la vieille ville. Pour 4 ou 6 personnes, il vous en coûtera entre 107 et 138 € (701,87 et 905,22 F) par jour, selon la longueur du séjour.

▲ ⊁ (10%) *Chambres d'hôte (Huguette et Gilles Servant)* : 117, rue Au Feurre. ☎ 03.22.60.97.56. et 06.87.03.12.11. Accès : traversez Saint-Valéry et à la sortie du bourg, tournez à droite à la charcuterie (rue Basse Remparts) et 1re rue à droite. À l'angle de 2 petites rues calmes, au-dessus de la vieille ville, agréable demeure avec petit jardin. 4 chambres, dont une double composée de deux chambres pour les familles ou amis. Une installée dans un ancien atelier à l'ambiance très marine ; la chambre cinéma avec ses vieilles photos d'artistes et surtout des photos de grands classiques découpés sur des calendriers (notre préférée) ; enfin, 2 autres dans un bâtiment plus indépendant, dont une rigolote décorée sur le thème des gallinacés. Sanitaires privés. 49 € (321,42 F) pour 2, petit déjeuner compris (plein de sortes de confitures maison). Pas de table d'hôte, mais en ville, les restos ne manquent pas. Accueil souriant.

SAVIGNIES 60650 Carte régionale A2

8 km O de Beauvais ; 15 km SE de Gerberoy

▲ |●| ⌂ *Chambres d'hôte La Ferme du Colombier (Annick et Jean-Claude Leturque)* : 14, rue du Four Jean Legros. ☎ 03.44.82.18.49. Fax : 03.44.82.53.70. ● Ferme.Colombier@wanadoo.fr ● Accès : la ferme est au centre du village, près de l'église. Superbe ferme de la fin du XVIIIe siècle avec grande cour intérieure où trône un vieux colombier. Ici, c'est une ferme en activité et ça se voit... nombreux bâtiments et extérieurs assez bordéliques, mais ça sent bon le retour aux sources. Dans une aile indépendante très bien restaurée, 4 chambres vastes à l'atmosphère campagnarde et à la déco dépouillée. 1 au rez-de-chaussée, les 3 autres à l'étage qui jouissent d'une magnifique charpente apparente dont 2 avec petite mezzanine pour les enfants. Sanitaires privés. 38 € (249,26 F) pour 2, petit déjeuner compris et 9 € (59,04 F) par personne supplémentaire. Table d'hôte servie chez Annick et Jean et partagée avec eux. 12,50 € (81,99 F) le repas, boisson comprise. Cuisine naturelle et saine avec l'agneau maison (le dites pas aux enfants !), les légumes du jardin et les produits des copains agriculteurs. Accueil convivial et vrai. *NOUVEAUTÉ.*

TAVAUX-ET-PONTSÉRICOURT 02250 Carte régionale B1

30 km NE de Laon ; 15 km S de Vervins

▲ ⊁ (10%) *Chambres d'hôte (Françoise et Michel Van Hyfte)* : 1, rue des Aubrevilles. ☎ 03.23.20.72.62 et 06.84.93.76.40. Fax : 03.23.20.66.37. ● hugues.vanhyfte@wordon line.fr ● Accès : de Laon, N 2 vers Vervins jusqu'à Marle, puis D 946 vers Montcornet et à gauche D 25 vers Tavaux ; traversez Pontséricourt, puis Tavaux, suivez Agnicourt ; la maison est dans la 2e rue à gauche. Dans l'ancienne boulangerie du village, Françoise et Michel ont aménagé 2 chambres ; eux habitent la maison mitoyenne. Toute de brique rouge vêtue, elle date du milieu du XIXe. Une chambre double au rez-de-chaussée et une chambre familiale à l'étage, composée de deux chambres. Elles sont coquettes et équipées de sanitaires privés. Comptez 38 € (249,26 F) pour 2, petit déjeuner compris. La devise de la maison pourrait être : nature, détente, culture et artisanat. Françoise donne des cours de yoga, elle peint des objets en porcelaine qui décorent la maison. Mais elle organise aussi des stages de tissage (elle possède plusieurs métiers à tisser) ; Michel lui s'occupe de la partie poterie. Ensemble, ils cultivent et vendent des fruits principalement rouges, qu'ils mettent en barquette ou transforment en jus et confitures (ah, les jus de framboise et de rhubarbe!). Une gentille adresse et des proprios qui n'ont pas les deux pieds dans le même sabot!

TULLY-FRANCE 80130   Carte régionale A1

25 km O d'Abbeville ; 10 km E du Tréport

🏠 |●| ⇆ ⑩% *Chambres d'hôte du Gui Nel (Catherine et Étienne Stevens)* : ☎ 03.22.26.41.13 ou 03.22.30.72.57. Fax : 03.22.30.28.31. Accès : d'Abbeville, D 925 vers Dieppe-Le Tréport ; 15 km après, passez deux ronds-points et 1 km après l'Intermarché, tournez à droite vers Tully et fléchage à l'entrée du village. Au bord d'une petite rue calme, maison bourgeoise de la fin du XIXᵉ. Dans une partie indépendante, 2 chambres guillerettes avec sanitaires privés. Une préférence pour celle avec une originale copie de cabine de plage qui dissimule la TV. Pour votre confort, vous aurez droit à des chaussons de bains et un service pour se faire un thé ou un café. 45,73 € (300 F) pour 2, petit déjeuner compris. Aux beaux jours, il est servi dans un superbe jardin d'hiver qu'apprécient de nombreuses plantes vertes. Table d'hôte, sur réservation, à 12,20 € (80 F), apéro et vin compris. Cuisine familiale. Catherine et Étienne élèvent des welsh-cob et si vous aimez les chevaux, vous pourrez visiter l'élevage.

VILLERS-AGRON 02130   Carte régionale B2

43 km SE de Soissons ; 25 km SO de Reims

🏠 |●| ⇆ ⑩% *Chambres d'hôte La Ferme du Château (Christine et Xavier Ferry)* : chemin de la Ferme. ☎ 03.23.71.60.67 et 06.16.83.33.16. Fax : 03.23.69.36.54. ● xav ferry@club-internet.fr ● Accès : sur la A 4, sortie Dormans (nᵒ 21), tournez trois fois à droite, puis fléchage. Joli petit village à la limite de la Champagne, et magnifique château du XVᵉ siècle. La façade est crépie tout en rose, mais c'est côté jardin qu'il prend tout son charme, avec sa petite tour. 4 chambres avec sanitaires privés, spacieuses et décorées avec goût. Comptez de 53 à 70 € (de 347,66 à 459,17 F) pour 2, petit déjeuner inclus. Table d'hôte (sauf le week-end, et sur réservation) à 30 € (196,79 F) tout compris (apéro au champagne, vin à discrétion et café) : rillettes de saumon et concombres, pain de courgettes, pintade aux champignons, navarin, sorbets maison, gâteau meringué au chocolat. Vous pourrez profiter d'un grand parc avec tennis et golf de 18 trous. Vélo à disposition. Accueil souriant et ambiance décontractée.

VILLERS-SUR-COUDUN 60150   Carte régionale A2

9 km N de Compiègne

🏠 |●| ⌁ *Chambres d'hôte (Michèle et Christian Trouillet)* : 1, rue de la Nacelle. ☎ 03.44.76.57.20 et 06.19.50.65.84. Accès : de Compiègne direction Noyon, puis D 142 vers Lassigny jusqu'à Villers, la maison est au cœur du village. Ancienne fromagerie toute en brique qui date du 19ᵉ siècle. Grand parc intérieur où s'abritent plusieurs maisonnettes. Dans l'une d'elle, une immense chambre d'hôte avec coin salon et chambre complémentaire à l'étage pour les familles ou amis. 53 € (347,66 F) pour 2, petit déjeuner compris (plusieurs sortes de pains et jus de fruit pressé). 9 € (59,04 F) par personne supplémentaire. Table d'hôte partagée avec Michèle et Christian dans leur maison ou dans le jardin. Repas à 14 € (91,83 F), apéro et vin compris. Cuisine familiale et traditionnelle. Ambiance agréable et vieille France. Accueil souriant et volubile. Une autre chambre est en projet. *NOUVEAUTÉ.*

Poitou-Charentes

16 *Charente*
17 *Charente-Maritime*
79 *Deux-Sèvres*
86 *Vienne*

AIGREFEUILLE-D'AUNIS 17290   Carte régionale A1-2

18 km E de La Rochelle ; 18 km N de Rochefort

🏠 ⛟ *Chambres d'hôte La Charmaie (Claudine et Claude Jarrossay) :* 13, rue de la Rivière. ☎ 05.46.35.97.84. Fax : 05.46.01.98.04. Accès : dans le village, prenez la direction du centre, puis empruntez la rue de l'Aunis ; la rue de la Rivière est entre la quincaillerie et le panneau Vedette. Fermé du 1er novembre au 31 mars. Au cœur du village mais au calme, ancienne ferme du début du XIXe avec une grande cour fermée gravillonnée. Sur l'arrière, agréable jardin ombragé et bien fleuri. Tombés sous le charme de cette maison (d'où son nom), Claudine et Claude l'ont spécialement achetée pour recevoir des hôtes. Au 1er étage, 3 chambres spacieuses et agréables avec sanitaires privés. 44 € (288,62 F) pour 2, petit déjeuner compris. Pas de table d'hôte, mais plusieurs restos dans le village, dont un installé sur le lac de Frace, qui vient d'être aménagé pour les touristes. Accueil aimable et souriant. Première plage à Châtelaillon (16 km).

AMAILLOUX 79350   Carte régionale A1

8 km N de Parthenay

🏠 *Chambres d'hôte Château de Tennessus (Philippa et Nicholas Freeland) :* ☎ 05.49.95.50.60. Fax : 05.49.95.50.62. ● www.tennessus.com ● Accès : de Parthenay N 149 vers Bressuire, le hameau est fléché à droite. Après 11 ans de travaux, Philippa et Nicholas nous offrent un vrai bijou en plein cœur de la Gâtine. Ce château médiéval à la tour centrale carrée a traversé de nombreux conflits et vous fera voyager dans le passé. Le mobilier rappelle les films de cape et d'épée, et on hésite entre la chambre « Seigneuriale » ou celle du « Chevalier ». Grandes cheminées en pierre, tissus colorés et beaux parquets font partie du décor des chambres. Sanitaires privés. À partir de 105,18 € (690 F) pour 2, petit déjeuner compris. Grande piscine. Accueil charmant teinté d'accent anglais. Une adresse pour routards aisés. *NOUVEAUTÉ.*

Nous vous rappelons que la table d'hôte est le complément d'une formule d'hébergement (chambre d'hôte, gîte d'étape...). Ce service n'est offert qu'aux personnes qui dorment sur place (excepté lorsqu'il est clairement écrit « ouvert aux extérieurs »).

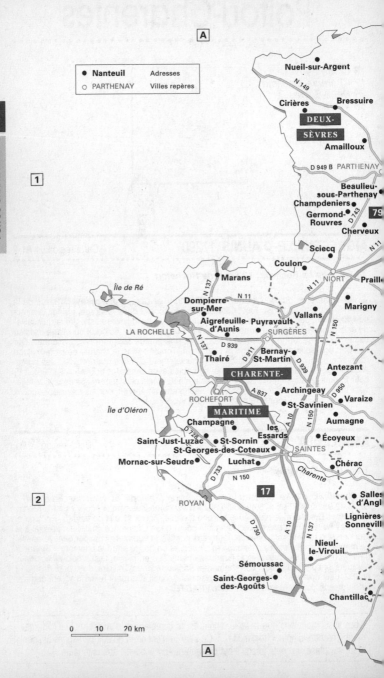

POITOU-CHARENTES

| ● | **Nanteuil** | Adresses |
| ○ | PARTHENAY | Villes repères |

A

Nueil-sur-Argent

N 149

Cirières
Bressuire

**DEUX-
SÈVRES**

Amailloux

D 949 B PARTHENAY

1

Beaulieu-
sous-Parthenay
Champdeniers
Germond-
Rouvres
Cherveux

79

D 743

Sciecq

N 11

Coulon

Marans

NIORT
Praill

Île de Ré

Dompierre-
sur-Mer

N 137

N 11

Marigny

Aigrefeuille-
d'Aunis
Puyravault

Vallans

N 150

LA ROCHELLE
SURGÈRES

N 137

D 939
D 911

Thairé

Bernay-
St-Martin

D 939

Antezant

CHARENTE-

A 837

Archingeay

D 950

Varaize

ROCHEFORT

St-Savinien

N 150

MARITIME

les
Essards

A 10

Aumagne

Champagne

Île d'Oléron

D 728

St-Sornin

Écoyeux

Saint-Just-Luzac
St-Georges-des-Coteaux

SAINTES

Mornac-sur-Seudre

Luchat

Chérac

D 733

N 150

Charente

17

Salles
d'Angl

2

ROYAN

Lignières
Sonnevill

D 730

A 10

N 137

Nieul-
le-Virouil

Sémoussac

Saint-Georges-
des-Agoûts

Chantillac

0   10   20 km

A

ANTEZANT 17400   Carte régionale A2

38 km S de Niort ; 7 km NE de Saint-Jean-d'Angély

🏠 ᴵᴼᴵ ⚬⚬ ⓾⓿% *Chambres d'hôte (Marie-Claude et Pierre Fallelour) :* Les Moulins. ☎ et fax : 05.46.59.94.52 et 06.11.11.03.35. Accès : dans Saint-Jean-d'Angély, direction Dampierre (D 127) et à Antezant, fléchage. Fermé pendant les vacances de Noël. Dans une magnifique demeure du XVIIIᵉ avec un ancien pigeonnier, 3 chambres claires et agréables, décorées avec goût. Deux (réservées aux familles) partagent une salle de bains et des w.-c. et l'autre a une salle d'eau et des w.-c. privés. Comptez 43 € (282,06 F) pour 2, avec le petit déjeuner. Table d'hôte à 15 € (98,39 F), apéro et vin compris : potage, poule au pineau, truite pochée aux herbes, clafoutis aux abricots, sorbets maison. Billard français à disposition. Superbe parc ombragé avec deux petits ruisseaux. Marie-Claude, charmante grand-mère qui apprécie beaucoup nos guides et reçoit des hôtes depuis longtemps, prodigue un accueil souriant et convivial. Atmosphère sereine, calme garanti. À Aulnay (12 km), église romane du XIIᵉ. Si vous séjournez dans le coin, allez voir les baudets du Poitou qui étaient en voie de disparition et qui feront la joie des enfants.

ARCHIGNY 86210   Carte régionale B1

37 km NE de Poitiers ; 18 km N de Chauvigny

🏠 ⚬⚬ *Chambres d'hôte La Talbardière (Pascale et Antoine Lonhienne) :* ☎ 05.49.85.32.51 ou 05.49.85.32.52. Fax : 05.49.85.69.72. ● www.interpe.fr/mapage/lonbienne ● Accès : à la sortie de Châtellerault sur la D 749, prenez à gauche la D 9 vers Monthoiron pendant quelques kilomètres, puis D 3 à gauche vers La Roche-Posay et à 2 km suivez le fléchage à gauche. En pleine campagne, charmant fortin dont les origines remontent au XVIIᵉ siècle. C'est Messire François Lucas (écuyer de Louis XIV) qui en fit sa résidence principale et la transforma en 1630. 3 chambres très spacieuses et agréables avec sanitaires privés : deux au 1ᵉʳ étage, et une au rez-de-chaussée, installée dans l'ancienne écurie (très fraîche et agréable en été). Comptez 46 € (301,74 F) pour 2, petit déjeuner compris (servi très souvent dans la chambre, gâté que vous êtes !). Pas de table d'hôte, mais Pascale et Antoine connaissent toutes les bonnes tables des environs. Ils ont aussi aménagé 1 gîte rural pour 5 personnes. Accueil chaleureux.

ARCHINGEAY 17380   Carte régionale A2

25 km E de Rochefort ; 15 km O de Saint-Jean-d'Angély

🏠 ᴵᴼᴵ ⚬⚬ *Chambre d'hôte (Marie-Thérèse et Jean-Pierre Jacques) :* 16, rue des Sablières. ☎ 05.46.97.85.70 et 06.73.39.79.70. Fax : 05.46.97.61.89. ● jpmt.jacques@wanadoo.fr ● Accès : sur la D 739 entre Rochefort et Saint-Jean-d'Angély, plus exactement à Tonnay-Boutonne, prenez la D 114 vers Archingeay ; dans le bourg direction Les Nouillers et fléchage. Fermé du 20 décembre au 15 janvier. Ancienne ferme viticole, fleurie avec passion par Marie-Thérèse. Dans une aile de la maison, 3 chambres d'hôte de 2 à 4 personnes pour la familiale, dont une accessible aux personnes handicapées. Sanitaires privés. Comptez de 44,21 à 48,78 € (de 290 à 320 F) pour 2, petit déjeuner compris. Grand parc ombragé et immense potager, largement sollicité pour la table d'hôte. Repas à 15 € (98,39 F), apéro et vin compris. Cuisine traditionnelle et familiale. Accueil prévenant.

AUMAGNE 17770   Carte régionale A2

25 km NE de Saintes ; 12 km SE de Saint-Jean-d'Angély

🏠 ᴵᴼᴵ ♟ ⚬⚬ *Chambres d'hôte La Clé Deschamps (Éliane et Maurice Deschamps) :* Le Treuil. ☎ 05.46.58.23.80. Fax : 05.46.58.23.91. Accès : de Saint-Jean-d'Angély (sortie A 10) direction Angoulême ; avant Reignier, prenez à droite vers Aumagne (D 229), c'est à 800 m. Fermé du 15 novembre à Pâques. Conseillé de réserver longtemps à l'avance.

Dans le village, ferme recouverte d'ampélopsis avec 3 chambres, dont deux familiales (composées de deux chambres) simples mais agréables. Elles disposent de sanitaires privés. Comptez 36,59 à 42,69 € (240 à 280 F) pour 2, petit déjeuner inclus. Bonne table d'hôte à 14,5 € (95,11 F), apéro et vin compris : potage, terrine maison, succulents beignets de sardines, lapin aux oignons, mouclade, tartes maison. Quand il fait frais, prévoir des pulls car les chambres ne sont pas chauffées. Tennis sur place. Éliane est une hôtesse charmante, enthousiaste, pleine d'entrain et de gaieté. Accueil extrêmement chaleureux.

AVAILLES-LIMOUZINE 86460   Carte régionale B1-2

58 km SE de Poitiers ; 14 km N de Confolens

POITOU-CHARENTES

▲ |●| 🐎 ✕ ⑩% *Chambres d'hôte Les Écots (Line et Pierre Salvaudon) :* ☎ et fax : 05.49.48.59.17. Accès : à Pressac (sur la D 148 entre Confolens et Civray), prenez la D 34 ; à l'entrée du village, prenez la D 100 vers Mauprévoir, c'est à 3 km sur la gauche. Sur réservation. En pleine nature, au milieu des prés et des bois. Jolie ferme en pierre apparente où Line et Pierre, jeunes agriculteurs, élèvent des moutons. L'intérieur de leur maison est agréable et rustique, et ils ont 2 chambres mignonnettes et claires, avec sanitaires privés et w.-c. communs. Comptez 31 € (203,35 F) pour 2, petit déjeuner compris (yaourt et confitures maison, jus de fruits, pain d'épice, pâtisserie maison comme la *pie* à la cerise). À la table d'hôte (sur réservation), vous dégusterez, pour 13 € (85,27 F) apéro et vin compris, terrine de lapin, tarte aux légumes, grillades de mouton et gigot en croûte (maison bien sûr !), lapin aux deux moutardes, poulet au miel, épaule d'agneau farcie, boyé poitevin, sorbet maison et le gratin pomme-cassis (miam-miam !). Également 1 gîte rural. Accueil jeune et sympa des patrons, qui sont aussi de fervents routards, ambiance décontractée et familiale. Vélos à disposition. Bons tuyaux sur les balades à faire dans le coin. Une excellente adresse.

BEAULIEU-SOUS-PARTHENAY 79420   Carte régionale A1

28 km NE de Niort ; 6 km S de Parthenay

▲ ⑩% *Chambres d'hôte La Férolière (Marie-Claude et Guy Ferjou) :* ☎ et fax : 05.49.70.64.63. Accès : de Parthenay, prenez la D 142 vers Beaulieu ; à 5 km tournez à droite ; fléchage. Fermé du 1er au 16 septembre. En pleine nature, dans une vieille et noble ferme traditionnelle, plusieurs formules d'hébergement. D'abord 2 chambres familiales très spacieuses, avec coin cuisine et sanitaires privés. Comptez 37 € (242,70 F) pour 2, petit déjeuner compris (confitures et broyé du Poitou maison, pain bio). Également 1 camping à la ferme au bord du ruisseau en bas de la maison et 2 gîtes pour 4 ou 5 personnes, de 220 à 280 € (de 1443,11 à 1836,68 F) la semaine. Sentier nature sur place. Accueil chaleureux, un joli coin tranquille à la campagne. Bon rapport qualité-convivialité-prix.

BERNAY-SAINT-MARTIN 17330   Carte régionale A2

45 km E de La Rochelle ; 10 km E de Surgères

▲ |●| *Chambres d'hôte La Méridienne (Catherine Landre et Laurent Dumas) :* 5, rue de l'École. ☎ et fax : 05.46.33.88.21. Accès : à Parançay (sur la D 939 entre Surgères et Saint-Jean-d'Angély), prenez la D212-E2 vers Breuilles et fléchage. Fermé de début novembre à fin avril. En pleine campagne, ancienne et belle ferme viticole du milieu du XIXe. Après la grave crise provoquée par le phylloxéra, elle devint ferme d'élevage puis céréalière. Aujourd'hui elle a pris sa retraite... Dans une aile indépendante (l'ancienne écurie), 2 chambres élégantes et confortables. Les romantiques préféreront la chambre avec un original lit à baldaquin, conçu par vos hôtes. Une 3e, familiale celle-là, est installée dans l'ancien chai. Sanitaires privés. Comptez 41,16 € (270 F) pour 2, petit déjeuner compris (pâtisserie, miel et confitures maison), et 7,62 € (50 F) par personne supplémentaire. Table d'hôte partagée avec Catherine et Laurent pour 13,72 € (90 F), apéro, vin et café compris. Goûteuse cuisine traditionnelle avec les produits du jardin. Prêt de vélos pour découvrir la campagne et ses richesses (votre hôtesse connaît plein de petits itinéraires). Également un petit gîte rural pour 4 personnes, pour ceux qui veulent séjourner.

Charme des lieux, gentillesse de l'accueil, en clair, une bonne adresse. Accueil prévu pour les chevaux (prés et boxes).

BRESSUIRE 79300   Carte régionale A1

32 km NO de Parthenay ; 14 km E de Cerizay

🛏 ⁂ *Chambres d'hôte La Léonière (Michèle et Francis Bisleau) :* Terves.
☎ 05.49.65.19.25. Accès : de Bressuire, D 748 vers Niort pendant 2 km ; la maison est sur la gauche. Fermé du 23 décembre au 2 janvier et la dernière semaine d'août. 4 grandes chambres familiales pour 3 à 4 personnes (avec un petit coin kitchenette) dans cette ferme où Michèle et Francis élèvent des moutons. Comptez 31 € (203,35 F) pour 2, petit déjeuner compris, et 8 € (52,48 F) par personne supplémentaire. La maison est un peu en bord de route, mais les chambres sont au calme. Deux étangs privés pour les pêcheurs et pour faire un petit tour en barque. Accueil chaleureux et authentique.

BRUX 86510   Carte régionale B1

45 km S de Poitiers ; 16 km NO de Civray

🛏 |●| ⁂ *Chambres d'hôte (Danièle et Jean-Pierre Toulat) :* Chez-Saboureau.
☎ 05.49.59.23.04. Fax : 05.49.53.41.87. Accès : sur la N 10 entre Poitiers et Angoulême, au lieu-dit Chez Fouché, bifurquez vers Brux ; traversez le village en direction de Blanzay et prenez la 3ᵉ route à gauche. Danièle et Jean-Pierre, agriculteurs, proposent 3 chambres agréables, avec rideaux et abat-jour assortis (préférez la chambre bleue, avec sa porte-fenêtre qui ouvre sur le jardin, à l'arrière de la maison). Sanitaires privés. Comptez 36 € (236,14 F) pour 2, petit déjeuner inclus. À la table d'hôte, pour 10 ou 13 € (65,60 ou 85,27 F) vin compris, vous pourrez goûter à la terrine maison ou au pain de courgettes, au lapin à la moutarde ou à l'échalote, et à la grimole (pâte à crêpes aux pommes). Accueil souriant et agréable.

CELLE-LÉVESCAULT 86600   Carte régionale B1

22 km SO de Poitiers

🛏 |●| ⁂ *Chambres d'hôte Château de la Livraie (Éva, Lysiane et René Morin) :*
☎ 05.49.43.52.59 et 06.83.19.74.15. Accès : sur la N 10 Poitiers/Angoulême ; à la hauteur de Vivonne, prenez la D 742 vers Lusignan pendant 6 km, puis à gauche la D 97 vers les Minières. Fermé en décembre. Grande maison bourgeoise au milieu d'un parc arboré, où Éva et sa fille reçoivent dans 5 chambres, dont une suite de deux chambres communicantes. Sanitaires privés. Les meubles anciens donnent une atmosphère vieille bourgeoisie française. Comptez de 42,69 à 45,73 € (de 280 à 300 F) pour 2, petit déjeuner compris (grand choix de confitures maison). À la table d'hôte de 12,96 à 13,72 € (de 85 à 90 F), vin compris : farci poitevin, salade composée, pintade au chou, daube aux pruneaux, œufs au lait, clafoutis. Beaucoup d'animaux car les patrons, agriculteurs, élèvent des chèvres et des moutons. Calme et tranquillité assurés. Nombreux circuits pédestres et petite rivière pour les pêcheurs à proximité.

CHABOURNAY 86380   Carte régionale B1

4 km SO de Vendeuvre ; 15 km N de Poitiers

🛏 *Chambres d'hôte La Rosalière (Nadine Mignard) :* 14, rue des Écoles.
☎ 05.49.51.53.57 et 06.16.41.20.18. Accès : de Vendeuvre direction Neuville ; la maison est à 200 m de l'église, à côté de la mairie et de l'école. Un joli portail, une grande cour intérieure, une maison et une grange. C'est dans cette dernière, rénovée avec soin, que dorment les autres. À l'étage, 5 belles chambres décorées d'adorables peintures au tampon. Sanitaires privés. 37 € (242,70 F) pour 2, petit déjeuner compris. Pas de table d'hôte mais kitchenette à disposition. Accueil vraiment charmant. *NOUVEAUTÉ.*

CHAMPAGNE 17620
Carte régionale A2

22 km NO de Saintes ; 15 km S de Rochefort

🛏 🍴 ⇔ *Chambres d'hôte L'Enclos (Jacques Laurent) :* Les Grands-Ajots. ☎ 05.46.97.04.97. Accès : de Saintes, N 137 vers Rochefort pendant 15 km, puis D 18 vers Pont-l'Abbé ; dans le bourg, prenez la D 118 vers Saint-Sornin pendant 3 km et tournez à droite vers Les Grands-Ajots ; la maison se situe en bas de la descente juste après le ruisseau. Fermé d'octobre à fin mars. Sur un grand domaine en pleine campagne, superbe ferme dont les origines remontent au XVIIe siècle. Jacques l'a entièrement restaurée, et croyez-nous, la déco vaut le coup d'œil : enduits à la serpillière, vieilles tommettes, beaux meubles rustiques, gravures anciennes et des tas de collections (pots, carafes... et même bouillottes !). Mais les talents du proprio ne s'arrêtent pas là... il fabrique des automates de collection ! Il pourra vous montrer les photos des magnifiques personnages qu'il a entièrement créés (certains sont exposés au musée de La Rochelle !). 4 chambres charmantes avec sanitaires privés, dont une suite familiale (4 personnes). Comptez de 42 à 46 € (de 275,50 à 301,74 F) pour 2, copieux petit déjeuner compris (jus de fruits, croissant, fromage, œufs et même les tomates du jardin en saison !). Jacques aime aussi faire la cuisine, et vous propose une goûteuse table d'hôte pour 17 € (111,51 F), vin compris. Les magrets de canard à l'orange et aux navets caramélisés, les filets de sole à l'oseille, le coq au vin sont quelques-unes de ses spécialités. Enfin, le maître des lieux a aussi une passion pour les animaux : dans son pigeonnier, vous pourrez admirer, entre autres, de magnifiques hirondelles de Nuremberg ; il a aussi des ânes très sympas et deux camarguais... Une adresse bourrée de charme que les romantiques ne manqueront pas. Alors bien sûr, un de nos coups de cœur.

POITOU-CHARENTES

CHAMPDENIERS 79220
Carte régionale A1

21 km N de Niort ; 15 km NO de Saint-Maixent

🛏 🍴 🐾 ⇔ (10 %) *Chambres d'hôte La Grolerie (Corinne et Xavier Masson) :* ☎ 05.49.25.66.11 et 06.60.57.35.70. ● www.la-grolerie.com ● Accès : A 10 sortie n° 31 (Saint-Maixent), puis D 6 vers Champdeniers ; traversez la D 743 (Niort-Parthenay), 1 km plus loin tournez à droite et fléchage. Superbe ensemble de bâtiments datant du XVIIIe siècle, qui dépendaient du Logis de Puyraveau. La maison tout d'abord, magnifiquement restaurée. 3 chambres vastes à la déco raffinée (peinture à la cire, frises au pochoir). Deux au rez-de-chaussée avec un superbe dallage d'origine, dont une avec cheminée (notre préférée), la dernière est à l'étage. Sanitaires privés. Comptez 37 € (242,70 F) pour 2, petit déjeuner inclus, avec du beurre d'Échiré (on dit que c'est le meilleur), plein de sortes de confitures et un gâteau maison. Table d'hôte, en compagnie des propriétaires, servie dans une superbe salle à manger à l'ambiance campagnarde et décontractée. Bonne cuisine traditionnelle avec par exemple : flan de courgettes au basilic, jambon mojette, lapin au pineau, coq au vin et aux pruneaux, charlotte aux fruits de saison, tarte chaude aux pêches. Faites un tour dans les autres bâtiments, notamment dans la majestueuse grange magnifiquement conservée et qui possède curieusement deux rosaces, sans avoir servi de lieu de culte (mystère !). Accueil jeune et chaleureux, bon rapport qualité-prix ; en clair : une bonne adresse.

CHAMPNIERS 16430
Carte régionale B2

7 km N d'Angoulême

🛏 🐾 *Chambres d'hôte La Templerie (Claudine et Jean Richon) :* Denat. ☎ 05.45.68.73.89 ou 05.45.68.49.00 et 06.87.13.14.65. Fax : 05.45.68.91.18. Accès : si vous venez du nord par la N 10, quelques kilomètres avant Angoulême, prenez la petite rue à droite avant l'hôtel Kyriad et fléchage sur 1,5 km. Bien qu'aux portes d'Angoulême, vous serez ici en pleine campagne. Magnifique domaine viticole datant du XIXe siècle. Dans l'ancienne grange, Claudine et Jean ont aménagé 5 belles chambres avec de luxueux sanitaires privés. Trois chambres au 1er étage (dont une familiale) et deux au rez-de-chaussée avec accès direct à la piscine (on pique une tête ?). Claudine a réalisé toute la déco et a tapissé fauteuils et canapés. Ambiance élégante et raffinée. Comptez 40 € (262,38 F) pour 2, petit déjeuner compris. Grande pièce de jour avec beau volume, meubles campagnards dont un superbe buffet bressan. Pas de table d'hôte, mais coin cuisine à disposition, ainsi qu'une petite laverie (c'est pas beau la vie ?). Sur son domaine, Jean produit pineau et cognac (dégustation dans un petit caveau) ; la distillerie n'est pas sur place, mais on peut vous y emmener. Amoureuse de sa région, Claudine en connaît toutes les richesses. Et bien sûr Angoulême, avec son célèbre festival de BD (3e semaine de janvier). Il faut aussi visiter sa vieille ville, dans un très agréable quartier piétonnier. Accueil agréable. Bon rapport qualité-prix-convivialité. Également 1 gîte pour 6 personnes.

CHAMPNIERS 86400 — Carte régionale B1

10 km N de Civray

🛏 *Chambres d'hôte (Geneviève et Jean-Louis Fazilleau) :* ☎ 05.49.87.19.04. Fax : 05.49.87.96.94. ● jeanlouls.fazilleau@free.fr ● Accès : de Civray prendre la route de Gençay, la maison est au centre du bourg. Au cœur du village, maison typiquement poitevine bien au calme. À l'arrière, il y a des champs et une allée plantée de jeunes arbres. 3 chambres joliment meublées avec sanitaires privés. De 34 à 38 € (223,03 à 249,26 F) pour 2, petit déjeuner compris. Les propriétaires aiment les voyages et de nombreux souvenirs ornent les murs de leur maison. Accueil convivial. Une adresse bien agréable. *NOUVEAUTÉ.*

CHANTILLAC 16360 — Carte régionale A2

45 km SO d'Angoulême ; 13 km SO de Barbezieux

🛏 🍴 🏠 *Ferme-auberge Picoutin (Michèle et Maurice Laroche) :* ☎ 05.45.78.41.31. Fax : 05.45.78.65.96. Accès : à Chevanceaux (sur la N 10 en venant de Barbezieux), prenez à droite vers Moutendre (D 256e) pendant 3 km, puis tournez de nouveau à droite vers Chantillac, faites 1 km et encore à droite. Ouvert le week-end, sauf le dimanche soir, et en semaine uniquement sur réservation. C'est dans une distillerie, au pied de l'alambic charentais, que Michèle et Maurice accueillent leurs clients. 3 menus, apéro, vin et café compris. À 16 € (104,95 F), potage, charcuterie, chou farci ou tarte aux poireaux, poulet au pineau, salade, fromage et dessert ; à 20 € (131,19 F), salade de gésiers confits, salmis de canard ou escargots à la charentaise, cuisses de canard sauce aux griottes ou confit ou pintade, salade, fromage et dessert ; à 25 € (163,99 F), avec le foie gras en plus.

CHAUNAY 86510 — Carte régionale B1

50 km S de Poitiers ; 11 km NO de Civray

🍴 🏠 *Ferme-auberge de Panièvre (Félise et Thierry Pascault) :* ☎ et fax : 05.49.59.02.02. Accès : sur la N 10 entre Poitiers et Angoulême, au lieu-dit Chez Fouché, direction Brux et fléchage sur 5 km. Ouvert les vendredis soir, samedis soir, dimanches midi et jours fériés (sur demande le mercredi en juillet-août), pour les groupes en semaine. En pleine campagne, jolie ferme où oies et canards s'ébattent joyeusement dans la cour et dans la mare. Enfin une ferme-auberge qui a du caractère. À l'intérieur, jolis nappages fleuris, et plein de plantes vertes partout. Les repas sont servis dans le jardin par beau temps. Menu du jour à 14 € (91,83 F), et 2 autres menus à 18 à 20 € (118,07 et 131,19 F). Parmi les spécialités de Félise, la délicieuse sauce aux lumas (escargots en patois), les ris d'agneau à la crème, le coq au vin, le filet de canard au feu de bois sauce au miel, le lapin à l'ail (miam !), et tout plein de desserts maison. Une bonne adresse, avec d'excellents produits frais.

CHAUVIGNY 86300 — Carte régionale B1

25 km E de Poitiers

🛏 *Chambres d'hôte La Veaudepierre (Mme de Giafferri) :* 8, rue du Berry. ☎ 05.49.46.30.81 ou 05.49.41.41.76. Fax : 05.49.47.64.12. ● www.perso.laveaudepierre.club-internet.fr ● Ouvert de Pâques à la Toussaint. Au pied de la haute ville (vuo superbe), cette maison du XVIIIe siècle abrite les souvenirs, pieusement conservés, d'une famille à l'histoire ancienne. 5 chambres de charme, de caractère et de style. 3 avec salles de bains privées, 2 ont salle de bains commune. De 40 à 47 € (262,38 à 308,30 F) pour 2. Demandez-en une qui donne sur le jardin où trône un bananier. La nuit, le quartier est d'un calme royal et on peut se rendre aussi bien au vieux château que dans la partie basse de Chauvigny. *NOUVEAUTÉ.*

CHÉRAC 17610   Carte régionale A2

13 km SE de Saintes

▲ ✵ *Chambres d'hôte Ferme de chez Piché (Martine et Jean-Claude Charbonneau) :* ☎ et fax : 05.46.96.30.84. Accès : de Saintes, direction Angoulême, puis Cognac par la D 24, passez Chaniers ; la ferme est 2 km après Dompierre-sur-Charente sur la gauche (n'allez pas à Chérac). Si vous voulez tout savoir du pineau et du cognac, c'est ici qu'il faut vous arrêter... Martine et Jean-Claude produisent et vendent pineau rosé et blanc, cognac cru Borderies (le plus petit des six crus de cognac avec seulement 3000 ha), mais aussi sauvignon et merlot. Dans une partie indépendante de leur exploitation située au milieu des vignes, ils ont ouvert 3 chambres d'hôte. Déco simple. Sanitaires privés. 40 € (262,38 F) pour 2, petit déjeuner compris. Visite du chai (pressoirs suspendus) et dégustation sont au programme. Accueil agréable.

CHERVEUX 79410   Carte régionale A1

13 km O de Saint-Maixent ; 22 km NE de Niort

▲ ❙●❙ *Chambres d'hôte Château de Cherveux (François et Marie-Thérèse Redien) :* ☎ et fax : 05.49.75.06.55. ● www.chateau-de-cherveux.com ● Accès : Prendre la N 11 jusqu'à la Chèche puis D 7 vers Cherveux. Fermé en novembre et décembre. Qui n'a pas rêvé de dormir dans un château, tel un prince ou une princesse, l'œil rivé sur les douves ou le donjon ! Dans ce vieux château du XVe, le rêve se réalise pour un prix raisonnable et sous l'accueil sympathique des Redien. 4 chambres toutes différentes, mais on préfère celle de la salle de garde avec son incroyable baignoire encastrée. Sanitaires privés. 45,73 à 53,37 € (300 à 350 F) pour 2, petit déjeuner compris. Possibilité de table d'hôte. *NOUVEAUTÉ.*

CIRIÈRES 79140   Carte régionale A1

42 km NO de Parthenay ; 10 km O de Bressuire

▲ ✵ ⑩% *Chambres d'hôte Château de Cirières (Marie-Claude et Jean-Marie Dugast) :* ☎ 05.49.80.53.08. Accès : de Bressuire, D 960 *bis* vers Cerizay jusqu'à Cirières ; dans le village, passez devant l'église et sur le petit pont, la maison est sur la droite. Ouvert de début mai à fin septembre. En pleine campagne, belle demeure bourgeoise du milieu du XIXe siècle, ouvrant sur une grande prairie avec les bois en fond de décor (18 ha en tout... bonjour la tondeuse !). 3 chambres agréables installées au 1er étage. Une préférence pour la plus grande qui ouvre sur le parc et est équipée d'un lit de 150. Sanitaires privés. Comptez 54,88 € (360 F) pour 2, petit déjeuner compris. Agréable salon avec billard français. Pas de table d'hôte, mais une ferme-auberge à proximité et un petit resto dans le village. Accueil souriant et courtois. Calme et tranquillité assurés. Possibilité de taquiner le poisson dans un étang privé.

CONDÉON 16360   Carte régionale B2

42 km SO d'Angoulême ; 8 km S de Barbezieux

▲ ❙●❙ 🐾 *Chambres d'hôte (Jacqueline et Guy Testard) :* Le Bois de Maure. ☎ 05.45.78.53.15. Accès : du village, direction Chalais par la D 731 sur 3 km, puis tournez à gauche, direction Berneuil par la D 128 et 1re à gauche. En pleine nature. Grande maison blanche au bout d'un petit hameau. Jacqueline propose 4 chambres simples au rez-de-chaussée, toutes équipées de sanitaires particuliers. Comptez 30,49 € (200 F) pour 2 avec un copieux petit déjeuner : rillettes de canard maison, fromages, confitures maison, de quoi bien démarrer la journée ! Table d'hôte partagée en famille à 10,67 € (70 F) avec apéro, vin et café compris : potage et salade de gésiers, magret ou confit de canard, tarte aux fruits de saison. Ici, le canard est à l'honneur, car c'est la production maison. Accueil agréable, auquel Véronique, la fille de la maison, participe activement. Bon rapport qualité-prix.

COULON 79510 — Carte régionale A1

11 km O de Niort

▲ *Chambres d'hôte La Rigole (Sergine Fabien) :* 180, route des bords de Sèvre. ☎ 05.49.35.97.90. Accès : dans le village, en venant de Niort, tournez au 1er feu à gauche, passez devant la mairie et l'école, filez tout droit, puis suivez la direction Irleau ; faites 2,5 km et au camping, tournez à droite. Fermé à Noël et le Jour de l'An. Petite maison maraîchine au cœur du Marais poitevin (« la Venise verte »), où Sergine, la jeune et pimpante propriétaire, propose 4 chambres mignonnettes avec sanitaires privés au 1er étage. Déco personnalisée : une avec deux lits rouleaux, une de style 1900, une romantique avec ciel de lit et la dernière qui ouvre sur la rivière. Comptez 39,64 € (260 F) pour 2 avec le petit déjeuner. Petit salon à disposition. Point de chute idéal pour circuler et découvrir les conches. En résumé, une très gentille adresse et un excellent rapport qualité-prix-convivialité.

DANGÉ-SAINT-ROMAIN 86220 — Carte régionale B1

42 km NE de Poitiers ; 14 km N de Châtellerault

▲ |●| ⚘ ⑩% *Chambres d'hôte (Annie et Noël Braguier) :* 17, rue de la Grenouillère. ☎ 05.49.86.48.68. et 06.71.11.96.36. Fax : 05.49.86.46.56. Accès : de Châtellerault, N 10 vers Tours, et dans Dangé, prenez à gauche au 2e feu et fléchage. Pas de table d'hôte du 24 au 31 décembre. À la limite de l'Indre-et-Loire, agréable maison du XIXe siècle avec un joli parc arboré et un petit plan d'eau, située à la sortie du bourg. Vous y trouverez 5 chambres plaisantes, toutes avec sanitaires privés (pour une, les w.-c. sont sur le palier) : deux dans la maison des proprios (nos préférées), et trois dans la maison de la mère d'Annie, juste à côté (dont une accessible aux personnes à mobilité réduite). Comptez de 42 à 45 € (de 275,50 à 295,18 F) pour 2, petit déjeuner compris (choix incroyable de confitures maison). Table d'hôte (sur réservation) à 18 € (118,07 F), apéro et vin compris, avec par exemple joues de porc à la poitevine, rillettes de canard maison, terrine de foies de volailles au porto, saumon mariné à l'aneth, poulet poitevin (vin blanc, champignons et lardons), pot-au-feu, broyé poitevin maison, tarte maison ou charlotte au chocolat (un seul menu par soir). Pour vos balades, Noël a préparé des petits manuels pratiques avec itinéraires pour découvrir les environs. Accueil agréable.

DOMPIERRE-SUR-MER 17139 — Carte régionale A1

8 km NE de La Rochelle

▲ ⚘ *Chambres d'hôte Margorie (Marie-Joseph et Jean Renard) :* ☎ et fax : 05.46.35.33.41. Accès : de Dompierre, prenez la direction de Mouillepied, puis la 1re à droite à 1 km du bourg. En pleine nature, dans des bâtiments annexes à la jolie maison des propriétaires, 6 chambres d'hôte au calme. Quatre d'entre elles disposent de sanitaires privés et les deux autres sont regroupées, avec un sanitaire commun (préférez celle avec le petit salon). Déco guillerette et agréable. Comptez 40 € (262,38 F) pour 2, avec le petit déjeuner, qui est servi dans une salle dont les murs sont recouverts de vieux outils. Marie-Joseph a ouvert ses chambres il y a 20 ans, elle sait comment s'y prendre et a son franc-parler... Sympathique promenade à pied au bord du canal qui passe tout près de la maison (on peut aussi y pêcher). Plages à une dizaine de kilomètres.

ÉCOYEUX 17770 — Carte régionale A2

15 km NE de Saintes ; 18 km S de Saint-Jean-d'Angély

 ▮❙ *Chambres d'hôte (Andrée et Henri Forget)* : lieu-dit Quimand. ☎ et fax : 05.46.95.92.55. ● maforget@libertysurf.fr ● Accès : de Saint-Jean-d'Angély, direction Saint-Hilaire-de-Villefranche (N 150), puis prenez la D 731 vers Cognac ; au carrefour suivant, tournez à droite vers Écoyeux (D 129), puis fléchage. Fermé du 10 au 31 janvier. Dans une ancienne ferme mitoyenne à une autre maison, 4 chambres d'hôte dont deux louées aux familles et une aménagée pour accueillir les personnes à mobilité réduite. Sanitaires privés. Bien qu'un peu plus chère, choisissez la chambre rococo 1900. Comptez de 33 à 40 € (de 216,47 à 262,38 F) pour 2, avec le petit déjeuner. Fait aussi table d'hôte, sur réservation, à 15 € (98,39 F), apéro, vin et café compris : potage, mouclade au pineau, lapin mariné cuit à la broche, galette saintongeaise à l'angélique et au cognac, œufs au lait, pain maison. Location de vélos. Accueil convivial.

ESSARDS (LES) 17250 — Carte régionale A2

10 km NO de Saintes ; 60 km de la Rochelle

 ▮❙ *Chambres d'hôte Le Pinier (Francine Jamin)* : 10, le Pinier. ☎ 05.46.93.91.43 et 06.72.36.21.59. Fax : 05.46.93.93.64. Accès : de Saintes, N 137 vers Rochefort pendant 10 km et tournez à gauche (D 119), fléchage sur 2 km. Ouvert seulement en juillet et août et les week-ends de mai, juin et septembre. Belle demeure du XVIIe décorée avec beaucoup de goût. 4 chambres très différentes, du rustique au plus moderne, avec de très jolis tissus colorés. Une chambre familiale (4 personnes) et trois autres installées dans une ancienne étable joliment restaurée, avec accès indépendant. Sanitaires privés. Comptez 42 € (275,50 F) pour 2, petit déjeuner inclus. Table d'hôte sur réservation à 13 € (85,27 F). Accueil jeune et agréable.

GERMOND-ROUVRE 79220 — Carte régionale A1

13 km N de Niort ; 8 km S de Champdeniers

 ▮❙ 🐕 ✥ ⑩% *Chambres d'hôte (Josette et Didier Blanchard)* : 40, chemin de la Minée-Breilbon. ☎ 05.49.04.05.01 et 06.87.41.06.60. Accès : sur la D 743 entre Niort et Parthenay, prenez la D 7 vers Germond et fléchage. Dans un petit hameau, mignonnette maison en pierre apparente avec jardin clos. Dans les dépendances, 2 chambres avec sanitaires privés et 1 chambre dans la maison (sanitaires privés). Comptez 33,54 € (220 F) pour 2, petit déjeuner compris (confitures maison). Table d'hôte à 12,20 € (80 F), apéro, vin et café compris. Ici, c'est souvent Didier qui fait la cuisine à partir des produits du jardin (ces dames seront contentes d'apprendre qu'il est aussi pâtissier de métier...). Parmi ses spécialités : velouté à l'ortie, pâté et rillettes maison, farci poitevin, tourte au fromage, lapin à l'ail, escargots farcis, pigeons aux choux ou poulet à la poitevine (élevés par Didier), crème brûlée à l'angélique ou tarte, glaces maison... Pour vous balader, 5 vélos à disposition (sympa !). Ping-pong. Accueil très chaleureux. Une bonne adresse.

HIESSE 16490 — Carte régionale B2

62 km S de Poitiers ; 10 km NO de Confolens

 ▮❙ ✥ ⑩% *Chambres d'hôte et Ferme-auberge (Viviane et Jean-Claude Le Borgne)* : l'Âge-Vieille. ☎ 05.45.89.65.45. Accès : de Confolens, direction Poitiers (D 148) ; au bout de 3 km, tournez à gauche vers Ruffec, puis après 5 km, à droite, direction L'Herbaudie et continuez sur 2 km. Fermé du 1er septembre au 30 avril pour les chambres. Pour la ferme-auberge, fermé en semaine de septembre à juin sauf le dimanche soir en juillet-août. Uniquement sur réservation. En pleine nature, 2 chambres doubles avec salle d'eau et w.-c. privés, à 30,49 € (200 F) pour 2, petit déjeuner compris. Jean-Claude et Viviane élèvent des daims. Table d'hôte à 12,20 € (80 F), vin et café compris. En ferme-auberge, 2 menus à 18,29 et 22,87 € (120 et 150 F), dans ce dernier, vous trouverez la spécialité maison : le daim !

POITOU-CHARENTES

JOURNET 86290   Carte régionale B1

59 km E de Poitiers ; 9 km E de Montmorillon

🛏 I●I *Chambres d'hôte Ferme du Haut Peu (Chantal et Jacques Cochin)* : ☎ 05.49.91.62.02. Fax : 05.49.91.59.71. Accès : sur la D 727, 5 km après Montmorillon, direction La Trimouille, tournez à gauche (D 121) ; dans Journet, direction Haims, c'est à 1 km. Fermé en décembre et janvier. Au milieu des champs, superbe ferme recouverte d'ampélopsis avec un agréable parc ombragé. Chantal propose 2 chambres ravissantes et champêtres et un ensemble spécial famille (5 personnes) avec cuisine (aménagé dans l'ancienne écurie et le four à pain). Sanitaires privés. Comptez 44 € (288,62 F) pour 2, avec le petit déjeuner. En plus des chambres, formules table d'hôte et goûter à la ferme. Repas à 16 € (104,95 F), sauf le dimanche, avec apéro, vin et café compris : quiche aux épinards et fromage blanc de chèvre, consommé de brocolis, filet mignon de porc, lapin à la poitevine, tarte Tatin aux noix, alcazar. Pour les goûters, spécialités de crottin sur toast, tarte au fromage et raisins, clafoutis, etc. Chantal et Jacques élevant des chèvres, on peut assister à la fabrication des fromages. Également un petit bois et un étang privé de 4 ha pour les amateurs de pêche. Accueil convivial et chaleureux, atmosphère calme et reposante. Avant de partir, allez voir le prieuré de Villesalem et appréciez le charme de l'endroit.

LIGNIÈRES-SONNEVILLE 16130   Carte régionale A-B2

33 km O d'Angoulême ; 22 km SE de Cognac

🛏 I●I 🐕 *Chambres d'hôte Les Collinauds (Geneviève et Roland Matignon)* : ☎ et fax : 05.45.80.51.23. Accès : Lignières se trouve sur la D 699 entre Châteauneuf-sur-Charente et Archiac ; 2 km avant Lignières (quand on vient de Châteauneuf), laissez un château sur la gauche 500 m après, tournez à droite et fléchage. Au cœur d'une jolie région vallonnée, appelée Grande Champagne (1er cru du cognac), magnifique domaine viticole du XIXe siècle, avec une immense cour ombragée en partie ceinte. Geneviève et Roland sont viticulteurs ; toute leur production est vendue à Hennessy et Rémy Martin. Au 1er étage de la maison, 3 chambres le long d'un petit couloir, réservées aux familles et amis, avec salle de bains et w.-c. ; au 2e étage de la maison, 3 autres chambres (nos préférées) avec sanitaires privés. On a craqué pour la chambre avec le lit à la duchesse (romantique !... n'est-il pas mon ami ?), fabriqué par un artisan du coin d'après les plans de Roland. Elle renferme aussi un vieux potager, ainsi qu'un original chauffoir à fers. Ambiance charmante et champêtre. Comptez 38 € (249,26 F) pour 2, petit déjeuner compris, et 53 € (347,66 F) pour 4. Il est servi dans une vaste salle à manger avec un incroyable buffet en enfilade (8 portes et 4,80 m de long !). Table d'hôte à 12 € (78,71 F) et coin cuisine à disposition. Salon de détente avec télévision, vidéo, et jeux de société. Roland est passionné par les temps anciens... Il a créé un petit musée personnel où vous pourrez découvrir des scènes de la vie rurale avec personnages en costume (superbe distillerie des années 1875), ainsi qu'une belle collection de calèches (promenade sur demande). Accueil simple et chaleureux. Une adresse sympathique avec un bon rapport qualité-prix-convivialité.

LUCHAPT 86430   Carte régionale B1

15 km SE de Vigeant

🛏 I●I *Chambres d'hôte Chez Mairine (Patrick et Annemee Van Aubel)* : ☎ et fax : 05.49.48.89.65. Accès : sur la D 28 entre l'Isle-Jourdain et Mouterre-sur-Blourde (bon fléchage). Fermé en janvier et février. Il y a quelques années, Annemee et Patrick ont craqué pour la région et cette magnifique ferme poitevine, perdue en pleine campagne. Ils ont alors quitté leur Hollande natale pour s'y installer et fonder un élevage de cerfs. Dans leur maison, 3 chambres spacieuses, champêtres et très coquettes avec sanitaires privés. 36,60 € (240,08 F) pour 2, petit déjeuner compris. Table d'hôte à 11,50 € (75,44 F) ou 18,30 € (120,04 F) si vous voulez déguster les spécialités à base de cerf. Pour ceux qui veulent séjourner, un gîte de 6 personnes loué de 244 à 305 € (1600,54 à 2000,67 F) la semaine, selon la saison. 5 ha de nature autour de vous et pour le bonheur des enfants, en plus de la visite de l'élevage, d'un petit musée du cheval de trait, tout plein de gentils animaux comme ânes, poneys, moutons, volailles... Accueil chaleureux. Une adresse qui fera la joie des petits et des grands. *NOUVEAUTÉ*.

LUCHAT 17600
Carte régionale A2

28 km NE de Royan ; 12 km O de Saintes

📧 |●| ✒ *Chambres d'hôte La Métairie (Martine et Gérard Trentesaux) :* 17, rue de la Métairie. ☎ 05.46.92.07.73 et 06.83.58.25.55. Accès : de Saintes, N 150 vers Royan ; passez Pessines et 2 km après la station Elf prendre la route à droite. Ouvert de mars à novembre. Sur réservation hors-saison. Dans un petit hameau en pleine campagne, ancienne ferme viticole en pierre de Saintonge et enduite à la chaux. 3 chambres, avec sanitaires privés, dont une au rez-de-chaussée (accessible aux personnes handicapées) et deux autres à l'étage. Déco agréable et ambiance reposante. 40 € (262,38 F) pour 2, petit déjeuner compris. Table d'hôte partagée avec Martine et Gérard à 13 € (85,27 F), apéro et vin compris. Cuisine régionale, mais aussi des spécialités du Nord, département d'origine des proprios. Adorable jardin avec une agréable treille et un nombre impressionnant de fleurs dont on n'a pas reconnu la moitié des espèces (l'occasion de prendre des boutures). Accueil souriant. Atmosphère très maison de campagne.

LUSSAC-LES-CHÂTEAUX 86320
Carte régionale B1

36 km SE de Poitiers ; 12 km O de Montmorillon

|●| 🐕 *Ferme-auberge La Fayauderie (Bénédicte et François Clerc) :* ☎ 05.49.48.43.56. Fax : 05.49.48.69.17. ● fbclerc@cer86.cernet.fr ● Accès : de Poitiers, N 147 vers Limoges ; juste avant le panneau de sortie de Lussac, tournez à droite et faites 1 km. Ouvert les samedis, dimanches midi et jours fériés, sauf le dernier week-end de chaque mois. Sur réservation uniquement. En pleine nature, dans un environnement verdoyant, 2 jolies salles rustiques avec grande cheminée et poutres apparentes. 45 couverts. Menu à 18,29 € (120 F), gamay du Haut-Poitou compris, avec assortiment d'entrées, agneau ou volailles farcies ou au vinaigre, salade, fromages maison et dessert. Accueil jeune et agréable.

MARANS 17230
Carte régionale A1

25 km E de La Rochelle

📧 |●| ✒ ⑩% *Chambres d'hôte La Manoire (Marie-Geneviève et Claude Barrérie) :* ☎ et fax : 05.46.01.17.04. ● www.marcireau.fr/marans/manoire.htm ● Accès : de Marans, N 137 vers Nantes et 1 km après le feu tricolore, tournez à droite vers le Marais Sauvage et faites 4 km (c'est la dernière maison). Ouvert d'avril à octobre. Curieuse histoire que celle de ce marais sauvage... Au XIXe, la maison Martel, à titre d'investissement, décide d'acheter 1500 ha de ce marais et d'y installer une vingtaine de fermes. Au siècle suivant, ils revendent celles-ci à des particuliers, dont une à la famille de Claude. Difficile d'imaginer un endroit plus nature... Des kilomètres de fossés (comprenez canaux) parcourent ce marais, peuplé de carpes, d'anguilles, de ragondins, sans oublier les nombreuses espèces d'oiseaux. Dans leur maison, Marie-Geneviève et Claude ont aménagé 4 chambres de plain-pied avec accès indépendant. Toutes ont une déco amusante et très hétéroclite. Sanitaires privés. Une préférence pour la rose qui ouvre sur la campagne et possède une petite terrasse avec salon de jardin. 43 € (282,06 F) pour 2, petit déjeuner compris (pains, brioche, gâteau et confitures, le tout maison). Table d'hôte (les lundis, mercredis, vendredis et samedis) à 17 € (111,51 F), apéro et vin compris. Excellente cuisine traditionnelle, et aussi des pizzas cuites dans le vieux four à pain. Pour vous détendre, agréable piscine. Les balades sont nombreuses (n'oubliez pas vos jumelles) ; et si vous aimez la voile, Claude emmène ceux qui séjournent faire une petite excursion sur son 8,50 m. Accueil chaleureux et sans façon. Une adresse pour prendre le temps de vivre.

MARIGNY 79360   Carte régionale A1

16 km S de Niort ; 4 km NE de Beauvoirs-sur-Niort

🛏 🐕 ⋈ **Chambres d'hôte Le Vieux Fournil (Francine et Jean Garnaud) :** Grand-Mauduit, 10, rue de la Forêt. ☎ et fax : 05.49.09.72.20. Accès : depuis Beauvoir-sur-Niort, prenez la D 101 direction Marigny. À 3 km, à l'orée de la forêt, suivez une petite route sur la droite vers Grand-Mauduit. Dans les dépendances d'un logis du XIVe siècle délicatement restaurées. 3 chambres d'hôte de 47 à 55 € (de 308,3 à 360,78 F) pour 2, petit déjeuner compris. Sanitaires privés. Un endroit rêvé où se poser en bordure de la forêt de Chizé, et discuter botanique puisque Jean Garnaud s'occupe du parc du Grand-Mauduit. Halte à la vie trépidante, ici on écoute pousser l'herbe...

MORNAC-SUR-SEUDRE 17113   Carte régionale A2

35 km S de Rochefort ; 12 km NO de Saujon

🛏 **Chambres d'hôte (Brigitte Pichon) :** 17, rue des Basses-Amarres. ☎ et fax : 05.46.22.63.29. Accès : de Saujon, D 14 vers La Tremblade et 6 km plus loin, au rond-point, tournez à droite vers Rochefort et 200 m après, tournez à gauche vers Mornac ; un peu avant l'entrée du village, prenez à droite la voie nouvelle qui vous conduira au port et à la rue des Basses-Amarres (attention, il n'est pas aisé de se garer, déposez vos bagages au passage). Fermé de début novembre à fin mars. Ancienne Parisienne, après avoir habité aux quatre coins de l'Hexagone, Brigitte a décidé de venir s'installer dans ce ravissant port ostréicole peuplé d'artisans (le village est aussi classé parmi les plus beaux de France !). Sa croquignolette maison dispose d'un petit jardin fleuri. Au 1er étage, 2 chambres ravissantes dont une double pour les familles. Sanitaires privés. Comptez 37 € (230 F) pour 2, petit déjeuner compris. Toute la décoration a été assurée par Brigitte car c'est une bricoleuse hors pair... C'est aussi une artiste, et ses peintures (dont de magnifiques sur bois), ses dessus-de-lit faits main ajoutent encore au charme et à l'atmosphère très personnelle de l'endroit. Pas de table d'hôte, mais plusieurs petits restos sympas dans le village, dont il faut découvrir les richesses en empruntant les petites ruelles. Une de nos adresses préférées sur le département et un excellent rapport qualité-prix-convivialité.

NANTEUIL 79400   Carte régionale B1

20 km NE de Niort ; 3,5 km SE de Saint-Maixent-l'École

🛏 ⟨10%⟩ **Chambres d'hôte La Berlière (Monique et Guy Memeteau) :** ☎ et fax : 05.49.05.60.71. Accès : traversez le village en direction de La Mothe ; après les cimetières, 1re route à gauche, puis fléchage. Fermé de novembre à mars. Prudent de réserver. Dans un cadre sauvage à flanc de coteau, ancienne ferme joliment restaurée dominant la vallée du Magnerolle. Joli jardin fleuri avec une petite tonnelle. 2 grandes chambres, dont une romantique avec ciel de lit située dans l'ancien bûcher, et qui possèdent une petite terrasse et disposent d'un coin cuisine. Sanitaires privés. Comptez de 34 à 39 € (de 223,03 à 255,82 F) pour 2 avec le petit déjeuner (selon la chambre, la période, la durée et l'âge du capitaine). Également 1 gîte pour 2 ou 3 personnes, 282 € (1849,80 F) la semaine. Pas de table d'hôte mais plusieurs restos à proximité. Demandez à Guy, jeune retraité de l'aviation, de vous emmener faire des balades à pied, il connaît des endroits somptueux. Accueil de qualité. Une excellente adresse pour se mettre au vert.

NIEUL-LE-VIROUIL 17150   Carte régionale A2

40 km S de Saintes ; 9 km SO de Jonzac

🛏 🐕 ⟨10%⟩ **Chambres d'hôte Les Brandes (Françoise Neeser-Delaere) :** 79, chemin des Brandes. ☎ 05.46.48.30.25. Accès : de Saintes, prenez la N 137 vers Bordeaux ; 3 km avant Mirambeau, prenez la D 699 vers Jonzac, puis la 1re à droite (n'allez pas à Nieul qui est sur la gauche). Fermé en janvier. En pleine campagne, jolie maison du XVIIIe avec

(texte vertical dans la marge : POITOU-CHARENTES)

grand parc ombragé. 2 chambres, dont une familiale, avec sanitaires privés, à 45 € (280 F) pour 2, petit déjeuner compris. La déco est assez hétéroclite mais de bon goût, surtout dans le salon et la salle à manger, où une multitude de bibelots encombrent avec bonheur murs et dessus de cheminée. Pas de table d'hôte, mais cuisine équipée à disposition et plusieurs restos dans les environs. Ambiance décontractée et accueil chaleureux.

NUEIL-SUR-ARGENT 79250   Carte régionale A1

47 km NO de Parthenay ; 15 km N de Bressuire

▲ l●l *Ferme-auberge de Regueil (Colette et Serge Ganne) :* ☎ 05.49.65.42.56. Fax : 05.49.65.69.87. Accès : de Nueil, D 35 vers Bressuire pendant 1 km, tournez à droite et fléchage. Fermé le mercredi, pendant les vacances de février et la 1re quinzaine de septembre. Sur réservation uniquement. En pleine campagne, grande exploitation agricole pratiquant l'élevage de bovins, volailles et lapins. 2 salles à la déco simple dont une avec une grande baie vitrée. 1 menu à 14,50 € (95,11 F), avec deux entrées dont la terrine maison, le jambon de porc à l'os ou le poulet à la crème, salade, fromages et dessert. Petite carte des vins de 6,10 à 13,72 € (de 40 à 90 F) la bouteille. Ici, il faut prendre son temps... 2 chambres d'hôte sur place, avec accès par un escalier très raide. Comptez 31 € (203,35 F) pour 2, petit déjeuner compris. Pour les moins fortunés, il y a aussi 1 camping à la ferme. Accueil agréable.

ORIOLLES 16480   Carte régionale B2

50 km SO d'Angoulême ; 13 km SE de Barbezieux

l●l 🐕 *Ferme-auberge Chez Baron (Lucile et André Porcheron) :* ☎ 05.45.98.79.22 ou 05.45.98.72.18. Accès : de Barbezieux, prenez à gauche, direction Chalais (D 731) ; quittez cette route 1 km après le bourg de Condéon en tournant à droite ; c'est à 6 km. Ouvert le week-end d'octobre à mars, tous les jours, sauf le mardi le reste de l'année. Sur réservation de préférence. Dans leur ferme charentaise, Lucile et André reçoivent jusqu'à 50 personnes. Menu unique à 17 € (111,51 F), pineau offert : crudités, puis terrine de volaille ou tarte aux poireaux, escargots farcis ou volailles rôties aux pommes sauce au pineau, salade, fromage (vache et chèvre frais), pâtisserie et brûlot charentais (ça change du café traditionnel et ça réjouit le gosier après un bon petit repas !). De plus, avant ou après le repas, vous pourrez piquer une tête dans la piscine (elle est pas belle la vie ?). Également 1 camping à la ferme de 6 emplacements. Bon accueil.

PÉRIGNAC 16250   Carte régionale B2

20 km S d'Angoulême ; 20 km E de Barbezieux

▲ l●l 🐕 ⤬ ⑩% *Chambres d'hôte (Marie et Constant Renault) :* La Fenêtre. ☎ et fax : 05.45.24.81.25. ● www.perso.wanadoo.fr/daniel.renault/ ● Accès : de Barbezieux, D 5 jusqu'à Blanzac, puis direction Monthiers-Villebois (ne prenez pas la direction de Pérignac) ; 5 km plus loin, tournez à droite D 46 vers Le Butiat, c'est à 600 m. Fermé du 15 au 31 décembre. Maison couverte de vigne vierge. 4 chambres sans prétention (deux doubles, une triple et une quadruple) au rez-de-chaussée, avec lavabo, salle de bains et w.-c. communs. Comptez 30,49 € (200 F) pour 2, petit déjeuner inclus. Table d'hôte le soir, à 12,20 € (80 F), apéro et vin compris. Pour les pêcheurs, étang privé de 2 ha situé à proximité. Également promenades à poneys ou balades en calèche, 9,15 € (60 F) par personne. Visite de chais et d'exploitations agricoles.

PRAILLES 79370   Carte régionale A1

21 km E de Niort ; 10 km S de Saint-Maixent-l'École

▲ l●l ⤬ ⑩% *Chambres d'hôte Le Colombier des Rivières (Marie-Claude et Michel Duvallon) :* 5, rue des Petites Justices. ☎ 05.49.32.84.43. Accès : de Niort, N 11 vers Saint-Maixent, puis D 5 vers La Mothe-Saint-Héray et fléchage. Dans un petit village, jolie maison recouverte d'ampélopsis avec une gentille cour où fleurissent des roses trémières. Depuis que cette adresse est dans nos pages, elle ne cesse d'évoluer. Aujourd'hui Marie-Claude et Michel proposent 2 appartements de 43 et 60 m² (avec 1 ou 2 chambres), salon et coin cuisine et aussi 1 chambre familiale composée de 2 chambres au 2e étage de leur maison. Sanitaires privés. Comptez 38,11 € (250 F) pour 2 et 60,98 € (400 F) pour 4, toujours petit déjeuner compris (confitures et broyé poitevin maison). Michel, ancien éleveur de pigeons, en a gardé quelques couples pour la table d'hôte, car il aime mitonner de bons petits plats ! À vous les rillettes, magrets poêlés déglacés au Pineau, pâté, salade d'ailes et de cuisse confite, poulet fermier au cidre, gésiers. Table d'hôte à 13,72 € (90 F), apéro, vin et café compris. Marie-Claude, elle, est prof d'anglais et prodigue un accueil souriant et agréable. Une bien sympathique adresse.

PRESSAC 86460   Carte régionale B2

56 km S de Poitiers ; 16 km NO de Confolens

🏠 🐕 ⑩% **Chambres d'hôte (Michelle et Jean Leygnac) :** La Renauderie. ☎ et fax : 05.49.48.52.92. Accès : au village (sur la D 148 entre Civray et Confolens), D 741 direction Poitiers et fléchage sur 1,5 km ; au bout du village. Dans une maison annexe, à côté de celle des propriétaires, 5 chambres correctes à 35 € (229,58 F) pour 2, petit déjeuner compris. Sanitaires privés. Petit coin cuisine dans le jardin. Ambiance conviviale et bonne franquette, un rien titi parisien (Jean vient de la Porte de Clichy et en a gardé l'accent !). Accueil vraiment chaleureux. Vélos à disposition, et au bout du jardin, agréable petite rivière qui fera le bonheur des pêcheurs et des promeneurs.

PUYRAVAULT 17700   Carte régionale A1

27 km E de La Rochelle ; 20 km N de Rochefort

🏠 🍴 🐕 ✉ **Chambres d'hôte Le Clos de la Garenne (Brigitte et Patrick François) :** 9, rue de la Garenne. ☎ 05.46.35.47.71 et 06.80.62.84.56. Fax : 05.46.35.47.91. ● www.closdelagarenne.com ● Accès : à 5 km au nord-ouest de Surgères, par la D 115 vers Marans/Puyravault ; suivre le fléchage dans le village, la maison est au centre de Puyravault. Voilà une maison chargée d'histoire... Datant du XVIIe, elle appartint à Pierre-François Audry, qui sa vie durant, fut un fervent défenseur de la République. Il fut élu notamment Président de l'Assemblée Constituante en 1848... Aujourd'hui, Brigitte et Patrick, ses nouveaux propriétaires ont décidé de l'ouvrir au tourisme. 3 chambres vastes et élégantes. Une indépendante dans un petit pavillon composée de deux chambres, dont une spécialement décorée pour les enfants ; deux autres à l'étage de la maison. Sanitaires privés. 60 € (393,57 F) pour 2, petit déjeuner compris. Croquignolet salon avec billard américain et une remarquable collection de balances et pesons. Table d'hôte (sauf les mercredis et dimanches) partagée en famille à 23 € (150,87 F), apéro, vin et café compris. Accueil convivial. Grand parc de 4 ha, avec forêt où Maguette (la chèvre naine), Dédé (l'âne) et les moutons s'en donnent à cœur joie. Une adresse de charme, pour routards aisés.

ROUILLÉ 86480   Carte régionale B1

27 km SO de Poitiers

🏠 🍴 🐕 ✉ **Chambres d'hôte La Ferme de la Grée (Jacqueline et Guy Girault) :** ☎ 05.49.53.50.94. Accès : fléchage depuis le village. Petite ferme avec cour fleurie située en pleine nature. En face de la maison, un petit étang privé où les amateurs de pêche pourront se régaler. Jacqueline, gentille grand-mère, reçoit dans 3 chambres avec sanitaires privés. Mobilier rustique. Comptez de 32,01 € (210 F) pour 2 pour la petite à 42,69 € (280 F) pour la plus grande. Table d'hôte à 12,96 € (85 F), apéro et vin compris, composée de bons petits plats mitonnés par Jacqueline avec les produits de l'exploitation : mousse de foie de canard, farci poitevin, canard aux navets, pintade avec beignets aux pommes, fromages du pays, îles flottantes, gâteau aux amandes. Pour les amoureux des vieilles pierres, ruines gallo-romaines de Sanxay, à 6 km, et tumuli néolithiques de Bougon, à 12 km.

ROULLET-SAINT-ESTÈPHE 16440   Carte régionale B2

12 km S d'Angoulême

📧 |○| 🏨 ⋇ ⑩% *Chambres d'hôte Le Logis de Romainville (Francine Quillet) :* ☎ et fax : 05.45.66.32.56. Accès : dans le village, prenez la D 42 vers Mouthiers pendant 2,5 km et fléchage. Fermé du 15 octobre au 15 avril. On arrive devant une noble porte en pierre, et on entre dans une grande cour bordée par un hangar abritant les vieilles voitures du maître des lieux. Au fond, un ravissant logis qui dévoile tout son charme de l'intérieur et côté jardin. 4 chambres croquignolettes (dont une double pour les familles) décorées avec goût. Sanitaires privés. Comptez 49 € (321,42 F) pour 2, petit déjeuner compris, servi dans une élégante salle à manger. Possibilité de table d'hôte (sauf les mardis, jeudis et dimanches) à 20 € (131,19 F), vin compris. Belle et agréable piscine dissimulée par des fleurs. Un point de chute idéal pour les festivaliers d'Angoulême (BD bien sûr, mais aussi jazz). Accueil agréable. Une adresse de charme.

SAINT-GEORGES-DES-AGOÛTS 17150   Carte régionale A2

40 km SE de Royan ; 8 km O de Mirambeau

📧 |○| ⋇ ⑩% *Chambres d'hôte Les Hauts de Font Moure (Dinah et Claude Teulet) :* Font Moure. ☎ 05.46.86.04.41. Fax : 05.46.49.67.18. ● www.fontmoure.com ● Accès : A 10 sortie n° 37 Mirambeau ; peu après l'entrée de Mirambeau, prenez une petite route à droite vers Saint-Georges-des-Agoûts (D 254) et fléchage dans le village. Ouvert de mars à novembre ; hors saison, se renseigner. Réservation possible pour autres mois. Aux portes de la Gironde, joli coin de campagne vallonné, parsemé de vignobles. Dominant un petit hameau, belle et grande demeure de maître de 1860 en pierre de Saintonge. Grand parc où vous attend une agréable piscine avec partie balnéo. Ex-parisien, journaliste à la retraite, Claude a roulé sa bosse un peu partout, notamment entre la France et l'Angleterre, où il a rencontré Dinah. Ils ont décidé d'ouvrir 5 chambres d'hôte élégantes et spacieuses, peuplées de beaux meubles, de toiles et de ravissants trumeaux (une des nombreuses passions de Claude). Une préférence pour la chambre 1930 avec une jolie armoire en loupe d'orme. Luxueux sanitaires privés. Comptez de 58 à 66 € (de 380,46 à 432,93 F) pour 2, copieux petit déjeuner compris (avec les œufs des poules de la maison). Egalement une suite à 76 € (498,53 F). Table d'hôte, sur réservation, à 21 € (137,75 F), apéro, vin et pousse-café compris. Agréable salon avec une chaleureuse cheminée et une chouette collection de cassettes vidéo pour les jours de pluie. Un autre avec un vieux piano Pleyel. Accueil de qualité. Une adresse de charme où l'on serait bien resté plus longtemps.

SAINT-GEORGES-DES-COTEAUX 17810   Carte régionale A2

7 km O de Saintes

📧 ⋇ ⑩% *Chambres d'hôte (Anne et Dominique Trouvé) :* 5, rue de l'Église. ☎ et fax : 05.46.92.96.66. Accès : sur l'A 10, sortie Saintes et N 150 vers Royan. Fermé du 15 novembre au 31 mars. C'est dans l'étable de cette ancienne ferme qu'Anne et Dominique ont aménagé 4 chambres d'hôte de charme, avec sanitaires particuliers. Elles sont toutes différentes, colorées et agréables : « Pearl Buck », « Agatha Christie », « Moulinsart » et « Picardie » (notre préférée, avec accès direct sur le jardin). Superbe volume de la salle de séjour aux murs en pierre apparente, avec une magnifique charpente, une grande cheminée et un billard français. Comptez 43 € (282,06 F) pour 2, petit déjeuner compris (gelée de pomme, confiture de rhubarbe, galette charentaise, jus de fruits). Déco très soignée et accueil agréable, une bonne adresse.

SAINT-GERMIER 79340 Carte régionale B1

40 km NE de Niort ; 5 km S de Ménigoute

🏠 |●| *Ferme-auberge de la Boulinière (Stéphanie et Bertrand) :* ☎ 05.49.69.09.28. Accès : de Ménigoute, direction Pamproux et fléchage. Ouvert du vendredi soir au dimanche midi et jours férié ; de mi-juin à fin août ouvert tous les jours sauf le lundi. Uniquement sur réservation. Dans ce petit coin de nature loin de tout, voici une adresse à la bonne réputation. Un vrai repas gastronomique avec les produits de la ferme pour 15,24 € (100 F). Il change souvent, mais ne manque jamais d'originalité : flan d'aubergine à la menthe, tarte au persil, poulet à l'estragon, tarte meringuée au cassis,... Quelques chambres pour ceux qui veulent séjourner. Accueil chaleureux. *NOUVEAUTÉ.*

SAINT-JUST-LUZAC 17320 Carte régionale A2

23 km N de Royan ; 6 km SE de Marennes

🏠 ✥ *Chambres d'hôte Le Château de Feusse (Nicole Meunier) :* ☎ 05.46.85.16.55 ou 01.43.50.52.22. Fax : 05.46.85.16.55. Accès : sur la D 728, direction Marennes, entrez dans le village, tournez à gauche et continuez tout droit. Fermé de fin septembre à fin avril. Très joli château des XVIe et XVIIe siècles, classé monument historique, situé sur un ancien site gallo-romain. 2 chambres avec sanitaires privés, décorées avec goût, à 60 € (393,57 F) pour 2, petit déjeuner inclus. Piscine. Accueil discret et aimable des propriétaires qui auront à cœur de vous faire découvrir l'histoire de la région.

SAINT-LOUP-LAMAIRÉ 79600 Carte régionale B1

NE de Parthenay

🏠 *Chambres d'hôte du Château de Saint-Loup :* ☎ 05.49.64.81.73. Fax : 05.49.64.82.06. ● www.chateaudesaintloup.com ● Accès : En plein cœur du bourg. On veut bien le reconnaître, c'est chic mais il faut parfois savoir se faire plaisir. Dormir dans le château du Chat Botté dessiné par l'architecte Clément Métezeau (vous savez, celui de la place des Vosges), et avoir une chambre avec baldaquin où séjourna Voltaire, La Fontaine, Perrault ou Blaise Pascal, ça n'est pas très courant, non ? Chambres au calme avec sanitaires privés à partir de 83,84 € (550 F) pour une double et 11,43 € (75 F) le petit déjeuner. Dîner aux chandelles dans une grande salle à 53,35 € (350 F). Une adresse de charme pour routards pas fauchés. *NOUVEAUTÉ.*

SAINT-SAVIN 86310 Carte régionale B1

E de Poitiers

🏠 *Chambres d'hôte (Charline et Jacky Barbarin) :* Siouvre. ☎ 05.49.48.10.19. Fax : 05.49.48.46.89. ● www.lafermeapicole.fr.st ● Accès : de St-Savin, N 151 vers Chauvigny et deuxième route à droite. Ouvert du 2 mars au 30 septembre. À 5 mn du village, jolie ferme du XVIIIe, rénovée avec beaucoup de caractère. 3 chambres agréables avec sanitaires privés, dont 1 avec coin cuisine. Équipement pour les tout petits. 39,50 € (259,10 F) pour 2, petit déjeuner compris et 55 € (360,78 F) pour 4. Nombreux sentiers que vous soyez à pied ou en vélo. Charline et Jacky sont apiculteurs, ils proposent des visites de l'exploitation avec projection d'un film, découverte du labo d'extraction du miel et observation des abeilles au travail dans des ruches vitrées. Le tout est complété par une petite boutique avec tous les produits au miel. Une bonne adresse. *NOUVEAUTÉ.*

SAINT-SAVINIEN 17350 Carte régionale A2

22 km N de Saintes ; 18 km SO de Saint-Jean-d'Angély

🏠 |●| ✥ (10 %) *Chambres d'hôte L'Éolienne (Cécile et Georges Torsello) :* Le Pontreau. ☎ et fax : 05.46.91.79.49. et 06.17.21.54.87. ● http://perso.wanadoo.fr/eolienne. torsello ● Accès : dans Saint-Savinien, D 114 vers Bords/Archingeay et à la sortie du bourg, tournez à gauche vers Tonnay-Charente (D 124) ; Le Pontreau est à 2 km et c'est le 2e chemin à droite après le panneau d'entrée du hameau. Ancienne ferme en pierre du pays, toute blanche aux volets bleus, au cœur d'un gentil hameau, avec un petit jardin où tournent les éoliennes de Georges. Artisan, il fabrique des tas d'objets en bois découpé sur le thème de la mer. Au 1er étage de la maison, 2 chambres d'hôte pas immenses, mais très coquettes avec sanitaires privés. Une à l'ambiance provençale, l'autre très marine avec d'amusantes lampes de chevet et une armoire en forme de cabine de plage (réalisées par Georges). 41 € (268,94 F) pour 2, petit déjeuner compris. Table d'hôte partagée en famille à 15 € (98,39 F), apéro, vin et café compris. Si vous avez des enfants, ils pourront jouer avec les deux garçons des proprios. Ne manquez pas de vous rendre sur le lac de Saint-Savinien ; on y loue de petits bateaux électriques, répliques exactes de plus grands (ferry, chalutier...). C'est rigolo et pas cher...

SAINT-SORNIN 17600   Carte régionale A2

20 km N de Royan ; 20 km S de Rochefort

🛏 🍴 ✎ *Chambres d'hôte La Caussolière (Anne-Marie et Jean Pinel Peschardière) :* 10, rue du Petit-Moulin. ☎ et fax : 05.46.85.44.62. ● www.caussoliere.com ● Accès : de Rochefort, D 733 vers Royan jusqu'à Cadeuil, puis tournez à droite (D 728) vers l'île d'Oléron ; Saint-Sornin se trouve à 2 km plus loin, à droite ; dans le village, la rue du Petit-Moulin commence en face de la porte de l'église. Fermé en novembre. Belle demeure du XIXe siècle en pierre apparente, composée de jolis petits bâtiments disséminés à l'intérieur d'un grand jardin fleuri. 4 chambres élégantes, au décor raffiné. Belle harmonie de couleurs, meubles et objets peints par Anne-Marie. Luxueux sanitaires privés. Comptez 60 € (393,57 F) pour 2, petit déjeuner compris, servis dans la véranda. Les dons d'Anne-Marie sont multiples : peinture sur soie, magnifiques tableaux en pyrogravure, patch-work... Œuvres que l'on retrouve un peu partout dans la maison. C'est aussi un fin cordon bleu et elle vous propose la table d'hôte pour 23 € (150,87 F), apéro, vin et café compris. Superbe piscine, abritée par un mur avec des fenêtres en trompe-l'œil, et des vélos mis à disposition. Dans le village, allez voir la ravissante église du XIIe siècle : elle est ouverte en permanence dans la journée. De toute façon s'il y avait un problème, n'oubliez pas que vous êtes aussi chez M. le maire (on ne pouvait pas terminer sans parler de votre hôte quand même !). Accueil de qualité.

SALLES-D'ANGLES 16130   Carte régionale A2

34 km SE de Saintes ; 12 km S de Cognac

🛏 🍴 ⟨10%⟩ *Chambres d'hôte (Micheline et Jacky Chainier) :* Le Chiron ☎ 05.45.83.72.79 et 06.80.47.82.78. Fax : 05.45.83.64.80. Accès : du village, direction Celles (D 48) ; à 2,5 km, tournez à gauche (D 151) vers Saint-Fort-sur-le-Né ; c'est à 1 km. Magnifique maison de maître de 1850 avec une grande cour avec massifs fleuris. 5 chambres au joli parquet. Sanitaires privés. On préfère les nos 1 et 5, plus petites mais plus douillettes. Comptez 37 € (242,70 F) pour 2, petit déjeuner compris. À la table d'hôte, 13 € (85,27 F), apéro, vin et digeo compris, il y a toujours du potage car Jacky adore ça ; sinon, moules au pineau ou chou farci, œufs au lait et au caramel ou gâteau de crêpes. Deman-dez à Jacky de vous montrer sa distillerie, elle vaut le coup d'œil. Si vous voulez voir des chais professionnels, il saura vous indiquer des adresses intéressantes. Une bonne table et un excellent accueil.

SAUZÉ-VAUSSAIS 79190   Carte régionale B1-2

58 km N d'Angoulême ; 14 km O de Civray

🛏 🍴 🐕 ⟨10%⟩ *Ferme-auberge du Puy d'Anché (Sylvie et Didier Ragot) :* ☎ 05.49.07.90.69. Fax : 05.49.07.72.09. ● puyanche@mellecom.fr ● Accès : traversez le village, prenez la D 1, direction Chef-Boutonne ; au camping municipal, tournez à gauche et faites 500 m. Ouvert le samedi, le dimanche midi et les jours fériés ; et tous les jours du 14 juillet à fin août. Sur réservation uniquement. Attention, l'adresse est connue et courue dans la région. Jolie salle rustique de 50 couverts avec une grande cheminée, où en hiver, on va faire griller son pain dans le rotissou. Sylvie et Didier proposent 3 menus, de

15 à 25 € (98,39 à 163,99 F), à partir des bons produits de l'exploitation, dont le porc noir. Parmi les spécialités, rillettes de canard, foie gras de canard mi-cuit à la fleur de sel, tourtière, lapin au pineau ou à l'ail vert, porc noir mariné sauce grand veneur, tarte fromagère, tarte aux pommes et au cognac. À noter que le 1er menu à 15 € (98,39 F) comprend déjà une entrée, un plat avec légume, salade, fromage de pays et dessert maison. Carte des vins de 8,99 à 35,06 € (59 à 230 F). Également un studio et 5 chambres à 42 € (275,50 F) pour 2, petit déjeuner compris. Nouveau, une chambre pour 4 personnes à 68 € (446,05 F). Accueil dynamique. Vente des produits de la ferme (plats cuisinés, foie gras et produits régionaux sélectionnés, tels que miel, confitures, pineau, etc.).

SCIECQ 79000 — Carte régionale A1

4 km N de Niort

🛏 ❙●❙ � 10% *Chambres d'hôte (Annie et Joël Goulard) :* 5, rue des Loges. ☎ 05.49.35.69.02. Accès : de Niort, prenez la D 744 vers Cholet/Coulonges-sur-l'Autize, puis tournez à droite après la pyramide, c'est à l'entrée du village sur la gauche. Jolie maison en pierre très fleurie entourée d'un agréable jardin. Annie et Joël ont aménagé 3 chambres romantiques. Deux sont dans leur maison et partagent une salle de bains ; l'autre, située dans un petit pavillon annexe, pour 4 personnes (2 lits en mezzanine), avec lit à baldaquin et tissus roses, est la plus jolie. 33,50 € (219,75 F) pour 2, petit déjeuner inclus (jus de fruit, confitures et pâtisserie maison). Pour la table d'hôte (sur réservation uniquement), à 12,20 € (80,03 F) vin compris, Annie mitonne ses spécialités, à partir des fruits et légumes du jardin : farci poitevin, mouclade, pintade au pineau, poulet à la crème, îles flottantes, clafoutis... Bon accueil. Belle promenade à faire à pied en prenant la rue du Moulin, qui descend au bord de la rivière.

SÉMOUSSAC 17150 — Carte régionale A2

45 km S de Saintes ; 7 km O de Mirambeau

🛏 ❙●❙ ✕✖ 10% *Chambres d'hôte Pavageau (Christiane et Claude Jarrassier) :* ☎ et fax : 05.46.86.02.37. ● claudejarrassier@wanadoo.fr ● Accès : de Saintes, A 10 ou N 137 vers Bordeaux ; sortez à Mirambeau et prenez la D 730 vers Royan, puis à gauche la D 148 jusqu'à Sémoussac ; dans le bourg, tournez à gauche au sens unique (quand vous aurez le panneau face à vous) et fléché. Sur un petit domaine viticole, belle maison en pierre de taille. Claude produit un vin blanc, dont l'unique client est la maison Martel, qui le distille pour en faire du cognac (pas mauvais comme dérivé !...). 3 chambres, pas immenses mais agréables, dont une composée de deux chambres, et une au 1er étage de la maison mitoyenne (celle de la mère de Christiane). Comptez 38 € (249,26 F) pour 2, petit déjeuner compris. Table d'hôte à 14 € (91,83 F), apéro et vin compris. Bonne cuisine familiale, partagée avec les proprios. Si vous le souhaitez, Claude vous fera découvrir son exploitation, ainsi qu'un noble et vieux pressoir. Accueil agréable.

SUAUX 16260 — Carte régionale B2

40 km NE d'Angoulême ; 16 km NE de La Rochefoucauld

🛏 ❙●❙ ✕✖ 10% *Chambres d'hôte Le Relais de l'Age (Alain Dujoncquoy) :* ☎ et fax : 05.45.71.19.36. ● alain.dujoncquoy@wanadoo.fr ● Accès : en venant de La Rochefoucauld (en direction de Limoges), dans Suaux, prenez la 2e route à droite (D 60 vers Vitrac), puis la 2e à gauche en direction de l'Age. Dans une ancienne ferme limousine, 4 chambres avec bains ou salle d'eau et w.-c. privés. Comptez 41 € (268,94 F) pour 2, petit déjeuner compris, servi devant un ancien four à pain ou en terrasse. Agréable piscine. Le patron est amateur de nature et de randonnée. Table d'hôte sur réservation à 13 € (85,27 F), apéro, vin et café compris. Coin cuisine à disposition. Bon accueil. À 6 km, le château de Peyras (son et lumière le week-end en été).

POITOU-CHARENTES

THAIRÉ 17290
Carte régionale A2

16 km SE de La Rochelle ; 7 km E de Châtelaillon

🛏 ⅙✕ **Chambres d'hôte (Anne-Marie et Robert Journade) :** 4, rue de la Chapelle (Mortagne). ☎ 05.46.56.17.23. Accès : de La Rochelle, N 137 vers Rochefort, sortie Châtelaillon/Saint-Vivien ; allez ensuite à Saint-Vivien, puis Mortagne (D 113). Fermé du 24 décembre au 1er janvier. Belle demeure construite par les aïeux d'Anne-Marie au XIXe siècle. 3 chambres d'hôte simples mais agréables, équipées de sanitaires privés. Deux au 1er étage de la maison avec accès indépendant, et une familiale dans une aile indépendante avec sanitaires au rez-de-chaussée. Comptez 34 € (220 F) pour 2, petit déjeuner compris. Grande salle de détente avec bibliothèque, table de ping-pong et un charmant métier à tisser sur lequel vous pourrez vous exercer, si le cœur vous en dit. Pas de table d'hôte, mais coin cuisine à disposition et un petit resto sympa à proximImlté. Première plage à 6 km. Accueil agréable.

TRIMOUILLE (LA) 86290
Carte régionale B1

54 km SE de Poitiers ; 14 km NE de Montmorillon

🛏 |●| ⅙✕ **Chambres d'hôte (Jacqueline et Gérard Vouhé) :** Toël. ☎ 05.49.91.67.59. Fax : 05.49.91.55.66. Accès : dans le village (sur la D 675), direction Le Dorat, puis fléchage. Ferme en pierre apparente au milieu de la campagne avec petit jardin fleuri. 3 chambres claires et gentillettes au 1er étage, avec accès par une mezzanine intérieure. Sanitaires particuliers. Comptez de 33,54 à 41,16 € (de 220 à 270 F) pour 2, petit déjeuner compris. Table d'hôte à 14 € (91,83 F), apéro et vin inclus !

VALLANS 79270
Carte régionale A1

14 km SO de Niort ; 10 km E de Coulon

🛏 |●| 🐕 ⅙✕ **Chambres d'hôte Le Logis d'Antan (Francis Guillot) :** 140, rue Saint-Louis. ☎ 05.49.04.91.50 ou 05.49.04.86.75. ● www.perso.wanadoo.fr/lelogisdantan/ ● Accès : dans le village, en venant d'Épannes (D 1), c'est la 1re maison sur la gauche. Réservation conseillée. Jolie demeure du XIXe siècle, avec 5 coquettes chambres, dont deux familiales et une suite en annexe. Sanitaires privés, TV, téléphone et frigo. Comptez de 45,73 à 53,36 € (300 à 350 F) pour 2, petit déjeuner compris (jus de fruits, tarte maison, brioche vendéenne). Prix spéciaux pour les enfants. Coin cuisine à disposition. Fait aussi table d'hôte à 19,67 € (129 F), vin compris et avec apéro et café offerts à nos lecteurs (merci). Parmi les spécialités, farci poitevin, chèvre chaud sur salade, pintade au chou, jambon mojhettes, parfait au chocolat et menthe (miam !), tarte Tatin. Ambiance grande musique et beaucoup d'attentions et de détails dans l'accueil. De plus, Francis connaît très bien sa région et donne de très bons tuyaux pour la découvrir. Une adresse de charme pour routards aisés.

VARAIZE 17400
Carte régionale A2

27 km NE de Saintes ; 8 km E de Saint-Jean-d'Angély

🛏 ⅙✕ **Chambres d'hôte La Ferme du Fleuret (Marta Linka et Claude Micheneau) :** 21, rue de Beauvais. ☎ 05.46.26.37.20. Fax : 05.46.26.39.70. Accès : de Saint-Jean-d'Angély, D 939 vers Angoulême, puis D 130 vers Varaize ; dans le village, prenez la direction de Gibourne et fléchage. Sur une ancienne exploitation viticole, devenue aujourd'hui céréalière (culture bio), Marta (née à Prague mais élevée au Canada côté anglophone) et Claude ont aménagé 2 gentillettes chambres avec sanitaires privés. 2 autres au 1er étage avec sanitaires communs. Comptez de 23 à 34 € (de 150,87 à 223,03 F) pour 1 personne et de 40 à 43 € (de 262,38 à 282,06 F) pour 2, petit déjeuner compris (plusieurs sortes de jus de fruits et confitures maison). Ici, on aime être à l'aise ; aussi, on quitte ses chaussures et on met des chaussons (mocassins ou charentaises, il y en a pour toutes les tailles). Certains peuvent être choqués (surtout s'ils ont des trous aux chaussettes !), mais qu'ils se rassurent, on s'y fait très vite, et c'est rudement plus pratique pour le ménage. Superbe piscine installée dans un beau jardin parsemé de nombreuses essences d'arbres et de fleurs. Ping-pong, jeux pour enfants, bibliothèque sur la région. Accueil jeune et chaleureux, teinté par le charmant accent de Marta.

VELLÈCHES 86230

Carte régionale B1

🛏 ❙●❙ *Ferme-auberge La Blonnerie (Marie-France Massonnet) :* ☎ et fax : 05.49.86.41.72. Accès : de Chatellerault, D 3 vers Antran puis Vellèches ; la ferme se trouve 2 km avant le bourg (fléchage). L'auberge est ouverte tous les soirs en juillet-août, samedi soir, dimanche et jours fériés le reste de l'année. Uniquement sur réservation. De vrais produits de la ferme préparés avec amour par Marie-France. Parmi ses spécialités : le rôti de porc au miel, le gigot d'agneau ou la tarte amandine aux poires. Un délice à déguster en terrasse, dans le parc, dès les premiers rayons venus ou dans une jolie salle rustique. Menu unique à 18,30 € (120,04 F). Également 4 chambres spacieuses et aménagées avec goût. Sanitaires privés. 38,20 € (250,58 F) pour 2, petit déjeuner compris. Pour ceux qui dorment, table d'hôte à 13 € (85,27 F). Accueil chaleureux. Sentier botanique au bord de l'étang dans le parc aux essences centenaires. Une adresse comme on les aime. *NOUVEAUTÉ.*

VOUILLÉ 86190

Carte régionale B1

17 km NO de Poitiers

🛏 ✸✖ **⟨10 %⟩** *Chambres d'hôte (Thérèse et Maurice Lecanuet) :* 3, rue de la Grande-Maison. ☎ 05.49.51.96.38. Fax : 05.49.54.48.15. ● mauricelecanuet@aol.com ● Accès : dans le bourg, au feu tricolore, prenez Vouillé-Centre et c'est la 3ᵉ à droite. En plein centre-ville, grande maison de la fin du XIXᵉ siècle. Vous découvrirez son charme, une fois passé le seuil de la porte... Elle ouvre sur un superbe petit jardin fleuri qui débouche sur le canal de l'Auxance, où une petite barque vous attend pour vous emmener au fil de l'eau. Au 2ᵉ étage de la maison, 4 chambres regroupées par deux (pour les familles ou couples d'amis), avec deux sanitaires privés. Déco agréable. Comptez 38 € (249,26 F) pour 2 et 60 € (393,57 F) pour 4 personnes, petit déjeuner compris (jus de fruits pressés, yaourts, confitures maison). Pas de table d'hôte, mais plusieurs restos dans le bourg. Accueil agréable. Point de chute idéal pour ceux qui veulent aller au Futuroscope (16 km) ou découvrir Poitiers. Ceux qui préfèrent la nature iront dans la forêt de Vouillé toute proche.

Provence-Alpes-Côte d'Azur

04 Alpes-de-Haute-
   Provence
05 Hautes-Alpes
06 Alpes-Maritimes
13 Bouches-du-Rhône
83 Var
84 Vaucluse

AIGUINES 83630   Carte régionale B2

60 km NO de Draguignan ; 30 km N d'Aups

🏠 🐕 ⑩% *Chambres d'hôte Domaine de Chantereine (M. Mordelet) :*
☎ 04.94.70.21.01 et 06.08.91.16.86. Fax : 04.94.70.20.39. ● chanteraine@free.fr ●
Accès : montez jusqu'au village, puis descendez sur le lac de Sainte-Croix, et à environ
1 km, prenez le chemin goudronné, à gauche, après le garage dans le virage. Fermé de
novembre à mars. Perdu dans un joli coin de nature, château du XVIᵉ siècle dominant le
lac de Sainte-Croix. 5 chambres à 50,31 € (330 F) pour 2 avec le petit déjeuner. Également 3 gîtes ruraux et 1 centre équestre.

ALLOS 04260   Carte régionale B1

90 km NE de Digne ; 36 km S de Barcelonnette

🏠 ⦿ ⤨ ⑩% *Gîte-auberge de l'Autapie (Dominique et Jean-Louis Bechet) :*
☎ 04.92.83.06.31 et 06.74.12.63.40. Accès : l'été, vous pouvez passer par Barcelonnette
et le col d'Allos ; l'hiver, il faut passer par Digne, Saint-André-les-Alpes et prendre la D 955
jusqu'à Allos, le gîte est à la sortie du village. Aux portes du parc du Mercantour, à 1450 m
d'altitude, c'est dans le chalet familial *L'Autapie* (du nom de la montagne située juste en
face), que Dominique et Jean-Louis ont aménagé un sympathique gîte d'étape. 3 petits
dortoirs de 6 lits (fabriqués par un artisan local). Chacun est doté d'une salle d'eau privative avec douche et deux lavabos. 2 w.-c. communs sur le palier. Drap de dessous et
couette fournis. Demi-pension à 28,05 € (184 F) par personne, pension complète à 39 €
(255,82 F). Les repas se prennent dans une chaleureuse salle, avec véranda pour les
beaux jours. Bonne cuisine traditionnelle et familiale (attention, ne peuvent manger que
ceux qui y dorment). L'hiver, vous êtes au pied des pistes de la station familiale de Seignus (42 km de pistes) ; la télécabine est à 4 mn à pied. L'été c'est la randonnée : les plus
courageux iront jusqu'au superbe lac d'Allos (plus haut lac naturel d'Europe, situé à
2200 m). Au fait, Jean-Louis propose, hors saison de ski en hiver, des sorties en montagne gratuite pour les petits groupes. Accueil nature et sans façon. Une très gentille
adresse.

Nous vous rappelons que la table d'hôte est le complément d'une formule d'hébergement (chambre d'hôte, gîte d'étape...). Ce service n'est offert qu'aux personnes qui dorment sur place (excepté lorsqu'il est clairement écrit « ouvert aux extérieurs »).

PROVENCE-ALPES-CÔTE D'AZUR

A

| ● Séguret | Adresses |
| ○ SISTERON | Villes repères |

1

Saint-Bonnet-
en-Champsaur

05

N 85

D 994

D 993

Aspres-sur-Buëch

Manteyer

Montclus

Fouillouse

Rosans

D 994

N 75

Vaumeilh

Villedieu

Vaison-la-Romaine

Éourres

SISTERON

Lafare

Malaucène

les Omergues

Châteauneuf-
Val-St-Donat

ORANGE

Aurel

Cruis

CARPENTRAS

Monieux

Montlaux

VAUCLUSE

Murs

84

le Castellet

AVIGNON

Châteauneuf-
de-Gadagne

Roussillon

Apt

Verquières

Robion

N 100

Buoux

MANOSQUE

Eyragues

Oppède

Lacoste

Sivergues

D 952

Plan d'Orgon

Ménerbes

Lauris

Lourmarin

St-Étienne-du-Grès

Eygalières

Durance

Villelaure

Vernègues

Arles

SALON-
DE-PROVENCE

Rognes

N 96

Jouques

Varages

N 113

la Barben

BOUCHES-

Grans

A 8

2

13

N 113

AIX-
EN-PROVENCE

N 7

DU-RHÔNE

N 368

A 52

N 560

D 1

Saintes-Maries-
de-la-Mer

Ensuès-
la-Redonne

A 55

MARSEILLE

N 8

A 50

A 50

TOULON

A

ANGLES 04170 — Carte régionale B2

50 km SE de Digne ; 8 km SE de Saint-André-les-Alpes

Chambres d'hôte (Raymonde et Georges Neveu) : ☎ 04.92.89.03.39. Accès : de Saint-André-les-Alpes, N 202 vers Nice, puis à gauche vers Angles (D 33), et fléchage. Dernière maison de ce petit village de la vallée du Verdon, situé à 1000 m d'altitude. 2 chambres agréables, avec sanitaires privés et accès indépendant. Une préférence pour la chambre « Surcouf », avec son lit surélevé et son décor faisant penser à une cabine de bateau. Pas de table d'hôte, mais chaque chambre a son coin cuisine, et tout ce qu'il faut pour faire sa popote. Comptez 36 € (236,14 F) pour 2, petit déjeuner compris, servi chez Raymonde et Georges (ancien maire du village). Accueil vraiment chaleureux. Une gentille adresse. Pour les copains, petite maison indépendante avec 2 chambres. Bien sûr, visite des gorges du Verdon indispensable ! Et de celles du Cians et de Daluis, si particulières avec leur pierre rouge.

APT 84400 — Carte régionale A2

60 km E d'Avignon

Logis Relais de Roquefure (Georges et Jeanine Rousset) : ☎ 04.90.04.88.88. Fax : 04.90.74.14.86. Accès : sur la N 100, en venant de Cavaillon, 6 km avant Apt, tournez à droite et prenez la petite route goudronnée. Fermé du 15 décembre au 15 février. Au grand calme. 15 chambres avec salle d'eau, dans un ancien domaine en pierre apparente (Logis de France). Comptez de 55 à 73 € (360,78 à 478,85 F) pour 2, et 8 € (52,48 F) le petit déjeuner. Une belle salle de restaurant avec cheminée et tableaux. Menu unique à 19 € (124,63 F) : terrine de volaille maison ou crudités du jardin, pintade Arlequin ou fricassée de poulet à l'ancienne, plateau de fromages, gâteau au chocolat ou tarte aux fruits frais. Piscine réservée aux clients de l'hôtel. Également 1 gîte d'étape, avec un dortoir de 10 lits, un de 4 et 1 petit gîte de 6 lits avec coin cuisine. 12,50 € (81,99 F) la nuit par personne et 30 € (196,79 F) en demi-pension. Centre équestre juste à côté.

ARLES 13200 — Carte régionale A2

30 km N de Saintes-Maries-de-la-Mer ; 15 km S d'Arles

Chambres d'hôte Mas Saint-Germain (Monique et Pierre Vadon) : ☎ 04.90.97.00.60. Fax : 04.90.97.01.85. ● vadon.st-germain@wanadoo.fr ● Accès : d'Arles, D 36 direction Salin-de-Giraud ; à 6 km, tournez à droite (D 36b) vers « étang de Vaccarès », continuez pendant 7 km ; au carrefour de Villeneuve, poursuivez tout droit, et à 300 m 1er chemin à droite. Joli mas camarguais aux volets verts. 1 chambre d'hôte très au calme, dans un bâtiment annexe, avec coin cuisine, à 48,80 € (320,11 F) pour 2, petit déjeuner compris. Possibilité de séjourner aussi dans le gîte d'étape, qui est souvent loué à des groupes. 11 lits avec grande salle de jour et coin cuisine. Comptez 12,20 € (80 F) la nuit par personne, et 2,29 € (15 F) pour la paire de draps. Également 1 gîte rural pour 4 personnes, qui se loue de 369 à 427 € (2420,48 à 2800,94 F) la semaine suivant la saison. Monique et Pierre, agriculteurs, pratiquent la culture du riz biologique et ont aussi une manade de 80 taureaux camarguais. Dans une belle pièce avec cheminée monumentale, Monique propose la table d'hôte pour 14,50 € (95,11 F), vin compris. Location de vélos et de VTT. Chevaux camarguais, et si ça vous dit, la balade est à 12,20 € (80 F).

ARVIEUX 05350 — Carte régionale B1

30 km S de Briançon ; 20 km N de Guillestre

Chambres d'hôte La Girandole (Isabelle et Noël Morel-Duclos) : Brunissard. ☎ 04.92.46.84.12. Fax : 04.92.46.86.59. ● lagirandole@aol.com ● Fermé du 30 septembre au 10 décembre. À 1800 m d'altitude, dans un petit village isolé, grande et charmante demeure du XIXe où Isabelle et Noël ont aménagé 5 chambres claires et spacieuses, avec balcon. Déco de bon goût. Sanitaires privés. 55 € (360,78 F) pour 2, petit déjeuner compris. Tisanerie à disposition. Belle salle de jour à l'ambiance Mille et Une Nuits, dorée et chargée d'étoiles. Pas de table d'hôte, mais cuisine équipée à disposition et petit resto juste à côté. Noël est horticulteur et son jardin vaut un petit coup d'œil. Sauna (faut c'qui faut), sans oublier une grande et belle piscine ovale avec partie balnéo pour l'été. L'hiver, Brunissard se transforme en petite station familiale de ski alpin (5 pistes), mais aussi ski de fond, raquettes. Une adresse pour se ressourcer.

■ |●| ⟨10%⟩ *Auberge La Clapouse (Famille Blanc) :* Le Bourg. ☎ 04.92.46.70.58. Fax : 04.92.46.84.94. Sur réservation uniquement. Au cœur du parc régional du Queyras. De bons produits de la ferme (élevage laitier) autour d'un menu à 12,20 € (80 F). Salle de 30 couverts. Il y a également 6 chambres d'hôte dans un bâtiment récent, aux 1er et 2e étages de la maison. Comptez 30,49 € (200 F) en demi-pension par personne et 38,11 € (250 F) en pension.

ASPRES-SUR-BUËCH 05140 — Carte régionale A1

38 km O de Gap ; 11 km N de Serres

PROVENCE-ALPES-CÔTE D'AZUR

■ |●| ⌂ *Ferme-auberge au Chevalet (Cathy et Olivier Amblard) :* ☎ et fax : 04.92.58.60.23. Accès : de Veynes, D 993 vers Valence jusqu'à Aspres ; dans le village, continuez vers Valence pendant 3 km et fléchage « ferme-auberge/aérodrome » (de campagne, rassurez-vous). Uniquement sur réservation. Dans la vallée du Buëch, petite ferme isolée, en partie construite par Olivier qui a réalisé de nombreux travaux. 1 grande salle agréable de 35 couverts, agrémentée d'une cheminée centrale. Menu unique à 16,77 € (110 F) avec les produits maison : jambon cru, coppa, saucisson, terrines, lapin au cidre de poire, civet de porc, fricassée d'agneau, tarte aux noix (farine maison !), mousse aux pêches... Petite carte des vins entre 10,52 et 16,77 € (69 et 110 F) la bouteille. Pichet de 50 cl à 4,27 € (28 F). Au-dessus de la salle de l'auberge, 5 chambres pour 2 à 4 personnes. Crépi coloré et ambiance chaleureuse. Sanitaires privés. Comptez 38,11 € (250 F) pour 2, petit déjeuner compris. Les résidents, eux, auront droit à un repas à 12,96 € (85 F), sans les boissons, sans choix mais toujours à base de la production de la ferme. Accueil authentique et vrai.

AUREL 84390 — Carte régionale A1

42 km N d'Apt ; 5 km E de Sault

■ |●| ⌇ ⟨10%⟩ *Chambres d'hôte Richarnau (Christian et Visnja Michelle) :* ☎ et fax : 04.90.64.03.62. ● http://richarnau.free.fr ● Accès : de Sault, direction Montbrun/Aurel, faites 4 km et 500 m avant Aurel, tournez sur la gauche. Fermé du 5 janvier au 28 février. Dans une ancienne ferme à 800 m d'altitude, Christian et Visnja proposent 5 chambres (dont une suite composée de deux chambres pour 4 personnes), avec beaux sanitaires privés. Deux au rez-de-chaussée et trois au 1er étage, certaines toutes simples et une meublée en style Louis XV. Comptez de 65 à 85 € (de 426,37 à 557,56 F) pour 2, petit déjeuner inclus. Belle salle avec immense cheminée où sont pris les repas. Table d'hôte à 22 € (144,31 F) (boissons en sus). Une adresse pas donnée.

AVIGNON 84000 — Carte régionale A2

■ |●| *Chambres d'hôte Anastasy (Olga Manguin) :* chemin des Poiriers ☎ 04.90.85.55.94. Fax : 04.90.82.59.40. Accès : sur l'île de la Barthelasse, sur le pont, prenez la D 228 à droite ; au grand rond-point, direction école et église ; devant l'église, continuez pendant 500 m, c'est la 2e maison à gauche. Dans un superbe mas recouvert d'ampélopsis, Olga a aménagé 5 chambres. Elles sont toutes confortables et meublées avec goût. Comptez de 60,98 à 83,85 € (de 400 à 550 F) pour 2, petit déjeuner copieux inclus. La maison est très claire, calme, spacieuse, et de belles toiles de famille ornent tous les murs. Italienne d'origine, Olga connaît d'ailleurs beaucoup d'artistes qui viennent séjourner chez elle. Les repas se prennent dans une véranda en compagnie des hôtes. Goûteuse cuisine à l'huile d'olive et aux accents de la Provence. 25,92 € (170 F) le repas, vin et café compris. Très beau jardin fleuri avec piscine. Chaleur de l'accueil et pour ne rien gâcher à 7 km du centre-ville.

BARBEN (LA) 13330   Carte régionale A2

30 km NO d'Aix-en Provence ; 8 km E de Salon-de-Provence

△ ⅙⅓ ⟨10%⟩ Chambres d'hôte Le Mas de Raiponce (Catherine et François Arnaud) : quartier d'Adane ☎ et fax : 04.90.55.31.70. Accès : d'Aix, N 7 vers Avignon jusqu'à Lambesc, puis D 15 vers Pelissanne ; 6 km après tournez à gauche (D 22) vers le château de La Barben ; et à 50 m fléchage à droite. En pleine campagne, au milieu des prés et des cultures, Catherine et François ont aménagé dans leur vieux mas, 4 chambres avec sanitaires privés. 3 dans la maison et une plus indépendante, installée dans l'ancien four à pain et avec coin cuisine. Déco provençale et campagnarde, toute en couleurs. Comptez de 50 à 60 € (de 327,98 à 393,57 F) pour 2, petit déjeuner inclus, pris aux beaux jours sous de superbes platanes. Ici, c'est l'ambiance familiale car les proprios ont sept enfants (si, si, ça existe encore !), et vos bambins seront les bienvenus. Également 1 gîte pour 6 personnes pour ceux qui veulent séjourner. Vélos à disposition.

PROVENCE-ALPES-CÔTE D'AZUR

BARGÈME 83840   Carte régionale B2

40 km NO de Draguignan ; 32 km S de Castellane

△ |●| ⅙⅓ ⟨10%⟩ Chambres d'hôte Les Roses Trémières (Annie Noël et Gérard Gielly) : ☎ 04.94.84.20.86. Accès : la route pour grimper au village se trouve sur la D 21 entre Comps-sur-Artuby et Le Logis-du-Pin ; la maison est au pied du château. Fermé de début novembre à fin mars. Situé à 1100 m d'altitude, Bargème est un adorable village médiéval du XIIe (le plus haut du Var), où ne vivent que six habitants à l'année. Classé parmi les plus beaux villages de France, son château, bien qu'en ruine, élève encore fièrement deux tours rondes et une partie de son donjon. Au milieu de ce décor moyenâgeux, la maison d'Annie représente toute l'activité du village. D'abord 5 chambres coquettes avec de jolis sanitaires privés revêtus de faïence de Salernes. Deux d'entre elles profitent de la vue sur la charmante église du XIIe, les trois autres d'un panorama grandiose sur la campagne environnante. Comptez 54 € (354,22 F) pour 2, petit déjeuner compris. On peut aussi y manger une cuisine traditionnelle et provençale pour 16 € (104,95 F), vin et café compris. Tables individuelles en terrasse en jouissant de la beauté du site, ou à l'intérieur dans une salle agréable avec cheminée. Bibliothèque et salon de musique. Rassurez-vous, bien que superbe, ce site classé n'attire que peu de touristes (pourvu que ça dure...).

BARJOLS 83670   Carte régionale B2

45 km E d'Aix-en-Provence ; 16 km NE de Saint-Maximin

△ ⋔ ⅙⅓ Chambres d'hôte Domaine de Saint-Christophe (Jean-Robert et Virginie Oliva) : ☎ 04.94.77.03.23 et 06.73.66.19.81. Fax : 04.94.77.16.32. Accès : sur la D 35 entre Brue-Auriac et Varages, sur le chemin « Marreliers ». Fermé du 1er octobre à Pâques. Située entre le massif de la Sainte-Baume et les gorges du Verdon, cette grosse bastide provençale, nichée au milieu de 45 ha de bois, oliviers, arbres fruitiers et chênes truffiers, bénéficie d'une vue exceptionnelle sur la campagne du Haut-Var. 4 chambres agréables avec sanitaires privés. Comptez de 39,64 à 42,69 € (de 260 à 280 F) pour 2, petit déjeuner compris. Pas de table d'hôte, mais cuisine à disposition et vente de produits fermiers.

BAYONS 04250   Carte régionale B1

41 km S de Gap ; 30 km NE de Sisteron ; 15 km E de La Motte-du-Caire

△ |●| ⋔ ⅙⅓ ⟨10%⟩ Chambres d'hôte Grange Joly (Jean-Jacques Leporati) : ☎ et fax : 04.92.68.34.32. Accès : de Sisteron, D 951 vers La Motte-du-Caire puis D 1 vers Turriers ; ne rentrez pas dans le village, et juste sur le pont de la Sasse, tournez à droite et faites 2,6 km sur une petite route goudronnée qui finit en chemin. Fermé de la Toussaint à Pâques. En pleine nature, dans un cadre grandiose, petite maison avec 2 chambres d'hôte. Déco simple mais agréable. Comptez 39,94 € (262 F) pour 2, avec le petit déjeuner. Jean-Jacques est un passionné de marche et donc de randonnée, c'est également en sa compagnie que vous dégusterez sa cuisine (daube provençale, tians aux légumes, poulet au thym...). 12,65 € (83 F) le repas, vin compris, servi dans une chaleureuse salle avec cheminée et piano (à la disposition des hôtes). Dans l'ancienne bergerie voûtée, ravissant gîte pouvant accueillir de 2 à 4 personnes (213,28 €, 1399 F la semaine en moyenne saison) . Accueil convivial et authentique, une adresse vraiment nature (dans tous les sens du terme).

BERRE-LES-ALPES 06390 Carte régionale B2

25 km NE de Nice

🛏 |●| 🐾 **(10 %)** *Chambres d'hôte Villa Saint-Benoît (Marie-France et Alain Legras) :* 61, chemin de la Roche-d'Argent. ☎ 04.93.91.81.07 ou 04.93.91.84.30. Fax : 04.93.91.85.47. ● villastbenoit@wanadoo.fr ● Accès : dans le village, au niveau de l'hôtel des Alpes, tournez à gauche, prenez l'avenue Alfred-Barriglione, qui se prolonge par l'avenue de la Colle-d'Ampions et fléchage (2 km depuis l'hôtel). Située à 740 m d'altitude, construite dans les années 1960, imposante maison moderne, assez kitsch (ancien studio d'enregistrement ravagé par un incendie). Aujourd'hui, elle se compose d'une immense salle à manger où sont présentées les œuvres de jeunes peintres et sculpteurs, ainsi qu'un un bric-à-brac indescriptible, fait de vieilles machines à coudre, à écrire, valises, téléphones, etc. Dans différentes parties de cette demeure, 5 chambres vastes avec sanitaires privés dont 1 familiale composée de 2 chambres. Comptez 54 € (355 F) pour 2, petit déjeuner compris. Table d'hôte, assurée par Alain, ancien chef, pour 18 € (119 F), apéro et vin compris. Pour vous détendre : piscine, table de ping-pong, jeux de boules, aire de jeux pour les enfants ; quant aux richesses du coin, comptez sur Marie-France pour vous les faire découvrir (elle possède les clés de l'église et de la chapelle). Atmosphère bohème et décontractée.

BUISSARD 05500 Carte régionale B1

18 km NE de Gap ; 8 km E de Saint-Bonnet-en-Champsaur

🛏 |●| 🐾 ⤧ **(10 %)** *Chambres d'hôte Les Chemins Verts (Nathalie et Djamal Dubois) :* ☎ 04.92.50.57.57. Accès : de Gap, N 85 vers Grenoble, après le col Bayard tournez à droite D 14 vers Orcières-Merlette ; après Forest-Saint-Julien, prenez la D 215 vers le Plan d'eau, puis Buissard et fléchage. Cette ancienne et belle ferme du XVIII° bénéficie d'un magnifique panorama sur la vallée du Drac avec les montagnes en fond de décor. Nathalie et Djamal ont ouvert 4 chambres pour 2 à 4 personnes. Déco sobre mais agréable, mobilier en bois naturel. Sanitaires privés. Comptez 43 € (282,06 F) pour 2, petit déjeuner compris (jus d'oranges pressées, c'est si rare !). Djamal est photographe, passionné de randos. C'est un accro du Népal, et nombre de ses clichés parent les murs. Nathalie est une hôtesse pétillante, dont le sourire vous séduira. En leur compagnie, vous partagerez la table d'hôte pour 12,50 € (82 F), vin compris. Cuisine traditionnelle et familiale. Question distractions : l'été, le tour du Vieux Chaillol ne passe pas loin ; l'hiver, plusieurs petites stations familiales à proximité, et Orcières-Merlette à 15 km. Accueil chaleureux, ambiance jeune et décontractée.

BUOUX 84480 Carte régionale A2

8 km S d'Apt

🛏 |●| *Chambres d'hôte La Sparagoule (Odile Malbec) :* quartier de la Loube. ☎ et fax : 04.90.74.47.82. Accès : en venant d'Apt, à la sortie du village sur la gauche. Fermé en janvier. Dans une ancienne ferme, Odile propose 3 chambres d'hôte : une double meublée de façon rustique et deux quadruples meublées en blanc. Elles ont une salle d'eau privée mais partagent 2 w.-c. Il y a aussi 1 gîte d'étape (2 dortoirs pour 6 personnes). Douche dans chaque dortoir et w.-c. communs. En chambre d'hôte, comptez 34,30 € (225 F) pour 2, petit déjeuner compris et 10,67 € (70 F) par personne en gîte d'étape (sans les draps qu'il vous faudra apporter), et 4,57 € (30 F) le petit déjeuner. Table d'hôte (sauf les dimanches et mercredis soir) à 11,43 € (75 F), vin du pays compris : soupe d'asperges, estouffade d'agneau, lapin à la provençale, fromages de chèvre, tarte aux amandes et au citron, gratin de fruits, etc. Les repas sont servis dans une grande salle avec poutres apparentes et cheminée. Un coin cuisine est également à disposition. Et, pour les amateurs de grimpe, ne manquez pas l'escalade de la falaise de Buoux, elle est réputée.

CASTELLET (LE) 04700   Carte régionale A2

43 km S de Digne ; 26 km NE de Manosque ; 7 km E d'Oraison.

🏠 *Chambres d'hôte (Catherine Ciravégna) :* quartier Combe-Croix. ☎ 04.92.78.74.97. Accès : d'Oraison, D 12 vers Puimichel et fléchage dans le bourg. Bon, c'est une maison récente, mais il faut savoir que Jean, dont c'était le métier, l'a construite entièrement des fondations aux finitions. 3 chambres simples avec de confortables sanitaires privés. Comptez quand même 42,69 € (280 F) pour 2, petit déjeuner compris (hum !...). Pas de table d'hôte, mais un petit local commun aux trois chambres (coin cuisine et machine à laver) et barbecue à disposition pour les grillades. Également 2 mobile-homes (pour 4 personnes dont 2 enfants), crépis, et auxquels ont été astucieusement ajouté un toit et une petite terrasse couverte, 304,90 € (2000 F) la semaine, en été. Enfin, 2 gîtes ruraux complètent cette structure. Très grande piscine pour vous détendre. Accueil authentique et vrai. Une adresse pour les familles et les bandes de copains.

CAUSSOLS 06460   Carte régionale B2

22 km N de Grasse ; 9 km NO de Gourdon ; 9 km NE de Saint-Vallier.

🏠 |●| 🐾 ⟨10%⟩ *Chambres d'hôte Le Mas des Chardons (Françoise et Pierre Dorge) :* 164, chemin des Chardons. ☎ 04.93.09.29.93. Fax : 04.93.09.80.55. Accès : de Saint-Vallier, D 5 jusqu'à Caussols ; prenez la petite route en face de la mairie, puis le chemin à gauche, face à l'église ; la maison est tout au bout, sur le plateau de Caussols. À 1180 m d'altitude, en pleine nature, ancienne et charmante bergerie du début du XXe, qui est aussi la maison d'enfance de Françoise. 5 chambres pour 2 ou 3 personnes dans une aile de la maison, dont une accessible aux personnes handicapées. Sanitaires privés. Déco agréable et ambiance douillette. Comptez 45 € (295,18 F) pour 2, petit déjeuner compris (jus de fruits pressés, gâteau et confitures maison). Chaleureuse pièce à vivre pour partager les repas en famille autour de la table d'hôte, pour 15 € (98,39 F), vin compris. Cuisine traditionnelle et familiale avec de bons produits fermiers. Accueil très chaleureux. Bien sûr, les activités nature sont nombreuses. En hiver, les petites stations familiales comme Audibergue et Gréolières-les-Neiges sont proches. Aux beaux jours, le GR 4 passe tout près ; il y a également un centre équestre dans le village. Le coin est aussi réputé pour la spéléo (nombreuses rivières souterraines), et pour le CERGA : centre d'observation très connu (surtout si vous êtes un accro de la Nuit des Étoiles), où l'on effectue entre autres des tirs laser pour mesurer les distances entre les différentes planètes (il se visite bien sûr). Enfin, pour ceux qui préfèrent le charme des vieilles pierres, Gourdon n'est pas loin (très touristique, mais panorama splendide), ainsi que Tourrettes-sur-Loup qui garde nos préférences. Bref, une bonne adresse, et un point de chute idéal pour découvrir le coin.

CHABOTTES 05260   Carte régionale B1

20 km N de Gap ; 10 km SE de Saint-Bonnet-en-Champsaur.

🏠 |●| ⟨10%⟩ *Chambres d'hôte La Chabottine (Catherine et Alain Dusserre) :* Les Fangeas. ☎ 04.92.50.72.29. Accès : de Gap, N 85 vers Grenoble, puis D 944 vers Orcières ; prenez ensuite la D 43 vers Chabottes, continuez vers Saint-Michel-de-Chaillol et fléchage. À 1150 m d'altitude, petit hameau avec belle vue sur la montagne. Dans la ferme familiale, entièrement réaménagée et parée de fleurs en saison, Catherine et Alain, jeune couple d'agriculteurs, ont ouvert 5 chambres. Elles sont claires, agréables, avec des couettes bien douillettes et un mobilier en bois naturel. Deux au 1er étage, avec accès direct sur une petite terrasse, et trois au 2[ne], mansardées (nos préférées). Sanitaires privés. Comptez 40 € (262,38 F) pour 2, petit déjeuner compris. Table d'hôte partagée avec les proprios pour 11,50 € (75,44 F), vin compris. Bonnes spécialités régionales comme les crouzets (pâtes fraîches, crème et fromage), les tourtons (sorte de beignets de pommes de terre), la crique en crêpe (à base de pommes de terre), les ravioles en gratin et les tartes du Champsaur. Accueil convivial. En hiver, plusieurs stations familiales à 5 km ; en été, possibilité de randos à pied ou à VTT. Ceux qui aiment les curiosités ne manqueront pas la chapelle des Pétètes, avec sa façade constellée de petites niches dans lesquelles reposent des statuettes naïves.

CHAPELLE-EN-VALGAUDEMAR (LA) 05800　Carte régionale B1

48 km N de Gap ; 18 km NE de Saint-Firmin

🛏 |❚| ✂ **10 %** *Ferme-auberge Les Aupillous (Pascale et Jean-Marie Perier) :* ☎ et fax : 04.92.55.20.18. Accès : à l'entrée du village. Fermé en novembre, décembre et janvier. Réservation conseillée. Au cœur de la jolie vallée de Valgaudemar, dans un beau coin de nature, Pascale et Jean-Marie ont créé une petite ferme-auberge sur leur exploitation. Fidèles à la tradition, pratiquement tout ce qu'ils proposent provient de la maison (Jean-Marie élève des moutons, des chèvres, des vaches, des lapins...). Salle de 40 couverts, simple, qui sert aussi de halte aux randonneurs de passage. 2 menus à 12,96 et 15,24 € (85 et 100 F). Pascale, bonne cuisinière, propose de goûteuses spécialités : ravioles au miel (un délice de salé-sucré), flouzon (tourte de pommes de terre et lardons), civet de lapin, blanquette de veau, tarte pommes-myrtilles, sans oublier les oreilles d'âne ! Rassurez-vous, il s'agit d'un tourton farci avec épinards et tomme fraîche... Au-dessus de l'auberge, 4 chambres simples mais décorées agréablement. Sanitaires privés. Comptez 39,64 € (260 F) pour 2, petit déjeuner compris et 33,54 € (220 F) par jour et par personne en demi-pension. Accueil authentique et vrai. Une adresse nature.

CHÂTEAU-VILLE-VIEILLE 05350　Carte régionale B1

42 km SE de Briançon ; 23 km NE de Guillestre

🛏 |❚| 🏠 *Gîte-auberge du Cadran Solaire (Claudine et Marc Laurans) :* Montbardon. ☎ 04.92.46.70.78 et 06.15.15.87.76. Fax : 04.92.58.90.71. Accès : de Guillestre D 902 vers Château-Queyras ; 5 km avant, tournez à droite vers Montbardon (petite route sinueuse de 3 km). Fermé du 10 septembre au 15 décembre et 15 jours en avril. Uniquement sur réservation. À 1500 m d'altitude, dans un minuscule hameau, petit gîte-auberge avec une jolie salle rustique de 30 couverts. Ici, on fonctionne un peu comme une table d'hôte car Claudine et Marc partagent souvent les repas avec vous. Une cuisine saine et généreuse pour 11,43 € (75 F). Question couchage, vous aurez le choix entre 4 dortoirs de 4 et 6 lits, et 6 chambres pour 2 à 4 personnes avec douche et w.-c. privés. Comptez 10,67 € (70 F) par nuit en dortoir (pensez à votre duvet) et 13,72 € (90 F) en chambre (draps et couette fournis). Petit déjeuner à 4,57 € (30 F). En demi-pension, il vous en coûtera 25,92 € (170 F) en dortoir et 28,97 € (190 F) en chambre (vin et tisane compris). Une adresse idéale pour les sportifs avec des randos en été (GR 58 et GR 5), ski de fond et raquettes en hiver. Un accueil jeune et convivial, une adresse pour prendre le vert. Les amateurs de fromages trouveront une petite fromagerie juste à côté, qui n'en propose pas moins de 17 sortes !

🛏 |❚| 🏠 *Chambres d'hôte Les Oules (François et Chantal Humbert) :* Souliers ☎ et fax : 04.92.46.76.39. et 06.03.37.69.96. Accès : à Château-Queyras, direction Souliers à gauche et faire 4 km. Sur réservation. Dans le parc naturel régional du Queyras à 1820 m d'altitude, maison neuve dans un hameau. 5 chambres pour 2 ou 3 personnes dont deux avec salles d'eau privées ; les autres partagent deux autres salles d'eau. Chantal et François sont agriculteurs et reçoivent en demi-pension à leur table d'hôte. Cuisine familiale avec les produits de la ferme. Comptez de 32,50 à 34,50 € (de 213,19 à 226,31 F) pour une personne en demi-pension (séjour minimum de 2 nuits). Voiture indispensable.

CHÂTEAUNEUF-DE-GADAGNE 84470　Carte régionale A2

5 km E d'Avignon

🛏 ✂ *Chambres d'hôte Le Clos des Saumanes (Élisabeth et Philippe Lambert) :* 519, chemin de la Garrigue. ☎ 04.90.22.30.86. Fax : 04.90.22.30.68. ● closau mane@aol.com ●Accès : de Châteauneuf-de-Gadagne, prenez la D 6 vers Saint-Saturnin ;

PROVENCE-ALPES-CÔTE D'AZUR

à Jonquerette prenez la direction du centre-ville, traversez le village et à une borne jaune, tournez à gauche (petit chemin entre de hautes haies). Ouvert du 1er avril au 31 octobre. Superbe bastide avec une ravissante cour intérieure pavée. En voyant la chapelle et la vierge installée dans une niche de la façade, vous comprendrez qu'elle a appartenu à un homme d'église : le curé de Saint-Sulpice. 6 chambres plus charmantes les unes que les autres avec sanitaires privés. L'une, immense, peut accueillir jusqu'à 4 personnes. À partir de 74,70 € (490 F) pour 2, petit déjeuner compris. C'est aussi une maison d'artiste et Élisabeth peint, sculpte, modèle... et croyez-nous elle a du talent ! Pittoresque salon avec piano et une foultitude de bibelots et d'objets en tous genres. Ne manquez pas le couloir aux portraits : toute la famille est là, du plus vieux au plus jeune (certains ont été réalisés par votre hôtesse). Piscine ouverte à partir de 17 h, où vous pourrez admirer l'autre façade de la maison dotée d'originales colonnes. Une adresse de charme pour routards fortunés.

CHÂTEAUNEUF-VAL-SAINT-DONAT 04200 Carte régionale A1-2

14 km S de Sisteron

≜ |●| 🏠 ⋈ *Chambres d'hôte Le Mas Saint-Joseph (Hélène et Olivier Lenoir) :* ☎ 04.92.62.47.54. ● www.provenceweb.fr/04/st-joseph/ ● Accès : de Sisteron, N 85 vers Digne pendant 6 km et à droite D 951 vers Peipin-Saint-Étienne-les-Orgues ; à l'église de Châteauneuf, montez 1,5 km en direction de Saint-Étienne, la maison domine la route. Ouvert d'avril à mi-novembre. Sur une petite route de campagne, sinueuse et tranquille, joli mas du XVIIIe siècle avec une vue magnifique sur les montagnes environnantes. 4 chambres croquignolettes avec sanitaires privés (une dans l'ancien four à pain, une autre dans l'ancienne étable, dont on a conservé les mangeoires...). 44 € (288,62 F) pour 2, petit déjeuner compris. avec une réduction pour les séjours en semaine en demi-pension. Hélène et Olivier ont accompli un travail colossal, pour rendre une âme à cette maison. Vous vous rendrez compte de son ampleur en contemplant photos et commentaires exposés dans les chambres. Table d'hôte partagée en famille (sauf le dimanche en juillet-août), à 15 € (98,39 F), vin compris. Belle piscine qui regarde la montagne. Amateurs de rando, Olivier pourra vous conseiller sur les balades à faire en fonction de vos goûts. Il accompagne volontiers ses hôtes à la découverte des ruines du vieux village : Saint-Donat l'Invisible (tout un programme !). Accueil chaleureux, jeune et dynamique. Très bon rapport qualité-prix-convivialité.

CHÂTEAUROUX-LES-ALPES 05380 Carte régionale B1

44 km S de Briançon ; 12 km N d'Embrun

≜ |●| ⋈ *Gîte de Saint-Alban (Annick et Daniel Mignot) :* ☎ et fax : 04.92.45.10.40. ● gite-de-st-alban@wanadoo.fr ● Accès : prenez la N 94 entre Embrun et Saint-Clément, puis fléchage. À proximité du parc national des Écrins. Ancienne ferme restaurée dominant la vallée de la Durance, transformée par Annick et Daniel en 2 gîtes : un gîte d'étape de 14 à 20 lits répartis en chambres et dortoir, un gîte de séjour pour 16 à 20 personnes. Chambres de 1 à 5 lits avec sanitaires privés ou communs. Cuisine, salle à manger, salle polyvalente et local pour le matos (ski et VTT). Suivant le confort, de 11 à 17 € (72,16 à 111,51 F) par personne (draps et couette fournis) et 6 € (39,36 F) le petit déjeuner. En demi-pension, comptez de 27 à 33 € (177,11 à 216,47 F) par personne et 38 à 44 € (245 à 285 F) en pension. Spécialités de soupe aux herbes sauvages, salade de chèvre chaud, tourtes et potimarron farci en saison. Produits bio et possibilité de repas végétariens. Accueil convivial. Une adresse idéale pour les familles, les randonneurs (Daniel est ancien guide de haute montagne) et tous les amoureux de nature.

COLLOBRIÈRES 83610 Carte régionale B2

23 km O de Saint-Tropez ; 12 km O de Grimaud

≜ ⋈ *Chambres d'hôte et gîte d'étape Ferme de Capelude (Rosy et Serge Spada) :* route de Grimaud. ☎ et fax : 04.94.56.80.35. ● www.chez.com/capelude ● Accès : avant Grimaud, prenez la D 14 vers Collobrières pendant 10 km (bon fléchage). Ouvert d'avril à septembre. À l'écart du bruit, ferme isolée au milieu des collines. 5 chambres avec sanitaires privés et accès indépendant. Déco simple. 45,73 € (300 F) pour 2, petit déjeuner compris en chambre. Séjour minimum de 2 nuits. Serge est apiculteur et produit 5 à 6 sortes de miel (châtaigner, toutes fleurs, romarin, lavande...). Cuisine à disposition pour les chambres. Piscine. Plein de randos au programme car vous êtes entre le GR 9 et le GR 90. Accueil authentique et chaleureux.

COTIGNAC 83570
Carte régionale B2

17 km N de Brignoles ; 15 km E de Barjols

🏠 🍴 🐾 *Chambres d'hôte Domaine de Nestuby (Nathalie et Jean-François Rou-baud)* : ☎ 04.94.04.60.02 et 06.86.16.27.93. Fax : 04.94.04.79.22. ● nestuby@wanadoo.fr ● Accès : de Brignoles, D 554 vers Le Val, puis D 22 vers Montfort ; le domaine se situe au bout d'un petit chemin sur la gauche, 5 km après Montfort et 4 km avant Cotignac. Fermé de début novembre à fin février. Grande bastide agréable, au milieu de 45 ha de vignes que Nathalie et Jean-François exploitent en produisant du côtes-de-provence AOC, en rouge, rosé et blanc. Dans une aile indépendante de la maison, 4 chambres avec sanitaires privés. Déco agréable aux doux tons pastel. Une préférence pour celle avec le ciel de lit. Comptez 54 à 61 € (354,22 à 400,13 F) pour 2, petit déjeuner compris. Table d'hôte (pas systématiquement partagée avec les propriétaires) à 16,77 € (110 F), apéro et vin du domaine compris. Vous pourrez visiter le domaine, le cuvage et la salle d'embouteillage, et terminer par le caveau de dégustation. Une source sur la propriété alimente un grand bassin. Les plus courageux pourront aller y faire trempette (elle est fraîche). Accueil souriant, jeune et détendu.

COURMES 06620
Carte régionale B2

36 km O de Nice ; 22 km NO de Vence

🏠 🍴 🐾 *Chambres d'hôte La Cascade (Patrice Baracco)* : 635, chemin de la Cascade. ☎ 04.93.09.65.85. Fax : 04.93.09.67.07. ● http://perso.wanadoo.fr/lacascade/ ● Accès : de Vence, direction Tourrettes ; avant d'arriver au pont du Loup, direction les gorges du Loup, et à Brama Fan, fléchage ; petite maison après le village, c'est le terminus. Fermé du 15 novembre au 15 février. Dans les gorges du Loup, en pleine nature. Patrice propose 6 chambres à 44,97 € (295 F) selon la saison, pour 2, avec le petit déjeuner. Toutes ont un accès indépendant, une salle de bains et des poutres apparentes. Table d'hôte (sauf le mercredi) à 13 € (85,27 F), vin non compris, 5,34 € (35 F) pour une bouteille de côtes-du-rhône ou de rosé de Provence. Les petits n'ont pas été oubliés, et une aire avec jeux et cabane les attend. À proximité de la maison, superbe cascade avec 40 m de chutes. Dans le village, un potier propose aussi des activités équestres.

COURSEGOULES 06140
Carte régionale B2

31 km NO de Nice ; 17 km NO de Vence

🏠 🐾 *Chambre d'hôte (Guy et Martine Durand)* : 350, chemin du Brec. ☎ et fax : 04.93.59.10.53. Accès : par le col de Vence ou par la route Napoléon et la D 2 (par Gréolières-village). Réservation recommandée. Situé à 1000 m d'altitude, d'où une vue superbe sur la vallée. 1 chambre pour 2 personnes avec sanitaires privés. Comptez 44 € (288,62 F) pour 2, avec le petit déjeuner. Au départ des chemins de randonnées.

CRUIS 04230
Carte régionale A1-2

25 km SO de Sisteron ; 23 km N de Forcalquier

🏠 🍴 *Chambres d'hôte Le Mas de Foulara (Odile et Richard Hartz)* : ☎ 04.92.77.07.96. ● ohartz@free.fr ● Accès : de Sisteron, N 85 vers Digne, puis D 951 vers Peipin-Saint-Étienne-les-Orgues jusqu'à Cruis ; à Cruis, tournez à gauche sur la route de Montlaux ; à 1 km, chemin carrossable fléché. Ouvert de début avril à fin novembre. Posé au milieu de 29 ha de pâturages et de cultures, superbe mas du XVIIe siècle, doté d'une élégante cour intérieure. Devant, un vieux bassin servait de retenue d'eau et de lavoir. Dans une aile indépendante, 5 chambres intallées aux 1er et 2e étages. Sanitaires privés. Elles sont coquettes, campagnardes, avec de belles tommettes anciennes, et sentent bon la cire. 45 € (295,18 F) pour 2, petit déjeuner compris. Table d'hôte partagée avec les propriétaires à 15 € (98,39 F), vin de pays compris. Accueil souriant et discret. Une petite visite à l'église de Cruis s'impose... Elle date du XIIe et renferme un très beau retable classé !

ENSUÈS-LA-REDONNE 13820 — Carte régionale A2

16 km O de Marseille ; 11 km S de Marignane

🏠 🐾 *Gîtes ruraux Guitare et la Mer (Patricia et Bruno Marserou) :* 7, chemin de la Madrague. ☎ 04.42.45.96.50. ● http://patricia.ottenheimer.free.fr ● Accès : sur la D 9 entre Marignane et Cap-Couronne, prenez la D 5 jusqu'à Ensuès ; à la sortie du bourg, tournez à droite vers les calanques et la mer (la Madrague de Gignac est indiquée sur la droite) et descendez jusqu'en bas. C'est dans un ancien hôtel (dont ils ont gardé le nom mélodieux), niché dans une petite calanque (miraculée de la période béton), que Patricia et Bruno ont ouvert 2 petits gîtes ruraux, loués à la semaine de 252 à 549 € (1653,01 à 3601,20 F) ou au week-end. Si vous le souhaitez, Bruno vous fera découvrir sa calanque et notamment les anciens chemins douaniers, qui mènent jusqu'à l'entrée de Marseille. C'est aussi un endroit idéal pour les amateurs de plongée et les pêcheurs d'oursins.

ENTREVAUX 04320 — Carte régionale B2

68 km NO de Nice ; 13 km E d'Annot

🏠 🐾 ╰ *Chambres d'hôte La Maison de Julie (Annie Saïssi) :* Le Plan. ☎ 04.93.05.42.92. Accès : sur la N 202 à la sortie d'Entrevaux quand on vient de Nice, faites 500m et tournez à gauche vers le Plan ; allez jusqu'au cœur du hameau. Ouvert du 1er avril au 11 novembre. Cette superbe ferme du XVIIIe siècle, appartenait à Mme Julie, cuisinière de son état. Aujourd'hui, elle serait ravie de voir les 2 ravissantes chambres qu'Annie a aménagées. Plein de bibelots et de petites attentions (petits savons, eau de toilette de lavande). Chacune bénéficie d'une superbe vue sur les environs et d'un petit salon particulier. 44,21 € (290 F) pour 2, petit déjeuner compris avec plein de sortes de confitures maison (mandarine au rhum, pamplemousse au whisky, gégéride...). Superbe salle à manger où le potager est toujours dans son placard avec le traditionnel cendrier. Pas de table d'hôte mais cuisine à disposition et véranda pour les fumeurs. Si vous êtes là un week-end ou en été, allez faire un tour au musée de la moto. Les randonneurs se rabattront sur le GR 4 qui passe devant la maison. Accueil de qualité.

ÉOURRES 26560 — Carte régionale A1

36 km O de Sisteron ; 25 km SO de Laragne

🏠 🍴 🐾 ⑩% *Chambres d'hôte, gîte d'étape, camping... (Caroline et Rob Yaffee) :* hameau des Damias. ☎ et fax : 04.92.65.20.50. ● lesdamias@net-up.com ● Accès : de Laragne, prenez la D 942 vers Barret-le-Bas qui se prolonge par la D 542 vers Séderon, après Salérans, prenez à gauche la D 24 vers Éourres et fléchage pendant 4 km. Fermé pendant les vacances de la Toussaint. Voilà une adresse que les amoureux de nature (dans tous les sens du terme) ne manqueront pas. Dans une jolie vallée parcourue par un torrent et encadrée par de petites montagnes recouvertes de garrigue, un petit hameau complètement isolé. Eh oui, on s'approche de la Provence... (curieusement pour des facilités de distribution, la commune affiche un code postal de la Drôme, alors qu'on se trouve encore dans les Hautes-Alpes !). Difficile de parler hébergement tant les structures sont différentes et nombreuses. Ici, on vient partager une tranche de vie, au rythme de la ferme. Rob, Américain d'origine, est principalement branché cultures bio (potimarrons, brocolis...), mais élève aussi des animaux (moutons, basse-cour...). Anciens membres d'une communauté qui avait élu domicile dans le coin, Caroline et Rob en ont gardé le sens du partage et proposent des formules pour toutes les bourses. D'abord 4 chambres, dont une familiale avec petit coin cuisine, 42 € (275,50 F) pour 2, petit déjeuner compris. Ensuite un petit gîte d'étape de 20 places en 2 dortoirs, 10 € (65,60 F) par nuit et 3 € (19,68 F) pour les draps. Si c'est encore trop cher, 1 camping à la ferme, 3,81 €

(25 F) l'emplacement et 3 € (19,68 F) par adulte. Pour toutes les formules, possibilité de petit déjeuner à 4 € (26,24 F) et de repas à 13 € (85,27 F), attention séjour minimum d'une semaine en juillet-août, mais tarifs spéciaux. Caroline organise aussi toute l'année des camps pour enfants, en tipis. Une adresse pour trouver nature, convivialité, chaleur et authenticité. Les activités sont nombreuses notamment randonnées pédestres, et vous pourrez aussi piquer une tête dans la réserve d'eau de l'exploitation (chut!).

EYGALIÈRES 13810 — Carte régionale A2

25 km SE d'Avignon ; 12 km E de Saint-Rémy-de-Provence

🏠 ✎✎ *Chambres d'hôte (Danielle et Maurice Pernix) :* quartier du Contras. ☎ et fax : 04.90.95.04.89 et 06.19.01.28.77. Accès : du village, direction Mollèges pendant 3,5 km et fléchage à droite. Fermé du 15 octobre à 15 février. Danielle et Maurice sont agriculteurs et produisent des fruits et légumes. Leur maison a été construite par le grand-père de Maurice en 1928. 5 chambres simples avec sanitaires privés. Trois au 1er étage, et deux au rez-de-chaussée situées dans une partie indépendante (plus chères). Comptez de 42 à 46 € (de 275,50 à 301,74 F) pour 2, petit déjeuner compris (toujours avec gâteau maison), servi aux beaux jours, à l'ombre du vieux mûrier de Chine. Pas de table d'hôte, mais plein de petits restos dans le coin. Accueil authentique et chaleureux, qui sent bon l'accent du Midi.

EYRAGUES 13630 — Carte régionale A2

12 km S d'Avignon ; 7 km N de Saint-Rémy-de-Provence

🏠 ✎✎ *Chambres d'hôte Le Mas des Chats qui dorment (Christiane et Robert Poli) :* 1671 chemin des Prés. ☎ et fax : 04.90.94.19.71. Accès : d'Eyragues, D 571 vers Châteaurenard, prenez à droite derrière l'unique pharmacie du village et continuez tout droit sur 1,5 km. Ouvert d'avril à mi-septembre. Superbe mas traditionnel du XVIIIe siècle aux volets vert amande. À l'étage, 3 chambres avec sanitaires privés, mais dont deux se trouvent sur le palier. 45 € (295,18 F) pour 2, petit déjeuner compris. Ici, c'est la maison des chats, aussi fermez bien votre porte si vous ne voulez pas avoir de visiteurs... Christiane a préparé deux classeurs très pratiques où vous trouverez tous les renseignements utiles pour découvrir la région : restos, marchés, artisans... Accueil convivial.

FAUCON-DE-BARCELONNETTE 04400 — Carte régionale B1

3 km E de Barcelonnette

🏠 *Chambres d'hôte (Annie Sackreuter) :* Les Iscles. ☎ 04.92.81.31.22. Accès : de Barcelonnette, D 900 vers Jausiers, puis D 709 vers Faucon ; à l'église du village, prenez la direction du couvent sur 1 km, c'est la 1re maison à gauche après le pont en bois. À l'orée d'une forêt, agréable maison (construite par Christian il y a quelques années), entourée d'un joli parc bien fleuri. 2 coquettes chambres au 1er étage avec sanitaires privés (dans le couloir). De 41 € (268,94 F) pour 2, petit déjeuner inclus, servi dans une agréable cuisine blanche et rouge. Pas de table d'hôte, mais plusieurs restos à Barcelonnette. Accueil agréable.

FIGANIÈRES 83830 — Carte régionale B2

9 km NE de Draguignan

🏠 ▐●▌ ✎✎ *Chambres d'hôte Le Mas des Oliviers (Dominique et Jean-Claude Defamie) :* avenue des Marthes. ☎ et fax : 04.94.67.91.74. Accès : montez dans le village, passez devant le bar, comptez 2 fontaines et tournez à droite ; l'entrée de la propriété est à 400 m. C'est une maison des années 1960, dont la façade s'orne d'un rose discret. Tout autour, un agréable parc avec de nombreuses essences, d'où vous aurez une vue imprenable sur le village (sortez vos palettes). Un gentil bassin avec des nymphes complète le décor. Au rez-de-chaussée de la maison, sous les arcades, 2 chambres, chacune avec un petit coin salon qui peut accueillir enfant ou ami. Sanitaires privés. 44 € (288,62 F) pour 2, petit déjeuner compris. Table d'hôte partagée en famille à 16 € (104,95 F), apéro maison et vin compris. Les proprios sont des routards, des vrais, et voyagent depuis des années... (ils ont pratiquement toute notre collection !). Une adresse où il fait bon séjourner, en parlant souvenirs de voyages. Accueil de qualité.

PROVENCE-ALPES-CÔTE D'AZUR

FOUILLOUSE 05130   Carte régionale A1

30 km N de Sisteron ; 16 km S de Gap

🏠 |●| *Ferme-auberge Domaine des Grands Chênes (Chantal et Serge Ayache) :* ☎ et fax : 04.92.54.00.41. Accès : en face de l'aérodrome de Tallard, à droite, direction Fouillouse, puis Les Andrieux et fléchage. Fermé à la Toussaint et le dimanche soir. Sur réservation uniquement. En pleine campagne, sur une exploitation agricole (maraîchage et arboriculture). Dans une salle de 30 couverts, on vous sert une bonne cuisine du terroir à partir de 15 € (98,39 F) en semaine et 20 € (131,19 F) le week-end et les jours fériés. Serge est cuisinier de métier, aussi ses spécialités sont nombreuses ; citons le feuilleté de truite, le clafoutis d'escargots au basilic, le gigot d'agneau farci pommes et raisin, le civet de daim au genièvre... Possibilité d'y séjourner dans 1 chambre d'hôte triple, au rez-de-chaussée, « Golden », indépendante, qui ouvre sur le verger. Sanitaires privatifs, télé et mini-frigo. Comptez 40 € (262,38 F) pour 2, petit déjeuner compris. Également 1 gîte rural, indépendant, de 5-6 personnes tout confort. Vente de produits fermiers (fruits et jus de fruits).

FREISSINIÈRES 05310   Carte régionale B1

25 km SO de Briançon ; 20 km NO de Guillestre

🏠 |●| 🐴 ✕ (10 %) *Hôtel Les 5 Saisons (Lionel et Micheline Condemine) :* Les Meyries ☎ 04.92.20.94.40. Fax : 04.92.20.96.58. ● saisons5@club-internet.fr ● Accès : à 200 m du centre. Fermé du 10 novembre au 15 décembre. Lionel et Micheline proposent 12 chambres : 5 assez simples à l'étage de leur maison partageant deux salles d'eau, et 7 autres avec sanitaires privés. Agréable bibliothèque dans une salle voûtée et salle à manger commune pour la table d'hôte. Comptez de 32 à 58 € (de 209,91 à 380,46 F) par personne en demi-pension (selon la chambre, la saison et l'âge du capitaine !) et de 39 à 67 € (de 255,82 à 439,49 F) par personne en pension complète. Lionel est guide de haute montagne et propose de nombreuses activités à la journée ou à la semaine : ski de fond, randos, escalade... Et un sauna vous attend pour vous détendre en rentrant. Également 2 gîtes pour ceux qui veulent séjourner. Bon accueil.

FRÉJUS 83600   Carte régionale B2

42 km SO de Cannes ; 8 km E de Saint-Raphaël

🏠 |●| 🐴 *Chambres d'hôte Les Vergers de Montourey (Famille Artaud) :* ☎ et fax : 04.94.40.85.76 et 06.16.12.43.08. ● arttotof@infonie.fr ● Accès : A 8 sortie Fréjus-centre (n° 38) ; et au 1er rond-point, à droite direction Caïs, puis tout de suite à gauche au fléchage « produits de la ferme » et faites 800 m. Ouvert de Pâques à la Toussaint. C'est à ne pas y croire... On quitte l'autoroute et à 800 m, on se retrouve dans la nature entre vergers et forêt. Dans l'ancienne bergerie toute en pierre, située à côté de l'habitation des proprios, 6 chambres toutes pimpantes, qui répondent aux noms des fruits que la famille produit. Sanitaires privés et TV. On aime bien « Prune » pour son côté plus rustique. 48,78 € (320 F) pour 2, petit déjeuner compris (faite de sortes de confitures et gâteau maison). Ici, c'est l'accueil en famille mais plus particulièrement d'Émilie et de Gaëlle, sa belle-fille. Table d'hôte partagée avec les proprios à 18,29 € (120 F), apéro maison, vin et café compris. Cuisine familiale et traditionnelle, à base des légumes du jardin et de produits fermiers. Accueil chaleureux.

GAP 05000
Carte régionale A-B1

103 km S de Grenoble

🏠 ⇌ **Chambres d'hôte Le Parlement (Anne et Bruno Drouillard) :** quartier de Charance. ☎ 04.92.53.94.20. Accès : dans Gap, prenez la direction Veynes/Valence ; au rond-point pratiquement à la sortie de la ville, suivez les pancartes « Domaine de Charance », passez à gauche de la chapelle et fléchage. Sur les hauteurs de Gap, en pleine campagne, superbe demeure du XVIII° siècle. 5 chambres à l'atmosphère distinguée et décorées avec goût. Sanitaires privés. Comptez 55 € (360,78 F) pour 2, petit déjeuner compris (confitures et gâteau maison) et 77 € (505,09 F) pour la suite, qui possède un petit coin salon (un peu cher). Agréable salle pour prendre les petits déjeuners. Pour vous détendre, piscine, billard et sauna. Si vous avez des enfants en bas âge, ils pourront jouer avec les deux petits garçons de la maison. D'autre part, Bruno est guide de haute montagne et propose aussi des tas d'activités (payantes bien entendu) : VTT, randos, escalade, canyoning... Pour ceux qui veulent séjourner, ils ont aussi 1 petit gîte rural pour 5 personnes de 382 à 534 € (de 2505,76 à 3502,81 F) la semaine, selon la saison (tout compris avec draps, linge de toilette, et ménage en fin de séjour). Accueil décontracté.

GRANS 13450
Carte régionale A2

6 km S de Salon-de-Provence

🏠 **Chambres d'hôte Domaine du Bois Vert (Véronique et Jean-Pierre Richard) :** quartier Montauban. ☎ et fax : 04.90.55.82.98. ● leboisvert@hotmail.com ● Accès : de Salon-de-Provence, N 113 vers Marseille, au rond-point de Lançon, prenez la D 19 vers Grans ; 1 km avant le village, tournez à droite (en face du magasin de jouets) et suivez le fléchage. Ouvert du 15 mars au 5 janvier. Amoureux des demeures anciennes, Véronique et Jean-Pierre ont fait construire cette maison en 1984 en essayant de lui donner un cachet rustique et régional (opération réussie !). 3 chambres d'hôte de plain-pied dont 2 avec portes-fenêtres qui ouvrent directement sur le jardin. Une préférence pour la chambre « Frédéric Mistral » à l'atmosphère rustico-provençale. Selon la chambre, de 50,31 à 57,93 € (330 à 380 F) pour 2, petit déjeuner compris. Pas de table d'hôte mais un bon p'tit resto dans le village. Jean-Pierre est président d'une association de culture provençale et le dernier week-end de juin, Grans organise un son et lumière avec défilé en costumes d'époque (à ne pas manquer !). Accueil très chaleureux.

🏠 ⓘ0% **Chambres d'hôte (Marie-Jehanne et Alain Martini) :** 12, rue des Moulins. ☎ et fax : 04.90.55.86.46. Accès : de Salon-de-Provence, D 69 vers Miramas, puis D 19 jusqu'à Grans ; à la poste du village, prenez la petite rue qui la longe sur le côté, au bout tournez à gauche, la maison est dans la petite rue qui grimpe. Fermé de début novembre à fin mars. Ancien moulin à huile, installé au milieu du village, dont il ne reste que très peu de traces aujourd'hui. Après avoir laissé sa voiture dans une petite cour, on entre dans une immense pièce (180 m²... ma parole !) avec huit arches, cuisine à l'américaine, salon, salle à manger, et une insolite cheminée installée sur une ancienne meule. Par un bel escalier de bois, on accède aux 3 chambres. Déco agréable, sanitaires privés. Comptez 55 € (360,78 F) pour 2, petit déjeuner compris. Au même niveau que les chambres, il y a une curieuse piscine, installée sur une petite terrasse, extérieure mais ceinte. Ne comptez pas faire des longueurs, mais c'est agréable pour se rafraîchir. Pas de table d'hôte, mais plusieurs restos dans le village. Accueil agréable.

GRIMAUD 83310
Carte régionale B2

12 km O de Saint-Tropez

🏠 🐴 **Chambres d'hôte Domaine du Prignon (Christelle et Paul Bertolotto) :** route du Val-de-Gilly. ☎ 04.94.43.34.84 et 06.81.67.30.93. Accès : A 7, sortie Le Luc, puis D 558 vers La Garde-Freinet puis Grimaud ; avant le village tournez à droite (D 14) vers Collobrières et à 1,2 km de nouveau à droite vers le Val-de-Gilly ; la propriété est à 500 m. Aux portes de Grimaud, entre vignes et collines, agréable domaine viticole, construit dans le style du pays. 3 chambres d'hôte coquettes avec accès indépendant de plain-pied. Sanitaires privés. 59 € (387,01 F) pour 2, petit déjeuner compris, de juin à septembre, et 53 € (347,66 F) le reste de l'année. Agréable salon-salle à manger avec plein de vieux outils et une belle collection de BD. Christelle et Paul sont viticulteurs, mais c'est la coopérative de Grimaud qui vinifie leur production. Vous pourrez quand même déguster le vin de la maison, appellation côtes de Provence (blanc, rouge et rosé), et des vins de pays comme celui des Maures (cépage grenache). Christelle est une hôtesse charmante qui connaît le coin comme sa poche... Il faut dire qu'elle est née à Cogolin. Une bonne adresse.

JOUQUES 13490   Carte régionale A2

30 km NE d'Aix-en-Provence ; 15 km SE du Pertuis

🛏 |●| ⑩% *Chambres d'hôte Le Catalan (Magalie et Philippe Mary) :* ☎ et fax : 04.42.67.69.43 et 06.14.13.20.05. ● philippe.mary@libertysurf.fr ● Accès : sur la N 96 entre Aix-en-Provence et Manosque, à Peyrolles, prenez la D 561 vers Jouques ; 1 km avant le village (au niveau de la station service) tournez à droite et faites 2 km sur un chemin empierré. Perdu au milieu de 38 ha de bois et de cultures, superbe mas orné d'un blason dont les origines remontent au XVIIᵉ siècle. 5 chambres avec de beaux volumes, charpente apparente et à l'atmosphère provençale (jolies peintures frottées à la chaux et teintées aux ocres du Lubéron). Une préférence pour la chambre de « Pierre ». Croquignolets sanitaires privés. 55 € (360,78 F) pour 2, petit déjeuner compris. Table d'hôte occasionnelle (quand les travaux de la ferme le permettent) à 15,24 € (100 F), apéro, côteaux d'Aix-en-Provence et café compris. Philippe élève des volailles, produit des céréales et fait partie de la coopérative de plantes aromatiques : thym, romarin, sarriette. Belle piscine au milieu de la campagne. Si vous êtes amateurs de VTT, vous pourrez rejoindre la Sainte-Victoire en n'empruntant que des chemins de traverse (une seule route à franchir). Accueil jeune et très chaleureux. Bref, un de nos coups de cœur... D'ailleurs plus nature que ça, tu meurs !

LACOSTE 84480   Carte régionale A2

42 km E d'Avignon ; 21 km E de Cavaillon

🛏 |●| 🐴 ⥣ *Chambres d'hôte Domaine de Layaude Basse (Lydia et Olivier Mazl) :* ☎ 04.90.75.90.06. Fax : 04.90.75.99.03. Accès : d'Avignon, N 100 vers Apt et au niveau de Lumières, prenez la D 106 vers Lacoste ; 1 km avant le village, empruntez la D 108 vers Roussillon ; l'accès au domaine est à 200 m à gauche (bon fléchage). Fermé de décembre à février inclus. Après avoir voyagé de nombreuses années avec le Big Bazar de Michel Fugain, Olivier a décidé de poser son baluchon et de reprendre le mas familial. Avec Lydia, ils ont aménagé 6 chambres d'hôte lumineuses et colorées avec sanitaires privés. Selon la saison, de 64 à 88 € (de 419,81 à 577,24 F) pour 2, petit déjeuner compris. Layaude Basse est aussi un domaine viticole qui jouit d'une vue imprenable sur le Ventoux. Table d'hôte (3 fois par semaine en été) partagée en famille à 22,87 € (150 F), vin et café compris. Agréable piscine. Si vous êtes amateur de 4x4, sachez que vous êtes ici, dans l'un des centres d'initiation labellisé par Rover. Accueil chaleureux et décontracté.

LAFARE 84190   Carte régionale A1

32 km NE d'Avignon ; 13 km N de Carpentras

🛏 🐴 ⥣ *Gîte d'étape (André Charmetant) :* place de la Fontaine. ☎ 04.90.82.20.72. Fax : 04.90.14.96.03. ● http://perso.wanadoo.fr/gitelafare ● Accès : d'Avignon, D 942 vers Carpentras jusqu'au Monteux, puis à gauche D 31 vers Sarrians, et D 21 vers Beaumes-de-Venise et Lafare ; la maison est sur la place du village. Fermé du 10 septembre au 10 octobre. André est guide de haute montagne et sa passion, c'est l'escalade. Si vous voulez toucher de près les Dentelles-de-Montmirail, il faut descendre ici. Il propose des stages d'une semaine d'avril à octobre (26 stages en tout). Mais parlons Dentelles : on peut les escalader suivant les saisons, par les faces nord ou sud (elles débutent à 1 km du gîte). Pas moins de 400 voies différentes, toutes équipées, dont la moitié accessibles à des débutants (accompagnés bien sûr !). Le programme est complété par des stages dans les gorges du Verdon, de la Jonte, les calanques de Cassis et le rocher Saint-Julien (maxi 4). Prix du stage : 275 € (1803,88 F) par personne, pour la semaine. On peut aussi réserver pour 1 ou 2 journées : André demande 198 € (1298,79 F) par jour, à diviser par le nombre de participants (maxi 8). Les simples randonneurs et autres routards égarés peuvent aussi venir dormir dans le gîte d'étape composé de 4 dortoirs simples de 5 lits superposés et de 3 blocs sanitaires. 10 € (65,60 F) par personne et par nuit. Pas de p'tit déj, ni de repas, mais cuisine à disposition et un resto sympa juste à côté. Accueil chaleureux. Une adresse idéale pour une escapade (pardon !... escalade) entre copains.

LAURIS 84360   Carte régionale A2

25 km SE de Cavaillon

â ❙●❙ ♐ *Chambres d'hôte La Maison des Sources (Martine Collart) :* chemin des Fraisses. ☎ et fax : 04.90.08.22.19 et 06.08.33.06.40. ● www.maison-des-sources.com ● Accès : de Cavaillon D 973 vers Pertuis jusqu'à Lauris. Au grand rond-point avant le village, remontez vers le centre, et prenez tout de suite le petit chemin à gauche que vous suivez jusqu'au bout. Vieux et noble mas provençal accroché à flanc de colline. 4 chambres aguichantes aménagées avec goût qui dégagent beaucoup de charme et une atmosphère paisible. Une avec une belle charpente apparente accompagnée d'une grande salle de bains verte. La suivante, surnommée le « Dortoir des nonnes ». Déco très originale, composée de 4 lits une place, genre baldaquin, et de prie-Dieu en guise de tables de chevet. Les deux dernières sont moins pittoresques mais tout aussi coquettes. De 71 à 73 € (465,73 à 478,85 F) pour 2, petit déjeuner compris. Il est servi, ainsi que les repas, sous une gentille terrasse couverte ou dans une belle salle à manger. Table d'hôte (certains soirs) à 23 € (150,87 F) apéro, vin et café compris. Accueil souriant et chaleureux. Une adresse pour routards aisés.

LOURMARIN 84160   Carte régionale A2

19 km S d'Apt ; 5 km N de Cadenet

â ⑩% *Chambres d'hôte La Lombarde (Éva et Gilbert Lèbre) :* BP 32. ☎ 04.90.08.40.60. Fax : 04.90.08.40.64. ● http://perso.wanadoo.fr/lalombarde ● Accès : sur la D 973, en direction de Lauris, après Cadenet. Fermé de début novembre à fin février. Beau mas du XVIIᵉ siècle, sur propriété boisée de 6 ha. Éva Lèbre y a aménagé 4 chambres lumineuses, toutes avec accès indépendant, terrasse, frigo et télé (pour les accros). Sanitaires privés. Comptez de 60 à 64 € (de 393,54 à 419,81 F) pour 2, petit déjeuner compris, servi sur une immense table dans la salle voûtée ou dans la cour intérieure sous la tonnelle. Belle piscine. Vélos, ping-pong, pétanque, barbecue. Pas de table d'hôte, mais plein de restos dans un rayon de 2 km.

MALAUCÈNE 84340   Carte régionale A1

17 km N de Carpentras ; 9 km S de Vaison-la-Romaine

â ♐ ⑩% *Chambres d'hôte et gîtes (Élisabeth et Michel Dallaporta-Bonnel) :* Château-Crémessières. ☎ 04.90.65.11.13. Accès : en partant du rond-point de l'église de Malaucène, la maison est à 30 m à droite sur la route de Carpentras (D 938). Fermé du 1ᵉʳ octobre au 1ᵉʳ juin sauf Ascension et Pentecôte. Dans une jolie demeure dont les origines remontent au XVIᵉ siècle, 5 chambres décorées avec goût dont deux sous forme de suite, avec sanitaires privés (préférez la chambre de « Marguerite » ou celle de « Marie » avec lit à baldaquin). Comptez de 67 à 84 € (de 439,49 à 551 F) pour 2, petit déjeuner compris (servi en été sur une grande terrasse, ombragée par un magnifique platane centenaire). Accueil agréable.

â ❙●❙ ⌇ *Chambres d'hôte Le Dégoutaud (Véronique Astruc et Pierre Marin) :* ☎ et fax : 04.90.62.99.29. ● le.degoutaud@wanadoo.fr ● Accès : de Malaucène, D 938 vers Vaison, puis à gauche vers Suzette ; la ferme est à 2 km avant Suzette, sur la gauche. À 350 m d'altitude, bénéficiant d'un joli point de vue sur les Dentelles-de-Montmirail, superbe ferme en pierre, dont la partie la plus ancienne, remonte au XVIᵉ siècle. 3 chambres d'hôte romantico-campagnardes, avec de jolis enduits colorés et passés au chiffon. Sanitaires privés. Comptez en saison 53,36 € (350 F) pour 2, petit déjeuner compris (confitures et nectar d'abricot maison). Eh oui, Pierre est arboriculteur, et sa production principale est l'abricot, complétée par les cerises, les olives et même un peu de vigne.

Table d'hôte, pas systématiquement partagée avec les propriétaires (ça dépend du travail de la ferme) 16,77 € (110 F), apéro maison et vin compris. Chaleureuse salle à manger qui ouvre sur les Dentelles (on les aime !), où vous pourrez déguster les spécialités provençales de Véronique, dont l'omelette aux truffes ! Également un petit gîte pour 4 personnes, loué de 381,12 à 426,86 € (de 2500 à 2800 F) la semaine, selon la saison. Accueil chaleureux et authentique. Au fait, si vous voulez faire une petite balade digestive, le chemin qui passe derrière la maison rejoint Le Barroux.

MANTEYER 05400　　　　　　　　　　Carte régionale A1

13 km O de Gap

🏠 |●| ⛵ *Centre de Loisirs L'Agapanthe (Marie-Christine Ratto) :* Le Clos de Saigne. ☎ 04.92.57.91.51. Fax : 04.92.57.85.68. Accès : de Gap, D 994 vers Valence et à La Roche-des-Arnauds, prenez la D 18 vers Manteyer et fléchage. À 1000 m d'altitude, dans un petit hameau, sur plusieurs bâtiments d'une ancienne ferme. 1 gîte de groupe de 52 places, à partir de 20 personnes, non ouvert aux individuels, à 30 € (196,79 F) par personne en demi-pension. Ici, il faut surtout venir pour le sport et de préférence en groupe car de nombreuses activités sont proposées (escalade, parapente, équitation, rafting, canyoning, randonnées avec ânes de bât). Possibilité de randonnée à dos d'âne.

MAYONS (LES) 83340　　　　　　　　Carte régionale B2

34 km NO de Saint-Tropez ; 10 km S du Luc ; 3 km E de Gonfaron

🏠 |●| 🐴 *Ferme de séjour Domaine de la Fouquette (Michelle et Yves Aquadro) :* ☎ 04.94.60.00.69. Fax : 04.94.60.02.91. Accès : du Luc, N 97 vers Hyères et au stade, prenez la D 33 vers Les Mayons ; à l'entrée du village, prenez la D 75 vers Gonfaron, la piste qui mène au domaine est à 2 km à gauche. Ouvert de mars à octobre, le week-end uniquement pour la ferme-auberge. Une piste longue de 1 km (attention aux dos d'âne) vous emmènera jusqu'au domaine de la Fouquette, perdu dans les collines recouvertes de chênes-lièges. 150 ha vous entourent dont 15 ha de vignes... Eh oui, Michelle et Yves sont vignerons et produisent un excellent Côtes de Provence en rosé, rouge et blanc. On a bien craqué le rouge vieilli en fût de chêne. 3 chambres mignonnes avec sanitaires privés. Une préférence pour « Pimprenelle » qui bénéficie d'une vue superbe sur la région et la plaine des Maures. 48 € (314,86 F) pour 2, petit déjeuner compris, servi sur la terrasse de l'auberge qui contemple le Luc-en-Provence. Table d'hôte partagée en famille à 16 € (104,95 F), apéro maison compris. Côté ferme-auberge, le menu est à 20,58 € (135 F) avec plusieurs choix de viandes et souvent 3 petites entrées. Tout est produit sur place et les spécialités sont nombreuses : pain de courgettes au basilic, salade aux gésiers confits, canard au poivre vert ou aux olives, bouillabaisse de poulet (hum !), pintade à la provençale... Accueil chaleureux. Une excellente adresse pour se mettre au vert et déguster les produits maison.

MÉNERBES 84560　　　　　　　　　　Carte régionale A2

36 km SE d'Avignon ; 12 km E de Cavaillon

🏠 ⛵ *Chambres d'hôte Les Peirelles (Muriel et Didier Andreis) :* ☎ 04.90.72.23.42. Fax : 04.90.72.23.56. ● les-peirelles@worldonline.fr ● Accès : aux Beaumettes sur la N 100 entre Avignon et Apt, prenez la D 103 vers Ménerbes ; au bas du village, ne montez pas et continuez vers Bonnieux pendant 4 km et c'est à droite. Fermé en janvier. C'est une construction récente et malgré nos principes, nous l'avons choisie car l'accueil et la qualité de cette adresse le méritent largement. Didier est artisan et a réalisé une grosse partie des travaux. 5 chambres vastes et coquettes dont 2 pour les familles (5 personnes). Sanitaires privés. Une préférence pour la chambre « Olivier » avec ses frises au pochoir, reprises sur le mobilier et les appliques murales. 72 € (472,29 F) pour 2, petit déjeuner compris. Immense salle à manger avec cuisine à l'américaine à disposition (en été, elle s'ouvre entièrement). Grande piscine avec partie petit bain pour les enfants. Muriel est une hôtesse charmante, souriante et décontractée. Au fait, Ménerbes est classé parmi les plus beaux villages de France...

PROVENCE-ALPES-CÔTE D'AZUR

MONIEUX 84390   Carte régionale A2

39 km N d'Apt ; 15 km SO de Sault

🏠 |●| ✼✼ **Ferme-auberge et gîte d'étape Ferme Saint-Hubert (Andrée-Anne et Christian Dova) :** ☎ 04.90.64.04.51. Accès : de Sault, prenez la D 943 en direction d'Apt ; après Saint-Jean-de-Sault, prenez la D 5 vers Méthamis, c'est à 4 km environ sur la gauche. Fermé du lundi au vendredi, sauf pour les randonneurs. Uniquement sur réservation. Dans une ferme en pleine nature, complètement isolée, Christian et son épouse, québécoise, élèvent moutons, cochons, chèvres et oies. Ils proposent un menu à 22 € (144,31 F), apéro et café compris, avec charcuterie maison, viande accompagnée d'épeautre (oie rôtie à la broche, chevreau aux amandes, gigot d'agneau), plateau de fromages de chèvre maison, tarte aux fruits de saison. Foie gras maison ou omelette aux truffes selon supplément. Dans le gîte d'étape, on accueille les randonneurs (les vrais, nous a-t-on spécifié !) dans 5 dortoirs très simples de 4, 6, 8 et 9 lits pour 8 € (52,48 F) la nuit. Petit déjeuner pour 4 € (26,24 F) et demi-pension à 33 € (216,47 F) par personne (boisson comprise). Pas de location de draps, venez équipés. Accueil de cavaliers possible (logement pour 13 chevaux). Une adresse sympa pour les amoureux de la nature.

MONTCLUS 05700   Carte régionale A1

50 km SO de Gap ; 5 km O de Serres

🏠 |●| 🐕 ⑩% **Ferme-auberge Veaujeala (Geneviève et Didier Taverne) :** champ du Meunier. ☎ 04.92.67.01.91. Accès : de Serres, D 994 vers Nyons ; traversez Montclus, la ferme est un peu plus loin sur la droite (200 m de chemin rocailleux). Uniquement sur réservation. Très jolie ferme du XVIIIe siècle magnifiquement restaurée. Belle salle de 30 couverts en pierre apparente. Ambiance rétro, avec vieilles tables et chandeliers anciens ; musique de fond et coin-jeux pour les enfants. Geneviève et Didier élèvent chèvres et brebis, cultivent des lavandes et produisent du miel. Un menu unique, qui change suivant les jours et les saisons, à 18,29 € (120 F), vin non compris. Parmi les spécialités maison, le ragoût d'agneau aux olives, le lapin à la menthe, le gigot de cabri aux anchois, la crème glacée au thym frais. Le pichet de côtes-du-rhône (1 l) est à 6,10 € (40 F). Également 3 chambres d'hôte qui sentent bon la campagne, avec sanitaires privés. Deux d'entre elles n'ont pas de fenêtre, mais des portes fermières vitrées à deux niveaux. Comptez 38,11 € (250 F) pour 2, avec le petit déjeuner. VTT à disposition. Accueil agréable.

MONTLAUX 04230   Carte régionale A2

35 km S de Sisteron ; 20 km NE de Forcalquier

🏠 |●| ✼✼ ⑩% **Chambres d'hôte Le Moulin d'Anaïs (Pierre-Richard Descube) :** Le Moulin de Pologne. ☎ et fax : 04.92.77.07.28. ● moulindanais@aol.com ● Accès : de Forcalquier, D 950, puis D 913 jusqu'à Saint-Étienne-les-Orgues ; prenez ensuite la D 951 vers Cruis, puis C1 jusqu'à Montlaux (attention, il n'y a pas de panneau de village) ; à l'ancien resto *Au Fil de l'Eau*, tournez à droite, la maison est à 700 m à droite. Fermé en mars. À 500 m d'altitude, dans une jolie campagne où coule une rivière répondant au doux nom du Lauzon, beau moulin en pierre du XIXe siècle. 5 chambres d'hôte charmantes avec sanitaires privés. Une au rez-de-chaussée, « Manon », qui conserve le seul vestige du moulin : l'arrivée d'eau ; deux au 1er étage dont la chambre « Alexandra » (la plus romantique). Les deux dernières sont au 2e, mansardées, avec poutres apparentes. Comptez 47,26 € (310 F) pour 2, petit déjeuner compris (confitures et gâteau maison). Table d'hôte partagée avec Danièle et Pierre-Richard, en système demi-pension, à 77,75 € (510 F) pour 2, apéro et vin compris. Une cuisine qui fleure bon l'huile d'olive, le basilic, l'estragon et le romarin. Les repas se prennent dans une chaleureuse salle à manger, ou sur la terrasse ombragée par un noble platane.

PROVENCE-ALPES-CÔTE D'AZUR

MOUSTIERS-SAINTE-MARIE 04360   Carte régionale B2

40 km S de Digne ; 15 km E de Riez

🏠 ⦿ **10%** *Chambres d'hôte Monastère de Ségriès (Florence et Christian Allègre, Dhruw et Anne-Marie Bhandari)* : ☎ 04.92.74.64.32. Fax : 04.92.74.64.22. ● c.allegre@free.fr ● Accès : de Riez, D 952 vers Moustiers-Sainte-Marie ; passez la station Avia et juste après les ateliers de Ségriès, tournez à gauche pour rejoindre la maison. Fermé de la Toussaint à Pâques. On connaît des endroits originaux, mais celui-ci est vraiment étonnant. Cet ancien monastère, construit en 1870 par un évêque, abrita une congrégation de moines cisterciens qui l'abandonna rapidement. Tout est encore là, notamment la chapelle qui nécessite une belle restauration. Le travail déjà accompli est énorme car, pour tout vous dire, il y a 45 pièces ! À l'intérieur, l'ancien cloître avec sa fontaine se donne des airs de patio à l'italienne. 6 chambres immenses et joliment crépies, toutes équipées de sanitaires privés. Quatre au roz-de-chaussée qui profitent de la vue sur le cloître, deux autres au 1er étage avec de magnifiques volumes (genre loft avec poutres), dotées d'un immense escalier (style revue parisienne). Toutes sont ornées de ravissantes frises au pochoir réalisées par Florence. Comptez 45 € (295,18 F) pour 2, petit déjeuner compris. Anne-Marie, elle, s'est spécialisée dans les séjours linguistiques et vous rencontrerez souvent des groupes provenant de tous les pays, venus apprendre la langue de Voltaire. Table d'hôte en système demi-pension à 71 € (465,73 F) pour 2, apéro et vin compris (partagée avec les proprios, dans une ambiance conviviale). En bref, une adresse qu'on aime bien.

MURS 84220   Carte régionale A2

25 km SE de Carpentras ; 18 km NO d'Apt

🏠 ⦿ ☝ *Chambres d'hôte Les Hauts de Véroncle (Prisca et Didier Del Corso)* : ☎ 04.90.72.60.91. Fax : 04.90.72.62.07. ● hauts.de.veroncle@wanadoo.fr ● Accès : en face de la mairie-école au centre de Murs, prenez la petite rue qui descend (raide et étroite) et allez jusqu'à son terminus en suivant le fléchage (environ 2 km du village). Uniquement sur réservation en hiver. Dans le parc naturel régional du Luberon, dominant les gorges du Véroncle, charmante maison d'une trentaine d'années, construite à l'ancienne, en partie avec les pierres de la rivière. 3 chambres pour 2 à 4 personnes avec accès indépendant. Déco simple mais agréable. Sanitaires privés. Comptez de 46 à 48 € (de 301,74 à 314,86 F) selon la taille des chambres, pour 2, petit déjeuner compris. Repas à 19,50 € (127,91 F), apéro, vin et café compris. Une cuisine raffinée, originale, aux senteurs de la Provence, présentée à l'assiette, sur tables individuelles, donc sans les propriétaires (c'est pas c'qu'on préfère...). Les repas sont servis sous une agréable tonnelle ombragée. Également 1 gîte rural avec 2 chambres équipées de sanitaires privés, qui à l'occasion servent de chambres d'hôte. Accueil très chaleureux. Vous êtes en pleine nature, complètement isolé, c'est le moment d'aller découvrir la curiosité des gorges : une série de vieux moulins à farine, à roue horizontale, certains réhabilités devenus propriétés privées, d'autres en ruine, mais qui dévoilent tous leurs secrets (meules, canaux creusés dans la pierre...). Eh oui, en ces lieux vécut une petite industrie prospère... Bien sûr, vous êtes proche de l'abbaye de Sénanque (magnifique en fin d'après-midi, quand la lavande est en fleurs), et de Gordes, infesté de touristes aux beaux jours. Une adresse idéale pour échapper à la foule.

OMERGUES (LES) 04200   Carte régionale A1

35 km O de Sisteron

🏠 ⦿ 〰 *Chambres d'hôte Le Moulin de la Viorme (Nanou et Claude Colonna-Boutterin)* : ☎ 04.92.62.01.65. Fax : 04.92.62.06.03. Accès : de Sisteron, D 946 vers Montbrun-les-Bains, le Moulin est 1 km à droite avant Les Omergues. Ouvert de Pâques à la Toussaint. Dans un joli coin de campagne, superbe moulin templier du XVIIe siècle, qui appartenait à une commanderie d'Avignon et dont la façade arbore un vieux cadran solaire. C'est aujourd'hui une maison d'artistes, car du côté de Claude, on est peintre de père en fils... 3 chambres charmantes à l'atmosphère méditerranéenne. Élégantes, chacune possède une touche contemporaine amenée par les toiles de Claude. La plus grande (plus cher) a un petit coin salon. Sanitaires privés. Selon la chambre, de 53,36 à 60,98 € (de 350 à 400 F) pour 2, petit déjeuner compris. Nanou est une hôtesse charmante, doublée d'une fine cuisinière. Table d'hôte à 20,58 € (135 F), apéro vin et café compris (pas systématiquement partagée avec les proprios). Repas à tendance bio, avec par exemple les papetons d'aubergines, la terrine de sardine aïoli, les raviolis maison à la brousse, le rôti de porc à la sauge, le pintadeau au miel, la tarte au melon... Billard français pour les amateurs. Belle piscine pour vous détendre. Accueil de qualité. Au fait, avant de partir, n'oubliez pas d'aller promener Zacchari ! C'est l'âne de la maison...

OPPÈDE 84580   Carte régionale A2

35 km SE d'Avignon ; 12 km de Cavaillon

🛏 |●| *Chambres d'hôte Le Mas des Guillaumets (Maryse Fournier) :* ☎ 04.90.76.82.47. Accès : sur la D 188 entre Oppède et Ménerbes, prenez la direction Oppède-le-Vieux ; la maison est sur la gauche 1 km avant d'arriver au village en ruine. Fermé du 11 novembre au 15 mars. Maryse a ouvert ses chambres il y a plus de 10 ans ! (il était temps qu'on se réveille...). Au 1er étage de son vieux mas du XVIIIe siècle, elle a installé 4 chambres simples mais guillerettes (attention l'escalier est assez raide). Sanitaires privés. Mobilier régional. 45,73 € (300 F) pour 2, petit déjeuner compris. Table d'hôte à 15,24 € (100 F), apéro et rosé de Provence compris. La véritable cuisine de nos grands-mères composée uniquement de spécialités provençales. Mais ce qui fait le charme de la maison, c'est avant tout l'accueil et la simplicité de Maryse. Si vous vous sentez une âme d'artiste, n'oubliez pas votre palette et vos crayons car Oppède-le-Vieux est un village admirable.

ORRES (LES) 05200   Carte régionale B1

47 km E de Gap ; 14 km S d'Embrun

🛏 |●| 🐕 ⤜ *Chambres d'hôte La Jarbelle (Claude et Michel Hurault) :* Les Ribes. ☎ 04.92.44.11.33 et 06.20.62.16.06. Fax : 04.92.44.11.23. ● LAJARBELLE@wanadoo.fr ● Accès : de Gap, N 94 vers Briançon ; avant l'entrée d'Embrun, tournez à droite D 40b vers Les Orres, à 10 km, laissez le chef-lieu sur votre gauche, continuez cette route sur 2 km et fléchage. Fermé de fin septembre à fin novembre. Téléphoner au printemps et à l'automne. À 1450 m, au cœur d'un petit hameau, ancienne ferme du XIXe (si l'on peut dire), située juste à côté d'un petit torrent qui vous émoustille. Michel a accompli un travail colossal pour donner à cette vieille demeure l'atmosphère chaleureuse et campagnarde qu'elle a aujourd'hui (il ne restait plus que les murs extérieurs !). 6 chambres pour 2 à 4 personnes coquettes et gaies, dont 5 avec balcon. La déco est l'œuvre de Claude (peinture au chiffon, à la brosse...). Comptez de 40 à 46 € (de 262,38 à 301,74 F) selon la saison, pour 2, petit déjeuner compris (plein de sortes de confitures, viennoiseries ou pain maison). Belle salle à manger paysanne avec poutres, cheminée et table de ferme. En demi-pension (sauf le mercredi), comptez de 34 à 37 € (de 223,03 à 242,70 F) par personne, apéro, vin et café compris. Repas partagé avec vos hôtes. Plein d'activités sur place : en hiver, ski alpin aux Orres à 3 km (navette en bas de la maison), les raquettes (prêtées par la maison) ; aux beaux jours, place aux randonnées pédestres que vous pourrez faire en compagnie de l'ânesse de la maison, VTT, pêche à la truite... Derrière sa carrure de bûcheron et sa barbe, Michel cache une personnalité chaleureuse et décontractée ; Claude, elle, est la gentillesse même. Bref, une bonne adresse.

PALUD-SUR-VERDON (LA) 04120   Carte régionale B2

30 km SO de Castellane ; 30 km SE de Moustiers

🛏 |●| ⤜ *Chambres d'hôte L'Enchastre (Jocelyne et Jean-Claude Colombero) :* ☎ et fax : 04.92.83.76.12. Accès : depuis La Palud, D 123 vers Châteauneuf et juste avant le village, prenez la direction Les Subis, puis la D 17 vers Les Chauvets, puis l'Enchastre ; attention au bout il faudra faire 1 km de piste empierrée. Ouvert d'avril à fin octobre. Il y a des endroits isolés mais grandioses et celui-ci en est un. Il a fallu 5 ans pour construire cette maison, nichée au cœur des montagnes à 1200 m d'altitude. La nature est à vous et s'étale à perte de vue. Jocelyne et Jean sont restés boulangers pendant 30 ans et ont

PROVENCE-ALPES-CÔTE D'AZUR

décidé de changer de style de vie. Ils proposent 5 chambres aux couleurs différentes, dont 3 ouvrent sur le Chéran (une préférence pour la chambre « Genêt »). Sanitaires privés. Ici, c'est le système demi-pension. De toute façon, quand vous serez arrivés ici, difficile de reprendre la voiture. 38,11 € (250 F) par personne, apéro et vin compris. Le petit déjeuner est royal avec, selon l'humeur de vos hôtes, la brioche, le pain perdu, le pain d'épice, les petits sablés, les crêpes (et tout est maison !). À la table d'hôte, là encore, de goûteuses spécialités comme la soupe d'ortie ou au pistou, le lapin au genièvre, la morue aïoli, la daube provençale, sans oublier le fromage de chèvre maison. Il y a aussi une piscine, un billard américain modifiable en français, quant aux randos... Celle qui monte au Chéran dure 2 h 30 et vous fait grimper à 1930 m. Une adresse comme on les aime : nature et chaleureuse.

PEYMEINADE 06530 Carte régionale B2

9 km SO de Grasse ; 20 km N de Cannes

🏠 ⚞ *Chambres d'hôte Le Mas des Arts (Josette et Philippe Bernard) :* 219, avenue de Peygros. ☎ et fax : 04.93.09.95.19. ● bab33.free.fr ● Accès : de Draguignan, D 562 vers Grasse ; après le Val-de-Tignet, 200 m avant l'entrée de Peymeinade, prenez à droite l'avenue de Peygros que vous suivez sur 2,19 km. Cette maison des années 1960 a brûlé en 1986... La famille Bernard l'a reconstruite en y installant 3 chambres d'hôte sympas. Belles portes et atmosphère agréable. Selon la chambre, comptez de 57 à 64 € (373,9 à 419,81 F) pour 2, petit déjeuner compris. Il est servi dans la salle à manger, d'où vous bénéficierez d'une vue imprenable sur les environs. Superbe piscine aux contours arrondis de 18 m de long, profonde de 3 m. Accueil chaleureux.

PLAN-D'ORGON 13750 Carte régionale A2

20 km SE d'Avignon ; 5 km SO de Cavaillon

🏠 🐎 ⑩% *Chambres d'hôte Mas de la Miougrano (Magalie Rodet et Saïd) :* 447, route des Écoles. ☎ et fax : 04.90.73.20.01 et 06.81.04.12.93. ● http://perso.net-up.com/lamiougrano ● Accès : à l'église du village, au feu tricolore, suivez le fléchage pendant 500 m. C'est l'arrière grand-père de Magali qui a construit ce beau mas, avec un agréable parc où vous attend la piscine. 3 chambres dont une suite composée de 2 chambres. Une située dans un petit pavillon indépendant avec une jolie treille, une au rez-de-chaussée de la maison, la suite au 1er étage. Sanitaires privés. Atmosphère charmante, couleurs chaudes aux senteurs de la région. De 57,93 à 60,98 € (de 380 à 400 F) pour 2, petit déjeuner compris et de 91,47 à 99,09 € (de 600 à 650 F) pour 4. Les collations matinales sont servies à l'ombre du platane ou dans une chaleureuse cuisine où sèchent les bouquets de fleurs. Belle collection de BD pour les amateurs. Véranda donnant sur le jardin avec cuisine équipée, salle à manger, bibliothèque et coin musique. Saïd s'occupe souvent des hôtes et organise des parties de pétanque... Pas de table d'hôte, mais un resto bon marché dans le village.

PONTEVÈS 83670 Carte régionale B2

45 km O de Draguignan ; 3 km E de Barjols

🏠 ⚞ *Chambres d'hôte Domaine de Saint-Ferréol (Armelle et Guillaume de Jerphanion) :* ☎ 04.94.77.10.42 et 06.03.56.37.96. Fax : 04.94.77.19.04. ● saint-ferreol@wanadoo.fr ● Accès : de Barjols, D 560 vers Draguignan-Pontevès, ne tournez pas vers le village signalé à droite et continuez tout droit ; le chemin qui mène au domaine est à gauche, juste après le panneau « Bienvenue à Pontevès ». Fermé de début novembre à fin février. Superbe ferme du XVIIIe siècle entourée de vignes et ouvrant sur deux petites collines qui semblent avoir été plantées là par hasard et répondant aux noms de Petit et Grand Bessillon. On accède aux 3 chambres par une mignonnette cour intérieure (les propriétaires habitent dans une aile indépendante). Situées au 1er étage, l'une est très grande avec accès indépendant et petite terrasse qui donne sur l'arrière. Les deux plus petites ouvrent sur les ruines du château de Pontevès. Ambiance agréable. Sanitaires privés. Comptez de 49 à 58 € (de 321,42 à 380,46 F) pour 2, petit déjeuner compris, servi dans une salle sobre au rez-de-chaussée. Pas de table d'hôte mais coin cuisine à disposition. Un peu à l'écart de la ferme, le vieux pigeonnier cache une belle piscine (super!). Armelle et Guillaume sont vignerons et vous pourrez déguster la production maison : des coteaux varois rouge et rosé (vient de rentrer dans les AOC, à boire jeune). Accueil agréable. Également un gîte pour 4 personnes, de 243,92 à 365,88 € (de 1600 à 2400 F).

RAMBAUD 05000   Carte régionale B1

5 km E de Gap

🛏 |●| 🎠 *Chambres d'hôte Au Pied des Contours (Marie-Jeanne Orcière) :* Les Girons. ☎ et fax : 04.92.51.24.62. Accès : à la sortie de Gap, direction Briançon, puis D 6 vers Rambaud et D 106 ; Les Girons sont sur la gauche de la route. Ouvert d'avril à novembre. Dans une maison mitoyenne à la ferme, 5 chambres très simples pour 2 ou 3 personnes, avec salle d'eau et w.-c.privés. Style campagnard. Comptez de 43 à 46 € (de 282,06 à 301,74 F) pour 2, petit déjeuner compris. Fait aussi table d'hôte pour 14 € (91,83 F), spécialités d'agneau et de tourtons. Les repas se prennent dans une salle à manger voûtée, au rez-de-chaussée, en compagnie des proprios.

ROBION 84440   Carte régionale A2

26 km SE d'Avignon ; 5 km E de Cavaillon

🛏 |●| *Chambres d'hôte Domaine de Canfier (Catherine et Michel Charvet) :* ☎ 04.90.76.51.54. Fax : 04.90.76.67.99. ● canfier@aol.com ● Accès : la maison se trouve à 1 km de Robion, en direction de L'Isle-sur-la-Sorgue (D 31). Vieux mas de famille, dont la partie la plus ancienne remonte au XVIIᵉ siècle. 3 chambres champêtres et agréables avec sanitaires privés. Comptez 65 € (426,37 F) pour 2, petit déjeuner compris. L'exploitation agricole se trouve juste derrière la maison : asperges, pommes de terre, oignons, un peu de vigne et potirons. Table d'hôte (3 soirs par semaine) à 20 € (131,19 F), apéro, côtes-du-ventoux et café compris. Bonne cuisine traditionnelle. Grande piscine pour vous détendre. Accueil chaleureux, teinté par l'accent provençal.

ROGNES 13840   Carte régionale A2

22 km NO d'Aix-en-Provence ; 6 km E de Lambesc

🛏 ⛲ *Chambres d'hôte L'Our du Château (Isabelle et Philippe Régnault) :* ☎ 04.42.50.21.15. Accès : de Lambesc, D 15 vers Rognes ; à la ferme du Petit Saint-Paul prenez la D 66 vers La Roque-d'Anthéron pendant 1,8 km, puis à droite vers Rognes pendant 300 m ; la maison est à gauche, au bout d'un petit chemin de terre. Dans un joli coin de campagne, belle ferme qui était au départ un petit cabanon, dans lequel se situe l'une des chambres (celle qui a la vue sur le bassin). Le reste a été construit petit à petit par Philippe et vient compléter harmonieusement l'ensemble. La 2ᵉ chambre est installée dans un petit pavillon indépendant avec coin cuisine (idéal si on séjourne). Comptez de 50,30 à 54,87 € (de 329,95 à 359,92 F) pour 2, petit déjeuner compris, servi dans la cuisine qui sent bon les odeurs d'autrefois ou devant la maison, sous un marronnier centenaire. Isabelle et Philippe sont agriculteurs bio. Pas de table d'hôte. Ceux qui ne supportent pas que le bleu artificiel des piscines pourront piquer une tête dans un immense bassin (27 m x 10 m), alimenté par une source et le Verdon. Accueil simple, authentique et très chaleureux.

ROQUE-ESCLAPON (LA) 83840   Carte régionale B2

44 km NE de Draguignan ; 6 km S du Logis-du-Pin

🛏 |●| 🎠 ⛲ 🔟% *Ferme de séjour (Isabelle et Jean-Guy Rebuffel) :* quartier Riphle. ☎ et fax : 04.94.76.80.75. Accès : en bordure du camp de Canjuers, bien fléché depuis La Roque-Esclapon. Isabelle et Jean-Guy sont agriculteurs, ils élèvent 1000 brebis et cultivent des pommes de terre. Leur ferme ocre jaune avec des volets bleus, située à 1000 m d'altitude, jouit d'un panorama exceptionnel sur Le Mont Lachens. Ces terres leur appartenaient, jusqu'à ce que l'armée les exproprie pour une bouchée de pain... Depuis, les proprios ont ouvert une sympathique ferme-auberge de 20 couverts. Menu à 19,82 € (130 F), apéro maison, café et liqueur de thym compris. Parmi les spécialités maison, le petit salé, la pintade aux morilles, les farcis aux légumes, l'anchoïade, les raviolis maison... 6 chambres d'hôte, dont quatre installées aux 1er et 2e étages et deux autres installées dans une aile indépendante. Sanitaires privés. 45,73 € (300 F) pour 2, petit déjeuner compris. Accueil convivial.

ROSANS 05150   Carte régionale A1

70 km SO de Gap ; 40 km E de Nyons

≜ |●| ⚑ (10%) *Chambres d'hôte L'Ensoleillée (Bernadette et Didier Pacaud) :* L'Ensoleillée. ☎ 04.92.66.62.72 et 06.71.18.38.77. Fax : 04.92.66.62.87. ● l.enseil lee@infonie.fr ● Accès : de Serres, D 994 vers Nyons ; 1 km avant Rosans, la maison est en contrebas sur la gauche. Fermé du 25 décembre au 1er janvier. À 700 m d'altitude, dans un bâtiment annexe à la maison des proprios, 6 chambres claires avec télé et sanitaires privés. Cinq d'entre elles possèdent une petite terrasse avec une vue magnifique sur les montagnes environnantes. Comptez 42 € (275 F) pour 2, petit déjeuner compris. Table d'hôte à 14 € (92 F), vin compris. La maison est un peu en bord de route, mais aucun bruit dans les chambres. Piscine pour vous détendre. Garage pour les motos. Bernadette et Didier sont deux hôtes charmants qui sauront rendre votre séjour agréable.

ROUSSILLON 84220   Carte régionale A2

7 km SE de Gordes

≜ ⚑ (10%) *Chambres d'hôte Les Tilleuls (Jean-Pascal Naudet) :* ☎ 04.90.05.64.61. et 06.89.89.56.70. ● les-tilleuls@club-internet.fr ● Accès : de Gordes, D 2 vers Saint-Saturnin, puis D 102 vers Roussillon pendant 400 m et après la pépinière Appy, tournez à droite (D 169) vers Saint-Pantaléon pendant 200 m, puis prenez le chemin goudronné qui mène à la maison à 800 m (attention aux dos d'âne). Très joli mas traditionnel qui bénéficie d'un point de vue unique sur les environs, avec Gordes en fond de décor. Cadre campagnard à souhait, où cultures, sous-bois et vignes font bon ménage. Jean-Pascal est un ami et a investi beaucoup de temps, de travail et de réflexion pour aménager cette ancienne ferme en lui donnant un côté rustico-contemporain. Une belle pièce de jour lumineuse avec un grand escalier suspendu dessert une agréable véranda d'où vous jouirez d'une vue encore plus remarquable. 4 chambres dont 1 au rez-de-chaussée et trois à l'étage. Sanitaires privés. Des gravures, toiles et dessins donnent à chaque pièce une touche personnelle. De 70 à 90 € (459,17 à 590,36 F) pour 2, petit déjeuner compris. À l'extérieur, une cour dallée se donne des airs de patio à l'italienne. Plusieurs terrasses ombragées par des tilleuls et une belle piscine complètent le tout. Accueil de qualité.

SAINT-ANDRÉ-D'EMBRUN 05200   Carte régionale B1

36 km E de Gap ; 8 km NE d'Embrun

≜ |●| ⚑ (10%) *Auberge La Grande Ferme (Thierry Vergnolle) :* Les Rauffes. ☎ 04.92.43.09.99. Fax : 04.92.43.41.59. ● info@lagrandeferme.fr ● Accès : fléchage. Fermé de début octobre à mi-décembre. Le reste de l'année, ouvert uniquement le midi, fermé le mercredi. Sur réservation. Dans une très grande bâtisse, belle salle d'auberge rustique et chaleureuse. Menus à 12,20 € (80 F), végétarien, et 18,29 € (120 F) à base de spécialités régionales. Thierry reçoit ses hôtes avec bonne humeur et propose également 5 gîtes ruraux et 2 chambres doubles, dont une avec salle d'eau et coin cuisine. Comptez 24,39 € (260 F) pour 2, petit déjeuner compris. Pour les gîtes, de 137,20 à 266,79 € (de 900 à 1750 F) la semaine suivant la saison. Belle salle de billard, les amateurs ne seront pas déçus.

SAINT-BONNET-EN-CHAMPSAUR 05500 Carte régionale A-B1

23 km N de Gap

▲ |●| ⚐ (10 %) *Chambres d'hôte Le Cairn (Brigitte et Bernard Gourdou) :* Charbillac. ☎ et fax : 04.92.50.54.87 et 06.08.64.86.09. ● gite.le.cairn@wanadoo.fr ● Accès : de Gap, N 85 vers Grenoble jusqu'à Saint-Bonnet-en-Champsaur, puis D 23 vers La Motte pendant 5 km et à droite vers Charbillac (fléchage). À 1150 m d'altitude, au cœur d'un petit hameau, ferme du XVIIIe, avec toit aux tuiles « écailles de poisson », mitoyenne à d'autres habitations. 4 chambres aux couettes bien douillettes, dont trois familiales pour 4 personnes ; si vous êtes deux, préférez la « chambre Féraud ». Équipées de vélux, elles n'en sont pas moins claires. Sanitaires privés. Comptez 39 € (255,82 F) pour 2, copieux petit déjeuner compris. Table d'hôte en système demi-pension et pension, respectivement à 29 et 39 € (190,23 et 255,82 F) par personne. Plein de spécialités traditionnelles comme : tourte aux pommes de terre, pâté de Pâques, soupe aux orties, gigot chamoisé, blanquette à l'ancienne, ravioles, oreilles d'âne (qui n'en sont pas), faisselle au miel chaud, tarte à l'orange. Les repas se prennent dans une grande salle voûtée avec cheminée. Jardin d'agrément. Accueil jeune et décontracté.

SAINT-ÉTIENNE-DU-GRÈS 13103 Carte régionale A2

25 km S d'Avignon ; 10 km O de Saint-Rémy-de-Provence

▲ ✤ (10 %) *Chambres d'hôte Mas La Saladelle (Gisèle Lafuente et Christine Desort) :* route dAltavès. ☎ 04.90.49.13.04. Fax : 04.90.49.13.05. ● maslasaladelle@wanadoo.fr ● Accès : sur la N 570 entre Avignon et Arles, 1 km avant le village (quand on vient d'Avignon), prenez à gauche la D 79 vers Maillane ; la maison est à 800 m à droite. Superbe mas contemporain qui ouvre sur les Alpilles. On tombe tout de suite sous le charme de la déco où mélange de couleurs, fer forgé et drapés font bon ménage. 5 chambres élégantes, dont une suite composée de deux chambres (idéal si vous êtes 4). Selon la chambre, de 59,46 à 83,85 € (390,03 à 550,02 F) pour 2, petit déjeuner compris (114,34 € soit 750,02 F pour 4 dans la suite). Grande piscine où vous attendent les draps de bain. Deux hôtesses souriantes et charmantes... que demander de plus ? Une adresse distinguée.

▲ |●| ⚐ ✤ (10 %) *Chambres d'hôte Le Moulin de la Croix (Claire Gautier et Philippe Calot) :* 28, avenue Notre-Dame du Château. ☎ et fax : 04.90.49.05.78. ● www.Alpilles.com ● Accès : en venant de Saint-Rémy, D 99 vers Nîmes-Arles ; après l'entrée du village, au 1er rond-point, tournez à gauche en revenant sur vos pas, passez devant la mairie, la maison est à 1 km à gauche. Ancienne ferme du XVIIIe siècle dans un agréable jardin ombragé où chantent les cigales. Dans l'ancienne écurie, 3 chambres à l'atmosphère méditerranéenne avec sanitaires privés. Une au rez-de-chaussée, les deux autres à l'étage (une préférence pour la « chambre rose »). 53,36 € (350 F) pour 2, petit déjeuner compris (gâteau et confitures maison) que vous dégusterez sous le regard d'un mannequin revêtu de la tenue traditionnelle de l'arlésienne. Table d'hôte à 15,24 € (90 F) tout compris. Accueil chaleureux. Entre juillet et août, ne manquez pas la fête de la Charette qui se déroule en alternance dans tous les villages du coin.

SAINT-GENIEZ 04200 Carte régionale B1

40 km NO de Digne ; 18 km NE de Sisteron

▲ |●| *Auberge du Domaine Les Rayes (Micheline et Bruno Masure) :* ☎ 04.92.61.22.76 et 06.75.46.05.59. Fax : 04.92.61.06.44. ● www.lesrayes.fr ● Accès : de Saint-Geniez, direction Authon pendant 1,5 km et prenez le chemin caillouteux à gauche pendant 2 km (attention aux ornières). Uniquement sur réservation pour l'auberge. À 1300 m d'altitude, superbe bergerie dont les origines remontent au XVIIe siècle, que les proprios ont largement réaménagée et agrandie, mais en essayant de conserver le style du pays. Est-ce la maison ou bien l'extraordinaire point de vue sur les environs qui les ont poussés à quitter leur Belgique natale ? Sûrement les deux à la fois, car vous embrasserez d'un seul coup d'œil le Ventoux, la montagne de la Sainte-Victoire, le massif de la Sainte-Baume, la montagne de Lure... de quoi monter un atlas ! Mais passons à table : l'auberge dispose d'une très grande salle avec barbecue et four à pizza, prolongée de deux petites salles voûtées en pierre apparente (l'ancienne bergerie). Menu à 15,24 € (100 F), hors boisson. Parmi les spécialités : le chèvre aux pommes avec miel (un must!), les pêches au thon, le navarin de canard, le bœuf sauce au camembert... Bref, une cuisine originale à un prix raisonnable, mélange de saveurs et de salé-sucré. Petite carte des vins à prix honnêtes, de 7,62 à 13,72 € (de 50 à 90 F) la bouteille. Dans d'autres petits bâtiments mitoyens, 5 chambres pour 2 à 4 personnes, avec accès indépendant et sanitaires privés. Décoration soignée avec de beaux crépis à l'ancienne dans les tons ocre, qui donnent une atmosphère provençale et campagnarde. Comptez 55 € (360,78 F) pour 2, petit déjeuner compris (un peu cher pour le département) la 2e nuit (62 € la 1re, 406,69 F). Pour vous détendre, une grande piscine, un boulodrome, une aire de jeux pour les enfants, et plein de randos pour les amateurs (le GR 5 passe à Saint-Geniez). Une adresse très nature. Accueil chaleureux et sans façon. Également plusieurs gîtes pour 4 à 12 personnes.

SAINT-PAUL 04530　Carte régionale B1

36 km NE de Barcelonnette ; 13 km NE de Saint-Paul

🏠 |●| ⤬ ⑩% *Gîte-auberge La Cure (Marie-Rose et Michel Longeron) :* Maurin-Maljasset. ☎ 04.92.84.31.15. Fax : 04.92.84.34.87. ● MALTASSET.LACURE@wanadoo.com ● Accès : de Saint-Paul, prenez la D 25 jusqu'à Maurin et fléchage. Fermé de début novembre au 26 décembre et du 25 avril au 16 juin. Uniquement sur réservation. À 1900 m d'altitude, dans la vallée de la Haute-Ubaye, à quelques kilomètres de l'Italie, petit hameau où il ne reste à l'année que deux habitants (Marie-Rose et Michel). Ici, vous êtes dans l'ancien presbytère et vous profiterez d'un panorama unique sur les montagnes environnantes. Une petite salle d'auberge accueillante et voûtée de 40 couverts, et 1 gîte d'étape de 26 places. Formule dortoirs, de 6 à 8 lits (certains superposés mais à 2 places ! donc pour 4). Système demi-pension à 28,05 € (184 F) par personne. Bien sûr, on peut venir y manger sans y dormir, et 3 menus vous sont proposés de 9,45 à 14,48 € (de 62 à 95 F). À 9,45 € (62 F), le « randonneur » avec crudités, jambon cru, omelette, plateau de fromages et dessert. À 14,48 € (95 F), sur commande, vous pourrez déguster de bonnes spécialités : pâtes fraîches aux herbes sauvages, fondue savoyarde, raclette... En été, c'est le paradis des randonneurs (la GTA possède une petite boucle, extension du GR 5 qui passe par Maljasset), l'hiver c'est le ski de fond, de randonnée ou les raquettes (attention, certaines fois, la route est bloquée par des avalanches, alors renseignez-vous). Les amateurs de photos n'oublieront pas leur téléobjectif car les marmottes sont très nombreuses. Un coin de nature comme on les aime, un accueil chaleureux et décontracté.

SAINTES-MARIES-DE-LA-MER (LES) 13460　Carte régionale A2

75 km SO d'Avignon ; 39 km SO d'Arles

🏠 |●| *Chambres d'hôte Mazet du Maréchal-Ferrant (Babeth Serre) :* ☎ et fax : 04.90.97.84.60 et 06.16.18.80.83. Accès : sur la D 570, après être passé devant le parc ornithologique, prenez la petite route du bac (D 85), c'est à 900 m sur la gauche. Incontestablement notre adresse préférée dans les Bouches-du-Rhône. Mazet typiquement camarguais de plain-pied, où Babeth propose 3 chambres gentillettes et claires, avec sanitaires privés. Murs blancs et lits en bois coloré. Comptez 53 € (347,66 F) pour 2, petit déjeuner compris (œuf coque, confitures maison, etc.). À sa table d'hôte, qu'elle partage avec vous, la maîtresse de maison cuisine aussi bien l'aïoli que le poulet à l'ail, la daube camarguaise ou encore les encornets, pour 13 € (85,27F), apéro, vin et café compris. Ne vous attendez pas à une maison où chaque chose aurait sa place. Ici, les objets s'entassent joyeusement un peu partout et contribuent à l'ambiance bon enfant. Atmosphère très décontractée. Babeth a une forte personnalité, directe et vraiment sympa. Elle est passionnée d'équitation et connaît toutes les bonnes adresses pour monter. Pour ceux qui aiment la nature, ne manquez pas le parc ornithologique, il est vraiment intéressant.

SAORGE 06540   Carte régionale B2

65 km NE de Nice ; 14 km S de Tende

▪ |●| ⸙ *Gîte d'étape (Franques et Virginie Chimènes) :* quartier Derrière-le-Couvent. ☎ 04.93.04.55.49. ● bergiron@easynet.fr ● Accès : à 20 mn de marche, derrière le monastère ; sur le GR 52 A. Franques et Virginie ont aménagé 1 petit gîte d'étape de 15 lits. Ils accueillent les hôtes en dortoir, 9 € (59,04 F) la nuit, 4 € (26,24 F) le petit déjeuner ou 26,50 € (173,83 F) en demi-pension. Ambiance bucolique à souhait.

SIVERGUES 84400   Carte régionale A2

12 km S d'Apt

PROVENCE-ALPES-CÔTE D'AZUR

▪ |●| ⋔ ⸙ *Ferme-auberge du Castelas (Gianni Ladu) :* Le Castelas. ☎ et fax : 04.90.74.60.89. ● le-castelas@yahoo.fr ● Accès : une fois passé la petite place du village avec son église croquignolette ; au panneau « fin de la route », tournez à gauche en montant et suivez la piste sur 2 km. Fermé du 15 novembre au 15 février. Uniquement sur réservation. Ici, ce n'est pas le bout du monde, mais presque... La nature est rude et rappelle à Gianni, le patron, sa Sardaigne natale. Un menu du jour unique, sur réservation, à partir de 30 € (196,79 F), vin et café compris. Possibilité d'y séjourner en gîte d'étape et chambre d'hôte. Comptez, par personne et en demi-pension, 38,11 € (250 F) en dortoir (le plus avantageux, mais plus sommaire) ou 61 € (400,13 F) en chambre avec douche et w.-c. Le soir, près de l'énorme cheminée, on retrouve des randonneurs, à pied ou à cheval, qui savent qu'ici on déguste un succulent rôti d'agneau braisé, de chevreau ou de porcelet. Une adresse idéale pour les groupes de copains.

SOLEILHAS 04120   Carte régionale B2

75 km SE de Digne ; 22 km E de Castellane

▪ |●| ⋔ ⸙ *Gîte d'étape de Bayles (Bénédicte et Jean-Michel Dufour) :* rue des Bayles. ☎ 04.93.60.40.17. Accès : de Castellane, D 102 vers Demandolx puis Soleilhas ; le gîte est pratiquement à la sortie du village. Fermé du 18 novembre au 27 décembre. Uniquement sur réservation. Au cœur de la vallée, à 1100 m d'altitude, petit gîte d'étape de 15 places, réparties en 3 chambres pour 4, 5 et 6 personnes. Comptez 9,50 € (62,32 F) par nuit, 4 € (26,24 F) le petit déjeuner et 24 € (157,43 F) par personne en demi-pension. Cuisine traditionnelle et familiale. Petit salon avec piano et jeux pour les petits. Bénédicte et Jean-Michel font l'élevage de chèvres... Fromages en vente sur place (eh oui, ça existe encore... heureusement !). Accueil jeune et décontracté. Pour les routards randonneurs, le GR 4 passe à proximité.

THOARD 04380   Carte régionale B1

20 km NO de Digne ; 13 km N de Mallemoisson

▪ |●| ⋔ ⑩% *Auberge et chambres d'hôte La Bannette (Riou et Jean-Charles Agniel) :* ☎ 04.92.34.68.88. Fax : 04.92.34.89.69. ● www.aubergelabannette.com ● Accès : de Digne, N 85 vers Sisteron pendant 5 km, puis à droite (D 3) jusqu'à Champtercier (petite route de campagne) ; vous pouvez aussi descendre jusqu'à Mallemoisson et prendre la D 17. Fermé du 15 septembre au 11 octobre. Au pied du Siron, en pleine nature, gentille auberge, comme on les aime, avec plein d'animaux et de bons produits maison (miel, lait, fromages de chèvre), qu'on retrouve bien sûr sur la table (avec volailles et agneau de la ferme). Menu unique à 16,77 € (110 F), qui passe à 13,72 € (90 F) pour ceux qui séjournent. 5 chambres dans un bâtiment annexe. Déco agréable. Comptez 36,59 € (240 F) pour 2, petit déjeuner compris. Accueil vrai et chaleureux.

TRANS-EN-PROVENCE 83720
Carte régionale B2

4 km S de Draguignan

🛏 |●| *Chambres d'hôte Saint-Amour (Marie-Camille et René Wahl) :* 986, route de la Motte. ☎ 04.94.70.88.92 et 06.16.87.49.45. Fax : 04.94.70.88.92. Accès : de Draguignan, N 555 vers Fréjus ; rentrez dans Trans, et à l'église, prenez la D 47 vers La Motte ; peu après le panneau de sortie du village, un autre vous signale « chute de pierres », l'entrée est 50 m plus loin à droite (en épingle). Avec un nom pareil, cette adresse se devait d'avoir du charme... et elle en a, grâce à l'imagination du maître des lieux. Passionné de voyages, de marine et de nature, d'un trou d'eau, il a créé un charmant petit étang où vivent canards (tout plein d'espèces aux couleurs chatoyantes), cygnes, oies et tous ceux qui veulent faire une courte halte : poules d'eau, hérons... Sur le plan d'eau stationne aussi le petit bateau qu'il avait sur le lac Majeur. Côté hébergement, ça n'est pas mal non plus. 3 chambres d'hôte installées dans deux maisons, dont la plus ancienne date du XVIIIᵉ siècle. Déco originale. L'une style cabine de bateau, tout en bois, où le moindre détail porte sur la mer ; l'autre à l'ambiance africaine et la dernière romantico-rustique avec murs en pierre apparente et lit à baldaquin. Comptez de 57,93 à 67,08 € (de 380 à 440 F) pour 2, petit déjeuner compris, que Marie-Camille vous sert soit dans le salon (superbes meubles en provenance de tous les pays, et nombreux objets d'art) soit, le plus souvent, sur la terrasse couverte qui domine l'étang (où l'on entend chanter le soir, grenouilles et crapauds). Possibilité de table d'hôte à 19,82 € (130 F), apéro et vin compris. Également 2 gîtes ruraux (2/4 personnes) au rez-de-chaussée. Belle piscine paysagée, à forme libre. Accueil de qualité.

VAISON-LA-ROMAINE 84110
Carte régionale A1

28 km N de Carpentras ; 15 km S de Nyons

🛏 ⟨10 %⟩ *Chambres d'hôte L'Évêché (Aude Verdier) :* Haute Ville – rue de L'Évêché. ☎ 04.90.36.13.46. Fax : 04.90.36.32.43. ● http://eveche.free.fr ● Accès : à 20 m après *L'Hostellerie du Beffroi.* Impératif de réserver. Au cœur de la cité médiévale, 4 jolies chambres d'hôte, avec téléphone, dans une demeure du XVIIᵉ siècle. Comptez de 56 à 73 € (de 367,34 à 478,85 F) pour 2, petit déjeuner compris, servi sur les terrasses. Bibliothèque et salons. Accueil familial. Pas de table d'hôte mais plusieurs restaurants à proximité. Vue imprenable sur la plaine. Bicyclettes à disposition (quand on partait sur les chemins...).

VARAGES 83670
Carte régionale A2

50 km O de Draguignan ; 20 km N de Saint-Maximin

🛏 |●| ✖ *Chambres d'hôte La Seignerolle (Lucette Raibaut) :* ☎ 04.94.77.85.39. Accès : A8, sortie Saint-Maximin, direction Brue-Auriac, puis Varages ; avant le village, prenez la direction Rians, ensuite fléchage par un petit chemin goudronné sur 1 km. Réservation conseillée. En pleine nature, jolie maison avec véranda, terrasse et piscine. 3 chambres d'hôte simples, dont une avec sanitaires privés. Comptez de 35,06 à 38,11 € (de 230 à 250 F) pour 2, petit déjeuner compris. Lucette, fine cuisinière, propose aussi la table d'hôte, pour 15,24 € (100 F) vin compris. Parmi ses spécialités : pâtes au pistou, farcis, daube provençale, tarte aux pommes. Les repas sont servis sur une immense table et elle les partage avec vous. Certains jours, soirée couscous. Piscine. Excellent accueil et calme garanti.

VAUMEILH 04200
Carte régionale A1

12 km N de Sisteron

🛏 |●| ⟨10 %⟩ *Chambres d'hôte La Ferme de Valauris (Claude et Christian Le Cleach) :* ☎ 04.92.62.13.99 et 06.15.22.55.72. ● www.ferme-de-valauris.com ● Accès : de Sisteron, direction Gap, passez le rond-point de l'autoroute et au 2ᵉ rond-point suivez la direction

Vaumeilh, puis au 1ᵉʳ carrefour prenez la D 4 au fléchage « chambres d'hôte » jusqu'au Caboulot, puis prenez la D 204 vers Vaumeilh et fléchage à droite. Superbe ferme du milieu du XIXᵉ qui bénéficie d'un panorama magnifique sur la montagne de Lure. Une belle partie non crépie, vous permettra d'admirer la construction en galets. Dans différentes ailes indépendantes, 4 chambres lumineuses avec sanitaires privés, dont une accessible aux personnes handicapées (une préférence pour « Jean Giono »). 45,73 € (300 F) pour 2, petit déjeuner compris (fromage de chèvre, plusieurs sortes de pains, gâteau et confitures maison). C'est dans l'ancienne bergerie voûtée que l'on prend le repas partagés avec Claude et Christian. Table d'hôte à 13,72 € (90 F), apéro maison et vin de pays compris. Une cuisine méditerranéenne au sens large (provençale, mais aussi marocaine et égyptienne). Christian travaillait pour la télévision et Claude pour le théâtre... On sent que les discussions vont aller bon train ! De plus, ils mettent à votre disposition un salon vidéo avec une collection de grands classiques. Accueil de qualité.

VERNÈGUES 13116 Carte régionale A2

30 km NO d'Aix-en-Provence ; 10 km NE de Salon-de-Provence

|●| 🐴 ⤬ (10 %) *Crêperie Le Repaire (Jeannine et Lucien Avon) :* Vieux Village. ☎ et fax : 04.90.59.31.64. ● LEREPAIRE.aol.com ● Fermé le mardi et en janvier. Service à toute heure, de midi à minuit, ce qui est bien pratique pour les randonneurs qui passent sur le GR 6, juste sous la maison. C'est dans la seule maison rescapée du tremblement de terre de 1909 que Jeannine et Lucien ont installé une sympathique crêperie avec deux jolies terrasses ombragées. Tout autour, ce ne sont que des ruines, et du plateau, beau point de vue. Une carte simple avec des salades composées, 6,10-6,86 € (40-45 F), des omelettes de toutes sortes, 4,12-6,25 € (27-41 F), des crêpes salées et sucrées, 3,35-6,71 € (22-44 F). Ah, les omelettes de Lucien ! Il a un tour de main incroyable et elles gonflent, elles gonflent... à croire qu'il utilise de l'hélium ! En hiver, la carte est complétée par des pâtes. Salle avec poutres apparentes et cheminée. Une adresse sans prétention, sympa, et avec des prix doux. Si vous voulez séjourner, les proprios viennent d'aménager 1 petit gîte dans une maison du vieux village, « la Gloriette », louée de 274,41 à 381,12 € (1800 F à 2500 F) la semaine, selon la saison. Accueil convivial.

VERQUIÈRES 13670 Carte régionale A2

20 km SE d'Avignon

🛏 *Chambres d'hôte Mas de Castellan (René Pinet) :* ancien chemin de Saint-Rémy. ☎ 04.90.95.08.22. Fax : 04.90.95.44.23. ● www.mas-de-catellan.net ● Accès : d'Avignon, N 7 vers Aix/Salon, puis prenez à droite la D 74e vers Verquières ; fléchage à partir du centre du village. Fermé en janvier et en février. Dans les dépendances d'un authentique mas provençal, 5 chambres d'hôte, toutes aussi craquantes les unes que les autres. Il faut dire que René a été antiquaire (pendant 33 ans à Avignon !). Vous décrire le décor semble une chose difficile tant il y a d'objets (bibelots, toiles, amphores, objets d'art...). Un superbe jardin d'hiver (mais pour les beaux jours), rempli de plantes vertes, et un autre très rustique, avec poutres apparentes, et un magnifique dallage réalisé avec les « parfeuilles » qui se trouvaient sur le toit. Comptez 77 € (505,09 F) pour 2, petit déjeuner compris. Un platane centenaire inonde de son ombre bienfaitrice un charmant parc où pépient les oiseaux, remplacés le soir par les rainettes. Il ne manquait plus que la piscine, et elle est là (bande de chanceux !) : un grand bassin, alimenté par une ancienne fontaine, dans la plus pure tradition des bastides. Pas de table d'hôte, mais René connaît toutes les bonnes adresses et est intarissable quant aux tuyaux touristiques. Une adresse pas donnée, mais qui a du charme.

🛏 (10 %) *Chambres d'hôte La Bergerie de Castellan (Évelyne et Philippe Savournin) :* ☎ et fax : 04.90.95.02.07 et 06.12.26.10.33. ● labergerie@net-up.com ● Accès : sur la N 7 entre Saint-Andéol et Avignon-Sud (sortie autoroute), prenez la D 29 vers Verquières. Au rond-point dans du village, suivre les pancartes vertes « la Bergerie de Castellan ». Fermé de mi-décembre à fin janvier. Isolée au milieu des pâturages et des vergers, ancienne bergerie restaurée avec passion par Évelyne et Philippe. Le résultat ne manque pas de charme, et c'est aujourd'hui une jolie maison de couleur ocre, avec une agréable treille recouverte de vigne et une cour à l'ombre des platanes. 3 chambres romantico-campagnardes (pour 2 à 4 personnes), décorées avec goût (couleurs chaudes, plafond à voliges). Sanitaires privés. Comptez 61 € (400,13 F) pour 2, petit déjeuner compris.

Grand salon avec deux grandes portes-fenêtres à petits carreaux colorés, réalisées par Philippe (souvenir de son enfance). Il est aussi artiste peintre et vous pourrez admirer quelques-unes de ses œuvres. Agréable terrasse. Pas de table d'hôte, mais cuisine d'été à disposition. Évelyne est une hôtesse charmante, et si vous avez des enfants en bas âge, ils pourront jouer avec les deux petits de la maison. Calme et tranquillité assurés, et pour ne rien gâcher, une belle piscine avec partie pour les bambins. Accueil convivial et décontracté. Une gentille adresse.

VILLARD-SAINT-PANCRACE 05100　　　　Carte régionale B1

● ●

1 km S de Briançon

🛏 |●| *Chambres d'hôte La Riolette (Nadine et Thierry Moya) :* 38, rue du Melezin. ☎ et fax : 04.92.20.58.68 et 06.73.69.90.20. ● grec-rch@club-internet.fr ● Accès : de Briançon, N 94 vers Embrun, puis D 136a jusqu'à Villard-Saint-Pancrace ; fléchage dans le village. À 1300 m d'altitude, maison de village avec 5 chambres d'hôte. Toutes installées au 1er étage, elles sont simples mais fonctionnelles, avec sanitaires privés. Selon la saison et la longueur du séjour, comptez de 39 à 42 € (de 255,82 à 275,50 F) pour 2, petit déjeuner inclus (avec le lait de la ferme et les yaourts maison). Table d'hôte à 14 € (91,83 F), apéro et vin compris, systématiquement partagée avec les proprios. Si la vie de la ferme vous intéresse, l'exploitation de Nadine et Thierry est à proximité (vaches laitières). Les amoureux du ski de fond seront servis : le départ des pistes se trouve dans le champ, en contrebas de la maison (si Thierry est disponible, il se fera une joie de vous accompagner). Accueil jeune et décontracté.

VILLEDIEU 84110　　　　Carte régionale A1

● ●

25 km E d'Orange ; 6 km NO de Vaison-la-Romaine

🛏 |●| ⑩% *Chambres d'hôte Le Château de la Baude (Chantal et Gérard Monin) :* ☎ 04.90.28.95.18. Fax : 04.90.28.91.05. ● labaude@pacwan.fr ● Accès : au bistrot du village, suivez le fléchage. Réservation obligatoire en hiver. Belle ferme templière fortifiée avec jolie vue sur la campagne environnante. 5 chambres dont deux sous forme de duplex. Sanitaires privés. Ici, ça sent bon la Provence : rideaux et dessus-de-lit assortis, frises au pochoir. Comptez de 95 à 110 € (de 623,16 à 721,55 F) pour 2, petit déjeuner compris (un peu cher mais ça les vaut). Table d'hôte à 25 € (163,99 F), vin et café compris (3 fois par semaine, les autres jours cuisine aménagée à disposition). Menu enfant à 13 € (85,27 F). Salon avec piano et télé, grande piscine couverte (avec coin-enfants et jacuzzi), court de tennis et billard. Accueil agréable. Une adresse pour routards aisés.

VILLELAURE 84530　　　　Carte régionale A2

● ●

22 km N d'Aix-en-Provence ; 6 km O de Pertuis

|●| 🍴 *Auberge La Bastide Neuve (Mireille et Jean Ollivier) :* ☎ 04.90.09.84.04. Accès : à la sortie du village en venant de Cavaillon, tournez à droite et fléchage. Fermé le lundi et la 1re quinzaine de janvier. Sur réservation uniquement. Vaste propriété agricole entourée de bâtiments pas spécialement engageants mais qui recèle une véritable arche de Noé. Ce n'est pas tant pour la ferme-auberge qu'on vient, mais surtout pour voir les animaux. En fait, une adresse sympa quand on a des enfants. Ces petites têtes blondes pourront admirer ânes, chevaux, mules, boucs, vaches, cochons et même dromadaire et lama ! La salle de l'auberge est quelconque et un peu trop vaste (100 couverts), mais elle a la particularité de posséder une immense baie vitrée qui donne sur un manège couvert où évolue toute la ménagerie de la maison. Menu à 22,87 € (150 F), vin et café compris, avec entrée, plat, fromage et dessert.

Rhône-Alpes

01 Ain
07 Ardèche
26 Drôme
38 Isère
42 Loire
69 Rhône
73 Savoie
74 Haute-Savoie

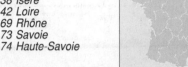

ABONDANCE 74360
Carte régionale B1

30 km SE de Thonon-les-Bains

🏠 ⏐⏐ ⏃ ⑩% ***Chambres d'hôte (Liliane et Pierrot Berthet) :*** Charmy l'Envers. ☎ et fax : 04.50.73.02.79. Accès : de Thonon-les-Bains, D 902 vers Morzine, puis à gauche D 22 jusqu'à Abondance et fléchage. Fermé d'octobre à décembre. À 1000 m d'altitude, superbe chalet du XVIIIe. 4 chambres d'hôte, simples et campagnardes, avec sanitaires privés. Liliane et Pierrot élèvent des vaches et des chèvres et fabriquent des fromages (chevrotin, fromage d'Abondance). Table d'hôte (sans les proprios) avec les bons produits maison : sauté de lapin polenta, berthoud (fromage d'Abondance, madère, charcuterie et pommes), poêlée montagnarde (pommes de terre, fromage et vin blanc). Comptez 18,29 € (120 F) par nuit et par personne avec le petit déjeuner, et 27,44 € (180 F) en demi-pension (vin compris). On peut regretter de ne pas vivre plus chez l'habitant, mais l'accueil de Liliane (un peu réservé au départ) se révèle chaleureux et elle devient vite Lili, pour les habitués.

ABRETS (LES) 38490
Carte régionale B1

30 km O de Chambéry

🏠 ⏐⏐ ⏃ ***Chambres d'hôte La Bruyère (Claude et Christian Chavalle) :*** ☎ 04.76.32.01.66. Fax : 04.76.32.06.66. ● carbone38@aol.com ● Accès : sur l'A 43, sortez à Chimilin, puis prenez la direction Les Abrets et suivez le fléchage « chambres d'hôte ». Fermé en novembre et décembre. Recommandé de réserver. Belle demeure dauphinoise ouvrant sur un joli parc fleuri et ombragé (belles essences, dont un magnifique tulipier de Virginie!). Intérieur élégant, avec 6 chambres dont deux suites, chacune décorée avec un tissu différent. De 70 à 92 € (459,17 à 603,48 F) pour 2, petit déjeuner compris (au choix traditionnel ou salé). Si vos moyens vous le permettent, ne manquez pas la table d'hôte (une fois par semaine, sans jour fixe) à 30,49 € (200 F) tout compris. Entre autres spécialités, Claude mitonne daurade au gros sel, choucroute de poissons, magret de canard ou encore foie gras en papillotes. Pour vous détendre, une grande piscine à l'abri des regards indiscrets. Accueil charmant. Une adresse pour routards aisés.

Nous vous rappelons que la table d'hôte est le complément d'une formule d'hébergement (chambre d'hôte, gîte d'étape...). Ce service n'est offert qu'aux personnes qui dorment sur place (excepté lorsqu'il est clairement écrit « ouvert aux extérieurs »).

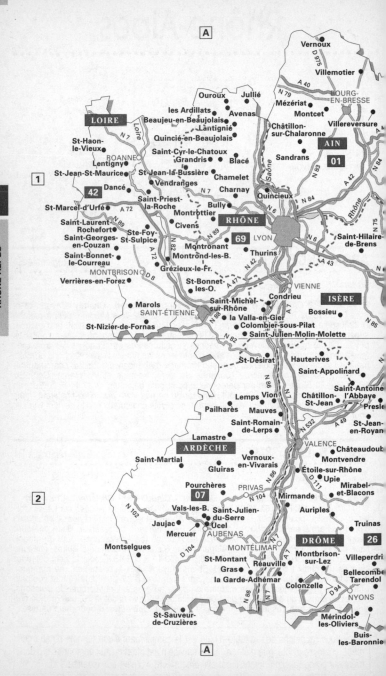

B

THONON-LES-BAINS

● Abondance

● Bellevaux

N 5

N 206

HAUTE-

● Boëge
Mieussy ●

● les Gets

SUISSE

Challex ●

N 84

D 984

A 40

A 41

N 203

SAVOIE

les Carroz-
d'Arâches ●

Brénod ●

Copponex ●

N 203

N 203
le Petit-
Bornand ●

A 40 N 206

CHAMONIX ○

les Plans-
d'Hotonnes ●

Usinens ●
Ferrières ●
Vaulx ●

le Grand-
Bornand ●

74

La Clusaz ●

les Houches ●
Saint-Gervais

1

Ordonnaz ●

ANNECY

N 508

N 212

Megève ●

Brens ●

Doussard ●

Faverges ●

ALBERTVILLE ○

Faverges-
de-la-Tour ●

N 90

A 430

N 90

Séez ●

RHÔNE-ALPES

s Abrets ●
Chélieu ●

CHAMBÉRY

A 43

N 6

Isère

N 75

Allevard ●

A 43

N 6

SAVOIE

le Sappey-en-Chartreuse ●

38

N 90

Isère

Pinsot ●

A 43

SAINT-JEAN-
DE-MAURIENNE

73

N 532

N 75

l'Enversin-
d'Oz ●

Jarrier ●

Saint-André ●

Bramans ●

utrans ●

GRENOBLE

N 85

N 91

Oz-en-Oisans ●

encurel ●
a Balme-de-Rencurel ●

Huez-en-Oisans ●
le Bourg-d'Oisans ●

ITALIE

lard-
-Lans ●

Séchilienne ●
Saint-Martin-
de-la-Cluze ●

Ornon ●

lenfrey-
u-Gua ●

Saint-Arey ●

chilianne ●

● Mens

2

coubeau-
nsac ●

D 99

int-Auban-sur-Ouvèze ●
Rochette-du-Buis ●

ygalayes ●

0   10   20 km

● Lantignié   Adresses
○ ROANNE   Villes repères

B

ALLEVARD 38580 — Carte régionale B1

40 km NE de Grenoble ; 35 km SE de Chambéry

|●| ⚐ Ferme-auberge du Bessard (Pascale et Michel Lopez) : ☎ 04.76.97.54.82. Fax : 04.76.97.56.67. Accès : de l'A 41, entre Grenoble et Chambéry, sortez au Touvet, prenez la D 29 vers Goncelin, puis la D 525 direction Allevard ; dans le bourg, direction Le Moutaret (D 9), puis à 3 km, fléchage « hameau du Freydon », puis « Ferme-auberge du Bessard ». Ouvert du 15 mai au 31 août, fermé le dimanche soir et le lundi. Hors saison, uniquement du vendredi soir au dimanche midi. Sur réservation. Dans un superbe site, avec vue panoramique sur le glacier du Gleyzin. Pascale et Michel ont repris la ferme familiale et y ont ouvert une ferme-auberge de 50 couverts, joliment décorée. Mais comme Michel retape sa ferme tout seul, ne soyez pas étonnés, les façades ne sont pas encore terminées. Passionnés par leur métier d'agriculteurs, les proprios mettent un point d'honneur à faire partager la saveur de leurs spécialités, avec 2 menus à 16 et 21,60 € (104,95 et 141,69 F). Spécialités de cou de canard farci brioché (sur commande), foie gras en terrine, rillettes, confit, magret, sauté d'agneau maison, gratin dauphinois, et tartes. Pierrade spéciale canard sur résa à 15 € (98,39 F). Menu enfant à 6,50 € (42,64 F), ils pourront aller voir les animaux de la ferme : canards, oies, moutons et ânes de Provence. Accueil convivial.

ARDILLATS (LES) 69430 — Carte régionale A1

37 km NO de Villefranche-sur-Saône ; 5 km NO de Beaujeu en Beaujolais

🏠 |●| ⚐ Chambres d'hôte (Marie-Thérèse et Alain Bonnot) : le Bourg. ☎ et fax : 04.74.04.80.20. Accès : de Beaujeu, D 37 vers Chauffailles pendant 5 km puis D 37E à droite jusqu'aux Ardillats. la maison est au cœur de ce petit village. Fermé en janvier. Ancien et très beau domaine viticole où on élevait aussi du bétail. 5 chambres à l'atmosphère campagnarde dont 1 composée de 2 chambres pour les familles. Sanitaires privés. Si vous êtes 2, préférez « Prune », « Framboise » ou « Ananas ». Mobilier ancien et dessus de lit de grand-mère au crochet. 38,10 € (249,92 F) pour 2, petit déjeuner compris. Dans l'ancienne étable dont on a conservé les râteliers, les proprios ont exposé les 10 clochers des villages des 10 crûs du Beaujolais. C'est là qu'on mange à la table d'hôte pour 14,50 € (95,11 F) apéro et Beaujolais Villages compris. Cuisine goûteuse et traditionnelle. Accueil convivial. **NOUVEAUTÉ.**

AURIPLES 26400 — Carte régionale A2

36 km SE de Valence ; 10 km S de Crest

🏠 |●| ❀ Chambres d'hôte La Berte Bleue (Yves Duroux) : Le péage d'Auriples. ☎ et fax : 04.75.25.04.25. Accès : de Crest, D 538, puis D 6 vers Montélimar ; 1,5 km après le lieu-dit La Répara, tournez à droite vers le péage d'Auriples. Fermé de début décembre à mi-février. Au cœur d'un petit hameau, maison traditionnelle, facilement reconnaissable à ses volets bleus. Croyez-nous, si vous en passez le seuil, vous tomberez sous le charme de l'incroyable déco réalisée par Yves : un délire de couleurs, de crépis teintés, de souvenirs de voyages, un enchevêtrement de salons où moderne et ancien se mêlent avec bonheur. Ici, un piano, là une vieille et noble cuisinière, une horloge comtoise version maison ; bref, de quoi se réjouir les yeux. 4 chambres charmantes et douillettes (deux au rez-de-chaussée et deux au 1er étage). Sanitaires privés. Comptez 46 € (301,74 F) pour 2, petit déjeuner compris. Les talents d'Yves ne s'arrêtent pas là ; il aime cuisiner et vous propose de partager ses repas autour de la table d'hôte. Pour 15 € (98,39 F), vin compris, vous pourrez déguster par exemple le picodon chaud (fromage de chèvre), le rôti de porc aux abricots, le cake aux orties et à l'aneth, le filet de saumon aux poivrons, le soufflé aux pêches. Une cuisine inventive qui ne manque pas de saveurs... Et comme rien n'a été laissé au hasard, une superbe piscine, d'où vous jouirez d'une belle vue sur la Roche-Colombe et le Vercors en fond de décor. Accueil chaleureux et décontracté. Un de nos coups de cœur. Les amoureux des vieilles pierres ne manqueront pas le village de Poët-

Laval (classé parmi les plus beaux de France) et continueront sur Dieulefit, réputé pour les nombreux artisans qui s'y sont installés.

AUTRANS 38880   Carte régionale B2

45 km O de Grenoble

🛏 |●| 🐎 ≋ *Chambres d'hôte La Fayolle (Denis et Patricia Chabert) :* Eybertière. ☎ 04.76.95.31.41. Accès : à 2 km du centre. Fermé du 15 octobre au 15 décembre. 4 chambres avec sanitaires privés dans une grande maison avec jardin ombragé. Patricia, agricultrice, propose des repas à base de produits fermiers. Comptez 38 € (249,26 F) pour 2, copieux petit déjeuner inclus, et 13 € (85,27 F) pour le repas du soir, en table d'hôte, composé essentiellement des produits de l'exploitation.

🛏 |●| ≋ **10 %** *Chambres d'hôte Entre Chiens et Loups (Florence et Bernard Dumoulin) :* ☎ et fax : 04.76.95.36.64. Accès : de Grenoble, direction Sassenage, puis Lans-en-Vercors jusqu'à Autrans ; à l'entrée du village, tournez à gauche au rond-point (voie parking) pendant 500 m et au 2e rond-point tournez à droite, puis à gauche dans la voie en sens interdit, et faites 1 km ; la maison est à droite. Fermé la 2e semaine de Pâques. Bernard est musher, comprenez maître d'attelage de chiens de traîneaux. Il y a une dizaine d'années, avec Florence, ils se sont lancés dans ce rêve fou : faire partir des touristes en rando depuis leur maison située à 1050 m d'altitude au cœur du val d'Autrans-Méaudre. Ils étaient les seuls à y croire, mais aujourd'hui, il faut réserver à l'avance... Dans un superbe chalet indépendant du leur et construit par leurs soins, ils ont ouvert 4 charmantes chambres, chacune avec son caractère. Pour les découvrir, il faudra mettre les chaussons (toutes les tailles sont à votre disposition). Pratiquement tout le mobilier bois, joliment cérusé, a été réalisé par vos hôtes. Atmosphère douillette et chaleureuse. Les romantiques pencheront pour la « chambre nordique ». Sanitaires privés (cabine-douche). 47 € (308,30 F) pour 2, petit déjeuner compris. Table d'hôte partagée en famille à 15 € (98,39 F), apéro, vin et café compris. Cuisine régionale et familiale (Bernard a été pâtissier dans une autre vie...). Vous vivrez parmi nos amis à quatre pattes. Pas moins de 42 chiens de races Alaskan et Husky. Mi-chien et mi-loup, ils n'aboient pas mais chantent, comme dit Florence. Les traîneaux sont individuels et tirés par 3 ou 4 chiens (il y a même des versions plus légères pour les enfants à partir de 8 ans). Bien sûr, il faudra passer par la partie théorique et de sensibilisation avec votre attelage. Comptez 75 € (491,97 F) pour une 1/2 journée, 120 € (787,15 F) la journée et 320 € (2099,06 F) pour un raid de 2 jours (nuit et repas compris en refuge de montagne). De mars à septembre, Bernard est accompagnateur de pêche à la mouche ou au toc sur la Bourne (classée en 1re catégorie). Bref, l'adresse idéale pour ceux qui aiment combiner sport et nature. Accueil convivial et décontracté.

AVENAS 69430   Carte régionale A1

35 km SO de Mâcon ; 10 km N de Beaujeu-en-Beaujolais

🛏 |●| 🐎 *Chambres d'hôte (Florence et Patrick Vacher) :* La Croix du Py. ☎ 04.74.04.76.92. Fax : 04.74.04.74.57. ● http://p.vacher.free.fr ● Accès : d'Avenas prendre la D 18 vers Monsols pendant 3 km et à gauche vers la Croix du Py et faites encore 800 m. On quitte une petite départementale pour emprunter une route forestière qui traverse des résineux puis des feuillus, pour découvrir cette belle ferme du XIXe. Située entre forêts et pâturages à 762 m d'altitude, elle jouit d'un superbe panorama sur la vallée de la Grosne. Dans un joli bâtiment indépendant avec préau couvert et balcon bois taillé par Florence, 2 chambres à l'étage dont 1 avec mezzanine. Sanitaires privés. Atmosphère guillerette et campagnarde où le bois est très présent. Toute la déco est l'œuvre de Florence, enduits à l'ancienne et peintures à l'éponge (la « Tournesol » a une très belle vue). Au rez-de-chaussée, l'ancien four à pain s'est tranformé en coin cuisine. 40 € (262,38 F) pour 2, petit déjeuner compris, servi chez vos hôtes (grande table de ferme et bancs d'église). Table d'hôte à 15 € (98,39 F) apéro, Morgon ou Chiroubles compris. Cuisine traditionnelle et régionale avec de nombreux produits fermiers. Une troisième chambre devrait bientôt voir le jour. Ambiance décontractée. Accueil chaleureux. Une adresse qu'on aime et un très bon rapport qualité-prix-convivialité **NOUVEAUTÉ.**

RHÔNE-ALPES

BALME-DE-RENCUREL (LA) 38680   Carte régionale B2

30 km SO de Grenoble ; 10 km O de Villard-de-Lans

🏠 |⦿| 🐾 ⋇ (10%) *Gîte d'étape de la Valette (Jeanine et Robert Mayousse) :* ☎ et fax : 04.76.38.96.95. Accès : de Grenoble N 532 vers Sassenage, puis D 531 jusqu'à Villard-de-Lans ; continuez vers Pont-en-Royans et fléchage juste avant La Balme-de-Rencurel. À 700 m d'altitude, Jeanine et Robert ont racheté cette ancienne maison EDF où vivaient trois familles (la petite centrale est encore toute proche mais totalement automatisée). Eh oui, vous êtes au bord des gorges de la Bourne, véritable paradis pour les pêcheurs à la truite (mars à octobre). Jeanine et Robert, eux, sont passionnés de rando, c'est pourquoi ils ont créé ce gîte d'étape. Ils proposent 3 chambres familiales de 4 ou 5 lits. Sanitaires privés. Déco agréable. Comptez 11 € (72,16 F), draps et couettes fournis, 4 € (26,24 F) le petit déjeuner et 32 € (209,91 F) en pension complète. Cuisine familiale et régionale. Vous pourrez faire la rando du pas des Rages (7 h de marche), en passant à l'aller par le Gros Martel (1400 m) et au retour par le haut des gorges de la Bourne. En hiver, ski de fond, raquettes et piste à 10 km. La maison est en bord de départementale, mais le trafic est restreint la nuit. Accueil chaleureux.

BEAUJEU-EN-BEAUJOLAIS 69430   Carte régionale A1

58 km NO de Lyon ; 26 km NO de Villefranche-sur-Saône

🏠 🐾 (10%) *Chambres d'hôte (Marie et Philippe Laprun) :* Chantemerle-en-Morne. ☎ 04.74.04.89.26. Accès : dans Beaujeu, D 37 vers Saint-Joseph/Juliénas ; allez dans le 1er hameau sur la gauche (Chantemerle-en-Morne), et fléchage. Fermé du 24 au 30 décembre. Au calme, petite maison vigneronne face aux vignobles d'appellation beaujolais-villages. 2 chambres champêtres aux douces couleurs pastel, équipées de sanitaires privés. Ambiance un brin romantique, qui ravira ces dames. Comptez 35,06 € (230 F) pour 2, petit déjeuner compris, servi sous la tonnelle. Marie possède un petit atelier de poterie, et anime des ateliers le mercredi pour les enfants du village. Comme elle est très réservée, si ça vous tente, demandez-lui de vous initier. Philippe, lui, est œnologue ; il vous donnera tous les tuyaux pour vous faire une bonne cave. Accueil chaleureux et un bon rapport qualité-prix. Routards randonneurs, plein de circuits à faire, comme celui qui mène au petit village d'Avenas avec sa ravissante église. Si elle est fermée, demandez les clés à Mme Callot, qui tient l'épicerie ; elle pourra aussi vous servir une collation à toute heure. N'oubliez pas non plus que Beaujeu est la capitale du Beaujolais... C'est le moment de réserver votre place pour la nuit du 3e mercredi de novembre, la fête des Sarmentelles : dégustations, intronisations, mais aussi un défilé de brouettes remplies de sarments et de porteurs de flambeaux, pour aller percer le tonneau du vin nouveau (à minuit très exactement).

BELLECOMBE-TARENDOL 26110   Carte régionale A2

50 km SE de Montélimar ; 30 km E de Nyons

🏠 |⦿| 🐾 *Ferme-auberge Les Garelles (Brigitte et Patrice Perotti) :* hameau de Tarendol. ☎ et fax : 04.75.27.32.01. Accès : de Nyons, D 94 vers Rémuzat, puis D 64 vers Curnier ; continuez et passez Sainte-Jalle, puis fléchage Bellecombe jusqu'à Tarendol (la ferme est dans le hameau). Fermé de début janvier à mi-mars. Patrice et Brigitte élèvent une centaine de chèvres, fabriquent des fromages et produisent des abricots. Dans l'ancienne cave à vin, ils ont aménagé une belle salle voûtée de 40 couverts. Menu unique à 12,20 € (80 F). Avec un supplément de 3,05 € (20 F), vous pourrez ajouter l'omelette à la tapenade ou la brouillade de truffes. Sur place, 4 chambres simples, dont une avec sanitaires communs, 28,97 € (190 F) par personne en demi-pension, et 1 gîte d'étape de 10 lits en dortoir, à 10,67 € (70 F) la nuit et 25,92 € (170 F) en demi-pension. Piscine.

BELLEVAUX 74470 Carte régionale B1

18 km S de Thonon-les-Bains

🛏 |●| 🐕 ✂ ⑩% *Gîte d'étape Le Chalet (Anne-Marie Felisaz-Denis) :* La Cresson-nière. ☎ et fax : 04.50.73.70.13. Accès : de Thonon, D 26, direction Bellevaux ; 2 km avant le village, tournez à gauche, puis fléchage. À 850 m d'altitude, au fond de la vallée du Bre-von, en pleine nature. 6 chambres dans un grand chalet en bois, entouré de montagnes, où l'accueil est une tradition familiale, puisqu'on y reçoit des hôtes depuis... les années 1960 ! 2 chambres au rez-de-chaussée (dont une avec sanitaires privés) ; 4 au 1er étage (celles qu'on préfère), avec balcon, lavabo et bidet dans les chambres, et douche et w.-c. communs sur le palier. Elles sont simples, mais le bois crée une atmosphère chaleureuse, et du balcon on a une très belle vue sur les alentours. Beaucoup d'outils anciens décorent la maison. Ici, système de demi-pension comme base de séjour, pour 33,54 € (220 F) par personne, boissons comprises. Les spécialités d'Anne-Marie : croûtes au fromage, ber-thoud, beignets de pommes de terre, bœuf bourguignon, sauté de veau sauce chalet (pré-paré par le patron), fromages, gâteau aux fruits rouges, rissoles. Elle est passionnée de chevaux, il y en a quatre, plus un mulet et un poney. Possibilité de loger les cavaliers dans 1 petit gîte équestre de 6 lits. Petite station familiale (piste et fond) à 7 km.

BLACÉ 69460 Carte régionale A1

10 km NO de Villefranche-sur-Saône ; 7 km SE de Vaux-en-Beaujolais

🛏 🐕 ✂ *Domaine de la Maison Germain (Marie-Paule et Patrick Bossan) :* ☎ 04.74.67.56.36. Fax : 04.74.65.00.23. ● patrickbossan@wanadoo.fr ● Accès : n'allez pas à Blacé. Il faut partir de Blaceret, accessible depuis la N 6 par la D 20 et continuer cette départementale vers Salles et chemin à droite et 400 m après encore à droite. Au coeur de l'appellation Beaujolais Villages, donc au milieu des vignes, beau domaine viti-cole dont une grande maison qui comporte 2 escaliers en façade. Dans un pavillon indé-pendant, 3 chambres coquettes pour 4 personnes (lit double et 2 lits superposés). Déco agréable et belle armoires anciennes. Sanitaires privés. 42,70 € (280,09 F) pour 2, petit déjeuner compris et 70,20 € (460,48 F) pour 4. Patrick est viticulteur et possède 11 ha de vignes. Bien sûr, dégustation de son Beaujolais Villages obligatoire (dans un petit caveau). Si vous n'avez pas les moyens, ils ont aussi un petit camping à la ferme, à l'écart du domaine, dans un endroit très vert et bien arboré. 11 € (72,16 F) pour 2, tout compris (accueil de caravanes et camping-car possible). Pas de table d'hôte, mais plusieurs restos à proximité. Accueil convivial. *NOUVEAUTÉ.*

🛏 *Chambres d'hôte (Éric Encrenaz) :* Berne. ☎ et fax : 04.74.67.59.69. Accès : de Bla-céret, accessible depuis la N 6 par la D 20, prendre la D 76 vers Blacé pendant 600m, filer tout droit pendant 400 m et tourner à droite (bon fléchage). Au milieu des vignes, char-mante demeure avec véranda et piscine, abritée des regards indiscrets. 4 chambres dont 2 à l'étage et 2 au rez-de-chaussée dont 1 suite de 2 chambres. Sanitaires privés. 45,70 € (299,77 F) pour 2, petit déjeuner compris. Pas de table d'hôte, mais petit coin cuisine à disposition. *NOUVEAUTÉ.*

BOËGE 74420 Carte régionale B1

28 km S de Thonon-les Bains ; 18 km SE d'Annemasse

🛏 |●| ✂ ⑩% *Chambres d'hôte du Chalet (Françoise et Gérard Novel) :* Chez Novelly. ☎ 04.50.39.12.35. Accès : d'Annemasse, prenez la route de Tanninges ; après le pont de Fillinges, direction Boëge, et avant le village, tournez à gauche, puis fléchage. Fermé la semaine de Noël. Uniquement sur réservation. À 860 m d'altitude, jolie ferme-chalet, où l'on fait l'élevage de vaches laitières et où l'on fabrique du fromage d'Abon-dance et de la tomme. Belle vue sur la campagne environnante. 1 chambre d'hôte dans la maison et 1 chambre installée dans un petit chalet séparé. Sanitaires privés. Comptez respectivement 35,10 et 42,70 € (230,24 et 280,09 F) pour 2, petit déjeuner compris. Table d'hôte sur réservation à 15,20 € (99,71 F), sans les boissons et pas systématique-ment partagée avec les propriétaires. Prêt de raquettes (l'hiver) et de vélos. Vente de fro-mages sur place, *of course !*

BOSSIEU 38260   Carte régionale A1

67 km NO de Grenoble ; 8 km O de la Côte-Saint-André

🛏 🍴 🐕 💢 (10%) *Chambres d'hôte Le Cellier (Pascale et Jean-Luc Chaboud) :* 109, impasse du Cellier. ☎ 04.74.54.32.85 et 06.82.07.38.15. Fax : 04.74.54.29.04. ● PMleCellier@aol.com ● Accès : la maison se trouve sur la petite route entre Arzay et Bossieu, 500 m avant le bourg. Fermé entre Noël et le Jour de l'An. Cette belle demeure, qui bénéficie d'un magnifique point de vue sur la plaine de la Bièvre et le Vercors en fond de décor (ça rime !), était à l'origine un des celliers de l'abbaye de Bonnevaux, détruite à la Révolution (que voulez-vous...). 3 chambres vastes, joliettes et lumineuses. Déco agréable dans un style dépouillé. Comptez 47 € (308,30 F) pour 2, petit déjeuner compris. Table d'hôte à 16 € (104,95 F), vin compris. Ici, le cheval occupe une grande part de la vie de la maison ; Pascale et Jean-Luc en ont plusieurs, dont certains en pension. Ils proposent des randos et accueillent avec plaisir cavaliers et montures. VTT à disposition. Accueil jeune et décontracté. A suivre : création d'1 gîte pour 4 ou 6 personnes.

BOURG-D'OISANS (LE) 38520   Carte régionale B2

47 km SE de Grenoble

🛏 🍴 🐕 💢 (10%) *Chambres d'hôte Les Petites Sources (Pauline et Éric Durdan) :* Le Vert. ☎ et fax : 04.76.80.13.92. ● durdan@club-internet.fr ● Fermé du 1er octobre au 15 décembre et du 21 mai au 7 juin. Recommandé de réserver. Dans leur chalet typique de l'Oisans, Pauline et Éric ont aménagé 6 belles chambres qui sentent bon le bois. 4 au 1er étage ouvrent sur de jolis balcons ouvragés, 2 autres sont installées dans les combles. Comptez de 45 à 52 € (295,18 à 341,10 F) pour 2, petit déjeuner compris. Table d'hôte (sauf le mardi) à 15 € (98,39 F), vin compris, légumes du jardin et bons desserts maison. Éric est guide de haute montagne et propose plein de séjours à thème pour tous les âges : rando dans le massif des Écrins, découverte de l'Oisans en raquettes, hors piste dans les vallons de la Meije, mais aussi visites touristiques... Ambiance simple et chaleureuse, agrémentée de la douceur et du sourire de la maîtresse de maison.

BRAMANS 73500   Carte régionale B2

120 km SE de Chambéry ; 17 km E de Modane

🛏 🍴 🐕 💢 (10%) *Chalet-auberge de la Tourna (Claire et Jean-Noël Damevin) :* Le Planay. ☎ et fax : 04.79.05.23.29. Accès : depuis Bramans (1250 m), prenez la D 100 pendant 7 km jusqu'au Planay. Fermé du 2 au 30 avril et du 14 octobre au 13 décembre. Voilà une adresse on ne peut plus nature, qu'il vous faudra mériter si les routes sont encore enneigées, et terminer le chemin à pied. Mais quand on arrive en haut (plus exactement à 1670 m), le site est à vous couper le souffle. Le chalet est superbe, tout de pierre et bois vêtu, et pratiquement tout le mobilier a été réalisé par Jean-Noël. Deux possibilités d'hébergement : en chambres pour 2 à 6 personnes, accueillantes, avec couettes bien douillettes et sanitaires communs, 33 € (216,47 F) en demi-pension et 45 € (295,18 F) en pension ; derrière le chalet, il y a le refuge avec un dortoir de 18 places, coin cuisine avec tout le nécessaire et sanitaires (tu parles d'un refuge !) 11,50 € (75,44 F) par personne et par nuit, 5,30 € (34,77 F) le petit déjeuner, 27 € (177,11 F) en demi-pension et 39 € (255,82 F) en pension. On peut aussi y manger (sans y dormir) de bonnes spécialités. Menu à 11 € (72,16 F), avec salade, diots-polenta, salade de fruits frais ; à 15 € (98,39 F), avec tarte au beaufort ou assiette montagnarde, civet de biche ou sauté de veau, fromage ou dessert ; à 13,50 € (88,55 F), fricassée de caïon (cochon) en plat principal, puis fromage et dessert. Si vous séjournez, vous êtes idéalement situé pour faire des randos à pied en été, en ski de fond ou raquettes l'hiver (le parc de la Vanoise est tout proche). D'ailleurs Jean-Noël est guide de haute montagne et organise des stages de ski de rando et de raquettes aidé de son fils Baptiste (demandez le programme !). Accueil souriant, décontracté et chaleureux. Une bonne adresse.

BRÉNOD 01110   Carte régionale B1

40 km SE de Bourg-en-Bresse; 20 km S de Nantua

🛏️ |●| 🐕 ⬆️ ⑩% *Gîte d'étape La Léchère (Françoise et Jean-Michel Ballet-Thouble) :* ☎ 04.74.36.01.27. Accès : n'allez pas jusqu'à Brénod ; sur la D 31 en venant de Nantua,en direction de Plans d'Hotonnes, après avoir passé Le Montoux, la ferme est sur la gauche, 800 m après l'embranchement pour Brénod. À 850 m d'altitude, sur un plateau sauvage, immense ferme où Françoise et Jean-Michel ont aménagé 1 gîte de 3 chambres (2, 4 et 6 lits). Sanitaires communs. Comptez 10 € (65,60 F) par personne et par nuit, draps fournis, et 4 € (26,24 F) le petit déjeuner. Repas à 10 € (65,60 F), vin compris : crêpes au jambon, canard (de la ferme) au vin, lapin chasseur, poulet à la crème, gigot d'agneau maison, œufs à la neige. Un peu en bord de route, mais heureusement, pas trop de circulation. En hiver, les amateurs de ski de fond se régaleront avec la Grande Traversée du Jura qui passe près de la maison... à condition qu'il y ait de la neige, bien sûr ! Accueil jeune et agréable, une bonne adresse pour les mordus de canasson et de nature.

BRENS 01300   Carte régionale B1

32 km NO de Chambéry; 3 km de Belley

🛏️ |●| 🐕 ⬆️ ⑩% *Chambres d'hôte à la Ferme des Grands Hautains (Monique et Noël Veyron) :* Le Petit Brens. ☎ et fax : 04.79.81.90.95. Accès : sur la N 504 entre Belley et Chambéry, prenez la D 31a vers Brens et fléchage. Fermé du 15 novembre au 15 décembre. C'est dans une aile de leur ferme que Monique, Noël et leur fils Philippe ont installé 4 chambres. Deux au 1er étage et deux au 2e, mansardées. Déco rustique. Choisissez celles du haut, car elles disposent d'un salon avec coin cuisine. Sanitaires privés. Comptez 37 € (242,70 F) pour 2, avec le petit déjeuner. Table d'hôte, à 12 € (78,71 F) vin compris (sauf le dimanche). Repas partagé en famille, où vous apprécierez les bonnes spécialités de Monique à partir des produits de la ferme : quiche aux fleurs, pâté végétal, gougère, civet de lapin, bavaroise et tarte aux fruits. Accueil souriant et chaleureux. À proximité, le marais de Lavours (1000 ha de réserve naturelle) offre de super balades le long de sentiers sur pilotis. Amateurs, à vous la faune et la flore, si vous pensez à vous munir de bonnes jumelles !

BUIS-LES-BARONNIES 26170   Carte régionale A2

27 km SE de Nyons; 22 km NE de Vaison-la-Romaine

🛏️ |●| 🐕 ⬆️ ⑩% *Gîte d'étape du Saint-Julien (Simone et Xavier Aumage) :* ☎ et fax : 04.75.28.05.64. Accès : dans Buis, prenez la direction de la piscine municipale, puis du rocher Saint-Julien. Dans un site magnifique au pied du rocher Saint-Julien (site d'escalade réputé), joli gîte d'étape, dans une maison indépendante. 2 dortoirs pour 4 à 6 personnes et 1 pour 10 avec mezzanines, ainsi que 2 chambres doubles, avec sanitaires communs (5 lavabos, 4 w.-c., 3 douches). Comptez 10 € (65,60 F) par personne et par nuit, 1 € (6,56 F) les draps, 4 € (26,24 F) le petit déjeuner, 11 € (72,16 F) le repas, vin compris (repas simple, cuisine familiale) et 24 € (157,43 F) en demi-pension. Calme et tranquillité assurés. Si vous êtes amateur d'escalade, Xavier pourra vous présenter les sites. Si vous êtes plutôt marcheur, le GR 9 passe tout à côté. Accueil jeune et dynamique. Possibilité de camping et de location de chalets.

BULLY 69210   Carte régionale A1

25 km NO de Lyon; 15 km SE de Tarare

🛏️ |●| ⬆️ ⑩% *Chambres d'hôte Au Chêne Patouillard (Isabelle et Michel Biron) :* chemin du Chêne-Patouillard. ☎ 04.74.26.89.50 et 06.62.05.89.50. Fax : 04.74.26.84.98. ● www.chenepatouillard.free.fr ● Accès : de Lyon, N 7 vers Tarare ; laissez le village sur votre droite, faites 1 km, 150 m après le garage *Renault*, prenez le chemin à droite, et fléchage. Fermé du 19 décembre au 2 janvier. Au milieu des prés et des cultures, grande bâtisse campagnarde. Dans une aile indépendante, 5 chambres installées aux 1er et 2e étages. Sanitaires privés. Elles sont toutes très différentes. Comptez 39 € (255,82 F) pour 2, petit déjeuner compris. Table d'hôte à 13 € (85,27 F), vin compris (pas systématiquement partagée avec les propriétaires). Cuisine traditionnelle, avec légumes bio. Si vous venez en famille, les enfants seront ravis de trouver vaches, moutons et chèvres (Isabelle adore les animaux). Allez faire un tour à Bully, réputé pour ses maisons en pierre dorée (l'atout touristique de la région).

CARROZ-D'ARÂCHES (LES) 74300   Carte régionale B1

40 km NO de Chamonix ; 15 km SE de Cluses

â |●| ✲ ⑩% *Chambres d'hôte (Dominique et Joël Davoine-Navillod) :* 1730, route de Ballancy. ☎ et fax : 04.50.90.33.10. ● www.perso.wanadoo.fr/ballancy ● Accès : de Cluses, prenez la D 6 vers Flaine et fléchage à partir d'Arâches, direction La Frasse ; après La Frasse, 1re à gauche. Fermé du 1er novembre au 27 décembre. À 800 m d'altitude, dans un chalet avec vue sur la chaîne des Aravis, 3 chambres mignonnettes, dont deux avec salle d'eau privée (w.-c. communs), et une avec sanitaires privés (w.-c. sur le palier) et terrasse (notre préférée) ; la dernière avec sanitaires privés. Comptez 39,64 € (260 F) pour 2, petit déjeuner compris. Table d'hôte (sauf en été) partagée avec Dominique et Joël. 12,20 € (80 F) le repas, vin, café et digeo compris. Les proprios élèvent des vaches et des chèvres et fabriquent bien sûr du fromage (tomme et chèvre) et préparent 17 sortes de confitures ! Réception de cavaliers possible. Accueil agréable. À 8 km, station de ski des Carroz.

CHALLEX 01630   Carte régionale B1

60 km N d'Annecy ; 15 km O de Genève

â |●| ✲ ⇝ ⑩% *Chambres d'hôte (Éliane et Jean-Claude Dallemagne) :* ☎ et fax : 04.50.56.31.30. Accès : A 40, sortie Bellegarde/Pays de Gex, puis D 984 vers Gex ; prenez ensuite la D 80 jusqu'à Challex et à l'entrée du bourg, tournez à droite vers Mucelle. À la sortie du petit village de Challex, situé à 3 km de la frontière suisse, c'est dans une ancienne ferme du XIXe siècle qu'Éliane et Jean-Claude ont aménagé 2 gentillettes chambres avec sanitaires privés (ils ont utilisé beaucoup de bois dans la déco qui dégage une atmosphère chaleureuse). Un petit coin détente avec la collection complète de *Géo*, un bon choix de BD et un piano droit accordé. Comptez 37 € (242,70 F) pour 2 avec le petit déjeuner. Les proprios sont viticulteurs (une partie de leurs vignes se trouve en face de la maison et tout au bout, on aperçoit Genève) et produisent du pinot, du gamay et un p'tit blanc bien gouleyant. Des stages sur la vigne, avec initiation à la dégustation sont organisés sur demande (15 personnes maximum). Table d'hôte à 15 € (98,39 F), vin maison compris. Bonnes spécialités à base de bleu de Gex, mais aussi terrines maison, tartiflette ou fondue avec le blanc de la ferme. Grand balcon couvert pour prendre les repas par beau temps. Il ouvre sur les prés et l'enclos où se trouve une adorable ânesse qui fera la joie de vos bambins. Une gentille adresse. Bien sûr la Suisse n'est pas loin, alors c'est le moment de faire vos provisions de chocolat !

CHAMELET 69620   Carte régionale A1

40 km NO de Lyon ; 26 km O de Villefranche-sur-Saône

â ⇝ *Gîte de séjour La Ferme de la Vieille Route (Marick Meunier et Antoine Apruzzese) :* ☎ 04.74.60.12.24. Accès : de Lyon, N 6 jusqu'à Limonest, puis D 485 vers Lozanne jusqu'à Chamelet ; continuez sur cette route et 1,6 km après la sortie du village, suivez le fléchage sur la gauche. Voilà une adresse que les groupes de copains et les familles férus d'équitation ne manqueront pas. Le cheval est à l'honneur, mais aussi les ânes bâtés, pour des randos à pied plus relax (idéal quand on a de petits enfants). Question formules, il y en a pour tous les goûts et tous les niveaux : de la rando à la journée, jusqu'au « raid » de 3 à 7 jours (demandez le programme). Comptez *grosso modo* 46 € (301,74 F) par jour, sans les repas ni l'hébergement. Parlons-en justement : en gîte d'étape, pour les groupes surtout, (26 lits répartis en petits dortoirs et chambres).

Comptez 9,50 € (62,32 F) par personne, 14 € (91,83 F) pour le week-end. Accueil décontracté et chaleureux. Une adresse qu'on aime bien.

CHARNAY 69380 — Carte régionale A1

25 km NO de Lyon ; 12 km S de Villefranche-sur-Saône

🛏 |●| *Chambres d'hôte Le Clos des Lavandes (Béatrice et Claude Martin) :* Les Verdelières. ☎ et fax : 04.78.47.98.68 et 06.07.74.56.43. ● klaudio@libertysurf.fr ● Accès : de Charnay, D 100 vers Alix pendant 1,1 km jusqu'au hameau les Verdelières. À 400 m d'altitude, c'est la plus vieille demeure du hameau, que Béatrice et Claude ont rachetée en ruine. Cette maison de vigneron date du XVIIIe. Elle est magnifique avec son grand escalier extérieur tout en pierre. 2 chambres coquettes, installées au 1er étage dont 1 accessible par l'extérieur. Sanitaires privés. 36,50 € (239,42 F) pour 2, petit déjeuner compris. Table d'hôte partagée en famille à 15,20 € (99,71 F), vin compris. Béatrice est une excellente cuisinière et mitonne des plats originaux et goûteux. Accueil de qualité. Une bonne adresse. *NOUVEAUTÉ.*

CHÂTEAUDOUBLE 26120 — Carte régionale A2

15 km E de Valence

🛏 ⋙ *Chambres d'hôte Domaine du Grand Lierne (Lucette et Paul Charignon-Champel) :* ☎ 04.75.59.80.71. Fax : 04.75.59.49.41. Accès : n'allez pas jusqu'à Châteaudouble ; sur la D 68 entre Chabeuil et Peyrus, c'est la 1re maison à gauche, 1 km après Les Faucons. Magnifique maison en pierre apparente du XVIIIe siècle avec une jolie petite tour et un beau jardin fleuri. L'intérieur est aussi agréable que l'extérieur. 4 chambres décorées avec goût. Sanitaires privés. Comptez de 46 à 55 € (de 301,74 à 360,78 F) pour 2, avec le petit déjeuner (croissants, fruits et confitures maison), que vous prendrez soit dans une belle salle rustique avec un superbe vaisselier bressan, soit dans le jardin si le temps le permet.

🛏 |●| 🐴 ⋙ *Chambres d'hôte (Madeleine Cabanes) :* Les Péris ☎ 04.75.59.80.51. Fax : 04.75.59.48.78. Accès : d'où que vous veniez, n'allez pas jusqu'à Châteaudouble, passez par Chabeuil et prenez la D 154 vers Combovin, faites 5 km, puis fléchage « Les Péris ». Jolie maison de style local, avec un escalier double et un petit perron avec toiture. Madeleine, agricultrice à la retraite, y tient 3 chambres campagnardes et agréables, avec sanitaires privés. Comptez 35,83 € (235 F) pour 2, avec le petit déjeuner (fruits, pâtisserie et confitures maison). Table d'hôte à 13,72 € (90 F). Petit déjeuner et repas pris à la table familiale, soit dans une salle rustique avec une belle cheminée, soit dans le jardin. Petit étang privé pour les amateurs de pêche, mais il faut la carte. Extrême gentillesse de Madeleine, une adresse agréable.

CHÂTILLON-SAINT-JEAN 26750 — Carte régionale A2

28 km NE de Valence ; 10 km E de Romans

🛏 *Chambres d'hôtes La Maison Forte de Clérivaux (Anne et Pierre Josquin) :* ☎ 04.75.45.32.53. Fax : 04.75.71.45.43. ● PIERRE.JOSQUIN@KYXAR.fr ● Accès : dans le village de Châtillon, prendre la direction de Parnans sur 1 km puis à gauche vers St-Michel et fléchage. Fermé du 10 janvier au 10 février. Des anciennes ruines d'une maison forte du XIIIe siècle, patiemment rebâtie depuis plus de 30 ans, voilà maintenant pour notre plus grand bonheur, une fabuleuse maison ouverte aux hôtes de passage. Anne et Pierre vous parleront avec plaisir et passion de leurs années de travaux, du souci qu'ils ont eu à retrouver les techniques des artisans d'antan, les matériaux et les couleurs des bâtiments originels... Le résultat est admirable et les 4 chambres parfaites, cela va sans dire. 52 € (341,10 F) pour 2, copieux petit déjeuner compris. Site splendide, préservé et isolé, petit jardin de curé en terrasse... Un lieu enchanteur et hors du temps ! Et pour ceux qui tomberont définitivement sous le charme, un appartement haut de gamme (4 à 5 personnes) qu'on peut louer à la semaine. Un vrai coup de cœur ! *NOUVEAUTÉ.*

CHÂTILLON-SUR-CHALARONNE 01400　　Carte régionale A1

25 km SO de Bourg-en-Bresse ; 25 km de Mâcon

🏠 (10%) *Chambres d'hôte (Solange et Alain Salmon) :* 150, place du Champ-de-Foire. ☎ 04.74.55.06.86. Fax : 04.74.55.42.56. ● alsalmon@club-internet.fr ● Accès : sur la D 936 ; entre Bourg-en-Bresse et Trévaut, au centre du bourg. Fermé du 24 décembre au 1er janvier. Dans une maison du centre-ville, 5 chambres coquettes au 1er étage, avec sanitaires privés. Elles ne sont pas immenses, mais possèdent toutes télé et téléphone. Comptez 44,50 € (291,90 F) pour 2, petit déjeuner compris, avec plein de variétés de confitures maison et la tarte bressane (hum !). Cuisine à disposition et plusieurs restos dans le village pour tous les budgets. Parking fermé, jardin, jeux (balançoire, baby-foot...) à disposition. Accueil souriant, ambiance décontractée et légèrement bohème. Châtillon est une petite ville très sympa qu'il faut aller découvrir.

CHÉLIEU 38730　　Carte régionale B1

60 km NO de Grenoble ; 45 km O de Chambéry ; 12 km S de La Tour-du-Pin

🏠 |○| (10%) *Gîte de séjour La Sauvagère (Véronique et Emmanuel de Besses) :* Les Rivoires. ☎ et fax : 04.74.88.27.49. Accès : de La Tour-du-Pin (sortie A 43), D 17 vers Virieu puis Chélieu, et fléchage. Fermé de début novembre à fin mars. C'est dans l'ancienne mairie-école de Chélieu, que Véronique et Emmanuel ont installé un sympathique gîte de séjour. Ambiance chaleureuse, murs peints à l'éponge, à la brosse... 5 chambres de 2 à 6 lits pour une capacité totale de 16 personnes. Certaines avec douche et lavabo privés, d'autres avec sanitaires communs. Comptez 11 € (72,16 F) par personne, 3 € (19,68 F) pour les draps, si vous n'avez pas votre sac à viande, 4 € (26,24 F) le petit déjeuner (confitures et pain maison) et 25 € (163,99 F) en demi-pension. Belle salle de jour campagnarde avec piano accordé. Les loisirs sont nombreux... Les randonneurs de la Bourbre ont créé un topoguide qui comprend 10 petits circuits pour découvrir la région (boucles de 2 à 4 h), dont un qui longe le château de Virieu. Ceux qui préfèrent les sports nautiques trouveront le très connu lac de Paladru et son centre archéologique à 10 km. Enfin, ceux qui gardent toujours la tête dans les nuages pourront contempler les étoiles dans le télescope de la maison.

CHICHILIANNE 38930　　Carte régionale B2

45 km S de Grenoble ; 5 km O de Clelles

🏠 |○| 🐾 ⇆ (10%) *Chambres d'hôte La Ferme de Ruthières (Florence et Jean-Luc Sauze) :* hameau de Ruthières. ☎ et fax : 04.76.34.45.98. Accès : de Grenoble, prenez la N 75 ; 20 km après Monestier-de-Clermont, prenez la D 7 à droite, puis la 1re à droite et enfin la 2e à droite. Mieux vaut réserver. Dans l'ancienne ferme familiale, Jean-Luc et Florence ont transformé avec bonheur une très belle bergerie voûtée. Confortables chambres avec mobilier de bois blond et couettes bien douillettes. Comptez 40 € (262,38 F) pour 2, petit déjeuner compris, et 66 € (432,93 F) pour 2 en demi-pension (uniquement le soir et sur réservation). Calme et tranquillité garantis. Si vous êtes passionnés de nature, vous pourrez découvrir le parc régional du Vercors en empruntant une boucle de 5 km qui comprend 11 arrêts thématiques.

CIVENS 42110　　Carte régionale A1

40 km N de Saint-Étienne ; 2 km NE de Feurs

🏠 |○| ⇆ *Chambres d'hôte (Simone et Bernard Palais) :* Les Rivières. ☎ 04.77.26.11.93. Accès : de Feurs, N 82 vers Roanne, traversez la Loise et prenez à droite l'allée de la Loise ; au bout tournez à gauche, puis à droite (D 113) vers Salvizinet et fléchage (n'allez pas à Civens). Fermé du 18 au 25 juin. Bien que très proche de Feurs, cette ferme en activité se trouve en pleine campagne. Simone et Bernard ont un petit troupeau de vaches laitières. Au 1er étage de la maison, 3 chambres simples avec sanitaires privés. Comptez 32,01 € (210 F) pour 2, petit déjeuner compris, avec un bon choix de confitures maison. Table d'hôte à 10,67 € (70 F), vin compris. Cuisine traditionnelle et familiale avec les volailles et les légumes de la ferme (vous avez dit frais ?). Les moins fortunés trouveront un petit camping à la ferme de 6 emplacements, à 7,62 € (50 F) pour 2, tout compris (sauf l'électricité). Accueil souriant et authentique. Une adresse nature, idéale quand on a des petits ; ils découvriront la vie de la ferme et de ses animaux.

CLUSAZ (LA) 74220   Carte régionale B1

31 km E d'Annecy

â |●| ✥ *Gîte de séjour Aux 4 Vents (Danielle et Gilles Aussedat) :* ☎ 04.50.02.41.14. Fax : 04.50.02.55.44. Accès : de La Clusaz, prenez la direction du col des Aravis, 2 km avant le sommet, tournez à gauche. Fermé à la Toussaint et à Pâques. Avec une vue imprenable sur la chaîne des Aravis, joli chalet traditionnel à 1300 m d'altitude. 34 places réparties en 10 chambres de 2 à 5 places. Sanitaires privés. Décoration simple, mobilier en bois naturel. Ici, on pratique le système demi-pension, draps fournis, mais prévoyez vos serviettes. Comptez de 33,54 à 38,11 € (de 220 à 250 F) par personne, pour une nuit, selon la saison. Également un petit dortoir de 12 places, pour une nuit seulement. Danielle se tient derrière les fourneaux et elle vous fera déguster de bonnes spécialités comme les diots, la tartiflette, le civet de porc, les tartes et bien sûr le biscuit de Savoie. Vous êtes à 1,5 km des premières remontées mécaniques, alors... à vos skis ! L'été, c'est escalade, randos et une toute nouvelle *via ferrata* qui vient de s'ouvrir à côté du gîte. Location de VTT sur place. Dany, pour les intimes, est une hôtesse charmante et souriante. Adresse idéale pour les familles et les sportifs.

COLOMBIER-SOUS-PILAT 42220   Carte régionale A1

25 km SE de Saint-Étienne

â |●| ⚐ ⑩% *Auberge de Vernolon (Odile Grange) :* ☎ 04.77.51.56.58 et 06.14.71.47.47. ● odilegrange@aol.com ● Accès : de Saint-Étienne, prendre la rocade, sortie le « rond-point » et D 8 vers Le Pilat jusqu'à Le Bessat, puis D 63 vers Pélussin ; la ferme est à 7 km après La Croix-de-Chaubouret (fléchage). Fermé de décembre à février. À 1000 m d'altitude, en plein cœur du parc régional du Pilat, c'est dans une ancienne et belle ferme en pierre apparente qu'Odile a ouvert une chaleureuse auberge. Grande salle de 50 couverts, avec belle hauteur sous plafond, où sont présentées les toiles de Bertrand Llorca. Aux beaux jours, agréable terrasse avec les Alpes en fond de décor (veinards !). 3 menus à 10,70, 12,50 et 15,80 € (70,19, 81,99 et 103,64 F), ce dernier avec 2 entrées. Goûteuses spécialités maison concoctées par Odile qui changent très régulièrement. Petite carte des vins à prix raisonnables. Certains vendredis soirs, Odile organise des soirées théâtre, contes, concerts,... dans une toute nouvelle salle (demandez le programme !). Ceux qui voudront séjourner trouveront 3 chambres d'hôte ouvrant sur le Pilat. Une avec lavabo et w.-c. (la moins chère) et deux avec sanitaires privés (dont une familiale pour 7 personnes). Comptez de 26,80 à 34,70 € (175,80 à 227,62 F) pour 2, petit déjeuner compris. Mobilier simple, ambiance légèrement monacale mais agréable. Nombreuses randonnées en boucle pour découvrir le parc régional. Nature, prix doux, sans oublier l'accueil, décontracté et chaleureux.

COLONZELLE 26230   Carte régionale A2

32 km SE de Montélimar ; 4 km S de Grignan

â |●| ⚐ *Chambres d'hôte Le Moulin de l'Aulière (Marie et Guy Béraud) :* ☎ et fax : 04.75.91.10.49. Accès : A 7, sortie Montélimar-Sud, puis N 7, D 541 jusqu'à Grignan, continuez vers Valréas pendant 2 km, et après le pont du Lez, tournez à droite vers Colonzelle et fléchage. Belle maison bourgeoise construite par l'arrière-grand-père de Marie et entourée d'un agréable parc où coule l'Aulière. Cet ancien moulin est devenu un atelier mais, rassurez-vous, la place est calme. 5 chambres spacieuses situées aux 1er et 2e étages (une préférence pour la blanche avec petite terrasse et douche extérieure pour les beaux jours). Sanitaires privés. Comptez 50 € (327,98 F) pour 2, petit déjeuner compris avec tout plein de confitures maison et jus de fruits pressés. Table d'hôte (sauf le vendredi, dimanche et en août et en novembre, et pas systématiquement partagée avec les propriétaires), à 20 € (131,19 F), apéro et vin compris. Belle cuisine à l'ancienne avec l'horloge comtoise qui égrène les secondes. Atmosphère calme et reposante. Accueil jeune et souriant. La visite du château de Grignan s'impose (propriété de la fille de Mme de Sévigné). Ceux qui préfèrent parcourir la campagne pourront emprunter le sentier des bories.

CONDRIEU 69420   Carte régionale A1

43 km S de Lyon ; 12 km SO de Vienne

🏠 ⇝ *Chambres d'hôte (Juliette Font) :* La Côte-Châtillon. ☎ 04.74.87.88.27. Accès : du village, prenez la D 28 vers Rive-de-Gier sur 2 km et à gauche La Côte-Châtillon ; fléchage. Uniquement sur réservation du 15 décembre à fin janvier. Magnifique vue sur le Rhône. Juliette propose 2 chambres avec sanitaires privés. Comptez 43 € (282,06 F) pour 2, avec un copieux petit déjeuner, servi sur la terrasse ou dans le séjour avec cheminée et poutres apparentes. Également 1 gîte rural pour 4 personnes, pour ceux qui veulent séjourner. Accueil très chaleureux.

COPPONEX 74350   Carte régionale B1

25 km N d'Annecy ; 6 km N de Cruseilles

🏠 ⇝ ⟨10 %⟩ *Chambres d'hôte La Bécassière (Suzanne et André Gal) :* Châtillon. ☎ et fax : 04.50.44.08.94. Accès : à la sortie de Cruseilles, sur la N 201 reliant Annecy à Genève, direction Copponex par la D 27 ; de l'église, continuez la D 27 vers Frangy ; puis fléchage. Fermé de la Toussaint à fin mars. Ancienne ferme très bien restaurée avec jolie vue sur la vallée des Usses. Suzanne propose 3 chambres guillerettes en crépi blanc et pierre apparente, meubles rustiques, lits à rouleaux et sanitaires privés. Comptez 52 € (341,10 F) pour 2, petit déjeuner compris. Petit salon aménagé spécialement pour les hôtes. Belle salle avec baie vitrée pour les petits déjeuners. Suzanne a confectionné au fil du temps un classeur rempli de photos sur toutes les petites choses à voir un peu en dehors des sentiers battus, avec des commentaires sympas. Accueil très chaleureux.

DANCÉ 42260   Carte régionale A1

25 km S de Roanne ; 10 km N de Saint-Germain-Laval

🏠 🐴 ⇝ *Chambres d'hôte Ferme de la Croix (Christiane et Antonin Bard) :* ☎ 04.77.65.24.26. Accès : dans le village, prenez la direction du Pont-de-Presle ; la ferme est 500 m après la sortie de Dancé. Fermé de début novembre à fin février. En pleine campagne, joliette maison en pierre du pays, reconnaissable à sa couleur rose ! Au 1ᵉʳ étage, 3 chambres simples pour 2 à 4 personnes : deux avec sanitaires communs, une avec sanitaires privés (plus chère), respectivement à 30,49 à 38,11 € (200 et 250 F) pour 2, petit déjeuner compris. Christiane et Antonin sont agriculteurs à la retraite. Accueil vrai, authentique et chaleureux.

DOUSSARD 74210   Carte régionale B1

27 km NO d'Albertville ; 22 km SE d'Annecy

🏠 🍽 ⇝ ⟨10 %⟩ *Gîte-auberge La Maison de l'Ire (Isabelle et Pascal Paon) :* 21, chemin du Pralet. ☎ et fax : 04.50.44.39.82. ● pascal.paon@wanado.fr ● Accès : d'Annecy, N 508 vers Albertville puis tournez à droite vers Doussard ; rentrez dans le bourg et direction Chevaline puis Arnand ; le gîte se trouve en face du pont qui traverse l'Ire. Fermé en novembre et la dernière semaine d'août. Jolie ferme du XIXᵉ siècle à 500 m d'altitude. 8 chambres de 2 à 6 lits avec 3 douches communes. Comptez 15 € (98,39 F) par personne sans les draps, 3,05 €(20 F) si vous les avez oubliés, ot 3,05 €(20 F) le petit déjeuner. 24 € (157,43 F) en demi-pension, et 32 € (209,91 F) en pension complète. Ancien cuistot, Pascal est un as des fourneaux et prépare une goûteuse cuisine familiale. Ici, on met la table et on dessert ; le proprio vous apporte les plats (vous êtes dispensés de vaisselle). Grande salle de séjour avec coin détente. Déco campagnarde, ambiance un peu bohème. Accueil jeune et chaleureux. Une adresse où l'on se sent comme chez soi, idéale pour les randonneurs. Le lac d'Annecy est à proximité.

ENVERSIN-D'OZ (L') 38114 — Carte régionale B2

60 km E de Grenoble ; 15 km N du Bourg-d'Oisans

🛏 ◉ 🐾 ✠ *Auberge Passoud (Martine et René Passoud) :* ☎ 04.76.80.73.18. Accès : de Grenoble, N 91 vers Briançon ; au lieu-dit Rochetaillée, prenez à gauche la D 44 vers Vaujany ; à Pourchery, tournez à droite vers L'Enversin ; l'auberge est à l'entrée du hameau. Si vous faites un régime, abstenez-vous de lire ce qui suit... Par contre, si vous aimez découvrir les vraies recettes d'autrefois et l'authenticité, vous êtes à la bonne adresse... Petite auberge dans un petit hameau de 10 âmes (si, si !). Déco simple mais agréable. Un menu pensionnaire à 12,20 € (80,03 F) et un menu à 15,20 € (99,71 F) avec les spécialités maison (justement, on en parlait) : les ganèfles (on dirait presque des pâtes) à base de pommes de terre râpées et d'œufs, accompagnées d'oignons frits et de gruyère ; le gratin au herbes (sorte de soufflé très parfumé) ; les farcis de l'Oisans (boulettes de fines herbes). Bref, de quoi s'en mettre plein la panse, d'autant que les parts sont généreuses ! Possibilité d'y dormir dans 4 chambres simples, mais qui bénéficient d'une belle vue sur les montagnes. Sanitaires privés. 32,01 € (209,97 F) à 2, petit déjeuner inclus. Accueil authentique et chaleureux.

ÉTOILE-SUR-RHÔNE 26800 — Carte régionale A2

12 km S de Valence

🛏 ◉ 🐾 *Chambres d'hôte (Famille Chaix) :* La Mare. ☎ et fax : 04.75.59.33.79. Accès : de Valence, D 111 vers Gap ; au 2ᵉ rond-point laissez Étoile sur la droite et continuez vers Montmeyran pendant 3,5 km (D 111b) ; la ferme est sur la droite (volets bleus). En pleine campagne au milieu des cultures, grande ferme composée de plusieurs bâtiments restaurés et aménagés par Marcel. 6 chambres avec sanitaires privés. Comptez 40 € (262,38 F) pour 2 avec le petit déjeuner. Table d'hôte (sauf les mercredis et dimanches soir) à 13,50 € (88,55 F) vin compris. Parmi les spécialités, le potage en hiver, le bœuf aux carottes, le lapin au vin blanc, la pintade aux olives, le flan aux poires. Également 1 camping et 3 gîtes ruraux... alors ne vous étonnez pas d'être nombreux à table en saison !

EYGALAYES 26560 — Carte régionale B2

60 km SE de Nyons ; 8 km NE de Séderon

🛏 ◉ 🐾 ✠ **10 %** *Chambres d'hôte La Forge Sainte-Marie (Gaby et Jacques Laurent) :* ☎ et fax : 04.75.28.42.77. ● gaby.laurent@libertysurf.fr ● Accès : de Buis-les-Baronnies, D 546 vers Séderon, puis D 542 vers Laragne-Montéglin pendant 5 km et à gauche (D 170) vers Eygalayes et fléchage. Fermé du 18 novembre au 26 décembre. Dans la Drôme provençale, à 800 m d'altitude, petit village où l'on produit lavande et tilleul. Là, vous attend une magnifique bergerie qui bénéficie d'un point de vue unique sur la montagne de Palle. Ses origines remonteraient au XIIIᵉ siècle pour devenir une forge par la suite. Dans une aile indépendante, 4 chambres coquettes et agréables. Sanitaires privés. Comptez 46 € (301,74 F) pour 2, petit déjeuner compris. Table d'hôte partagée en famille à 17 € (111,51 F), apéro et vin compris. Belle salle voûtée en pierre apparente avec un superbe pillier central. Dans un petit pavillon séparé, Gaby et Jacques (maire du village) ont installé un bain à bulles parfumé à l'hydrolat (lavande), ainsi qu'un sauna, 8 € (52,48 F) la séance si vous dormez sur place. Plein de randos à faire dans le coin. Les petits chemins de campagne regorgent de plantes et de fleurs, notamment des orchidées. Accueil chaleureux et ambiance nature.

FAVERGES 74210   Carte régionale B1

20 km NO d'Albertville ; 4 km S de Faverges

🏠 |O| **10%** *Gîte d'étape de l'École de Glaise (Bernard Gerlier) :* 2623 route de Saint-Ruph. ☎ et fax : 04.50.44.43.41. ● http://perso.libertysurf.fr/giteglaise ● Accès : en venant de Faverges, suivez la D 12 direction col de Tamié, puis Le Villaret, et tournez à droite au petit pont où l'adresse est indiquée (montez encore pendant 2,5 km). Fermé la 1re semaine de novembre. De préférence sur réservation. Au pied du massif des Bauges. Dans une ancienne école. Gîte d'étape proposant 3 chambres avec lits superposés et sanitaires communs : deux pour 4 personnes et une pour 6. Comptez 11,43 € (75 F) la nuit par personne, 3,05 € (20 F) le petit déjeuner et 3,05 € (20 F) la location de draps. Si vous le souhaitez, Bernard propose aussi la table d'hôte midi et soir. La demi-pension est à 22,11 € (145 F) par personne et la pension complète à 28,20 € (185 F). Vous mangerez par exemple un pain de courgettes, une escalope forestière aux chanterelles, des fromages de Savoie et une tarte aux poires amandine. À 12 km, la station familiale de Seythenex permet la pratique du ski de piste et de fond. Nombreux sentiers et sites d'escalade à proximité. Et, à une petite heure de marche, la fosse à Ours, grand piège qu'utilisaient les paysans qui les chassaient autrefois.

FAVERGES-DE-LA-TOUR 38110   Carte régionale B1

40 km O de Chambéry ; 6 km NE de La Tour-du-Pin

🏠 |O| ✂ **10%** *Chambres d'hôte (Jean-Margaret et Albert Garnier) :* Le Traversoud. ☎ et fax : 04.74.83.90.40 et 06.08.28.34.05. Accès : A 43, sortie La Tour-du-Pin, prenez la N 6 à droite ; traversez La Tour-du-Pin, direction Aix-les-Bains et tournez à gauche au feu tricolore de Saint-Clair-la-Tour ; à 3 km, suivez la direction Dolomieu, puis fléchage « chambres d'hôte » jusqu'au Traversoud (ouf, vous y êtes !). Au cœur d'un petit hameau, ancienne ferme dauphinoise. Jean-Margaret, anglaise d'origine, installée depuis longtemps dans la région, a aménagé 3 chambres avec sanitaires privés, dont 1 familiale pour 4 personnes. Ambiance et atmosphère agréables. Gentil salon avec véranda. De 41,50 à 44 € (272,22 à 288,62 F) pour 2, petit déjeuner compris (jus de kiwi, gâteau et confitures maison). Table d'hôte en compagnie des propriétaires à 14 € (91,83 F), apéro, vin et café compris compris. Bonne cuisine familiale avec volailles maison et légumes du jardin. Passionnés d'équitation, Jean-Margaret et Albert accueillent aussi cavaliers et montures. Accueil souriant, teinté de gentillesse.

FERRIÈRES 74370   Carte régionale B1

12 km NO d'Annecy

🏠 *Chambres d'hôte (Raymonde et Bernard Paris) :* ☎ 04.50.22.24.02. Fax : 04.50.22.37.23. Accès : sur la route d'Annecy en direction de Genève, sortez à Pringy ; tournez à gauche vers Ferrières (D 172), montez dans le village ; puis fléchage auberge de Ferrières. 6 chambres d'hôte simples : deux au rez-de-chaussée avec salle de bains et w.-c. communs, à 24,39 € (160 F) pour 2 avec le petit déjeuner ; et quatre au 1er étage, plus sympas, mansardées, avec cabine de douche privée, à 28,97 € (190 F). Naturellement, repas possible chez Martine, belle-sœur de Raymonde, qui tient la ferme-auberge voisine.

|O| 🐴 ✂ *Ferme-auberge de Ferrières (Martine et Bernard Le Tondal) :* 800, route des Burnets. ☎ 04.50.22.04.00. Fax : 04.50.22.37.23. Accès : sur la route d'Annecy en direction de Genève, prenez la sortie Pringy ; tournez à gauche vers Ferrières (D 172) ; montez dans le village ; puis fléchage. Fermé la semaine en hiver et le mercredi. De préférence sur réservation. Jolie ferme de moyenne montagne avec balcon fleuri. Belle vue sur le lac d'Annecy et les montagnes environnantes. Agréable terrasse ombragée pour prendre les repas l'été. Martine et son équipe vous accueillent dans une salle tout en bois de 80 couverts à la déco chaleureuse. Différentes formules : un « casse-croûte » à 10 € (65,60 F) avec charcuterie, omelette, salade, fromage ou dessert ; le « plat du faneur » à 10 € (65,60 F), avec salade composée, diots grillés et pommes de terre en robe des champs, fromage blanc ; un menu à 15 € (98,39 F) ; et un menu avec les spécialités maison à 17 € (111,51 F), sur commande, avec salade de gésiers, canard aux pêches, gratin

de courgettes ou patisson, fromage et tarte aux framboises. Possibilité de raclette, fondue ou tartiflette (fricassée de pommes de terre avec reblochon fondu). Carte des vins de 10 à 23 € (de 65,6 à 150,87 F) la bouteille. Accueil jeune et détendu, une adresse à découvrir.

GARDE-ADHÉMAR (LA) 26700   Carte régionale A2

20 km S de Montélimar ; 15 km N de Bollène

🛏 |●| 🛏 **⑩%** *Chambres d'hôte Le Gîte du Val des Nymphes (Isabelle et Christian Andruejol)* : domaine de Magne ☎ 04.75.04.44.54. Accès : A 7, sortie Montélimar-Sud, puis N 7 jusqu'à Donzère, puis à gauche D 541 vers Grignan et enfin D 572 jusqu'à La Garde-Adhémar ; descendez en bas du village et fléchage (1 km du bourg). Dans un petit bâtiment indépendant de la ferme arboricole (les anciennes écuries), 3 chambres pas immenses mais agréables avec sanitaires privés. Déco sobre. Comptez 43 € (282,06 F) pour 2, petit déjeuner compris. Table d'hôte à 16 € (104,95 F), apéro, vin, café et digeo compris. Pour vous détendre, une belle piscine et tout autour, les vergers où coule un ruisseau qui se déverse dans un petit étang. Pour ceux qui préfèrent les vieilles pierres, on vous rappelle que La Garde-Adhémar est classé parmi les villages les plus beaux de France.

GETS (LES) 74260   Carte régionale B1

24 km N de Cluses ; 5 km SO de Morzine

🛏 |●| ⛇ *Chambres d'hôte (Françoise et Michel Chambre)* : La Massouderie. ☎ et fax : 04.50.79.65.90. Accès : du village en venant de Morzine, prenez la direction de Taninges, tournez à droite après le rond-point et prenez la route du Bouchet ; au transformateur EDF, tournez à gauche, La Massouderie est un peu plus loin. Fermé en novembre. Sur réservation. À 1250 m d'altitude, superbe site au milieu des forêts, avec un petit ruisseau qui coule à côté du chalet. Françoise et Michel, routards eux-mêmes, proposent 3 chambres triples, simples mais agréables. Salle d'eau et w.-c. communs. Belle salle de séjour avec meubles très rustiques. 29 € (190,23 F) par personne en demi-pension (prix spéciaux pour les enfants). Repas à base de produits locaux : salades composées, soupe, poulet aux bettes, farcement, fromages, tarte aux fruits de saison. Françoise est monitrice de ski aux Gets et connaît donc très bien son coin. En hiver, c'est une station familiale agréable. Les télécabines sont à 2,5 km de la maison (il faut y aller en voiture). En remontant dans la forêt, à un petit quart d'heure de marche, magnifique vue sur le mont Blanc. Aux Gets, musée de la Musique mécanique (orgues de barbarie et vieux instruments).

GLUIRAS 07190   Carte régionale A2

30 km N de Privas ; 17 km SE du Cheylard

🛏 |●| 🛏 *Chambres d'hôte Chateau de Mours (Pieter De Groot et JacquesSchoeman)* : ☎ 04.75.66.62.32. Accès : de La Voulte-sur-Rhône, prenez la D 120 vers Saint-Sauveur-Le Cheylard, traversez le pont de Saint-Sauveur-Montagut, et en face de la pharmacie, tournez à gauche et faites 10 km en suivant le fléchage. Ouvert d'avril à octobre. Pieter et Jacques ont acheté cette belle demeure nichée dans un joli coin de campagne, il y a une dizaine d'années. Ancienne maison bourgeoise, elle était devenue l'école du village, comme en temoignent les petits w.-c. extérieurs sortis d'la *Guerre des Boutons*. Mais aujourd'hui, plus rien à voir et la déco intérieure est routardo-zeno-campagnarde. Les deux proprios ont beaucoup voyagé et si l'on rajoute qu'ils viennent de Hollande et d'Afrique du Sud, vous comprendrez que les souvenirs peuplent la maison et lui donnent une atmosphère toute particulière. Dehors, la nature est belle et Jacques a créé un petit jardin de senteurs mi-sauvage, car on défend ici l'intégration de l'homme, la nature et les animaux. 3 chambres au 1er étage, avec sanitaires privés. Une chambre originale avec salle de bains en mezzanine ! (à éviter si vous avez des problèmes de locomotion). 46 € (301,74 F) pour 2, petit déjeuner compris. Jacques s'occupe aussi des fourneaux et propose une table d'hôte fondée sur les légumes du jardin. Repas sur réservation à 19 € (124,63 F), apéro et vin compris. Accueil teinté par l'accent de vos hôtes. Bref, une adresse pour se dépayser.

GRAND-BORNAND (LE) 74450   Carte régionale B1

31 km E d'Annecy ; 6 km N de La Clusaz

🏠 I●I ⇔ *Chambres d'hôte La Chèvrerie (Jacqueline et Dominique Verney) :* Grand Champ ☎ 04.50.02.31.43. Accès : de Thônes, direction Le Grand-Bornand ; au départ des télécabines, route du Nant-Robert, puis direction Le Croix ; c'est sur la droite avant d'arriver au Croix. Fermé à la Toussaint. À 1200 m d'altitude, dans un joli chalet en bois dominant la vallée du Bouchet avec magnifique vue sur la chaîne des Aravis. Dominique et Jacqueline élèvent des chèvres et proposent 5 chambres d'hôte avec sanitaires privés et lits individuels en bois blanc. Les chambres sont simples, mansardées, pour 2 à 5 personnes. Elles se louent en demi-pension, de 27 à 31 € (177,11 à 203,35 F) par personne, (réductions pour enfants), mais pensez à emmener votre linge de toilette qui n'est pas fourni. À la table d'hôte (boissons comprises), bonne cuisine familiale : salade de chèvre chaud, tarte au reblochon, tartiflette, raclette, diots au vin blanc, beignets de pommes de terre, lapin à la moutarde, chevreau à la tomate (en saison), lasagnes, crèmes, tarte aux fruits de saison, tarte au fromage, pommes et raisins (spécialité maison). Les propriétaires sont jeunes et accueillants. Visite de l'élevage et vente de fromages sur place. L'hiver, l'accès aux pistes se fait en 15 mn à pied et l'on peut redescendre skis aux pieds (pour les plus sportifs). Le domaine du Grand-Bornand regroupe 42 pistes de descente et un grand foyer de fond (53 km de pistes).

GRANDRIS 69870   Carte régionale A1

54 km NO de Lyon ; 24 km O de Villefranche-sur-Saône

🏠 I●I ⑩% *Chambres d'hôte Les Godillots (Françoise et Henry Bibos) :* route du Goutel. ☎ et fax : 04.74.03.11.35 et 06.88.35.73.49. Accès : en venant de Lyon par la D 485 (ou par Villefranche par la D 504), suivez la direction « mairie », c'est tout en haut du village sur la droite. Grande maison du début du siècle avec belle vue sur les monts du Beaujolais. Petit jardin fleuri avec accès direct à la forêt de sapins, à 100 m derrière la maison. Françoise et Henry, sympathique couple de retraités, proposent 2 chambres avec sanitaires privés. Préférez la rose avec le lit double. Comptez 40 € (262,38 F) pour 2 avec un copieux petit déjeuner. Grande salle de séjour avec piano et cheminée, où se prennent les repas en compagnie des propriétaires. Pour 14 € (91,43 F) apéro, vin et café compris : potage, salade lyonnaise, saucisson brioché, poulet au beaujolais, pintade au chou, fromages, clafoutis, fruits de saison. Spécialités régionales et montagnardes sur commande. Il y aussi 2 gîtes ruraux pour 4 et 6 personnes, de 129,58 à 236,30 € (850 à 1550 F) la semaine selon la saison. Pour les amoureux des vieilles pierres, la maison est à proximité du circuit des Pierres Dorées.

GRAS 07700   Carte régionale A2

40 km SE d'Aubenas ; 23 km NE de Vallon-Pont-d'Arc

🏠 I●I *Chambres d'hôte Mas de Marquet (Mathilde et Olivier Chautard) :* ☎ 04.75.04.39.56. Accès : d'Aubenas, N 102, puis la N 86, entre Viviers et Bourg-Saint-Andéol prenez la D 262 vers Saint-Montan, et continuez sur Gras ; la maison se trouve à 1 km du village de vacances « Imbours ». Fermé de début décembre à début février. Belle ferme de caractère, dont les origines remontent au XVᵉ siècle. Après sa mère, c'est aujourd'hui Mathilde qui tient les 5 chambres d'hôte. Sanitaires privés. Comptez de 40 à 45 € (de 262,38 à 295,18 F) pour 2, petit déjeuner compris. Si vous avez des enfants, ils seront ravis de découvrir les animaux de la ferme : moutons, poules, vaches et les petits lapins bien sûr. Table d'hôte partagée en famille, dans un service de Limoges si il vous plaît. Bonne cuisine du terroir avec les volailles maison et les légumes du jardin. 12 € (78,71 F) le repas, apéro, vin et café compris. Agréable salon avec plein de jeux de société. Accueil jeune et agréable. Ne manquez pas le joli village médiéval de Saint-Montan, situé au début des gorges de la Sainte-Baume.

🏠 I●I ⇔ *Chambres d'hôte Le Mas de Dumas (Manon Graff et Christophe Schohn) :* Mas de Gras. ☎ 04.75.04.31.58. Fax : 04.75.04.34.86. Accès : la maison se situe dans le hameau le Mas de Gras sur la D 262 entre Gras et Larnas/Saint-Montan. Le hameau se développe et ce vieux mas du XVIIᵉ en est le témoin... D'ailleurs, ne s'est-il pas retrouvé chambres d'hôte après avoir été, magnanerie, relais de poste, boulangerie ? Dans une aile restaurée et agrandie, 2 toutes nouvelles chambres, de plain-pied et avec accès indépendant. Chacune pour 3 personnes avec mezzanine et lit d'enfant. Sanitaires privés. 41,60 € (272,88 F) pour 2, petit déjeuner compris. Atmosphère qui mélange l'authentique et l'avant-garde. Table d'hôte (sauf le dimanche) partagée en famille à 15,25 € (100,03 F), vin non compris. Pour ceux qui veulent séjourner, 1 gîte rural de 3 chambres pour 6 personnes entre 228,70 et 396,37 € la semaine (1500,17 et 2600,02 F). Ambiance chaleureuse et décontractée, un brin bohème.

GRÉZIEUX-LE-FROMENTAL 42600   Carte régionale A1

10 km E de Montbrison

🛏 |◉| 🐕 ⚡ ⑩% *Chambres d'hôte (Françoise et Jean-Marc Farjon) :* Le Thévenon. ☎ 04.77.76.12.93 et 06.71.99.63.11. Fax : 04.77.76.13.51. Accès : sur la N 82, à Montrond-les-Bains, prenez la direction de Montbrison, la D 496 jusqu'à Grézieux-le-Fromental et fléchage ; c'est à la sortie du village. Ferme familiale bien restaurée. Françoise et Jean-Marc y ont aménagé 4 confortables et jolies chambres (la plus sympa est celle avec la voûte en briques). Comptez 39 € (255,82 F) pour 2, petit déjeuner inclus (avec confitures maison et lait de ferme). Ce sont aussi de bons produits de la ferme que Françoise vous servira à la table d'hôte (réservée à ceux qui dorment), pour 13 € (85,27 F) le repas (apéro, vin, café compris) : rillettes de canard, côte de bœuf ou de mouton, lapin, poulet, quiche à la fourme de Montbrison, tartes, œufs à la neige... Très bon rapport qualité-prix, et accueil charmant. Terrains de jeux : volley, tennis, basket, pétanque. Si vous voulez vous balader, ne manquez pas la visite du prieuré roman de Saint-Romain-le-Puy.

HAUTERIVES 26390   Carte régionale A2

45 km NE de Valence ; 28 km N de Romans ; 11 km S de Beaurepaire

🛏 |◉| 🐕 ⑩% *Chambres d'hôte Les Baumes de Tersanne (Christiane Romanat et Jean-Yves Rivollet) :* ☎ et fax : 04.75.68.90.56. Accès : A 7, sortie Chanas, puis D 519 jusqu'à Beaurepaire, puis D 538 jusqu'à Hauterives ; traversez le village en direction de Romans et fléchage à gauche. Belle ferme du XIXᵉ en galets de Galaure, très typique de la région. 5 chambres, dont trois familiales pour 4 ou 5 personnes avec accès indépendant. L'une avec mezzanine, les autres composées de deux chambres. Comptez de 41 à 44 € (de 268,94 à 288,62 F) pour 2, petit déjeuner compris. Table d'hôte partagée avec Christiane et Jean-Yves : 14 € (91,83 F), apéro et vin compris. Le maître des lieux est passionné de VTT et organise des tas de randos en boucle et des courses d'orientation ; les amateurs de sports mécaniques pourront aussi faire des randos en quad. Les autres pourront tout simplement piquer une tête dans la piscine, avec bassin pour les enfants. Également 2 gîtes pour 4 et 8 personnes, qui se louent entre 250 et 490 € (1639,89 et 3214,19 F) la semaine, selon la capacité et la période. Accueil jeune et sympa. Le Palais Idéal du Facteur Cheval est à 4 km.

HOUCHES (LES) 74310   Carte régionale B1

7 km SO de Chamonix

🛏 |◉| ⚡ ⑩% *Gîte-auberge Le Crêt (Martine et Jean Ladurelle) :* 128, route des Aillouds. ☎ et fax : 04.50.55.52.27. Accès : de l'autoroute blanche vers Chamonix, prenez la sortie Bellevue-Prarion ; arrivé devant le téléphérique de Bellevue, tournez à droite vers la télécabine du Prarion ; puis route des Chavants et fléchage (1,5 km). De préférence sur réservation. À 1100 m d'altitude, ancienne ferme avec vue grandiose sur le massif du Mont-Blanc. 2 chambres doubles, 1 chambre de 3 personnes avec sanitaires privés. Pour les moins fortunés, 10 lits en bas-flancs avec bloc sanitaire. Location de draps. Comptez 25,90 à 36,60 € (169,89 à 240,08 F) par personne en demi-pension, vin non compris. Possibilité d'y déguster des spécialités savoyardes : croûte au fromage, fondue, tartiflette et farçon de la vallée, même si vous n'y dormez pas, du moment que vous réservez à l'avance. Pour les amateurs, on skie à 100 m du chalet (piste et fond), et Marie, la fille de la maison, monitrice de ski, peut donner des cours sur demande. Le chalet est à 5 mn du tour du Mont-Blanc (qui se fait en 7 ou 8 jours environ en été) et Jean, moniteur d'escalade, organise des sorties canyoning, via ferrata et escalade... À 15 mn en voiture, le parc du Marlet, réserve d'animaux en liberté, est une excursion agréable à faire avec des enfants.

HUEZ-EN-OISANS 38750   Carte régionale B2

60 km E de Grenoble ; 10 km N de Bourg-d'Oisans

🏠 |●| ❧ *Gîte de séjour Le Florineige (Sylvie et Yves Forestier) :* quartier de la Fruitière. ☎ et fax : 04.76.80.94.89. Accès : de Bourg-d'Oisans, D 211 vers L'Alpe-d'Huez ; la maison est juste derrière l'église. Fermé en mai, juin et d'octobre à fin novembre. Au cœur du village d'Huez, maison typique, joliment restaurée. Plusieurs chambres pour 2 à 4 personnes (certaines avec sanitaires privés). Belle salle voûtée pour prendre les repas et les petits déjeuners (servis dans le jardin aux beaux jours). Comptez de 16,50 à 24,50 € (de 108,23 à 160,71 F) par personne, avec le petit déjeuner (draps fournis mais pas le linge de toilette) ; et de 28 à 36 € (de 183,67 à 236,14 F) par personne en demi-pension l'été (nombreuses spécialités). Sylvie et Yves sont moniteurs de ski et Yves propose aussi des randos en VTT (il a aussi son monitorat). Accueil jeune et décontracté. Une adresse idéale pour les sportifs. Pour ceux qui veulent skier à L'Alpe-d'Huez, l'accès par télécabine est à 200 m de la maison. L'été, le GR 54 passe tout près.

JARRIER 73300   Carte régionale B2

6 km O de Saint-Jean-de-Maurienne

🏠 |●| *Chambres d'hôte Relais de la Croix Saint-Bernard (Jeanine et Jacques Gomez) :* Herouil. ☎ et fax : 04.79.59.80.57. Accès : de Saint-Jean-de-Maurienne, D 926 vers la vallée de l'Arvan ; avant le pont de Bonrieux, tournez à droite (D 78) ; traversez Jarrier et prenez la 1re à droite, puis fléchage « Herouil ». À 1200 m d'altitude, maison récente, type chalet, avec 3 chambres d'hôte. Deux avec douche et lavabo privés, w.-c. communs. Très beau volume de la salle de séjour, et grande baie vitrée d'où l'on peut admirer les montagnes environnantes, et spécialement les aiguilles d'Arves. Comptez 38 € (249,26 F) pour 2. Demi-pension, à 62 € (406,69 F) pour 2 (vin et café compris). Spécialités de terrine maison, fondue savoyarde, pintade aux choux, tartes, mousse au chocolat. Accueil chaleureux et convivial, une excellente adresse.

JAUJAC 07380   Carte régionale A2

16 km O d'Aubenas

🏠 |●| ❧ *Chambres d'hôte (Marie et Gil Florence) :* Les Roudils. ☎ et fax : 04.75.93.21.11. Accès : d'Aubenas, N 102 vers Le Puy, puis D 5 vers Jaujac ; dans le village, tournez à droite devant le café, passez le petit pont, tournez à gauche, la maison est à 4 km. Fermé de décembre à janvier. En pleine nature, avec une vue imprenable sur la chaîne du Tanargue (dieu du tonnerre, en celte), belle ferme du XVIIIe siècle. 3 coquettes chambres, dont une familiale pour 5 personnes (une préférence pour celle avec petite terrasse privée pour prendre le soleil). Sanitaires privés. 45 € (295,18 F) pour 2 et 16 € (104,95 F) par personne supplémentaire, toujours petit déjeuner compris (crêpes à la farine de chataîgnes, oeufs pochés au paprika, fromages du pays) servi dans une superbe et lumineuse pièce de jour (ancienne fenière). Table d'hôte à 17 € (111,51 F), apéro, vin et café compris. Bonne cuisine traditionnelle à base de produits bio avec souvent des sauces au miel (normal, Marie et Gil sont apiculteurs bio) : flan d'aubergine à la menthe, brouttard (comprenez du veau) au poivron, pintade ou canard au miel et grains de genièvre. Et des assiettes avec des fleurs comestibles ! Même le thé et le café sont biologiques. Gil est aussi musicien, il joue du saxo... si vous l'êtes aussi, voilà de super soirées en perspective. Les amateurs de randos trouveront tous les itinéraires sur place. Accueil chaleureux.

JULLIÉ 69480   Carte régionale A1

60 km N de Lyon, 20 km SO de Mâcon

🏠 |🍴| ⇆ *Chambres d'hôte La Gloriette (Antoinette et Jean-Luc Bazin) :* le Bourg.
☎ 04.74.06.70.95. Fax : 04.74.06.70.94. • www.bazin-gloriette.nom.fr • Accès : laissez
votre voiture sur la place du village et prendre la rue à droite du café sur 50 m. Juillé est un
petit village de 380 habitants dont 144 travaillent dans la vigne... Plusieurs vignerons vous
feront déguster les célèbres Juliénas et Saint-Amour. En son sein, ensemble de 3 petites
maisonnettes dont 1 avec grand escalier et perron, où des tables sont installées. 3 chambres de 2 à 6 personnes avec sanitaires privés. Elles sont lumineuses et accueillantes.
Atmosphère guillerette (nous, on aime bien la jaune avec sa petite baignoire sur pieds).
40 € (262,38 F) pour 2, petit déjeuner compris (fromage blanc en faisselle, viennoiseries,
confitures maison et pain frais si vous n'êtes pas des lève-tôt). Antoinette, Suisse de naissance, a beaucoup bourlingué, notamment en Grèce et en Indonésie. Pas étonnant
qu'elle propose des spécialités internationales à sa table d'hôte (fondue suisse si vous
réservez à l'avance). 13 € (85,27 F) le repas, vin compris. Superbe jardin de curé avec
légumes et fleurs (sortez vos palettes). Un gîte devrait bientôt ouvrir (à suivre...). Accueil
chaleureux. Très bon rapport qualité-prix-convivialité. *NOUVEAUTÉ.*

LAMASTRE 07270   Carte régionale A2

40 km O de Valence ; 21 km NO du Cheylard

🏠 |🍴| (10 %) *Maison d'hôte de Mounens (Mayèse et Max de Moncuit-Dejour) :* Mou-
nens. ☎ et fax : 04.75.06.47.59. • max.dejour@wanadoo.fr • Accès : de Lamastre, prenez la D 578 vers Le Cheylard, traversez Lapras, continuez sur 800 m et prenez le chemin
à gauche. Fermé du 1er octobre au 31 mai. Dans une superbe maison ardéchoise du
XVIIIe avec une belle vue sur les forêts environnantes, 4 chambres à la décoration soignée
et de bon goût, dont 2 dans la maison des proprios. Toutes sont agrémentées d'aquarelles
et de peintures réalisées par Mayèse et par sa mère (notamment de splendides portraits).
Sanitaires privés. Comptez de 53,50 à 60 € (de 350,94 à 393,57 F) pour 2, petit déjeuner
compris, et 19,50 € (127,91 F) pour la table d'hôte, vin inclus. Piscine. Si vous êtes là un
mardi, allez faire un tour au marché de Lamastre. Accueil de qualité.

LANTIGNIÉ 69430   Carte régionale A1

55 km N de Lyon ; 25 km NO de Villefranche-sur-Saône

🏠 (10 %) *Chambres d'hôte Domaine des Quarante Écus (Marie-Claude et Bernard
Nesme) :* ☎ 04.74.04.85.80. Fax : 04.74.69.27.79. Accès : n'allez pas jusqu'à Lantignié ;
sur la D 37 en sortant de Beaujeu, suivez Juliénas (D 26), faites 1,5 km et tournez à
droite ; puis fléchage. Grande maison en pierre apparente au cœur du Beaujolais, au
milieu des vignes. 5 chambres d'hôte au 2e étage (escaliers un peu raides). Sanitaires privés. Choisissez la chambre violette, c'est la plus sympa. 42 € (275,50 F) pour 2, petit
déjeuner compris. Piscine à disposition. Le propriétaire, viticulteur, fait déguster et vend
ses vins aux hôtes intéressés.

LEMPS 07610   Carte régionale A2

35 km N de Valence ; 12 km NO de Tournon-sur-Rhône

🏠 |🍴| *Chambres d'hôte Le Château de Lemps (Nicole et Paul du Trémolet de
Lacheisserie) :* ☎ 04.74.35.88.52 et 06.82.99.18.60. • nicole.dutremolet@free.fr •
Accès : de Tournon-sur-Rhône, D 532 vers Lamastre, puis à droite vers Saint-Victor ;
continuez la D 532 et de nouveau à droite jusqu'à Lemps ; la demeure est en face de
l'église. Ouvert du 1er avril à fin septembre. Voici une adresse chargée d'histoire... Dans
ce petit village peuplé de cinq familles, le château d'Iserand s'élevait depuis le IXe siècle.
Rasé par la suite, sa ferme, rescapée de l'histoire, est devenue le château de Lemps et
appartient à la famille de vos hôtes depuis deux siècles. Maintenant, ne rêvez pas, il ne

s'agit pas d'un palace... et beaucoup de pièces (et elles sont nombreuses !) sont restées dans leur jus. La salle à manger aux voûtes peintes de fleurs de lys avec une immense cheminée en pierre, le salon avec les portraits de famille. À l'étage, 3 chambres avec sanitaires privés. Une ouvre sur le parc de 2 ha, une autre est familiale, composée de 2 chambres. De 38,57 à 41,92 € (253 à 275 F) pour 2, petit déjeuner compris et 80,49 € (528 F) pour 4 dans la familiale. C'est là que vous découvrirez les confitures de Nicole... Pas moins de 8 sortes de confitures et gelées, comme serpolet ou lavande ! Table d'hôte à 13,42 € (88 F), apéro maison, vin (syrah) et café compris. En général, salade ardéchoise ou charcuterie du pays, gougère, gratin de légumes, fromages du pays, tarte ou nougat glacé. Accueil nature et convivial. Une adresse que les maniaques éviteront mais qui réjouira les amateurs d'ambiance d'autrefois.

LENTIGNY 42155　　　　　　　　　　　　Carte régionale A1

8 km SO de Roanne

🏠 ⤬ (10 %) *Chambres d'hôte Domaine de Champfleury (Mme Gaume) :* ☎ et fax : 04.77.63.31.43. Accès : de Roanne, D 53 vers Thiers, puis D 18 vers Lentigny ; la maison est dans le bourg (fléchage). Ouvert du 15 mars au 15 novembre. Maison bourgeoise de la fin du XIXe siècle entourée d'un parc de 2 ha, avec un court de tennis. 2 chambres, dont une double pour les familles, 98 € (642,84 F) pour 3 ou 4 personnes. Sanitaires privés. Déco et ambiance vieille France, accentuée encore par la personnalité de Mme Gaume. Comptez 63 € (413,25 F) pour 2, petit déjeuner compris, auquel votre hôtesse apporte une attention toute particulière (plein de sortes de confitures maison, croissant et brioche pralinée). Elle a transformé le pigeonnier en gîte pour 2/3 personnes. Amoureuse de sa région, elle en connaît tous les secrets et vous a préparé différents itinéraires pour vous la faire découvrir selon vos goûts (à pied, en voiture ou à VTT qu'elle met à votre disposition). Accueil aimable et distingué.

MAROLS 42560　　　　　　　　　　　　　Carte régionale A1

38 km O de Saint-Étienne ; 9 km N de Saint-Bonnet-le-Château

🏠 |◯| 🏠 *Chambres d'hôte L'Ecusson (Josiane Frachey) :* ☎ 04.77.76.70.38 . Accès : A75 jusqu'à Andrézieux, puis D498 vers Saint-Bonnet-le-Château ; à Luriecq, prenez la D5 jusqu'à Marols ; la maison est dans le village. Ouvert du 1er juin au 30 septembre, et hors saison sur réservation uniquement. Dans cette maison de village qu'un grand portail abrite des regards indiscrets, vous trouverez 4 chambres agréables auxquelles on accède par un escalier monumental. Beau four à pain encore en fonctionnement avec son énorme soufflet, et partout un mélange de vieilles poutres et de pierres apparentes. Comptez 48,78 € (320 F) pour 2, petit déjeuner compris et de 11,43 à 17,53 € (de 75 à 115 F) le repas en table d'hôte.

MAUVES 07300　　　　　　　　　　　　　Carte régionale A2

18 km N de Valence ; 4 km S de Tournon

🏠 |◯| ⤬ *Chambres d'hôte Roure-Soleil (Monique Conrad) :* ☎ 04.75.07.61.52. et 06.88.39.32.89. Accès : A 7 sortie Tournon, puis direction Mauves ; dans le bourg continuez vers Plats pendant 700 m, puis à gauche vers Roure-Soleil, pendant 2 km. En pleine campagne, jolie et ancienne ferme viticole ouvrant sur le Vercors (on distingue même le mont Blanc par temps clair). Cela fait plus de vingt ans que Monique reçoit des hôtes, et croyez-nous, les habitués sont nombreux. Il faut dire que sa gentillesse et sa spontanéité font merveille. 3 chambres agréables, dont une familiale avec mezzanine pour 6 personnes. Comptez 40 € (262,38 F) pour 2, avec un copieux petit déjeuner (plein de sortes de confitures maison, fromages, corbeille de fruits...). Monique vient du Tarn, et elle adore cuisiner... aussi, on vous conseille de réserver la table d'hôte pour 13 € (85,27 F), vin compris. Confit d'oie maison et cassoulet en hiver, caillettes maison, ravioles de Romans, chou aux châtaignes, sont quelques-unes de ses spécialités. Plein de randos à faire dans les environs : le GR 42 ne passe pas très loin et vous emmène jusqu'aux cuves du Duzon, dans lesquelles on peut se baigner (super !). Une adresse qui pourrait avoir pour soustitre : le bonheur de se faire dorloter par Monique.

MEGÈVE 74120 Carte régionale B1

35 km O de Chamonix ; 31 km NE d'Albertville

■ ⊀ ⌖ 〈10 %〉 **Gîte d'alpage des Lanchettes (Nicolas et Gérard Birr) :** BP 189. ☎ 04.50.21.29.96 et 06.68.12.11.60. Fax : 04.50.47.22.41. Accès : en hiver, au parking de la Cote 2000, prenez les remontées mécaniques Radaz et Lanchette ; en été, du même parking, prenez le chemin empierré de Pré-Rosset pendant 3 km, puis faites 500 m à pied. Fermé en octobre et novembre. Voilà une adresse qu'il faut mériter et exclusivement réservée aux routards débrouillards, un minimum sportifs, qui n'auraient pas peur par exemple, de se trouver coincer sous 2 m de neige à 1700 m d'altitude ! Eh oui, c'est un ancien chalet d'alpage, transformé en gîte de 18 places. Celles-ci sont réparties dans des espaces plus ou moins clos, dont 3 petites chambres (va y'avoir de la bagarre !). Décor authentique, tout en bois, qui sent bon l'atmosphère d'autrefois. Cuisine bien équipée et poêle. On loue la totalité du gîte. En hiver, 1440 € (9445,78 F) la semaine charges comprises, pour 18 personnes ; l'été, comptez 13 € (85,27 F) par jour et par personne. Bien sûr, on peut monter tout votre matos. Vous serez totalement isolés (même si Gérard et son fils Nicolas habitent dans une partie du chalet) et cette situation a bien des avantages. Un paysage de nature à perte de vue ; la neige immaculée en saison (avant que les touristes n'arrivent jusqu'ici) ; aux beaux jours, vous êtes sur le tour de pays du Mont-Blanc, et c'est aussi un paradis pour les vététistes, les vrais... Accueil chaleureux et montagnard.

■ **Chambres d'hôte Les Oyats (Claude-Marie et Jean-Claude Tissot-Peron) :** 771, chemin de Lady. ☎ et fax : 04.50.21.11.56. ● jean.claude.tissot@freesbee.fr ● Accès : de Megève, direction Rochebrune, à l'hôtel *La Vallée Blanche* tournez à gauche vers Les Perchets ; au petit pont, prenez à droite vers Lady. Fermé à la Toussaint. À 1200 m d'altitude, grand chalet (peu de bois, mais rassurez-vous, l'intérieur n'en manque pas). 1 chambre agréable avec sanitaires privés et coin cuisine (idéal si vous séjournez). 44,21 € (290 F) pour 2, petit déjeuner compris. En cours, la restauration de la ferme familiale voisine, avec 4 chambres de plain-pied à 53,36 € (350 F) pour 2 et une cuisine à disposition. Vous êtes au pied des pistes, le téléphérique passe tout près de la maison. En été, c'est l'adresse idéale pour les férus de randonnées. Accueil familial.

RHÔNE-ALPES

MENS 38710 Carte régionale B2

45 km S de Grenoble ; 14 km S de La Mure

■ ⊀ ⌖ 〈10 %〉 **Chambres d'hôte L'Engrangeou (Janic Grinberg) :** place de la Halle. ☎ 04.76.34.85.63 ou 04.76.34.94.48. Accès : de Grenoble, N 75, et après Le Monestier-de-Clermont, prenez la D 34. La maison est juste en face de la petite halle. Ici, c'est une maison d'artiste... Janic, dessinateur-styliste en textile, a installé 3 chambres, juste au-dessus de son magasin, où il présente et vend ses tissus et ses toiles (il est aussi peintre à ses heures perdues). Chambres coquettes avec sanitaires privés. Les motifs des dessus-de-lit sortent de l'imagination du maître des lieux. 45 € (295,18 F) pour 2, petit déjeuner compris, servi dans la boutique (plutôt insolite, non ?). Elle est bien sûr fermée pour que vous profitiez du moment, ainsi que le mini-musée sur le métier à tisser qu'il a installé au sous-sol. Janic vient d'acheter une autre maison dans le village et 2 nouvelles chambres sont disponibles, ainsi qu'une salle pour la table d'hôte, à partir de 9,15 € (60 F). C'est aussi un passionné de voitures anciennes, il possède une jolie petite MG. Accueil très chaleureux. Une adresse où l'original est à l'honneur.

MERCUER 07200 Carte régionale A2

5 km NO d'Aubenas

■ |●| 〈10 %〉 **Chambres d'hôte La Gibaudelle (Pierrette et Pierre-Max Gadin) :** ☎ 04.75.93.77.75. ● http://perso.wanadoo.fr/gibaudelle ● Accès : de la place de la poste d'Aubenas, prenez la D 235 vers Ailhon-Lentillières pendant 4 km ; ne bifurquez pas vers Mercuer, la maison est à 600 m à gauche sur cette route. Grande maison récente, construite par Pierre-Max dans les années 1980. Bien que située en bordure d'une petite route, si vous passez côté jardin, vous tomberez sur un joli paysage de collines plantées de pins maritimes. 3 chambres avec salles de bains privées. Elles ouvrent sur la nature et la piscine en contrebas (chouette !). 42,69 € (280 F) pour 2, petit déjeuner compris. Table d'hôte à 15,24 € (100 F) apéro, vin et café compris. Bonne cuisine traditionnelle et familiale. Belle terrasse couverte avec petit barbecue et plusieurs salons intérieurs. Une gentille adresse tenue par un chaleureux couple de retraités. Au fait, si vous aimez le foot, Pierre-Max est un passionné...

MÉRINDOL-LES-OLIVIERS 26170 Carte régionale A2

17 km S de Nyons ; 10 km NE de Vaison-la-Romaine

▲ ☞ ✆ *Chambres d'hôte Les Grand'Vignes (Chantal et François Schlumberger) :* ☎ et fax : 04.75.28.70.22. ● grand.vignes@wanadoo.fr ● Accès : sur la D 938 entre Vaison-la-Romaine et Nyons, prenez la D 46 vers Buis-les-Baronnies, puis la D 71 vers Propiac, à l'entrée de Mérindol, prenez la direction de Mollans, c'est la 1re maison à droite. Très beau mas, superbement restauré par Chantal et François. Il faut dire que ce dernier était architecte (aujourd'hui à la retraite), et qu'il a construit pas mal de maisons dans le coin (ça aide...). 2 chambres dont une spacieuse avec petit coin cuisine. Sanitaires privés. Comptez de 52 à 60 € (de 341,10 à 393,57 F) pour 2, avec le petit déjeuner (plusieurs sortes de pains et de confitures maison, croissants...). Par beau temps, vous le prendrez à côté des vignes, en contemplant le Ventoux. Également 1 gîte rural pour 4 personnes, pour ceux qui souhaitent séjourner. Agréable piscine dissimulée au milieu des oliviers. Attention séjour minimum de 3 nuits.

MÉZÉRIAT 01660 Carte régionale A1

17 km O de Bourg-en-Bresse ; 15 km SE de Mâcon

|●| ☞ *Auberge de campagne Les Granges Neuves (Adeline et Gérard Amoros) :* Les Jolis. ☎ 03.85.51.91.92. Fax : 03.85.51.91.75. Accès : sur la N 79, pratiquement à michemin entre Mâcon et Bourg-en-Bresse, prenez la D 47 vers Perrex-Vonnas, l'auberge est à 800 m à gauche. Uniquement sur réservation. Ancienne ferme transformée en petite auberge. Une salle de 30 couverts, chaleureuse avec bouquets de fleurs séchées, poutres, vieilles tommettes et grande cheminée. Une autre salle, plus petite et plus intime de 20 couverts. « Menu campagnard » à 9,15 € (60 F), avec terrine maison et salade, omelette et fromage blanc. À 19,06 € (125 F), terrine maison, poulet de Bresse à la crème, gratin dauphinois, fromage et dessert. Autre menu à 22,11 € (145 F), avec grenouilles fraîches, mais sur réservation uniquement. Petite carte des vins avec le traditionnel pot lyonnais de 46 cl à 6,10 € (40 F), et bouteilles entre 9,15 et 12,96 € (60 et 85 F). Accueil agréable.

MIEUSSY 74440 Carte régionale B1

60 km NE d'Annecy ; 30 km E de Genève ; 7 km O de Taninges

▲ |●| ✆ ⑩% *Gîte de séjour La Ferme du Château (Joëlle, Jean et Jean-Luc) :* Lapraz-de-Barbey. ☎ et fax : 04.50.43.07.07 et 06.82.50.41.28. Accès : sur la D 907 entre Saint-Jeoire et Taninges ; à l'entrée de Mieussy, suivez la direction de Sommand pendant 2 km et fléchage. Fermé en novembre. De préférence sur réservation. Juste à côté de la ferme de leurs parents, Joëlle, Jean (son mari) et Jean-Luc (son frère) ont aménagé 1 petit gîte de séjour de 18 lits, répartis en chambres pour 3 à 6 personnes (lits superposés en pin naturel). Sanitaires communs. Joëlle, un petit bout de femme, mène le gîte avec énergie (vous pensez, avec tous ces hommes !). C'est bien sûr elle qui cuisine, et croyez-nous, ça fleure bon les spécialités régionales : poulet à la tomme, fricassée de caïon (porc), gratin de crozets (pâtes à la farine de froment), tartiflette... Et tout ça, à prix doux : 12 € (78,71 F) la nuit, 15 € (98,39 F) avec petit déjeuner, 27 € (177,11 F) en demi-pension (boissons non comprises). Ici, c'est le sport qui domine... Si vous le souhaitez, Jean-Luc, accompagnateur moyenne montagne, vous fera découvrir la flore et la faune (renards, chevreuils...). À Sommand (à 7 km), ski de piste, de fond et parapente. Accueil convivial.

MIRABEL-ET-BLACONS 26400   Carte régionale A2

35 km SE de Valence ; 7 km E de Crest

🛏 |●| ⁵⨯⨯ *Chambres d'hôte La Ferme du Château (Catherine et Matthieu Bellier) :* ☎ et fax : 04.75.40.07.80 et 06.03.50.87.47. ● cmjd@wanadoo.fr ● Accès : A 7, sortie Valence-Sud, puis direction Gap jusqu'à Crest ; là, D 93 vers Aouste-sur-Sye, puis Mirabel-et-Blacons ; dans le village, traversez la Drôme et au rond-point, direction Saillans ; au panneau de sortie de Mirabel, suivez cimetière et fléchage. Ouvert de Pâques à fin novembre. On entre dans cette belle ferme du XVIIe par un grand porche. Au 1er étage, 2 chambres spacieuses avec sanitaires privés. Comptez 43 € (282,06 F) pour 2, petit déjeuner compris. Table d'hôte à 16 € (104,95 F), apéro et vin compris. Catherine est Bolivienne ; Mathieu est aux fourneaux : il vous fera découvrir aussi bien la cuisine drômoise que bolivienne et même médiévale si le cœur vous en dit ! C'est aussi un grand amateur de vin. Accueil agréable.

MIRMANDE 26270   Carte régionale A2

30 km S de Valence

🛏 ⁵⨯⨯ *Chambres d'hôte (Marinette et Tieno Goriou) :* ☎ 04.75.63.01.15. Fax : 04.75.63.14.06. Accès : A 7, sortie Montélimar-Nord, remontez la N 7 vers Valence, puis à droite prenez la D 204 vers Mirmande ; le chemin qui mène à la maison est juste à l'entrée du village sur votre droite. Fermé en janvier. Quand ils ont acheté leur maison, c'était une ruine... aujourd'hui c'est un très bel ensemble en pierre apparente. Ici, c'est une famille d'artistes, et de nombreuses sculptures de Tieno ornent la maison et le jardin. 3 chambres d'hôte vastes et agréables, installées dans une aile indépendante. Très beau dallage et un chouette crépi blanc réalisé par Tieno. Comptez 55 € (360,78 F) pour 2, petit déjeuner compris (toujours avec un gâteau maison). Pas de table d'hôte, mais plusieurs petits restos à Mirmande, qui mérite de toute façon une petite visite (médiéval, il est classé parmi les plus beaux villages de France). Pour vous détendre, la piscine. Accueil agréable.

MONTBRISON-SUR-LEZ 26770   Carte régionale A2

15 km NO de Nyons ; 13 km E de Grignan

🛏 🐕 *Chambres d'hôte (Marie-Noëlle et Rémy Barjavel) :* ☎ et fax : 04.75.53.54.04. ● www.domainebarjavel.com ● Accès : de Grignan, D 14 vers Taulignan, puis Nyons ; 1 km après le panneau « Montbrison », fléchage sur la droite. Fermé du 19 au 27 février. Au milieu des vignes exploitées par Rémy, agréable maison du XIXe siècle. Dans une partie récente et indépendante, mais mitoyenne à leur habitation, les proprios ont installé 3 chambres : deux au 1er étage avec coin cuisine (l'un à l'intérieur de la chambre, l'autre une pièce séparée) ; la dernière au rez-de-chaussée sans coin cuisine (moins chère, forcément). Déco simple, sanitaires privés. Comptez de 36 à 40 € (236,14 à 262,38 F) pour 2, petit déjeuner compris. Des prix doux pour le coin, sans compter que vous pourrez profiter d'une belle piscine. Également 2 gîtes (5 et 7 personnes) pour ceux qui veulent séjourner. Gentillesse et authenticité au rendez-vous.

MONTCET 01310   Carte régionale A1

10 km O de Bourg-en-Bresse

🛏 |●| ⁵⨯⨯ ⑩% *Chambres d'hôte des Vignes (Éliane et Jean-Louis Gayet) :* ☎ et fax : 04.74.24.23.13. ● jean-louis.gayet2@libertysurf.fr ● Accès : sur la D 936 entre Bourg-en-Bresse et Châtillon, prenez la D 67 vers Montracol, puis Montcet ; dans le village, suivez la direction de Vandeins, et fléchage. Voilà une adresse à l'ambiance toute particulière due aux personnalités de Jean-Louis et d'Eliane. Dans leur ancienne ferme restaurée, entourée d'un beau parc arboré, Éliane et lui ont ouvert 4 chambres guillerettes et chaleureuses. Bibliothèque bien fournie et sanitaires privés. Préférez celle avec le lit double ou bien la chambre rose, dont le mur brique et bois donne un aspect cabine de bateau.

Comptez 50,30 € (330 F) pour 2, petit déjeuner compris. Table d'hôte à 18 € (120 F), vin compris. Ici, l'ambiance est très « nature » : jardin bio, repas végétariens, pain maison, vin biologique, sans oublier que Jean-Louis parle l'espéranto et peut vous parler de l'art roman dans la région. Vous y trouverez aussi plein d'activités : étang de pêche, barque, piscine avec bain à remous, terrain de volley et billard américain.

MONTROMANT 69610   Carte régionale A1

30 km O de Lyon ; 2 km O d'Yzeron

🛏 🐂 *Chambres d'hôte (Christine et Marcel Radix) :* Le Thiollet. ☎ et fax : 04.78.81.00.93 et 06.16.49.91.46. ● http://ferme.thiollet.free.fr ● Accès : à Yzeron suivre direction Duerne/le plan d'eau puis prendre 1er chemin à gauche vers le Thiollet. Marcel et Christine ont racheté la ferme où travaillait la famille depuis plusieurs générations. Située à 850 m d'altitude, il faut dire qu'elle est belle avec ses volets verts et son point de vue unique sur les monts alentours. 4 chambres coquettes, dont 2 de 4 personnes, installées au 1er étage. Les 2 autres de plain-pied : « l'Afrique » qui regorge de photos de ce continent, et « l'Amérique », plus petite mais rigolote car installée dans l'ancien poulailler où les proprios ont conservé les pondoirs. Sanitaires privés. 42,70 € (280,09 F) pour 2, petit déjeuner compris. Marcel élève des vaches laitières, mais elles ne sont pas sur place (on peut participer à la traite quand même). À noter qu'Yzeron a monté une opération humanitaire pendant la guerre de Bosnie et ils ont accueilli des familles réfugiées (chapeau !). Lac de 3 ha à proximité avec location de pédalos et pêche. Accueil chaleureux. *NOUVEAUTÉ.*

MONTROND-LES-BAINS 42210   Carte régionale A1

25 km NO de Saint-Étienne ; 11 km S de Feurs

🛏 |●| 🐂 ↝ *Chambres d'hôte (Isabelle et Vincent Dugaret) :* Les Vincents - chemin d'Urfe. ☎ 04.77.94.56.02. Accès : en venant de Roanne ou de Lyon en direction de Saint-Étienne, on arrive à Montrond et on prend la 1re rue à droite après la station *Dyneff*. Isabelle et Vincent, deux jeunes agriculteurs dynamiques ont installé ici 2 chambres d'hôte, après avoir dû abandonner leur ferme familiale pour cause d'expropriation. Ils élèvent vaches laitières, volailles et canards, ce qui ravira les amateurs de foie gras et de confits... Comptez 36,59 € (240 F) pour 2, petit déjeuner compris (avec lait de la ferme et confitures maison), et 12,96 € (85 F) en table d'hôte (sur réservation les vendredis et samedis soir) : charcuterie maison, rillettes, tartifourme, par exemple. Accueil familial et chaleureux.

MONTROTTIER 69770   Carte régionale A1

45 km O de Lyon ; 10 km N de Saint-Laurent-de-Chamousset

🛏 |●| *Chambres d'hôte Le Bachat (Agnès et Bruno Deroin) :* Mazieux. ☎ et fax : 04.74.70.27.63. Accès : de Montrottier, D 7 vers Ancy pendant 3,5 km et vous tombez dans le hameau. Au 1er étage d'une ancienne grange, indépendante de la maison des proprios, 4 chambres avec sanitaires privés. Déco simple mais agréable, lino coloré et petites fenêtres qui leur conservent la fraîcheur. 41,20 € (270,25 F) pour 2, petit déjeuner compris (fromage banc, confitures et viennoiseries maison). Table d'hôte pas systématiquement partagée avec les proprios à 13 € (85,27 F), apéro, vin et café compris. Repas servi dans l'ancienne étable où la poutraison s'est parée de blanc et donne une belle luminosité. Une adresse pour ceux qui aiment l'indépendance. *NOUVEAUTÉ.*

MONTSELGUES 07140   Carte régionale A2

60 km SO d'Aubenas ; 27 km NO des Vans

🛏 |●| ↝ *Chambres d'hôte Le Chastagnier (Marie-Paule et Francis Chazalon) :* ☎ 04.75.36.97.00. Accès : d'Aubenas, prenez la D 104 vers Alès ; à Lablachère, prenez la D 4 vers Planzolles, puis Saint-Laurent ; faites 3 km après Peyre et suivez le chemin goudronné au départ (1,6 km puis caillouteux sur 700 m). Uniquement sur réservation. En pleine nature, au milieu de 50 ha de bruyère et de forêt, belle maison en pierre complètement isolée. Marie-Paule et Francis ont aménagé 4 chambres vastes, avec de très grandes salles de bains (la « Dame aux camélias » est la plus sympa). Selon les chambres, murs en crépi blanc ou pierre apparente et meubles rustiques. Comptez 42,69 € (280 F) pour 2, petit déjeuner inclus. Table d'hôte à 13,72 € (90 F), apéritif, vin, café, tisane compris : omelette aux mousserons, quiche aux cèpes et aux chataîgnes, potage, lapin aux pruneaux, truite, gibier en saison (comme le rôti de chevreuil aux pommes ou la croustade de grives), tarte à l'ortie et aux noisettes, glace myrtille et tarte aux chataîgnes. Une bonne adresse pour les amoureux de calme et de tranquillité, et pour les pêcheurs (étang sur la propriété).

MONTVENDRE 26120 Carte régionale A2

15 km de Valence ; 4 km S de Chabeuil

🛏 IOI *Chambres d'hôtes Les Dourcines (Mado Goldstein) :* ☎ 04.75.48.63.96. Accès : Ne pas aller à Montvendre. De Chabeuil, prendre la D 538 vers Crest sur 4 km, puis une petite route à gauche (fléché). Fermé de mi-novembre à mi-mars. Maison ancienne superbement restaurée, pleine de coins, de recoins et de chats paressant sur les fauteuils. Au 1er étage, 4 chambres aménagées avec beaucoup de goût dont une suite pour 4 personnes. On aime bien « les Oiseaux » qui offre une très jolie vue sur le Vercors de sa fenêtre toute ronde. Sanitaires privés. De 38,10 à 45,70 € (250 à 300 F) pour 2 et 57,90 € (380 F) pour 4, petit déjeuner compris. Grande salle à manger avec piano, coin salon et mille détails à savourer : sculptures, tableaux, meubles anciens, bibelots,... Excellente table d'hôte à 14,50 € (95 F), apéro, vin et café compris. Accueil chaleureux et détendu, ambiance « comme à la maison ». Un lieu où assurément on a envie de passer un moment. *NOUVEAUTÉ.*

ORDONNAZ 01510 Carte régionale B1

65 km SE de Bourg-en-Bresse ; 20 km NO de Belley

🛏 IOI ⚐ ⑩% *Auberge de campagne La Petite Auberge (Bernard Grinand) :* ☎ 04.74.40.90.79. Accès : sur la N 504 entre Ambérieu et Chambéry, après Tenay et la voie ferrée, tournez à droite vers Ordonnaz (D 94) et fléchage. Fermé le mardi et les 3 dernières semaines de janvier. Sur réservation de préférence. À 850 m d'altitude, sympathique auberge avec deux petites salles (capacité totale de 60 couverts), dont une avec cheminée. Menus de 13,72 à 19,06 € (de 90 à 125 F). Spécialités de saucisson à la bugiste (saucisson cuit avec du blanc du Bugey, servi avec pommes de terre et poireaux), gâteau de foie de volaille, tartiflette. Petite carte des vins du pays de 8,84 à 20,58 € (de 58 à 135 F) la bouteille. Dans une aile indépendante, 3 chambres d'hôte avec sanitaires privés. Préférez celle du 2e étage, plus intime et moins chère (ça tombe bien). Comptez de 35 à 40 € (de 229,58 à 262,38 F) pour 2 avec le petit déjeuner. Également 2 gîtes ruraux pour 4 personnes flambant neufs. Un petit circuit vous fera découvrir ce ravissant village avec ses vieux fours à pain, son lavoir, sa fruitière (comprenez fromagerie, aujourd'hui transformée en petit musée) et sa petite église.

ORNON 38520 Carte régionale B2

67 km SE de Grenoble ; 7 km O du Bourg-d'Oisans

🛏 IOI ⤢ ⑩% *Chambres d'hôte (Michelle Weber) :* Le Village. ☎ 04.76.80.43.05. Accès : de Grenoble, direction Le Bourg-d'Oisans par N 91 ; à La Paute, prenez la D 526 à droite. Fermé du 10 au 30 septembre. Préférable de réserver. Maison en pierre au centre du hameau, avec salle voûtée et cheminée. Une chambre avec salle d'eau et w.-c. privés, et 3 chambres avec lavabo et sanitaires communs. Selon le confort, comptez de 38 à 39 € (de 249,26 à 255,82 F) pour 2, petit déjeuner compris. Possibilité de repas à 12 € (78,71 F). Cuisine régionale et montagnarde. Ambiance chaleureuse et bon enfant. Sentiers balisés du GR 50 à proximité.

OUROUX 69860 — Carte régionale A1

30 km SO de Mâcon ; 27 km NO de Belleville-sur-Saône

🏚 |●| 🐾 ⅹ⅄ *Château de Gros Bois (Simone Martin et Jean-Robert Mavet) :* ☎ 04.74.04.63.96. Accès : de Belleville prendre la D 18 jusqu'à Ouroux, continuez vers Tramayes et juste avant la sortie d'Ouroux, tournez à gauche et faites 1,8 km sur une route forestière non bitumée. Grande demeure bourgeoise du XIXe perdue au milieu des forêts (vous avez dit nature ?). Au 1er étage, 2 chambres, vastes et sans prétention avec sanitaires privés. 37 € (242,70 F) pour 2, petit déjeuner compris. Table d'hôte partagée avec les proprios à 13 € (85,27 F) apéro et cru du beaujolais compris. En face de la maison, un grand gîte de séjour de 25 couchages. Bref l'adresse idéale pour randonner. *NOUVEAUTÉ.*

🏚 |●| *Chambres d'hôte Les Roulottes de la Serve (Pascaline et Pascal Patin) :* La Serve. ☎ 04.74.04.76.40. Accès : d'Avenas, D 18 vers Monsols jusqu'au col, puis tournez à droite vers Ouroux pendant 50 m et fléchage à droite (n'allez pas à Ouroux situé à 5 km). Encore une adresse originale pour passer un séjour qui ne le sera pas moins... Pascaline et Pascal restaurent des roulottes. La première, des années 1950 est prête et rutilante. Colorée, toute habillée de bois sculpté, douillette, avec des petits napperons au crochet. Ambiance très gipsy et atmosphère « la Strada ». L'électricité est là ; pour les sanitaires, il faudra aller chez les proprios (ils sont privés et nikels). 42,60 € (279,44 F) pour 2, petit déjeuner compris (confitures et pain maison). Les repas se prennent dans une adorable cuisine, qui sent bon l'authentique et la campagne. Des paniers tressés partout ajoutent encore au côté très champêtre. Table d'hôte partagée en famille à 13 € (85,27 F), apéro et cru du beaujolais compris. 1 deuxième roulotte est en cours de restauration. Pascaline et Pascal font aussi petit gîte d'enfants. Accueil décontracté et chaleureux. Faites une caresse pour nous à Black and White (respectivement pyrénée et terre-neuve... j'les vois dans mon studio à Paname !). Une adresse qu'on aime, à la fois insolite et un brin bohème. *NOUVEAUTÉ.*

OZ-EN-OISANS 38114 — Carte régionale B2

47 km E de Grenoble ; 13 km N du Bourg-d'Oisans

🏚 |●| ⅹ⅄ *Gîte d'étape et de groupe (Gillian Fabre) :* Sardonne. ☎ et fax : 04.76.80.76.93 et 06.11.95.90.31. ● lesardonnier@wanadoo.fr ● Accès : de Grenoble, N 85 vers Le Bourg-d'Oisans, puis à Rochetaillée, prenez à gauche la D 526 vers Allemont, puis à droite direction Villard-Reculas. Réservation conseillée. Maison montagnarde au charme rustique, face au massif des Grandes-Rousses. Une chambre de 2, une de 4, une de 6 et la dernière de 7 (lits en bas-flancs). Au rez-de-chaussée, très belle salle voûtée avec cheminée. Comptez 14 € (91,83 F) par nuit et par personne, et de 28 à 30 € (de 183,67 à 196,79 F) par personne en demi-pension. Bons petits plat de Gillian, anglaise, comme les tartiflettes ou la raclette au feu de bois. Ambiance décontractée et remplie de la joie de vivre de Gillian.

PAILHARÈS 07410 — Carte régionale A2

60 km NO de Valence ; 33 km S d'Annonay

🏚 |●| 🐾 ⅹ⅄ *Chambres d'hôte Le Petit Marchand (Régine et Jacques Andry) :* col du Marchand. ☎ 04.75.06.06.80. Fax : 04.75.06.13.46. ● http://perso.wanadoo.fr/petit.mar chand ● Accès : d'Annonay, prenez la D 578 vers Satillieu/Lalouvesc, passez Lalouvesc, puis prenez la D 532 vers Saint-Félicien ; 500 m après le col, la maison est sur la droite (n'allez pas jusqu'à Pailharès). Réservation conseillée pour juin, juillet, août et septembre. À 900 m d'altitude, jolie ferme ouvrant sur des monts boisés. Dans une petite maison indépendante (un peu au bord de la route) qui comporte aussi un gîte rural, 4 chambres claires et spacieuses avec sanitaires privés, joliment décorées de meubles en rotin coloré. Comptez 39 € (255,82 F) pour 2, petit déjeuner inclus. Pour les moins argentés, 1 gîte d'étape (mitoyen à la maison des proprios) à l'atmosphère rustique, avec 10 lits, à 8,5 € (55,76 F) la nuit, et 9,15 € (60 F) en hiver à cause du chauffage. Table d'hôte commune à 14,5 € (95,11 F) apéro, vin et café compris : chèvre chaud à l'huile de chou, terrine de courgettes et des spécialités alsaciennes et ardéchoises... Pour les séjours d'au moins

3 jours, possibilité de tarifs demi-pension et pension. Adresse idéale pour les amateurs de nature et de randonnées ; Jacques, randonneur lui-même, connaît parfaitement les circuits et vous donnera des infos utiles. Accueil convivial.

PINSOT 38580
Carte régionale B1

42 km SE de Chambéry ; 7 km S d'Allevard

🛌 |●| *Ferme-auberge du Gleyzin (Monique et Marcel Ferrier) :* ☎ et fax : 04.76.97.53.64. Accès : d'Allevard, prenez la direction Pinsot ; puis fléchage. Fermé en octobre (l'auberge n'ouvre que du vendredi au dimanche). Si vous aimez, comme nous, les sites grandioses, alors n'hésitez pas ! Cette ferme du XVIIIᵉ est située dans un cirque bordé par le massif des Sept-Laux, à 1076 m d'altitude, et c'est le terminus de la chaîne de Belledonne. Monique et Marcel y élèvent des chèvres et reçoivent des hôtes. Si vous êtes de passage, il y a l'auberge, dans un cadre rustique (cheminée, pierres et poutres apparentes) une table savoureuse à partir des produits de l'exploitation. Menu de 17,50 à 20,60 € (114,79 à 135,13 F), vins de Savoie autour de 11 € (72,16 F). On a bien craqué sur le gâteau de semoule à la courgette, le soufflé de foie de volailles, le chevreau au gratin dauphinois, la tarte aux myrtilles, et sur le pain fait par Marcel. Après le repas, allez donc prendre un bol d'air pur derrière la maison et profitez du site. Mais ce qu'on vous conseille surtout, c'est de rester quelques jours dans leur gîte d'étape, de vous faire une rando comme le tour du pays d'Allevard ou de venir écouter le brame ! 4 chambres pour 3, 4, 5 et 8 personnes en système demi-pension. 29 € (190,23 F) par personne (nuitée, dîner et petit déjeuner). Et si vous ne voulez pas prendre la tête le midi, Monique vous propose un panier pique-nique à 7 € soit 45,92 F (idéal pour les marcheurs). Accueil chaleureux, une de nos meilleures adresses.

PLANS-D'HOTONNES (LES) 01260
Carte régionale B1

65 km SE de Bourg-en-Bresse ; 30 km S de Nantua

🛌 |●| 🏠 ⑩% *Gîte de séjour Les Pelaz (Jocelyne et Jean-Jacques Bianchi-Thurat) :* ☎ et fax : 04.79.87.65.73. ● lespelaz.free.fr ● Accès : A 40, sortie n° 8 vers Saint-Martin-du-Frêne, puis D 31 vers Les Plans-d'Hotonnes, puis D 39a et fléchage. À 1100 m d'altitude, au milieu des prés, c'est une ancienne ferme (genre chalet) que Jocelyne et Jean-Jacques ont transformée en gîte de séjour de 17 lits. 4 chambres de 2 à 6 lits avec sanitaires privés (les plus chères) ou communs. Déco réduite au minimum. Par contre, une immense salle de jour chaleureuse avec poutres, cheminée et un petit coin détente. Comptez de 8,50 à 12,40 € (de 56 à 81,35 F) par personne sans les draps, 1,70 € (11,15 F) la paire, si vous êtes tête en l'air, et un copieux petit déjeuner (céréales, yaourts, jus de fruit, fromages, pain bio et confitures maison) à 4,70 € (30,82 F). On peut aussi y dîner pour 10,60 € (69,53 F), sans les vins, et déguster une bonne cuisine familiale et traditionnelle (végétarienne sur demande) : soupe aux orties, choux aux châtaignes, quiche au bleu de Bex... Accueil dynamique, décontracté et sans façon. L'hiver, ski de fond (quand il y a de la neige) sur Les Plans-d'Hotonnes (70 km de pistes) ; l'été, le GR 9 passe tout à côté de la maison. Une adresse idéale pour les familles (tout l'équipement des petits est à disposition) et les groupes de copains, surtout quand on sait qu'on peut louer tout le gîte en gestion libre, 255 € (1672,04 F) le week-end.

POURCHÈRES 07000
Carte régionale A2

35 km NE d'Aubenas ; 10 km O de Privas

🛌 |●| 🏠 ⑩% *Chambres d'hôte (Marcelle et Jean-Nicolas Goetz) :* ☎ et fax : 04.75.66.81.99. Accès : de Privas, D 2 vers Les Ollières, à la sortie de Privas après le pont, D 260 vers Pourchères. Fermé 15 jours au printemps et 15 jours en automne. En pleine nature, avec une superbe vue sur les volcans d'Ardèche, très belle maison en pierre apparente du XVIIᵉ siècle dans laquelle Marcelle et Jean-Nicolas (astrologue, psychothérapeute) ont installé 4 chambres avec sanitaires privés, meublées rustique. Grande terrasse protégée pour prendre les repas en été (tables individuelles) et salle à manger très campagnarde et agréable en hiver. Comptez de 39,64 à 53,36 € (260 à 350 F) pour 2, petit déjeuner compris. De 79 à 89 € (518,21 à 583,8 F) en demi-pension. Repas à

16,77 € (110 F). Produits du jardin et de la montagne, spécialités de soupes et de légumes parfumés d'herbes aromatiques. Si vous êtes amateurs, Jean-Nicolas propose de la psychothérapie et des tarots. Calme et tranquillité assurés.

PRÉLENFREY-DU-GUA 38450   Carte régionale B2

30 km S de Grenoble ; 12 km SO de Vif

🏠 ◉ 🍴 ↦ *Chambres d'hôte La Martinière (Patricia et Michel Lemoine) :* ☎ et fax : 04.76.72.26.96. Accès : de Grenoble, N 75 vers Sisteron ; à la sortie de Vif, suivez la direction Prélenfrey ; dans le bourg, c'est la 1ʳᵉ maison à droite en direction du col de l'Arzelier. À 950 m d'altitude, aux portes du parc du Vercors, grande maison rose des années 1930 (un ancien hôtel), dans laquelle Patricia et Michel ont aménagé 4 chambres avec sanitaires privés, dont trois familiales composées de deux chambres chacune. Déco agréable. Comptez 39 € (255,82 F) pour 2, avec le petit déjeuner. Table d'hôte partagée en famille, pour 14 € (91,83 F) le repas, vin compris. En hiver, proximité de la station familiale du col de l'Arzelier (4 km), et en été, les alentours offrent de belles randonnées. Ambiance un rien bohème et décontractée. Bon accueil.

PRESLES 38680   Carte régionale A-B2

58 km SO de Grenoble ; 13 km NE de Pont-en-Royans

🏠 ◉ ↦ *Chambres d'hôte Les Fauries (Carmen Wintzenrieth) :* ☎ et fax : 04.76.36.10.50. Accès : A 49, Grenoble/Valence, sortie Saint-Marcellin, puis direction Saint-Romans ; après avoir traversé l'Isère, suivez Saint-Pierre-de-Cherennes, puis Presles par « Le Faz » ; au lieu-dit « Les Fauries », 1ʳᵉ route à gauche ; maison à 50 m (bon fléchage). Fermé après la Toussaint jusqu'au 26 décembre, et du 5 au 13 avril. À 950 m d'altitude, au cœur du parc régional du Vercors et plus particulièrement en lisière de la forêt des Coulmes, ancienne ferme toute en pierre qui jouit d'un superbe panorama. Son heureuse propriétaire, Carmen, est une hôtesse charmante. Elle vient d'ouvrir 4 chambres avec sanitaires privés, dont une familiale composée de deux chambres. Toutes portent des noms d'oiseaux. Pas étonnant qu'elles soient pimpantes et lumineuses ! 36 € (236,14 F) pour 2, petit déjeuner compris. À la table de Carmen, vous découvrirez en sa compagnie (si vous n'êtes pas une colonie !) les spécialités régionales et traditionnelles à partir de produits fermiers. 14 € (91,83 F), le repas, vin compris. Jérôme et Lucie, les enfants de Carmen participent aussi à l'accueil. Atmosphère sans façon et décontractée. Un bon rapport qualité-prix-convivialité. Au fait, Presles est réputé pour son site d'escalade (pas moins de 220 voies différentes !) ; les moins téméraires se rabattront sur les randos et autres : ski de fond, raquettes...

QUINCIÉ-EN-BEAUJOLAIS 69430   Carte régionale A1

50 km N de Lyon ; 20 km NO de Villefranche-sur-Saône

🏠 ◉ 🍴 ⁗10%⁗ *Chambres d'hôte Domaine de Romarand (Annie et Jean Berthelot) :* ☎ 04.74.04.34.49. Fax : 04.74.04.35.92. Accès : du village, prenez la direction de Marchampt (D 9) sur 2,5 km et tournez à droite juste après Le Vitry ; puis fléchage pendant 1,5 km. Au milieu des vignes, Jean et Annie, viticulteurs, ont une superbe maison en pierre offrant 3 chambres d'hôte spacieuses, guillerettes et claires, avec sanitaires privés et téléphone. Comptez de 47 à 51 € (de 308,30 à 334,54 F) pour 2, petit déjeuner compris. Grande salle de séjour avec cheminée, charpente et pierre apparente. Annie, hôtesse souriante à souhait, fait aussi la table d'hôte sur réservation, de 16 à 19 € (de 104,95 à 124,63 F), vin de la propriété compris : salade lyonnaise, saucisson chaud, volailles fermières et pâtisseries maison. Grande piscine à l'arrière de la maison. Ambiance raffinée et décontractée. Vente des vins de la propriété et caveau de dégustation.

🏠 ◉ ↦ *Chambres d'hôte (Jeanine et Gérard Lagneau) :* Huire ☎ 04.74.69.20.70. Fax : 04.74.04.89.44. ● gerard.lagneau@mail.com ● Accès : le hameau de Huire se trouve sur la D 37 à 3 km de Beaujeu-en-Beaujolais, en direction de Belleville-sur-Saône (n'allez pas à Quincié). On grimpe sur la colline et on se trouve dans les monts du Beaujolais, avec en haut la forêt de feuillus et résineux. Le paysage s'étend à perte de vue et on regarde au loin le village aux 2 clochers (Régnié). Dans une vieille maison de vignerons, indépendante de celle de vos hôtes, 4 chambres avec sanitaires privés. La déco est sobre et elles sont tenues de façon impeccable. 50 € (327,98 F) pour 2, petit déjeuner compris. Table d'hôte (lundi, mardi, jeudi et vendredi) en compagnie et chez les propriétaires à 19 € (124,63 F) apéro, beaujolais Villages ou régnié compris, que produit Gérard. Son régnié 2000 a obtenu la médaille d'or du concours agricole de Paris et son beaujolais Villages est coup de cœur chez Hachette. Bref, à déguster dans la cave voûtée du XVIe, sans plus tarder. Accueil convivial. Au fait, quels sont les dix crus différents du Beaujolais ?... heu... alors, révise tes classiques ! *NOUVEAUTÉ.*

QUINCIEUX 69650 　　　　　　　　　Carte régionale A1

25 km N de Lyon ; 13 km S de Villefranche-sur-Saône

|○| 🍴 *Auberge de campagne du Petit Veyssieux (Claudie et Gérard Patin) :* ☎ 04.78.91.14.70. Fax : 04.72.26.33.70. ● www.guideoperator.com./aubpetitveyssieux.htm ● Accès : de Anse, D 51 vers Neuville-sur-Saône pendant 4 km, puis à gauche (D 87) vers Trévoux, et fléchage (n'allez pas à Quincieux). Ouvert du samedi midi au dimanche midi (plus les jours fériés et en semaine pour les groupes), sauf du 20 décembre au 30 janvier et du 1er au 10 août. Uniquement sur réservation. Auberge de campagne, avec une mignonnette salle de 60 couverts, dans les tons saumon et 2 petites salles « familiales » de 25 couverts. Déco agréable, poutres, grande cheminée et bouquets de fleurs séchées. Menu à 17,07 € (112 F), avec chèvre chaud ou terrine maison, poulet à la crème ou canette aux olives (miam !), gratin de pommes de terre, fromages et dessert maison (quatre-quarts aux amandes, sorbet aux fruits de saison...). Menu enfant à 8,38 € (55 F). Un accueil souriant, chaleureux, et des produits frais, frais, frais.

RÉAUVILLE 26230 　　　　　　　　　Carte régionale A2

30 km NO de Nyons

🛏 |○| 🍴 *Chambres d'hôte Mas de Pantaï (Sergio Chiorino) :* ☎ 04.75.98.51.10. Fax : 04.75.98.58.59. Accès : A 7 sortie Montélimar-Sud, puis N 7 vers Avignon pendant 2 km, tournez ensuite à gauche vers Grignan (pendant 10 km), puis de nouveau à gauche vers Réauville ; le *Mas de Pantaï* est à 600 m à droite juste avant l'entrée du village. Situé sur une petite colline boisée, superbe mas provençal, dont certaines parties remontent au XVIe siècle. Si vous en faites le tour, il vous dévoilera tout son charme. La personnalité de Sergio n'en manque pas non plus... Il propose 4 chambres ravissantes, qui sentent bon la Provence (dont une accessible aux personnes handicapées). Sanitaires privés. Comptez 77 € (505,09 F) pour 2, petit déjeuner compris. Table d'hôte partagée avec le maître des lieux, pour 30 € (196,79 F) tout compris, de l'apéro avec les canapés jusqu'au café. Bonne cuisine régionale aux saveurs multiples. En contrebas de la maison, la piscine, puis les champs de lavande du voisin. En haut de la colline, magnifique panorama sur les Dentelles-de-Montmirail. Entre les deux, une chênaie qui abrite 3 petits gîtes de construction simple, mais très bien équipés ainsi que trois ravissants bastidons en dur, mais relativement chers. Une adresse pour bons vivants aisés.

RECOUBEAU-JANSAC 26310 　　　　　　Carte régionale B2

63 km NE de Nyons ; 17 km S de Die

🛏 |○| *Chambres d'hôte Chez Mireille (Mireille Chaffois et son fils Philippe) :* Jansac. ☎ et fax : 04.75.21.30.46 et 06.78.22.72.95. Accès : sur la D 93 entre Die et Luc-en-Diois, traversez Recoubeau, puis tournez à droite (D 140) vers Jansac et faites 4 km. À 650 m d'altitude, dans un site superbe avec vue sur les montagnes environnantes. Jolie maison dont les origines remontent au XVIe siècle. Mireille vous propose 5 chambres simples avec sanitaires privés ou communs. Comptez de 30,49 à 39,64 € (de 200 à 260 F) selon le confort. Table d'hôte en système demi-pension de 49 à 66 € (de 321,42 à 432,93 F) pour 2, vin compris (majoritairement des produits de la ferme), pris sur la terrasse aux beaux jours.

RENCUREL 38680   Carte régionale A-B2

65 km SO de Grenoble ; 17 km O de Villard-de-Lans

🏠 |●| ⤳ ⑩% *Gîte de séjour Les Rimets (Marie-Claude et Henri Vernissac) :* ☎ et fax : 04.76.38.98.48. ● http://www.planete-vercors.com/rimets ● Accès : de Grenoble, direction Sassenage, puis D 531 jusqu'à Villard-de-Lans ; continuez vers Pont-en-Royans jusqu'à La Balme-de-Rencurel, puis D 35 vers Rencurel et fléchage ; la maison est à 3 km. Uniquement sur réservation. À 1050 m d'altitude, maison en pierre bénéficiant d'un magnifique panorama sur le pas de la Chèvre, avec en fond de décor la Grande Moucherolle. Dans leur gîte, Marie-Claude et Henri ont aménagé 4 chambres pour 3 à 5 personnes et 1 petit dortoir pour 8 personnes. Chaque unité possède lavabo et douche privés et il y a 2 w.-c. extérieurs communs. Comptez 16,77 € (110 F) par personne pour la nuit avec le petit déjeuner ; la demi-pension et la pension, respectivement à 28,97 et 37,35 € (190 et 245 F) par personne (couettes et draps fournis). Goûteuse cuisine familiale. Henri (Riri pour habitués) est un passionné de rando et pourra vous concocter des itinéraires sur mesure. Il faut dire que vous êtes au cœur des Coulmes dont le tour dure 4 jours (3 nuits en auberge, le tout à 103,67 € (680 F) en demi-pension. Vous êtes aussi sur le GR 9 et si votre cheval vous accompagne, il pourra également être hébergé (4 boxes). Accueil chaleureux.

ROCHETTE-DU-BUIS (LA) 26170   Carte régionale A-B2

55 km SE de Nyons ; 22 km E de Buis-les-Baronnies

🏠 |●| ⤳ *Chambres d'hôte La Honas (Cathy et Pascal Ducros) :* ☎ et fax : 04.75.28.55.11 et 06.14.97.45.43. ● lahonas@club-internet.fr ● Accès : de Buis-les-Baronnies, D 546 vers Séderon jusqu'à La Rochette que vous traversez, passez le hameau des Granges et 1 km après tournez à droite (D 539) vers Aulan et fléchage. Fermé du 15 novembre au 15 mars. Aux pays des Baronnies, en pleine nature et à 850 m d'altitude, belle ferme du XVIIᵉ siècle qui ouvre sur les montagnes environnantes. 6 chambres champêtres vous attendent, dont une installée dans l'ancien pigeonnier (réservée aux tourtereaux) et une, vaste et sereine, qui ouvre sur la cour intérieure. Sanitaires privés. Déco dépouillée d'un goût sûr. Comptez de 50 à 58 € (327,98 à 380,46) pour 2, petit déjeuner compris. Table d'hôte à 17 € (111,51 F), apéro et vin compris. Agréable salle voûtée pour prendre les repas, et une belle salle à manger avec cheminée. En moyenne saison, Cathy et Pascal organisent des soirées concerts, théâtre, contes... Accueil jeune, chaleureux et décontracté. Ne manquez pas la visite du château d'Aulan que M. le comte Suarez d'Aulan fait visiter lui-même hors saison (il a 90 ans !). Au fait, on allait oublier la piscine !

SAINT-ANDRÉ 73500   Carte régionale B2

24 km SE de Saint-Jean-de-Maurienne ; 7 km O de Modane

🏠 |●| ⤳ *Gîte de séjour du Villard (Michelle et Bernard Trigon) :* Le Villard. ☎ et fax : 04.79.05.27.17. Accès : sur la N 6, au Freney, prenez la D 106 vers Saint-André, puis direction L'Orgère ; après le hameau de Saint-Étienne, tournez à gauche vers Le Villard. Sur réservation. À 1350 m d'altitude, superbe vieille maison avec 8 chambres, dont deux familiales (4 personnes), toutes équipées de sanitaires privés. Salle à manger installée dans l'ancienne étable offrant toujours le charme de ses voûtes en pierre. Extraordinaire qualité d'accueil. Michelle et Bernard se mettent en quatre pour leurs hôtes et pratiquent en outre des tarifs intéressants. Jugez-en : 37 € (242,70 F) par personne et par jour en pension complète (nuit, petit déjeuner, pique-nique le midi et dîner). Le dimanche, Bernard, vous tiendra compagnie pour une belle balade. Une de nos adresses préférées dans la région.

SAINT-ANTOINE-L'ABBAYE 38160   Carte régionale A2

41 km NE de Valence ; 25 km NE de Romans-sur-Isère

🏠 |●| 🏠 ⤳ ⑩% *Chambres d'hôte (Marie-Thérèse et Henri Philibert) :* Les Voureys. ☎ 04.76.36.41.65. Accès : sur la N 92, entre Romans-sur-Isère et Voiron, à Saint-Marcellin (célèbre par son délicieux fromage), prenez la D 27 vers Saint-Antoine ; 2,5 km avant d'arriver au village, tournez à gauche au fléchage « Les Voureys ». Au milieu des champs, jolie ferme du XIXᵉ siècle, dont la plus vieille partie date du XVIIᵉ : superbes séchoir à noix et grenier à foin. 3 chambres simples mais spacieuses avec sanitaires privés. Comptez 36 € (236,14 F) pour 2, petit déjeuner compris, avec pogne ou brioche. Table d'hôte à 14 € (91,83 F), vin et café compris. Bonne cuisine traditionnelle avec gâteau de foie, ravioles (on adore), civet de lapin, poule à la crème, tarte aux noix maison, flan au lait. Ici, c'est la vraie vie de la ferme et vos bambins seront ravis (nous aussi !) : des poules, des lapins, des canards, des vaches, et un ravissant potager qui mérite vraiment une visite. Marie-Thérèse et Henri cultivent aussi le tabac et les noix et fabriquent aussi du saint-marcellin (on le retrouve bien sûr au repas). Une adresse qui fleure bon le terroir et l'authenticité. N'oubliez pas d'aller à Saint-Antoine, pour son abbaye bien sûr, mais aussi pour ses très nombreux artisans, tous installés sur la superbe place.

SAINT-APPOLINARD 38160   Carte régionale A2

60 km O de Grenoble ; 12 km NO de Saint-Marcellin

🛏 |❚|◌| 🐾 🤗 ⑩% *Chambres d'hôte (Monique et Henry Pain) :* La Combe de Mouze. ☎ 04.76.64.10.52. Accès : sur la N 92 de Grenoble à Saint-Marcellin ; dans Saint-Marcellin, prenez la direction Chatte (D 27) et à Chatte la direction Chevrière (D 20A) ; avant Chevrière, prenez la direction Bessins, puis suivez le fléchage « la Combe de Mouze » (n'allez pas à Saint-Appolinard). En pleine campagne, jolie ferme traditionnelle (en galets roulés) en activité (vaches laitières, noix, tabac), jouissant d'une vue superbe sur le pays Antonin (l'abbaye de Saint-Antoine datant du XIIIᵉ siècle est à proximité). Vous y trouverez 5 chambres simples mais agréables, avec sanitaires privés (dont une avec salon et coin-cuisine, plus chère). Comptez 38 et 44 € (249,26 et 288,62 F) pour 2, petit déjeuner compris (avec le célèbre fromage de Saint-Marcellin, de la pogne de Romans et du pain maison). Possibilité de repas à 13 € (85,27 F), vin et café compris (servi en terrasse aux beaux jours). Cuisine familiale avec de bonnes spécialités comme le gratin ravioilé. Accueil authentique et convivial. Circuit des églises romanes et de randos aux alentours.

SAINT-AREY 38350   Carte régionale B2

50 km S de Grenoble ; 7 km SO de La Mure

🛏 |❚|◌| 🐾 ⑩% *Chalets-loisirs Domaine des Genevreys (Laurence et Bernard Gluszyk) :* Pellenfrey. ☎ et fax : 04.76.81.26.27. Accès : de Grenoble, N 85 vers Gap ; dans La Mure, prenez la D 116 vers Prunières/Plage de Savel, et 4 km après Prunières, prenez la petite route à droite et continuez sur 2 km. Fermé du 1ᵉʳ novembre au 30 avril. Réservation conseillée, surtout en haute saison. En pleine nature, dans un superbe site avec vue sur le mont Aiguille, 5 petits chalets pour 2 à 6 personnes. Système de demi-pension, à 34 € (223,03 F) par personne, activités comprises (piscine, tennis). En juillet et août, séjour à la semaine uniquement. Possibilité de pratiquer aussi l'équitation et de faire du VTT sur demande. Laurence et Bernard, les adorables propriétaires, servent souvent petit déjeuner et repas sous une sorte de paillote très sympa. Une adresse idéale pour les amoureux de sport et de nature. Accueil jeune, décontracté et chaleureux.

SAINT-AUBAN-SUR-OUVÈZE 26170   Carte régionale B2

42 km SE de Nyons

🛏 |❚|◌| 🐾 🤗 *Chambres d'hôte La Galane (Bruna Denuzière et Jean-Yves Rochas) :* ☎ 04.75.28.62.37. Fax : 04.75.28.63.88. ● galane@free.fr ● Accès : sur la D 546 entre Buis-les-Baronnies et Saint-Auban, 1,5 km avant d'arriver au village, tournez à gauche et faites 500 m sur un petit chemin. Fermé du 15 novembre au 1ᵉʳ mars. Au cœur de la Drôme provençale. Jolie maison en pierre apparente avec 4 chambres d'hôte mignonnettes dans une aile indépendante. Préférez la chambre lavande, elle a un petit balcon et vue sur le village. Mobilier bois, système couette. Sanitaires privés. Comptez 13,50 € (260 F) pour 2 avec le petit déjeuner (confiture et jus de fruit, yaourts maison). Table d'hôte à 13 € (85,27 F), vin et café compris (sauf tous les dimanches soir et les mercredis). Bruna est une hôtesse jeune et agréable, et selon son humeur, vous dégusterez la charcuterie maison, la soupe au pistou, le gigot d'agneau de la ferme, le lapin aux olives,

olives, le gratin aux trois légumes ou la râpée, la tarte aux abricots (en saison) ou les croquants aux amandes. Possibilité d'accès à la piscine, commune aux beaux-parents (maison à proximité), mais seulement la matinée et en fin d'après-midi. Site calme et reposant, accueil jeune et décontracté. Une bonne adresse. Pour les amateurs de rando, le GR 91 passe à proximité. Sinon, allez faire un tour à Montbrun (classé parmi les plus beaux villages de France) à 18 km, et passez par les gorges d'Aulan, vous en profiterez pour jeter un œil à son château.

SAINT-BONNET-LE-COURREAU 42940 Carte régionale A1

52 km NO de Saint-Étienne ; 16 km NO de Montbrison

🏠 |●| 🐴 *Chambres d'hôte (Janine et Pierre Marcoux) :* La Chaize. ☎ 04.77.76.81.05. Accès : de Montbrison, prenez la D 69 vers Saint-Bonnet-le-Courreau ; à Fraisse, bifurquez vers la D 101 jusqu'à Saint-Bonnet, traversez le bourg et prenez la D 20 direction Boën sur 1 km ; ensuite fléchée. Fermé de début octobre à fin janvier. En pleine nature, à 1000 m d'altitude. Jolie ferme en pierre apparente, avec 2 chambres simples mais agréables (dont 1 double pour 4 personnes), avec sanitaires privés. Coin cuisine à disposition. Comptez de 30,49 à 33,54 € (de 200 à 220 F) pour 2, petit déjeuner compris. Table d'hôte partagée en famille de 25,92 à 27,44 € (de 170 à 180 F) par personne en demipension, vin compris : charcuterie maison, tartefourme, quiche à l'oritie, râpée forézienne, patcha, poulet fermier confit, fromage blanc maison, clafoutis et mousse au citron, tarte aux pommes. Janine et Pierre habitent une autre maison à 100 m. Hôtes agréables, ils vous tuyauteront sur les visites à faire dans le coin. Vente de produits fermiers (foie gras, confits, rillettes).

|●| *Auberge La Bergerie (Jean-Pierre Pillet) :* Jasserie de Garnier. ☎ 04.77.76.83.86 ou 04.77.76.87.25. Accès : de Montbrison, D 69 vers Saint-Bonnet-le-Coureau, puis au carrefour, prenez la D 44 direction Roche ; à 100 m de là, prenez à droite direction « L'Auberge de Garnier », et faites 5,5 km jusqu'à la Jasserie. Ouvert les week-ends d'avril à octobre, tous les jours en juillet-août et sur réservation uniquement pour les autres périodes. Une petite route magnifique qui serpente au milieu des forêts vous emmènera jusqu'aux « Hautes Chaumes », un lieu d'estive situé à 1380 m d'altitude. Et, que vous soyez amateurs de ski de fond, de raquettes ou de rando, c'est autour de bons produits traditionnels que vous vous retrouverez tous chez Jean-Pierre. Il vous mitonnera, en effet, ses recettes avec amour. Le menu traditionnel à 13 € (85,27 F) : crudités, charcuterie de montagne, patia (comprenez pommes de terre à la crème), fromage du pays ou fromage blanc, tarte aux fruits de saison. Le repas campagnard avec une viande en plus et des entrées plus élaborées à 18 € (118,07 F). Originale formule de fondue à la fourme de Montbrison, avec vin blanc du coin à 13 € (85,27 F). Pour les budgets serrés le « casse-croûte » à 10 € (65,60 F). Excellent accueil.

SAINT-BONNET-LES-OULES 42330 Carte régionale A1

15 km N de Saint-Étienne

|●| 🐴 *Auberge du Château (Florence et Philippe Descot) :* Le Bourg. ☎ et fax : 04.77.54.05.94. Accès : de l'A 72, 1re sortie après Saint-Étienne, prenez le CD 100 Usine SNF, puis le CD 200 jusqu'au bas du village ; au rond-point, prenez tout droit et fléchage jusqu'à la mairie ; l'auberge est juste à côté. Dans ce joli petit village, voici deux jeunes proprios qui tiennent une gentille auberge de 45 couverts. Par beau temps, vous dégusterez votre repas sur la terrasse dotée d'une vue panoramique, sous les tilleuls. Menus à 12 et 15 € (78,71 et 98,39 F), fromage et dessert compris : salade paysanne, salade de magret fumé, rôti de lapin farci aux pruneaux, soufflé de homard... Le soir, « casse-croûte » à 9 € (59,04 F) et friture sur commande. Bon rapport qualité-prix.

SAINT-CYR-LE-CHATOUX 69870 Carte régionale A1

45 km NO de Lyon ; 18 km O de Villefranche-sur-Saône

🏠 |●| ✖ ⑩% *Gîte-auberge La Forestelle (Rosette et Alain Bilotta-Pierson) :* ☎ 04.74.60.10.03. Accès : de Villefranche-sur-Saône, D 504 vers Chambost-Allières ; n'entrez pas dans Saint-Cyr, restez sur cet axe et fléchage à droite. Ouvert les samedis, dimanches et jours fériés, sauf du 20 décembre à fin janvier (tous les jours sauf le lundi en juillet-août). Très belle salle rustique de 70 couverts, avec énormes poutres et cheminée ; terrasse pour les beaux jours. Menus de 10,67 à 19,06 € (de 70 à 125 F) et menu végétarien à 13,57 € (89 F). Les menus changent suivant les saisons. Parmi les spécialités : chèvres chauds sur salade, coq au beaujolais, fricassée de poulet aux champignons, andouillette à la beaujolaise, reine de saba, tiramisu. Les propriétaires organisent régulièrement des expos d'artistes locaux et des soirées musicales (alors, renseignez-vous...). Question couchage, petit gîte d'étape de 14 places, soit 4 chambres avec douche et lavabo. Accueil convivial.

SAINT-DÉSIRAT 07340   Carte régionale A2

30 km S de Vienne ; 10 km E d'Annonay

🛏 |O| 🐾 ⤫ *Chambres d'hôte La Désirade (Muriel et Philippe Meunier) :* ☎ et fax : 04.75.34.21.88 et 06.13.42.81.87. ● www.desirade-fr.com ● Accès : A 6, sortie Chanas, traversez le Rhône vers Serrières, puis N 86 vers Valence et D 406 à droite vers Saint-Désirat ; la maison est à l'entrée du village à droite. Fermé en décembre et janvier. Maison de famille qui se donne des allures bourgeoises, avec ses jardinières fleuries, son petit petit parc et les vignes exploitées par Philippe. C'est la coopérative qui vinifie sa production de syrah pour en faire un gouleyant saint-Joseph (tsst !...). 6 chambres, dont une pour les familles, composée de deux chambres. Choisissez plutôt une chambre qui ouvre sur les vignes à cause de la proximité de la route qui mène au village. Sanitaires privés. 43 € (282,06 F) pour 2, petit déjeuner compris. Table d'hôte partagée avec Muriel ou Philippe à 16 € (104,95 F), pichet de gamay compris. Une cuisine saine et parfumée. Accueil jeune et convivial.

SAINT-GEORGES-EN-COUZAN 42990   Carte régionale A1

62 km NE de Saint-Étienne ; 30 km SE de Noirétable

🛏 |O| 🐾 ⑩ % *Ferme-auberge Le Mazet (Camille Decombe) :* ☎ et fax : 04.77.24.80.95. Accès : sur la N 89 en venant de Boën, tournez à gauche au lieu-dit la Fabrique, prenez la D 6 vers Saint-Georges-en-Couzan, puis la D 110 vers Saint-Just-en-Bas ; faites 2,5 km. Fermé en décembre et janvier. De préférence sur réservation. À 800 m d'altitude, en pleine nature, jolie ferme en pierre apparente. Grande salle de 70 couverts, où l'on sert une formule « casse-croûte » à 8,50 € (55,76 F) et un « menu campagnard » à 13,50 € (88,55 F) avec charcuterie de la ferme, patcha forézien, poulet de la ferme, salade, fromage blanc ou sec et tarte maison. Ce n'est pas de la grande cuisine mais les prix sont doux. Côtes-du-forez à 6,86 € (45 F) la bouteille. 6 chambres avec sanitaires privés. Comptez 39 € (255,82 F) pour 2 avec le petit déjeuner, 29 € (190,23 F) par personne en demi-pension et 38 € (249,26 F) en pension. Pour les moins fortunés, 1 gîte d'étape de 15 lits répartis en 6 chambres simples.

SAINT-GERVAIS 74170   Carte régionale B1

20 km O de Chamonix

|O| 🐾 *Auberge de la Grand-Montaz (Annick et Humbert Ducrey) :* 32, route du Fayet. ☎ 04.50.93.12.29 et 06.11.94.03.87. Accès : de Saint-Gervais, direction Le Bettex, puis tournez à gauche vers Les Communailles ; là, laissez votre voiture et grimpez à pied (30 mn de marche). Ouvert midi et soir du 15 juin au 30 septembre sauf le lundi soir. Réservation vivement conseillée. C'est une adresse qu'il faut mériter, mais quand vous serez en haut, vous ne serez pas déçu ! En toile de fond : le mont Blanc, en ambiance : les clarines des chèvres et des vaches et un superbe chalet avec une trentaine de couverts à l'intérieur et une terrasse. Menus autour de 13,72 € (90 F). Parmi les spécialité, le steak de fromage (sorte de beignet, un délice !), les saucisses avec pommes de terre et le névé de Mont-Joly (mousse de crème fraîche au coulis de framboises). La ferme d'alpage et la fabrication des fromages, c'est une tradition dans la famille d'Humbert depuis plus de quarante ans. On peut visiter la cave sous terre (où vieillissent les fromages) mais pas la fromagerie. Pratiquement toute la production artisanale est écoulée sur place ! Accueil jeune et convivial, une adresse paradisiaque pour les amoureux de nature et tradition... En tout cas, nous, on aime !

SAINT-HAON-LE-VIEUX 42370 Carte régionale A1

80 km NO de Saint-Étienne ; 15 km O de Roanne

🏠 🐴 *Chambres d'hôte (Claude et Jean-François Pras) :* ☎ 04.77.64.45.56. Fax : 04.77.62.12.52. ● http://www.la-cote-roannaise.com ● Accès : N 7, sortie Saint-Germain-Lespinasse, puis D 4 et au carrefour, D 8 direction Saint-Haon-le-Vieux. Fermé du 15 novembre au 15 mars. Dans leur ferme aux volets bleus située à la sortie du village, Claude et Jean-François ont aménagé 3 chambres confortables, avec une kitchenette à disposition des hôtes. Comme Jean-François est viticulteur, vous pourrez visiter la cave, contiguë à la maison d'habitation. Pas de table d'hôte mais resto à proximité, et plein de sentiers balisés pour les amateurs de rando. Comptez de 29,73 à 34,30 € (de 195 à 225 F) pour 2, petit déjeuner compris. Une bonne petite adresse.

SAINT-HILAIRE-DE-BRENS 38460 Carte régionale A1

45 km E de Lyon ; 7 km SE de Crémieu

🏠 |●| ⇝ ⑩% *Chambres d'hôte Le Saint-Hilaire (Andrée et Maurice Coupard) :* ☎ 04.74.92.81.75. Fax : 04.74.92.81.91. ● andree.coupard@wanadoo.fr ● Accès : de Bourgoin (sortie A 43, Lyon/Grenoble), D 65 vers Crémieu ; la maison se trouve au centre de Saint-Hilaire, juste à côté de l'église. Fermé en septembre. Voilà une adresse pour vivre au rythme d'une cité rurale et de ses habitants. *Le Saint-Hilaire* c'est le bar, mais aussi l'épicerie de village qui, elle, ne continue d'exister (5 h par jour) que pour rendre service, notamment aux personnes âgées du bourg (sympa !). Dans sa maison, mitoyenne à son petit fond de commerce, Andrée, la pétulante propriétaire, a ouvert 5 chambres avec de superbes sanitaires privés. Déco agréable, moderne ou plutôt rustique selon les chambres (une préférence pour celle avec terrasse et petit salon de jardin). 45 € (295,18 F) pour 2, petit déjeuner compris. Table d'hôte (sauf le lundi soir) partagée avec Andrée et Maurice, 14 € (91,83 F) le repas, apéro, vin et café compris. Cuisine familiale et traditionnelle. C'est une maison à double visage : d'un côté le bar, où les jeunes viennent jouer au baby-foot, les vieux y boire un p'tit canon ; de l'autre, un petit jardin intérieur avec, ô bonheur, une agréable piscine, abritée des regards indiscrets (réservée, bien sûr, à ceux qui séjournent... alors !... qu'attendez-vous ?).

SAINT-JEAN-EN-ROYANS 26190 Carte régionale A2

50 km NE de Valence ; 25 km E de Romans

🏠 |●| 🐴 *Chambres d'hôte L'Estapade des Tourelons (Monique Nublat) :* route de Lente. ☎ 04.75.48.63.96. Accès : du village direction Combe Laval, la maison est à 400 m à gauche. Dans une magnifique ferme en pierre du XVIIIe siècle superbement restaurée, Monique a aménagé sous les toits 3 grandes chambres avec beaucoup de goût. Plein de détails tout à fait délicieux : vieilles photos, bibelots, bouquets de fleurs fraîches,... Sanitaires privés. 41,16 € (270 F) pour 2, petit déjeuner compris avec de délicieuses confitures maison. L'ancienne écurie est devenue pièce commune avec coin salon, cheminée, bouquins à disposition et une imposante table où vous pourrez apprécier les talents culinaires de Monique. Table d'hôte à 13,72 € (90 F), apéro, vin et café compris. Aux beaux jours, les repas sont pris dans la grange, à côté du four à pain. Accueil extrêmement sympathique. Une très bonne adresse. *NOUVEAUTÉ.*

SAINT-JEAN-LA-BUSSIÈRE 69550 Carte régionale A1

3 km S de Thizy ; 4 km N d'Amplepuis

🏠 |●| ⇝ *Chambres d'hôte La Clef des Champs (Brigitte Villaverde) :* la Fédollière. ☎ 04.74.89.52.18 et 06.87.53.16.94. Accès : de St-Jean, direction Cublize/lac des sapins pendant 3 km jusqu'au hameau (c'est la dernière maison). En pleine campagne, maison récente qui n'en finit plus de s'agrandir... Dans un aile indépendante, 4 chambres accueillantes et colorées avec sanitaires privés. 1 au rez-de-chaussée, les 3 autres à l'étage. 36,60 € (240,08 F) pour 2, petit déjeuner compris. Table d'hôte sans les proprios (au choix, sur tables individuelles ou grande table) à 12,20 € (80,03 F) apéro, vin et café compris. Salon avec billard. Accueil agréable. *NOUVEAUTÉ.*

SAINT-JEAN-SAINT-MAURICE 42155   Carte régionale A1

14 km S de Roanne

 ▲ |●| ㍿ ⌇⋇ ⑩% *Chambres d'hôte L'Échauguette (Michèle et Didier Alex) :* ruelle Guy-de-la-Mure. ☎ 04.77.63.15.89. Accès : de Roanne, D 53 vers Thiers/ Saint-Just-en-Chevalet, puis à gauche D 203 vers Saint-Jean-Saint-Maurice ; la maison est dans le village. Au cœur du charmant village de Saint-Jean-Saint-Maurice, dont le centre est entièrement piétonnier, Michèle et Didier ont aménagé 4 superbes chambres, réparties dans plusieurs maisons. L'une bénéficie d'une superbe vue sur un méandre de la Loire, les trois autres sont immenses avec coin salon (dont une avec cheminée). Déco élégante et raffinée qui réjouira les couples en mal de romantisme. Sanitaires privés. Selon la chambre, de 50 à 60 € (327,98 à 393,57 F) pour 2, petit déjeuner compris, servi chez vos hôtes (installés juste à côté), soit sur le petit balcon ouvrant sur le lac de Villerest, soit dans la chaleureuse cuisine. De toute façon, il se dégage de toutes les pièces une ambiance absolument enchanteresse. Michèle, douce et souriante hôtesse, propose (si vous réservez à l'avance) la table d'hôte pour 20 € (131,19 F), apéro maison, vin et café compris. De délicieuses spécialités : gâteau de crêpes au crabe, pâté bourbonnais, magret de canard, filet mignon de porc aux olives noires, soupe de pêche à la menthe, tarte aux amandes et au miel (en compagnie des propriétaires bien sûr). En bref, charme et volupté prennent ici tout leur sens. On vous conseille aussi de visiter le village et de monter jusqu'au donjon du XIIᵉ siècle.

SAINT-JULIEN-DU-SERRE 07200   Carte régionale A2

8 km N d'Aubenas

 ▲ ⌇⋇ *Chambres d'hôte (Viviane et Jacques Lefèvre Vandamme) :* Le Chambon. ☎ 04.75.93.05.09. Accès : d'Aubenas, N 104 vers Privas jusqu'à Saint-Privat ; face à la poste, D 259 vers Saint-Julien-du-Serre jusqu'au Chambon, juste à la sortie du hameau, tournez à droite et fléchage. Ancien moulinage du XIXᵉ siècle (lieu où l'on torsadait les fils de soie). À l'époque, l'Ardèche était le fournisseur principal des ateliers de Lyon (voilà pour votre culture...). Le bâtiment est transformé aujourd'hui en deux maisons d'habitation ; l'une d'elles abrite 1 chambre d'hôte familiale, composée de deux chambres mansardées pour 2 personnes. Déco agréable et chaleureuse. Comptez 39,64 € (260 F) pour 2, petit déjeuner compris (gâteau, confitures et miel maison). Jacques est responsable du développement des sites d'escalade sur le département ; si c'est votre passion... Accueil décontracté et familial. Au bout du chemin coule une rivière, que l'on peut suivre par un petit chemin de campagne. Accueil décontracté et familial.

 ▲ |●| ⌇⋇ *Chambres d'hôte (Dorothée et Thierry Ventalon) :* Bourlenc. ☎ et fax : 04.75.37.69.95. ● www.guideweb.com/ardeche/ch-hote/mas-de-bourlenc ● Accès : dans Aubenas, prenez la N 104 vers Privas, traversez l'Ardèche et au 1ᵉʳ rond-point, prenez à gauche vers Vals-les-Bains, puis à droite (D 218) vers Saint-Julien ; faites 9 km, la maison est à droite, sur la route de Saint-Andéol. De novembre à fin mars, ouvert le week-end uniquement. Très belle maison ouverte sur la nature, entourée d'acacias, avec terrasses et une tonnelle recouverte de vigne. Dorothée et Thierry, apiculteurs, y tiennent 5 chambres agréables pour 2 à 5 personnes avec sanitaires privés, dégageant une atmosphère provençale. Comptez 44 à 49 € (288,62 à 321,42 F) pour 2, petit déjeuner inclus (avec miel et confitures maison). Table d'hôte de 19 à 23 € (124,63 à 150,87 F), apéro, vin et café compris, avec d'appétissantes spécialités, comme la charcuterie maison, le lapin au serpolet, les escargots au fenouil, la salade aux herbes sauvages. Vallon-Pont-d'Arc, le départ pour la descente de l'Ardèche, est à 35 km et deux petites rivières passent à proximité de la maison. Accueil jeune et décontracté.

SAINT-JULIEN-MOLIN-MOLETTE 42220 Carte régionale A1

35 km SE de Saint-Étienne ; 10 km N d'Annonay

🛏 |●| ⤬ *Chambres d'hôte La Rivoire (Denise et Robert Thiollière) :* ☎ 04.77.39.65.44. Fax : 04.77.39.67.86. ● www.chez.com/larivoire ● Accès : de Saint-Étienne, N 82 vers Annonay ; traversez Bourg-Argental, continuez vers Annonay pendant 5 km et prenez une petite route à gauche (fléchage). Fermé en janvier. Dominant la vallée de la Deûme, belle demeure bourgeoise qui était à l'origine le château de La Rivoire. 5 chambres agréables et spacieuses avec sanitaires privés. Elles jouissent d'une belle vue sur la campagne et l'Ardèche située juste en face. Trois au 1er étage et deux au 2e. Comptez 46 € (301,74 F) pour 2, avec le petit déjeuner. Table d'hôte à 14 € (91,83 F), vin de pays compris. Cuisine du terroir avec spécialités locales et légumes du jardin. Accueil convivial. Les petits seront ravis d'aller voir Noisette et Châtaigne accompagnées de leurs ânons. La Rivoire fait partie des «Relais du Randonneur» qui vous proposent un grand choix d'itinéraires, de quelques heures à plusieurs jours, au sein du parc naturel du Pilat.

SAINT-LAURENT-ROCHEFORT 42130 Carte régionale A1

60 km NO de Saint-Étienne ; 24 km N de Montbrison

🛏 |●| *Chambres d'hôte (Josette Reynaud) :* Dardes. ☎ 04.77.24.51.52. Accès : sur la N 89 en venant de Thiers, après avoir passé Hôpital-Rochefort et Varenne, tournez à droite, direction Débats-Rivière-d'Orpra et faites 6 km de chemin de montagne en suivant Dardes. À 720 m d'altitude, au milieu des forêts, petite ferme avec 3 chambres d'hôte (dont une double) simples (sanitaires privés, kitchenette ou cuisine). Comptez de 25,92 à 28,97 € (170 à 190 F) pour 2, petit déjeuner inclus ; et de 24,39 à 25,92 € (160 à 170 F) par personne en demi-pension, vin compris. À 30 mn de marche, le village de Palogneux : volcan avec orgues basaltiques et jolie église romane.

SAINT-MARCEL-D'URFÉ 42430 Carte régionale A1

70 km NO de Saint-Étienne ; 45 km SO de Roanne

🛏 |●| ⤬ *Chambres d'hôte Il fut un temps (Anne-Marie Hauck) :* Les Gouttes. ☎ et fax : 04.77.62.52.19 et 06.86.96.59.67. ● http://www.easyweb.co.uk/ilfut ● Accès : A 72, sortie n° 4, Noirétable/Les Salles ; allez à Champoly, puis direction Saint-Marcel-d'Urfé par D 24 ; de Saint-Marcel, D 20 vers Saint-Martin-la-Sauveté, et après 1,7 km, à droite direction Les Gouttes et fléchage. Superbe maison en pierre de la fin du XIXe, avec de jolis volets bleu lavande, qui abrite 5 chambres confortables, toutes différentes, dont deux avec coin salon. Partout, de beaux meubles anciens, un mélange de poutres, pierres apparentes et bois qui donnent une ambiance douillette et feutrée. Comptez de 42 à 57 € (de 275,50 à 373,90 F) la nuit pour 2, petit déjeuner compris, et 16 € (104,95 F) pour la table d'hôte : spécialités maison, telles que quiche au saumon ou aux escargots, lapin aux pruneaux, râpée stéphanoise, gratin dans la courge ou tiramisu ; possibilité de repas végétarien. Anne-Marie, qui a donné à chacune de ses chambres le nom d'un auteur de contes saura créer l'ambiance, autour de la cheminée, lorsqu'elle organise des soirées contes... Accueil soigné.

SAINT-MARTIAL 07310 Carte régionale A2

44 km N d'Aubenas ; 9 km NE du mont Gerbier-de-Jonc

🛏 |●| ⑩% *Le Hameau Gourmand (Pascale et Jean Quinon) :* Condas. ☎ et fax : 04.75.29.28.44. Accès : de Saint-Martial, D 237 vers Saint-Martin-de-Valamas, 3 km plus loin à gauche (D 337) vers Borée, le hameau est à 400 m plus loin. Réservation recommandée. À 800 m d'altitude, à flanc de coteau, au-dessus de la petite route, bel ensemble de maisonnettes. Voici des années que Pascale et Jean fréquentent nos pages, et depuis leur installation, un petit hameau a revu le jour. Leur maison n'en finit plus de bouger mais leur accueil est resté le même (hors pair!). Férue de botanique, Pascale propose des spécialités aussi originales qu'appétissantes, certaines parfumées avec des plantes sauvages. Nous noterons, suivant les saisons, le gâteau de potimarron, le cake aux herbes sauvages, le coq à la menthe sauvage, le canard à la sauge, le rôti de porc à la cannelle (hum!), les estouffades aux légumes, le lapin aux myrtilles, le gâteau à la mélisse, le cake à l'anis et les glaces maison. Et veinards, elle propose des séjours découvertes de la gastronomie aux plantes sauvages en compagnie d'un botaniste de talent! Ici on partage les repas en amis; ceux qui séjournent passent derrière les fourneaux et vont chercher une partie de leur gueuleton dans la nature. 3 chambres avec sanitaires privés. Atmosphère sereine et guillerette. 44 € (288,62 F) pour 2, petit déjeuner compris (avec des œufs maison). Dîners de 17,50 à 19,90 € (114,79 à 130,54 F), vin et café compris. Une batterie et un piano, car Jean est aussi musicien. C'est aussi un motard (notamment enduro), alors, levez le pied! Une belle piscine naturelle avec cascade à 300 m de la maison. Ambiance jazz ou classique, un véritable coup de cœur.

▲ |●| 🛏 ✤ *Chambres d'hôte La Calmeraie (Laurence Gangloff et Gérard Bachelier) :* Longeagne. ☎ et fax : 04.75.29.19.38. Accès : sortez de Saint-Martial en direction du lac et prenez la D 215 vers Saint-Andéol-de-Fourchade, puis tournez à droite à 1,2 km ; fléchage « Longeagne » pendant 2 km. C'est en traversant un ravissant sous-bois par une minuscule route de campagne que vous comprendrez pourquoi la maison s'appelle *La Calmeraie...* Vous êtes en pleine nature avec une vue imprenable sur le « Gerbier » comme on l'appelle ici. Si cette ancienne ferme du charme, l'aménagement et la décoration de Laurence et Gérard n'en manquent pas non plus. 5 chambres à l'atmosphère agréable, dont une de plain-pied avec accès indépendant, deux au 1er étage, deux autres au 2e avec une belle charpente apparente. Deux sont pour 3 personnes. Sanitaires privés. 42,69 € (280 F), pour 2 petit déjeuner compris (pas moins de 12 confitures et compotes maison! selon la saison, figue, châtaigne, framboise sauvage...). Ici, la déco est un mélange de styles, mais toujours de bon ton. Superbe cuisine salle à manger où sont exposées des collections de carafes, cafetières, paniers en osier, et où les tiroirs sont des caisses de grands crus. Gérard, ancien pâtissier s'occupe des fourneaux et régale ses convives pour 13,72 € (90 F), apéro maison et rosé de l'Ardèche compris. Parmi ses spécialités, la quiche aux poireaux, l'omelette aux cèpes, l'estouffade de porcelet aux châtaignes, la cocotte de boeuf, quant aux desserts... on vous laisse les découvrir! Pour digérer, sachez qu'on rejoint le GR 420 depuis la maison et qui fait le tour du « Gerbier ». Accueil chaleureux. Bon, rapport qualité-prix-convivialité.

SAINT-MARTIN-DE-LA-CLUZE 38650   Carte régionale B2

25 km S de Grenoble ; 12 km N de Monestier-de-Clermont

▲ |●| 🛏 ✤ *Chambres d'hôte Le Château de Pâquier (Hélène et Jacques Rossi) :* ☎ et fax : 04.76.72.77.33. ● hrossi@club-internet.fr ● Accès : de Grenoble, N 75 ou A 51 vers Sisteron ; 8 km après Vif, au rond point bifurquez vers Saint-Martin ; le château est à 1 km du village, bien fléché (400 m de chemin de terre). Fermé de novembre à février. Dans un site majestueux composé de forêts, de pâturages et de cultures, magnifique maison forte du XVIe siècle, avec des fenêtres à meneaux. L'escalier à vis de la jolie tour centrale mène aux 5 chambres vastes, claires et décorées avec goût (plafonds à la française). Elles sont toutes aussi craquantes, l'une avec son lit de fer 1930, l'autre avec sa cheminée qui fonctionne (quel pied!), une autre encore, la plus originale, située dans l'ancienne chapelle. Beaux sanitaires privés. Comptez 52 € (341,10 F) pour 2, petit déjeuner compris (délicieuse brioche maison). Table d'hôte en compagnie d'Hélène et Jacques à 17 € (111,51 F), vin et café compris. Goûteuse cuisine traditionnelle. Viandes ou volailles maison souvent cuites à la broche dans la cheminée (hum!), accompagnées des légumes du jardin ; et le potager de Jacques, c'est quelque chose! D'ailleurs, il aime la terre et le contact. Hélène est une hôtesse souriante et charmante. Un accueil hors pair, un bon rapport qualité-prix. Bref, un de nos coups de cœur.

SAINT-MICHEL-SUR-RHÔNE 42410   Carte régionale A1

45 km E de Saint-Étienne ; 12 km SO de Vienne

▲ 🛏 ⑩% *Chambres d'hôte (Claudette et Georges Bonnet) :* L'Ollagnière. ☎ 04.74.59.51.01. Accès : de Vienne, N 86 vers Tournon ; traversez Condrieu, passez sous la voie de chemin de fer, faites 3 km et tournez à droite vers Saint-Michel, puis fléchage. C'est dans une maison mitoyenne à celle de sa maman (réservée exclusivement

RHÔNE-ALPES

aux hôtes), que Claudette a installé 3 chambres équipées de sanitaires privés (mais deux chambres ont le w.-c. sur le palier). Déco simple. Comptez 36,59 € (240 F) pour 2, petit déjeuner compris. Pas de table d'hôte, mais petit coin cuisine et barbecue à disposition. Georges, viticulteur à la retraite, produit encore quelques bouteilles de condrieu (notre vin blanc préféré, mais qui s'achète à prix d'or). Accueil chaleureux.

SAINT-MONTAN 07220 Carte régionale A2

18 km SO de Montélimar ; 8 km SO de Viviers

🛏 |●| ⥏ 🔟% *Chambres d'hôte La Pacha (Sylvie et Geoffroy Charller) :* route de Viviers. ☎ 04.75.52.57.41. ● www.mairie-st-montan.fr ● Accès : de Saint-Montan, passez devant la poste et suivez le fléchage ; la maison est à 2,8 km du village. Fermé de Noël au Jour de l'An. Saint-Montan fait partie des plus beaux villages de l'Ardèche (ça n'engage que nous !). En empruntant une petite route bordée de chênes et d'oliviers, on arrive jusqu'à cette ferme du XVIIIe siècle, toute en pierre enturbannée d'une génoise traditionnelle. Sylvie et Geoffroy ont quitté leur Belgique natale pour ouvrir dans ce joli coin de campagne, 4 chambres coquettes, toutes avec accès indépendant, sanitaires privés, petite terrasse individuelle avec salon de jardin (c'est pas fun ça ?). 55 € (360,78 F) pour 2, petit déjeuner compris. Table d'hôte 3 soirs par semaine (lundi, jeudi et samedi). 19 € (124,63 F) le repas partagé avec les proprios, apéro et vin de Saint-Montan compris. Au fait, à l'écart de la maison et dans la nature, une belle piscine vous attend. Accueil charmant et chaleureux (il faut dire qu'avant de s'installer, vos hôtes étaient des adeptes des vacances chez l'habitant).

SAINT-NIZIER-DE-FORNAS 42380 Carte régionale A1

38 km O de Saint-Étienne ; 2 km S de Saint-Bonnet-le-Château

🛏 |●| 🏠 🔟% *Chambres d'hôte La Campagnarde (Marie-Paule et Jean-Louis Chamblas) :* route d'Estivareilles. ☎ 04.77.50.71.19 et 06.88.00.22.05. Accès : de l'A 72, sortie Andrézieux, puis à Andrézieux, direction Saint-Bonnet-le-Château par la D 498 ; à Saint-Bonnet, direction Estivareilles sur 2 km ; la maison est sur la gauche au bord de la route. À côté de leur ancienne ferme toute en pierre, Marie-Paule et Jean-Louis ont aménagé 4 chambres avec sanitaires privés, dont une double dans un petit bâtiment attenant. Comptez 36,59 € (240 F) pour 2, avec le petit déjeuner, et 12,20 € (80 F) le repas en table d'hôte. Derrière la maison, les amateurs trouveront un étang pour taquiner la truite, que la maîtresse de maison préparera ensuite. Accueil chaleureux.

SAINT-PRIEST-LA-ROCHE 42590 Carte régionale A1

15 km S de Roanne

🛏 |●| 🏠 🔟% *Chambres d'hôte (Odile et André Roche-Mercier) :* Prévieux. ☎ 04.77.64.92.12. Accès : de Roanne, N 82 vers Saint-Étienne jusqu'à Vendranges ; tournez à droite vers Saint-Priest ; faites 1,3 km, la ferme est sur la gauche. Sur une exploitation agricole en activité (vaches laitières et allaitantes), gentillette ferme en pierre apparente, toute fleurie grâce aux bons soins d'Odile. 3 chambres d'hôte avec sanitaires privés. Déco simple. Installées au 1er étage, dont deux disposant d'un accès indépendant par un escalier extérieur. 28,97 € (190 F) pour 2, petit déjeuner compris. Bonne table d'hôte partagée avec les proprios et préparée à partir des produits maison : 10,67 € (70 F), vin compris. Pour les moins fortunés, 1 camping à la ferme à 1,98 € (13 F) par personne et 1,98 € (13 F) l'emplacement. Accueil authentique et chaleureux. Une adresse pour redécouvrir la vraie vie de la ferme.

SAINT-ROMAIN-DE-LERPS 07130 Carte régionale A2

15 km NO de Valence ; 15 km SO de Tournon

🛏 |●| 🏠 ⥏ 🔟% *Chambres d'hôte Le Bec (Mireille Leveille) :* Le Bec. ☎ 04.75.58.50.10. Accès : de Valence, prenez la D 533 vers Le Puy, puis à Saint-Péray, la D 287 vers Saint-Romain ; dans le village, allez vers Saint-Sylvestre, la ferme est à 2 km à gauche. Sur réservation. À 600 m d'altitude, en pleine campagne. 3 chambres dans une ancienne ferme ; deux à l'étage avec salle d'eau privée mais w.-c. communs, et une à l'arrière (4 personnes), indépendante, avec sanitaires privés. Déco agrémentée par les aquarelles de la maîtresse de maison. Comptez 40 € (262,38 F) pour 2, petit déjeuner inclus. Mireille est la douceur et la gentillesse mêmes. À sa table d'hôte, 13 € (85,27 F), vin et café compris, vous goûterez à ses spécialités : chou aux châtaignes et au lard, caillettes maison, gratin ravioié et tarte aux fruits. Aux beaux jours, les repas se prennent sur la terrasse. Nombreux sentiers de randonnée aux alentours, que Mireille vous aidera à découvrir.

SAINT-SAUVEUR-DE-CRUZIÈRES 07460   Carte régionale A2

60 km SO d'Aubenas ; 21 km SO de Vallon-Pont-d'Arc

â |●| ⊱ *Chambres d'hôte le Mas des Molières (Danielle et Richard Reuther) :* ☎ et fax : 04.75.39.08.75 et 06.84.25.29.95. Accès : de Saint-Sauveur, D 255 vers Bessas pendant 800 m et à droite vers Molières ; la maison est à 1 km (fléchage). Joli mas planté au milieu des vignes dont les origines remontent au XVIᵉ siècle. Le cadre et la maison sont splendides et on se laisse volontiers bercer par le chant des cigales. Ça sent le début de la Provence... On comprend pourquoi Danielle et Richard ont craqué pour le coin, eux qui viennent d'Alsace ! 4 chambres, dont une installée dans un petit pavillon indépendant. Deux autres au 1ᵉʳ étage avec accès indépendant par un bel escalier qui dessert un couloir semi-ouvert, la dernière sous les combles, toute de bois vêtue. Deux sont idéales pour les familles et peuvent recevoir 1 ou 2 enfants. Déco sympa avec frises au pochoir et de jolies toiles réalisées par Richard. 55 € (360,78 F) pour 2, petit déjeuner compris avec fromage, yaourt, gâteau et confitures maison et 16 € (104,95 F) par personne supplémentaire. Table d'hôte à 18,30 € (120 F), apéro, vin et café compris. Une cuisine recherchée et parfumée, qui sent bon l'huile d'olive. Agréable salon, billard français, sans oublier une belle piscine. Accueil chaleureux.

SAINTE-FOY-SAINT-SULPICE 42110   Carte régionale A1

45 km NO de Saint-Étienne

â |●| ⑩% *Chambres d'hôte (Lucette et René Clair) :* Saint-Sulpice. ☎ 04.77.27.81.08. Accès : de l'A 72, sortie Feurs direction Boën sur Lignon ; au 2ᵉ carrefour à droite, prenez vers Pommiers, faites 5 km puis suivez la direction Saint-Sulpice ; c'est la ferme avec une chapelle. 3 chambres coquettes et indépendants dans cette ferme qui appartient à la famille depuis trois générations. René y cultive céréales et élève un troupeau de vaches allaitantes, tandis que Lucette s'occupe de ses hôtes. Comptez 35,06 € (230 F) pour 2, avec le petit déjeuner (confitures maison). Possibilité de repas à 11,43 € (75 F), avec produits de la ferme et tartes maison. Bon rapport qualité-prix et accueil chaleureux.

SANDRANS 01400   Carte régionale A1

30 km SO de Bourg-en-Bresse

â |●| ⊱ *Chambres d'hôte La Ferme du Château (Dominique et Robert Berthaud) :* ☎ 04.74.24.51.35. Accès : sur la N 83 entre Bourg-en-Bresse et Lyon ; à Villars-les-Dombes, prenez la D 2 vers Châtillon, la ferme est à la sortie du village de Sandrans, au pied du château. Fermé de mi-décembre à début janvier. Réservation recommandée. C'est par un superbe porche que l'on accède à cette grande ferme. Dans une petite maison annexe à celle des propriétaires, 3 chambres avec sanitaires privés. Préférez celle du rez-de-chaussée, c'est la plus agréable. Comptez 32 € (209,91 F) pour 2, petit déjeuner compris. Table d'hôte (sauf du 15 août au 1ᵉʳ septembre), pour 12 € (78,71 F) apéro, vin et café compris. Bonne cuisine familiale. Vous êtes au cœur de la Dombes, région riche en étangs, où les amateurs de nature pourront observer les oiseaux (n'oubliez pas vos jumelles !). Si vous êtes plus sensible aux vieilles pierres, allez faire un petit tour à Châtillon, ancienne ville fortifiée avec ses vieilles halles. Bon rapport qualité-prix-convivialité.

RHÔNE-ALPES

SAPPEY-EN-CHARTREUSE (LE) 38700   Carte régionale B2

35 km S de Chambéry ; 15 km N de Grenoble

🛏 |●| ⑩% *Gîte du Chant de l'Eau - Chambres d'hôte (Colette et Bruno Charles) :* Mollard-Giroud. ☎ et fax : 04.76.88.83.16 et 06.81.36.86.07. ● gite-chant-de-leau@wana doo.fr ● Accès : de Grenoble, direction quartier Saint-Lauren, puis La Tronche et Le Sappey ; 50 m avant l'église du village, tournez à droite, faites 200 m, puis tournez à droite et fléchage. Le Sappey, c'est une petite sation de ski installée sur les hauteurs de Grenoble (5 tire-fesses !), réputée surtout pour son foyer de fond (40 km). Bruno en fait partie, il faut dire que c'est un enfant du cru... Il a accompli un travail colossal pour reconstruire une aile de l'ancienne grange et l'écurie d'une vieille ferme familiale. Il est allé découper ses arbres lui-même et l'atmosphère rendue par le bois est chaude et agréable. 5 chambres douillettes avec sanitaires privés. Comptez 42 € (275,50 F) pour 2, petit déjeuner compris. Repas partagé avec vos hôtes à 15 € (98,39 F), apéro et vin compris (sauf le dimanche soir). Ingénieur agro, Bruno pourra vous faire découvrir la faune, la flore et l'histoire de la région. Dans la salle à manger, il a installé deux petits nichoirs où vous pourrez observer les oisillons au printemps. Du Sappey partaient les « marocains » (fagots de bois), destinés au boulanger... (il vous montrera les photos). En parlant de pain, il pourra aussi vous emmener voir son chaleureux papa, qui fait le sien dans le vieux four à bois (il est excellent et question conservation...). Accueil convivial. Une adresse pour découvrir la région de l'intérieur.

🛏 |●| 🐾 ✂ ⑩% *Chambre d'hôte La Souris Verte (Roger et Nadine Caracache) :* Le Gouillat. ☎ et fax : 04.76.88.84.91. ● roger.caracache@wanadoo.fr ● Accès : de Grenoble, direction quartier Saint-Laurent, puis La Tronche et Le Sappey ; à l'entrée du village, prenez la 1ʳᵉ à droite, c'est la 1ʳᵉ maison à droite. Le Sappey, c'est la station la plus proche de Grenoble, où les petits Grenoblois viennent chausser leurs spatules pour la première fois... Maison de pays entièrement restaurée avec grand jardin planté d'arbres fruitiers. Tout le 2ᵉ étage est à vous, composé d'une suite de deux chambres (une immense, et une plus petite). Un original store-écran, commandé électriquement depuis votre lit, vous permettra de découvrir la montagne au petit matin. Pour votre confort, une grande salle de bains avec une baignoire jacuzzi et une immense douche ; w.-c. séparés. Comptez 46 € (301,74 F) pour 2, petit déjeuner compris. Repas partagé avec vos hôtes à 16 € (104,95 F), apéro, vin et café compris. *La Souris Verte*, c'est aussi une maison d'artistes. Partout des clichés du spectacle, comme cet immense ours blanc qui vous contemple gueule ouverte, ou ces vieilles photos noir et blanc sur le cirque, ou encore cette belle collection de masques vénitiens en papier mâché. Accueil de qualité. Une bonne adresse.

SÉCHILIENNE 38220   Carte régionale B2

25 km SE de Grenoble ; 25 km O du Bourg-d'Oisans

🛏 🐾 ✂ ⑩% *Chambres d'hôte Au bout du Chemin (Michèle et Jean-Louis Chemin) :* Cotte-Fournier. ☎ et fax : 04.76.72.15.06 et 06.70.55.76.99. Accès : de Grenoble, N 91 vers Briançon ; dans Séchilienne, suivez les panneaux « Réserve du Luitel » pendant 2 km, puis « Les Rivaux » pendant 1 km et vous y êtes (attention, ça monte !). Un petit coin de paradis aux portes de Grenoble, comme on les aime : chaleureux et sans façon. Perdue en pleine nature, à 600 m d'altitude, ancienne ferme toute en pierre. Ici, c'est simple, tout a été fait par vos hôtes et le résultat est admirable. 3 belles chambres avec sanitaires privés, installées dans une aile indépendante, construite par Jean-Louis (que les nobles et vieux bâtiments ne renieraient pas). La déco est l'œuvre de Michèle : frises peintes ou pyrogravées, abat-jour en soie peints à la main. Jean-Louis a aussi fabriqué les lits et les armoires (que Michèle a ornés de jolis motifs), et réalisé les chauds enduits teintés. Comptez 41 € (268,94 F) pour 2, petit déjeuner compris (plein de confitures et brioche maison). Pas de table d'hôte mais une cuisine bien équipée à disposition, ornée d'une belle mosaïque réalisée par Michèle. Également 1 gîte de 6 personnes pour ceux qui veulent séjourner plus longtemps. Une adresse où l'on se sent vraiment bien et une de nos préférées sur le département. Plein de choses à faire dans le coin : petit « parcours découverte » fléché au lac de Luitel à 8 km et station de ski à 15 km (prévoyez les chaînes en saison).

SÉEZ 73700

Carte régionale B1

40 km E d'Albertville ; 7 km E de Bourg-Saint-Maurice

🛏 ❙●❙ ↳✕ ⑩% *Gîte de séjour Le Gîte d'Angèle (Dominique et Francis Métois) :* Noyeray. ☎ et fax : 04.79.41.05.71. Accès : de Bourg-Saint-Maurice, D 902 vers Tignes ; à la sortie de Séez prenez la N 90 vers La Rosière ; la maison est 7 km après sur la gauche (au-dessus de la route, après le Villard-Dessus). Fermé en octobre, novembre et mai. À 1000 m d'altitude, ancienne et belle ferme qui appartenait à Angèle. C'est en son souvenir que Dominique et Francis ont donné ce nom à leur gîte, et sûr qu'Angèle aurait admiré l'exceptionnel travail qu'ils ont réalisé tous les deux (la déco est extraordinaire). À peine entré dans la salle de l'auberge, on se sent vibrer : crépi gratté à l'ancienne, fresques sculptées sur le thème de la montagne, poutres, cheminée, vieux outils. Les chambres sont dans la même ambiance, toujours dans le souci du détail (se faire plaisir, pour faire plaisir). Un bloc sanitaire commun, mais chaque chambre y a sa douche et ses w.-c. réservés. Comptez 38,11 € (250 F) en demi-pension (vin compris). Excellente cuisine traditionnelle (soupe dans le chaudron, potée...), mais aussi des spécialités vietnamiennes (Dominique était traiteur). Accueil chaleureux et convivial. Mieux vaut prévenir de son arrivée. Une bonne adresse.

THURINS 69510

Carte régionale A1

25 km SO de Lyon

❙●❙ 🍴 *Auberge de la Côte (Éric Dominique) :* ☎ 04.78.48.91.52 ou 04.78.48.98.07. Fax : 04.78.81.72.36. Accès : sur la D 11, au centre du village, prenez la route de Rontalon (D 75), tournez à droite à 500 m ; puis fléchage. Fermé en semaine et le samedi midi. De préférence sur réservation. Sur une jolie exploitation fruitière (Thurins est la capitale du fruit rouge), Éric a aménagé une salle de 60 couverts dans une ancienne étable. Pierres et poutres apparentes. Un petit « menu campagnard » à 7,62 € (50 F) avec salade, omelette gruyère-jambon, fromage et dessert. Avec de la charcuterie en plus, comptez 9,91 € (65 F). Pour 11,43 € (75 F), salade, charcuterie, puis tourte aux pommes de terre ou galette aux épinards ou galette aux poireaux, fromage et dessert (sorbet maison, poires au chocolat). À 13,42 € (88 F), avec salade lyonnaise, tourte à la viande, gratin, fromage et dessert. Enfin, celui à 14,03 € (92 F) vous propose du lapin à l'oseille accompagné de gratin de pommes de terre. Carte des vins jusqu'à 8,23 € (54 F) et le pichet de 50 cl est à 3,81 € (25 F). Bon apéro maison, à 1,83 € (12 F), à base de vin de pêche. Ouverture possible en semaine pour des groupes à partir de 20 personnes. Excellent accueil et bon rapport qualité-prix.

TRUINAS 26460

Carte régionale A2

31 km N de Nyons ; 10 km N de Dieulefit

🛏 ❙●❙ 🍴 ↳✕ ⑩% *Chambres d'hôte Les Volets Bleus (Pilar et Carlo Fortunato) :* ☎ 04.75.53.38.48. Fax : 04.75.53.49.02. ● lesvolets@aol.com ● Accès : de Dieulefit, D 538 direction Bourdeaux sur 9 km, puis prenez à gauche la D 192 ; la maison est à 1 km plus loin. À 650 m d'altitude, un beau panorama sur les environs, agréable maison aux couleurs de l'Italie. Une façade ocre et des volets turquoises. 5 chambres colorées, aménagées dans une aile indépendante. Sanitaires privés. Comptez 50 € (327,98 F) pour 2, petit déjeuner compris. Une goûteuse cuisine méditerranéenne qui mélange les saveurs de la Provence, de l'Espagne et de l'Italie. Pilar et Carlo ont rouvert le vieux four à pain. Si vous tombez le bon jour, vous en verrez sortir pains, fougasses et pizzas (vous pouvez même mettre la main à la pâte !). Table d'hôte (sans les propriétaires) à 19 € (124,63 F), vin compris. Goûteuse cuisine du terroir. Dans le bois, les enfants trouveront un gentil parc de jeux.

UCEL 07200 Carte régionale A2

6 km N d'Aubenas

🏠 |●| ✂ ⑩% *Chambres d'hôte (Geneviève et Bernard Cluzel) :* Le Pastural. ☎ 04.75.37.61.81. Fax : 04.75.94.00.14. ● www.bastide-pastural.com ● Accès : dans Ucel en venant d'Aubenas, prenez la petite route à droite vers l'église, passez devant, tournez à droite à la fourche ; la maison est à 500 m à gauche. C'est derrière un grand portail que vous découvrirez cette vieille ferme bourgeoise. Dans la cour, de belles voûtes ajoutent au charme du décor. 2 chambres dans un mobilier plutôt ancien avec sanitaires privés. Une dans une aile indépendante (notre préférée), l'autre dans la maison sous forme de suite familiale (2 chambres). Sanitaires privés. 48,78 € (320 F) pour 2, petit déjeuner compris (gâteau et confitures maison). Table d'hôte partagée en famille à 14,50 € (95,11 F), apéro et vin compris. Belle piscine entourée de végétation. Accueil décontracté et souriant.

UPIE 26120 Carte régionale A2

20 km S de Valence ; 10 km SE d'Étoile-sur-Rhône

🏠 |●| ⑩% *Chambres d'hôte La Bergerie (Viviane et Gérard) :* Les Cornerets. ☎ et fax : 04.75.84.38.95. ● perso.wanadoo.fr/la-bergeire-drome.com ● Accès : du village prendre la D 142 vers Crest sur 1,7 km et prendre le petit chemin à droite après l'arrêt de bus en pierre. Ancienne magnanerie du XVIIe siècle adjointe plus tard d'un corps de ferme magnifiquement restauré et transfomé aujourd'hui, pour notre bonheur, en chambres d'hôte. La maison serait digne de figurer dans un magazine de déco ! Gérard, maître d'oeuvre et décorateur de son état, a su utiliser la beauté des batiments existants en leur donnant un esprit contemporain tout à fait réussi. À l'étage, trois chambres sobres et élégantes (2 autres en projet). Sanitaires privés. 53,36 € (350 F) pour 2, copieux petit déjeuner compris. Beau salon-salle à manger pour écouter de la musique, lire un bouquin ou prendre les repas préparés par Gérard et Viviane. Table d'hôte à 18,29 € (120 F). Grand et beau jardin avec une superbe piscine cachée derrière une haie. Seul petit regret : la ligne TGV Paris-Marseille qui ne passe pas très loin... Mais ça n'est pas si gênant et l'adresse est extrêmement séduisante. *NOUVEAUTÉ.*

USINENS 74910 Carte régionale B1

34 km NO d'Annecy ; 13 km S de Bellegarde ; 8 km SO de Frangy

🏠 |●| *Chambres d'hôte (Monique et Bernard Bornens) :* ☎ et fax : 04.50.77.90.08. Accès : par l'A 40, sortie n° 11 Annecy/Frangy ; faites 200 m sur la N 508 vers Annecy, puis prenez à droite, direction Aix-les-Bains/Seyssel par la D 14 sur 3 km ; tournez à gauche vers Usinens ; puis fléchage (rentrez dans la cour). Fermé pendant les fêtes de fin d'année. Dans une ancienne ferme, 5 chambres d'hôte, dont une avec sanitaires privés. Les chambres sont simples mais claires, et l'une d'elles a une jolie vue sur le massif du Mont-Blanc. Comptez de 25,43 à 30 € (de 166,79 à 196,79 F) pour 2, petit déjeuner compris. Monique propose la table d'hôte (sauf le dimanche) pour 10,37 € (68 F), vin et café compris. Autant vous le dire tout de suite, goûter à sa cuisine, c'est l'adopter ! Tourte à la bisque de homard, pain de poisson, lapin à la polenta, poulet au whisky, tarte paysanne (une de ses spécialités), glaces maison, charlottes. En été, les repas se prennent sur la terrasse et toujours en compagnie de Bernard et Monique. Joli jardin ombragé et calme assuré. Un excellent rapport qualité-prix-convivialité. À 2 km du village, magnifique point de vue sur la vallée du Rhône et les Alpes.

VALLA-EN-GIER (LA) 42131 Carte régionale A1

22 km SE de Saint-Étienne ; 12 km S de Saint-Chamond

🏠 |●| 🏇 ✂ ⑩% *Chambres d'hôte Le Moulin du Bost (Annie et Jacques Faure) :* ☎ 04.77.20.06.62. Accès : en venant de Saint-Chamond par la D 2, tournez à gauche, direction Doizieu avant d'arriver à La Valla, puis tournez à droite au bout de 3,5 km et continuez par un petit chemin sur 1,5 km. Fermé de novembre à mai. À 870 m d'altitude, en plein milieu du parc régional du Pilat. Ici, la nature est superbe, et on est à 30 mn à pied du saut du Gier (cascade avec chute de 20 m). 3 chambres dont deux pour les familles. Sanitaires privés et télévision. Comptez 45 € (295,18 F) pour 2, avec petit déjeuner. Table d'hôte à 15 € (98,39 F) servie dans la véranda ou en terrasse. Cuisine familiale avec des produits frais. Accueil convivial.

VALS-LES-BAINS 07600   Carte régionale A2

8 km NO d'Aubenas ; 7 km S d'Antraigues

🏠 |○| 🐾 *Chambres d'hôte Domaine de Combelle (Gérard Meynadier) :* ☎ et fax : 04.75.37.62.77. Accès : traversez Vals-les-Bains en direction d'Antraigues, passez le panneau de sortie du village, faites 500m et prenez le petit pont à gauche qui mène au Domaine. Sur réservation du 15 novembre au 15 mars. À l'orée de Vals-les-Bains, une des trois stations thermales du département encore en activité (spécialisée dans le soin des intestins et du diabète), belle demeure bourgeoise du début du XIXᵉ siècle. Grand parc, partagé en plusieurs espaces. 5 gentilles chambres installées aux 1ᵉʳ et 2ᵉ étages. Une préférence pour la « chambre Coquine » avec son côté romantique. Celle avec deux lits jumeaux est plus grande et plus chère. Comptez 64,03 et 71,65 € (420 et 470 F) pour 2, petit déjeuner compris. Pour continuer votre remise en forme, il y a une petite piscine avec contre-courant. Billard français pour les amateurs. Les enfants eux, iront rendre visite aux moutons et au poney. Repas sans les proprios (service à l'assiette et sur table individuelle) à 22,87 € (150 F), apéro et côtes du Vivarais compris. Accueil convivial. Une adresse pour routards aisés. Au fait, Brassens, Brel et Ferrat aimaient se retrouver sur la place d'Antraigues, village à proximité qui mérite la visite.

VAULX 74150   Carte régionale B1

14 km NO d'Annecy ; 14 km NE de Rumilly

🏠 |○| ⛄ *Chambres d'hôte La Ferme sur les Bois (Marie-Christine Skinazy) :* Biolley. ☎ 04.50.60.54.50 et 06.63.03.32.91. ● www.annecy-attelage.fr ● Accès : d'Annecy, N 508 vers Bellegarde/Bourg-en-Bresse, puis D 17 jusqu'à Sillingy ; traversez le bourg, puis prenez à gauche la D 3 vers Rumilly ; la ferme est à 2 km sur la droite. Fermé du 3 novembre au 20 décembre et de la Toussaint à février. Dans cette ancienne ferme bien restaurée, Marie-Christine a aménagé 4 chambres croquignolettes et douillettes avec de beaux meubles peints (avec sanitaires privés). Comptez 46 € (301,74 F) pour 2, petit déjeuner compris. Table d'hôte à 16 € (104,95 F), vin et café compris. Monitrice de ski pour enfants, elle propose des cours à prix spéciaux pour les Routards (sympa, non ?). Passionnée de véhicules hippomobiles, diplômée en tant que meneur de tourisme équestre, elle organise aussi des stages d'initiation à l'attelage (2 à 5 personnes maxi). Une adresse sympa à deux pas d'Annecy.

VENDRANGES 42590   Carte régionale A1

15 km S de Roanne

🏠 |○| 🐾 ⛄ ⑩% *Chambres d'hôte Ferme de Montissut (Suzanne et Jean Deloire) :* ☎ 04.77.64.90.96. Accès : sur la N 82, à hauteur du village, tournez à droite (en venant de Roanne) vers Saint-Priest-la-Roche (D 42) ; c'est la 1ʳᵉ ferme sur la droite. Dans leur ferme d'élevage, Suzanne et Jean vous accueillent dans 3 chambres d'hôte installées au 1ᵉʳ étage de la maison, avec sanitaires privés (pour 2, 3 et 4 personnes) dont une toute petite chambre. Comptez 35,06 € (230 F) pour 2, petit déjeuner compris. Table d'hôte à 11,43 € (75 F) vin compris : charcuterie maison, potage en hiver, pintade au chou, poulet rôti avec gratin dauphinois, fromages maison blanc ou sec, sorbet maison à la fraise, flan aux œufs. Les repas se prennent en compagnie des propriétaires. Pour les petits budgets, 1 camping à la ferme avec coin cuisine à disposition. Accueil agréable et souriant. Petit étang privé à disposition des pêcheurs (gratuitement). Vélos à dispo. À 5 km, faites un tour au château de la Roche, c'est un joli site.

RHÔNE-ALPES

VERNOUX 01560 — Carte régionale A1

40 km NO de Bourg-en-Bresse ; 14 km E de Pont-de-Vaux

|●| 🏕 **Ferme-auberge du Colombier (Catherine et Christian Debourg) :** ☎ 04.74.30.72.00. Accès : en venant de Bourg par la D 975, après Saint-Trivier, tournez à droite et fléchage. Ouvert le midi uniquement du jeudi au dimanche. En pleine nature, splendide ferme à colombages récemment restaurée. Dans ses 2 petites salles de 30 couverts, Catherine propose le « menu traditionnel » à 15 € (98,39 F), avec entrée, poulet de Bresse à la crème ou rôti (uniquement sur résa, car, chers gastronomes, c'est au feu de bois dans le vieux four à pain !), fromage et dessert maison. Mâcon blanc et rouge en pichet, à environ 4,57 € (30 F) les 50 cl. Excellent rapport qualité-prix-convivialité.

VERNOUX-EN-VIVARAIS 07240 — Carte régionale A2

30 km O de Valence ; 15 km SE de Lamastre

🛏 |●| ⤋ (10 %) **Chambres d'hôte Roiseland (Roland Esposito Maschio) :** 10, rue Boissy-d'Anglas. ☎ 04.75.58.19.32 et 06.14.64.94.77. Accès : près de la place, devant le panneau « Lamastre ». Fermé de Novembre à Pâques. Vieille maison bourgeoise située dans le centre du village. 5 chambres agréables meublées de façon très différente, et accessibles aux handicapés. Sanitaires privés. Une préférence pour les chambres donnant sur le jardin, plus calmes en saison. Comptez 49 € (321,42 F) à 2 avec le petit déjeuner. Table d'hôte à 14,48 € (95 F), vin compris. Petit jardin derrière la maison avec piscine d'eau salée, couverte.

VERRIÈRES-EN-FOREZ 42600 — Carte régionale A1

42 km NO de Saint-Étienne ; 10 km SO de Montbrison

🛏 |●| 🐕 (10 %) **Auberge de campagne (Geneviève Rival) :** Conol. ☎ 04.77.76.23.08. Fax : 04.77.76.26.92. Accès : de Montbrison, prenez la D 496 vers Saint-Anthème ; l'auberge est à 15 km sur la droite. Uniquement sur réservation. C'est dans l'une des plus anciennes auberges du département, dont Geneviève et sa fille ont su garder l'authenticité, que vous choisirez entre 2 menus. « Le casse-croûte » à 8,84 € (58 F) avec la charcuterie, le gratin forézien ou l'omelette, le fromage et le dessert ; à 11,89 € (78 F), vous dégusterez en plus le coq au vin ou le poulet aux écrevisses (on vous le conseille...). Sur place, 13 chambres, dont sept avec sanitaires privés et six avec sanitaires communs. Et encore 2 dortoirs de 6 lits pour les petits budgets. Accueil familial, cadre convivial, et de nombreux habitués. Une bonne adresse.

VILLARD-DE-LANS 38250 — Carte régionale B2

37 km SO de Grenoble

🛏 |●| ⤋ **Chambres d'hôte Le Val Sainte-Marie (Agnès et Dominique Bon) :** Bois-Barbu. ☎ et fax : 04.76.95.92.80. Accès : par l'A 48, sortie Veurey-Voroize, continuer par la N 532 et la D 531 direction Villard-de-Lans puis Bois-Barbu et le centre de ski de fond. 1er chemin à gauche. Ouvert toute l'année. Recommandé de réserver. Voilà une adresse au milieu des champs et des sapins qu'on connaît depuis longtemps... Ferme traditionnelle restaurée, située dans le Vercors et au départ des pistes de ski de fond et de VTT. Les chambres sont petites mais très confortables. Déco rustique et *cosy*. Agnès est une hôtesse raffinée et charmante qui vous concoctera de délicieux repas à sa table d'hôte : gâteau de courgettes à la menthe, gratin dauphinois, fromage blanc à la cramaillotte, tarte à la rhubarbe et aux noix, etc. Comptez 46 € (301,74 F) pour 2, petit déjeuner compris et 37 € (242,70 F) par personne en demi-pension. Nombreuses balades dans les environs.

🛏 |●| ⤋ (10 %) **Chambres d'hôte La Jasse (Michel Imbaud) :** 222, rue du Lycée-Polonais. ☎ 04.76.95.91.63. ● www.imbaud-lajasse.com ● Préférable de réserver. 3 chambres en plein village, avec salle d'eau et w.-c. privés. Ici, vous partagerez vos repas (cuisine dauphinoise traditionnelle) avec le proprio. Michel, natif de Villard et professionnel de la montagne, vous contera histoire et traditions du Vercors. Il organise également des stages de rando nordique l'hiver et vous conseillera pour les autres activités de pleine nature. Attention, séjours non-fumeurs uniquement. Comptez 44 € (288,62 F) pour 2, avec le petit déjeuner, et 37 € (242,7 F) par personne en demi-pension (le soir). Accueil chaleureux.

VILLEMOTIER 01270 — Carte régionale A1

20 km NE de Bourg-en-Bresse

l●l ⅋ *Ferme-auberge de Groboz (Suzanne et Edmond Rovidati) :* ☎ 04.74.30.17.79. Accès : n'allez pas jusqu'à Villemotier ; sur la N 83, entre Bourg-en-Bresse et Lons-le-Saunier, à Coligny, prenez la D 86 vers Marboz et 2 km après Pirajoux, fléchage. Ouvert du vendredi au dimanche et jours fériés ; fermé une semaine en septembre. Uniquement sur réservation. Grande ferme en pleine nature, avec 2 petites salles rustiques de 30 couverts. Poutres et murs en briques, colombages. 3 menus : à 9,15 € (60 F), avec salade, omelette, fromage blanc ou dessert ; à 16,77 € (110 F), avec terrine, poulet de Bresse à la crème, riz, fromage blanc et dessert ; à 22,11 € (145 F), « menu traditionnel ». Également spécialités de gésiers de volaille au madère, lapin aux pruneaux, à la paysanne, bœuf de la ferme (race salers), légumes du jardin. Vins du pays de 10,37 à 12,50 € (de 68 à 82 F) la bouteille et pots lyonnais à 4,57 € (30 F). Bonne cuisine et accueil agréable.

VILLEPERDRIX 26510 — Carte régionale A2

22 km NE de Nyons ; 12 km NO de Rémuzat

l●l ⅋ *Ferme-auberge Le Moulin du Château (Martine et Gérard Plantevin) :* Le Village. ☎ 04.75.27.41.85. Accès : sur la D 94 entre Sahune et Rémuzat, prenez la D 570 ; c'est au centre du bourg. Ouvert tous les jours sauf le mardi du 15 juin au 15 septembre, et le dimanche midi hors saison. Sur réservation uniquement. Dans une magnifique salle voûtée avec en son centre un immense pressoir à huile, 50 couverts sur tables et chaises en bois. Menu unique à 14,48 € (95 F), 1/4 de vin compris. Selon les jours, vous pourrez déguster le cake aux olives ou le saucisson brioché ou le pâté de foie de volaille à la tomate, le civet de lapin, le coq au vin ou le canard aux olives, accompagnés de gratins de courgettes ou d'aubergines ou dauphinois, fromage, le gâteau aux fruits de saison ou le cake à la confiture et avec un supplément de 1,83 € (12 F), du gigot d'agneau. Gérard sert et Martine est en cuisine, mais elle vient souvent voir ses convives. Un superbe cadre, une ambiance conviviale, et un bon rapport qualité-prix.

VILLEREVERSURE 01250 — Carte régionale A1

15 km E de Bourg-en-Bresse

🛏 l●l ⅋ ⑩% *Chambres d'hôte L'Agnoblens (Annie et Éric Guillermin) :* Noblens. ☎ 04.74.30.60.50. Accès : de Bourg-en-Bresse, prenez la D 979 ; arrivé à Bohas, tournez à gauche (D 42 vers Lons-le-Saunier), prenez le 3e chemin à gauche, c'est la 1re maison sur la droite. Sur les contreforts du Revermont, cadre verdoyant, calme et reposant. Jolie ferme magnifiquement restaurée, où Annie et Éric tiennent 6 chambres simples mais agréables. Sanitaires privés. Comptez 34 € (223,03 F) pour 2, petit déjeuner compris. Table d'hôte à 12 € (75 F) vin compris, avec spécialité d'agneau maison et de galettes qu'Annie fait cuire dans un vieux four à pain. Accueil jeune et cordial.

VION 07610 — Carte régionale A2

25 km N de Valence ; 7 km N de Tournon-sur-Rhône

🛏 l●l *Chambres d'hôte La Cayra (Lucienne et Michel Besset) :* rue de la Vierge. ☎ et fax : 04.75.07.20.70 et 06.84.01.11.15. ● la.cayra@wanadoo.fr ● Accès : de L'A 7 Lyon-Valence, sortie Chanas, puis N 7 jusqu'à Saint-Vallier, traversez le Rhône, prenez la direction de Tournon par la N 86 ; dans Vion, la maison est en contrebas de l'église. Fermé en décembre et janvier. Belle maison avec joli perron fleuri, cachée derrière un grand mur et adossée à la roche. Gentil jardin pour prendre l'air. Au 1er étage, 3 chambres agréables avec sanitaires privés. 40 € (262,38 F) pour 2, petit déjeuner compris. Table d'hôte partagée avec vos hôtes à 14 € (91,83 F), apéro, vin et café compris. Cuisine traditionnelle et familiale. La passion de Lucienne ? Le patchwork, c'est pourquoi vous en verrez un certain nombre dans la maison. Accueil souriant.

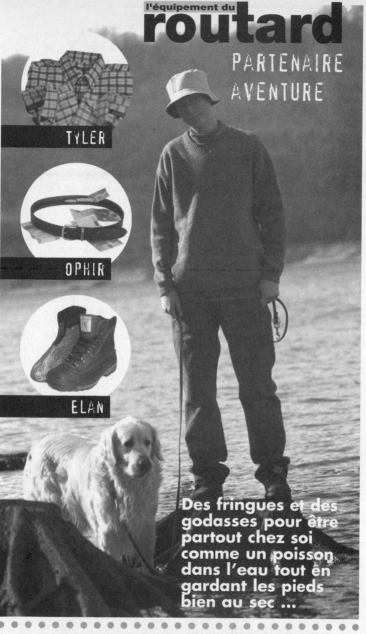

On n'ira jamais assez loin...
Pour sauver un enfant...

Au Mali, au Kazakhstan ou encore au Vietnam... des enfants "victimes du lieu de naissance" ne peuvent être soignés, opérés, scolarisés.

Pour les aider, pour les sauver, La Chaîne de l'Espoir, fondée par le Professeur Alain Deloche, poursuit deux missions complémentaires :

- opérer et sauver des enfants malades par un geste chirurgical unique et ponctuel
- parrainer des enfants en leur donnant la possibilité d'aller à l'école, d'apprendre à lire et à écrire et d'avoir ainsi toutes les chances d'une vie meilleure.

Pour cela, chaque maillon de cette chaîne de solidarité offre ses compétences, sa générosité et son énergie :
- dans chaque pays, des médecins bénévoles examinent les enfants et constituent leurs dossiers
- pour les faire venir en France, plusieurs compagnies aériennes offrent des billets gratuits ou à prix réduits
- pendant leur séjour, des familles bénévoles accueillent les enfants dans la chaleur de leur foyer
- des chirurgiens de grande renommée opèrent bénévolement les enfants et surveillent leur convalescence
- enfin, des parrains et des marraines s'engagent à permettre la scolarisation de ces enfants parce qu'un enfant qui ne sait pas lire, ni écrire, reste un enfant "handicapé".

Vous aussi, devenez un maillon de La Chaîne de l'Espoir

Votre soutien permettra de sauver ces enfants en aidant La Chaîne de l'Espoir à prendre en charge leurs frais d'hospitalisation et de médicaments, ou si vous souhaitez plutôt parrainer un enfant, leurs frais de scolarisation.

Merci de leur donner leur chance

Depuis sa création en 1988, plus de 5000 enfants originaires d'Asie, d'Afrique ou d'Europe de l'Est ont pu être sauvés soit en France, soit dans leur pays d'origine lorsque cela a été rendu possible par nos équipes médico-chirurgicales en mission sur le terrain. Parallèlement 3000 enfants en Thaïlande et au Vietnam poursuivent actuellement leur scolarité grâce aux parrains et marraines de La Chaîne de l'Espoir.

Pour envoyer vos dons ou recevoir une brochure d'information, contactez :

La Chaîne de l'Espoir
1, rue Cabanis - 75014 Paris
CCP n° 3703700 B LA SOURCE
Tél. 01 45 65 04 64
Internet : www.chaine-espoir.asso.fr

La Chaîne de l'Espoir est une association de bienfaisance assimilée fiscalement à une association reconnue d'Utilité Publique.

Le "Best of"
du Routard sur la France

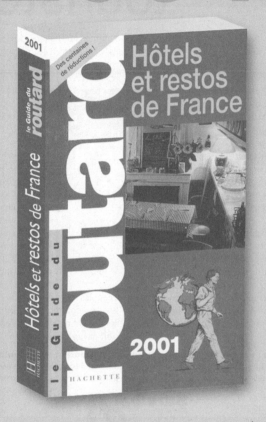

Plus de 4 300 adresses sélectionnées pour :

- *la chaleur de l'accueil*
- *la qualité de la cuisine*
- *le charme du décor et la douceur des prix.*

Une France où il fait bon vivre.

Hachette Tourisme

attention
touristes

Le tourisme est en passe de devenir la première industrie mondiale. Ce sont les pays les plus riches qui déterminent la nature de l'activité touristique dont les dégâts humains, sociaux ou écologiques parfois considérables sont essuyés par les pays d'accueil et surtout par leurs peuples indigènes minoritaires. Ceux-ci se trouvent particulièrement exposés: peuples pastoraux du Kenya ou de Tanzanie expropriés pour faire place à des réserves naturelles, terrain de golf construit sur les sites funéraires des Mohawk du Canada, réfugiées karen présentées comme des "femmes-girafes" dans un zoo humain en Thaïlande... Ces situations, parmi tant d'autres, sont inadmissibles. Le tourisme dans les territoires habités ou utilisés par des peuples indigènes ne devrait pas être possible sans leur consentement libre et informé.

Survival s'attache à promouvoir un "tourisme responsable" et appelle les organisateurs de voyages et les touristes à bannir toute forme d'exploitation, de paternalisme et d'humiliation à l'encontre des peuples indigènes.

Soyez vigilants, les peuples indigènes ne sont pas des objets exotiques faisant partie du paysage !

Survival est une organisation mondiale de soutien aux peuples indigènes. Elle défend leur volonté de décider de leur propre avenir et les aide à garantir leur vie, leurs terres et leurs droits fondamentaux.

Survival
pour les peuples
indigènes

Les conseils *nature* du **Routard**

avec la collaboration du **WWF**

Vous avez choisi le Guide du Routard pour partir à la découverte et à la rencontre de pays, de régions et de populations parfois éloignés. Vous allez fréquenter des milieux peut être fragiles, des sites et des paysages uniques, où vivent des espèces animales et végétales menacées.

Nous avons souhaité vous suggérer quelques comportements simples permettant de ne pas remettre en cause l'intégrité du patrimoine naturel et culturel du pays que vous visiterez et d'assurer la pérennité d'une nature que nous souhaitons tous transmettre aux générations futures.

Pour mieux découvrir et respecter les milieux naturels et humains que vous visitez, apprenez à mieux les connaître.

Munissez vous de bons guides sur la faune, la flore et les pays traversés.

❶ Respectez la faune, la flore et les milieux.

Ne faites pas de feu dans les endroits sensibles - Rapportez vos déchets et utilisez les poubelles - Appréciez plantes et fleurs sans les cueillir - Ne cherchez pas à les collectionner… Laissez minéraux, fossiles, vestiges archéologiques, coquillages, insectes et reptiles dans la nature.

❷ Ne perturbez d'aucune façon la vie animale.

Vous risquez de mettre en péril leur reproduction, de les éloigner de leurs petits ou de leur territoire - Si vous faites des photos ou des films d'animaux, ne vous en approchez pas de trop près. Ne les effrayez pas, ne faîtes pas de bruit - Ne les nourrissez pas, vous les rendrez dépendants.

❸ Appliquez la réglementation relative à la protection de la nature, en particulier lorsque vous êtes dans les parcs ou réserves naturelles. Renseignez-vous avant votre départ.

❹ Consommez l'eau avec modération,

spécialement dans les pays où elle représente une denrée rare et précieuse.

Dans le sud tunisien, un bédouin consomme en un an l'équivalent de la consommation mensuelle d'un touriste européen !

❺ **Pensez à éteindre les lumières, à fermer le chauffage et la climatisation** quand vous quittez votre chambre.

❻ **Évitez les spécialités culinaires locales à base d'espèces menacées.** Refusez soupe de tortue, ailerons de requins, nids d'hirondelles…

❼ **Des souvenirs, oui, mais pas aux dépens de la faune et de la flore sauvages.** N'achetez pas d'animaux menacés vivants ou de produits issus d'espèces protégées (ivoire, bois tropicaux, coquillages, coraux, carapaces de tortues, écailles, plumes…), pour ne pas contribuer à leur surexploitation et à leur disparition. Sans compter le risque de vous trouver en situation illégale, car l'exportation et/ou l'importation de nombreuses espèces sont réglementées et parfois prohibées.

❽ **Entre deux moyens de transport équivalents, choisissez celui qui consomme le moins d'énergie !** Prenez le train, le bateau et les transports en commun plutôt que la voiture.

❾ **Ne participez pas aux activités dommageables pour l'environnement.** Évitez le VTT hors sentier, le 4x4 sur voies non autorisées, l'escalade sauvage dans les zones fragiles, le ski hors piste, les sports nautiques bruyants et dangereux, la chasse sous marine.

❿ **Informez vous sur les us et coutumes des pays visités,** et sur le mode de vie de leurs habitants.

Avant votre départ ou à votre retour de vacances, poursuivez votre action en faveur de la protection de la nature en adhérant au WWF.

Le WWF est la plus grande association privée de protection de la nature dans le monde. C'est aussi la plus puissante :

- **5 millions de membres ;**
- **27 organisations nationales ;**
- **un réseau de plus de 3 000 permanents ;**
- **11 000 programmes de conservation menés à ce jour ;**
- **une présence effective dans 100 pays.**

Devenir membre du WWF, c'est être sûr d'agir, d'être entendu et reconnu. En France et dans le monde entier.

Ensemble, avec le WWF

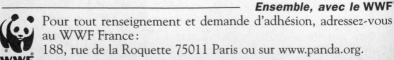

Pour tout renseignement et demande d'adhésion, adressez-vous au WWF France :
188, rue de la Roquette 75011 Paris ou sur www.panda.org.

HANDICAP INTERNATIONAL

Nous lui fabriquons une prothèse.
Qui fabriquera **ses**
droits ?

3615 HANDICA (1,28 F/min)   www.handicap-international.org

VOTRE AVIS NOUS INTÉRESSE

Merci de nous faire part de vos remarques et critiques, sur notre sélection d'adresses,
et de nous les retourner à l'adresse suivante :

**GUIDE DU ROUTARD - « TABLES ET CHAMBRES À LA CAMPAGNE »
33, rue des Annelets - 75019 Paris**

NOM : .... **Prénom :** ....

Adresse : ....

....

T & Ch. 2002

I - VOUS ÊTES :

1 - ❑ Un homme   ❑ Une femme

2 - Votre âge : _____ ans

3 - Votre profession : _____

4 - Quels journaux ou magazines lisez-vous ?
Indiquez les titres.

_____

5 - Quelles radios écoutez-vous ? *Précisez*.

_____

6 - Combien de séjours de 3 jours au moins
faites-vous dans l'année ?
- en France ? _____
Précisez vos 3 dernières destinations :

_____

- à l'étranger ? _____
Précisez vos 3 dernières destinations :

_____

2 - VOUS ET VOTRE GUIDE :

7 - Comment avez-vous connu *Tables et Chambres à la campagne* ?
   ❑ par hasard dans une librairie   ❑ par mon libraire   ❑ par « bouche-à-oreille »
   ❑ par un article de journal : lequel ? _____
   ❑ par une émission de TV ou de radio : laquelle ? _____
   ❑ autres : _____

8 - Quelles éditions de *Tables et Chambres à la campagne* possédez-vous chez vous ? *Précisez les années.*

_____

9 - Où avez-vous acheté l'édition 2002 de *Tables et Chambres à la campagne* ?
   ❑ Librairie ❑ Fnac / Virgin / Grands magasins. ❑ Hypermarchés ❑ Supermarchés
   ❑ Relais H : ○ aéroport ○ gare   ❑ Ailleurs   ❑ on vous l'a offerte

10 - A quelle date avez-vous acheté l'édition 2002 de *Tables et Chambres à la campagne* ?
   mois : _____ 2001

11 - Vous arrive-t-il d'acheter d'autres guides sur les tables et chambres d'Hôte en France ?
   ❑ oui ❑ non Si oui, lesquels (éditeur, titre, prix) ? _____

12 - Quelle opinion générale avez-vous de ce guide ? *Entourez la réponse correspondante.*

13 - Quels sont :   + + +   + +   + / -   - -   - - -
- ses principales qualités ? _____
- ses principaux inconvénients ? _____

14 - Êtes-vous globalement satisfait des adresses proposées dans le guide ? _____
- si non pourquoi ? _____

**15 - Avez-vous utilisé en 2001 l'offre proposée dans le guide « 10 % de réduction à nos lecteur sur
le prix d'un séjour de 2 nuits consécutives minimum » ?**

❑ non → pourquoi ? _____
         → avez-vous l'intention de le faire cette année ? _____
❑ oui → combien de fois environ dans l'année ? _____
         → en avez-vous été satisfait ? _____
         → remarques : _____

Adresse 1

Commune : .... Code postal : ....

Nom du propriétaire : ....

Remarques : ....

....

....

Adresse 2

Commune : .... Code postal : ....

Nom du propriétaire : ....

Remarques : ....

....

....

Adresse 3

Commune : .... Code postal : ....

Nom du propriétaire : ....

Remarques : ....

....

....

Adresse 4

Commune : .... Code postal : ....

Nom du propriétaire : ....

Remarques : ....

....

....

• Votre avis sur :

	Très bon				Bon				Moyen				Mauvais			
	1	2	3	4	1	2	3	4	1	2	3	4	1	2	3	4
- Adresses	❑	❑	❑	❑	❑	❑	❑	❑	❑	❑	❑	❑	❑	❑	❑	❑
- Accueil	❑	❑	❑	❑	❑	❑	❑	❑	❑	❑	❑	❑	❑	❑	❑	❑
- Cuisine	❑	❑	❑	❑	❑	❑	❑	❑	❑	❑	❑	❑	❑	❑	❑	❑
- Rapport qualité/prix	❑	❑	❑	❑	❑	❑	❑	❑	❑	❑	❑	❑	❑	❑	❑	❑
- Confort	❑	❑	❑	❑	❑	❑	❑	❑	❑	❑	❑	❑	❑	❑	❑	❑
- Service	❑	❑	❑	❑	❑	❑	❑	❑	❑	❑	❑	❑	❑	❑	❑	❑
- Calme	❑	❑	❑	❑	❑	❑	❑	❑	❑	❑	❑	❑	❑	❑	❑	❑
- Cadre	❑	❑	❑	❑	❑	❑	❑	❑	❑	❑	❑	❑	❑	❑	❑	❑
- Ambiance	❑	❑	❑	❑	❑	❑	❑	❑	❑	❑	❑	❑	❑	❑	❑	❑

Index des localités

INDEX

– B –

– C –

– D –

– E –

– F –

– G –

– H –

– I –

– J –

– K –

KATZENTHAL, 22

– L –

– M –

– N –

– O –

– W –

– Y –

– Z –

OÙ TROUVER LES CARTES ET LES PLANS?

les **Routards** *parlent aux* **Routards**

Nous tenons à vous remercier pour votre courrier toujours de plus en plus nombreux. Continuez à nous faire part de vos critiques sur la sélection d'adresses de ce guide, de vos tuyaux, pour que d'autres routards ne tombent pas dans les mêmes erreurs.

Indiquez-nous les renseignements périmés. Aidez-nous à remettre l'ouvrage à jour, en nous renvoyant la fiche d'appréciation incluse dans cette édition. Vous pouvez bien sûr, rajouter une petite bafouille avec vos impressions personnelles. On envoie un guide gratuit à tous les courriers qui œuvrent dans ce sens (il faut au moins en avoir testé 3).

Quelques conseils cependant :
– Envoyez-nous votre courrier le plus tôt possible, afin que nous puissions insérer vos tuyaux sur la prochaine édition.
– Certains oublient de mettre leur adresse ou l'inscrivent sur l'enveloppe !... Après ça, pas facile de vous répondre. Même si le Routard est une petite famille, nous ne dépouillons pas notre courrier lettre par lettre (nous nous sommes modernisé depuis que l'on a quitté le sous-sol !).
– Vérifiez bien vos remarques concernant l'édition en cours, et notez bien la région, la commune, le code postal et le nom du propriétaire (pour éviter les confusions).
– Si vous utilisez une ancienne édition, vérifiez chez votre libraire préféré que l'adresse que vous avez sélectionnée est toujours d'actualité, car chaque année, plus de cent structures disparaissent de nos pages, dont un certain nombre, parce qu'elles ne rentrent plus dans nos critères de sélection : convivialité, nature, habitat régional et prix justifié.
– Si vous nous signalez une bonne adresse, n'oubliez pas de nous donnez un accès précis pour éviter que nous nous perdions dans la nature (si, si, ça arrive !), ainsi que l'adresse complète et le téléphone.

Encore une fois, on ne saurait trop vous conseiller d'utiliser la dernière édition de cette bible qui sort chaque fin janvier avant de nous écrire (ceci, sans vouloir pousser à la consommation, mais pour éviter de traiter un courrier portant sur des adresses ou des renseignements obsolètes).

Merci de vos témoignages amicaux et de votre confiance.

E-mail : guide@routard.com
Internet : www.routard.com

Routard Assistance 2002

Vous, les voyageurs indépendants, vous êtes déjà des milliers entièrement satisfaits de Routard Assistance, l'Assurance Voyage Intégrale sans franchise que nous avons négociée avec les meilleures compagnies. Assistance complète avec rapatriement médical illimité. Dépenses de santé, frais d'hôpital, pris en charge directement sans franchise jusqu'à 300 000 € (2 000 000 F) + caution + défense pénale + responsabilité civile + tous risques bagages et photos. Assurance personnelle accidents : 75 000 € (500 000 F). Très complet ! Le tarif à la semaine vous donne une grande souplesse. Chacun des *Guides du routard* pour l'étranger comprend, dans les dernières pages, un tableau des garanties et un bulletin d'inscription. Si votre départ est très proche, vous pouvez vous assurer par fax : 01-42-80-41-57, mais vous devez, dans ce cas, indiquer le numéro de votre carte bancaire. Pour en savoir plus : ☎ 01-44-63-51-00 ; ou, encore mieux, www.routard.com

Imprimé en Italie par «La Tipografica Varese S.p.A.»
Dépôt légal n° 18146-12/2001
Collection n° 15 - Édition n° 01
24/3552/7
I.S.B.N. 2.01.243552.1